Le Routard

Normandie

Cofondateurs : Philippe GLOAGUEN et Michel DUVAL

Directeur de collection et auteur
Philippe GLOAGUEN

Secrétaire général
Gavin's CLEMENTE-RUIZ

Rédacteurs en chef
Amanda KERAVEL (France)
Benoît LUCCHINI (Étranger)

Directrice administrative
Bénédicte GLOAGUEN

Conseiller à la rédaction
Pierre JOSSE

Responsable voyages
Carole BORDES

Direction éditoriale
Élise ERNEST

Rédaction
Isabelle AL SUBAIHI
Emmanuelle BAUQUIS
Mathilde de BOISGROLLIER
Thierry BROUARD
Marie BURIN des ROZIERS
Diane CAPRON
Véronique de CHARDON
Laura CHARLIER
Florence CHARMETANT
Fiona DEBRABANDER
Anne-Caroline DUMAS
Éléonore FRIESS
Géraldine LEMAUF-BEAUVOIS
Olivier PAGE
Alain PALLIER
Anne POINSOT
André PONCELET

2020/21

Hachette

TABLE DES MATIÈRES

PRÉAMBULE

- La rédaction du *Routard* 8
- Introduction 13
- Nos coups de cœur 14
- Itinéraires conseillés 28
- Interview #experienceroutard 33

COMMENT Y ALLER ? 34

- En voiture 34
- En bus 34
- En train 34
- En avion 36

BON À SAVOIR AVANT LE DÉPART 38

- Infos utiles 38
- Budget 38
- Livres de route 40
- Personnes handicapées 41
- Sites inscrits au Patrimoine
  mondial de l'Unesco 42
- Sites internet 42
- Véloroutes 43

TABLE DES MATIÈRES 3

L'EURE 44

- Évreux 48

LA VALLÉE DE L'EURE 53
- Ivry-la-Bataille ....53 | • Louviers 56
- Pacy-sur-Eure ....54 |

LE PAYS DU VEXIN NORMAND 59
La forêt de Lyons 59
- Lyons-la-Forêt................................59 | • Vascœuil 64
La vallée de l'Epte 65
- Gisors... 65

LA VALLÉE DE LA SEINE 67
- Vernon...67 | • Les Andelys 73
- Giverny...70 |

LE PAYS D'AVRE ET D'ITON 77
- Verneuil-d'Avre-et-d'Iton ....77 | • Breteuil-sur-Iton 80

LE PAYS D'OUCHE 81
- Conches-en-Ouche 81

LA VALLÉE DE LA RISLE ET DE LA CHARENTONNE 83
- Le Neubourg...................................83 | • Bernay 86
- Le Bec-Hellouin..............................85 |

LE PAYS D'AUGE ET LE LIEUVIN 90

LE PARC NATUREL RÉGIONAL DES BOUCLES DE LA SEINE NORMANDE........ 92
- Pont-Audemer ....92 | • Le Marais-Vernier 95

LA SEINE-MARITIME 98

- Rouen 102

LA VALLÉE DE LA SEINE ET LE PAYS DE CAUX INTÉRIEUR 121
- La Bouille..................................... 122 | • Yvetot 128
- Saint-Martin-de-Boscherville .... 123 | • Caudebec-en-Caux..................... 130
- Jumièges...................................... 125 | • Villequier 133
- Saint-Wandrille-Rançon................. 127 | • Tancarville 134

LA BAIE DE SEINE 136
- Le Havre...................................... 136 | • Sainte-Adresse 154

LA CÔTE D'ALBÂTRE 156
- Étretat .... 157 | • Fécamp 166
- Yport... 164 | • Valmont 173

TABLE DES MATIÈRES

LE PAYS DE CAUX MARITIME 174

La vallée de la Durdent 175
• Veulettes-sur-Mer .... 175 | • Cany-Barville............................ 176

De Saint-Valery-en-Caux à Dieppe.. 178
• Saint-Valery-en-Caux........................ 178 | • Varengeville-sur-Mer.................... 184
• Veules-les-Roses................................ 182 | • Dieppe.. 188

LE PETIT CAUX 202

La basse vallée de la Bresle 202
• Le Tréport.. 202 | • Eu 206

LE PAYS DE BRAY 209
• Neufchâtel-en-Bray .... 210 | • Forges-les-Eaux............................ 213

LE PAYS ENTRE SEINE ET BRAY 215
• Ry .... 216 | • Clères 219

LE CALVADOS 221

CAEN ET SES ENVIRONS 224
• Caen.. 224 | • Ranville 245
• Le canal de Caen à la mer .... 243 |

LA CÔTE FLEURIE 247
• Merville-Franceville-Plage............ 247 | • Deauville 260
• Cabourg.. 249 | • Trouville 268
• Dives-sur-Mer.................................. 252 | • Villerville 276
• Houlgate.. 254 | • Honfleur 277
• Villers-sur-Mer................................ 257 |

LE PAYS D'AUGE 288

La vallée de la Touques 288
• Pont-l'Évêque .... 288 | • Orbec 298
• Lisieux.. 292 | • Livarot 299

Les manoirs au sud du pays d'Auge 301
• Saint-Pierre-sur-Dives...................... 301 | • Crèvecœur-en-Auge 303

La route du Cidre.. 305
• Beuvron-en-Auge .... 305 | • Cambremer 306

LA CÔTE DE NACRE ET LES PLAGES DU DÉBARQUEMENT 308
• Ouistreham – Riva-Bella .... 309 | • Saint-Aubin-sur-Mer.................... 317
• Lion-sur-Mer.................................... 314 | • Courseulles-sur-Mer.................... 318
• Luc-sur-Mer...................................... 314 |

LE BESSIN.. 321
• Bayeux.. 321 | • Creully 331

Les plages du Débarquement (suite).................................... 333
• Ver-sur-Mer...................................... 333 | • Arromanches 334

TABLE DES MATIÈRES 5

- Longues-sur-Mer 338
- Port-en-Bessin 339
- Omaha Beach 342
- La pointe du Hoc 346
- Grandcamp-Maisy 347
- Isigny-sur-Mer 349
- Balleroy 352

LE BOCAGE, LA SUISSE NORMANDE ET LE PAYS DE FALAISE 353

- Le Bocage normand 353
- La Suisse normande 357
- Falaise 360

LA MANCHE 366

SAINT-LÔ ET LA VALLÉE DE LA VIRE 367

- Saint-Lô 367

La vallée de la Vire 376

LE COTENTIN 378

Le parc naturel régional des Marais du Cotentin et du Bessin 378

- Carentan-les-Marais 380
- Sainte-Mère-Église 383
- Utah Beach 387

Le bocage 389

- Saint-Sauveur-le-Vicomte 389
- Bricquebec-en-Cotentin 391
- Valognes 393

Le val de Saire 396

- Saint-Vaast-la-Hougue 397
- L'île Tatihou 400
- Barfleur 401
- Saint-Pierre-Église 404
- Cherbourg-en-Cotentin 406

La pointe de la Hague 420

- Urville-Nacqueville 421
- Gréville-Hague 422
- Omonville-la-Rogue 422
- Omonville-la-Petite 424
- Saint-Germain-des-Vaux 425
- Auderville 426
- La baie de Vauville 428

La côte des Isles 431

- Barneville-Carteret 431
- Port-Bail 434

La côte des Havres 437

- Lessay 437
- Pirou 440

LE PAYS DE COUTANCES 441

Le bord de mer du pays de Coutances 442

- Agon-Coutainville 442
- Regnéville-sur-Mer 445
- Coutances 447

Le sud du pays de Coutances 452

LA BAIE DU MONT-SAINT-MICHEL 454

- Villedieu-les-Poêles-Rouffigny 454
- Granville 459
- De Granville à Avranches
- par la côte 472
- Avranches 477
- Le Mont-Saint-Michel 482

TABLE DES MATIÈRES

LE MORTAINAIS **496**
- Mortain 496

L'ORNE **501**
- Les Parcs naturels régionaux 501

LE PAYS D'ALENÇON **504**
- Alençon 504
- Saint-Céneri-le-Gérei 511
- Carrouges 512
- La forêt d'Écouves 514
- Sées 515

LE PAYS D'ANDAINE ET LE DOMFRONTAIS **518**
- Bagnoles-de-l'Orne 518
- Domfront 522
- Flers 528

LA SUISSE NORMANDE DE L'ORNE **530**

LA RÉGION DES HARAS ET DES CHÂTEAUX **533**
- Argentan 533
- Le haras national du 538
- (Le Pin-au-Haras) 538

LE PAYS D'AUGE ORNAIS **540**
- Chambois et le mont Ormel.......... 540
- La route du Camembert 541
- Gacé 546

LE PAYS D'OUCHE **548**
- L'Aigle 548

LE PERCHE ORNAIS **552**
- Mortagne-au-Perche 552
- Les forêts du Perche
  et de la Trappe 556
- Bellême 560
- La route des manoirs
  du Perche 564

HOMMES, CULTURE, ENVIRONNEMENT **570**

- Architecture 570
- Boissons et alcools 572
- Cuisine 572
- Le Débarquement............................ 574
- Économie 583
- Environnement................................. 584
- Les « feignants »
  de la barbouille............................... 585
- Habitat 586
- Histoire 586
- Langues régionales 589
- Personnages 590

Index général... **611**

Liste des cartes et plans **619**

Recommandation à ceux qui souhaitent profiter des réductions et avantages proposés dans le *Routard* par les hôteliers et les restaurateurs

À l'hôtel, pensez à les demander au moment de la réservation ou, si vous n'avez pas réservé, **à l'arrivée.** Ils ne sont valables que pour les réservations en direct et ne sont pas cumulables avec d'autres offres promotionnelles (notamment sur Internet). Au restaurant, parlez-en **au moment** de la commande et surtout **avant** que l'addition ne soit établie. Poser votre *Routard* sur la table ne suffit pas : le personnel de salle n'est pas toujours au courant et une fois le ticket de caisse imprimé, il est souvent difficile de modifier le total. En cas de doute, montrez la notice relative à l'établissement dans le *Routard* de l'année et, bien sûr, ne manquez pas de nous faire part de toute difficulté rencontrée.

TABLE DES MATIÈRES

☎ **112** : c'est le numéro d'urgence commun à la France et à tous les pays de l'UE, à composer en cas d'accident, agression ou détresse. Il permet de se faire localiser et aider en français, tout en améliorant les délais d'intervention des services de secours.

Pictogrammes du Routard

Établissements
- Hôtel, auberge, chambre d'hôtes
- Camping
- Restaurant
- Terrasse
- Pizzeria
- Boulangerie, sandwicherie
- Pâtisserie
- Glacier
- Café, salon de thé
- Café, bar
- Bar musical
- Club, boîte de nuit
- Salle de spectacle
- Boutique, magasin, marché

Infos pratiques
- Office de tourisme
- Poste
- Accès Internet
- Hôpital, urgences
- Adapté aux personnes handicapées

Sites
- Présente un intérêt touristique
- Point de vue
- Plage
- Spot de surf
- Site de plongée
- Recommandé pour les enfants
- Inscrit au Patrimoine mondial de l'Unesco

Transports
- Aéroport
- Gare ferroviaire
- Gare routière, arrêt de bus
- Station de métro
- Station de tramway
- Parking
- Taxi
- Taxi collectif
- Bateau
- Bateau fluvial
- Piste cyclable, parcours à vélo

Au large des falaises de Fécamp

©René Bertrand/hemis.fr

LA RÉDACTION DU ROUTARD

(sans oublier nos 50 enquêteurs, aussi sur le terrain)

© R. Delalande et E. Dessons

Jean-Sébastien, Olivier, Mathilde, Thierry, Alain, Gavin's, Éléonore,
Anne-Caroline, André, Laura, Florence, Véronique, Isabelle, Géraldine, Fiona,
Amanda, Benoît, Emmanuelle, Bénédicte, Philippe, Carole, Diane, Anne, Marie.

La saga du *Routard* : en 1971, deux étudiants, Philippe et Michel, avaient une furieuse envie de découvrir le monde. De retour du Népal germe l'idée d'un guide différent qui regrouperait tuyaux malins et itinéraires sympas, destiné aux jeunes fauchés en quête de liberté. 1973. Après 19 refus d'éditeurs et la faillite de leur première maison d'édition, l'aventure commence vraiment avec Hachette. Aujourd'hui, le *Routard,* c'est plus d'une cinquantaine d'enquêteurs impliqués et sincères. Ils parcourent le monde toute l'année dans l'anonymat et s'acharnent à restituer leurs coups de cœur avec passion.

Merci à tous les routards qui sont solidaires de nos convictions : liberté et indépendance d'esprit ; découverte et partage ; sincérité, tolérance et respect des autres.

NOS SPÉCIALISTES NORMANDIE

Amanda, Mathilde et Marie : quand l'une arpente les routes bretonnes en quête de la meilleure pâte à crêpes, l'autre explore le bocage normand à coups de gorgées de cidre, pendant que la troisième chausse ses skis pour dégoter le meilleur refuge alpin. La curiosité, l'enthousiasme et la gourmandise sont leur meilleur sonar, que complètent deux décennies d'expérience à user leurs semelles sur les routes de l'Hexagone. Un trio complice et indépendant qui essaie, entre deux voyages, de garder la ligne.

Loup-Maëlle Besançon : cette Normande se méfie des GPS et des autoroutes, leur préférant cartes et chemins de traverse. Entre deux traductions de livres norvégiens, elle explore avec gourmandise des contrées plus ou moins exotiques. Son constat : si les voyages ouvrent l'esprit, nul n'est besoin de partir loin pour faire des rencontres et des découvertes extraordinaires.

François Chauvin : pour avoir, depuis tout môme, usé ses godasses au long des sentiers, de son massif du Jura natal à de lointains ailleurs, il se sent chez lui partout où la terre n'est pas plate. Mais se laisse également facilement emporter par les vibrations urbaines. D'ailleurs, ses études de journalisme, c'était d'abord pour écrire sur le rock.

UN GRAND MERCI À NOS AMI(E)S SUR PLACE

Pour cette nouvelle édition, nous remercions particulièrement :

Pour la Seine-Maritime
- **Estelle Clabaux** et **Ivan Saliba,** du comité départemental de tourisme de Seine-Maritime.
- **Claire Cierzniak,** du Pôle d'équilibre territorial et rural du pays de Bray.
- **Aline Braud,** de la CDC Bresle maritime.
- **Guillaume Gohon,** pour une visite passionnée et passionnante de Rouen.
- **Maria et Annick,** pour leurs bons tuyaux gourmands à Rouen.
- **Éric Baudet** de l'office de tourisme du Havre.
- **Lucas Sauvage,** guide de la Maison du patrimoine au Havre.
- Ainsi que le formidable réseau des offices de tourisme du département, et tout particulièrement ceux de Clères, de Dieppe, d'Étretat, de Fécamp, de Forges-les-Eaux, du Havre, du Tréport, de Neufchâtel-en-Bray, du pays de Caux – Vallée de Seine, du plateau de Caux maritime, de Rouen et de Ry.

Pour l'Eure
- **Capucine d'Halluin,** d'Eure Tourisme.
- Les offices de tourisme de l'Eure, notamment ceux de Bernay, de Conches-en-Ouche, d'Évreux, de Gisors, des Andelys, de Louviers, de Lyons-la-Forêt, de Pont-Audemer, de Verneuil-d'Avre-et-d'Iton et de Vernon.

Pour le Calvados
- **Armelle Le Goff** et les services de Calvados Tourisme.
- **Didier Llorca** et l'équipe de l'office de tourisme de Bayeux Intercom.
- **Mathilde Lelandais,** de l'office de tourisme Terres de Nacre.
- **Florence Nikolic,** de l'office de tourisme Caen la Mer.
- **Solène Gérard,** de l'office de tourisme intercommunal Normandie-Cabourg.
- **Sandrine Chardon,** de l'office de tourisme de Deauville.
- **Sophie Millet-Dauré** et **Armelle Lethorey,** de l'office de tourisme de Trouville.
- **Clémence Frémont,** de l'office de tourisme de Honfleur.
- Les offices de tourisme de Terres de Nacre, du Bocage normand et de la Suisse normande.
- **Hélène Morales,** de l'office de tourisme du pays de Falaise.

Pour la Manche
- **Claire Larquemain** et l'équipe de Manche Tourisme.
- **Frédérique Hédouin,** pour les *Gîtes de France*.
- Les offices de tourisme de la Manche, en particulier ceux d'Avranches, de Barneville-Carteret, de Cherbourg-en-Cotentin, de Coutances, de Granville, de Mortain, de Pontorson, de Quettehou, de Saint-Lô et de Saint-Sauveur-le-Vicomte.

Pour l'Orne
- **Carole Rauber** et l'équipe d'Orne Tourisme.
- **Pierre Poisson,** d'Orne Tourisme/*Gîtes de France*.
- **Anne-Laure Chausserie,** de l'office de tourisme de Domfront.
- **Marie-Dominique Rousseau,** du parc naturel régional Normandie-Maine.
- Les offices de tourisme de l'Orne, en particulier ceux d'Alençon, d'Argentan, de Bagnoles-de-l'Orne, de Bellême, de Domfront, de L'Aigle, de Mortagne-au-Perche, de la Roche d'Oëtre, de Sées et de Vimoutiers.

© HACHETTE LIVRE (Hachette Tourisme), 2020
Le *Routard* est imprimé sur un papier issu de forêts gérées.

Tous droits de traduction, de reproduction et d'adaptation réservés pour tous pays.
© Cartographie Hachette Tourisme
I.S.B.N. 978-2-01-710098-0

LA NORMANDIE

Plage d'Étretat

« Que la nature est prévoyante ! Elle fait pousser des pommes en Normandie sachant que les indigènes de cette province ne boivent que du cidre. »
Henri Monnier

Les vaches broutant sous les pommiers dans des champs verdoyants, les **chaumières à colombages,** les fromages crémeux et odorants, le calvados, les **plages du Débarquement,** voilà les clichés qui collent à la Normandie aussi sûrement que le caramel aux dents.

La Normandie, c'est effectivement cela : une région fortement agricole, terre de bons produits, où nombre de villes et villages portent encore les stigmates de la guerre. Mais sous sa couette verte à impression **pommiers en fleur,** la Normandie abrite aussi son cortège de petites industries et de zones pétrochimiques, des banlieues ouvrières ainsi que des villes dynamiques qui méritent absolument le détour, comme Rouen, Le Havre ou Caen.

L'important patrimoine architectural témoigne aussi de la puissance du duché de Normandie au Moyen Âge (911-1469), et celui-ci trouve dans des paysages d'une grande diversité un magnifique écrin. Que vous souhaitiez jouer au lézard des **plages,** flamber au casino, vous régaler de bons produits (de la terre comme de la mer), revoir votre Histoire et parfaire votre culture en visitant **châteaux, abbayes ou musées,** marcher ou pédaler le long de côtes battues par les vents ou à l'abri des chemins creux dans un bocage intime et discret, vous devriez trouver votre bonheur sur ces terres dépaysantes et, pour certaines, si proches de Paris.

Pommier en fleur dans le Calvados

NOS COUPS DE CŒUR

♡ Contempler les nymphéas, au printemps, dans les jardins de Monet à Giverny, puis visiter le musée des Impressionnismes, en face.
Une plongée au cœur même de l'imaginaire de Monet : la maison et les jardins ont leur aspect d'origine et, à tout moment, on s'attend à ce qu'apparaisse le maître. Aucune œuvre originale, on vient admirer les superbes jardins fleuris : le jardin d'eau orientaliste, où l'artiste peignit les *Nymphéas*, et, plus proche de la maison, le « clos normand ». *p. 72*

NOS COUPS DE CŒUR 15

♡ 2 **Cheminer, au propre comme au figuré, dans l'univers incroyable des jardins du château du Champ-de-Bataille.**

C'est au milieu d'un parc de 40 ha que s'élève ce superbe château ducal du XVIIe s, racheté en 1992 par l'architecte d'intérieur Jacques Garcia. Dans ses jardins à la française revus et visités, le rêve un peu fou, la passion, la poésie, l'imaginaire et la réalité ont fusionné pour créer une « œuvre contemporaine » unique : seules les dentelles de buis ont été restaurées selon les plans de Le Nôtre, tout le reste n'est que pure création et symbolique. *p. 84*
Bon à savoir : au cas où vous en demanderiez encore, le domaine d'Harcourt, à quelques kilomètres de là, possède lui aussi un arboretum de toute beauté.

♡ 3 **Observer et écouter les oiseaux de bon matin, dans le silence fabuleux du Marais-Vernier.**

Un paysage très particulier et des plus pittoresque. Asséché sous Henri IV, cet amphithéâtre de verdure parfait, entouré de collines, est une autre Normandie, peu connue, vivant presque « en marge ». On y trouve quelques-unes des plus belles fermes de la région, avec des bouquets d'iris poussant sur leur toit pour les protéger de l'humidité. Des haies de saules délimitent des prairies humides, et de beaux vergers servent de traits d'union entre les fermes fleuries. *p. 95*
Bon à savoir : le meilleur moment pour visiter le Marais-Vernier est le printemps, quand les iris s'épanouissent.

NOS COUPS DE CŒUR

④ Déambuler dans les rues anciennes de Rouen, le nez au vent et l'œil à l'affût.
Outre la splendide cathédrale, les superbes églises et autres petites merveilles à découvrir dans les charmants vieux quartiers de la ville, on ne pourra pas manquer les nombreuses vénérables maisons à pans de bois, parfois opulentes, parfois brinquebalantes : la ville en abrite pas moins de 2 000. *p. 112*
Bon à savoir : qui dit « demeure à pans de bois » ne dit pas forcément « maison médiévale ». Il en existe de toutes les époques.

⑤ À Jumièges, découvrir dans un superbe environnement **l'une des plus admirables abbayes de France.**
Bien que largement en ruine, cette abbaye n'en conserve pas moins une majestueuse prestance. L'imposante église Notre-Dame garde entière sa façade flanquée de deux tours et la majeure partie de la nef. L'impression est grandiose dans cette église à ciel ouvert. Lorsqu'on élève le regard, la perspective est saisissante. De-ci, de-là, on devine des voûtes et des chapelles gothiques ajoutées au XIVe s. La végétation s'est évidemment emparée de l'ensemble. *p. 126*
Bon à savoir : en saison, le logis abbatial abrite de très belles expos photo, et le parc de 15 ha se prête merveilleusement aux pique-niques ; le dispositif Jumièges 3D permet de découvrir une reconstitution de l'abbaye.

NOS COUPS DE CŒUR 17

© Rieger Bertrand/hemis.fr, « Église Saint-Joseph » © Auguste PERRET, UFSE, SaiF, 2020

6 **Découvrir l'urbanisme moderne d'Auguste Perret au Havre, et se laisser surprendre par l'étonnante omniprésence du béton.**
Le centre-ville du Havre, rasé à 85 % pendant la Seconde Guerre mondiale, fut reconstruit sur une vingtaine d'années par Auguste Perret, adepte du triple concept « dépouillement, simplicité et luminosité ». L'architecture en béton apparaît d'abord austère, mais bien vite on comprend pourquoi il fait bon vivre dans cette ville. L'impression d'espace, l'air marin, son dynamisme… *p. 146*
Bon à savoir : visiter l'appartement-témoin de Perret permet de mieux comprendre la spécificité de cette architecture désormais inscrite par l'Unesco sur la liste du Patrimoine mondial de l'humanité.

NOS COUPS DE CŒUR

♡ 7 **Piquer une tête aux Bains des Docks,** **étonnant complexe balnéo-aquatique conçu au Havre par Jean Nouvel.**
Sur le site des anciens hangars à café, l'architecte a revisité les thermes romains, en version moderne, pour édifier cette remarquable architecture tout en lignes épurées. Formes cubiques, jeux des volumes, monochromie, lumières douces puisées à l'extérieur et cadre zen propice à la détente… Même l'acoustique est meilleure que dans les piscines traditionnelles. *p. 146*
Bon à savoir : on trouve là un espace balnéo avec toboggans, bassins chauds et froids, sauna et pataugeoire pour les enfants, ainsi qu'un hammam et un bassin extérieur de 50 m.

NOS COUPS DE CŒUR 19

© Cormon Francis/hemis.fr

♡ 8 **Partir sur les traces d'Arsène Lupin en admirant les falaises d'Étretat, et tenter d'élucider le mystère de l'Aiguille creuse.**
Presque une légende tant l'arche de craie plongeant dans la mer fait partie des images ancrées dans nos mémoires. Sans oublier cette aiguille, juste derrière, dont Arsène Lupin tente de percer le secret dans l'une de ses aventures… On ne se lasse pas de découvrir ces falaises sous les lumières changeantes de l'aube au crépuscule. *p. 161*
Bon à savoir : en visitant le Clos Lupin, vous saurez tout sur l'énigme de l'Aiguille creuse… et sur les manies de l'auteur !

NOS COUPS DE CŒUR

 Partir à la recherche des villas Belle Époque de Houlgate et remonter le temps quelques instants.

Séduisante station construite à la fin du XIXe s le long d'une plage de sable fin, Houlgate a échappé à la « défiguration » immobilière. Elle conserve l'un des plus beaux échantillons de villas de toute la côte normande, ainsi qu'une belle plage. Sur le front de mer autant qu'aux flancs des collines voisines, chalets fantaisistes, manoirs de la fin du XIXe s et hôtels somptueux sont les témoins du passé prestigieux de Houlgate, du temps où banquiers et têtes couronnées venaient y prendre l'air. *p. 254*
Bon à savoir : Houlgate compte près de 300 villas dignes d'intérêt.

NOS COUPS DE CŒUR 21

⑩ Se balader sur la pointe du Hoc tôt le matin, avant l'afflux des visiteurs, et se souvenir de tous ces soldats alliés tombés pour notre liberté.

Sise dans un superbe paysage, cette falaise abrupte souvent battue par les vents fut choisie par les Allemands pour l'implantation d'une puissante batterie de canons. L'héroïque prise du site par les rangers américains du colonel Rudder fit de l'assaut de la pointe du Hoc l'une des pages les plus célèbres de l'histoire du Débarquement. Le site est resté à peu près en l'état, soit celui d'un champ de bataille où se mêlent bunkers en ruine, cratères de bombes et béton criblé de balles. *p. 346*
Bon à savoir : comme le cimetière américain d'Omaha Beach, le site est une concession à perpétuité, propriété des États-Unis.

⑪ S'offrir des huîtres de Saint-Vaast-la-Hougue pour croquer la mer à pleines dents !

Important port de plaisance et de pêche, Saint-Vaast est aussi un centre ostréicole renommé. Devant l'île Tatihou, les fonds marins en pente douce permettent à l'océan de se retirer très loin sur la zone de l'estran. À 12 m sous l'eau, l'élevage de l'huître est filtré par les courants les plus violents d'Europe. C'est une huître au goût particulièrement iodé. *p. 397*
Bon à savoir : si vous n'aimez pas les huîtres laiteuses, évitez de les consommer en été.

NOS COUPS DE CŒUR

12 Découvrir le cap de la Hague et le port de Goury… surtout par temps déchaîné !

On a coutume de comparer la Hague à une Irlande en miniature ! C'est une terre déchirée, une longue échine décharnée entourée d'écueils, un morceau d'Armorique évadé, Finistère le plus proche de Paris, véritable bout du monde tombant abruptement dans le raz Blanchard. Il faut presque qu'il bruine, qu'il vente. En effet, par beau temps, à marée basse, son côté dramatique s'estompe. *p. 420*

Bon à savoir : non seulement les dunes de Biville offrent un spectacle stupéfiant, mais c'est aussi l'un des plus vieux massifs dunaires d'Europe.

13 Musarder sur les petites routes du sud du pays de Coutances.

Superbe pays de bocage où il fait bon se perdre dans le lacis des petites routes. On découvre alors le château de Cerisy-la-Salle, en surplomb d'un petit affluent de la Soulles, à l'architecture sévère et rigoureuse. Puis l'abbaye de Hambye, grand squelette de pierre majestueux dégageant une impression d'élévation, de grâce, avec ses voûtes à ciel ouvert. Avant d'arriver à La Baleine, adorable hameau lové dans la vallée de la Sienne. *p. 452, 453, 454*

Bon à savoir : au fil de ces déambulations, rien ne vaut un détour par l'andouillerie de la vallée de la Sienne pour goûter au top du top de l'andouille fumée.

NOS COUPS DE CŒUR 23

14 **Aborder le Mont-Saint-Michel** en traversant la baie les pieds dans l'eau.

Au Moyen Âge déjà, les pèlerins empruntaient ce chemin pour rejoindre le célèbre Mont dont la vue reste un enchantement, un mirage, quelles que soient l'heure, la couleur du ciel et son humeur. En saison, on part pieds nus, en short, car il n'est pas rare de devoir s'enfoncer dans l'eau jusqu'aux genoux, voire jusqu'aux cuisses. Toujours prévoir un bon coupe-vent et un vêtement chaud, car même quand le soleil brille, il peut faire froid. L'approche se révèle particulièrement magique très tôt le matin ou en soirée. *p. 482*

Bon à savoir : les traversées de la baie doivent impérativement être encadrées par un guide. Ne jamais partir seul !

NOS COUPS DE CŒUR

15 **Monter au sommet de la Roche d'Oëtre, et contempler la Rouvre qui s'écoule paisiblement.**

La Roche d'Oëtre est sans doute le site naturel le plus curieux et le plus beau de toute la Suisse normande. Il s'agit d'une sorte de cuvette profonde, noyée dans les arbres à perte de vue, où la Rouvre, petit affluent de l'Orne, a réussi à se frayer un chemin. Il faut absolument descendre jusqu'à une terrasse inférieure pour découvrir la carte postale du coin : la roche supportant la terrasse évoque un profil humain. *p. 533*

Bon à savoir : *la rivière est, elle aussi, protégée – les saumons la remontent, et des loutres se cachent à nouveau sur ses rives.*

NOS COUPS DE CŒUR   25

16 **Rendre hommage au roi des fromages** en suivant la route du Camembert.

Par d'adorables petites routes, on explore le pays d'Auge ornais, subtil bocage où alternent de douces collines et des vallons douillets. Un pays béni par les dieux de la terre, avec des vaches sommeillant dans les prés, des villages de poupée, de craquantes maisons à colombages. Et puis, inévitablement, on s'arrête à Camembert, minuscule village accroché au flanc d'une colline, au nom qui a fait plusieurs fois le tour du monde. *p. 541, 542*

Bon à savoir : Camembert n'est qu'à une quinzaine de kilomètres de Livarot et à une cinquantaine de Pont-l'Évêque… de quoi passer une journée parfumée !

NOS COUPS DE CŒUR

17 Explorer le monde de l'aiguille à la manufacture Bohin de Saint-Sulpice-sur-Risle.
Cette usine est la dernière en France à fabriquer des aiguilles, et le musée créé autour de la manufacture est superbe. En plus de tout apprendre sur la fabrication des aiguilles, vous y découvrirez l'univers de la Risle et les industries que cette rivière a fait naître. Sans parler de l'espace consacré au fondateur de cette usine, Benjamin Bohin, un sacré personnage ! Une visite où poésie, bel ouvrage, technique et art se mêlent avec bonheur, vous entraînant dans un autre monde durant près de 2h. *p. 551*
Bon à savoir : également une très belle boutique sur place pour qui aime les travaux de couture.

18 Suivre la route des manoirs du Perche, et s'offrir une ou plusieurs nuits dans une coquette gentilhommière de la région…
On ne dira jamais assez la beauté d'un manoir percheron caché derrière son bouquet d'arbres ou niché dans un pli du relief. Point d'arrogance dans ces vieux corps de bâtiments couverts de tuiles et d'ardoises qui étaient tous des exploitations agricoles. Environ 500 manoirs furent construits du XVe au XVIIe s ; il n'en reste plus qu'une centaine aujourd'hui. *p. 564*
Bon à savoir : le Perche est aussi un repaire de gourmands qui apprécient la qualité de vie offerte par cette microrégion ; les bons produits et les bonnes tables n'y sont pas rares.

L'église Saint-Étienne-le-Vieux à Caen

ITINÉRAIRES CONSEILLÉS

Les essentiels

La Normandie garde les traces d'un prestigieux passé. L'ère de Guillaume le Conquérant – relatée dans la fameuse **tapisserie de Bayeux (1)** – marque son apogée architecturale et religieuse. Prenez le temps de flâner dans les ruelles de **Rouen (2)**, ville-musée mémorable, ou d'explorer **la route des abbayes** ; à propos d'abbaye, comment ne pas citer ne serait-ce que **Le Mont-Saint-Michel (3)**, somptueux, au caractère aussi céleste que maritime ? Impossible aussi de ne pas évoquer la Seconde Guerre mondiale et le débarquement des forces alliées à Omaha Beach ou à la **pointe du Hoc (4)**, non loin du **Mémorial de Caen (5).** Plus contemporaine : **Le Havre (6)**, ville reconstruite après guerre par Auguste Perret, à l'insolite architecture de béton rose, ou, dans un tout autre genre, les stations balnéaires de la **Côte Fleurie (7)** – de Deauville à Cabourg – nées de l'engouement pour les bains de mer sous le Second Empire, et leurs villas, plages et casinos, toujours aussi fréquentés aujourd'hui. Mais la Normandie a aussi un supplément d'âme, capté et immortalisé par les peintres impressionnistes, des peintres de plein air auxquels la révolution des transports et des techniques a permis de découvrir la région. De la baie du **Mont-Saint-Michel (3)**, où la limite se fond entre ciel, terre et mer, jusqu'au vertige des falaises d'**Étretat (8)** en passant par le **cap de la Hague (9)** et ses charmants petits ports, la Normandie dévoile ses facettes maritimes diverses et contrastées. Pour sentir l'inspiration artistique, continuez le long de la Seine : partez de **Honfleur (10),** prenez le temps de vous promener dans le **Marais-Vernier (11),** avant de rejoindre **Giverny (12)**, village idyllique de Monet. Quant à la légendaire herbe grasse normande, elle a valu à la région la construction du « Versailles des chevaux » : le **haras national du Pin (13)** ; et, pas bien loin de là, la spectaculaire silhouette du **château de Carrouges (14).**

ITINÉRAIRES CONSEILLÉS

Pas de vacances sans Histoire

Le Moyen Âge, période de grandeur du duché de Normandie, a laissé de bien beaux témoignages. De magnifiques abbayes tout d'abord : celle du **Mont-Saint-Michel (1),** bien sûr, mais aussi celles de **Caen (2),** de la vallée de la Seine (**Jumièges – 3 ; Saint-Wandrille – 4**) ou du Vexin (**abbaye de Mortemer – 5 ; de Fontaine-Guérard – 6**). Des châteaux forts ensuite (en tout cas leurs vestiges) : ceux de **Gisors (7), Falaise (8)** ou **Château-Gaillard (9)** aux Andelys. Sans parler des superbes cathédrales de **Coutances (10), Sées (11), Rouen (12)** et **Bayeux (13).** Bayeux, qui abrite la célèbre Tapisserie, est par ailleurs une ravissante cité, une des rares dans ce coin de Normandie à avoir été épargnées par les bombardements de l'été 1944. À **Rouen (12),** les amateurs d'histoire médiévale seront comblés : la cité où Jeanne d'Arc fut jugée et brûlée consacre à la sainte un musée pas banal, l'Historial. Plus près de nous, il y a aussi tous les sites liés au **Débarquement (14)** et à la bataille de Normandie et au tourisme de mémoire d'une manière générale, comme l'**Airborne Museum à Sainte-Mère-Église (15).** Qui dit guerre, dit reconstruction : impossible de contourner **Le Havre (16)** classée au Patrimoine Mondial de l'Unesco pour son architecture unique due à Auguste Perret.

Budget serré

En bien des endroits, la Normandie est un musée à ciel ouvert, que ce soit les vieux quartiers de **Rouen (1),** l'architecture de Perret au **Havre (2),** les **villas de la Côte Fleurie (3),** les ravissants **villages du pays d'Auge (4)** ou les **plages du Débarquement (5).** La très belle **Maison du parc Normandie-Maine** à **Carrouges (6)** est gratuite ; grâce à elle, vous comprendrez mieux l'environnement naturel, culturel et architectural de ce beau parc naturel régional. Pour la promenade ou le farniente, vous aurez l'embarras du choix côté **plages.** On ne se lasse pas de contempler les falaises blanches de la **Côte d'Albâtre (7)** et cette mer incroyablement verte. En revanche, pour les châteaux de sable, préférez les plages du Calvados ou de la Manche car le galet règne en maître en Seine-Maritime. Vous trouverez une ambiance plus parisienne et plus chic sur la **Côte Fleurie (3),** plus familiale et locale sur la **Côte de Nacre (8)** ou dans la Manche. Pour les étendues de sable à perte de vue, vous trouverez votre bonheur entre **Granville** et **Port-Bail (9).**

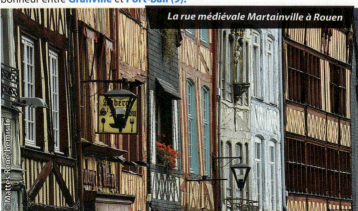

La rue médiévale Martainville à Rouen

ITINÉRAIRES CONSEILLÉS

Avec des enfants

En général, les enfants adorent les **plages du Débarquement (1)** (oui, encore !), où ils peuvent grimper sur des chars et courir au milieu des batteries et des casemates. Mais il y a aussi ceux qui vous tanneront pour aller au zoo ! Par chance, celui de **Champrepus (2)** ou le **parc animalier** de **Clères (3)** devraient séduire les parents autant que les enfants. Plus culturel : la **ferme-musée du Cotentin** à **Sainte-Mère-Église (4)** ou le **château de Vendeuvre (5)** et son musée de meubles miniatures ainsi que son étonnante collection de niches à chien. La **Cité de la Mer à Cherbourg (6)** pour s'immerger dans le monde des océans et la grande épopée du Transatlantique, le **Ludiver à Tonneville dans la Hague (7)** pour mieux comprendre notre système solaire sauront capter l'attention des bambins. Autre possibilité : partir sur les traces de Guillaume le Conquérant. Parmi les incontournables : le **château de Falaise (8)** et, surtout, la **tapisserie de Bayeux (9).** La Normandie est aussi la 1re région de France où furent découverts des dinosaures : à Villers-sur-Mer, le **Paléospace (10)** leur est en partie dédié. Mais si votre rejeton, c'est se défouler qu'il veut, direction **Granville (11)** ou **Barneville-Carteret (12)** pour les activités de voile. Il préfère le vélo ? Allez donc pédaler en toute sérénité sur une des nombreuses voies vertes de la région, comme la très jolie **Avenue Verte London-Paris (13)** dans le pays de Bray.

Envie de vert

Du vert, la Normandie n'en manque pas ! Mais votre vert, vous le voulez nature ou domestiqué ? Côté jardins, la Seine-Maritime est particulièrement riche, avec une concentration étonnante de parcs comme dans les environs de

ITINÉRAIRES CONSEILLÉS

Ry (1). Dans l'Eure, il serait criminel de ne pas mentionner le **jardin de Monet** à **Giverny (2)** ou les parcs du **domaine d'Harcourt (3)** et du **château du Champ-de-Bataille (4).** Le Cotentin, dans la Manche, abrite aussi quelques perles, dont le parc du **château des Ravalet (5)** à Cherbourg ou le **Jardin botanique** de **Vauville (6).** Si vous préférez la nature, l'Orne et l'Eure ont encore toutes 2 de très belles forêts, comme celles de **Lyons (7),** de **la Trappe (8)** ou de **Bellême (9)** pour n'en citer que 3. Enfin, si au vert vous souhaitez ajouter une touche de bleu, le magnifique **sentier des douaniers (10)** de 80 km entre Urville-Nacqueville et Surtainville au cap de la Hague vous attend. Et puis il y a aussi le **pays d'Auge (11),** la **Suisse normande (12),** les **parcs naturels régionaux** et on en passe. La Normandie est tellement verte ! Et elle se parcourt à pied, à cheval ou à vélo !

Cidrerie traditionnelle

Baie du Mont-Saint-Michel

Interview #experienceroutard

Par la rédaction du *Routard*

Qu'est-ce qui rend la Normandie si attachante ?

Que la Normandie soit d'une incroyable richesse et se compose de territoires très différents. La Seine joue un rôle important ici, car elle sépare vraiment la région en 2. On retrouve dans l'Eure des paysages semblables à ceux de l'Orne. La Seine-Maritime (Rouen, Le Havre), elle, se démarque nettement ; au niveau des paysages, de l'architecture, mais aussi de l'histoire (la Seconde Guerre mondiale, par exemple, n'y a pas été vécue de la même façon que dans le Calvados, la Manche ou l'Orne). Historiquement, elle est aussi très industrielle, alors que les autres départements sont traditionnellement plus agricoles. En les parcourant, on se rend compte que le seul véritable point commun encore visible aujourd'hui à travers tout le territoire, c'est justement l'héritage normand, avec tous ces noms de bourgade en « -ville » et, surtout, de superbes églises ou abbayes (ou leurs vestiges).

La meilleure saison pour visiter la Normandie ?

Le printemps et l'automne, quand la nature explose ou se pare d'un vert intense et de mille autres couleurs. L'image des prés verdoyants et de leurs pommiers en fleur tient un peu du cliché, mais c'est une réalité. À l'automne, ce sont les pommes qui font ployer les branches et ponctuent le paysage de taches de couleur. Cela dit, des villes comme Rouen, Le Havre, Caen ou Cherbourg se visitent absolument en toute saison, et se promener sur la côte en hiver, par tous temps, peut se révéler magique : la lumière et les ciels très changeants sont magnifiques.

Des conseils pour les gourmands ?

Un des ingrédients les plus connus de la cuisine normande est probablement la crème fraîche. Mais surtout, allez sur un marché ou chez un fromager, pour acheter une vraie crème fermière, crue et bien épaisse. Vous découvrirez qu'il y a crème fraîche et crème fraîche ! Autre célébrité locale : la pomme et tous ses dérivés. À l'heure de l'industrialisation et de l'uniformisation des goûts, une expérience intéressante à faire en famille : acheter des jus de pomme chez différents producteurs. Vous découvrirez qu'aucun jus de pomme ne se ressemble, qu'il existe une très grande palette de goûts, de couleurs, de textures selon les terroirs et les variétés utilisées. Enfin, si vous êtes sur la côte entre Granville et Le Mont-Saint-Michel d'avril à juin, ne ratez surtout pas la « moussette », des araignées de mer juvéniles qu'on ne trouve pratiquement que dans ce coin de France. Leur chair généreuse est d'une délicatesse... un pur délice !

Un film à recommander ?

38 témoins de Lucas Belvaux. Nombre de films ont été tournés au Havre, mais dans celui-ci la ville, la musique de son port deviennent presque des personnages à part entière que le réalisateur filme merveilleusement.

COMMENT Y ALLER ?

EN VOITURE

Les autoroutes

Pour connaître les tarifs des principaux tronçons autoroutiers, consulter le site ● *autoroutes.fr* ●

Le covoiturage

Le principe est simple, économique et écologique. Il s'agit de mettre en relation un chauffeur et des passagers afin de partager le trajet et les frais, que ce soit de manière régulière ou de manière exceptionnelle (pour les vacances, par exemple). ● *bla blacar.fr* ●

EN BUS

Le réseau de bus longue distance s'étant intensifié ces dernières années, le plus pratique est de consulter le comparateur de billets d'autocars ● *comparabus.com* ●, qui regroupe les compagnies présentes en France : *BlaBlaBus* (anciennement *Ouibus*), *Eurolines/Isilines* et *Flixbus*. De nombreuses villes sont desservies sur tout l'Hexagone, avec régulièrement de nouvelles dessertes. À vous de voir en temps réel les liaisons existantes. Un lien vers les compagnies permet d'acheter ses billets en direct.

EN TRAIN

Au départ de Paris et de la province

➤ Départ de Paris *gare Saint-Lazare* pour Vernon, Rouen, Le Havre, Évreux, Caen, Cherbourg, Lisieux, Deauville-Trouville, Cabourg, Bayeux, Fécamp et Dieppe. Départs aussi de *Montparnasse 3-Vaugirard* pour Granville, Argentan, Vire, Verneuil et Alençon.
➤ Il est possible de rejoindre Rouen depuis *Avignon, Lille, Lyon, Marseille* et *Valence.*

Pour voyager au meilleur prix

La SNCF propose des services adaptés à chacun de vos voyages.
➤ *Prem's :* des petits prix disponibles toute l'année. Billets échangeables et remboursables (offres soumises à conditions). Impossible de poser des options de réservation sur ces billets : il faut les payer immédiatement.

➤ *Les cartes de réduction*
Pour ceux qui voyagent régulièrement, profitez de 30 % de réduction avec les cartes *Avantage Famille, Jeune, Week-end* ou *Senior* + (49 €, valables 1 an).
➤ *L'Alerte Petits Prix sur OUI.sncf*
Plus besoin de chercher les meilleurs prix pour ses trajets, OUI.sncf vous propose de vous alerter par e-mail lorsqu'un billet correspond à vos critères (gares de départ/d'arrivée ; jours pour voyager ; budget envisagé).

Renseignements et réservations

– *Internet :* ● *oui.sncf* ●
– *Téléphone :* ☎ *36-35 (0,40 € TTC/ mn).*
– Également dans les gares, les boutiques SNCF et les agences de voyages agréées.

COMMENT Y ALLER ?

Le Transport express régional (TER)

La région Normandie et SNCF vous proposent le *Pass Normandie Découverte*.

Pour une escapade à 2, pour une sortie familiale ou entre amis, le *Pass Normandie Découverte* permet, pour un prix unique de 20 €, à 2 adultes, de voyager sur tout le réseau TER de Normandie en train ou en car TER en illimité tout un week-end. *20 € pour 2 pers, gratuit pour les enfants (moins de 12 ans dans la limite de 3 enfants), + 5 €/pers supplémentaire (dans la limite de 3 pers).*

Ce *pass* est disponible d'avril à fin octobre, sur le site : ● *ter.sncf.com/ normandie* ●

Plus d'infos : *contact TER Normandie ☎ 0800-801-801 (service et appel gratuits).*

▲ OUI.SNCF

Acteur majeur du tourisme en Europe, expert de la distribution du train et de la destination France, OUI. sncf propose les offres de 15 transporteurs train tels que TGV INOUI, OUIGO, Intercités, Eurostar, Thalys, TGV Lyria ; 3 compagnies de bus, 400 compagnies aériennes ; 500 000 offres d'hôtels référencés et des services exclusifs (relation clients disponible tlj 24h/24, Alerte Petits Prix, OUIbot, etc.).

▲ TRAINLINE.FR

Une façon simple et rapide d'acheter vos billets de train sur le Web, mobile et tablette. Réservez vos billets pour voyager en France et dans plus de 45 pays européens. Consultez les tarifs et les horaires dans une interface claire et sans publicité. Trainline compare les prix de plusieurs transporteurs européens pour vous garantir le meilleur tarif.

Réservations et paiements sur ● *train line.fr* ● et sur mobiles avec l'application Trainline pour iPhone et Android.

EN AVION

▲ AIR FRANCE

Rens et résas sur ● *airfrance.fr* ● *via les canaux de vente Air France, au ☎ 36-54 (tlj ; 0,35 €/mn) et dans ttes les agences de voyages.*

➤ Depuis Caen, vols directs vers Lyon, Marseille et Toulouse ; vols saisonniers en été vers Ajaccio, Nice et Figari.

➤ Depuis Rouen, vols saisonniers en été vers Bastia et Figari.

Air France propose à tous des tarifs attractifs toute l'année. Pour consulter les meilleurs offres du moment, allez directement sur la page « nos meilleurs tarifs » sur ● *airfrance.fr* ●

Flying Blue, le programme de fidélité gratuit d'Air France-KLM, permet de gagner des *Miles* en voyageant sur les vols Air France, KLM et les compagnies membres de Skyteam, mais aussi auprès des nombreux partenaires non aériens *Flying Blue...* Les *Miles* peuvent ensuite être échangés contre des billets d'avion ou des services (surclassement, bagage supplémentaire, accès salon...) ainsi qu'auprès des partenaires. Pour en savoir plus, rendez-vous sur ● *flying blue.com* ●

Votre voyage de A à Z !

CHOISIR
Trouvez la destination de vos rêves avec nos idées week-end et nos carnets de voyage.

ORGANISER
Préparez votre voyage avec nos 220 fiches destination, nos dossiers pratiques et les conseils de nos 530 000 membres.

RÉSERVER
Réservez avec les meilleurs partenaires votre vol, votre voiture, votre hôtel, votre location…

PARTAGER
Partagez vos expériences, photos, bons plans et avis d'hôtels avec 2.4 millions d'internautes chaque mois*.

* Source Nielsen/ Mediametrie/ Netrating

BON À SAVOIR
AVANT LE DÉPART

INFOS UTILES

ℹ Comité régional du tourisme de Normandie : Évreux. ☎ 02-32-33-79-00. ● normandie-tourisme. fr ● Vous trouverez sur le site internet les brochures en ligne ainsi que des suggestions d'escapades.

ℹ Pour les **comités départementaux du tourisme,** voir au début de chaque chapitre.

Carte d'adhésion internationale aux auberges de jeunesse (carte FUAJ)

Cette carte vous ouvre les portes des 4 000 auberges de jeunesse du réseau *HI-Hostelling International* en France et dans le monde. Vous pouvez ainsi parcourir 90 pays à des prix avantageux et bénéficier de tarifs préférentiels avec les partenaires des auberges de jeunesse *HI*. Il n'y a pas de limite d'âge pour séjourner en auberge de jeunesse ; il faut simplement être adhérent.

Renseignements et inscriptions

– **En France :** ● hifrance.org ●
– **En Belgique :** ● lesaubergesdejeunesse.be ●
– **En Suisse :** ● youthhostel.ch ●
– **Au Canada :** ● hihostels.ca ●
Si vous prévoyez un séjour itinérant, vous pouvez réserver plusieurs auberges en une seule fois en France et dans le monde : ● hihostels.com ●

Carte internationale d'étudiant (carte ISIC)

La carte internationale d'étudiant (ISIC) prouve le statut d'étudiant dans le monde entier et offre plein de réduc (billets d'avion spécial étudiants, hôtels et auberges de jeunesse, assurances, cartes SIM internationales, location de voitures, loisirs...).

Renseignements et inscriptions

– **En France :** ● isic.fr ● 13 € pour 1 année scolaire.
– **En Belgique :** ● isic.be ●
– **En Suisse :** ● isic.ch ●
– **Au Canada :** ● isiccanada.com ●

BUDGET

Nous vous indiquons ci-dessous l'échelle des tarifs auxquels nous nous référons pour l'ensemble de nos guides France.

Hébergement

D'une manière générale, nous indiquons des fourchettes de prix allant de la chambre double la moins chère en basse saison à celle la plus chère en haute saison. Ce qui implique parfois d'importantes fourchettes de prix, pas toujours en adéquation avec la rubrique dans laquelle l'établissement est cité.

Le classement retenu est donc celui du prix moyen des chambres et de leur rapport qualité-prix.

– Les tarifs des **campings** sont calculés sur la base d'un emplacement pour 2 avec tente et voiture en haute saison. Ils sont classés en tête de rubrique « Où dormir ? ».

– Pour les **auberges de jeunesse,** le tarif indiqué est celui du lit en dortoir et/ou parfois de la chambre double, quand il y en a.

– En **chambres d'hôtes,** les prix sont donnés sur la base d'une chambre double. Ils incluent presque toujours le petit déjeuner. Les cartes de paiement sont rarement acceptées. En cas contraire, nous indiquons « petit déj en sus » et « CB acceptées ».

– Concernant les **hôtels,** le prix retenu reste celui d'une nuit en chambre double (sans petit déjeuner). La fourchette de prix englobe toutes les saisons, mais il est important de noter que, dans les grandes villes, les prix baissent significativement le week-end. Lorsque l'établissement dispose de chambres familiales, nous l'indiquons sans précision de prix.

– **Bon marché :** jusqu'à 60 €.
– **Prix moyens :** de 60 à 90 €.
– **Chic :** de 90 à 120 €.
– **Plus chic :** de 120 à 150 €.
– **Beaucoup plus chic :** plus de 150 €.

– *ℒ***ogis** est la 1re chaîne de restaurateurs-hôteliers indépendants en Europe avec 2 200 établissements répartis dans 8 pays. Fort de ses 70 années d'expérience, le réseau offre l'assurance d'un accueil personnalisé et chaleureux, d'un hébergement de qualité ainsi que d'une restauration faite maison mettant à l'honneur produits locaux et de saison. Engagés sur les territoires, tous les *ℒ*ogis sont impliqués dans une démarche d'économie locale, privilégiant les circuits courts et les produits régionaux. Plus d'infos : ● *logishotels.com* ●

– **The Originals, Human Hotels & Resorts** est un mouvement collectif de 600 hôteliers indépendants qui partagent une vision commune : celle d'une hôtellerie plus authentique et plus humaine. Au travers de 6 catégories, de l'hôtel de luxe à l'économique, les hôteliers *The Originals, Human Hotels & Resorts* ont tous quelque chose d'unique à partager, vous faire découvrir ou expérimenter : une recette, un moment de vie, une passion, une histoire. Une diversité d'expériences pour profiter du meilleur de la vie locale dans 12 pays en Europe et dans le monde. ● *theoriginalshotels.com* ●

Restos

Au restaurant, notre critère de classement est le prix du 1er menu servi le soir (hors boissons). Les notions de « Prix moyens » ou « Plus chic » n'engagent donc que les prix, pas le cadre, même si, souvent, ils vont de pair. Ainsi, certains restos gastronomiques (et chics) proposant parfois d'intéressantes formules au déjeuner sont malgré tout classés dans la rubrique « Plus chic » en raison des tarifs pratiqués le soir. Ne boudez donc pas cette rubrique.

Par ailleurs, la rubrique « Sur le pouce » référence des adresses que l'on recommande pour les sandwichs et plats à emporter. Les tarifs correspondent généralement à la rubrique « Très bon marché ».

– **Très bon marché :** moins de 15 €.
– **Bon marché :** de 15 à 25 €.
– **Prix moyens :** de 25 à 35 €.
– **Chic :** de 35 à 50 €.
– **Plus chic :** plus de 50 €.

40 | **BON À SAVOIR AVANT LE DÉPART**

Recommandation à ceux qui souhaitent profiter des réductions et avantages proposés dans le *Routard* par les hôteliers et les restaurateurs.

À l'hôtel, pensez à les demander au moment de la réservation ou, si vous n'avez pas réservé, **à l'arrivée.** Ils ne sont valables que pour les réservations en direct et ne sont pas cumulables avec d'autres offres promotionnelles (notamment sur Internet). Au restaurant, parlez-en **au moment** de la commande et surtout **avant** que l'addition ne soit établie. Poser votre *Routard* sur la table ne suffit pas : le personnel de salle n'est pas toujours au courant et une fois le ticket de caisse imprimé, il est souvent difficile de modifier le total. En cas de doute, montrez la notice relative à l'établissement dans le *Routard* de l'année et, bien sûr, ne manquez pas de nous faire part de toute difficulté rencontrée.

LIVRES DE ROUTE

Commençons par un incontournable de la littérature française : *Madame Bovary* (LGF, Le Livre de Poche) est le livre de chevet sur la Normandie – quoique Flaubert parlât aussi du Calvados dans *Bouvard et Pécuchet* (LGF, Le Livre de Poche) ou dans *Un cœur simple* (LGF, Le Livre de Poche). Son fils spirituel et compatriote, Guy de Maupassant, qui avait une maison à Étretat, décrivait son matériau humain avec des touches aussi subtiles qu'un paysage normand (en y ajoutant quand même un trait de vitriol). De nombreux passages d'*À la recherche du temps perdu* (tous les volumes sont disponibles en livre de poche) se déroulent en Normandie : Cambremer, Carquethuit, les marines d'Elstir et Cabourg – où Proust s'emprisonna au *Grand Hôtel* –, le Balbec mondain d'*À l'ombre des jeunes filles en fleurs.* On retrouve tout cet esprit à travers les ouvrages de Dominique Bussillet, *Marcel Proust du côté de Cabourg* (Cahiers du Temps ; d'autres très beaux ouvrages sur la Normandie dans cette maison d'édition basée à Cabourg : ● cahiersdutemps.com ●).
La station balnéaire d'Étretat fut lancée par les romans d'Alphonse Karr, où se déroule également l'action de *L'Aiguille creuse* (LGF, Le Livre de Poche), le meilleur des Arsène Lupin (de Maurice Leblanc). La campagne de L'Aigle imbibe les romans de la comtesse de Ségur, et le Cotentin ceux de Barbey d'Aurevilly *(L'Ensorcelée...),* tandis qu'André Maurois décrit la bourgeoisie industrielle d'Elbeuf dans *Bernard Quesnay* (Gallimard, coll. Blanche). Jean de La Varende (*Nez-de-cuir*, LGF, Le Livre de Poche) est le hussard (avant la lettre !) du pays d'Ouche. Raymond Queneau place *Un rude hiver* (Gallimard, coll. L'Imaginaire) dans Le Havre du début du XXe s. Martine-Marie Muller inscrit ses histoires dans le pays de Caux (Robert Laffont). Flaubert, Maupassant et Maurois ont revu (et corrigé) leur Normandie au charbon. Mais le plus méchant reste Octave Mirbeau : les *Contes de la chaumière* dépeignent le Perche comme un véritable enfer ! Philippe Delerm, quant à lui, a mis à l'honneur « sa » Normandie à travers notamment *La Première Gorgée de bière* (Gallimard), célébrant la cueillette des mûres ou la fin de l'été normand. Maxime Chattam nous fait frissonner au mythique, mais non moins énigmatique, Mont-Saint-Michel avec *Le Sang du temps* (Pocket). Et c'est à Jérôme Garcin, en cavalier émérite et meneur de troupe du « Masque et la Plume », de dresser un émouvant portrait du pays d'Auge équestre et sensuel dans *La Chute de cheval* (Gallimard, Folio) et *Théâtre intime* (Gallimard, Folio). Didier Decoin, quant à lui, dans *Avec vue sur la mer* (Pocket), nous parle avec humour et tendresse de son refuge à La Roche, hameau du bout du monde, près du port de Goury, dans la péninsule de la Hague. Ce magnifique coin du Cotentin

est aussi le cadre du roman *Les Déferlantes* de Claudie Gallay (J'ai Lu), œuvre sur laquelle souffle un fort vent plein de mystères.
De son côté, Janine Montupet nous fait revivre une époque, le XIXe s ouvrier dans l'Orne, à travers une belle saga, *La Dentellière d'Alençon* (Pocket).
Sur les pas de Guillaume le Conquérant (Nouv. Éd. Latines), partons de la Normandie vers l'Angleterre en 1066. ***1066, l'Histoire secrète de la tapisserie de Bayeux,*** c'est justement le titre choisi par A. Bridgeford pour son roman historique (Éd. du Rocher). Il allègue le fait que le point de vue des vaincus anglo-saxons transparaît, codé, entre les fils. Toujours sur la tapisserie de Bayeux, Adrien Goetz, dans *Intrigue à l'anglaise* (LGF, Le Livre de Poche), s'amuse à élucider le mystère des 3 m manquants de la tapisserie ; une enquête pleine de rebondissements (et d'humour) menée par Pénélope Breuil, conservatrice au musée de la Tapisserie.
Au rayon des polars encore, Michel Bussy nous entraîne chez Monet et les impressionnistes dans le Giverny d'hier et d'aujourd'hui dans son époustouflant *Nymphéas noirs* (Pocket).
Pour vous permettre d'en savoir plus sur le Débarquement et la bataille de Normandie, nous vous recommandons les différents ouvrages passionnants, clairs, précis et pédagogiques, de l'historien spécialiste de la question, ***Jean Quellien,*** notamment *La Bataille de Normandie, 6 juin-25 août 1944* (Éd. Tallandier). Citons aussi *Les Civils dans la bataille de Normandie* (OREP éditions), coécrit avec Françoise Passera, qui offre un nouveau regard sur les événements de l'été 1944 en s'attachant à l'aspect non pas militaire, mais humain.

PERSONNES HANDICAPÉES

La marque Tourisme et Handicap

Créée par le secrétariat d'État à la Consommation et au Tourisme en partenariat avec les professionnels du tourisme et les associations représentant les personnes handicapées, elle permet d'identifier les lieux de vacances (hôtels, campings, sites naturels, etc.), de loisirs ou de culture (musées, monuments, etc.) mais aussi des offices de tourisme accessibles aux personnes en situation de handicap. Cette accessibilité, visualisée par un pictogramme correspondant aux quatre types de handicap (moteur, visuel, auditif et mental), garantit accueil, accessibilité et confort et une utilisation des services proposés avec un maximum d'autonomie dans un environnement sécurisant.

Pour connaître la liste des sites labellisés par départements • *tourisme-handicaps.org* •

Par ailleurs, dans notre guide, nous indiquons par le logo ♿ les établissements qui possèdent un accès ou des chambres pouvant accueillir des personnes handicapées. Certaines adresses sont parfaitement équipées selon les critères les plus modernes. D'autres, plus simples, plus anciennes aussi, sans répondre aux normes les plus récentes, favorisent l'accueil des personnes handicapées en facilitant l'accès à leur établissement, tant sur le plan matériel que sur le plan humain. Évidemment, les handicaps étant très divers, des lieux accessibles à certaines personnes ne le seront pas pour d'autres. Appelez donc auparavant pour savoir si l'équipement de l'hôtel ou du resto est compatible avec votre niveau de mobilité. Malgré les combats menés par les nombreuses associations, l'intégration des personnes handicapées à la vie de tous les jours est encore balbutiante en France. Il tient à chacun de nous de faire changer les choses. Une prise de conscience est nécessaire, nous sommes tous concernés.

SITES INSCRITS AU PATRIMOINE MONDIAL DE L'UNESCO

Pour figurer sur la liste du Patrimoine mondial, les sites doivent avoir une valeur universelle exceptionnelle et satisfaire à au moins un des 10 critères de sélection. La protection, la gestion, l'authenticité et l'intégrité des biens sont également des considérations importantes.
Le patrimoine est l'héritage du passé dont nous profitons aujourd'hui et que nous transmettons aux générations à venir. Nos patrimoines culturel et naturel sont 2 sources irremplaçables de vie et d'inspiration. Ces sites appartiennent à tous les peuples du monde, sans tenir compte du territoire sur lequel ils sont situés. Pour plus d'informations : ● *whc.unesco.org* ●
Pour le guide *Normandie* sont concernés : le Mont-Saint-Michel et sa baie (1979) ; Le Havre, la ville reconstruite par Auguste Perret (2005) ; la tour du fort de la Hougue et la tour Vauban de l'île Tatihou dans le cadre du classement des fortifications de Vauban (2008).

SITES INTERNET

● *routard.com* ● Le site de voyage n° 1, avec plus de 800 000 membres et plusieurs millions d'internautes chaque mois. Pour s'inspirer et s'organiser, près de 300 guides destinations actualisés, avec les infos pratiques, les incontournables et les dernières actus, ainsi que les reportages terrain et idées week-end de la rédaction. Partagez vos expériences avec la communauté de voyageurs : forums de discussion avec avis et bons plans, carnets de route et photos de voyage. Enfin, vous trouverez tout pour vos vols, hébergements, voitures et activités, sans oublier notre sélection de bons plans, pour réserver votre voyage au meilleur prix.
● *normandie-tourisme.fr* ● Le site officiel du comité régional du tourisme de Normandie. Nombreux liens sur la Normandie (hôtels, restaurants, visites, manifestations...).
● *transports.normandie.fr* ● et ● *commentjyvais.fr* ● Pour vos déplacements. Le 1er indique les horaires et tarifs des lignes de bus régulières de toute la région, le 2d vous trouve un trajet en transports entre 2 villes.
● *chambre-agriculture-normandie.fr* ● Tout sur l'or blanc normand, les cultures, l'élevage et les produits de la mer, sur le site de la chambre régionale d'agriculture.
● *idac-aoc.fr* ● L'IDAC, c'est l'« interprofession des appellations cidricoles ». Avis aux amateurs, quasiment tout est dans le nom... ou presque. Un site complet, dynamique et bien fait, qui, outre le cidre, évoque aussi pommeau et calvados, processus de fabrication, comment lire une étiquette, liste de producteurs, et même des idées de recettes... À vous de jouer !
● *normandiefraicheurmer* ● Attrayant et clair, le site présente les produits stars, les saisons, les techniques de pêche, et donne des infos pour bien choisir ses produits... Très intéressant.
● *normandie-gourmande.com* ● Vivant, coloré et très pédagogique, un site qui s'adresse aux enfants curieux de découvrir les produits normands, les métiers, des cartes, des recommandations anti-gaspi... ponctué de cartes interactives, coloriages et petits quiz.

● *mondes-normands.caen.fr* ● Un survol de l'histoire des Normands tout à fait intéressant, avec généalogies, grandes dates, articles sur le patrimoine archéologique, architectural et artistique...

● *lafabuleuseepopee.com* ● Petits et grands trouveront là toutes les infos pédagogiques et ludiques pour partir sur les traces de Guillaume le Conquérant dans le Calvados.

VÉLOROUTES

Aux 4 coins de la France, les véloroutes se développent. Ces itinéraires adaptés à la petite reine, fédérant un réseau de prestataires (loueurs de vélos, hébergements, sites...) à proximité, alternent voies vertes – réservées aux vélos – et petites routes peu fréquentées. Ainsi, l'itinéraire *Véloscénie* relie Paris au Mont-Saint-Michel en traversant l'Orne et la Manche. On peut aussi rouler jusqu'au Mont depuis les plages du Débarquement par l'itinéraire du même nom *(plages du Débarquement Mont Saint-Michel),* à cheval entre Calvados et Manche, suivant les traces de la bataille de Normandie (juin-août 1944). L'*Avenue Verte London-Paris,* elle, suit l'ancienne voie de chemin de fer entre Paris et Dieppe et traverse le pays de Bray (Seine-Maritime). Enfin, la *Vélo Francette* part de Ouistreham, dans le Calvados, et rejoint La Rochelle en passant par l'Orne. ● *veloscenie.com* ● *normandie-tourisme.fr/a-voir-a-faire/sports-et-loisirs/le-velo-en-normandie* ● *avenueverte londonparis.com* ● *lavelofrancette.com* ●

L'EURE

● Carte *p. 46-47*

ABC de l'Eure

❑ *Superficie :* 6 040 km².
❑ *Préfecture :* Évreux.
❑ *Sous-préfectures :* Les Andelys, Bernay.
❑ *Population :* 595 000 hab.
❑ *Particularité :* presque un cinquième des agriculteurs
ont des origines belges.

Créé artificiellement après la Révolution et composé d'une dizaine de pays différents, l'Eure est probablement le département qui offre la plus grande variété de paysages dans la région. À l'est, la vallée de l'Eure, le Vexin normand et l'adorable village de Lyons-la-Forêt, ou encore Giverny. Au centre, autour d'Évreux, un vaste plateau céréalier, battu par les vents, sorte de petite Beauce normande. Au sud, c'est le pays d'Ouche, une campagne plus intime de bois secrets et de prés humides. À l'ouest, au-delà de Bernay et de la prestigieuse abbaye du Bec-Hellouin, on entre dans le Lieuvin, un autre bocage verdoyant qui annonce déjà le pays d'Auge, où l'insolente vallée de la Risle se jette dans les bras de la Seine. Dans un ultime méandre de celle-ci se love le Marais-Vernier, la plus importante tourbière de France ; un monde à part, quadrillé de délicieux chemins d'eau, où se cachent des chaumières de contes de fées.
L'Eure est aussi traversé par la plus surprenante des routes de Normandie, le fleuve légendaire chargé d'histoire : sa majesté la Seine, si chère aux impressionnistes.
Les forêts de l'Eure, département le plus boisé de Normandie, couvrent 1/5e de son territoire (Lyons, Bord-Louviers, Évreux, Breteuil, Conches, etc.). Ses délicieuses vallées (l'Eure, la Risle, la Charentonne, l'Avre et l'Iton), sa luxuriante nature et sa kyrielle de châteaux lui donnent un petit côté vieille France, avec une nature « jardinée à l'anglaise », quadrillée de chemins buissonniers. L'Eure, cependant, ne se réduit pas à ce rôle de refuge champêtre pour citadins ; elle reste une terre agricole avant tout. À la fin du XVIIIe s, les 1ers négociants en textile d'Europe, des Belges, introduisirent la culture industrielle du lin sur le plateau d'Évreux et finirent à leur tour par s'y implanter. C'est pourquoi on trouve autant de noms de famille à consonance flamande dans le coin.

Adresses et info utiles

🅸 *Eure Tourisme – Agence de développement du tourisme de l'Eure :* 3 bis, rue de Verdun, 27003 Évreux. ☎ 02-32-62-04-27. ● euretourisme.fr ● Lun-ven 8h30-12h30, 13h30-17h30. Leur site et leurs publications rassemblent tout ce dont un

visiteur peut avoir besoin pour préparer son séjour dans l'Eure : visites, loisirs, fêtes et manifestations, adresses utiles, hébergement et circuits à thème.
■ *Gîtes de France de l'Eure :* 9, rue de la Petite-Cité, CS 80882, 27008

Vos week-ends bonheur à deux pas de chez vous.

l'Eure) #JE SUIS AILLEURS EN NORMANDIE

PRÉPAREZ VOTRE SÉJOUR SUR **EURE-TOURISME.FR**
#JESUISAILLEURSENNORMANDIE

46

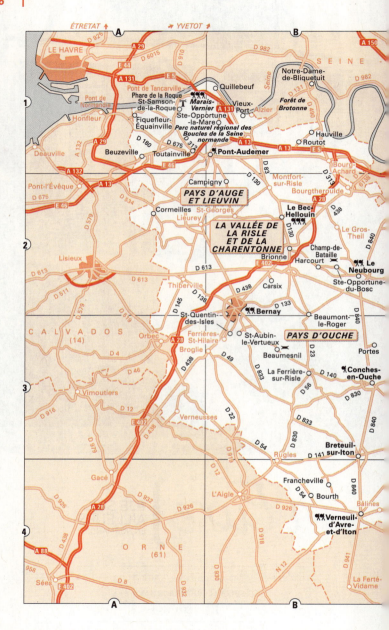

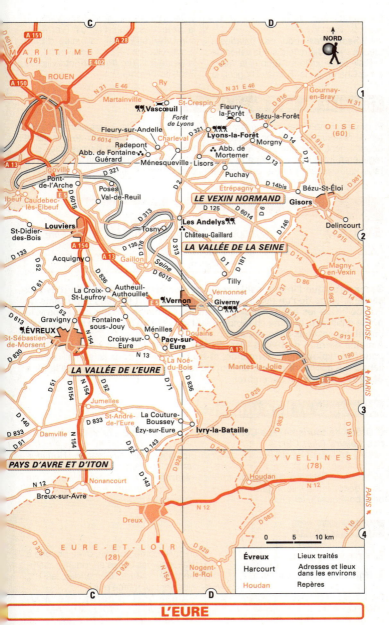

47

L'EURE

48 | L'EURE

Évreux Cedex. ☎ 02-32-39-53-38. ● gites-de-france-eure.com ●
➤ *Voies vertes :* pour des balades à pied, à vélo ou à rollers sur la vallée de la Risle (Évreux/Pont-Authou), la vallée de la Charentonne (Bernay/Broglie), la vallée d'Epte (Gisors/Gasny/Vernon), la voie des Bois-Francs (Verneuil-sur-Avre/Les Barils), la vallée d'Eure (Saint-Georges-Motel/Breuilpont), de la Seine à l'Eure (Poses/Pinterville ou Pont-de-l'Arche).

Circuler en bus dans l'Eure

Plusieurs compagnies de bus complètent le réseau ferroviaire pour visiter le département. Pour connaître les lignes régulières intra et extra-départementales qui passent par les principales villes de l'Eure, les horaires et les tarifs : ● vtni.fr ● Attention, peu de liaisons le dimanche. Chacune de ces villes dispose ensuite d'un réseau urbain propre plus ou moins étendu.

ÉVREUX   (27000)   49 360 hab.   *Carte Eure, C3*

● Plan *p. 50-51*

Savez-vous que l'interminable zone commerciale et industrielle d'Évreux cache le siège de l'un des évêchés les plus vieux et les plus importants de France ? Que les habitants s'appellent les Ébroïciens ? Que c'est une ville pétrie d'histoire, comme en témoignent l'intéressant musée de l'ancien évêché et ses vestiges gallo-romains ?
À moitié détruite de 1940 à 1944, Évreux est à la fois trop proche de Paris pour être typiquement normande, et trop enracinée pour se sentir « francilienne ». À découvrir à pied, un jour de marché ou, mieux, le jour de la foire Saint-Nicolas (début décembre).

Adresses et info utiles

🛈 *Office de tourisme – Le Comptoir des Loisirs* (plan C2) : *11, rue de la Harpe.* ☎ 02-32-24-04-43. ● lecomptoirdesloisirs-evreux.fr ● ♿ *Mar-sam, 10h-19h.* Location d'audioguide *(3 €)* pour découvrir la ville. Également une belle boutique du terroir.

🚌 *Gare routière* (plan C4) : *bd Gambetta.* ☎ 02-32-39-40-60. ● vtni.fr ● Bus pour Rouen, Alençon, Honfleur, Vernon, Louviers...
– *Marchés :* mer mat et sam mat sur la pl. du Marché. Ambiance sympa et vivante.

Où dormir ?

De prix moyens à chic

🏠 *Hôtel de l'Orme* (plan C2, 11) : *13, rue des Lombards.* ☎ 02-32-39-34-12. ● hotel-de-lorme@orange.fr ● hotel-de-lorme.fr ● *Doubles 45-76 €* (45-55 € w-e). Hôtel classique mais de bon confort et très central. Des chambres refaites pour moitié dans un style contemporain, avec douche à l'italienne ; les autres attendent patiemment leur heure. Demandez les 1res, elles sont au même prix !
🏠 *Chambres d'hôtes Fée Maison* (plan C2, 10) : *21, rue du Docteur-Oursel.* ☎ 02-32-30-24-14. ● ingrid27000@icloud.com ● *Résa indispensable. Doubles 100-110 €.* Au

rez-de-chaussée, le salon de thé et le restaurant et, dans les étages, les 2 superbes chambres. De l'espace, des teintes douces et lumineuses, un vieux parquet. Bref, de très confortables nids à la déco plutôt originale, où il fait bon séjourner et s'attarder.

🏠 **Hôtel de Normandie** (plan C2, **12**) : 37, rue Édouard-Feray. ☎ 02-32-33-14-40. ● hotel-de-normandie27@orange.fr ● hotel-restaurantdenormandie-evreux.fr ●

♿ Doubles 60-95 €. Parking payant. Dans une grande et belle bâtisse à colombages typiquement normande, 23 chambres à la déco plutôt rustique. Les moins chères ne sont pas bien grandes mais offrent néanmoins un bon rapport qualité-prix (voire un très bon le week-end). Les plus chères, récemment refaites, sont plus spacieuses, plus cossues, avec des salles de bains modernes, et donnent sur la cour intérieure calme et fleurie.

L'EURE

Où manger ? Où faire une pause gourmande ?

De bon marché à prix moyens

🍽 🥤 **Fée Maison** (plan C2, **10**) : 21, rue du Docteur-Oursel. ☎ 02-32-30-24-14. ● ingrid27000@icloud.com ● ♿ Mar-sam 12h-18h. Assiette du jour 15 €, pâtisserie env 6 €. Cette adresse porte bien son nom : on est à la fois dans une ambiance très maison dans les petites salles du rez-de-chaussée, alors qu'en cuisine une bonne fée prépare – à partir d'ingrédients de qualité – des propositions pleines de saveur plutôt originales. La généreuse assiette du jour, qui consiste en un assortiment de plusieurs plats, est vraiment complète. Il serait cependant dommage de faire l'impasse sur le fameux gâteau à l'orange, la spécialité de la maison.

🍽 **Côté Rôtisserie** (plan C2, **23**) : 3, rue Saint-Louis. ☎ 02-32-39-62-63. ● cote rotisserie27@orange.fr ● Fermé dim, lun soir et j. fériés. Congés : 2 sem en août et 25 déc-1er janv. Menus 15,90 € (déj en sem), 19,90 € (sauf w-e et j. fériés), puis 27-35 €. Dans une grande salle à la déco contemporaine ou dans une véranda sur l'arrière, on se régale d'énormes entrecôtes grillées, de cochon de lait à la broche et autres plats de boucher plus à même d'assouvir les grosses faims

carnivores que les appétits d'oiseau ! L'assiette est joliment dressée et le personnel accueillant.

De prix moyens à chic

🍽 **La Gazette** (plan B2, **21**) : 7, rue Saint-Sauveur. ☎ 02-32-33-43-40. ● xavier.buzieux@gmail.com ● ♿ Tlj sauf dim-lun, plus sam midi. Résa conseillée le w-e. Formule déj 17,90 € ; menus 26-54 €. Dans une jolie maison à colombages au cadre moderne, on déguste une cuisine délicate à base de produits frais du terroir qui s'éloigne avec brio des grands standards régionaux. Une pointe d'originalité, un zeste de touche personnelle, une bonne dose de gentillesse dans l'accueil, et le tour est joué.

🍽 **La Vieille Gabelle** (plan C2, **22**) : 3, rue de la Vieille-Gabelle. ☎ 02-32-39-77-13. ♿ Tlj sauf lun, sam midi et le soir des dim et j. fériés. Formule déj en sem 16,90 € ; menus 26,50-41 €. Une longue façade fleurie à colombages, et 2 salles à la déco remise au goût du jour avec des poutres blanchies. Le cadre est posé, il ne reste plus qu'à savourer la bonne cuisine semi-gastronomique et raffinée, variant au fil des saisons. Bon choix de vins dans une grande cave vitrée.

Où boire un verre ?

🍸 🎵 ☝ **Le Matahari Bar-lounge** (plan C2, **26**) : 15, rue de la Petite-Cité. ☎ 02-32-38-49-88. Tlj sauf dim 10h-1h. Installé dans une ancienne ferronnerie, ce grand bar se la joue plutôt

branché et décalé avec sa déco originale mêlant l'esprit brocante à une ambiance plus Mille et Une Nuits. Mais aux beaux jours, c'est avant tout pour profiter de la très agréable terrasse au

Où dormir ?

- **10** Chambres d'hôtes Fée Maison (C2)
- **11** Hôtel de l'Orme (C2)
- **12** Hôtel de Normandie (C2)

Où manger ? Où faire une pause gourmande ?

- **10** Fée Maison (C2)
- **21** La Gazette (B2)
- **22** La Vieille Gabelle (C2)
- **23** Côté Rôtisserie (C2)

Où boire un verre ?

- **25** Le Hastings (C3)
- **26** Le Matahari Bar-lounge (C2)

Où acheter de bonnes confiseries ?

- **30** Chocolatier Auzou (C3)

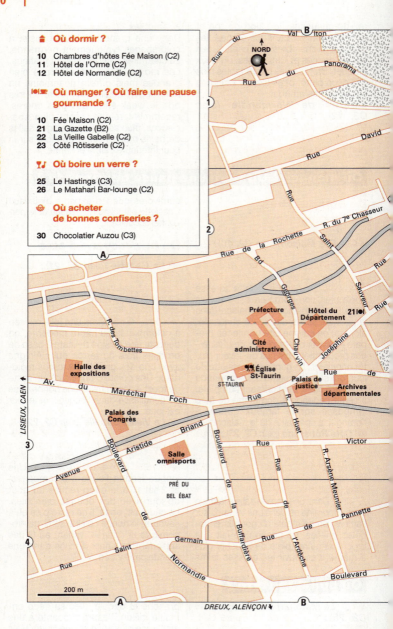

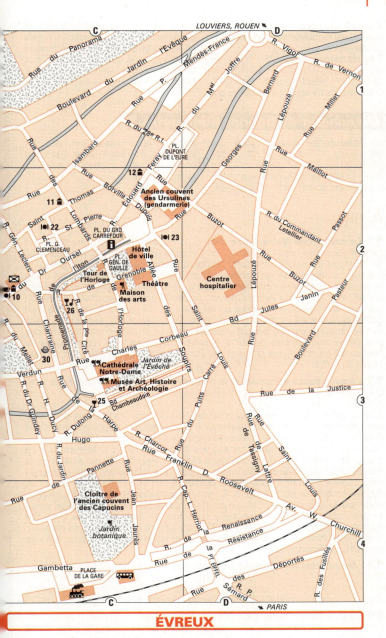

52 | L'EURE

bord de l'Iton que l'on vient ici. Propose aussi régulièrement des concerts et des expos.

Ɣ Le Hastings *(plan C3, 25) : 17, rue de la Harpe.* ☎ *02-32-39-06-22. Tlj sauf dim 11h-1h.* Petit troquet façon pub. D'ailleurs, ce ne sont pas les bières qui manquent ! Atmosphère conviviale et déco rétro avec une collection d'objets publicitaires pour la bière qui tapisse les murs, sans oublier les nombreux billets de banque jaunis et autres objets hétéroclites suspendus au plafond.

Où acheter de bonnes confiseries ?

⊛ Chocolatier Auzou *(plan C3, 30) : 34, rue Chartraine.* ☎ *02-32-33-28-05. ⚒ Tlj sauf dim ap m et lun mat.* Quelques spécialités d'antan incontournables (et délicieuses, surtout) : la pomme au calvados, les *Macarons de Grand-Mère Auzou* ou encore la *Louise,* un chocolat avec une ganache pomme...

À voir

📹📹 La cathédrale Notre-Dame *(plan C3) : ⚒ (sur demande, ouverture d'un battant du portail nord). Tlj 8h30-19h.* Ce beau monument, victime des aléas de l'Histoire (plusieurs incendies, bombardements de juin 1940, tempêtes), a toujours su renaître de ses cendres. Avant d'entrer dans cette bible de pierre et de verre, admirer le « clocher d'argent », qui culmine à 73 m, et le très beau portail nord, œuvre de Jehan Cossart, considéré comme un chef-d'œuvre du gothique flamboyant. À l'intérieur, on est avant tout frappé par le chœur, de style gothique rayonnant, et par la tour-lanterne. Réputée pour la qualité et la rareté de ses vitraux (le jaune d'Évreux) et de ses verrières, la cathédrale abrite l'un des plus précieux ensembles du XIVe s. Avant de quitter les lieux, n'oubliez pas de jeter un œil au magnifique grand orgue. Sur le côté sud de la cathédrale, un petit cloître du XVIe s.

📹📹 L'ancien palais épiscopal et le musée Art, Histoire et Archéologie *(plan C3) : 6, rue Charles-Corbeau.* ☎ *02-32-31-81-90. ⚒ Tlj sauf lun et certains j. fériés 10h-12h, 14h-18h. GRATUIT.*
Situé à côté de la cathédrale et construit au XVIe s sur les vestiges d'un rempart gallo-romain qui entourait la ville au IIIe s, l'ancien palais épiscopal servit aux évêques jusqu'à la Révolution et abrite depuis le XXe s le musée d'Évreux.
Au rez-de-chaussée, 2 salles consacrées à l'histoire locale précèdent la salle capitulaire, présentant des collections d'art religieux du Moyen Âge et de la Renaissance (tapisseries d'Aubusson). Quant aux pièces archéologiques, on peut découvrir les plus belles de la collection dispersées dans le musée : un Jupiter en bronze du Ier s apr. J.-C. et un Apollon du IIe s apr. J.-C., découverts sur le site du Vieil Évreux en 1840. Dans les étages, mobilier, céramiques, objets d'art (dont une belle collection de montres) et peintures flamandes, italiennes et françaises du XVIIe au XXe s (avec des artistes majeurs, notamment Pierre Soulages, Simon Hantaï et Hans Hartung). Également des expositions temporaires.

📹 La Maison des arts Solange Baudoux *(plan C2) : pl. du Général-de-Gaulle.* ☎ *02-32-78-85-40. ⚒ Galeries : mar-sam 10h-12h, 14h-18h (sans interruption mer et sam). Petit Salon : lun-ven 10h-12h, 14h-17h. Ouv dim suivant l'ouverture d'une nouvelle expo. GRATUIT.* Expos temporaires d'art contemporain.

📹📹 L'église Saint-Taurin *(plan B3) : pl. Saint-Taurin. Tlj 9h-18h (19h en été).* Cette église, à l'histoire elle aussi mouvementée, faisait à l'origine partie d'une grande abbaye fondée au Xe s. Avant d'entrer, remarquer le portail sud, malheureusement très endommagé. À l'intérieur : grandes arcades romanes. Si elle n'est pas conservée au musée, vous pourrez aussi y admirer la célèbre *châsse de saint Taurin,* évangélisateur et 1er évêque d'Évreux vers le Ve s ; c'est une merveille d'orfèvrerie du XIIIe s, en argent et feuilles d'or, enrichis d'émaux, qui représente une Sainte-Chapelle, large de 1 m et haute de 1,20 m ! Ses bas-reliefs racontent la vie du saint.

🥾 🏃 *Le Jardin botanique (plan C4) :* agréable halte au calme dans cet espace vert en pente doté de jeux pour enfants.
– *Le cloître des Capucins :* jouxtant le Jardin botanique, les bâtiments de l'ancien couvent furent reconstruits à la fin du XVIIe s. L'édifice, qui abrite aujourd'hui le Conservatoire de musique et d'art dramatique, comporte un très agréable cloître que l'on peut visiter.

À faire

🥾 *Circuits à vélo ou à pied :* l'office de tourisme propose de nombreux circuits ; les fiches techniques détaillées sont téléchargeables sur les sites internet de l'office de tourisme d'Évreux (● *lecomptoirdesloisirs-evreux.fr* ●). Parmi eux, une *voie verte* de 43 km entre Évreux et Le Bec-Hellouin suit le tracé de l'ancienne voie ferrée Évreux-Honfleur.

Fêtes et manifestations

– *Festival Rock In by GHF :* *dernier w-e de juin.* Festival rassemblant près de 30 000 personnes et proposant des concerts mêlant belles têtes d'affiches et groupes locaux.
– *Rassemblement de Harley-Davidson :* *le dim des journées du patrimoine.* Des centaines de Harley pétaradent dans les rues de la ville.
– *Les Fêtes normandes :* *1er w-e d'oct.* Mise à l'honneur de l'artisanat, de la gastronomie, de l'agriculture et du terroir normands.

LA VALLÉE DE L'EURE

La vallée de l'Eure n'est pas la même que l'on soit au nord ou au sud de Pacy-sur-Eure. Au sud, entre Évreux et Ivry-la-Bataille, un certain nombre de pavillons et autres résidences sans caractère s'agglutinent le long de l'Eure (particulièrement vers Ivry-la-Bataille) et de nombreuses prairies humides ont été retournées. Alors qu'au nord, entre Pacy et Louviers, la campagne se fait douce, très riante, et les villages deviennent très coquets.

IVRY-LA-BATAILLE   (27540)   2 550 hab.   *Carte Eure, D3*

Traversée en plusieurs endroits par l'Eure, la jolie petite ville d'Ivry a vu son nom composé après la bataille remportée en 1590 par Henri IV sur le duc de Mayenne, son principal adversaire pendant les guerres de Religion. À l'entrée de l'église Saint-Martin, une cloche de 1,5 t fondue en 1538 : c'est elle qui sonna la victoire de Henri IV, qui sonna, quant à elle, le glas de la Ligue catholique.

À voir

🏛 *L'église :* elle date de la fin des XVe et XVIe s. C'est d'abord Diane de Poitiers qui fit ériger un chœur avec abside à 3 pans et 2 bas-côtés et une partie de la nef de style gothique flamboyant dédiés à saint Martin. La flèche et les voûtes furent frappées par la foudre en 1664, et une partie de la toiture s'effondra à la suite de l'ouragan de 1688. On consolida les fondations du clocher au XIXe s et, pourtant, il penche. À l'intérieur, une succession élégante de grandes arcades en plein cintre donnent beaucoup d'espace et de volume. Belle charpente en bois en coque de bateau renversée.

🏛 *Les ruines du château :* derrière l'église. Promenade jusqu'aux vestiges du château du Xe s construit sur les hauteurs d'Ivry par le comte Raoul de Bayeux.

DANS LES ENVIRONS D'IVRY-LA-BATAILLE

🏛🎷 *Le musée des Instruments à vent :* 27750 La Couture-Boussey. ☎ 02-32-36-28-80. ● lacoutureboussey.fr ● ♿ Dans un pavillon récent, face à l'église. Tlj sauf lun 14h-18h ; visites guidées à 14h30 et 16h. Fermé 1er mai et de début déc au 1er fév. Entrée gratuite. Ce petit musée retrace l'histoire de La Couture-Boussey et de la fabrication de ses flûtes, hautbois et clarinettes renommés. À la fin du XIXe-début XXe s, plus de la moitié de la population locale travaillait en effet dans les manufactures d'instruments et les ateliers indépendants. Ces derniers ont aujourd'hui totalement disparu ; il ne reste plus qu'une manufacture dans le village et 2 autres dans les environs. La collection d'instruments à vent présentée ici, datant du XVIIIe s à nos jours, est unique. En entrant dans la pièce, l'œil est immédiatement attiré par les 2 fleurons du musée : une clarinette octocontrebasse de 1939 et une clarinette octocontralto de 1971. Fabriquées par les établissements Leblanc, ces magnifiques et impressionnants instruments sont en fait des prototypes qui ne furent jamais commercialisés.
– Programmation annuelle de concerts et animations, allant de la musique baroque à la musique contemporaine.

🏛 *La manufacture – musée du Peigne :* bd Gambetta, 27530 Ézy-sur-Eure. ☎ 02-37-64-64-69. ● musee-du-peigne.pagesperso-orange.fr ● ♿ Mer 14h-18h ; w-e et j. fériés 10h-12h, 14h-18h. Visites guidées à 10h30 (w-e), 14h30 et 16h15. Derniers billets à 16h15. Fermé 1er mai et de mi-déc à mi-fév. Entrée : 6 € ; réduc. La visite s'articule autour de 2 axes : les ateliers de l'ancienne manufacture où étaient fabriqués des peignes en bois, corne, ivoire et écaille, et les collections du musée. Celles-ci vont du XVIIe au XXe s et sont composées d'insolites peignes à cils, à moustaches (!) et même à poux, ainsi que de parures du XIXe s. Également une expo retraçant l'évolution de l'outillage au fil des siècles.

PACY-SUR-EURE   (27120)   4 580 hab.   *Carte Eure, C3*

Pacy-sur-Eure est une petite ville pas désagréable et plutôt vivante, mais ce sont surtout ses environs qui sont très jolis. L'Eure y paresse dans le fond de la vallée, se glissant sous des tunnels de verdure, le plateau normand s'y métamorphose en douces collines boisées, les maisons s'isolent dans des recoins de verdure, les villages, repliés autour de leur clocher, somnolent, et toujours quelques petits châteaux discrets. En remontant tranquillement vers

PACY-SUR-EURE | 55

Louviers, on traverse les beaux villages de *Cocherel, Autheuil-Authouillet, La Croix-Saint-Leufroy* et *Acquigny* (superbes parc et jardins du château Renaissance).

Adresse et info utiles

🛈 *Office de tourisme Nouvelle Normandie :* av. des Poilus. ☎ 02-32-26-18-21. ● cape-tourisme.fr ● Avr-sept, mar-sam 9h30-12h30, 13h30-17h30 ;

oct-mars, mar-ven 9h30-12h30, 14h-17h.
– *Marché :* jeu mat, pl. Dufay.

L'EURE

Où dormir ? Où manger dans les environs ?

Autant vous prévenir d'emblée, vous êtes ici à proximité de Giverny, d'où le prix des hébergements...

🏠 *Chambres d'hôtes La Chaiserie :* chez Michèle et Éric Deleu, 37, rue de Pacy, 27490 La Croix-Saint-Leufroy. ☎ 02-32-31-62-38. ● michele. deleu@orange.fr ● gite-lachaiserie. fr ● Double 81 € ; familiale. Apéritif maison offert sur présentation de ce guide. Une jolie cour au calme avec son jardin fleuri et des chambres coquettes avec une double au rez-de-chaussée et 2 autres sous les toits (d'où les portes pas très carrées !). Couleurs douces, ambiance lumineuse, de belles salles de bains et, pour compléter le tout en beauté, un accueil charmant.

🏠 *Chambres d'hôtes Les Granges Ménillonnes :* 2, rue de la Grand'Cour, 27120 Ménilles. 🖥 06-12-16-16-32. ● contact@lesgranges27.com ● les granges27.com ● Double 75 € ; familiales et 1 gîte. Au détour de ravissants villages, on arrive dans cette ancienne ferme ceinte de hauts murs dont les granges (et celle de la propriété voisine !) ont été transformées en 5 chambres simples et agréables.

🏠 *Chambres d'hôtes L'Aulnaie :* 29, rue de l'Aulnaie, 27120 Fontaine-sous-Jouy. ☎ 02-32-36-89-05. ● contact@aulnaie.com ● aulnaie. com ● Double 100 €. Réduc de 10 % sur le prix de la chambre sur présentation de ce guide. Dans un ravissant village avec maisonnettes à colombages et toits de chaume, cette ancienne ferme restaurée, blottie dans un vaste et beau jardin, abrite 2 jolies chambres tout confort.

🏠 ◖◗ ⬆ *Auberge À l'Orée du Bois :* 2, route de Saint-Aquilin, 27120 Croisy-sur-Eure. ☎ 02-32-36-03-40. ● oree duboiscroisy@aol.com ● odubois.fr ● Resto ouv, sur résa seulement, le soir mar-sam (mer-sam hors saison), plus le midi w-e et j. fériés. Congés : Noël-janv. Double 89 €. Formule 18,50 € ; carte env 30 €. Parking fermé. Une auberge familiale chaleureuse et tranquille abritant 4 chambres simples et spacieuses. Dans la salle à manger rustique, Hervé, le propriétaire, expose de vieux outils et objets datant de l'époque où ses grands-parents vivaient ici. Avec Loli, son épouse, ils vous concocteront une cuisine maison fraîche et généreuse au gré de leur inspiration et des produits de saison.

🏠 ◖◗ *La Ferme des Isles :* 7, chemin des Isles, 27490 Autheuil-Authouillet. ☎ 02-32-36-66-14. 🖥 06-63-46-00-45. ● lafermedesisles@gmail.com ● lafer medesisles.com ● 🐾 Doubles 110-150 € ; familiales. Table d'hôtes sur résa, 8 pers min, 45 €. Un cadeau gourmand (confiture maison ou cidre fermier) offert sur présentation de ce guide. Au cœur d'un parc de 8 ha traversé par l'Eure, cette belle propriété normande propose 5 chambres, 1 suite et 1 studio dans une maisonnette indépendante. De l'espace, du confort, beaucoup de charme, un esprit champêtre et une déco aux touches amusantes et très personnelles (notamment dans la suite). Dans un coin à l'écart, ponton de baignade pour se rafraîchir dans la rivière. À table, plats confectionnés par monsieur à partir des produits du potager ou des fermes proches. Bel accueil.

À faire

🚶 🏃 Pour découvrir ces beaux paysages, rien de mieux qu'une escapade au rythme paisible d'un *petit train touristique.* ☎ 02-32-36-04-63. ● cfve.org ● *Départ de la gare de Pacy-sur-Eure, av. des Poilus. Fonctionne mar-jeu et dim en juil-août ; également quelques sorties thématiques au cours de l'année (voir programmation sur le site). Tarif : 10 € ; réduc ; gratuit moins de 4 ans ; pass famille 28 €.* 2 circuits commentés possibles (l'un vers Breuilpont, l'autre vers Cocherel). Compter de 1h30 à 2h30.

LOUVIERS   (27400)   17 700 hab.   *Carte Eure, C2*

S'étirant dans le fond de la vallée de l'Eure, la ville ne fut pas épargnée par les bombardements de juin 1940, d'où son architecture typique de l'après-guerre dans la région. Toutefois, une vingtaine de bras de rivière (naturels ou artificiels) quadrillent la ville et confèrent un certain charme à une petite partie de son centre ancien, surtout le quartier autour de la cathédrale, vraiment mignon. On peut encore y admirer quelques vieilles maisons à pans de bois, autrefois habitées par des manufacturiers. Louviers était alors un centre industriel textile de 1re importance, réputé pour la fabrication du drap de laine.

Adresse utile

🛈 *Office de tourisme :* La Maison du Fou du Roy, 10, rue du Maréchal-Foch. ☎ 02-32-40-04-41. ● tourisme-seine-eure.com ● *Lun-sam (sauf j. fériés) 9h30-12h30, 14h-18h (17h30* et fermé le lun nov-mars). Également une antenne à Poses, sur le chemin de halage, ouv tlj juil-août, w-e seulement avr-juin et sept.

Où dormir ? Où manger dans les environs ?

Camping

⛺ *Troislacs – Le Camping :* route de Saint-Pierre, 27740 **Poses.** ☎ 02-32-59-11-86. ● camping.smb@hotmail.fr ● troislacs.fr ● ♿ *À 1,5 km du centre de Poses. Ouv avr-fin oct. Compter 24,60 € pour 2 avec tente et voiture. 170 empl.* Ce camping au bord du lac du Mesnil est presque séparé en 2 : d'un côté, les mobile homes loués à l'année ; et, de l'autre, les emplacements destinés aux campeurs. Coup de chance, c'est ce 2e espace, sur de grandes pelouses et sous les arbres, qui est de loin le plus sympa. Un endroit simple, agréable, avec des blocs sanitaires de qualité et parfaitement tenus. Roulottes en location *(284-345 €/sem).*

De bon marché à prix moyens

🏠 |●| *Chambres d'hôtes Le Vieux Logis :* 1, pl. de l'Église, 27370 **Saint-Didier-des-Bois.** ☎ 02-32-50-60-93. 📱 06-70-10-35-76. ● levieuxlogis5@orange.fr ● levieuxlogis.fr ● *Double 60 € ; familiales.* Dans un charmant presbytère à colombages du XVIe s et ses dépendances, 4 chambres un peu datées mais spacieuses et meublées d'ancien (même famille depuis 7 générations !). Agréable jardin et accueil adorable.

🏠 *Hôtel de la Tour :* 41, quai du Maréchal-Foch, 27340 **Pont-de-l'Arche.** ☎ 02-35-23-00-99. ● hotel-de-la-tour@orange.fr ● hoteldelatour.org ● *Double 91 € ; familiales. Un petit déj/*

chambre et par nuit offert sur présentation de ce guide. Les façades de ces 2 maisons réunies par un sas ont été conservées et s'accordent joliment avec leurs voisines alignées sur le quai. Les couleurs, la décoration et les petits détails rendent le séjour confortable. Que la chambre donne sur les remparts ou sur la rive verdoyante de l'Eure, le calme est absolu. Petit jardin en terrasses à l'arrière. Accueil chaleureux.

|●| ↑ *Plaisir Gourmand :* *3, pl. Hyacinthe-Langlois, 27340 Pont-de-l'Arche.* ☎ *02-35-23-44-13. Au cœur du village. Fermé dim-lun. Formules et menus déj en sem 13-16 € ; autres menus 28-38 €.* Sympathique resto à la déco contemporaine, avec une petite terrasse au mobilier coloré sur rue. Bien pour une pause gourmande

le midi (du genre bruschetta, tartare de bœuf ou grosse salade), plus élaborée le soir avec une carte qui ne décevra pas les gourmands, ni les amateurs d'assiette au dressage sophistiqué.

|●| *Auberge du Halage :* *34, chemin du Halage, 27740 Poses.* ☎ *02-32-59-38-40. ● jp@traiteur-pauls.fr ● Au bord de l'eau. Fermé lun soir, mer, dim soir, plus mar soir hors saison. Formules et menus déj en sem 15-18,70 € ; autres menus 27-32 €. Parking.* Une petite cuisine pas désagréable et variée, lorgnant sur des saveurs méridionales. Il faut cependant avouer que c'est avant tout la situation qui est idéale, juste au bord de l'eau. Une des salles a même ses pilotis plantés dans la Seine.

L'EURE

À voir

🏃🏃 *L'église Notre-Dame :* ses parties les plus anciennes remontent au XIIIe s, et les plus récentes au XVIe s. On remarque d'emblée le superbe porche sud de style gothique flamboyant et la tour-beffroi, bel exemple d'architecture militaro-religieuse. L'intérieur abrite, quant à lui, une très belle série de vitraux du XVIe s, superbement restaurés, œuvres des meilleurs peintres verriers et ateliers d'alors ; ceux-ci témoignent de la richesse de Louviers à cette époque. Les vitraux des fenêtres hautes dans la nef sont beaucoup

À LA SOUPE !

L'église Notre-Dame abrite une sculpture du XVIe s emblématique, le Bonhomme Louviers ou, comme on l'appelle ici, le Maqueux d'soupe. Elle aurait été réalisée pour se moquer des Lovériens, qui perdirent la ville pendant qu'ils mangeaient leur soupe ! Mais elle illustre peut-être également le surnom de « mangeurs de soupe » attribué aux habitants de Louviers, car ils étaient prospères et pouvaient donc manger plusieurs fois par jour.

plus récents, puisqu'ils datent de 1987 et sont de Gérard Lardeur, qui a cherché à rappeler dans leur structure celle des tissus de Louviers.

🏃 *Le Musée municipal :* *pl. Ernest-Thorel.* ☎ *02-32-09-58-55. Tlj sauf mar 14h-18h. Fermé 1er janv, 1er mai et 25 déc. GRATUIT. Le 1er dim du mois, visite guidée gratuite (15h).* La ville de Louviers doit sa renommée en partie au drap de laine qu'elle fabriquait. D'ailleurs Balzac, qui aimait les belles choses, portait une redingote bleue en drap fin de Louviers. Ce musée met en évidence tout un pan économique et artistique de cette région avec, dans une petite salle, l'exposition d'appareils mécaniques et l'explication de la fabrication du drap (de la tonte du mouton jusqu'au produit fini).

🏃🏃 *Le cloître des Pénitents :* *1, rue des Pénitents, entre la poste et le palais de justice.* Ce cloître du XVIIe s serait le seul en Europe à être établi sur l'eau. Il abrite aujourd'hui l'école de musique, et le contemporain s'y mêle magnifiquement à l'ancien : un grand miroir qui, en journée, reflète le ciel vous révèle ce qui se passe à l'intérieur de l'école une fois la nuit tombée.

58 | L'EURE / LA VALLÉE DE L'EURE

🏃🏃 *La rue Ternaux :* *en plein vieux quartier des manufactures, face au cloître des Pénitents, sur une île.* Plusieurs maisons de manufacturiers et de tanneurs de différentes époques. Noter les pans de bois et les greniers qui servaient à entreposer les draps. Au bout de la rue, charmant jardin (autre entrée rue du Quai), avec de jolis petits ponts.

DANS LES ENVIRONS DE LOUVIERS

🏃🏃 *Le parc du château d'Acquigny :* *1, rue Aristide-Briand, 27400* **Acquigny.** ● *chateau-acquigny.fr* ● *Avr-juin et sept-oct, w-e et j. fériés 14h-18h ; de mi-juil à fin août, tlj 14h-19h (visite commentée à 15h et 16h30). Entrée : 8 € ; réduc ; gratuit moins de 8 ans.* Ce grand parc remarquable de 16 ha, qui sert d'écrin à un château Renaissance (ne se visite pas), mêle avec poésie des éléments classiques, paysagers et romantiques. À l'ombre d'arbres séculaires, des rivières, des serpentines et des cascades bruissent de toutes parts. Une grande orangerie accueille une belle collection d'agrumes et un jardin méridional. Également un étonnant potager-verger et des jardins médicinaux.

🏃 *Pont-de-l'Arche :* *à env 11 km au nord de Louviers.* Agréable petite cité médiévale moins marquée que Louviers par les destructions de la guerre. Dominée par son église, elle laisse encore voir les vestiges de ses remparts, et c'est avec plaisir que l'on déambule dans le petit centre de cette ville posée au bord de l'eau. Son grand pont vous menant tout droit en Seine-Maritime enjambe à la fois l'Eure et la Seine (rien que ça !). – Sur place, *location de canoës, de kayaks, d'embarcations à pédales ou de bateaux électriques* pour une petite navigation sur la Seine, ainsi que de *vélos* pour une balade jusqu'à Poses (6,5 km) par le chemin de halage de la *voie verte* *(avec* **Aux Plaisirs de mon Moulin** *;* ☎ *02-32-34-18-82 ;* 📱 *06-86-52-04-03 ;* ● *canoe-plaisirsdemonmoulin.fr* ● *; avr-sept, tlj sauf mar).*

🏃🏃🏃 *L'abbaye de Bonport :* *27340* **Pont-de-l'Arche.** ☎ *02-35-02-19-42.* ● *abbayedebonport.com* ● *Visite guidée (env 1h) ou libre ; juil-août, tlj sauf sam 14h-18h30 ; avr-juin et sept, dim et j. fériés 14h-18h30. Entrée : 5 € ; réduc.* Située dans un grand parc, cette abbaye cistercienne fut fondée au XIIᵉ s par Richard Cœur de Lion. Et, fait rare en France, les bâtiments monastiques du Moyen Âge y subsistent encore aujourd'hui : salle capitulaire, salle de travail, cellier, cuisines et le magnifique réfectoire voûté du XIIIᵉ s. D'une grande beauté. Expos temporaires de peintures ou sculptures en saison.

🏃🏃 *Poses :* *à 15 km au nord-est de Louviers.* Cet ancien village de bateliers, bordé par un bras de Seine paisible, fermé par un barrage réalisé par Gustave Eiffel, offre une magnifique balade bucolique le long de son *chemin de halage,* face à des îles sauvages. Sur les berges poussent des nénuphars qui inspirèrent les photographes et autres peintres amateurs. On pourra d'ailleurs faire une pause à l'atelier de Michèle Ratel pour apprécier sa peinture valorisant ces lieux ainsi que ses panneaux d'information qui donnent les clés techniques de la peinture impressionniste *(Atelier-galerie du Bord de Seine ; 12, chemin du Halage ;* ☎ *02-32-59-38-54 ;* ● *mratel.fr* ● *; entrée libre).* Plus loin, la visite commentée des péniches-musées *Midway II* et *Fauvette,* proposée par une association de mariniers, retrace l'histoire de la batellerie sur la Seine et la vie à bord d'un remorqueur fluvial *(musée de la Batellerie ; 61, chemin de Halage ;* ☎ *02-32-61-02-13 ; visite guidée mai-oct, dim et j. fériés 14h30-18h ; entrée : 4 €, réduc).* – Sur place, possibilité de faire une croisière-promenade de 2h sur la péniche *Guillaume-le-Conquérant (avec* **Rives de Seine Croisières** *;* ☎ *02-35-78-31-70 ;* ● *bateau-guillaume-le-conquerant.com* ● *; juil-août, départ dim à 15h30 ; tarif unique : 20 € ; propose également des croisières-repas).*

🏃🏃 *Biotropica :* *à 15 km au nord-est de Louviers. Base de loisirs, butte de la Capoulade, 27100* **Val-de-Reuil.** ☎ *02-32-40-71-44.* ● *biotropica.fr* ● 🐾 *Tlj*

LYONS-LA-FORÊT | 59

9h30-17h30 (19h avr-sept). Parking commun avec la base de loisirs de Léry-Poses : 4 €. Entrée : 14 € ; 9,90 € 3-11 ans ; réduc. Sous une serre tropicale de 6 000 m², on voit comment s'effectue l'équilibre biologique entre certaines espèces animales et leur contexte végétal d'origine, ici tropical. Sur le parcours extérieur, vous croiserez des pandas roux, des loutres, des manchots de Humboldt et des wallabies, mais aussi de petites chèvres. Également un espace « brousse africaine » avec 70 animaux tropicaux. Renseignez-vous sur l'heure du repas des animaux, à heures fixes pour chacun d'eux. Une initiative ludique et instructive.

LE PAYS DU VEXIN NORMAND

À cheval sur l'Eure et sur le Val-d'Oise, ce plateau crayeux est délimité au sud-ouest par la Seine qui, bien que paresseuse, y découpe de hautes falaises blanches pittoresques. Au nord s'étend la belle forêt de Lyons, avec ses châteaux et ses abbayes environnantes. Gisors, la « capitale » du Vexin, en est aussi la porte d'entrée, à l'est. Sur tout ce plateau verdoyant recouvert de limon se sont développées des cultures intensives qui font la richesse économique de ce bout de Normandie, à découvrir dou-

ON NE CHOISIT PAS SES PARENTS

Edmond, un jeune chevalier, sauva une charmante demoiselle du nom de Caliste des attaques d'un sanglier vindicatif. Bien sûr, ils tombèrent amoureux. Le papa de la fille, le seigneur du coin, exigea du damoiseau qu'il portât sa bien-aimée tout en haut de la colline pour lui accorder sa main. Edmond mourut d'épuisement, et son amoureuse... de chagrin. Rongé par le remords, le seigneur construisit une chapelle. C'est malin !

cement, au rythme du fleuve ou de ses petites rivières qui donnent tant de saveur au paysage.

LA FORÊT DE LYONS

Une forêt splendide, un des plus beaux coins proches de la région parisienne, et bordée par la Seine-Maritime au nord (Rouen n'est qu'à une vingtaine de kilomètres de Vascœuil et Ry à 5 km). C'est une forêt « claire », c'est-à-dire à majorité de hêtres plusieurs fois centenaires, aux troncs élancés qui laissent passer les rayons du soleil, d'où une luminosité du sous-bois sans égale. Les possibilités de promenades sur de petites routes désertes sont illimitées. De nombreux virages offrent des points de vue merveilleux sur d'adorables villages, où églises normandes et colombiers se disputent ¼ de ciel.

LYONS-LA-FORÊT   (27480)   750 hab.   *Carte Eure, D1*

En plein cœur de la forêt de Lyons, la plupart des maisons de ce village très coquet ont conservé leur caractère normand avec de jolies façades aux colombages parfois sculptés et beaucoup de maisons anciennes en brique également. Bref, le visiteur a l'impression de se balader dans un décor

60 | **L'EURE / LE PAYS DU VEXIN NORMAND**

d'opérette. Ravel tira parti d'une atmosphère si douce et calme et s'y installa dans les années 1920 pour travailler. De son côté, Claude Chabrol y trouva le site idéal pour tourner quelques séquences de son film *Madame Bovary* en 1991, là même où Jean Renoir avait réalisé sa propre version en 1933.

Adresse et infos utiles

Office de tourisme : *25 bis, pl. Benserade.* ☎ *02-32-49-31-65.* ● *lyons-andelle-tourisme.com* ● *Avr-oct, lun-sam 9h30-12h30, 14h-18h ; dim et j. fériés 10h-13h, 14h-17h30. Nov-mars, lun-ven 10h-12h, 14h-17h ; sam 10h-12h30, 14h-17h.* Propose des visites guidées du village *(env 5 €)* ; sinon, demander le dépliant pour une visite libre. Nombreux itinéraires de sentiers de randonnée de la région. Boutique de produits locaux, livres et carterie.

Location de vélos : quelques VTT loués au *camping municipal Saint-Paul* (voir ci-dessous).

Location de vélos à assistance électrique Loc'E Velo : ☎ *02-77-13-14-63.*

Où camper ?

Camping municipal Saint-Paul : *2, route Saint-Paul.* ☎ *02-32-49-42-02.* ● *camping-saint-paul@orange.fr* ● *campingsaintpaul.fr* ● *Ouv avr-oct. Compter 26-28 € pour 2 avec tente et voiture ; chalets 5-6 pers 365-715 €/sem. Réduc de 5 % sur présentation du guide de l'année, ainsi qu'un café offert à l'arrivée. 190 empl.* Réparti sur un domaine verdoyant et fleuri de 3 ha, bordé par les bras de la Lieure, un camping idéal pour le repos ou les visites alentour. Emplacements bien ombragés et séparés par de hautes haies. Très bien équipé et entretenu. Accueil sympathique. Location de VTT et piscine chauffée couverte. Accès au tennis payant.

Où manger ? Où boire un verre ?

Café du Commerce – Restaurant La Halle : *19 et 6, pl. Benserade.* ☎ *02-32-49-49-92.* **Café fermé lun ; resto fermé mer (ouv mer soir juin-août). Au café, formules et menus 14-18 € ; au resto, menus 19-36 €.** Un café et un resto en vis-à-vis sur la place Benserade. Pour prendre un pot à l'une des terrasses les mieux placées de Lyons ou pour se restaurer d'une bonne petite cuisine traditionnelle du marché, servie avec le sourire.

Le Bistrot du Grand Cerf : *31-32, pl. Benserade.* ☎ *02-32-49-50-50.* ● *contact@grandcerf.fr* ● *Mer-dim. Menus 29-45 €.* Ce petit frère du restaurant et hôtel chic voisin *La Licorne* (ainsi que des *Lions de Beauclerc*) propose une correcte cuisine de terroir, au rapport qualité-quantité-prix malheureusement un peu surestimé. Cadre mêlant joliment l'ancien et le moderne.

Où dormir ? Où manger dans les environs ?

De bon marché à prix moyens

Chambres d'hôtes Ferme de la Cacheterie : *chez Mme Follet, 2, chemin des Pâtures, hameau La Boulaye, 27480 Fleury-la-Forêt.* ☎ *02-32-48-01-26.* 📱 *06-75-35-37-17.* ● *ferme.cacheterie@gmail.com* ● *ferme-cacheterie.com* ● *Congés : déc-fév. Double 62 € ; familiale. Réduc de 10 % sur le prix de la chambre sur présentation du guide de l'année.* Dans un hameau calme, une belle ferme normande construite en matériaux naturels, indépendante de celle des propriétaires, et une poignée de chambres simples mais bien tenues, avec salles de bains nickel. La ferme, en activité, élève près de 200 brebis. La laine, déjà utilisée pour l'isolation thermique et la literie, est traitée également pour le tricot (des cours gratuits sont proposés). Cuisine à dispo et vente de produits maison (gigot et côtelettes d'agneau, œufs...). Une belle adresse, très nature, idéal pour se mettre au vert !

🏠 *Chambres d'hôtes La Ferme du Cardonnet : chez* Emmanuel Boquet, Pont-Saint-Pierre, 27380 **Fleury-sur-Andelle.** ☎ 02-35-79-88-91. ● contact@ticketvert.com ● ticketvert. com ● ♿ *Congés : janv. Doubles 50-85 € ; triples.* Perdue en pleine campagne, au sein d'une vraie ferme (mais pas d'animaux), une maisonnette à part composée de 4 chambres avec salon et cuisine à disposition. Ensemble tout simple mais agréable, bien tenu. Le cadre, quant à lui, est beau, avec l'étang au milieu de la cour et plein d'espace tout autour.

🏠 *Au Relais de la Lieure : 1, rue du Général-de-Gaulle, 27850* **Ménesqueville.** ☎ 02-32-49-06-21. ● info@ relaisdelalieure.com ● relaisdelalieure. com ● ♿ *Doubles 75-99 € ; familiales. Parking.* Certes, cet hôtel n'a pas le cadre pour lui (un bord de route), ni vraiment le charme des vieilles bâtisses (une sorte de pavillon), mais peut-être est-ce pour cette raison qu'on ne vous bombarde pas sur les prix, alors que le confort des chambres est réel et l'ensemble très bien tenu. Les chambres, situées dans une annexe à l'arrière, sont toutes différentes, avec une déco mêlant plutôt habilement éléments anciens et d'autres très contemporains. Fait également resto.

🍴 ⤴ *American Grill : centre équestre de la Forêt, route du Defens, 27150* **Puchay.** ☎ 02-32-27-96-35. ● ameri cangrill27@gmail.com ● *Fermé lun-mar. Congés : 1res quinzaines de janv et de sept. Menu 25 €. Café offert sur présentation du guide de l'année.* Installer un resto-grill à l'américaine en pleine campagne normande, il fallait oser ! Et avec le club équestre que l'on voit depuis le resto, on se croirait presque dans le Grand Ouest américain ! Intérieur tout en bois avec un écran diffusant de vieux westerns (sans le son). Dans l'assiette, de la viande, de la viande et aussi une belle sélection de hamburgers aussi à la viande !

🍴 ✿ ⤴ *Ferme-auberge du Vauroux : 91, le Vauroux, 27480* **Bézu-la-Forêt.** ☎ 02-32-55-89-76. ♿ *Repas sam soir et le midi des dim et j. fériés ; boutique lun-sam. Résa impérative. Menus 28-37 €. Café offert sur présentation du guide de l'année.* La spécialité de cette ferme, c'est le canard, et il est évidemment le roi de la carte, mais d'autres belles pièces de viande sont également proposées. Ambiance simple et conviviale, mais pas trop intime car la salle, installée dans une construction récente, est vraiment grande. Accolée au resto, la boutique vend les produits de la ferme, ainsi que ceux d'autres producteurs locaux.

De prix moyens à chic

🏠 *Chambres d'hôtes du château de Fleury-la-Forêt : 4, route de Lyons, 27480* Fleury-la-Forêt. ☎ 02-32-49-63-91. ● info@chateau-fleury-la-foret. com ● chateau-fleury-la-foret.com ● *Doubles 125-150 €. Réduc de 10 % sur le prix de la chambre sur présentation du guide de l'année (avr-sept).* L'adresse idéale pour jouer au châtelain, d'autant qu'une petite partie du château est vraiment réservée aux hôtes. Les 4 chambres proposées sont toutes différentes mais ont en commun leur confort, y compris les salles de bains refaites dans un style moderne. La moins chère, avec un beau lit à baldaquin, est d'un rapport qualité-prix exceptionnel ! Petit déj servi dans les magnifiques cuisines. Accueil charmant.

🍴 ⤴ *Auberge de la Forêt : 55, rue Saint-Adrien, 27150* **Morgny.** ☎ 02-32-27-27-37. ● bruno.his@ wanadoo.fr ● ♿ *Tlj sauf lun-mar et le soir dim et j. fériés. Congés : 22 déc-18 janv et 26 juin-18 juil. Menus 21 € (midi en sem), puis 34-44 € ; carte env 50 €. Café offert sur présentation du guide de l'année.* Une adresse un peu à l'écart des sites les plus connus,

62 | L'EURE / LE PAYS DU VEXIN NORMAND

mais qui mérite le détour. Ici défilent allègrement des plats copieux et goûteux, entrecoupés, dans le menu, d'un trou normand. Un bon rapport qualité-prix-convivialité.

À voir

🏛🏛 Voir les *vieilles halles* et les belles *maisons à colombages et en brique rose,* comme celle du poète et académicien Isaac de Benserade, beau spécimen de demeure bourgeoise normande du XVIIᵉ s. Dans la rue de l'Hôtel-de-Ville... l'*hôtel de ville* ! Tout en brique, il fut restauré à la demande du duc de Penthièvre vers 1780. Possibilité de visiter la salle du Tribunal (salle de bailliage), qui date du XVIIIᵉ s, et le cachot (aux heures d'ouverture de la mairie). Rue d'Enfer s'élève la belle propriété (elle ne se visite pas) où Ravel travailla à l'orchestration des *Tableaux d'une exposition* de Moussorgski. Située un peu à l'écart du village, l'*église Saint-Denis (ouv seulement pdt les offices et certains dim)* fut construite au XIIᵉ s avec le silex, matériau du pays, mais des ajouts furent effectués aux XVᵉ et XVIᵉ s. Triple toit et flancs du clocher en ardoises. Vierge à l'Enfant en pierre au-dessus du portail. À l'intérieur, belle statue en bois de saint Christophe, du XVIᵉ s. Le *square des Trois Moulins,* dans la vallée de la Lieure, est dominé par un ancien couvent de bénédictines.

DANS LES ENVIRONS DE LYONS-LA-FORÊT

🏛🏛 *Lisors :* à env 7 km au sud de Lyons. Petit village aux maisons en brique ou toute blanches, Lisors s'étire le long du Fouillebroc. On en découvre l'aspect charmant en venant de Mesnil-Verclives. Noter la mignonne *église* du XVᵉ s qui se tient un peu à l'écart. L'alternance des matériaux de construction (silex et calcaire) dessine de beaux graphismes réguliers. Clocher en bois et ardoise. À l'intérieur, belle Vierge en pierre du XIVᵉ s.

🏛🏛🚶 *L'abbaye de Mortemer :* à env 2 km de Lisors. ☎ 02-32-49-54-34. ● abbaye-de-mortemer.fr ● Parc et musée ouv avr-oct, tlj 11h-18h30 ; entrée : 6 € ; enfants 4 €. Visite des 2 musées avr-août 13h30-18h ; hors saison, se renseigner. Entrée : 4 € supplémentaire par musée. Durée : env 30 mn par musée, et 20 mn de promenade en petit train. Grande fête médiévale le w-e du 15 août et nombreuses animations (payantes), et Nuits de fantômes les w-e de sept.

LES FANTÔMES DE L'ABBAYE

Savez-vous que les murs de l'abbaye de Mortemer regorgent de fantômes ? Pendant la Révolution, les sans-culottes égorgèrent les 4 derniers moines, au milieu des barriques de vin. On prétend que, pour l'éternité, les fantômes des religieux vont du cellier au pigeonnier. Mais le fantôme le plus célèbre est celui de Mathilde, connue sous le nom de Dame Blanche et grand-mère de Richard Cœur de Lion. Elle apparaît de temps en temps les nuits de pleine lune. Mieux vaut ne pas la croiser !

Tapies dans un vallon séduisant, au détour d'une route étroite, les *ruines* de l'ancienne abbaye cistercienne s'élèvent dans un superbe environnement romantique qui invite à une promenade presque mystique. L'abbaye tire son nom de la « mer morte » (marécages) qui inondait jadis la région. Elle fut transformée en carrière après la Révolution, et ses pierres servirent à construire le village de Lisors. Il ne reste que quelques pans de l'église du XIIᵉ s édifiée par Henri Iᵉʳ, 4ᵉ fils de Guillaume le Conquérant. Plus tard, un riche imprimeur acheta ce qu'il restait de l'abbaye et la transforma en petit château. C'est dans cet édifice que sont installés les musées.

DANS LES ENVIRONS DE LYONS-LA-FORÊT | 63

– *Le musée des fantômes et des légendes :* dans les sous-sols, on passe en revue les scènes de la vie des moines. Quant à la petite fontaine des célibataires, il suffit de jeter une pièce pour trouver l'âme sœur. Noter d'ailleurs, sur le mur, les petits mots envoyés par les jeunes gens ayant trouvé chaussure à leur pied après leur passage ici. Plus loin, une superbe Vierge sculptée du XVIᵉ s, qui allaite. Elle est assise et couronnée, chose rare. Plusieurs pièces ont été ingénieusement aménagées pour présenter les contes et légendes liés à l'abbaye ou à la région, grâce à un système son et lumière. Fort bien fait, et les mômes adorent. L'ancien réfectoire, à l'étage, comporte 4 pièces agencées par les différents propriétaires. Le mobilier n'a évidemment rien à voir avec l'abbaye. À noter tout de même, un superbe antiphonaire (recueil de chants liturgiques) du XVᵉ s.

– *Le musée des appartements à thèmes :* l'ancien réfectoire, au rez-de-chaussée, comporte 5 pièces meublées et décorées par thème avec un éventail d'objets religieux et anciens.

– Dans le *parc,* un *colombier* du XVᵉ s remanié au XVIIᵉ s, à la remarquable charpente en bois de châtaignier. Son lanterneau date du XVIIᵉ s. Ses 937 trous de boulins en torchis abritaient les pigeons qui servaient parfois à nourrir les voyageurs d'antan. Noter l'échelle tournante qui permettait d'aller chercher les plus dodus. Au fond du parc, un étang avec de nombreux oiseaux et des daims. Un petit train (tiré par un tracteur !) longe la pièce d'eau.

🗲🗲 🏃🏻 *L'abbaye Notre-Dame de Fontaine-Guérard :* à *Radepont.* ☎ 06-86-08-04-67. ● abbayefontaineguerard.fr ● *À 16 km au sud-ouest de Lyons et à 2 km à l'ouest de Radepont. Mai-juin et sept, dim et j. fériés 14h-18h ; 7 juil-31 août, tlj 14h-18h30. Parcours ludique gratuit destiné aux enfants. Entrée : 5 € ; réduc ; gratuit moins de 7 ans.*
Cette abbaye cistercienne de moniales fut fondée au XIIᵉ s, édifiée au XIIIᵉ s et classée Monument historique en 1937. Bâtie au pied d'une source abondante aux vertus dermatologiques (« la fontaine qui guérit »), elle est située dans une nature préservée de la vallée de l'Andelle. On découvre à flanc de colline la chapelle Saint-Michel (XVᵉ s), surmontant le cellier troglodytique où les moniales gardaient leur vin. De l'abbaye subsistent l'église abbatiale qui a conservé son chœur et ses murs latéraux, ainsi que le bâtiment des moniales.
On visite la salle capitulaire à 3 nefs, élégante et étroite, de style gothique anglo-normand, le parloir et la salle de travail en croisées d'ogives. Un escalier mène à la chambre de l'abbesse et au dortoir des moniales à la superbe charpente en coque de bateau renversée. À l'est, le jardin des plantes médicinales de l'infirmerie, le jardin des éléments, et le jardin de méditation, et des sculptures qui évoquent les moniales aujourd'hui disparues. De l'ensemble se dégage une merveilleuse impression de quiétude et de sérénité. Des concerts, animations et expositions sont organisés en saison, ainsi qu'une fête médiévale le 1ᵉʳ week-end de juin.

– À 400 m de l'abbaye, extraordinaire ruine de la *filature Levavasseur.* Bâtie en 1861 dans le style néogothique anglais (!), elle ne servit guère, détruite par un incendie en 1874. Il ne reste qu'une sorte de cathédrale industrielle, flanquée de tours aux 4 angles. Étonnant et beau. La C 92 qui part de l'abbaye et longe la filature est réservée aux vélos et aux piétons les 1ᵉʳ et 3ᵉ dimanches du mois.

🗲🗲 *Le château de Fleury-la-Forêt :* 4, route de Lyons, 27480 *Fleury-la-Forêt.* ☎ 02-32-49-63-91. ● info@chateau-fleury-la-foret.com ● *Visites de groupes des pièces meublées du château sur résa. Pas de visites individuelles, mais visites privées possibles avec le propriétaire sur résa. Tarifs, infos et résas par téléphone ou par e-mail.* De ce château classique à la façade en brique rouge et silex, on visite une dizaine de pièces meublées de différents styles mais datant globalement du XVIIᵉ s. Bureau Louis XV, chambre Empire, remarquable cuisine du XIXᵉ s avec une superbe collection de faïences, porcelaines et près de 145 pièces en cuivre. Le château abrite également un *musée des Poupées anciennes,* dont les poupées sont entourées de leur mobilier. C'est la passion de la châtelaine. Il y en a des centaines, certaines d'une valeur inestimable. Toutes les époques, tous les pays

L'EURE

64 | **L'EURE / LE PAYS DU VEXIN NORMAND**

et toutes les scènes de la vie sont évoqués. Dans la cour du château, voir encore le *lavoir,* bien reconstitué, et la *chapelle.* Rappelons que le château propose aussi de belles chambres d'hôtes.

VASCŒUIL (27910) 340 hab. *Carte Eure, C1*

Pour commencer et afin de ne pas avoir l'air trop parachuté, prononcer « Vacœuil » (avaler le « s »). Ce joli village, situé au nord-ouest de la forêt de Lyons, abrite l'un des plus vivants centres d'art et d'histoire de Normandie.

Où dormir ? Où manger ?

Rappelons que Vascœuil n'est qu'à 5 km de Ry (en Seine-Maritime), où se trouvent aussi quelques beaux hébergements (ou dans ses environs proches).

🛏 *Chambres d'hôtes L'Épicerie du Pape : 5, rue de la Ferme.* ☎ *02-35-23-64-37.* 📱 *06-81-29-02-41.* ● *lepiceriedupape@club.fr* ● *lepiceriedupape. com* ● *Dans le village (fléchage discret). Doubles 98-103 €.* Côté rue, la façade est noyée dans la verdure. À l'intérieur de cette maison où les matous sont rois, 2 jolies chambres à la déco soignée. Également une originale petite cabane rouge dans le jardin, joliment aménagée en chambre cosy, avec salle de bains, dans un esprit scandinave. Une caravane vintage et insolite, mitoyenne à la cabane, peut servir de couchage pour des enfants (location en sus). Petite cuisine d'appoint à disposition de tous dans une véranda. Piscine chauffée. Accueil très sympa.

🍽 🍹 ⛲ *Salon de thé La Cascade : dans le parc du château en bordure de rivière.* ☎ *02-35-23-62-35.* ♿ *Réservé aux visiteurs. Juil-août, tlj ; de mi-mai à juin et sept, seulement w-e et j. fériés.* Idéalement situé devant une petite cascade. Après s'être gavé de culture, place aux quiches, tartes ou crêpes à dévorer dans la jolie salle colorée ou en terrasse. Coin boutique, produits normands.

Où acheter de bons produits ?

🌾 *Graine des Champs : 20, rue de la Gare.* ☎ *02-32-91-19-72.* ● *grainedes champs.com* ● *Mar-sam 9h30-12h30, 15h-19h ; dim 9h30-12h30. Congés : 2 sem en août.* Un petit magasin organisé en coopérative et vendant les produits d'une cinquantaine de producteurs bio de la région. Fait aussi traiteur et propose plein de bonnes choses pour se faire un bon piquenique gourmand. De bonnes soupes maison également. Hmm !

À voir

🎭🎭🎭 *Le château : 8, rue Jules-Michelet.* ☎ *02-35-23-62-35.* ● *chateauvasco euil.com* ● ♿ *(sauf château). Avr-nov, mer-dim 14h30-18h ; juil-août, tlj 11h-18h. Entrée : 10 € (visite globale du site + expo en cours) ; réduc ; gratuit moins de 7 ans ; forfait famille 25 €.* Modeste dans ses proportions mais charmant et élégant, ce château, ancienne maison forte, fut bâti entre les XVe et XVIIe s. Aujourd'hui labellisé « Maison des illustres », ce centre d'art et d'histoire accueille des expositions temporaires d'artistes renommés, dont les œuvres sont présentées dans de superbes salles lumineuses. Au sommet de la tour de guet octogone du XIIe s, reconstitution fidèle du cabinet de travail de l'historien Jules Michelet (1798-1874). Également une librairie-boutique-galerie.

– *Le parc et le jardin à la française* (site classé) *:* traversés par les méandres d'une rivière, ils ont été transformés en galerie ouverte de sculptures où dialoguent une cinquantaine de bronzes, marbres, céramiques et mosaïques d'artistes reconnus du XXe s (Braque, Dalí, Volti, Vasarely, Corneille, Chemiakin, Folon, Szekely, Capron, Coville, Léger, Marcoville, Zoritchak...).

– *Le colombier :* du XVIIe s. En brique rouge, massif et pas très haut, il n'en dégage pas moins une certaine élégance. L'intérieur restauré sert de salle d'exposition. Noter la superbe charpente d'origine et l'échelle tournante qui donnait jadis accès aux boulins, martelés à la Révolution, suite aux doléances des paysans.

– *Le musée Michelet :* unique musée de France dédié au célèbre historien qui séjourna dans ce domaine pendant 20 ans et y écrivit une partie de ses ouvrages. Le musée abrite souvenirs, diplômes, caricatures, objets, livres, et la reconstitution d'une séance de lecture par Michelet à sa chère amie Adèle Dumesnil, châtelaine de Vascœuil en 1842 (cires de Daniel Druet) et dont le fils épousera la fille de Michelet.

LA VALLÉE DE L'EPTE

La route, doucement vallonnée, mène à *Aveny* (pont du XVe s), *Berthenonville* (église du XVIe s, classée, et vieux moulin du XVIIIe s), *Château-sur-Epte*, qui possède les ruines du château construit par le 2e fils de Guillaume le Conquérant, *Dangu* (église décorée de boiseries du XVIIIe s et de panneaux peints ; beau plan d'eau aménagé), *Neaufles-Saint-Martin* et son imposant donjon et, pour finir, *Gisors*. Au retour, une variante permet de traverser de jolis villages typiques du Vexin : Fours-en-Vexin, allée couverte de Dampmesnil, Bus-Saint-Rémy, Fourges.

GISORS (27140) 11 630 hab. *Carte Eure, D2*

Bien qu'ayant perdu de son charme à la suite des destructions de la Seconde Guerre mondiale, la vieille capitale du Vexin normand reste une cité agréable, avec sa belle église et les ruines de son château.

Adresse et info utiles

🛈 *Office de tourisme du Vexin normand :* passage du Monarque. ☎ 02-32-27-60-63. ● info.tourisme@ ccvexin-normand.fr ● tourisme-gisors. fr ● Tte l'année, lun-sam 9h-12h, 14h-18h ; plus dim et j. fériés avr-sept 10h-12h, 14h-16h. Nombreuses brochures et boutique de produits régionaux.

– *Marchés :* ven mat et dim mat.

Où dormir dans les environs ?

🏠 *Chambres d'hôtes :* mairie, 61, rue de la Vallée, 60240 *Delincourt.* ☎ 03-44-49-03-58. ● mairie.delin court@wanadoo.fr ● À 4 km de Gisors (direction Cergy), dans le délicieux village de Delincourt, face à l'église et au 1er étage de la mairie. Pour les résas, s'adresser à la mairie lun-ven

66 | **L'EURE / LE PAYS DU VEXIN NORMAND**

10h-12h, 15h-19h. Double env 35 €. 2 chambres d'hôtes à tout petit prix, simples et propres, l'une avec un grand lit, l'autre avec 2 lits de 1 personne. Douche et w-c communs. Pas de petit déj mais réfrigérateur, cafetière et four à micro-ondes à disposition pour les 2 chambres.

🏠 |●| *Chambres d'hôtes Domaine des Prés du Hom : chez Caroline Boury, 73, route de Gisors, 27660 Bézu-Saint-Éloi.* ☎ 02-32-55-61-19.

📱 06-70-65-09-87. ● *lespresduhom@ orange.fr* ● *presduhom.com* ● *À 7 km de Gisors. Doubles 80-115 € ; suite 130 €. Table d'hôtes sur résa 35-40 €.* 3 belles chambres aménagées dans l'ancienne orangerie d'une demeure bourgeoise du XIXe s, en bordure d'un jardin verdoyant. De la clarté, de l'espace, du charme... L'accueil est excellent, le petit déj généreux. Vous pourrez aussi choisir un séjour « bien-être » : tout un programme !

Où manger ?

|●| *Restaurant Le Cappeville : 17, rue Cappeville.* ☎ 02-32-55-11-08. ● *sppotel@orange.fr* ● *Fermé lun-mar et j. fériés. Formule déj en sem 18 € ; menus 29-72 €. Digestif offert sur présentation du guide de l'année.* Une très bonne étape pour un repas de haute tenue, dans la droite ligne de la tradition régionale. Il faut dire que le chef, Pierre Potel, a travaillé avec les plus grands. Intérieur à la déco soignée et accueil souriant.

Où acheter de bons produits ?

🍺 *Brasserie de Sutter : 19, rue du Grand-Champ-Fleury.* ☎ 02-32-27-57-17. ● *brasseriedesutter.com* ● *Tlj sauf dim 10h-12h30, 13h30-19h. Visite de la brasserie sam à 10h30 (5 €).* Brasserie artisanale créée par 2 frères et proposant des bières dotées d'un petit caractère bien corsé.

À voir

🎥 *Le château fort : dans l'enceinte d'un parc paisible. Accès libre à la basse-cour 9h-19h30 (17h nov-mars). Fermé le 3e w-e de mai et le dernier w-e d'août. L'accès à la haute cour et aux caves est réservé aux visites guidées (quotidiennes, 5 €, gratuit jusqu'à 5 ans ; résa auprès de l'office de tourisme).* Ensemble castral de 3 à 5 ha, témoin de l'architecture militaire de la fin du XIe au XVIe s. La 1re fortification de terre fut construite à la demande de l'un des fils de Guillaume le Conquérant en 1097 dans le cadre de la fortification de la frontière anglo-normande face au roi de France. À partir du règne de Henri II Plantagenêt, l'ancienne motte s'entoure d'un rempart de 800 m muni de tours, doublé au XVIe s d'un boulevard d'artillerie. Lorsque Philippe Auguste reconquiert la ville en 1193, puis la Normandie, le site devient logis royal français et une place administrative importante.

🎥 *L'église Saint-Gervais-Saint-Protais : tlj 9h-18h. Entrée libre. Visite guidée quotidienne, env 1h (5 €) ; résa auprès de l'office de tourisme.* Alors que tout le quartier alentour fut bombardé en 1940, l'église a pu faire l'objet d'une restauration, malgré d'importantes destructions. Très belle façade encadrée, à gauche, d'une tour commencée en style gothique flamboyant et, à droite, d'une tour Renaissance. Côté nord, un remarquable portail ciselé (1516-1525). À l'intérieur, le chœur de 1249 contraste avec la nef de style flamboyant. Les chapelles du côté sud sont dotées de très beaux piliers sculptés dont le plus travaillé est dû aux tanneurs de la ville. La 1re d'entre elles abrite un bel *Arbre de Jessé* de la fin du XVIe s. Une autre chapelle abrite un curieux transi saisissant de réalisme. Enfin, noter le remarquable vitrail en grisaille, à droite de la sacristie.

VERNON | **67**

🔭 *Visite du centre historique :* il subsiste quelques belles *maisons médiévales à colombages* dans la rue de Vienne, la rue principale. Au bas de cette dernière, presque à l'angle avec la rue des Argilières, remarquer le vieux lavoir à charpente en bois dont la courbe suit celle de la rivière. À voir également, la *chapelle Saint-Luc-de-la-Léproserie* et quelques autres vestiges intéressants.

LA VALLÉE DE LA SEINE

Cette vallée sinueuse et encaissée, dominée par les hautes falaises de calcaire, offre des points de vue de toute beauté. On y trouve aussi les 1res villes vraiment agréables à l'ouest de Paris, non loin finalement des dernières banlieues de la capitale : Vernon, Giverny, à l'ombre duquel prospéra le travail de Claude Monet, et Les Andelys, dominés par le célèbre Château-Gaillard.

L'EURE

| **VERNON** | (27200) | 24 770 hab. | *Carte Eure, C-D2-3* |

● Plan *p. 69*

Vernon fut construite au IXe s sur des fondations gallo-romaines par Rollon, Viking fasciné par la Normandie et 1er chef normand. Plus tard, la ville plut beaucoup à Louis IX, alias Saint Louis, qui venait s'y repaître de cresson, la culture locale (on en voit 3 bottes sur les armoiries de la ville). Vernon fut ensuite occupée par les Anglais au XVe s. Si la ville souffrit fortement des bombardements de la Seconde Guerre mondiale et perdit beaucoup de son cachet avec la reconstruction moderne du centre, quelques vestiges intéressants du vieux Vernon demeurent.

Adresse et infos utiles

🛈 *Office de tourisme* (plan B1) : 12, rue du Pont. ☎ 02-32-51-39-60. ● cape-tourisme.fr ● *15 mars-15 nov, tlj 10h-18h ; le reste de l'année, mar-dim et j. fériés 10h-12h30, 14h-17h.* Bonne documentation notamment sur les nombreuses randonnées autour de Vernon.

🚐 *De/vers Giverny :* à la gare de Vernon, une navette relie Vernon à Giverny (☎ 0800-27-27-00 ; ● sngo.

fr ●). Fin juin-début nov, 4 allers/j. (5 le w-e) 9h15-15h15 et 7 retours (8 le dim) 10h10-19h10 (8 € l'A/R). Le *Givernon,* un petit train touristique, relie aussi les 2 villes (☎ 06-27-25-00-25 ; ● givernon. fr ●). Fin mars-Toussaint, 4-5 fois/j., ttes les 2h, 9h10-15h10 de Vernon, 11h50-18h pour le retour de Giverny (8 € l'A/R).

– *Marché :* mer mat et sam tte la journée.

Où dormir ?

De prix moyens à chic

🏠 *Chambres d'hôtes Villa Géral-dine* (plan B1, **12**) : 5-7, rue du Pont. ☎ 02-32-71-14-77. ● noelle.pariel@free. fr ● Doubles 70-75 € ; familiales. Jolie et

paisible propriété d'époque Napoléon III dans un jardin clos aux arbres centenaires. Chambres agréables avec lits de style Restauration ; 2 d'entre elles (louées ensemble) partagent la salle de bains sur le palier. Copieux petit déjeuner

68 | L'EURE / LA VALLÉE DE LA SEINE

servi dans le vaste jardin d'hiver. Bien qu'en plein centre-ville, une adresse qui donne l'impression d'être hors du temps. Accueil discret et attentionné.

🏨 **Hôtel Normandy – Le Cottage** (plan B2, **11**) : 1, av. Pierre-Mendès-France. ☎ 02-32-51-97-97. ● contact@ normandy-hotel.fr ● normandy-hotel.

fr ● ♿ Double 112 € ; familiales. Parking payant. Grand hôtel proposant une cinquantaine de chambres spacieuses et confortables, toutes refaites dans un style contemporain standardisé. Belle ambiance feutrée et cosy dans les salons du hall. Accueil agréable. Une bonne adresse.

Où dormir dans les environs ?

Camping

⛺ **Camping Les Fosses Rouges** : chemin de Réanville, 27950 **Saint-Marcel.** ☎ 02-32-51-59-86. 📱 06-22-42-19-11. ● camping@tourisme.sna27.fr ● saint-marcel27.fr ● ♿ Ouv mars-fin oct. Compter 12,50 € pour 2 avec tente et voiture ; « Pods » 1-3 pers 33 €/nuit ou 150 €/5 nuitées, grande tente 5 pers 25 €/nuit. 60 empl. Loc de vélos offerte sur présentation du guide de l'année. Tranquille et bien situé, en surplomb de la vallée de la Seine, un camping simple et agréable avec des emplacements semi-ombragés un brin à l'écart des quelques caravanes installées à l'année. Possibilité de louer 3 « Pods », des sortes de roulottes sans roues, ingénieuses et rigolotes (et pratiques par temps de cochon). Patron très sympa.

De bon marché à prix moyens

🏨 ⊛ **Les Greniers de la Ferme des Ruelles** : chez Michel et Chantal

Galmel, les Ruelles, 27510 **Tilly.** ☎ 02-32-77-46-71. ● ch.galmel@ orange.fr ● fermedesruelles.com ● Double 77 €. Bouteille de cidre de la production offerte sur présentation du guide de l'année. Loin de toute agitation, en pleine campagne, dans une belle ferme, 2 chambres spacieuses, avec entrée indépendante, installées dans d'anciens greniers. Ensemble simplement mais joliment restauré, avec murs blancs, plafonds mansardés, poutres en bois et sols en coco. Vous trouverez aussi tous les produits maison dans la jolie boutique (ouv à ts, tlj sauf dim), où sont également vendus les produits des fermes « amies ». Toutes ont pour souci commun le développement durable, à travers l'agriculture raisonnée et les circuits courts. Michel Galmel, quant à lui, privilégie aussi les haies et les murs sur son terrain afin de diversifier la flore et la faune. Il s'est même lancé dans la culture du *Miscanthus* pour se chauffer. Ses explications sont convaincantes et passionnantes !

Où manger ?

De bon marché à prix moyens

🍴 ⟙ **Bistrot des Fleurs** (plan B1, **20**) : 73, rue Carnot. ☎ 02-32-21-29-19. ● bistrodesfleurs@gmail.com ● Fermé dim-lun. Congés : dernière sem de juil et 1ʳᵉ quinzaine d'août. Menus 21-23 €, ainsi que 40 € sur résa. Cadre très sympa, genre petit bistrot rustique et chaleureux, offrant une cuisine simple mais bonne. Terrasse sur rue.

🍴 ⟙ **La Halle aux Grains** (plan B2, **21**) : 31, rue de Gamilly. ☎ 02-32-21-31-99. ● lahalleauxgrains@wanadoo.fr ● ♿ Tlj sauf le soir dim-lun. Formule déj en sem 14,90 €. Apéritif maison offert sur présentation du guide de l'année. Grande et agréable terrasse fleurie aux beaux jours et salle au cadre rappelant celui d'une brasserie. Grande variété de pizzas et viandes grillées au 1ᵉʳ choix. La formule du midi est simple mais efficace (un bon plan le lundi quand tout est fermé). Patron adorable et service rapide.

VERNON / À VOIR. À FAIRE | 69

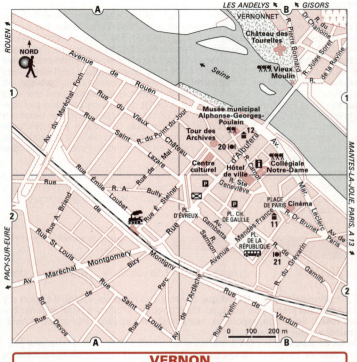

VERNON

🛏	**Où dormir ?**	|◦|	**Où manger ?**
	11 Hôtel Normandy – Le Cottage (B2)		20 Bistrot des Fleurs (B1)
	12 Chambres d'hôtes Villa Géraldine (B1)		21 La Halle aux Grains (B2)

À voir. À faire

➤ *Circuit touristique du centre-ville :* demander à l'office de tourisme le plan du centre-ville.

🎯🎯🎯 *L'église collégiale Notre-Dame (plan B1-2) :* rue Carnot. Elle date du XIIe s mais fut sans cesse remaniée. Sur la façade du XVe s, admirable rosace flamboyante entre 2 galeries. Tour centrale du XIIIe s. À l'intérieur, nef élancée encerclée d'un triforium. Au fond, dans le chœur, une série d'arcades romanes supportant un étage du XVIe s. Orgue magistral composé de 13 panneaux de bois sculpté et superbe maître-autel provenant de la chartreuse de Gaillon. Vitraux figuratifs du XVIe s dans l'une des chapelles de droite.

🎯🎯 *Le musée municipal de Vernon (plan B1) :* 12, rue du Pont. ☎ 02-32-21-28-09. ● vernon27.fr/la-ville/culture/musee ● ♿ *15 mars-15 nov, tlj 10h-18h ; le reste de l'année mar-dim et j. fériés 10h-12h30, 14h-17h. Entrée : env 5 € ;*

70 | **L'EURE / LA VALLÉE DE LA SEINE**

gratuit moins de 26 ans et pour ts le 1er dim du mois ; billet couplé avec le musée des Impressionnismes à Giverny 12 €. Dans un bel hôtel particulier des XVe et XVIIIe s, des œuvres originales du peintre Claude Monet et un ensemble significatif d'œuvres de l'école de Giverny (Mary Fairchild, Frederick William MacMonnies, Theodore Earl Butler ou encore Blanche Hoschedé-Monet). Une section est consacrée à la peinture de paysage et à ses développements impressionnistes et nabis. Le clou de la visite revient à *Falaise à Pourville* et au petit *Nymphéas* rond de 1908, légués par Monet lui-même. On ne manquera pas, au passage, les tableaux de sa belle-fille, Blanche Hoschedé-Monet, ni les peintures réalisées par ses amis (Bonnard, Vallotton...). Un cabinet de dessins présente par roulement le fonds d'art graphique autour d'artistes comme Théophile-Alexandre Steinlen ou Benjamin Rabier. Également une salle consacrée à l'archéologie et à l'histoire de la ville de Vernon. Le dernier étage est dédié à la peinture et à la sculpture animalières (section unique en Normandie). Présente aussi des expos temporaires.

🏃🏃🏃 En traversant le pont principal, on voit en contrebas le *Vieux Moulin (plan B1),* une maison ancienne en encorbellement posée sur les 2 arches du pont du XIIe s aujourd'hui détruit. L'édifice semble défier les lois de la pesanteur ! Un tableau à lui tout seul !

GIVERNY   (27620)   500 hab.   *Carte Eure, D2-3*

C'est principalement à Monet que Giverny doit sa gloire, lorsqu'il choisit d'y vivre de 1883 jusqu'à sa mort, en 1926. Il repose d'ailleurs dans le cimetière paroissial. Sous son impulsion, nombre d'artistes (dont beaucoup d'Américains) vinrent à Giverny.
On se demande si les gens qui, dans les années 1970, achetèrent une maison dans ce tout petit village tranquille s'étageant sur une douce colline en bordure de Seine soupçonnaient qu'un jour celui-ci pourrait devenir un des hauts lieux du tourisme national, vivant au rythme des marées humaines qui y affluent d'avril à octobre et s'en retirent à la fermeture du jardin et du musée... Les habitants jouent le jeu, tout y est très fleuri, très propret, et le système des parkings pour endiguer le flot de ces visiteurs du monde entier plutôt bien organisé.

PAR ICI LES MONET

Si Giverny doit une fière chandelle au peintre, l'inverse n'est pas vrai. Difficilement accepté par les autochtones, Monet vivait sans véritable contact avec eux. Ils lui faisaient même payer très cher les meules de foin qu'il souhaitait coucher sur la toile. Il avait besoin de la nature pour peindre, de la lumière qui s'en dégage aux différentes heures de la journée, et plus particulièrement tôt le matin. Il fut l'un des 1ers, conseillé par Eugène Boudin, à peindre sur le site même, symbolisant les

AVOIR L'ŒIL !

À la fin de sa vie, Monet commençait à souffrir de la cataracte. Alors qu'il perdait progressivement la vue, l'intensité des couleurs échappait à celui qui avait mis tout son art à jouer avec la lumière. Pour ses tableaux, il rangeait avec ordre ses tubes de peinture et se fiait aux étiquettes pour choisir ses teintes. Grâce à son ami Clemenceau, il accepta finalement de se faire opérer (mais d'un seul œil !).

images à l'extrême pour les « réduire » à une impression lumineuse, à un effet de lumière. La manière de peindre dépasse le sujet peint. *Impression, soleil levant* est la toile qui donna naissance à l'impressionnisme. Si Boudin se rapprochait déjà fortement de cette lecture si délicate de la lumière naturelle, Monet en devint le grand maître. Dans le jardin qu'il créa entièrement, il peignit certaines de ses toiles les plus célèbres, notamment la série des *Nymphéas*.

À Giverny, Monet s'installa dans cette longue maison rose aux volets verts. Il se levait avant le jour, prenait un copieux petit déjeuner et se hâtait d'étudier la lumière avant qu'elle ne se défilât. Souvent, il travaillait sur plusieurs tableaux à la fois, captant pour un même sujet les nuances de chaque heure. Par la suite s'installeront à Giverny de nombreux artistes français, mais aussi américains, qui logeront pour certains à l'hôtel Baudy, devenu aujourd'hui un resto-musée.

Adresse et infos utiles

ℹ️ Office de tourisme Nouvelle Normandie : *parking du Verger, 37, chemin du Roy.* ● *cape-tourisme.fr* ● *30 mars-4 nov, tlj 9h30-13h et 14h-17h30 (9h30-17h30 en mai-août).*
➤ Si vous êtes sans voiture, il existe

une *navette* depuis la gare de Vernon (voir plus haut « Adresse et infos utiles » à Vernon).
– Plusieurs *parkings* gratuits autour du village. Attention, pas de *distributeur de billets* à Giverny.

Où dormir ?

Si la fréquentation touristique s'envole, le prix des hébergements aussi, malheureusement. Nous rappelons que Vernon est tout près et qu'on y trouve, ainsi que dans ses environs, des hébergements plus abordables.

Chambres d'hôtes

🏠 **Chambres d'hôtes Au Bon Maréchal :** *chez Mme Boscher, 1, rue du Colombier.* ☎ *02-32-51-39-70.* ● *boscher.marie-claire@orange.fr* ● *À l'angle de la rue Claude-Monet, non loin de l'ancien hôtel Baudy. Résa conseillée. Ouv de mi-mars à début nov. Doubles 90-100 €. Parking fermé.* Dans une grande maison de village qui était un café à l'époque de Monet. Au 1er étage, chambres spacieuses, agréables et confortables, récemment refaites. L'une dispose d'un balcon qui s'ouvre sur le jardin fleuri, l'autre sur la maison de Monet un peu plus loin. Dans l'ancien four à pain, face à la piscine (hors sol), une belle suite indépendante.

🏠 **Chambres d'hôtes La Pluie de Roses :** *chez M. et Mme Chauveau, 14, rue Claude-Monet.* 📱 *06-80-41-15-24.* ● *lapluiederoses@giverny.fr* ● *givernylapluiederoses.fr* ● *Au début*

de la rue Claude-Monet. Avr-oct. Résa conseillée. Doubles 160-170 €. Dans un magnifique parc de 6 000 m² arboré d'essences variées et de roses anciennes, impressionnante demeure à la déco chinée, avec un atelier d'artiste si l'envie de peindre vous prenait. Salon avec grande verrière attenante offrant une vue panoramique, et chambres raffinées et romantiques.

🏠 **Chambres d'hôtes La Réserve :** *chez M. et Mme Jouyet, bois de la Réserve.* ☎ *02-32-21-99-09.* ● *mlreserve@gmail.com* ● *giverny-lareserve. com* ● ♿ *À 1,5 km au nord de Giverny, sur les hauteurs. Dans le centre, monter la rue du Colombier qui passe devant la mairie, continuer tt droit en direction de Bois-Jérôme et suivre fléchage. Avr-oct. Doubles 140-170 € ; tarif dégressif à partir de 2 nuits. Loc de gîte 8 pers 650-950 € (3 nuits).* Dans une vaste et charmante demeure de style bordelais, entourée d'un beau parc, de vergers et d'une forêt, 5 chambres personnalisées, à l'atmosphère raffinée (parquet, meubles anciens, etc.). Petit déj gourmand et accueil charmant. Une belle adresse de charme, assez onéreuse mais le calme et la détente sont assurés.

72 | L'EURE / LA VALLÉE DE LA SEINE

Chic

🏠 ⛄ *Hôtel La Musardière : 123, rue Claude-Monet.* ☎ *02-32-21-03-18.* ● *resa@lamusardiere.fr* ● *lamusardiere.fr* ● *Résa indispensable. Doubles 95-135 € ; familiales. Parking gratuit.* Disons-le d'emblée : cet hôtel installé dans une grande maison bourgeoise avec terrasse, véranda et dans un jardin ombragé par de vénérables tilleuls n'a de « chic » que le prix. Les chambres, en effet, bien que plutôt spacieuses et agréables, se révèlent au final assez simples.

Où manger ?

Au risque de déplaire, avouons que les foules de touristes semblent ici avoir eu raison de la qualité dans ce domaine. Par conséquent, pour éviter les déceptions, le mieux est peut-être de préparer votre pique-nique. Sinon vous trouverez de bonnes petites tables à Vernon, à 6 km...

À voir

🎨🎨🎨 *La fondation Claude-Monet (maison et jardin de Monet) : 84, rue Claude-Monet.* ☎ *02-32-51-28-21.* ● *claude-monet-giverny.fr* ● ♿ *(jardins seulement). Avr-oct, visite de la maison et des jardins tlj 9h30-18h (fermeture du guichet à 17h30). Entrée : 9,50 € ; réduc ; gratuit moins de 7 ans ; **billet couplé** avec le musée des Impressionnismes 17 €, avec le musée de Vernon 12 €. **Pour éviter les files d'attente interminables, achetez au préalable vos billets en ligne (impossible pour le jour même !).** Le billet couplé avec le musée des Impressionnismes est aussi un billet coupe-file : en achetant votre billet au musée (où les files d'attente sont normalement beaucoup moins longues), vous pourrez accéder directement au jardin, sans faire la queue. En principe beaucoup moins de monde dans les jardins en arrivant à 16h30, quelque 640 000 visiteurs font le déplacement chaque année, sur les 8 mois d'ouverture du site... Interdit aux animaux.*

Une plongée au cœur même de l'imaginaire de Monet : la maison et les jardins ont gardé leur aspect d'origine ; à tout moment, on s'attend à ce qu'apparaisse le maître. Vous n'y verrez aucune œuvre originale, uniquement des reproductions. Mais on vient ici avant tout pour admirer les **superbes jardins fleuris.** 2 secteurs bien distincts : le jardin d'eau orientaliste, où l'artiste peignit les *Nymphéas* (à la saison des nénuphars, émotion garantie), et, plus proche de la maison, le « clos normand ». Avouons que, sans l'explosion de couleurs du jardin, la visite perd grandement de son intérêt. L'étang aux nénuphars, situé de l'autre côté de la route, est accessible par un passage souterrain. Au temps de Monet, l'endroit était bien plus romantique, puisque seuls un chemin de terre et une voie ferrée (rares étaient les trains) séparaient le jardin du célèbre plan d'eau.

Dans la maison, noter la belle salle à manger éclatante de jaune et les cuisines habillées d'azulejos. Monet était un fin gourmet et il aimait à préparer lui-même les dîners lorsqu'il recevait. Ses carnets de cuisine, écrits avec sa compagne Alice Hoschedé, témoignent de son amour des bonnes choses. Quand ils appréciaient un plat au restaurant, ils demandaient la recette au chef, tout simplement. Outre le mobilier dans les chambres, on peut admirer de superbes estampes japonaises, collection personnelle de Monet. Une merveille ! Pour la petite histoire, sachez que Monet n'est jamais allé au Japon. Il découvrit la beauté des estampes lors d'un voyage aux Pays-Bas. Boutique de la fondation dans l'atelier.

🎨🚶🚶 *Le musée des Impressionnismes – Giverny : 99, rue Claude-Monet.* ☎ *02-32-51-94-65.* ● *mdig.fr* ● ♿ *Fin mars-début nov, tlj 10h-18h. Entrée :*

*7,50 € ; réduc ; gratuit moins de 7 ans et pour ts le 1er dim du mois ; possibilité de **billet couplé** avec la Fondation Monet 17 € ou avec le musée de Vernon 12 €. Audioguide : 4 €.* À l'exception de quelques œuvres au sous-sol, dont 3 tableaux de Monet et un de Sisley, ce beau musée ne présente que des exposi-tions temporaires ayant pour principale vocation de mettre en lumière la richesse et la diver-sité de l'impressionnisme. Tou-jours passionnantes, ces expos

L'INVENTION DE LA PEINTURE EN TUBE

Autrefois, les peintres fabriquaient eux-mêmes leurs couleurs, ce qui deman-dait du temps et un matériel énorme. En 1841, un Américain, John Goffe Rand, inventa la peinture en tube, donc transportable. Enfin, les peintres pou-vaient installer leur chevalet en pleine nature ou face à la mer. Cette invention permit l'impressionnisme.

méritent d'être vues. À l'extérieur, très beaux jardins en visite libre et un champ protégé de coquelicots ou de meules selon la saison. Beaux livres d'art dans la librairie-boutique.

🏃🏃 **L'ancien hôtel Baudy :** *81, rue Claude-Monet.* ☎ *02-32-21-10-03.* ♿ *Fin mars-début nov, tlj 10h-21h30. Malheureusement, le site n'est accessible que pour les clients du resto...* C'est l'ancien hôtel où résidèrent plusieurs peintres américains. Derrière, le grand jardin en pente (7 000 m²) a été recomposé comme à l'époque. C'est en 1886 que le 1er peintre américain vint ici chercher une chambre. Il s'appelait Metcalf. D'autres suivirent, nombreux. Chaque week-end, ils venaient depuis Paris par le train. L'hôtel *Baudy* devint un *lieu de rencontres artistiques* : Robinson, Butler, Mary Cassatt, McMon-nies, Sargent et bien d'autres y séjournèrent. Puis l'établissement accueillit Renoir, Rodin, Sisley et Pissarro. Monet et Clemenceau y devisaient souvent de longues heures durant dans le parc. Jolie roseraie un peu sauvage et jardins superbes.

🏃 **La tombe de Monet :** *en retrait du cimetière communal, derrière l'église.* Bor-dée de marbre blanc, elle recueille, à l'image du jardin de Monet, une grande variété de fleurs.

Manifestations

– **Festival de musique de chambre :** *10 j. la 2de quinzaine d'août.* ● *musiquea giverny.fr* ● Autour d'un compositeur invité, belle programmation de concerts réu-nissant des musiciens venus du monde entier. Concerts à Giverny et dans la région, et possibilité d'assister aux répétitions.
– **Festival de Giverny :** *2 w-e la 2de quinzaine d'oct.* ● *festivaldegiverny.org* ● Dans le cadre enchanteur (et intime) d'une ancienne grange. Festival qui rassemble des auteurs-compositeurs-interprètes de la nouvelle chanson française (rock, pop, jazz, blues).
– Pour connaître les autres festivals ou manifestations de Giverny : ● *normandie-giverny.fr* ●

LES ANDELYS   (27700)   8 190 hab.   *Carte Eure, C-D2*

Célèbre pour son château fort surplombant la boucle de la Seine. De là-haut, superbe panorama sur les falaises de craie encadrées de bois, les rives

74 | L'EURE / LA VALLÉE DE LA SEINE

verdoyantes, la forêt de vieux toits du village, la Seine s'étalant langoureusement dans son méandre. Balzac, Hugo, Ingres, Monet, Signac, Léger vinrent souvent y chercher l'inspiration.

Et, au fait, pourquoi « Les » Andelys ? Tout simplement parce que la ville est scindée en 2 : Le Petit-Andely au bord de la Seine, de loin le plus charmant, protégé par les ruines de Château-Gaillard, et Le Grand-Andely, qui lui fait suite jusqu'à 3 km à l'intérieur des terres et qui a beaucoup souffert lors de la Seconde Guerre mondiale.

Adresse et infos utiles

🛈 *Bureau d'information touristique :* *2, rue Grande.* ☎ *02-32-21-31-29.* ● *cape-tourisme.fr* ● *Avr-sept, tlj 10h-13h et 14h-17h ; oct-mars, mar-sam 10h-13h, 14h-17h ; fermé dim-lun et j. fériés.* Organise des visites guidées *(payantes)* du Château-Gaillard, en été seulement. Et désormais, on peut se plonger dans ce que furent Les Andelys à l'époque médiévale, coiffé d'un casque de réalité virtuelle ; 1 parcours d'environ 2 heures qui vous mènera, bien sûr, au Château-Gaillard (compter 22 € pour 2 adultes et 3 enfants, entrées au Château incluses).

■ *Piscine découverte : en bordure de Seine, proche du pont. Mai-août seulement.* Bien agréable.

– *Marché : sam.*

Où dormir ? Où manger ? Où grignoter ?

Camping

⛺ *Camping de l'Île des Trois Rois :* *1, rue Gilles-Nicolle.* ☎ *02-32-54-23-79.* ● *campingtroisrois@aol.com* ● *camping-troisrois.com* ● ♿ *En bordure de Seine, au pied du pont enjambant le fleuve, rive droite. Ouv de mi-mars à mi-nov. Compter 29-38 € pour 2 avec tente et voiture ; bungalows et mobile homes pour 4-6 pers 222-885 €/sem. 300 empl.* Dans une vaste prairie ombragée, admirablement située entre un grand étang d'un côté et la Seine de l'autre. Snack-bar, 2 piscines chauffées, jeux d'enfants avec structures gonflables et location de vélos.

De prix moyens à plus chic

🏠 |●| ⌂ *Hôtel de Paris – Restaurant Le Bistronomy : 10, av. de la République, Le Grand-Andely.* ☎ *02-32-54-00-33.* ● *h.paristhierry@wanadoo.fr* ● *hotel-andelys.fr* ● *Resto fermé lun midi, mer et dim soir. Doubles 70-95 € ; familiales. Formule déj sem 19,90 € ; menus 25-35 €.* À l'entrée du centre-ville, en bordure de la rue principale, cette maison normande plus que centenaire, en brique et au parquet qui craque, abrite des chambres cossues pour celles qui ont été refaites, moins convaincantes pour les autres. Côté resto, dans une salle à la déco un peu datée, prolongée par un bow-window, on se régale d'une cuisine traditionnelle, agrémentée de plantes et fleurs comestibles, concoctée avec passion par l'équipe du Bistronomy.

🏠 |●| ⌂ *Hôtel de la Chaîne d'Or : 25, rue Grande, Le Petit-Andely.* ☎ *02-32-54-00-31.* ● *contact@hotel-lachainedor.com* ● *hotel-lachainedor.com* ● *Face à l'église Saint-Sauveur. Tlj en saison. De mi-oct à mi-avril, resto fermé mar, mer et dim soir en saison. Congés : vac d'hiver et sem de Noël. Résa conseillée le w-e. Doubles 99-159 € ; junior suite également ; petit déj 13 €. Formule 14,50 € le midi en sem ; menus 31-68 €. Parking gratuit. Café offert sur présentation du guide de l'année.* Dans une maison fondée en 1751 qui abritait jadis les bureaux de péage pour traverser la Seine. La gigantesque chaîne, qui marquait l'octroi situé à cet endroit, rapportait tant d'argent qu'on l'appela la

LES ANDELYS / À VOIR. À FAIRE | 75

« chaîne d'or », d'où le nom de l'hôtel. Les chambres, cossues, toutes différentes et joliment meublées, donnent soit sur la Seine, soit sur la place de l'église. La cuisine est servie dans la belle salle aux baies vitrées offrant une vue plongeante sur les péniches. Une bonne adresse.

❙●❙ Mistral : *26, rue Grande, Le Petit-Andely.* ☎ *02-32-54-09-00.* ● *mistral. petitandelys@gmail.com* ● *À 2 pas de l'église. Avr-sept, tlj sauf mer-jeu et dim soir. Congés : oct-mars. Formule déj env 15,50 € ; carte env 25 €.* Petit resto proposant une cuisine traditionnelle à base de bons produits locaux, concoctée avec un grand savoir-faire. C'est frais, c'est bon, et le service est très amical. Cadre

moderne de bistrot avec une véranda sur l'arrière. Attention, le soir, la cuisine ferme à 21h !

☕ ↑ Fort de Thé : *3, rue Richard-Cœur-de-Lion.* ☎ *02-32-54-03-67.* ● *evelyne-castaing@orange.fr* ● *Mer-sam 14h-19h. Ouv avr-nov. Café offert sur présentation du guide de l'année.* En ville, mais juste au pied de la longue montée vers Château-Gaillard, dans une belle maison en brique rouge qui hébergea le dramaturge et poète Paul Fort en 1913. Une belle sélection de thés, quelques gâteaux et biscuits maison bio, le tout à savourer dans un cadre très coquet ou dans l'adorable jardinet offrant une vue panoramique sur la Seine. Accueil aussi délicieux que les gâteaux !

L'EURE

Où acheter de bons produits dans les environs ?

⊗ Le Pressoir d'Or : *57 bis, route des Andelys, à Saint-Jean-de-Frenelles, 27150* **Boisemont.** ☎ *02-32-69-41-25.* ● *pressoirdor.com* ● *♿ Tlj (sauf dim, j. fériés et le mat des mer et sam) 9h-12h, 14h-18h. Visite guidée pour les groupes.* Splendide domaine des XVIIe-XVIIIe s de 27 ha, comprenant un verger de plus de 19 000 arbres

(15 variétés) et une cave-musée avec un pressoir à pommes. Ici, on fabrique du cidre selon des méthodes raisonnées. À la boutique, plein de bons produits de la maison (cidre de glace, vinaigre, gelées, jus, confit de cidre, cidre rosé, etc.), mais aussi d'autres producteurs.

À voir. À faire

🚶🚶🚶 👫 ⟵ Château-Gaillard : ☎ *02-32-21-31-29 (office de tourisme). On s'y rend à pied depuis la rue Richard-Cœur-de-Lion par un chemin qui démarre au centre du Petit-Andely, ou en effectuant un détour en voiture par Le Grand-Andely et les collines environnantes (suivre « Parking Château-Gaillard »). Ouv avr-nov, tlj sauf mar 10h-13h, 14h-18h (dernière admission 17h30). Entrée : 3,50 € ; réduc ; gratuit moins de 7 ans ; billet couplé avec le musée Nicolas-*

LES PRISONNIÈRES DU CHÂTEAU

En 1314, Château-Gaillard servit de prison aux belles-filles de Philippe le Bel, Marguerite et Blanche de Bourgogne, coupables d'adultère. Blanche y passa 7 ans enfermée et finit ses jours dans un couvent. Marguerite fut étranglée ici même, à l'aide de ses longs cheveux, sur ordre de son époux Louis X, dit le Hutin. Depuis, les Lumières et le féminisme sont passés par là. Ouf !

Poussin 5 €. Visite guidée (tlj 11h30, 14h30 et 16h30, plus 15h30 en juil-août) : 4,50 €. Tte l'année, accès libre à la cour basse et à l'ouvrage avancé. Le billet permet d'entrer dans la haute cour et le donjon, un peu mieux conservé que le reste. Des animations et spectacles sont organisés en saison.
Forteresse édifiée par Richard Ier dit Cœur de Lion, duc de Normandie et roi d'Angleterre, pour prévenir les attaques de Philippe Auguste, roi de France.

76 | L'EURE / LA VALLÉE DE LA SEINE

Aujourd'hui, le château est en ruine, mais il offre *l'une des visions les plus magiques de la vallée de la Seine.* Sa construction prit un peu plus de 1 an. Le site fut choisi en raison de l'escarpement et de la configuration stratégique du paysage. Richard se serait écrié, une fois l'œuvre achevée : « Que voilà un château gaillard ! », d'où le nom... Philippe Auguste attendit la mort de Richard pour attaquer le château, en 1203. Après un siège de plusieurs mois, l'assaut fut donné en février 1204. Eu égard à l'épaisseur des murs et à la qualité des défenses, il aurait irrémédiablement échoué si quelques soldats n'avaient trouvé une faille en passant courageusement par les fenêtres basses situées sous la chapelle. La chute de Château-Gaillard précipita celle de Rouen, et Philippe Auguste reconquit la Normandie.

L'ouvrage militaire, malgré l'ordre de démantèlement de Henri IV, présente des restes magnifiques qui donnent une idée de sa puissance. On distingue encore quelques éléments des remparts extérieurs. L'enceinte intérieure, bien conservée, présente une suite de saillies rondes contiguës et enveloppe le gros donjon de 8 m de diamètre intérieur. Ses murailles ont 4,50 m d'épaisseur à la base. Initialement, le donjon comptait 3 étages et présentait une conception géniale : sa base était en plan incliné, avec des contreforts triangulaires supportant le chemin de ronde. Cet appareillage permettait aux projectiles lancés des mâchicoulis de ricocher et de rebondir vers l'ennemi sans qu'il puisse prévoir leur trajectoire. La restauration de l'enceinte de la haute cour fait très bien ressortir la spécificité de ces murailles festonnées.

🏛🏛 *L'église Saint-Sauveur :* *au Petit-Andely. Tlj 9h-18h.* Petite église en forme de croix grecque, réalisée selon le style gothique au début du XIIIe s. Le clocher s'est effondré lors d'un orage, en 1973, mais a été entièrement refait. Remarquez la simplicité des lignes du chœur. Son orgue du XVIIe s est l'un des plus anciens de France encore en fonctionnement.

🏛🏛 *La collégiale Notre-Dame :* *au Grand-Andely. Tlj 9h-19h (17h30 en hiver).* Façade à 3 portails, flanquée de 2 tours, nef et chœur dans le style gothique du XIIIe s, révélant une parfaite harmonie dans les proportions. Les croisillons du transept et les chapelles sont de style gothique flamboyant dans la nef de droite et Renaissance dans celle de gauche. Cette opposition se retrouve plus nettement dans les transepts : à droite, rosace et balustrade élégantes, à gauche règnent la géométrie et le classicisme. Tour centrale du XVe s. À l'intérieur, magnifique buffet d'orgue Renaissance en chêne sculpté, dont les panneaux représentent les vertus chrétiennes, les arts libéraux, les sciences et les divinités mythologiques. La chapelle immédiatement à droite de l'entrée abrite une belle *Mise au tombeau* du XVIe s et un *Christ aux liens* du XVe s.

🏛 *Le musée Nicolas-Poussin :* *rue Sainte-Clotilde, au Grand-Andely.* ☎ *02-32-54-31-78. Derrière la mairie. Avr-sept, tlj sauf mar 14h-18h. Entrée : 3,20 € ; réduc.* Ce petit musée abrite des souvenirs liés au « Raphaël français » (né à Villers, hameau des Andelys), ainsi qu'une de ses toiles célèbres : *Coriolan.* Collection de tableaux de peintres normands contemporains (dont des œuvres remarquables d'Eugène Clary et quelques fauves) et de mobilier Régence et Louis XVI.

– *Sortie en bateau sur la Seine :* avec *Liberté Seine,* 📱 *06-71-32-18-14.* ● *liberte-seine.fr* ● *Plusieurs itinéraires proposés au départ soit des Andelys, soit des Muids. Prix total pour le groupe : 70-180 € pour 1h à 3h (2-6 pers).* Dominique Polny, le capitaine du *Fjord,* est un homme qui a consacré une grande partie de sa vie au fameux fleuve ; autant vous dire que c'est un puits d'anecdotes qui aime partager sa passion.

Fête et manifestation

– *Foire-à-tout :* *en général, 2e w-e complet de sept.* Antiquaires et brocanteurs de la région s'y donnent tous rendez-vous.

VERNEUIL-D'AVRE-ET-D'ITON | **77**

– *Fête de l'Automne :* *pl. Saint-Sauveur, un dim fin oct.* Marché normand avec animations.

DANS LES ENVIRONS DES ANDELYS

🍺 *La brasserie Duplessi :* *13, rue aux Moines, 27700* **Tosny.** ☎ *02-32-51-55-75.* ⚒ *À env 4 km au sud-ouest des Andelys. Dans le village, fléchage discret (en direction de la mairie et de l'école). Lun-ven 9h-12h, 14h-19h ; w-e 10h-12h, 14h30-18h. Visites (gratuites) sur rdv seulement.* Visite d'une brasserie qui produit entre autres la Richard Cœur de Lion, une bière artisanale brune, blonde ou ambrée assez douce et très parfumée.

LE PAYS D'AVRE ET D'ITON

Il s'agit en fait de la partie extrême sud du département de l'Eure avec 2 belles rivières, l'Avre et l'Iton, qui traversent la campagne et de charmants villages reposants.

VERNEUIL-D'AVRE-ET-D'ITON

| (27130) | 7 956 hab. | *Carte Eure, B4* |

Tout au sud-ouest de l'Eure, cette petite ville, encore entourée de ses anciens fossés et de sa – discrète – ligne de remparts, est la porte d'entrée de la Normandie, du Perche et du pays d'Ouche (rien que ça !). Épargnée par la Seconde Guerre mondiale, on peut y admirer une superbe tour d'église, d'anciennes maisons en bois, des hôtels particuliers de la Renaissance et la sérénité d'une ancienne abbaye, qui semblent protéger la ville du tapage extérieur.

Classée « Plus Beaux Détours de France », cette petite cité tranquille constitue également une excellente base pour explorer la région (ou plutôt les régions, devrions-nous dire, puisqu'elle est presque à cheval sur 3 d'entre elles).

Adresses et info utiles

🛈 ***Office de tourisme :*** *129, pl. de la Madeleine.* ☎ *02-32-32-17-17.* ● *normandie-sud-tourisme.fr* ● *À gauche du parvis de l'église. Lun-sam 9h30-13h, 14h-17h (18h avr-sept) ; plus dim juil-août 9h30-13h, 14h-18h.* Propose des visites guidées thématiques de la ville *(pdt vac scol et w-e mai-sept)* permettant d'accéder à des endroits autrement fermés au public. Demander le petit fascicule gratuit des 2 circuits découverte de Verneuil. Possibilité aussi de balade commentée en calèche dans le centre-ville *(juil-août, mer-jeu et dim ; durée : 40-50 mn ; 6-7 €/pers, gratuit jusqu'à 2 ans).*

🚆 ***Gare SNCF :*** *au bout de l'av. Victor-Hugo.* ☎ *36-35 (0,40 €/mn). À 5 mn à pied du centre.* Trains directs pour Paris-Montparnasse (env 1h15).

– ***Marchés :*** *sam mat, pl. de la Madeleine et rue Clemenceau ; plus **marché de petits producteurs** dim mat avr-sept.*

L'EURE

78 | L'EURE / LE PAYS D'AVRE ET D'ITON

Où dormir ?

Chambres d'hôtes

🏠 *La Trimardière : 366, rue Gambetta.* ☎ *02-32-30-28-41.* ● *contact@latrimardiere.com* ● *latrimardiere.com* ● *Dans le centre, peu après le rond-point entre la D 926 et la D 840. Double 135 €.* En ville, dans une belle demeure joliment restaurée, des chambres élégantes, douillettes et vraiment très spacieuses pour la plupart. Tommettes pour certaines, vieux parquet pour d'autres. Un très bel équilibre trouvé entre le confort moderne et la déco plus classique d'une maison de caractère.

De bon marché à prix moyens

🏠 ↑ *Grill Motel Saint-Martin : 181, rue du Petit-Versailles.* ☎ *02-32-32-19-88.* ● *grillstmartin@aol.com* ● *motel-saint-martin.com* ● *Au bord de la N 12. Résa fortement conseillée. Doubles 49-59 €, familiale.* Certes, on connaît plus glamour comme environnement que le bord de la N 12. N'empêche, ce motel installé dans des bâtisses en bois genre grand chalet offre un rapport qualité-prix imbattable. Les doubles ne sont pas grandes, mais elles sont insonorisées, très bien tenues, et il y a tout ce qu'il faut. Pour un peu plus cher, chambre plus spacieuse, en duplex, pouvant accueillir une personne supplémentaire sur la mezzanine. Fait aussi resto. Accueil charmant. Bref, une aubaine dans son genre !

🏠 🍽 ↑ *Hôtel du Saumon : 89, pl. de la Madeleine.* ☎ *02-32-32-02-36.* ● *reservation@hoteldusaumon.fr* ● *Sur la pl. de l'Église. Fermé dim soir, plus le soir des ven et j. fériés hors saison. Congés : 2 sem fin juil-début août et vac de Noël. Doubles 50-76 € ; familiales. Menus 13,50 € (sauf sam-dim), puis 20-40 € ; carte env 45 €. Café offert sur présentation du guide de l'année.* Une bonne maison, bien tenue et à la qualité constante. Chambres confortables nickel. Celles côté place sont plus jolies et plus grandes (mais plus chères aussi). Côté cour, elles sont plus calmes... L'établissement propose aussi une bonne table avec, à la carte, des ris de veau, des fruits de mer et du saumon, bien sûr.

Où manger ?

🍽 ↑ *Le Beauclerc : 6, pl. de la Madeleine.* ☎ *02-32-32-36-33.* ● *lebeauclerc@free.fr* ● *Sur la grande place. Ouv le midi lun-sam, plus le soir ven-sam. Formule déj 11,90 € ; menus 14,90-17,90 € ; carte env 20 €. Café offert sur présentation du guide de l'année.* Une brasserie appréciable pour sa terrasse, idéalement posée sur la place principale, mais aussi pour son choix étendu, pour tous budgets. Des plats simples mais plutôt bien préparés, à base d'ingrédients de qualité provenant, au maximum, de producteurs locaux.

🍽 ↑ *Le Collectionneur Gourmand : ruelle de l'Abreuvoir, 63, rue Gustave-Roger.* ☎ *02-32-60-11-11.* ● *l.vincent1@yahoo.fr* ● *Mai-sept, tlj ; hors saison, fermé lun et dim soir (sauf résa). Menu déj en sem 16 € ; carte env 28 €.* En voici une adresse originale, cachée dans un charmant recoin du vieux Verneuil ! Le patron est un collectionneur invétéré de figurines en plomb : il y en a partout, méticuleusement rangées dans des vitrines qui tapissent les murs, jusqu'aux toilettes. Mais il y a aussi des maquettes d'avions et de bateaux. En cuisine, le chef concocte des plats simples mais inventifs et pleins de fraîcheur. Agréable terrasse. Bon rapport qualité-prix-convivialité.

🍽 *Le Madeleine : 206, rue de la Madeleine.* ☎ *02-32-37-91-81.* ● *lemadeleine.verneuil@orange.fr* ● *Fermé mer. Menus 18-23 € (midi en sem), puis 31-69 €. Café offert sur présentation du guide de l'année.* Ici, pas d'esbroufe, juste l'amour du métier bien fait. Un cadre un brin daté, un accueil authentique et une cuisine à base de produits du terroir, revisitée de manière personnelle. Mention spéciale pour les poissons, à la cuisson précise, bons et bien présentés. Une belle petite affaire.

Où dormir ? Où manger dans les environs ?

🏠 **Chambres d'hôtes La Ferme de la Troudière :** *chez M. et Mme Leroy, la Troudière, impasse du Fournil, 27570* **Breux-sur-Avre.** ☎ 02-32-32-50-79. ● *brunolry@aol.com* ● *latroudiere.free. fr* ● *Double 53 €.* Une bonne ambiance et un accueil chaleureux dans cette ferme en activité qui abrite 2 chambres confortables, au calme. Prêt de vélos et possibilité d'acheter les bons produits de la ferme.

|●| ↑ **Auberge Chanteclerc :** *6, pl. de l'Église, 27580* **Bourth.** ☎ 02-32-32-61-45. ● *auberge.chanteclerc27@ orange.fr* ● *Fermé dim soir, lun (hors j. fériés) et mer soir. Menus 19,50 € (midi en sem), puis 28,50-42,50 €. Café offert sur présentation du guide de l'année.* La jolie façade recouverte de géraniums et de pétunias met tout de suite en confiance... et on n'est pas déçu ! Du traditionnel au créatif, il y en a pour toutes les papilles. Déclinaison autour du foie gras, mais aussi ris de veau aux morilles... Terrasse en été.

|●| ↑ **La Maison de la Ferrière :** *pl. de l'Église, 27160* **Francheville.** ☎ 02-32-58-39-80. ● *maison.de.la.ferriere@ wanadoo.fr* ● ♿ *Fermé dim soir-mar. Congé : fin août-début sept, 1 sem en avr et 1 sem à Noël. Plat du jour 14 €.* Dans l'ancienne école de cet adorable village fleuri, face à la mairie. Salle au décor moderne dans des tonalités grises et mauves, ou en terrasse sur la placette. Une cuisine simple et fraîche servie dans une atmosphère conviviale.

À voir

🎭 **L'église de la Madeleine :** *accès à la tour selon programme ou sur demande à l'office de tourisme (3 € ; 1 € 6-11 ans).* C'est sa tour qui est impressionnante : chef-d'œuvre du gothique flamboyant (fin du XVᵉ s), elle est finement sculptée et ornée d'une trentaine de statues sur ses contreforts. De là-haut (212 marches à monter, quand même !), jolie vue sur la ville, ses belles maisons et leurs jardins bien cachés. L'intérieur de l'église mérite aussi un peu d'attention pour ses vitraux des XVᵉ et XVIᵉ s. Noter l'admirable buffet d'orgue du XVIIIᵉ s, l'un des plus importants de Normandie. Il est l'œuvre de Jean-Baptiste-Nicolas Lefebvre, issu d'une famille de facteurs d'orgues rouennais réputés. Belle *Mise au tombeau* polychrome du XVIᵉ s.

🎭 De (très) belles *maisons* dans la rue de la Madeleine. À l'angle de la rue du Canon, à deux pas du chevet de la Madeleine, une magnifique bâtisse à tourelle est dotée d'un beau damier (silex, brique, calcaire) en façade ; elle abrite la *bibliothèque municipale.* Attenants à celle-ci, l'*hôtel de Bournonville* (XVIIIᵉ s), l'*hôtel de Gensac* (à pans de bois, du XVIᵉ s) et l'*hôtel de la Rousserie* (du XVIIIᵉ s, où Charles X, partant pour l'exil, passa la nuit du 5 août 1830). En empruntant la rue du Canon, remarquer le cinéma installé dans l'ancien hôtel-Dieu. À deux enjambées, sur la place Saint-Laurent, l'*ancienne église Saint-Laurent* du XVIᵉ s accueille des expos temporaires et organise des concerts de musique classique *(avr-oct).*

🗝 **La Tour grise :** *à 150 m de l'église Saint-Laurent. Avr-sept et vac de la Toussaint, mer-dim 10h-12h, 14h-18h. Entrée : 3 € ; réduc.* C'est l'un des plus beaux donjons cylindriques du XIIIᵉ s, construit à la demande de Philippe Auguste. Noter l'épaisseur des murs (3,85 m) et la pierre de grison, caractéristique du pays d'Ouche. À l'intérieur, expo sur l'histoire médiévale de Verneuil et la bataille de 1424, avec maquette de la ville et quelques armes et armures. Panorama sur la ville du haut de son chemin de ronde.

80 | L'EURE / LE PAYS D'AVRE ET D'ITON

🏛🏛 **L'église Notre-Dame :** *pl. Notre-Dame.* Construite et modifiée du XIIᵉ au XIXᵉ s. Son intérieur, très riche, comprend une remarquable collection de statues de bois et de pierre (du XIIIᵉ au XVIᵉ s).

🏛 **L'ancienne abbaye Saint-Nicolas :** *124, pl. Notre-Dame (à env 100 m de l'église Notre-Dame).* Cette ancienne abbaye, fondée en 1627, abrita jusqu'en 2001 une communauté de religieuses bénédictines. Depuis le départ des moniales, l'église et ses beaux vitraux, le parloir et la bibliothèque ne se visitent plus que lors des visites guidées proposées par l'office de tourisme.

L'EURE

BRETEUIL-SUR-ITON

(27130)   3 300 hab.   *Carte Eure, B3*

Charmante petite bourgade commerçante, principalement remarquable pour son hôtel de ville installé dans une chapelle gothique. À voir également pour les férus d'histoire, l'église Saint-Sulpice, où fut célébré au XIᵉ s le mariage d'Adèle, la fille de Guillaume le Conquérant, avec le comte de Blois. Elle reçut également la visite de Louis VIII, de Philippe le Bel, de Philippe de Valois et, en 4 occasions, de Saint Louis.

Où manger ?

🍴 **Le Grain de Sel :** *76, pl. Laffitte.* ☎ 02-32-29-70-61. *Face à la mairie. Ouv le midi mar-dim, plus le soir ven-sam. Formule déj en sem 19,50 € ; menus 26-42 €. Café offert sur présentation du guide de l'année.* | Dans un intérieur simple et intimiste, cuisine traditionnelle de qualité à des prix raisonnables. Délicieuses préparations aux escargots, provenant d'un élevage proche. Accueil et service attentifs.

À voir

🏛 En plein centre du village, sur la place Laffitte, on ne peut pas manquer l'*hôtel de ville*, un édifice surprenant et original qui s'apparente à une belle chapelle gothique.

🏛 **L'église Saint-Sulpice :** une longue nef avec bas-côtés, en forme de croix, construite en belle pierre appelée « grison du pays d'Ouche », qui lui donne un caractère original. La charpente est en bois polychrome et historié du plus bel effet. Le chemin de croix est lui aussi rare. Grand orgue original du XVIᵉ s.

🏛🏛 **Le jardin public :** *dans le centre.* Beau parc à l'anglaise, planté d'arbres centenaires et entourant un grand étang. L'Iton traverse l'ensemble. Çà et là, quelques pans de muraille de l'ancienne forteresse et des coins pique-nique.

LA SÉPARATION DE L'ÉGLISE ET DE L'ÉTAT ?

Au-dessus de l'entrée de ce qui ressemble à une chapelle gothique, dans le centre de Breteuil-sur-Iton, sont fièrement inscrits « Hôtel de Ville » et notre chère devise républicaine, Liberté, Égalité, Fraternité. Une mairie dans une église ? Est-ce bien catholique tout ça ? Pourtant, aucune entorse n'est faite à la loi de 1905 : c'est juste un architecte fantaisiste qui s'est inspiré, en 1860, du style gothique pour construire l'hôtel de ville, qui n'a jamais connu d'activités religieuses !

LE PAYS D'OUCHE

Prenez un plateau à céréales, frais en hiver, doux au printemps, lourd en été, piquez-le de bosquets, de haies vives, mettez-y beaucoup d'herbe grasse, coupez le tout de quelques vallées aux noms évocateurs, Risle, Charentonne, Iton, ajoutez de l'eau pour que les verts soient plus tendres, saupoudrez d'une ribambelle de jolis manoirs et gentilhommières, d'églises aux clochers pointus et de façades à damier de silex, de brique et de pans de bois, n'oubliez pas le grison, pierre typique de couleur brune, et placez le tout autour d'un grand massif forestier presque continu (forêts de Conches, de Breteuil et de Beaumont-le-Roger, toutes domaines privés), habité par les sangliers et les chevreuils : vous avez la recette du pays d'Ouche.

CONCHES-EN-OUCHE

(27190)   4 980 hab.   *Carte Eure, B3*

Fille de la forêt, la petite capitale du pays d'Ouche aux rues bordées de maisons à pans de bois domine la région du haut de sa colline. La promenade dans les allées ombragées de son grand parc y est particulièrement agréable. Noter que le sous-sol de Conches est un vrai gruyère creusé d'innombrables caves, souterrains, passages obscurs... Conches était aussi une étape prestigieuse sur la route de Saint-Jacques-de-Compostelle.

Adresse et info utiles

🛈 *Office de tourisme du pays de Conches : pl. Aristide-Briand, dans l'enceinte de la Maison des arts.* ☎ 02-32-30-76-42. ● *conches-en-ouche.fr* ● *Face au donjon (qui ne se visite pas). Juil-août, mar-sam 9h30-12h30, 14h-17h30 ; mars-juin et sept-oct, mar-ven 14h-17h30, sam 9h30-12h30, 14h-17h30 ; nov-fév, lun-ven 14h-17h30.* Dépliant sur l'histoire de la ville et topoguides gratuits pour les balades pédestres et à vélo dans le coin (100 km de sentiers balisés). Expos temporaires gratuites à l'étage. – *Marchés : jeu mat et dim mat.*

Où dormir ? Où manger dans le coin ?

🛏 I●I *Hôtel-restaurant de Normandie : 10, rue Saint-Étienne, à Conches.* ☎ 02-32-30-04-58. ● *normandie. conches@wanadoo.fr* ● *conches-hotel. com* ● ♿ *À quelques pas du donjon. Resto fermé lun midi, ven et le soir des dim et j. fériés. Congés : 1 sem en fév, en avr, en juin, 2 sem en août, 1 sem en oct et en déc. Doubles 66-69 € ; familiales ; petit déj 10 €. Formule déj en sem 16 € ; menus 21-41,50 €.* Apéritif maison offert ou réduc de 10 % sur le prix de la chambre sur présentation du guide de l'année. Les chambres, spacieuses pour la plupart, bénéficient de tout le confort et d'une déco différente pour chacune. Réparties dans 2 bâtiments avec galerie en bois, en vis-à-vis, elles donnent sur un petit jardin intérieur très bien entretenu. Le patron cuisinier confectionne une bonne cuisine normande traditionnelle servie dans une salle vaste et claire. Accueil amical.

🛏 I●I *Hôtel-restaurant La Grand' Mare : 13, av. de la Croix-de-Fer, à Conches.* ☎ 02-32-30-23-30. ● *lagrandmare@orange.fr* ●

82 | **L'EURE / LE PAYS D'OUCHE**

lagrandmare.com • Dans le centre-ville. Resto fermé lun, mar soir et dim soir. Congés : 2 sem en août et 2 sem fin déc. Double 63 €. Formules déj en sem 13-15 € ; menus 25-45 €. Face à la grande mare et à ses jets d'eau, un très bon hôtel à la façade à colombages rouges. Les chambres sont confortables, spacieuses et colorées. Côté resto, grande table qui propose dès le 1er menu une cuisine créative de haut vol. Des plats savoureux, au dressage élégant, servis dans une salle tout en boiserie ou dans une cour intérieure aux beaux jours.

À voir

🎋🎋🎋 *L'église Sainte-Foy : tlj 9h-19h.* Coiffée d'une haute flèche de 52 m, elle fut entièrement reconstruite à la fin du XVe s. Elle abrite de remarquables vitraux du XVIe s (un petit guide les détaillant est disponible à la Maison du tourisme).

🎋🎋 *Le musée du Verre : route de Sainte-Marguerite. ☎ 02-32-30-90-41. • museeduverre.fr • ⚒ Mars-nov, mer-dim 14h-18h. Entrée : 3 € ; gratuit moins de 16 ans.* Soufflé, moulé, taillé, sablé... ici, le verre devient œuvre d'art. Ce musée présente de superbes pièces contemporaines créées par des maîtres verriers de renommée internationale (François Décorchemont, Antoine et Étienne Leperlier, Claude Monod, Marisa et Alain Bégou), certains originaires de la région. Nouvelles expos d'artistes chaque année. *Des travaux de rénovation et d'extension sont en cours ! Ouverture du nouveau musée au printemps 2021. À suivre donc...*

🎋🎋 *Le musée du Pays de Conches : rue Paul-Guilbaud. ☎ 02-32-37-92-16. Juin-sept, mer-dim 14h-18h. Entrée : 3 € ; gratuit moins de 16 ans ; le billet donne accès gratuitement au musée du Verre.* Maison à l'architecture typique de la région offrant un cadre idéal pour reconstituer un intérieur avec objets ménagers, mobilier et costumes. On découvre le savoir-faire des artisans et des paysans normands, avec une dizaine de corps de métiers représentés (apiculteurs, cordonniers, bourreliers...). À l'extérieur, un pressoir et un four à pain (régulièrement allumé le week-end), sans oublier le magnifique arboretum.

DANS LES ENVIRONS DE CONCHES-EN-OUCHE

🎋 *La Ferrière-sur-Risle : à 14 km à l'ouest de Conches.* Au fond de la belle vallée de la Risle, aux versants boisés, Ferrière recèle une jolie halle du XIVe s et une église romane du XIIIe s coiffée d'une tour-clocher.
– Tous les dimanches matin, adorable petit marché du terroir, et le 3e dimanche du mois, marché aux antiquités (toute la journée).

🎋🎋🎋 🎋 *Le château de Beaumesnil : à 21 km au nord-ouest de Conches-en-Ouche, sur la route de Bernay. ☎ 02-32-44-40-09. • chateaubeaumesnil. com • Pâques-juin, w-e, j. fériés et tlj pdt vac scol 14h-18h ; juil-août, tlj 10h-19h ; sept, w-e 14h-18h ; pdt vac scol de la Toussaint, tlj 14h-18h. Entrée : 8,50 € (13 € avec le « parcours des Saveurs » et le parc) ; réduc. Dim ap-m et tlj pdt vac scol, jeux autour de l'histoire de la gastronomie, possibilité d'assister à la fabrication de caramels normands et de les déguster, ou de suivre l'atelier « P'tits Chefs ».* Ce « Versailles normand » est le plus beau château construit en Normandie sous le règne de Louis XIII (de 1633 à 1640). Il est situé dans un parc de plus de 60 ha dessiné par La Quintinie, assistant de Le Nôtre à Versailles. Sa façade en brique et en pierre, la richesse de la décoration, la profusion baroque des têtes sculptées au-dessus des fenêtres, le curieux labyrinthe de buis sur la droite et les reflets sur les eaux des bassins donnent une impression esthétique très forte, presque troublante. À l'intérieur de cette demeure inspirée (et meublée), on peut voir un étonnant escalier suspendu entre 2 étages, une fort belle bibliothèque et un *musée de la Reliure* présentant au fil des salles des pièces de toutes époques et de différents pays. Enfin, ce beau château baroque est également surnommé « le château des gourmands », avec une galerie de cuisiniers célèbres, une histoire de la gastronomie, des démonstrations de fabrication de caramel suivies de dégustations et une boutique gourmande.

– Juste à côté du château (dont il ne dépend pas) se trouve le ***potager conservatoire*** *(☎ 02-32-46-02-54 ; ● 1001legumes.com ● de mi-mai à juin et sept, w-e 14h-18h ; juil-août, tlj sauf lun-mar 14h-18h ; entrée : 4 €, réduc, gratuit jusqu'à 6 ans),* où les visiteurs peuvent découvrir près de 500 variétés de légumes anciens ou méconnus (vente en saison). Propose également des animations.

L'EURE

LA VALLÉE DE LA RISLE ET DE LA CHARENTONNE

LE NEUBOURG   (27110)   4 210 hab.   *Carte Eure, B2*

Capitale d'une des régions agricoles les plus riches de Normandie, on peut encore y voir les vestiges de son ancien château (qui ne se visitent pas) et découvrir l'église ainsi que le musée de l'Écorché d'anatomie. Mais, surtout, ne pas manquer le château du Champ-de-Bataille, dans les environs.

DES BERGERS SORCIERS

Dans la région du Neubourg, au XVIIe s, plusieurs procès en sorcellerie furent organisés contre des bergers, accusés de pratiquer de terribles messes noires avec des hosties consacrées. Ces bergers avaient la faiblesse de vivre souvent seuls et de n'avoir aucune famille pour les défendre... et aussi de posséder des troupeaux que l'on pouvait récupérer.

Adresse et infos utiles

🛈 ***Office de tourisme :*** *pl. du Maréchal-Leclerc, dans l'ancienne gare du Neubourg.* ☎ 02-32-35-40-57. ● *tourisme.paysduneubourg.fr* ● ♿ *Un peu excentré mais bien indiqué. Juil-août, mar-ven 10h-12h30, 14h-17h ; w-e 10h-17h ; le reste de l'année, mersam 10h-12h30, 14h-17h (seulement l'ap-m jeu-ven). Fermé les j. fériés.*

Propose pas mal de doc, détaillée et intéressante. Également une salle d'exposition.

– ***Marchés :*** *mer mat, autour de l'église.* Un des marchés les plus importants du département.

– ***Marché au foie gras :*** *1 sam mat par mois oct-déc.*

Où dormir ? Où manger ?

🏠 ***Acadine Hotel :*** *le Mont Rôti, 11-13, route de Conches.* ☎ 02-32-36-00-36. | ● *hotelacadine@orange.fr* ● *hotelacadine-le-neubourg.com* ● ♿ *À la*

84 | **L'EURE / LA VALLÉE DE LA RISLE ET DE LA CHARENTONNE**

sortie de la ville, en direction de Conches. Doubles 72-98 €. Oui, c'est une chaîne ; oui, c'est un peu excentré ; oui, l'environnement n'est pas vraiment exaltant ; mais tout cela, on l'oublie une fois passé la façade anonyme. Les chambres, en effet, sont fraîches, plutôt classe, très confortables et impeccables. Accueil pro et agréable.

|●| ↗ La Longère : *1, rue du Docteur-Couderc.* ☎ 02-32-60-29-83. ● restaurantlalongere@gmail.com ●

&. *Dans une ruelle qui part de la pl. de l'Église. Fermé dim soir-lun et mer soir. Congés : 3 sem en août et 1 sem à Noël. Formules déj en sem 19,50-24,50 € ; menus 30-69 €.* La bonne table de la ville, où un jeune chef créatif travaille avec dextérité des produits frais et de saison. Une cuisine moderne et raffinée, servie dans une salle à la déco épurée ou dans un joli jardin aux beaux jours.

À voir

🏃🏃 *L'église Saint-Paul : tlj sauf dim 9h30-17h.* Église du XVᵉ s à l'abside triangulaire inhabituelle. Intéressant portail sud en anse de panier avec accolade flamboyante. Vantaux datant du XVIᵉ s. À l'intérieur, vitraux superbes et riche mobilier : 18 stalles, autels latéraux et lutrin, tous du XVIIᵉ s. Beau saint Jean-Baptiste en pierre polychrome du XVᵉ s. Près du baptistère, émouvant saint Paul en bois du XVᵉ s, complètement rongé par les éléments (il resta quelques siècles dehors !).

🏃🏃 *Le musée de l'Écorché d'anatomie : espace culturel, 54, av. de la Libération.* ☎ 02-32-35-93-95. &. *Mer-sam et j. fériés 14h-18h. Fermé de mi-déc à mi-janv. Entrée : 4,50 € (audioguide inclus) ; réduc ; gratuit moins de 10 ans.* Voici un musée bien insolite ! Le corps humain sous toutes ses coutures ! Muscles, vaisseaux, organes... Mais, rassurez-vous, un corps humain « artificiel » : telle fut l'invention du docteur Auzoux au début du XIXᵉ s. Les pièces exposées proviennent de la fabrique qu'il a créée. Une vidéo retrace l'histoire du génial médecin et des processus de production utilisés jusqu'à nos jours. Il est assez incroyable, quand on y pense, qu'un homme ait pu, en pleine campagne et à cette époque, atteindre une telle perfection. Toutes ces pièces de carton-pâte-liège avaient pour seul but de vulgariser l'anatomie sans avoir forcément à passer par la dissection. Également quelques spécimens, version faune et flore : mouche tsé-tsé, boa, abeille, fougère...

DANS LES ENVIRONS DU NEUBOURG

🏃🏃🏃 *Le château du Champ-de-Bataille : à Sainte-Opportune-du-Bosc, 27110 Le Neubourg.* ☎ 02-32-34-84-34. ● chateauduchampdebataille.com ● &. *À 5 km au nord-ouest du Neubourg par la D 39. Château et jardins ouv Pâques-Toussaint, w-e et j. fériés (tlj juil-août) 14h30-17h. Jardins juil-août, tlj 10h-18h (sinon 14h-18h en sem). Entrée : 15 € (jardins) ; 30 € avec la visite du château (audioguide en supplément) ; réduc ; gratuit moins de 12 ans.* Au milieu d'un parc de 40 ha, superbe château ducal du XVIIᵉ s, l'une des plus fastueuses demeures de Normandie. Habité et ouvert au public, il fut racheté en 1992 par le célèbre architecte d'intérieur Jacques Garcia. À l'intérieur, riches décor et mobilier qui donnent une idée précise de l'art de vivre au XVIIIᵉ s. Mais, pour notre part, on est encore pétri d'admiration devant les jardins à la française récemment réaménagés. Un endroit où le rêve un peu fou, la passion tenace, la poésie, l'imaginaire et la réalité ont fusionné pour créer une « œuvre contemporaine » unique en Normandie. Ne cherchez pas les traces des anciens jardins, il n'en reste presque pas. Seules les dentelles de buis ont été restaurées selon les plans de Le Nôtre. Tout n'est donc que pure création et symboliques. Ici, les végétaux sont mis en scène à travers de remarquables perspectives. Là, ils épousent la forme de reptiles. Plus loin, le visiteur se perd dans le labyrinthe. Opéra en plein air en juin. Un site majeur de l'Eure.

🏛🏛🏛 🏃 *Le domaine d'Harcourt : 13, rue du Château, 27800 Harcourt.* ☎ *02-32-46-29-70.* ● *harcourt-normandie.fr* ● ♿ *(arboretum et extérieurs du château). De mars à mi-nov, tlj sauf mar 14h-18h ; juin-sept, tlj 10h30-18h30. Entrée : 5 €, réduc, gratuit pour les moins de 5 ans.* Caché au milieu d'arbres centenaires, ce château a 2 visages : d'un côté, une forteresse médiévale caractéristique de l'architecture militaire des XIIIe et XIVe s en Normandie ; de l'autre, une résidence classique du XVIIe s. Les murs d'enceinte, protégés par de profonds fossés, ont conservé plusieurs tours de défense. Dans la cour, puits à roue du XIVe s. À l'intérieur, expo sur l'histoire du lieu, au fil de superbes salles. On y apprend tout de l'architecture du château, particulièrement intéressante. Dans le Jardin remarquable qui l'entoure, un arboretum de toute beauté, considéré comme le plus ancien de France, rassemble près de 500 essences, notamment des séquoias et de magnifiques cèdres du Liban du début du XIXe s. Et aussi des hêtres tortillards, des cyprès chauves... Animations pour les enfants et les familles d'avril à octobre, notamment « P'Harcourt », incontournable : jeux en bois géants (mikados, dominos), puzzle, mölkky, chemin sensoriel au milieu des arbres, espaces « pause »...

LE BEC-HELLOUIN (27800) 420 hab. *Carte Eure, B2*

Adorable village avec ses maisons à colombages entourées de verdure. Blotti dans une vallée paisible où coule le Becquet, petit ruisseau de moins de 10 km de long aux eaux canalisées par les moines, ce site labellisé « Plus Beaux Villages de France » est aussi l'un des lieux les plus touristiques de la région durant l'été.

Où dormir ? Où manger dans le coin ?

⛺ *Camping Saint-Nicolas : 15, rue Saint-Nicolas, au Bec-Hellouin.* ☎ *02-32-44-83-55.* 📱 *06-84-75-70-32.* ● *campingstnicolas@orange.fr* ● *campingsaintnicolas.fr* ● ♿ *Ouv de mi-mars à mi-oct. Compter 18-22 € pour 2 avec tente et voiture ; mobile homes 260-600 €/sem. 106 empl.* Paumé en pleine campagne, avec le chant des zoziaux en fond sonore, un très grand pré avec, çà et là, des pommiers parmi lesquels on aurait disséminé des bosquets de rosiers ; le tout traversé par une petite route goudronnée. C'est dans ce coin tranquille et soigneusement tenu (sanitaires compris) que vous planterez votre tente. Sur place, une piscine couverte, un snack, une petite épicerie et un tennis (vieillissant). Loin dans leur coin, des mobile homes et autres locations à l'année.

🏠 🍽 *Le Logis de Brionne : 1, pl. Saint-Denis, à Brionne (27800).* ☎ *02-32-44-81-73.* ● *lelogisde brionne@orange.fr* ● *lelogisdebrionne. com* ● *Fermé dim. Congés : de Noël à mi-janv. Double 110 € ; familiales. Menus 22 € (midi en sem), puis 42-75 €. 10 % de réduc sur le prix de la chambre en présentant ce guide.* Un resto gastro de solide réputation où le chef, Alain Depoix, travaille des produits de grande qualité qu'il aime accompagner des savoureux légumes de son jardin. Le « menu bistrot » servi le midi en semaine est d'un rapport qualité-prix exceptionnel ! Cadre feutré, service impeccable et bon accueil de madame. À l'étage, une douzaine de chambres de bon confort, refaites pour certaines, mais les anciennes (moins chères) sont encore très bien !

86 | L'EURE / LA VALLÉE DE LA RISLE ET DE LA CHARENTONNE

À voir. À faire

👥👥👥 **L'abbaye Notre-Dame du Bec :** *dans le village.* ☎ 02-32-43-72-60. ● *bec-helllouin.fr* ● *Visite libre (mais on ne voit pas grand-chose) tlj 9h-20h. Visites guidées tte l'année, tlj sauf mar : lun et mer-sam à 10h30, 15h et 16h (plus 17h juin-sept sauf sam), dim et fêtes à 12h, 15h et 16h. Entrée : 6 € ; réduc ; gratuit moins de 25 ans.*

En attendant la visite guidée, on peut se promener dans le parc. Messes *(à 10h30 – 11h45 dim et j. de fête)* chantées en grégorien et en français avec, les dimanches et jours de fêtes, la présence des moniales de Sainte-Françoise-Romaine.

Fondée en 1034 par le père Herluin (appelé aussi Hellouin), l'abbaye devint vite l'un des hauts lieux de la pensée occidentale. Particulièrement riche, elle exerça une grande influence dans toute la région. La guerre de Cent Ans occasionna de graves dommages. Transformée en caserne pendant la Révolution, elle fut ensuite vendue par Napoléon, qui fit détruire l'église abbatiale : on n'aperçoit plus que la base de ses piliers et quelques arcades gothiques sur la pelouse principale. La nouvelle église est aménagée dans l'ancien réfectoire. Magnifique salle voûtée. Au milieu du chœur, un sarcophage en pierre renferme le corps du fondateur. Aux fenêtres, encore quelques carreaux à l'ancienne.

Le *cloître* a gardé une belle porte gothique ainsi qu'un escalier monumental.

👐 Une boutique vend des céramiques peintes à la main, toutes œuvres de belle facture exécutées par les moines qui vivent encore dans l'abbaye, et aussi des produits monastiques, dont un excellent miel.

➤ Une *voie verte* relie Pont-Authou (juste au nord du Bec-Hellouin) au Neubourg et à Évreux (43 km au total) en suivant l'ancienne voie ferrée Évreux-Honfleur.

BERNAY   (27300)   10 880 hab.   *Carte Eure, B2-3*

● Plan *p. 87*

Labellisée « Ville d'art et d'histoire », une charmante petite cité miraculeusement épargnée lors de la Seconde Guerre mondiale. Bourgade commerçante et animée, véritable « petite capitale ». Un beau musée et un festival de demeures anciennes vous y attendent.

DEVINETTE

Pourquoi de nombreux établissements en France portent-ils le banal nom de Lion d'Or ? Parce que, initialement, afin d'informer les illettrés sur la destination d'un établissement, la mention « Au lit on dort... » était gravée sous forme de rébus sur les façades des auberges.

Adresses et info utiles

🛈 **Office de tourisme** *(plan A1) :* 29, rue Thiers. ☎ 02-32-43-32-08. ● *bernaytourisme.fr* ● *De mi-juin à mi-sept, lun-sam 9h30-18h, dim et j. fériés 10h-13h ; hors saison, lun-sam 9h30-12h30, 14h-17h30.* Bonne doc sur Bernay et la région, notamment sur les voies vertes. Visites guidées de la ville en saison.

🚉 **Gare SNCF :** *bd Dubus.* ☎ 36-35 *(0,40 €/mn).* Trains directs pour Paris-Saint-Lazare (env 1h30).

BERNAY | 87

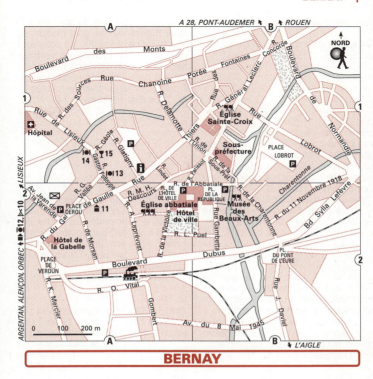

BERNAY

⚠ 🏠 **Où dormir ? Où manger ?**	12 Le Saint-Édouard – La Ferme
🍽 🍷 **Où boire un verre ?**	en Ville (hors plan par A2)
10 Camping municipal	13 L'Odassiette (A1)
(hors plan par A2)	14 Le Bistrot (A1)
11 Le Lion d'Or (A2)	15 Le Brin d'Zinc (A1)

– **Marché :** *sam mat.* Un des plus intéressants du département. Aux 4 coins de la ville, fleurs, légumes, volailles et artisanat, avec de nombreux camelots.

Où dormir ? Où manger ? Où boire un verre ?

Camping

⚠ *Camping municipal (hors plan par A2, 10) : rue des Canadiens.* ☎ *02-32-43-30-47.* • *camping@bernay27.fr* • *ville-bernay27.fr* • ♿ *Prendre la direction de Broglie, puis suivre les panneaux. Ouv mai-fin août. Compter 14 € pour 2 avec tente et voiture ; mobile homes 302-382 €/sem. 50 empl.* Camping aux limites de la ville, entre un quartier pavillonnaire et le stade municipal. Emplacements ombragés séparés par des haies, répartis sur 1 ha. Bien tenu. Location de mobile homes possible au week-end, même en été. Piscines couverte et découverte à 800 m et tennis à 500 m. Accueil dynamique et très sympa.

De bon marché à chic

Le Lion d'Or *(plan A2, 11)* : 48, rue du Général-de-Gaulle. ☎ 02-32-43-12-06. ● hotelliondor@wanadoo.fr ● hotel-liondor-bernay.com ● Doubles 69-148 € ; familiales. Parking dans la cour intérieure, 5 €. Congé : 10 j. fin déc-début janv. Parking offert sur présentation du guide de l'année. Cet ancien relais de poste du XVIIIe s, avec son grand porche pour les diligences, abrite une vingtaine de chambres très confortables à la déco contemporaine sobre. Mention spéciale pour la déco des parties communes à l'ambiance digne d'une maison d'hôtes.

Le Saint-Édouard – La Ferme en Ville *(hors plan par A2, 12)* : 428, rue de Saint-Nicolas. ☎ 02-32-47-14-03. ● lafermeenville@outlook.com ● Fermé lun-mar et dim. Double 90 € ; 1 suite également. Au resto, formule déj 29,90 € et menu 37 €. Dans un joli manoir en lisière de la ville, 5 chambres très confortables, à la déco contemporaine soignée. Agréable terrasse pour se poser dans le parc. Restaurant pour déguster une cuisine semi-gastro concoctée par un chef consciencieux.

L'Odassiette *(plan A1, 13)* : 10, rue Gaston-Folloppe. ☎ 02-32-43-42-32. Fermé sam soir-lun. Résa conseillée. Formule déj 16 € ; menu 22 €. Dans un cadre contemporain, un excellent resto qui met à l'honneur des produits d'exception comme du jambon ibérique Bellota, du foie gras maison, de la côte de bœuf (de 300 g !) accompagnée de pomme grenaille de Noirmoutier... La cuisson est précise, le service est efficace et l'accueil chaleureux. À ce prix, on devient vite un habitué !

Le Bistrot *(plan A1, 14)* : 21, rue Gaston-Folloppe. ☎ 02-32-46-23-60. ● robertbe@free.fr ● Fermé dim-lun et j. fériés. Congés : 2de quinzaine de juil. Résa conseillée. Formules 12-15 € (déj en sem) ; menus 21,50-28,50 € ; carte 40 €. Kir normand offert sur présentation du guide de l'année. Une jeune équipe tient les commandes de ce petit resto au cadre médiéval, dans une maison du XVe s, avec une cheminée imposante. On trouve des plats à base de fromage, de foie gras maison et de recettes traditionnelles... Rien de bien compliqué, mais l'endroit est sympa.

Le Brin d'Zinc *(plan A1, 15)* : 32, rue Gaston-Folloppe. ☎ 02-32-43-68-00. Tlj sauf dim-lun 14h (10h30 sam)-1h. Les lieux festifs ne sont pas monnaie courante dans l'Eure ! Une aubaine que ce bar à bières super convivial, tenu par le très accueillant Hervé, qui organise régulièrement des concerts rock de bonne qualité, y compris improvisés au retour du marché le samedi matin. Un lieu idéal pour faire des rencontres sympa.

Où manger dans les environs ?

La Calèche : 54, rue Saint-Nicolas, 27170 Beaumont-le-Roger. ☎ 02-32-45-25-99. ● lacaleche27@wanadoo.fr ● Fermé dim soir-mar. Congés : 2 sem en janv et de mi-juil à la 1re sem d'août. Menus 19 € (midi en sem), puis 26-36 €. Café offert sur présentation du guide de l'année. Dans une petite salle à la déco simple, on déguste une cuisine gastronomique inspirée, qui se termine en apothéose par des desserts à tomber (fondant au chocolat, soufflé aux fruits de saison...). Le chef est également un grand pâtissier ! Accueil chaleureux et ambiance conviviale.

L'Hostellerie du Moulin Fouret : 2, route du Moulin-Fouret, 27300 Saint-Aubin-le-Vertueux. ☎ 02-32-43-19-95. ♿ Fermé dim soir-mar. Menus 26 € (midi en sem) et 32-62 €. Dans ce vieux moulin à aubes du XVIe s, blotti au fond d'un vallon en bordure de la Charentonne, une salle au décor exquis, particulièrement intime près de la cheminée. On apprécie la cuisine généreuse de François Déduit, à la fois simple et élaborée. Terrasse aux beaux jours dans le superbe parc.

La Pommeraie : D 438, 27270 Saint-Quentin-des-Isles. ☎ 02-32-45-28-88. ● sebastien-rodrigue@orange.fr ● ♿ Fermé dim soir-lun. Formules et menus 14-28 € (sauf dim

BERNAY / À VOIR. À FAIRE | 89

midi), puis 41-59 €. Au bord d'une grosse départementale et entouré d'un jardin, un établissement au cadre chic et paisible. Vaste salle claire donnant sur le jardin et un plan d'eau où barbotent des canards. Cuisine de terroir avec quelques accents exotiques.

Où acheter de bons produits ou de l'artisanat d'art dans les environs ?

⊛ *Ferme de La Bretterie :* 2, rue Alaume-le-Bret, 27300 **Carsix.** ☎ 02-32-46-16-25. ♿ *Tlj 9h-12h, 14h-18h.* Au XVIIIᵉ s, il y avait 80 000 pommiers sur la commune. Aujourd'hui, seulement 1 500. La pomme, ça ne paie plus... Pourtant, le cru de La Bretterie, un cidre demi-sec, est réputé et s'approche... d'un champagne. Pas moins ! Vente de cidre, pommeau, calvados, jus de pomme et gelée de cidre.

⊛ *La Fabrique de la Risle :* 2, rue Albert-Parissot, 27170 **Beaumont-le-Roger.** ☎ 02-32-47-19-31. ● *fabriquedelarisle.com ● Dans le centre-ville (fléché). Mer-dim 14h-17h (18h30 w-e et j. fériés). GRATUIT.* Cette association d'artisans d'art propose en expo-vente une foule de belles choses : céramiques, bijoux, gravures, sculptures, ferronnerie d'art, couture, tapisserie, cartonnage, jeux... Un lieu vraiment sympa ! Quelques animations et démonstrations ponctuelles.

À voir. À faire

➤ *La vieille ville :* demander le dépliant « L'eau, la pierre, le bois » à l'office de tourisme, un circuit touristique libre (1h30-2h) à la découverte des plus remarquables demeures de la ville.

🍴🍴 *Le musée des Beaux-Arts de Bernay* (plan B2) : pl. Guillaume-de-Volpiano. ☎ 02-32-46-63-23. De mi-juin à mi-sept, mar-dim 11h-18h ; le reste de l'année, mar-dim 14h-17h30. Fermé 1ᵉʳ janv, 1ᵉʳ mai et

LE MITRAILLAGE DE LA VOITURE DE ROMMEL

Le 17 juillet 1944 (6 semaines après le Débarquement), la voiture du chef des armées allemandes, Rommel, fut mitraillée par un avion allié. Rommel reçut quelques soins à l'hôpital de Bernay et s'en sortit très diminué. On apprit en 1990 seulement que le pilote était français.

25 déc. *Entrée : 5 € ; réduc ; gratuit pour ts mer et 1ᵉʳ dim du mois. Le prix du billet inclut l'entrée dans l'église abbatiale et l'expo temporaire en cours.*
Magnifiquement installé dans l'ancien logis abbatial, le musée présente de riches collections de peintures et de mobilier, et met en avant les grands collectionneurs qui ont participé à sa création et à son développement.
– *Rez-de-chaussée :* la 1ʳᵉ salle retrace l'histoire de Bernay, du musée et de l'abbaye depuis la Révolution. On pourra y voir un sarcophage, découvert dans le chœur de l'abbatiale, attribué à Judith de Bretagne (grand-mère de Guillaume le Conquérant). La salle suivante, dédiée à André Mare (artiste cubiste du début du XXᵉ s), présente des œuvres de grande valeur artistique, mêlant peintures, sculptures, quelques pièces de la Compagnie des arts français et 2 études attribuées aux ateliers de Nicolas Poussin et Charles Lebrun. Plus loin, une section est consacrée aux œuvres religieuses de l'ancien directeur des Ateliers d'art sacré, Henri de Maistre (1891-1953).
– *1ᵉʳ étage :* conçu au XIXᵉ s sur le modèle du Louvre avec une enfilade de salles, parquet craquant et salon carré orné d'une corniche gréco-romaine, c'est la partie la plus ancienne du musée. Une salle est consacrée aux dépôts d'État, puis la collection de l'avocat Eugène Lobrot dévoile son goût pour la mythologie, l'art

90 | L'EURE / LE PAYS D'AUGE ET LE LIEUVIN

religieux et les paysagistes contemporains comme Diaz de La Peña (école de Barbizon) et Constable. Après un passage sous le regard de l'archéologue et peintre autodidacte Lottin de Laval (1810-1903), la visite se termine par l'impressionnante collection de faïences du XVIe au XIXe s, cédée à la Ville par le 1er conservateur du musée, Alphonse Assegond.

🗡️🗡️🗡️ *L'église abbatiale (plan A-B2) : en accès libre en été, sinon entrée comprise avec celle du musée des Beaux-Arts ; mêmes horaires.* C'est la plus ancienne des grandes églises romanes de Normandie. Mieux, c'est en quelque sorte le berceau de l'art roman de la région ; c'est ici en effet que de nombreuses techniques architecturales furent expérimentées. L'abbaye elle-même fut fondée entre 1008 et 1017, et l'église construite au cours du XIe s. Aujourd'hui, la mairie et le tribunal occupent les bâtiments (du XVIIe s) de l'abbaye ayant survécu à la Révolution, la salle capitulaire reçoit les expositions temporaires du musée. L'église abbatiale, quant à elle, faillit bien disparaître. Très mutilée, elle servit d'entrepôt. On peut en admirer le grand vaisseau, ses larges arcades sur chapiteaux corinthiens, ses baies géminées, les fenêtres hautes laissant entrer une superbe lumière. Intéressant bas-côté sud, voûté de coupoles sur trompe. Certains chapiteaux présentent de belles sculptures figuratives ou à motifs végétaux.

🗡️🗡️ *L'église Sainte-Croix (plan B1) :* du XIVe s. Façade et belle tour du XVIIe s de style flamboyant avec lanternon. À l'intérieur, splendides dalles funéraires des abbés du Bec-Hellouin. Dalle de Guillaume d'Auvilliers (datant de 1418) dans le transept droit ; elle reçut une polychromie en 1833. Maître-autel de 1683 avec baldaquin. En hauteur, statues d'apôtres et d'évangélistes du XIVe s.

> ## SAINT NAPOLÉON ET LA SAINTE-CROIX
>
> *En 1808 fut créée une statue de Saint Louis avec les traits de Napoléon Bonaparte (elle est placée à gauche du chœur de l'église Sainte-Croix). Après la chute de l'Empire, on préféra cacher cet illustre modèle pas vraiment en odeur de sainteté...*

Manifestations

– *Festival côté cour-côté jardin et Festival de la marionnette :* échelonné sur plusieurs w-e d'été.

LE PAYS D'AUGE ET LE LIEUVIN

Au sud de Pont-Audemer, entre le Calvados et la Risle, s'étend une très jolie région. Cette « Eure augeronne » est traversée par de nombreux petits cours d'eau (les *doults* ou *douets*) qui se jettent dans la Calonne, la seule rivière du département à ne pas dépendre de la Seine. Région présentant de pittoresques petites vallées encaissées où

> ## LA HYÈNE DE LA GESTAPO
>
> *Violette Morris fut une grande championne toutes catégories : natation, javelot, vélo... Elle se fit même retirer les seins pour mieux piloter lors des rallyes. Elle tomba vite dans la collaboration et fut une adepte de la torture au chalumeau. Sa Traction 15 fut sulfatée par la Résistance, près de Beuzeville dans le Lieuvin, au printemps 1944.*

LE PAYS D'AUGE ET LE LIEUVIN / À VOIR | 91

musardent d'adorables routes étroites. Chemins creux et futaies attendent les randonneurs. C'est un peu le Far West de l'Eure, sauvage et calme... La sympathique petite ville de *Cormeilles* mérite une escale pour se balader dans ses rues pentues, ou chiner chez les quelques antiquaires et brocanteurs encore présents.

Adresse utile

ℹ *Office de tourisme Lieuvin Pays d'Auge :* 21, pl. du Général-de-Gaulle, 27260 **Cormeilles**. ☎ 02-32-56-02-39. ● lieuvinpaysdauge-tourisme-normandie.fr ● Juil-août, lun-sam 9h30-18h, dim et j. fériés 10h-13h ; mars-juin et sept-oct (plus vac scol), mar-sam 9h30-12h30, 13h30-17h ; nov-fév (hors vac scol), mar-sam 13h30-17h, plus sam 9h30-12h30.

Où dormir ? Où manger dans le coin ?

🏠 ◐ ↑ *L'Auberge Le Cochon d'Or :* 64, rue des Anciens-d'Afrique-du-Nord, 27210 **Beuzeville**. ☎ 02-32-57-70-46. ● aubergeducochondor@orange.fr ● le-cochon-dor.fr ● Resto fermé dim soir et lun. Doubles 59-73 €. Congés : 1 sem en janv et 3 sem en nov. Formules et menus 16,50-29 € (en sem), menus 22 (sem)-51 €. Réduc de 10 % sur le prix de la chambre (hors w-e et j. fériés) sur présentation du guide de l'année. En plein centre, une belle maison de maître avec 4 chambres confortables dans un style épuré ou classique selon les goûts. Au menu du petit déj, d'un très bon rapport qualité-prix, du tout maison ; chapeau ! Mais l'auberge est avant tout une très bonne table où le chef émérite et reconnu par ses pairs, Jean-Marie Vendel, concocte une cuisine d'inspiration gastro à base de bons produits de producteurs locaux et de poissons frais de mareyeurs ou achetés directement au bateau, servie dans une vaste salle rustique ou sur une terrasse couverte. Jolie carte des vins.

🏠 ◐ ↑ *Auberge du Président :* 70, rue de l'Abbaye, 27260 **Cormeilles**. ☎ 02-32-57-80-37. ● aubergedupresident@wanadoo.fr ● hotel-cormeilles.com ● ✗ Resto fermé lun midi et dim soir. Doubles 88-108 € ; familiales. Formule déj en sem 18 €, menus 24-35 € ; carte env 40 €. Parking. Une vieille auberge normande avenante, tout comme ses propriétaires qui font tout pour vous accueillir au mieux. Chambres cosy et confortables, donnant sur la belle cour-terrasse du resto. Salle à manger rustique un tantinet chic où l'on sert une cuisine traditionnelle gourmande. Excellent petit déj et espace spa inclus dans le prix ! Un très bon hôtel.

◐ *Gourmandises :* 29, rue de l'Abbaye, 27260 **Cormeilles**. ☎ 02-32-20-63-42. Ouv jeu-dim soir et ven-lun midi. Congés : 1 sem en janv, juin et oct. Menus déj en sem 18-23 € ; menus à l'aveugle 33-40 €. C'est dans ce resto discret à la façade à colombages que s'est installé le jeune et talentueux chef Alexis Osmont pour exprimer sa grande créativité dans une ambiance de franche camaraderie. Un cadre bistrotier avec cuisine ouverte et de belles propositions à la carte, mais foncez sur le menu à l'aveugle pour de très belles surprises en 4-5 plats. Pour accompagner, faites encore confiance au chef pour ses bons vins de petits producteurs, proposés au verre à prix raisonnables. Un gros coup de cœur pour cette table devenue une référence dans le département. À ne pas manquer !

À voir

🏃 *La Distillerie Busnel :* route de Lisieux, 27260 **Cormeilles**. ☎ 02-32-57-80-08. ● distillerie-busnel.fr ● Boutique ouv tlj de mars à mi-nov, plus le w-e jusqu'à

92 | L'EURE / LE PARC NATUREL RÉGIONAL DES BOUCLES...

fin déc et vac scol, 10h-12h30, 14h30-19h. Visite guidée possible, durée 1h30 (mieux vaut réserver avant de venir). Fermé 1er janv et 25 déc. Tarifs : 2 €, dégustation incluse. Créée en 1820, cette fameuse distillerie produit un calvados et un pommeau de bonne qualité. La visite guidée dresse l'historique de la maison, passant par le musée, les silos, la salle des fûts, puis d'embouteillage, et se termine, comme il se doit, par une dégustation. *Hips !*

LE PARC NATUREL RÉGIONAL DES BOUCLES DE LA SEINE NORMANDE

Situé entre Rouen et la mer, le parc naturel régional des Boucles de la Seine normande regroupe 74 communes de l'Eure et de la Seine-Maritime. Sur son territoire, mais toutes en Seine-Maritime, 3 forêts domaniales gérées par l'Office national des forêts : la forêt de Brotonne, qui se niche dans l'une des boucles de la Seine, face à Caudebec, celle du Trait-Maulévrier et celle de Roumare. Plusieurs itinéraires pédestres et cyclistes permettent de découvrir les paysages de cette vallée. Et n'oublions pas la très belle route des Chaumières, qui sillonne le parc depuis la Maison du parc (voir ci-dessous) jusqu'au Marais-Vernier, ainsi que la route des Fruits, jusqu'à Duclair (en Seine-Maritime). Nombreux sites, villages et écomusées à visiter.

Adresse utile

■ **Maison du parc** *(carte Eure, B1) : 692, rue du Petit-Pont, 76940 **Notre-Dame-de-Bliquetuit**.* ☎ 02-35-37-23-16. ● pnr-seine-normande.com ● ⚒ *À la sortie nord du village. Tte l'année, lun-ven 9h-12h30, 13h30-17h ; ouv aussi w-e et j. fériés juil-août* | *11h-17h.* Centre d'accueil et de renseignements sur les activités du parc (routes touristiques – route des chaumières et route des fruits, musées, sorties à thème, randonnées, fêtes traditionnelles de village, etc.). Location de vélos.

PONT-AUDEMER   (27500)   8 940 hab.   *Carte Eure, B1*

Comme bon nombre de villes dans cette région, Pont-Audemer fut bombardée pendant la Seconde Guerre mondiale. Son centre, cependant, fut assez préservé et se révèle plutôt animé grâce à ses commerces le long de la rue principale. On découvre, en furetant un peu, de belles maisons à colombages ainsi que plusieurs petits cours d'eau auxquels la ville doit son surnom de « Venise normande » (ce qui est, certes, un peu exagéré !). Lors de vos déambulations, goûtez donc à la spécialité locale : le *mirliton*, une sorte de cigarette fourrée de mousse pralinée et enrobée de chocolat aux extrémités...

Adresse et info utiles

🛈 **Office de tourisme** *: pl. du Général-de-Gaulle.* ☎ 02-32-41-08-21. ● tourisme-pontaudemer-rislenor | mande.com ● *Tte l'année, lun-sam 9h30-12h30, 14h-17h30, plus dim 10h-12h juin-sept. Juil-août, visite*

PONT-AUDEMER | **93**

guidée de la ville le ven soir (env 3 €). Demander le fascicule gratuit du circuit-promenade (1h30) pour découvrir la ville et son histoire. Organise également des sorties dans les étangs à la découverte de la faune et la flore, ainsi que des visites chez les producteurs et artisans locaux en saison. Excellent accueil et plein de bons conseils.
– **Marchés :** lun et ven mat.

Où dormir ? Où manger ?

Camping

⬕ **Risle-Seine, Les Étangs :** 19, route des Étangs. ☎ 02-32-42-46-65. ▤ 06-38-36-78-76. ● infos@camping-risle-seine.com ● camping-risle-seine. com ● ♿ Ouv avr-fin oct (tte l'année pour les loc). Compter 15,50-26,50 € pour 2 avec tente et voiture ; cottages 6 pers 390-658 €/sem ; écolodge 5 pers 280-476 €/sem ; cabatente 280-546 €/sem, mobile-home 235-637 €/sem. 71 empl. Agréable camping pas trop grand et bien équipé, juste à côté de la Risle et du chemin de halage. Emplacements séparés par une petite haie. Mention spéciale pour les cottages tout en bois et sur pilotis plantés dans un bel environnement à proximité des lacs. Piscine couverte chauffée et club nautique à côté (voile, kayak, etc.), pêche, golf. Dommage que l'on entende un peu la rumeur de l'autoroute.

De bon marché à prix moyens

|●| ⭱ **Au P'tit Étal :** 1, rue Place-de-la-Ville. ☎ 02-77-18-21-04. Fermé dim-lun. Congés : 1ʳᵉ quinzaine de sept, vac de Noël. Carte env 35 €. Dans une ruelle calme, un brin caché, un petit bistrot gourmand à la façade à colombages, fréquenté par les habitués. Petite salle au cadre chaleureux, tout en vieilles poutres, et quelques tables en terrasse. Propose une cuisine moderne et savoureuse, et notamment de belles suggestions marines, le tout servi avec le sourire.

Où dormir ? Où manger dans les environs ?

De chic à beaucoup plus chic

⌂ **Chambres d'hôtes du Domaine Le Hêtrey :** 4, chemin du Hetrey, 27500 **Toutainville.** ▤ 06-51-87-54-07. ● domainelehetrey@gmail.com ● Double 95 € ; familiale. Dans un calme vallon, une très belle maison d'architecte au cœur d'un vaste parc paysager avec un étang de pêche. Grande chambre à la déco très contemporaine au rez-de-chaussée et 2 autres à l'étage partageant une salle de bains et une terrasse avec vue panoramique (plus pour une famille ou avec des amis). L'une d'elles possède une chambre en mezzanine pour les enfants. Dans une annexe, une maison d'hôtes avec cuisine, salon et cheminée et 2 chambres très élégantes proposées pour 2 nuits minimum. Une adresse de charme, assez onéreuse mais de grand confort.

⌂ |●| ⭱ **Hôtel Le Petit Coq aux Champs – Restaurant L'Andrien :** 400, chemin du Petit-Coq, 27500 **Campigny.** ☎ 02-32-41-04-19. ● info@lepetitcoqauxchamps.fr ● lepetitcoqauxchamps.fr ● ♿ En saison, fermé dim soir-lun. Resto fermé mar-mer midi. Congés : déc-janv. Doubles 119-180 €. Parking. Au resto, un trou normand et une crème brûlée offerts/pers et, à l'hôtel, 10 % de réduc sur la nuit sur présentation du guide de l'année. En pleine campagne, voici une chaumière de charme aux chambres confortables, doublée d'une table délicieuse, accueillante et décontractée tout en étant raffinée. Le style des chambres varie selon leur situation. Celles à l'étage, les plus classiques, presque austères, disposent d'un petit

94 | L'EURE / LE PARC NATUREL RÉGIONAL DES BOUCLES...

balcon. Notre préférence va à celles du rez-de-chaussée, plus contemporaines mais aussi plus chaleureuses et très élégantes. Jardin paysager, piscine de plein air chauffée et cheminée pour les soirées d'hiver. Également un resto.

À voir

🏃🏃 *L'église Saint-Ouen :* rue de la République. Des XIᵉ et XVᵉ s, de style on ne peut plus hybride et jamais achevée, comme en témoigne la façade. À l'intérieur, chœur roman aux vitraux modernes et nef gothique avec de magnifiques verrières.

🏃🏃 *Le musée Alfred-Canel :* 64, rue de la République. ☎ 02-32-56-84-81. ♿ *Mai-sept, tlj sauf mar 14h-18h, plus le mat 10h-12h30 le w-e. Oct-avr, mêmes horaires, mais ouv seulement mer, ven et w-e. Fermé 1ᵉʳ janv et 25 déc. GRATUIT. Visite guidée : 2,50 € ; réduc ; gratuit moins de 26 ans.* Un joli petit musée dédié à Alfred Canel et aménagé dans son ancienne maison. Le temps y semble suspendu. Né en 1803, cet homme de lettres humaniste et républicain, archéologue, député de l'Assemblée constituante qui défendit avec ardeur l'école laïque, fut d'abord avocat. Seulement voilà, son discours trop libéral au goût de certains et son opposition politique à Napoléon III lui valurent quelques ennuis. Assigné à résidence, il se consacra à sa passion : la collecte de livres. À sa mort, il légua l'intégralité de sa bibliothèque à la municipalité, soit près de 6 000 ouvrages sur la Normandie, dont certains très rares. Ils rejoignirent les 15 000 livres anciens de la bibliothèque municipale qu'il avait lui-même créée, et cette dernière fut installée dans sa maison. Au 1ᵉʳ étage, une galerie des arts et des sciences présente une collection de peintures de paysages normands, des sculptures, des pièces archéologiques, des collections de sciences naturelles et industrielles. Aux 2ᵉ et 3ᵉ étages, expos temporaires d'histoire de l'art ou d'art contemporain.

DANS LES ENVIRONS DE PONT-AUDEMER

🏃🏃🏃 *Vieux-Port :* au nord-est de Pont-Audemer, en bord de Seine, un adorable village, sans doute le plus beau de la *route des Chaumières.* Empruntez le sentier de randonnée (compter 30 mn) ponctué de panneaux explicatifs jusqu'à la **chapelle Saint-Thomas,** une ancienne léproserie médiévale en ruine dans la forêt d'Aizier.

🏃🏃 *La Maison du lin :* 2, pl. du Général-Leclerc, 27350 **Routot.** ☎ 02-32-56-21-76.

> ### UN FEU DE JOIE... OU PAS
>
> *Lors du feu de Saint-Clair (18 juillet), on allume une pyramide de bois vers 23h. Selon la tradition : si la croix au sommet du bûcher (de plus de 15 m) brûle, l'année sera difficile ; si elle ne brûle pas, c'est bon signe, une année prospère s'annonce. Dans les 2 cas, vous serez autorisé à emporter un brandon (morceau de bois calciné) et à le déposer près de votre cheminée pour vous protéger de la foudre...*

● terresvivantes-normandie.fr ● ♿ *Au rdc de la mairie. Pour les dates d'ouverture consulter le site internet. Tarif : 3 € ; gratuit jusqu'à 15 ans.* La Normandie est la 1ʳᵉ région du monde productrice de lin, une fibre datant de 36 000 ans av. J.-C. Les salles d'expo et un document audiovisuel vous font vivre son histoire, sa culture et toutes ses applications artisanales et industrielles. Remarquer l'ourdissoir à ruban inventé par Léonard de Vinci. Belle boutique qui ravira les amateurs de linge de maison. Expos temporaires également. C'est aussi à Routot qu'a lieu la *fête du Lin (fin mai-début juin).* Défilé de mode, visites, expos, démonstrations fabrications artisanales, ateliers, etc.

Le moulin à vent et la Maison du meunier : *2, route du Moulin, 27350* **Hauville.** ☎ 02-32-56-57-32. ● *terresvivantes-normandie.fr* ● *mou linavent27@gmail.com* ● *À 1,5 km du village. Pour les dates d'ouverture consulter le site internet. Entrée : 3 € ; réduc.* Ce moulin restauré, datant du XIIIe s, appartenait autrefois à l'abbaye de Jumièges, que l'on peut atteindre par le bac de Port-Jumièges. Visite audioguidée du moulin. Maison du meunier avec présentation des moulins à vent et à eau de Normandie. Expo temporaire.

LE MARAIS-VERNIER

Carte Eure, A-B1

L'un des sites les plus pittoresques de Normandie, un paysage très particulier situé au sud du pont de Tancarville et au nord de Pont-Audemer. Henri IV confia à des Hollandais l'assèchement de ce marais situé dans la dernière boucle de la Seine. Ils construisirent une digue (dite « des Hollandais ») correspondant au tracé de la D 103, qui délimite un amphithéâtre de verdure parfait avec les collines environnantes. Cette cuvette de 4 500 ha tiendrait son nom du « verne », autre appellation pour l'aulne, arbre adapté aux sols humides. Le principal danger qui guette cet environnement est le risque d'envasement. On découvre ici une autre Normandie, peu connue, vivant « presque en marge », et parmi les plus belles fermes et maisons rurales de la région. Certaines possèdent la même physionomie depuis plusieurs siècles. Leur aspect, les matériaux utilisés, révèlent une technique de construction sans sophistication, à la fois très « terre à terre » et très pratique. À pied, à vélo, en prenant le temps d'observer, on peut distinguer tout ce qui fait l'originalité des fermes du Marais-Vernier dans un désordre poétique. Plantes grasses ou iris poussent sur le faîte des toits de chaume (paille ou roseau) afin de maintenir les tiges de chaume au sommet grâce à leurs rhizomes. Le marais bénéficie d'une riche faune : chevaux de Camargue, vaches highlands, faucons pèlerins, chouettes, poules d'eau, oies cendrées...

Le meilleur moment pour visiter le Marais-Vernier est le printemps, quand les iris et les pommiers sont en fleurs.

Info utile

– *Location de vélos :* à la **Maison du parc** à *Notre-Dame-de-Bliquetuit (voir plus haut).*

Où dormir ? Où manger ?

Camping

⚠ **Camping Domaine de la Catinière :** *route de Honfleur, 27210* **Fiquefleur-Équainville.** ☎ 02-32-57-63-51. ▯ 06-84-07-88-99. ● *info@ camping-catiniere.com* ● *camping-honfleur.com* ● ⚒ *Ouv de mi-avr à mi-sept. Empl. 18-27 € ; hébergements locatifs 330-730 €/sem.* *130 empl. 10 % de réduc sur présentation du guide de l'année.* Tranquille et intime, situé dans une vallée verdoyante, au bord d'une rivière. Location d'une jolie chaumière pour 2 à 6 personnes, ainsi que 16 mobile homes dont certains insolites en forme de tonneaux. Piscine et toboggan aquatique.

Chambres d'hôtes

🏠 *Chambres d'hôtes du Marais-Vernier :* chez M. et Mme Étienne Blondel, 1731, route de la Grand-Mare, la Vallée, 27680 **Sainte-Opportune-la-Mare.** ☎ 02-32-42-12-52. 📠 06-70-98-59-03 et 06-10-96-19-59. ● e.blondel@orange.fr ● chambres-marais-vernier.com ● Doubles 65 € (60 € à partir de 2 nuits)-80 € (75 € à partir de 2 nuits). Jus de pomme ou cidre fermier offert sur présentation du guide de l'année. 3 chambres mansardées (dont 1 familiale) dans une chaumière reconstruite poutre par poutre par les proprios. Déco très classique mais bon confort et accueil fort sympathique. Frigo et micro-ondes à disposition, ainsi qu'une belle pelouse avec des transats et vue sur la réserve ornithologique.

🏠 I●I *Chambres d'hôtes Les Cigognes :* 211 bis, chemin du Roy, 27680 **Marais-Vernier.** ☎ 02-32-42-88-92. 📠 06-68-03-39-39. ● idavan@orange.fr ● 211bis.fr ● Congés : janv. Double 75 € ; familiales ; « Pod ». Table d'hôtes 20 €. Loc de vélos. Située en plein cœur du Marais, cette belle chaumière remontée de toutes pièces et sa grange restaurée abritent 5 chambres toutes différentes, dont une en duplex pour une famille. Également un « Pod », une sorte de roulotte sans roues avec sanitaires mitoyens et bains à remous. Petit déj copieux, salle commune dans la véranda avec petit coin cuisine, sauna et jacuzzi extérieur (payants), location de vélos : dans ce havre de paix, tout est fait pour rendre votre séjour agréable.

De bon marché à prix moyens

I●I 🍴 *Auberge de l'Étampage :* 82, quartier de l'Église, 27680 **Marais-Vernier.** ☎ 02-32-57-61-51. ● aubergeetampage@orange.fr ● Fermé dim soir-lun. Congés : janv. Menu 23 €. Café offert sur présentation du guide de l'année. Un gros coup de cœur pour cette auberge de village pleine d'authenticité, tenue par Cécile, une Biterroise au caractère bien trempé. Un bar bien dans son jus, une salle à la déco un brin kitsch tout en baies vitrées, et surtout une terrasse offrant une vue panoramique d'exception sur le Marais-Vernier. Choix à l'ardoise de plats très copieux, du genre tartare d'andouille, joue de porc confite, souris d'agneau... Une cuisine franche et sincère à base de très bons produits, travaillés avec un grand savoir-faire. On est ressortis repus et heureux. Une adresse incontournable !

I●I 🍴 *Restaurant du Phare :* 4, route de Tancarville, 27680 **Saint-Samson-de-la-Roque.** ☎ 02-32-57-67-30. Au pied de la falaise, proche du phare de la Roque. Fermé dim soir-mar (hors j. fériés). Congés : 2 sem mi-janv et début oct. Résa demandée. Menus 18 € (midi sauf dim), puis 28-40 €. Complètement isolée en bord de route, à proximité du phare qui domine l'extrémité ouest du Marais-Vernier, la maison paraît banale, mais sa clientèle ne s'y trompe pas. C'est en effet avec subtilité que Gregory Fantou travaille les saveurs et les produits normands, auxquels il mêle quelques touches venues d'ailleurs. Le 1er menu est déjà d'un bon rapport qualité-prix. Et le service mené par la souriante Élise, son épouse, est dynamique.

À voir. À faire

🏹 *Le point de vue de Bouquelon :* juste avt le village de Marais-Vernier, sur la D 103, sur la droite en venant de Pont-Audemer. Table d'orientation et panneaux d'interprétation sur le patrimoine naturel et humain du marais.

🏹🏹 *Le phare de la Roque :* à 1,5 km du village de Saint-Samson-de-la-Roque (bien fléché). Sa falaise de plus de 50 m domine la vallée de la Seine et ses ponts. Table d'orientation et, au loin, le pont de Normandie.

➤ 🚶 *Les Rendez-vous du parc – la réserve naturelle nationale du Marais-Vernier :* visites guidées thématiques selon programme. GRATUIT. Résa

LE MARAIS-VERNIER / À VOIR. À FAIRE | 97

*indispensable auprès de la Maison du parc, 76940 **Notre-Dame-de-Bliquetuit** ;* ☎ *02-35-37-23-16 ;* ● *pnr-seine-normande.com* ● Le parc propose diverses animations : observation de la faune, ateliers d'initiation et de sensibilisation, randonnées pour petits et grands !

🎣 ***Quillebeuf :*** quel contraste entre ce petit port de pêche (ancien village viking) et les installations pétrolières et industries chimiques de Port-Jérôme, de l'autre côté du fleuve ! La rue principale possède toujours un certain cachet avec ses demeures anciennes (dont la célèbre *maison Henri-IV*). Un sentier du patrimoine permet de parcourir la cité. Des plaques sur certaines maisons racontent leur histoire.

UN PRIVILÈGE ROYAL

Pour les remercier d'avoir aidé la France pendant la guerre de Cent Ans, le roi avait accordé aux habitants de Quillebeuf le privilège du pilotage de la Seine. Quiconque voulait devenir pilote devait donc être né ici et baptisé avec l'eau de la Seine. On disait à l'époque : « Sur 100 pilotes, 99 naissent dans le village. Le centième, c'est Dieu ! »

L'EURE

Belle *église Notre-Dame-de-Bon-Port,* avec un intéressant portail roman. Splendide clocher également, avec tourelle d'angle. Et, à l'intérieur, des dessins de bateaux gravés sur les murs et des maquettes évoquant l'histoire de la navigation sur la Seine aux XVIIIe et XIXe s. À l'entrée du village, un bac traditionnel assure toujours le transport des véhicules sur la Seine.

LA SEINE-MARITIME

● Carte p. 100-101

ABC de la Seine-Maritime

❏ **Superficie :** 6 278 km².
❏ **Préfecture :** Rouen.
❏ **Sous-préfectures :** Le Havre, Dieppe.
❏ **Population :** 1 251 280 hab.
❏ **Particularité :** 1er producteur de lin en France avec environ 18 000 ha (soit un tiers des surfaces semées de lin en France).
❏ **Gentilé :** les habitants de la Seine-Maritime s'appellent les Seinomarins.
❏ **Un des plus courts fleuves de France coule en Seine-Maritime :** la Veules (1,15 km), qui, à une époque, eut jusqu'à 10 moulins en activité sur ses rives.

Un fleuve aux courbes paresseuses, des colombiers où la brique et le silex s'harmonisent en frise, des abbayes presque millénaires que les guerres n'ont pu anéantir, une hêtraie touffue où les rois, jadis, aimaient chasser... Et, tout au bout, au pied de falaises à la hautaine blancheur, la mer : bronze, argent selon l'humeur. Ce n'est évidement pas par hasard que poètes et écrivains ont exprimé leur amour pour cette région, que nombre de peintres en ont traqué la lumière. La Seine-Maritime se découvre aujourd'hui en suivant les routes secondaires. Elle vous révèle alors de jolis hameaux, des vallons oubliés, de splendides jardins, d'imposantes fermes ou manoirs d'une grande beauté, des châteaux bien cachés, preuves de la richesse et de la puissance passées de ces terres.
N'allez pas penser pour autant qu'elle soit purement rurale : c'est aussi un bassin industriel, et rares sont les départements à pouvoir se targuer d'abriter 2 villes d'une telle importance et aussi intéressantes d'un point de vue historique, culturel et architectural, bien qu'aux antipodes l'une de l'autre : les vieilles pierres de Rouen contre le béton du Havre.

Adresses utiles

🛈 **Comité départemental du tourisme de Seine-Maritime :** *28, rue Raymond-Aron, 76824* **Mont-Saint-Aignan.** ☎ 02-35-12-10-10. ● *seine-maritime-tourisme.com* ● *Lun-ven 9h-12h30, 14h-17h30.*
■ **Gîtes de France :** *8, rue Linus-Carl-Pauling, BP 80, 76824* **Mont-Saint-**
Aignan. ☎ 02-35-60-73-34. ● *gites-normandie-76.com* ●
■ **Clévacances :** *28, rue Raymond-Aron, BP 52, 76420* **Mont-Saint-Aignan** *Cedex.* ☎ 02-35-12-16-10. ● *clevacances.com* ● Locations de vacances (studios, appartements, maisons...) et chambres d'hôtes.

Circuler en bus en Seine-Maritime

Plusieurs compagnies desservent quelque 40 lignes à travers le département.

Pour connaître les itinéraires, horaires, tarifs, etc. : ● *transports.normandie.fr* ●

Les Grandes Dalles ▲

#LaNormandieImpressionnante

Rendez-vous sur notre site
www.seine-maritime-tourisme.com

LA SEINE-MARITIME

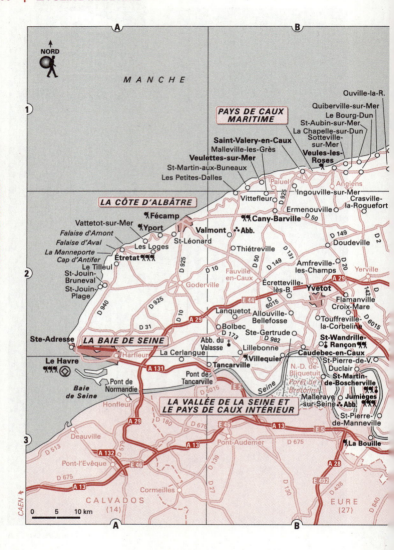

Comment explorer la Seine-Maritime différemment ?

À vélo

Dans tout le département, le long de ses côtes, à travers bocages et vallées ou dans les nombreuses forêts domaniales, il existe des itinéraires cyclistes balisés. Ces circuits empruntent de petites routes généralement peu

COMMENT EXPLORER LA SEINE-MARITIME DIFFÉREMMENT ? | 101

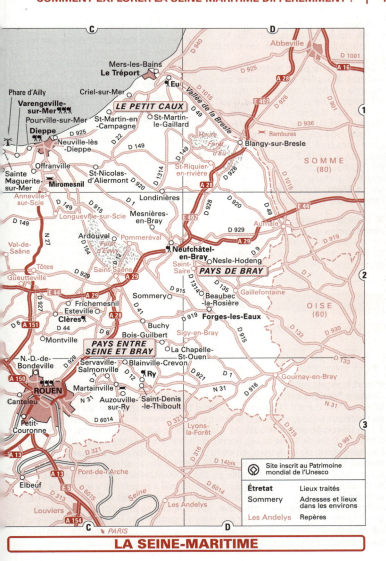

LA SEINE-MARITIME

fréquentées et offrent sur leur chemin bien des curiosités. Ainsi la *Véloroute du littoral de la Côte d'Albâtre* (assez sportive) relie Le Havre au Tréport. Et l'*Avenue Verte London-Paris* traverse le pays de Bray (voir cette partie plus loin). Quant à la *Véloroute du val de Seine,* elle relie Elbeuf au Havre via Rouen, en longeant la Seine.

À pied

Il existe de très beaux sentiers de grande randonnée en Seine-Maritime,

LA SEINE-MARITIME

comme le GR 21, qui longe les falaises et les valleuses de la côte. Se renseigner auprès du CDT et des offices de tourisme.

– *Découvrir le parc naturel régional des Boucles de la Seine normande :* entre terres et marais, s'étendant dans le pays de Caux, le val de Seine, le Roumois, le Marais-Vernier et la basse vallée de la Risle (voir plus haut dans le chapitre consacré à l'Eure). On suit les méandres de la Seine sur plus de 80 000 ha, couvrant approximativement la surface de la forêt de Brotonne. Plein de balades et de belles randonnées en perspective !

■ *Maison du parc naturel régional des Boucles de la Seine normande :* 76940 **Notre-Dame-de-Bliquetuit.** ☎ 02-35-37-23-16. ● *pnr-seine-normande.com* ●

Circuits impressionnistes

La brochure *Impressions de Seine-Maritime* (● *seine-maritime-tourisme.com* ●, « je prépare ») propose 5 itinéraires agrémentés de 29 tables de lecture installées sur les sites où les peintres ont posé leur chevalet (Dieppe, Le Havre, Étretat, Rouen et La Bouille). Le guide mobile touristique pour smartphone propose les bons plans et adresses à proximité de votre localisation : ● *seine-maritime-tourisme.mobi* ● (gratuit dans l'Apple Store).

Mon Pass en liberté

Ce *pass*, valable 1 an, permet de bénéficier de plus de 280 avantages sous forme de réductions, cadeaux auprès des hôtels, restaurants, musées, visites, loisirs culturels ou sportifs sur Rouen et l'ensemble du département. *Compter 10 €.* ● *monpassenliberte.com* ●

ROUEN   (76000)   110 610 hab.   *Carte Seine-Maritime, C3*

● Plan *p. 104-105*

5e port français (et 1er port céréalier), la ville qui vit naître Pierre Corneille et Gustave Flaubert cultive avec soin son image bourgeoise.
Ville martyre durant l'Occupation, elle a fidèlement restauré les témoins de son glorieux passé, laissant à la rive gauche l'essentiel des installations liées à son développement industriel. Car Rouen cache bien son jeu : une fois franchi le front de Seine et ses barres de béton construites dans l'urgence de l'après-guerre, on découvre, en déambulant au fil des nombreuses rues piétonnes, la flèche de son incomparable cathédrale, le charme discret de ses vieux quartiers et l'âme vénérable de ses 2 000 maisons à pans de bois. Corneille et Flaubert auraient certainement du mal à reconnaître la ville de leur enfance, mais malgré les bombardements et les incendies qui l'ont défigurée, malgré le développement industriel, la vieille cité reste des plus séduisante. Et n'hésitez pas à vous éloigner des rues du centre-ville les plus fréquentées, car de superbes surprises vous attendent aussi au détour de quartiers un peu plus excentrés ou même sur les hauteurs.

UN PEU D'HISTOIRE

Créée selon toute vraisemblance par les Gaulois, *Rotumagos* (ou *Ratumacos*) est, dès ses débuts, un site stratégique très convoité, puisque la future Rouen est située sur une boucle de la Seine, légèrement en hauteur. Prise par les Romains, la ville se développe avant d'être christianisée, au IIIe s. Les Normands la pillent plusieurs fois à partir du IXe s. *L'un de ces envahisseurs venus du Nord, Rollon,* se voit échoir par mariage une partie de la région par Charles le Simple ; il devient le *1er duc de Normandie* et

ROUEN | 103

choisit Rouen comme **capitale.** Il fait combler les marais, édifier les quais, et il organise le développement de la ville. Rouen va dès lors jouer un rôle important, économiquement (commerce avec Londres), administrativement, mais aussi spirituellement, puisque de nombreuses communautés religieuses y sont installées.
Au début du XIIIᵉ s, la ville et la région sont rattachées au royaume de France. On reconstruit la cathédrale, symbole de la puissance rouennaise. L'essor de la ville (port, draperie) attire de plus en plus de monde : Rouen devient la 2ᵉ ville de France ! Mais tout âge d'or a une fin : *la population est décimée au cours du XIVᵉ s* par des inondations et des épidémies de peste noire. S'ensuivent alors des révoltes, les habitants n'étant plus assez nombreux pour payer les lourdes charges fiscales réclamées par le royaume. Pour punir la ville après des émeutes en 1382, Charles VI supprime son statut de commune. Rouen n'aura donc plus de maire pendant... 310 ans ! Un comble pour une ville de cette importance. Arrive alors la guerre de Cent Ans. *Les Anglais assiègent Rouen en 1419.* Affamés, les habitants se rendent au bout de 6 mois.

Le procès du siècle

Les Anglais occupent la ville pendant 30 ans. *En 1431, on leur livre Jeanne d'Arc,* capturée par les Bourguignons à Compiègne, puis revendue pour 10 000 écus ! On lui intente un procès religieux, en la condamnant pour hérésie ; les Anglais font perdre toute légitimité divine à Charles VII, son souverain. *Le jeune roi d'Angleterre Henri VI devient alors le seul prétendant crédible au trône de France,* et le tour est joué ! D'abord enfermée dans une tour du château de Rouen, la Pucelle

JEANNE D'ARC, UNE SAINTE ?

Le Vatican n'a jamais vraiment aimé notre Jeanne nationale. D'abord, ce serait contredire l'évêque (Cauchon) qui l'a condamnée au bûcher. Ensuite, elle pensa au suicide (péché mortel). Il fallut attendre le célèbre historien Michelet pour lui donner toute sa notoriété. Il la déclara « sainte... laïque ». C'en était trop pour le clergé, qui décida alors de la canoniser en 1920... donc 500 ans après sa mort !

est présentée au tribunal de l'Inquisition, présidé par un homme à la solde des Anglo-Bourguignons, le tristement célèbre Pierre Cauchon, évêque de Beauvais. Cauchon réunit des jurés vendus à sa cause et n'autorise même pas la petite Jeanne à prendre un avocat. En mars 1431, elle est inculpée de sorcellerie et... de dévergondage. Pas mal pour une pucelle ! Mais elle tient tête à ses accusateurs et résiste même à une séance de torture. Elle ne fait que renoncer au port de l'habit masculin, après avoir été publiquement exposée sur un échafaud, dans le cimetière de l'abbaye de Saint-Ouen. L'héroïne est tout d'abord condamnée à la prison à perpétuité, mais le verdict ne plaît pas aux autorités anglaises, qui imposent à Cauchon une nouvelle sentence : *le 29 mai, Jeanne est officiellement déclarée hérétique, donc passible du bûcher.* Elle est brûlée vive le lendemain même, sur la place du Vieux-Marché de Rouen, et, pour éviter tout objet d'adoration, les Anglais font disperser ses cendres dans le fleuve...
En 1449, une fois les occupants chassés de la ville, Charles VII (qui, ne l'oublions pas, fut sacré à Reims grâce à Jeanne) ordonne un nouveau procès. Changeant son fusil d'épaule, l'Église réhabilite solennellement Jeanne d'Arc en 1456, la béatifie bien plus tard (en 1909) et la canonise en 1920.

Renaissance et décadence d'une ville bourgeoise

On peut presque dire que Rouen renaît des cendres de Jeanne d'Arc, puisque, dès le départ des Anglais, la ville connaît une prospérité qui ne se démentira pas pendant plus de 1 siècle, à tel point qu'elle devient à nouveau la *2ᵉ ville du royaume* – une position qu'elle conserve jusque sous le règne de Louis XIV. C'est l'époque des

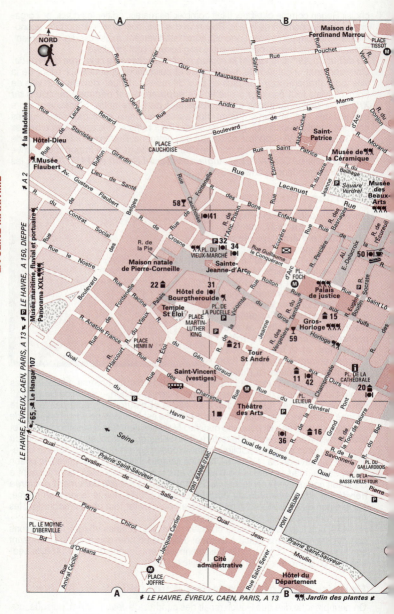

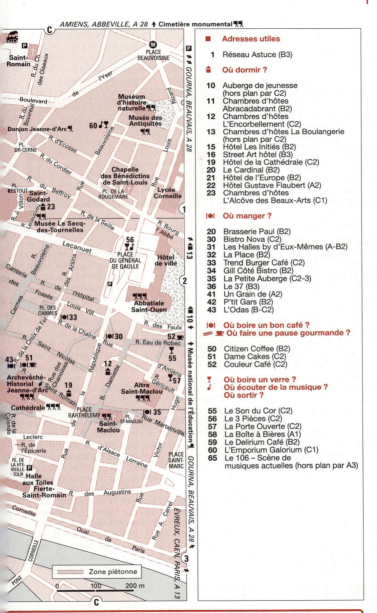

LA SEINE-MARITIME

ROUEN

- **Adresses utiles**
  - 1 Réseau Astuce (B3)

- **Où dormir ?**
  - 10 Auberge de jeunesse (hors plan par C2)
  - 11 Chambres d'hôtes Abracadabrant (B2)
  - 12 Chambres d'hôtes L'Encorbellement (C2)
  - 13 Chambres d'hôtes La Boulangerie (hors plan par C2)
  - 15 Hôtel Les Initiés (B2)
  - 16 Street Art hôtel (B3)
  - 19 Hôtel de la Cathédrale (C2)
  - 20 Le Cardinal (B2)
  - 21 Hôtel de l'Europe (B2)
  - 22 Hôtel Gustave Flaubert (A2)
  - 23 Chambres d'hôtes L'Alcôve des Beaux-Arts (C1)

- **Où manger ?**
  - 20 Brasserie Paul (B2)
  - 30 Bistro Nova (C2)
  - 31 Les Halles by d'Eux-Mêmes (A-B2)
  - 32 La Place (B2)
  - 33 Trend Burger Café (C2)
  - 34 Gill Côté Bistro (B2)
  - 35 La Petite Auberge (C2-3)
  - 36 Le 37 (B3)
  - 41 Un Grain de (A2)
  - 42 P'tit Gars (B2)
  - 43 L'Odas (B-C2)

- **Où boire un bon café ?**
- **Où faire une pause gourmande ?**
  - 50 Citizen Coffee (B2)
  - 51 Dame Cakes (C2)
  - 52 Couleur Café (C2)

- **Où boire un verre ?**
- **Où écouter de la musique ?**
- **Où sortir ?**
  - 55 Le Son du Cor (C2)
  - 56 Le 3 Pièces (C2)
  - 57 La Porte Ouverte (C2)
  - 58 La Boîte à Bières (A1)
  - 59 Le Delirium Café (B2)
  - 60 L'Emporium Galorium (C1)
  - 65 Le 106 – Scène de musiques actuelles (hors plan par A3)

106 | **LA SEINE-MARITIME**

belles maisons en encorbellement qui font encore la fierté de la ville, des églises reconstruites dans le style flamboyant et des édifices publics, comme le superbe palais de justice, inauguré par Louis XII en 1506. L'archevêque de Rouen, Georges d'Amboise, qui est également vice-roi du Milanais, introduit l'architecture italienne, faisant ainsi de Rouen l'un des tout 1ers fers de lance de la Renaissance en France.

La ville ne connaît pas de difficultés financières : son port, passage obligé vers Paris, prospère grâce au sel, au poisson et à la laine. Ses marins sillonnent les mers du globe, rapportant des produits de l'Ancien comme du Nouveau Monde. Les guerres de Religion vont cependant troubler cette situation enviable, car Rouen compte un nombre important de protestants.

LA DOUCHE, UNE INVENTION ROUENNAISE

Le docteur Merry Delabost, médecin chef de la prison de Rouen, inventa la douche dans les années 1870 afin d'améliorer l'hygiène des détenus. Le procédé permettait de laver beaucoup de monde en même temps tout en dépensant peu d'eau.

La tragédie de 1939-1945

En *juin 1940,* l'arrivée des Allemands à Rouen est marquée par une *série impressionnante d'explosions* : le port, puis les ponts sont détruits. Mais cela n'empêche pas les panzers de se répandre dans la cité tandis qu'un 1er *incendie* ravage la vieille ville et va jusqu'à lécher son plus beau symbole : la cathédrale. Architecturalement, la catastrophe est irréparable : des dizaines de maisons à pans de bois s'effondrent ce jour-là. Si Hitler en personne ordonne que la cathédrale soit sauvée, autour de la vieille dame, pendant 10 jours, 15 ha de la ville brûlent, parmi lesquels 900 maisons...

En 1941 et 1942, des centaines de Rouennais périssent sous les bombes, anglaises cette fois-ci. L'année fatale reste cependant celle du Débarquement. Dans la nuit du 18 au 19 avril 1944, 345 bombes tombent sur la vieille ville, provoquant un nouvel incendie. On compte 900 victimes et plus de 500 immeubles détruits, parmi lesquels des hôtels des XIVe et XVe s. Le somptueux palais de justice ne conserve plus qu'une façade noircie par les flammes.

1 mois seulement après cette nuit d'effroi, une semaine de terreur achève de désemparer les Rouennais. Le 30 mai, 160 bombes éventrent les quartiers de la Seine. Le 31 mai, 140 torpilles explosent. Le 1er juin, le feu se propage dans les vieux quartiers et la cathédrale brûle : le toit de la tour Saint-Romain s'effondre, avec ses cloches, puis les flammes menacent la flèche, orgueil de la ville. Une dizaine de jeunes Rouennais, menés par un certain Georges Lanfry, futur héros local, combattent le feu toute la nuit, à l'aide de sable et d'eau : la cathédrale est sauvée. Ce ne sera malheureusement pas le cas de l'église Saint-Maclou, qui s'écroule sous les bombes 2 jours plus tard. Malgré le Débarquement, l'occupant est toujours là et les Alliés ont du mal à le chasser. Coincés, les blindés allemands ne peuvent franchir la Seine (les ponts de Rouen étant détruits) : ils sont pilonnés le 25 août par l'aviation anglaise. Les 26 et 27, les bombes achèvent de chasser l'ennemi, à raison de 4 explosions par minute ! Les Allemands quittent définitivement Rouen le 30 août, non sans avoir mis le feu au port. Le même jour, les troupes canadiennes entrent dans la ville. Le 1er septembre 1944, Georges Lanfry hisse un immense drapeau tricolore au sommet de la flèche de la cathédrale. À ses pieds, une ville en ruine, qui a perdu 3 000 de ses enfants et près de 10 000 maisons pendant cette guerre.

Circulation et stationnement

Comme dans toute bonne grosse ville qui se respecte, la circulation en voiture dans Rouen est pénible et le stationnement compliqué. Nous vous conseillons donc de sillonner la ville à pied ou en transports en commun, ces derniers étant bien développés et efficaces. Quelques pistes cependant pour vous y retrouver dans leurs noms parfois trompeurs ou peu évocateurs. Le *métro de Rouen,* en surface sur une grande partie de son trajet, ressemble davantage à ce qu'on appellerait dans d'autres villes un tramway. Le *TEOR* (Transport est-ouest rouennais) ressemble lui aussi à un tramway (50 % du parcours de ses 3 lignes s'effectuent en effet dans des couloirs qui lui sont réservés, avec des arrêts bien marqués), mais n'est en fait qu'un bus plus confortable et plus ponctuel. Les lignes du métro et du TEOR sont complétées par celles des bus traditionnels. Parmi celles-ci, citons les 5 *lignes FAST,* qui desservent l'agglomération du nord au sud, elles aussi rapides et efficaces. Voilà pour les transports en commun.

Passons aux parkings maintenant. Tous ceux du centre sont payants (et les places en surface, rive droite, ont des horaires des plus limités). Le mieux en arrivant est de déposer votre voiture dans l'un des *parkings relais* (signalés par des panneaux bleus *P+R*) aux abords de la ville. Gratuits, ils sont très bien reliés au centre-ville par les transports en commun. Citons les 2 plus grands : celui *de la place Boulingrin* (hors plan par C1), dans le prolongement du boulevard de l'Yser, se situe à côté de la station de métro Boulingrin ; celui *du Mont-Riboudet* (hors plan par A2), sur l'avenue Mont-Riboudet (dans le prolongement du quai du Havre), à côté du palais des sports Kindarena, est relié presque en continu au centre-ville par le TEOR.

Adresses et infos utiles

ℹ *Rouen Normandie Tourisme & Congrès* (plan B2) : 25, pl. de la Cathédrale. ☎ 02-32-08-32-40. ● *rouentourisme.com* ● *Avr-sept, lun-sam 9h-19h, dim et j. fériés 9h30-12h30, 14h-18h ; le reste de l'année, lun-sam 9h30-12h30, 13h30-18h, fermé dim et j. fériés sauf pdt les manifestations importantes (14h-18h).* Dans un hôtel Renaissance (ancien bureau des finances de la ville) du XVIe s. Fait billetterie de spectacles, dispose d'une boutique et propose des visites guidées thématiques de la ville (7 €) ainsi que la location d'audioguides (5 €).

■ *Réseau Astuce* (plan B3, **1**) : 9, rue Jeanne-d'Arc. ☎ 02-35-52-52-52. ● *reseau-astuce.fr* ● Centre d'info et de vente pour tous les transports en commun de la Métropole rouennaise.

■ *Location de vélos :* Cy'clic, ☎ 0800-087-800 (n° Vert). ● cyclic.rouen.fr ●

Vous trouverez dans Rouen 250 vélos en libre-service répartis sur 23 stations. La 1re demi-heure est gratuite, compter 2 € la demi-heure suivante, puis 4 € toutes les 30 mn supplémentaires. Abonnement allant de 1 jour à 1 an. Paiement direct par CB sur les bornes pour un abonnement court, et formulaire à remplir sur Internet pour un abonnement de 6 mois ou 1 an.

■ *Location de voitures : Hertz* (plan B-C1), pl. Bernard-Tissot (la place de la gare). ☎ 02-35-70-70-71. *Europcar* (plan B-C1), pl. Bernard-Tissot. ☎ 02-35-88-21-20.

– *Marchés :* dim mat, sur la pl. Saint-Marc (plan C3). Tous les producteurs du coin. Très populaire. *Sinon, sous les halles de la pl. du Vieux-Marché (plan A-B2). Tlj sauf dim ap-m et lun.* Crémerie, volailles, fruits, légumes et poissonnerie.

Où dormir ?

Bon marché

⌂ *Auberge de jeunesse* (hors plan par C2, **10**) : 3, rue du Tour. ☎ 02-35-08-18-50. ● rouen@hifrance.org ● hifrance.org ● ♿ Du centre, TEOR nos 2 (direction Tamarelle Bihorel) ou 3 (direction Durécu-Lavoisier), arrêt

Auberge-de-Jeunesse ; env 20-25 mn. À env 25 mn à pied du centre et station de vélos juste en face, au niveau de l'arrêt du TEOR. Tte l'année sauf 1 sem à Noël. Nuitée à partir de 20,10 €, petit déj inclus. Une belle AJ confortable et impeccable (voire un peu aseptisée, tellement c'est propre), installée dans

LA SEINE-MARITIME

une ancienne teinturerie du XVIIIe s et son annexe moderne, en surplomb de la voie ferrée. Chambre de 2 *(45 €)*, 4, 6 ou 7 lits ainsi qu'une laverie et une petite cuisine à disposition. Ambiance plus studieuse et calme que fêtarde.

■ *Street Art hôtel (plan B3, 16) : 4-6, rue Saint-Étienne-des-Tonneliers.* ☎ *02-35-88-11-44.* ● *sahrouen@ gmail.com* ● *streetarthotel.com* ● *Doubles à partir de 58 €.* Derrière une façade somme toute banale se cachent des chambres contemporaines, dont certaines ont été décorées par des artistes locaux ; simples et nettes, les chambres sont réparties sur 4 étages (sans ascenseur). Au rez-de-chaussée, joli petit espace convivial à la déco street art, faisant office à la fois de bar, de salle de petit déjeuner et de salon. Mention spéciale pour l'accueil, vraiment très agréable.

Prix moyens

■ *Chambres d'hôtes La Boulangerie (hors plan par C2, 13) : 59, rue Saint-Nicaise.* ▤ *06-12-94-53-15.* ● *aminata. boulangerie@gmail.com* ● *laboulan gerie.fr* ● *Tlj sauf dim soir (sauf séjour). Doubles 77-87 €.* Dans un quartier très plaisant, la vieille maison abrite 3 chambres (dont une grande familiale) très bien tenues et chaleureusement arrangées. Poutres apparentes pour tout le monde et, ici et là, objets chinés par Aminata et photos de Franck. 2 des chambres ont la salle de bains ouverte. L'ancienne boulangerie d'angle du quartier existe encore un peu grâce à l'énergie du couple qui l'a rachetée et fait dépôt de pain, de viennoiseries et de bonbons (!) pour le voisinage tous les matins. Quant à vous, vous y prendrez votre petit déjeuner. Atmosphère conviviale et familiale. Également 2 appart pour les plus longs séjours.

■ ⌅ *Hôtel Les Initiés (plan B2, 15) : 45, rue aux Juifs.* ☎ *02-35-71-50-93.* ● *lesinitiesrouen.fr* ● *Fermé 15 j. fin janv. Doubles 69-79 €.* Au-dessus d'une sympathique brasserie, une dizaine de chambres pas très grandes, à la déco simple mais contemporaine, toutes assez différentes. Certaines, à l'angle et avec 2 fenêtres, donnent sur le superbe palais de justice, et les

moins chères se trouvent sous les toits. Petit déjeuner servi dans le bar, parmi les habitués qui viennent là boire leur petit café du matin.

■ *Chambres d'hôtes L'Encorbellement (plan C2, 12) : 43, rue Damiette.* ▤ *06-85-40-29-53.* ● *benoist.pla nage@gmail.com* ● *lencorbellement. fr* ● *Double 90 €.* En plein centre mais tranquille, dans une vieille bâtisse de la fin du Moyen Âge à la façade classée. À l'intérieur, la déco des jolies petites chambres mêle meubles chinés dans les brocantes et touches bien d'aujourd'hui. Sinon, ce sont bien des chambres chez l'habitant, puisque la salle du petit déjeuner est aussi le séjour de la famille. Accueil décontracté et souriant du proprio, qui possède le magasin d'antiquités du rez-de-chaussée.

■ *Chambres d'hôtes Abracadabrant (plan B2, 11) : 45, rue aux Ours.* ☎ *02-35-70-99-68.* ● *aunay_philippe@ orange.fr* ● *Double 73 €.* Venir chez Annick et Philippe, c'est entrer dans un monde inénarrable, très personnel et chargé d'histoire... ; chargé tout court, d'ailleurs ! On trouve dans leur vieille demeure à colombages du XVIIe s, dans la famille depuis 1893, une chambre bien arrangée au 1er étage, et un petit appartement avec cuisine et cheminée pour environ 5 personnes au 3e étage. Petit déj servi dans la bibliothèque, véritable petit musée, rempli de souvenirs, de statues religieuses et de tableaux accumulés par vos hôtes. Quant à l'histoire de Rouen, Philippe est incollable !

De chic à plus chic

■ *Le Cardinal (plan B2, 20) : 1, pl. de la Cathédrale.* ☎ *02-35-70-24-42.* ● *hotelcardinal.rouen@orange.fr* ● *cardinal-hotel.fr* ● *Doubles 88-145 €.* Pour qui aime vibrer au son des cloches, on peut difficilement faire mieux : les chambres, toutes belles, toutes propres, à la déco lumineuse très zen, donnent presque toujours sur la cathédrale ! Seul petit bémol pour cette maison sérieuse à l'accueil très agréable : les salles de bains, parfois étroites (mais toujours aussi nickel !). Nos lecteurs les plus argentés s'offriront les chambres tout en haut : spacieuses, elles disposent d'une belle terrasse

ROUEN / OÙ MANGER ? | 109

pour un tête-à-tête avec la cathédrale. Probablement l'un des meilleurs rapports qualité-prix de la ville.

🛏 **Hôtel de l'Europe** (plan B2, **21**) : *87, rue aux Ours.* ☎ 02-32-76-17-76. ● *contact@h-europe.fr* ● *h-europe.fr* ● *Doubles 89-190 € ; petit déj 15 €. En été, chambres à prix libre (min 50 €) ; le reste de l'année, selon période, se renseigner sur le site internet.* Certes, cet hôtel se trouve dans les quartiers tristounes de la reconstruction. Les chambres n'ont donc pas le charme des bâtisses anciennes, mais elles n'en ont pas non plus les inconvénients ! Impeccables, bien équipées, elles bénéficient de tout le confort moderne. Et les chambres « signature » vous transportent dans d'autres univers. Accueil très pro et souriant.

🛏 **Hôtel de la Cathédrale** (plan C2, **19**) : *12, rue Saint-Romain.* ☎ 02-35-71-57-95. ● *contact@hotel-de-la-cathedrale.fr* ● *hotel-de-la-cathedrale.fr* ● *Doubles 95-125 €.* Dans une rue piétonne qui longe la cathédrale, un petit hôtel au calme et très bien situé, dans une jolie bâtisse et disposé autour d'un agréable patio fleuri. Chambres assez étroites (mais c'est le bâtiment qui veut ça !) à la déco plutôt cosy. Dommage que certains aspects soient un peu bricolés, et que l'insonorisation soit médiocre. Très bon accueil.

🛏 **Chambres d'hôtes L'Alcôve des Beaux-Arts** (plan C1, **23**) : *14, rue Charles-Lenepveu.* ☎ 02-35-70-99-80. 📱 06-64-51-53-14. ● *benedicteet philippe.marchand@sfr.fr* ● *Doubles 90-100 €.* Cet hôtel particulier du XVIIIe s abrite 2 belles suites familiales (dont une avec cuisine à disposition). Accueil aux petits soins dans cette maison où les couleurs délicates, le mobilier ancien, les pavés patinés par les années et les tableaux diffusent une douce ambiance un peu hors du temps.

🛏 **Hôtel Gustave Flaubert** (plan A2, **22**) : *33, rue du Vieux-Palais.* ☎ 02-35-71-00-88. ● *contact@hotelgustaveflau bert.com* ● *hotelgustaveflaubert.com* ● ♿ *Doubles 115-175 €. Petit déj 7 ou 16 €. Entrée au fond de la cour. Apéritif maison offert sur présentation du guide de l'année.* Un bel hôtel récent, tout à la fois élégant et confortable dédié au célèbre auteur normand. Les chambres, rénovées, sont personnalisées autour d'une œuvre de l'écrivain. Dans le bâtiment ancien, sur l'avant, 2 chambres et 1 suite. Toutes les autres chambres se situent dans le bâtiment moderne. Les plus hautes sont les plus claires ; les plus luxueuses aussi. Le rez-de-chaussée, dédié à Emma Bovary, abrite un salon de thé et une bibliothèque avec les œuvres du maître, cela va de soi. Salle de fitness pour garder votre corps d'athlète.

Où manger ?

De très bon marché à bon marché

|●| 🥢 **Un Grain de** (plan A2, **41**) : *24, rue Cauchoise.* ☎ 02-35-08-58-42. ♿ *Tlj sauf dim-lun. Congés : 15 j. début janv, 2e sem Pâques, 2e et 3e sem d'août. Formule et menus midi en sem 13 € ; autres menus 16 € (sauf ven-sam)-20 € le soir.* La salle, au rez-de-chaussée de cette vieille maison à colombages, est toute simple. Et c'est la même histoire pour la cuisine pleine de fraîcheur et bien tournée, avec des plats qui s'ouvrent volontiers aux saveurs d'ailleurs et à des prix aussi gentils que l'accueil. Terrasse côté rue piétonne.

|●| 🥢 **Trend Burger Café** (plan C2, **33**) : *28, pl. des Carmes.* ☎ 02-35-63-93-82. ● *trendhamburger@yahoo.fr* ● ♿ *Tlj sauf lun et j. fériés. Formule déj 14,90 €. Carte env 20 €.* Une adresse qui surfe avec succès sur la vague du burger gourmet : propositions variées, originales, voire végétariennes, à base de pains artisanaux, de fromages au lait cru, et à accompagner de frites maison et de bières normandes. Jolies salades dans le même esprit. Lumineuse salle design et agréable terrasse (chauffée).

|●| 🥢 **Bistro Nova** (plan C2, **30**) : *29, rue du Lieutenant-Aubert.* ☎ 02-35-70-20-25. ♿ *Ouv tlj, sauf dim-lun, midi et soir. À l'ardoise seulement, env 25 €. Vin au verre 4 € ; bouteilles 19-29 €.*

LA SEINE-MARITIME

110 | **LA SEINE-MARITIME**

CB refusées. Derrière l'Abbatiale Saint-Ouen, un petit bistrot tenu par une jeune équipe sympathique. L'ardoise change tous les jours, midi et soir, et parfois même en cours de service. Un renouvellement qui plaît aux nombreux habitués, tandis que la sélection de plats, elle, reste toujours identique : un poisson, une viande et une assiette végétarienne. Excellente cuisine fraîche, qui privilégie les circuits courts et les saisons. Côté flacons, la grande ardoise sur le mur qui présente les vins par région et catégorie de prix simplifie les choix. Sacrément futé ! Une excellente adresse à la bonne humeur communicative.

|●| ↑ Les Halles by D'Eux-Mêmes *(plan A-B2, 31) : 27, pl. de la Pucelle.* ☎ *02-35-71-22-92. Ouv tlj midi et soir. Résa préférable les soirs de fin de semaine.* Il s'agit de l'adresse bistrotière du restaurant *D'Eux-Mêmes* (entrée par la place du Vieux-Marché). Les salles communiquent entre elles, mais attention, les cartes ne sont pas les mêmes. Celle des Halles est parfaite pour une grignote rapide et pas (trop) chère au déjeuner avec une ardoise du jour qui suit la marée, les saisons et le marché, et le soir une sélection de tapas autour de vins servis au verre. Ici, les viandes de la filière Normandie Bœuf Héritage (race normande, née, élevée et abattue en Normandie) sont réputées et bien cuisinées.

De bon marché à prix moyens

|●| ↑ Brasserie Paul *(plan B2, 20) : 1, pl. de la Cathédrale.* ☎ *02-35-71-86-07.* ● *brasseriepaul@wanadoo.fr* ● *Tlj jusqu'à 23h. Formule déj 17,90 € ; menu 26,90 € ; carte env 30 €. Apéritif maison offert sur présentation du guide de l'année.* Idéalement située, face à la cathédrale, cette brasserie existe depuis 1898 et a vu passer du beau monde : Claude Monet, Apollinaire, Marcel Duchamp ou Simone de Beauvoir. Depuis, le décor a évolué, tout en gardant son style rococo, mais l'adresse reste un classique de la ville, même si le rapport qualité-prix n'y est pas toujours évident, et le service pas toujours souriant !

|●| Gill Côté Bistro *(plan B2, 34) : 14, pl. du Vieux-Marché.* ☎ *02-35-89-88-72.* ● *gillcotebistro@orange.fr* ● *Tlj (sauf 24-25 déc). Menus 22,90-29,50 €.* Le chef étoilé rouennais Gilles Tournadre (*Gill*, quai de la Bourse) supervise ici une cuisine de bistrot revue dans un cadre moderne dominé par le bois et le noir des banquettes. Rien de bouleversant, mais dans l'ensemble c'est bon. Service souriant et efficace.

|●| La Petite Auberge *(plan C2-3, 35) : 164, rue Martainville.* ☎ *02-35-70-80-18. Tlj sauf lun. Formule déj en sem 13,30 € (hors vac scol) ; menus 19-38,50 €.* Une toute petite salle à l'intérieur bas de plafond décoré de tableaux impressionnistes. Une cuisine traditionnelle dans le meilleur sens du terme : on retrouve la saveur et l'excellence de plats tels que la tête de veau ravigote, l'entrecôte sauce morille et un vaste choix d'escargots. Service impeccable et sans chichis.

|●| ↑ La Place *(plan B2, 32) : 26, pl. du Vieux-Marché.* ☎ *02-35-71-97-06.* ● *laplacerestauration@orange.fr* ● *Tlj sauf dim-lun, 19,90-26,90 € ; carte 30-35 €.* Une adresse supervisée par le chef étoilé local Gilles Tournadre. Cadre contemporain plutôt classe pour une cuisine au fil du marché, sur laquelle souffle parfois, sinon souvent, un petit vent d'Orient. Bar à cocktails également, pour démarrer la soirée.

|●| P'tit Gars *(plan B2, 42) : 37, rue aux Ours.* ☎ *02-35-89-97-58.* ● *aurelien.demarest@outlook.fr* ● &. *Tlj sauf dim-lun et le soir mar-jeu. Formules déj en sem 15-16,50 € ; carte 25-30 €. Café offert sur présentation du guide de l'année.* Une petite dizaine de tables seulement dans cette salle façon bistrot d'aujourd'hui. Réservation conseillée, donc, d'autant que la cuisine est des plus réussie, dans la tradition (mais avec un soupçon d'imagination), au gré du marché. Et qu'accueil comme service ne gâchent en rien le plaisir de la rencontre avec ce *P'tit Gars*.

De prix moyens à chic

|●| Le 37 *(plan B3, 36) : 37, rue Saint-Étienne-des-Tonneliers.* ☎ *02-35-70-56-65.* ● *contactle37@orange.fr* ● *le37.*

ROUEN / OÙ BOIRE UN BON CAFÉ ? OÙ FAIRE UNE PAUSE... ? | **111**

fr ● *Tlj sauf dim-lun et j. fériés. Congés : août. Résa conseillée. Menus (sauf sam soir) 21,80-27 € ; carte 42 €.* Ne vous attendez pas à trouver dans ce bistrot, à la déco zen et design, les grands standards de la cuisine normande ! On vous propose, bien au contraire, une cuisine moderne, pleine de saveurs, tantôt sage, tantôt audacieuse, qui varie suivant les saisons et l'humeur du chef.

▮●▮ ↑ *L'Odas (plan B-C2, 43) : 4, passage Maurice-Lenfant.* ☎ *02-35-73-83-24.* ● *contact@lodas.fr* ● *lodas. fr* ● ♿ *Tlj sauf dim soir-lun. Brunch le dim. Formule déj en sem 36 € ; menus 59-79 € ; carte 90 €.* Un joli gastro d'aujourd'hui avec serveurs barbus, salle des plus contemporaine avec cuisine ouverte comme il se doit, et terrasse agréable dans ce discret passage, au pied de la cathédrale. L'enseigne est inspirée des initiales d'Olivier Da Silva, jeune chef qui demande à ses clients de lui faire une entière confiance : pas grand-chose d'affiché sur les menus, sa cuisine se fait à l'instant, en fonction du marché et de son imagination (et il n'en manque pas !).

Où dormir ? Où manger dans les environs ?

⌂ *Chambres d'hôtes Manoir de Captot : 42, route de Sahurs, 76380 Canteleu.* ☎ *02-35-36-00-04.* ▯ *06-63-51-34-57.* ● *captot76@ yahoo.fr* ● *captot.com* ● *À env 7 km à l'ouest de Rouen. Sonner à la grande grille ouvrant sur une longue allée. Double 115 €. Réduc de 10 % sur le prix de la chambre (oct-mars) sur* *présentation du guide de l'année.* Tout proche de Rouen, ce majestueux manoir du XVIIIe s propose 2 chambres d'hôtes confortables, meublées à l'ancienne, pour mener la vie de château. Possibilité de loger les enfants dans une petite chambre supplémentaire, attenante à celle du 2e étage.

Où boire un bon café ?
Où faire une pause gourmande ?

▮●▮ 🍽 ☕ *Citizen Coffee (plan B2, 50) : 4, rue de l'Écureuil.* ☎ *02-35-71-49-42. Tlj sauf dim 9h-19h. Formules 12-15 €.* Un endroit un peu branché, où l'on vient se poser devant un café ou un jus de fruits maison, accompagné d'un petit plat, d'un généreux sandwich ou d'une pâtisserie, eux aussi maison. Le tout dans une déco mi-design, mi-industrielle bien d'aujourd'hui. Agréable terrasse sur la place aux beaux jours.

▮●▮ ☕ ↑ *Dame Cakes (plan C2, 51) : 70, rue Saint-Romain.* ☎ *02-35-07-49-31.* ● *damecakes@orange. fr* ● ♿ *Tlj sauf dim (ouv dim déc) 10h-19h. Congés : 2de quinzaine de janv et de sept. Formules déj 15,90-27,50 € ; carte env 20-25 € ; formule goûter 9,50€.* Superbe maison ayant appartenu à un ferronnier (le créateur des clochetons de la cathédrale) qui s'est donc fait sa pub sur la façade. Un cadre très anglais, avec points de croix et broderies dans tous les coins ! Grand choix de thés extrêmement goûteux, de cakes sucrés ou salés, de pâtisseries très fines, sans gluten pour certaines..., et de chocolats ! Attente certains jours pour avoir une table, mais les subtils parfums des pâtisseries encore chaudes aident à patienter. Aux beaux jours, petit jardin à l'arrière.

☕ ↑ *Couleur Café (plan C2, 52) : 130, rue Eau-de-Robec.* ☎ *09-81-85-12-07. Mar-sam 9h (10h sam)-19h, dim 11h-18h. Café offert sur présentation du guide de l'année.* L'antre des amateurs de café (torréfié sur place), mais aussi des chocolats ou des thés préparés de mille et une façons, ou encore des milk-shakes et des smoothies. Cadre cosy et confortable où il fait vraiment bon se (re) poser et, aux beaux jours, difficile de résister à la terrasse dans la très jolie rue piétonne.

LA SEINE-MARITIME

LA SEINE-MARITIME

Où boire un verre ? Où écouter de la musique ? Où sortir ?

Pour aller boire un verre ou sortir, vous trouverez 2 ambiances complètement différentes selon que vous dirigerez vos pas vers le quartier Saint-Maclou *(plan C2-3)* ou vers celui de la place du Vieux-Marché *(plan A-B2)*. La rue de la République marque une vraie frontière (pour les Rouennais en tout cas !) entre ces 2 quartiers. Le 1er, plus bohème, à l'atmosphère festive mais cool, conserve une ambiance de village où tout le monde semble se connaître. L'ambiance autour de la place du Vieux-Marché est un peu plus bourgeoise, et plus touristique aussi.

▼ ♪ Et question bars, ce quartier Saint-Maclou n'offre que l'embarras du choix. Vous pouvez également vous poser à la terrasse du *Son du Cor (plan C2, 55 ; 221, rue Eau-de-Robec)*, avec les joueurs d'échecs et face aux amateurs de pétanque, goûter à l'une des nombreuses bières – souvent locales – de *La Porte Ouverte (plan C2, 57 ; 71, rue d'Amiens)* ou vibrer aux décibels des DJs et autres groupes (plutôt rock'n'roll) qu'accueille régulièrement *Le 3 Pièces (plan C2, 56 ; 49, pl. du Général-de-Gaulle).*

▼ *La Boîte à Bières (plan A1, 58) : 35, rue Cauchoise.* ☎ *02-35-07-76-47.* ● *laboiteabieresrouen@gmail.com* ● *Lun-sam 17h-2h.* Belle maison à colombages sur 4 niveaux, ouverte à tous ceux qui ont la passion du houblon (pas moins de 180 types de bouteilles différentes et 10 bières à la

pression !). Musique rock, billard, fléchettes, salon TV, dans un style très pub irlandais. Un classique qui a vu défiler moult générations d'étudiants...

▼ *Le Delirium Café (plan B2, 59) : 30, rue des Vergetiers.* ☎ *02-32-12-05-95. Tlj 18h-2h (23h dim).* Juste sous le Gros-Horloge, un bar sur 3 niveaux plébiscité par les étudiants et entièrement dédié à la bière, belge de préférence. Au choix, 20 bières à la pression et quelque 250 autres en bouteille.

▼ ♪ *L'Emporium Galorium (plan C1, 60) : 151, rue Beauvoisine.* ☎ *02-35-71-76-95. Mar-mer 20h-2h, jeu-sam 20h-3h. Congés : 3 sem en août.* Il se passe presque toujours quelque chose dans la cave de ce bar situé dans une vieille demeure du XVIIe s aux vénérables colombages : DJs souvent électro, concerts (parfois payants) toutes tendances confondues.

♪ *Le 106 – Scène de musiques actuelles (hors plan par A3, 65) : 106, quai Jean-de-Béthencourt.* ☎ *02-32-10-88-60.* ● *le106.com* ● Ⓜ *Joffre-Mutualité. Desservi par les bus de nuit T1, N2 et N3. Pas de concert en juil-août.* Dans un ancien hangar de stockage de marchandises, c'est la scène consacrée aux musiques actuelles ; une grande salle modulable pour accueillir les pointures, et une autre plus confidentielle pour les jeunes talents. Pas mal de concerts, donc, mais aussi quelques expos, des projections de documentaires, des conférences... Également un café.

À voir

Les centres d'intérêt sont cités selon un circuit (plus ou moins) logique.

🏛🏛🏛 *Le Gros-Horloge (plan B2) : rue du Gros-Horloge.* ☎ *02-32-08-01-90. Avr-sept, mar-dim 10h-12h, 14h-18h ; oct-mars, mar-dim 14h-18h. Dernière entrée 1h avt la fermeture. Entrée avec audioguide : 7 € ; réduc ; gratuit moins de 6 ans.* C'est la carte postale la plus expédiée de Rouen ! Merveilleuse construction où se mêlent les époques : l'arche sculptée enjambant la rue et le pavillon orné de chaque côté d'un riche cadran d'horloge datent du XVIe s ; le beffroi leur est antérieur (XIVe s), tandis que l'atelier de l'horloger à côté remonte au XVIIe s et la fontaine au XVIIIe s. Au XIVe s déjà, le beffroi abritait le mécanisme du Gros-Horloge qui permet encore aujourd'hui de sonner l'heure et les quarts d'heure ; c'est le plus

ROUEN / À VOIR | **113**

vieux mécanisme à sonner les quarts d'heure existant encore en Europe. L'horloge en plomb doré était autrefois à l'intérieur du beffroi, jusqu'à ce qu'on décide de la montrer. Les 1ers cadrans ont été installés en 1410, puis remplacés au XVIe s par ceux que l'on peut encore admirer aujourd'hui. L'aiguille des heures fait son petit bonhomme de chemin sur le cadran, tandis qu'en dessous le jour de la semaine est représenté par « sa » divinité (Mars pour mardi, Mercure pour mercredi...) ; chaque jour, à midi, on peut voir le semainier bouger.

L'espace muséographique à l'intérieur du Gros-Horloge est passionnant. Il dévoile de façon succincte mais très claire les secrets d'une des plus vieilles horloges d'Europe : son histoire, son architecture, son fonctionnement... et plonge le visiteur dans l'univers du XVIe s : visite du logis du gouverneur, de l'échoppe, de l'atelier de l'horloger, de la salle des cadrans ou encore de la chambre des cloches. Panorama insolite sur les toits de Rouen depuis le sommet du beffroi.

🎎 La **rue du Gros-Horloge** (« rue du Gros » pour les intimes ; plan B2) est évidemment la plus connue de la ville. La 1re rue piétonne de tout le sud de l'Europe (1970) ! Au niveau du Gros-Horloge, belle maison à pans de bois. Les demeures accolées au beffroi sont toutes parées du charme des siècles passés. Avec ses nombreux commerces, elle est souvent bondée, surtout le week-end.

🎎🎎 **La cathédrale** (plan B-C2-3) **:** pl. de la Cathédrale (vous vous en seriez douté !). ♿ Avr-oct, lun 14h-19h, mar-sam 9h-19h, dim et j. fériés 8h-18h ; nov-mars, mar-sam 9h-12h, 14h-18h, dim-lun et j. fériés 14h-18h. Déambulatoire fermé 30 mn avt la fermeture.

– **Cathédrale de lumière :** ts les soirs de mi-juin à fin sept. GRATUIT. Projections grandioses sur la cathédrale Notre-Dame, avec, pour thématiques, Jeanne d'Arc, les Vikings, Guillaume le Conquérant...

La cathédrale, tout en majesté et en finesse, est le fruit de plusieurs campagnes de construction successives, s'étalant sur plusieurs siècles. C'est l'une des plus belles constructions de style gothique français. On peut encore distinguer par endroits des traces de polychromie.

– La **façade,** qui inspira tant Monet, présente une série de clochetons et de fenestrages ajourés, encadrée par 2 grandes tours de styles différents : la tour Saint Romain au nord, et la tour de Beurre au sud (à droite), du XVe s et dans le pur style gothique flamboyant. Haute de 75 m, elle a été édifiée (d'où son nom) grâce à la taxe perçue auprès de ceux qui souhaitaient consommer du beurre pendant le carême. La tour centrale et la flèche, d'un raffinement extrême, très visibles de la rue du Change, s'élèvent avec élégance à 151 m.

– Au centre, les **3 portails historiés,** chefs-d'œuvre de ciselage, véritable féerie de pierre, présentent toutes les caractéristiques de l'art gothique. Sur le flanc droit s'ouvre le portail de la Calende, merveilleuse réalisation du XIVe s avec un tympan représentant la Passion et la résurrection du Christ.

LA SEINE-MARITIME

CE COQUIN DE MONET !

Claude Monet a réalisé 28 tableaux différents de la cathédrale de Rouen. La plupart ont été peints à l'étage du magasin de lingerie féminine Lévy, qui accueille aujourd'hui l'office de tourisme. On y avait installé un paravent pour cacher les corps dénudés à la vue de l'artiste. En retrouvant ce paravent, bien plus tard, on s'est rendu compte que Monet y avait percé un orifice...

LES MESURES AU MOYEN ÂGE

Avant l'apparition du système métrique, les mesures différaient d'une construction à l'autre. On se référait à la morphologie du maître d'œuvre. Une fois fixée, chaque mesure était inscrite sur une réglette, et tous les ouvriers d'un même chantier l'utilisaient. En revanche, les proportions entre les mesures étaient partout identiques (ex. : un pied = 12 pouces).

114 | **LA SEINE-MARITIME**

– *L'intérieur :* après le raffinement de l'extérieur, on est frappé par la sobriété de l'intérieur. La nef très haute, dépouillée, de style gothique primitif, est soutenue par d'épaisses colonnes mais d'une grande légèreté, grâce aux nervures qui les affinent. À la croisée du transept, 51 m vous séparent de la voûte. Dans le transept de gauche, élégant escalier qui donne accès à la librairie. En poussant la porte, à droite, on débouche dans la cour des Libraires (où étaient autrefois vendus les livres religieux). Il faut se retourner pour découvrir le *portail des Libraires* et son magnifique bestiaire fantastique. La partie supérieure est consacrée à la création du monde, avec Adam et Ève.

Chœur très sobre du XIIIe s. Dans le déambulatoire, la *chapelle de la Vierge,* accueille des pièces remarquables et 4 vitraux admirables du XIIIe s, les plus anciens vitraux en place qu'on puisse trouver en Normandie. Voir aussi les gisants de 4 ducs de Normandie : Guillaume Longue Épée († 942), Henri le Jeune († 1183), Richard Cœur de Lion († 1189) et Rollon († v. 927). Ce dernier date seulement du XIXe s.

🏃 Sur le côté gauche de la cathédrale, tout petits mais jolis *jardins de la cour d'Albane.*

🏃🏃🏃 *L'Historial Jeanne-d'Arc* (plan C2) : 7, rue Saint-Romain. ☎ 02-35-52-48-00. ● historial-jeannedarc.fr ● Ouv tte l'année mar-dim 10h-19h. Fermé lun et j. fériés. Dernière visite à 17h15. Parcours vidéo avec départ ttes les 15 mn. Durée : env 1h15. Nombre de places limité à 25 par départ. Résa sur Internet conseillée pour éviter l'attente. Entrée : 10,50 € ; réduc ; billet couplé avec Panorama XXL 15 € ; réduc ; tarif « tribu » (4 pers) 26 €. Dans l'archevêché, sur le site même où eurent lieu *les 3 procès de Jeanne d'Arc.* Une remarquable scénographie audiovisuelle évoque son procès en réhabilitation, demandé par le roi (qui l'avait sacrément laissée tomber !), 25 ans après la mort de la petite bergère qui voulait bouter les Anglais hors de France. Des projections et effets sonores permettent de comprendre que bien des témoignages étaient biaisés, voire faux. À la fin, 4 historiens répondent en vidéo aux *grandes questions* telles que « Jeanne d'Arc était-elle une bâtarde de sang royal ? », ou encore évoquent le statut des femmes, les voix divines. Très dense (à éviter avec de jeunes enfants) mais passionnant. La visite est aussi l'occasion d'admirer une partie de l'intérieur du magnifique archevêché, le dernier en France à être encore relié directement à sa cathédrale.

🏃 Après le mémorial, suivez la rue Saint-Romain et jetez un œil sur la gauche à la *rue des Chanoines,* une des rues les plus étroites de la ville. Si les constructions médiévales en encorbellement permettaient de grappiller un peu de surface dans des villes densément bâties et ceinturées par des murailles, et de jeter ses eaux usées sans qu'elles ruissellent sur ceux d'en dessous, on pouvait aussi quasiment embrasser le voisin d'en face !

🏃🏃 *L'église Saint-Maclou* (plan C2-3) : 7, pl. Barthélémy. Ouv sam-lun 10h-12h, 14h-18h (17h30 oct-mars). Fermé 1er janv et 25 déc. Ce splendide édifice de la fin du XVe s de style gothique flamboyant donne une impression de grâce et de légèreté. Fortement endommagé pendant la Seconde Guerre mondiale, il a heureusement conservé intact son grand porche à 5 arcades avec des vantaux Renaissance de toute beauté. La façade légèrement arrondie contribue à l'homogénéité du lieu. Le médaillon du vantail de gauche représente le Bon Pasteur éloignant les voleurs de la Bergerie. Dans celui du centre, 2 médaillons évoquent la circoncision et le baptême du Christ. L'ensemble est encore plus beau à contempler le soir, quand il est éclairé. L'intérieur, en comparaison, est moins fascinant, malgré sa magnifique tribune d'orgue de 1521 aux délicates boiseries Renaissance (concerts en été) et son élégant escalier à vis sculpté du XVIe s.

🏃🏃 Très jolies *maisons anciennes* tout autour de l'église Saint-Maclou. Bel alignement, par exemple, de colombages dans la *rue Martainville.* L'œil attentif constatera que ces maisons ne sont pas forcément médiévales : la date de construction souvent indiquée sur les sablières permet de voir que les façades du XVIe,

XVIIe ou XVIIIe s s'y côtoient allègrement. La *rue Damiette* présente quelques jolies boutiques d'antiquaires et autres galeries d'art. Plus haut, la *rue Eau-de-Robec* tire son nom du ruisseau qui y coulait jadis (un petit cours d'eau artificiel rappelle aujourd'hui cette époque). Il alimentait les teinturiers dont les ateliers (ouverts sur la rue) subsistent, témoignage d'une architecture spécifique au XVIIIe s et à Rouen. C'est aujourd'hui une rue piétonne particulièrement agréable et vivante avec ses bars et ses restos.

🏃🏃🏃 **L'aître Saint-Maclou** (plan C2) : *186, rue Martainville (au fond de la cour intérieure). Tlj 9h-19h. Dans la rue qui longe le flanc gauche de l'église Saint-Maclou.* Cet admirable ensemble architectural du XVIe s, bordant une grande cour plantée d'arbres et composé de maisons à pans de bois, était autrefois *un cimetière de pestiférés.* C'est l'un des derniers témoins des charniers urbains en Europe. Le terrain a été acheté en 1348, lors de la Peste noire, pour compléter le petit cimetière situé derrière l'église Saint-Maclou ; en période d'épidémie, il pouvait y avoir jusqu'à 5 ou 6 couches de cadavres superposées. Une fois les corps décomposés, les ossements étaient récupérés et mis dans l'ossuaire. Les sculptures macabres sur certaines colonnes soutenant les galeries, et les étonnantes frises à motifs de têtes de morts, tibias entrecroisés, haches... sur les poutres évoquent ce funeste passé. De 1940 à 2014, l'école des Beaux-Arts a occupé les lieux. Des espaces destinés à promouvoir le local et le régional y prendront place après la rénovation y compris avec un resto réputé.

🏃 **Le musée national de l'Éducation** (hors plan par C2) : *185, rue Eau-de-Robec.* ☎ *02-35-07-66-61.* ● *munae.fr* ● ⚱ *Lun et mer-ven 13h30-18h15 ; w-e 10h-12h30, 13h30-18h15. Fermé mar et j. fériés. GRATUIT.* Dans cette belle demeure du XVe s sont rassemblés de nombreux objets relatifs à l'enfant et à son éducation depuis le XVIe s (peintures, estampes, travaux d'élèves et mobilier scolaire d'époque). La salle de classe 1900 nous transporte avec émotion dans l'atmosphère de l'école de grand-papa. Le plus intéressant reste cependant les expos temporaires sur l'éducation, qui occupent une grande partie de l'espace.

🏃🏃🏃 **L'abbatiale Saint-Ouen** (plan C2) : *tlj sauf lun et ven 10h-12h, 14h-18h (17h oct-mars). Fermé 1er janv et 25 déc.* Ancienne abbatiale du XIVe s, un des joyaux du gothique français. Délicate à l'extrême, avec de beaux arcs-boutants dessinés comme des arcs-en-ciel. 2 belles tours octogonales surmontées d'une flèche de pierre. À la base des tours, des dizaines de tourelles de toutes tailles comme autant de demoiselles d'honneur à leur majesté. La tour centrale est surmontée d'une couronne. On pénètre dans l'abbatiale par le portail du transept, appelé « porche des Marmousets », qui possède une jolie frise ainsi que de curieuses clés pendantes. À l'intérieur, nef élancée soutenue par une forêt de fines colonnes. Vitraux du XVIe s, légers et aériens, aux couleurs douces. Dans le chœur, fermé par une grille élégante et dépouillée du XVIIIe s, est conservé l'un des plus beaux ensembles de vitraux du XIVe s en France.

– Si vous souhaitez souffler un peu ou pique-niquer, il y a un joli parc derrière l'abbatiale d'où l'on a une vue magnifique sur le chevet.

> ## TOUR D'ABANDON
> À l'entrée Germont du CHU de Rouen (à l'orée du quartier Saint-Maclou), un tourniquet en bois, logé dans le mur de l'hospice, permettait de déposer les bébés abandonnés. Le système a été fermé en 1904. Mais ces tourniquets sont réapparus en Allemagne... en 1999.

🏃🏃🏃 **Le musée des Antiquités** (plan C1) : *cloître Sainte-Marie, 198, rue Beauvoisine.* ☎ *02-76-30-39-50.* ● *museedesantiquites.fr* ● ⚱ *Mar-sam 13h30-17h30, dim 14h-18h ; vac scol et expo temporaires, ouv aussi 10h-12h15 sauf dim. GRATUIT (sauf expos temporaires).* Installé dans un ancien couvent du XVIIe s, ce passionnant musée obtient déjà un bon point dès le début de la visite, grâce à ses petits panneaux posés sur les colonnes, retraçant avec concision et clarté l'histoire de la Normandie. Ce qui permet ensuite de mieux apprécier les éléments exposés, de l'âge du bronze à la Renaissance. Les XVᵉ et XVIᵉ s sont bien représentés par une série d'admirables vitraux et de chapiteaux provenant de plusieurs églises de la région, de sculptures en bois polychrome et en ivoire, de pavements armoriés, de retables peints et sculptés... Belle salle abritant la tapisserie des *Cerfs ailés,* superbes pièces du XVIᵉ s. Jeter enfin un coup d'œil à la salle de la mosaïque antique, trouvée à Lillebonne, dans la vallée de la Seine, et aux belles collections d'antiquités grecques et égyptiennes. Expos temporaires.

🏃🏃 🚶 **Le Muséum d'histoire naturelle de Rouen** *(plan C1) : 198, rue Beauvoisine.* ☎ *02-35-71-41-50.* ● *museumderouen.fr* ● ♿ *Ouv seulement l'ap-m, tlj sauf lun et certains j. fériés, 13h30-17h30 (14h-18h dim). Pdt les vac scol et lors de certaines expos, ouv dim mat 10h-12h15. GRATUIT.* Dans l'ancien couvent des sœurs de la Visitation (1640), ce Muséum a, en grande partie, conservé sa muséographie du XIXᵉ s : vitrines en chêne, dioramas, alignements de mammifères et d'oiseaux naturalisés, boîtes d'insectes (coléoptères, papillons...), minéralogie... On n'est guère surpris d'apprendre que le musée abrite la 2ᵉ plus grande collection dans ce domaine après Paris. Au 3ᵉ étage, dans une muséographie plus contemporaine, la galerie des continents expose une partie de la collection ethnographique avec des objets (pirogue...) et animaux d'Amérique, d'Asie, d'Océanie, avec notamment de magnifiques oiseaux exotiques. Expos temporaires au 1ᵉʳ étage.

🏃 **La gare** *(plan B-C1) :* construite en 1928 à l'emplacement d'une 1ʳᵉ gare devenue trop petite face à l'engouement des Parisiens pour la Normandie. Typiquement Art déco avec ses lustres, ses boiseries et son beffroi, elle abrite depuis 1967 des fresques colorées de Robert Savary illustrant le port et la cathédrale de la ville.

🏃🏃 **Le cimetière monumental** *(hors plan par C1) : rue du Mesnil-Grémichon. On vous conseille d'y accéder en bus (lignes Fast 2, 22 ou 40, arrêt Cimetière-Monumental), parce que ça grimpe sérieusement ! Lun-sam 8h15-12h, 14h-18h (17h nov-fév) ; dim 8h15-12h, 14h-17h45 (16h45 nov-fév).* Souvent surnommé « le Père-Lachaise rouennais ». C'est un peu exagéré, mais les 10 ha de cimetière accrochés à la pente depuis 1828 méritent une visite. Notamment dans sa partie basse où reposent pour l'éternité toutes (ou presque) les gloires locales, à commencer par Flaubert et Marcel Duchamp, dont les admirateurs ornent régulièrement la tombe de leurs œuvres personnelles.

🏃 **Le donjon** *(ou tour Jeanne-d'Arc ; plan B-C1) : rue Bouvreuil.* ● *donjonderouen. com* ● *Voir le site pour les horaires et tarifs.* C'est le dernier vestige en élévation du château édifié au XIIIᵉ s par Philippe Auguste, au lendemain de sa conquête de la Normandie. Contrairement à ce que raconte la légende, Jeanne n'a jamais été enfermée ici mais dans une autre tour de l'enceinte (dans la cour du 102, rue Jeanne-d'Arc). En revanche, c'est dans la salle basse du donjon qu'on lui a présenté les instruments de torture, en mai 1431. L'intérieur de la tour accueille un *escape game,* ainsi qu'un nouveau jeu d'immersion, toujours en équipe, mêlant énigme grandeur nature aux dernières technologies de réalité virtuelle, pour vivre le siège de Rouen en 1419, comme si on y était !

🏃🏃 **Le musée Le Secq-des-Tournelles** *(plan C1-2) : à l'intérieur de l'église Saint-Laurent, 2, rue Jacques-Villon.* ☎ *02-35-88-42-92.* ● *museelesecqdes tournelles.fr* ● ♿ *(partiel, accès rue Deshays). Tlj 14h-18h. GRATUIT (sauf expos temporaires).*
Installé dans une ancienne église du XVIᵉ s et consacré à la ferronnerie d'art, toutes techniques confondues. Une collection unique au monde avec plus de 12 000 pièces léguées en 1920 à la Ville de Rouen par un collectionneur... féru (le musée porte son nom) : des clés romaines aux serrures, présentées de façon chronologique (ça commence au gallo-romain !), en passant par les ustensiles de la vie domestique, les enseignes (très importantes jusqu'à la fin du XVIIIᵉ s, quand

la numérotation des maisons se généralisa), grilles (voir celle de l'église d'Ours-camp, chef-d'œuvre de ferronnerie romane), jouets, outillages de différents corps de métiers, articles de fumeur, bijoux en fonte de Berlin... Ces derniers sont nés de l'invasion de la Prusse par les armées napoléoniennes : les Prussiennes furent invitées à déposer leurs bijoux au Trésor contre une réplique en fonte ; un geste de patriotisme qui mit ces bijoux à la mode.

Et des objets exceptionnels comme cette clé du cabinet de Marie-Antoinette, avec chiffre et dauphins, et d'autres tout à fait insolites : serrure pince-voleur du XVIIᵉ s, porte de coffre-fort avec un système d'alarme-pistolet, coffre à correspondance privée avec une serrure pour l'émetteur et une autre pour le récepteur...

🏹🏹🏹 *Le musée des Beaux-Arts* (plan B-C1) : esplanade Marcel-Duchamp. ☎ 02-35-71-28-40. ● mbarouen.fr ● ♿ (accès 26 bis, rue Lecanuet). Tlj sauf mar et certains j. fériés 10h-18h. GRATUIT (sauf expos temporaires).

Très bel ensemble de peintures européennes, sculptures, dessins et arts décoratifs du XVᵉ s à nos jours. Quelques chefs-d'œuvre à ne pas manquer dans les peintures du XVIIᵉ s, comme *Le Christ à la colonne* du Caravage. La lumière provenant d'en haut dévoile une scène d'un grand réa-

> ## DÉBOIRES D'UN MARI INFIDÈLE
>
> *En 1909, François Depeaux, industriel dans le charbon, voulut faire une donation somptueuse de 250 tableaux impressionnistes au musée des Beaux-Arts de Rouen. Se sentant dépossédée, sa femme obtint par voie de justice que toutes ces œuvres soient vendues aux enchères. Plus fidèle à ses tableaux qu'à son épouse, Depeaux en racheta quelques dizaines qu'il offrit enfin au musée. On perdit quelques fleurons, dont de magnifiques Renoir.*

lisme : très forte présence physique des personnages cadrés de près, beaucoup de mouvement dans la scène, épuisement du Christ, dont la tête inclinée semble prête à sortir du tableau. Le *Démocrite* de Vélasquez – initialement le portrait d'un bouffon de cour brandissant un verre de vin comme l'a révélé la radiographie – illustre l'attitude cynique du philosophe sur la façon dont va le monde ; une des 2 seules œuvres du peintre que l'on peut découvrir en France. Du côté des *salles impressionnistes,* le musée abrite une des plus importantes collections de France en la matière. On peut y admirer des œuvres parfois majeures de Monet *(Portail de la cathédrale de Rouen par temps gris)*, Sisley *(Inondation à Port-Marly, La Seine à La Bouille)*, Degas, Renoir, Pissarro, Caillebotte... À propos de Monet, il souhaitait vendre la série des 28 cathédrales dans son intégralité. Il la proposa à Félix Faure, alors président de la République, mais ce dernier préféra acheter la table de nuit de Napoléon !

Toutes les écoles du XIXᵉ s sont également superbement représentées : le romantisme avec Géricault et Delacroix, l'école de la nature avec Corot et Huet, les préimpressionnistes avec Jongkind, Boudin et Lépine, l'école de Rouen avec Lebourg, Delattre, Angrand. Le traitement des couleurs dans les œuvres de Guillaumin, Pinchon ou Fréchon, les rapproche des fauves.

Une partie du rez-de-chaussée est consacrée aux œuvres contemporaines, avec notamment un petit espace dédié aux *Duchamp* (originaires des environs de Rouen). Le musée possède en effet un fonds particulièrement riche consacré à cette famille qui, sur une fratrie de 6 enfants, ne comptait pas moins de 4 artistes : Jacques Villon, Raymond Duchamp-Villon, Suzanne Duchamp et Marcel Duchamp.

🏹🏹 *Le musée de la Céramique* (plan B1) : dans l'hôtel d'Hocqueville, 1, rue Faucon ou 94, rue Jeanne-d'Arc. ☎ 02-35-07-31-74. ● museedelaceramique. fr ● Tlj sauf mar et j. fériés 14h-18h. GRATUIT (sauf expos temporaires). Attention, certaines salles sont momentanément fermées en raison de travaux. Mis en scène dans un bel hôtel particulier donnant sur un jardin ornemental réaménagé sur le modèle de ceux du XVIIᵉ s, ce musée devrait intéresser autant les passionnés que les néophytes. Toute la céramique racontée à travers 900 objets divers et éléments de vaisselle, depuis les fragments archéologiques à l'aide desquels

118 | LA SEINE-MARITIME

sont expliquées les étapes de fabrication, jusqu'aux plus belles réalisations de la faïence de Rouen, évidemment à l'honneur. Dès le milieu du XVIe s, on trouvait à Rouen un « émailleur en terre », précurseur de la faïence française, Masséot Abaquesne. Louis XIV et Colbert favorisèrent le développement de cet artisanat. À Rouen, les fabriques se multiplièrent à la fin du XVIIIe s, mais la concurrence de la faïence britannique puis celle de la porcelaine finirent par détrôner la ville française. La couleur qui domine est le bleu, privilégié car l'oxyde de cobalt utilisé est ce qui résiste le mieux à la cuisson. Les vitrines présentent des pièces rares, superbes par leur finesse, leur souci du détail, leur finition... Et si la collection concerne surtout Rouen (avec notamment une table superbement dressée), on découvre dans les vitrines des faïences de Delft, de Nevers, de Lille et de Moustiers, avec quelques pièces assez extraordinaires comme ce violon.

🛶🛶🛶 *Le palais de justice – Parlement de Normandie* (plan B2) : *pl. Foch.* Du début du XVIe s (mais presque entièrement reconstruit après la Seconde Guerre mondiale), c'est un véritable chef-d'œuvre de l'architecture gothique civile. La façade de la cour d'honneur avec sa tourelle centrale à pans découpés est d'une grande richesse décorative. En bas, fenêtres sobres en anse de panier. À l'étage, c'est déjà plus travaillé et, au niveau supérieur, on finit par une superbe orgie de tourelles, de pinacles, d'arcs-boutants.

🛶🛶 *La place du Vieux-Marché* (plan A-B2) : la place où tous les condamnés étaient exécutés au Moyen Âge et où Jeanne d'Arc fut brûlée vive en 1431 (une grande croix symbolise l'endroit). Revêtue de pavés, elle garde un certain caractère avec ses massifs arborés qui jouxtent l'église Sainte-Jeanne-d'Arc. Sur la place proprement dite, cet important bâtiment moderne intègre sous le même toit église et marché couvert ; un des endroits les plus vivants de la ville. Juste à côté de la place, au 4, rue de la Pie, la *maison natale de Pierre Corneille*

LE TOUR DE COCHON DE L'ÉVÊQUE CAUCHON

Difficile pour un évêque de condamner Jeanne d'Arc, cette femme si croyante. On la fit jurer de ne plus porter le pantalon. Puis, en prison, on la dénuda de force en ne laissant à sa disposition que des habits masculins. Les ayant repris (évidemment), elle fut accusée de parjure et condamnée au bûcher. Sachez, mesdames, que la loi française interdisant le port du pantalon ne fut abrogée qu'en janvier... 2013 ! Vous avez échappé au bûcher.

(mar-ven 13h30-17h30, sam 9h-12h, 13h30-17h30, dim 14h-18h ; GRATUIT) ne s'adresse qu'aux vrais fans de l'écrivain.

– *L'église Sainte-Jeanne-d'Arc* : *tlj sauf mat des ven et dim 10h-12h, 14h-18h.* Elle a recueilli les beaux vitraux Renaissance d'une église rasée en 1944. Si son architecture extérieure trouve nombre de détracteurs, l'intérieur est fort réussi, avec une organisation originale de l'espace et une belle charpente de bois en forme de coque de bateau ; avec les ardoises du toit en écailles de poisson, c'est la mer et la symbolique chrétienne du poisson qui sont évoquées. La forme du toit figure quant à elle les flammes du bûcher.

🛶 *L'hôtel de Bourgtheroulde* (plan A-B2) : *sur la pl. de la Pucelle.* Un petit bijou de la Renaissance construit au XVIe s par Guillaume II le Roux, conseiller au Parlement. C'est aujourd'hui un hôtel plutôt chic aménagé de façon très contemporaine à l'intérieur. Dans la cour, de très beaux bas-reliefs sculptés relatent une célèbre rencontre de 3 semaines entre les rois de France et d'Angleterre en 1520, près de Calais. La rencontre, dite « entrevue du Drap d'or » – du faste de la tente tendue de drap d'or de François Ier –, avait pour but de convaincre le souverain anglais (Henri VIII) de s'allier à lui contre Charles Quint ; l'entrevue fut un échec pour François Ier.

ROUEN / À VOIR | **119**

🏃 *Le musée Flaubert et de l'Histoire de la médecine* (plan A1) : 51, rue de Lecat. ☎ 02-35-15-59-95. Dans l'enceinte de l'ancien hôtel-Dieu (la préfecture aujourd'hui). Mar 10h-12h30, 14h-17h30, mer-sam 14h-17h30. Fermé j. fériés. Entrée : 4 € ; réduc. Audioguide : 2 €. Petit musée établi dans la maison natale de l'écrivain, dont le père était chirurgien à l'hôtel-Dieu. Souvenirs personnels ainsi qu'une joyeuse palette d'instruments chirurgicaux et d'anciens pots de pharmacie en faïence de Rouen. Pièces de collection étonnantes, comme ce lit d'hôpital à 6 places ou le mannequin d'accouchement de Mme Du Coudray, qui servit, au XVIIIᵉ s, à former 5 000 sages-femmes à travers la France. Jardin de plantes médicinales.

🏃🏃 🏃 *Panorama XXL* (hors plan par A2) : quai de Boisguilbert. ☎ 02-35-52-95-29. ● panoramaxxl.com ● TEOR nᵒˢ 1, 2 ou 3, arrêt Pasteur-Panorama. Tlj sauf lun 10h-18h (19h mai-août). Fermé 1ᵉʳ janv, 1ᵉʳ mai et 25 déc. Entrée : 9,50 € ; réduc ; tarif « tribu » 26 € ; billet couplé avec l'Historial Jeanne-d'Arc 15 €. Les panoramas étaient autrefois une grande distraction populaire qui fut supplantée par l'arrivée du cinéma. Le bâtiment, créé en collaboration avec l'artiste et architecte allemand Yadegar Asisi, peut sembler un brin démesuré au 1ᵉʳ abord, mais le résultat n'en est pas moins impressionnant. Dans cette immense rotonde de 35 m de haut et 34 m de diamètre, depuis plusieurs plateformes (dont la plus haute perchée à 15 m de haut), vous contemplez les plus grands panoramas du monde. À l'aide de photos, d'infographie et de scénettes reconstituées, Asisi, qui travaille avec un vrai souci de réalisme et de rigueur historique, vous plonge dans un autre monde, une autre époque. Surtout, prenez le temps d'observer, et ce depuis les différentes plateformes : avec les changements de perspectives et de lumières, l'image fixe prend étrangement vie et le regard découvre sans arrêt de nouvelles scènes ou détails. Après le saisissant Rouen 1431 célébrant la Normandie médiévale, et Rome 312, on peut voir depuis juin « Titanic », qui nous plonger à 3 000 m de profondeur, à la découverte de l'épave de ce paquebot mythique jusqu'en mai 2020.

🏃 *Les quais :* ils sont désormais voués à la promenade, au farniente, voire au shopping sur le quai rive droite, où les anciens entrepôts sont peu à peu réinvestis par des cafés, des restos, des boutiques avec, tout au bout, le grand *centre commercial Dock 76.* Pour le farniente pur et dur et la contemplation, il faut traverser la Seine et rejoindre le *quai Saint-Sever* et la *prairie Saint-Sever,* entre les ponts Boieldieu et Corneille, d'où vous aurez vue sur le centre-ville et la cathédrale depuis les beaux espaces verts aménagés au bord de l'eau. Cette rive a aussi le mérite d'être plus calme car coupée de la route.

🏃 *Le Musée maritime, fluvial et portuaire* (hors plan par A2) : quai Émile-Duchemin, hangar portuaire nᵒ 13. ☎ 02-32-10-15-51. ● info@musee-maritime-rouen.asso.fr ● musee-maritime-rouen.asso.fr ● TEOR nᵒˢ 1, 2 ou 3, arrêt Mont-Riboudet Kindarena. ♿ À env 3 km en direction du Havre par la nationale (av. du Mont-Riboudet), puis fléché. Mar-dim 14h-17h. Fermé lun et certains j. fériés. Entrée : 5 € ; réduc ; gratuit moins de 6 ans. Situé en bord de Seine, ce musée retrace *l'histoire du port de Rouen et celle de la Seine.* Grâce aux riches collections du musée, différents thèmes sont abordés : l'activité portuaire, la construction navale, la navigation fluviale... Nombreuses maquettes de bateaux. Dans le *Pompon rouge,* une ancienne péniche restaurée, expo consacrée à la batellerie sur la Seine.

🏃 *Le Hangar 107* (hors plan par A3) : 107, allée François-Mitterrand. 🖥 06-17-76-85-43. ● hangar107.fr ● ♿ Ⓜ Joffre-Mutualité ; bus nᵒ 34 arrêt Hangars. Ouv mer, jeu et ven 14h-18h, w-e 11h-19h. GRATUIT. Ce nouveau centre d'art contemporain, financé par des mécènes privés, a pris ses quartiers au bord des quais de Seine récemment réaménagés. À l'affiche, des expos en lien avec l'univers du graffiti, de l'art urbain.

🏃🏃 🏃 *Le Jardin des plantes* (hors plan par B3) : 114 ter, av. des Martyrs-de-la-Résistance. Bus F1, arrêt Jardin-des-Plantes. ♿ Tlj 8h30-19h45 (17h15 en hiver). GRATUIT. Créé en 1691, ce jardin à l'histoire tumultueuse est passé entre les mains

LA SEINE-MARITIME

120 | **LA SEINE-MARITIME**

de riches propriétaires qui y organisaient de somptueuses fêtes agrémentées de feux d'artifice et d'envols de montgolfières. Renommé « jardin du Trianon » puis racheté par Napoléon Ier en 1811, il sert alors à la culture et à la préservation d'espèces végétales issues des 5 continents. Jardin à la fois à l'anglaise et à la française, il recèle, sur plus de 8 ha, 5 600 espèces de végétaux et diverses curiosités architecturales et décoratives. Outre les serres construites en 1839 pour accueillir **des plantes d'orangeries et des espèces exotiques,** une grange à pressoir du XVIIIe s à colombages, ainsi qu'un kiosque à musique où orphéons et harmonies viennent jouer aux beaux jours. On s'y promène le long des volières qui hébergent perruches, perroquets et faisans dorés, ou autour du plan d'eau avec des poissons, à la recherche d'une énigmatique pierre runique offerte par le Danemark.

🥾 *Le parcours de la Forêt monumentale (hors plan par C1) : au nord du centre-ville, chemin de la Bretèque (ou D3), commune de Bois-Guillaume.* ● laforetmonumentale.fr ● *Accès : 10 mn de bus (ligne 11 direction Petit-Pont-Isneauville), puis 10 petites mn de marche.* Promenades guidées régulièrement proposées. Praticable pour poussettes et vélos. Récemment aménagé par la Métropole de Rouen en collaboration avec l'ONF, le parcours, en forêt, s'étend sur 4,7 km jalonnés de 13 œuvres d'art... monumentales, donc. Chouette initiative !

Fêtes et manifestations

– **Les 24 Heures motonautiques de Rouen :** *2 j. début mai.* Impressionnant ballet de formule 1 d'eau douce sous les ponts de la Seine.
– **Fêtes Jeanne d'Arc :** *dernier w-e de mai.*
– **Armada de la liberté :** *en juin.* Magnifique rassemblement de voiliers.
– **Rouen sur mer :** *juil.* Concerts, spectacles, cinéma en plein air... et plage installée sur les quais bas rive gauche.
– **Fête du Ventre et de la Gastronomie normande :** *1 w-e mi-oct.* Cet événement phare de la cité rouennaise a remis au goût du jour une fête qui existait déjà dans les années 1930. Pendant tout un week-end, le quartier de la place du Vieux-Marché grouille de monde et d'animations en lien avec la bonne chère.

DANS LES ENVIRONS DE ROUEN

🥾 **Le pavillon Flaubert :** *18, quai Gustave-Flaubert, Dieppedalle-Croisset, 76380* **Canteleu.** ☎ 02-76-08-80-88. ● rnbi.rouen.fr ● *À env 6 km à l'ouest du centre de Rouen. Mai-juin et sept, w-e 14h-18h ; juil-août, mer-dim 14h-18h ; oct-avr, sur résa seulement 14h-18h. Fermé déc-janv.* GRATUIT. De la belle propriété de famille, rasée par un promoteur après la mort de l'écrivain, il ne

> ### MEETIC
>
> À Belbeuf, au sud de Rouen, la chapelle Saint-Adrien est accolée à la falaise. Les jeunes filles viennent prier saint Bonaventure pour trouver l'âme sœur. Il suffit d'accrocher sa demande sur le coussin près de la statue. On vient aussi implorer saint Bonaventure pour récupérer le (la) conjoint(e) parti(e) à l'aventure.

reste que ce minuscule pavillon classé Monument historique. Ruinés, les héritiers de Flaubert eurent la malencontreuse idée de revendre le terrain à un homme d'affaires qui y fit construire... une distillerie ! Les admirateurs de l'écrivain trouveront quelques reliques réunies dans ce petit musée (copies de manuscrits, meubles d'origine, photos, objets et souvenirs relatifs à la Tunisie qui l'inspirèrent pour *Salammbô*, etc.).

🥾🥾 **Le musée industriel de la Corderie Vallois :** *185, route de Dieppe, 76960* **Notre-Dame-de-Bondeville.** ☎ 02-35-74-35-35. ● corderievallois.fr ● *À 6 km au nord de Rouen. TEOR no 2 (Théâtre-des-Arts), arrêt Mairie-Victor-Schœlcher, puis*

800 m à pied ; ou bus F4, arrêt Musée-de-la-Corderie-Vallois ou n° 16, arrêt Musée-de-la-Corderie.   *Tlj 13h30-18h. Fermé 1er janv, 1er mai, 1er et 11 nov, et 25 déc. Visite guidée 1h. Mise en marche des machines à 14h, 15h, 16h et 17h. GRATUIT (sauf expos temporaires).* Construite en 1820 en pans de bois, l'usine fut d'abord une filature, puis, de 1881 à 1978, une corderie industrielle. L'ensemble des machines (datant pour la plupart de 1880) a été conservé et fonctionne grâce à la roue à aubes actionnée par l'eau du Cailly. On est littéralement plongé dans l'ambiance de travail du XIXe s.

🏃 *La Maison des Champs – Musée Pierre-Corneille : 502, rue Pierre-Corneille, 76650 **Petit-Couronne.** ☎ 02-35-68-13-89.* ● *museepierrecorneille.fr* ● *À env 8 km au sud de Rouen. Bus n°s 6, 27 ou 31, arrêt Porte-des-Tourelles. Tlj sauf dim mat et lun-mar, 10h-12h30, 14h-18h (17h30 oct-mars). GRATUIT (sauf expos temporaires).* Cette adorable demeure à colombages du XVIIe s

UNE FAMILLE AU CARACTÈRE BIEN TREMPÉ

Sur les 6 enfants qu'eut Corneille, seule sa fille Marie lui donna 2 petits-enfants. Et dans cette descendance, qui retrouve-t-on quelques générations plus tard ? Charlotte Corday, celle qui assassina Marat dans sa baignoire.

était la maison de campagne de la famille Corneille. Remeublée avec du mobilier normand de l'époque, elle évoque la vie quotidienne et l'œuvre de Pierre Corneille à travers des gravures, des portraits, des sculptures et des éditions originales. Pour compléter la visite, agréable verger, jardin fleuri et potager reconstitué dans l'esprit du XVIIe s, ainsi qu'un puits et un four à pain au toit de chaume.

🏃🏃🏃 🏃 *La Fabrique des savoirs : 7, cours Gambetta, 76500 **Elbeuf.** ☎ 02-32-96-30-40.* ● *lafabriquedessavoirs.fr* ● *Mar-dim 14h-18h. GRATUIT (sauf expos temporaires). Visites guidées et ateliers pédagogiques payants. Pour les visites découverte, résa conseillée.* Elbeuf fut une grande cité drapière. L'industrie textile y joua un rôle clé jusque dans les années 1960, où elle commença à péricliter. Cet étonnant musée, très bien conçu, est installé dans les anciens ateliers de l'usine textile Blin. Fondée en 1875, celle-ci devint peu à peu une véritable usine-quartier qui employa jusqu'à 2 000 personnes. Peu après sa fermeture, en 1975, la municipalité, consciente de la valeur de ce patrimoine, racheta les locaux et les terres avant d'en reconvertir progressivement une partie en logements sociaux, puis une autre en médiathèque, d'y installer également un IUT dans les années 2000 et, enfin, ce passionnant musée. Celui-ci consacre évidemment une grande partie de son espace d'exposition au drap d'Elbeuf et à l'industrie textile. Mais il traite aussi de la connaissance en général, que ce soit sur la Seine à ses origines et les transformations de son environnement, ou encore sur l'évolution du patrimoine architectural et des matériaux.

LA VALLÉE DE LA SEINE ET LE PAYS DE CAUX INTÉRIEUR

De son entrée dans la région normande (à Vernon) jusqu'à son embouchure (au Havre), la Seine décrit 10 grands méandres paresseux, se frayant ainsi un chemin dans une vallée pourtant large (environ 12 km), devenue parc naturel régional. Elle déroule son long et lent ruban gris, bronze, argent ou bleu selon les endroits, à toute petite vitesse puisque, à Vernon, il ne lui reste que 16 m de dénivelée pour charrier ses masses d'eau à bon port. Rongeant la falaise crayeuse blanchâtre à la base ou inondant des terrasses planes comme le Marais-Vernier, le fleuve continue à jouer avec ses contours.

Passe ton bac !

On ne peut rêver plus pittoresque pour traverser la Seine que ces bacs. En prime, ils sont gratuits ! Il existe 8 points de franchissement, largement utilisés par les locaux. Sur l'itinéraire qu'on vous propose, vous rencontrerez les liaisons La Bouille/Sahurs, Duclair/Berville et Jumièges/Heurteauville. Ils fonctionnent toute l'année (sauf le 1er mai), avec une fréquence allant de 10 mn à 1h, selon la saison et le lieu de passage. Celui reliant La Bouille à Sahurs fonctionne de 6h30 (7h le week-end) à 22h.

– *Pour plus d'infos sur le trafic :* ☎ *0800-876-876 (service et appel gratuits).* ● *inforoute76.fr* ●

LA BOUILLE   (76530)   770 hab.   *Carte Seine-Maritime, B3*

Ancien port de mer situé à une quinzaine de kilomètres en aval de Rouen, sur la rive gauche de la Seine, et sommeillant au pied des falaises qui bordent le plateau du Roumois. Son essor date du XVe s. Trait d'union entre Rouen et la basse Seine, La Bouille est alors un carrefour très animé. Avec les 1ers bateaux à vapeur débarquent les peintres et les promeneurs du dimanche. Hector Malot (l'auteur de *Sans famille*) est né ici et décrit dans son œuvre les foules pittoresques qui se pressent alors aux terrasses des auberges.

De nos jours, le site (tout petit) reste plutôt touristique, et on le comprend : le village offre une plongée directe dans l'époque médiévale : allez à la recherche de la plus belle maison à colombages, de l'encorbellement le plus majestueux, du pignon le plus pittoresque...

Où dormir ? Où manger ?

🏠 ●|● ⊤ *Hôtel Le Bellevue : 13, quai Hector-Malot.* ☎ *02-35-18-05-05.* ● *reservation@hotel-le-bellevue.com* ● *hotel-le-bellevue.com* ● *En bord de Seine. Tlj sauf le midi ven-sam et dim soir, plus le soir ven-sam hors saison. Congés : 21 déc-7 janv, plus 2 sem en août-sept pour le resto. Doubles 70-82 €. Formule déj en sem 21 € ; menus 29-33 €.* Grande maison blanche à fière allure, proposant des chambres pas toujours bien grandes mais jolies et bien tenues, avec vue sur la Seine ou le village. Cuisine dans la tradition (mais avec quelques idées d'aujourd'hui) au resto.

●|● ⊤ *La Maison Blanche : 1, quai Hector-Malot.* ☎ *02-35-18-01-90.* ● *la_maisonblanche@yahoo.fr* ● *Fermé dim soir-mar. Formules sauf dim et j. fériés 18,50 € le midi et 24,50 € ; menus 31-44 €.* En bord de Seine, une jolie petite salle fraîche à l'étage, pour admirer les bateaux qui passent. Les meilleures tables sont donc près de la fenêtre ! Le chef à la barre ne travaille que des produits frais de producteurs locaux et maîtrise l'utilisation des épices. Il mêle avec subtilité cuisine gastronomique française et influences d'Afrique du Nord. Service impeccable.

●|● *Les Gastronomes : 1, pl. du Bateau.* ☎ *02-35-18-02-07. Juste à droite de l'église. Fermé mer-jeu. Menus 23 € (sauf w-e et j. fériés)-35 €.* Petit bistrot chic proposant une savoureuse cuisine de saison. On sent une réelle volonté de bien faire et de proposer les meilleurs produits.

À voir

🏃🏃 Flânez dans les ruelles pour découvrir les mille détails et raffinements de l'*architecture médiévale.* Trouvez, *place Saint-Michel,* cette belle maison à l'angle orné d'un archange sculpté dans la masse. Admirez l'**ancienne mairie,** rue du Grenier-à-Sel, avec son toit à clochetons. Toutes les vieilles demeures sont abondamment fleuries, et beaucoup possèdent encore une poulie servant à monter le grain ainsi que de pittoresques toits à lucarnes. Dans l'**église,** de beaux vitraux et 2 ex-voto représentant des bateaux en pleine tempête.

🏃 Sur le quai et dans les ruelles du bourg, de nombreux peintres exposent dans leurs **galeries** *(ouv généralement l'ap-m le w-e).* Sans oublier le **Grenier-à-Sel** *(1, rue du Colonel Périn)* et ses expos temporaires d'art contemporain.

SAINT-MARTIN-DE-BOSCHERVILLE

(76840)	1 440 hab.	*Carte Seine-Maritime, B3*

Ce charmant village abrite une belle abbaye bénédictine bâtie au XIIᵉ s par Guillaume de Tancarville, grand chambellan du duc de Normandie, sur une ancienne collégiale pour accueillir une trentaine de moines bénédictins. Le bâtiment conventuel a été reconstruit au XVIIIᵉ s par les moines (mauristes, cette fois !). Et l'église abbatiale a dû sa survie au mauvais état de celle du village : les habitants célébraient la messe ici, au couvent.

Où dormir ? Où manger dans le coin ?

De bon marché à prix moyens

🏠 **Chambre d'hôtes Le Jardin Brodé :** *29, route du Brécy, à Saint-Martin.* ☎ 02-35-34-51-79. 📱 06-23-11-67-44. ● *jacqueline.pelvillain@orange.fr* ● *lejardinbrode.fr.cx* ● *Double 70 €.* Ce jardin brodé d'innombrables fleurs, à découvrir en toute saison, est un véritable havre de paix ! Belle chambre d'hôtes avec accès indépendant dans une demeure du XVIIIᵉ s. Lumineuse, agréablement meublée, elle possède un petit coin de jardin privatif pour prendre son petit déjeuner avec les nombreux oiseaux ravis de trouver une mangeoire bien pleine chaque matin.

🏠 🍴 **Chambres d'hôtes Les Hostises de Boscherville :** *1, route de Quevillon, à Saint-Martin.* ☎ 02-35-34-19-81. 📱 06-66-82-25-31. ● *hostises. boscherville@gmail.com* ● *chambre hotenormandie.com* ● ♿ *Congés : fêtes de fin d'année. Tilh 71-85 €. Repas 12-30 €.* Au cœur du village, les chambres ont vue sur leur voisine directe : l'abbaye (et ses jardins). Tommettes rouges pour la chambre du rez-de-chaussée, parquet pour les 3 autres à l'étage, mais partout les quelques meubles anciens se fondent dans la déco bien d'aujourd'hui, sobre et pleine de fraîcheur. Et pour l'accueil, c'est avec beaucoup de gentillesse et un grand sourire.

🍴 🏃 **La Belle de Mai :** *2, pl. de l'Abbaye, à Saint-Martin.* ☎ 02-32-80-18-38. ● *labelledemai76@orange. fr* ● *Tlj sauf mer 8h-19h. Formule déj 13,50 € sauf dim et j. fériés ; carte 18 €.* Le petit bar-tabac de village qui fait aussi resto (avec plat du jour le midi) et crêperie. Les salles sont sympa et, aux beaux jours, la terrasse est presque au pied de l'église.

De chic à plus chic

🏠 **Chambres d'hôtes Les Buis de Boscherville :** *1169, route de Duclair, 76840* **Hénouville.** ☎ 02-35-12-06-43 ● *contact@lesbuis76.fr* ● *lesbuisdebo scherville.fr* ● *À 2 km au nord de Saint-Martin-de-Boscherville. Doubles 130-160 €.* D'abord, le parc aux grandes pelouses plantées d'arbres majestueux qui protègent la maison de la départementale. L'intérieur se révèle aussi

124 | LA SEINE-MARITIME / LA VALLÉE DE LA SEINE...

soigné que l'extérieur, avec 5 chambres baignant toutes dans une ambiance différente. Des plus classiques (façon de dire) à celles d'inspiration orientale, elles ont cependant en commun un véritable confort, la qualité des matériaux et du mobilier soigneusement choisi.

À voir

🕴🏃 *L'abbaye Saint-Georges de Boscherville :* route de l'Abbaye. ☎ 02-35-32-10-82. ● abbayesaintgeorges.fr ● Avr-oct, tlj 9h-18h30 ; nov-mars, tlj 14h-17h. Fermé 1er janv, 1er mai, 1er nov et 25 déc. Visite de l'abbatiale : GRATUIT. Bâtiments monastiques et jardins : 6,50 € avr-oct, 5,50 € le reste de l'année ; 4,50 € sur présentation du guide de l'année ; gratuit moins de 3 ans. Avr-oct, visite guidée w-e à 16h ; nov-mars, visite guidée dim à 15h. Audioguide compris dans le prix d'entrée.

On visite d'abord la belle *abbatiale* à l'architecture et aux proportions particulièrement harmonieuses. Façade équilibrée, sobre, remarquable pour son portail roman. À l'intérieur, nef d'une grande harmonie, dont les beaux piliers dépouillés et élégants sont reliés par des arcades romanes. Chaque bras de transept est soutenu par un pilier massif dont le chapiteau présente des motifs végétaux, animaliers ou humains : un évêque donnant la bénédiction, un combat de chevaliers, un Christ Roi ou un... âne tentant de s'échapper de l'église !

À gauche de l'abbatiale, un chemin mène au bâtiment conventuel des bénédictins, aujourd'hui transformé en accueil et boutique. Ensuite, on visite, entre autres, la salle capitulaire du XIIe s aux chapiteaux raffinés et la chapelle des chambellans qui contient une maquette de l'abbaye au XVIIe s. Très agréable balade enfin dans le jardin monastique, reconstitué d'après les plans du XVIIe s (potager, plantes médicinales et aromatiques, vergers, jardin des senteurs...). Du haut du coteau, devant le Pavillon des Vents, promontoire offrant une vue dégagée sur l'abbaye et son environnement.

DANS LES ENVIRONS DE SAINT-MARTIN-DE-BOSCHERVILLE

🕴🏃 *Le manoir de Villers :* 30, route de Sahurs, 76113 **Saint-Pierre-de-Manneville.** ☎ 02-35-32-07-02. ♿ (sauf 1er étage). À 7 km au sud de Saint-Martin-de-Boscherville. Manoir ouv avr-oct, sam 14h30-17h30, dim et j. fériés 15h-18h30 ; entrée (manoir et parc) : 7 €, réduc. Visite du parc mai-sept, tlj sauf jeu-ven 14h30-17h30 ; entrée : 5 €. Typique manoir normand du XVIe s, avec des parties néo-normandes construites au XIXe s et inscrites au titre des Monuments historiques. Visite guidée très intéressante et pleine de courtoisie qui s'appuie sur le patrimoine familial pour passer en revue l'évolution des arts décoratifs du XVIe au XIXe s, mais toujours en lien avec l'histoire. Dans le parc, jardins de roses et de plantes vivaces, pièce d'eau romantique, enclos de camélias, jardin secret, théâtre de verdure avec une glacière et un ravissant « chalet » du XIXe s accueillant de temps en temps des expos temporaires.

🏃 *Le Centre d'art contemporain de la Matmut :* 425, rue du Château, 76480 **Saint-Pierre-de-Varengeville.** ☎ 02-35-05-61-73. À 11 km au nord de Saint-Martin-de-Boscherville. Tte l'année, mer-dim sauf j. fériés 13h-19h. GRATUIT. La Matmut, propriétaire de ce château du XIXe s, y a ouvert en 2011 un centre d'art contemporain, en rénovant 2 salles du rez-de-chaussée ainsi que celles, voûtées et en brique, en rez-de-jardin. Pour l'occasion, celles-ci ont troqué leur déco châtelaine pour des apparats beaucoup plus contemporains, bien plus en phase et adaptés aux 4 expos temporaires qu'elles accueillent dans l'année.

JUMIÈGES | 125

JUMIÈGES   (76480)   1 750 hab.   *Carte Seine-Maritime, B3*

Un site hautement touristique, et à juste titre, car il abrite sans conteste l'une des plus admirables abbayes de France. Bien que largement ruinée, elle n'en conserve pas moins une majestueuse prestance dans un superbe environnement.

IL ÉTAIT UNE FOIS...

Fondée au VIIe s par saint Philibert sur l'ordre du roi Dagobert, l'abbaye bénédictine de Jumièges accueille d'emblée une centaine de moines chargés d'évangéliser la population. Très vite, on en compte 800. En 841, l'abbaye de Jumièges est incendiée par les Vikings puis reconstruite plus tard sous l'influence du moine lombard

> **L'ABBÉ ÉTAIT ASTRONOME**
>
> *Sachez que la position de 7 abbayes de l'Eure et de la Seine-Maritime formerait la constellation de la Grande Ourse. Maurice Leblanc en parle dans son aventure d'Arsène Lupin* La Comtesse de Cagliostro.

Volpiano (fondateur de l'abbaye de Fécamp) et consacrée en 1067 en présence de Guillaume le Conquérant. L'abbaye ne cesse ensuite de prospérer et de s'agrandir jusqu'à la Révolution, époque à laquelle la communauté monastique se disperse. Elle est ensuite utilisée comme carrière de 1802 à 1824. Un nouveau propriétaire, touché par l'état de grâce, cesse les destructions en 1852 et commence à entreprendre des travaux de consolidation des ruines (qui durent toujours).

LA SEINE-MARITIME

Où dormir ?

Campings

⊠ *Camping du Lac :* *4, route du Manoir, 76490 Mesnil-sous-Jumièges.* ☎ 02-32-13-30-00. ● *contact@campinglacjumieges.fr* ● *campinglacjumieges.fr* ● ♿ *À env 4 km au sud-est de Jumièges. Ouv de mi-mars à mi-nov (mi-avr à mi-oct pour tentes). Compter 12,50-14,30 € pour 2 avec tente et voiture ; mobile homes 298,80-628,50 €/sem. 115 empl.* Légèrement à l'écart de la base de loisirs, qui offre 90 ha de plan d'eau pour la baignade et 30 ha aménagés en espaces sportifs, de détente et de loisirs. Simple, en partie ombragé, ce

camping n'est pas désagréable, mais, aux beaux jours, la base et le parc aventure (payant) drainent les foules, ce qui ne favorise pas franchement le calme...

⊠ *Camping de la Forêt :* *rue Mainberte.* ☎ 02-35-37-93-43. ● *info@campinglaforet.com* ● *campinglaforet.com* ● ♿ *À 300 m du centre du village (fléché). Ouv avr-fin oct. Compter 20-23 € pour 2 avec tente et voiture ; loc de tentes, chalets et mobile homes 372-644 €/sem. 111 empl.* Sur les hauteurs de Jumièges, en lisière de forêt, un camping très bien équipé et entretenu, avec piscine et pataugeoire chauffées (couverte ou découverte, au choix !).

Où manger ?

|●| ↑ *Auberge des Ruines :* *17, pl. de la Mairie.* ☎ 02-35-37-24-05. ● *christophe_mauduit@yahoo.fr* ● *Fermé mer-jeu et dim soir. Congés : nov-avr. Menus 33-55 €.* L'adresse gastronomique de Jumièges, où le chef Christophe Mauduit se plaît à

travailler les meilleurs produits locaux et les plantes du terroir de façon peu traditionnelle. Que ce soit dans les salles claires ornées de peintures contemporaines ou sur la petite terrasse aux beaux jours, ambiance chic et soignée.

À voir

🏛️🏛️🏛️ **L'abbaye :** ☎ 02-35-37-24-02. ● abbayedejumiege.fr ● ♿ De mi-avr à mi-sept, tlj 9h30-18h30 ; le reste de l'année, tlj 9h30-13h, 14h30-17h30. Fermé certains j. fériés. Fermeture de la billetterie 30 mn avt. Entrée : 7,50 € ; réduc ; gratuit moins de 18 ans, pers handicapées, demandeurs d'emploi et pour ts le 1er dim du mois nov-mars. Visites guidées comprises dans le prix. Loc de tablettes numériques (5 €). Loc de vélos à l'office de tourisme de Jumièges (☎ 02-35-37-28-97, tarif 9,50-11,50 €).

> ### LA MORT ÉTONNANTE D'AGNÈS SOREL
>
> *La favorite de Charles VII est morte en couches, à Jumièges, à 28 ans. En 2005, une autopsie révéla qu'elle était décédée à la suite d'une absorption massive de mercure. Ce métal liquide était à la fois un poison et un médicament administré lors des accouchements difficiles et contre les maux de ventre. Le doute demeure...*

L'imposante *église Notre-Dame* garde entière sa façade flanquée de 2 tours (hautes de 46 m) et la majeure partie de la nef. **L'impression est grandiose** dans cette église à ciel ouvert. De la tour centrale, il ne subsiste qu'un pan de mur et surtout un arc d'entrée. Lorsqu'on élève le regard, la perspective est saisissante. Le style roman de l'ensemble est très dépouillé. La nef s'élevait à 25 m, ce qui est comparable en proportions à la cathédrale de Rouen. De-ci, de-là, on devine quelques voûtes et chapelles gothiques qui furent ajoutées au XIVe s.

Du chœur, il ne reste presque plus rien, hormis des vestiges du déambulatoire et de 2 chapelles. Sur le côté droit du chœur, on trouve le passage de Charles VII, menant aux ruines de l'*église Saint-Pierre,* dont un mur date de l'époque carolingienne (soit du début du VIIIe s). Le porche d'entrée est encadré de 2 portes permettant l'accès aux tours et galeries par de petits escaliers. Une galerie s'ouvrait sur la nef par des baies jumelées en plein cintre. Retour devant la façade de l'abbatiale : sur le côté droit des tours, quelques visages sculptés au XIIe s. La végétation s'est évidemment emparée de l'ensemble. Arbres, taillis et pelouse fusionnent avec la pierre.

Si vous souhaitez avoir une idée de ce à quoi ressemblait l'abbaye autrefois, les supports numériques s'avèrent de bonnes aides à la reconstitution. En saison, surtout, ne négligez pas les belles expos photos dans le logis abbatial, présentées parmi quelques-unes des sculptures qu'abritait l'ancien musée lapidaire autrefois hébergé entre ces murs.

Belles promenades également à faire dans le parc paysager à l'anglaise, sur 15 ha bordés de 2,5 km de clôture (les pique-niques sont autorisés, mais à l'écart des ruines).

DANS LES ENVIRONS DE JUMIÈGES

🏛️ **Le musée Août 44 :** *château du Taillis, hameau de Saint-Paul, 76480 Duclair.* ☎ 02-35-37-95-46. ● chateaudutaillis.com ● À env 2 km de Duclair, en direction du Trait. 15 juin-15 sept, mer-dim 14h-17h. Entrée : 5 € ; réduc. Aménagé dans les anciennes écuries du château, ce musée retrace les événements d'août 1944 en vallée de Seine. Différents dioramas à partir d'objets d'époque retrouvés dans la région et collectés par un passionné qui restitue ses trouvailles dans le contexte local. Le musée n'est pas grand mais bien senti et, au final, vraiment intéressant pour ceux qui désirent en savoir plus sur cette période de l'histoire dans la région. Le parc à l'anglaise du château (5 ha) se visite librement (arbres remarquables, séquoia, tulipier de Virginie, cèdre...).

SAINT-WANDRILLE-RANÇON | 127

SAINT-WANDRILLE-RANÇON

(76490)   1 180 hab.   *Carte Seine-Maritime, B2*

Cet adorable village vous invite à la visite d'une abbaye bien différente de celle de Jumièges, puisqu'elle accueille toujours une trentaine de moines. Une halte à ne pas manquer, tant pour la messe du matin, en chant grégorien, que pour la visite guidée.

Où dormir ? Où manger ?

🛏️ |●| *Chambres d'hôtes Duck House :* *38, rue de Caillouville. ☎ 02-32-70-00-13. 📠 06-12-50-52-39. ● contact@duck-house.fr ● duck-house.fr ● Dans le village, en direction de Betteville, sur la droite, peu après le feu. Double 75 € ; familiale. Réduc de 10 % sur le prix de la chambre pour 3 nuits, ou réduc de 5 % pour 2 nuits plus un verre de cidre/pers offert sur présentation du guide de l'année.* Dans cette maison, les canards (dans toutes les matières) se nichent un peu partout, mais en toute discrétion. Et on les comprend d'avoir élu domicile ici plutôt que dans une mare quelconque : si le rez-de-chaussée, largement occupé par le métier à tisser de madame, est assez sombre, les chambres, elles, jouissent d'une jolie déco lumineuse, où quelques touches de couleur réveillent les teintes naturelles et claires des murs, des sols et du mobilier. 2 peuvent accueillir 3 ou 4 personnes dans des pièces habilement cloisonnées pour préserver une certaine intimité tout en conservant l'impression d'espace.

|●| 🍴 *Ô P'tit Troquet Toqué (chez Sophie) :* *6, rue de l'Oiseau-Bleu. ☎ 02-32-70-94-63. ● sophie76490@ orange.fr ● ♿ Fermé lun soir-mar et mer soir, plus dim soir hors saison. Congés : janv et fin août. Formule et menu déj en sem 10,50-16 € ; carte 15 €. Apéritif maison ou café offert sur présentation du guide de l'année.* Installée dans une partie de la poste du village, la petite adresse de campagne à la fois intemporelle (avec sa poignée de tables nappées de vichy) et bien d'aujourd'hui (avec ses petits plats d'une belle fraîcheur et pleins de bonnes idées). Accueil naturel de la patronne, au four et au service. Terrasse sous barnum au-dessus de la bucolique vallée de la Fontenelle.

À voir

🥾🥾🥾 *L'abbaye :* ☎ *02-35-96-23-11. ● st-wandrille.com ● Ruines de l'ancienne abbatiale et nouvelle église, tlj 5h15-13h, 14h-21h15. Messe avec chants grégoriens tlj à 9h45 (10h dim et j. de fête). GRATUIT (participation demandée pour les groupes). Monastère et cloître, 21 mars-Toussaint : visite guidée tlj à 15h30, plus dim et j. fériés à 11h30 (juil-août, visites à 11h30, 15h et 16h). Entrée : 4 €.*

Tout comme Jumièges, elle est fondée au VIIe s par saint Wandrille (ministre du roi Dagobert) sous le nom d'« abbaye de Fontenelle » – du nom de la charmante petite rivière qui la traverse – et elle connaît les mêmes vicissitudes, notamment la destruction par les Vikings au IXe s. Au XVIe s, l'abbaye périclite douce-

TOUJOURS PRÊT !

En 1954, l'abbaye fit la fortune de louveteaux qui, lors d'un jeu de piste, trouvèrent, en descellant certaines pierres gravées d'un signe, des jarres remplies de louis d'or très rares.

ment et il faut attendre les 2 siècles suivants pour que l'ensemble soit restauré et agrandi. L'église se voit transformée en carrière après la Révolution. Les moines en

128 | LA SEINE-MARITIME / LA VALLÉE DE LA SEINE...

reprennent possession en 1894, mais ne s'y réinstallent définitivement qu'en 1931. Dans l'intervalle, plus précisément dans les années 1910, la comédienne Georgette Leblanc, sœur cadette de Maurice, le père d'Arsène Lupin, loue l'abbaye avec son amant Maurice Maeterlinck. Ils y reçoivent Sarah Bernhardt, Réjane, Lucien Guitry... En 1969, la communauté acquiert une ancienne grange seigneuriale située dans l'Eure. Démontée et remontée pièce par pièce sur le site de l'abbaye, elle devient la nouvelle église, superbe par sa simplicité et ses proportions. Admirez la splendide charpente du XVe s, entièrement montée au moyen de chevilles de bois, sans un clou.

La visite guidée du monastère est très intéressante : on passe en revue les principaux points d'intérêt, dont le cloître, très élégant. Sur 3 côtés, splendide dentelle de pierre mi-gothique, mi-Renaissance, dont les remplages offrent un décor toujours différent. Au fond, admirable statue de Notre-Dame de Fontenelle (XIVe s). À côté, superbe tympan de la même époque.

Les bénédictins de Saint-Wandrille se consacrent aujourd'hui à l'archivage numérique, à la restauration de tableaux, et brassent leur propre bière (disponible à la boutique, en contrebas de l'abbaye) !

YVETOT (76190) 11 730 hab. *Carte Seine-Maritime, B2*

Une « grande petite ville » sans trop de charme, mais que sa situation au cœur du pays de Caux rend incontournable. Fortement endommagé en juin 1940 par les bombes allemandes, il est difficile aujourd'hui de croire que le royaume d'Yvetot eut naguère des privilèges (voir encadré). La ville se

LE ROYAUME D'YVETOT

L'origine de ce royaume est bien floue mais il est cité dès le XIVe s. Il bat monnaie, lève des troupes, rend justice et est exempt d'impôts royaux. Ces privilèges disparurent en 1789, tout comme la famille régnante.

développa au cours des siècles grâce à ses foires auxquelles assistaient tous les villageois de la région, et grâce à ses industries de tissage.

Adresse utile

🛈 *Office de tourisme : 8, pl. du Maréchal-Joffre.* ☎ *02-32-70-99-96.* ● *plateaudecauxmaritime.com* ● *Dans l'ancien tribunal de commerce, au cœur de la ville. Ouv tte l'année* *mar-sam 9h-12h30, 14h-18h.* Abrite également le petit musée municipal des Ivoires (lire la rubrique « À voir ») et des salles d'expositions temporaires.

Où dormir ? Où manger à Yvetot et dans les environs ?

De bon marché à prix moyens

🏕 🏠 *Camping à la ferme et chambres d'hôtes de la rue Verte : 21, rue Verte, 76970 Flamanville.* ☎ *02-35-96-81-27. À 6 km à l'est d'Yvetot. Env 13 € pour 2 avec tente et voiture. Double 65 €.* Tranquille maison du XVIe s, en briquette et pierre, tenue par un gentil couple de retraités. Si la déco de ses chambres sous les combles est un brin désuète, celles-ci n'en restent pas moins agréables, et l'atmosphère est très « comme à la maison ». Sur les 4, une seule a sa salle de bains privée à l'intérieur. Possibilité aussi de planter sa tente sur le tapis de pelouse dans le joli jardin plein de pommiers.

YVETOT | **129**

≜ Chambres d'hôtes Château du Verbosc : *425, chemin du Verbosc, 76190* **Touffreville-la-Corbeline.** ☎ *02-35-95-18-85.* ● *verbosc@neuf.fr* ● *verbosc.atspace.eu* ● *À 5 km d'Yvetot. Doubles 60-70 €.* Au fond d'un beau parc planté de pommiers, un petit château du XVIIe s, de brique et de pierre, dégageant beaucoup de charme, entièrement meublé à l'ancienne, avec des trophées de chasse... Une authentique halte pour jouer au châtelain sans devoir casser sa tirelire pour autant.

Chic

≜ I●I ⊤ Auberge du Val au Cesne : *140, D 5, le Val au Cesne, 76190* **Croix-Mare.** ☎ *02-35-56-63-06.* ● *valaucesne@hotmail.com* ● *valaucesne.fr* ● ♿ *À env 4,5 km au sud-est d'Yvetot. Tlj, tte l'année. Double 90 €. Menu 31 € ; carte env 60 €.* Une adresse pas comme les autres, en bord de route mais paumée dans la campagne, au creux d'un vallon. D'un côté, le resto, où est servie une excellente cuisine régionale. De l'autre, dans une petite maison à colombages, 5 jolies chambres à l'ancienne, confortables et parfaitement tenues. Entre les 2, un ravissant jardin à la végétation généreuse qui vous emporte dans un autre univers. Certes, on entend un peu les voitures, mais cette adresse a vraiment de la personnalité. Atmosphère détendue et petit déj de qualité au son des pépiements d'oiseaux.

À voir

🏃🏃 L'église Saint-Pierre : *tlj sauf dim ap-m 8h30-12h, 14h-18h. Audioguide gratuit disponible à l'office de tourisme.* Moderne prototype architectural symbolique des années 1950, elle se présente comme une vaste arène de béton rose, avec un clocher indépendant. Si l'extérieur ne force pas l'enthousiasme, de l'intérieur se dégage une vraie émotion : plus de 1 000 m² de vitraux signés Max Ingrand, colorés, géométriques et résolument modernes. Toute l'histoire religieuse de la Normandie est évoquée sur cette fantastique toile de verre. L'aspect circulaire de l'ensemble, jusqu'à la forme des bancs, contribue à l'originalité de cette œuvre peu commune.

🏃 Le musée municipal des Ivoires : *8, pl. du Maréchal-Joffre.* ☎ *02-35-95-08-40. Dans les locaux de l'office de tourisme. Mêmes horaires d'ouverture. Entrée : 2,40 € ; réduc ; gratuit moins de 10 ans. Audioguide inclus dans le billet d'entrée.* Dans la 1re des 2 petites salles, un authentique livre (1572) de Martin Du Bellay, le dernier roi d'Yvetot, et plus de 200 pièces en ivoire à l'effigie de grands personnages historiques (Henri II, Marie de Médicis, Napoléon Ier...), des statuettes reliquaires, des objets de la vie quotidienne (bijoux, boîtes et râpes à tabac...) ou encore ces statuettes représentant les Polletais (les anciens pêcheurs de Dieppe). Dans la 2de pièce, terres cuites, dont certaines signées du célèbre sculpteur Graillon, et quelques faïences.

🏃 Le parc et le manoir du Fay : *rue des Zigs-Zags. Parc ouv avr-sept 8h30-20h, oct-mars 8h30-17h30. GRATUIT. Possibilité de visite guidée du manoir en été sur résa : 3 € ; rens auprès de l'office de tourisme.* Située au cœur d'un clos-masure préservé, cette belle et imposante bâtisse typiquement cauchoise a été construite en 1612 par Pierre Houel de Valleville, grand-oncle du dramaturge Pierre Corneille (qui y a, évidemment, séjourné), et n'a pas changé d'aspect depuis. Le corps de logis est entouré d'un vaste jardin clos et d'un verger de pommiers.

DANS LES ENVIRONS D'YVETOT

🏃🏃 Le manoir du Catel : *244, rue du Manoir-du-Catel, 76190* **Écretteville-lès-Baons.** ▯ *06-10-21-33-14.* ● *manoirducatel.com* ● *À 7 km à l'ouest d'Yvetot. De mi-juil à fin août, mar-dim 10h-13h, 14h30-17h30. Entrée : 5 € ; réduc ; gratuit moins de 12 ans.* Visite libre ou guidée, au choix, mais sincèrement, on vous

LA SEINE-MARITIME

130 | **LA SEINE-MARITIME / LA VALLÉE DE LA SEINE...**

recommande chaudement de vous laisser conter l'histoire assez extraordinaire de ce manoir pour mieux prendre toute la dimension des lieux (et du boulot de Frédéric Toussaint, le « fou » à l'origine de sa renaissance – ou plutôt, même, de sa non-disparition !). Bâti au XIIIᵉ s. par Richard de Treigots, le 10ᵉ abbé de Fécamp, pour y rendre la haute justice, il est en effet le plus ancien manoir seigneurial de Normandie et abrite un exceptionnel corpus de graffitis des XVᵉ et XVIIIᵉ s. Racheté par son propriétaire en 2000 alors que, défiguré par les outrages du temps mais aussi par la négligence et les ajouts du propriétaire précédent, il menaçait de tomber en ruine. Toujours en chantier, il retrouve peu à peu sa « tête » et sa beauté d'origine. Depuis 2010, il est même classé Monument historique (alors qu'au début des travaux son propriétaire s'était opposé au classement pour avoir les coudées un peu plus franches !).

🦌🦌 *Le chêne millénaire d'Allouville-Bellefosse :* *à env 7 km à l'ouest d'Yvetot (office de tourisme : ☎ 02-35-95-08-26).* Ce serait le plus vieux d'Europe, avec ses 12 siècles d'existence, ses 13 m de hauteur et ses 15 m de circonférence. Il abrite dans son tronc creux 2 chapelles superposées, édifiées par l'abbé Delalande en 1696. Un escalier de bois qui tourne autour en permet l'accès. Le chêne est classé Monument historique en 1867 et « site naturel » en 1932. La municipalité a fait d'importants travaux afin de le sauver, notamment la mise en place d'étais en inox en 1991 et le collage de petites lattes de bois sur le pourtour du tronc pour le protéger des intempéries.

🦌🦌 ⊕ 👫 *La Ferme Au Fil des Saisons :* *route de Yémanville, 76560* **Amfreville-les-Champs.** ☎ 02-35-56-41-46. ● *lafermeaufildessaisons.fr* ● *À env 11 km au nord d'Yvetot ; fléché à partir d'Amfreville (attention à la patte-d'oie, bizarre !). Tte l'année, mer et ven 14h-18h30 ; sam 9h30-12h, 14h-18h30 (Toussaint-mars fermé sam ap-m). GRATUIT pour les individuels – sur résa. Tte l'année, visite commentée de l'écomusée mer à 14h (4 €/pers).* Un lieu où chacun devrait trouver son bonheur, puisqu'il s'agit à la fois d'un petit écomusée du lin (vous êtes sur une exploitation de lin tenue par un passionné !), d'une ferme pédagogique et d'une épicerie vendant les produits de l'exploitation, mais aussi ceux d'autres producteurs dûment choisis (bio pour la plupart) : confitures, jus de fruits (dont un étonnant et délicieux nectar de rhubarbe), alcools, volaille, fromages, légumes... Dans la ferme pédagogique, un sentier découverte permet, entre autres, d'approcher poules, chevaux ou lapins. Un autre, de 2 km, permet de comprendre la structure des clos-masures, l'intérêt des mares, de découvrir la forêt et son environnement. Les 2 ânes de la maison, Colibris et Albert, peuvent même être attelés pour une petite promenade. Un lieu vraiment très sympa.

CAUDEBEC-EN-CAUX

(76490)   2 270 hab.   *Carte Seine-Maritime, B2*

Bien que la reconstruction de cette ville presque entièrement rasée lors de la Seconde Guerre mondiale ne soit pas un modèle d'imagination, le site se révèle plutôt agréable grâce à la Seine, omniprésente. À proximité, la forêt de Brotonne, qu'on gagne par le pont de Brotonne (gratuit pour tous les véhicules). Caudebec est aussi le point de départ de nombreuses promenades et randonnées entre Seine et forêt.

QUÉZACO ?

Savez-vous ce qu'est un caudebec ? Il s'agit d'un chapeau de pluie fait en laine d'agneau ou de poils de chameau. Ce couvre-chef était populaire à la cour du roi. C'est d'ailleurs grâce à la confection des gants et des chapeaux que Caudebec-en-Caux connut son heure de prospérité au XVIIᵉ s.

CAUDEBEC-EN-CAUX | 131

Adresses utiles

Office de tourisme : sur les bords de Seine, pl. du Général-de-Gaulle. ☎ 02-32-70-46-32. ● normandie-caux-seine-tourisme.com ● Juin-sept, tlj 10h30 (11h dim et j. fériés)-12h30, 13h30-18h30 (19h dim et j. fériés) ; le reste de l'année, lun-sam 10h-12h30, 13h30-17h.

Location de vélos : Velhano, 10, rue de la Vicomté. ☎ 02-35-96-24-77. ● velhano@orange.fr ● Sinon, loc en principe possible à la **Maison du parc** à **Notre-Dame-de-Bliquetuit,** ☎ 02-35-37-23-16.

Où dormir ? Où manger ?

De prix moyens à chic

Hôtel Le Normandie : 19, quai Guilbaud. ☎ 02-35-96-25-11. ● info@le-normandie.fr ● le-normandie.fr ● Fermé dim soir-lun, mer midi. Congés : Noël et 2de quinzaine d'août. Doubles 63-78 €. Formules et menus déj en sem 15-19,50 € ; autres menus 25-50 €. Parking. Les chambres (souvent avec balcon) donnent pour l'essentiel sur la Seine. Elles sont simplement confortables. Et vu les prix pratiqués, un petit coup de jeune à la déco et aux salles de bains s'impose ! Élégante salle à manger pour une cuisine soignée, comme on dit. Accueil familial.

Chambres d'hôtes À Livre Ouvert : 1, cavée Saint-Léger. ☎ 02-77-28-10-84. ▯ 06-84-18-65-73. ● jeannine@scup.pro ● alivreouvert.eu ● Double 107 €. Dîner sur résa 25 €. Une bouteille de cidre bio offerte sur présentation du guide de l'année. Ce sont des libraires qui tiennent ces chambres « écolo-littéraires », comme ils les appellent joliment ; alors comment s'étonner que les livres soient ici à tous les étages ? Les grands écrivains de la région ont même donné leur nom aux 4 chambres coquettes et relativement spacieuses. Joli jardinet tout en pente sur l'arrière. Produits bio à la table d'hôtes. Accueil charmant.

Beaucoup plus chic

Manoir de Rétival : 2, rue Saint-Clair. ▯ 06-50-23-43-63. ● info@restaurant-ga.fr ● restaurant-ga.fr ● Fermé dim soir-mer hors saison. Congés : janv. Chambres pour 2 pers 180-260 €. Table d'hôtes (sur résa seulement) fermé lun-mer, sam midi et dim soir. Menus 69 € (déj) puis 98-149 €... Dans un magnifique petit manoir encore doté de sa chapelle, sur les hauteurs de Caudebec, avec vue sur la Seine, une adresse pas comme les autres. Côté chambres, 1 seule double ; les autres hébergements sont de superbes suites ou appartements disséminés dans une tour ou encore dans une maisonnette. Mais c'est surtout au niveau de la table d'hôtes que ce manoir se distingue, avec des repas pris dans la cuisine alors que s'activent le chef, d'origine allemande, et sa brigade. Les vins assortis (compris dans le menu... dans une certaine quantité tout au moins !) complètent à merveille les saveurs de cette cuisine de saison inspirée et préparée avec brio.

Où manger dans les environs ?

Au Rendez-vous des Chasseurs : 1040, route de Sainte-Gertrude, 76490 **Maulevrier-Sainte-Gertrude.** ☎ 02-35-96-20-30. ● elauem@orange.fr ● À 3 km de Caudebec-en-Caux. Fermé mar-mer et dim soir. Formules 24-34 €. Point de chasseurs ici, mais un agréable rendez-vous. Idéalement située dans la verdure face à l'église du village et non loin d'une bucolique rivière, cette jolie maison restaurée surprend par la qualité de sa cuisine. Le terroir y occupe une belle place, mais il est volontiers revisité ou accoquiné à des saveurs d'ailleurs. Aux beaux jours, quelques tables en terrasse sur un joli bout de pelouse et dans une ambiance plutôt dépaysante.

LA SEINE-MARITIME

⏹️ 🛏️ La Presqu'île : *2, rue Joseph-Hamel, 76940* **La Mailleraye-sur-Seine.** ☎ 02-35-75-23-62. ● lapres quile@orange.fr ● *Au bord de la Seine. Fermé lun tte l'année, ainsi que ts les soirs sauf w-e oct-mars. Formule déj en sem 13,70 €, puis menu 24,70 €.* Une adresse au décor tout simple, avec 2 salles dont une en rotonde qui offre une jolie vue sur la Seine. Le jeune chef offre une bonne petite cuisine au gré du marché.

À voir

🐾🐾 L'église Notre-Dame : admirable édifice de style gothique flamboyant mâtiné de Renaissance, élevée aux XVᵉ et XVIᵉ s à l'emplacement d'une église romane et ayant par miracle échappé aux multiples destructions et incendies, dont celui qui, en 1940, détruisit 80 % de la ville. Henri IV l'appelait « la plus belle chapelle du royaume ». L'église de Caudebec était importante au XVIIIᵉ s, car la ville était alors le siège du Grand Bailliage de Caux, juridiction couvrant les 3/4 du département de Seine-Maritime. Notables et institutions administratives et judiciaires s'y étaient installés.

À l'intérieur, imposante nef gothique, élégante par ses proportions, aux fenêtres flamboyantes. Dans la chapelle Saint-Jean-Baptiste, immédiatement sur la gauche, fonts baptismaux d'une exceptionnelle qualité. Un vrai poème de bois : sculptées au XVIIᵉ s sur 2 niveaux, toutes les scènes importantes de l'Ancien et du Nouveau Testament. Dans la chapelle axiale, de forme hexagonale, extraordinaire clé de voûte pendante de 4,50 m et pesant 7 t, sculptée dans un seul bloc de pierre. À droite, voir aussi la chapelle du Sépulcre qui abrite un baldaquin gothique en pierre, sous lequel repose un gisant du Christ. Entre les vitraux, une pietà du XVᵉ s. Enfin, à droite de la chapelle du Sépulcre, la sacristie avec son beau portail en bois. Bel orgue du XVIᵉ s, de style Renaissance, posé sur une tribune de pierre sculptée. De nombreuses chapelles sont éclairées d'admirables vitraux réalisés par des verriers de l'école flamande, la plupart datant des XVᵉ et XVIᵉ s.

– À côté de l'église, sur le flanc gauche, un groupe de maisons anciennes à colombages, seule survivance de l'époque médiévale, avec la *prison (rue du Baillage)* et la *maison des Templiers (rue Thomas-Bazin),* qui, comme son nom ne l'indique pas, n'a rien à voir avec l'ordre du Temple ! Construite au XIIIᵉ s, elle se compose de 2 belles maisons de pierre à pignons pointus et gargouilles.

🐾🐾 👫 MuséoSeine : *av. Winston-Churchill.* ☎ 02-35-95-90-13. ● museoseine.fr ● *Juil-août, mar-dim 10h-18h30 ; le reste de l'année, mar-dim 13h-18h30. Fermé déc-janv (sauf 26-30 déc et 2-6 janv 13h-17h30). Entrée : 5 € ; visite guidée : 6 € ; réduc ; gratuit moins de 6 ans. Billet groupé avec le musée Juliobona à Lillebonne.* Un espace résolument contemporain qui, comme son nom l'indique, est entièrement dédié au fleuve qu'il domine. On

VAGUE À LAME

Les grandes marées d'équinoxe formaient autrefois sur la Seine un mascaret, énorme vague qu'à Caudebec-en-Caux on appelait « la barre ». Un vrai spectacle pour lequel des milliers de personnes se déplaçaient, de toute la région et même de Paris, d'où des trains étaient affrétés pour l'occasion. Mais le dragage du fleuve a fait disparaître le mascaret dans les années 1960.

monte d'abord sur le pont d'un bateau traditionnel (ici appelé « gribane »), avant de découvrir au fil d'une sinueuse plateforme métallique, entre vitrines d'objets et vidéos, l'histoire de la basse Seine (qui n'a jamais été un long fleuve tranquille !), des abbayes du coin, la vie quotidienne des marins, etc. Au sous-sol sont évoquées la pêche et l'apparition des loisirs sur le fleuve, au début du XXᵉ s, avec quelques bateaux anciens là encore. Joli film sur le mascaret.

VILLEQUIER | 133

VILLEQUIER (76490) 760 hab. *Carte Seine-Maritime, B2-3*

À 4,5 km de Caudebec. Un village s'étirant paresseusement sur une colline et en bord de Seine, dans une immuable douceur de vivre, avec la magnifique forêt de Brotonne occupant l'horizon. En longeant la Seine vers son embouchure, on découvre là un des panoramas les plus romantiques de Normandie.

Villequier, cependant, est surtout connue pour la tragédie du 4 septembre 1843, qui vit la noyade de Léopoldine, la fille aînée de Victor Hugo, et de son mari, Charles Vacquerie. Le poète, alors en voyage à Rochefort, n'apprit l'accident que 5 jours plus tard en feuilletant *Le Siècle*. Brisé par ce deuil, il vint souvent se recueillir sur la tombe au petit cimetière du village. Sa statue s'élève aujourd'hui près du lieu du drame, dans un parc paysager spécialement aménagé à l'entrée de Villequier, en venant de Caudebec.

LA SEINE-MARITIME

Où dormir ?

🏠 *Chambres d'hôtes La Maison Blanche :* 11, rue Jean-Le-Gaffric. ☎ 02-35-56-76-82. 🖥 06-29-23-81-29. ● gabriel.craquelin@orange.fr ● Doubles 90-100 €. Dans un manoir classé du XVe s qui, perché sur sa petite butte, domine la Seine coulant de l'autre côté de la route. Intérieur très sobre, tout de pierre blanche et de tommettes. Ici, au moins, vous avez peu de chances de vous cogner dans les meubles, car les pièces sont vastes ! Dans la grande suite, ambiance plus royale, avec le lit à baldaquin ; pièce attenante avec kitchenette, micro-ondes et frigo pour casser la croûte. L'autre chambre, plus petite (façon de dire !) mais pas moins jolie, peut accueillir jusqu'à 6 personnes !

À voir. À faire

🎋 *L'église Saint-Martin :* tlj 10h-18h. Elle date des XVe et XVIe s, mais elle a subi diverses modifications. Grosse tour d'angle à l'extérieur. Belle nef en coque de navire renversée, vitraux colorés du XVIe s, dont une intéressante bataille navale sur le côté gauche. Sur la droite de l'église, les tombes où reposent Adèle, femme de Victor Hugo, ainsi que sa 2de fille, Adèle elle aussi, et, derrière, Charles Vacquerie et Léopoldine.

🎋🎋 *Maison Vacquerie – musée Victor-Hugo :* ☎ 02-35-56-78-31. ● museevictorhugo.fr ● Sur les bords de Seine. Tte l'année, tlj sauf mar, dim mat et certains j. fériés 10h-12h30, 14h-18h (17h30 oct-mars). Entrée : 5 € ; réduc ; gratuit moins de 18 ans. Animations (voir le site). Dans l'ancienne maison de famille des Vacquerie, au fond d'un beau jardin. Souvenirs, écrits, meubles d'époque évoquent sobrement les familles Vacquerie et Hugo. Y sont notamment abordées l'œuvre littéraire et journalistique d'Auguste Vacquerie et celle littéraire et dessinée de Victor Hugo.

🎋🎋 🚲 *La voie verte :* de Villequier on peut, par une portion de la véloroute du Val de Seine, rejoindre Petiville par une piste cyclable qui longe au plus près le fleuve sur 8 km ; la balade se termine sur la petite D 28 qui rejoint Petiville. On peut également partir des quais de Caudebec-en-Caux.

TANCARVILLE (76430) 1 350 hab. *Carte Seine-Maritime, A-B3*

Le gros bourg de Tancarville, qui ne présente pas un intérêt démenti, disons-le, est surtout connu pour son pont. Ce long ruban de béton suspendu au-dessus des eaux enjambe l'estuaire de la Seine depuis 1959. Jusque-là, les communications rive droite-rive gauche se faisaient uniquement par les bacs. Le pont de Brotonne, un peu plus petit, qui relie Caudebec-en-Caux à la forêt de Brotonne, fut pour sa part achevé en 1977. Aujourd'hui, ces 2 constructions font figure d'enfants de chœur à côté du pont de Normandie !
– Le passage du pont de Tancarville est toujours payant pour les véhicules : 2,60-3,20 € (gratuit piétons, cyclistes et motards) le passage ; dim et j. fériés (seulement), jeton « Évasions » A/R : 4,10 €.

Où dormir ? Où manger ?

🏠 ⦿ 🏹 **La Marine :** *10, route du Havre.* ☎ 02-35-39-77-15. ● hotelde lamarine2@wanadoo.fr ● lamarine-tancarville.com ● *Resto fermé sam midi, dim soir-lun. Doubles 80-105 € ; petit déj 12 €. Formule en sem 19,50 € ; menus 28-55 €. Parking. Apéritif maison offert sur présentation du guide de l'année.* Certes, cette maison au bord de la route n'attire pas au 1er abord ! Mais il serait dommage de passer à côté du resto, un vrai bonheur ! Les produits régionaux de la meilleure qualité, associés à des épices exotiques ou à des saveurs plus méditerranéennes, y sont diablement bien travaillés et mis en valeur, dès le 1er menu. Salle en véranda et terrasse dans le jardinet aux beaux jours, en bord de Seine, avec un superbe point de vue sur le fleuve et le pont de Tancarville. Les chambres, bien que confortables et parfaitement tenues, sont un peu moins enthousiasmantes. Accueil charmant.

Où dormir dans les environs ?

🏠 **Chambres d'hôtes Le Manoir du Four à Chaux :** *55, rue du Four-à-Chaux, 76430* **La Cerlangue.** ☎ 02-35-48-61-47. 📱 06-98-41-39-38. ● ulrikeott76@aol.com ● bnb-normandie.net ● *À 4 km de Tancarville . Double 55 €. Réduc de 10 % sur le prix de la chambre (nov-fév) à partir de 2 nuits sur présentation du guide de l'année.* Dans une gentilhommière à colombages enfouie dans la verdure, 2 chambres spacieuses et ravissantes, dont une de 2 pièces pouvant accueillir jusqu'à 5 personnes. Accueil adorable et toute une série d'attentions pour faciliter votre séjour, comme les paniers piquenique et la kitchenette à disposition dans la maisonnette où sont servis les petits déj.

DANS LES ENVIRONS DE TANCARVILLE

🏃 **Le théâtre romain de Lillebonne :** *pl. Félix-Faure, 76170* **Lillebonne.** ☎ 02-35-15-69-11 ou 02-32-65-20-00. ● theatrelillebonne.fr ● *Ouv tlj sauf les w-e hors saison ; se renseigner pour les horaires. GRATUIT. Visite guidée (lire Juliobona, ci-dessous).* Quelle surprise de découvrir les beaux vestiges de cet amphithéâtre construit au Ier s en plein centre de cette petite ville qui, manifestement, dans l'Antiquité, était d'une tout autre importance ! Quelques panneaux explicatifs très bien faits. Ceux qui souhaitent approfondir la visite iront découvrir Juliobona, juste en face.

TANCARVILLE | 135

🐾 **Juliobona, musée gallo-romain :** *pl. Félix-Faure, 76170* **Lillebonne.** ☎ *02-32-84-02-07.* ● *musee-juliobona.fr* ● *Fév-nov (hors vac scol) mer, sam, dim 13h30-17h30. Vac scol Toussaint et hiver : tlj sauf mar 10h30-12h30, 13h30-17h30. Vac scol Printemps et été : tlj sauf mar 10h-12h30, 13h30-18h. Entrée : 5 € ; réduc ; gratuit moins de 6 ans.* Juliona, nom antique de Lillebonne, était le chef-lieu du territoire correspondant à l'actuel pays de Caux sous l'Empire romain. Une importante urbanisation s'est poursuivie entre les Ier et IVe s apr. J.-C. Aujourd'hui, une toute nouvelle scénographie présente quelque 300 pièces de collection relatives au patrimoine gallo-romain local de façon thématique (commerces, thermes...).

🐾 **L'abbaye du Valasse :** *route de l'Abbaye, 76210* **Gruchet-le-Valasse.** ☎ *02-32-84-64-64.* ● *abbayeduvalasse.fr* ● *Parc en accès libre tlj 8h-20h. Salon de thé ouv mars-oct.* Érigée au XIIe s, cette abbaye cistercienne a, comme beaucoup d'autres, connu une histoire mouvementée et de multiples vies : détruite au XVe s par les Anglais lors de la guerre de Cent Ans, reconstruite puis revendue à un négociant du Havre à la Révolution, elle devient un dépôt de cavalerie et un hôpital militaire pendant la Seconde Guerre mondiale, avant d'héberger la laiterie de Lillebonne des années 1960 à 1985, date à laquelle la municipalité rachète les lieux. Bref, elle revient de loin ! De l'abbatiale elle-même, en revanche, il ne reste plus rien : transformée en caserne à la Révolution, elle fut démolie en 1810. Si l'abbaye ne se visite qu'en groupe et sur réservation, on peut toutefois admirer ses extérieurs en se promenant dans ses jardins. Quelques jeux dispos (raquettes de badminton, Mölkki...).

🐾 **L'atelier-musée du Textile :** *5, rue Auguste-Desgenétais, 76210* **Bolbec.** 🖥 *06-38-39-10-17.* ● *fildelamemoire-bolbec.fr* ● *À env 15 km au nord-est de Tancarville. Visite guidée (sur résa de préférence) lun-ven, 3e sam et 1er dim du mois 14h-15h30. Tarif : 5 € ; réduc ; gratuit moins de 10 ans.* Dans les locaux d'une ancienne usine, typique avec ses murs de brique et ses toits en sheds, 1 400 m² pour évoquer l'histoire textile de cette ville, du mouchoir de Bolbec au tissu vichy (pour la petite histoire, la robe de mariée de Brigitte Bardot a été fabriquée ici). L'intéressante visite guidée permet de découvrir toutes les étapes de la fabrication d'un tissu, dès la culture du coton. Et toutes les machines à tisser fonctionnent (dans un bruit d'enfer !).

🐾🐾 🧍 **Le parc de la Sauvagette :** *459, RD 6015, 76210* **Lanquetot.** ☎ *02-32-84-33-76.* ● *lasauvagette.com* ● ♿ *À 17 km au nord de Tancarville. Avr-août, tlj 10h-19h ; mai-juin et sept-oct, mer, w-e et vac scol 11h-17h. Fermé nov-mars. Entrée : 8,50 € ; réduc.* La famille à l'origine de ce parc entièrement dédié aux chiens élève des labradors, et les seuls chiots que vous verrez sont de cette race. Mais vous pourrez aussi découvrir une quarantaine d'autres races plus rares. Également plusieurs autres petites activités pour les familles en goguette : le P'tit Ranch (seule activité payante en sus), la miniferme et ses chèvres, la petite restauration simple mais bonne et respectueuse de votre porte-monnaie, le jardin des câlins où l'on peut entrer faire des mamours à des labradors, et même un petit musée exposant 3 500 objets assez surprenants sur la thématique du chien. Le tout très ludique et pédagogique. Bref, un lieu super avec des enfants jusqu'à 12-13 ans (sauf s'ils ont peur des chiens ! Encore que, c'est peut-être une façon pour eux de les apprivoiser).

🐾 **Le pont de Normandie :** ☎ *02-35-24-64-90. Gratuit pour les piétons, vélos et motos, il faut se rendre alors au péage côté Le Havre par le chemin de l'estuaire ou prendre la petite route face au supermarché Leclerc côté Honfleur. Sensations au rdv ! Pour les voitures : 5,40-6,80 € le passage ; dim et j. fériés (seulement), jeton « Évasions » A/R : 7,60 €.* Voici la plus belle passerelle au-dessus de l'estuaire de la Seine. Le pont de Normandie relie Le Havre aux environs de Honfleur. D'une longueur totale de 2 141 m, presque équivalente aux Champs-Élysées, son tablier central s'étire sur 856 m, tandis que les viaducs nord et sud viennent compléter

LA SEINE-MARITIME

l'ensemble. Commencé en 1988 et achevé en 1995, il est haubané et non suspendu comme celui de Tancarville. Chaque pylône rappelle la forme d'un compas dont les éléments se rejoignent dans la partie haute. L'avantage : une faiblesse dans l'un des haubans n'implique pas l'arrêt total de l'utilisation du pont.

LA BAIE DE SEINE

Par le pont de Normandie, le visiteur découvre en hauteur la baie de Seine, bordée à l'extrémité nord par les falaises de la Côte d'Albâtre et au sud par la Côte Fleurie. Ne pas manquer la découverte d'une ville attachante et intéressante : Le Havre.

LE HAVRE
(76600)   174 730 hab.   *Carte Seine-Maritime, A2-3*

● Plan *p. 138-139*

Ce n'est pas au Havre que vous trouverez bâtisses vénérables et vieilles pierres. Son centre-ville a en effet été rasé à 85 % pendant la Seconde Guerre mondiale et reconstruit sur une vingtaine d'années par un certain Auguste Perret, d'où une architecture en béton pas toujours facile à décrypter au 1er abord. Et pourtant, très vite, on comprend pourquoi ses habitants affirment toujours que la ville est agréable à vivre. L'impression d'espace, l'air marin, les

GEORGE CLOONEY TRAVAILLE AU HAVRE ?

Certes, le café est toujours venu de loin (Inde ou Ceylan au XVIIIe s, Martinique, puis Brésil au XIXe s et Vietnam au XXIe s). Mais avant que vous ne buviez votre p'tit noir au comptoir, sachez qu'il transite quasi systématiquement par Le Havre, devenu 1er port d'importation du café en France avec aujourd'hui environ 8 000 conteneurs par an. Cet or noir est ensuite torréfié sur place de manière semi-artisanale avant d'être vendu dans toute la France...

espaces verts, le dynamisme économique et sportif... Il faut reconnaître, aussi, que le regard porté sur Le Havre a radicalement changé depuis qu'en 2005 l'Unesco a inscrit son centre-ville au Patrimoine mondial de l'Humanité (et plus récemment – et modestement – l'effet « Édouard Philippe »). Avec le recul, plus question d'écouter ses détracteurs l'affubler du sobriquet « Stalingrad-sur-mer ». Cette prouesse d'urbaniste, devenue le témoignage d'une époque et d'une école architecturale, a acquis de la valeur aux yeux de tous. Des architectes en herbe et des touristes curieux viennent désormais décortiquer sous tous les angles cette ville ouverte sur le ciel et la mer. Pour comprendre cette architecture, il faut aussi garder en tête qu'il fallut reconstruire dans l'urgence – sur une superficie équivalent à 40 terrains de foot – toute une cité d'habitations cohérente, un centre industriel ainsi qu'un important port moderne. Car, en effet, Le Havre est avant tout un port, le 1er en terme d'exportations hexagonales. Ne répète-t-on pas, y compris au sommet de l'État, qu'il « est le port naturel de Paris » (d'autant qu'une ligne à grande vitesse devrait bientôt relier les 2 villes), à grand renfort de projets tous plus pharaoniques les uns que les autres ? Une ville de chantiers navals (le paquebot transatlantique *Normandie* entre autres) et d'armateurs. Le Havre inspire aussi les architectes et les artistes d'aujourd'hui, qui lui redonnent peu à peu des couleurs, à l'instar de Jean Nouvel, qui y a conçu les formidables Bains des Docks, réplique moderne des thermes romains. C'est ainsi que les quartiers des docks qui entourent les différents bassins du port ont été complètement métamorphosés. Mais contrairement à de nombreux autres exemples en Europe et dans le monde, on ne se contente pas d'en faire des quartiers branchés, avec galeries d'art, centres commerciaux, restos chics et logements hors de prix. Au Havre, on s'attache à préserver les commerces, les écoles... et donc une riche vie de quartier qui s'accommode bien de ces bouleversements.

Et s'il faut encore vous convaincre de l'intérêt de cette ville unique, précisons que le musée Malraux possède l'une des plus belles collections impressionnistes de France après Paris. C'est tout de même ici, à l'entrée du port, qu'un certain Claude Monet exécuta en 1872 une œuvre qu'il devait envoyer à Nadar pour qu'elle soit exposée au fameux Salon des refusés. Comme ce dernier lui demandait un titre, Monet, ne sachant comment l'intituler, opta pour *Impression, soleil levant*. L'impressionnisme était né. N'en déplaise à ce critique acerbe de l'époque qui, créant lui-même ce terme de façon ironique, crut ainsi enterrer cette nouvelle tendance artistique ! La Ville du Havre fut d'ailleurs la première à acquérir 2 toiles de Monet.

UN PEU D'HISTOIRE

Le Havre-de-Grâce

Le Havre n'est pas une ville très ancienne. Elle ne voit le jour qu'au début du XVIe s, en 1517 précisément, quand François Ier décide la construction d'un nouveau port en lieu et place de vastes marécages. La ville prend alors le nom de Havre-de-Grâce. En tant que gouverneur de la cité, Richelieu fait construire une citadelle, agrandir le port, creuser de nouveaux bassins. Au XVIIIe s, le commerce triangulaire assure la fortune du Havre, qui est le 3e port négrier le plus important de France, après Nantes et Bordeaux (et le 1er port de pêche à la baleine !). D'ailleurs, à l'époque, l'actuelle place du Vieux-Marché s'appelait la place des Cannibales... Au XIXe s, révolution industrielle oblige, la ville – et surtout son port – connaît un développement fulgurant. Les chantiers navals se multiplient et le commerce fait un bond énorme. Au bout du compte, Le Havre doit tout à son port ; c'est lui qui lui a donné sa richesse et sa gloire, au point d'en faire une ville aujourd'hui connue dans le monde entier. Car n'oublions pas également que Le Havre, après avoir assuré les liaisons transatlantiques pendant plus de 120 ans, a de nouveau renoué avec les croisières et accueille chaque année toujours plus d'escales !
Aujourd'hui, le port du Havre c'est :
– 27 km de long ;
– 17 000 employés (32 000 si l'on tient compte des emplois maritimes, portuaires et associés) ;
– 40 % de nos importations pétrolières et 63 % de nos marchandises acheminées en conteneurs ;
– des porte-conteneurs géants de plus de 18 000 unités, soit plus de 100 km de conteneurs mis bout à bout ;
– des millions de conteneurs débarqués chaque année ;
– un conteneur déchargé toutes les 75 secondes par un portique ;
– une écluse de 67 m de long, 2 fois plus grande que celle de Panamá... ;
– le plus grand chantier de travaux publics en France, dont l'agrandissement à la fin des années 1990, avec la mise en service du terminal de Port 2000, a été accompagné de mesures environnementales pour préserver la réserve naturelle et réhabiliter l'estuaire de la Seine !

LA SEINE-MARITIME / LA BAIE DE SEINE

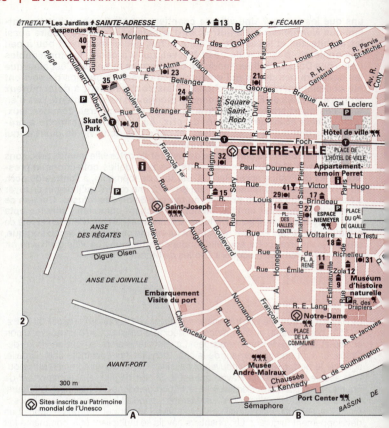

	Où dormir ?		**15** Hôtel Vent d'Ouest (B1)
	9 Hôtel Ibis Styles Le Havre Centre Auguste Perret (B2)		**16** Novotel Le Havre (D1)
	10 Gîte de la Porte Océane (C1)		**17** Art Hotel (B1)
	11 Hôtel Séjour Fleuri (B2)		**18** Hôtel Oscar (B2)
	12 Le Richelieu (B2)		**19** Eklo Hotels (hors plan par D1)
	13 Chambres d'hôtes Le Chat Perché (hors plan par B1)	|◉| **Où manger ?**
	14 Le Petit Vatel (B1)		**20** Restaurants saisonniers (A1)
			21 La Taverne Paillette (B1)

Le Havre et la Seconde Guerre mondiale

En juin 1940, la ville est frappée de plein fouet par la guerre. Les Allemands y pénètrent en bombardant copieusement les stocks de pétrole et les navires dans la rade. En 1942, ils fortifient les côtes en vue d'un nouveau débarquement. Le Havre devient un véritable camp retranché (évacuation de certains quartiers, disposition

LE HAVRE / UN PEU D'HISTOIRE | 139

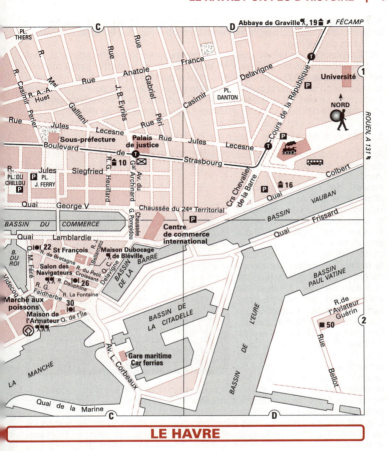

LE HAVRE

22 Le Lyonnais
   et le Margote (C2)
23 Le Garde-Manger (A1)
24 Chez André (A1)
26 À Deux Pas d'Ici (C2)
27 Ristorante Al Dente (B1)
29 Le Bouchon Normand (B1)
30 Bistrot du P'tit Port (C2)
31 Les Enfants Sages (B2)
32 Le Bouche à Oreille (B1)

Où faire une bonne pause sucrée ?
35 Pâtisserie-salon de thé Mazzoni (A1)

Où boire un verre ? Où sortir ?
40 L'Abri Côtier (A1)
41 L'Eau Tarie (B1)

Où piquer une tête ?
50 Les Bains des Docks (D2)

de champs de mines, inondation de la vallée de la Lézarde...). Le 6 juin 1944, les Alliés débarquent sur les côtes du Calvados.
Les armées alliées ont franchi la frontière allemande devant Aix-la-Chapelle, alors que Le Havre, Boulogne et Calais demeurent sous la botte allemande. Il reste en ville quelque 40 000 habitants sur les 170 000 de 1940. La garnison allemande compte 11 000 hommes. 2 divisions alliées cernent le site : du 2 au

LA SEINE-MARITIME / LA BAIE DE SEINE

12 septembre, date de sa libération, la ville connaît 7 vagues de bombardements britanniques d'une incroyable intensité. Le centre-ville du Havre est ainsi rasé à 85 % lors de ces raids.

Le 12 septembre, les Britanniques descendent en ville pour y être accueillis, sans embrassades, sous les drapeaux en berne. Le Havre a en effet perdu tout son centre, quelque 1 200 victimes civiles, et plus de 35 000 habitants se retrouvent littéralement à la rue, sans compter les dommages collatéraux pour 45 000 autres personnes. Le port est lui aussi moribond. Pas du fait des bombardements alliés, mais par suite des destructions systématiques engagées par les Allemands.

Le Havre moderne : laisse béton

Après la Libération, 3,5 millions de soldats américains s'installent dans les fameux « camps cigarettes », des camps provisoires situés dans un triangle Le Havre/Rouen/Saint-Valery. Ils permettent le déblaiement des ruines du Havre en 2 ans, au lieu des 10 ans prévus, et rétablissent et reconstruisent les structures du transport terrestre. Des milliers de tonnes de gravats de la guerre naît une ville nouvelle, une ville dessinée par Auguste Perret, nommé architecte en chef de la reconstruction par le ministère de la Reconstruction et de l'Urbanisme. Autour de l'atelier Perret, une centaine d'autres architectes viennent en renfort. Farouche adepte du béton, l'auguste architecte prône

UN « CAMP CIGARETTE » DANS LE POUMON DE LA VILLE

Après la libération du Havre, l'état-major américain décida de créer des camps de transit pour retaper ses soldats. Celui du Havre fut installé dans la forêt de Montgeon, le poumon de la ville. Nommés « Lucky Strike » à Saint-Valery-en-Caux, « Philip Morris » à Gonfreville-l'Orcher, « Pall Mall » à Étretat, ces camps de 7 000 à 60 000 hommes, dotés de tentes, hôpitaux, bars, cinémas et théâtres, n'étaient pas sponsorisés par des marques de cigarettes : l'idée était de tromper l'ennemi tout en rassurant les soldats, un camp au nom d'une cigarette rendant moins mélancolique qu'un camp appelé « Hospital » !

un triple concept : dépouillement, simplicité et luminosité. En vue d'une reconstruction rapide, il favorise aussi la standardisation et la préfabrication. La reconstruction de la ville s'échelonne sur 20 ans.

Bien sûr, la ville est austère, mais Perret parvint à allier plutôt harmonieusement les petits ensembles de quelques étages avec les vastes espaces verts, les tours (pas trop hautes et de tailles différentes pour laisser entrer le maximum de lumière dans les logements) avec des places aérées plantées d'arbres. Un motif architectural qu'on retrouve de façon récurrente sur les bâtiments, ce sont les claustras, ces petites ouvertures géométriques directement inspirées des moucharabieh et des nombreuses constructions orchestrées par Perret au Maghreb.

Et puis il a essayé de créer un vrai centre-ville, généralement absent des cités nées de nulle part, et qui s'agence avec les nombreux bassins historiques du Havre. L'hôtel de ville a trouvé un juste équilibre, imposant mais pas écrasant.

Depuis, la plage a elle aussi été complètement réaménagée par une autre référence en matière d'urbanisme : l'architecte Chemetoff. Les Havrais se pressent désormais le long de la promenade qui mène à Sainte-Adresse. La ville a retrouvé des couleurs : outre le bleu de la mer et le vert des parcs et jardins, il y a même un peu de rose et d'ocre sur les façades rénovées de Perret.

Depuis 2017, date des festivités organisées pour célébrer les 500 ans de la fondation de la ville, un vent contemporain souffle désormais sur la ville de Perret ; des œuvres d'art ont été installées en divers endroits. Heureusement, certaines semblent destinées à rester quelque temps, comme la *Catène de containers,* de Vincent Ganivet, qui se déploie dans l'axe de la rue de Paris sur le quai Southampton ; 2 arches colorées et monumentales qui offrent une grâce inattendue à ces géants de métal.

LE HAVRE / LIAISONS AVEC L'ANGLETERRE | **141**

Adresses utiles

🅸 *Office de tourisme* (plan A1): *186, bd Clemenceau.* ☎ 02-32-74-04-04. ● contact@lehavre-etretat-tourisme. com ● *lehavretourisme.com* ● *Avr-oct, tlj 9h30-13h, 14h-19h ; nov-mars, tlj sauf dim et lun mat, 10h-12h30, 14h-18h.* Propose des plans pour les différentes visites de la ville. Sur résa, possibilité de visiter le « jardin japonais » *(6 € ; réduc).*

🅸 *Maison du patrimoine – Pays d'art et d'histoire* (plan B1): *181, rue de Paris.* ☎ 02-35-22-31-22. ● *lehavre tourisme.com* ● *Pour les animations et les visites guidées, compter 5-7 €/ pers.* Toute l'année, différents thèmes sont abordés : le port, l'architecture, l'appartement-témoin Perret... Un joli choix de bouquins sur la ville, des cartes postales...

🚌 *Gare routière* (plan D1): *à côté de la gare SNCF, 12, rue de Magellan.* ☎ 02-35-22-35-00.

■ *Location de voitures : Hertz* (hors plan par D1), *57, rue de Fleurus,* ☎ 02-35-25-51-50 ; *Europcar* (hors plan par D1), *3, rue Pierre-Semard,* ☎ 02-35-25-21-95. *Sixt* (plan C2), *87 quai Southampton,* ☎ 0-800-00-74-98.

🚲 *Location de vélos : dans les agences LIA (transports urbains), et à la gare.*

■ *Bee Le Havre : départ de la place Perret.* ● *citytour@beelehavre.com* ● *beelehavre.com* ● *Se renseigner sur le site internet pour connaître les horaires de départ. Ticket : 12 € adulte, 6 € 4-17 ans.* Un circuit découverte du Havre en minibus (partiellement découvert si le temps le permet) de 1h, casque vissé sur les oreilles pour profiter des commentaires. Et l'idée est déclinée autour d'un goûter ou de tapas le soir dans un bus aménagé de façon confortable et rétro ; sympa !

Circuler et stationner

Le Havre est une ville aérée et la circulation y est fluide pour une cité de cette taille. Cela dépend des quartiers, mais le *stationnement* y est, aussi, relativement aisé. Payant un peu partout dans les rues du centre-ville, il ne l'est cependant que du lundi au samedi de 9h à 12h et de 14h à 17h30. Il n'est pas non plus trop onéreux (2 zones : la verte et la orange ; la 1re étant moins chère et moins contraignante que la 2de). Vous trouverez aussi plusieurs parkings gratuits en front de mer, près de l'office de tourisme et de la plage *(plan A1).*

Une petite mise en garde si vous êtes véhiculé : d'une part, certaines rues à double sens (et à stationnement) ne sont pas assez larges pour permettre à 2 voitures de se croiser ; d'autre part, la *priorité à droite* s'applique presque partout !

Malgré son étendue et les distances qui peuvent sembler importantes sur la carte, le centre peut se parcourir *à pied.* Pour aller plus vite, vous pouvez aussi profiter du bon réseau de *pistes cyclables* qui le traverse et qui vous permet même de rejoindre Sainte-Adresse. En revanche, une partie du Havre étant perchée sur les hauteurs, les montées sont parfois un peu raides (notamment dans le quartier des Jardins suspendus).

Le Havre dispose aussi d'un *tramway* reliant la gare à la plage (via l'avenue Foch) et à la ville haute (forêt de Montgeon, centre commercial, etc.). Fréquence : ttes les 5-10 mn 4h30 (6h dim)-23h30 ou minuit. Ticket : 1,80 €. ● *transports-lia.fr* ●

Liaisons avec l'Angleterre

⛴ *De/vers Portsmouth :* avec la compagnie *Brittany Ferries* (☎ 0825-828-828, service 0,15 €/mn + prix d'appel ; ● brittany-ferries.fr ●). 1-2 ferries/j. Trajet : 3h45-4h45 selon le type de navire.

LA SEINE-MARITIME

Où dormir ?

De bon marché à prix moyens

🏠 **Gîte de la Porte Océane** (plan C1, **10**) : 24, rue Georges-Heuillard. ☎ 02-76-84-10-00. ● gite.sansdetour@ gmail.com ● gite-lehavre.com ● ♿ Résa conseillée. Nuitée 21 €/pers, draps inclus. Dans une ancienne maison de maître, une petite structure colorée et conviviale dotée de 34 lits superposés répartis dans 13 chambres pour 2 à 4 personnes. Celles en façade sont plus grandes et plus lumineuses. Cuisine à dispo, salon TV, courette et terrasses. Petit « jardin d'hiver » rigolo. Lave-linge et sèche-linge (payants). Accueil jeune et sympa.

🏠 **Eklo Hotels** (hors plan par D1, **19**) : 466, av. du Bois-du-Coq. ☎ 02-35-42-27-33. ● dir.lehavre@eklohotels. com ● eklohotels.com ● 🚌 Mare-Rouge. ♿ Doubles sans option à partir de 28-40 €. Parking payant 3 €. C'est excentré, mais le tram s'arrête devant, et le rapport qualité-prix est du tonnerre ! Car le concept de cet hôtel « à la carte » est redoutable : au prix de base de la chambre (toute petite et neutre, mais quand même avec douche et w-c), on ajoute en fonction de ses besoins la TV, la connexion internet, la serviette de bains, le petit déj... Le tout dans une vaste structure moderne (une centaine de chambres) en bois tendance écolo.

🏠 **Hôtel Séjour Fleuri** (plan B2, **11**) : 71, rue Émile-Zola. ☎ 02-35-41-33-81. ● sejourfleuri@wanadoo.fr ● hotelsejour fleuri.fr ● Fermé dim ap-m et l'ap-m des j. fériés. Doubles 45-70 €. On ne peut que saluer ce petit hôtel (situé dans un immeuble Perret, comme on aime le préciser par ici), tenu de main de maîtresse par une propriétaire au caractère affirmé. Chambres simples et convenables pour les non rénovées (les moins chères, avec w-c sur le palier), mais d'un très bon rapport qualité-prix pour les plus récentes à la déco sobre et moderne, avec une salle de bains nickel.

De prix moyens à chic

🏠 🍃 **Chambres d'hôtes Le Chat Perché** (hors plan par B1, **13**) : 14, rue Germaine-Coty. ☎ 02-35-21-42-47. 📱 06-61-42-71-77. ● corinne.pic quaert@gmail.com ● leschambresdu chatperche.com ● Attention, la rue est un cul-de-sac étroit et pentu : se garer rue Monod et terminer à pied (50 m). Double 75 €. La grimpette est sévère, mais le chat a bien choisi son perchoir : depuis la maison à flanc de colline, la vue sur la ville est exceptionnelle ! Alors ça vaut la peine, d'autant que l'accueil est charmant, que les chambres sont adorables (dans un style chalet très cosy et soigné) et qu'il y a différentes terrasses dans le jardin pour se ressourcer face au panorama.

🏠 **Hôtel Oscar** (plan B2, **18**) : 106, rue Voltaire. ☎ 02-35-42-39-77. ● contact@oscarhotel.fr ● oscarhotel. fr ● Doubles 60-86 €. Prêt pour un retour dans les années 1950 ? Dès sa construction, ce petit établissement convivial fut conçu comme un hôtel, que les actuels propriétaires ont choisi de relooker comme à l'époque ! Le résultat est concluant : parquet d'origine et meubles chinés garantissent un style fidèle à celui de Perret... tandis qu'une foule de détails, comme les magazines vintage, permettent de se plonger encore un peu plus dans l'atmosphère 1950. L'ensemble est très confortable (il y a même un petit salon commun à l'étage), lumineux, avec des couleurs qui claquent. Le seul inconvénient : l'insonorisation un brin défaillante... mais c'est le lot de ce type de construction. Excellent accueil.

🏠 **Le Richelieu** (plan B2, **12**) : 132, rue de Paris. ☎ 02-35-42-38-71. ● hotel. lerichelieu@wanadoo.fr ● hotelleriche lieu.fr ● Doubles 50-100 €. Très bien situé en centre-ville, cet hôtel familial impeccable propose une vingtaine de petites chambres coquettes et toutes différentes. Cela va des tapisseries un rien psychédéliques à celles plutôt fleuries, en passant par une déco d'esprit balnéaire. Certaines d'entre elles disposent même d'un balcon.

🏠 **Le Petit Vatel** (plan B1, **14**) : 86, rue Louis-Brindeau. ☎ 02-35-41-72-07. ● contact@lepetitvatel.com ● lepetit vatel.com ● Doubles 55-85 €. Hôtel central, à taille humaine, tenu par une équipe jeune et dynamique qui le rénove de fond en comble. Petit à petit, les chambres sont donc égayées par une agréable déco balnéaire. Les anciennes, plus simples, restent toutefois bien tenues et tout à fait convenables. Une bonne adresse, à l'image d'un accueil sympa et arrangeant.

🏨 **Hôtel Ibis Styles Le Havre Centre Auguste Perret** (plan B2, 9) : 121, rue de Paris. ☎ 02-35-41-72-48. ● h9017@ accor.com ● ibis.com ● Doubles à partir de 59 €, avec petit déj. Décidément, le style années 1950 fait des émules ! Unesco oblige, cet hôtel joue à fond la carte Perret et plonge les visiteurs dans l'atmosphère de l'époque. Couleurs pop et mobilier vintage habillent la quarantaine de chambres, toutes de confort vraiment très correct pour sa catégorie (coffre-fort, minibar...). Certaines (au même prix) donnent sur un balcon avec petite table et chaises. Quant au look rétro, on le retrouve dans les parties communes, notamment dans la salle de petit déjeuner tout encadrée de baies vitrées, perchée en surplomb de la rue. Accueil souriant.

De chic à plus chic

Dans cette catégorie, beaucoup d'hôtels proposent des offres internet le week-end, favorisant souvent les séjours de 2 nuits (vendredi-samedi ou samedi-dimanche).

🏨 **Hôtel Vent d'Ouest** (plan B1, 15) : 4, rue de Caligny. ☎ 02-35-42-50-69. ● contact@ventdouest.fr ● ventdouest. fr ● ♿ Doubles 109-180 €. Parking payant. Petit déj 15 €. Café offert sur présentation du guide de l'année. C'est la belle adresse de la ville, cosy, pas trop grande, et tenue par une équipe aux petits soins. Mais c'est surtout la déco qui fait la différence ! Qu'il s'agisse des parties communes ou des chambres, tout est personnalisé et très soigné, à grands renforts de meubles cirés et de beaux bibelots qui évoquent la mer ou la montagne. Bon petit déj-buffet (15 € !), dans un salon de thé tout aussi séduisant. Et pour se relaxer, un spa.

🏨 **Art Hotel** (plan B1, 17) : 147, rue Louis-Brindeau. ☎ 02-35-22-69-44. ● contact@art-hotel.fr ● art-hotel. fr ● Doubles 79-199 €. Ça vous dirait de séjourner dans l'un des derniers immeubles construits par Perret ? Pour une fois, et même si vous êtes au 1er étage, on vous encourage à prendre l'ascenseur... Au 6e et dernier étage, les chambres avec terrasse embrassent le bassin du Commerce et Le Volcan de Niemeyer. Chambres lumineuses, très sobres, à l'ameublement contemporain. Les moins chères sont toutefois exiguës, et par conséquent d'un rapport qualité-prix discutable. L'hôtel accueille par ailleurs des expositions de jeunes artistes havrais, et des soirées jazz 1 à 2 fois par mois. Accueil pro et sympa.

🏨 🠕 **Novotel Le Havre** (plan D1, 16) : 20, cours Lafayette, angle quai Colbert. ☎ 02-35-19-23-23. ● H5650@accor. com ● novotel.com ● ♿ Doubles 99-178 €. Petit déj 17 €. Ce n'est pas tous les jours qu'on indique un Novotel, mais si la nouvelle génération d'hôtels de cette chaîne pouvait ressembler à celui-là, on en parlerait plus souvent : c'est un élégant paquebot aux agréables parois de verre. Les chambres, confortables et lumineuses, sont toutes distribuées autour d'un puits de lumière. Belle terrasse. Pas donné, mais l'espace bien-être (sauna, hammam, jacuzzi) justifie en partie les tarifs.

Où dormir dans les environs ?

Voir nos adresses « Où dormir ? » à Sainte-Adresse.

Où manger ?

Dans le centre, la plupart des crêperies se situent, fort logiquement, dans le quartier breton Saint-François (plan C2). Sinon, pas mal de restos autour des halles et dans le quartier du Volcan (si vous sortez d'un spectacle, la brasserie *Grignot*, juste en face, sert jusqu'à minuit tous les jours sauf les dimanche et jours fériés). Sur le front de mer, d'avril à septembre (ou octobre, selon la météo...), une vingtaine de constructions provisoires pas toujours très réussies abritent des **restaurants saisonniers** *(plan A1, 20)*.

Bon marché

|●| *Chez André* *(plan A1, 24) : 9, rue Louis-Philippe.* ☎ *02-35-21-88-07.* ● *poussierpatrice@yahoo.fr* ● *Fermé dim-lun plus le sam hors saison et marmer en saison. Formule déj 16,90 € ; menu 22 € ; carte 30 €. Café offert sur présentation du guide de l'année. Chez André,* c'est une petite enclave gourmande discrète et fière de l'être, un repaire d'œnophiles avertis, un rendez-vous de copains qui se régalent dans une jolie salle de bistrot d'une bonne cuisine du jour et d'un vin au verre bien choisi. Terrines maison, entrecôtes, plumas... tout est savoureux et servi dans la bonne humeur. D'ailleurs, le vendredi soir, André fait table d'hôtes (buffet d'entrées et 3 plats au choix), et il n'est pas rare que la soirée se termine par un bœuf avec les amis musiciens !

|●| *Le Garde-Manger* *(plan A1, 23) : 40, rue de l'Alma.* ☎ *02-35-47-39-72.* ● *restaurant-legardemanger@orange. fr* ● *Fermé lun midi, mer midi, sam midi et dim. Formules déj 13-16 € ; compter env 19 € pour le menu.* Une petite cuisine simple, fraîche, joliment ficelée. Le tout à des prix contenus ! Le menu, très restreint (2 entrées et autant de plats et de desserts), change tous les jours selon ce que le patron trouve sur le marché. Pour couronner le tout, le cadre (quelques murs en brique, des banquettes, le bar au fond... et un vélo suspendu !) est à l'image de la cuisine et de l'accueil : sans effet de manche, chaleureux et convivial.

|●| ↑ *Bistrot du P'tit Port* *(plan C2, 30) : 11, quai de l'Île.* ☎ *02-35-47-97-99.* ● *bistrotduptitport76@gmail.com* ● *Tlj sauf lun 8h (9h w-e)-20h (resto midi seulement). Menu 18,50 €. Apéritif maison offert sur présentation du guide de l'année.* La spécialité ici, c'est le poisson. Pas étonnant, vu que le bistrot est juste en face du port de pêche et du marché au poisson. Alors on fait comme les nombreux locaux : on s'attable en terrasse ou dans la petite salle sans chichis, et on commande l'assiette de crustacés, les harengs pommes à l'huile ou la soupe de poisson, avant d'attaquer la marmite du pêcheur ou le plat du jour. C'est vraiment tout simple, mais c'est frais et bon. Un bon plan dans sa catégorie.

Prix moyens

|●| ↑ *Le Margote* *(plan C2, 22) : 50, quai Michel-Féré.* ☎ *02-35-43-68-10.* ● *contact@lemargote.fr* ● *lemargote.fr* ● *Ouv mar-sam. Formule déj 19,50 €, menus 29-38 €.* Cadre lumineux, contemporain et convivial. Dans l'assiette, les saveurs sont finement associées, et les produits de la région mis à l'honneur. Soigné, jusque dans la présentation des assiettes, délicate sans être chichiteuse. La terrasse offre une vue sur le Volcan. Service pro et sympa de la propriétaire, qui est aussi la femme du chef. Vraiment une bonne escale.

|●| ↑ *La Taverne Paillette* *(plan B1, 21) : 22, rue Georges-Braque.* ☎ *02-35-41-31-50.* ● *contact@taverne-paillette. com* ● ♿ *Tlj 12h-minuit (sauf dim soir 22h30). Fermé le soir de Noël. Résa conseillée. Menus 17,30 € (midi en sem), puis 31,20 €.* C'est une des adresses historiques de la ville, fondée en 1596 et réaménagée en 1956. Son nom vient de la *Brasserie Paillette*, démolie dans les années 1980, qui se trouvait en face. La jolie salle du fond, avec ses photos et ses souvenirs, était d'ailleurs réservée au staff de l'usine. Aujourd'hui, on s'y retrouve au coude à coude avec les Havrais pour se sustenter d'un plat de brasserie classique (tartare, moules, andouillettes...), d'une bonne choucroute ou de fruits de mer. Du débit, de l'animation, bref une affaire qui roule. Et on peut même déguster la bière Paillette depuis qu'un petit brasseur de Saint-Arnoult se charge de la faire revivre !

|●| *Le Bouche à Oreille* *(plan B1, 32) : 19, rue Paul-Doumer.* ☎ *02-35-45-44-60. Fermé dim-lun. Formules et menus 17,90 € (midi en sem), puis*

LE HAVRE / OÙ FAIRE UNE BONNE PAUSE SUCRÉE ? | **145**

22,90-33,90 €. Ce tout petit restaurant discret au cadre moderne tourne à plein régime. Son secret ? Un accueil sympathique et efficace, et surtout une cuisine qui reflète les efforts du chef : tout est frais, bon et présenté avec application. Du classique modernisé en somme, au bon rapport qualité-prix indiscutable.

l●l ⊤ *A Deux Pas d'Ici (plan C2, 26) :* 69, rue Dauphine. ☎ 02-35-43-44-81. ● a2pasdici76@gmail.com ● adeuxpas dici.fr ● ⚒ *Fermé lun, sam midi et dim soir. Congés : 3 sem juil. Résa conseillée. Formules 19 € (midi en sem), puis 27-37 € ; carte env 38 €. Apéritif maison offert sur présentation du guide de l'année.* Dans le quartier Saint-François, un resto discret proposant de savoureuses spécialités normandes présentées avec soin (du genre filet de bœuf au livarot), dont certaines cuisinées à base de cidre et de pommeau. Intérieur classique agréable, à moins de préférer la terrasse à l'arrière.

l●l *Le Lyonnais (plan C2, 22) :* 7, rue de Bretagne. ☎ 02-35-22-07-31. *Fermé sam midi et dim. Formule déj en sem 14,90 € ; menus 19,90-29,90 € ; carte env 35 €. Apéritif maison offert sur présentation du guide de l'année.* Un bouchon lyonnais dans le quartier breton de Saint-François, c'est un peu comme un oranger sur le sol irlandais, si vous voyez ce qu'on veut dire. Bonnes spécialités bourguignonnes (escargots de Bourgogne, rognons de veau, saucisson chaud, etc.) mais pas seulement, à savourer dans un décor de bistrot typique et chaleureux, avec les nappes à carreaux de rigueur. Accueil très sympa.

l●l ⊤ *Ristorante Al Dente (plan B1, 27) :* 41, rue Racine. ☎ 02-35-22-84-96. ● contact@aldente-ristorante.com ● ⚒ *Fermé dim-lun. Congés : 1 sem en avr, août et 1 sem pdt fêtes de fin d'année. Formule déj en sem 14,50 € ; menu 21,50 € le soir.* Un vrai resto

italien, avec les couleurs, l'accent et le goût du pays. On retrouve la structure des cartes à l'italienne (*antipasti, primi, secondi*) ainsi que quelques bonnes pizzas (vendues aussi à emporter). Sous des atours un peu chics, avec sa salle cosy prolongée par une grande véranda sur la place, cette adresse accueille les Havrais de tous horizons venus profiter d'une très bonne cuisine à prix raisonnables. Un incontournable en ville.

l●l *Le Bouchon Normand (plan B1, 29) :* 77, rue Louis-Brindeau. ☎ 09-52-15-23-73. ● lebouchon.normand@gmail.com ● *Ouv tlj midi et soir. Formule déj en sem 15 € ; menus 18,50-25 €.* En plein centre, une grande brasserie moderne qui offre 2 avantages déterminants : des horaires pratiques (11h-23h) et une ardoise composée de spécialités normandes élaborées avec des produits locaux. C'est par ailleurs l'un des rares endroits en ville où l'on propose des abats ! Qu'il s'agisse d'une escalope à la crème, de tripes ou d'une tête de veau, c'est simple, bon et servi avec le sourire.

l●l ⊤ *Les Enfants Sages (plan B2, 31) :* 20, rue Gustave-Lennier. ☎ 02-35-46-44-08. ● contact@res taurant-lesenfantssages.com ● restau rant-lesenfantssages.com ● ⚒ *Fermé dim soir. Formule déj en sem 16 € ; carte env 33 €.* Le cadre compte pour beaucoup. Car il s'agit de l'ancienne maison du directeur de l'école voisine, construite en 1905 et posée au milieu d'un charmant petit jardin. En plein centre-ville, c'est une aubaine ! Quant aux différentes salles, elles sont séduisantes, dans un style rétro-chic chaleureux et un brin branché. Un lieu atypique au Havre, impeccable pour un café dans la journée ou un verre le soir. On y mange aussi convenablement (tartares, *tataki* de thon, cochon de lait...), mais les tarifs sont en rapport avec le cadre. Accueil très sympa.

LA SEINE-MARITIME

Où faire une bonne pause sucrée ?

☛ ✐ *Pâtisserie-salon de thé Mazzoni (plan A1, 35) :* 10, rue Frédéric-Bellanger. ☎ 02-35-48-82-63. ● patis seriedelaplage.com ● ⚒ *Fermé dim soir-mar. Compter 6,50-8 € la pâtisserie à consommer sur place.* Une

pâtisserie qui s'est taillé une belle place sous le soleil havrais, née d'un tandem de pâtissiers franco-nippons qui se sont rencontrés chez le grand chocolatier Jean-Paul Hévin... Du beau et du bon !

146 | LA SEINE-MARITIME / LA BAIE DE SEINE

Où boire un verre ? Où sortir ?

Quelques bars en front de mer font le plein dès les beaux jours. Un coup de cœur : *L'Abri Côtier (plan A1, 40 ; 24, bd Albert-Ier ; ☎ 02-35-42-51-20 ; ; tlj jusqu'à 2h – 21h dim)*. Ambiance chaleureuse et festive pour ce troquet coloré, souvent investi par les étudiants et les jeunes trentenaires qui profitent de sa terrasse en surplomb du boulevard.

On peut aussi boire un verre à *L'Eau Tarie (plan B1, 41 ; 86, rue Victor-Hugo ; ☎ 02-35-41-39-83 ; ; tlj)*. Un bar étudiant animé dans un cadre sympa, avec une terrasse sur la rue piétonne.

Où piquer une tête ?

■ *Les Bains des Docks (plan D2, 50)* : quai de la Réunion. ☎ 02-32-79-29-55. ● lesbainsdesdocks.com ● Tlj 10h-20h (22h ven). Entrée : env 5 € ; env 13 € avec l'espace balnéothérapie (sauna, hammam), vivement recommandé. Sur le site des anciens hangars à café, un complexe balnéo-aquatique conçu par l'incontournable Jean Nouvel (lauréat du Pritzker 2008). Celui-ci a revisité les thermes romains, en version moderne, pour édifier cette remarquable architecture tout en lignes épurées. Formes cubiques, jeux des volumes, monochromie, lumières douces puisées à l'extérieur et cadre zen propice à la détente... Bassin extérieur de 50 m pour les sportifs réchauffés ; espace balnéo avec toboggans, bassins chauds et froids, sauna et pataugeoire pour les enfants. Même l'acoustique est meilleure que dans les piscines traditionnelles.

À voir

– La meilleure façon de découvrir Le Havre, son architecture, son histoire, c'est avec un guide. Vraiment. Profitez donc des visites organisées par le service Ville d'art et d'histoire (voir « Adresses utiles »). Vous percevrez la ville d'un autre œil.

◉ *L'église Saint-Joseph (plan B1)* : à l'angle des rues de Caligny et Louis-Brindeau. Tlj 10h-18h (sauf offices religieux). Fascinante église réalisée par Auguste Perret. Appliquant à l'art religieux ses préceptes architecturaux, il a utilisé le béton brut de décoffrage pour élever une tour-clocher haute de 107 m. On la voit de partout, quitte à la prendre parfois pour un gratte-ciel... L'extérieur ne soulève pas d'emblée l'enthousiasme ; il faut entrer pour saisir la beauté et la modernité de l'édifice. Par exemple, pour se rendre compte que la forme de croix grecque se transforme en tour octogonale et que l'escalier qui démarre à droite de l'orgue se termine tout en haut de la tour ! Le clocher est impressionnant quand on l'admire depuis la nef. À l'intérieur, ni ornementation ni chemin de croix. Novateur à l'époque, l'autel – et donc le prêtre – est situé au centre de l'église et les fidèles sont assis tout autour de lui sur des sièges à strapontins dignes d'une salle de spectacle. Mais surtout, essayez de venir quand il fait beau pour voir l'intérieur de l'église baigné d'une lumière variant au rythme du soleil grâce aux 12 768 verres colorés de Marguerite Huré, complice d'Auguste Perret. Les spécialistes disent que l'on dénombre une cinquantaine de teintes, les couleurs chaudes se situant au sud et à l'ouest, et une épaisseur de verre moindre en hauteur.

Le musée d'Art moderne André-Malraux (MuMa ; plan B2) : 2, bd Clemenceau. ☎ 02-35-19-62-62. ● muma-lehavre.fr ● (prêt de fauteuil). Tlj sauf lun et certains j. fériés 11h-18h (19h w-e). Entrée : 7 € (10 € avec expo temporaire) ; réduc ; gratuit moins de 26 ans et pour le 1er sam du mois.
Le plus grand musée du Havre se repère de loin. D'abord, parce que le *Signal*, impressionnante sculpture monumentale de Henri Georges Adam figurant un œil et installée sur le parvis en 1961, joue parfaitement son rôle, retenant immanquablement l'attention des promeneurs ; ensuite, parce que le bâtiment lui-même n'a pas pris une ride : une vraie réussite architecturale !

LE HAVRE / À VOIR | 147

Inauguré en 1961 par André Malraux, ce bel espace renferme une des plus importantes collections impressionnistes de France, réunie notamment grâce aux généreuses donations Senn-Foulds et Mathey.

Face à la mer, son architecture moderne, lumineuse et transparente, constituée d'acier et de grandes verrières, le tout fouetté par les embruns, est un écrin presque idéal pour une peinture qui « aspire » la lumière ou, comme dirait le slogan du musée, pour présenter de grands peintres « dans leur lumière ». Le bâtiment fut conçu par des élèves dissidents d'Auguste Perret (il y en eut !), l'architecte Guy Lagneau s'étant largement inspiré du « plan libre » de Le Corbusier et du Bauhaus. Sur le toit, le *paralume,* un ensemble de lames inclinées en aluminium qui atténue la luminosité entrant par le haut, est de Jean Prouvé.

1er étage

La visite commence avec un petit fonds d'œuvres à partir du XVIe s, avant d'attaquer **les impressionnistes et les fauves.** Les accrochages peuvent être modifiés en fonction des expositions temporaires, mais, en principe, les œuvres citées restent visibles. Classicisme et Contre-Réforme y sont donc au rendez-vous avec la *Vocation de saint Matthieu,* de Ter Brugghen, inspirée du Caravage, *La Consécration de la Vierge* signée Charles de Lafosse, ou encore *La Chute de Simon le Magicien,* de Solimena, où saint Pierre ordonne aux diables de lâcher le prétentieux magicien, un rival de second ordre, sans doute... S'ensuivent quelques paysages classiques de Huysmans, Dughet (le gendre de Poussin), des œuvres de Volaire et Robert (fin XVIIIe s), d'un style particulièrement brûlant (c'est le cas de le dire), et, déjà, quelques natures mortes de Boudin, l'un des précurseurs de l'impressionnisme. Surtout, ne pas manquer *La Vague* de Courbet, datant de 1869. L'auteur de *L'Origine du monde* en réalisa plusieurs versions. On est loin de l'impressionnisme, mais le peintre, réaliste, provocateur et grand nageur devant l'Éternel, s'intéressait alors de plus en plus aux paysages, et notamment à ceux de Normandie (il peindra également les falaises d'Étretat). *La Vague* fut peinte au couteau, au bord de la plage, dans une cabane-atelier secouée par les vents impétueux. Courbet ouvrit ainsi la voie aux impressionnistes qui iront « sur le motif », c'est-à-dire sur les lieux mêmes de leur sujet.

Après quelques toiles de **l'école de Barbizon,** proche de Courbet et attirée elle aussi par les extérieurs (Troyon, Daubigny), on entre de plain-pied dans les débuts de l'impressionnisme, avec une amusante série de vaches, signée Eugène Boudin. Ce dernier, né à Honfleur en 1824, vécut longtemps au Havre, où il fut d'abord papetier, demandant des conseils de débutant aux peintres qu'il exposait (Millet, Courbet...). Grande cimaise où l'on peut constater que, de la Normandie, il peignit beaucoup les vaches, d'accord, mais aussi les plages, les jeux d'enfants dans l'eau, les promenades familiales sur la jetée, les barques échouées à marée basse et les cieux. Toutes ces œuvres de petit format, dont certaines inachevées, préfigurent surtout les débuts de l'impressionnisme... Notez, par exemple, *L'Aiguille creuse* et *Les Falaises et Barques jaunes à Étretat* (où il utilise le noir, contrairement aux futurs impressionnistes), ou encore *L'Entrée des jetées du Havre par gros temps,* peinte à proximité du musée.

La 2e partie de l'étage rassemble la superbe **donation Senn-Foulds,** regroupant 205 œuvres, peintures, dessins, pastels, aquarelles et sculptures, dont beaucoup de toiles signées par les plus grands peintres préimpressionnistes, impressionnistes et fauves. Parmi les œuvres marquantes, signalons *Le Loing à Saint-Mammès,* de Sisley, le plus constant des impressionnistes puisqu'il le restera jusqu'au bout, contrairement à nombre de ses confrères !

Et puis on ne peut pas ne pas parler de **Claude Monet** au Havre. Sa famille s'y installe quand il a 5 ans. Sa tante (elle s'appelle Lecadre, incroyable, non ?) l'autorise à quitter l'armée en Algérie s'il prend des cours de beaux-arts à l'école du même nom. Il commence par vendre (très bien) des caricatures de ses professeurs et des notables de la ville... Vient ensuite la rencontre avec Eugène Boudin, décisive. Certes, le fameux *Impression, soleil levant,* œuvre fondatrice de l'impressionnisme réalisée au Havre, au retour d'un voyage à Londres et d'une rencontre

148 | **LA SEINE-MARITIME / LA BAIE DE SEINE**

avec Turner, se trouve au musée Marmottan, à Paris. Mais vous pourrez tout de même admirer le maître, pour ne pas dire le père de l'impressionnisme, avec, par exemple, *La Seine à Vétheuil* (à comparer à *Soleil d'hiver à Lavacourt,* exposé au rez-de-chaussée), dans lequel on retrouve la fameuse vibration de la lumière et des couleurs propres aux impressionnistes. Passons ensuite aux 3 Pissarro de la donation, dont *Carrefour à l'Hermitage Pontoise,* très proche de Cézanne, *Le Quai du Pothuis,* où l'on sent la tentation du pointillisme qui pointe, et *Soleil levant à Éragny,* dans lequel Pissarro revient vers l'impressionnisme sans perdre toute tentation pour son fameux pointillisme.

Ne pas manquer ensuite l'une des pièces maîtresses du musée : le portrait de *Nini Lopez,* signé Renoir, en 1876, sans doute peint pour se renflouer après le krach boursier de 1875. Il représente un jeune modèle parisien, favorite de Renoir, surnommée à l'époque Nini Gueule-de-Raie ! La suite de la collection aborde les Nabis (mot signifiant « prophète » en hébreu), un groupe de peintres postimpressionnistes d'avant-garde qui jonglent avec les symboles. Voir notamment *La Valse* de Félix Vallotton (très Art nouveau, on est en 1893) ou *Le Berger Corydon* de Sérusier, cofondateur du mouvement nabi. On termine l'étage avec les fauves, héritiers des impressionnistes, en particulier Marquet, dont les toiles prouvent qu'il fut aussi un grand amoureux des ports, Bonnard avec son *Intérieur au balcon,* où la mer semble se répandre sur la table, et Vuillard avec le très délicat *Enfants lisant,* réalisé d'après une photo.

Rez-de-chaussée

On retrouve Monet avec *Les Nymphéas,* de forme carrée, ou encore le fameux *Fécamp, bord de mer* et *Soleil d'hiver à Lavacourt.* Parmi les autres œuvres importantes, signalons *Bateaux au soleil couchant* de Manet ; 2 vues du *Port du Havre* par Pissarro ; *L'Excursionniste* de Renoir, où l'on sent déjà le retrait de l'artiste par rapport à l'impressionnisme ; *La Côte de Grâce à Honfleur,* le seul tableau de Braque, originaire du Havre, où l'impressionnisme semble digéré et le cubisme pas encore en vue. Enfin, impossible de quitter le musée sans admirer l'un des maîtres du fauvisme, Raoul Dufy, né en 1877 au Havre. Voir notamment (selon accrochage) *Sorties de régates au Havre* (influence impressionniste), le très beau *Jeanne dans les fleurs* (couleurs saturées très fauves), *Les Gymnastes* (cézannesque et cubiste à la fois), *Casino Marie-Christine* (tentation cubiste dans les toitures et les barques hors de l'eau) ou encore *Pêcheurs aux haveneaux* (franchement cubiste). Finir par la série bleue de Dufy : *Baigneuse au Havre* (cubiste), *Les Sirènes* (avec un texte d'Apollinaire) ou encore *La Plage et l'Estacade au Havre* pour son bleu saturé, ses noirs illustrant la cécité que procure la lumière contemplée de face et l'opposition entre le dessin et la couleur.

🎭 🏃 **Port Center** *(plan B2) :* *47-51, chaussée Kennedy.* ☎ *02-32-74-70-49.* ● *lehavreportcenter.com* ● *Ouv ts les w-e, ainsi que mer des vac scol 14h-18h. Expos temporaires régulières. Entrée : 2 € ; gratuit moins de 26 ans.*
Le Port Center est un espace qui fait office de fenêtre ouverte sur le milieu portuaire et industriel et ses enjeux de développement. Souvent méconnu du grand public, le fonctionnement du port est expliqué à travers une courte expo permanente récente et très bien conçue, à découvrir en famille, consacrée aux métiers du port en rapport avec le parcours de la marchandise ; elle intègre une poignée de manipulations et jeux interactifs. Vraiment intéressant. Dans un autre espace, des casques de réalité virtuelle donnent, en 7 mn, une vision du port sous différents angles. Dommage que la qualité des images soit décevante...
Et, le jeudi une fois par mois, plusieurs parcours thématiques de 1h30 à 3h30 sont proposés – sur résa – dans le port, à la rencontre de ceux qui y travaillent : souvent dans des zones inaccessibles au public du navire au conteneur de la station de pilotage ou terminal roulier – ces visites permettent de découvrir les coulisses de la vie portuaire, complétées par des conférences gratuites animées par des professionnels.

LE HAVRE / À VOIR | **149**

La cathédrale Notre-Dame *(plan B2) : rue de Paris.*
Pourtant située au cœur du périmètre le plus dévasté par les bombardements de la Seconde Guerre mondiale, Notre-Dame a curieusement réchappé en partie au désastre. Un miracle ! C'est peut-être ce qui lui valut d'être consacrée cathédrale en 1974... Beau contraste avec la ville moderne reconstruite par Auguste Perret. C'est justement lui qui pensa à agrandir le parvis de la cathédrale pour la mettre en valeur. Il restait si peu de la ville ancienne ! On note d'ailleurs que la cathédrale est située 80 cm en contrebas de la rue : il s'agit en réalité de l'ancien niveau du Havre, la nouvelle ville ayant été bâtie sur les gravats de l'ancienne !
Originellement édifiée à la fin du XVIe s, Notre-Dame possède une structure gothique, mais de nombreux éléments trahissent une forte influence Renaissance. Noter la façade à colonnes ioniques, inspirée par le style jésuite du XVIIe s et flanquée d'une grosse tour carrée. À l'intérieur, superbe reconstitution du buffet d'orgue originel (milieu du XVIIe s), offert par Richelieu – alors gouverneur du Havre – et dont on voit les armes au sommet. Retables financés par Henri IV (inscription de 1605), vitraux ornés de frises marines et 2 autres du XIXe s où sont représentés l'église et le quartier au début du XVIIe s. Également un chemin de croix en bois sculpté qui provient de la chapelle du paquebot *Normandie* (1935-1942, paix à son âme). Au fond, Vierge ornementée d'attributs marins (cordages) et apôtres en bois réalisés par... un fabricant de figures de proue.

Le Muséum d'histoire naturelle *(plan B2) : pl. du Vieux-Marché.* ☎ *02-35-41-37-28.* ● *museum-lehavre.fr* ● *(rdc). Tlj sauf lun et jeu mat 10h-12h, 14h-18h. Entrée : 5 € ; réduc ; gratuit moins de 26 ans et pour ts le 1er sam du mois.* Logé dans l'ancien tribunal de la ville du XVIIIe s, ce beau musée est dédié aux expositions temporaires. Les thématiques abordées, en lien avec le monde du vivant et l'ensemble des champs de la culture scientifique, bénéficient généralement d'une scénographie interactive très ludique. Idéal pour les familles ! Le musée possède également une riche collection de dessins du naturaliste havrais Charles-Alexandre Lesueur, réalisés lors de ses expéditions australes et américaines et visibles par roulement.

La maison de l'Armateur *(plan C2) : 3, quai de l'Île (quartier Saint-François).* ☎ *02-35-19-09-85. Fermé mar et j. fériés. Lun et mer-sam : 1er avr-1er nov, 10h-12h30, 13h45-18h ; hors saison, 10h30-12h30, 13h45-17h30. Entrée : 7 € ; réduc ; gratuit moins de 26 ans et pour ts le 1er sam du mois. Visite guidée sam à 11h (sauf 1er sam du mois) et 15h30, dim à 11h.* Ancienne propriété du riche armateur Martin-Pierre Foache, c'est l'une des plus vieilles maisons du Havre, l'une des seules traces du XVIIIe s havrais, alors, forcément, ici, on y tient. Superbement restaurée (voir la projection à l'accueil de photos de la restauration), elle est célèbre pour son architecture exceptionnelle, avec sa façade Louis XVI et son incroyable puits de lumière autour duquel ont été conçues les pièces à vivre sur 5 niveaux, tout en arrondis. La maison, transformée en musée, évoque la vie havraise de 1750 à 1850 à travers les reconstitutions d'intérieur (le cabinet de travail, les chambres, les salons...), les cabinets de curiosités et les nombreux objets présentés au fil des pièces au mobilier d'époque. Noter le bel escalier de service en colimaçon qui double l'escalier principal, les portes arrondies (qui cachaient parfois des toilettes), le piano-forte Miquet de 1791 et les objets de marine du dernier étage. Une visite indispensable. Si le coin vous inspire, vous pouvez toujours faire vos courses au petit marché aux poissons (aux prix plus raisonnables que celui des halles dans le centre), juste en face.

Le musée d'Art et d'Histoire de l'hôtel Dubocage de Bléville *(plan C2) : 1, rue Jérôme-Bellarmato.* ☎ *02-35-42-27-90. (rdc). Tlj sauf mar et j. fériés : avr-oct, 10h-12h30, 13h45-18h ; hors saison, 10h30-12h30, 13h45-17h30. Visites guidées des salles d'expo dim à 15h30. GRATUIT.* Ce bel hôtel particulier à pans de bois recouvert d'ardoises appartenait à l'armateur, navigateur et corsaire du roi Michel-Joseph Dubocage de Bléville (1676-1727). Quelques salles accueillent à tour de rôle des expositions permanentes (notamment sur le sieur Dubocage) et temporaires (liées à l'histoire du Havre et au négoce maritime). Vaut le coup d'œil.

LA SEINE-MARITIME

150 | **LA SEINE-MARITIME / LA BAIE DE SEINE**

🎭🎭 🏃 *Le Salon des Navigateurs* *(plan C2)* **:** *1, rue du Petit-Croissant, à l'angle de la rue Jean-de-La-Fontaine.* ☎ *02-35-42-12-71. Mar-ven 9h30-12h, 14h-18h30 ; sam 9h30-12h. Congés : 3 sem en août. GRATUIT car on est chez un vrai coiffeur !* Arrêt obligatoire dans le quartier Saint-François pour découvrir un salon de coiffure pas comme les autres. Car cette perle rare est tenue par Daniel Lecompte, ex-coiffeur sur le paquebot France, qui officie en tenue de marin ! Un vrai passionné qui a réuni une collection impressionnante de matériel ancien, de l'après-guerre jusqu'aux années 1960, et qui a reconstitué 2 salons de coiffure quasiment à l'identique. Bigoudis chauffants pour mises en plis et indéfrisables, moule à gaufres et Babyliss... Quant à la 3e salle, elle accueille le musée de la Marine, un adorable fourre-tout où l'on déniche de belles maquettes de bateaux et des souvenirs, notamment du paquebot *France,* dont le nom, ici, fait toujours rêver... Nostalgie et excellent accueil garantis. La « coupe mode » est à 21,30 €, alors laissez-vous tenter, et attendez votre tour avec les habitués sur les transats sur le trottoir !

🎭🎭 *L'hôtel de ville et la rue de Paris* *(plan B1-2)* **:** classique et imposant sans être trop pompeux, l'hôtel de ville est adouci par une grande place rythmée d'espaces verts, de jeux pour enfants et de fontaines. Dans l'axe de l'hôtel de ville, la construction de la rue de Paris s'inspire clairement, avec sa conception du XVIIIe s, des commerces entresolés de la rue de Rivoli, à Paris justement. Seulement ici, la rue débouche sur le port et il n'est pas rare d'apercevoir d'impressionnants bateaux tout au bout. Sachez que dans la ville de Perret, le nombre d'or est 6,24. Tout est calculé à l'aune de cette « trame urbaine », car c'est la portée optimale d'une poutre en béton armé de l'époque.

🎭🎭 *L'appartement-témoin Perret* *(plan B1)* **:** *rdv à la Maison du patrimoine, 181, rue de Paris.* ☎ *02-35-22-31-22. Visite guidée (50 mn) avr-sept, tlj, lun-ven à 15h30 et 16h30, plus 11h et 14h30 le w-e (juil-août tlj 11h-14h30, 15h30 et 16h30). Oct-mars, mer et ven à 15h30 et 16h30, sam à 14h30, 15h30 et 16h30 et dim à 10h30, 11h30, 14h30 et 15h30. Réserver en hte saison. Tarif : 5 € ; gratuit moins de 26 ans et pour ts le 1er sam du mois. Visite de l'appartement et de l'église Saint-Joseph : 7 €, réduc.* Après la guerre, un habitant sur 2 au Havre est sans abri. L'État demande alors à Perret de reconstruire le centre-ville pour y loger la classe moyenne qui demande à être réintégrée rapidement là où elle vivait auparavant. L'autre grand nom envisagé à l'époque pour ce travail est Le Corbusier, mais l'État craint que celui-ci ne parvienne pas à maîtriser les coûts comme Perret, qui a déjà démontré dans le passé qu'il en était capable. Le rationalisme et le fonctionnalisme, maîtres mots de Perret, révolutionnent la conception de ces nouveaux appartements : circulation de l'air, luminosité optimale, modularité des espaces (portes coulissantes)... La visite permet de découvrir l'une de ces habitations modèles, au sein d'un îlot résidentiel caractéristique... et entièrement habité, preuve de la pérennité du projet ! Mais une fois la porte de l'appartement poussée, on se retrouve bien en 1950, dans un logement destiné à un officier de marine. L'ensoleillement est optimisé par une double orientation, le chauffage est collectif et à air pulsé, le salon devient un « living », on crée une vraie salle de bains et la cuisine, remodelée pour une maîtresse de maison qui régente toute la maisonnée, devient une sorte de « laboratoire » simplifié. Le tout est équipé de blocs éviers en inox et de rangements prêts à être posés d'un seul tenant, de fenêtres survitrées et de volets galvanisés. Et l'électroménager – américain, plan Marshall oblige – s'invite dans la cuisine. Pour la 1re fois, le mobilier est conçu pour être produit en série et à bas coût. Le mobilier de l'appartement, de 1947, signé René Gabriel et Marcel Gascoin, est droit, avec seulement quelques arrondis très simples et vise une optimisation des espaces (tables escamotables, lits gigogne, vide-ordure...). Une visite intéressante qui permet d'aborder de nombreux sujets traitant du quotidien, de l'architecture ou du règlement des dommages de guerre.

🎭🎭 *L'espace culturel Oscar-Niemeyer* *(Le Volcan ; plan B1-2)* **:** *à deux pas de l'hôtel de ville, juste devant le bassin du Commerce.* Conçu par le fameux

LE HAVRE / À VOIR | **151**

architecte Oscar Niemeyer (décédé le 5 décembre 2012, 10 jours avant ses 105 ans), célèbre pour avoir créé de toutes pièces Brasilia, la capitale du Brésil construite en plein désert. Ses sympathies communistes n'ayant jamais été un mystère, il s'exila en France sous la junte militaire, au pouvoir au Brésil dans les années 1960, et entreprit la construction de cet édifice au Havre, alors mairie communiste, ainsi que celle du siège du Parti communiste français, place du Colonel-Fabien, à Paris. Baptisé Le Volcan par l'un de ses ex-directeurs (et vite surnommé « le pot de yaourt » par les habitants), ce lieu se résume en 2 mots : courbes et asymétrie. Au béton bouchardé de Perret répond ici la blancheur lisse de l'édifice. Il est vrai qu'avec un beau ciel chargé de nuages l'effet de volcan est convaincant. Le site comprend en réalité 2 espaces distincts : le Grand Volcan, qui accueille une Scène nationale, et le Petit Volcan, où l'on a inauguré en 2015 une bibliothèque hors norme. « Hors norme », parce que le lieu est unique, et parce qu'il a été repensé... après avoir consulté le maître *himself*, l'indéboulonnable Niemeyer, centenaire toujours vaillant lors du lancement du projet !

🏛🏛 ***Les Jardins suspendus et les serres*** *(hors plan par A1) :* rue du Fort et rue Albert-Copieux. ♿ Bus n° 3, arrêt Cochet, et n° 5, arrêt Copieux. Tlj : 10h30-20h avr-sept ; 10h30-18h oct et mars ; 10h30-17h nov-fév. Accès libre. Horaires un peu plus restreints pour les serres, dont l'accès est payant : 2 € ; gratuit moins de 12 ans. Aménagés dans un fort militaire du XIXe s, ces jardins profitent d'un superbe panorama sur la ville et l'estuaire. Par beau temps, on aperçoit même Deauville, Trouville et le CHU de Caen ! Sur 17 ha, on part à la découverte des plantes les plus rares, et on voyage aux 4 coins du globe, symbolisés par les 4 bastions : Amérique du Nord, Asie (surtout la Chine), terres australes (Australie, Tasmanie, Chili...) et un bastion consacré aux explorateurs modernes. Un bel hommage aux botanistes qui ont rapporté de leurs voyages des spécimens autrefois méconnus, devenus aujourd'hui familiers. Ici, aucune plante hybride, uniquement des originales. Dans les serres municipales, toutes sortes de cactées, plantes succulentes ou carnivores, et puis le jardin d'essais où l'on teste de nouvelles variétés de plantes à massifs.

🏛🏛 ***Balade le long de quelques maisons et édifices typiques du Havre :*** si vous redescendez à pied des Jardins suspendus, ce que l'on vous conseille, jetez donc un œil à la *maison des Gadelles* et, sur le front de mer, à la *maison de l'écrivain Armand Salacrou,* plutôt originale avec ses sortes de grottes encastrées dans la construction. Sur le front de mer toujours, vous devriez repérer les ferronneries Art nouveau de la *maison du père de Georges Braque,* qui date de 1904. Enfin, plus loin, quelques *bâtiments au style paquebot,* plus récents mais très représentatifs de l'architecture havraise moderne.

🏛🏛 ***Les panoramas du Havre et de Sainte-Adresse :*** superbes vues sur la ville, l'entrée de l'estuaire et « de l'autre côté de l'eau », comme disent les gens d'ici. 1er panorama, avec table d'orientation, dans le quartier du « Nice havrais », boulevard Félix-Faure sur la commune de Sainte-Adresse, et l'autre à l'angle des rues Georges-Lafaurie et du 329e-RI (au Havre), ou depuis le sommet de la tour de l'hôtel de ville (dans le cadre de visites organisées par l'office de tourisme). On peut ensuite se rendre à Sainte-Adresse (voir plus loin) par une agréable balade le long de la plage.

🏛🏛 ***Sur les pas du Havre moderne :*** on vous conseille de faire cette balade, qui devrait vous mener du quartier de la gare au port du Havre en passant par le quartier des docks, avec le service culturel Ville d'art et d'histoire (voir « Adresses utiles »). Jeter ensuite un œil à l'élégant modernisme du *Novotel,* conçu par l'architecte Jean-Paul Viguier, tout en pensant qu'après la guerre on voyait la mer depuis cet endroit... Ne pas manquer l'original *bâtiment de la chambre de commerce et d'industrie (CCI),* conçu par René Dottelonde et les frères Duflo, très bien éclairé la nuit. Puis aller voir le beau quartier des docks, avec les *Docks Café* et les *Docks Océane,* joliment réhabilités. Pour regarder dans le rétroviseur et saisir un peu du passé havrais des ouvriers dockers, lisez donc, quai de Saône, la *plaque consacrée à Jules Durand,* syndicaliste accusé à tort de meurtre. Défendu par l'avocat

LA SEINE-MARITIME

152 | LA SEINE-MARITIME / LA BAIE DE SEINE

René Coty, futur président de la République, son cas fut considéré comme une affaire Dreyfus du monde du travail et racontée par l'écrivain havrais Armand Salacrou dans *Boulevard Durand*.

🏛 *L'abbaye de Graville* (hors plan par D1) : *rue de l'Abbaye.* ☎ 02-35-24-51-00 *ou 02-35-42-27-90. Depuis l'hôtel de ville, bus n° 2, arrêt Graville, ou n° 7, arrêt Sainte-Honorine. Tlj sauf mar et j. fériés : 1er avr-1er nov, 10h-12h30, 13h45-18h ; hors saison, 10h30-12h30, 13h45-17h30. Visites guidées dim à 16h. Entrée : 5 € ; réduc ; gratuit moins de 26 ans et pour ts les 1ers sam du mois.*

Sur les hauteurs de la ville, il s'agit du monument le plus ancien du Havre, avec son église du XIe s édifiée par Guillaume Mallet de Graville, porte-drapeau de Guillaume le Conquérant pendant la bataille d'Hasting. Les bâtiments conventuels, eux, datent du XIIIe s. Ils furent largement remaniés au XVIIIe, puis fortement endommagés par un incendie avant la Révolution française : le réfectoire, le cloître et la bibliothèque ne sont plus aujourd'hui qu'une grande terrasse avec une superbe vue panoramique sur Le Havre. Les bombardements de la Seconde Guerre mondiale n'ont pas été non plus sans laisser de traces. L'abbaye mérite quand même une halte pour sa belle salle capitulaire, les salles basses (dont la plus vaste coiffée d'une remarquable voûte en berceau brisée) et ses différentes collections. Plus que la statuaire religieuse et les objets liturgiques qui y sont présentés, c'est l'étonnante collection Gosselin qui a retenu notre attention. Ce Jules Gosselin (1863-1936) développa une véritable passion pour l'architecture après l'Exposition universelle de 1889 et réalisa plus de 200 maquettes de maisons. S'attachant d'abord à ce qu'il connaissait (des maisons à colombages normandes), il laissa de plus en plus de place à son imagination et finit par reproduire les bâtisses de pays où il n'avait jamais mis les pieds. Insolite !

Après avoir visité l'église et avant de quitter le site, jetez un œil à la Vierge noire à l'entrée. Selon la légende, elle aurait été coulée dans le bronze des canons prussiens. Les mères du Havre auraient, en effet, promis d'ériger une statue de la Vierge si Le Havre résistait à l'envahisseur pendant la guerre franco-prussienne... et la ville résista. La statue un peu moins : composée à l'origine de zinc et d'étain, elle commença par noircir (d'où son nom) avant d'être fortement endommagée pendant la Seconde Guerre mondiale et remplacée (les fragments d'origine sont conservés dans l'église).

🎬🎬 *Le port :* port d'escale de croisières (plus d'une centaine d'escales de paquebots internationaux de mars à décembre), mais aussi port de pêche, de plaisance, de commerce...

Aujourd'hui, pour des raisons évidentes de sécurité, le port s'est considérablement barricadé. Néanmoins, pour découvrir une partie des installations portuaires, et ça vaut le coup, 3 possibilités s'offrent à vous : en bateau, en bus (voir « À faire »), ou encore seul,

> ## JEAN VALJEAN ÉTAIT HAVRAIS !
>
> *C'est l'une des légendes locales qui a le plus de succès : pour créer Jean Valjean, héros des* Misérables, *Victor Hugo se serait inspiré d'un certain Régnault, homme d'affaires bien intégré dans la bourgeoisie havraise, qui préféra se suicider après avoir été reconnu par un ancien détenu prêt à dévoiler son passé de bagnard ! Sa tombe est dans le cimetière de Graville, à l'ombre de l'abbaye.*

mais à condition d'être véhiculé et de dénicher une carte précise (c'est très grand !). En bateau, le moyen le plus naturel pour aborder un port, on profite de très beaux points de vue, mais on ne va pas partout. Seules les visites autorisées en bus permettent d'accéder à certaines zones sensibles, comme le port en eau profonde de Port 2000. Finalement, les 2 sont complémentaires. Dans tous les cas, s'il n'y a pas de visite guidée (en bateau ou en bus) programmée lors de votre passage, il faut au moins y aller par ses propres moyens (en voiture ou à vélo, mais gare aux camions) pour découvrir un univers fascinant, où

LE HAVRE / À FAIRE | **153**

tout est synonyme de gigantisme. *Bon à savoir :* on voit les portiques de loin ; s'ils sont relevés, cela signifie que les quais sont vides.

Du centre, l'avenue Lucien-Corbeau longe l'ancienne gare maritime (où l'on embarquait pour New York à l'époque glorieuse des traversées du paquebot *France*) et conduit au Môle central, ouvert à tous. Ici, c'est le domaine du charbon, déchargé et convoyé jusqu'à la centrale thermique voisine sur des tapis roulants suspendus à bonne hauteur. Au bout du môle, on distingue une curieuse structure en forme de rampe pour skateboard, mais au format XXXL : il s'agit d'un brise-lames, construit pour protéger les bateaux à quai. Puis on poursuit la visite jusqu'à l'énorme écluse François-Ier (avenue Amiral-du-Chillou) pour voir passer les bateaux, avant de profiter du spectacle des porte-conteneurs amarrés quai de l'Atlantique, à côté. Ce ne sont pas les plus gros, mais ça vaut largement le coup d'œil. Quant aux fameux géants, on les retrouve à Port 2000 (dans le cadre d'une visite guidée seulement), un bassin à la mesure de ces colosses de 400 m de long, d'un tirant d'eau de 14 m et d'une capacité de 18 000 conteneurs (ou EVP pour les pros, ce qui signifie Équivalent Vingt Pieds). Avec un peu de chance, vous pourrez y observer les portiques abaissés, tels de grands échassiers guettant leur proie, et le ballet incessant des « cavaliers » qui déchargent les conteneurs à un rythme effréné... Puis, en fonction de leur destination, les conteneurs sont chargés sur des camions, des trains, des péniches, ou des bateaux plus petits. C'est ici que l'on prend conscience de la situation stratégique du port, de son importance dans la chaîne de distribution et de traitement des marchandises. Une impression renforcée en reprenant la route de l'estuaire, jalonnée de différents terminaux (comme le terminal roulier où patientent des nuées de véhicules).

Dans un tout autre registre, repérer sur la droite, à mi-parcours entre Port 2000 et le pont de Normandie (entre le rond-point du terminal roulier et le feu rouge), l'entrée d'un chemin truffé de nids-de-poule. Passé la voie ferrée, il conduit... à un observatoire à oiseaux ! On ne s'en doute pas, mais une grande partie des 27 km du port appartiennent à une réserve naturelle. Étonnant, surtout lorsqu'on décide de retourner en ville par la route de la Plaine et la route de la Chimie, où les cheminées des installations pétrochimiques crachent littéralement d'impressionnantes langues de flammes. De nuit, l'effet est saisissant !

À faire

– **Sorties en mer :** rens auprès de la société **Navigation normande maritimes** (06-16-80-24-10 ; ● visiteduport-lehavre.fr ●). *Avr-oct. Embarquement au 125, bd Clemenceau ; digue Olsen (plan A2).* Avec la vedette *Le Havre II* (145 passagers), on peut visiter le port avec commentaires ; compter 1h15 de balade *(env 14 €/adulte)*. En juillet-août, promenade en mer jusqu'au cap de la Hève *(35 mn ; 8 €/adulte)* ou Étretat *(3h, 28 €/adulte). Traversées vers Deauville-Trouville sur résa (19,50 €/adulte A/R).*

– **Point Plage :** à côté des Bains maritimes, en été. ☎ 02-35-41-49-76. Location de kayaks, *stand-up paddles,* funboard, *skimboard.*

🏃 **La forêt de Montgeon :** ce poumon de la ville, qui s'étend sur 270 ha, abrite une véritable forêt sauvage, avec sentiers de jogging, grandes pelouses, lacs, arboretum, aires de jeux... Le rendez-vous dominical de tous les citadins.

🏖 **La plage** *(plan A1) : à 500 m du centre-ville, surveillée tlj de mi-juin à mi-sept.* 2 km de plage de galets et de sable, joliment réaménagée par l'architecte Chemetoff. En saison, les heureux propriétaires d'une cabane de plage viennent la remonter pour l'été. Chaque année, de mi-mai à fin septembre, celles-ci se parent d'une expo photo sur un thème différent. Animations estivales. Douches et nombreux restos saisonniers. Grand *skatepark.* Les *Bains maritimes* proposent un accès (payant) à des douches, toilettes et vestiaires.

LA SEINE-MARITIME

Manifestations

– **Festival Le Goût des autres :** *4 j. en janv.* Festival littéraire au Magic Mirror.
– **Dixies Days :** *w-e de la Pentecôte, sur la plage du Havre et à Sainte-Adresse.* Festival de jazz. Belle atmosphère.
– **Les Prieurales :** *dernier w-e de juin.* Festival de musique médiévale à l'abbaye de Graville.
– **Un Été au Havre :** *juin-sept.* ● *uneteauhavre.fr* ● Installations, œuvres éphémères ou pérennes, expositions... L'art contemporain est à la fête dans toute la ville ! Plusieurs parcours, une appli... Un grand rendez-vous.
– **Festival Moz'aïque :** *3-4 j. (jeu soir-dim) mi-juil.* Dans les Jardins suspendus, festival de musiques du monde, tous genres confondus (aussi bien du jazz que du classique ou de la pop).
– **Corsiflor :** *le dim suivant le 15 août.* Le plus ancien corso fleuri de France.
– **Festival international de la Glisse :** *dernier w-e d'août.*
– **La Mer en fête :** *1er w-e de sept.*
– **Ouest Park :** *oct.* Musiques actuelles au Tétris, fort de Tourneville.
– **Transat Jacques Vabre :** *ts les 2 ans, une dizaine de j. fin oct-début nov.* Le port et la ville tout entière sont en fête pour célébrer le départ des marins au long cours en route vers l'Amérique du Sud.

DANS LES ENVIRONS DU HAVRE

🏛 **L'église Saint-Sauveur :** *à Montivilliers. En plein centre.* C'est l'ancienne église de l'abbaye. Façade reconnaissable grâce à sa tour romane agrémentée de tourelles d'angle et à son porche gothique surmonté d'un curieux gable sectionné à mi-hauteur (faute de sous pour le terminer !). L'entrée principale présente un beau portail roman à voussures et frise gothiques. Curieux intérieur composé d'une nef gothique à gauche et d'une nef romane au centre, caractérisée par sa voûte en bois reconstruite au XIXe s, à la suite d'un incendie déclenché par la foudre en 1888. Cette double nef s'explique par le fait qu'il y avait autrefois 2 églises, réunies plus tard.

SAINTE-ADRESSE

(76310)   7 500 hab.   *Carte Seine-Maritime, A2*

Le « rocher de Monaco » local, comme le surnomment certains, se trouve juste au bout de la plage du Havre. On peut d'ailleurs s'y rendre à pied en 20 mn. Port de pêche au Moyen Âge, devenu lieu de villégiature des Havrais dès le XVIIIe s. C'est Alphonse Karr, alors directeur du *Figaro*, qui lance la station en 1841, transformant Sainte-Adresse en « Nice havrais ». Très vite, les artistes fréquentent l'endroit : Sarah Bernhardt (on peut

SAINTE-ADRESSE, ADRESSE ÉPHÉMÈRE DE LA BELGIQUE

Entre 1914 et 1918, avec l'exil de leur gouvernement, ce sont 15 000 citoyens belges qui s'installèrent à Sainte-Adresse. Le gouvernement disposait même d'un bureau de poste qui utilisait des timbres belges ! Une sainte adresse... postale, donc. Aujourd'hui encore, le drapeau belge flotte à côté du drapeau français, derrière la statue d'Albert Ier et sur le blason de la ville.

SAINTE-ADRESSE | 155

encore y voir sa villa gravée des lettres « S » et « B »), Eugène Sue, Raoul Dufy et, bien sûr, l'incontournable Claude Monet, qui y peint la célèbre *Terrasse de Sainte-Adresse,* détenue par le Metropolitan Museum of Art de New York. Pendant la Première Guerre mondiale, le gouvernement belge, chassé par les Allemands mais accueilli par le gouvernement français, s'exile à Sainte-Adresse. Il emménage dans l'immeuble Dufayel, du nom d'un homme d'affaires parisien qui y a ouvert un complexe balnéaire luxueux, *Le Nice Havrais,* toujours visible. Aujourd'hui, la station se refait une jeunesse : c'est l'un des meilleurs spots de funboard en France...

Info : une application (Baludik ou le QR code sur l'un des 9 panneaux) permet de découvrir Sainte-Adresse, ses anciens bâtiments grâce à des photos d'archives, des images 3D et des vidéos.

Où dormir ? Où manger ? Où boire un verre ?

🛏 *Hôtel des Phares : 29, rue du Général-de-Gaulle.* ☎ 02-35-46-31-86. ● *reservation@hoteldesphares. com* ● *hoteldesphares.com* ● *Doubles 49-99 € ; prix très flexibles : consulter le site. Parking (6 places).* Située à peine sur les hauteurs, cette ancienne villa du XIXe s a été convertie en hôtel. Les chambres sont par conséquent toutes différentes, de taille variable (salles de bains parfois riquiqui) mais dans l'ensemble pleines de cachet ; celles des 2 annexes dans la cour sont en revanche beaucoup plus standard et fonctionnelles. Pittoresques pièces communes, à l'ancienne également, sympa pour prendre le petit déj-buffet.

🛏 🍴 *Hôtel Les Voiles : 3, pl. Clemenceau.* ☎ 02-35-54-68-90. ● *reservation@hotel-lesvoiles.com* ● *hotel-lesvoiles.com* ● ♿ *Doubles 75-199 €.* C'est le seul hôtel de Sainte-Adresse (et donc du Havre, par extension !) donnant directement sur la mer. Bien sûr, mettre les voiles, ça se paie... Chambres douillettes aux noms de marine : « Cabine 1re classe » (côté rue), « Cabine sous-officier » avec vue sur la mer (avec ou sans balcon) et « Cabine officier » sans ou avec terrasse selon le prix. Bref, du chic à thème, bien classique mais élégant et tout confort. Côté mer, un bar à la cool avec reggae dans les enceintes, cocktails et tapas, *La Petite Rade.*

🍴 🍷 ↑ *Le Chat Bleu : 6, rue du Roi-Albert.* ☎ 02-35-47-10-24. ● *contact@ lechatbleu-aubongout.fr* ● *Mar-sam 12h-20h (23h jeu-ven, 16h-19h dim). Formule midi 13,50 €.* On adore l'esprit bohème de cette petite adresse chaleureuse. La déco fait dans la brocante, avec un entassement improbable de bibelots et de mobilier hétéroclite, mais la vraie bonne surprise, c'est la terrasse à l'étage, braquée sur la mer. Impeccable pour grignoter sans hâte la quiche du jour, un bon burger et des tapas, avant de siroter un bon cocktail. Vraiment sympa, comme l'accueil.

🍷 ↑ *Le Bar du Bout du Monde : 1, bd Foch (au bord de la plage en contrebas du boulevard).* Dès que le soleil est de la partie, la terrasse de cette ancienne cabane de pêcheurs est la préférée de quantité de Dyonisiens et de Havrais. Il faut dire que l'emplacement est imparable : en surplomb du chemin, face au grand large, avec le bruit des vagues en fond sonore. Vraiment top, d'autant que l'on peut étoffer l'apéro avec quelques petits plats bienvenus (plats du jour, tapas...).

À voir. À faire

🚶 *Petite balade impressionniste :* si vous arrivez par la promenade de la plage, côté Havre, plusieurs panneaux reproduisent quelques-uns de leurs chefs-d'œuvre sur le lieu même (« le motif ») où ils ont été peints, tout en donnant des indications. Vous verrez ainsi les reproductions de *La Plage de Sainte-Adresse* et *La Terrasse de Sainte-Adresse,* réalisées par Claude Monet en 1867, à l'âge de 26 ans. À voir également, la repro de *L'Estacade à*

LA SEINE-MARITIME

Sainte-Adresse (1901), de Raoul Dufy, peinte avant son évolution vers le fauvisme. Un thème d'ailleurs repris un peu plus loin sur la promenade par son ami Marquet, qui recrée le même motif en 1906.

🏃 *Grimpette jusqu'au Pain de Sucre et Notre-Dame-des-Flots :* poursuivez donc la balade en grimpant jusqu'au sommet de Sainte-Adresse. De la promenade du front de mer, prenez la sente Alphonse-Karr, qui passe derrière le resto *Les Clapotis,* puis la sente du Pain-de-Sucre, qui grimpe (sec) jusqu'à ce curieux monument tout blanc en forme de cône, érigé par la veuve du général Lefebvre-Desnouettes, cousine de Napoléon, afin d'éviter les naufrages aux navigateurs du secteur (son mari périt en mer sur les côtes d'Irlande en 1822, ceci explique cela). De là, une petite visite s'impose à la charmante chapelle Notre-Dame-des-Flots *(tlj 8h-18h),* un peu plus haut, remplie d'ex-voto marins.

LA CÔTE D'ALBÂTRE

Partie intégrante du pays de Caux (du Havre jusqu'à Dieppe), puis du Petit Caux (de Dieppe au Tréport), la Côte d'Albâtre doit son nom à la blancheur de ses falaises. Paysage unique au monde que ces 120 km de falaises qui courent pratiquement tout le long de la côte, arrêtant à peine leur chevauchée pour reprendre leur souffle au débouché des vallées, avant de repartir plus belles, plus hautes, offrant à chaque fois un superbe panorama.
Seuls 3 fleuves ont eu la force de creuser des brèches suffisantes pour permettre l'établissement de vraies villes : Fécamp s'est installée dans la faille de la Valmont, Dieppe dans celle de l'Arques, tandis que Le Tréport s'est moulé dans les étroites formes de la vallée de la Bresle. La grande magie de cette côte réside dans son accessibilité. Sur une bonne partie de son parcours, de petites routes longent la mer au plus près, offrant sans cesse des points de vue grandioses ou intimistes.
Mieux : les amateurs de randonnées comme les marcheurs du dimanche pourront suivre le fabuleux GR 21, qui longe la côte d'Étretat jusqu'à Berneval-le-Grand, à quelques kilomètres au nord de Dieppe. Vous pourrez ainsi profiter des sites qui envoûtèrent tant d'artistes.

FALAISES, GALETS, VALLÉES ET VALLEUSES

Hauts murs de calcaire s'élevant de 60 à 120 m au-dessus de la mer en barres parfaitement verticales, les falaises sont souvent lardées de veines de silex noir. La mer les attaque et gagne du terrain depuis toujours. Par endroits, elle conquiert 1 m par an, en rongeant le pied des falaises à coups de vagues incessantes. Alors, la partie haute cède, ne s'appuyant plus sur rien. La craie de la falaise se

ET VOGUE LE GALET

Les galets de la région entrent dans la composition de nombreux produits : dans la porcelaine, l'industrie chimique pour fabriquer du béton, le papier de verre, la peinture des bandes blanches qu'il vaut mieux ne pas franchir sur la route, et même dans l'agent blanchissant du dentifrice ! Rien ne se perd, tout se transforme...

dissout dans les eaux, leur donnant cette couleur gris bronze laiteux, tandis que les parties dures, les morceaux de silex libérés, vont être roulés et érodés par les flots à l'infini, jusqu'à devenir ces merveilleux galets aux formes ovales parfois proches de la perfection. Longtemps considéré comme un métier

ÉTRETAT | 157

parmi d'autres, comme le prouve la statue kitsch de Saint-Jouin-Bruneval, le ramassage des galets est désormais interdit depuis 1985.

La mer n'est cependant pas la seule à ronger la falaise. Les fleuves côtiers l'ont entaillée aussi, ouvrant à Fécamp, à Dieppe et au Tréport de larges estuaires où les villes se sont développées. Images singulières de la Normandie, les valleuses sont ces petites vallées étroites et sèches où courait autrefois un ruisseau. La falaise, en cédant du terrain sur la mer, les a laissées en quelque sorte suspendues. Au fond, on trouve de charmantes petites plages isolées.

ÉTRETAT   (76790)   1 440 hab.   *Carte Seine-Maritime, A2*

Presque une légende tant l'arche de craie plongeant dans la mer fait partie des images les plus ancrées dans nos mémoires. Sans oublier cette aiguille, juste derrière, dont Arsène Lupin tente de percer le secret dans l'une de ses aventures... C'est aussi une station balnéaire à l'air vivifiant, et sa plage de galets a été chantée ou couchée sur toile par maints artistes. Mais après les artistes... sont venus les touristes ! Le lecteur avisé, dans la mesure du possible, évitera Étretat en été et durant les week-ends ensoleillés tout au long de l'année. Ainsi, il sera plus tranquille, les prix seront plus doux et les falaises sont tellement plus romantiques sous la pluie ! Si vous n'avez pas la chance de pouvoir les découvrir hors saison, partez les arpenter tôt le matin pour pouvoir en apprécier toute la beauté. Enfin, été comme hiver, pensez à réserver votre hébergement à l'avance.

UN PEU D'HISTOIRE

Au début du XIXe s, on parle déjà de la petite ville normande dans les milieux mondains, surtout depuis que la reine Hortense et la duchesse de Berry y ont lancé la mode des bains de mer. Alphonse Karr, comme à Sainte-Adresse, met aussi le village à la fête. Les Parisiens débarquent, potentiels clients pour les paysagistes qui commencent à s'intéresser aux falaises. Le peintre Isabey y vient en précurseur, sans doute dès 1822. Eugène Le Poittevin, à sa suite, y peint autant les lavandières sur les galets que les élégantes en crinoline, des thèmes bientôt repris par Boudin. Courbet y réalise une vingtaine de toiles de sa fameuse *Vague,* peinte au couteau en tant que motif unique. De 1883 à 1886, Claude Monet s'installe à Étretat. Ici, il préfère l'hiver à l'été et les paysages aux cercles mondains importés de Paris. D'ailleurs, à la mort de sa femme Camille, en 1879, les personnages disparaissent de ses tableaux... Seuls le paysage, grandiose, et les éléments, souvent tumultueux, l'inspirent. Grâce à l'invention du tube de peinture, il quitte son atelier et plante son chevalet en plein air, au plus près du motif, quitte à mettre les pieds dans l'eau, à frôler le vide ou à affronter les rafales de vent ! Fasciné par la porte d'Aval et la Manneporte, il y réalisera au moins une soixantaine de toiles.

MARIUS JACOB, ALIAS ARSÈNE LUPIN

Marius Jacob est né en 1879. Rapidement, il entama une carrière de généreux cambrioleur anarchiste, qui ne volait que les policiers ou les bourgeois. Après maintes aventures rocambolesques et un long séjour au bagne de Cayenne, il se réfugia auprès de sa mère en Berry. Il s'y suicida avec son chien en 1954, laissant une lettre pleine d'humour. Maurice Leblanc s'inspira de ce personnage pour créer celui d'Arsène Lupin.

Et puis il y a Maupassant, installé à Étretat depuis que sa mère s'est séparée de son père quand il avait 10 ans. Le futur écrivain, qui vit « comme un poulain échappé », selon sa sœur, et fréquente largement tous ces artistes (il est cousin avec Le Poittevin), dépeindra plus tard leur travail dans son roman *Fort comme la mort*. Il décrira aussi l'aspect sociologique de la « cohabitation » parfois épineuse entre bourgeois et *péqueux* (« pêcheurs » en cauchois), qui ne se mélangent pas. Les lavandières restent sur leurs galets tandis que les bourgeois se baignent tout habillés à l'autre bout de la plage ! Car, parallèlement à cette vogue artistique, la plage devient l'une des plus réputées de France durant la 2de moitié du XIXe s. Les villas poussent comme des champignons, la bourgeoisie s'installe, attirant tout le gratin parisien : Offenbach (qui y donne de délirantes fiestas), ou encore André Gide (qui, homosexuel assumé, y épouse sa... cousine en 1895, dans un petit temple toujours debout)... Inspirant tout ce beau monde, Étretat fera le tour du globe sous forme de cartes postales, de toiles de maîtres, et même, grâce à Maurice Leblanc (papa d'Arsène Lupin), de romans policiers !

Arriver – Quitter

En bus

➤ *De/vers Fécamp, Le Havre :* ligne n° 24. Horaire sur ● *transports.norman die.fr* ●

En train

➤ *De/vers Paris, Rouen, Le Havre :*

☎ *36-35   (0,40 €/mn).* Ligne Rouen-Le Havre. Arrêt à Bréauté. Tlj en saison, liaison en car Bréauté-Étretat (ligne 17) ; hors saison, seulement w-e. Ligne 24 régulière au départ du Havre.

Adresse utile

🛈 *Office de tourisme :* pl. de la Mairie. ☎ 02-35-27-05-21. ● *contact@ lehavre-etretat-tourisme.com* ● *etretat. net* ● *Janv-mars et nov-déc, lun-mar 14h-17h30 et mer-sam 10h-12h30, 14h-17h30, plus les dim pdt les vac* scol ; avr-nov, tlj 9h30-18h. Propose 2 circuits pédestres sur Étretat, ainsi qu'un rallye (2h) à faire en famille ou entre amis pour découvrir la ville en sortant des sentiers battus.

Où dormir ?

Campings

⊠ *Camping municipal d'Étretat :* 69, rue Guy-de-Maupassant. ☎ 02-35-27-07-67. Ouv d'avr à mi-oct. Compter 12,50 € pour 2 avec tente et voiture. 73 empl. Un camping très simple, sur un espace vert et plat, mais sans beaucoup d'ombre ni de charme et à côté de la route. Sanitaires chauffés et corrects. En dépannage donc, d'autant que la résa n'est pas possible (1er arrivé, 1er servi).

⊠ 🕈 *L'Aiguille Creuse :* 24, résidence de l'Aiguille-Creuse, 76790 **Les Loges.** ☎ 02-35-29-52-10. ● *camping@aiguil lecreuse.com* ● *campingaiguillecreuse.* com ● ⛄ À 6 km d'Étretat en direction de Fécamp. Ouv fin avr-fin sept. Compter 17-33 € pour 2 avec tente et voiture ; hébergements locatifs 294-1 015 €/sem. 80 empl. Si l'aiguille chère à Arsène Lupin est creuse, ici, le terrain est plat et plutôt vaste, avec des emplacements séparés par des haies. Bon entretien et bonne infrastructure au calme (groupes refusés et aucune animation). Dépôt de pain et de viennoiseries. Piscine.

De prix moyens à chic

🏠 *Détective Hôtel :* 6, av. George-V. ☎ 02-35-27-01-34. ● *contact@*

ÉTRETAT / OÙ DORMIR DANS LES ENVIRONS ? | **159**

detectivehotel.com ● detectivehotel.
com ● Doubles 69-149 €. Avec ses
chambres aux noms, à la décoration
et aux accessoires évocateurs, cet
hôtel hors norme fait dans l'insolite et
le ludique... Serez-vous tenté par les
nostalgiques « Miss Marple » et « Nes-
tor Burma », par la « Danny Wilde »,
plus sexy, ou par « Les Experts »,
plus froide et plus rationnelle ? Et
puis essayez donc de trouver la salle
de bains dans les chambres « Arsène
Lupin » et « Sherlock Holmes », les plus
drôles peut-être ! Courette-jardin et
petit salon-bar avec TV, jeux d'échecs
et bouquins. Bon, au fait, qui a tué le
colonel Moutarde ?

🛏 *Hôtel d'Angleterre :* 35, av.
George-V. ☎ 02-35-28-84-97. ● etre
tathotelangleterre@gmail.com ●
etretat-hotel-angleterre.com ● Doubles 65-145 €. Petit hôtel de charme
à l'ambiance feutrée dans une belle
demeure de 1850. Le prix des chambres varie mais, à l'exception de la
petite au rez-de-chaussée (située sur le
passage, donc un peu bruyante), toutes restent très agréables. On retrouve
partout les mêmes teintes apaisantes,
mais à chacune son petit caractère et
son thème. Quant à la belle salle de
petit déjeuner, elle est agrémentée de
maquettes de bateaux. Une bonne
adresse.

🛏 *Hôtel La Résidence :* 4, bd René-
Coty. ☎ 02-35-27-02-87. ● salaman
dre@vivaldi.net ● hotel.salamandre.
etretat.com ● Doubles 74-123 €. Un
petit déj/pers et par nuit offert (résa
directe seulement) sur présentation du
guide de l'année. De l'extérieur, c'est
l'un des plus beaux hôtels de Normandie, photogénique à souhait avec
ses boiseries sculptées. Il s'agit en fait
d'une maison du XIVᵉ s, le manoir de
la Salamandre, construit à Lisieux et
remonté en 1912 à Étretat. À l'intérieur,
c'est l'éclectisme qui prime. Les chambres sont toutes différentes, à tous les
prix, et par conséquent très inégales.

Certaines sont joliment décorées avec
lits à baldaquin, alors que d'autres
sont mansardées ou ont carrément la
douche sur le palier. Quant à l'isolation,
elle est à revoir. Bon accueil.

De chic
à beaucoup plus chic

🛏 *Chambres d'hôtes Villa sans
Souci :* 27 ter, rue Guy-de-Maupassant.
☎ 02-35-28-60-14. 📱 06-16-99-13-22
et 06-63-21-30-14. ● villa-sans-souci@
orange.fr ● villa-sans-souci.fr ● Doubles 99-180 €. Plantée au milieu d'un
grand parc arboré, cette villa du XIXᵉ s,
pleine de charme avec sa façade à
pans de bois, rappelle l'époque de
Maupassant (qui habitait juste à côté)
et des impressionnistes. Les dynamiques propriétaires y proposent des
chambres originales et de bon confort,
ainsi qu'une cabane romantique dans
le jardin. Chacune porte le nom d'un
film, qui donne le ton de la déco, terriblement soignée. La large terrasse,
ouverte sur le parc, est idéale pour
s'adonner au farniente. Une maison qui
porte bien son nom.

🛏 ▯◧ ↑ *Domaine Saint-Clair – Le
Donjon :* chemin de Saint-Clair.
☎ 02-35-27-08-23. ● info@hoteletre
tat.com ● hoteletretat.com ● Doubles
90-470 €. Menus 35-85 € ; carte 90 €.
Petit château posé sur l'un des points
culminants d'Étretat. Cet hôtel (très)
chic et charme jouit d'une vue plongeante sur la mer, l'Aiguille et le bourg
d'Étretat, notamment depuis le jardin,
le restaurant (plutôt chic, lui aussi) et
quelques chambres. Réparties entre la
maison principale et une villa, toutes
ont un décor différent (dédié à une personnalité littéraire), dans un style cosy
très XIXᵉ s ou plus moderne. Musique
d'ambiance, peignoirs, balnéo dans la
plupart ou jacuzzi pour les plus luxueuses. Agréables salons pour bouquiner
et se détendre, et piscine chauffée.

Où dormir dans les environs ?

🛏 *Hôtel Le Saint-Christophe :* 1, rue
du Maréchal-Leclerc, 76790 **Le Tilleul.** ☎ 02-35-28-84-29. ● contact@

saintchristophehotel.fr ● saintchristo
phehotel.fr ● ♿ À 2 km d'Étretat sur la
route du Havre. Congés : 1ᵉʳ janv-7 fév

LA SEINE-MARITIME

160 | **LA SEINE-MARITIME / LA CÔTE D'ALBÂTRE**

et 1 sem en oct. Doubles 63-68 €. Parking. Café offert sur présentation du guide de l'année. Un petit hôtel-bar de campagne tout proche d'Étretat... mais à prix doux ! Du coup, les habitués sont légion, accueillis par une équipe très sympa qui s'efforce de bien faire. Chambres toute simples mais confortables et très bien tenues. Quant à la route qui passe à côté, pas de panique, la nuit, c'est le calme plat ! Pas de resto mais *Le Tilleulais* est juste à côté et le plus qu'accueillant patron a un sacré carnet d'adresses à vous conseiller.

▲ *Chambres d'hôtes Le Clos des*

Hautes Loges : 1047, la Grande-Rue, 76790 **Les Loges.** ☎ 06-31-62-79-00. ● contact@leclosdeshautesloges.fr ● leclosdeshautesloges.fr ● À env 6 km à l'est d'Étretat. Doubles 87-97 €. L'environnement est aussi verdoyant que paisible, la maison a de l'allure (une demeure du XVIIIᵉ s et ses dépendances) et les chambres décorées avec soin sont cosy à souhait. Il y a même une grande roulotte (garantie tout confort) pour les voyageurs dans l'âme ! Ajoutez à cela un petit déj copieux et un accueil aux petits oignons, et vous obtenez un formidable point de chute.

Où manger ?

|●| ↗ *Crêperie Lann-Bihoué :* 45, rue Notre-Dame. ☎ 02-35-27-04-65. ● lannn-bihoue@orange.fr ● À deux pas du centre. Fermé mer-jeu hors saison. Congés : 2 sem début janv. Formules 12,50-13,50 € ; menu 16,90 €. C'est la valeur sûre du secteur dans sa catégorie. Bonnes galettes et crêpes pour tous les goûts, certaines baptisées de noms impressionnistes. Cadre pimpant, avec une petite terrasse logée dans une cour de poche.

|●| ↗ *Le Bistretatais :* 17, rue Adolphe-Boissaye. ☎ 02-35-28-89-43. ● lebistre tatais.988@orange.fr ● Fermé mar-mer hors saison. Congés : 1ᵉʳ-15 janv. Formules et menus 18,90-31,90 €. À deux pas du front de mer, cette petite brasserie contemporaine s'efforce de bien faire : le cadre est agréable, le service efficace et sympathique, et surtout la cuisine est élaborée avec des produits frais, au maximum locaux. C'est sans complication (moules-frites, andouillettes, délicieuses rillettes de poisson maison...) mais d'un bon rapport qualité-prix.

|●| *La Marie-Antoinette :* 12, rue Alphonse-Karr. ☎ 09-86-23-88-93. En plein centre. Tlj sauf mer-jeu en hiver. Carte 30-50 €. L'enseigne comme le décor un peu baroque des très jolies salles de ce bistrot marin rendent hommage à Mme Louis XVI, qui avait son parc à huîtres personnel à Étretat. À la carte, des huîtres normandes, donc, des plateaux de fruits de mer, du poisson (en carpaccio souvent) ; le tout d'une évidente fraîcheur puisqu'il

n'y a que la rue à traverser jusqu'à la poissonnerie des proprios. Accueil et service décontractés. Petit bout de terrasse (mais sur la rue).

|●| *Restaurant du Golf :* au bord du golf, route du Havre. ☎ 02-35-27-04-56. À la sortie d'Étretat (direction Le Havre), suivre l'indication – très discrète – du golf ; c'est tt en haut (il faut dépasser la Dormy House). Fermé le soir dim-lun (nov-mars, ouv tlj sauf sam soir). Menus 21-39 €. Même si vous n'êtes pas un adepte des swings et autres bogeys, ce resto vaut le détour, ne serait-ce que pour le cadre et la vue imprenable à travers les baies vitrées. D'un seul coup d'œil, on embrasse toutes les falaises... et son voisin, tellement on est content ! Quant à la cuisine, elle est tout à fait honorable, à base de produits frais, et le menu varie régulièrement. Ambiance sympa qui n'a rien de guindé.

|●| ↗ *Le Romain d'Étretat :* 1, rue Georges-Bureau. ☎ 02-35-28-45-97. ● contact@leromaindetretat.com ● Tlj sauf mer, plus mar hors saison. Congés : 3 sem en déc. Formule déj 9,90 € ; menus 14,90-24,90 € ; carte env 20 €. Cette adresse discrète, tenue par une équipe jeune et très souriante, est une bonne solution pour se restaurer correctement sans se ruiner : les plats (principalement italiens, comme son nom l'indique) sont simples et convenables, de même que les généreuses pizzas. Quelques tables en terrasse.

ÉTRETAT / À VOIR. À FAIRE | 161

Où manger dans les environs ?

|●| ↑ Auberge du Puits Fleuri : *route d'Yport, 76111 Vattetot-sur-Mer.* ☎ *02-35-28-31-02.* ● puitsfleuri@ gmail.com ● ♿ *À 7 km au nord par la route côtière vers Fécamp. Fermé dim soir-lun, plus mar hors saison. Congés : 3 sem en fév-mars. Menus 15,90 € (déj en sem), puis 25-35 € ; carte 30-35 €.* Face à la jolie mairie de Vattetot, une petite auberge de campagne de briques et de silex, bien agréable avec son jardin, son puits fleuri (ben oui) et sa véranda pour les beaux jours. Mais c'est surtout son excellente cuisine régionale qui fidélise les gourmands et justifie le détour. Une vraie bonne adresse.

|●| Le Tilleulais : *759, route du Havre, 76790 Le Tilleul.* ☎ *02-35-27-10-48.* ● vivilleetbo@gmail.com ● ♿ *À 3 km d'Étretat. Fermé dim soir-lun (plus mar hors saison). Congés : 3 sem en avr et 15 j. fin déc. Menus 13,90 € (midi en sem), puis 19,90-30,90 €. Un digestif maison offert par table sur présentation* du guide de l'année. Certes, le resto est sur une rue passante et le cadre est assez désuet, mais on y mange une bonne cuisine familiale, concoctée par un cuistot breton et servie par une patronne normande. Service très nature et cuisine maison de bonne facture, dans tous les sens du terme. Comme quoi c'est possible près d'Étretat...

|●| Le Belvédère : *route du Belvédère, 76280 Saint-Jouin-Bruneval.* ☎ *02-35-20-13-76.* ♿ *À 8 km au sud d'Étretat par la D 940, puis la D 111. Fermé mer soir, jeu, dim soir (ainsi que les soirs lun-mar hors saison). Congés : de mi-déc à mi-janv. Menus 26 € (sauf sam soir et dim), puis 36-46 €.* Situation exceptionnelle pour ce restaurant chic perché au-dessus des falaises et... du terminal pétrolier d'Antifer ! La salle moderne tout en baies vitrées jouit d'une vue géniale sur la mer, tandis que la cuisine de tradition élégante et très soignée garantit un repas des plus savoureux.

À voir. À faire

LES FALAISES

Incontournables, bien sûr ! On ne se lasse pas de les découvrir sous la lumière changeante, de l'aube au crépuscule. Et, à la tombée de la nuit, elles sont éclairées. – *Petit avertissement :* ne vous approchez pas trop près du précipice ! La falaise recule d'année en année et les bordures sont friables. Ne vous prenez pas pour Monet, vous risqueriez de planer au-dessus des falaises avec votre chevalet ! Pour se repérer, savoir qu'à gauche de la plage d'Étretat se trouve la falaise d'Aval (avec sa fameuse arche) et à droite la falaise d'Amont... Quant à la balade par le bas, elle n'est pas interdite mais très dangereuse :.fréquents éboulements et il faut être de retour 4h avant la marée montante (panneaux avec horaires à l'entrée de la plage)...

En aval

✯✯✯ *La falaise d'Aval :* sommet (71 m) accessible par un escalier situé à gauche de la digue, puis un sentier. Plusieurs belvédères (avec des bancs pour se poser et profiter du paysage) jalonnent le sentier qui suit la falaise. Le vaste espace tout autour est occupé par un golf, face à la mer. Des passerelles permettent ensuite de découvrir la toute petite grotte des Demoiselles.

✯✯✯ *La porte d'Aval :* splendeur d'Étretat, considérée comme l'une des merveilles naturelles du monde. C'est une arche à l'incroyable harmonie, à la délicate découpe. Contrairement à ce que l'on pourrait imaginer, c'est principalement une rivière souterraine qui a provoqué cette belle érosion. Certes, aidée par la mer... Et contrairement à ce que l'on colporte généralement, ce n'est pas cette porte de calcaire que Maupassant comparait à un éléphant plongeant sa trompe dans la mer, mais la porte d'Amont (voir plus loin) !

LA SEINE-MARITIME

162 | LA SEINE-MARITIME / LA CÔTE D'ALBÂTRE

🎬🎬🎬 **L'Aiguille :** *un peu en retrait, derrière la porte, visible depuis la plage.* Pour mieux l'admirer, ne pas manquer de monter au sommet de la falaise d'Amont. L'Aiguille mesure 42 m de haut mais n'est pas creuse, contrairement à ce qu'affirmait Arsène Lupin. Taillée comme un obélisque par la mer et le temps, c'est la dureté de son calcaire qui lui a permis de ne pas disparaître totalement. Symboliquement, c'est le complément parfait de la porte d'Aval : le plein, le creux ; le mâle, la femelle...

🎬🎬 **La Manneporte :** *à gauche de la falaise d'Aval. Accès en 25 mn depuis le Perrey.* Arche imposante, moins élancée que celle d'Aval et surtout moins connue puisqu'elle est située derrière. Maupassant, toujours lui, affirmait déjà en son temps qu'un navire pouvait passer sans problème sous cette « grande porte » (d'où son nom, dérivé de *Magna Porta*). C'était aussi l'un des « motifs » de prédilection de Claude Monet.

🎬🎬 **Le trou à l'Homme :** *grotte nichée au pied de la falaise d'Aval.* Immense, elle est pavée de pierre blanche et tapissée de mousse. On la surnomme ainsi depuis qu'un matelot, seul survivant du naufrage d'une goélette nordique, y fut retrouvé (vivant) à la fin du XVIIIe s. Un tunnel creusé dans la falaise permet d'accéder à la plage de Jambourg en la traversant. Tout près, Marie-Antoinette implanta un parc à huîtres, dont on peut encore voir quelques vestiges à marée basse.

En amont

🎬🎬🎬 **La falaise d'Amont :** *accès à pied par un escalier situé à l'extrémité droite de la plage. Sinon, petit train en avr.-sept.* Là-haut, on trouve un calvaire, la charmante petite chapelle Notre-Dame-de-la-Garde, datant de 1950, reconstruite après son bombardement en 1942 (la chapelle d'origine datait de 1854, construite en mémoire des marins) et une flèche blanche pointée vers le ciel, monument dédié aux aviateurs Nungesser et Coli. *L'Oiseau blanc,* leur biplan Levasseur de 5 t (dont 4 t de carburant), s'élança sur la piste du

> ### GOERING REVANCHARD !
>
> *Lors de la Première Guerre mondiale, le pilote de guerre Nungesser sortit vainqueur d'un combat singulier contre un certain Hermann Goering. Plus tard, il croisa de nouveau l'aviateur allemand et, le trouvant particulièrement grossier, le gifla en public. Nungesser disparut en mer peu après avec Coli. Devenu maréchal au sein du IIIe Reich, Goering vint à Étretat en 1942. Découvrant le monument élevé à la mémoire des 2 aviateurs, il ordonna qu'on le fasse sauter à la dynamite... Mesquin !*

Bourget le 8 mai 1927 à 5h22 pour tenter de traverser l'Atlantique nord. La dernière fois qu'on les vit, c'est au large d'Étretat. Certains pensent que leur avion s'est écrasé près de Saint-Pierre-et-Miquelon, d'autres que la mafia américaine (on est à l'époque de la prohibition) aurait pu dézinguer leur zinc... Le 20 mai 1927, à bord du *Spirit of Saint Louis,* Charles Lindbergh accomplit finalement l'exploit de relier New York à Paris sans escale, soit 12 jours à peine après la tentative des 2 Français. Du bord de la falaise, panorama d'un romantisme absolu sur la ville, bordée par la falaise d'Aval, l'arche et l'Aiguille. Belle brochette d'aiguilles avec le clocher de la chapelle, la flèche du monument et l'Aiguille en enfilade...

🎬 **Les jardins d'Étretat :** *av. Damialaville.* ☎ 02-35-27-05-76. ● etretatgarden. fr ● En principe, tlj 10h-19h (mais consulter le site). Entrée : les consulter ; gratuit moins de 2 ans. Accroché à la pente, créé par un architecte-paysagiste russe tombé amoureux du coin, un petit jardin contemporain où se cachent sculptures et autres installations tout aussi contemporaines. Plaisant (les amateurs de jardins y trouveront sûrement leur compte) mais l'entrée nous a quand même semblé chérote. Même impression pour les boissons proposées dans la roulotte à l'entrée !

ÉTRETAT / À VOIR ENCORE | **163**

🏃🏃 *La porte d'Amont : visible depuis la falaise d'Amont.* C'est cette porte de calcaire que Maupassant comparait à une trompe d'éléphant plongée dans la mer.

🏃🏃 *L'aiguille de Belval : visible au bout de la falaise d'Amont.* Moins connue que l'aiguille d'Aval, l'aiguille de Belval est pourtant surprenante. On dirait un gigantesque menhir dévoré, à sa base, par les vagues, ou bien une incisive plantée dans la mer !

■ *Natterra : 19, route de la Plaine, 76280 La Poterie-Cap-d'Antifer.* 📱 *06-82-77-87-55.* ● *natterra.fr* ● Sorties nature, promenades, balades, randonnées avec un guide nature passionné qui vous accompagne sur les falaises en vous expliquant leur écosystème (oiseaux, effritement de la roche, etc.).
– *Petit train : en saison, tlj 10h-18h. Env 6 € l'A/R.* Permet d'aller jusqu'à la chapelle Notre-Dame-de-la-Garde (falaise d'Amont) en économisant son souffle !

À voir encore

🏃 *Les vieilles halles : pl. du Maréchal-Foch.* Ce superbe bâtiment en bois de Brionne, construit par les compagnons de la Manche en 1926, abritait autrefois le marché. Jusqu'en 1940, on y trouvait les petits commerces (cordonnier, poissonnier, primeur...) ; aujourd'hui, ce sont des échoppes de souvenirs et d'artisanat.

🏃🏃 🏃 *Le Clos Lupin : 15, rue Guy-de-Maupassant.* ☎ *02-35-10-59-53.* ♿ *Avr-sept et vac scol, mar-dim 10h-12h30, 13h30-18h ; hors saison, seulement w-e et mar-dim pdt vac scol 10h-12h30, 13h30-17h30. Entrée : 7,50 € ; réduc.* C'est le plus grand des voleurs, oui, mais c'est aussi un gentleman, épaulé par son fidèle Grognard, qui vous accueille dans cette belle villa, où son papa Mau-

PARANOÏA

À la fin de sa vie, Maurice Leblanc était paniqué par cet Arsène Lupin qu'il avait inventé. Il entendait le gentleman-cambrioleur toutes les nuits, tentant de le dévaliser. Impossible de dormir. N'y tenant plus, l'écrivain finit par condamner la porte du jardin. Les clous sont encore là, en témoignage.

rice Leblanc rédigea quelques-unes de ses célèbres aventures. Il vint ici écrire chaque été pendant 20 ans avant de s'exiler à Perpignan pendant la Seconde Guerre mondiale. La visite de 45 mn avec audioguide suit un itinéraire qui, de pièce en pièce, fait vivre les tribulations d'Arsène Lupin. Dans de délicieuses ambiances théâtrales, celui-ci nous conte ses secrets et ses aventures, nous parle de ses amours passionnées, tout en cherchant à élucider la fameuse énigme de l'Aiguille creuse.

🏃🏃 Nombreuses *villas* de la fin du XIXᵉ s et de la Belle Époque, dont le *Clos Lupin*, maison de Maurice Leblanc, au 15, rue Guy-de-Maupassant (voir ci-dessus). Inutile en revanche de pousser jusqu'au n° 57 de cette même rue : on ne voit rien, depuis le trottoir, de la *villa La Guillette*, que l'écrivain avait fait construire. Poussez plutôt jusqu'à la rue Offenbach (à la sortie d'Étretat, direction Fécamp) pour découvrir la *maison de René Coty (La Ramée)*, celle d'Offenbach (la *villa Orphée*) ou le superbe *château des Aygues*, où séjournèrent les reines d'Espagne Marie-Christine et Isabelle II au XIXᵉ s. Les hauteurs du bourg, côté falaise d'Amont, cachent également quelques jolies maisons comme la *villa La Chauffe-rette (10 bis, rue Notre-Dame)*, où habitait le peintre Eugène Le Poittevin.

🏃 *L'église Notre-Dame : route de Bénouville. Tlj 9h30-17h.* Ancienne dépendance de l'abbaye de Fécamp, datant des XIᵉ et XIIIᵉ s et donc d'architecture romane et gothique. Remarquez la petite tour accrochée au flanc du clocher. Portail roman, assez mal restauré au siècle dernier. À l'intérieur, jolies arcades romanes à motifs géométriques, orgue Cavaillé-Coll du XIXᵉ s classé et, insolite, un... puits.

LA SEINE-MARITIME

Manifestations

– **Les Galetjades :** *juil-août.* Spectacles de rue, expositions, concerts, animations...
– **Festival Hello Birds :** *juil.* Concerts, balades.
– **Festival Offenbach :** *août.*

DANS LES ENVIRONS D'ÉTRETAT

⚓ **Saint-Jouin-Plage :** *sur la commune de* **Saint-Jouin-Bruneval.** Si vous voyagez avec des enfants, cette belle plage aménagée a le mérite d'être moins dangereuse que celle d'Étretat, et d'être surveillée en été. Vous y trouverez aussi des tables de pique-nique ou, s'il vous manque le pique-nique, de petites cahutes où casser la croûte. Quelques animations sur place (location de kayaks...). Et si vous êtes dans le coin, allez donc admirer le travail de l'artisan de **Caux Vannerie** *(à Saint-Jouin-Bruneval ;* ☎ *02-35-20-78-03),* qui réalise de magnifiques paniers et corbeilles avec de l'osier cultivé sur place.

YPORT	(76111)	860 hab.	*Carte Seine-Maritime, A2*

À une dizaine de kilomètres au nord-est d'Étretat, c'est une petite station balnéaire familiale, pittoresque, intime et moins chère que sa célèbre voisine. Belles falaises là aussi. Plage de galets avec quelques barques colorées, les fameux doris qui, accrochés aux 3-mâts, servaient à partir à la pêche à Terre-Neuve. Beaucoup de charme dans les ruelles de ce petit bourg grâce à plusieurs villas et jolies maisons de pêcheurs, ainsi qu'une petite église restaurée, avec une voûte en bois, remplie d'ex-voto.
D'où que l'on vienne, on atteint Yport par de charmantes routes sinueuses et vallonnées. Cependant, en direction d'Étretat, la ravissante route côtière D 211 cache de très jolis hameaux, comme celui de Vaucottes-sur-Mer.

ARTISTES ET IMPRESSIONNISTES À YPORT

Boudin, Corot, Gide et bien d'autres aimaient y séjourner. Dans son roman *Une vie,* Maupassant décrit la fameuse descente à Yport et ses odeurs de poisson. Il venait souvent écrire dans la surprenante villa blanche du XIXe s, le *Bordj El-Maboul,* d'influence mauresque (face au *Camping Flower La Chênaie*). En 1883, un certain Alfred Abraham Nunès, cousin de Pissarro, originaire des Antilles et grand amoureux des arts (il sera aussi élu maire d'Yport en 1886), se passionne pour les paysagistes et, en particulier, pour les impression-

ÇA CHAUFFE POUR SCHUFF

Les Rochers à Yport sont un tableau de Claude-Émile Schuffenecker (1851-1934). C'est à lui que Gauguin doit sa vocation de peintre, du temps où ils étaient tous 2 agents de change. Et c'est « ce bon ami Schuff » qui poussa Gauguin dans les cours de dessin et les musées, allant jusqu'à le soutenir financièrement. Néanmoins, la réputation de Schuff fut aussi sulfureuse, puisqu'on le soupçonna d'avoir réalisé de faux Van Gogh revendus aux enchères !

nistes. C'est ainsi qu'il commande à Renoir non pas un paysage, mais 2 portraits : celui de sa fille Aline, âgée de 8 ans *(Jeune fille à l'ombrelle),* et celui de son fils Robert,

YPORT | 165

10 ans (*Jeune garçon sur la plage d'Yport*). La même année, Renoir peint *Marée basse à Yport...* aujourd'hui au musée de l'Ermitage à Saint-Pétersbourg.

Adresse et info utiles

i *Office de tourisme :* rue Alfred-Nunès. ☎ 02-35-29-77-31. • yport@fecamptourisme.com • fecamptourisme.com • Tte l'année, tlj (fermé dim-mar mat hors saison) 9h30-12h30, 14h-18h (14h30-18h30 en été). L'application Fécamp Discovery vous propose 2 itinéraires pour découvrir le village et le chemin des ramendeuses sur les falaises. Expos temporaires.
– *Marché :* mer mat.

Où dormir ? Où manger ? Où boire un verre ?

Campings

⚐ *Camping Le Rivage :* rue André-Toutain. ☎ 02-35-27-33-78. 🖷 06-17-97-05-64. • contact@camping-lerivage.com • camping-lerivage.com • Sur la D 211 (route côtière), en direction de Vattetot-sur-Mer. Ouv avr-sept. Compter 15-16 € pour 2 avec tente et voiture ; hébergements locatifs 295-655 €/sem. 90 empl. Waouh, quelle vue ! Une fois la fermeture Éclair de votre tente ouverte, le regard embrasse (au propre comme au figuré, tellement c'est beau !) la falaise, la mer, les toits d'Yport, ainsi que Fécamp au loin. Le site est très chouette aussi, avec ses emplacements en terrasses, verdoyants et parfaitement tenus (mais sans vraies délimitations). Et un chemin permet de descendre jusqu'à la plage en 5 mn. Sanitaires basiques, en revanche.

⚐ *Camping Flower La Chênaie :* rue Henry-Simon. ☎ 02-35-27-33-56. • camping.yport@flowercampings.com • camping-normandie-yport.com • ♿ À l'entrée d'Yport, à 800 m du centre-ville. Ouv avr-sept. Compter 18-30 € pour 2 avec tente et voiture ; tentes en dur, chalets et mobiles homes 280-825 €/sem. 100 empl. Camping très bien équipé et très bien tenu, où les campeurs s'installent sur les grandes pelouses, alors que les jolis chalets sont dispersés sous les arbres, sur une petite hauteur. Ambiance familiale, d'autant plus que les enfants ont de quoi s'amuser, entre l'agréable aire de jeux et la belle piscine couverte chauffée.

⚐ *Aire naturelle de camping La Pâture :* rue André-Toutain. ☎ 02-27-30-68-03. • lapature.yport@orange.fr • lapature.fr • Sur la D 211 (route côtière), en direction de Vattetot-sur-Mer. Ouv avr-sept. Compter 15-16 € pour 2 avec tente et voiture. Douche payante. 25 empl. En pleine nature, au sommet de la falaise mais sans vue spectaculaire. Terrain basique plutôt plat, avec quelques parties plus pentues et parsemées d'arbres. Sanitaires anciens mais corrects. Service boulanger sur place le matin. Simple, paisible et verdoyant.

Prix moyens

|●| 🍷 ↑ *Le Nautique :* 73, rue Alfred-Nunès. ☎ 02-35-29-76-10. • lenautique.com • Face à l'église et à l'office de tourisme. Fermé mer et dim soir hors saison. Congés : 15 j. en oct. Formule en sem 14,50 € ; menus 20,50-24,50 €. Café offert sur présentation du guide de l'année. « Bistrot de village » avec un zinc en bois, une déco marine et une courette de poche à l'arrière avec vue sur l'église. Au programme, spécialités de moules à toutes les sauces (notamment au cidre et aux pommes), fruits de mer, coquillages, ou une grosse tartine avec salade. Tout simple.

Fête

– *Feu d'artifice et fête de la Mer et de la Peinture :* 14-15 août. Avec messe et bénédiction, procession avec les ex-voto et vente aux enchères des peintures réalisées dans la journée.

FÉCAMP (76400) 19 300 hab. *Carte Seine-Maritime, A2*

● Plan *p. 167*

Nichée au creux de la Valmont, qui a fendu les falaises, Fécamp est une petite ville industrieuse doublée d'un port de pêche, de commerce et de plaisance. Ville au passé prestigieux, elle fut l'ancienne résidence des ducs de Normandie avant qu'il ne leur prît l'envie de traverser la mer et de bâtir une véritable industrie de la pêche, celle des Terre-Neuvas. Riche de son passé industriel et maritime, la ville séduit le voyageur par sa forte personnalité. Il faut dire qu'elle possède des sites et des musées qui méritent vraiment le détour.

FÉCAMP, BORD DE MER

En 1849, Delacroix s'emballait déjà pour « cette grande ligne bleue, verte, rose, de cette couleur indéfinissable qui est celle de la vaste mer ». Le préimpressionniste Jules Noël, qui peint *Crinolines sur la plage* en 1870, y soigne particulièrement les effets lumineux. L'hyperactif Claude Monet s'attaque aux falaises en 1881, d'où sortira *Fécamp, bord de mer*, visible au musée Malraux du Havre, et une vingtaine d'autres toiles peintes sur les hauteurs de Grainval et du cap Fagnet.

UNE FEMME CHEZ LES IMPRESSIONNISTES

Enfin une femme chez les impressionnistes ! Berthe Morisot, arrière-petite-nièce de Fragonard, étudie avec Corot, apprend le métier en copiant des chefs-d'œuvre au Louvre, où elle rencontre Fantin-Latour, qui lui présente à son tour le très scandaleux Édouard Manet, dont elle devient le modèle favori. Elle expose en 1874 chez Nadar, au fameux Salon des refusés, entrant dans le cercle des impressionnistes. La même année, elle séjourne à Fécamp chez sa tante Boursier, qui possède alors une grande maison sur la falaise. Elle épouse le frère de Manet, Eugène, dont elle a une fille, Julie. Victime d'une pneumonie en 1895, elle confie le destin de son enfant à Mallarmé et à Renoir, léguant ses œuvres à tous ses amis artistes, dont Monet et Degas. Sur son certificat de décès, pourtant, il sera mentionné « sans profession »... Dans ses toiles, Berthe Morisot s'intéresse particulièrement aux scènes familiales, aux femmes et aux enfants, comme dans *Le Berceau* ou *Jeune femme en toilette de bal,* tous 2 visibles au musée d'Orsay, à Paris. Elle va souvent peindre aux Petites-Dalles et à Saint-Pierre-en-Port. Son style, libre et fluide, est qualifié de « légèreté picturale ». C'est tout de même elle qui réussit à convaincre Manet de peindre en plein air et sur le motif...

FÉCAMP, PORT DE PÊCHE

« Fécamp, port de pêche qui entend le rester. » Cette phrase du général de Gaulle est toujours d'actualité. Ici, on ne plaisante pas avec la mer. Du stade artisanal, on passe au fil des siècles à une quasi-industrie puisque, au XVIe s, le port distribue son poisson pratiquement dans tout le pays. C'est à cette époque que les Fécampois traversent l'Atlantique pour aller chercher la morue là où elle abonde : à Terre-Neuve. Au XVIIe s, les chantiers navals et les voileries se multiplient, le port s'organise.

MOUETTE OU GOÉLAND ?

Le goéland est bien plus grand, son bec est jaune et son cri plutôt grave. La mouette a un rire plus aigu et un bec rouge, plus petit, sans oublier une élégance secrète : une petite tache noire derrière l'œil.

FÉCAMP | 167

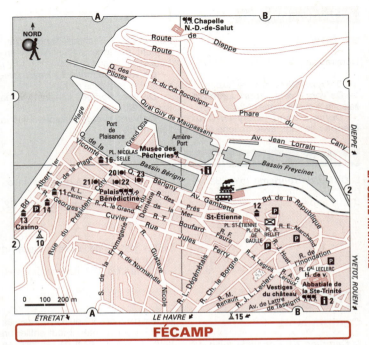

FÉCAMP

- **Adresses utiles**
  - 1 Office de tourisme (B2)
  - 2 Maison du patrimoine (B2)

- **Où dormir ?**
  - 10 Camping de Reneville (A2)
  - 11 Hôtel de la Plage (A2)
  - 12 Hôtel Normandy (B2)
  - 13 Hôtel de la Mer (A2)
  - 14 Hôtel d'Angleterre (A2)
  - 15 Woody Park (hors plan par B2)
  - 16 Hôtel Le Grand Pavois (A1)

- **Où manger ?**
  - 20 Chez Nounoute (A2)
  - 21 Le Vicomté (A2)
  - 22 Le Mêle-Anges (A2)
  - 23 Le Barbican (A2)

De la 2de moitié du XIXe s jusque dans les années 1970, la ville fut le 1er port français de pêche à la morue et le 4e port national. Puis la situation s'est doucement mais sûrement dégradée. Le choc pétrolier de 1974 et l'augmentation du coût du gasoil, la raréfaction de la morue due à l'industrialisation de la pêche et l'extension des zones de pêche canadiennes après celle des zones islandaises, ont achevé de mettre à terre cette industrie fécampoise de la morue. Du coup, les pêcheurs d'ici se sont reconvertis tant bien que mal dans la pêche hauturière et côtière, qu'en tant que Terre-Neuvas ils dédaignaient jadis, ainsi que dans la salaison et la fumaison du hareng, désormais remplacé par le saumon. Cela permet de continuer à faire tourner quelques saurisseries locales. Aujourd'hui, malgré le petit nombre de bateaux, le port de commerce essaie de rester actif. Mais ce sont surtout l'importation et l'exportation des bois du Nord, d'huiles à vocation cosmétique ou pharmaceutique, la navigation de plaisance et les activités sportives nautiques qui assurent maintenant la survie maritime de Fécamp. Pour en savoir plus sur l'histoire maritime fécampoise, n'hésitez pas à vous promener sur le site
● *fecamp-terre-neuve.fr* ●

168 | **LA SEINE-MARITIME / LA CÔTE D'ALBÂTRE**

Arriver – Quitter

En bus

Horaires sur ● *transports.normandie. fr* ●
➤ *De/vers Paris :* liaisons Flixbus.
➤ *De/vers Étretat, Yport, Le Havre :* liaisons tlj avec la ligne n° 24.
➤ *De/vers Saint-Valery-en-Caux, Dieppe :* liaisons avec la ligne n° 60.

Pour la liaison Fécamp-Dieppe, changement de ligne à Saint-Valery-en-Caux pour la ligne n° 61.
➤ *De/vers Goderville, Le Havre :* liaisons tlj avec la ligne n° 23.
➤ *De/vers Bolbec :* liaisons avec la ligne n° 22.
➤ *De/vers Yvetot :* liaisons avec la ligne n° 25.

Adresses et infos utiles

🛈 **Office de tourisme** *(plan B2, 1):* quai Sadi-Carnot. ☎ 02-35-28-51-01. ● *info@fecamptourisme.com* ● *fecamptourisme.com* ● Juil-août, tlj 9h-18h30. Janv-mars et oct-déc, lun-ven 9h-12h30, 14h-17h30 ; sam 9h-12h30, 14h-17h30 ; dim pdt les vac scol d'hiver 10h-13h. Avr-juin et sept, lun-ven 9h-18h ; w-e et j. fériés

10h-18h. Consigne à bagages, billetteries, boutique.
🛈 **Maison du patrimoine** *(plan B2, 2):* 10, rue des Forts. ☎ 02-35-10-60-96. Installée dans le bâtiment Renaissance de l'ancien Hôtel du Grand Cerf. Visites guidées de la ville (classée Art et Histoire).
– **Marché** *(plan B2):* sam mat, pl. Bellet.

Où dormir ?

Campings

⚸ **Camping de Reneville** *(plan A2, 10):* chemin de Nesmond. ☎ 02-35-28-20-97. ● *reneville@aliceadsl.fr* ● *campingdereneville.com* ● ♿ À 2 km de la gare ferroviaire ; en bord de mer. Prendre la direction d'Étretat, puis fléché sur la droite. Ouv avr-oct. Compter 15-26 € pour 2 avec tente et voiture ; chalets, mobile homes et roulottes 4-6 pers 198-654 €/sem. 157 empl. Confortable camping superbement situé dans une impasse sur les hauteurs de la ville, tel un amphithéâtre naturel offrant une vue formidable sur la mer. Un court sentier mène directement à la mer. Très bon accueil.
⚸ **Woody Park** *(hors plan par B2, 15):* 198, av. du Maréchal-de-Lattre-de-Tassigny. ☎ 02-35-10-84-83. ● *contact@ woody-park.com* ● *woody-park.com* ● À env 1,5 km du centre-ville ; suivre la direction de l'hôpital et du lycée Guy-de-Maupassant. Ouv avr-sept et pdt vac scol (zone B). Résa indispensable. Compter 60 € pour 2. Dans un parc accrobranche mais à l'écart des parcours, des tentes suspendues dans les

arbres, perchées à 3 ou 6 m au-dessus du sol. Pour monter, il faut enfiler un harnais, puis, en haut de l'échelle, se « propulser » à l'intérieur : les tentes se balancent légèrement (ce qui peut être un peu éprouvant au début...). À l'intérieur, un matelas confortable. À vous d'apporter duvet ou couette et oreillers, ainsi que la lampe pour l'éclairage. Chaque tente bénéficie, au sol, de son espace pique-nique avec barbecue. Bloc sanitaire commun simple mais parfaitement tenu. Excellent accueil, pro et à l'écoute. Attention, pour des questions de sécurité, âge minimal requis : 16 ans.

De bon marché à prix moyens

🛏 **Hôtel de la Plage** *(plan A2, 11):* 87, rue de la Plage. ☎ 02-35-29-76-51. ● *reception@hotel-fecamp.com* ● *hotel-fecamp.com* ● Congés : 2 sem début janv. Doubles 62-71 € ; familiales. Les chambres sont simples mais d'un plus qu'honorable confort pour les plus chères et chacune a son petit caractère : et là que je te colle une grande Africaine,

FÉCAMP / OÙ MANGER ? | 169

ici un vol d'oiseaux ou une grande fleur rougeoyante qui mange tout un mur. C'est gai, frais et charmant, comme l'accueil ! Le prix varie selon la taille et le confort (w-c sur le palier pour les petits budgets) des chambres, et certaines disposent même d'un tout petit bout de vue sur la mer.

🛏 *Hôtel Normandy (plan B2, 12) :* 4, av. Gambetta. ☎ 02-35-29-55-11. • info@normandy-fecamp.com • normandy-fecamp.com • Doubles 67-73 €. Parking. Gentille petite adresse. La réception, comme la brasserie du rez-de-chaussée, a un petit côté rétro sympa. Les chambres, quant à elles, sont modernes, simples, propres sur elles et avenantes. Bon accueil.

🛏 *Hôtel de la Mer (plan A2, 13) :* 89, bd Albert-Iᵉʳ. ☎ 02-35-28-24-64. • pannier.georges@wanadoo.fr • hotel-dela-mer.com • Congés : 3 sem en janv. Doubles 65-73 €. Un petit hôtel fonctionnel et sans prétention mais tout à fait correct, qui a comme principal intérêt d'être le seul de la ville situé sur le front de mer. Chambres simples et classiques, certaines disposant même d'un balcon avec vue sur le large. En revanche, l'insonorisation est parfois un peu juste, d'autant que l'établissement possède un resto-bar au rez-de-chaussée. Accueil charmant.

De prix moyens à chic

🛏 *Hôtel d'Angleterre (plan A2, 14) :* 93, rue de la Plage. ☎ 02-35-28-01-60. • hotel-d-angleterre@orange.fr • fecamp-hotelangleterre.com • Congés : début déc-début janv. Doubles 75-130 €. Parking 10 €. Un hôtel convivial à deux pas du front de mer, aux chambres très cosy et colorées, voire fleuries. Les privilégiés auront même droit à la vue sur un petit bout de mer de leur fenêtre, ou à un petit balcon. Bon confort général, malgré une isolation un peu juste. Pub sympa au rez-de-chaussée. Bon accueil.

De chic à beaucoup plus chic

🛏 *Hôtel Le Grand Pavois (plan A1, 16) :* 15, quai de la Vicomté. ☎ 02-35-10-01-01. • contact@hotel-grand-pavois.com • hotel-grand-pavois.com • ♿ Doubles 103-259 € ; petit déj 19 €. Garage 12 € ; parking extérieur gratuit. Sur le port de plaisance de Fécamp, dans un bâtiment moderne fonctionnel, de très belles chambres tout confort, spacieuses et lumineuses, dont les larges baies vitrées ouvrent sur des balcons. Déco contemporaine plutôt épurée et très zen. Accueil aussi pro que charmant. Piano-bar plutôt classe.

LA SEINE-MARITIME

Où manger ?

De bon marché à prix moyens

🍴 *Le Barbican (plan A2, 23) :* 97, quai Bérigny. ☎ 02-27-30-59-95. Fermé dim soir-lun et mer. Congés : 24 déc-4 janv. Résa conseillée. Compter 16 € pour la formule ; carte env 20 €. Le jeune patron est anglais, et sa spécialité... c'est le fish & chips ! Frites maison maousses, bon poisson frais, c'est un must dans son genre. Sinon, c'est l'ardoise du jour : 2 plats au choix (une viande ou un poisson) élaborés avec soin en fonction du marché et de l'humeur. Simple et délicieux. Du coup, c'est vite complet, d'autant que la salle aux couleurs de la mer n'est pas bien grande.

🍴 *Chez Nounoute (plan A2, 20) :* 3, pl. Nicolas-Selle. ☎ 02-35-29-38-08. • severinelemaitre76@gmail.com • ♿ Fermé mer et dim soir. Congés : 1 sem en janv. Formule déj en sem 16,50 € ; menus 22-38 €. Nounoute est un personnage emblématique de la ville... Elle vous accueille avec sa gouaille gentiment maternelle et vous met tout de suite à l'aise. Ex-poissonnière reconvertie, elle propose le meilleur de la pêche fécampoise : maquereaux marinés, harengs fumés, morue fraîche et on en passe... Terrasse en été, qui prolonge une salle toute simple toujours bondée.

🍴 *Le Vicomté (plan A2, 21) :* 4, rue du Président-Coty. ☎ 02-35-28-47-63. Fermé mer, dim et j. fériés. Congés : 1 sem vac scol de Printemps, 2 sem fin

170 | **LA SEINE-MARITIME / LA CÔTE D'ALBÂTRE**

août et 2 sem fin déc. Menu unique 22 €. Un petit bistrot très chaleureux et plein de charme, avec ses nappes à carreaux et ses affiches du *Petit Journal*. Dans cette ambiance rétro très plaisante, les habitués se régalent d'une excellente cuisine de marché, chaque jour différente. Choix entre 2 entrées, 2 plats, fromage et dessert. Un excellent rapport qualité-prix et un service impeccable.
|●| ↗ *Le Mêle-Anges (plan A2, 22)* : 7, rue de la Vicomté. ☎ 09-82-25-20-09.

● lemele-anges76@hotmail.fr ● *Fermé lun-mar. Menus 17,50 € (midi sauf dim et j. fériés), puis 24-38 €.* Il y a une paire d'ailes d'ange accrochée au mur de cette plaisante petite salle (avec terrasse en été). Mais il faut aussi tenir compte du jeu de mots de l'enseigne parce que le chef aime effectivement mélanger épices (ou recettes) d'ailleurs et produits d'ici. Et il le fait fort joliment ! Service aussi discret que charmant.

Où dormir ? Où manger dans les environs ?

🏠 |●| *Auberge Les Tonnelles :* 2, chemin des Falaises, Grainval, 76400 *Saint-Léonard.* ☎ 02-35-28-77-18. ● info@hotel-lestonnelles-etretat. com ● hotel-lestonnelles-etretat.com ● *À env 3 km de Fécamp. Fermé mer et jeu midi. Double 64 €. Menus 17-23 €. Parking. Café offert sur présentation du guide de l'année.* Proche de tout mais hors des sentiers battus, cette toute petite auberge désormais tenue par un plus qu'accueillant jeune couple

est idéale pour se poser au calme. Les chambres se comptent presque sur les doigts de la main. Un peu à l'ancienne mais confortables, elles se répartissent entre la maison principale et une annexe de plain-pied. Simple et sans chichis, comme le bon petit déj et l'accueil sympathique et discret. Au resto, cuisine maison bien amenée et à base de produits aussi frais et locaux que possible. Impeccable... surtout avec la mer au bout du chemin !

À voir

Si vous logez sur l'une des communes de Fécamp/Valmont, procurez-vous la *Carte d'hôte,* qui vous donnera des réductions sur les entrées des musées et diverses activités dans la région.

🎭🎭🎭 *L'abbatiale de la Sainte-Trinité (plan B2)* : tlj 9h-17h30. Juil-août, visite guidée hebdomadaire à 15h.

Sur un édifice construit au VIIe s et abandonné face à la menace des Vikings sont sont accumulés des siècles d'architecture et de décoration. Pas d'unité, donc, mais un merveilleux ensemble de pierre dont l'histoire s'étale dans le temps. L'édifice que l'on découvre aujourd'hui a été reconstruit (après un grand incendie) au XIIe s, à l'initiative des ducs de Normandie (à l'époque, rois d'Angleterre). Sur le plan extérieur, il impose son humble dépouillement et son austérité, caractéristiques du 1er style gothi-

UN ABBÉ TRÈS ATTACHÉ AUX FILLETTES DU ROI

Doué d'un charisme extraordinaire, l'abbé de Fécamp, Jean Balue, gravit rapidement les échelons de l'Église, puis devint même le 1er ministre de Louis XI. Cependant, il usait aussi de son charme auprès des femmes et fut compromis dans un complot contre le roi, organisé par Charles le Téméraire... Finalement, Louis XI le fit enfermer près de Blois, pendant 11 ans, dans une petite cage en fer, attaché à de lourdes chaînes appelées « fillettes du roi ». Sans doute pour qu'il médite sur les notions d'attachement et de fidélité !

que prévalant à l'époque. Sur le flanc sud, le tympan du portail est gothique également. La façade, en revanche, a été largement modifiée au XVIIIe s dans un style jésuite.

FÉCAMP / À VOIR | **171**

En entrant, on est frappé par l'ampleur de la nef de plus de 127 m de longueur et 23 m de hauteur. Elle recèle quelques pièces rares : dans le transept de droite, remarquable Dormition de la Vierge du XVIe s ; sur sa droite, une amusante sculpture de pierre en forme de tourelle abrite une scène dite « du Pas de l'Ange ». Transept rehaussé d'une belle *tour-lanterne,* caractéristique des clochers normands. Dans le chœur, voir le beau *baldaquin* (XVIIIe s) en bois doré finement ciselé, que supportent 4 colonnes de marbre.

Les chapelles du déambulatoire sont ceintes de clôtures de pierres sculptées à motifs floraux et fantastiques, du XVIe s. La *chapelle* absidiale *de la Vierge* abrite plusieurs vitraux, du milieu du XIIIe s. Face à cette chapelle, noter le *tabernacle* Renaissance qui contient le *Précieux Sang* du Christ que l'on aurait trouvé dans le tronc d'un figuier échoué à Fécamp. En poursuivant, 2 chapelles romanes dont l'une possède une admirable porte à décor flamboyant. Dans le transept de gauche, levez la tête : intéressante *horloge* du XVIIe s indiquant les marées (disques noirs ou verts selon celles-ci) et les phases de la Lune.

Face à l'abbatiale, vestiges du palais des ducs de Normandie (XIIe s).

✸✸✸ *Le palais, le musée et la distillerie Bénédictine* (plan A2) : 110, rue Alexandre-Le-Grand. ☎ 02-35-10-26-10. ● benedictinedom.com ● ♿ (partiellement). Tlj. Ouv le w-e seulement en janv. Fermé 1er janv, 1er mai et 25 déc. Durée de la visite (libre) : env 1h30. Entrée : 12 € ; réduc ; gratuit moins de 12 ans. La légende raconte qu'en 1863 Alexandre Le Grand (rien à voir avec l'autre, bien plus grand) retrouve dans la bibliothèque familiale la formule d'une liqueur mise au point par un moine bénédictin de l'abbatiale de Fécamp au XVIe s, égarée pendant la Révolution. Ce moine d'origine vénitienne, dom Bernardo Vincelli, aurait eu la riche idée de concocter un élixir de santé à base de 3 plantes cauchoises : la mélisse, l'angélique et l'hysope, mélangées à des épices orientales. Cette liqueur, composée au total de 27 plantes et épices, devient une Bénédictine bien connue des amateurs de digestifs (mais dont, aujourd'hui, plus de 90 % de la production sont exportés, notamment vers les États-Unis et l'Asie)... Le Grand est un visionnaire : en 1864, il dépose la marque, et dans la foulée il fait de la publicité dans les journaux ! Enrichi, il fait construire ce vaste palais « romantique » mâtiné de néogothique et de néo-Renaissance, destiné à accueillir à la fois ses unités de production et son musée personnel, car Le Grand était aussi un collectionneur averti.

– *Le musée :* on pénètre d'abord dans la *salle gothique* à l'étonnante charpente, véritable coque de navire renversée, réalisée par les charpentiers du port. Parmi les merveilles, dans le désordre : une très belle tête de saint Jacques en pierre du XIVe s, de délicats ivoires de Dieppe, un monumental antiphonaire (recueil de chants religieux) du XVIe s avec un marque-page du XIXe s taillé dans un seul morceau de chêne, des émaux de Limoges et des statues polychromes des XVe-XVIIIe s. La *salle du Dôme* est à signaler pour son amusant vitrail représentant le fondateur confiant sa bouteille de Bénédictine à la Renommée, main posée sur le globe afin de développer ses exportations ! Plus insolite, la *salle Renaissance* réunit la 5e collection de ferronneries de France provenant de divers châteaux de la Loire. Remarquez les coffres de mariage du XVIe s avec leur incroyable système de verrous. Dans le cabinet des manuscrits, voir les chartes, manuscrits et autres livres d'heures enluminés. Ensuite, l'oratoire avec les vestiges du jubé de l'église abbatiale de Fécamp, d'un gothique absolument flamboyant, la cuve baptismale en plomb du XIIIe s et la Nativité en marbre blanc du XVIe s. Enfin, la *pinacothèque,* avec quelques peintures du XVIe s, dont un polyptyque de l'école de Cologne. Dans la *salle des Abbés,* les 16 principaux sont représentés, dont le cardinal puis archevêque Jean Balue que Louis XI fit enfermer. On notera aussi le vitrail illustrant l'accueil réservé par les abbés à François Ier en 1534.

– La 2e partie de la visite est consacrée à *l'histoire puis à l'élaboration de la* **Bénédictine.** L'histoire est évoquée au gré de différents panneaux thématiques, dans une vaste salle qui abrita jusqu'en 1972 la mise en bouteilles.

LA SEINE-MARITIME

Parmi les curiosités, noter la vitrine rassemblant les contrefaçons repérées aux 4 coins du globe ! Puis on aborde la fabrication, détaillée dans une vidéo, avant de découvrir quelques-unes des plantes et épices nécessaires à l'élaboration de la liqueur (la recette reste des plus secrète). Vient alors le moment de pénétrer (avec un guide) dans le cœur de la maison : on découvre (derrière des barrières) la distillerie aux alambics de cuivre martelé et une toute petite partie des vastes caves à foudres de chêne centenaire où vieillissent les alcools. La visite s'achève, logiquement, par une dégustation (réservée aux personnes majeures) dans un beau jardin d'hiver où l'on pourra également goûter à quelques pâtisseries à la Bénédictine !

🏃🏃 *La chapelle Notre-Dame-de-Salut et le panorama sur le cap Fagnet* (plan A-B1) : route du Phare, sur la falaise nord. Même sans la chapelle, il faudrait y grimper pour découvrir le panorama incroyable sur Fécamp, le cap Fagnet et les falaises s'étirant vers le sud. Bien sûr, on peut y accéder en voiture et se garer au parking face au parc d'éoliennes, mais il est bien plus agréable d'emprunter, à partir du quai Guy-de-Maupassant (entre les nᵒˢ 64 et 66), la sente aux Matelots.

> ## TOUT TRAVAIL MÉRITE SALAIRE
>
> *En remerciement à Notre-Dame de Salut pour sa miséricorde, des marins rescapés de naufrages passaient commande d'ex-voto auprès de peintres de marines. Le plus célèbre d'entre eux était le « portraitiste de navires » Eugène Grandin. Selon la somme que l'on pouvait payer, le peintre peaufinait plus ou moins son tableau, d'où la qualité très variable des peintures votives de la chapelle Notre-Dame-de-Salut !*

Cette chapelle a été bâtie au XIᵉ s par Robert le Magnifique, duc de Normandie. Rescapé d'un naufrage, il s'était juré de faire édifier 3 chapelles dans la région : celle-ci, la Délivrande à Caen et Notre-Dame-de-Grâce à Honfleur. Reconstruite plusieurs fois et même étayée par des mâts de navire en 1790, elle vaut plus pour le symbole qu'elle représente que pour son architecture lourde et massive. Elle servait de point de repère aux navigateurs et fut de tout temps fréquentée par les marins qui venaient y prier avant de prendre la mer.

Sur les parois, une série de peintures votives parmi lesquelles de nombreuses toiles signées Eugène Grandin représentant des bateaux affrontant d'incroyables tempêtes. D'autres ont été réalisées par des marins eux-mêmes, avec ferveur et naïveté. La plupart représentent des tragédies de terre-neuvas à la fin du XIXᵉ et au début du XXᵉ s.

🏃 *Les Pêcheries-Musée de Fécamp* (plan A1) : 3, quai Capitaine-Jean-Recher. ☎ 02-35-28-31-99. Tlj 10h-18h ; fermé mar de mi-sept à fin avr. Entrée : 7 € ; réduc ; gratuit moins de 18 ans et pour ts le 1ᵉʳ dim du mois. Audioguide 2 €. Ce musée qui s'est installé dans l'immense espace (7 étages avec le nouveau et très contemporain « belvédère ») d'une ancienne usine de transformation de poissons est, comme son nom l'indique, consacré à la pêche en général et aux Terre-Neuvas en particulier, avec notamment un de ces bateaux traditionnels appelés « doris ». Mais une galerie évoque également l'histoire de Fécamp, des Ducs de Normandie au mur de l'Atlantique ; la partie Beaux-Arts propose, entre autres, des toiles de peintres français du XIXᵉ s comme Jules Noël, Maximilien Luce ou Émile Schuffenecker. Et ce musée abrite aussi des sections autour de l'enfance et des traditions populaires du pays de Caux avec une étonnante collection de... biberons !

À faire

🏃 **Promenade à pied sur les estacades** : tt au bout de la digue. Superbes passerelles de bois, d'où vous pouvez apercevoir Étretat. Jolie vue également sur le port et la plage.

VALMONT | **173**

🏹 **Balade nautique à Étretat :** *rens auprès de La Mer pour tous (● lamerpourtous. fr ●). En saison, départs à 10h, 14h30 et 17h (6 pers min, 12 max). Env 33 €/pers.* Balade commentée de 2h en bateau rapide (un semi-rigide abrité) jusqu'à Étretat, avec, naturellement, un passage sous les fameuses arches (selon les conditions de navigation) !

🏹 **Balade en vieux gréement :** *avr-oct. Résa à l'office de tourisme. Env 28-49 € selon sortie.* Sorties découvertes de 2h (dont une au coucher de soleil) ou croisières jusqu'à l'Aiguille d'Étretat à bord d'un ancien bateau de pêche (à voile !) restauré par des passionnés.

🏹 **Les ouvrages du mur de l'Atlantique :** un circuit randonnée « 39-45 » balisé par des bornes permet de découvrir de nombreux blockhaus et un curieux « hôpital allemand » creusé dans la craie, vestiges du mur de l'Atlantique. *Visite guidée hebdomadaire des ouvrages à 15h en juil-août.*

Fête et manifestations

– *Le Saint-Pierre des Marins :* **1er dim de fév.** Célébration datant du XIXe s annonçant le début de la saison morutière (les bateaux partant pour Terre-Neuve en mars). Bénédiction de la mer célébrée dans le port.
– *Fête du Hareng – Faîtes du boucan :* **dernier w-e de nov.** Autour de la criée, sur la presqu'île du Grand-Quai, autour des anciennes boucanes. Animations avec chants de marins.
– *Fécamp Grand Escale 2020 :* **1er-5 juil.** 1er grand rassemblement festif de vieux gréements, visites, embarquements et navigations, chants de marins et restauration de la pêche locale sur les quais.

VALMONT   (76540)   856 hab.   *Carte Seine-Maritime, B2*

L'archétype du gros village de Seine-Maritime dont les racines s'ancrent profondément dans l'histoire de la région. Valmont a connu un certain essor au XIIe s grâce à la famille d'Estouteville, des descendants de Vikings. De ce passé, il reste un château en parfait état (mais qui ne se visite pas...) et le chœur restauré d'une abbaye bénédictine où séjourna Delacroix. Les fidèles s'y pressent encore le dimanche pour la messe chantée en grégorien.

Où dormir ?
Où manger à Valmont et dans les environs ?

🛏 **Chambres d'hôtes Le Clos des Ifs :** *11, rue de la Forge, 76540 Thiétreville.* ☎ 02-35-29-63-31. 📱 06-14-22-92-68. ● leclosdesifs@gmail.com ● leclosdesifs.com ● À 2 km de Valmont. Doubles 65-75 €. Dans une grande maison de maître du XIXe s tapissée de plantes grimpantes, nichée dans un jardin clos aux massifs bien taillés, 4 chambres avec déco à l'ancienne, sobre et élégante. Bibliothèque, thé et

jardin à disposition. Belle salle de petit déj avec une cheminée monumentale et un piano. Accueil courtois.
🛏 🍴 **Le Bec au Cauchois – Restaurant Pierre Caillet :** *22, rue André-Fiquet, à Valmont.* ☎ 02-35-29-77-56. ● contact@pierrecaillet.com ● pierrecaillet.com ● 🏹 À 1,5 km de Valmont direction Fécamp. Resto fermé mar-mer (plus dim soir hors saison). Congés : 23 déc-23 janv.

LA SEINE-MARITIME

Doubles 115-240 €, petit déj 16 €. Formule déj en sem 36 € ; menus 51-95 €. Café offert (pour 2 pers max) sur présentation du guide de l'année. L'étoilé Pierre Caillet est installé dans cette tranquille bâtisse du XIXe s, joliment restaurée et un brin cossue, avec étang et jardin où il cultive des herbes aromatiques qu'on retrouve, évidemment, dans l'assiette ! C'est d'ailleurs le péché mignon de ce chef talentueux qui ose des mélanges détonants dès le 1er menu. Une vraie fête des sens ! Pour ceux qui ne voudraient plus repartir, 5 chambres impeccables.

À voir

🏚🏚 *L'abbaye de Valmont, Notre-Dame-du-Pré :* 12, rue Raoul-Auvray. ☎ 02-35-27-34-92. ● abbayevalmont.free.fr ● ♿ *Bâtiments abbatiaux tlj sauf mar 11h-12h, 14h30-17h (sauf chapelle). Chapelle ouv juil-sept tlj 15h-17h. Entrée : compter 4 €.*
Fondée au XIIe s par un membre de la famille d'Estouteville, anéantie au XIIIe s et reconstruite à la fin du XVe s dans le style gothique. Conséquences de la guerre de Cent Ans : des retards dans la construction et un style Renaissance qui se mêle petit à petit au gothique. Une grande partie de l'édifice est détruite par un incendie au XVIIe s et le toit de chaume est balayé par une tornade au siècle suivant. En 1793, la Révolution met tout le monde dehors. En 1830, les lieux sont rachetés par un certain M. Bataille, puis par M. Bornot. Tous 2 sont des cousins d'Eugène Delacroix, d'où les vitraux de la rosace, que l'artiste dessine en 1832. Il y réalise aussi plusieurs toiles et aquarelles jusqu'en 1850. Malheureusement, les fresques de ce précurseur de l'impressionnisme ne sont plus à l'abbaye. Pendant l'Occupation, les Allemands récupèrent le plomb des toitures des chapelles nord, ce qui provoque l'effondrement des voûtes. Enfin, c'est l'implantation, en 1994, d'une communauté de sœurs bénédictines venue de Lisieux qui a permis la restauration de l'église et la renaissance de Valmont, de nouveau rendue au culte et à la vie monastique.
De toute l'abbatiale, seule la *chapelle de la Vierge* est restée intacte. Les vitraux du XVIe s, d'une grande finesse, retracent la vie de la Vierge. Remarquable retable de pierre ciselée comme un décor de théâtre, illustrant l'Annonciation dans un style Renaissance. Voir les vitraux de la rosace, au-dessus de l'entrée, dessinés par Delacroix. Voûte en forme de fleurs, très élégante.

LE PAYS DE CAUX MARITIME

Décrit avec amour et passion par Maupassant dans les années 1880, le pays de Caux est la plus grande sous-région de Seine-Maritime. Il suit la vallée de la Seine de Rouen jusqu'au Havre et bute contre les falaises de la Côte d'Albâtre jusqu'à Dieppe. Il sinue ensuite de Dieppe à Rouen sur un axe nord-sud. Ce vaste plateau fertile, un des fleurons de l'agriculture française, cultive l'image d'une nature généreuse et d'un bien-vivre champêtre.
Canevas de hameaux, de villages et de bourgades tissant partout une toile régulière, le pays de Caux doit sa fertilité à son sol calcaire recouvert d'argile et de limons. Doucement baignée par une humidité importante et de fortes précipitations annuelles, la région garde sa fraîcheur et sa verdeur en toute saison et, si le soleil est plus rare qu'ailleurs, les vagues de chaleur estivale sont fréquentes. Les hivers humides ont contraint les fermes à se protéger des vents marins par de longues et fières rangées de hêtres dressés sur des levées de terre (les « clos-masures »).

LE PAYS DU LIN

Début juin, nombre de champs du pays de Caux se parent de bleu ou de blanc : c'est la période de floraison du lin, dont, chaque jour, la belle fleur bleue vit et meurt, renaissant le lendemain.

Le pays de Caux, en effet, est le 1er producteur de lin fibre en France, trouvant dans ses sols et son climat humide les conditions idéales pour la culture de cette fibre naturelle de grande qualité, très prisée par le secteur textile, notamment la haute couture. Aujourd'hui, il est aussi utilisé dans les matériaux composites destinés au secteur automobile.

Chaque année, on fête le lin comme lors de la **fête du Lin de Doudeville** (qui, normalement, se déroule le 3e week-end de juin) ou du **festival du Lin et de l'Aiguille** dans plusieurs communes de la vallée du Dun (le 1er week-end de juillet). Si vous voulez en savoir plus, mettez donc le cap sur Doudeville, la capitale du lin, et son Carrefour du lin (voir « Dans les environs de Saint-Valery-en-Caux »).

LA VALLÉE DE LA DURDENT

Histoire d'imiter les saumons, remontons le cours d'une petite rivière, la Durdent, qui rejoint la Manche à Veulettes-sur-Mer. Cette jolie vallée tout en douceur vit au rythme de la rivière, large d'à peine 1 m à certains endroits. Des prairies humides, beaucoup d'arbres le long des berges ombragées, beaucoup de fraîcheur... Un paysage enchanteur jusqu'à Héricourt.

VEULETTES-SUR-MER

(76450)   330 hab.   *Carte Seine-Maritime, B1*

Toute petite station balnéaire, plutôt populaire, au pied d'une falaise. De vastes prés où ruminent de bonnes grosses vaches, une longue jetée, un casino pour vider ses poches et quelques demeures du début du XXe s, qui se dissimulent sur les pentes verdoyantes. Les maisons sur la digue sont en fait d'anciennes cabines de bains, aujourd'hui habitées, donnant à la plage un style « congés payés ».

Où dormir ? Où manger ?

Camping

Maison du Campeur, camping municipal : 8, rue de Greenock. ☎ 02-35-97-53-44. ● camping municipal-veulettes-sur-mer@orange. fr ● À deux pas du centre et à 5 mn de la plage. Ouv d'avr à mi-oct. Env 15,75 € pour 2 avec tente et voiture ; mobile homes 350-480 €/sem. 115 empl. Situé dans le creux de la vallée et dominé par de jolies maisons, un camping simple et classique, plutôt bien équipé pour le prix.

De prix moyens à chic

Hôtel Les Frégates : 3, digue Jean-Corruble. ☎ 02-35-97-51-22. ● lesfregatesveulettes@gmail.com ● les-fregates.com ● Resto fermé lun midi (plus dim soir hors saison). Congés : fin déc-début fév. Doubles

LA SEINE-MARITIME

176 | LA SEINE-MARITIME / LE PAYS DE CAUX MARITIME

79-139 €. Formule déj en sem 10,90 € ; menus 23-32 €. Apéritif maison offert sur présentation du guide de l'année. Une maison blanche en front de mer, à laquelle ont été accolées des annexes. Les chambres, modernes et agréables, ont pour la majorité vue sur le large. Bon confort général, même si l'insonorisation est parfois un brin déficiente. Bien, mais un peu cher en haute saison quand même. Côté resto, véranda côté mer, salle élégante et service très pro pour une cuisine de tradition bien amenée et plutôt gentiment facturée.

●|● ⚓ *Restaurant de la Mer :* 13, digue Jean-Corruble. ☎ 02-35-97-96-28. ● restaurantdelamer76@orange.fr ● ♿ Fermé lun, plus mar hors saison. Congés : janv puis 15 nov-15 déc. Menus 25-45 €. Apéritif maison offert sur présentation du guide de l'année. Bar au rez-de-chaussée et belle salle de restaurant au 1er étage, avec vue sur la mer. Le poisson et les fruits de mer de saison tiennent le haut de l'affiche, mais que ce soit eux, les légumes ou les viandes, tout vient de producteurs ou de pêcheurs locaux !

Où dormir dans les environs ?

Camping

⛺ *Camping municipal Les Mouettes :* 76450 *Saint-Martin-aux-Buneaux.* ☎ 02-35-97-96-16. ● camplesmouettes@orange.fr ● saint-martin-aux-buneaux.fr ● ♿ À 7 km au sud de Veulettes. Ouv avr-sept. Env 13,50-14,40 € pour 2 avec tente et voiture. CB refusées. 61 empl. Un tout petit camping dans le bourg, avec des emplacements délimités par de hautes haies. Sanitaires très bien tenus, une épicerie dans le village, des barbecues, une machine à laver. Bref, tout ce qu'il faut ! Bon accueil familial.

Prix moyens

🏠 ●|● *Chambres d'hôtes Au Gré du Vent :* 611, rue de l'Église, 76450 *Malleville-les-Grès.* 🖥 06-40-19-37-39. ● augreduvent76450@gmail.com ● augreduvent76.jimdo.com ● À env 4 km au sud de Veulettes. Double env 70 €. Dans le village, vers l'église et dans les combles d'une maison traditionnelle (à colombages, donc !), 3 chambres, agréables et plutôt contemporaines question déco. Tout aussi agréable salle commune avec TV et cuisine bien équipée à disposition. Label accueil vélo.

DANS LES ENVIRONS DE VEULETTES-SUR-MER

🥾🥾 *Les Petites-Dalles :* à 8 km à l'ouest de Veulettes-sur-Mer. On adore ce petit bout de village coincé au creux d'une étroite valleuse, avec son charme paisible et ses belles résidences secondaires du début du XXe s. D'ailleurs, les Boudin, Monet, Berthe Morisot et autres Pissarro ne nous ont pas attendus pour s'en inspirer ! Ici se trouve résumé tout l'enchantement de la Côte d'Albâtre. Hors saison, calme parfait.

CANY-BARVILLE

(76450)   3 100 hab.   *Carte Seine-Maritime, B2*

Jusqu'au XIXe s, Cany-Barville avait le statut de capitale du lin normand. Les riches négociants venaient de Belgique pour y acheter la production locale réputée pour sa qualité. Étonnamment, de ce passé, la ville ne porte plus trace. Si elle ne déborde pas de charme, elle n'en est pas moins plutôt

CANY-BARVILLE | 177

sympathique avec, notamment, ses jolies halles et leur architecture intéressante, ainsi que son château qui, lui, mérite le détour.

Adresse et info utiles

🛈 *Office de tourisme :* *32, pl. Robert-Gabel.* ☎ *02-35-57-17-70.* ● *plateau decauxmaritime.com* ● *Avr-sept, lun 9h-13h30, mer-ven 14h-17h ; hors saison, lun mat et ven-sam.* Propose le dépliant du circuit « Cany au fil de

l'eau » pour découvrir librement le patrimoine de la ville, et des visites commentées le lundi en juillet-août à 15h *(3,5 € ; réduc).*
– *Marché :* *lun mat.* Bons producteurs locaux.

Où dormir ?

Camping

⛺ *Camping municipal :* *15, route de Barville, à Cany-Barville.* ☎ *02-35-97-70-37.* 📱 *06-17-18-03-46.* ● *camping@cany-barville.fr* ● *cany-barville.fr* ● ♿ *À la sortie de la ville par la D 268, direction Yvetot. Ouv avr-sept (tte l'année pour les chalets). Env 11,50 € pour 2 avec tente et voiture. 100 empl.*

Un grand camping bien aménagé, avec des emplacements un peu plus bétonnés pour les camping-cars et les caravanes, et plus verts pour les tentes. Certains sont séparés par des haies, d'autres sont dispersés sur les pelouses, sous les arbres. Bien qu'en ville, le site est bien vert et joliment paysagé. Quant à l'équipement et l'entretien, rien à redire, surtout pour le prix.

Où manger un bon gâteau ?
Où boire un petit verre ?

🍰 Si vous avez décidé de pécher par gourmandise, poussez la porte de la *boulangerie-pâtisserie Boinet* *(dans la rue principale ; 57, rue du Général-de-Gaulle ; ☎ 02-35-97-71-86 ; fermé mer).* Ses gâteaux ne manquent pas d'intérêt, notamment son « camembert ».

🍸 Et si vous vous sentez le gosier sec, pourquoi ne pas faire un crochet par le modeste mais étonnant *Café des Glaces* *(9, pl. du 8-Mai ;* ☎ *02-35-97-68-92 ;* ● *lemonnier.francoise@sfr.fr* ● *; fermé mar),* avec son petit intérieur Art déco ?

À voir. À faire à Cany-Barville et dans les environs

🏯🏯🏯 *Le château de Cany-Barville :* ☎ *02-35-97-04-60.* *Fermé pour travaux pour une durée indéterminée.* Très beau château Louis XIII, édifié en 1640 sur des plans que l'on attribue à Mansart. Il fut construit en 6 ans, encadré par 2 longs corps de bâtiments (écuries et lavanderie). Autour, on creusa des douves alimentées par la Durdent et, à 2 extrémités, on construisit 2 gros pavillons carrés et symétriques, une chapelle et un chartrier. C'est le prototype parfait du bon gros château Louis XIII, sis au milieu d'un grand parc de 50 ha. Pas de visite de l'intérieur pour l'instant, mais rien ne vous empêche d'y jeter un coup d'œil depuis l'entrée du parc.

🎣 🚶 *La base de loisirs du lac de Caniel :* *au bord du lac de Caniel, 76450 Vittefleur.* ☎ *02-35-97-40-55.* ● *lacdecaniel.fr* ● *Tte l'année. Activités ouv selon météo début avr-début oct (juil-août, tlj à partir de 11h).* Idéal pour un après-midi

LA SEINE-MARITIME

en famille. On trouve ici la nature et l'air pur, mais surtout plein d'activités sportives (payantes) : ski nautique, luge d'été, barque, canoë, bowling, embarcations à pédales, location de vélos... D'autres activités sont gratuites, comme la baignade (surveillée en été), le parcours nature, l'espace roller, l'aire de jeux pour les petits... Resto sympa au bord du lac.

DE SAINT-VALERY-EN-CAUX À DIEPPE

De Saint-Valery-en-Caux à Dieppe, la route côtière est plutôt accidentée mais très pittoresque. Elle croise de charmantes valleuses qui se jettent dans la mer. Des cours d'eau minuscules creusent le plateau crayeux, et les dénivellations qu'il vous faudra franchir atteignent souvent 100 m. Sur ce magnifique itinéraire, encore quelques maisons à colombages et toits de chaume, mais la brique du Nord fait timidement son apparition.

SAINT-VALERY-EN-CAUX

(76460)   4 650 hab.   *Carte Seine-Maritime, B1*

Saint-Valery se révèle être une station balnéaire agréable, surtout en saison, quand son port de pêche et de plaisance crée une certaine animation sur les quais. Ce port, en s'enfonçant 800 m dans les terres, sépare la ville en 2 : en aval (comme on dit par ici), ce qui reste de l'ancien Saint-Valery ; en amont, la partie récente, construite après la guerre et composée de petits immeubles dans le style de ceux du Havre, avec une promenade en front de mer. Joliment aménagée, elle est en revanche étonnamment peu exploitée par l'industrie touristique : seuls le casino, assez discrètement posé tout au bout, et un hôtel-restaurant s'y sont installés ; le reste n'est qu'appartements privés et bureaux. De la plage, vue splendide sur les falaises qui s'étirent à perte de vue.

LA BATAILLE DE SAINT-VALERY

Elle débute le 7 juin 1940. Ce jour-là, un général allemand encore inconnu, Erwin Rommel, perce le front et parcourt tout le département pour atteindre la côte aux Petites-Dalles. Une flottille de navires reçoit l'ordre de rallier Saint-Valery et Veules-les-Roses pour embarquer les troupes écossaises de la 51st Highlanders Division. Mais le 11 juin, Rommel a déjà pris position sur le plateau dominant le bourg. Un bombardement intense enflamme une grosse moitié de Saint-Valery et l'évacuation devient de plus en plus difficile : environ 3 200 soldats parviennent malgré tout à rallier l'Angleterre. Ceux qui restent sont dépourvus de tout ravitaillement, ont perdu une partie de leur équipement, et le 12 juin au matin, un drapeau blanc est hissé au clocher de l'église. La bataille est terminée, la ville détruite à près de 70 %. Commence alors la longue période de l'Occupation. Mais les Highlanders n'ont pas dit leur dernier mot.

La revanche sonne 4 ans plus tard, presque jour pour jour, quand la 51st Highlanders Division commence à poser le pied en Normandie. Elle participe aux batailles de Caen et de Falaise, avant de se tourner vers la Seine et d'arriver, sans avoir à tirer un coup de feu, à Saint-Valery-en-Caux le 2 septembre. Elle y reçoit un *wonderful welcome* de la part de ces Français qui se souviennent des jours noirs de juin 1940.

SAINT-VALERY-EN-CAUX | 179

JONGKIND, PRÉCURSEUR DE L'IMPRESSIONNISME

Lors d'une visite au château du Mesnil-Geoffroy, à Ermenouville, ne manquez pas le dessin aquarellé sur papier bleu de Johan-Barthold Jongkind, intitulé *Les Bateaux au large de Saint-Valery-en-Caux*, réalisé en 1862 à l'occasion d'une rencontre décisive avec Boudin et Monet sur la côte normande. Jongkind (1819-1891), paysagiste et postromantique hollandais, venu en France à la demande du peintre Eugène Isabey, tombe d'abord amoureux de Paris. Puis, à partir de 1850, il s'éprend de la côte normande et accentue son travail de décomposition de la lumière, travaillant de plus en plus par petites touches et renonçant aux ciels bas et sombres de ses débuts. Monet, son élève, dira qu'il lui doit « l'éducation définitive de son œil ». Manet, son ami, tout comme Baudelaire et Zola, encense ce précurseur de l'impressionnisme qui élève l'aquarelle (au début préparatoire à l'œuvre terminée en atelier) au rang d'œuvre à part entière. Exilé dans le Dauphiné après la guerre de 1870, avec sa femme Joséphine Fesser, peintre hollandaise qui tente de l'aider à surmonter ses troubles psychiques, il meurt en 1891, sombrant dans l'alcool et la paranoïa. Pourtant, au Salon des refusés de 1879, il était déjà si coté que de faux Jongkind s'y arrachaient comme des petits pains !

Arriver – Quitter

En bus

Horaires sur ● *transports.normandie.fr* ●

➢ *De/vers Fécamp :* ligne n° 60.
➢ *De/vers Dieppe :* ligne n° 61.

Adresses et info utiles

🛈 *Office de tourisme :* 1, quai d'Amont. ☎ 02-35-97-00-63. ● *pla teaudecauxmaritime.com* ● *Tlj 9h30-12h30, 14h-18h (18h30 avr-sept) ; fermé dim oct-mars.*

🚲 *Location de vélos : Eureka,* route du Havre. ☎ 02-35-97-48-43. *Tlj sauf lun.*

– *Marchés :* ven mat tte l'année, ainsi que dim mat de mi-mai à fin sept. Autour de la chapelle, sur la pl. du Marché, comme il se doit.

Où dormir ?

⛺ *Camping Etennemare :* 21, hameau d'Etennemare. ☎ 02-35-97-15-79. ● *contact@camping-etennemare. com* ● *camping-etennemare.com* ● ♿ *Ouv Pâques-Toussaint. Compter 18,50-28 € pour 2, chalets et cottages 4-6 pers 340-750 €/sem. 116 empl.* À une certaine distance du centre mais encore en ville, un camping bien équipé tout indiqué pour les familles : aire de jeux sympa, et surtout un espace aquatique avec toboggan et piscine couverte chauffée. Emplacements séparés par des haies, mais sans ombre.

🏠 *Hôtel Henri IV :* 16, rue du Havre. ☎ 02-35-97-19-62. ● *hotelhenri.4@ orange.fr* ● *À 5 mn à pied du port de plaisance. Doubles 49,50-62 €.* Haute maison de brique presque cachée derrière une impressionnante vigne vierge. Le genre d'adresse où l'accueil (franchement exceptionnel : on refait le monde avec le patron dès la réservation !) prime sur les chambres. Elles sont toutefois tout confort, mais la déco est des plus disparate et, souvent, à l'ancienne. Celles de l'annexe en bois à l'arrière sont plus calmes mais plus sombres. Dans la maison principale, certaines jouissent d'une petite vue sur le port de plaisance ou le parc du château. Comme bien souvent dans les vieilles maisons, insonorisation moyenne. Mais voilà une petite adresse qu'on vous recommande chaudement !

🏠 *Hôtel du Casino :* 14, av. Clemenceau. ☎ 02-35-57-88-00. ● *contact@*

LA SEINE-MARITIME

180 │ LA SEINE-MARITIME / LE PAYS DE CAUX MARITIME

hotel-casino-saintvalery.com ● hotel-casino-saintvalery.com ● ♿ *Doubles 104-150 € ; petit déj 14 €. Un petit déj offert/personne et par nuit sur présentation du guide de l'année.* Malgré son nom, l'hôtel ne se trouve pas à proximité du casino mais au bout du port, à 800 m du front de mer dans un immeuble moderne (et franchement mastoc !). Cependant, l'intérieur abrite des chambres contemporaines, plaisantes et de bon confort, les plus chères offrant une superbe vue panoramique sur les bateaux de plaisance. Accueil pro et charmant. Bon resto sur place, *Côté Sud* (lire plus loin).

Où dormir dans les environs ?

🛏 **Chambres d'hôtes Mer et Campagne :** *49, Grande-Rue, 76460 Ingouville-sur-Mer.* ☎ 02-35-57-26-45. 📠 *06-26-85-75-89.* ● *nathalieouin@aol.com* ● *meretcampagne.free.fr* ● *À env 3 km au sud de Saint-Valery-en-Caux. Doubles 59-63 €.* La mer est effectivement toute proche, mais ici, c'est la campagne ! Les animaux paissent dans les champs et cette ancienne et jolie ferme typique tenue par des gens charmants abrite de belles chambres modernes, soignées et tout confort. Espace commun avec coin salon et cuisine équipée à la disposition des hôtes.

Où manger ?

|●| ↗ **La Passerelle :** *1, promenade Jacques-Couture.* ☎ 02-35-57-84-11. ● *contact@casino-saintvalery.com* ● ♿ *Tlj tte l'année. Formule déj en sem 19 € ; menus 24-38 € ; carte 35-40 €.* C'est le resto du casino, avec sa grande baie qui s'avance vers le large. L'occasion de bien manger dans un cadre plutôt contemporain et chic mais pas guindé, et avec une superbe vue. Plats classiques, joliment présentés et agrémentés, ici et là, de saveurs qui font traverser les océans. Évidemment, cuisine très axée sur la mer et le poisson (pris chez les pêcheurs du coin), mais les amateurs de viande y trouveront aussi leur compte.

|●| **Côté Sud :** *14, av. Clemenceau.* ☎ 02-35-57-88-00. ● *contact@hotel-casino-saintvalery.com* ● *Fermé ven et dim en hiver. Formule déj en sem 17 € ; menus 24-36 €.* Grande salle élégante et contemporaine, à l'ambiance feutrée, cachée à l'arrière du bâtiment qui abrite l'*Hôtel du Casino,* avec des baies qui donnent sur l'agréable terrasse et le jardinet à l'arrière. Cuisine soignée, tant dans la préparation que dans la présentation, avec un 1er menu offrant déjà un rapport qualité-prix intéressant. Service agréable, pro et efficace.

Où boire un verre ?

🍸 **Le bar du casino :** *1, promenade Jacques-Couture.* Précisons d'emblée que si le cadre est plutôt classe, l'ambiance de ce casino n'a rien de sélect et le prix des consommations y est tout à fait raisonnable. Il serait donc dommage de bouder une terrasse ensoleillée offrant une telle vue !

À voir. À faire

🎭 **La maison Henri-IV :** *3 bis, quai de la Batellerie.* ☎ 02-35-57-14-13. ● *accueilmaisonhenri4@ville-saint-valery-en-caux.fr* ● ♿ *(rdc seulement et fiches malvoyants). Avr-sept, mer-dim (tlj juil-août) 10h15-12h30, 14h-18h15 ; hors saison, seulement w-e, j. fériés et vac scol (mer-dim) 10h-12h30, 14h-16h45. Fermé en janv. Entrée : 2 € ; gratuit moins de 10 ans et expos temporaires. Visites guidées les mer et dim à 11h en juil-août (3-4 €).* C'est la plus belle demeure de

Saint-Valery-en-Caux, édifiée en 1540 par l'armateur Guillaume Ladiré. Henri II aurait été accueilli dans cette maison lors de son séjour en Normandie, en 1550, levant d'ailleurs la taxe sur la gabelle à cette occasion. Quant à Henri IV... peut-être en 1593, mais rien n'est certain ! Quoi qu'il en soit, prenez la peine de détailler la sublime façade en chêne qui évoque le négoce avec le Brésil, appelé alors « France antarctique », dont les forêts de bois rouge faisaient l'objet d'un riche commerce. Une partie des sculptures sont d'origine. Au rez-de-chaussée, vous trouverez les saints catholiques puis, en montant, sur les *pigeards* (poutres verticales), divers masques et autres têtes simiesques. À l'étage, un bateau aux voiles relevées, un bûcheron coupant du bois du Brésil, des danseurs sud-américains, ou encore un personnage en extase devant le Soleil (le plus beau peut-être !). Également des rinceaux, frises à décoration florale, ainsi que des sirènes et des guerriers scarifiés. À l'intérieur, petit musée qui évoque le passé de la ville et de sa région, ses artistes, son activité maritime, etc.

🏃🏃 *Le quartier autour du quai d'Aval :* le seul quartier de Saint-Valery épargné par les bombardements, qu'un petit parcours fléché vous permet de découvrir. Grimper notamment la *rue des Pénitents* pour jeter un œil à la cour du couvent du même nom, fondé au XVIIᵉ s par l'ordre des Pénitents de saint François d'Assise. Si elle n'est pas toujours ouverte au public, on peut toutefois l'admirer par la grille. Pour l'anecdote : bien que le couvent soit devenu le club des Jacobins à la Révolution, puis une caserne et une prison militaire, un frère obstiné s'accrocha à son poste de jardinier jusqu'à sa mort, en 1816, pour ne jamais quitter les lieux...

🏃🏃 *La falaise d'Aval :* accès depuis le quai d'Aval, par la sente des Douaniers. Balade superbe et vue extraordinaire de là-haut sur une bonne partie de la côte. Par beau temps, on aperçoit même Veules et Sotteville et, la nuit, le phare de Varengeville.

🏃 *La falaise d'Amont :* accès par la sente des Douaniers et le GR 21. De là-haut, vue sur Saint-Valery. Cela dit, elle est plus jolie à voir d'en bas, depuis le casino ou la plage...

Fêtes et manifestations

– **Festival du Lin :** *3 j. en juin à Doudeville, ou 3 j. en juil dans la vallée du Dun.*
– **Fête du Maquereau :** *2ᵉ w-e de juil.*
– **Fête de la Mer :** *3 j. autour du 15 août.*
– **Festival de l'Image :** *4 j. autour du 1ᵉʳ w-e d'oct.*
– **Fête du Hareng et du Cidre :** *3ᵉ dim de nov.*

DANS LES ENVIRONS DE SAINT-VALERY-EN-CAUX

🏃 🏃 *Le château du Mesnil-Geoffroy :* 76740 **Ermenouville.** ☎ 06-71-07-22-50. ● *chateau-mesnil-geoffroy.com ● À 8 km au sud de Saint-Valery. Mai-sept, roseraie, potager et parc mer-dim 14h-18h, château seulement ven-dim et j. fériés. Entrée : 10 € ; réduc ; parc, roseraie et potager seulement 8 €, réduc, gratuit moins de 7 ans. Jeu de piste pour les enfants.* Ce château du XVIIIᵉ s, classé Monument historique, a appartenu au prince de Montmorency et a accueilli Victor Hugo et Saint-Exupéry, qui y aurait peut-être écrit *Vol de nuit...* Il est désormais la propriété du couple princier Kayali (d'origine syrienne et cousins de la famille Aga Khan). Très belles boiseries sculptées dans les pièces de réception et beau mobilier familial. Visite centrée sur la vie quotidienne des châtelains au XVIIIᵉ s et sur les parfums royaux et historiques. Mais le château abrite également l'aquarelle *Les Bateaux au large de Saint-Valery-en-Caux,* de Jongkind, l'un des précurseurs de l'impressionnisme (voir le texte en introduction à la ville). Son parc dessiné par

Colinet, le neveu de Le Nôtre, abrite la plus grande roseraie privée de Normandie, soit 2 900 rosiers et près de 2 000 espèces différentes qui embaument de juin à septembre. Également un potager romantique de légumes anciens (et bio), primé par la société nationale d'Horticulture.

🍴 **Le Carrefour du lin :** *4, rue Cacheleu, 76560 **Doudeville**. À 18 km au sud de Saint-Valery-en-Caux. Avr-sept et vac scol, mar-sam (plus lun juil-août) 9h30-12h30, 14h-18h. GRATUIT.* Toutes les infos en rapport avec le lin. Également 2 films intéressants (de 15 mn chacun) sur la culture de cette fibre, sa transformation et ses débouchés, ainsi que des vitrines renfermant différents produits fabriqués dans les environs. Idéal pour donner des pistes d'achats.

VEULES-LES-ROSES

(76980)   550 hab.   *Carte Seine-Maritime, B1*

Petite station balnéaire vraiment adorable, située dans une vallée verdoyante, lancée par la comédienne de la Comédie-Française Anaïs Aubert, qui, en 1826, lasse de sa vie parisienne, aurait demandé à son cocher de « l'amener à la mer ». Celui-ci l'aurait alors déposée à Veules-les-Roses, qu'elle découvrit avec ravissement et dont elle parla si bien à son retour à Paris que ses nombreux amis y accoururent. Une colonie de peintres russes y séjourna aussi au début du XXe s. Leurs toiles représentent le pays de Caux et des entrées de fermes typiquement normandes sont exposées aujourd'hui... au musée de l'Ermitage à Saint-Pétersbourg (pas la porte d'à côté !). Eh oui, Veules ne comptait pas moins de 300 chambres d'hôtel avant la Seconde Guerre mondiale. Le plus grand d'entre eux, l'*Hôtel des Bains,* eut la chance d'être épargné par les affrontements qui détruisirent le front de mer.

Aujourd'hui, le charme de Veules tient autant au village lui-même qu'à sa plage. Pour le découvrir, surtout, ne vous aventurez pas en voiture dans la rue principale. Garez-vous dans l'un des parkings que vous trouverez en arrivant. De là, vous aborderez le village de la plus jolie façon, par les petites rues, où de nombreux panneaux vous content l'histoire des lieux.

« LE PLUS PETIT FLEUVE DE FRANCE »

Le village est traversé par la Veules, un fleuve né de la résurgence d'une nappe phréatique. C'est, avec ses 1,15 km de long, comme on aime à le répéter dans la région, le plus petit fleuve de France. Et il est également le plus petit à avoir été autant exploité et à avoir autant contribué à l'économie d'un village : 11 moulins ont en effet été construits sur ses rives et jusqu'à 10 ont fonctionné en même temps. Bien que le dernier ait cessé son activité en 1952, on peut encore régulièrement voir la roue de plusieurs d'entre eux tourner. Depuis le XIVe s, c'est aussi à la source de cette petite Veules que l'on cultive le cresson. Le spectacle de ces cressonnières adossées aux jolies maisons mérite le coup d'œil !

Adresse et info utiles

ℹ️ **Office de tourisme :** *27, rue Victor-Hugo.* ☎ *02-35-97-63-05.* ● *plateaudecauxmaritime.com* ● *Avr-sept, tlj 9h30-12h30, 14h-18h30 ; oct-mars, mer-sam 9h30-12h30, 14h-18h.* Propose différents circuits pédestres à Veules et dans les environs (plan-randonnée payant). En juillet-août, visite guidée du village *(mar à 10h30 ; 3 €).* – **Marché :** *mer mat.*

VEULES-LES-ROSES | 183

Où dormir ?

Camping

⏃ **Les Mouettes :** *av. Jean-Moulin.* ☎ *02-35-97-61-98.* ● *contact@camping-lesmouettes-normandie.com* ● *camping-lesmouettes-normandie.com* ● ♿ *Ouv Pâques-11 oct. Compter 16-24 € pour 2 ; hébergements locatifs 350-875 €/sem. 152 empl.* Un vaste camping bien tenu et bien équipé (piscine couverte et chauffée, espace bien-être, et tout et tout), avec des emplacements semi-ombragés et délimités par des haies. Sanitaires un peu justes toutefois. Bon accueil.

De chic à plus chic

🏠 **Chambres d'hôtes Le Moulin des Cressonnières :** *74, voie Charles-de-Gaulle.* ☎ *02-35-97-60-27.* ● *chantal.decrepy@orange.fr* ● *veulesmoulin.fr* ● *À l'entrée de Veules en venant de Saint-Valery-en-Caux. Doubles 90-110 € (tarifs dégressifs).* Dans les dépendances d'une ravissante maison adossée aux cressonnières, 2 chambres. L'une assez sobre mais tout confort, avec une belle salle de bains. L'autre, avec plus de caractère grâce à son mur de pierres apparentes, peut être louée à toute une famille puisqu'elle dispose, en duplex, d'une chambre sous les toits dotée de 3 lits et de son propre petit cabinet de toilette. Une belle adresse, au calme, tenue avec beaucoup de gentillesse.

🏠 📨 **Relais Hôtelier Douce France :** *13, rue du Docteur-Pierre-Girard.* ☎ *02-35-57-85-30.* ● *contact@doucefrance.fr* ● *doucefrance.fr* ● ♿ *En plein centre. Congés : 14 janv-11 fév. Doubles 102-182 € ; petit déj 14 €.* Une adresse de charme située dans un ancien relais de poste du XVIIe s, admirablement restauré. L'immense bâtisse fortifiée en brique et bois vert clair entoure une jolie cour verdoyante, avec, sur le côté, un jardin cloîtré au bord de la Veules. Les chambres (quasiment des suites) sont spacieuses et douillettes, avec kitchenette pour le plus grand nombre. Certaines en duplex et mansardées, d'autres avec vue sur la Veules. Salon de thé pour profiter du cadre si vous ne souhaitez pas y dormir.

Où manger ? Où boire un thé ?

☕ 🎨 🌳 **Atelier 2 :** *2, rue du Bouloir.* ☎ *02-35-97-07-95. W-e en été et pdt vac scol.* La galerie de monsieur d'un côté et le salon de thé de madame de l'autre. Au programme, thés de qualité et bons gâteaux maison... bref, l'endroit parfait pour un vrai *tea time* en terrasse dans le jardinet, dans la plus pure tradition anglaise !

🍽 🌳 **Le P'tit Veulais :** *1, rue du Docteur-Pierre-Girard.* ☎ *02-35-97-59-19.* ● *pascalgarcia69@sfr.fr* ● *Fermé lun, plus mar hors saison. Congés : de début nov à mi-fév. Formules en sem 16-23 €. Café offert sur présentation du guide de l'année.* Une adresse toute simple qui fait l'unanimité, fréquentée aussi bien par les gens du coin que par ceux de passage. Au menu, une cuisine normande sans chichis mais bonne et copieuse. Ambiance chaleureuse.

🍽 **Les Galets :** *3, rue Victor-Hugo.* ☎ *02-35-97-61-33.* ● *restaurantlesgalets-veuleslesroses@orange.fr* ● *Fermé mar, plus mer hors juil-août. Formule déj en sem (sauf j. fériés) 30 € ; menus 40-55 € ; carte env 60 €.* C'est le resto gastronomique de Veules-les-Roses. Cadre classique, dans un style feutré contemporain et chic, en harmonie avec une cuisine élégante et soignée élaborée avec de beaux ingrédients locaux.

Où dormir ? Où manger dans les environs ?

Camping

⏃ **Les Garennes de la Mer :** *12, route de Luneray, 76740 Le Bourg-Dun.* ☎ *02-35-83-10-44.* ● *info@lesgarennes.fr* ● *lesgarennes.fr* ● *À 7 km à l'est de Veules-les-Roses. Ouv d'avr à début oct. Compter 14-19 € pour 2 ;*

LA SEINE-MARITIME

184 | **LA SEINE-MARITIME / LE PAYS DE CAUX MARITIME**

hébergements locatifs 230-550 €/sem. 90 empl. En contrebas du terrain de foot et du tennis municipal, un petit camping familial, tranquille et dans un environnement agréable. Les hébergements locatifs, un peu tassés, ont le mérite d'être à l'écart ou retirés dans le fond du site. Sanitaires impeccables. Accueil très gentil.

De très bon marché à bon marché

🛏 I●I *Chambres d'hôtes Les Deux Chênes : 8, rue de l'Église, 76740 Crasville-la-Roquefort.* ☎ 02-35-97-63-31. ● francois.hennetier@wanadoo.fr ● chambres-jana.fr ● *À env 11 km au sud de Veules-les-Roses. Congés : janv-mars. Double 55 €. Dîner sur résa 20 €.* Apéritif maison offert sur présentation du guide de l'année. Au centre du bourg, dans une maison de maître en brique, des chambres simples mais soigneusement tenues, colorées et agréables, chacune avec sa petite touche romantique. Un rapport qualité-prix étonnant.

I●I *Le Champêtre : 321, Grande-Rue, 76740 La Chapelle-sur-Dun.* ☎ 02-35-97-60-21. *À env 4 km à l'est de Veules-les-Roses. Ouv le midi seulement. Menu (complet !) 13 € sauf dim et j. fériés.* D'un côté, il y a l'épicerie, une échoppe qui en a vu d'autres ; de l'autre, le café avec son comptoir sans âge ; et tout au fond, la salle à manger de poche donnant sur une terrasse. Plus qu'un resto, c'est un vrai lieu de vie, où les nombreux habitués s'installent sur les tables communes pour profiter d'une cuisine du jour sans chichis, généreuse et maison. Génial et champêtre (évidemment !) à l'image des w-c dans la cabane au fond de la cour, à l'ancienne !

Prix moyens

🛏 *Chambres d'hôtes Le Chat chez qui j'habite : 67, hameau de la Saline, 76740 Saint-Aubin-sur-Mer.* ☎ 02-35-84-43-26. 📱 06-62-48-67-36. ● lechatchezquijhabite@orange.fr ● lechatchezquijhabite.com ● *À 5 km à l'est de Veules. Tte l'année. Doubles 105-120 €. Table d'hôtes 30 €.* Une étonnante maison d'artiste que ce manoir où les chambres entièrement décorées par la propriétaire pourraient être tirées d'un album illustré pour enfants, avec une féerie de couleurs agrémentée de personnages de petites filles ou du fameux chat qui a donné le nom au lieu. Cuisine et véranda à disposition, ainsi qu'un hammam (en supplément) et 2 tennis dans le beau parc bien touffu et orné d'œuvres d'art. Propose aussi des ateliers d'art-thérapie.

DANS LES ENVIRONS DE VEULES-LES-ROSES

🏹 *Sotteville-sur-Mer : à 3 km au sud-ouest.* Minuscule village, aux maisons éparpillées sur la falaise. Le calme parfait. À 1 km de l'église, petit parking, puis une sympathique volée de 231 marches qui permettent d'accéder à une petite plage de galets à l'aplomb de la falaise.

VARENGEVILLE-SUR-MER

(76119)   1 020 hab.   *Carte Seine-Maritime, C1*

Charmant village qui s'étire le long de la route et de la valleuse de Vastérival. Certainement l'endroit de la côte qui recèle le plus de petites merveilles à découvrir. Atmosphère champêtre et bourgeoise à la fois, grâce à de

VARENGEVILLE-SUR-MER | 185

superbes demeures du début du XXᵉ s bien camouflées derrière des écrans d'arbres. Chance supplémentaire, la terre plutôt acide favoriserait, paraît-il, le développement des plantes rares. Dans le genre, ne manquez surtout pas le parc du Bois-des-Moutiers (bon, il est fermé jusqu'à fin 2021...) et ses rhododendrons géants, ni la collection Shamrock, la plus grande collection d'hortensias au monde.
Enfin, l'un des plus beaux cimetières marins qui soient, celui où Braque est inhumé, au pied de l'église dont il dessina les vitraux. C'est là tout le charme de Varengeville, un petit bout de Normandie largement célébré par les artistes.

UN AIMANT POUR LES ARTISTES

La liste des artistes ayant séjourné ou travaillé à Varengeville est réellement impressionnante. Côté littérature : Dorgelès, Saint-John Perse, Prévert, Proust, Breton, Cocteau, Gide, Virginia Woolf... Du côté des musiciens : Debussy, Ravel, Satie ou encore Albert Roussel, qui a sa tombe au cimetière marin... Et puis une belle palette du côté des peintres : Isabey, Corot, Monet, qui y a peint plus d'une centaine de toiles, Renoir, Pissarro, le portraitiste Jacques-Émile Blanche, Degas, Picasso, Léger et, chez les Anglais, Turner, Whistler, Sickert... Miró, captivé par les cieux étoilés, y séjourna de 1937 à 1940 et s'inspira de ce coin pour réaliser son cycle *Constellations* et ses œuvres *Varengeville 1* et *Varengeville 2*. Enfin, Braque, le seul peintre exposé au Louvre de son vivant, y avait même son atelier. C'est lui qui a dessiné le vitrail de l'*Arbre de Jessé* dans l'église jouxtant le cimetière marin, où il repose face à la mer. Aujourd'hui, signalons Michel Ciry, l'auteur du *Christ rédempteur* exposé dans l'église, qui vit et travaille à Varengeville.

Où dormir dans les environs ?

🏠 |●| *Chambres d'hôtes Le Manoir de Tessy : route de Gellersen, 76860 Ouville-la-Rivière. ☎ 02-32-06-34-44.* ● reservations@manoirde tessycom ● lemanoirdetessy.com ● ♿ *À env 7 km au sud-ouest de Varengeville. Doubles 66-90 €. Dîner 20 €. Apéritif maison offert sur présentation du guide de l'année.* Au cœur d'un grand et beau jardin, un manoir du XVIᵉ s restauré et modernisé, avec un colombier en excellent état, une cave à cidre, des dépendances en pierre et en brique. Impeccables et avenantes, les chambres ont moins de cachet que la bâtisse elle-même, mais leur prix reste tout à fait raisonnable. Toutes donnent sur le grand potager qui alimente des dîners de bonne qualité. Accueil d'une grande gentillesse.

🏠 *Chambres d'hôtes Fenêtres sur Mer : 220, rue aux Juifs, 76119 Sainte-Marguerite-sur-Mer.* ☎ 02-35-40-32-48. 🖥 06-70-29-83-38. ● fenetres.sur.mer@orange. fr ● fenetres-sur-mer.fr ● *À env 3 km à l'ouest de Varengeville. Congés : de janv à mi-fév. Doubles 110-130 €.* La vue est exceptionnelle car cette belle maison d'architecte n'a pas de vis-à-vis : elle domine les falaises et la mer. Depuis les terrasses, ou carrément installé dans le jacuzzi tout en baies vitrées, c'est vraiment le top ! Repos garanti, d'autant que les chambres sont cosy et soignées, et que l'accueil est très relax.

🏠 *Hôtel de la Plage : 1, route de la Mer, 76860 Quiberville-sur-Mer.* ☎ 02-35-83-37-46. ● hoteldela plage76@orange.fr ● *À 6 km à l'ouest de Varengeville. Doubles 85-105 €.* Au bout du front de mer, ce petit hôtel convivial profite d'un emplacement de choix face au grand large. En salle pour le petit déj ou dans les jolies chambres de style sobre et contemporain, on ne s'en lasse pas ! Fait aussi resto. Accueil très sympa.

LA SEINE-MARITIME

186 | LA SEINE-MARITIME / LE PAYS DE CAUX MARITIME

Où manger ? Où boire un verre ?

Bon marché

|●| ☕ ↑ *Le Piment Bleu : la Cidrerie, château de Varengeville, route de Dieppe.* ☎ 02-35-83-38-95. *Au carrefour de la route menant au manoir d'Ango et à la collection Shamrock. Juil-août, tlj midi et soir ; hors saison, tlj sauf jeu 10h-19h. Formules 13,50-20 €.* Dans un cadre à la fois grandiose (on est dans le parc du château, quand même), simple et décontracté, c'est l'endroit idéal pour une pause, que ce soit pour le déjeuner, un café ou le goûter. Aux beaux jours, on s'installe en terrasse dans la jolie cour. Sinon, ça se passe à l'intérieur, au milieu des produits en vente (plus provençaux que normands) et au son, dans les moments de creux, du métier à tisser de Ghislaine du Tertre qui, en plus de vous mitonner une bonne petite cuisine familiale sans complication et autres gâteaux à prix doux, crée les tissus des vêtements en vente sur place.

☕ ♟ ↑ *La Maison de Jules : 1, pl. des Canadiens.* ☎ 02-35-84-28-97. ● contact@lamaisondejules.com ● ♿ *Ts les midis sauf mar et ven-sam soir. Congés : janv (ouv les w-e) et fin sept. Carte env 15 €.* Logé dans une longue maison en brique, doté d'une chapelle de silex et d'une galerie d'art, ce salon de thé et bar à vins cosy propose une petite restauration toute simple, du genre quiche du jour et assiettes de charcuterie et fromages. Convenable et, gros avantage, servi à toute heure.

Achats

⊛ *Lin et l'Autre : pl. des Canadiens.* ☎ 02-35-04-93-37. ● linetlautre-normandie.fr ● *Tte l'année, tlj 10h-13h, 14h-18h (19h en été).* Une boutique d'articles en lin, quoi de plus naturel dans le 1er département producteur de France ? Cette boutique, qui fabrique elle-même ses vêtements, n'utilise, bien sûr, que du lin régional, réputé pour sa qualité. Vêtements, écharpes, tissu au mètre et même des rideaux sur commande.

À voir

🌳🌳🌳 🚶 *Le parc du Bois-des-Moutiers : route de l'Église (sur la D 27 vers la mer). Rens sur répondeur pour les floraisons en cours :* ☎ 02-35-85-10-02. ● boisdesmoutiers.com ● *Attention, le parc est fermé pour travaux jusqu'à fin 2021.*
Le Bois-des-Moutiers, c'est environ 50 000 visiteurs chaque année et l'un des 3 jardins les plus visités de France... et pour cause ! À la fin du XIXe s, Guillaume Mallet, le propriétaire, a été l'initiateur de ce jardin aux essences multiples et lointaines. Planté de fleurs et d'arbres provenant de Chine, d'Amérique du Nord, du Chili et du Japon, ce magnifique parc de 12 ha occupe une charmante valleuse débouchant sur la mer, juste là où Monet a peint *La Maison du douanier à Varengeville.* Pour mener à bien son projet, Mallet fait appel à de jeunes artistes britanniques : Edwin Lutyens, architecte, et Gertrude Jekyll, paysagiste dont le nom inspira Robert Louis Stevenson quand il créa sa célèbre personnalité schizophrénique, double de Mr Hyde... C'est ainsi qu'en 1898 est construit en pleine Normandie un chef-d'œuvre de l'école *Arts & Crafts,* l'équivalent anglais de l'Art nouveau. C'est même le seul exemple en Europe occidentale, hors d'Angleterre. Le mouvement anglais est fortement marqué par le Moyen Âge, et on retrouve dans l'architecture l'aspect massif et quelque peu austère des châteaux forts. Il s'agissait pourtant d'une maison

résolument d'avant-garde. De nombreux représentants de l'art moderne ont d'ailleurs fréquenté les lieux : Rodin, Picasso, Miró, Cocteau...

On vous conseille vivement la visite guidée de cette merveilleuse demeure, héritage d'une passion familiale. Vous découvrirez le salon monumental, avec le piano sur lequel le grand-père de l'actuel propriétaire jouait 5h par jour, les plaques de plâtre coloré et les innombrables détails de ferronnerie et d'ébénisterie qui sont autant de chefs-d'œuvre d'ingéniosité... Vous apprendrez aussi que Guillaume Mallet était un adepte de la théosophie, enracinée chez Platon et reprise au XXᵉ s par le mouvement new age. C'est un syncrétisme de plusieurs idées telles que la conscience une et universelle, la réincarnation, l'immortalité de l'âme, le karma, etc. Son nombre d'or est le 7, d'où les 7 niveaux d'évolution possible en soi et les 7 niveaux du jardin du Bois-des-Moutiers. Pas étonnant que Krishnamurti (1895-1986), maître de sagesse de la théosophie, soit venu ici, s'installant généralement devant les 3 fenêtres (autre chiffre symbolique) de la cage d'escalier en forme d'amphithéâtre, où l'on venait s'asseoir et l'écouter...

Et maintenant, passons au jardin, si vous le voulez bien... à travers les chemins qui zigzaguent dans de superbes massifs aux couleurs éclatantes. Des parcours permettent de suivre la floraison en fonction de la date de votre passage, mais ne venez pas uniquement pour voir des fleurs. C'est aussi un jardin d'arbres et l'œuvre d'une véritable paysagiste. La pleine floraison s'étale de mi-mars à mi-novembre. De mi-mai à mi-juin, le parc est certes paradisiaque à cause de l'éclosion des rhododendrons géants, mais l'automne lui sied tout autant, quand le calme revient et que les arbres se parent de belles couleurs orangées. Prévoir au minimum 1h de visite.

🎥🎥 *L'église Saint-Valéry et le cimetière marin :* *suivre jusqu'au bout la route qui passe devant le parc du Bois-des-Moutiers.* Petite église du XIIᵉ s, agrandie au XVIᵉ et presque perchée sur les falaises. À l'intérieur, curieuse double nef, traditionnelle à gauche et en coque de navire renversée à droite. 2 jolies colonnes torses

> ## NE NOUS BRAQUONS PAS !
>
> *Ils créèrent ensemble le cubisme et pourtant ils se détestaient. Au vernissage d'une expo de tableaux de Picasso, Braque s'exclama :* « C'est bien accroché. » *Et à celui des céramiques de Picasso, Braque ajouta :* « C'est bien cuit. »

symbolisant le cordage marin, agrémentées de coquilles Saint-Jacques. Sur l'une d'elles apparaissent une sirène et des têtes de marins. Au fond de la nef, sur la droite, un vitrail représentant l'*Arbre de Jessé,* que l'on doit à Braque. Sur l'autel, tabernacle en émaux, de Braque également. À gauche de la porte, *Christ rédempteur* de Michel Ciry, peintre mystique vivant à Varengeville. L'attachant *cimetière marin* qui entoure l'église a servi – avec sa vue époustouflante – de décor à de nombreux films. On y trouvera sans peine les tombes de Braque et du compositeur Albert Roussel ; et celle aussi d'un soldat du Premier Empire à la très patriotique inscription : « Il a su défendre le sol qui le recouvre. »

🎥🎥 *La collection Shamrock :* *route de la Cayenne (bien fléché).* ☎ 02-35-85-14-64. ● hortensias-hydrangea.com ● *De mi-juin à mi-sept, tlj sauf mar mat 10h-12h, 14h30-18h ; 15-30 sept, tlj sauf mar 14h30-17h. Entrée : 8 € (9 € de mi-juil à mi-août) ; réduc ; gratuit moins de 15 ans.* Avec plus de 1 200 variétés présentées, il s'agit de la plus grande collection d'hortensias du monde, rassemblée par Corinne Mallet, spécialiste qui a effectué plusieurs expéditions au Japon et aux États-Unis. La collection rassemble les espèces asiatiques et américaines. La période de pleine floraison (de mi-juillet à fin août) est bien sûr le moment idéal pour visiter la collection, mais le début et la fin de la saison offrent des formes et des couleurs assez exceptionnelles.

LA SEINE-MARITIME / LE PAYS DE CAUX MARITIME

🏃 *Le manoir d'Ango : chemin de la Cayenne.* ☎ *02-35-83-61-56.* ● *contact@manoirdango.fr* ● *manoirdango.fr* ● *Mai-sept, tlj 10h-12h30, 14h-18h ; avr et oct, seulement w-e et j. fériés. Entrée : 5,50 € ; réduc ; gratuit moins de 12 ans.*

LE VOLEUR VOLÉ

En 1522, Cortés déroba le fabuleux trésor de Moctezuma, le dernier empereur aztèque. Il remplit 3 caravelles destinées à Charles Quint. Mais tout cet or fut ensuite intercepté en mer par le grand armateur dieppois Jehan Ango, ami de François Iᵉʳ. Outre cette fabuleuse capture, la plus importante de l'histoire maritime, on découvrit alors les cartes des Espagnols qui avaient repéré les Antilles. C'est l'origine de la conquête de la Martinique et de la Guadeloupe... Bonne pêche !

Incendié à la Révolution, transformé un temps en ferme (et même en auberge !), l'ancien palais d'été de l'armateur Jehan Ango est sauvé par Prosper Mérimée en 1862 quand celui-ci l'inscrit sur la même liste que le Louvre et Notre-Dame de Paris parmi les 1ᵉʳˢ sites classés Monuments historiques en France... En 1927, André Breton y écrit des pages de *Nadja*, en compagnie d'Aragon qui travaille sur son *Traité de style*. Le manoir est finalement racheté par une riche famille d'industriels textiles du Nord, en 1928, les Hugot, qui entreprend sa restauration, aujourd'hui reprise en main par les héritiers. Jehan Ango, proche de François Iᵉʳ, lança ses navires et une ribambelle de découvreurs sur toutes les mers du globe, quitte à armer aussi des corsaires contre Charles Quint et les Anglais ! Surnommé le « Médicis dieppois », il se fit bâtir ce palais d'été de 1530 à 1544, en utilisant les matériaux locaux : le grès et le silex (la brique ne fut ajoutée qu'ultérieurement). Ce vaste rectangle est conçu sur le modèle de la Renaissance italienne, une rareté en Normandie. Au sud, la partie noble autour de la cour d'honneur et, au nord, les communs. Notez les médaillons représentant François Iᵉʳ, Ango et leurs épouses respectives au-dessus des voûtes d'entrée de l'aile est et le long de la façade sud. À l'intérieur, on visite les salles en partie meublées du rez-de-chaussée, où figurent des panneaux explicatifs sur les grandes découvertes de l'armateur. Voir les cheminées Renaissance, notamment celle, monumentale, de la salle des gardes, la petite salle de bains 1900 (un peu anachronique) et la loggia avec vue sur la cour. Le clou de la visite reste cependant le colombier, à l'époque le plus grand de France avec ses 1 600 boulins capables d'accueillir autant de couples de pigeons. Sachant que seule la noblesse avait ce droit à l'époque, cela donne une petite idée de la puissance d'Ango ! Superbe architecture, que ce soit la toiture byzantine, la charpente ou les motifs géométriques polychromes.

🏃 *Le musée Michel-Ciry : 6 bis, rue Marguerite-Rolle.* ☎ *02-32-90-01-52.* ● *museemichelciry.com* ● *Mai-sept, tlj sauf mar 14h-18h ; avr et oct, w-e seulement 14h-18h. Entrée : 5 € ; réduc ; gratuit moins de 16 ans.* Un bâtiment contemporain tout en bois abrite les huiles, aquarelles, dessins et gravures de ce peintre mélomane et écrivain établi à Varengeville-sur-Mer et dont on peut aussi admirer le *Christ rédempteur* dans l'église du village.

DIEPPE	(76200)	29 900 hab.	*Carte Seine-Maritime, C1*

● Plan *p. 190-191*

L'un des ports les plus actifs de Normandie, et la plage la plus proche de Paris (à 180 km) ! La ville, dont le front de mer a en partie été détruit par les bombardements, ne manque pourtant pas de charme. Il suffit de s'intéresser un tant soit peu à l'histoire pour trouver dans son petit centre quelques pépites, dont une belle église et un passionnant château-musée. Enfin, Dieppe possède une longue plage et un bord de mer unique, déjà apprécié des Vikings, qui nommèrent le profond estuaire *djepp*, plus tard transformé en Dieppe. Entre la plage et les immeubles qui la bordent, on trouve aussi 8 ha de pelouses qui s'étirent en longueur. Une aire de calme étonnante avec quelques snacks et restos provisoires, en saison, pour admirer la grande bleue, souvent verte d'ailleurs...

LE CARAMEL DE POMMES DIEPPOIS

Cette pâte à tartiner n'a rien d'une recette ancestrale, mais son histoire est plutôt belle et son goût délicieux ! Le maître chocolatier dieppois Jean-Pierre Roussel avait comme spécialité un chocolat fourré au caramel de pommes. Une fois à la retraite, il décida de transformer ce caramel en pâte à tartiner et d'en confier le secret et la fabrication aux marmitons en difficulté dans un Établissement et service d'aide par le travail (ESAT) en périphérie de Dieppe.

UN PEU D'HISTOIRE

De tout temps, les rois ont compris l'importance stratégique de ce port. En 1066, Guillaume le Conquérant annexe le duché de Normandie au royaume d'Angleterre et choisit Dieppe comme base pour ses relations outre-Manche. À la fin du XIIe s, Philippe Auguste, roi de France, incendie la ville, alors sous contrôle du duc de Normandie, donc des Anglais. La Normandie est reprise à l'Angleterre en 1204. Lors de la guerre de Cent Ans, elle passe d'une main à l'autre plusieurs fois. Les Anglais s'en emparent véritablement en 1420 pour la perdre définitivement en 1443. Les Dieppois édifient alors ce fier château qui surplombe la ville. C'est sous François Ier que se développent le port et les échanges commerciaux. La pêche au hareng va assurer la fortune de la ville pendant plusieurs siècles.

Corsaires et découvreurs en tout genre

Cité de marins, où naît, au courant du XVIe s, la plus grande école cartographique d'Europe, Dieppe voit à cette même époque surgir un bon nombre de navigateurs et d'armateurs, dont le plus célèbre s'appelle Jehan Ango. En 1488, déjà, le Dieppois Jean Cousin a sans doute été le 1er à découvrir la pointe sud de l'Afrique et à naviguer dans l'océan Indien. En 1508, Jehan Ango arme un certain Thomas Aubert, qui part lui à la découverte de Terre-Neuve et revient avec les premiers Indiens qui poseront le pied en Normandie. Au XVIe s, les

SPLENDEUR ET DÉCADENCE DE JEHAN ANGO

Pour remercier Jehan Ango des services rendus, François Ier le nomma gouverneur de Dieppe. Ango devint corsaire au nom du roi et lança ses navires à la découverte du Brésil, de Terre-Neuve, de l'Afrique et des Antilles... Tombé en disgrâce, il fut emprisonné en 1549 mais sortit l'année suivante pour aider au siège maritime de Boulogne. Endetté et privé de son soutien royal, il mourut néanmoins ruiné à Dieppe en 1551.

corsaires dieppois se battent contre la concurrence espagnole et portugaise. Autorisé à armer ses navires pour la guerre, Jehan Ango aide François Ier à lutter contre Charles Quint et l'Angleterre. Il paie une partie de la rançon du roi, fait prisonnier à Pavie, en 1525.

■ Adresses utiles

- **1** Office de tourisme (C3)
- **2** Animation du patrimoine – Dieppe Ville d'art et d'histoire (C3)

🛏 Où dormir ?

- **10** Hôtel de la Plage (B2)
- **11** Les Arcades (C2)
- **12** Au Grand Duquesne (B3)
- **13** Chambres d'hôtes Atypik (D2)

🍴 Où manger ?

- **20** Le Bistrot des Barrières (C3)
- **21** Le Calvados (B3)
- **22** Divernet (B3)
- **23** Le Bistrot du Pollet (C2)
- **24** Le Comptoir à Huîtres (D4)
- **25** Le Turbot (C2)
- **26** La Cale (C3)

🎵🍷 Où boire un verre ? Où grignoter ? Où sortir ?

- **30** Le Bar O Mètre (A3)
- **31** L'Epsom (B2)
- **32** Le Bar des Bains (B3)

■ Où piquer une tête ? Où faire un peu de balnéo ?

- **40** Les Bains (A3)

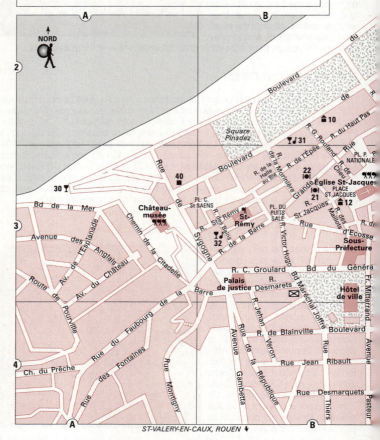

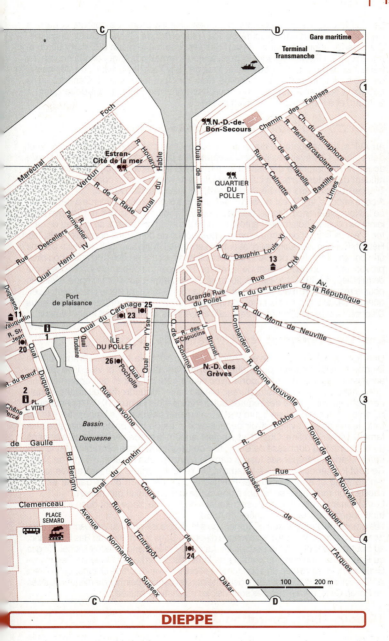

DIEPPE

192 | **LA SEINE-MARITIME / LE PAYS DE CAUX MARITIME**

Le plus féroce des corsaires dieppois, Jean Fleury, prend de nombreux galions espagnols avant d'être exécuté en 1527 sur ordre de Charles Quint lui-même. D'autres Dieppois partent à l'assaut des îles, comme le marin d'Esnambuc ou le fameux pirate Pierre Legrand. Et puis, toujours armés par Ango, citons encore les frères Verrazzano, qui découvrent la baie de New York (il y a peut-être des galets dieppois dans le pont Verrazzano de New York !) et les côtes du Canada, qu'ils baptisent Nouvelle-France. Ou encore les frères Parmentier, qui débarquent à Sumatra et à Madagascar, et on en passe !

De la Côte-d'Ivoire à la Nouvelle-France

Au XVIe s, les navigateurs dieppois rapportent des côtes de Guinée de l'ivoire et des épices. Le travail des ivoiriers dieppois est tellement remarquable que la ville acquiert une notoriété dépassant largement les frontières françaises. Les artistes affluent de toutes parts. La cité s'enrichit, se développe, et le commerce explose. Dieppe connaît alors son heure de gloire, qui dure jusqu'au XVIIe s.

À cette époque, la ville est aussi l'un des principaux ports de commerce à destination de la Nouvelle-France, l'actuel Canada, ouvrant la voie à une longue relation avec nos lointains cousins, notamment autour de la pêche et du commerce de la peau de castor. C'est ainsi que l'on retrouve encore au Québec de nombreux noms dieppois, tels Hébert, Bonhomme, Carpentier et autres Lemoyne... Mais, en 1668, la peste décime une bonne partie de la population, et les activités redoublées des trop actifs corsaires provoquent le bombardement de la ville en 1694 par la flotte anglo-hollandaise, qui détruit Dieppe à 90 %. La ville met 20 ans à s'en remettre. Louis XIV fait appel à Vauban pour la reconstruire, mais elle ne retrouvera jamais le faste du siècle précédent. Quelques corsaires s'illustrent encore, comme dans un chant du cygne, tandis que le jeune Dieppois Gabriel de Clieu implante le café aux Antilles, dont il devient le gouverneur...

Les 1ers Anglais et les 1ers bains de mer

Une fois la paix revenue avec l'Angleterre, en 1815, la traversée transmanche Dieppe-Newhaven (près de Brighton) devient un atout pour la ville. Une colonie anglaise investit la ville et apporte avec elle le goût du golf et des courses hippiques, mais aussi des infrastructures : elle fait bâtir l'hippodrome, les hôtels, certaines églises, et organise des régates qui attirent parfois jusqu'à 10 000 spectateurs. Si, aujourd'hui, Dieppe ne figure plus au palmarès des stations balnéaires, elle est tout de même la 1re ville à avoir bénéficié de la mode des bains de mer, avec les fameux bains Caroline. Quand les Anglais lancent la mode des bains de mer dans un but curatif, la duchesse de Berry, fille de Charles X, lance véritablement la station en venant tremper ses fesses dans la Manche tous les étés à partir de 1824. Ce sont les fameux bains « à la lame ». On se rend compte que les vagues fouettent le sang et sont vivifiantes. Précisons qu'à l'époque on se baigne encore habillé (non mais !), en se tenant à une corde (car on ne sait pas nager).

Les étonnantes et sympathiques pelouses du bord de plage sont dues à l'impératrice Eugénie, qui les a dessinées en 1853.

Les grands peintres (Delacroix, Turner), puis les impressionnistes, viennent aussi capturer la lumière éphémère des paysages dieppois. Dans son manoir du Bas Fort Blanc, au bout du front de mer, le portraitiste Jacques-Émile Blanche reçoit Monet, Degas ou Renoir, venu peindre les portraits de la famille Bérard au château de Derchigny-Graincourt. Pissarro loue un appartement et peint *L'Avant-port de Dieppe*, qu'il offre à la Ville. Enfin, Boudin, se sachant déjà atteint d'un cancer, peint ici même *Les Falaises du Pollet*. Ces 2 dernières toiles sont visibles au château-musée.

19 août 1942, opération *Jubilee*

Les Anglo-Canadiens l'appelèrent opération *Jubilee*. En France, on le qualifia du « plus grand des petits débarquements ». Ce fut en effet la plus importante

DIEPPE / ADRESSES ET INFO UTILES | 193

opération réalisée avant le *D-Day*. Sur les 6 000 officiers et hommes engagés sur le sable et les galets dieppois, on compta 4 963 Canadiens, 250 commandos britanniques, un groupe de Français libres et une section de rangers américains. Les troupes débarquèrent sur les plages le 19 août, au petit matin, et y restèrent 9h.
La bataille de Dieppe compte parmi les plus sanglantes et les plus brèves de la dernière guerre. L'objectif était de préparer le « vrai » débarquement en analysant les forces et faiblesses de celui-ci. Selon certains, le sacrifice fut démesuré compte tenu de son utilité. Pour d'autres, il contribua en grande partie à la réussite du débarquement de juin 1944.
Ce sont les survivants de cette opération qui se joignirent à la 3e division d'infanterie canadienne débarquée sur les plages de Juno Beach, le 7 juillet 1944. La hiérarchie leur confiera la juste revanche de libérer Dieppe.

DIEPPE, VILLE MARITIME

L'activité portuaire revêt, dans l'histoire dieppoise d'hier et d'aujourd'hui, une importance primordiale. Dans la période actuelle, économiquement difficile pour la ville (classée en 2014 par l'INSEE comme « la plus pauvre » du département), les Dieppois restent convaincus que la voie de la réussite passe d'abord par la bonne santé du port. Le poisson dieppois a toujours été prisé à Paris. Ne dit-on pas d'ailleurs ici : « Poissons dieppois, poissons de choix » ? La capitale était autrefois ravitaillée par les chasse-marée (attelages de 4 chevaux), plusieurs fois relayés et assurant ainsi un approvisionnement parfaitement frais en turbots, soles et coquilles Saint-Jacques, même si les *Lettres* de Mme de Sévigné nous rappellent la fin tragique du fameux cuisinier Vatel, qui se suicida à cause du retard d'un arrivage dieppois... Certes, la pêche à la morue terre-neuvienne et le commerce de la banane sont aujourd'hui tombés dans l'oubli, mais Dieppe reste le 1er port de pêche français pour la coquille Saint-Jacques. Enfin, la liaison transmanche est un atout économique essentiel.

Arriver – Quitter

En bus

🚌 **Gare routière** *(plan C4) : à côté de la gare SNCF.*
➤ **De/vers Saint-Valery-en-Caux :** ligne n° 61.
➤ **De/vers Fécamp :** aucun bus direct, il faut changer à Saint-Valery-en-Caux, d'où part la ligne n° 60.
➤ **De/vers Eu et Le Tréport :** ligne n° 68.
Horaires sur ● *transports.normandie.fr ●*

En train

➤ **De/vers Paris, Rouen :** ☎ *36-35*

(0,40 €/mn). Quelques trains directs/w-e. Paris-Dieppe, ou avec changement à Rouen.

En bateau

⛴ **Embarcadère** *(plan D1) : sur le quai Gaston-Lalitte.*
➤ **De/vers Newhaven :** avec la compagnie *DFDS Seaways Ferries* (☎ *0800-650-100, service 0,15 €/mn + prix d'appel ;* ● *dfdsseaways.fr ●*). 2-3 ferries/j. Durée du trajet : 4h.

Adresses et info utiles

ℹ️ **Office de tourisme** *(plan C3, 1) : pont Jehan-Ango, quai du Carénage.* ☎ *02-32-14-40-60.* ● *dieppetourisme@gmail.com ●* *dieppetourisme.* com ● *Mai-sept, lun-sam 9h-13h, 14h-18h (9h-19h juil-août), dim et j. fériés 9h-13h, 14h-17h ; le reste de l'année, lun-sam 9h-13h, 14h-17h.*

LA SEINE-MARITIME

194 | LA SEINE-MARITIME / LE PAYS DE CAUX MARITIME

ℹ️ *Animation du patrimoine – Dieppe Ville d'art et d'histoire (plan C3, 2) :* pl. Louis-Vitet. ☎ 02-35-06-62-79. Propose des animations et visites guidées de la ville.
– *Marchés :* le grand marché du samedi *(plan B3)* est l'une des manifestations les plus pittoresques de Dieppe *(pour l'alimentaire, sam mat,* rue de la Barre, Grande-Rue, rue Saint-Jacques et pl. Nationale ; pour les vêtements et babioles, sam ap-m autour de l'église Saint-Jacques et de la pl. Nationale). Pour faire le plein de produits de la mer on ne peut plus frais : la vente directe des pêcheurs sur le quai Trudaine *(plan C3 ; mar-sam 8h-12h).*

Où dormir ?

Prix moyens

🛏️ *Au Grand Duquesne (plan B3, 12) :* 15, pl. Saint-Jacques. ☎ 02-32-14-61-10. ● augrandduquesne@orange.fr ● augrandduquesne.fr ● *Double 85 €.* Très bien placé, juste à côté de la belle église Saint-Jacques, un petit hôtel sans prétention tenu par une dynamique équipe. Chambres pas bien grandes mais tout confort et rénovées dans un style moderne agréable.

De prix moyens à chic

🛏️ *Hôtel de la Plage (plan B2, 10) :* 20, bd de Verdun. ☎ 02-35-84-18-28. ● plagehotel@wanadoo.fr ● plagehotel-dieppe.com ● *Doubles 65-140 €.* Hôtel moderne à deux pas du front de mer, où dès l'entrée on sent la jolie adresse fort bien tenue. Les parties communes sont lumineuses et agréables, à l'image des chambres modernes, élégantes et tout confort (belles salles de bains). Certaines ont vue sur la mer et une terrasse, quand les 3 plus récentes du 5e étage, panoramiques, offrent une double vue mer et ville. Accueil plein d'humour et compétent.

🛏️ *Chambres d'hôtes Atypik (plan D2, 13) :* 3-5, rue de la Cité-de-Limes, 76370 **Neuville-lès-Dieppe.** 📱 06-89-60-08-19. ● isabellel2009@hotmail.fr ● *À 5 mn à pied du port, dans une rue à sens unique (stationnement un peu compliqué...). Doubles 70-80 €. Café offert sur présentation du guide de l'année.* Dans une petite maison de brique comme il y en a quelques-unes dans le quartier populaire du Pollet, 3 agréables chambres à la déco dans l'air du temps, pas si atypique que ça finalement. Quoique... la chambre « Galets » abrite une alcôve sous la voûte d'une ancienne cuve de cidre ! Gâteaux maison au petit déj et accueil décontracté.

🛏️ *Les Arcades (plan C2, 11) :* 1-3, arcades de la Bourse. ☎ 02-35-84-14-12. ● contact@lesarcades.fr ● lesarcades.fr ● *Doubles 75-95 €.* Les atouts de cet hôtel sont sa situation, en plein centre, face au port (quelques fenêtres ouvrent de ce côté-là), et le confort de ses chambres à la déco très sobre dans les tons chocolat et crème. Les défauts : un petit déj indigent pour le prix et un accueil qui a quelques progrès à faire. Fait aussi resto.

Où dormir dans les environs ?

Campings

⛺ *Camping municipal du Colombier :* parc du Colombier, 453, rue Loucheur, 76550 **Offranville.** ☎ 02-35-85-21-14. ● mairie@offranville.fr ● offranville.fr ● ♿ *À 8 km au sud de Dieppe. Ouv d'avr à mi-oct. Compter 14-18,50 € pour 2 avec tente et voiture ; bungalows 300-450 €/sem. 100 empl.* La municipalité a eu la riche idée d'ouvrir ce camping dans le superbe cadre du parc du Colombier, sur une partie des 8 ha de l'ancien château du domaine Fournier. Toute une partie du site est réservée aux hébergements locatifs ou à l'année, mais les emplacements destinés aux campeurs de passage sont bien à l'écart. Spacieux, abrités par de hautes haies, très verts, très calmes, ils ont tout

DIEPPE / OÙ MANGER ? | **195**

pour plaire ! Plusieurs activités dans le parc : aire de jeux, minigolf, tennis, centre équestre, location de vélos (à la brasserie), sans compter le parc floral et le musée Jacques-Émile-Blanche pour le côté culturel.

⚖ **Le Marqueval** : 1210, rue de la Mer, Pourville-sur-Mer, 76550 **Hautot-sur-Mer.** ☎ 02-35-82-66-46. ● contact@ campinglemarqueval.com ● campin glemarqueval.com ● ♿ À 1,2 km de la plage. Ouv de mi-mars à mi-oct. Compter 21-28 € pour 2 avec tente et voiture ; hébergements locatifs 290-880 €/sem. 290 empl. Au calme, un beau camping verdoyant et agréable, avec sa rivière et ses étangs où l'on peut pêcher. Sanitaires corrects, espace bien-être, salle de sport et piscine chauffée en saison. Diverses locations : mobile homes, roulottes et bungalows.

De prix moyens à plus chic

🏠 **Le Château de Miromesnil** : 76550 **Tourville-sur-Arques.** ☎ 02-35-85-02-80. ● chateaumiromesnil@orange. fr ● chateaumiromesnil.com ● ♿ À 8 km au sud de Dieppe par la D 927, puis à gauche par la D 70. Voir plus loin « Dans les environs de Dieppe ».

Où manger ?

Vous trouverez sur le quai Henri-IV (plan C2) toute une brochette de restos proposant globalement le même type de menus, avec les sempiternelles moules-frites servies à toutes les saisons (pour info, la vraie saison des moules normandes, qu'elles soient pêchées en mer – comme la moule de Barfleur – ou d'élevage – comme la moule de bouchot –, c'est l'été, de mai-juin à fin septembre-début octobre). Avantage de ces restos : pas mal d'entre eux sont ouverts le dimanche soir et le lundi.

De bon marché à prix moyens

|●| **Le Calvados** (plan B3, 21) : 93, Grande-Rue. ☎ 02-35-84-20-11.

🏠 **Chambres d'hôtes Le Manoir de Graincourt** : 10, pl. Ludovic-Panel, 76370 **Derchigny-Graincourt.** ☎ 02-35-84-12-88. ▤ 06-17-21-36-16. ● manoirdegraincourt@gmail. com ● manoir-de-graincourt.fr ● À 8 km à l'est de Dieppe. Doubles 100-125 €. Réduc de 10 % sur le prix de la chambre sur présentation du guide de l'année. C'est à deux pas d'ici, dans le château de Wargemont, que Renoir séjourna à la demande de Paul Bérard, diplomate, banquier et mécène. L'artiste réalisa de nombreux portraits de la famille et profita de ses séjours pour peindre également les rosiers de Wargemont et la plage de Berneval, entre autres. Allez voir les panneaux consacrés à Renoir à la mairie de Derchigny pour en savoir plus... C'est Marguerite, l'une des filles Bérard représentées par Renoir, qui fit construire la partie XIXe s du manoir de Graincourt. Dans ce bel édifice à colombages normands, des chambres élégantes, tout confort et donnant sur un agréable parc divisé en petits jardins abrités du vent. Également une chambre mansardée installée dans les anciennes écuries. À disposition, une salle de jeux, un billard et un salon de lecture. Très bon accueil.

● lecalvados@orange.fr ● ♿ Ouv le midi seulement. Fermé dim hors saison. Formule 12,50 € ; carte 20-25 €. Un bar-brasserie de quartier à la devanture toute rouge et à la terrasse qui, aux beaux jours, prend ses quartiers dans la large rue piétonne. Cuisine des plus classique (entre plats du jour, très traditionnels, burgers et salades) mais très honnête. Accueil et service sympa.

|●| ↑ **Divernet** (plan B3, 22) : 138, Grande-Rue. ☎ 02-35-84-13-87. ● info@divernet-traiteur.com ● diver net.fr ● Ouv le midi seulement. Fermé lun. Formule 14,80 € ; carte env 14 €. Apéritif maison offert sur présentation du guide de l'année. Au 1er étage de la pâtisserie-chocolaterie Divernet. Le lieu a bien changé depuis qu'Oscar Wilde, en exil, le fréquentait sous le nom de

LA SEINE-MARITIME

196 | **LA SEINE-MARITIME / LE PAYS DE CAUX MARITIME**

brasserie *Grish*... Aujourd'hui, c'est un agréable salon de thé-brasserie chic style Art déco, qui sied à une clientèle de bureau et d'hommes d'affaires, attirés par l'avantageuse formule déjeuner. Le rapport qualité-prix est indiscutable. En été, terrasse en bordure de la rue piétonne très commerçante... à moins de préférer s'attabler sur le balcon.

De prix moyens à chic

lOl *Le Bistrot des Barrières (plan C3, 20)* : *5-7, arcades de la Poissonnerie.* ☎ 02-35-40-46-83. ● hue.francois76@gmail.com ● *Tlj sauf dim et le soir lun-mar. Congés : 2ᵈᵉ quinzaine de juin et oct-début mars. Menu déj en sem 17 € ; le soir, carte seulement, env 30 €. CB refusées.* Un vrai bistrot pour les gourmands-gourmets proposant une cuisine de saison et de marché à la fois simple, goûteuse et pas radine ! À la carte, des classiques comme l'entrecôte et l'andouillette, mais aussi de savoureux poissons selon l'arrivage, car le chef sait comment traiter la bête pour séduire les palais. Pour ne rien gâcher, le cadre est charmant et convivial.

lOl ↑ *La Cale (plan C3, 26)* : *34, rue Jean-Antoine-Belle-Teste.* ☎ 02-35-84-14-93. *Fermé dim soir, lun et jeu soir. Formules et menus déj en sem 15-18 € ; autre menu 26 €.* Le lieu se revendique de « l'esprit bistrot ». C'est vrai pour la déco de la (jolie) petite salle. Mais côté cuisine, on a affaire à un vrai chef qui, au gré du marché et de la pêche locale, propose des plats souvent pleins

d'idées derrière leur apparente simplicité. Accueil et service impeccables. Terrasse quand la météo le décide.

lOl *Le Bistrot du Pollet (plan C2, 23)* : *23, rue Tête-de-Bœuf.* ☎ 02-35-84-68-57. *Tlj sauf dim-lun. Congés : 1ʳᵉ quinzaine de janv et de sept. Formule déj en sem 23 € ; menu 30 € ; carte env 35-40 €.* Dans la catégorie bistrot marin, c'est une référence. Cuisine de marché soignée et savoureuse, axée sur les produits de la mer selon l'arrivage du jour.

lOl *Le Comptoir à Huîtres (plan D4, 24)* : *12, cours de Dakar.* ☎ 02-35-84-19-37. *Tlj sauf dim-lun. Congés : de mi-août à début sept. Formule déj en sem 20 € ; carte env 40 €.* L'adresse est improbable, dans une zone désolée du port, mais cet ancien café de marin devenu bistrot chic a su conserver un petit quelque chose de l'âme première des lieux, et c'est l'un de ses charmes. L'autre, ce sont des produits d'une extrême fraîcheur et son excellente cuisine de la mer, joliment préparée et accompagnée. Les viandes, plus rares au menu, n'en sont pas moins délicieuses.

lOl *Le Turbot (plan C2, 25)* : *12-14, quai de la Cale.* ☎ 02-35-82-63-44. *Tlj sauf dim-lun. Menus déj 24,90-30 € ; le soir, carte seulement, env 45 €.* Une petite adresse conviviale qui propose un excellent plat du jour (du genre aile de raie et purée maison, ou une viande pour les amateurs) et un bon dessert. Un peu cher, mais les poissons sont nobles, et toujours issus de la pêche locale.

Où manger dans les environs ?

lOl ↑ *Auberge du Vieux Puits* : *15, av. Alexandre-Dumas, 76370 Neuville-lès-Dieppe.* ☎ 02-35-84-47-35. 🖷 06-30-39-29-10. ● info@puys.fr ● puys.fr ● ♿ *À env 5 km au nord-est de Dieppe. Avr-sept, tlj ; fermé mar-mer hors saison. Congés : janv et 1ᵉ sem de fév. Menus 29,50-49,50 €.* Au restaurant, café ou digestif maison offert et un petit déj/pers et par nuit à l'auberge sur présentation du guide de l'année. Cette auberge coquette et conviviale profite d'un environnement remarquable, en surplomb de la mer. Mais

la vue géniale depuis la terrasse ou la jolie salle rustico-chic ne font pas tout ! Ce qui justifie le détour, c'est la cuisine du chef : du classique élégant, parfois revisité avec des saveurs asiatiques, et toujours préparé avec les meilleurs produits du coin selon le marché. Et d'un excellent rapport qualité-prix.

lOl *Le Colombier* : *parc du Colombier, 76550 Offranville.* ☎ 02-35-85-48-50. ● lecourski@wanadoo.fr ● ♿ *À 8 km au sud de Dieppe. Fermé mar-mer et dim soir (plus j. fériés hors saison). Formules déj en sem 28-36 € ; menus*

DIEPPE / À VOIR. À FAIRE | 197

49-59 €. Café offert sur présentation du guide de l'année. L'une des adresses incontournables du secteur. Un peu pour la belle bâtisse du XVIᵉ s, qui ravira les inconditionnels des maisons normandes à colombages,

et beaucoup pour la cuisine ! Vive, élégante et pleine de fraîcheur, elle jongle avec bonheur entre traditions et modernité. Le rapport qualité-prix des 1ᵉʳˢ menus est absolument épatant !

Où boire un verre ? Où grignoter ? Où sortir ?

☂ ↑ *Le Bar O Mètre* *(plan A3, 30) : 51, rue Alexandre-Dumas.* ☎ *02-32-90-12-31. Avr-sept seulement, tlj 9h-22h.* Un petit bar sur le front de mer pour prendre la température de la Manche. Venir au coucher du soleil pour l'avoir en pleine poire... Musique et ambiance un poil rock. Bière pas donnée-donnée, mais c'est un bar saisonnier.

☂ ♪ ↑ *Le Bar des Bains* *(plan B3, 32) : 7, rue des Bains.* ☎ *02-35-84-18-26.* ● *treboutte.n@gmail.com* ● ♿ *Tlj sauf lun et dim. Congés : vac scol d'hiver*

et Toussaint. Ou le *BDB,* comme on dit par ici. Tout jeune (et très souriant) patron, graph aux murs, bière artisanale et locale (pas chère du tout) à la pression, et fréquents concerts, du jazz manouche au reggae.

☂ ♪ ↑ *L'Epsom* *(plan B2, 31) : 11, bd de Verdun.* ☎ *02-35-84-12-27. Tlj 12h-1h (2h ven-sam).* Sur l'immense front de mer dieppois, un bar-brasserie décontracté-chic connu pour ses cocktails, ses bruschettas et ses petits concerts *(ven ts les 15 j.).*

Où piquer une tête ? Où faire un peu de balnéo ?

■ *Les Bains* *(plan A3, 40) : 101, bd de Verdun.* ☎ *02-35-82-80-90.* ● *lesbains-dedieppe.fr* ● *Horaires très variables selon saison. Tarif (centre aquatique seulement) : env 6 € ; réduc.* Tout près de la mer, un grand centre aquatique

avec une piscine extérieure à l'eau de mer (chauffée), des bassins intérieurs avec balnéo et relaxation, une pataugeoire avec jeux, un jacuzzi et un toboggan. Et un resto pour profiter de la vue dégagée sur le grand large !

À voir. À faire

– *Animation de l'architecture et du patrimoine – Dieppe Ville d'art et d'histoire* (plan C3, 2) : *pl. Louis-Vitet.* ☎ *02-35-06-62-79.* Propose des animations et visites guidées de la ville.

🏃🏃🏃 *L'église Saint-Jacques* (plan B3) : *pl. Saint-Jacques.*
Édifiée du XIIᵉ au XVIᵉ s selon les proportions d'une cathédrale, elle illustre bien le passage du gothique à la Renaissance. Sur la façade du XIVᵉ s, de style gothique flamboyant, admirez la rosace majestueuse et les tourelles finement travaillées. La tour sur la droite fut ajoutée au XVᵉ s, mais elle ne rompt pas l'harmonie. Jetez un œil aux élégants arcs-boutants ajourés. La tour-lanterne massive et carrée, typique des clochers normands, a, elle, disparu le temps de sa rénovation.
Dans le chœur, nombreux éléments de style Renaissance, belle nef du XIVᵉ s avec ses colonnes aux chapiteaux ornés de pétales et ses voûtes remarquables.
– *Le mur du Trésor :* dans la nef de gauche, au niveau de l'autel. Ce mur et sa porte donnent accès à la sacristie. Entièrement sculpté dans un style mêlant gothique et Renaissance. Cette petite merveille possède dans sa partie haute (apportez une échelle !) une longue frise évoquant la vie des indigènes d'Amérique, d'Afrique et de l'océan Indien. Rappelons que Dieppe comptait de célèbres armateurs et navigateurs qui ramenèrent de précieuses informations sur les Indiens. En voici un témoignage.

LA SEINE-MARITIME

198 | **LA SEINE-MARITIME / LE PAYS DE CAUX MARITIME**

LA SEINE-MARITIME

🦐 *L'église Saint-Rémy (plan B3) : rue Saint-Rémy. Possibilité de visites guidées avec Dieppe Ville d'art et d'histoire (voir « Adresses et info utiles »).* Sa construction a débuté au XVIᵉ s. La façade principale, inspirée à la fois de l'Antiquité et du baroque romain, reflète l'influence de la Contre-Réforme du XVIIᵉ s. À l'intérieur, imposante nef et joli chœur caractéristique du gothique flamboyant. Superbe collection des maîtres verriers du XIXᵉ s et orgue monumental de Parizot (concerts gratuits en été).

– En allant vers la mer par la rue des Bains, voir la *porte des Tourelles (plan B3)* sur le front de mer : 2 tourelles massives en grès et silex avec leurs toits en poivrière, seule porte subsistant des anciens remparts du XVᵉ s.

🍴🍴🍴 *Le château-musée (plan A3) : rue de Chastes.* ☎ 02-35-06-61-99. ● dieppe.fr ● *Juin-sept, 10h-18h ; oct-mai, 10h-12h, 14h-17h (18h dim et j. fériés). Fermé lun-mar tte l'année. Entrée : 4,50 € ; réduc ; gratuit moins de 25 ans.* Depuis les terrasses, beau point de vue sur le front de mer et les pelouses.
Une 1ʳᵉ forteresse, sans doute édifiée au XIIᵉ s, fut détruite par Philippe Auguste. Afin de défendre la ville contre les Anglais pendant la guerre de Cent Ans, on reconstruisit un château au XVᵉ s autour d'un donjon du XIVᵉ. Il englobe, à l'entrée, une tour, ultime vestige de la 1ʳᵉ église Saint-Rémy. Les tourelles d'angle joufflues et les toits en poivrière donnent du sel à ce gros édifice de grès et de silex. Il changea sans cesse d'affectation : caserne, logis des gouverneurs, prison pendant la Révolution et, enfin, musée à partir de 1923 pour abriter les collections municipales. La visite commence... aux toilettes, à l'entrée de la cour, où de récentes restaurations ont dégagé une fresque du XVIIᵉ s figurant un échiquier ! Puis direction l'accueil et les consignes, pour admirer cette fois les colombages du XVᵉ s et l'intérieur de la tour primitive du château.
Et le musée alors ? Vaste et très riche, il présente d'abord une série de **peintures des XIXᵉ et XXᵉ s.** Les amateurs d'impressionnisme ne seront pas déçus ! Selon les accrochages, on peut y admirer des œuvres de Renoir, Pissarro, Boudin, Sisley et Eva Gonzalès. Les prémices de l'impressionnisme se décèlent déjà dans les toiles de Vollon *(Vapeur au large de Dieppe, L'Avant-port de Dieppe)* et dans *Falaises au soleil couchant* de Daubigny (falaise phosphorescente, épaisses couches de peinture brute).
Dans une succession de 3 salles vient ensuite une **exceptionnelle collection d'objets en ivoire,** reposant sur un fonds de quelque 2 000 objets. Dès que les Dieppois investirent les côtes africaines, ils en rapportèrent de l'ivoire. Ainsi naquit à Dieppe, au XVIᵉ s, une tradition d'ivoiriers dont le travail fut rapidement reconnu. La ville en compta jusqu'à 230 ; de 12 au début du XXᵉ s, ils sont passés à 2 aujourd'hui (rue Ango) ! Parmi toutes les merveilles proposées, ne ratez pas les bateaux entièrement en ivoire (y compris les voiles, les haubans, les filins et les personnages !), les médaillons délicatement ciselés représentant les ports de Dieppe et de Nantes au XVIIIᵉ s, les cadrans à boussoles des XVIᵉ-XVIIᵉ s, ou encore quelques étonnantes râpes à tabac dotées d'une iconographie paillarde ou religieuse.
On parvient ensuite à la grande salle de marine qui présente **des peintures du XVIIᵉ au XIXᵉ s et des maquettes anciennes** évoquant la grande aventure maritime de la Renaissance au Second Empire. Au fond, un salon est dédié au compositeur Camille Saint-Saëns (voir son 1ᵉʳ piano, qu'il offrit au musée). À sa suite, une pièce est consacrée aux œuvres de Pierre-Adrien Graillon, un peintre-sculpteur du XIXᵉ s, né au Pollet (portraits sculptés dans l'os de baleine, la terre crue ou cuite, selon les moyens dont il disposait alors !). Contrairement à la norme académique de l'époque, cet artiste né dans la misère s'attacha à représenter l'autre réalité de Dieppe, bien loin de la bourgeoisie, à savoir celle des travailleurs, des pêcheurs, des mendiants... Remarquez toute la tristesse et la dureté des traits dans l'expression des visages.

DIEPPE / À VOIR. À FAIRE | **199**

Dans l'escalier, impossible de rater *L'Écuyère* de Van Dongen, une pièce maîtresse du musée, réalisée en 1926. Puis on découvre de nombreuses estampes de Braque, notamment sur la thématique des oiseaux, dans une salle dédiée.

À l'étage inférieur, dans un espace consacré à la thématique maritime, quelques natures mortes aux poissons, des écoles française, hollandaise et italienne du XVIIe au XXIe s, côtoient des œuvres modernes et contemporaines, et notamment des portraits d'hommes de mer.

Enfin, au bas du 2e escalier se détache un bâtiment contemporain, destiné aux expositions temporaires.

🎭🎭 🚶 *L'Estran – Cité de la mer* *(plan C1-2)* : *37, rue de l'Asile-Thomas.* ☎ *02-35-06-93-20.* ● *estrancitedelamer.fr* ● ♿ *Tlj 9h30-18h (fermeture 12h30-13h30 w-e et j. fériés). Fermé 1er janv et 25 déc. Entrée : 7,50 € ; 4 € 4-16 ans ; gratuit moins de 4 ans. Sur résa, possibilité de visite guidée. Ou balades commentées le long du littoral (payantes).*

Ce vaste et ambitieux espace aborde la mer sous tous (ou presque !) ses aspects. Après une introduction sur la 1re femme océanographe, Anita Conti, marraine du musée, la visite commence par présenter la construction navale et l'évolution des techniques de fabrication des bateaux, du drakkar viking au moteur de chalutier.

Un espace dédié aux énergies marines renouvelables indique les évolutions des projets utilisant le potentiel énergétique des océans (courants, marées, houle et vents). Les techniques de pêche sont elles aussi évoquées, y compris celles de la pêche industrielle. Projection d'un film sur Dieppe et maquette de la ville.

La section suivante est consacrée à l'environnement littoral et marin, à travers une insolite « cabane de la pollution » et l'espace « falaises et galets » (érosion des falaises, faune et flore, industrie du galet).

Enfin, petits et grands peuvent observer les espèces aquatiques locales dans les aquariums (méduses, daurades, syngnathes...). Essayez d'ailleurs d'être là à 10h30 (du lundi au vendredi), c'est l'heure du nourrissage en direct, et le moment de poser des questions aux soigneurs.

🎭🎭 *Le quartier du Pollet et la chapelle Notre-Dame-de-Bon-Secours* *(plan D1-2)* : *chapelle ouv tlj 10h-18h (16h nov-mars).* Le Pollet, c'est le plus ancien quartier de Dieppe, là où est né le 1er village fondé par les Vikings. Si les marins pêcheurs n'en forment plus l'entière population, il est resté des plus populaire. Le Pollet a été coupé

> **QUIQUENGROGNE**
>
> *Cette toute petite rue (des escaliers, en fait) du quartier du Pollet a repris le cri des corsaires de la Manche au XVe s. Ce mot terrifiant à l'époque signifiait : « Qui s'en plaint ? » Une manière de provoquer ceux qui subissaient leurs exactions.*

en 2 en 1848 par le creusement d'un canal pour donner accès à un nouveau bassin du port. Le pont Colbert (1889) qui le franchit est le dernier grand pont tournant à système hydraulique d'Europe (classé Monument historique en 2017, ce qui a sauvé d'une disparition programmée ses 30 000 boulons !). Par la pittoresque rue du Petit-Fort, pavée et bordée de vieilles maisons de pêcheurs (colombages, briques et silex), on accède à la chapelle Notre-Dame-de-Bon-Secours. De là-haut, point de vue panoramique époustouflant sur la ville, et au loin jusqu'au phare d'Ailly. À l'intérieur de la chapelle, mur d'ex-voto. Une balade que l'on peut prolonger en traversant un quartier résidentiel d'aujourd'hui puis en longeant la falaise (sentier sécurisé par des grilles) par le chemin des douaniers jusqu'à la plage de Puys, rendue célèbre par George Sand et Alexandre Dumas (qui y avait une maison).

➤ En été, une fois par semaine, possibilité de *balade commentée le long du littoral. Rens auprès de L'Estran – Cité de la mer (voir plus haut). GRATUIT.*

➤ 🚲 *L'Avenue Verte London-Paris :* *voir l'introduction du pays de Bray plus loin.*

LA SEINE-MARITIME

Manifestations

– **Festival international de cerfs-volants :** *10 j. en sept les années paires.* Le plus grand festival au monde dans son genre. Sur les grandes pelouses du front de mer, spectacle merveilleux durant lequel virevoltent des dizaines de cerfs-volants (une quarantaine de délégations du monde entier). C'est la fête du rêve. Démonstrations époustouflantes de beauté et de technicité. Certains ne s'arrêtent qu'après avoir coupé le fil du concurrent avec leur cerf-volant !

– **Foire aux harengs et à la coquille Saint-Jacques :** *le w-e qui suit le 11 nov, face au port de plaisance, quai Henri-IV.* Foire traditionnelle et populaire qui rassemble beaucoup de monde.

– **Festival du film canadien :** *mars.* Comme son nom l'indique...

DANS LES ENVIRONS DE DIEPPE

🏃 *Le musée Jacques-Émile-Blanche :* parc du Colombier, rue Louis-Loucheur, 76550 **Offranville.** ☎ 02-35-85-19-58 ou 02-35-85-40-42 (mairie). À 8 km au sud de Dieppe. Avr-sept, tlj sauf mar 11h (10h juil-août)-18h ; oct, seulement sam-dim. Entrée : 3 € ; avec le parc floral : 6 € ; gratuit moins de 12 ans.

Dans un surprenant complexe municipal comprenant un camping, un centre équestre, un golf miniature, le beau parc floral William-Farcy dédié à la rose ancienne et ce musée, le tout disséminé dans les dépendances et les 8 ha de l'ancien château du domaine Fournier (XVIe-XIXe s). Voir notamment les 9 colombiers, surtout celui de 1702, bien restauré et lieu d'expos temporaires, ainsi que le vieux mécanisme en bois du moulin datant de la fin du XVIIIe s. Le petit musée, quant à lui, est installé dans l'ancienne *charretterie* de 1773, où vous trouverez également un bar et une petite brasserie *(ouv tlj en saison, avec des formules bon marché à apprécier en terrasse),* qui organise des apéros-concerts *(1er ven du mois avr-oct).*

Né en 1861 à Paris, Jacques-Émile Blanche vécut 40 ans à Offranville, où il mourut en 1942. Sachant dès l'âge de 18 ans qu'il serait peintre, il devint l'ami et le portraitiste de nombreuses célébrités. Le musée des Beaux-Arts de Rouen expose une vingtaine de ses portraits. Ici, dans cette toute petite salle d'exposition qui lui est consacrée, les sujets sont plus variés : natures mortes, marines, scènes d'intérieur... Impressionniste après l'heure, il peint *La Plage de Dieppe* et *Dieppe, la plage matin orageux,* ou encore *Dieppe, la place du Puits-Salé,* de 1920 à 1934. Dans sa période Fauve, il réalise *Les Roses à Offranville* en 1931. La vraie surprise, c'est peut-être de (re)découvrir sur une affiche que c'est à Blanche que l'on doit le fameux portrait de Proust, dont l'original se trouve à Orsay ! Mais le tableau qui résume le mieux le contexte familial dans lequel il vivait, c'est le portrait de Mme Lemoinne et de ses filles : au centre, la belle-mère de Blanche, avec son regard dur ; à côté d'elle, Rose, son épouse, dont le regard semble presque maternel ; à droite, Catherine, belle-sœur célibataire un peu garce ; et enfin, à gauche, cachée dans l'ombre du tableau, Marie, dite Yoyo, l'autre belle-sœur, vieille fille insupportable pour Jacques-Émile...

🏃🏃 *Le musée de l'Horlogerie :* 48, rue Édouard-Cannevel, 76510 **Saint-Nicolas-d'Aliermont.** ☎ 02-35-04-53-98. ● musee-horlogerie-aliermont.fr ● ⚒ À 13 km au sud-est de Dieppe. Juin-sept, mar-sam 10h-12h, 14h-18h et dim ap-m ; le reste de l'année, mer-dim 14h30-18h. Fermé de janv à mi-fév et certains j. fériés. Entrée : 4 € ; réduc ;

LE RÉVEILLE-MATIN

Antoine Rédier, horloger à Saint-Nicolas-d'Aliermont, déposa le brevet du réveille-matin en 1847. On dit que le tic-tac faisait tellement de boucan... que l'appareil tenait son propriétaire éveillé toute la nuit ! En tout cas, l'invention assura la prospérité de la ville.

DANS LES ENVIRONS DE DIEPPE | **201**

gratuit moins de 14 ans. Audioguide gratuit. En juil-août, visite guidée (comprise dans le prix d'entrée). Ce beau musée moderne, dont les extensions de verre intègrent habilement un ancien corps de ferme, abrite une superbe collection d'horloges anciennes, hommage au savoir-faire – inédit en Normandie – des artisans de Saint-Nicolas-d'Aliermont. C'est ici, en effet, que fut inventé au début du XVIIIe s le mouvement à balancier court, dérivé du mouvement de cartel apparu en 1657, année de l'invention du pendule. Plus petit que celui d'une comtoise, son mécanisme plat est constitué de 2 platines de laiton et d'un système de sonnerie simple et robuste. Sa force motrice constante et son moindre poids (2,5 kg contre 4 kg pour la comtoise) demandent moins d'énergie à son balancier pour effectuer son fameux mouvement. Connaissant un grand succès régional à partir du XVIIIe s, l'activité est relancée en 1807 pour lutter contre le chômage local (déjà !) grâce à Honoré Pons, un jeune maître horloger parisien missionné par un certain de Champagny, alors « ministre des Horloges et des Pendules » ! Outre la collection d'horloges, vous pourrez admirer des pendulettes de voyage de la fin du XVIIIe s, une superbe série de réveille-matin dont les réveils Bayard des XIXe et XXe s, et enfin l'atelier horloger.

🏃🏃🏃 🏃🏃 *Le château de Miromesnil :* 76550 **Tourville-sur-Arques.** ☎ 02-35-85-02-80. ● chateaumiromesnil@orange.fr ● chateaumiromesnil.com ● ♿ *À 8 km au sud de Dieppe par la D 927. Avr-oct, tlj 10h-12h, 14h-18h. Entrée : 12 € pour la totale (château, chapelle, parcs et jardins en visite guidée), 7 € pour le jardin (visite libre) ; réduc ; gratuit moins de 6 ans. Pour les enfants, pensez à demander le carnet de l'explorateur. Tarif réduit sur présentation du guide de l'année.*

C'est dans cette très belle demeure du XVIIe s que naquit Guy de Maupassant. Bâtie à l'emplacement d'un ancien château fort, elle appartint longtemps à la famille de Miromesnil, dont un membre fut président du parlement de Normandie et garde des Sceaux sous Louis XVI.

La visite guidée vaut le détour, puisque cette belle et élégante bâtisse possède l'une des plus pures façades Louis XIII de la région, en brique rose de Varengeville, décorée de guirlandes de fleurs, de masques, de pilastres et de vases sur la corniche. On pénètre d'abord dans le hall où sont regroupés quelques souvenirs de l'écrivain, qui y vécut jusqu'à l'âge de 3 ans. Puis la visite se poursuit dans plusieurs salles et salons, qui sont autant d'occasion d'aborder des thématiques comme le jeu au XVIIIe s, la mode, les repas (à l'image de la table dressée dans la salle à manger). Dans le coquet cabinet de travail, un registre terrier, un bréviaire offert par Louis XVI et des livres de poésie. Sur l'arrière, on découvre la façade sud, très dépouillée, ainsi que le beau parc et son gigantesque cèdre du Liban.

Dans le beau jardin potager, aménagé à l'anglaise, alternent légumes, arbres fruitiers et fleurs. En traversant une majestueuse forêt de hêtres, on parvient enfin à la chapelle du XVIe s. Extérieur austère, mais, à l'intérieur, quel ravissement ! Boiseries délicatement sculptées, vitraux, voûte en bois, élégante grille de fer forgé...

🏠 Nathalie, châtelaine dynamique, propose également de nombreuses manifestations tout au long de l'année, ainsi que des **chambres d'hôtes** de charme *(doubles 150-180 €).* Vastes et très romantiques, avec leur beau mobilier de famille, elles disposent d'un bon niveau de confort (salles de bains complètes, plateau de courtoisie). Et, bien évidemment, la visite guidée est offerte aux hôtes !

🏃🏃 *Le musée d'Histoire de la vie quotidienne :* 3, rue de l'Ancienne-Foire, 76370 **Saint-Martin-en-Campagne.** ☎ 02-35-86-31-61. ● mhvq.com ● ♿ *À une quinzaine de km au sud-est de Dieppe. Mai-sept, mar-dim 10h30-12h30, 14h-18h ; de mi-fév à fin avr et oct-fin déc, mer-dim 14h-18h. Fermé sam mat. Entrée : 4 € ; réduc.* Un musée d'arts et traditions populaires qui affiche sa différence. D'abord parce que – et même si la visite permet de découvrir un superbe petit manoir à pans de bois du XVIe s – il est installé dans un bâtiment résolument contemporain avec une muséographie dans le même esprit, aérée et ludique (les enfants pourront par exemple s'essayer à taper à la machine à écrire). Ensuite, parce que sa collection évoque la vie quotidienne en France jusqu'aux années 1980. Inutile donc d'être centenaire pour raviver ses souvenirs ! Expos temporaires.

LA SEINE-MARITIME

202 | LA SEINE-MARITIME / LE PETIT CAUX

LE PETIT CAUX

La plus petite des sous-régions de Seine-Maritime, bien souvent intégrée au pays de Caux, possède des limites bien définies, en tout cas sur 3 côtés : de Dieppe au Tréport, le Petit Caux s'étend entre la Béthune au sud et la Bresle au nord, qui marque d'ailleurs la limite entre la Normandie et la Somme. C'est un harmonieux plateau sillonné par la vallée de la Bresle, qui abrite la splendide forêt d'Eu, divisée en 3 massifs.

LA BASSE VALLÉE DE LA BRESLE

La vallée de la Bresle se plaint souvent d'être oubliée. Sa situation géographique, coincée entre Normandie et Picardie, est la seule explication qui tienne la route. Le Tréport, ville d'ouvriers et de marins, est loin d'avoir le charme de Honfleur, mais en échange, elle reste plus authentique et conserve le caractère désuet des 1res vacances du Front populaire. Grâce à ses forêts qui fournissaient le bois nécessaire, la vallée de la Bresle est aussi – et ce depuis le XVe s – un grand centre artisanal et industriel.

LA VALLÉE DE LA BRESLE : 1er PÔLE MONDIAL DU FLACONNAGE DE LUXE

La tradition du travail du verre dans la vallée de la Bresle remonte au Moyen Âge, et les usines des environs ont pourvu de nombreuses cathédrales et églises en vitraux. La vallée, qui au XIXe s a commencé à se spécialiser dans les flacons pour les parfums et les cosmétiques, fabrique aujourd'hui plus de 75 % de la production mondiale du flaconnage de luxe (pour la parfumerie, mais aussi pour les spiritueux et l'industrie pharmaceutique). Au plus fort de son activité, la vallée a compté jusqu'à une quarantaine de verreries, une ville comme Blangy-sur-Bresle en abritait jusqu'à 4 à elle seule (contre 2 aujourd'hui). L'apparition des machines semi-automatisées dans les années 1920 puis la mécanisation complète ont cependant transformé ce secteur jusqu'alors manuel et artisanal, et de nombreuses verreries ont fermé leurs portes dans les années 1930. S'il ne reste plus aujourd'hui dans la vallée que quelques verreries (dont la dernière en France à travailler en semi-automatique à Blangy-sur-Bresle) et 2 souffleurs de verre, le secteur emploie encore quelque 7 000 personnes.

LE TRÉPORT   (76470)   5 270 hab.   *Carte Seine-Maritime, C1*

Avec Dieppe, Le Tréport possède la plage la plus proche de Paris, et si elle reste une ville de pêcheurs, parfois un peu âpre, on s'y attache vite. Certains artistes succombèrent d'ailleurs à son charme, comme le préimpressionniste Antoine Vollon, qui y réalisa de nombreuses toiles, ainsi que Turner, reçu par Louis-Philippe. Chaque été et les week-ends aux beaux jours, des milliers de visiteurs envahissent les ruelles de la cité et les quais de son petit port, avant d'aller profiter des plaisirs de la plage et du centre aquatique sur le front de mer (● o2falaises.fr ●).

LE TRÉPORT | 203

UN PEU D'HISTOIRE

Le Tréport s'est développé grâce à son port, détruit plusieurs fois par les Anglais ainsi que par les protestants de Dieppe au XVIe s. Jamais il ne fut une ville aussi importante que Dieppe, mais il connut son heure de gloire au XIXe s, quand Louis-Philippe, qui résidait régulièrement à Eu, venait y profiter de la plage. La cité devint alors une station balnéaire assez courue, avant de tomber dans l'oubli et d'être ensuite relancée par les 1ers congés payés.

Aujourd'hui, la ville vit toujours de la mer, puisque son littoral accueille 3 ports à vocations différentes : pêche, commerce et plaisance.

Adresses utiles

🛈 *Bureau d'accueil Le Tréport :* quai Sadi-Carnot, face au port de plaisance. ☎ 02-35-86-05-69. ● destination-letreport-mers.fr ● Juil-août, tlj 9h30-19h (18h dim). Avr-juin et sept, lun-dim 10h-12h, 14h-17h. Oct-mars, lun-mer et ven-sam 10h-12h, 14h-17h.

🛈 *Bureau du funiculaire :* rue du Télécabine, gare haute du funiculaire. Mêmes horaires que le bureau ci-dessus.

– *Marché :* quai François-Ier. Mar et sam mat.

Où dormir ?

Camping

⚌ *Les Boucaniers :* rue Pierre-Mendès-France. ☎ 02-35-86-35-47. ● camping@ville-le-treport.fr ● camping.ville-le-treport.fr ● ♿ À 1 km du centre-ville ; sur la route de Mers-les-Bains, près du stade (bien fléché). Ouv avr-sept (tte l'année pour les loc). Compter 16,30-18 € pour 2 avec tente et voiture ; chalets 205-580 €/sem. 246 empl. Grand camping municipal sans vue sur la mer mais joliment aménagé, bien équipé et très bien entretenu, dans un coin vert. Emplacements plats, herbeux et délimités par des haies. Pour une fois, les jolis chalets se fondent très bien dans le décor et forment comme un agréable petit village sous les arbres.

De prix moyens à chic

🏠 🍴 *La Villa Marine :* 1, pl. Pierre-Sémard. ☎ 02-35-86-02-22. ● infos@hotel-lavillamarine.com ● hotel-lavillamarine.com ● ♿ Quai nord-est. Resto fermé sam midi, plus dim hors saison. Congés : fin déc. Doubles 71-179 €. Formule déj 25 € ; menus 19,90-42,90 €. L'hôtel jouit d'un emplacement privilégié, avec vue sur le port et la ville en face. Chambres pas toujours bien grandes, mais les plus récentes sont très plaisantes avec leur belle déco tendance, style bord de mer. Les moins onéreuses ont vue sur l'arrière. Brasserie au goût d'aujourd'hui côté décor comme côté cuisine, bien tournée et au gré du marché. Excellent accueil.

🏠 *Le Saint-Yves :* 7, rue Albert-Cauet – pl. Pierre-Sémard. ☎ 02-35-86-34-66. ● hotel.lesaintyves@wanadoo.fr ● hotellesaintyves.com ● ♿ Quai nord-est. Doubles 78-87 €. Cet hôtel parfaitement tenu propose des chambres très confortables, à la déco classique agrémentée de quelques touches modernes et colorées. Les plus chanceux auront droit à une vue sur le port. Accueil pro.

🏠 *Hôtel de Calais :* 1, rue de la Commune-de-Paris. ☎ 02-27-28-09-09. ● info@hoteldecalais.com ● hoteldecalais.com ● ♿ Doubles 61-95 €. Parking. Réduc de 10 % sur le prix de la chambre 15 nov-10 fév (sauf pdt vac de Noël, juil-août, j. fériés et ponts) ou 1 petit déj/chambre et par nuit (hors juil-août, j. fériés et ponts) sur présentation du guide de l'année.

LA SEINE-MARITIME

204 | **LA SEINE-MARITIME / LE PETIT CAUX**

Perché au-dessus du port depuis près de 2 siècles, cet ancien relais de poste a accueilli bien du monde, de Victor Hugo aux GI du Débarquement ! Il rassemble aujourd'hui 3 bâtiments imbriqués, le tout formant un dédale de couloirs desservant des chambres classiques, à l'ancienne, de bon confort... et la plupart avec vue. Très sympa, comme l'accueil.

Où dormir dans les environs ?

🏠 🍽 *Centre d'hébergement municipal du château de Chantereine :* rue de Chantereine, 76910 **Criel-sur-Mer.** ☎ 02-35-50-18-46. ● *chantereine@ criel-sur-mer.fr* ● *chateaudechantereine. fr* ● ⚕ *À 8 km au sud-ouest du Tréport. En bus, liaison Dieppe-Le Tréport. Fermé entre Noël et le Jour de l'an. Résa conseillée. Nuitée 18,30 €/pers, draps fournis ; petit déj 6 €. Repas 12,90 € sur demande. Parking.* Une sorte d'AJ municipale installée dans un beau château du XVIIIᵉ s ! Certes, l'intérieur, rénové de façon « moderne », a perdu de son cachet, mais c'est propre et fonctionnel. Une cinquantaine de chambres ou dortoirs pouvant accueillir 2 à 8 personnes avec douches privées ou communes et toilettes sur le palier. Installations sportives à proximité (parc, terrain de foot, salle de sport, ping-pong). Bref, un super plan pour les budgets serrés.

🏠 *Chambres d'hôtes Villa « Les Prés » :* 35-37, rue de Chantereine, 76910 **Criel-sur-Mer.** 📱 06-66-75-74-05. ● *troisclos@yahoo.fr* ● *3clos.fr* ● *Congés : nov-mars. Doubles 90-110 €.* Sur le site de la cidrerie du Parc (voir plus loin « Dans les environs du Tréport »), 3 belles chambres d'hôtes, élégantes et tout confort, où l'on a plaisir à se reposer avant de profiter du petit déj servi par la sympathique et dynamique propriétaire.

Où manger ? Où acheter de bons produits ?

De bon marché à prix moyens

🍽 ⬆ *La Calypso :* 47, quai François-Iᵉʳ. ☎ 02-35-86-31-31. ● *lonat76@ wanadoo.fr* ● ⚕ *Fermé lun soir et mar soir plus mar midi hors saison. Congés : fin nov. Menus 17,70-36 €.* Sur le quai, cette adresse se distingue par son cadre façon années 1940 revues et corrigées, par son service pro et souriant, et surtout par sa bonne cuisine, à prix serrés. Dans l'assiette, de généreuses spécialités normandes et picardes. À moins de se laisser tenter par des moules-frites sans chichis !

🍽 *La Pile d'Assiettes :* 1-3, rue Gambetta. ☎ 02-35-84-65-61. ● *lapi ledassiettes@free.fr* ● *Fermé mer et le soir sauf ven-sam. Congés : vac de la Toussaint et de Noël. Résa conseillée (peu de places). Menu à l'ardoise env 25 €.* Dans un décor de bistrot-brocante, le chef apporte une petite touche d'originalité à la restauration locale, avec des plats pleins d'inventivité à base de produits des plus locaux, de légumes oubliés... Quant à l'accueil en salle, il ne manque pas de caractère !

🐟 *Poissonnerie municipale du Tréport :* sur le port. Tlj en saison ; fermé mar hors saison (sauf pdt vac scol). Un petit édifice en brique qui propose des produits frais de la mer à prix très raisonnables.

À voir. À faire

🏹 *L'ancien quartier des Cordiers :* derrière le quai François-Iᵉʳ (celui où s'alignent les restos !). Les cordiers étaient les pêcheurs pauvres qui, à défaut de pouvoir s'offrir des filets, pêchaient au moyen de cordes garnies d'hameçons. Ils furent les 1ᵉʳˢ habitants de ce quartier populaire qui commença à se parer de pittoresques villas quand Louis-Philippe « lança » la station balnéaire

DANS LES ENVIRONS DU TRÉPORT | 205

au XIXe s. On y trouve encore quelques maisons à bow-windows ou à balcons en fer forgé. En remontant vers l'église Saint-Jacques, on arrive à l'ancien hôtel de ville (qui abrite le musée du Vieux-Tréport ; lire ci-dessous) avec sa voûte du XVIe s et sa tourelle du XIIIe. Remarquer au passage la grande fresque illustrant l'histoire du Tréport.

Le musée du Vieux-Tréport : *1, rue de l'Anguainerie.* ☎ *02-35-86-13-36. Pâques-fin sept, w-e et j. fériés 10h-12h, 15h-18h. Entrée : 3 € ; réduc.* Installé dans l'ancien hôtel de ville, ce vaste musée tenu par des passionnés regorge de souvenirs et de trésors. La visite commence par les prisons, avec les lits d'origine... et quelques mannequins pour l'ambiance ! Puis, au gré des étages, c'est toute l'histoire du Tréport qui défile : la pêche (matériel ancien, outils de charpentier, maquettes, cordages, nœuds), la vie des gens de mer (étonnants sacs de marin, personnalisés par chaque membre de l'équipage), les bains de mer (maillots 1900 hilarants), les activités traditionnelles (l'insolite ramassage de galets, la sculpture sur ivoire) et, bien entendu, quelques sections sur les guerres et la reconstruction. Une belle visite, à la fois nostalgique et émouvante.

L'église Saint-Jacques : *4, pl. de l'Église (évidemment). Tlj 10h-19h (17h en hiver).* Immanquable au-dessus des quais. Belle réalisation du XVIe s, à la façade en damier de grès et de silex. Le porche construit sous Louis-Philippe protège un portail Renaissance assez endommagé et dépouillé de toutes ses statues. À l'intérieur, splendides clés de voûte. À l'entrée de l'église, une Vierge polychrome du XVIe s.

Le funiculaire : *rue de l'Amiral-Courbet.* ● *letreport-tourisme.fr* ● *De mi-juin à mi-sept, tlj 7h45-0h45 ; hors saison, dim-ven et j. fériés 7h45-20h45 (0h45 sam et veilles de j. fériés). GRATUIT.* Le funiculaire d'origine, inauguré en 1908 et mis hors service après la Seconde Guerre mondiale car trop coûteux à exploiter, a été remplacé en 1960 par une télécabine, puis en 2006 par ces « ascenseurs inclinés », aux formes circulaires presque futuristes, qui grimpent à travers la falaise à l'intérieur de tunnels. La gare haute accueille, dans un bâtiment annexe, l'atelier d'un souffleur de verre : la démonstration vaut le détour *(fermé lun ;* ▯ *07-85-21-24-23)* ! Panorama somptueux, ensuite, depuis la table d'orientation. On peut redescendre vers la ville par l'escalier des falaises (365 marches).

Balades commentées en mer : *juil-août, tlj ; selon le temps le reste de l'année. Charles Masson,* ▯ *06-07-23-47-71 ; Gautier Ricque,* ▯ *06-38-69-03-67. Départs pl. de la Poissonnerie. Tarif : 11,50 € (balade de 45 mn) ; réduc.*

Fête et manifestations

– **Pentecôte en kilt et foire aux moules :** *w-e de la Pentecôte, les années impaires.* Animations musicales avec des groupes celtes et dégustation de moules (pardi !) dans une ambiance populaire et bon enfant.
– **Festival américain :** *3e w-e de juin.* Rassemblement de vieilles motos et voitures américaines, concerts de rock, style années 1950-1960.
– **Festival Pirate :** *1er w-e de juil.* Animations sur le thème de la piraterie.
– **Fête de la Mer :** *3e w-e de juil les années paires.* Procession en costumes traditionnels et bénédiction des bateaux, qui vont sur l'eau par dizaines.
– **Foire au hareng :** *1 w-e mi-nov.* Journées festives sur le thème du hareng.

DANS LES ENVIRONS DU TRÉPORT

Mers-les-Bains (80350) : c'est la construction du chemin de fer qui, en 1872, a bouleversé la vie et le destin de Mers-les-Bains en faisant de ce

LA SEINE-MARITIME

206 | **LA SEINE-MARITIME / LE PETIT CAUX**

village, jouxtant Le Tréport, la station balnéaire la plus proche de Paris. La voie ferrée a amené ici une foule de vacanciers à la recherche d'une villégiature agréable. De nos jours, Mers est plutôt une plage familiale, abritée des vents par une falaise crayeuse moins impressionnante qu'à Étretat mais dominant la mer d'une centaine de mètres. Belle plage de galets de 4,5 km de long. Mers est surtout l'un des rares fronts de mer intacts, avec un alignement admirable de plusieurs dizaines de villas Art nouveau, toutes plus croquignolettes les unes que les autres. Voir notamment *La Fée des Mers*, à l'angle de la promenade, bâtie par Gustave Eiffel lui-même. Nul promoteur ne viendra plus sévir ici, car les façades sont aujourd'hui classées ou protégées.

🍴 ⊛ *La cidrerie du Parc et le verger « Les Prés » : 35-37, rue de Chantereine, 76910* **Criel-sur-Mer.** *☏ 06-66-75-74-05. ● troisclos@yahoo.fr ● 3clos. fr ● Boutique ouv fin mars-mai, sam et j. fériés 15h-18h ; juin, w-e et j. fériés 15h-18h30 ; juil-août, tlj sauf mer 15h-18h30 ; sept, w-e 15h-18h ; oct-11 nov, sam 15h-18h ; 12 nov-fin mars, sur rdv, et parc ouv début mai-fin oct aux mêmes horaires que la boutique. Visite (libre) du parc : 7 € ; réduc ; gratuit moins de 12 ans. Visite guidée de la cidrerie avec dégustation sur résa (min 4 adultes) et les jeudis à 16h de mi-juil à fin août : 8 €.* Cette cidrerie artisanale est installée au cœur des prés salés. On peut s'approvisionner en excellents produits à la boutique (comme le délicieux apéritif aux noix et eau-de-vie) ou encore découvrir son beau parc paysager de 9 ha traversé par la rivière Yères, avec potagers, vergers et jardins à thème autour d'un manoir début XXᵉ s qui abrite de jolies chambres d'hôtes (voir plus haut).

EU

(76260)   7 350 hab.   *Carte Seine-Maritime, C1*

Tranquille et jolie petite ville, bordée par une ancienne forêt royale plantée de hêtres sur 10 000 ha. En 1845, Turner, invité au château avec la reine Victoria pour un banquet donné par Louis-Philippe, y réalisa une série de ses fameuses aquarelles. Plus prosaïquement, si vous êtes dans le coin dans les environs de la Toussaint, goûtez donc à la spécialité locale : le pâté aux poires de Fisée, une sorte de tourte en pâte feuilletée farcie avec des poires confites.

UN PEU D'HISTOIRE

C'est dans la région d'Eu que se marièrent Guillaume le Conquérant et Mathilde de Flandres. En 1821, à la mort de sa mère, le duc d'Orléans (futur Louis-Philippe) hérite du château. En 1830, il est intronisé roi des Français et le château devient résidence royale. C'est ainsi que l'Entente cordiale qui lie la France à l'Angleterre d'une nouvelle amitié sous la monarchie de Juillet est signée à Eu et que Louis-Philippe invite à 2 reprises la reine Victoria (en 1843 et 1845) en témoignage de ces fraternelles relations.

Adresse utile

🛈 *Office de tourisme : pl. Guillaume-le-Conquérant (au pied de la collégiale). ☎ 02-35-86-04-68. ● destination-letreport-mers. fr ● Juil-août, lun-sam 9h30-12h30, 14h-17h30 ; avr-juin et sept,* *mar-sam 10h-12h, 14h-17h ; oct-mars, mer-sam.* Brochures complètes pour des randonnées dans les vallées voisines et *Le Circuit du patrimoine* pour explorer la vieille ville.

Où dormir ? Où manger ?

Camping

⚠ *Camping municipal du Parc du Château :* ☎ 02-35-86-20-04. ● *camping-du-chateau@ville-eu.fr* ● *ville-eu.fr* ● *Emprunter le chemin qui longe le flanc gauche du parc, à l'arrière du château. Ouv avr-oct. Forfaits 10,50-12 € pour 2. 75 empl.* En pleine nature, à l'orée de la forêt du parc du château et en bordure de la rivière : bel environnement pour ce camping familial pas mal équipé. Sanitaires plus tout récents mais soigneusement entretenus.

Bon marché

🛏 ▮●▮ *Auberge de jeunesse, centre des Fontaines :* 1, rue des Fontaines. ☎ 02-35-86-05-03. ● *contact@ centredesfontaines.fr* ● *centredes fontaines.fr* ● *À 10 mn à pied de la gare ferroviaire, au nord-ouest. Congés : vac scol de Noël. Nuitée 18 €/pers ; petit déj 4,90 €. Carte de membre obligatoire (en vente sur place).* Dans les cuisines royales du château voisin : cadre donc plutôt insolite, sous d'imposantes voûtes de brique. Au rez-de-chaussée, 3 grands dortoirs de 11 à 13 lits avec douche et lavabo, et 5 chambres de 5 ou 6 places à l'étage sans ou avec douche privée (et w-c toujours sur le palier). Petit frigo et micro-ondes à disposition. Petit salon TV et 2 pianos pour ceux qui préfèrent Chopin... à la chopine.

🛏 ▮●▮ *Hôtel-bistrot L'Étoile :* 37, bd Thiers. ☎ 02-35-86-14-89. ● *bistro letoile@gmail.com* ● *lebistrodele toile.fr* ● *Resto fermé dim. Doubles 46-60 €. Formules et menus 12,90-14,90 € le midi, 14,90-16,90 € le soir.* À peine excentrée, une petite adresse toute simple aux chambres sobres et bien tenues. Toutes sont équipées d'une douche, mais une chambre a les toilettes sur le palier et, dans les moins onéreuses, la cabine de douche se trouve directement dans la chambre. Les plus chères, quant à elles, sont vraiment

spacieuses. Cuisine familiale au resto. Accueil fort sympathique.

▮●▮ *Restaurant de la Poste :* 5, rue de la Poste. ☎ 02-35-86-10-78. ● *alex.chrishele@orange.fr* ● ♿ *Ouv le midi seulement plus le soir sam. Fermé lun. Congés : 3 dernières sem de juil-1ʳᵉ sem d'août et 1ʳᵉ sem de janv. Formule déj en sem 13,50 € ; menus 21-30 €. Café offert sur présentation du guide de l'année.* Cadre chaleureux pour cette petite adresse pimpante, appréciée des habitués pour sa cuisine classique, simple et bonne. Très bon accueil.

Prix moyens

🛏 *Chambres d'hôtes Le Clos Sainte-Anne :* 6, rue Sainte-Anne. ☎ 02-35-50-75-56. 📱 06-82-94-95-36. ● *evelyneduminil@aol.com* ● *Double 75 €.* Au cœur du centre historique. Derrière l'austère façade de brique se cache une magnifique maison typique du XVIIᵉ s, avec une courette pavée de silex et un jardin superbe, touffu et abondamment fleuri. Dans les étages ou au rez-de-chaussée, 3 charmantes chambres aux couleurs claires, très cosy. La plus chère possède une jolie poutre au beau milieu de l'espace ainsi qu'une grande terrasse privée. Très bel accueil pour couronner le tout.

🛏 *Chambres d'hôtes Manoir de Beaumont :* route de Beaumont. ☎ 02-35-50-91-91. 📱 06-72-80-01-04. ● *catherine@demarquet. eu* ● *demarquet.eu* ● *À env 3 km du centre ; accès par la D 49 ; prendre la route à droite juste avt le panneau d'entrée dans Ponts-et-Marais, puis suivre le fléchage. Doubles 59-70 €. La 3ᵉ nuit avec petit déj offerte sur présentation du guide de l'année pour 2 nuits passées en fév, mars et oct, en sem hors vac scol.* À l'orée de la forêt d'Eu, un ancien relais de chasse au milieu d'un immense parc avec une superbe vue dégagée au fond du jardin, d'où partent un certain nombre de randonnées. Dans l'agréable maison, 3 jolies chambres, spacieuses et confortables, à la déco classique et fleurie. Salon avec cheminée pour se poser en toute quiétude. Enfin, les maîtres des lieux, attentifs et charmants, sont très documentés sur la région et surtout intarissables sur ses sites et son histoire.

À voir

Le château d'Eu – musée Louis-Philippe : *au centre de la ville.* ☎ 02-27-28-20-76 ou 02-35-04-10-14. ● chateau-eu.fr ● *Jardins tlj 7h (10h w-e)-18h. GRATUIT. Musée de mi-mars à mi-nov, tlj sauf mar et ven mat 10h-12h, 14h-18h. Entrée : 5 € ; réduc ; gratuit moins de 6 ans.* Ce château bâti sous Henri de Guise et Catherine de Clèves au XVIe s fut remanié et agrandi une 1re fois au XVIIe s par la cousine de Louis XIV – qu'on appelait alors la Grande Mademoiselle (ça devait faire chic dans les bals de l'époque) –, puis une 2de fois au XIXe s, sous Louis-Philippe, qui en fit une résidence royale. Le château (meublé) abrite aujourd'hui un musée consacré à Louis-Philippe et à la monarchie de Juillet, et la visite permet de découvrir le quotidien des propriétaires successifs, des Guise aux Orléans : la *galerie des Guise,* ancien salon d'apparat somptueusement restauré, avec 46 portraits de collection d'origine de la famille, le grand salon, l'escalier d'honneur, la salle à manger, la salle de bains, la chambre dorée de la Grande Mademoiselle, etc. Au rez-de-chaussée, dans le portique, vitraux dessinés par Viollet-le-Duc, dont ce fut le dernier chantier et dont on peut voir les talents non seulement d'architecte, mais aussi d'ingénieur et de décorateur. En chemin vers les jolis jardins à la française et leur roseraie (qu'on visite en musique !), vous pourrez voir la statue équestre de Ferdinand, duc d'Orléans et fils de Louis-Philippe, mort dans un accident de... calèche !

Le théâtre du Château : ☎ 02-35-50-20-97. *Mer-jeu 14h30-17h30 ; ven 10h-13h, 14h30-17h30. Juil-août, ts ap-m lun-ven. GRATUIT.* Petit théâtre à l'italienne, typique du XIXe s. Toute une atmosphère ! Un lieu qui vit à nouveau depuis 2002 avec de la musique, du cinéma et du théâtre (évidemment !).

La collégiale Notre-Dame-et-Saint-Laurent : *pl. Guillaume-le-Conquérant. Avr-sept, 9h30-12h30, 14h30-17h30 ; oct-mars, 9h30-12h30, 14h-16h30. Fermé dim mat-lun.* Un bâtiment compact et imposant, dans le style caractéristique du gothique primitif. Édifiée aux XIIe et XIIIe s, elle fut profondément remaniée au XIXe s par Viollet-le-Duc. À l'intérieur, la nef, lumineuse et aérienne, l'abside et les chapelles latérales remarquablement meublées méritent que l'on s'y attarde. Beau déambulatoire flamboyant et chaire du XVIIIe s. Ne pas manquer non plus de visiter la crypte du XIIe s.

La chapelle du collège des Jésuites : *rue du Collège. Tte l'année, mar-sam 10h-12h, 14h (14h30 dim)-18h30.* Très marquée par l'église du Gesù à Rome, mère du style baroque romain, la chapelle conserve néanmoins un mélange de styles Renaissance et Louis XIII, avec une façade moins dynamique que son illustre modèle. L'utilisation de la brique n'y est pas étrangère. Elle abrite les monuments funéraires de Henri de Guise et de Catherine de Clèves, sa femme. C'est d'ailleurs elle qui fit élever cette chapelle après l'assassinat de son mari par Henri III. Les 2 mausolées de marbre noir et blanc se font face. Expos temporaires.

Le musée des Traditions verrières : *ruelle Sémichon, quartier Morris, à côté de la salle M.-Audiard.* ☎ 02-35-86-21-91. ● traditions-verrieres.com ● *Avr-sept, mar, sam, dim et j. fériés (ainsi que mer juil-sept) 14h-17h30. En principe, visite guidée à partir de 14h30. Entrée : 5 € ; réduc gratuit moins de 12 ans.* Installé dans d'anciennes écuries de cavalerie du XIXe s (les auges

LE PAYS DE BRAY | 209

sont d'ailleurs toujours en bonne place), ce sympathique musée associatif retrace plus de 6 000 ans d'histoire de la verrerie jusqu'aux machines automatisées d'aujourd'hui, et notamment celles permettant le flaconnage. Au gré des différentes petites sections, vous apprendrez que l'homme a percé très tôt le secret du verre (sable et soude chauffés à 1 400-1 600 °C) et que si les techniques ont sans cesse évolué, le principe est, lui, resté le même, des 1ers fours égyptiens à l'automatisme du XXIe s. Dans une 2e salle, jolie collection de flacons de parfum (des factices et des miniatures). Quelques démonstrations de machines et, ponctuellement, de souffleurs de verre (sur demande, pour les groupes), ainsi que des vidéos sur le sujet.

Manifestations

– *Feu de la Saint-Jean et fête de la Musique :* plus ou moins (!) au moment du solstice d'été.
– *Le Murmure du son :* début juil. Festival de musiques actuelles.

DANS LES ENVIRONS D'EU

Renseignez-vous à l'office de tourisme sur les nombreuses possibilités de randonnées dans la forêt d'Eu (qui abrite les fouilles d'un village gallo-romain au lieu-dit Bois l'Abbé) ainsi que dans les belles vallées de la Bresle et de l'Yères.

🌿 *Le jardin des Sources :* chez Pascal Dumont, hameau de Dragueville, 14, route des Sept-Meules, 76260 **Saint-Martin-le-Gaillard.** ☎ 02-35-50-93-44. ♿ Tlj sauf lun et dim ap-m 9h30-12h, 14h30-18h. GRATUIT. Sur 2 ha, une jolie déambulation au milieu de plusieurs jardins à thème. Également une pépinière, l'activité principale du lieu, produisant entre autres la fameuse poire de Fisée, sévère au premier abord mais délicieuse une fois confite et intégrée dans le pâté aux poires local...

🌿🌿 *Le musée de la Verrerie et le Centre culturel du manoir de Fontaine :* rue du Manoir, 76340 **Blangy-sur-Bresle.** ☎ 02-35-94-44-79. À 22 km au sud-est d'Eu. De mi-mars à fin oct, mer-ven 10h-12h, 14h-18h, sam-lun 14h-18h ; visite guidée avec démonstration du souffleur de verre à 10h30, 14h30, 15h30 et 16h30. Entrée : 6 € ; réduc ; gratuit moins de 6 ans. Fête du Verre le 2e w-e d'août. Assez étonnant ce manoir que la Ville de Blangy a entrepris de restaurer pour y installer plusieurs musées ! Celui de la Verrerie présente toutes les étapes du travail manuel ou semi-automatisé du verre au moyen de petites mises en scène créées à partir de machines et de matériel récupérés dans les entreprises locales. C'est très bien fait et passionnant (surtout si vous pouvez profiter d'une visite guidée). La visite se termine au milieu des vitrines dans lesquelles est exposé un bel échantillon des pièces fabriquées dans la vallée (le musée en possède quelque 1 200, mais elles sont présentées par roulement), et vous ne serez pas sans reconnaître quelques flacons bien connus. Surtout, ne partez pas sans avoir jeté un œil à l'atelier, dans la cour, où travaille le maître verrier (en effet, même en dehors des visites guidées et des démonstrations, on peut l'admirer à l'œuvre).

LE PAYS DE BRAY

Situé dans le nord-est du département, le pays de Bray couvre les vallées de la Béthune, de l'Andelle et de l'Epte, et ses principales bourgades sont

Neufchâtel-en-Bray, Forges-les-Eaux et Gournay-en-Bray. À cheval sur 2 départements (Seine-Maritime et Oise), il offre une singulière diversité de paysages, résultant d'un affaissement crayeux du bassin sédimentaire parisien. Cette cuvette, peu perméable car composée d'argile et de sable, forme une zone humide, classée Zone Natura 2000 faite de vallons souriants, de dépressions abruptes, de bocages paisibles, de bouquets d'arbres touffus sortis de nulle part, tout cela favorisé par cet étrange mélange du sous-sol. La vache normande s'y plaît particulièrement et son lait crémeux a donné naissance à 2 produits fameux : le neufchâtel et le petit-suisse.

Ce beau pays est aussi traversé par l'Avenue Verte London-Paris, paradis pour les cyclistes. De Forges-les-Eaux à Arques-la-Bataille (en périphérie de Dieppe), celle-ci a l'avantage d'être uniquement dédiée aux vélos. Aménagée sur l'ancienne voie de chemin de fer Paris-Dieppe, elle est ponctuée de plusieurs étapes sympathiques, aussi bien gourmandes que culturelles.

À ceux qui, au vélo, préféreraient la voiture, il suffit de se procurer dans un office de tourisme le fascicule de la route des Paysages : de beaux points de vue en beaux points de vue, avec à chaque fois une table d'orientation, elle vous amène à découvrir autrement ce coin injustement méconnu.

LA GRANDE HISTOIRE DU PETIT-SUISSE

C'est dans le pays de Bray, tout près de Gournay-en-Bray, à Villers-sur-Auchy, qu'au milieu du XIXe s une gentille fermière eut l'idée d'ajouter de la crème fraîche au caillé. Comme ce nom ne l'indique pas, ce procédé est normand et non pas suisse ! La confusion vient d'un employé qui était effectivement suisse. Charles Gervais décida de produire industriellement ces petits délices, entourés de papier pour bien maîtriser l'humidité.

NEUFCHÂTEL-EN-BRAY

(76270)   4 965 hab.   *Carte Seine-Maritime, C2*

Une gentille bourgade avec son lot de petits immeubles d'après guerre, construits après les bombardements de 1940, qui ont récemment valu au centre-ville d'être classé « Patrimoine du XXe siècle ». Rien de véritablement palpitant toutefois, à part l'église, le sympathique Musée municipal… et, bien sûr, le neufchâtel, célèbre fromage dont la ville est le berceau.

LE FROMAGE DE NEUFCHÂTEL

Le plus ancien des fromages normands est né au début du XIe s. Eh oui ! 1 000 ans quand même, mais les bons fromages se conservent longtemps. Tout comme ses collègues livarot, camembert et pont-l'évêque, le neufchâtel bénéficie d'une AOP et ne peut donc être fabriqué que dans un rayon d'environ 30 km autour de Neufchâtel. En revanche, il existe sous différentes formes, même si celle du cœur est la plus connue. On dit qu'au Moyen Âge les jeunes filles de la région exprimaient leurs sentiments aux soldats anglais venus batailler dans le coin en le leur offrant… Mais méfiez-vous : sous son allure de tendre, ce fromage au lait de vache peut se révéler relativement puissant.

NEUFCHÂTEL-EN-BRAY | **211**

Adresse et info utiles

ℹ️ Office de tourisme : 6, pl. Notre-Dame. ☎ 02-35-93-22-96. ● ot-pays-neufchatelois.fr ● Face à l'entrée de l'église. 15 juin-15 sept, mar-sam 9h30-12h30, 13h30-18h, dim 10h-13h ; le reste de l'année, mar et ven 14h-17h, jeu et sam 10h-12h, 14h-17h. Propose divers circuits cyclotouristiques pour partir à la découverte de petits producteurs, ainsi que des itinéraires pédestres.

– Marchés : sam mat. Dans la halle au beurre pour les produits fermiers. Autres bons marchés à **Gournay-en-Bray,** mar mat (le plus important, avec un marché aux volailles) et ven mat.

Où dormir ? Où manger ?

⛺ Camping Sainte-Claire : 19, rue la Grande-Flandre. ☎ 02-35-93-03-93. ● fancelot@wanadoo.fr ● camping-sainte-claire.com ● Accès par la D 1 en direction de Dieppe. Ouv d'avr à mi-oct. Compter 13 € pour 2 avec tente et voiture. 100 empl. À l'écart du centre-ville mais juste au bord de l'Avenue Verte London-Paris, un camping bien tenu, tranquille, au cadre verdoyant agréable. Dans une maison de brique rouge, les sanitaires et, en saison, la brasserie dotée d'une jolie terrasse.

🛏️ ●I●I ⬆️ Côme Inn : 9, Grande-Rue-Fausse-Porte. ☎ 02-35-93-00-02. ● comeinn.fr ● Resto midi et soir tlj sauf sam-dim (réserver !). Doubles 68-75 € ; familiales. Petit déj 8,50 € (d'un très bon rapport qualité-prix). Menus 17,50-23 €. Un coup de cœur ! Côme Lefrançois, après un séjour dans de grandes maisons londoniennes, est revenu au bercail. Il a repris Le Grand Cerf, une adresse historique à Neufchâtel. Débaptisé, rénové, il a gardé sa patine et son charme intemporel malgré une déco résolument contemporaine. Les chambres rénovées ou rafraîchies selon les cas, au confort simple, sont gaies, lumineuses et agréables. Le resto, convivial et informel, est la raison d'être du projet. Le chef et son équipe ne travaillent que des produits frais, locaux et de saison. Cuisine bistronomique franchement réjouissante, tout à la fois créative, copieuse et savoureuse. La carte, courte, est renouvelée quasiment tous les jours et de nombreux habitués en ont déjà fait leur cantine. Petit bar cosy, so british. So, welcome in !

🛏️ Chambres d'hôtes Le Cellier du Val Boury : 3, rue du Val-Boury. ☎ 02-35-93-26-95. ● xv.lefrancois@ gmail.com ● cellier-val-boury.com ● En haut de la rue principale (fléché). Tte l'année. Doubles env 70-85 €. Quelle surprise de découvrir, à deux pas du centre, cette ancienne ferme de caractère du XVIIe s (annexe du château voisin) devant laquelle s'étend une cour verdoyante délicieusement fleurie ! Au total, 5 chambres réparties dans 2 maisonnettes. Toutes sont mansardées et accueillantes, mais les plus onéreuses se révèlent un peu plus élégantes. Quelques chambres familiales également vraiment spacieuses. Seul inconvénient : il n'est pas rare, le week-end, que les chambres soient occupées par les gens ayant loué la salle de réception voisine.

🛏️ ●I●I ⬆️ Les Airelles : 2, passage Michu. ☎ 02-35-93-14-60. ● les-airelles-sarl@wanadoo.fr ● les-airelles-neufchatel.com ● Face à la pl. Notre-Dame. Resto fermé lun midi, plus dim soir et mar midi hors saison. Doubles 65-72 €. Menus 17 € (sauf le soir ven-sam et dim), puis 26-45 € ; carte env 50 €. Apéritif offert sur présentation du guide de l'année. Un établissement à la façade élégante et fleurie qui évoque davantage une maison particulière cossue construite après guerre qu'un hôtel ! Chambres doucement rénovées dans un style sans réelle surprise. Côté restauration, une cuisine traditionnelle qui se défend fort bien : filet de canard sauce au miel et gingembre, nems au chocolat, caramel au beurre salé... À déguster dans un cadre soigné, sage et élégant. Bref, vraiment une maison sérieuse. Aux beaux jours, délicieuse terrasse sur le devant.

LA SEINE-MARITIME

212 | **LA SEINE-MARITIME / LE PAYS DE BRAY**

LA SEINE-MARITIME

|●| 🍴 ☂ 🏃 *Les Tables de la Gare* : *rue de la Gare.* ☎ 02-35-94-83-04. ● *creperie-delagare@orange.fr* ● *Tlj sauf lun-mar 12h-21h30 (18h30 dim). Carte 10-15 €.* Au bord de l'Avenue verte, un lieu sympathique proposant quelques crêpes et galettes, mais aussi de bons desserts de la ferme (riz au lait, flan, yaourt ou tarte du jour). En résumé, l'endroit parfait pour requinquer des mollets un peu ramollis. Belle terrasse donnant sur la piste cyclable. Vente de produits fermiers sur place.

Où manger ?
Où faire une pause dans les environs ?

|●| 🏃 *Le Relais du Lion d'Or* : *4, rue du Général-de-Gaulle, 76660* **Londinières.** ☎ 02-35-93-81-31. ● *relaisduliondor@orange.fr* ● *relaisduliondor.com* ● *À 15 km au nord de Neufchâtel. Fermé mar et le soir lun et mer. Congés : 2 sem en janv, et 10 j. de début à mi-juil. Formule déj en sem 14,90 € ; autres menus 22-38,50 €.* Aisément repérable à sa façade à colombages et à son néon rose qui s'illumine en soirée, voici une sympathique petite adresse en dehors des grandes artères touristiques, dont on apprécie la cuisine généreuse, personnelle et joliment présentée. Intérieur rustique avec cheminée et cuivres rutilants aux murs. Le genre d'endroit aussi bien adapté à un repas en tête à tête que pour une tablée plus importante. Accueil à l'image des lieux : simple, pro et agréable.

|●| 🍸 *Au Quai Gourmand* : *409, route de Saint-Saire, 76270* **Nesle-Hodeng.** ☎ 02-35-93-49-14. ● *auquaigourmand@gmail.com* ● *À env 7 km au sud de Neufchâtel. Mer-dim. Formules déj 13,50-18 € ; carte 20-25 €. Apéritif maison ou une bouteille de cidre ou de jus de pomme offert sur présentation du guide de l'année.* Une de ces anciennes gares le long de l'Avenue Verte London-Paris joliment réinvestie par ce café de pays à l'intérieur lumineux et pimpant, avec livres et magazines à disposition. La petite ardoise change tous les jours, mais le principe reste le même : une bonne cuisine maison préparée à base de produits frais. Bien aussi pour une petite pause en journée. Également une chambre familiale (6 pers) pour ceux qui souhaiteraient prolonger l'escale.

À voir

🦅 *L'église Notre-Dame* : *tlj 8h30-12h15, 13h30-18h30.* En grande partie détruite pendant la guerre, elle a été ensuite complètement restaurée. On pénètre par un clocher-porche de style gothique flamboyant. Nef du XVIe s, surtout intéressante pour les chapiteaux Renaissance des piliers du bas-côté gauche. Chœur plus ancien (XIIIe s). Dans le bras droit du transept, Mise au tombeau en pierre sculptée polychrome du XVe s, surmontée d'un dais Renaissance.

🦅 *Le musée municipal Mathon-Durand* : *rue Saint-Pierre.* ☎ 02-35-93-06-55. *De mi-juin à mi-sept, mar-dim 14h-18h ; d'avr à mi-juin et de mi-sept à oct, w-e seulement. Entrée : 4 € ; réduc ; gratuit moins de 6 ans.* Jolie maison bourgeoise à colombages du XVIe s que l'on visite de la cave (où est, évidemment, évoqué le fromage local) au grenier (maquette sonorisée représentant le Neufchâtel médiéval). Entre les 2, les étages passent en revue le mobilier normand, les guerres mondiales, le fer forgé, les outils liés au travail de la terre, des poteries de Martincamp, de la faïence de Forges-les-Eaux, avec quelques curiosités comme ce matériel d'arracheur de dents.

Fête et manifestation

– **Fête du Fromage** : *3e dim de sept, pdt les Journées du patrimoine.*
– **Foire Saint-Martin** : *2e dim de nov.*

DANS LES ENVIRONS DE NEUFCHÂTEL-EN-BRAY

🏃 **Le site de V1 de Val Ygot :** *vers **Ardouval**, à 14 km à l'est de Neufchâtel. Accès libre et gratuit. Visite guidée avr-sept (rens ● valygot@gmail.com ● facebook.com/assvya ●). Au cœur de la forêt d'Eawy, ce sous-bois abrite les nombreux vestiges d'une base de lancement de V1 allemands n'ayant (heureusement) jamais été utilisée car bombardée à partir de Noël 1943. Un parcours mène aux différents points d'intérêt avec, à chaque fois, un bref panneau explicatif.*
*– Pour accéder au site, pourquoi ne pas passer par **Mesnières-en-Bray** et admirer son superbe **château Renaissance** ? Lui et son beau parc se visitent en été (mais durant l'année scolaire, c'est un collège-lycée bouillonnant de vie !).*

FORGES-LES-EAUX

(76440)   4 254 hab.   *Carte Seine-Maritime, D2*

Si aujourd'hui Forges-les-Eaux doit surtout sa notoriété à son casino qui, après celui d'Enghien, reste le plus proche de la capitale, elle fut d'abord connue pour sa faïence et, surtout, pour ses eaux ferrugineuses (et c'est d'ailleurs afin d'occuper les curistes que le casino fut ouvert au XIXe s). En 1633, c'est Louis XIII qui vint y faire une cure, accompagné d'Anne d'Autriche et de Richelieu. Par la suite, ce fut la Grande Mademoiselle (mademoiselle de Montpensier, nièce de Louis XIII) qui fréquenta la station thermale, entraînant dans son sillage la cour et la haute bourgeoisie.
Avouons qu'aujourd'hui il est un peu difficile d'imaginer que cette petite ville, certes pas vilaine, ait pu être le centre de l'agitation mondaine...

UN PEU D'HISTOIRE

Aux XVe et XVIe s, Forges-les-Eaux vivait du fer extrait de son sol (d'où le nom de Forges). Ce n'est qu'après l'épuisement de ses gisements qu'elle a commencé à exploiter les vertus thérapeutiques de ses eaux ferrugineuses.

Adresse et info utiles

🅸 **Office de tourisme :** *rue Albert-Bochet, à côté de la mairie. ☎ 02-35-90-52-10. ● contact@forgesleseaux-tourisme.com ● forgesleseaux-tourisme.fr ● Avr-sept, lun-sam 9h30-12h30, 14h-18h, dim et j. fériés (à partir de mai)* *9h-13h ; oct-mars, mar-sam 9h30-12h30, 14h-17h. Vidéo sur l'histoire de la station thermale et visites guidées (également un rallye familial).*
*– **Marchés :** jeu et dim. **Marché aux bestiaux** jeu (à partir de 7h).*

Où dormir ? Où manger ?

**De prix moyens
à plus chic**

🏠 🍽️ **Hôtel La Paix :** *15, rue de Neufchâtel. ☎ 02-35-90-51-22. ● contact@hotellapaix.fr ● hotellapaix.fr ● ♿ Resto fermé lun midi (plus dim soir hors saison). Double 67 €. Formules déj en sem* *14,70 € ; autres menus 19,50-40,50 €. Parking. Un établissement certes classique et pas vraiment glamour, mais ce qu'il fait, il le fait sérieusement. Chambres simples et bien tenues. Côté resto, ambiance et cuisine plutôt traditionnelles, sans esbroufe, mais qui se tient et met les produits du terroir brayon en avant. Accueil pro et très agréable.*

214 | **LA SEINE-MARITIME / LE PAYS DE BRAY**

🏨 *Hôtel Continental :* *110, av. des Sources.* ☎ *02-32-89-50-50.* ● *hotellecontinental@partouche.com* ● *domainedeforges.com* ● ♿ *Face au casino. Doubles 67-71 €.* Imposante demeure rose à colombages, aux chambres globalement spacieuses. Déco très sobre et plutôt standard, mais ensemble vraiment confortable. Bien que le cadre ne le soit pas, l'ambiance un brin surannée rappelle les anciens hôtels de casino. Accueil d'un strict professionnalisme.

🍴 *Le 235 :* *29, rue de la République.* ☎ *02-35-90-52-67.* ● *le235@free.fr* ● *Ouv jeu-dim. Formule et menu 25 € (29,90 € avec fromage et dessert !). Résa obligatoire !* La bonne table bistronomique de Forges. Si la cuisine n'est pas franchement brayonne, le chef mise sur la fraîcheur de ses produits et de ses recettes tout à la fois simples, créatives, gourmandes et légères : gambas frits, burger, *fish & chips,* brochettes de bœuf revisitées... Le menu change très régulièrement, ce qui a pour effet de fidéliser une clientèle d'habitués qui se retrouve ici au coude à coude dans un joyeux brouhaha.

Où dormir dans les environs ?

🏠 ⌂ *Chambres d'hôtes Le Coq à l'Âne :* *1974, route de la Côte-du-Bastringue, 76440* **Beaubec-la-Rosière.** ☎ *02-35-09-17-91.* ● *stebbal@orange. fr* ● *lecoqalane.fr* ● *À 5 km au nord de Forges-les-Eaux. Double 60 €. Gîte 5 pers.* En pleine campagne, dans une petite bâtisse accolée à la maison des propriétaires, avec entrée et salon indépendant. 2 chambres chaleureuses où matériaux traditionnels et naturels, couleurs vives et clins d'œil plus contemporains font bon ménage. Petit déj bio. Coup de cœur aussi pour le gîte 5 personnes, où l'absence de réel salon est compensée par la grande terrasse abritée et le charme de ce beau nid confortable. Propose aussi des balades avec des ânes. Accueil charmant.

🏠 *Chambres d'hôtes La Ferme de Bray :* *281, chemin de Bray, 76440* **Sommery.** ☎ *02-35-90-57-27.* 📱 *07-67-69-64-30.* ● *fermedebray@orange.fr* ● *ferme.de.bray.free.fr* ● *À 6 km de Forges sur la route de Dieppe. Tte l'année. Double 60 €. Réduc de 10 % sur la 2e nuitée sur présentation du guide de l'année.* Depuis les années 1960, Patrice retape avec amour la ferme de son enfance et de ses aïeux, demeure familiale depuis le XVIIe s ! Magnifique ensemble de bâtiments plusieurs fois centenaires. Les 5 chambres restent vraiment dans leur jus avec vieilles tommettes, moulures, belles cheminées, mobilier de famille. Cuisine à disposition. La ferme, ouverte au public pendant la journée, redevient très calme à partir de 18h.

🍴 ⌂ *Le Relais du Bec Fin :* *1090, route de la Cavée, 76440* **Sommery.** ☎ *02-35-09-61-30. Ouv ts les midis sauf mer, plus le soir ven-sam ; en été, ouv tlj sauf mar soir, mer et jeu soir. Le midi en sem, formule 14 €, menus 18,50 € (sauf w-e)-36 €.* Posé sur le bord de la route, un restaurant réputé où les locaux ont plaisir à s'arrêter, alléchés par la cuisine traditionnelle et le bon rapport qualité-prix. Tout est fait maison, jusqu'au pain : tartare de langue de bœuf, biscuit de saint-jacques, maquereau mariné, tête de veau... Bref, de bons petits plats de terroir et de saison ravivés par la petite touche personnelle du chef qui ose certaines associations originales.

À voir

🚶 Dans le joli parc de l'hôtel de ville, après être passé sous la voûte, voir ce qui reste de l'*oratoire d'Anne d'Autriche* et, juste en face, la maison de ses gardes.

🚶 *Le musée des Maquettes hippomobiles :* *dans le parc de l'hôtel de ville.* ☎ *02-35-90-78-71.* ♿ *Mai-sept, ven-sam 14h-17h, dim 14h30-18h. Entrée :*

LE PAYS ENTRE SEINE ET BRAY | **215**

3 € ; réduc ; gratuit moins de 6 ans. Petit musée composé d'une centaine de maquettes d'engins hippomobiles, machines agricoles ou moyens de transport de la fin du XIXe s, dans un décor qui restitue les paysages du pays de Bray. Également une collection de poupées historiques représentant la venue de Louis XIII à Forges-les-Eaux en 1633....

🏃 *La collection de faïences de Forges :* hôtel de ville. ☎ 02-35-90-52-10. *Dans la salle des mariages de la mairie. Mar-ven, seulement sur résa à l'office de tourisme. Entrée : 2,50 € ; réduc.* C'est George Wood, d'origine anglaise, qui installa la 1re faïencerie à Forges en 1797. Belle collection de 250 pièces du XVIIIe au XIXe s. Certaines sont réalisées avec de l'argile blanche dite *faïence fine,* d'autres avec de l'argile rouge dite *faïence épaisse* ou « culs noirs ». Le sujet des motifs varie selon l'argile utilisée. Là aussi, il y avait une distinction entre les riches et les pauvres ! Pour les connaisseurs.

🏃🏃 *Le musée de la Résistance et de la Déportation :* rue du Maréchal-Leclerc. ☎ 02-35-90-64-07. ♿ *(rdc). Oct-mars, mar-sam ; avr-sept, mer-dim, 14h-18h. Entrée : env 5 € ; réduc.* Beaucoup d'objets et de documents consacrés à la Seconde Guerre mondiale, à la Résistance et à la déportation : armes, tenues d'époque, postes à galène, matériel de sabotage et une galerie d'images éprouvantes susceptibles de choquer les enfants.

Fêtes et manifestations

– *Juillet en fête :* ts les w-e de juil. Festival de marionnettes, fête du Cheval, rassemblement de voitures anciennes et concours de chant.
– *Fête brévière :* 1er w-e d'oct. La grande foire annuelle de Forges.
– *Fête du Cidre :* 1er w-e des vac de la Toussaint. Pour marquer le début du pressage traditionnel et déguster les premiers jus.

DANS LES ENVIRONS DE FORGES-LES-EAUX

🏃🏃 🧍 *La Ferme de Bray :* à *Sommery.* ☎ 02-35-90-57-27. ● ferme. de.bray.free.fr ● *À 6 km de Forges sur la route de Dieppe ; la ferme est à 2 km à gauche avt Sommery. Pâques-Toussaint, w-e et j. fériés (tlj juil-août) 14h-18h. Entrée : 6 € ; gratuit moins de 12 ans. Fait aussi chambres d'hôtes (voir « Où dormir dans les environs ? »).* Autour du manoir du XVIIe s s'ordonne un magnifique ensemble de bâtiments. Depuis le moulin à eau part une petite rue pavée d'époque, où le proprio a réaménagé la laiterie, la buanderie et la cuisine du meunier. Ne pas manquer non plus le pressoir à cidre du XVIIe s avec sa tour à piler encore en état de marche, son cellier, sa cave et sa salle d'infos où l'on apprend tout sur la fabrication du breuvage. La petite exposition « Une vie à Sommery » est, quant à elle, assez émouvante. Les enfants pourront, en outre, pêcher la truite d'élevage dans l'un des étangs ou s'essayer au minigolf *(payants).*

LE PAYS ENTRE SEINE ET BRAY

Ce petit coin de Seine-Maritime méconnu, aux portes de Rouen, enclavé entre le pays de Bray, le pays de Caux et la forêt de Lyons dans l'Eure, présente de multiples facettes. Il est, certes, traversé par les autoroutes, mais les plaines agricoles y alternent aussi avec de très jolis paysages de bocages, de bois et des vallons riants cachant quelques très jolis petits villages.

RY

(76116) — 800 hab. — *Carte Seine-Maritime, C3*

Cet adorable village serait le lieu où se déroula l'aventure immortalisée par Gustave Flaubert dans *Madame Bovary*, sous le nom de Yonville-l'Abbaye. L'écrivain s'inspira de l'histoire vraie de Delphine Couturier, née en 1822, qui épousa à 17 ans Eugène Delamare, un médecin triste à mourir, alors qu'elle ne rêvait que de Paris et d'amour. Elle prit un amant et se mit à dépenser énormément. Quand elle comprit qu'elle avait ruiné son mari, elle préféra se suicider, à 27 ans. La rue principale de Ry évoque tout à fait celle de Yonville, bordée de jolies maisons normandes. Belle perspective sur la vallée du Crevon et sur le bourg de la route d'Elbeuf-sur-Andelle.

LE SCANDALE BOVARY

En 1856, Madame Bovary *fut publié en 6 épisodes dans la* Revue de Paris, *qui agaçait le régime impérial. Afin de faire couler le journal, un procès lui fut intenté pour atteinte aux bonnes mœurs et à la religion. Ce procès, gagné par Flaubert, contribua au succès inouï du roman paru en librairie l'année suivante.*

Adresse et info utiles

🛈 Office de tourisme : *pl. Flaubert.* ☎ 02-35-23-19-90. ● *contact@ normandie-caux-vexin.com ● normandie-caux-vexin.com ● Ouv mer ap-m et sam mat ; plus en mai-juin et sept-oct, mer mat, ven ap-m et sam mat , et en juil-août, mer mat, jeu ap-m, ven et sam mat.* Bonne documentation générale. Brochures sur les randonnées et les promenades à faire dans le village et les vallées romantiques des alentours, dont les circuits « Sur les pas d'Emma Bovary ». Également une boutique.
– *Vente de produits fermiers :* *lun à* **Buchy** *(à 14 km au nord de Ry), dans les superbes halles du XVIIe s ; sam mat à Ry.*

Où dormir ?
Où manger à Ry et dans les environs ?

🛏 ↑ Chambres d'hôtes Le Jardin de l'Ancienne Abbaye : *707, rue de l'Ancienne-Abbaye, hameau de Salmonville, 76116* **Servaville-Salmonville.** ☎ 02-35-34-07-62. 📱 06-82-73-29-66. ● *patrick.mille5@wanadoo.fr ● jardin. abbaye.free.fr ● À 6 km à l'ouest de Ry (fléché). Double 65 €.* Dans un superbe parc fleuri entretenu par un couple de paysagistes, 2 chambres d'hôtes aménagées dans un bâtiment à colombages indépendant de la résidence des proprios. Joli mobilier, cuisine équipée commune, et une suite familiale en duplex. Belle terrasse pour le petit déjeuner. Un lieu plein de charme et très calme.

🛏 ❙◉❙ Chambre d'hôtes Une Partie de Campagne : *878, route d'Héronchelles, 76750* **Bois-Guilbert.** ☎ 02-35-79-83-71. ● *unepartiedecampagnebio@gmail. com ● chambresdhotes-normandie. fr ● Double 75 €. Dîner 25 €.* Poser ses bagages dans cette belle maison de brique nichée dans un très beau coin de nature avec chats joueurs et moutons tondeurs, c'est entrer dans le monde de Marie et Christophe Guichard. Attention, il est bien difficile, ensuite, de le quitter ! Ici, on prend le temps de vous recevoir, de vous accueillir et de vous concocter des repas uniquement végétariens à base de produits bio et principalement du jardin. Des hôtes qui aiment à partager leur passion, que ce soit le jardin pour l'un ou les cours de couture ou de tricot pour l'autre.

🏠 **Chambres d'hôtes Graines de Fée au Pays du Lin :** *6, route de Blainville, à Ry.* 📱 *06-68-68-62-60.* ● *bonjour@ tanteyvonne.com* ● *tanteyvonne.com* ● ♿ *Double 70 €. Café offert sur présentation du guide de l'année plus une démonstration et initiation à la dentelle « la frivolité ».* Au rez-de-chaussée, le magasin de broderie. Dans les étages, 2 chambres ; la moins chère, sous les toits, n'est vraiment pas bien grande mais reste coquette. Au rez-de-chaussée, avec une entrée différente et indépendante, un petit studio pouvant accueillir 3 personnes. Partout une déco pimpante et printanière. Et la vraie valeur ajoutée : l'accueil de Muriel, qui aime recevoir.

🏠 **Chambres d'hôtes Sur le Chemin d'Emma Bovary :** *271, route de la Huchette, hameau de Villers, 76116* **Saint-Denis-le-Thibout.** 📱 *06-33-50-46-09.* ● *sylviepoidevinv76@gmail.com* ● *À env 3 km au sud-est de Ry.*

Congés : 15 nov-15 mars. Double 70 €. Dans une maison à colombages trônant au milieu de son jardin fleuri, des chambres idéales pour les familles ou si vous voyagez à plusieurs. Sous les toits, la suite possède un très grand salon pouvant accueillir un certain nombre de personnes ; en revanche, la baignoire et le lavabo se trouvent directement dans la chambre. À l'étage inférieur, 2 autres jolies chambres lumineuses se partagent la salle de bains.

🍽 🌳 **Auberge Bucheoise :** *110, Grande-Rue, 76750* **Buchy.** ☎ *02-35-34-41-22. À 14 km au nord de Ry. Fermé mar soir, mer et dim soir. Congés : août. Formule déj en sem 13,90 € ; menus 18,90 € (sauf sam soir, dim midi et j. fériés), puis 32,90-42,70 €.* Bonne cuisine de terroir mais avec des idées d'aujourd'hui. Petite salle à l'ambiance plutôt feutrée et à la déco élégante, mais les tables sont un peu trop collées-serrées. Et la terrasse dans la cour-parking manque un peu de charme... Service très présent, sinon.

À voir

🎭🎭 **L'église Saint-Sulpice :** édifiée du XIIe au XVIe s. Elle possède une pièce unique : un porche en bois sculpté Renaissance, le plus beau de Normandie. Poutres et panneaux sont décorés de motifs sculptés en arabesque. Sous le porche, magnifique charpente en forme de carène de navire renversée, ornée d'anges et d'emblèmes des évangélistes. À l'intérieur, nombreuses statues anciennes. Chaire et autel du XVIIIe s aux panneaux sculptés.

DANS LES ENVIRONS DE RY

🎭🎭 **Le Jardin des sculptures, château de Bois-Guilbert :** *1108, route d'Héronchelles, à* **Bois-Guilbert.** ☎ *02-35-34-86-56.* ● *lejardindesculptures. com* ● *À 15 km de Forges-les-Eaux. D'avr à nov, mer-dim et j. fériés, tlj juil-août, vac scol Printemps zone B 10h-13h, 14h-18h et Toussaint 14h-18h. Entrée : 8 € ; réduc ; gratuit moins de 6 ans.* Dans un parc de 7 ha qui entoure un beau château du XVIIIe s, Jean-Marc de Pas, sculpteur et paysagiste, a laissé libre cours à son imagination et à sa créativité pour aménager ce jardin jadis fréquenté par des personnages illustres tels que Pierre Corneille. Un espace de respiration, de contemplation et de méditation, qui résonne comme un hymne à la nature et à l'art. Plus de 70 œuvres contemporaines de belle facture, mises en scène de manière poétique, jalonnent le parc. Différents espaces symboliques : la mare et son île, le cloître des 4 saisons, le labyrinthe de buis, le pavillon et la chapelle, ces 2 derniers datant du XVIIe s... Y sont organisés une biennale de sculpture et des expos dans la galerie d'art au rez-de-chaussée du château, des stages et des animations.

218 | **LA SEINE-MARITIME / LE PAYS ENTRE SEINE ET BRAY**

🏉🏉 ⊛ *La ferme-brasserie La Chapelle :* 76780 *La Chapelle-Saint-Ouen.*
☎ 02-35-09-21-54. ● northmaen.com ● ♿ *À 14 km au nord-est de Ry. Chemin d'accès sur la droite, juste après la mairie. Visite et dégustation gratuites sam à 15h30 ; durée : 45 mn. Brasserie ouv pour la vente lun-ven 9h-12h, 14h-18h, sam 10h-12h. Organise aussi la fête des Vikings, regroupant plus de 3 000 pers un w-e de juin (combats à l'épée, concerts et ripaille de sanglier et de cervoise !).* Voici un brasseur qui fait une bière normande selon le procédé de la recette viking : brassage par infusion, fermentation en cuves ouvertes, filtration sur branches... Il cultive lui-même son orge et produit près de 4 000 l par jour. Distille également un whisky (testé et approuvé par votre fidèle serviteur !) : le *Thor Boyo.*

🏃 *Le jardin Plume :* le Thil, 76116 **Auzouville-sur-Ry.** ☎ 02-35-23-00-01. ● lejar dinplume.com ● *À 5 km au sud de Ry. À la sortie du bourg, direction Perruel. Mai-oct, mer-dim 14h-18h, plus 10h-12h mer et sam. Entrée : 9,50 € ; réduc ; gratuit moins de 10 ans.* Très beau jardin créé par des pépiniéristes, où l'on déambule parmi une grande variété de plantes vivaces et aromatiques, de graminées et de clématites. Un lieu romantique à souhait où l'on a aménagé de petits espaces enfouis dans la végétation, pour souffler, contempler, rêvasser... Les spécialistes de l'horticulture s'y retrouvent le dernier week-end de juin pour les *Plumes d'été (entrée : 2 €).*

🏃 *Blainville-Crevon :* à 6 km de Ry. Un village digne d'intérêt, avec l'ancienne collégiale Saint-Michel, du XVe s, de style gothique flamboyant. Portail avec porche surmonté d'une rosace derrière une balustre. Sur le côté, belles fenêtres à meneaux et un autre petit porche de style flamboyant. À l'intérieur, une grande statue en bois de l'archange saint Michel terrassant le dragon et une quarantaine de stalles sculptées du XVe s. Dans le chevet, quelques vitraux très anciens. C'est ici que la véritable Emma (Bovary) se maria en 1839. Sur le côté gauche de l'église, la maison d'enfance de Marcel Duchamp, dont le père était le notaire de Blainville-Crevon. Enfin, dominant le village, on peut jeter un coup d'œil aux ruines du *château de Blainville (route de Buchy ; ● chateau-blainville-76.com ● ; visite seulement pour les groupes, mais visible de l'extérieur),* château féodal du XIe s, d'abord forteresse puis demeure de grands seigneurs jusqu'à la Révolution, où il fut abandonné. Oublié pendant 2 siècles, il resta enseveli sous les ronces jusqu'en 1967, année à partir de laquelle plus de 1 000 bénévoles se sont relayés pour le faire ressortir de terre. Depuis 1977, le site accueille aussi chaque année en juin le festival *Archéo-jazz (● archeojazz.com ●),* qui a vu passer Dee Dee Bridgewater, Manu Dibango, Cesaria Evora, Stéphane Grappelli, Dizzy Gillespie, Claude Nougaro, Michel Petrucciani, Archie Shepp, Ayo et bien d'autres.

🏉🏉🏉 🚶 *Le château de Martainville :* à 3,5 km de Ry, sur la route de Rouen. Bâti en 1485 comme résidence secondaire par Jacques Le Pelletier, un armateur rouennais en quête de reconnaissance sociale. Le château possède un charme indéniable, avec ses dimensions modestes et son emplacement au milieu d'une cour fermée de bâtiments, à côté d'un remarquable colombier du XVIe s. Son architecture, marquée par le modèle médiéval du château fort à tours d'angle, se situe au croisement de l'art gothique (fenêtres de la chapelle), du monde flamand (utilisation de la brique, décors du porche, souches de cheminées extérieures) et de la Renaissance (plan intérieur, souci du confort). Malgré les guerres et les modes, il fut assez peu modifié dans son ensemble.
– *Le musée des Traditions et Arts normands :* à l'intérieur du château. ☎ 02-35-23-44-70. ● chateaudemartainville.fr ● ♿ (rdc). Tlj sauf mar, dim mat et certains j. fériés 10h-12h30, 14h-18h (17h oct-mars). Entrée avec audioguide : 5 € ; réduc ; gratuit moins de 26 ans. Animations enfants payantes. On y présente, au rez-de-chaussée et au 1er étage, dans de somptueuses salles reconstituées (cuisine, salle à manger, laiterie, cellule de couvent...), l'évolution du mobilier normand et des objets de la vie quotidienne du XVe au XIXe s : beaucoup de superbes armoires, de coffres, de buffets et de dressoirs. Au 2e étage : mobilier de ferme présenté

par pays normands, de la poterie de Martincamp, des costumes, de la verrerie de la vallée de la Bresle, de la faïence de Forges-les-Eaux... Au 3e étage, salles présentant le costume normand, l'histoire du textile et une dernière salle dédiée aux instruments de musique régionaux (voir la collection de lutherie miniature de 160 pièces !). Également des expos temporaires et une salle audiovisuelle. Dans les communs, collections de matériel agricole, le four à pain et la charreterie. Un lieu à l'atmosphère particulière, avec de bonnes odeurs de cire... À l'extérieur, jardin d'inspiration Renaissance.

CLÈRES (76690) 1 360 hab. *Carte Seine-Maritime, C2*

LA SEINE-MARITIME

Une petite ville agréable, où tout semble organisé autour du château Renaissance entouré de son beau et étonnant parc animalier qui draine les foules en saison.

Adresse utile

🛈 *Office de tourisme :* 59, av. du Parc. ☎ 02-35-23-19-90. ● contact@ normandie-caux-vexin.com ● normandie-caux-vexin.com ● Mai-juin et sept-oct, mer et sam ; juil-août, tlj ; janv-avr et nov-déc, mer ap-m et 1 sam ap-m sur 2.

Où dormir ? Où manger dans les environs ?

Bon marché

|●| *Le Bouche à Oreille :* 28, pl. de la République, 76710 **Montville.** ☎ 02-35-33-57-57. ● le.bouche.a.o reille.76710@bbox.fr ● À 7 km au sud de Clères. Fermé ts les soirs (sauf résa ven-sam) et dim. Téléphoner avant. *Formules et menus 12,90-19,90 € (+ 2,50 € le soir).* Joli et accueillant petit café-brasserie à la déco de briques et de tôles ondulées. Au menu : une bonne cuisine du marché, à base de produits locaux.

De chic à plus chic

🛏 |●| *Au Souper Fin :* 1, route de Clères, 76690 **Frichemesnil.** ☎ 02-35-33-33-88. ● contact@sou perfin.fr ● souperfin.fr ● À 4 km au nord de Clères. Fermé dim soir et mer-jeu. *Doubles 85-130 €. Formule déj en sem 36 € ; menus 52-60 €. Réduc de 10 % sur le prix de la chambre (les lun et mar, oct-mars) sur présentation du guide de l'année.* Située à l'écart des circuits touristiques, cette belle auberge en briquettes rouges, recouverte de lierre, est une excellente adresse qui mérite un petit détour pour une pause gastronomique. Dans une élégante salle ou sur la belle terrasse donnant sur un jardin fleuri, le chef régale ses hôtes d'une cuisine raffinée et élaborée qui varie au gré des saisons. Possibilité de dormir dans l'une des 2 chambres d'hôtes de la maison.

À voir

🎭🚶‍♂️ *Le parc animalier et botanique de Clères :* 32, av. du Parc. ☎ 02-35-33-23-08. ● parcdecleres.net ● Avr-sept, tlj 10h-19h (18h30 sept) ; mars et oct, tlj 10h-12h, 13h30-18h30 ; nov, tlj 13h30-17h30. Fermeture de la billetterie 1h avt. Fermé nov-fév. *Entrée : 9 € ; réduc ; pass famille (2 adultes + 3 enfants) 37 € ;*

gratuit moins de 3 ans. Un parc animalier peu commun, que l'on doit à l'ornithologue Jean Delacour, qui, en 1919-1920, aménagea le parc du château pour y installer ses collections d'oiseaux et fit créer des terrasses à l'anglaise. Aujourd'hui, ce sont 1 400 oiseaux (dont un certain nombre en volières) qui vivent dans ce magnifique environnement et y évoluent en semi-liberté. Avouons que la vision de cervidés ou, plus encore, de wallabys se promenant sur les pelouses, avec le château et son manoir en toile de fond, a de quoi surprendre ! Sans parler des gibbons bien à l'abri sur leur île ou des paons qui se pavanent au milieu des promeneurs. Il y a même des pandas roux. Autant vous dire que les enfants adorent !

DANS LES ENVIRONS DE CLÈRES

🥾 *Le centre Abbé-Pierre-Emmaüs :* *280, route de Cailly, 76690* **Esteville.** ☎ 02-35-23-87-76. ● *centre-abbe-pierre-emmaus.org* ● *À 9,5 km à l'est de Clères. Tlj 10h-18h. Fermé 24 déc-3 janv. Entrée : 6 € ; gratuit moins de 10 ans.* C'est dans ce village qu'aimait vivre le célèbre abbé et où il a souhaité être enterré aux côtés de ses 1ers compagnons. Dans cet espace de mémoire et de vie, une scénographie présente le parcours de l'abbé Pierre, son œuvre et l'actualité de l'association. On découvre sa chambre en l'état, son atelier, la chapelle. Et des *street artists* ont investi le jardin avec des œuvres qui évoquent les luttes de l'abbé Pierre hier, d'Emmaüs aujourd'hui. Sur place, très jolie librairie, buvette, resto (sur résa pour les groupes) et centre d'hébergement pour les plus démunis.

LE CALVADOS

● Carte *p. 222-223*

ABC du Calvados

❏ *Superficie :* 5 548 km^2.
❏ *Préfecture :* Caen.
❏ *Sous-préfectures :* Bayeux, Lisieux, Vire.
❏ *Population :* 685 300 hab.
❏ *Particularités :* près de 1 million de pommiers dans le Calvados, soit 1,5 pommier par habitant. Un haras tous les 4 km^2 et 8 hippodromes. 1 camembert sur 5 est fabriqué dans le Calvados.

Combien d'images se bousculent à la simple évocation de ce nom... D'abord les pommes, symboles du département : sans elles, ni cidre, ni pommeau, ni... calvados, bien sûr. Et sous les pommiers, on trouve les vaches, dont les taches brunes et blanches paraissent indissociables du vert profond des pâturages normands. Qui dit vaches dit crème, incontournable ici, et fromages : pont-l'évêque, livarot, camembert...

Par ailleurs, si nombre de villes, petites ou grandes, ont fortement souffert lors de la Seconde Guerre mondiale, le Calvados compte toujours plus de 900 Monuments historiques. Partout, le long des *douets* (ruisseaux) ou au creux des vallons, au détour d'une forêt ou dans les plaines fertiles, on découvre manoirs à colombages, fermes fortifiées, chapelles souriantes et villages d'un autre âge... Sans oublier la côte, qu'elle soit « Fleurie » ou « de Nacre », toujours appré-

LE 1er PEOPLE

Mort en exil à Caen en 1840, ruiné par le jeu, George Brummel est aujourd'hui presque oublié. On doit pourtant à ce Londonien l'invention du costume masculin tel qu'on le porte encore aujourd'hui : couleurs sombres et cravate. Ce pionnier du dandysme passait 5h à s'habiller et lustrait ses bottes au champagne. Célèbre sans être vraiment riche, beau ou talentueux, Brummel peut aussi être considéré comme le 1er people de l'histoire.

ciée pour ses plages presque à perte de vue, ses stations balnéaires ou ses ports de pêche romantiques. Une côte qui fait œuvre de mémoire, tout comme son arrière-pays, en n'oubliant pas ce qui a fait du Calvados, depuis 70 ans, l'un des départements les plus visités de France : les sites du Débarquement et de la bataille de Normandie.

Adresses utiles

ℹ *Comité départemental du tourisme – Calvados Tourisme (hors plan Caen par A1, 2) : 8, rue Renoir, 14054 Caen Cedex 4.* ☎ 02-31-27-90-30.

● *calvados-tourisme.com* ● *Lun-ven 8h30-12h30, 13h30-17h.* Pour recevoir toutes les infos utiles et préparer au mieux son séjour dans le Calvados.

LE CALVADOS

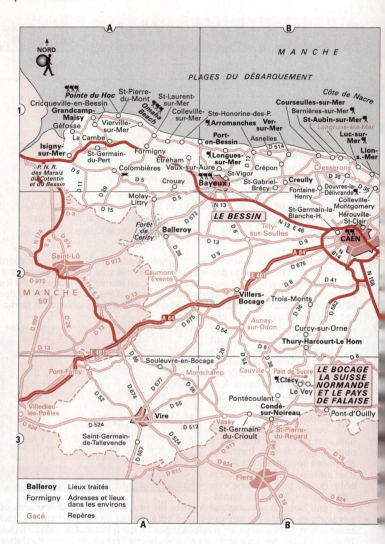

Gîtes de France : Campus Effiscience, 9, rue Sédar-Senghor, CS 70450, **14461 Colombelles** Cedex. ☎ 02-31-82-71-65. • gites-de-france-calvados.fr • Central d'information et de résa lun-ven 9h-18h, sam 9h30-18h.

CIRCULER EN BUS DANS LE CALVADOS | 223

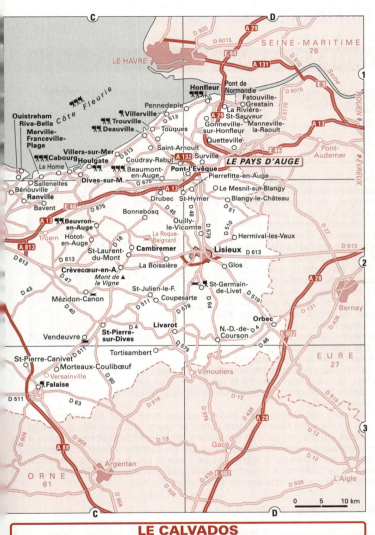

LE CALVADOS

Circuler en bus dans le Calvados

Les *Bus verts* assurent les liaisons entre toutes les villes du département, avec correspondances dans les gares ou les centres-villes ;

guichets dans la plupart des gares routières des villes principales.

☎ 09-70-83-00-14 (lun-sam 7h-20h). ● busverts.fr ●

CAEN ET SES ENVIRONS

CAEN
(14000)   114 000 hab.   *Carte Calvados, B2*

● Plan *p. 226-227*

« Rejoignez notre Caen ! », proclamait naguère un slogan municipal... On n'aura pas trop de mal à lui obéir : préfecture du Calvados, historiquement intéressante, Caen est une étape incontournable pour qui visite la région. Ville martyre au cœur de la sanglante bataille de Normandie, la vieille cité conserve néanmoins des témoignages de son glorieux passé, du temps de Guillaume le Conquérant. Mais elle se tourne aussi vers l'avenir, et vers la mer, pour donner vie à une métropole en pleine mutation.

GRANDEUR ET DÉCADENCE

En 1087, les obsèques de Guillaume le Conquérant, pourtant l'un des plus grands rois du Moyen Âge, se déroulèrent dans la confusion la plus totale. Un incendie qui menaçait la ville vida d'abord l'église Saint-Étienne d'une bonne partie des fidèles. Ensuite, il fallut forcer pour faire entrer dans son cercueil un Guillaume devenu obèse. Et son ventre explosa, dégageant une odeur tout simplement insupportable pour ce qui restait de fidèles...

Caen est une cité plaisante, vivante, non dénuée de charme, qui attend le visiteur qui veut bien prendre le temps de découvrir ses rues médiévales rescapées du désastre ou de parcourir les quais de son joli port, installé en plein centre-ville.

La proximité des plages et du bocage semble avoir influé sur l'humeur de la cité. La vie y est douce, la population aimable. Bref, une ville qui prend aux tripes (on n'a pas pu s'en empêcher), où la jeunesse est reine, grâce à son importante université drainant pas loin de 30 000 étudiants... Toutefois, malgré la bonhomie qui y règne, la ville n'oublie pas le passé : l'incroyable Mémorial de Caen nous rappelle fort à propos que le meilleur moyen de ne pas revivre la guerre reste encore de consolider la paix...

UN PEU D'HISTOIRE

Appelée *Cadomus* dans l'Antiquité (nom dérivé d'un mot signifiant « champ du combat »), Caen semble avoir été prédestinée à essuyer de meurtrières batailles. Il est vrai qu'on s'y est pas mal étripé... La ville prend son essor au XIe s sous l'impulsion de Guillaume le Bâtard, qui prendra par la suite le pseudo plus flatteur de « Conquérant ». Duc de Normandie, il fait de Caen sa résidence d'élection et, lassé du camping, ordonne qu'on lui construise un château. Marié à Dame Mathilde, une lointaine cousine, Guillaume encourt les foudres papales. Pour racheter leur faute, les époux incestueux fondent respectivement l'abbaye aux Hommes et l'abbaye aux Dames. Le pape ne les embêta plus. Comme quoi, aucun tabou ne résiste à une pieuse offrande...

Cité florissante au XIVe s, Caen suscite la convoitise des Anglais. Envahie et pillée en 1346 par les armées du roi Édouard III, puis par celles de Henri V en 1417, elle ne retourne dans le giron français qu'en 1450. Française et... républicaine ! La Révolution trouve une ville acquise à sa cause. Refuge des Girondins luttant contre la Convention en 1793, Caen est aussi le point de départ de l'équipée de Charlotte Corday, qui s'achève dans un bain de sang (celui de Marat).

La bataille de Caen

Après le Débarquement allié en Normandie et le bombardement de Caen, la ville est en flammes. De violents affrontements opposent les occupants aux Alliés, bien décidés à s'emparer de cet important carrefour stratégique. Les Allemands défendent la ville avec détermination, avant de s'enfoncer dans la retraite. Malgré la libération de la cité par les

MÂCHICOULIS

Ces galeries en haut des fortifications étaient percées d'ouvertures. Le mot vient de mâcher, *qui signifie « broyer, écraser », et de* cou. *Le but de ces trous était d'y verser de l'huile bouillante ou des pierres afin de broyer le cou des ennemis.*

Canadiens, les combats (et le pilonnage) se poursuivront encore au-delà du 20 juillet. Pendant ce temps, une grande partie des habitants se sont réfugiés dans l'abbaye aux Hommes, transformée en hôpital, mais surtout dans les carrières de Fleury, à quelques kilomètres de là. Ils y séjournent durant plus de 1 mois. Il faut attendre la libération totale de la cité par les Canadiens, le 9 juillet 1944, pour qu'ils retrouvent leur ville... détruite à 80 %. 10 000 habitants, parmi les 55 000 que la ville comptait avant la guerre, ont été ensevelis sous les ruines lors des terribles combats.

Adresses et infos utiles

🛈 Office de tourisme et des Congrès de Caen la mer – Normandie *(plan B2, 1) : pl. Saint-Pierre.* ☎ 02-31-27-14-14. ● caenlamer-tourisme.fr ● *Avr-juin et sept, lun-sam 9h30 (10h mar)-18h30, dim et j. fériés 9h30-13h30 ; juil-août, lun-sam 9h-19h, dim et j. fériés 10h-13h, 14h-17h ; le reste de l'année, lun-sam 9h30-13h, 14h-18h.* C'est ici qu'on réserve les visites guidées et autres animations originales proposées pendant la saison estivale.

🚌 Gare routière *(hors plan par C3) : à côté de la gare SNCF.* 3 réseaux se partagent le terrain : les *Bus verts* desservent tout le département (☎ 09-70-83-00-14 ; ● busverts.fr ●), les *Bus Twisto* toute l'agglomération caennaise (☎ 02-31-15-55-55 ; ● twisto.fr ●), et départs de cars longue distance également.
– *Tramway :* ☎ 02-31-15-55-55. ● twisto.fr ● Une ligne unique (avec 3 ramifications, T1, T2 et T3) traverse Caen du nord au sud. Le tram part

d'Hérouville et va jusqu'à Ifs (soit environ 15 km).
– *Navette gratuite* dans le centre-ville, lun-sam 7h30-20h avec parking au Parc des expositions.
✈ Aéroport de Caen-Carpiquet *(hors plan par A2) : route de Caumont, 14650* **Carpiquet.** ☎ 02-31-71-20-10. ● caen.aeroport.fr ● *À env 10 km à l'ouest du centre-ville. Le bus Lianes 3 rejoint le centre-ville de Caen ttes les 15 mn en sem, 20 mn le sam et plusieurs passages le dim.* Liaisons directes avec Lyon, Nice, Toulouse, Bordeaux, Ajaccio, Bastia, Figari, Londres-Southend.
🚕 Taxis Abbeilles : ☎ 02-31-52-17-89.
■ Location de voitures : Hertz *(plan C3),* 24, rue de la Gare. ☎ 02-31-84-64-50. **Avis** *(hors plan par C3),* 44, pl. de la Gare. ☎ 0820-611-681 *(0,15 €/mn + prix d'appel).* **Europcar** *(hors plan par C3),* 36, pl. de la Gare. ☎ 02-31-84-24-64.

LE CALVADOS

■ Adresses utiles

- **1** Office de tourisme (B2)
- **2** Comité départemental du tourisme – Calvados Tourisme (hors plan par A1)
- **3** Base nautique Les Pieds dans l'Orne (C3)

🛏 Où dormir ?

- **10** Auberge de jeunesse (hors plan par C3)
- **11** Le Clos Saint-Martin (A2)
- **12** Le Dauphin (B2)
- **13** Hôtel du Havre (C2)
- **14** Hôtel François d'Ô (B1-2)
- **15** La Maison de Famille (B1-2)
- **16** Hôtel des Quatrans (B2)
- **17** Hôtel Bristol (C3)
- **18** Chez Laurence du Tilly (A2)
- **19** Hôtel du Château (C2)

|◉| 🍽 Où manger ?

- **30** Aux Casseroles qui chantent (hors plan par C2)
- **31** L'Aromate (B2)
- **32** L'Avalou (A2)
- **33** Ty Gibus (hors plan par C1)
- **34** Le Chef et sa Femme (C3)
- **35** La Courtine (A2)
- **36** La Table de JF (B2)
- **37** L'Embroche (B1)
- **38** Greedy Guts (B2)
- **39** Dolly's (B-C2)
- **40** Memoranda (B2)
- **41** La Véranda (B2)
- **42** Le Mancel – Restaurant du Château (B1)
- **43** Au Double Blanc (A2)
- **44** La Table des Matières (C2)
- **45** Initial (A2)
- **46** Fragments (B1)

🍷🎵 Où boire un verre ? Où écouter de la musique ?

- **50** El Che Guevara (B1)
- **51** O'Donnell's Irish Pub (C2)
- **52** L'Écume des Nuits (B2)
- **53** L'Antirouille (hors plan par A2)

🛍 Achats

- **60** La Boîte à Calva (B2)

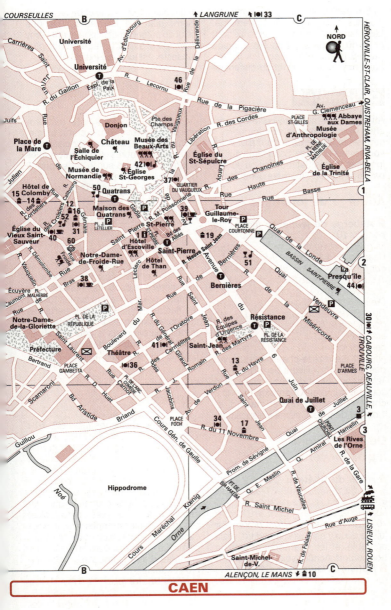

228 | **LE CALVADOS / CAEN ET SES ENVIRONS**

– **Marchés :** la ville accueille un marché presque chaque jour de la semaine. Les plus importants et centraux sont ceux du vendredi matin sur la place Saint-Sauveur et le long des fossés Saint-Julien *(plan A2),* et du dimanche matin place Courtonne et bassin Saint-Pierre *(plan C2).* Précisons aussi que celui du samedi matin, boulevard Leroy *(hors plan par C3),* légèrement plus modeste, est lui aussi excellent.

Où dormir ?

Attention : les nuits de veille de marchés (voir « Adresses et infos utiles » ci-dessus), ne garez surtout pas votre voiture sur la place Saint-Sauveur, le long des fossés Saint-Julien ou sur les parkings du port : fourrière garantie !

Auberge de jeunesse

🏠 **Auberge de jeunesse** *(hors plan par C3,* **10***) : foyer des jeunes travailleurs Robert-Rème, 68, rue Eustache-Restout.* ☎ 02-31-52-19-96. ● *acahj-caen.org* ● 🚲 *Rostand-Fresnel, à 100 m de l'AJ (ligne B, direction Grâce-de-Dieu). Dans le quartier Grâce-de-Dieu, à 2 km au sud-ouest de la gare. Ouv tte l'année (capacité de 8 lits en dortoir mixte sept-mai, 50 lits en été) ; accueil 17h-21h. 22 €/nuitée avec petit déj (draps 2,50 €) ; réduc pour les enfants.* Le rez-de-chaussée du foyer des jeunes travailleurs tient lieu d'AJ. Téléphoner avant de débarquer : c'est souvent complet. Chambres de 4 lits, chacune avec douche et placard, et 1 dortoir de 6 lits. Cuisine à disposition.

De bon marché à prix moyens

🏠 **Hôtel du Château** *(plan C2,* **19***) : 5, av. du 6-juin.* ☎ 02-31-86-15-37. ● *hotel-chateau-caen@orange.fr* ● *hotel-château-caen.com* ● *Double 70 €.* Un hôtel simple, tout propre sur lui. La déco y est assez standard, mais agréable, et les chambres offrent un bon confort. Accueil soigné et avenant.

🏠 **Hôtel du Havre** *(plan C2,* **13***) : 11, rue du Havre.* ☎ 02-31-86-19-80. ● *resa@caen-hotel.fr* ● *caen-hotel.fr* ● 🚲 *Congés : sem de Noël et du Nouvel An. Doubles 58-89 €. Parking. Réduc de 10 % sur le prix de la chambre pour tte résa en direct sur présentation du* *guide de l'année.* Petit hôtel tout propre et insonorisé, donc plutôt calme, même côté rue. Déco assez classique, mais les chambres sont confortables et agréables (w-c sur le palier pour 2 d'entre elles). Excellent accueil.

🏠 ➤ **Hôtel François d'Ô** *(plan B1-2,* **14***) : 4, rue des Cordeliers.* ☎ 02-31-86-37-15. ● *hotelfrancoisdo@orange.fr* ● *hotel-francois-do.fr* ● *Dans une tranquille ruelle, interdite à la circulation (on peut néanmoins y stationner le temps de déposer ses affaires). Congés : fin déc-début janv. Doubles 70-99 €.* Cette vieille bâtisse abrite un petit hôtel à la déco intérieure de style contemporain. Jolie vue sur les toits et les flèches de l'église pour certaines chambres de la maison. Agréable petite terrasse-jardin dans la cour qui abrite d'autres chambres de plain-pied et bien au calme. Accueil impeccable.

De prix moyens à plus chic

🏠 **Hôtel des Quatrans** *(plan B2,* **16***) : 17, rue Gémare.* ☎ 02-31-86-25-57. ● *contact@hotel-des-quatrans.com* ● *hotel-des-quatrans.com* ● 🚲 *Doubles 71-111 € ; familiales ; petit déj 12 €. Un petit déj/chambre et par nuit offert sur présentation du guide de l'année.* Derrière une façade quelconque, on découvre des chambres confortables, pas toujours bien grandes mais impeccablement tenues, bien équipées et au calme. La déco, standard, a néanmoins le mérite d'être plutôt classe. Service pro et attentif.

🏠 **Hôtel Bristol** *(plan C3,* **17***) : 31, rue du 11-Novembre.* ☎ 02-31-84-59-76. ● *hotelbristolcaen@gmail.com* ● *hotel bristolcaen.com* ● *Tte l'année. Doubles 85-119 €.* Adresse pile poil entre la gare et le cœur de ville. Façade tristoune,

CAEN / OÙ MANGER ? | 229

comme souvent à Caen. L'intérieur se révèle plus riant. Les couloirs restent dans le style un peu *British* que laisse imaginer le nom de l'hôtel. Les chambres sont, elles, au goût d'aujourd'hui. Le tout est impeccable et bien insonorisé par-dessus le marché ! Un bon établissement, à l'accueil agréable et souriant.

🛏 *Le Dauphin* (plan B2, *12*) : 29, rue Gémare. ☎ 02-31-86-22-26. ● info@ le-dauphin-normandie.com ● le-dauphin-normandie.fr ● ♿ Doubles 75-240 € ; petit déj-buffet de très grande qualité 16 € ou « rapido » 8 €. Parking clos dans la cour de l'hôtel (15 €). Café offert sur présentation du guide de l'année. Dans cet ancien prieuré, on trouve un mélange de chambres confortables mais un peu impersonnelles pour certaines, et d'autres charmantes et légèrement mansardées. Dans tous les cas, bonne literie. Petit déj continental au bar, ou buffet (bon point pour les produits régionaux) dans la salle de petit déj. Spa non inclus dans le prix de la chambre. C'est aussi l'une des bonnes tables de la ville. Personnel pro.

Maisons d'hôtes (de chic à très chic)

🛏 *La Maison de Famille* (plan B1-2, *15*) : 4, rue Élie-de-Beaumont. ☎ 06-61-64-88-54. ● maisonfamille@yahoo. com ● maisondefamille.sitew.com ● Tte l'année. Doubles 75-105 € (2 nuits min mai-sept) ; familiales. Parking. Toutes les familles n'ont pas la chance de posséder un élégant hôtel particulier du XVIIIe s, cerné d'un petit jardin ! Les chambres sont tout simplement charmantes, très maison de famille effectivement avec bibelots et bouquins. Joli petit déj servi dans de la vaisselle de famille ; mais vous vous en doutiez ! Et le tout à des prix aussi gentils que l'accueil.

🛏 *Le Clos Saint-Martin* (plan A2, *11*) : 18 bis, pl. Saint-Martin. ☎ 07-81-39-23-67. ● reservation@clossaintmartin. com ● closaintmartin.com ● Au n° 18, il faut passer le porche, c'est la maison du fond. Doubles 100-150 €. Dans l'un des plus beaux quartiers de la ville, cette maison de caractère offre calme et confort dans des chambres aux très beaux volumes. Quand le soleil est au rendez-vous et chauffe l'air, c'est dehors que l'on peut savourer un petit déjeuner de qualité, dans la jolie cour fermée.

🛏 *Chez Laurence du Tilly* (plan A2, *18*) : 9 bis, rue Pemagnie. ☎ 07-86-23-28-28. ● laurence@dutilly.fr ● chez-laurence.dutilly.fr ● Réserver bien à l'avance. Double 150 €. Laurence a été styliste, ça se voit, mais on se sent étonnamment bien chez elle. Ou du moins dans la maison qu'elle a transformée en appartements d'hôtes, sans tomber dans le piège des magazines de déco. 3 étages, 3 lieux de vie différents, pratiques, drôles, attachants, cocooning, idéaux pour un séjour en toutes saisons (il y a même une cheminée) dans cette ville qu'elle aime et dont elle connaît les bonnes petites adresses. Un vrai confort, du calme, de l'espace, avec un salon au rez-de-chaussée à partager.

LE CALVADOS

Où manger ?

Ici, pour pouvoir manger ou simplement boire un verre (lire plus loin), il faut choisir son Caen. On plaisante, mais c'est un peu ça. Les habitués vous donneront leurs bonnes adresses – vegan ou tradi – cachées dans les rues du centre, d'autres vous inviteront à prendre le large, à aller voir du côté du port, dans des quartiers où les nouveaux restos et bars sortent de terre à un rythme soutenu. Quai Vendeuvre, les amateurs de fruits de mer se régaleront à la terrasse de *La Cave à Huîtres*. Certains encore aimeraient qu'on donne plus de place dans ce guide aux restos du quartier du Vaugueux et piaffent d'impatience de nous voir ajouter *La Môme* et les autres adresses de la place, comme *Le Repaire des Nones*, *L'Avenue 21* ou *L'Accolade* dans ce guide. Voilà, on l'a fait, à vous de voir. En espérant que vous n'arriviez pas à

230 | **LE CALVADOS / CAEN ET SES ENVIRONS**

Caen un lundi soir : le choix se restreint considérablement.

Les adresses du midi et de l'après-midi

|●| *Au Double Blanc* (plan A2, 43) : 7, rue Caponière. ☎ 02-31-86-29-74. *Ouv seulement le midi lun-sam. Congés : août. Résa conseillée. Formules et menus 12-17 €.* Difficile de ne pas craquer pour ce resto de quartier dont le décor, improbable, pourrait servir de cadre à un épisode de la série *Maigret*. Les prix sont, eux aussi, d'un temps révolu, et cela donne une adresse authentique et touchante. Cuisine de ménage bien dans le ton ; tout est vraiment maison : rillettes, pâtés, tripes, rognons au muscadet, veau Marengo, etc.

|●| ☕ ↑ *Greedy Guts* (plan B2, 38) : 15, rue de Bras. ☎ 02-31-93-38-52. ● djediana@hotmail.fr ● ♿ *Mar 12h-15h, mer 12h-18h, jeu-sam 12h-22h. Fermé dim-lun. Résa conseillée le midi. Formule déj 10,90 € ; carte env 15 €. Brunch 1 dim/mois. Café offert sur présentation du guide de l'année.* Caché au fond d'une venelle, un petit resto végétarien bas de plafond, à la déco sympathiquement dépareillée et décalée, avec une petite terrasse sur l'arrière aux beaux jours. Avant de vous installer, passez votre commande au comptoir. Au menu, chaque jour, selon l'inspiration du moment, une tarte, une soupe, des *wraps*, et pour la pause de l'après-midi des gâteaux, citronnade maison et autres boissons chaudes. Pas donné mais frais, parfumé et goûteux.

|●| ↑ *Ty Gibus* (hors plan par C1, 33) : 17 bis, rue des Tilleuls. ☎ 02-31-86-01-33. ● tygibus@olivierbriand.bzh ● olivierbriand.bzh ● *Ouv midi lun-ven et ven soir sur résa. Résa conseillée. Formules déj 17-22 €, soir menu dégustation 43 €.* Une adresse hors des sentiers battus, mais bien connue du personnel de l'université voisine qui en a fait son repaire. Il faut dire qu'on se sent diablement bien dans la salle simplement arrangée, mais chaleureuse et accueillante avec ses murs couleur soleil et son mobilier de bois. Sous un menu d'apparence modeste se cachent des assiettes réjouissantes, sortant, elles aussi, des sentiers battus : les produits locaux de saison y sont travaillés selon l'inspiration du jour, avec imagination et doigté. Le vendredi soir, menu surprise pour tout le monde ! Organise aussi, çà et là, des soirées à thème ou des concerts.

|●| ☕ *Memoranda* (plan B2, 40) : 19, rue des Croisiers. ☎ 02-31-86-51-28. ● memoranda14@yahoo.com ● *Repas seulement au déj mar-ven (avt 13h) ; salon de thé l'ap-m sauf dim-lun. Carte env 15-20 €. Café offert en fin de repas sur présentation du guide de l'année.* Pour une petite pause gourmande et littéraire dans un café-librairie devenu, au fil de plus de 3 décennies d'existence, une véritable institution caennaise ! Des murs et des murs de livres d'occase, et à l'étage quelques tables pour grignoter tartes et gâteaux accompagnés de leur thé ou café. L'endroit est vraiment charmant (même s'il est exigu et littéralement envahi de piles de bouquins !).

|●| ↑ *La Table des Matières* (plan C2, 44) : 15, quai François-Mitterrand. ☎ 02-31-99-76-25. ● ltmcaen@gmail.com ● *Tlj le midi sauf dim-lun et j. fériés, plus ven soir. Congés : 1 sem à Noël et 3 sem en été. Menus 14 € le midi, puis 16-22 €. Café ou thé offert sur présentation du guide de l'année.* C'est d'abord le café-restaurant de la médiathèque Alexis-de-Tocqueville, un espace lumineux et chaleureux, avec une terrasse ensoleillée à l'abri du vent où l'on peut buller, lire, se poser, peinard. C'est aussi la 2de table, maligne, bien dans l'esprit du lieu et de l'époque, du chef Benoît Guillaumin (*Aux Casseroles qui chantent*). Le midi, les entrées et le plat sont servis sur plateau, avec possibilité de choix – selon que l'on est plus terre, mer ou vegan – entre des plats du moment ayant du peps et du goût, celui du marché et celui du voyage. Café le matin, avec un brunch maison, carte sucrée-salée décontractée l'après-midi.

De bon marché à prix moyens

|●| L'Avalou (plan A2, **32**) : 21, rue Caponière. ☎ 02-31-86-40-45. ● cre perielavalou@gmail.com ● Congés : 1re quinzaine de janv. Formule déj en sem 11,90 € ; menu 13,50 € ; carte 15 €. Café offert sur présentation du guide de l'année. Une adresse d'habitués. L'art de la galette est ici parfaitement maîtrisé, raison de plus pour sortir des sentiers battus et proposer des compositions maison originales, à base de bons produits. Évidemment, la crêpière est seule dans sa minuscule cuisine, et comme tout est préparé sur l'instant, il faut parfois s'armer d'un peu de patience. Mais qu'importe quand l'ambiance est aussi décontractée et conviviale ?

|●| ↑ La Véranda (plan B2, **41**) : 30, rue du Général-Giraud. ☎ 02-50-28-08-91. ● sarlveranda@gmail.com ● Tlj sauf dim-lun, mer soir et j. fériés. Congés : déc-début janv. Menus midi 10,50-20 €, soir 22 €. Café offert sur présentation du guide de l'année. En plein centre-ville mais niché là où personne ne penserait à venir le chercher, ce bistrot aux longues banquettes de moleskine rouge propose une carte qui change toutes les semaines. Sous son apparente simplicité, la cuisine maison et de saison, bien d'aujourd'hui, se révèle inspirée et préparée avec doigté. Les tables très rapprochées ne favorisent pas les discussions intimes, mais l'ambiance se révèle simple et conviviale.

|●| ↑ L'Aromate (plan B2, **31**) : 9, rue Gémare. ☎ 02-31-85-30-30. ● contact@laromate-caen.fr ● Fermé dim-lun. Menus déj en sem 21-25 €, soir et w-e 26-32 €. Une fois n'est pas coutume, mais légumes et herbes occupent ici une place à part entière dans le menu et sont travaillés avec autant de respect et de soin que viandes et poissons. Dans le domaine, mention spéciale, le midi, pour le délicieux risotto dont la composition varie selon les végétaux de saison. Et ce n'est pas tout : en plus de régaler les papilles, les assiettes réjouissent et surprennent l'œil, sans tomber dans le superflu ou le chichiteux. Ajoutez à cela une jolie salle aérée, une terrasse plaisante aux beaux jours et un service avenant, et vous tenez un endroit où il fait bon s'attabler !

|●| La Courtine (plan A2, **35**) : 16, rue Caponière. ☎ 02-31-79-19-16. ● lacourtinecaen@orange.fr ● Tlj sauf dim-lun, j. fériés et jeu soir. Congés : 3 sem en été et 2 sem à Noël. Résa conseillée. Formules 22-25 € ; carte env 40 €. Une cuisine simple, fraîche et inspirée, dont on vous conte la préparation avant de prendre la commande. Le choix n'est pas énorme, mais il varie régulièrement au gré du marché et des saisons. Atmosphère reposante et détendue dans la jolie petite salle tout en longueur, aux murs de pierre apparente.

|●| La Table de JF (plan B2, **36**) : 87, rue de l'Oratoire. ☎ 09-81-03-37-68. ● latabledejfcaen@gmail.com ● ♺ Congés : 2 dernières sem août. Lun-mar 12h-14h30, mer-ven jusqu'à minuit. Formules déj 14-17 € ; menu soir 6 plats 30 €. Le 1er dim du mois, brunch 30 €. Après avoir joué les globe-trotters, JF, en bon Normand, est revenu se poser chez lui, ou du moins au centre de Caen, à deux pas du théâtre. Déco vintage, service jeune, cuisine fraîcheur, les néo-Normands adorent, les traditionalistes se demanderont comment avaler les croquettes de boudin noir. Une cantine d'habitués où l'on peut venir en solo ou à 2 pour profiter des objets et des plats détournés qui font tout le charme du lieu.

|●| ↑ L'Embroche (plan B1, **37**) : 17, rue Porte-au-Berger. ☎ 02-31-93-71-31. Tlj sauf sam midi et dim-lun. Congés : 15 j. fin sept-début oct et vac de Noël. Formule en sem 20,50 € ; menu 27 €. Digestif offert sur présentation du guide de l'année. Dans ce secteur qui compte de nombreux restos de tous niveaux, en voici un bon. À l'ardoise, belle cuisine de marché, avec de l'imagination à revendre mais sans frime et tout en saveurs. Courte mais intéressante sélection de vins. Service efficace et charmant.

|●| Le Chef et sa Femme (plan C3, **34**) : 11, rue du 11-Novembre. ☎ 02-31-84-46-53. ● anne.darcy@wanadoo.fr ● ♺ Tlj sauf dim et le soir

232 | **LE CALVADOS / CAEN ET SES ENVIRONS**

lun-mer. Congés : 2 sem en fév et en août. Résa conseillée. Formules déj 15,50-19,60 € sauf dim ; le soir, formule 20,40 € et menu 25,50 €. Il y a donc un chef dans ce petit restaurant. Un chef qui sait travailler de bons produits, qui respecte la tradition (savoureux cassoulet au magret de canard) mais qui ose y glisser quelques doses d'imagination. Il y a donc aussi sa femme, qui assure un service efficace et souriant dans une salle discrètement design, avec ses murs de brique blanche. Prix tenus pour ne pas gâcher le plaisir.

|●| 🍷 🍴 🎵 ♫ *Dolly's* (plan B-C2, **39**) : 16-20, av. de la Libération. ☎ 02-31-94-03-29. ♿ Tlj le midi 12h-14h30 (10h-15h30 sam-dim) ; et le soir 19h-22h30 jeu-sam (21h45 dim-mar). Formules 10-15,50 € le midi, 21,50 € le soir ; carte env 15 €. Apéritif offert sur présentation du guide de l'année. On y va pour le petit déj, le brunch (idéalement placé, juste à côté du marché du dimanche), ou le déjeuner, on s'y retrouve pour prendre le thé et on revient pour le dîner... Cuisine « franglaise », plutôt bio pour les légumes, avec pas mal de propositions végétariennes, à savourer dans de petites salles plus cosy que « confort » ou sur la terrasse (en surplomb de la rue très passante). On peut aussi y boire un verre. Dommage que l'accueil soit inégal.

|●| 🎵 *Aux Casseroles qui chantent* (hors plan par C2, **30**) : 11, rond-point de l'Orne. ☎ 02-31-72-18-94. ● aux casserolesquichantentcaen@gmail. com ● Congés : vac de Noël et 20 juil-20 août. Tlj sauf dim-lun. Formule déj 18,50 € ; menus 23-33 €. Café offert sur présentation du guide de l'année. Légèrement isolée, tout au bout du bassin Saint-Pierre, une petite adresse où Benoît Guillaumin s'emploie à offrir une cuisine personnelle aux saveurs surprenantes et à la présentation bien d'aujourd'hui, à prix vraiment doux pour le 1er menu. Carte des vins à prix raisonnables.

De prix moyens à plus chic

|●| *Fragments* (plan B1, **46**) : 4, rue Lecornu. 🖂 07-71-69-29-76. ● contact@fragments-restaurant.fr ● Ouv mer soir-sam. Résa indispensable. Formules déj 18-23 €, menu du soir 35 €. Une table locavore où l'on met en valeur des produits simples, rustiques, en les traitant avec le même soin que des mets plus nobles. Les assiettes sont ici de ravissants tableaux où chaque saveur valorise le goût des ingrédients voisins. Le soir, c'est menu unique, on suit le chef qui vous apporte vos petits plats et vous en explique la composition. Rien de bien original, nous direz-vous, sauf qu'ici tout se fait avec simplicité, dans un esprit convivial et une véritable envie de partager. Les gros mangeurs seront peut-être déçus, mais ceux qui aiment se laisser surprendre par des associations ou des produits inattendus seront ravis. Une adresse sincère et bien dans ses baskets !

|●| 🎵 *Le Mancel – Restaurant du Château* (plan B1, **42**) : dans l'enceinte du château, juste à côté du musée des Beaux-Arts. ☎ 02-31-86-63-64. ● contact@lemancel.fr ● ♿ Tlj sauf dim soir-lun. Menu 25 €. Café offert sur présentation du guide de l'année. Le cadre contemporain, illuminé par les baies vitrées en journée, distille le soir à la lumière des bougies une atmosphère beaucoup plus intime, même si l'endroit, très sonore, peut être bruyant. En été, on préférera sans doute la belle terrasse. Dans l'assiette, une cuisine de saison, actuelle, créative et parfumée, mettant en scène de bons produits. Seul petit reproche : les assiettes, pas toujours très copieuses. Pour un en-cas léger et rapide, chaque jour, quelques belles tartines au choix. Dîner-concert jazz 2 fois par mois (sept-juin).

|●| *Initial* (plan A2, **45**) : 24, rue Saint-Manvieu. ☎ 02-50-53-69-86. ● reser vation@initial-restaurant.com ● ♿ Le midi jeu-ven et le soir mar-sam. Menu déj en sem 35 € ; menus 56-70 €. Un décor sobre et contemporain qui donne le ton de ce resto qui surfe sur son succès médiatique... initial. À l'étage, on découvre la petite brigade à l'œuvre, la cuisine étant ouverte sur la salle. Il en sort une cuisine intuitive basée sur les produits du marché. De bons producteurs, c'est déjà un bon point de

CAEN / À VOIR | 233

départ. Créativité et finesse d'exécution font le reste. Quant au service, après un temps d'adaptation réciproque, il se réchauffe plus vite que le décor.

Où boire un verre ? Où écouter de la musique ?

La vie nocturne à Caen se répartit principalement entre 2 zones (2 territoires dirions-nous presque, car les adeptes d'un endroit fréquentent rarement l'autre !) : ne restez donc pas à tourner désespérément dans le centre si le temps clément vous incite à prendre l'air du soir en même temps que l'air du large, côté port.

🍽️ 🎵 En dehors du lundi, pour une ambiance plutôt bohème et décalée, vous irez vers les rues Saint-Pierre, Écuyère et Arcisse-de-Caumont *(plan A-B2)* – piétonnes pour les 2 premières –, et leurs brochettes de cafés avec terrasse. Un peu plus loin, rue Caponière *(hors plan par A2, 53 ; au n° 29 ; tlj sauf lun 16h-1h),* allez vous ressourcer à *L'Antirouille,* le bar antistress par excellence. Autour du château, citons

sinon le bar de nuit *L'Écume des Nuits (plan B2, 52 ; 11, rue des Croisiers ; tlj sauf dim-lun 23h-4h ou 5h),* ou encore le très bien caché *El Che Guevara (plan B1, 50 ; 53, rue Geôle/6-8, rue du Tour-de-Terre ; mar-sam 18h-3h),* beau bar à tapas et cocktails (chers), repaire des trentenaires et des danseurs de salsa.

🍽️ 🎵 Sinon, le *quai Vendeuvre,* appelé aussi le *port* ou le *bassin Saint-Pierre (plan C2),* abrite une brochette de bars « mode », « frime », diront certains, mais aussi quelques restos dans le vent et des pubs proposant des concerts, comme le *O'Donnell's Irish Pub (plan C2, 51 ; 20, quai Vendeuvre).* 🍽️ Enfin, pendant l'année, les *bars de la rue du Gaillon (plan B1),* juste à côté du campus, accueillent les étudiants entre 2 cours ou à l'heure de l'apéro.

Achats

⚜️ *La Boîte à Calva (plan B2, 60) : 8, rue Froide.* ☎ 02-31-96-88-24. *Tlj sauf dim et lun mat.* De prime abord, on pourrait penser qu'il s'agit d'une boutique destinée aux seuls touristes, or leur sélection de calva s'avère très

riche, sérieuse, et l'équipe prend le temps de vous conseiller selon vos goûts, votre budget. Bref, l'endroit parfait où découvrir toute la palette des calva produits en Normandie.

À voir

Malgré les bombardements ravageurs de 1944, Caen conserve de nombreux attraits touristiques. Le centre-ville, peu étendu, regroupe l'essentiel, même si les 2 principales curiosités historiques, l'abbaye aux Hommes et l'abbaye aux Dames, se trouvent de chaque côté du centre proprement dit, et justifient une balade à part. L'idéal étant de pouvoir suivre une des visites guidées, pour en profiter pleinement. Le fameux Mémorial de Caen mérite à lui seul une bonne demi-journée.

PRÉFÉREZ L'ORIGINAL

Pour la restauration des monuments de Caen (château, chemin de ronde...), on utilisa des pierres « comparables » à celles de la construction historique, mais pas issues de la même carrière. Malheureusement, ces pierres de substitution ne vieillissaient ni de la même façon ni au même rythme que la pierre d'origine. Elles engendrèrent de malheureux dégâts avec le temps. Il fallut donc rouvrir, en 1995, la vieille carrière de Cintheaux, au sud de la ville, dont étaient issues les pierres d'origine, afin d'être en harmonie avec l'ADN des pierres historiques.

LE CALVADOS

234 | **LE CALVADOS / CAEN ET SES ENVIRONS**

Dans le centre-ville, au départ du château

🦿 🏃 *Le château (plan B1) : accès piéton principal face à l'église Saint-Pierre. Château : tlj 7h30-23h (22h dim-lun ; plus tôt en hiver). GRATUIT. Visites guidées en juil-août (infos à l'église Saint-Georges) : 6 € ; gratuit moins de 9 ans.*

Bâti au XIe s pour Guillaume le Conquérant, duc de Normandie, le château fut peu à peu fortifié par ses successeurs. Il devint alors une véritable forteresse et subit plusieurs sièges durant la guerre de Cent Ans. L'ensemble devait être démoli par les Anglais au XVe s ; pris de remords, ils l'épargnèrent, tout comme la Révolution. L'occasion fut trop belle d'en faire une prison pour réfractaires à la cause révolutionnaire. La Convention donnera l'ordre d'en détruire le donjon quelques années plus tard.

> ### UN RESCAPÉ DE L'HISTOIRE...
>
> *Avant les bombardements de 1944, des constructions insalubres et anarchiques dans les fossés du château le masquaient presque totalement, d'où le désintérêt de la population pour celui-ci. Après guerre, il s'en fallut de peu qu'il ne soit traversé par l'avenue du 6-Juin, la nouvelle grande artère reliant la gare à la nouvelle université. Devant l'opposition des Monuments historiques et d'Yves Guillou, le maire de l'époque, le projet fut abandonné (et heureusement !) abandonné.*

Le château ne recèle que peu d'édifices médiévaux à l'intérieur de l'enceinte, excepté la grande salle de l'Échiquier et la petite église Saint-Georges. L'espace libre a été transformé en jardin public dont une partie abrite un sympathique jardin médiéval et un (moins sympathique) parking. On y a, en revanche, édifié le superbe *musée des Beaux-Arts* et le *musée de Normandie*. Le chemin de ronde (escalier à gauche après avoir passé le beau pont-levis de la porte Saint-Pierre) offre un panorama avantageux sur la ville et sur les remparts.

🦿 *L'église Saint-Georges – Centre d'interprétation du château (plan B1) : située au cœur du château, elle abrite la billetterie des 2 musées de la ville. ☎ 02-31-30-47-90. Juin-sept lun-ven 9h30-12h30, 13h30-18h ; w-e et j. fériés 11h-18h. Fermé lun oct-mai et 1er janv, dim de Pâques, 1er mai, Ascension, 1er nov et 25 déc.* Très mignonne, elle fut édifiée à l'époque romane pour les habitants de la paroisse du château, mais son aspect actuel date des XVe et XVIe s. Portail et chœur flamboyants. Outre les billetteries, elle abrite aussi le centre d'interprétation, qui permet de comprendre ce que le château représentait à sa grande époque.

🦿🦿 *Le musée de Normandie (plan B1) : dans l'enceinte du château, dans le logis des Gouverneurs, à gauche après l'entrée par le pont-levis de la porte Saint-Pierre. ☎ 02-31-30-47-60. ● musee-de-normandie.caen.fr ● ♿ Ouv tlj juil-août et mar-dim le reste de l'année, aux mêmes horaires que l'église Saint-Georges ci-dessus. Entrée : 3,50-5,50 € selon expo ; billet combiné avec le musée des Beaux-Arts 6-8 € ; gratuit moins de 26 ans et pour ts le 1er w-e du mois ; abonnement pass'Murailles 15 € pour visiter le musée de Normandie et le musée des Beaux-Arts tte l'année. Billetterie dans l'église Saint-Georges.* Ce bâtiment en partie du XVIIe s est dévolu à la conservation du patrimoine historique, archéologique et ethnologique de la région. On l'aborde au travers de collections qui retracent l'évolution culturelle des hommes depuis la préhistoire jusqu'à nos jours. Plusieurs salles permettent également une approche intéressante des paysages et des différents types de fermes ou exploitations que vous rencontrerez en sillonnant la région. Les salles « Costumes et coutumes » sont quant à elles dédiées à la dentelle normande, blonde de Caen, chantilly de Bayeux, ainsi qu'aux vêtements traditionnels. Les *salles du Rempart* accueillent également des expos temporaires et abritent un centre de documentation, une salle de conférence... On peut y observer quelques vestiges du château (une forge, une maison médiévale...).

🏃 La salle de l'Échiquier *(plan B1) : au fond, après le musée de Normandie. Ouv en accès libre du printemps à l'automne.* Beau bâtiment en pierre du XIIe s et exemple peu répandu d'architecture romane non religieuse. C'est le seul vestige du palais ducal. C'est ici que se tenait la cour de justice du duché, appelée Échiquier.

🏃🏃🏃 Le musée des Beaux-Arts *(plan B1) : dans l'enceinte du château, à droite après l'entrée piétonne Saint-Pierre.* ☎ 02-31-30-47-70. ● mba.caen.fr ● ♿ *Juilaoût tlj 9h30-12h30, 13h30-18h ; le reste de l'année mar-ven, mêmes horaires. Fermé 1er janv, dim de Pâques, 1er mai, Ascension, 1er nov et 25 déc. Entrée : 3,50 € pour la collection permanente ; suppléments pour les expos temporaires, les visites guidées et les ateliers ; réduc ; gratuit moins de 26 ans et pour ts le 1er dim du mois.*

Situé dans un bâtiment résolument contemporain à l'intérieur des remparts du château de Caen, le musée des Beaux-Arts, d'abord consacré aux collections de peinture ancienne, s'est ouvert à la création contemporaine, au cœur d'un parc de sculptures. La présentation des collections des XXe et XXIe s est régulièrement renouvelée, grâce à un partenariat avec le Frac de Normandie Caen. Pour se repérer dans le temps et dans l'espace, un plan est distribué à l'entrée, présentant chaque étage. Un œil sur les primitifs, et on passe aux Italiens du XVIe s, avec arrêt obligatoire devant les incontournables Tintoret (poignante *Descente de Croix*) et Véronèse (somptueuse *Tentation de saint Antoine*). Le XVIIe s est représenté comme il se doit par Rubens et Van Dyck pour les Flamands, Luca Giordano (*L'Enlèvement d'Hélène*) et Andréa Sacchi *(Didon abandonnée)* pour les Italiens, Nicolas Poussin, Simon Vouet et Philippe de Champaigne pour les Français.

En rez-de-jardin, l'Europe du XVIIIe s défile à travers scènes bibliques ou mythologiques, paysages et natures mortes. Les salles consacrées aux XIXe et XXe s permettent de retrouver Géricault, Courbet, Delacroix, Isabey, Corot, Daubigny et l'école de Barbizon. Les paysages de Normandie furent une source d'inspiration inépuisable pour quelques grands peintres (Boudin, Moret, Monet et Dufy). Les fans de cubisme ont désormais de grandes œuvres à se mettre sous les yeux, et les accrochages futurs permettront de retrouver des artistes contemporains de renom. Difficile de donner des noms, puisque la vie de ce musée est un perpétuel renouvellement. Il en va ainsi pour les œuvres présentées par roulement lors d'expositions thématiques ou monographiques dans le cabinet d'art graphique. Pièces de Dürer, Rembrandt, Van Dyck et, bien sûr, Jacques Callot. C'est l'un des fonds les plus importants au monde.

Quant au parc de sculptures, implanté à l'intérieur des remparts, il évolue lui aussi au fil du temps. En 2017, une œuvre en bois naturel réalisée par Jaakko Pernu, *Ceiling Light,* est venue rejoindre le néon de François Morellet et les sculptures de Rodin, Bourdelle, Marta Pan et Huang Yong Ping.

🍽 À la sortie du musée, on peut se restaurer ou se désaltérer au **Mancel,** du nom d'un libraire caennais qui, en 1872, légua à la Ville un bel ensemble d'œuvres exposées au musée (voir plus haut « Où manger ? »).

🏃 Le quartier du Vaugueux *(plan B-C1) :* ce vieux quartier populaire (le grand-père d'origine berbère d'Édith Piaf y tenait un bistrot, d'où la présence d'un resto connu, *La Môme*), caché au pied du château, complètement restauré, est devenu un îlot piéton voué au tourisme flâneur. Beaucoup de jolies maisons à admirer, dont une du XVIe s à pans de bois et plusieurs petites demeures en pierre de taille du XVIIIe s. Un monde fou certains soirs (la place accueille de nombreux restos aux terrasses bien agréables en été ; voir l'intro de « Où manger ? »).

236 | **LE CALVADOS / CAEN ET SES ENVIRONS**

🎾 *La maison des Quatrans* (plan B2) : *25, rue de Geôle. Au pied du château.* C'est l'une des plus belles maisons à pans de bois de la ville. Façade superbe et généreuse, mais elle seule est à pans de bois. Construite à la fin du XIVᵉ s, elle fut restaurée après les bombardements de la Seconde Guerre mondiale.

🎾🎾 *La rue Froide* (plan B2) : l'une des plus vieilles rues de Caen. C'était la rue des Imprimeurs. Moins chaleureuse, forcément, que la rue du Vaugueux, mais tout de même animée et piétonne, elle eut la chance d'échapper aux bombardements et offre de bons exemples de ce qu'il est convenu d'appeler l'« architecture caennaise » : façades en pierre (de Caen), cours intérieures et escaliers typiques. N'hésitez pas à pousser les portes pour jeter un coup d'œil à l'intérieur. Au nᵒ 49, franchir la porte mitoyenne à celle du salon de coiffure (à droite) pour surprendre un étroit escalier de pierre dans une maison du XVIIᵉ s (au fond du couloir). Au nᵒ 41, cour intérieure avec puits, escalier à vis du XVIIIᵉ s, tourelle d'angle. Enfin, au nᵒ 10, dans une cour intérieure, maisons du XVIIᵉ s, dont une jolie à pans de bois.

> ## MAIS QUI ÉTAIT EUGÈNE POUBELLE ?
>
> *Né à Caen, il devint préfet de la Seine en 1883. Il prit un arrêté obligeant les propriétaires d'immeubles parisiens à mettre à disposition de leurs locataires des récipients fermés, à format imposé, pour contenir les déchets ménagers communs. Il institua aussi le tri sélectif, qui fut généralisé... en 2000. Il existe une rue Eugène-Poubelle à Paris, qui a la particularité de n'avoir qu'un numéro (le nᵒ 2).*

🎾 *L'église Notre-Dame-de-Froide-Rue* (plan B2) : *à l'angle de la rue Froide et de la rue Saint-Pierre.* Elle existerait depuis le VIIᵉ s, même si rien ne subsiste des 1ᵉʳˢ édifices, et aurait été reconstruite aux XIVᵉ-XVᵉ s. On l'appelle aussi église Saint-Sauveur. Rue Froide, remarquez le porche (aujourd'hui fermé), avec un beau portail flamboyant du XVᵉ s et ce curieux escalier en spirale (sur la droite de la porte) qui ne conduit plus nulle part. Splendide tour élevée au XIVᵉ s et terminée par une pyramide de trèfles et de rosaces. À l'intérieur, 2 nefs parallèles mais pas symétriques, couvertes de voûtes en bois semblables à des coques de navires. Et des vitraux contemporains. C'est cet ensemble disparate qui finit par la rendre attachante.

🎾🎾 *La rue Écuyère* (plan A-B2) : moins bien préservée que la rue Froide, cette jolie voie typiquement caennaise conserve encore quelques curieux (et beaux) souvenirs du passé. On aime bien l'atmosphère qui s'en dégage entre boutiques d'antiquités, bars branchés et anciens hôtels particuliers. Remarquer, au nᵒ 9, cette maison décorée de colonnes, balcons et lucarnes. Au nᵒ 42, l'*hôtel des Écuyers* date de la fin du XVᵉ s. Dans la jolie cour intérieure (la porte s'ouvre parfois dans la journée...), puits et fenêtres gothiques.

🎾 *La rue aux Fromages* (plan A2) : bel alignement de maisons anciennes, entre les nᵒˢ 7 et 11. Elle débouche sur la place Saint-Sauveur.

🎾🎾 *La place Saint-Sauveur* (plan A2) : ancienne place du pilori, réaménagée au XVIIIᵉ s, elle présente une très belle homogénéité. Au nᵒ 2, coincé entre 2 maisons, se dresse le portail de l'*église du Vieux-Saint-Sauveur*. Complètement détruite par les bombardements, cette église a retrouvé la blondeur de sa pierre, mais elle n'ouvre ses portes qu'à l'occasion des expos et autres manifestations qui s'y tiennent. Transept et tour d'époque romane, chœur du XVᵉ s. La place est également bordée de luxueux hôtels particuliers comme, au nᵒ 20, l'*hôtel Fouet* construit vers 1740, à la déco classique et à l'élégant balcon en fer forgé. Voir aussi, au nᵒ 19, l'*hôtel Canteil-de-Condé*. Marché à ne pas manquer le vendredi matin, dont la tradition remonte au XIᵉ s.

CAEN / À VOIR | 237

🗡 **Les quartiers Belle Époque** *(plan A1) :* quelques rues autour de la place du Canada, sur laquelle fut construite l'ancienne gare où les 1ers amateurs de bains de mer prenaient le train pour la Côte de Nacre. Villas et immeubles offrent d'ailleurs un petit avant-goût architectural des stations balnéaires. Bel immeuble à la façade typiquement Art nouveau à l'angle des rues Isidore-Pierre et Saint-Gabriel. Rue Desmoueux, à deux pas du Jardin des plantes, l'ancien cimetière est un lieu étonnant, hors du temps, où l'on peut errer sans même rencontrer un chat, au milieu de tombes oubliées des vivants.

🗡 🚶 **Le Jardin des plantes** *(plan A1) :* 5, pl. Blot. Tlj à partir de 8h (10h w-e et j. fériés) ; fermeture variable selon saison. Serre tlj 13h-17h. Fermé 1er mai et 25 déc. Accès libre. Créé au XVIIIe s, il abrite sur 5 ha plus de 5 000 espèces. Serre exotique, flore normande, orangeraie et quelques arbres spectaculaires.
– Une balade à compléter, surtout si vous êtes en voiture, par la découverte du magnifique **parc floral de la Colline aux Oiseaux** et de sa splendide roseraie en forme de labyrinthe (bien indiqué à la sortie du Jardin des plantes).

D'une abbaye à l'autre...

🗡🗡🗡 **L'abbaye aux Hommes** *(plan A2) :* entrée des bâtiments conventuels sur l'esplanade Jean-Marie-Louvel, par l'entrée de l'hôtel de ville.
Comme on l'explique plus haut – et surtout comme vous le découvrirez si vous suivez une des visites, les plus passionnantes imaginées par une ville pour faire revivre un monument emblématique de son passé (« L'Homme en Noir », balade musicale proposée par l'office de tourisme) –, Guillaume

> ### CROIX ROUGE ET BOMBARDEMENTS
>
> *Plusieurs centaines de familles se réfugièrent dans l'abbaye aux Hommes du 6 juin au 9 juillet 1944, date de la libération de la ville par les Canadiens. Lors des bombardements alliés, pour éviter le carnage, une grande croix rouge fut peinte sur le toit afin de signaler aux aviateurs que les lieux abritaient un hôpital. Ainsi fut épargnée, outre les réfugiés, l'abbaye elle-même.*

le Conquérant décida la construction de l'abbaye vers 1060 pour se réconcilier avec le Saint-Siège. L'ensemble (église et bâtiments) est, avec l'abbaye aux Dames, l'un des sites les plus intéressants de la ville. Belle harmonie architecturale, même si les bâtiments conventuels, plus classiques, ont été reconstruits au XVIIIe s.

– **L'abbatiale Saint-Étienne** *(plan A2) :* tlj sauf dim mat et pdt les offices 9h30-12h30, 14h-18h30. Elle est incluse dans l'un des circuits de visite.
Gracieuse sans paraître imposante, la façade de cette abbaye remarquable, construite assez rapidement pour l'époque (de 1063 à 1077), donne le ton d'emblée : toute la majesté de la pierre taillée est mise en valeur, de même que la finesse des tours et des belles flèches de style gothique, qui inspirèrent nombre d'églises normandes. La même recherche d'harmonie se retrouve dans l'architecture intérieure qui joue là encore sur le dénuement : grandeur et sobriété. Quelques éléments de richesse toutefois : la belle chaire de bois sculpté (XVIIe s) de la nef, sur la droite ; ou encore le marbre du maître-autel et le bronze de son bas-relief. À voir encore, le lutrin en fer forgé et l'énorme support de cierge pascal. Le chœur gothique est l'un des plus anciens de Normandie. Au centre, la tombe de Guillaume le Conquérant (du moins ce qu'il en reste, à savoir bien peu !) porte une inscription latine que l'on traduit pour les mauvais élèves : « Invaincu Guillaume le Conquérant, duc de Normandie, roi d'Angleterre et fondateur de cette maison, mort en 1087 »...
On remarquera encore, sur la gauche, une curieuse horloge dorée du XVIIIe s, coincée entre 2 fenêtres intérieures à petits carreaux, aux belles boiseries sculptées.

238 | **LE CALVADOS / CAEN ET SES ENVIRONS**

Les grandes orgues Cavaillé, du XIXe s, comptent près de 3 400 tuyaux. Elles sont soutenues par un monumental buffet dont les atlantes sont des copies d'œuvres de Puget.

– **Les bâtiments conventuels de l'abbaye** (actuel hôtel de ville) : ☎ 02-31-30-42-81. ♿ (pour la quasi-totalité des 2 circuits de visite). Fermé 1er janv, 1er mai et 25 déc. Visites guidées seulement : avr-juin et sept, tlj à 10h30, 14h et 16h ; juil-août, circuit de 1h30 tlj à 10h30, 14h et 16h, circuit de 50 mn tlj à 12h30, 15h et 17h30 – attention : pressoir et salle des gardes du XIVe s seulement à 10h30 (en revanche, cette visite n'inclut pas celle de l'abbatiale) ; entrée : 7 € pour 1h30, 5,50 € pour 50 mn ; visite libre de quelques salles tte l'année, 3 ou 4 € si expo temporaire (horaires variables); réduc, gratuit moins de 18 ans. Oct-mars, visites lun-ven à 10h30 et 14h, plus dim pdt vac scol (avec une visite de plus à 16h) ; entrée : 4,50 €, réduc, gratuit moins de 18 ans.

Majestueuse façade principale en pierre de Caen, de 105 m de long. Il ne reste plus rien des bâtiments de l'époque romane. Néanmoins subsistent quelques témoignages de la période gothique, dont la salle des gardes du XIVe s (actuelle salle du conseil municipal). L'ensemble fut reconstruit au début du XVIIIe s par un moine architecte. Les moines furent mis à la porte pendant la Révolution, puis Napoléon Ier transforma l'abbaye en lycée. En 1965, la mairie prit possession des lieux. Un des plus beaux hôtels de ville de France (encore plus beau à la tombée de la nuit).

Au cours de la visite guidée, surtout si vous avez la possibilité d'en suivre une contée, par une nuit estivale, on remonte le temps, revivant celui des moines, puis des maires célébrant les mariages dans l'ancienne salle capitulaire. Salles intérieures somptueuses, chacune dans un genre différent. On craque pour la grande salle du réfectoire où, au fond, une toile fait apparaître Guillaume en empereur romain (!). Au passage, vous verrez encore l'escalier des matines, le cloître qui a perdu ses carrés de simples avec, dans un angle, le superbe « tableau des offices », le parloir où les sons résonnent...

– **L'Artothèque** (plan A2) : dans le palais ducal, impasse du Duc-Rollon. ☎ 02-31-85-69-73. ● artotheque-caen.net ● Mar, jeu et sam 14h-18h30, mer et ven 11h30-18h30. GRATUIT. Avant d'accueillir des œuvres d'art, cette belle bâtisse du XIVe s ayant miraculeusement survécu aux bombardements de 1944 accueillait les hôtes de marque reçus à l'abbaye aux Hommes. Transformée en écurie et en grenier à blé au XVIIe s, elle abrite ensuite l'École normale de 1862 à 1961. Aujourd'hui, on vient y emprunter des œuvres, mais aussi contempler les expos proposées dans ses belles salles restaurées.

– L'hôtel de ville abrite également un petit **musée d'initiation à la nature** (☎ 02-31-30-43-27 ; ♿ ; vac de Printemps-vac de la Toussaint, lun-ven 14h-17h30 ; le reste de l'année, mer ap-m seulement ; GRATUIT), consacré à la faune et à la flore de Normandie.

🔸 De l'autre côté de l'esplanade Jean-Marie-Louvel, l'**église Saint-Étienne-le-Vieux** (plan A2) ne se visite pas mais présente un aspect très émouvant (de nuit, surtout). Romane puis gothique, elle a subi les assauts des obus de la Seconde Guerre mondiale, témoin du sacrifice et du martyre de la ville. Un bout de nef, quelques contreforts et arcades sauvent fièrement l'honneur.

🔸 **L'église Saint-Nicolas** (plan A2) : ouv seulement lors de concerts, spectacles, expos et Journées du patrimoine. Bâtie au XIe s, elle est aujourd'hui désaffectée, mais son intérieur est resté d'une grande pureté. Le cimetière, sur son flanc nord, dégage une poésie toute romantique. Belle vue sur les tours de Saint-Étienne.

🔸 La **rue Saint-Pierre** (plan B2) offre elle aussi un bel alignement de maisons en pierre de pays. Au n° 52, 2 splendides maisons à pans de bois. Un peu plus loin, au n° 98, la belle façade classée de la Librairie générale du Calvados.

🔸🔸 **L'hôtel d'Escoville** (plan B2) : pl. Saint-Pierre. Il abrite l'office de tourisme. Construit dans la 1re moitié du XVIe s par « le seigneur le plus opulent de la ville »

CAEN / À VOIR | **239**

qui fit fortune dans le commerce des céréales. M. d'Escoville était aussi alchimiste et sa demeure regorge de symboles ésotériques. Cette noble bâtisse passe pour être l'un des exemples les plus accomplis de l'art de la Renaissance en Normandie. Le flanc droit offre de nombreuses statues représentant des personnages mythologiques et bibliques. Lucarnes sculptées. Difficile d'imaginer le massacre qu'a subi le bâtiment pendant les bombardements. La qualité du travail de restauration est remarquable.

🎋 **L'hôtel de Than** *(plan B2)* : *bd du Maréchal-Leclerc. Ne se visite pas.* Construit peu avant l'hôtel d'Escoville, il marque une période de transition entre les styles gothique flamboyant et Renaissance. Bien observer les lucarnes, décorées de volutes et de bas-reliefs. Pour l'anecdote, les propriétaires de ces 2 hôtels voisins (celui d'Escoville et celui-ci) se détestaient. Au point que celui de l'hôtel de Than, pour bien montrer son mépris, fit sculpter sur sa façade un personnage se déculottant en direction de l'hôtel d'Escoville ! Y a pas de petites bassesses.

🎋🎋 **L'église Saint-Pierre** *(plan B2)* : *entrée par la pl. Saint-Pierre. Tlj sauf dim ap-m.* Construite du XIIIᵉ au XVIᵉ s, elle joue elle aussi sur la transition des styles : gothique rayonnant et flamboyant, puis Renaissance. Superbe clocher du XIVᵉ s, de près de 80 m de haut, qui rendit cette église célèbre. En contournant l'église, on remarque la finesse de la façade principale, mais aussi la richesse de l'ornementation du chevet édifié sur pilotis au XVIᵉ s (de style Renaissance particulièrement chargé).

COMMENT SORTIR GRANDI DE LA GUERRE ?

Le clocher de l'église Saint-Pierre fut détruit dans la nuit du 8 au 9 juin 1944, non pas par les bombardements alliés, mais par un obus tiré depuis la côte. Il fut restauré grâce aux bénéfices de la vente des épaves du Débarquement. Et ces bénéfices durent être élevés car la flèche y gagna quelques mètres ! Celle d'origine mesurait en effet 72 m de haut, contre 80 aujourd'hui !

LE CALVADOS

Bel intérieur où la profusion des sculptures impressionne. Très jolie frise ciselée comme de la dentelle, qui court le long du chœur. Les chapelles autour du chœur tranchent avec le reste de l'église : voûtes Renaissance avec clé particulièrement pendantes et fort travaillées. Certains chapiteaux méritent d'être détaillés.

🎋🎋🎋 **L'abbaye aux Dames** *(plan C1)* : *pl. de la Reine-Mathilde.* Suivre la rue des Chanoines pour arriver à l'alter ego de l'abbaye aux Hommes, puisque sa construction fut commandée par l'épouse de Guillaume, Mathilde, quelques années avant celle aux Hommes, et pour le même motif (à savoir la validation de leur mariage par le pape). Pourtant, l'aspect d'ensemble diffère totalement de celui de l'abbaye aux Hommes, même si les bâtiments conventuels édifiés bien plus tard, au XVIIIᵉ s, furent conçus par le même architecte, Guillaume de La Tremblaye.

– **L'église de la Trinité :** érigée pour l'essentiel au XIᵉ s, comme sa consœur, puis remaniée aux XIIᵉ et XIIIᵉ s, elle fut restaurée au XIXᵉ s. Plus massive d'aspect que l'église Saint-Étienne, c'est tout de même un très bel exemple d'architecture romane normande. Elle était autrefois entièrement recouverte de peinture. Grande nef romane presque blanche, lumineuse, dont la voûte gothique du XIIᵉ s, sur croisée d'ogives, est l'une des 1ʳᵉˢ réalisées dans la région. À noter, les chapiteaux aux décorations florales ainsi que les représentations animalières de l'abside tirées du bestiaire (centaures, éléphant, lions...). La reine Mathilde (morte en 1083) a, elle aussi, droit aux honneurs du chœur : ses restes reposent sous un beau marbre noir de Tournai. Mais le clou de la visite reste la *crypte* : élégantes rangées de colonnes aux chapiteaux finement sculptés, un vrai petit chef-d'œuvre. Observez le 1ᵉʳ chapiteau en entrant. Personnages d'une grande simplicité, dont l'un représente

240 | **LE CALVADOS / CAEN ET SES ENVIRONS**

l'archange saint Michel accueillant les morts sortant de leur tombe, évocation du Jugement dernier, thème récurrent au Moyen Âge.

– *Les bâtiments conventuels de l'abbaye :* ☎ 02-31-06-98-98. ♿ *Visites libres gratuites 8h-12h30, 13h30-18h en sem et 14h-18h le w-e. Visites guidées tlj à 14h30 et 16h. Tarif : 4 € ; réduc ; gratuit moins de 18 ans. Durée : env 1h15.*
Reconstruit au XVIIIᵉ s par Guillaume de La Tremblaye, le monastère abrite de nombreux édifices d'une grande sobriété, tous bâtis dans la même pierre de taille (de Caen, bien sûr). Superbe ! Élégant jardin à la française dans la cour du cloître, d'où l'on a un bon aperçu des façades. C'est la Révolution qui ruina les bâtiments. Ils devinrent tour à tour caserne militaire, dépôt de mendicité, hôtel-Dieu, puis hospice. On s'y réfugia pendant les bombardements de juin 1944. C'est désormais le siège du Conseil régional de Normandie (d'une abbaye à l'autre, les fonctionnaires à Caen sont joliment traités !).
Cette ancienne abbaye compta, parmi ses pensionnaires, une certaine Charlotte Corday. La visite permet de voir le cloître, le *lavatorium* (curieux lavabos de marbre noir, dans de grosses coquilles qui servaient à se laver les mains avant de passer au réfectoire) et le grand escalier encadré de 2 tableaux bibliques (*Marthe et Marie* et la *Samaritaine*).
La visite permet également (quand elle n'est pas de sortie) d'admirer la collection « Peindre en Normandie », riche de plus d'une centaine d'œuvres d'artistes inspirés par la région (Corot, Boudin, Courbet, Dufy, Monnet et Renoir pour les plus connus).

Au sud de la ville, entre port et hippodrome

🧍 *Le bassin Saint-Pierre* (plan C2) : c'est l'un des 5 bassins du port de Caen, distincts les uns des autres le long d'un canal qui relie la ville à la mer (voir plus loin). Le long de ce bassin, consacré exclusivement à la plaisance, on se croirait vraiment au bord de la mer, surtout quand de nombreux voiliers y sont amarrés. Agréable promenade le long des quais. Le dimanche s'y tient un grand marché. Le Caen de demain se construit tout autour, tandis que les derniers espaces libres disparaissent. C'est ici que vous reviendrez pour boire un verre à la fraîche, ou pour dîner, si vous avez déjà fait le tour des restos du centre-ville.

🧍🧍 *L'église Saint-Jean* (plan C2) : rue des Martyrs. En général toujours ouverte dans la journée. Édifice du XVᵉ s, de style gothique flamboyant (observer les « flammes » des vitraux). À l'intérieur, nef superbe et curieuse tour-lanterne aux parois sculptées, d'époque Renaissance, qui tranchent nettement avec la sobriété de la nef. Une église toute tordue (voir encadré), dont le particularisme se voit très nettement en 2 endroits : à l'extérieur, devant la façade, et à l'intérieur, en se plaçant derrière le chœur, dans le déambulatoire,

> ### UNE ÉGLISE TOUTE DE GUINGOIS !
>
> *Ce ne sont pas les bombardements qui sont responsables du surprenant aspect de l'église Saint-Jean, mais le sol marécageux sur lequel elle est bâtie. Avant la Seconde Guerre mondiale, des pilotis formés de chênes entiers s'enfonçaient dans la vase jusqu'au sol ferme. L'église tanguait déjà. Ils furent remplacés par du béton après la guerre. Mais rien n'y fit, l'église continue à bouger et à s'ouvrir, doucement mais sûrement.*

d'où la nef semble littéralement s'ouvrir ! Clocher-porche légèrement incliné, et arcs du transept complètement déformés. Sincèrement, ça mérite vraiment le coup d'œil !

🧍 *La Prairie* (plan A-B3) : à côté de l'hippodrome. Une autre originalité de ce centre-ville élargi et plein de surprises qui donne un visage bien particulier à Caen. Ce vaste espace d'herbes sauvages est préservé depuis le Moyen Âge. 2 raisons à cela : l'herbe servait à nourrir les chevaux, et l'emplacement, depuis le XIᵉ s, permettait d'installer les chapiteaux d'une importante foire. Les chevaux sont restés (hippodrome), la foire(-expo) a toujours lieu mais à côté, et le site est désormais classé. Belle promenade le long de l'Orne (au fond de la Prairie, côté est), sous la grande allée de platanes, le long du cours du Maréchal-Kœnig.

Plus loin du centre, au nord-ouest de la ville

🏃🏃🏃 **Le Mémorial de Caen (Cité de l'histoire pour la paix** ; hors plan par A1) : esplanade du Général-Eisenhower. ☎ 02-31-06-06-45. ● memorial-caen.fr ● 🚇 *Université (depuis la gare) puis bus n°ˢ 2 ou 6. ♿ Accès en voiture : par le bd périphérique nord (sortie n° 7) ; très bien fléché du centre-ville. Fin janv-mars, tlj 9h-18h ; avr-sept, tlj 9h-19h ; oct-déc, 9h30-18h (fermé les lun de nov et les 7, 14 et 25 déc). Fermé : 1ᵉʳ janv ; 5-27 janv. Entrée : 19,80 € ; tarif réduit 17,50 € ; tarif famille (2 adultes et nombre*

> ### « ÉPRON, VILLAGE DE LA RADIO »
>
> *Telle est l'inscription que l'on peut lire en passant devant cette petite ville juste au nord de Caen, quand on se dirige vers la Côte de Nacre. Mais pourquoi donc, vu qu'il n'y a aucune radio ? Épron fut très endommagé lors du Débarquement. En 1948, l'animateur Jean Nohain fut consterné par les conditions de vie de ses habitants. Il lança à la radio une souscription nationale grâce à laquelle les maisons purent être reconstruites en quelques mois.*

d'enfants de 10 à 25 ans illimité) 51 €. Audioguide : 4,50 € (par adulte), 3 € (moins de 18 ans). Vente des derniers billets 2h avt la fermeture du site. Il existe par ailleurs plusieurs formules pour découvrir le Mémorial et les plages du Débarquement : une ½ journée au Mémorial combinée à une ½ journée d'excursion guidée sur les plages.
2 formules de restauration à disposition : « Le Bistrot » *(sandwichs, salades et plat du jour) et* « La Terrasse » *(cuisine traditionnelle, ouv ts les midis).*
– **Spécial enfants** *: une garderie gratuite au sein du musée accueille les bambins de moins de 10 ans. Visites guidées famille pdt les vac scol.*
Inauguré le 6 juin 1988 par François Mitterrand, le Mémorial de Caen est devenu l'un des passages obligés de Normandie. Il s'agit davantage d'un centre pédagogique que d'un musée, d'un outil de réflexion sur la folie humaine et sur les tentatives de l'empêcher de se traduire par des guerres. C'est à la fois un centre culturel (musée, cinéma, expos...), un forum d'échanges, une banque de données (documentation, librairie spécialisée, bureau de recherches), un « monument » pour la paix, un lieu de rassemblement et de promenades (dans les jardins canadien, américain et britannique).
Sobriété, clarté du propos, intelligence de la mise en scène, rigoureuse sélection des documents font du Mémorial un site unique et passionnant, dont la visite s'avère extrêmement enrichissante pour tous les âges. En tout, plus de 4 500 m² d'espaces consacrés aux XXᵉ et XXIᵉ s à partir de 1918.
Le plus cohérent est de visiter le Mémorial dans l'ordre chronologique et de remonter le temps ; cependant, commencer par la 2ᵈᵉ partie (l'après-guerre) permet souvent d'éviter la foule, surtout si vous venez le matin. Mais quand on arrive à l'ouverture, aucun problème.
– Le **bâtiment** proprement dit, construit sur les restes d'un bunker de commandement allemand, est une massive bâtisse en pierre de Caen. 1ᵉʳ symbole : la grande fracture centrale, évoquant la percée opérée par les Alliés dans le mur de l'Atlantique.

242 | LE CALVADOS / CAEN ET SES ENVIRONS

– *La Seconde Guerre mondiale :* la 1re partie présente la situation économique et sociale en Europe, la dégradation des relations internationales de 1918 à 1939 *(Faillite de la paix)* et le conflit lui-même *(La France des années noires ; Guerre mondiale/Guerre totale)*. Puis viennent le retournement et la naissance de l'espoir avec *Le Débarquement et la bataille de Normandie*. L'ensemble s'appuie sur une muséographie exceptionnelle, utilisant des documents d'archives le plus souvent poignants (articles de presse, photos, correspondances, films d'époque), mais aussi des maquettes et des véhicules et uniformes militaires. *Incontournable « Le Jour J et la Bataille de Normandie »,* un film de 19 mn (séance toutes les 30 mn). À partir d'images d'archives, ce film retrace le Débarquement jusqu'à la Libération de la ville du Havre. Longue de plus de 100 jours, cette bataille changea l'histoire du monde : elle fut la clé de la libération de la France et de l'Europe occidentale.

Ne ratez pas dans une galerie reliant les 2 bâtiments le nouveau *film immersif « L'Europe, notre histoire »,* une expérience visuelle et sonore inédite de 19 mn. Ce film vous permet de remonter le temps et de plonger au cœur de l'histoire de l'Europe du XXe s (séance toutes les 30 mn).

– *Le monde après 1945 :* on y aborde la période entre la fin de la guerre et la chute du mur de Berlin, que l'on redécouvre non sans émotion car le lien se fait de manière logique, limpide, entre la situation à la fin de la guerre et les tensions d'aujourd'hui, permettant des discussions intergénérationnelles chez les visiteurs.

– *Le bunker du général allemand Richter :* le 6 juin 1944, une partie de l'état-major allemand était entassée dans cette sorte de long tunnel de métro sous la falaise. Aujourd'hui, une scénographie audacieuse y parle de l'Occupation et de la Résistance en Normandie.

Et désormais, le travail du célèbre photographe et journaliste de guerre Patrick Chauvel est présenté de façon permanente (les photos sont exposées par roulement) ; un témoignage photographique inestimable sur les conflits de ces 50 dernières années.

Du 15 mai au 1er novembre, le Mémorial accueille une exposition, « La libération de la peinture 1945-1962 », consacrée à la peinture abstraite de cette période.

Après la visite, on peut s'accorder un instant de détente et de sérénité dans les jardins situés sur l'arrière.

🍴 *L'abbaye d'Ardenne :* 14280 **Saint-Germain-la-Blanche-Herbe.** ☎ 02-31-29-37-37. ● *imec-archives.com* ● *Bus nos 20 ou 21, arrêt Ardenne. À 4 km au nord-ouest du centre ; suivre le fléchage « Mémorial », c'est indiqué ensuite. Accès libre à la cour lun-ven (mar-dim lors des expos temporaires) 9h-18h. Visites guidées à Pâques et juin-sept, lun et mer à 14h30 et 16h. GRATUIT.* La 3e grande abbaye de Caen. Partiellement détruite au début du XIXe s et transformée en ferme, l'abbaye a souffert des combats de la Seconde Guerre mondiale. Du monastère d'origine (XIIe s), il ne reste plus qu'une solide porte. L'ensemble des bâtiments abrite les collections et les activités de l'IMEC (Institut Mémoires de l'édition contemporaine). L'ancienne église abbatiale est ainsi devenue une très contemporaine salle de consultation et de lecture. Et entre ses superbes arcades, l'imposante grange aux dîmes accueille d'intéressantes expos temporaires autour de la littérature. Le jardin des Canadiens rend hommage aux soldats exécutés par les Allemands en juin 1944.

À faire

➢ *Les Pieds dans l'Orne (plan C3, 3) : quai Hamelin.* ● *lespiedsdanslorne.fr* ● *D'avr à mi-sept, mer-dim 11h30-18h30 ; tlj 10h30-19h pdt vac scol.* Une sympathique initiative que cette base nautique en pleine ville. Location d'embarcations à pédales, paddles, canoës, kayaks, petits bateaux électriques, à louer à l'heure ou à la journée pour découvrir la ville sous un autre angle avec un parcours qui s'étend sur une douzaine de kilomètres (aller).

LE CANAL DE CAEN À LA MER | **243**

➤ *Le chemin de halage (ou GR 36) :* belle promenade le long du canal de l'Orne, depuis le port de Caen jusqu'à Ouistreham, à 15 km. Se fait à pied, à vélo (Vélo Francette) ou à rollers. En chemin, on croise les célèbres Pegasus Bridge et *Café Gondrée* (voir plus loin « Le canal de Caen à la mer »).

➤ *La voie verte de la Suisse normande :* depuis Caen, cette voie verte longe l'Orne sur 45 km et relie Clécy (en Suisse normande), sur 45 km.

Manifestations

– *Concours international de plaidoiries :* *1 w-e fin janv. Entrée libre.* Au Mémorial de Caen, avocats internationaux et équipes de lycéens viennent plaider en public pour les Droits de l'homme en choisissant un cas concret et d'actualité.
– *Carnaval étudiant :* *un jeu fin mars-début avr.* Le plus grand carnaval étudiant d'Europe.
– *Éclats de rue :* *le soir jeu-ven juil-août.* ● eclatsderue.caen.fr ● *GRATUIT.* Les arts de la rue investissent les parcs, jardins et quartiers de la ville.
– *Les Boréales :* *nov.* ● lesboreales.com ● Festival consacré aux littératures et cultures nordiques (Scandinavie, Finlande, Islande).

LE CANAL DE CAEN À LA MER

Cette voie d'eau reliant le port de Caen au port de Ouistreham (voir plus loin) a donné depuis le XIXᵉ s un statut de port de mer à la capitale du Calvados. Mais il aura fallu attendre la création de la métropole « Caen la Mer » (● *caen lamer.fr* ●) pour que la ville montre enfin son nouveau visage. Les dernières friches industrielles disparaissent pour accueillir administrations et habitations avec vue.
Les trekkeurs urbains partagent les 14 km de piste avec les vélos, les rollers, les canards. On s'ouvre l'appétit pour aller déjeuner à *L'Espérance,* on s'arrête au *Café Gondrée* pour profiter d'un cadre hors du temps et du parler local, avant de faire œuvre de mémoire sur la Côte de Nacre, près des plages du Débarquement (voir plus loin).

Où dormir ? Où manger ? Où boire un verre ?

🏠 |○| *Hôtel-restaurant La Glycine :* 11, pl. du Commando-Nᵒ 4, 14970 **Bénouville.** ☎ 02-31-44-61-94. ● la-glycine@wanadoo.fr ● la-glycine. com ● ☕ *Au centre-bourg, face à l'église. Resto fermé dim soir et lun midi. Doubles 90-127 € ; familiales. Menus 19,50 € (en sem), puis 28-46 €. Trou normand offert sur présentation du guide de l'année.* Dans une bâtisse en pierre couverte de glycine (évidemment !), cette auberge abrite de jolies chambres à la déco contemporaine. Quelques-unes, tout aussi agréables, se situent dans l'annexe en face. Côté table, une cuisine entre terre

et mer, de tradition mais avec un ton d'aujourd'hui.
🏠 |○| *Le Manoir d'Hastings :* 18, av. de la Côte-de-Nacre, 14970 **Bénouville.** ☎ 02-31-44-62-43. ● manoir dhastings@orange.fr ● ☕ *Au centre-bourg, face à l'église. Resto fermé lun-mar. Doubles 150-170 €. Menus 20-26 € (midi en sem), puis 32-48 € ; carte 58 €. Parking.* Dans un vieux bâtiment en pierre joliment restauré, 4 chambres ultra-confortables et forcément cosy, à thème, spacieuses. Côté resto, on fait dans la sobriété, laissant chacun arroser comme il l'entend les plats savoureux du moment proposés

LE CALVADOS

244 | **LE CALVADOS / CAEN ET SES ENVIRONS**

par le chef. Grandes baies vitrées, pas pour vous en mettre plein la vue, juste pour la lumière. Bon risotto d'andouille de Vire à la crème de camembert, vrai parmentier de canard, etc. Accueil chaleureux.

I●I ↑ L'Espérance : *512, rue Abbé-Alix, 14200* **Hérouville-Saint-Clair.** ☎ 02-31-44-97-10. ● *contact@esperance-stephanecarbone.fr ● Tlj sauf lun et le soir des mar et dim. Résa conseillée. Formules déj en sem 16-22 € ; menus 33-46 €.* Reprise par le chef étoilé caennais Stéphane Carbone, qui multiplie les bons papiers (humour facile), voici l'adresse en vogue où il faut réserver si on veut avoir la chance d'obtenir une table. Cuisine bistronomique raffinée, dans un cadre très agréable, sur les rives un peu sauvages du canal de Caen à la mer. Terrasse sur pilotis accessible en été.

I●I ▼ ↑ Le Café Gondrée : *dans le village de* **Bénouville,** *juste au niveau du Pegasus Bridge.* ☎ 02-31-44-62-25. *Avr-fin oct, tlj. CB refusées. Photos interdites. Plats env 15-20 €.* La 1re maison libérée le jour du Débarquement ! Les lieux furent d'ailleurs transformés en hôpital de campagne dès l'arrivée des Anglais. Bref, un endroit mythique, que l'on pourrait prendre pour un musée tant les souvenirs de l'époque débordent sur les murs : photos de soldats, écussons, mots de souvenirs, drapeau à l'effigie du cheval ailé, etc. Toujours tenu par la même famille, il y règne une sacrée ambiance à chaque anniversaire du *D-Day* ! L'accueil peut être rude, mais l'omelette maison est un régal, la terrasse un grand moment à vivre, comme le passage obligé au comptoir, pour la commande.

À voir

🏚🏃 Ornavik : *domaine de Beauregard, 14200* **Hérouville-Saint-Clair.** ☎ 02-31-52-40-90. ● *ornavik.fr ● À 7 km au nord-est de Caen direction Ouistreham, sortie « Beauregard ». Avr-sept (pour les horaires, se renseigner). Entrée : 7,50 € ; réduc ; tarif famille 20 €. Parking gratuit.*
Dans un joli coin de nature, un parc historique dans l'esprit de celui du château de Guédelon en Bourgogne ; soit, étalée sur une quinzaine d'années, la construction avec les techniques de l'époque d'un village carolingien, des embarcations de la flotte de Guillaume le Conquérant, d'une motte du XIe s... En 2011, un campement viking s'est installé sur le site. Et depuis, chaque été, entre le forgeron qui fabrique des couteaux dans une maison semi-enterrée et la tireuse de runes devant sa tente, on se croirait transporté au IXe s, chez les 1ers Normands !
Bien sûr, difficile de prétendre reconstituer de manière scientifique cette époque. Reste la volonté de « mettre en valeur cette étape importante qui marque le début du métissage des 2 cultures qui ont fait naître la Normandie ». Une grande ferme, une église, le cimetière, des champs cultivés... Reste la construction du chantier naval et du château à mener à bien. Et cette lente évolution (l'équipe est à 100 % bénévole) n'est pas un des moindres intérêts de cet étonnant endroit.
– **Grandes Fêtes Vikings :** *3e w-e de juil.* Animations sur la vie des Vikings. Reconstituions, contes, combats, spectacles etc.
– **Festival de Beauregard :** *juil, au château (Ornavik fermé durant le festival).* ● *festivalbeauregard.com* ● Joli cadre et ambiance familiale pour une programmation internationale variée et de qualité (dans le style pop-rock).

🏚🏃 Le Pegasus Brige : *14970* **Bénouville.**
À mi-chemin entre Caen et Ouistreham, cette petite cité des bords de l'Orne est célèbre pour

---

BOIRE UN CANON

Le patron du Café Gondrée, *à Bénouville, pour fêter dignement la libération du village, apporta 3 000 bouteilles de champagne qu'il avait enterrées pour les cacher aux Allemands. Les troupes anglaises ne s'attendaient sans doute pas à un accueil so frenchy !*

RANVILLE | 245

son pont, le Pegasus Bridge. Ce nom lui fut donné en hommage à la division aéroportée britannique qui le libéra, la 6e Airborne, dont l'écusson était un cheval ailé. La conquête du site qui entra dans l'Histoire sous le nom de *Pegasus Bridge* fut confiée à la compagnie britannique du major John Howard, immortalisée par le film *Le Jour le plus long* (1962). Aux 1res minutes du 6 juin, 6 planeurs atterrissent, à raison de 3 par pont, entre l'Orne et le canal de l'Orne. Ils sont à moins de 50 m de la cible. En 10 mn, les ponts sont saisis, intacts. Le 7e bataillon parachutiste largué au-dessus de Ranville accourt, traverse le pont de Bénouville et tient la rive gauche du canal jusqu'à la jonction, attendue pour midi, avec les commandos débarqués à Colleville. Une fois sur place, les démineurs se rendirent compte que la dynamite n'avait pas encore été fixée sous le pont. Pour les Alliés, le site était capital puisqu'il assurait la protection du flanc est du Débarquement...

Ce pont historique, à la charpente métallique originale, a depuis été démonté pour être remplacé par une copie presque conforme. Le pont basculant d'origine, en effet, ne pouvait pas laisser passer les bateaux de plus en plus gros qui empruntent le canal.

LE CALVADOS

RANVILLE   (14860)   1 868 hab.   *Carte Calvados, C2*

À une dizaine de kilomètres au nord-est de Caen, un peu à l'écart de la route de Cabourg. À proximité d'un point stratégique (le canal de l'Orne), Ranville reste indissociable de l'histoire du Débarquement : contrairement à ce qui est souvent dit, c'est lui le 1er village de la France continentale à avoir été libéré (vers 2h30) le 6 juin, peu de temps après le largage des paras britanniques, et non Sainte-Mère-Église (libérée vers 6h30 !).

Les éclaireurs de la 6e Airborne furent parachutés par une trentaine d'appareils le long de la route Ranville-Bréville. Équipés de balises radio et de feux de signalisation, ils délimitèrent les aires de largage des 2 000 paras que devaient expédier 30 mn plus tard 110 avions de la Royal Air Force. Le 13e bataillon parachutiste se disposa rapidement autour du bourg, qu'il défendit jusqu'à la libération de Caen.

En souvenir de ses libérateurs, le cimetière du village abrite, au pied de son église du XVIe s, les corps de plus de 2 000 soldats britanniques.

À Ranville, vous avez déjà mis un pied dans le secteur de la Côte Fleurie, mais il était logique de terminer ici notre balade au fil de l'Orne, une fois passé le pont le plus photographié du secteur. Et comme ici un Pegasus Bridge peut en cacher un autre...

Adresse utile dans les environs

🛈 *Bureau d'information touristique :* 1, av. de Paris, 14810 **Merville-Franceville-Plage.** ☎ 02-31-24-23-57. ● tourisme-campagnebaieorne.fr ● ♿ Juil-août, tlj 10h-13h, 14h-18h30 ; | *avr-juin et sept-oct, tlj 10h-13h, 14h-18h ; nov-mars, mar-sam jusqu'à 17h30. Voir plus loin dans la partie « La Côte Fleurie ».*

Où dormir dans les environs ?

🏠🍴 *Chambres d'hôtes La Rivaudière :* 1, rue du Lavoir, 14860 **Bavent.** ☎ 02-31-78-16-06. ● larivaudiere@yahoo.fr ● À 6 km de Ranville, dans le | *centre de Bavent, en face de la poste. Double 70 € ; familiale. Repas sur résa 30 €.* Près d'un lavoir où batifolent les canards en toute tranquillité. Entourée

246 | LE CALVADOS / CAEN ET SES ENVIRONS

d'arbres, une demeure normande en pierre et à colombages. Chambres à la déco simple et chaleureuse (on aime beaucoup la jaune et la rouge).

Aux beaux jours, petit déjeuner sur la terrasse. Une belle adresse, très bien tenue, où l'on vous accueille avec le sourire.

À voir à Ranville et dans les environs

Le Mémorial-Pegasus : *av. du Major-Howard.* ☎ *02-31-78-19-44.* ● *memorial-pegasus.org* ● ♿ *Le musée, officiellement à Ranville, se situe en fait à la limite de Bénouville, juste à côté du Pegasus Bridge. Avr-sept, tlj 9h30-18h30 ; fév-mars, tlj 10h-17h. Fermé de mi-déc à fin janv. Entrée : 8 € ; réduc. Visite guidée incluse dans le prix, inscription à l'office de tourisme.* Musée consacré tout particulièrement à la 6e division aéroportée britannique, les « Bérets Rouges », 1ers soldats débarqués dans la nuit du 5 au 6 juin 1944. Collection d'objets et de documents authentiques présentés dans une petite muséographie plutôt réussie. Une maquette géante permet de visualiser toutes les zones d'intervention de la 6e division. Le parc du musée abrite le « vrai » Pegasus Bridge, un pont Bailey (un pont provisoire) et la réplique grandeur nature d'un planeur Horsa (unique au monde) ; 352 d'entre eux atterrirent dans la région de Ranville-Bénouville. Expo temporaire à partir de juin dans l'un des baraquements.

Cimetière militaire de Ranville : *rue du Comte-Louis-de-Rohan-Chabot.* Près de 2 600 soldats y reposent, principalement britanniques mais aussi de 7 autres nations.

La Brasserie des 9 Mondes : *rue de l'Artisanat, dans la ZAC des Capucines.* ● *brasseriedes9mondes.com* ● *Mar-ven 16h-19h, sam 10h-17h. Visite gratuite sur inscription à l'office de tourisme. Dégustation et boutique.* Basée à Ranville, à 2 mn du Pegasus Bridge, cette microbrasserie artisanale est née de la passion de 2 frères, Thomas et Nicolas, qui aiment partager leur passion. Ça tombe bien : 9 bières, 9 mondes à découvrir.

La Poterie du Mesnil de Bavent : *le Mesnil, D 513.* ☎ *02-31-84-82-41.* ● *poterie-bavent.com* ● *Tte l'année, lun-sam 9h-12h, 13h30-17h30. Visite libre et gratuite du site, visite guidée juil-août (rens office de tourisme). Ateliers de poterie pdt les vac scol.* Dans ce lieu toujours en activité, on fabrique des épis de faîtage, couronnements de toiture réalisés en terre cuite. On y fabrique également des animaux en céramique ou des décorations architecturales que

LES VEAUX MARINS DU CALVADOS

Il n'y a pas que les vaches qui font désormais partie du paysage normand. Un petit groupe de veaux marins – des phoques – a élu domicile dans la baie de Sallenelles. Ils aiment se prélasser au soleil sur les bancs de sable. Mais attention à ne pas les déranger ! Il est impératif de laisser une distance d'au moins 300 m entre le phoque et vous. L'occasion d'emporter ses jumelles...

l'on retrouve dans différentes maisons normandes... Vous pourrez chiner chez les brocanteurs et dans les boutiques des artisans qui font le charme de ce lieu hors du temps.

Les marais de la Dives : *près de Bavent, beaux paysages où alternent « îles »* et étendues inondables. Baladez-vous sur les chemins le long des canaux délimitant les pâturages. Dès le Moyen Âge, les moines de l'abbaye de Troarn commencent à creuser des canaux et à élever des digues dans les marais de la Dives afin de contenir les crues et d'exploiter les terres. Mais ce n'est qu'au XVIIe s que la 1re « poldérisation » (conquête de terres sur les zones humides) peut être enfin menée à bien par l'administration royale. Inondés à nouveau par l'armée allemande durant la Seconde Guerre mondiale, les marais ont causé la noyade de centaines de parachutistes britanniques venus attaquer la batterie de Merville en 1944.

LA CÔTE FLEURIE

Derrière la poésie du nom, c'est tout le faste des stations normandes les plus renommées (Deauville, Cabourg), mais aussi le charme désuet de la plupart d'entre elles (Houlgate, Trouville), voire le sympathique côté populaire de leurs voisines (Blonville, Villers-sur-Mer) et la modestie touchante des moins connues (Villerville, Cricquebœuf)... sans oublier la grâce du plus mignon des ports : Honfleur. On est ici au paradis des peintres impressionnistes. On marche dans les pas de Proust et de Baudelaire. Le subtil parfum déposé lors de la Belle Époque y flotte encore par moments. La Côte Fleurie semble protégée par 2 remparts naturels : la mer et la campagne (le beau pays d'Auge). Derrière les pommiers... la plage !
Cette côte est principalement dévolue au tourisme (contrairement à la Côte de Nacre, à l'ouest de Caen, plus populaire mais aussi plus habitée à l'année par les Normands eux-mêmes). Ce qui explique le contraste entre la saison et les week-ends, pleins de vie et d'animation, et le reste du temps, où la plupart des villes vous donneront l'impression de vivre au ralenti. Une activité qui explique la politique des prix sur toute cette côte : les prix haute saison sont le plus souvent appliqués aux week-ends, quel que soit le moment de l'année. Par ailleurs, si vous venez justement un week-end, mieux vaut réserver, car lorsque le soleil pointe son nez, l'hébergement dans ce secteur affiche vite complet.
🚌 La ligne n° 20 des *Bus verts* (● *busverts.fr* ●) dessert toute l'année Caen, Merville-Franceville-Plage, Cabourg, Dives-sur-Mer, Houlgate, Villers-sur-Mer et Deauville. De là, navette pour Trouville, Honfleur et Le Havre.

MERVILLE-FRANCEVILLE-PLAGE

(14810)   2 227 hab.   *Carte Calvados, C1*

On est presque en 1900 et le « Decauville » – petit train touristique Caen-Dives – s'arrête déjà à Merville depuis 6 ans quand Édouard Wattier jette les bases du domaine de « Franceville-Plage » sur les dunes encore vierges. Ses kilomètres de sable fin et sa proximité avec Caen permettent à la petite dernière de la Côte Fleurie d'être aux 1res loges à l'heure des 1ers congés payés et de jouer, aujourd'hui encore, la carte « famille ». Détruite à 80 % lors des bombardements de 1944, elle s'impose parmi les grandes étapes du circuit du Débarquement avec sa fameuse batterie, cible d'un assaut héroïque aux 1res heures du *D-Day*. Et si elle a renoncé au faste des palaces et des casinos, elle n'en préserve que mieux son environnement naturel : l'estuaire de l'Orne, plus vaste espace naturel protégé du Calvados, avec son site dunaire, sa « redoute » du XVIIIe s au cœur d'un ambitieux projet de réhabilitation, ou encore sa réserve ornithologique.
Si vous faites un petit détour par Gonneville-en-Auge, vous découvrirez un panneau insolite qu'on adore, signalant un authentique passage piéton pour... canards.

Adresses et info utiles

ℹ️ *Bureau d'information touristique :* 1, av. de Paris. ☎ 02-31-24-23-57. ● *tourisme-campagnebaieorne.fr* ● 🚴 *Juil-août, tlj 10h-13h, 14h-18h30 (18h avr-juin et sept-oct) ; nov-mars, mer-sam 10h-13h, 14h-17h30).* Toute l'année, l'office de tourisme propose visites et balades commentées, animations familles et enfants *(sur inscription).*

🚆 *Gare SNCF de Caen ou de Dives-Cabourg :* ☎ 36-35 (0,40 €/mn).
🚲 *Location de vélos : Bikeshop14,* 3, rue Clos-Saint-Olivier. 📱 06-06-75-71-18. *Bazar Photos,* 59, av. de Paris. ☎ 02-31-24-21-05. *Camping Le point du jour,* route de Cabourg. ☎ 02-31-24-23-34 (avr-oct).
– *Marché :* jeu mat tte l'année, av. de Paris.

Où dormir ? Où manger ?

🏠 ▮◉▮ *Hôtel Chez Marion :* 10, pl. de la Plage. ☎ 02-31-24-23-39. ● *chezmarion@wanadoo.fr* ● *chez-marion.com* ● 🚴 *À 80 m (soyons précis !) de la plage. Congés : janv. Doubles 85-92 € ; familiale. Menus 29-37 € ; carte env 45 €.* Légèrement à l'écart des commerces pour profiter du calme, un petit hôtel d'une quinzaine de chambres confortablement équipées. L'équipe est soucieuse de votre bien-être, c'est agréable. Du petit déjeuner au dîner, les produits proposés sont bons. Belle cuisine classique et décor adapté. Pour les néophytes ou pour les connaisseurs, le chef possède une grande collection de calvados.

Où manger dans les environs ?

▮◉▮ *Au Pied des Marais :* 26, av. du Président-René-Coty, le Home, 14390 Varaville.* ☎ 02-31-91-27-55. ● *aupied-des-marais@orange.fr* ● *À 2 km à l'ouest de Cabourg sur la D 514. Tlj sauf mar-mer (ouv le soir en juil-août). Congés : de fin janv à mi-fév, 1 sem en juin et 2 sem en déc. Formule déj sauf dim 20 € ; menus 39-59 € ; carte 45-60 €.* Le chef est bonhomme, tout comme sa cuisine (spécialité de pieds de cochon à la broche), qui exprime la douceur et l'amour du travail bien fait. Il choisit ses produits, élabore des recettes pour en dégager le meilleur et les présente avec beaucoup de soin. Et l'homme est aussi à l'aise pour travailler la plume, l'écaille et le poil ! Vraiment une belle adresse.

À voir à Merville-Franceville et dans les environs

🏖️ *La plage :* une station balnéaire labellisée « Famille plus », avec ses 7 km de sable fin... À l'ouest de la plage principale, de grandes étendues de dunes préservées de toute construction... hormis les vestiges de bunkers de la dernière guerre : un capital nature très apprécié. Spot prisé des kitesurfeurs.

🦅 *La réserve ornithologique du gros banc :* magnifique réserve au cœur de l'estuaire de l'Orne, qui offre aux oiseaux aquatiques un havre de paix et aux migrateurs une étape idéale. Plan de la réserve et parcours ludique numérique disponible à l'office de tourisme.

🦅 *La Maison de la nature et de l'estuaire :* 14121 *Sallenelles,* à l'embouchure de l'Orne. Fléché sur la D 514. ☎ 02-31-78-71-06. ● *cpievdo.fr* ● *Juil-août, tlj 10h-18h30 ; mai-juin et sept, tlj sauf lun 10h-12h30, 14h-18h ; oct-avr, tlj sauf lun 14h-18h ; ouv lun fériés et pdt vac scol (zone B). Fermé de mi-déc à fin janv. Entrée : 2 € ; réduc.* En été, plusieurs fois/sem, balades guidées (thèmes variés) sur le site naturel

de l'estuaire ; tarif : env 4 €, réduc. À l'embouchure de l'Orne, la maison propose une expo sur la faune et la flore de l'estuaire et sur les activités humaines au fil du temps. Maquette de l'estuaire, explication du phénomène des marées, de la migration des oiseaux... Projection de courtes vidéos où des professionnels (ornithologue, chasseur, garde...) racontent leurs expériences. La visite se poursuit à l'extérieur par quelques panneaux sur les plantes et les animaux de la dune ou du marais.
– Le GR 223 passe juste devant la maison, et d'autres chemins permettent de sillonner ce beau marais. Plan des circuits disponible.

🦐 *Le port de plaisance :* situé au cœur de l'estuaire de l'Orne, ce petit port est tout à fait charmant. Au gré des marées, les bateaux flottent ou s'échouent. Si vous êtes patient et attendez la marée basse, vous aurez peut-être la chance de contempler les restes d'une épave en bois.

🦐🦐 *La batterie de Merville :* pl. du 9ᵉ-bataillon (au sud du village). ☎ 02-31-91-47-53. ● *batterie-merville.com* ● ♿ *De mi-mars à mi-nov, tlj 9h30-18h30 (10h-17h d'oct à mi-nov). Entrée : 8 € ; réduc ; gratuit moins de 6 ans.* Sur un site de 16 ha protégé de barbelés, de mines et de fosses antitanks, ce dispositif fut l'un des plus impressionnants du mur de l'Atlantique. Dotée de 4 canons de 100 mm, la batterie protégeait tous les environs. Pas étonnant que les Britanniques en aient fait l'un de leurs principaux objectifs avant le débarquement sur les plages de Sword... Ce site préservé est pourvu d'un parcours pédagogique qui vous emmène dans chaque bunker. Expérience unique en « immersion globale » avec une animation sonore et lumineuse reconstituant de façon saisissante la neutralisation héroïque de la batterie. À certaines périodes, vous pourrez également visiter l'avion SNAFU Special, appelé « Dakota » par les Britanniques.

Manifestation

– *Cidre et Dragon :* 3ᵉ w-e de sept. L'un des plus grands festivals médiévaux, *fantasy* et *steampunk* en France (plus de 90 000 participants chaque année). La ville entière devient Merravilla le temps d'un week-end rythmé par un grand marché, des jeux et des animations en famille, un concert...

CABOURG   (14390)   3 527 hab.   *Carte Calvados, C1*

Lors de sa construction en 1853, Cabourg est essentiellement peuplée de... lapins de garenne ! Un homme d'affaires parisien, séduit par les lieux, souhaite transformer les dunes et créer « la reine des plages ». Dès le début du XXᵉ s, Cabourg prend des airs de station balnéaire mondaine. Marcel Proust en fera une belle promotion en la décrivant sous le nom de Balbec dans *À l'ombre des jeunes filles en fleurs.* Les parterres de fleurs et une belle plage accentuent le charme gentiment décadent de cette petite station si romantique.

À LA RECHERCHE DES MADELEINES

Selon la 1ʳᵉ ébauche d'À la recherche du temps perdu, rédigée en 1907, c'est en trempant du pain grillé dans le miel que le petit Marcel retrouve ses souvenirs d'enfant. Dans la 2ᵉ version, il s'agit de biscottes. Finalement, ce sont les fameuses madeleines trempées dans du thé qui entreront dans le patrimoine culinaro-littéraire français.

250 | LE CALVADOS / LA CÔTE FLEURIE

Si l'architecture est figée dans le temps par de jolies villas Belle Époque et une promenade piétonne (la plus grande d'Europe) à faire pâlir d'envie les bons marcheurs, la station n'en reste pas moins dynamique avec de nombreuses animations tout au long de l'année.

N'oubliez pas de suivre le Méridien de l'Amour, une ligne constituée de 104 clous réalisés par la Monnaie de Paris, qui jalonne le sol de la promenade Marcel-Proust. Le long de la plage de Cabourg, 5 colonnes représentent chacune un continent ponctuent le parcours et déclinent, dans les 104 langues officielles des États du monde, le mot « amour » sous la forme de télégrammes dessinés. ● *meridiendelamour.com* ●

Adresses et info utiles

ℹ *Office de tourisme :* jardins de l'hôtel de ville. ☎ 02-31-06-20-00. ● *cabourg-tourisme.fr* ● ♿ Juil-août, tlj 9h30-19h ; le reste de l'année, lun-sam 9h30-12h30, 14h-18h, dim 10h-12h30, 14h-17h30 (vac scol, tlj 9h30-12h30, 14h-18h). Fermé mar mat nov-mars. En été, l'office de tourisme propose diverses visites guidées sur l'histoire et l'architecture de Cabourg (selon programmation ; env 7 €).

🚂 *Gare SNCF de Dives-Cabourg :* à l'entrée de Dives, en venant de Cabourg. ☎ 36-35 (0,40 €/mn).

🚲 *Location de vélos : Nomades-hop,* 41, bd des Belges. 📱 06-61-38-83-35. Tlj pdt vac scol ; fermé lun-mar aux intersaisons ; ouv le w-e seulement Toussaint-Pâques. Location de VTT, VTC, carrioles, vélos électriques, sièges enfant, rollers, trottinettes...

– Marchés : mer et dim mat tte l'année ; sous les halles ven mat et sam mat ; ts les mat des vac scol de la zone C. **Marché nocturne** sam juil-août.

Où dormir ? Où manger ?

De bon marché à prix moyens

🏠 🍽 *Hôtel de Paris :* 39, av. de la Mer. ☎ 02-31-91-31-34. ● *info@hotel-de-paris-cabourg.fr* ● *hotel-de-paris-cabourg.com* ● ♿ En plein centre, dans la rue principale, dans une imposante maison à colombages qui fait l'angle. Congés : de mi-nov à mi-déc et janv. Doubles 50-85 €. Menu du jour 13 €. Le café-restaurant au rez-de-chaussée, et l'hôtel dans les étages. Chambres pas toujours bien grandes mais relativement plaisantes, même s'il faut avouer que les prix, en haute saison, ne sont pas vraiment en rapport avec le confort proposé. Accueil agréable. Resto-bar à la bonne franquette où l'on vient en famille ou entre amis se régaler de moules-frites et autres plats de circonstance.

🏠 *Résidence Odalys Les Dunettes :* 29, bd des Belges. ☎ 02-31-93-98-32. ● *odalys-vacances.com* ● Congés :

janv. À partir de 75 € la nuit pour 2 pers (linge de lit et de toilette fourni, lits faits à l'arrivée). Une résidence à l'architecture typiquement normande, très bien située, au cœur de Cabourg, face à la place du marché et à 500 m de la plage. Piscine extérieure ouverte de juin à septembre. Accueil souriant.

🍽 🍴 *Le Biquet's :* promenade Marcel-Proust. ☎ 02-31-91-50-66. ● *lebiquets@gmail.com* ● Presque à l'extrémité ouest de la promenade, à 10 mn du centre. ♿ Tlj sauf mer en hors saison. Fermé nov-début fév. Menus 17,50-29 € ; carte env 35 €. Digestif maison offert sur présentation du guide de l'année. En surplomb de la plage, avec pareille terrasse vue sur mer, on se méfierait presque. Et l'on prendrait la friture d'éperlans en se disant qu'au moins il y aura le paysage pour nous consoler... Bonne surprise, la cuisine, entre terre et mer, se tient plutôt bien, et le service est d'une souriante efficacité.

CABOURG / OÙ DORMIR ? OÙ MANGER ? | 251

❙●❙ ↑ La Champagne-Ardenne : 11, pl. du Marché. ☎ 02-31-91-02-29. ● francoisburlot@wanadoo.fr ● ⅍ Tlj sauf dim soir-lun hors saison. Congés : 15 janv-12 fév et 18 nov-10 déc. Formule déj 14,90 € ; menus 22,90-39 € ; carte env 23 €. *Café offert sur présentation du guide de l'année.* Bien placé, tout simple, avec un joli bout de terrasse pour voir passer les gens autour du marché. Cuisine terre-mer savoureuse et pas compliquée, c'est l'essentiel.

❙●❙ La Casa : 14, av. de la Mer. ☎ 02-31-50-68-21. Fermé mer-jeu. Formules déj en sem 17-23 € ; carte 20-25 €. Ici, pain, pâtes à pizza, galette et crêpe ainsi que tous les desserts sont vraiment fabriqués maison, par un pro, et ça se sent sous la dent ! L'adresse parfaite en famille (ou pas) puisque même si le menu est assez restreint, on y trouve un peu de tout : des pizzas, donc, mais aussi des galettes ou de bonnes viandes accompagnées de leurs bonnes frites... sans parler des redoutables profiteroles qui raviront les gourmands. Pas étonnant en conséquence que la jolie petite salle toute en longueur (et qui déborde dans la rue aux beaux jours) se remplisse vite, d'autant que l'on vous y accueille avec le sourire.

Chic

⌂ Hôtel La Villa Les Mots Passants : 24, av. du Général-Leclerc. ☎ 02-61-45-17-01. ● info@hotel-cabourg-les motspassants.com ● hotel-cabourg-lesmotspassants.com ● Doubles 56,90-129 € ; petit déj 11 €. Au bord de la route, à deux pas de l'office de tourisme. Sans vue mer, et très légèrement hors du centre, cette adresse n'en reste pas moins le meilleur rapport qualité-prix-charme d'une ville qui peine à rajeunir son parc hôtelier. Déco en accord avec Cabourg la romantique, aux couleurs tendres et au mobilier blanc rétro. En revanche, si les nids sont douillets et apprêtés, les moins chers sont vraiment petits. Accueil réservé mais pro.

❙●❙ ↑ Le Bouche à Oreille : 10, av. des Dunettes. ☎ 02-31-91-26-80. ● cabourgrestaurant@orange.fr ● Tlj sauf lun, plus mar et dim midi hors saison. Congés : janv. Formule déj en sem 22-24 € ; menus 33-49 €. Au piano de ce *Bouche à Oreille,* père et fils concoctent une cuisine à 4 mains, teintée de modernité, qui ne s'adresse pas aux appétits d'oiseaux. Ici, on fait dans le bon, le beau, le terre-mer réjouissant. Et on finit en beauté avec un soufflé chaud au Grand Marnier, après avoir fini ses assiettes et la bouteille. On y vient aussi pour la belle ambiance et le sourire du patron. Si vous êtes en terrasse, vous n'aurez pas droit au plateau de fromages ; normal, faut choisir.

❙●❙ Le Baligan : 8, av. Alfred-Piat. ☎ 02-31-24-10-92. ● lebaligan@ orange.fr ● ⅍ Tlj, sauf mer hors saison. Congés : déc. Menus 18,90 € (déj en sem), puis 31,90-50 € ; carte 35-40 €. *1 verre de Calvados offert sur présentation du guide de l'année.* Les produits de la mer sont ici traités avec doigté. Les amoureux de la chose maritime pourront choisir, dans le grand panier d'osier qu'on apportera à leur table, la belle pêche du jour : saint-pierre, sole, raie... On vous les prépare à votre convenance et vous payez au poids. Salle bistrot chic avec fresque sépia terre-mer. Fraîcheur des produits, professionnalisme dans le travail réalisé, bonne humeur dans le service.

Bien plus chic

⌂ ❙●❙ 🍷 Le Grand Hôtel de Cabourg : jardins du Casino. ☎ 02-31-91-01-79. ● H1282@accor.com ● grand-hotel-cabourg.com ● Doubles à partir de 166 € ; voir aussi les promos en cours ; petit déj 25 €. Brunch dim (12h30-14h) 75 € ; « goûter proustien » 16 €. Palace rendu mythique par Marcel Proust qui y avait ses habitudes et sa chambre réservée. Dans ce 5-étoiles faisant face à la mer, les prix sont évidemment très élevés, mais les promotions sur Internet sont aussi nombreuses et, certains week-ends d'hiver, l'hôtel devient abordable. Le reste du temps, vous pourrez profiter de cette ambiance délicieusement surannée, le temps du brunch dominical (cher mais mémorable, avec, entre autres, un buffet de fruits de mer à volonté !) ou le temps d'un « goûter proustien ».

LE CALVADOS

252 | LE CALVADOS / LA CÔTE FLEURIE

⬆ Pour les amateurs de thalasso, un autre établissement face à la mer, au cœur d'un grand parc : l'**Hôtel**

Thalazur Les Bains de Cabourg (44, av. Charles-de-Gaulle ; ● thalazur.fr ● ; doubles 142-600 € ; petit déj 21 €).

Où boire un verre ? Où manger sur le pouce ?

🍷 |●| ⬆ **Le Carpedien :** *71, av. de la Mer. ☎ 09-54-79-93-13. ● carpedien@ carpedien.fr ● Tlj sauf mar hors saison 11h-1h. Carte 17-27 €.* Ambiance détente, déco moderne et accueil chaleureux. On commence par boire un verre en se posant sur la terrasse intérieure *so cosy* et en commandant une planche, puis on continue car c'est que du bon, ce qu'on vous sert. Belle carte des vins et planches élaborées autour de bons produits du terroir : terre, mer ou fromages.

🍷 ⬆ **Chez Guillou :** *4, av. de la Mer. ☎ 02-31-91-31-31. Ven-dim à partir de 18h30 et tlj pdt les vac scol.* Un immanquable de la station pour passer une bonne soirée dans un bar à la déco figée dans le temps ! La spécialité de la maison : les cocktails uniques à base de crème fraîche !

🍷 ⬆ **L'Appart 1920 :** *2, av. de la République. ☎ 09-83-42-12-40. En été, tlj 11h-1h ; hors saison, ouv plus ou moins tlj, en fonction de l'affluence.* Un endroit qui joue la carte tendance tout en s'offrant un retour au siècle passé avec une déco louchant du côté des années 1920. On vient là boire un thé ou un verre, qui peut s'accompagner d'une assiette (charcuterie, fromage) à partager (ou pas). Petite terrasse dans la rue qui prend de l'ampleur quand la voie devient piétonne en été. En soirée, un espace très cosy à l'étage.

Manifestations

– **Cabourg Capitale romantique :** *mi-fév.* Désormais considérée comme une destination romantique par excellence, Cabourg est LE lieu où l'on célèbre l'amour ! La station se pare de roses le 14 février et propose de nombreuses animations.

– **Festival du Film romantique de Cabourg :** *juin (mer-dim).* Un festival à la fois professionnel et grand public avec projections (payantes), pour certaines en plein air. Thème central : l'amour !

– **Cabourg mon Amour :** *fin juin.* Festival de musique sur la plage, destiné à faire découvrir de nouveaux talents.

– **Club Cabourg :** *juil-août.* Programme de 30 activités hebdomadaires de sport, loisirs et détente pour tous (tarifs préférentiels).

– **Le Dîner sur la digue :** *avt-dernier sam d'août.* 5 000 convives partagent un dîner sur 3 km le long de la promenade Marcel-Proust, agrémenté d'animations musicales et d'un feu d'artifice.

– **Journées musicales Marcel-Proust :** *ts les 2 ans (années paires), à l'automne.* ● amisdevinteuil.fr ● 3 journées qui, malgré leur intitulé, ne sont pas entièrement consacrées à la musique. Cabaret, théâtre, conférences et, évidemment, une programmation tournant autour de Proust et son époque.

DIVES-SUR-MER   (14160)   5 940 hab.   Carte Calvados, C1

Située entre Cabourg et Houlgate, au bord de l'estuaire de la Dives, cette ville est sans doute la plus chargée d'histoire de la Côte Fleurie, puisqu'elle fut jadis un port de mer important.

DIVES-SUR-MER | **253**

C'est d'ici que partit un certain Guillaume, qui allait faire pas mal parler de lui par la suite. On retrouve les traces de son épopée en plusieurs endroits de la ville : dans l'église, une liste de 475 de ses compagnons est gravée dans la pierre ; une copie partielle de la tapisserie de Bayeux se trouve dans le village d'art Guillaume-le-Conquérant (salle de l'office de tourisme) ainsi que sur la tour de la capitainerie du port de plaisance.

Essayez d'arriver un samedi, jour où la ville est transformée par un des marchés les plus vivants de la région.

Adresses et info utiles

❺ *Bureau d'information touristique :* dans le village d'art Guillaume-le-Conquérant. ☎ 02-31-91-24-66. ● dives-sur-mer.fr ● ♿ Avr-oct, tlj sauf dim-lun 10h-13h, 14h-18h (tlj juil-août) ; le reste de l'année, mer-sam pdt les vac scol, 9h30-12h30, 14h-18h. Visites commentées (1h30) en juillet-août.

🚉 *Gare SNCF de Dives-Cabourg :* à l'entrée de Dives, en venant de Cabourg. ☎ 36-35 (0,40 €/mn).

– *Marchés :* sam mat tte l'année. Un autre marché lun mat en été, à Port-Guillaume. Criée sur le port de pêche le mat tte l'année.

Où dormir ? Où manger ?

Camping

⚑ *Camping du Golf :* chemin de Trous-seauville. ☎ 02-31-24-73-09. ● info@ campingdugolf.com ● campingdugolf. com ● ♿ À 2 km de Dives-sur-Mer. Ouv avr-sept. Compter 16-20 € pour 2 avec tente et voiture ; hébergements locatifs 199-679 €/sem. 155 empl.

Perdu dans un joli coin de nature, un camping où l'on est un peu les uns sur les autres, avec un grand nombre de « résidentiels » ou locatifs et de moins en moins d'emplacements de camping proprement dit, mais où l'ambiance demeure familiale et conviviale. Haut du camping près de la route, donc un peu plus bruyant.

Où manger ?

|●| *À l'Intuition :* 64, rue du Général-de-Gaulle. ☎ 02-31-24-55-61. Fermé mar-mer, plus dim soir hors saison. Formules déj 15-17 € ; carte 30-35 €. Il faut reconnaître que le quartier n'est pas le plus glamour de la Côte Fleurie. Mais qu'importe ? Car la table, elle, se distingue et la salle est accueillante. Quelques plats seulement à la carte, un menu qui puise fortement dans le terroir, mais en

mettant à l'honneur des ingrédients que l'on croise assez rarement au détour d'un menu, comme ces délicieuses poêlées de couteaux. Les produits, soigneusement choisis, sont simplement mais habilement travaillés. Ajoutez à cela un accueil aussi pro que charmant, vous comprendrez que l'on ressorte de là l'estomac et le cœur contents.

Où acheter de bons produits ?

🕸 *La Cave de l'Abbaye :* 2, pl. de la République. ☎ 02-31-28-04-37. ● caveabbaye.com ● Juste à côté des vieilles halles. Pâques-déc, mar-sam 10h-12h30, 15h-19h, et dim mat ; janv-Pâques, fermé dim-mar. Dans les

sous-sols de l'ancienne lieutenance, vente et dégustation de calvados du pays d'Auge et toutes les explications sur la fabrication du calvados et du pommeau.

LE CALVADOS

À voir

🦶 **Le village d'art Guillaume-le-Conquérant :** *entre la rue d'Hastings et celle de la Baronnie, à deux pas des halles.* Une enfilade de petits commerces, restos, boutiques d'antiquités et d'artisanat. Les bâtiments, restaurés dans le plus pur style normand, donnent sur 4 cours intérieures, dont une (ravissante) de style Louis XIV. Nombreuses sculptures et quelques belles façades anciennes : poutres sculptées, galerie en brique, petit clocher, fenêtres ouvragées, pots de fleurs, grilles en fer forgé, etc.

🦶🦶 **L'église Notre-Dame :** *rue Hélène-Boucher. Remonter la rue Gaston-Manneville depuis la rue principale (du Général-de-Gaulle, pour changer !).* Admirable édifice datant du XIe s. Dans le transept, on découvre le Christ Saint-Sauveur (du XVIIe s), reproduction d'une statue trouvée dans la mer au XIe s (l'original ayant été brûlé par les protestants). Placé dans une chapelle, ce christ attira très vite un nombre considérable de pèlerins et il fallut, pour les accueillir, construire cette église (grâce aux dons de Guillaume le Conquérant). En partie détruite, elle fut reconstruite au XIVe s. Elle abrite toujours, gravée à l'intérieur au-dessus de l'entrée sur 24 m, la liste des principaux participants à son expédition. Le style gothique flamboyant domine. À l'intérieur, on est frappé par la lumière émanant des vitraux, d'une grande finesse. Dans le mur de la 1re travée du chœur, le « trou aux lépreux », creusé au XIVe s pour leur permettre de suivre les offices de l'extérieur sans contaminer les autres fidèles ! Riche mobilier : tableaux, Vierge polychrome, lutrin en bois doré du XVIIIe s.

🦶🦶 **Les halles :** *en sortant de l'église, reprendre la rue Gaston-Manneville puis la rue Paul-Canta.* Impressionnantes par les dimensions de leur toiture et leur superbe charpente. Construites au XVe s, elles sont encore utilisées aujourd'hui. Elles ont conservé des stands de bois usé et quelques vieilles enseignes en fer forgé : cochon, cheval, coq... Ne pas manquer le marché du samedi.

Manifestation

– **Festival de la Marionnette :** *mi-juil.* Plus d'une vingtaine de spectacles présentés pendant 1 semaine.

HOULGATE   (14510)   1951 hab.   *Carte Calvados, C1*

Séduisante station construite à la fin du XIXe s le long d'une plage de sable fin. Nichée entre l'estuaire de la Dives et les falaises des Vaches-Noires, la petite ville a conservé l'un des plus beaux échantillons de villas de toute la côte normande, ainsi qu'une très belle plage. Sur le front de mer autant qu'aux flancs des collines, ce ne sont que chalets fantaisistes, manoirs de la Belle Époque et hôtels somptueux, témoins du passé prestigieux de Houlgate, du temps où banquiers, magistrats et têtes couronnées venaient y prendre l'air. Debussy, Saint-Saëns, Sacha Guitry et toute l'aristocratie européenne visitèrent ou séjournèrent à Houlgate. Zola s'y promenait en fiacre et Proust allait s'y acheter ses fleurs ! Depuis cette grande époque, Houlgate s'est transformée en station plus familiale, qui s'assoupit hors saison.

HOULGATE | 255

Adresses et info utiles

ℹ️ Bureau d'information touristique : 10, bd des Belges. ☎ 02-31-24-34-79. ● houlgate-tourisme.fr ● À côté de la mairie. Avr-oct, tlj 10h-13h, 14h-18h (18h30 juil-août) ; nov-mars, mer-sam 10h-13h, 14h-17h30. Pendant les vacances scolaires, propose des visites guidées pour les familles et des rallyes découverte de la ville, ainsi que des promenades commentées (1h30 ; résa indispensable ; payant).

🚆 Gare SNCF : av. de la Gare. La gare accueillant aujourd'hui des expos, les billets s'achètent à la gare de Dives-sur-Mer (voir « Adresses et info utiles » à Dives, plus haut).
– **Marchés :** sous les halles, les jeu, sam et dim mat tte l'année ; tlj pdt vac scol.

Où dormir ?

Houlgate abrite avant tout des villas familiales transmises de génération en génération, ou divisées en appartements et proposées à la location saisonnière. N'hésitez pas à vous éloigner un peu dans le bel arrière-pays ou dans les villes voisines, somme toute très proches.

Campings

🏕 Camping de la Plage : 59, rue Henri-Dobert. ☎ 02-31-28-73-07. ● campingplagehoulgate@orange.fr ● camping-houlgate.com ● ♿ Ouv avr-début nov. Compter 13-17 € pour 2 avec tente et voiture ; hébergements locatifs 231-875 €/sem. 67 empl. Camping avec vue et accès direct à la plage. Autre avantage : il est carrément en ville (mais quand même dans la nature), avec tous les services à portée de pied. Certains emplacements sont destinés aux tentes (des terrasses leur sont réservées), tandis que le front de mer est occupé par les camping-cars. Équipement et espace limités. Location de chalets et de mobile homes, avec terrasse et vue sur la mer ; plus original, la location de tipis et de roulottes. Au fond du camping, belle vue sur les falaises des Vaches-Noires.

🏕 Yellow Village Camping de la Vallée : 88, route de la Vallée. ☎ 02-31-24-40-69. ● camping.lavallee@wanadoo.fr ● campinglavallee.com ● ♿ Derrière le CREPS. Ouv avr-nov. Compter 18-58 € pour 2 avec tente et voiture ; mobile homes et bungalows 330-1 375 €/sem. 353 empl. Dans un très beau site verdoyant, entouré des collines boisées de la ville, ce grand camping ressemble trop à un minivillage pour nous séduire totalement (même avec des maisons à colombages !), mais tout y est nickel et bien organisé. Piscine.

De chic à plus chic

🏨 Hôtel La Maison d'Émilie : 25, av. des Alliés. ☎ 02-31-57-24-15. ● lamaisondemilie@yahoo.fr ● lamaisondemilie.net ● Dans une rue perpendiculaire à la rue principale. À 100 m de la plage. Doubles 79-159 € ; familiales. Parking payant 10 €. Parking offert sur présentation du guide de l'année. Dans l'escalier en bois de cette pittoresque villa balnéaire de 1880, on s'attendrait presque à croiser des messieurs à moustaches en maillot de bain rayé. Le salon est lui aussi resté dans son jus avec ses boiseries et une belle curiosité : sa tapisserie peinte d'origine. Les chambres, en revanche, ont subi une complète transformation. Confort d'aujourd'hui et meubles d'hier, elles s'avèrent aussi charmantes que l'accueil.

🏨 Hôtel Villa Les Bains : 31, rue des Bains. ☎ 02-31-24-80-40. ● info@hotelhoulgate.fr ● hotelhoulgate.fr ● ♿ Dans la rue principale. Congés : 2 sem en nov. Doubles 87-140 € ; familiales ; petit déj 12 €. Bien bel établissement dans une maison de ville classique, réhabilitée avec intelligence. Atmosphère zen, presque moderne, bien dans les tons du moment (taupe et gris avec des touches orange pour les luminaires, des petits aquariums à

LE CALVADOS

256 | LE CALVADOS / LA CÔTE FLEURIE

la réception). On retrouve ce charme tranquille dans les chambres, pas immenses mais très bien équipées. Au choix, dans la bâtisse principale (avec vue sur rue pour le 1er étage, sur mer pour les suivants) ou à l'arrière, dans la courette. Toutes possèdent le même confort. Bout de terrasse sur rue. Accueil très agréable.

⌂ *Hôtel Les Cabines : 17, rue des Bains.* ☎ *02-31-06-08-88.* ● *les cabines.houlgate@gmail.com* ●

lescabineshoulgate.com ● *Doubles 80-130 € ; petit déj 12 €.* Un établissement cosy et de bon confort proposant 3 catégories de chambres : l'économique a une déco plus sommaire que la supérieure et un bon nombre de mètres carrés en moins. La standard, entre les 2, offre un excellent compromis ! Pour toutes, en revanche, une déco rose tendre et gris pâle teintée de romantisme. Excellent accueil.

Où manger ?

De bon marché à prix moyens

●❘● ↑ *Restaurant des Halles : 34, rue du Général-Leclerc.* ☎ *02-31-24-82-25.* ● *resa.leshalles@gmail.com* ● *Ouv tte l'année. Fermé lun en saison, mar-mer hors saison. Formule déj express en sem 15,90 € ; menus 19,90-29,90 €. Café ou digestif maison offert sur présentation du guide de l'année.* Une adresse sûre à Houlgate, face au marché couvert. Personnel qui se démène, cadre chaleureux. Les menus et ardoises suivent la pêche et les saisons, c'est bon, c'est sain.

●❘● ↑ *Le Royalty : 2, rue des Bains.* ☎ *02-31-28-09-15. Juil-août et pdt vac scol, tlj tte la journée ; en saison, fermé mer (plus jeu hors saison). Congés : 2 sem en mars et 3 sem fin nov. Menus déj en sem 16,90-25 €. Digestif offert sur présentation du guide de l'année.*

Une brasserie qui fait plutôt du bon boulot : carte variée et bien équilibrée, qualité régulière, cadre agréable, bonne atmosphère et tarifs abordables. Que demander de plus ? Un effort pendant les grands week-ends, peut-être.

●❘● *L'Éden : 7, rue Henri-Fouchard.* ☎ *02-31-24-84-37.* ● *nicolas.tougard@wanadoo.fr* ● ♿ *Dans une petite rue parallèle à la rue principale. Ouv mer-dim, plus lun-mar en août. Congés : début janv-début fév et 1re sem d'oct. Formule déj 27 € sauf dim et j. fériés ; menus 33-45 € ; carte env 50 €. Digestif offert sur présentation du guide de l'année.* Une bonne adresse discrètement installée dans une petite rue. Une salle plutôt cossue et un patio fermé, plus décontracté. Produits (de la mer, en général) d'une éclatante fraîcheur, travaillés avec sérieux et joliment présentés. Service très stylé (mais pas toujours pressé...).

À voir

⚲ *La plage :* belle étendue de sable, longée par la promenade Roland-Garros. Au bout, le casino aux faux airs d'orangerie du château de Versailles. Derrière, l'ancien *Grand Hôtel,* construit en 1859 et considéré comme le 1er palace de la côte. Transformé en résidence, il conserve son architecture particulière, de brique et pierre, qui évoquerait presque un château (grande tourelle en rotonde).

♟♟♟ *Les villas :* l'un des attraits essentiels de la station. Houlgate compte près de 500 villas dignes d'intérêt. Belle balade le long de la rue Henri-Dobert (parallèle à la plage) pour découvrir les villas « américaines » *(Tacoma, Juniata Minnehama, Merrimac, Columbia)* et, juste en face, les curieuses villas jumelles *Sirènes* et *Courlis...* Tout en haut de l'avenue du Sporting, juste à côté du très rétro club de tennis (fondé en 1906), on trouve la superbe villa *Le Castel,* à colombages et tourelles. Le fabuleux moulin *Landry* (un peu planqué le long de l'adorable et déjà campagnard chemin de la Cascade) est un ancien moulin agrandi en 1850, puis en 1890 pour devenir une résidence (inaccessible, mais visible)... Circuit découverte disponible à l'office de tourisme.

🎣🎣 ← *Point de vue :* en partant de la rue des Bains, vers Dives, prendre à gauche la rue de Neufville puis à droite celle de Caumont jusqu'à l'avenue Foucher-de-Careil, où se trouve un château privé, et continuer. La table d'orientation, au bout de la rue Baumier, vous livre un beau panorama.

ÉCLECTIQUE

Durant la 2de partie du XIXe s, à l'heure où l'architecture était peu imaginative, les bourgeois qui désiraient se faire édifier des demeures en bord de mer, fiers d'afficher leur nouvelle richesse, puisèrent dans des styles variés : cottages anglais, manoirs gothiques, châteaux rococo, chalets suisses, palais médiévaux, maisons mauresques... À cette variété architecturale, on finit par trouver un nom : le style éclectique ! Manière pudique de qualifier un style... très mélangé !

Manifestations

– *Plein Vent : au printemps.* Festival d'activités (gratuites) liées au vent : cerf-volant, kitesurf, etc. Démonstration et initiation.
– *Les Kiosqueries estivales : début juil-fin août.* Une série de concerts gratuits proposés au kiosque à musique, dans le parc de loisirs ou sur la plage.
– *FestiJazz : août.* Concerts gratuits de jazz dans la ville.
– *Festival du film européen : 7 j. en oct.* Projections (payantes) au cinéma du casino d'une sélection de films européens en avant-première. Également une programmation enfants.
– *Rencontres d'été théâtre et lecture en Normandie : juil-août.* Lectures et repas-spectacles.

VILLERS-SUR-MER

(14640)   2 694 hab.   *Carte Calvados, C1*

Agréable station balnéaire regorgeant de monde en été, qui se distingue par son immense plage, longée sur près de 2 km par une digue-promenade. Son joli petit centre, tout fleuri aux beaux jours, abrite de nombreuses villas balnéaires, belles et d'une autre époque. Il a eu la chance d'être en grande partie épargné par les promoteurs (qui se sont rattrapés ailleurs). Le méridien de Greenwich traverse la ville au niveau de la borne se trouvant sur la digue. Les marcheurs se promèneront avec plaisir sur la plage à marée basse le long des étonnantes falaises des Vaches-Noires, autour de l'île aux oiseaux au marais de Villers ou encore sur le chemin du moulin, au bord d'un ruisseau enchanteur...

Adresses et info utiles

ℹ *Office de tourisme : pl. Jean-Mermoz, face à la plage.* ☎ 02-31-87-01-18. ● *villers-sur-mer.fr* ● *Juil-août,* tlj 9h30-19h ; le reste de l'année 10h-13h, 14h-18h ; fermé dim nov-mars. Propose des visites guidées :

258 | LE CALVADOS / LA CÔTE FLEURIE

découverte des falaises et collecte de fossiles, balade architecturale et historique, minirandonnée dans la campagne se terminant par une dégustation de produits locaux... Fait aussi boutique.

🚲 *Location de vélos : La Villersoise, av. Jean-Moulin (à côté du Paléospace).* 📠 *06-15-89-67-38.* Rosalies et vélos « rigolos ». Livraison à domicile.
– *Marchés :* tlj en saison, mar et ven mat hors saison, pl. du Marché.

Où dormir ?

Camping

⊠ *Camping Le Bellevue :* route de Dives. ☎ 02-31-87-05-21. ● camping-bellevue@wanadoo.fr ● camping-bellevue.com ● ♿ À 1,5 km du centre-ville, sur les hauteurs de Villers, vers Houlgate. Ouv avr-sept. Compter 19-26 € pour 2 avec tente et voiture ; mobile homes 280-1 020 €/ sem. 257 empl. Camping propre et bien équipé. Le terrain, un peu vallonné, légèrement envahi par les mobile homes, baigne dans la verdure et laisse à chaque emplacement son espace vital privé. Piscine couverte chauffée.

Chambres d'hôtes

🏠 *Chambres d'hôtes Les Champs Rabats :* route de Beaumont. ☎ 02-31-87-10-47. ● siman.nicolas@wanadoo.fr ● leschampsrabats.com ● À env 3 km de Villiers, direction Pont-l'Évêque (suivre le fléchage « Simar »). Congés : vac de Noël. Double 75 € ; familiale. 1 bouteille de cidre offerte sur présentation du guide de l'année. Dans une charmante ferme en activité, 4 belles chambres, dont certaines familiales. Literie bien confortable et jolis meubles. Dans la salle à manger, la baie vitrée permet de contempler la mer et Villers de haut. Accueil très gentil. Une sympathique adresse bien au calme.

🏠 *Chambres d'hôtes Villa Le Montivert :* 559, chemin du Château. ☎ 02-31-87-14-84. 📠 06-87-22-58-73. ● edith.bidard@gmail.com ● lemontivert.com ● Sur les hauteurs de Villers (suivre la direction Lisieux). Doubles 110-130 € ; familiales. 1 bouteille de poiré offerte sur présentation du guide de l'année. Une haute gentilhommière

de caractère, dotée d'une généreuse pelouse sur le devant. 5 chambres, chacune portant le nom d'une des grands-mères de la famille. L'une d'elles possède une jolie vue sur la mer, au loin. Toutes sont peintes de couleurs douces et chaudes, et meublées à l'ancienne. Petit déj bio nature avec les produits du jardin et de la basse-cour, crêpes et pain maison. Calme total, évidemment, et accueil tout en douceur.

De prix moyens à plus chic

🏨 *Hôtel des Falaises :* 15, rue du Maréchal-Foch. ☎ 02-31-88-15-15. ● info@hoteldesfalaises.com ● hoteldesfalaises.com ● Doubles 69-99 € ; familiales. Un adorable petit hôtel dans le centre (mais sans vue sur la mer) qui a conservé, malgré une rénovation réussie, son charme rétro. Une dizaine de chambres mignonnes, fraîches et pimpantes, tout comme l'accueil. Un bon rapport qualité-prix en toute saison.

🏨 *Hôtel Outre-Mer :* 1, rue du Maréchal-Leclerc. ☎ 02-31-87-04-64. ● resa@hoteloutremer.com ● hoteloutremer.com ● Face à la mer et à deux pas du centre-ville. Doubles 85-250 € ; familiales ; petit déj de qualité 14 €. Parking 7 €. Apéritif maison offert sur présentation du guide de l'année. Dès l'entrée, on tombe sous le charme des couleurs acidulées et des éléments de décoration savamment choisis et agencés. Le rêve en couleurs se poursuit dans les chambres, toutes différentes et toutes réussies ! Certaines d'entre elles ont même une terrasse avec vue sur la mer. Sympathique salon de thé au rez-de-chaussée (tlj pdt vac scol de la zone C ; seulement sam sinon).

VILLERS-SUR-MER / À VOIR | **259**

Où boire un verre ?

Hurricane Bar : *22, rue du Maréchal-Foch.* 06-60-03-54-56. *Congés : janv et mars. En saison et pdt vac scol, tlj sauf jeu, de la fin de matinée (ou début d'ap-m) jusqu'à minuit-2h selon affluence ; hors saison, fermé mer.* Un lieu coloré et bohème, décoré façon bric-à-brac et tenu par une équipe sympa comme tout.

Service à l'arrache, mais on s'en fiche, on s'y sent bien. S'il fait beau, on se met en terrasse ; sinon, on peut profiter des dizaines de jeux mis à la disposition des clients. Bières de toutes provenances et plein de cocktails de fruits. Moules-frites à volonté, pour se caler. Conférences et apéros-concerts réguliers.

À voir

Dans le bourg et sur le front de mer

L'église Saint-Martin : *dans le centre.* Imposante construction au clocher néogothique. À l'intérieur, ne pas manquer les très beaux vitraux du XIXᵉ s. En contrebas, presbytère à pans de bois du XVIIIᵉ s.

Voir aussi les **belles villas d'architecture balnéaire** sur le front de mer, les petites rues en pente et autres volées de marches, ou encore les hauteurs boisées de Villers. La villa *Durenne* (1854), la plus ancienne de Villers, abrite l'office de tourisme. Le cœur de bourg a lui aussi conservé son charme d'antan avec ses anciens bains publics typiquement Art nouveau, ses voies piétonnes et son marché.

Les falaises des Vaches-Noires : *accès par la plage de Villers à marée basse.* Étonnantes falaises de calcaire et de marnes grises d'une centaine de mètres de haut, qui s'achèvent en chaos dans la mer. Le nom provient de l'aspect des blocs de calcaire tombés dans l'eau puis recouverts par les algues, et qui ressemblent, avec beaucoup d'imagination, à un troupeau de bovidés. Ces falaises datent de 90 à 155 millions d'années et recèlent un gisement de fossiles de renommée mondiale, dont on peut admirer quelques beaux spécimens au Paléospace L'Odyssée.

À la sortie de la ville

Le marais de Villers : marais littoral de 110 ha qui constitue le seul espace vert naturel de la Côte Fleurie. Marais d'eau douce alimenté par les cours d'eau, qui abrite une faune et une flore diversifiées et sauvegardées. Chemins aménagés, aires de jeux, ferme pédagogique...

Le Paléospace : *av. Jean-Moulin.* 02-31-81-77-60. ● paleospace-villers.fr ● *Au cœur du marais, à la sortie de la ville, direction Deauville. Juil-août, tlj 10h-19h ; fév-juin, tlj 10h-18h ; sept-oct, mer-dim 10h-18h (plus lun en sept) ; nov-déc, w-e et tlj pdt vac scol. Fermé en janv. Entrée : 8 € ; réduc ; gratuit moins de 5 ans. Visites guidées (3 €) à 14h30 (vac et w-e). Ateliers pour enfants organisés régulièrement pdt les vac scol.* Dans un bâtiment tout en légèreté et transparence, moderne et particulièrement lumineux, voici non pas un musée, mais plutôt un espace de compréhension, interactif et original, en lien étroit avec la nature.
Du corail en Normandie ? De grands reptiles marins ? Des dinosaures ? Comment ces êtres vivants sont-ils parvenus jusqu'à nous après 160 millions d'années ? Réponse en découvrant la *salle des fossiles des falaises des Vaches-Noires.* Nombreuses expériences interactives et squelettes de prédateurs du jurassique. Celui d'Anna l'ichthyosaure est d'une grande rareté (yeux gigantesques !). Dans la *salle*

LE CALVADOS

260 | LE CALVADOS / LA CÔTE FLEURIE

des dinosaures de Normandie, 1re région de France où furent découverts des dinosaures, petit topo (avec des reproductions des squelettes des bêtes) sur ces prédateurs. Présentation du *Streptospondylus,* le 1er dinosaure à avoir été découvert aux Vaches-Noires. Une salle d'exposition temporaire complète intelligemment les collections.

Le *planétarium* constitue le nouveau temps fort du Paléospace et propose une découverte du cosmos à 360°. Les séances *(horaires sur le site internet)* sont commentées par des guides passionnés. Pour rester dans le domaine de l'*astronomie,* retrouvez dans le musée une méridienne qui indique 12h au sol lorsque le soleil est au plus haut, grâce à un ingénieux mécanisme. Dans les vitrines, collection d'instruments de mesure marine (fin XVIIIe et XIXe s) : beaux sextants, globe céleste, bâton de Jacob, longue-vue, horloge atomique qui donna l'heure mondiale dans les années 1980.

Le *marais* littoral sur lequel le Paléospace est construit est bien évidemment présent dans le musée : découvertes et jeux interactifs pour observer le temps de la nature et le façonnement de la nature par l'homme.

– Par ailleurs, et toujours en complément de la visite, possibilité de faire une balade dans les marais, sur les sentiers aménagés juste derrière le Paléospace. Balades guidées, ludiques et pédagogiques, avec jumelles et épuisette.

|●| ♟ ⚲ *La Terrasse du Marais :* av. Jean-Moulin. ☎ 02-31-87-58-42. ● *laterrassedumarais@hotmail.com* ● ⚒. *À côté du Paléospace. Tlj sauf lunmar et dim soir. Congés : janv. Menus 25-30 € ; carte env 25 €. Digestif offert sur présentation du guide de l'année.*

Jolie terrasse donnant sur le marais, vous l'aviez deviné, forcément. Bonne cuisine soignée, pleine de fraîcheur et servie avec le sourire. Si vous n'avez pas réservé, vous devrez vous contenter de boire un verre, ce qui n'est déjà pas si mal.

Fête et manifestations

– **Expo Playmobil :** *w-e de Pâques (sam-lun). À l'espace culturel le Villare.* L'expo qui cartonne !

– **Villers Game :** *en mai.* Un w-e d'animations autour du jeu vidéo, au passé, au présent et au futur, pour toute la famille.

– **Festival Sable Show :** *mar et ven à 21h en juil-août.* Musiques actuelles en plein air, face à la mer.

– **Festival des Nouveaux Talents et Invités :** *en août.* Concerts quotidiens de musique de chambre par de jeunes musiciens, lauréats de prix de concours internationaux, ainsi que de jeunes artistes remarquables.

– **Fête de la Coquille Saint-Jacques et des fruits de mer :** *dernier w-e d'oct.* Fête autour de la coquille Saint-Jacques et des fruits de mer. Animations, concerts, marché de produits, démonstrations culinaires, etc.

DEAUVILLE (14800) 3 580 hab. *Carte Calvados, C1*

● Plan *p. 263*

« J'aime Deauville car c'est loin de la mer et près de Paris. »
Tristan Bernard

La station balnéaire par excellence, fréquentée depuis ses débuts (sous le Second Empire) par un nombre impressionnant d'artistes. Deauville fut

DEAUVILLE | 261

immortalisée au cinéma par Lelouch dans *Un homme et une femme* (cha-badabada...). Les causes de son succès ? Sa magnifique plage de sable fin, longue de 2 km, bordée par les célèbres Planches, mais aussi son casino, ses palaces, ses villas et son champ de courses. Ajoutez à cela des événements culturels et sportifs tout au long de l'année, pour faire parler d'elle, et vous comprendrez que certains se damneraient pour passer un week-end au *Normandy,* assister aux galas et passer la journée à mettre leurs pas sur ceux qui, comme à Hollywood, ont laissé leurs noms sur les Planches...

UN PEU D'HISTOIRE

La station naît en 1860 seulement, à l'emplacement de marais en contrebas d'un petit village fermier. À la tête de l'opération, un triumvirat de promoteurs visionnaires, parmi lesquels un certain duc de Morny, demi-frère de Napoléon III et petits-fils de Talleyrand. On assèche donc les marais et on construit, en 4 ans seulement, « une station balnéaire idéale ».
Vite lancée, Deauville commence à décliner en même temps que le Second Empire... et que la mer, qui recule de plusieurs centaines de mètres, laissant un vaste banc de sable !

LA ROUE TOURNE

Un soir d'août 1930, André Citroën, poursuivi par une chance insolente au casino de Deauville, se retrouva en 1h avec une centaine de plaques de 100 000 F devant lui. Du coup, il offrit une 10-CV aux chefs de parties, une 5-CV aux croupiers, et distribua généreusement ses gains aux clochards, aux religieuses et, pour finir, aux filles du quartier de la gare. Puis il se mit à jouer de manière inconsidérée. Un jour de folie, il engagea même ses usines comme mise, toujours avec le sourire... Il perdit tout.

La station renaît au début du XXe s, avec l'apparition d'un casino et de 2 immenses hôtels de luxe, le *Normandy* et le *Royal*. Pendant la Première Guerre mondiale, ces hôtels, réquisitionnés par l'armée, servent d'hôpitaux. Après une 2de période de déclin, Deauville explose à nouveau pendant les Années folles.
On imagine mal le *succès de cette station dans les années 1920.* Tous les continents se donnent rendez-vous sur la côte normande : princes slaves, rajahs indiens, rois de l'industrie américaine, sportifs de tout poil, stars de cinéma, gigolos, artistes et joueurs invétérés. Le jeu fait renaître la ville, car tout ce petit monde se retrouve autour des tables du casino.
Les Planches, véritables Champs-Élysées normands, sont construites en 1923. En 1931, l'aéroport donne à la ville le statut de station internationale,

ELLE GAGNA ET FUT PERDUE

Dans les années 1950, Françoise Sagan, qui avait connu la gloire avec son 1er roman (Bonjour tristesse), louait un vieux manoir normand à Équemauville. Par amour du jeu, elle se rendait souvent au casino de Deauville. Le 8 resta son chiffre fétiche : à l'aube du 8 août 1958, ce 8e mois, elle acheta le manoir qu'elle avait loué pour le mois à 8h précises, avec les 80 000 francs gagnés au casino sur le numéro 8, et la propriété faisait 8 ha ! Sa passion du jeu la ruina.

complété par l'extension du port de plaisance. Depuis, malgré des périodes de crise financière, Deauville n'a cessé d'attirer les grands de ce monde. On y vit défiler, entre autres : la Bégum, le roi Farouk, le shah d'Iran, l'Aga Khan, Elizabeth II et Churchill, les peintres impressionnistes (Boudin, Dufy...), les photographes Jacques-Henri Lartigue et les frères Séeberger, Flaubert, Colette et Apollinaire. L'écrivain Françoise Sagan, qui aimait tant Deauville, son casino, sa plage et ses

LE CALVADOS

262 | LE CALVADOS / LA CÔTE FLEURIE

LE CALVADOS

chevaux, était de ceux qui en parlaient aussi très bien. Depuis 1950, plus d'une cinquantaine de films ont été tournés à Deauville. Depuis 1975 surtout, avec le Festival du cinéma américain, les plus grandes stars et metteurs en scène du septième art, à leur tour, ont foulé les Planches de Deauville : Robert De Niro, Elizabeth Taylor, Kirk Douglas, Clint Eastwood, Steven Spielberg, Roger Moore, Harrison Ford, George Clooney, Keanu Reeves, Orlando Bloom, Jessica Chastain...

Adresses et infos utiles

ℹ️ Office de tourisme *(plan B2) : quai de l'Impératrice-Eugénie.* ☎ *02-31-14-40-00.* ● *indeauville.fr* ● *Tlj sauf certains j. fériés : juil-début sept, lun-sam 10h-18h, dim et j. fériés 10h-18h ; le reste de l'année, lun-sam 10h-18h, dim et j. fériés 10h-13h, 14h-18h.* En saison, propose des visites de la ville, ainsi que des visites thématiques *(payantes)*.

🚆 Gare de Deauville-Trouville et gare routière *(plan B2) :* ☎ *36-35 (0,40 €/mn).* Jolie petite gare d'un autre temps, avec ses colombages. Consigne pour quelques sacs à dos.

🚕 Taxis : Central Taxis, ☎ *02-31-87-11-11.* **AAABN Taxis Jérôme,** 📱 *06-07-84-29-30.*

🚲 Location de vélos : Cycles Lucas *(plan B2, 1), 92, av. de la République.* ☎ *02-31-88-53-55.* **Cycles Jamme** *(plan B2, 2), 11 bis, av. de la République.* ☎ *02-31-88-40-22.*

– **Marchés** *(plan B2) : pl. Morny. Tlj pdt vac scol ; mar et ven-sam hors saison, ainsi que dim mai-oct.* Les beaux produits de la région, avec, en retrait, le marché aux poissons (derrière le passage). **Marché bio** *jeu mat au square de l'église Saint-Augustin.*

– **Stationnement :** quand il est payant à Deauville, il est vraiment cher. Bonne nouvelle, cependant, il suffit de s'éloigner un peu de l'hyper-centre pour qu'il devienne gratuit. Grosso modo, la zone payante s'étend entre la rue du Général-de-Gaulle, l'avenue de la République et le quai de la Touques. Il est aussi payant sur le boulevard de la Mer de juillet à mi-septembre, pendant les vacances scolaires, les jours fériés et le week-end. Pour plus d'infos : ● *mairie-deauville.fr/ville/stationnement* ●

Où dormir ?

De prix moyens à chic

🏠 Le Patio *(plan A2, 12) : 180, av. de la République.* ☎ *02-31-88-25-07.* ● *contact@hotel-lepatio.fr* ● *hotel-lepatio.fr* ● ♿ *Congés : 3 sem en janv. Doubles 63-82 €.* Hôtel confortable et coquet installé dans une grande bâtisse blanche dont le patio fleuri et ombragé dispense une fraîcheur agréable. Le tarif des chambres varie selon leur taille et leur situation (patio ou pas patio, là est la question). Les moins chères, même si elles sont étroites, n'en restent pas moins douillettes, et leur déco fraîche et lumineuse. Le tout à des tarifs relativement doux pour la ville.

🏠 Hôtel de la Côte Fleurie *(plan B2, 14) : 55, av. de la République.* ☎ *02-31-98-47-47.* ● *info@hoteldelacotefleurie. com* ● *hoteldelacotefleurie.com* ●

Congés : janv. Doubles 69-109 € ; familiales. Café offert sur présentation du guide de l'année. Dans une jolie maison, de belles chambres très claires, accueillantes et à la déco personnalisée. Délicieuse courette, fleurie aux beaux jours, où vous pourrez vous prélasser au calme et sur laquelle donne une grande chambre double, un peu plus chère que les autres. Une excellente adresse où l'on se sent plus à la maison qu'à l'hôtel.

🏠 Hôtel Le Chantilly *(plan A-B2, 11) : 120, av. de la République.* ☎ *02-31-88-79-75.* ● *hchantilly@orange.fr* ● *hotel-deauville-le-chantilly.fr* ● *Doubles 69-179 €. Boisson au choix (sauf alcool) offerte sur présentation du guide de l'année.* Un hôtel simple, offrant des chambres relativement pimpantes et d'un honorable confort. Un peu de bruit à prévoir, toutefois, côté rue. Accueil agréable.

DEAUVILLE / OÙ DORMIR ? | 263

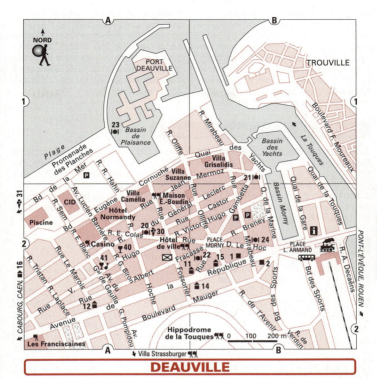

- **Adresses utiles**
  - 1 Cycles Lucas (B2)
  - 2 Cycles Jamme (B2)

- **Où dormir ?**
  - 11 Hôtel Le Chantilly (A-B2)
  - 12 Le Patio (A2)
  - 14 Hôtel de la Côte Fleurie (B2)
  - 15 Villa Odette (B2)
  - 16 Hôtel Villa Gypsy (hors plan par A2)

- **Où manger ?**
  - 20 Le Drakkar (A2)

- 21 Le Comptoir et la Table (B1)
- 22 L'Étoile des Mers (B2)
- 23 La Péniche (A1)
- 24 L'Essentiel (B2)

- **Où déguster une bonne glace ?**
  - 30 Martine Lambert (A2)
  - 31 Glaces Pompon (hors plan par A2)

- **Où boire un verre ? Où écouter de la musique ?**
  - 40 Café Marius (A2)
  - 41 Brok Café (A2)

Villa Odette (plan B2, 15) : 156, av. de la République. ☎ 02-31-14-15-16. ● lacloseriedeauville.com ● Dans le centre, à 2 mn de la mer. Doubles 99-284 €. Parking payant. Petite sœur de *La Closerie de Deauville (156, av. de la République),* hôtel imposant et classique 4 étoiles. La *Villa Odette* est un havre de paix confidentiel dans une maison traditionnelle normande de seulement 11 chambres, qui permet de profiter du spa (piscine, jacuzzi, hammam et sauna).
Hôtel Villa Gypsy *(hors plan par A2, 16)* : 23, rue des Villas.

☎ 02-31-14-18-00. ● stay@villagypsy-hotel.com ● villagypsy-hotel.com ● Doubles 125-245 € ; suites et familiales. Petit déj 16 €. Une villa entourée de part et d'autre d'un jardin arboré. Légèrement à l'écart de l'agitation, le temps y semble comme suspendu... Rassurez-vous, cependant, dans les chambres parquetées de clair, déco et confort, eux, sont bien actuels ! La taille des chambres varie selon leur catégorie : les plus chères, en rez-de-jardin, bénéficient de leur propre terrasse, mais plusieurs autres dans les catégories moins onéreuses jouissent aussi d'un petit balcon. Au rez-de-chaussée, agréable coffee-shop.

Où dormir dans les environs ?

🏠 **Résidence Odalys La Ferme de Deauville** : D 27, 14800 **Saint-Arnoult.** ☎ 02-31-49-18-69. ● odalys-vacances.com ● À 3 km au sud de Deauville. À partir de 95 € la nuit pour 2 pers (linge de lit et de toilette fournis, lits faits à l'arrivée). À deux pas du golf et de l'hippodrome, cette jolie résidence de 59 appartements jouxte Deauville. Sur place, piscine couverte chauffée où il fait bon piquer une tête après une journée de visite sur les plages du Débarquement, dans le pays d'Auge ou le long de la Côte Fleurie.

Où manger ?

Ici, la bonne cuisine ne manque pas, mais la cuisine bon marché se fait discrète. Heureusement, Trouville est toute proche et permet de se rassasier à des prix un peu plus raisonnables.

De prix moyens à chic

|●| **L'Étoile des Mers** (plan B2, **22**) : 74, rue Gambetta. ☎ 02-14-63-10-18. Tlj sauf dim-lun en saison (et mar ou mer hors saison) 10h-19h. Formule déj en sem 20 € ; carte 35-45 €. Une poissonnerie-bistrot assez incroyable. Du pur local, sur les étals, dans les assiettes, devant le comptoir aussi, et autour des tables. La patronne est fille et sœur de pêcheurs, ici rien n'est stocké en chambre froide, on choisit en même temps que les habitués, qui viennent chercher plateaux de fruits de mer, soles, rougets... Bon plan : la formule du midi en semaine, qui permet de manger « vite frais » en profitant du petit théâtre de la mer qui se joue ici, avec le Tout-Deauville qui raconte sa vie, entre 2 plats ou 2 achats. Quelques tables hautes sur rue, à réserver, quelques-unes avec vue sur les étals, le reste au fond de la salle, ou au comptoir pour voir le chef travailler.

|●| ↑ **Le Comptoir et la Table** (plan B1, **21**) : 1, quai de la Marine. ☎ 02-31-88-92-51. ● lecomptoiretlatable@orange.fr ● Congés : 1 sem fin nov, 3 sem en janv. Le midi en sem, menu 20 € ; carte env 60 €. L'ancien troquet de marins, à l'ambiance populo-chic avec sa terrasse sur le port et ses habitués agglutinés autour du zinc, est devenu un lieu tendance, un de plus. Brasserie chic, avec des formules terre-mer intéressantes au déjeuner.

|●| ↑ **La Péniche** (plan A1, **23**) : bd de la Mer. ☎ 02-31-98-52-75. ● peniche@orange.fr ● Tlj sauf mer et dim soir hors saison. Congés : janv. Formules déj en sem 17,50-22 € ; menus 24,90-35,90 €. Une péniche ancrée sur le port, qui ne vous mène pas en bateau ! Les baies vitrées offrent une vue agréable, tandis que les assiettes proposent des réalisations classiques et pas mal tournées, que ce soit au rayon salades ou dans la partie poissons. Service pro et rapide.

|●| ↑ **L'Essentiel** (plan B2, **24**) : 29-31, rue Mirabeau. ☎ 02-31-87-22-11. ● contact@lessentieldeauville.com ● Tlj sauf mar-mer hors juil-août. Formule 34 € le midi ; menu découverte 71 € ; carte 65 €. Un restaurant à la réputation amplement méritée. Très inventive, la cuisine fraîche et de saison combine intelligemment les saveurs asiatiques et normandes. Passé par la case William Ledeuil (Ze Kitchen Galery), le chef

a su tirer l'essentiel de cet enseignement pour livrer une partition précise et riche en goûts surprenants. Décor dans l'air du temps, et très belle terrasse côté cour.

|●| ↑ *Le Drakkar (plan A2, 20)* : 77, rue Eugène-Colas. ☎ 02-31-88-71-24. ● central-hotel@wanadoo.fr ● ♿ Tlj sauf 24 déc au soir et 25 déc. Formule déj en sem 16,50 € ; menu 33,20 € ; carte env 40 €. Digestif maison (le Pointu) offert sur présentation du guide de l'année. Une des brasseries institutionnelles de Deauville. Cadre luxueux et clientèle distinguée. Terrasse chauffée. On vient ici avant tout pour le poisson et les fruits de mer, d'une qualité régulière. Mais cela se paie ! On peut, pour faire au plus juste, se contenter d'une copieuse salade ou d'un rôti de bœuf sauté en cocotte.

Où déguster une bonne glace ?

♀ Depuis 1919, les *Glaces Pompon (hors plan par A2, 31 ; bd de la Mer ; face au Point de Vue, l'espace d'expositions de la ville)* régalent les gourmands sur les Planches. M. Pompon, comme on l'appelle, se fournit chez un maître-artisan glacier qui fabrique ses glaces à la sortie de Deauville avec du pur lait de Normandie. On se laisse tenter par des parfums locaux comme la glace au calvados ou celle au caramel au beurre salé. Une glace artisanale locale à des prix raisonnables et servie avec le sourire.

♀ *Martine Lambert (plan A2, 30)* : 76 bis, rue Eugène-Colas. ☎ 02-31-88-94-04. Juil-août, tlj 10h-minuit ; avr-juin et sept, tlj 10h-19h30 ; oct-mars, w-e et pdt vac scol 10h-13h, 14h30-19h. Congés : janv-fév. Une cinquantaine de parfums de glaces et de sorbets, du plus classique au plus créatif et original. Artisanales, on s'en doute, ces glaces sont élaborées à base de bons produits fermiers, de fruits frais et d'arômes naturels. Depuis 1975, une institution.

Où boire un verre ? Où écouter de la musique ?

♀ ↑ *Café Marius (plan A2, 40)* : 21, rue Gontaut-Biron (angle rue du Général-Leclerc). ☎ 02-31-98-40-40. Tlj sauf mer-jeu. Fermeture 19h en basse saison. Ailleurs qu'à Deauville, on aurait hésité à vous faire passer par une boutique de déco aussi chic pour grimper sur son toit afin de profiter, au milieu des habitués, de ce bel endroit presque caché avec vue imprenable. Bonnes tartines, bons cocktails et prix à la hauteur, forcément. Idéal pour un verre en fin de journée, en bonne compagnie.

♀ ♪ *Brok Café (plan A2, 41)* : 14, av. du Général-de-Gaulle. ☎ 02-31-81-30-81. Tlj sauf lun 17h30-2h en été, 18h30-2h hors saison. Pour la déco, c'est La Havane en Normandie ; dans les verres, c'est caïpirinhas, margaritas et mojitos (dont un au champagne, so chic !) en place du pommeau et du calva. Musique latino, bien entendu. Un bar sympathique qui s'anime pas mal le week-end, fréquenté par quelques people et les joueurs de polo de l'hippodrome voisin.

À voir

🍴 *Les Franciscaines (plan A2)* : 143, av. de la République. ● indeauville.fr ● En 2020, c'est un nouvel espace culturel qui ouvre ses portes à Deauville. Aménagé dans l'immense bâtisse qui abritait autrefois la congrégation des sœur franciscaines, il accueille désormais un musée consacré au peintre de marine figuratif André Hambourg (1909-1999), une médiathèque, un auditorium dans l'ancienne chapelle, un café dans le cloître, un espace consacré à des expos temporaires, des espaces à partager (co-working, fablab, caféteria...). Bref, un véritable lieu de vie.

Les quais et les jetées : en sortant de la gare pour aller à l'office de tourisme, on découvre des quais en pleine transformation. L'esplanade du bassin Morny, le 1er des 2 ports de Deauville, avec ses nombreux voiliers amarrés, offre le 1er contact avec la mer quand on descend du train. Les 2 jetées ont été bombardées mais reconstruites à l'identique après la guerre. C'était l'un des lieux de prédilection d'Eugène Boudin, qui aimait y peindre, y observer la lumière changeante et le va-et-vient des bateaux. La plus grande jetée, mesurant 550 m, se trouve du côté de Deauville ; la plus petite est à Trouville.

La plage (plan A1) : l'une des plus belles de Normandie. Probablement le plus photographié au monde, le **parasol deauvillais**, avec ses 5 couleurs uniques, n'est en vente nulle part. Il sort chaque année des ateliers de la Ville qui le fabriquent, le réparent et le bichonnent. **Les Planches,** autre symbole marquant, longent la plage sur un peu moins de 1 km. On remarque également le patio fleuri des bains publics, les superbes **Bains pompéiens,** le jardin des lais de mer après les Planches etc.

À LA MODE DE HOLLYWOOD

Pastichant Los Angeles, pour remercier les stars hollywoodiennes d'être venues lors du Festival du cinéma américain, Deauville choisit d'inscrire leurs noms sur les cabines de bains situées le long des Planches. Bette Davis, Liz Taylor, Rock Hudson, Clint Eastwood et Kirk Douglas ont été mis à l'honneur. Chez les plus jeunes, Jessica Chastain, Cate Blanchett et Matt Damon. Tiens, on a retiré le nom de Harvey Weinstein.

L'hôtel de ville (plan A2) : *20, rue Robert-Fossorier, au croisement des rues Eugène-Colas et Victor-Hugo.* Sur une ravissante placette fleurie, décorée de pommiers. Charmant bâtiment normand à tourelle, aux colombages sertis de briquettes.

Le casino (plan A2) : *bd Eugène-Cornuché.* Immense et luxueuse bâtisse de style Louis XV, bâtie à partir de 1912. Il fut inauguré par les Ballets russes, Nijinsky et Chaliapine, et a vu défiler depuis bien du beau monde. À découvrir de préférence le soir, quand les guirlandes électriques illuminent la façade. Les machines à sous ont volé la vedette aux tables de jeu.

LE TAUX DE REDISTRIBUTION

Les machines à sous sont programmées pour redistribuer un pourcentage précis (85 % minimum en France). Ce taux est contrôlé par la police des jeux. Intéressant de savoir que certaines machines sont plus généreuses que d'autres, notamment le long des couloirs très fréquentés : les casinos populaires sont plus généreux que les endroits chics !

Les palaces (plan A2) : de chaque côté du casino, les 2 plus beaux fleurons de la chaîne Lucien-Barrière, à savoir le *Royal Barrière* (1913) et le *Normandy Barrière* (1912). Le 1er, somptueux, porte bien son nom. Mais on peut préférer l'architecture du 2d, plus typique avec ses colombages auxquels une rénovation a redonné les couleurs d'origine, soit le blanc et le vert.

Les villas balnéaires : originales ou somptueuses, on en croise à chaque coin de rue ou presque (555 bâtisses ont été recensées, valorisées et protégées), et les découvrir offre aussi l'occasion de croiser les fantômes de tous ceux qui ont fait la légende de Deauville, d'Isadora Duncan à Jean Gabin. Grosse concentration le long du boulevard Eugène-Cornuché *(plan A1-2).* Les plus remarquables : la **villa Griselidis** au n° 7, la **villa Camélia** au n° 11, dans l'esprit chalet, ou sa voisine Art nouveau, *Les Abeilles,* au n° 9 du boulevard Cornuché. À deux pas, la **villa Suzanne** au 2, rue Olliffe (bas-reliefs sur la façade). Au 8, rue Olliffe, la maison à pans de bois, dotée d'un porche, que se fit construire **Eugène Boudin.** Le grand peintre s'y est éteint en 1898.

DEAUVILLE / MANIFESTATIONS | **267**

🎭🎭 **La Villa Strassburger** *(hors plan par A2) : en retrait de l'av. Strassburger, derrière l'hippodrome. Visite possible sur résa seulement (☎ 02-31-88-20-44), juil-sept mer-jeu (sauf sept) à 15h, sauf jour de réception. Entrée : 4,50 € ; réduc ; gratuit moins de 12 ans.* L'une des plus belles villas de Deauville, de style normand et à clochetons. Construite en 1907 pour les Rothschild à l'emplacement d'une ferme qui appartenait à la famille de Flaubert, la propriété fut ensuite rachetée en 1924 par un homme de presse américain, Ralph Strassburger, également époux de l'héritière des machines à coudre Singer. Elle fut léguée à la Municipalité, qui en fit un lieu de réception et de visite. Elle est inscrite aux Monuments historiques depuis 1975. On peut découvrir, dans un salon, des œuvres (peintures et sculptures) d'Enrico Campagnola.

🎭🎭 **L'hippodrome de Deauville-La Touques** *(plan A-B2) :* le long du boulevard Mauger, l'un des 2 hippodromes de Deauville avec celui de Clairefontaine. Il accueille 400 chevaux (600 en été) à l'entraînement chaque matin, de nombreuses courses sur 7 mois de l'année et de prestigieux matchs de polo en août. En 1863, sur la plage reconvertie en piste de galop le temps d'une marée, on sonnait le départ de la toute 1re course hippique deauvillaise... L'histoire de Deauville, depuis sa création, est si étroitement liée au cheval que la ville est aujourd'hui naturellement considérée comme la capitale du cheval en Normandie, entre courses hippiques, ventes aux enchères de pur-sang, polo, compétitions de saut d'obstacles, de dressage, d'attelage et de horse-ball, équitation, balades à cheval sur la plage...

🎭 🚴 **La voie verte de Deauville à Saint-Arnoult :** elle part du boulevard Mauger et s'étend sur quelque 3 km. À pied, à vélo ou à cheval (on est à Deauville quand même !), on longe les « spots » de Deauville : l'hippodrome, le parc de loisirs et le Pôle international du cheval.

Manifestations

– **Le bain du 1er janvier :** tout le monde se retrouve sur la plage pour le bain du 1er janvier afin d'encourager les baigneurs.
– **Festival Livres & Musiques :** *avr-mai.* Célèbre les écrivains inspirés par la musique autour d'un grand thème. Dédicaces, rencontres et concerts bien sûr.
– **Festival de Pâques :** *3 sem en avr.* ● *musiqueadeauville.com* ● Une douzaine de concerts classiques et baroques.
– **Triathlon international :** *juin.* 4 formats d'épreuves pour tous les niveaux.
– **Courses :** elles ont fait la célébrité de la station. La saison commence début juillet pour s'achever en octobre et s'étire même en hiver.
– **Août musical :** festival de musiques classique et baroque accueillant de jeunes solistes parrainés par les musiciens du Festival de Pâques.
– **Championnat international de polo :** *août, sur l'hippodrome de la Touques.* ● *deauvillepoloclub.com* ● Toujours intéressant à voir, d'autant que Deauville est la capitale française du polo depuis 1950.
– **Festival du cinéma américain de Deauville :** *début sept.* ● *festival-deauville. com* ● *Ouv au public avec des forfaits à la journée ou pour la durée du festival.* Presque inutile de faire les présentations ! Une centaine de films à l'affiche, dont certains en exclusivité mondiale. À la différence de Cannes, tout le monde peut assister aux projections. Beaucoup de monde (et de stars) : dur de trouver une chambre à cette époque-là !
– **Planche(s) Contact :** *oct-janv.* Rendez-vous autour de la photographie, avec des expos d'artistes renommés.
– **Concours de dressage et de saut d'obstacles :** ils ont lieu au Pôle international du cheval, lieu entièrement dédié aux sports équestres et à l'équitation. Des concours pour amateurs et professionnels, dont une dizaine de concours internationaux, y sont organisés régulièrement toute l'année.

LE CALVADOS

TROUVILLE

(14360)   4 800 hab.   *Carte Calvados, C1*

● Plan p. 269

Indissociable de Deauville, dont elle n'est séparée que par la Touques, Trouville a pourtant réussi à se créer une identité bien à elle. Ancien village de pêcheurs devenu lieu de villégiature grâce à sa grande et belle plage de sable fin, la station connaît un essor remarquable à la fin du XIXe s, bien avant Deauville. On y découvre les 1ers bains de mer, les joies (et les méfaits) du casino, les chalets puis les villas... Parallèlement, les artistes viennent y faire trempette ou y trouver l'inspiration. On y voit d'abord Alexandre Dumas, puis Flaubert, suivi des impressionnistes, de Maupassant et de Marguerite Duras. Depuis, de nombreuses personnalités ont fait de Trouville leur résidence privilégiée. Curieusement, après une longue période de décadence, due essentiellement à la concurrence effrénée de Deauville, Trouville est redevenue à la mode. Le charme de son port de pêche et son petit côté familial font de plus en plus d'adeptes chez une certaine bourgeoisie en quête de simplicité. Parce que Trouville a su, semble-t-il, trouver le fragile équilibre entre tourisme et activités traditionnelles. Ici, pas d'enseignes parisiennes trop bling-bling, mais des petits commerces locaux au charme désuet. Dépaysement garanti pour les Parisiens, qui représentent 80 % des visiteurs.

Adresse et infos utiles

ℹ Office de tourisme *(plan B3) : 32, quai F.-Moureaux.* ☎ *02-31-14-60-70.* ● *trouvillesurmer.org* ● *Juil-août, lun-sam 9h30-19h, dim et j. fériés 10h-18h ; sept-juin, lun-sam 10h-18h, dim et j. fériés 10h-13h30 (pdt vac scol mêmes horaires, dim et j. fériés 10h-16h). Fermé 1er janv et 25 déc.* Visites commentées et promenades à thème, animations pour les enfants pendant les vacances scolaires. Randonnée gourmande avec déjeuner champêtre et convivial en été. Et pour découvrir Trouville autrement : les visites *Enigmatik Experience !*

🚆 🚌 **Gare SNCF et gare routière** *(plan A-B3) :* ☎ *36-35 (0,40 €/mn).*
– **Marchés** *(plan A-B2) : quai F.-Moureaux. Mer mat et dim mat pour le grand marché, et tlj pour le marché aux poissons.* L'un des plus sympa de la côte pour ses coquillages et son poisson frais, mais aussi de bons produits du terroir. *Marché nocturne jeu juil-août. Marché bio sam mat.*
– **Stationnement :** les rues de Trouville sont étroites et la circulation en saison peut se révéler un peu pénible. Le plus simple est de se garer sur les parkings à l'entrée de la ville, entre le pont des Belges et la Poissonnerie *(plan B2-3)* ; ils sont beaucoup moins chers qu'autour du casino ou même le long du boulevard Moureaux et, de novembre à mars, ils sont carrément gratuits ! Précisons, cependant, que seuls les grands axes sont payants : rien ne vous empêche par conséquent d'aller tenter votre chance dans les petites rues en retrait du centre commerçant.

Où dormir ?

Prix moyens

🛏 ↑ **Hôtel L'Estran** *(plan B3, 6) : 4, pl. F.-Moureaux.* ☎ *02-31-88-35-15.* ● *contact@hotelestran.com* ● *Doubles 59-97 € ; familiales. Réduc de 5 % (hors sam, vac scol et ponts) sur présentation du guide de l'année.* Établissement accueillant et bien tenu qui ne cherche pas à jouer dans la cour des grands.

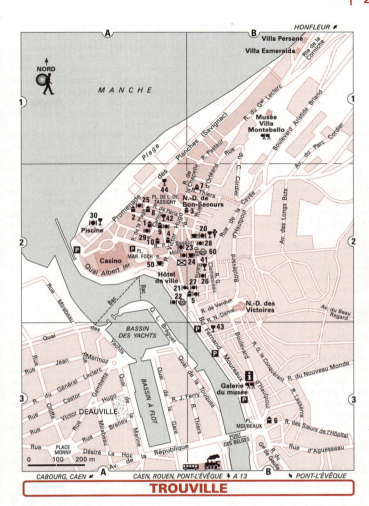

TROUVILLE

Où dormir ?
1 Hôtel Le Reynita (A2)
2 Hôtel Le Flaubert (A2)
3 La Maison Normande (A-B2)
4 Hôtel Le Fer à Cheval (A2)
5 Hôtel Le Central (A-B2)
6 Hôtel L'Estran (B3)
7 Hôtel Le Trouville (B2)
8 La Maison de la Plage (A2)
9 Les 2 Villas (A2)
10 Hôtel La Petite Cour (A2)

Où manger ?
5 Brasserie Le Central (A-B2)
9 Dadou (A2)
20 Pipelettes & Co (B2)
21 Les Vapeurs et Les Voiles (A-B2)
22 La Poissonnerie (A2)
23 Tivoli Bistro (A2)
24 Villa Gypsy (B2)
25 Les Affiches (A2)
26 La Table du Marché (B2)
27 Les Mouettes (B2)
28 Bistrot Les 4 Chats (B2)
29 La Petite Auberge (A2)
30 La Cabane Perchée (A2)

Où boire un verre ? Où manger sur le pouce ?
20 Bar des 4 Chats (B2)
30 La Cabane Perchée (A2)
41 Les Étiquettes, La Case des Bains et Cave Raymonde Couture (B2)
42 Les Docks (A2)
43 L'Apéro (B3)
44 Les Planches (A2)

Où manger d'excellentes glaces et pâtisseries ?
20 L'Atelier de Luc (B2)
50 Pâtisserie Charlotte-Corday (A2)

Où acheter de bons produits ?
22 Halle aux poissons (A2)
60 L'instant Fromages (B2)

Les chambres sont claires et agréables, et les plus spacieuses ont aussi vue sur le port.

⌂ **Hôtel Le Trouville** (plan B2, **7**) : 1, rue Thiers. ☎ 02-31-98-45-48. ● info@ hotelletrouville.com ● hotelletrouville. com ● Doubles 75-105 €. Comme bien souvent à Trouville, l'escalier (sans ascenseur) est un peu raide, et la vieille bâtisse relativement sonore. Mais les chambres, simplement arrangées, sont plutôt pimpantes et confortables (bonne literie notamment). Et puis l'accueil est avenant, à l'image du petit salon de la réception : il donne l'impression de poser son sac à la maison ou chez des amis. Côté petit déj, les simples buveurs de café ou de thé apprécieront la formule « express » à petit prix.

⌂ **La Maison Normande** (plan A-B2, **3**) : 4, pl. Maréchal-de-Lattre-de-Tassigny. ☎ 02-31-88-12-25. ▤ 06-75-14-46-58. ● lamaisonnormande@outlook. fr ● la-maison-normande.com ● Dans un coin tranquille du centre. Doubles 58-98 € (les moins chères avec w-c sur le palier) ; familiales. Maison... normande, donc à colombages (à l'extérieur, jetez un coup d'œil aux colonnes sculptées). Charme indéniable dès le hall d'entrée, né de la réunion de 2 anciennes boutiques. La maison et les chambres sont tout doucement rénovées, en respectant l'ambiance du lieu.

De prix moyens à chic

⌂ **La Maison de la Plage** (plan A2, **8**) : 30, rue de la Plage. ▤ 06-67-78-07-96. ● lamaisondelaplagetrouville@hotmail. com ● lamaisondelaplagehotel.com ● Doubles 75-120 €. On a vraiment l'impression ici d'entrer dans une maison de famille, aux parquets bruts, aux couleurs pop et à la déco broc'. Rassurez-vous, cependant, la literie (top !), elle, n'est pas de récup'. Et si, dans certaines chambres, l'espace est assez réduit, l'aménagement, bien pensé, offre un réel confort. Mention spéciale pour le petit déj', de qualité.

⌂ **Hôtel Le Reynita** (plan A2, **1**) : 29, rue Carnot. ☎ 02-31-88-15-13. ● info@hotelreynita.com ● hotelreynita.

com ● Ouv de mi-fév à nov (et Jour de l'an). Doubles 69-115 €. Un café et un croissant offerts/pers sur présentation du guide de l'année. Belle maison à l'architecture début XXᵉ s assez typique. Chambres de tailles variables, souvent dans un esprit assez cosy (mais rien de contemporain). Atmosphère familiale et accueil très professionnel.

⌂ **Hôtel La Petite Cour** (plan A2, **10**) : 15, rue Paul-Besson. ☎ 02-31-88-10-66. ● dormir@hotel-lapetitecour. fr ● hotel-lapetitecour.fr ● Ouv de fév à mi-nov. Doubles 89-129 €. Une maison bien dans son époque : les chambres n'y sont pas très grandes, mais l'ambiance y est reposante, les couleurs douces à l'œil, et la literie douillette. Des parties communes également accueillantes et séduisantes.

De chic
à beaucoup plus chic

⌂ **Les 2 Villas** (plan A2, **9**) : 25, rue Saint-Germain. ☎ 02-31-49-09-19. ● contact@les2villas.fr ● les2villas. fr ● ♿ Doubles 75-164 € ; petit déj 14 €. Un hôtel qui offre 2 visages différents qu'on le découvre côté pile ou côté face. Eh oui, il s'agit en réalité de 2 villas distinctes réunies en un même établissement, l'une à la façade sobre sur 4 niveaux (avec ascenseur), l'autre faite de briques colorées sur 2 niveaux (sans ascenseur). Pour faire la jonction, un patio intime sur lequel donnent certaines chambres. À l'intérieur, les différences s'estompent : ambiance feutrée pour tout le monde, doux dégradé de gris, un mobilier et des luminaires sobres mais choisis (et pas chez Ikea !), des espaces parfaitement pensés et agencés. Une belle adresse et un très bon rapport qualité-prix dans sa catégorie. Excellent accueil.

⌂ **Hôtel Le Fer à Cheval** (plan A2, **4**) : 11, rue Victor-Hugo. ☎ 02-31-98-30-20. ● info@hotel-trouville.com ● hotel-trouville.com ● ♿ Doubles 93-132 € ; familiales ; petit déj 12,50 €. Dans une belle maison du début du XXᵉ s à la façade en partie en brique et embellie par de beaux balcons fleuris, des chambres accueillantes et claires,

TROUVILLE / OÙ MANGER ? | 271

d'une coquetterie plutôt classique pour certaines, contemporaines pour d'autres. Quelques-unes disposent d'un petit balcon donnant sur la rue.

🏠 ⛵ *Hôtel Le Flaubert (plan A2, 2) : rue Gustave-Flaubert.* ☎ *02-31-88-37-23.* ● *hotel@flaubert.fr* ● *flaubert. fr* ● ♿ *Congés : de mi-nov à début fév. Doubles 90-169 € petit déj compris ; familiales. Parking payant 15 €. Café offert sur présentation du guide de l'année.* Sur les Planches, quasiment les pieds dans l'eau, un hôtel qui domine le front de mer. Pour un week-end romantique, demandez la chambre en angle, afin de profiter inlassablement de la jetée et du ballet incessant des voiliers qui entrent et sortent du port. Les autres, décorées avec grand soin, sont elles aussi ravissantes.

🏠 ⛵ *Hôtel Le Central (plan A-B2, 5) : 5-7, rue des Bains.* ☎ *02-31-88-80-84.* ● *central-hotel@wanadoo.fr* ● *le-central-trouville.com* ● ♿ *Au-dessus de la brasserie du même nom ; entrée dans la petite rue sur le côté, et réception au 1er étage. Fermé 24 déc au soir et 25 déc. Doubles 125-185 €.* Belles chambres tout confort, lumineuses et soigneusement décorées. Les plus jolies ont vue sur le port, mais celles donnant sur l'arrière (plus calmes) ne manquent pas non plus de charme. Quant à celles situées au dernier étage, elles sont joliment mansardées. Bon accueil.

Où manger ?

Les adresses du midi et de l'après-midi

🍴 *La Poissonnerie (plan A2, 22) : marché aux poissons, bd F.-Moureaux, côté parking. Tlj 9h-19h30.* Le long du port de pêche, les 9 étals de cette célèbre poissonnerie (inscrite sur la liste complémentaire des Monuments historiques) mettent à disposition des tables et chaises hautes pour une dégustation de fruits de mer qui continue de faire bien des heureux. On choisit la composition de son plateau selon la pêche du jour, en l'accompagnant d'un petit verre de blanc.

🍴 ☕ ⛵ *Villa Gypsy (plan B2, 24) : 65, rue des Bains.* ☎ *09-53-83-88-90.* ♿ *Congés : début janv. Tlj sauf lun-mar 10h30-18h. Carte env 12 € ; brunch le dim 18 €.* Lifestyle & coffeeshop, c'est écrit sur la carte, en langage international car vous allez tomber ici sur un nid de voyageuses (mère et filles) qui ont vu du pays avant d'ouvrir ce salon de thé pas triste, avec son coin boutique du monde, son salon de lecture et, surtout, sa terrasse (presque) cachée dans la seule cour fermée de Trouville. L'après-midi, pâtisseries sans gluten (mais gourmandes).

🍴 *Dadou (plan A2, 9) : 26, rue Carnot.* ☎ *07-89-83-87-12. Tlj sauf mer-jeu 12h-17h. Repas 15-20 €. CB refusées.* Sur la gauche le petit comptoir traiteur, sur la droite la « salle à manger », avec la longue table que l'on partage ou le coin canapé. Le tout dans un esprit à la fois mode, grotte d'Ali Baba, mais surtout très convivial. Chaque jour, à consommer sur place ou à emporter, un plat de poisson différent ou un assortiment d'antipasti, soit une belle assiette composée de légumes royalement traités. Car chez Dadou, ceux qui l'ignorent encore découvriront que les végétaux peuvent se cuisiner, se cuire et s'agrémenter de multiples façons et offrir au palais un bouquet de saveurs réjouissantes. À accompagner de la boisson et de la douceur du jour. Quant au plat de viande, il n'est servi que le week-end et sur commande.

☕ 🍴 *Pipelettes & Co (plan B2, 20) : 82, rue des Bains.* ☎ *02-14-09-28-92.* ● *pipelettesandco@pipelettes. shop* ● *Tlj sauf lun et jeu (tlj pdt vac scol), 9h30-18h30. Au déj, carte env 15 €.* On se sent tellement bien dans ce petit salon de thé que l'on pourrait y passer des heures à « pipeletter » autour d'un thé (la sélection est belle et variée) ou café de qualité, accompagné d'une délicieuse douceur ou d'une jolie salade le midi. Le mobilier mêlant styles et époques forme un cadre harmonieux, paisible, chaleureux, complété par un accueil souriant. On peut aussi y acheter thé, café et chocolat.

LE CALVADOS

De bon marché à prix moyens

IOI ↑ La Table du Marché (plan B2, **26**) : 16, rue des Bains. ☎ 02-31-87-54-84. ● latabledumarche14@gmail.com ● Congés : 18 nov-2 déc. Tlj (fermé dim soir, mar soir et mer hors saison) jusqu'à 22h. Menus 17,90 € (midi), puis 29,90-49 €. Apéritif offert sur présentation du guide de l'année. Le nom n'a rien d'original, mais c'est la belle surprise du moment. Carte courte, avec une ardoise pour les suggestions, qu'on vous conseille de suivre, et bons plats du jour. Service enlevé et sympa, avec un personnel aux petits soins. Grande terrasse côté rue.

IOI ♈ ↑ La Cabane Perchée (plan A2, **30**) : bd de la Cahotte. ☎ 02-31-14-88-00. ● contact@cabaneperchee.fr ● En été, tlj 11h-21h30 (23h ven-sam) ; hors saison, ven-mar 11h-14h30, 18h30-21h30 (en continu le w-e). Carte 25-30 €. En voilà un endroit relativement inattendu pour percher sa cabane : à touche-touche avec le complexe nautique, en surplomb de la piscine extérieure... mais aussi (et surtout) de la longue plage de sable, du port et, si vous optez pour la terrasse sur le toit, sur les jolies cures marines et les villas. Restauration simple, type brasserie : burger, assiette de fruits de mer, bavette, etc. L'été, c'est aussi l'endroit parfait pour boire un verre autour de planches à partager.

IOI ↑ Brasserie Le Central (plan A-B2, **5**) : 158, bd F.-Moureaux. ☎ 02-31-88-13-68. ● central-hotel@wanadoo.fr ● ⚇ Tlj 7h30-minuit. Fermé 24 déc au soir et 25 déc. Menus 21,90-32,70 € ; carte env 33 €. Kir maison offert sur présentation du guide de l'année. Grande salle à l'ancienne avec terrasse face au port. Les serveurs sont speedés mais efficaces, la clientèle est très mélangée et la carte longue comme le bras. On peut s'en tirer à des prix à peu près convenables car les plats sont copieux et un seul peut suffire. Notre péché mignon : la friture de pays encore toute croustillante, qui se mange avec les doigts, accompagnée d'un verre de sancerre... le bonheur !

IOI ↑ Les Mouettes (plan B2, **27**) : 9-11, rue des Bains. ☎ 02-31-98-06-97. ● central-hotel@wanadoo.fr ● ⚇ Tlj jusqu'à 23h. Fermé 24 déc au soir et 25 déc. Menu 16 € ; formule 32,60 € ; carte env 27 €. Digestif maison (le Pointu) offert sur présentation du guide de l'année. C'est une annexe, en plus intime, de la Brasserie Le Central. Accueil cordial, déco de bistrot parisien et, aux beaux jours, agréable terrasse sur une rue piétonne. Les produits de la mer sont de rigueur et de toute fraîcheur. Marguerite Duras aimait fréquenter l'endroit.

IOI ↑ Les Affiches (plan A2, **25**) : 6, rue de Paris. ☎ 02-31-98-31-94. ● lesaffichestrouville@gmail.com ● Tlj sauf mer, plus mar hors juil-août. Congés : janv, 1 sem en juin, 1 sem en nov. Résa conseillée 48h à l'avance en saison. Carte 25-30 €. Un sympathique bistrot de poche, à cuisine ouverte et prolongé d'une terrasse d'où l'on aperçoit la plage, à quelques mètres. À l'ardoise, un tout petit choix de produits de la mer (surtout) au gré du marché et des arrivages, travaillés avec simplicité mais doigté. Accueil d'une gentillesse hors pair.

De prix moyens à chic

IOI La Petite Auberge (plan A2, **29**) : 7, rue Carnot. ☎ 02-31-88-11-07. ● lapetiteauberge.trouville@wanadoo.fr ● Tlj sauf mar-mer (tlj en août). Congés : 2de quinzaine de juin. Formule déj 30 € ; menu 43 € ; carte env 65 €. La meilleure adresse de Trouville est aussi l'une des plus discrètes. On ne va pas à La Petite Auberge pour se faire voir, mais pour savourer une vraie cuisine normande, comme à la maison. Si les produits sont excellents, on note également un réel travail sur les assiettes, à la fois simples et joliment inventives. Originales, les sauces sont précises et percutantes. Le chef réinvente subtilement son terroir.

IOI Tivoli Bistro (plan A2, **23**) : 27, rue Charles-Mozin. ☎ 02-31-98-43-44. Tlj sauf mer-jeu. Congés : 2 sem en juin et 3 sem de mi-nov à mi-déc. Formule 17,50 € ; menu 33,50 € ; carte env 40 €. Apéritif maison offert sur présentation

TROUVILLE / OÙ MANGER D'EXCELLENTES GLACES... ? | **273**

du guide de l'année. Petit bistrot à la décoration hétéroclite, dominée par le bois. Poisson fumé maison et très bons petits plats : filets de maquereau au vin blanc, cassolette de poisson, escalope de veau aux morilles, sole meunière, clafoutis aux fruits de saison, etc.

|●| ⬆ *Bistrot Les 4 Chats (plan B2, 28) : 8, rue d'Orléans.* ☎ *02-31-88-94-94.* ✗ *Fermé lun-jeu hors saison, et mar-mer en été. Carte 40-45 €.* Derrière la façade aux tons crème et vert qui se repère de loin se trouve une adresse qui a toujours autant la cote depuis ¼ de siècle ! Salle au décor vieux rose usé, remplie de bouquins, de cartes postales, de photos et de journaux... On y sert des plats classiques auxquels le chef ajoute une ou 2 saveurs étonnantes qui bouleversent les repères. Grands crus servis au verre.

|●| ⬆ *Les Vapeurs et Les Voiles (plan A-B2, 21) : 160-162, bd F.-Moureaux.* ☎ *02-31-88-15-24.* ● *jmeslin@ lesvapeurs.fr* ● ✗ *Tlj (sauf 25 déc) 12h-minuit. Résa indispensable le w-e. Carte 35 €. Les Vapeurs,* c'est sans conteste la brasserie la plus connue de Trouville, fondée en 1927. *Les Voiles,* à côté, c'est l'annexe ! Aujourd'hui, il n'est pas un acteur américain venant au festival de la ville d'en face qui ne s'arrête ici. Et la salle ne désemplit pas, même si le rapport qualité-prix est loin d'être toujours évident. Les spécialités maison : les moules crème normande et les crevettes cuites. Tout est frais : normal, les chalutiers sont à 10 m. Les tripes valent également le coup, surtout avec un petit verre de saumur.

Où boire un verre ? Où manger sur le pouce ?

🍸 Les adresses pour boire un verre et prendre l'apéro se sont multipliées en quelques années à Trouville, vous n'aurez aucun mal à les repérer, à la fraîche. Rue des Bains, d'abord *(plan B2, 41) : Les Étiquettes,* un lieu emblématique connu pour ses plateaux-apéros bien garnis, et *La Case des Bains,* qu'on aime bien pour sa petite terrasse, son ambiance conviviale et ses produits triés sur le volet. Toujours rue des Bains, la *Cave Raymonde Couture,* idéale pour boire un verre de vin ou une bolée de cidre en profitant de l'ambiance.

|●| 🍸 À quelques pas de là, près du bord de mer, un bar à vins et à tapas caché dans une petite rue isolée de l'agitation : *Les Docks (plan A2, 42 ; 36, rue Carnot).* Sur les quais, boulevard Fernand-Moureaux, *L'Apéro (plan B3, 43)* joue la carte tapas traditionnelles et ambiance musicale (concerts en été).

🍸 Si on ne présente plus le bistrot lui-même (voir plus haut), les amateurs de cocktails n'ont, quant à eux, qu'à traverser la rue d'Orléans pour aller au *Bar des 4 Chats (plan B2, 20 ; 18h-1h),* que l'on peut difficilement rater, lui aussi, avec sa façade aux mêmes couleurs que celles du bistrot mais inversées.

🍸 ⬆ Et n'oublions pas les adresses de bord de mer comme La *Cabane Perchée* (voir « Où manger ? ») ou encore le *Jardin d'été (plan A2, 44 ; promenade Savignac).* Si la 1ʳᵉ s'expose aux vents, le 2ⁿᵈ, lui, semble s'en protéger, dans une cour en retrait de la promenade, légèrement incurvée. L'ambiance y est aussi plus chic et cosy. On vient se poser dans ses petits salons de jardin en rotin en journée ou à l'heure de l'apéro, au milieu de parterres touffus plantés de vivaces et plantes aromatiques.

Où manger d'excellentes glaces et pâtisseries ?

🍦 *L'Atelier de Luc (plan B2, 20) : 172, rue des Bains.* ☎ *02-31-81-51-81. Tlj en saison 9h-23h.* Les glaces sont fabriquées avec du vrai lait et les

sorbets avec de vrais fruits. Ça se sent, et c'est bon !

🍰 *Pâtisserie Charlotte-Corday (plan A2, 50) : 172, bd F.-Moureaux.*

LE CALVADOS

274 | LE CALVADOS / LA CÔTE FLEURIE

☎ 02-31-88-11-76. Tlj sauf jeu (plus mer hors saison) 8h-19h ; pdt vac scol, tlj. Congés : 1re quinzaine de fév et 2de quinzaine de juin. C'est ici que

vous trouverez de fameux caramels au beurre salé. Également de succulentes tartes Antoine à l'abricot et à la pistache. Un must depuis plus de 35 ans.

Où acheter de bons produits à Trouville et dans les environs ?

🦐 **Halle aux poissons** (plan A2, **22**) : bd F.-Moureaux. Tlj. Victime d'un incendie en 2006, cette institution de Trouville a été reconstruite à l'identique, dans le style néonormand choisi par ses architectes de 1937. Parmi les étals, passage presque obligé à la *poissonnerie Pillet-Saiter* (☎ 02-31-88-02-10) ouverte depuis 1887 (elle est tenue aujourd'hui par la 7e génération). Pour y faire provision, comme les connaisseurs, de bocaux de la soupe de poissons de la grand-mère Jeannette.

🧀 **L'instant Fromages** (plan B2, **60**) : 50, rue des Bains. ☎ 02-31-98-28-14. Fermé lun. Une petite boutique offrant une sélection de fromages locaux (ou non), pas nécessairement énorme, mais excellente. Autre atout : l'accueil, charmant et de bon conseil.

🍫 **Les Marianik's :** 8, quai Monrival, 14800 **Touques.** ☎ 02-31-88-29-18. Tlj sauf dim et j. fériés. Le lieu peut surprendre, puisque la boutique est à l'étage d'une maison. Cet artisan chocolatier propose notamment le fameux *Camembert de Honfleur* (un chocolat à la pâte d'amandes et à l'anis).

À voir

🎨🎨 **Le musée Villa Montebello** (plan B1) : 64, rue du Général-Leclerc. ☎ 02-31-88-16-26. Juil-sept, mer-dim 10h-12h, 14h-17h30 ; oct et de mi-mars à juin, mer-ven 14h-17h30, w-e, vac scol et j. fériés 10h-12h, 14h-17h30. Fermé du 11 nov à mi-mars. Entrée : 3 € (couplé avec la galerie) ; réduc. Dans une villa balnéaire du Second Empire, typique de la côte normande, les collections de ce musée (tableaux, affiches, dessins, etc.) vous content l'histoire de la station et le développement de la mode des bains de mer. On peut notamment y voir les œuvres du peintre Charles Mozin, qui découvrit Trouville en 1825. Toute l'année, animations culturelles. Accès libre aux jardins : un bon plan pour se reposer et admirer la vue sur la mer, loin de l'agitation du port.

🎨🎨 **La galerie du musée** (plan B3) : à l'intérieur de l'office de tourisme. ☎ 02-31-88-16-26. Juil-août, lun-sam 9h30-18h30, dim et j. fériés 10h-17h30. Sept-juin, tlj 10h-17h30 (13h dim et j. fériés) ; pdt vac scol, tlj sauf dim et j. fériés 10h-15h30. Entrée : 3 € (couplé avec le musée Villa Montebello). Expos temporaires consacrées à l'affichiste Raymond Savignac qui résida à Trouville les 20 dernières années de sa vie, ou aux arts graphiques en général.

🎨🎨🎨 **Les villas** (plan A2-B1) : Trouville a eu la bonne idée de protéger depuis 1989 son patrimoine architectural balnéaire. On trouve donc ici nombre de ces villas et grands hôtels révélateurs de l'aisance dans laquelle on vivait au XIXe s sur la côte. On peut en découvrir quelques beaux exemples en se baladant le long de la promenade des Planches (rebaptisée promenade Savignac), en partant de l'extravagant mais charmant casino : la très éclectique villa *Sidonia* de 1868 aux médaillons à figure humaine en façade ; à peine plus loin, le manoir *Normand,* dont on aime bien le damier qui habille tout le rez-de-chaussée. La promenade Savignac s'achève avec la villa *Esmeralda* (à colombages), la villa *Persane* (de style oriental) et la tour *Malakoff* accolée à une maison gothique construite pour le peintre Mozin. En grimpant quelques marches, on découvre *Les Roches Noires,* prestigieux palace transformé depuis en résidence. Parmi les anciens pensionnaires,

Marguerite Duras, qui y possédait un appartement (le n° 105, acheté en 1963) qu'elle conserva jusqu'à sa disparition en 1996 et a écrit là nombre de ses romans.

✖✖ Le centre historique : peu fréquenté, hormis les quelques rues autour du port (qui ne sont pas, disons-le d'emblée, les plus charmantes), il serait dommage de ne pas partir à sa découverte. Si vous avez arpenté Deauville, vous ne pourrez qu'être frappé par la différence entre les 2 villes, qui s'explique par leur histoire (Trouville était un village de pêcheurs construit à flanc de colline avant de devenir une station balnéaire, alors que Deauville, construite sur le plat, fut conçue dès l'origine comme une station balnéaire) ; autant les rues de Deauville sont plutôt rectilignes et larges, avec d'imposantes villas se déployant tout le long, autant le haut de Trouville est un réseau de ruelles étroites, parfois pentues, et bordées d'un alignement de jolies maisonnettes beaucoup plus modestes. Dans la *rue des Rosiers,* des maisons de pêcheurs aux couleurs pastel. L'*escalier du Serpent,* dit « des 100 marches », offre de belles échappées sur la ville et la mer. La *rue Berthier* et la *rue Mogador* sont, quant à elles, d'anciens quartiers ouvriers.

➤ La Corniche : jolie route le long des collines menant vers Honfleur. Beaux panoramas sur Trouville et la mer.

À faire

⌂ La plage : longue de 2 km et profonde. Au XIXᵉ s, on en parlait dans les journaux comme de la plus belle de France avec son sable doux et fin, la comparant à un parquet que la mer prend soin de balayer tous les jours. Des planches, comme à Deauville, longent la plage depuis 1867 pour faciliter les promenades.

– La débarque (plan A2) : *en saison et selon les marées, à partir de 17h, quai Albert-Iᵉʳ.* Historiquement, ce sont les femmes des pêcheurs qui vendaient le poisson (maquereaux, soles, bulots, encornets, petite friture...) fraîchement débarqué sur les quais. Aujourd'hui, la tradition se perpétue. Qualité, fraîcheur et pêche locale assurées au meilleur rapport qualité-prix. Un petit spectacle aussi traditionnel qu'emblématique à Trouville ! Attention, lors de la vente à la débarque, les pêcheurs n'ont pas l'autorisation, contrairement aux poissonniers (halle aux poissons), de vider et lever en filets les poissons. À découvrir absolument : le maquereau, labellisé Maquereau de Trouville depuis 2014 (pleine saison l'été).

– Le casino Barrière (plan A2) : *pl. du Maréchal-Foch.* ☎ 02-31-87-75-00. ● *lucienbarriere.com* ● *À l'entrée de la plage. Tlj 10h-2h (4h ven-sam). Tenue correcte exigée après 21h. Carte d'identité obligatoire.* Les jeux furent autorisés à Trouville à partir de 1808 afin de distraire les riches familles parisiennes venues pour les bains de mer. Depuis, 3 casinos se sont succédé. Et la ville a renoué avec la tradition en ouvrant les *Cures Marines,* un hôtel très chic logé dans l'aile droite du casino. Aller boire un verre au bar de l'hôtel en fin d'après-midi, fait partie des traditions trouvillaises.

⛴ Le bac de Trouville-Deauville (plan A2) : *sur le quai Albert-Iᵉʳ, vers le casino.* ☎ 06-83-78-95-94. *Tlj 9h-22h en saison ; 9h-19h le reste de l'année. Aller : 1,20 €/ pers.* Un petit bateau de pêcheur qui, depuis 1889, permet de traverser la Touques en un instant, sans faire à pied le long tour du port. À marée haute, bien sûr. À marée basse, on emprunte une petite passerelle *(0,50 €/pers).*

➤ Promenades en mer : *avec la vedette* Gulf Stream II *de M. Perchey, quai Albert-Iᵉʳ.* ☎ 06-07-47-14-12. ● *gulfstream2-trouville.com* ● *Fév-oct. Balade : 8 € ; réduc.* Une route pour une promenade le long de la côte entre Trouville et Deauville (30 mn). Départ quai Albert-Iᵉʳ, juste derrière le casino, à l'heure de la marée, sauf en cas de mauvais temps. Et aussi, visite des ports de Deauville et Trouville en chaloupe *(7 € ; réduc).*

276 | LE CALVADOS / LA CÔTE FLEURIE

🚢 *Navette maritime de l'estuaire de la Seine :* *infos sur* ● *navigation-normande.fr* ● *Juin-sept. A/R 24 € ; 17 € 4-14 ans.* Une heure de traversée pour atteindre Le Havre.

Fête et manifestation

– *Fête de la Mer et du Maquereau :* *fin juil ou début août selon marées.* Bénédiction des bateaux de pêche, pavoisés. Le soir, chants de marins et repas de maquereaux grillés.
– *Festival Off-Courts :* *début sept.* ☎ 02-31-14-39-05. ● *off-courts.com* ● Films courts de tous les pays. Projections au Cinémobile, ateliers participatifs, concerts et soirées festives face à la mer, à la guinguette.

VILLERVILLE   (14113)   745 hab.   *Carte Calvados, C1*

Une station modeste qui a certainement souffert du succès de ses prestigieuses voisines (Honfleur et Trouville), mais aussi de l'étroitesse de sa plage. En effet, celle-ci disparaît presque totalement à marée haute. Cela dit, la tendance est en train de s'inverser, puisque les people sont de plus en plus nombreux à trouver refuge ici, faisant de nouveau de Villerville une station cotée, voire huppée. Comment ne pas craquer pour l'atmosphère désuète de ce bourg, avec ses

NUIT DE CHINE, NUIT CÂLINE...

Tous les ans, lors du dernier week-end d'octobre, un feu d'artifice est tiré sur la plage de Villerville, comme dans le film Un singe en hiver. *Une fête non répertoriée qui rassemble curieux et fans célébrant toujours, plus de 55 ans après, le tournage d'un film culte comme on en compte peu. Et tout le monde d'entonner en cœur : « Nuit de Chine, nuit câline, nuit d'amour... » Pour les passionnés, des totems signalent les lieux de tournage.*

vieilles rues, ses maisons colorées, certaines à pans de bois ? Belle église en pierre datant pour partie du XIIe s, dotée d'un clocher en bâtière.
Un singe en hiver y fut tourné en 1962, d'après l'œuvre d'Antoine Blondin, avec Jean Gabin, Jean-Paul Belmondo et Suzanne Flon. Les fans sont nombreux à venir réciter en chœur les dialogues croustillants d'Audiard au zinc du *Cabaret Normand,* toujours ouvert.

Adresse utile

ℹ️ *Bureau d'information touristique :* 40, rue du Général-Leclerc. | ☎ *02-31-87-77-76.* ● *indeauville.fr* ●

Où dormir ? Où manger ?

De bon marché
à prix moyens

🍴 *La Crêperie du Coin :* 1, rue du Maréchal-Foch, au carrefour du

Singe-en-Hiver, face au Cabaret Normand. ☎ 02-31-98-04-38. En saison, tlj ; hors saison, tlj sauf mar, et le soir lun-jeu. Congés : janv et de mi-nov à mi-déc. Carte env 13 €. CB refusées. *Café offert sur présentation du guide*

HONFLEUR | **277**

de l'année. Un lieu chaleureux, où les Villervillais et les touristes en quête de souvenirs de films se rencontrent. Crêpes et galettes aussi variées qu'excellentes, servies dans un décor plaisant, ou sur le petit bout de terrasse.

Chic

🏠 ⏺ 🔝 *Le Bellevue : 7, allée du Jardin-Madame.* ☎ 02-31-87-20-22. ● *biendormir@bellevue-hotel.fr* ● *bellevue-hotel.fr* ● ♿ *Tlj sauf le midi mar-jeu. Congés : de janv à mi-fév.* *Résa obligatoire. Doubles 100-260 € ; suites ; petit déj 14 €. Menus 29-49 € ; carte env 45 €.* À deux pas de la plage, cette grande villa fut jadis la propriété de l'ancien directeur de l'Opéra-Comique. De cette belle époque révolue, il reste une atmosphère qui n'est pas sans rappeler les pensions de famille d'antan. Les chambres n'en bénéficient pas moins d'un confort tout ce qu'il y a de plus moderne. La plupart ont vue sur la mer. Petit jardin panoramique. Au resto, une très bonne cuisine du terroir, concoctée par un disciple d'Escoffier.

Où manger ? Où acheter de bons produits dans les environs ?

⏺ 🔝 *Le Moulin Saint-Georges : chemin de la Mer, route de Trouville, 14600 Pennedepie.* ☎ 02-31-81-48-48. ● *info@moulinsaintgeorges.fr* ● À env 3,5 km de Villerville, sur la route de Honfleur par la côte. Juil-août, tlj sauf mer ; hors saison, tlj sauf mar-mer. Repas env 25 €. Dans une maison que vient presque frôler la route, salles accueillantes où se mêlent murs de brique et colombages, avec le bar à l'entrée et la terrasse sur l'arrière aux beaux jours. À la carte, belle sélection d'huîtres de la région, et des plats aussi simples que l'entrecôte normande ou les moules (en saison) accompagnées de leurs (bonnes) frites maison. La tradition, oui, mais l'ambiance et l'équipe, elles, ne sont en rien figées dans le terroir et le passé. Service attentif et tout sourire.

🍴 ⏺ *Le Manoir d'Apreval et son Pique-nique sous les Pommiers : 14600 Pennedepie.* ☎ 02-31-14-88-24. ● *apreval@apreval.com* ● À 5 km à l'est de Villerville. Pique-nique 14 juil-31 août env 16,50 €/adulte et 11,20 €/enfant. Boutique ouv tte l'année sauf vac de Noël ; tlj en saison ; lun-ven hors saison. Un verre de jus de pomme ou de cidre offert sur présentation du guide de l'année. Ce producteur de (délicieux !) jus de pomme, cidres et calvados propose, durant l'été, des paniers au bon goût du pays d'Auge. Tout est prévu, même la nappe à carreaux ! Quelques pas à faire et vous pourrez vous étaler dans les vergers, à l'ombre des pommiers... Un déjeuner sur l'herbe digne de Manet ! Pour couronner le tout : un accueil à la boutique vraiment extra.

LE CALVADOS

HONFLEUR   (14600)   8 125 hab.   *Carte Calvados, D1*

● *Plan p. 280-281*

Le plus mignon, le plus fou, le plus chouchard des petits ports normands... pour ne pas dire français. Depuis le XIXe s, la ville natale d'Alphonse Allais fut le lieu d'élection des écrivains (Baudelaire, Flaubert...), des musiciens (Satie naquit ici) et des peintres (Boudin, autre enfant du pays, mais aussi Monet, Dufy...), séduits par la lumière changeante de l'embouchure de la Seine et par la verdure de la campagne augeronne. Honfleur est en fait une

278 | **LE CALVADOS / LA CÔTE FLEURIE**

cité à 2 visages : pendant la semaine, avec ses pêcheurs, et le week-end ou pendant les vacances, avec ses touristes. Mais il n'y a pas que la mer, le fleuve, l'arrière-pays et les basses collines de son site, encore vierges (par quel miracle ?) de toute colonisation immobilière... Il y a surtout l'atmosphère si dense d'une petite ville pourtant si fréquentée, et ce cachet unique parmi les ports normands, avec ses bassins intérieurs, ses vieux gréements et ses grosses barques de pêche, ses vieilles maisons aux écailles d'ardoise, son clocher d'opérette et ses ruelles de traviole... « Mais elle est où la plage ? » C'est la 1re question que les touristes posent, paraît-il, quand ils arrivent à l'office de tourisme. Vous savez déjà ce qu'il ne faut pas faire !

Adresse et info utiles

ℹ Office de tourisme (plan B3) : quai Lepaulmier. ☎ 02-31-89-23-30. ● ot-honfleur.fr ● Juil-août, lun-sam 9h30-19h, dim 10h-17h ; Pâques-juin et sept, lun-sam 9h30-12h30, 14h-18h30, dim et j. fériés 10h-12h30, 14h-17h ; oct-Pâques, lun-sam 9h30-12h30, 14h-18h (ouv dim mat pdt vac scol hors saison). Organise de nombreuses animations dont d'intéressantes visites de nuit avec lampes tempête (« Histoire et Légendes »). Rallye ludique sur tablette tactile (5 €).
– **Marchés :** ts les sam, sur la pl. Sainte-Catherine (plan B2) et le cours des Fossés (plan B3). **Marché nocturne** mer juil-août. Également un **marché bio** mer, pl. Sainte-Catherine (plan B2), et un **marché aux poissons** jeu-dim, selon arrivages de la pêche, sur la jetée de transit (plan C2). Voir aussi la rubrique « Achats ».
– **Stationnement :** à Honfleur, il peut se révéler très cher, certains parkings (à proximité de l'office de tourisme et le long du bassin de l'Est) étant même payants 24h/24. Le plus simple, quand on ne connaît pas la ville, est d'opter pour le parking gratuit à côté du *Naturospace* (plan A1) ou, si vous passez la journée sur place, sur le parking au bord du bassin de l'Est (plan C2), qui propose un forfait journée à 4 € (mais attention, les parkings situés le long de ce même bassin, mais côté ville, sont eux à prix exorbitant).

Où dormir au centre et à proximité immédiate de Honfleur ?

Trouver des chambres bon marché à Honfleur semble peine perdue. Autre problème : les hôtels sont vite pleins en été et en général chaque week-end, et ce parfois dans un rayon très étendu...

Chambres d'hôtes

🏠 ⚘ La Cour Sainte-Catherine (plan A2, **4**) : 74, rue du Puits. 📱 07-87-04-49-16. ● coursaintecatherine@orange.fr ● coursaintecatherine.com ● Doubles 130-170 € ; familiales. Une bouteille de cidre offerte sur présentation du guide de l'année. Au calme et pourtant dans la vieille ville, voici une excellente adresse de charme. C'est cosy et chaleureux, avec une touche marine dans les chambres et une atmosphère de brocante chic dans le salon du petit déjeuner : vieux pressoir équipé d'un sympathique comptoir de troquet dans un angle et des fauteuils club dans un autre. Courette très verte, aménagée agréablement, avec tables et quelques transats. Fait également spa et salon de thé avec plat du jour, tartes salées ou sucrées... Simplicité et charme. 2 autres petites maisons entièrement équipées peuvent accueillir 2 à 6 personnes.
🏠 Le Fond de la Cour (plan A2, **8**) : 29, rue Eugène-Boudin. 📱 06-72-20-72-98. ● amanda.ferguson@orange.fr ● lefonddelacour.com ● Doubles 99-150 € ; familiales. Autour d'une cour agréablement fleurie et tranquille, d'agréables chambres d'hôtes, fraîches et pimpantes, aménagées dans une ancienne écurie et dans la maison

voisine. Si vous souhaitez rester quelques jours, le studio (avec petite cuisine) ou le cottage peut s'avérer un bon plan (d'autant que ce dernier possède son jardin perso).

De prix moyens à beaucoup plus chic

🛏 *Hôtel Monet* (plan A2, **5**) : charrière du Puits. ☎ 02-31-89-00-90. ● contact@hotel-monet-honfleur.com ● hotel-monet-honfleur.com ● *Doubles 69-120 € ; familiales. Parking privé.* Dans un cadre verdoyant, situé sur les hauteurs de Honfleur, entre Côte-de-Grâce et Mont-Joli, cet hôtel familial offre une quinzaine de jolies chambres indépendantes, confortables et soigneusement entretenues. Bon accueil. Une belle petite halte romantique.

🛏 ♟ *Hôtel du Dauphin et des Loges* (plan B2, **6**) : 10, pl. Pierre-Berthelot. ☎ 02-31-89-15-53. ● info@hotel honfleur.com ● hotelhonfleur.com ● ♿ *Doubles 89-118 €.* Un établissement sérieux, installé au cœur de la ville, dans plusieurs maisons de caractère, typiques de Honfleur, mais à l'intérieur contemporain : les chambres d'hôtel proprement dites se répartissent entre les Maisons du *Dauphin* et des *Loges.* Quant à la *Maison Sainte-Catherine,* elle abrite des appartements pour 2 à 6 personnes, parfaitement équipés, très confortables, avec vue sur l'église du même nom ; l'hébergement idéal si vous souhaitez prolonger votre séjour (mais moins pour 1 nuit ou 2, car il y a des frais de ménage). À moins que vous ne préfériez carrément louer la *Maison de Louise...* Quelle que soit l'option choisie, l'équipe vous réserve un bel accueil et vous aurez accès à la salle de fitness et au sauna (payant). Salon de thé ouvert à tous.

🛏 |O| �🌲 *Ferme de la Grande Cour* (hors plan par A3, **3**) : côte de Grâce, à **Équemauville,** 14600 Honfleur. ☎ 02-31-89-04-69. ● info@fermede lagrandecour.com ● fermedelagran decour.com ● ♿ *(resto seulement). Bien fléché en arrivant dans le village, à la sortie de Honfleur. Tlj. Doubles 65-100 €. Menus 22 € (sauf dim et j. fériés), puis 30-38 €. Parking. Café* offert sur présentation du guide de l'année. Jolie maison en pierre, brique et ardoise. Calme total dans cet environnement boisé et arboré, au fond d'une grande allée où gambadent quelques chevaux. Les chambres sont simples mais au confort suffisant pour un court passage. Celles dans l'édifice au fond du jardin sont moins agréables. Aux beaux jours, verdoyante terrasse. Repas sur place si vous n'avez plus envie de ressortir.

🛏 *Hôtel du Cheval Blanc* (plan B2, **7**) : 2, quai des Passagers. ☎ 02-31-81-65-00. ● info@hotel-honfleur.com ● hotel-honfleur.com ● ♿ *Doubles 85-179 € ; familiales ; petit déj 14 €. Un petit déj offert/chambre et par nuit sur présentation du guide de l'année.* Un 3-étoiles merveilleusement situé, au bord du vieux bassin, face à la lieutenance. La maison date du XVe s. La plupart des chambres, d'un excellent confort, donnent sur le port. Également un hammam et une salle de massage.

🛏 |O| *Hôtel Les Maisons de Léa* (plan A-B2, **9**) : pl. Sainte-Catherine. ☎ 02-31-14-49-49. ● contact@les maisonsdelea.com ● lesmaisonsdelea. com ● *Doubles 145-540 € ; petit déj 18 €.* 3 vieilles maisons et un ancien grenier à sel du XVIe s qui ne font aujourd'hui plus qu'une somptueuse demeure en pierre recouverte de vigne vierge. Pourtant, chacune de ces 4 maisons a un style différent, toujours cosy et raffiné. Et pour la détente, spa *Nuxe,* hammam, cabines de massage... Accueil très attentionné.

🛏 *Hôtel La Maison de Lucie* (plan A2, **10**) : 44, rue des Capucins. ☎ 02-31-14-40-40. ● info@lamai sondelucie.com ● lamaisondelucie. com ● ♿ *Congés : 10 j. début janv. Doubles 200-360 € ; petit déj 14 €. Parking payant à 200 m (15 €/nuit). Apéritif maison offert sur présentation du guide de l'année.* Dans l'ancienne maison magnifiquement restaurée de la poétesse Lucie Delarue-Mardrus, un écrin de calme et de volupté sur les hauteurs de Honfleur. Charme des tentures, des carreaux de céramique, des lustres à pampilles, parquets et autres robinets 1930. Sans parler des lits, moelleux à souhait ! Et de cette touche d'exotisme oriental, à l'ombre

LE CALVADOS

| 281

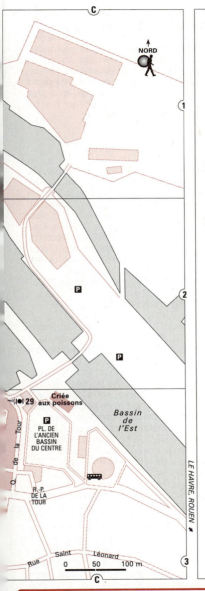

🛏 Où dormir ?

1. L'Absinthe (B3)
3. Ferme de la Grande Cour (hors plan par A3)
4. La Cour Sainte-Catherine (A2)
5. Hôtel Monet (A2)
6. Hôtel du Dauphin et des Loges (B2)
7. Hôtel du Cheval Blanc (B2)
8. Le Fond de la Cour (A2)
9. Hôtel Les Maisons de Léa (A-B2)
10. Hôtel La Maison de Lucie (A2)

🍽 Où manger ?

20. Au P'tit Mareyeur (B2)
21. La Cidrerie (B2)
22. L'Endroit (B3)
23. Le Bréard (B2)
25. La Tortue (A2)
26. Laurence (A2)
27. Ex-Voto (hors plan par A3)
28. Huître Brûlée (B2)
29. Les Deux Ponts (C3)

🍔 Où manger sur le pouce ?
🍦 Où déguster une glace ?
🍷 Où boire un verre ?

40. Bar L'Albatros (B2)
41. Le Perroquet Vert (B2)
42. Glace de la ferme du Bois Louvet (B2)
43. Bar Chez DD (B3)

LE CALVADOS

HONFLEUR

282 | **LE CALVADOS / LA CÔTE FLEURIE**

LE CALVADOS

du palmier, sous les ventilateurs des salons, bien calé dans les canapés Chesterfield, un thé à la menthe à la main, ou dans le spa aux allures de hammam marocain.

🏠 *L'Absinthe (plan B3, 1) :* 10, quai de la Quarantaine. ☎ 02-31-89-39-00. ● *reservation@absinthe.fr* ● *absinthe. fr* ● ♿ *Congés : de mi-nov à mi-déc. Doubles 140-220 €, petit déj compris. Menu midi 29 €, puis 39-56 €. Carte*

env 60 €. Adorable hôtel de poche qui allie le chic, la chaleur et la modernité. La partie située rue de la Ville (où l'on trouve la réception) est la plus ancienne, alliant les vieilles poutres, un côté très cosy et une baignoire balnéo pour le confort. Les chambres donnant sur le quai sont dans le même esprit mais plus récentes. On perd en charge historique ce qu'on gagne en vue. Du charme et de la discrétion.

Où manger ?

Ce ne sont pas les adresses qui manquent dans un endroit aussi touristique. Revers habituel de la médaille, les prix ne sont pas forcément proportionnels à la qualité de la cuisine, notamment autour du vieux bassin, hélas ! On trouve heureusement quelques bonnes adresses...

De bon marché à prix moyens

🍽️ *Huître Brûlée (plan B2, 28) :* 8, rue Brûlée. ☎ 09-82-57-90-18. ● *huitre brulee@gmail.com* ● *Ven-mar 12h-13h30, 19h-21h30. Fermé mer-jeu. Résa conseillée le w-e. Menu déj 17 €, carte env 35 €.* Planchers en bois clair, murs en pierre, roue de pressoir en guide de table, gravures normandes aux murs et portraits d'aïeux, objets de déco chinés, pour la déco. Une ambiance chaleureuse et conviviale, mais élégante, qui donne le sentiment, dès l'entrée, d'arriver chez des amis. Dans l'assiette, Paul vous sert une cuisine néo-bistrotière, intuitive, créative et très bien menée avec des produits à 90 % bio. Carte courte bien équilibrée, gage de fraîcheur. En salle, Chloé virevolte entre les tables avec efficacité et saura vous conseiller ses vins nature sélectionnés.

🍽️ *Laurence (plan A2, 26) :* 46, rue des Lingots ou 8, rue des Capucins. ☎ 02-31-87-11-64. ● *laurence-tiffay@ orange.fr* ● *Le midi tlj, plus le soir le w-e. Résa conseillée. Menu 19 €.* N'arrivez pas avec l'appareil photo sorti, ça va l'énerver. Elle ne comprend pas, Laurence, qu'on ait envie de la photographier, elle et son incroyable salon de thé-resto-brocante, qui fait dans le décalé joyeux, le bio pas triste. Faut pas être gros ni maladroit. Juste 5 tables. 12 couverts, pas plus. À l'ardoise, 2 entrées, 2 plats, tout vient du marché voisin. Les desserts, on choisit ; on en reprend même, si on est gourmand. Musique douce. Un lieu et une cuisine qui font du bien.

🍽️ *La Cidrerie (plan B2, 21) :* 26, pl. Hamelin. ☎ 02-31-89-59-85. ● *laci drerie.honfleur@gmail.com* ● ♿ *Service continu à partir de midi pdt les vac scol. Congés : 6 janv-7 fév. Repas env 20 €. Café offert sur présentation du guide de l'année.* Une salle genre bonne vieille taverne où l'on boit tout ce qu'il est possible de fabriquer avec des pommes (et des poires !). Spécialité de « galichot », sorte de galette à base de froment et de seigle. Galettes et crêpes préparées sous vos yeux.

🍽️ ⬆️ *Ex-Voto (hors plan par A3, 27) :* 8, pl. Albert-Sorel. ☎ 02-31-89-19-69. ● *honfleurexvoto@gmail.com* ● ♿ *Tlj (sauf mer hors saison) jusqu'à 19h30. Formules 12-16 € ; carte env 16 €. Café offert sur présentation du guide de l'année.* Authentique petit bistrot de quartier aux banquettes de moleskine. La maîtresse de maison, une véritable Augeronne, mijote avec amour son plat du jour au gré du marché. Également quelques omelettes et salades de saison... Pour notre plus grand bonheur, elle a su constituer une véritable clientèle d'habitués et créer une ambiance conviviale. Pour en profiter, il faut arriver assez tôt, car la salle n'est pas très grande. Petite terrasse en été. 4 chambres au-dessus qui peuvent dépanner.

HONFLEUR / OÙ DORMIR ? OÙ MANGER DANS LES ENVIRONS ? | **283**

◗❶ Les Deux Ponts (plan C3, **29**) : *20, quai de la Quarantaine. ☎ 02-31-89-58-23. ● contact@lesdeuxponts-hon fleur.fr ● Fermé mer. Menus 18-24 € ; carte 20-30 €.* La petite brasserie (pas si petite brasserie que cela, d'ailleurs, car il y a 2 grandes salles) offrant des plats simples, traditionnels, qui respectent le porte-monnaie. Cadre agréable et lumineux, doublé d'un accueil souriant.

De prix moyens à plus chic

◗❶ L'Endroit (plan B3, **22**) : *3, rue P.-et-Ch.-Bréard. ☎ 02-31-88-08-43. ● len droit.honfleur@gmail.com ●* ♿ *Formule déj 27 € ; menu 35 € ; carte 60 €.* Un loft esprit bistrot ou un bistrot esprit loft, au choix, où la table avec nappe à carreaux côtoie la grande table en verre et ses fauteuils Chesterfield, ou encore le comptoir en tôle ondulée. Un mélange des genres mis en valeur par un éclairage étudié. Dans l'assiette, une cuisine aussi belle que savoureuse et bien d'aujourd'hui, où les légumes ne sont en rien négligés. Le choix du menu, intéressant, n'est pas très étoffé mais les plats à la carte sont généreux et d'un excellent rapport qualité-prix.

◗❶ La Tortue (plan A2, **25**) : *36, rue de l'Homme-de-Bois. ☎ 02-31-81-24-60. ● restaurantlatortue@laposte.net ● Juil-août, ts les soirs et fermé le midi lun-mer ; hors saison, selon l'affluence.*

Congés : janv. Résa conseillée le w-e. Menus 24-42 €. Dans l'une des rues les plus fréquentées du centre historique, ce resto au cadre raffiné et soigné propose, dans une atmosphère à la fois paisible et musicale, une cuisine traditionnelle de qualité et même un menu végétarien.

◗❶ ⬆ Le Bréard (plan B2, **23**) : *7, rue du Puits. ☎ 02-31-89-53-40. ● lebreard@wanadoo.fr ● Fermé le midi lun-jeu en saison, plus jeu soir hors saison. Congés : janv. Menus 33-63 € ; carte env 50 €.* Fabrice Sébire a travaillé au *Grand Véfour*, à *La Tour d'Argent* ou encore chez *Lucas-Carton*. Voilà qui marque un chef. Il a également rapporté de ses voyages de nombreuses épices et dissidences de goût qui font le plaisir de nos palais. C'est imaginatif, inventif, toujours renouvelé et inspiré. Plats bien présentés, service souriant et agréable jardin d'hiver.

◗❶ Au P'tit Mareyeur (plan B2, **20**) : *4, rue Haute. ☎ 02-31-98-84-23. ● resa. mareyeur@gmail.com ● Tlj sauf mar-mer. Congés : janv. Résa en saison. Menus 25 € le midi, 35 € le soir ; carte env 47 €.* Bonne cuisine, fine et recherchée. Le chef met ici un point d'honneur à la préparation et à la présentation de ses plats. Carte renouvelée régulièrement, mais gare aux suppléments ! Endroit chaleureux, à la déco chic et stylée mais pas trop pompeuse. Service rapide et souriant.

Où dormir ? Où manger dans les environs ?

Chambres d'hôtes

🏠 **Le Phare :** *27210 Fatouville-Grestain. ☎ 02-32-57-66-56.* 📠 *06-89-23-56-59. ● contact@pharedefatouville. fr ● pharedefatouville.fr ● À 7 km à l'est de Honfleur. Ouv de mi-mars à oct. Sur résa, 3 mois à l'avance, uniquement par téléphone. Double 76,60 € ; familiales. Parking.* 5 chambres dans la maison des gardiens. Seuls les clients peuvent admirer, du haut des 32 m, l'embouchure de la Seine et le pont de Normandie. Adresse exceptionnelle, notamment pour les amoureux... les jours de tempête !

🏠 **Chambres d'hôtes Guigouresse :** *lieu-dit la Côte-Maillard, 14600 Gonneville-sur-Honfleur. ☎ 02-31-89-06-31.* 📠 *06-89-04-22-21. Ouv tte l'année. Double 50 €.* Amateurs de verdure, vous ne serez pas en reste... Nichée dans un charmant petit village, cette maison à colombages et pierres apparentes offre 3 chambres mansardées pouvant accueillir 2 ou 3 personnes. L'une est située à l'étage de la maison principale (accès par un escalier extérieur) et les 2 autres dans un bâtiment indépendant, plus récent. Sourire et gentillesse au rendez-vous depuis 35 ans.

LE CALVADOS

LE CALVADOS / LA CÔTE FLEURIE

🛏 *Chambres d'hôtes La Ferme Saint-Michel : Les Grueaux, 14130 Quetteville.* ☎ 02-31-64-89-63. ● letac.sylvie@orange.fr ● fermestmichel.e-monsite.com ● *Env 14 km au sud-est de Honfleur. Double 55 €.* Dernière commune du Calvados avant l'Eure ! Isolée dans la campagne, dans une bâtisse un brin atypique pour la région puisque cette ancienne ferme fut construite par l'arrière-grand-père de la charmante propriétaire. Celui-ci venant des Vosges, il s'inspira de l'architecture de ses terres natales : la famille vit aujourd'hui encore dans ce qui, de tout temps, fut l'habitation, tandis que les hôtes logent dans les anciennes étables bardées de bois attenantes à la maison. À l'étage, 2 chambres coquettes et confortables. Accueil à la fois discret et avenant.

🛏 *La Cour de Bas : chez Serge Bunel, 350, chemin de la Moulière, 14600 Barneville-la-Bertran.* ☎ 02-31-89-03-64. ● resacour2bas@yahoo.fr ● cour2bas.com ● *À 4,5 km au sud-ouest de Honfleur. Ouv avr-nov. Doubles 89-115 € ; familiales. Apéritif offert sur présentation du guide de l'année.* Dans un vieux pressoir joliment restauré où pierres apparentes, brique et colombages se mêlent harmonieusement, 3 chambres à la décoration exotique très réussie. On a une petite préférence pour la « Touareg », vraiment dépaysante, ou pour la chambre « Zen » avec sa baignoire balnéo. Beau jardin verdoyant et fleuri où prendre le petit déj (bio) aux beaux jours. Source d'eau fraîche pour les grandes chaleurs, sentiers GR et forêt à deux pas. Calme assuré et accueil affable.

🛏 *Ailleurs sous les Étoiles : 616, route de l'Ermitage, la Petite Campagne, 27210 Manneville-la-Raoult.* ☎ 02-77-18-53-80. ● ailleurssouslesetoiles@gmail.com ● ailleurssouslesetoiles.com ● *À 10 km au sud de Honfleur et à 3 km au nord de Beuzeville. Ouv avr-déc. Doubles 98-130 € ; gîtes 4-6 pers 665-1 120 €/ sem. CB acceptées.* Vous rêvez d'un p'tit coin de Normandie avec pommiers et vallons verdoyants pour seul horizon ? Que l'agitation et la foule de Honfleur semblent loin quand on pose ses valises dans la maison de maître en brique rouge (pour les chambres d'hôtes) ou dans ses dépendances en colombages (pour les gîtes) ! Les 2 chambres marient confort, sobriété et caractère. Et aux beaux jours, possibilité de se prélasser dans le magnifique jardin ou, même, de piquer une tête dans la piscine.

De prix moyens à chic

🛏 🍽 🍷 ↑ *La Fraîchette : chemin de Crémanville, 14600 La Rivière-Saint-Sauveur.* ☎ 02-31-89-37-36. ● info@lafraichette.com ● lafraichette. com ● ♿ *À 4 km au sud-est de Honfleur. Resto fermé en principe jeu midi en juil-août, mer-jeu midi hors saison. Congés : janv. Résa conseillée. Doubles 85-160 € ; familiales. Menus 25-29 €. Parking. Café offert sur présentation du guide de l'année.* Dans une petite maison noyée dans la végétation, où l'on se sent à des kilomètres de l'animation de Honfleur. Accueil charmant. Salle à manger joliment arrangée. Les repas sont servis près de la cheminée en hiver et sur la terrasse en été. Savoureuse cuisine maison à base de produits très frais mettant en valeur goût et qualité. Également 10 chambres dans le ton de la maison, spacieuses et agréables, certaines avec terrasse privative. Piscine chauffée couverte et spa. Une adresse coup de cœur, qui va toujours en s'améliorant.

Où manger sur le pouce ?
Où déguster une glace ? Où boire un verre ?

🍦 *Glace de la ferme du Bois Louvet* (plan B2, **42**) : 4, pl. de l'Hôtel-de-Ville. ☎ 02-32-57-66-76. ● ferme@ glaceduboislouvet.fr ● *Tlj 12h-18h.* *Ouv Pâques-Toussaint et à Noël.* Qu'on aime la simplicité de cette maison qui tranche avec les adresses si bien léchées de Honfleur ! Et on aime

HONFLEUR / À VOIR | **285**

encore plus les glaces faites avec le lait de la ferme et de vrais fruits !

🍷 🍺 ⛵ **Bar L'Albatros** *(plan B2, 40) : 32, quai Sainte-Catherine.* ☎ *02-31-89-25-30.* ● *martignyr@wanadoo.fr* ● *Tlj. Petits déj 3,50-15 €.* Ce bar de marins, jeune et sympa, est l'endroit favori des amateurs de bonne musique et autres philosophes qui, confortablement installés, refont le monde tout en sirotant une « eau chaude » (façon soft et originale de découvrir le calva)... Quelques tables face aux bateaux.

🍷 🍺 ⛵ **Le Perroquet Vert** *(plan B2, 41) : 52, quai Sainte-Catherine.* ☎ *02-31-89-14-19.* ⚓ *Tlj 8h-2h (1h hors saison).* Situé à tribord de *L'Albatros,* ce bar, ambiance taverne, tenu par un vieux loup de mer, propose d'excellentes mousses (une centaine au catalogue) à déguster sur fond de musique rock. Chaleur humaine assurée le week-end et les soirs de régate. En fin d'après-midi, installez-vous en terrasse et contemplez le ballet permanent des plaisanciers.

🍷 🍺 **Bar Chez DD** *(plan B3, 43) : 28, rue Cachin.* ☎ *02-31-87-17-86. Tlj sauf lun 11h30-23h (17h-23h hors saison). Planches 10-20 €.* Dans le nouveau quartier branché de Honfleur, un bar à vins sympa, tenu par un ancien photographe avec son épouse, qui aime les bonnes choses à boire et à manger, ça se voit. Ça se sent aussi. Planches de charcuterie et fromages, huîtres, terrines et petits plats tout simples, tout bons.

Achats

🧀 **Fromages Maître Pennec** *(plan B2) : pdt l'été, au marché sam mat, pl. Sainte-Catherine.* L'étal est superbe et l'esprit truculent. Au programme, coup de pied au cul (fromage au calva), cul terreux, vierge folle, puant normand (un panonceau précise : le nez dans le cru !), etc. Sans oublier l'indispensable claquos au calvados. Sinon, on peut acheter ces produits à la *fromagerie Maître Pennec de Saint-Benoît-d'Hébertot (sur la route D 675, Les Barquets, entre Beuzeville* et Pont-l'Évêque ; ☎ 02-31-64-39-49).

🧀 **Gribouille** *(plan B2) : 16, rue de l'Homme-de-Bois (rue Haute).* ☎ *02-31-89-29-54. Tlj (sauf mer en hiver) 9h30-12h45, 14h-18h30.* Une jolie boutique où le patron (de bon conseil) propose tout ce que le terroir normand produit de meilleur : cidre fermier, pommeau, calvados (impressionnante sélection !), poiré, tripes en bocal comme confitures et autres gourmandises.

À voir

– Un *pass* (à acheter dans l'un des musées concernés) donne accès aux 4 musées de la ville *(11 €/adulte ; réduc).* Intéressant même si vous ne visitez que 2 musées (sauf s'il s'agit des musées d'Ethnographie et de la Marine, pour lesquels il existe un billet jumelé à 5,30 €).

🏛 **Le quartier Saint-Léonard** *(plan B3) :* un quartier en pleine mutation, moins fréquenté que celui du port et Sainte-Catherine, idéal pour débuter la balade après avoir fait un tour à l'office de tourisme ou le soir, si vous avez envie de vous changer les idées. Beaucoup de lieux à découvrir entre l'église Saint-Léonard et le jardin du Tripot, et des adresses vraiment sympa pour boire un verre ou se montrer, comme le bar de quartier *Chez DD* ou la Galerie 13.

🏛 **Les greniers à sel** *(plan B3) : rue de la Ville.* Superbes entrepôts du XVIIe s, aux murs épais édifiés avec les pierres de démolition des remparts, et à la remarquable charpente. On peut les voir pendant les expositions qui s'y tiennent ou lors de visites guidées de la ville.

🏛 **Le musée de la Marine** *(plan B3) : quai Saint-Étienne.* ☎ *02-31-89-14-12.* ⚓ *Avr-sept, tlj sauf lun 10h-12h, 14h-18h30 ; de mi-fév à mars et oct-nov, mar-ven*

LE CALVADOS

14h30-17h30, w-e 10h-12h, 14h30-17h30. Entrée : env 4,10 € ; réduc. Dans la jolie petite église Saint-Étienne, le long du vieux bassin. Des documents et des objets soulignent le rôle des marins de Honfleur dans la découverte et la colonisation du Nouveau Monde : pêche à la morue, à la baleine, traite négrière... Maquettes de bateaux, canons, une figure de proue, coffres de marine, un superbe scaphandre...

🏃 *Le musée d'Ethnographie (plan B3) :* rue de la Prison. ☎ 02-31-89-14-12. *Mêmes horaires et tarifs que le musée de la Marine.* Dans 9 pièces, reconstitution d'intérieurs normands avec meubles anciens, costumes et faïences. La visite se termine par l'échoppe du mercier, véritable boutique du XIXᵉ s dans une maison du XVIᵉ s. Dans la cour, un curieux puits à roue sous sa charpente en bois, ainsi que la prison et ses cachots.

🏃🏃🏃 *Le vieux bassin (plan B2-3) :* l'endroit le plus connu de la ville. Créé sous Louis XIV sur ordre de Colbert, il a gardé un cachet tout particulier. Il est bordé par le quai Sainte-Catherine qui aligne ses hautes maisons étroites revêtues d'ardoise, aux étages en saillie, tassées les unes contre les autres. Chacune possède 2 entrées, l'une donnant sur le quai, l'autre, au 3ᵉ étage, s'ouvrant sur la rue du Dauphin ou la rue des Logettes. Certaines atteignent 7 niveaux avec seulement 2 fenêtres en façade. Le quai Saint-Étienne lui fait face.

🏃🏃 *La lieutenance (plan B2) :* cet étonnant bâtiment construit sur le quai, avec des tourelles d'angle, veille sur le vieux bassin. Vestige d'un castel du XVIIᵉ s, c'était la résidence du lieutenant du roi. Enclavée dans la construction, la porte de Caen permettait l'entrée dans la ville. Sur le mur face à la mer, une plaque à la mémoire de Champlain qui partit pour le Canada en 1608 et qui fut à l'origine de la fondation du Québec.

🏃🏃🏃 *L'église Sainte-Catherine (plan B2) : tlj 8h30-18h (19h en été). Clocher (en fait, une dépendance du musée Eugène-Boudin ; voir plus loin) ouv aux mêmes horaires que le musée ; billet jumelé avec le musée.* Sans doute le monument le plus original de Honfleur. La façade extérieure est recouverte de bardeaux (tuiles de bois). L'ancien clocher, très pittoresque, est séparé de l'église par une petite place. Il était apparem-

DU PROVISOIRE QUI DURE !

Après le départ des troupes anglaises, il ne restait que des ruines de l'église Sainte-Catherine. Pour la reconstruire à moindre coût, on employa le bois de la région et on fit appel aux charpentiers de marine. Voilà pourquoi l'intérieur fait penser à une immense coque de bateau renversée. Reconstruite à la hâte et de manière provisoire, elle tient le coup depuis plus de... 6 siècles.

ment trop lourd pour cette charpente en bois ; sans compter que, consolidée par des poutres de châtaignier, on craignait aussi qu'un incendie ne se propage en cas de foudre. Sa forme rappelle certaines églises norvégiennes. L'église fut donc reconstruite vers 1468 ; à la fin de ce même siècle, il fallut lui ajouter une 2ᵈᵉ nef, car elle était devenue trop petite. L'ensemble fut restauré par un élève de Viollet-le-Duc, puis quelque peu modifié au début du XXᵉ s. À l'intérieur, objets et costumes liturgiques.

🏃🏃 *La rue des Lingots (plan A-B2) :* derrière le clocher, l'une des rues les plus caractéristiques de la vieille ville. Elle a conservé son pavage, et la plupart de ses maisons de bois sont anciennes. La maison du nº 30 accueillit promptement, en 1802, le général Bonaparte, alors 1ᵉʳ consul.

🏃🏃🏃 *Le musée Eugène-Boudin (plan A2) :* pl. Erik-Satie. ☎ 02-31-89-54-00. ♿ *(en partie). De mi-mars à sept, tlj sauf mar 10h-12h, 14h-18h (en continu juil-août) ; le reste de l'année, lun et mer-ven 14h30-17h30, w-e 10h-12h, 14h30-17h30. Entrée : 6-8 € selon saison ; réduc ; gratuit moins de 16 ans. Audioguide : 2 €. Le billet donne accès au clocher Sainte-Catherine.* Les toiles d'Eugène Boudin

HONFLEUR / À FAIRE | **287**

sont au 2e étage, dans le fond après la chapelle. En tout, près d'une centaine d'œuvres (peintures et dessins) qui évoquent Honfleur et le pays d'Auge. Boudin y est entouré de ses amis, Courbet, Monet, Jongkind, Cals, Dubourg, Pécrus et Michel-Lévy. Dans une vitrine, les études de ciels (couverts ou couchants, levers de lune...) de Boudin montrent de façon évidente le rôle précurseur de ce peintre dans le mouvement impressionniste. Un escalier permet de gagner une salle largement consacrée à André Hambourg, peintre du XXe s qui affectionnait les marines (et qui bénéficie désormais de son propre musée à Deauville), ainsi qu'un cabinet de dessins et de gravures, avec une centaine d'œuvres à « feuilleter ». Il faut grimper encore pour découvrir les toiles du Nabi Vallotton, des fauves Duby ou Friesz, et de quelques-uns des piliers de l'école de Rouen. Ou continuer pour voir les expos temporaires dans la chapelle. L'occasion de découvrir des œuvres habituellement conservées dans les réserves du musée.

🏃🏃🏃 🏃 *Les maisons Satie* (plan A1) : *88, rue Haute.* ☎ *02-31-89-11-11. Tlj sauf mar 10h-19h en saison, 11h-18h hors saison. Fermé de janv à mi-fév. Entrée : 6,30 € ; réduc ; gratuit moins de 16 ans. Compter 1h de visite.* Muséographie originale, à la hauteur de l'univers personnel et artistique d'un musicien étonnant, né à Honfleur en 1886, précurseur du dadaïsme et du surréalisme. D'abord, il y a la musique (chaque visiteur est muni d'un casque infrarouge) : des célèbres *Gymnopédies* et autres *Gnossiennes* pour piano aux *Musiques d'ameublement*, toute l'œuvre de Satie est donnée à entendre. En même temps, on se balade de pièce en pièce, croisant une poire géante qui s'envole à tire-d'aile, découvrant 100 000 traces de pas au sol d'une chambrette, pédalant sur un bizarre carrousel, assistant sur une banquette à une houleuse représentation du ballet *Parade...* Un lieu qui se vit autant qu'il se visite, et dont on sort en méditant sur les aphorismes et pensées de Satie délivrés par la voix de Michael Lonsdale : « Chérie, si tu trouves mon style décousu, fais-y un point »...

⚜ Tout à côté, une 2de maison accueille la boutique du musée et une petite sélection d'œuvres originales de Satie et d'artistes ayant travaillé avec lui : Cocteau, Derain... *Avr-oct, aux mêmes horaires. Accès libre.*

🍃 *Le jardin des Personnalités* (hors plan par A1) : *à la sortie de Honfleur ; direction Deauville, à côté du Naturospace (un parc tropical dédié aux papillons) ; entrée piétonne par la jetée ouest et la digue promenade ouest ou par le parking du Naturospace. Mai-août, tlj 8h-21h ; sept-avr, tlj 8h-19h. GRATUIT.* Espace pédagogique de 10 ha avec vue imprenable sur l'estuaire. Ce parc propose une vingtaine de jardins rendant hommage aux illustres personnalités qui sont nées et ont vécu à Honfleur, tels Monet, Baudelaire... À chaque personnage sont associées plantes et essences symbolisant leur caractère, leur vie et leurs œuvres.

À faire

🏖 *Les plages :* celle de Honfleur, accessible par la route de la côte et la jetée. À 2 km du centre, la *plage du Butin,* au pied du phare du même nom. Plus loin, à quelques kilomètres, par la corniche en direction de Deauville, la *plage de Vasouy,* un peu moins fréquentée (avec vue imprenable sur les installations du port du Havre !).

➤ *Promenades en mer :* avec la vedette *La Lieutenance, quai des Passagers.* 📱 *06-14-96-37-95. Ou avec le Jolie France (de l'autre côté du bassin ;* 📱 *06-71-64-50-46). D'avr à mi-oct, min 4 départs/j. Balade 1h30. Tarif : env 10 €/adulte ; réduc.*

➤ *Croisière entre Paris et la Côte Fleurie :* **CroisiEurope,** *147, bd du Montparnasse, 75006 Paris.* ☎ *01-44-32-06-60.* ● *croisieurope.com* ● *Compter min 5 j. (4 nuits).* Une autre façon de découvrir la côte normande, au fil de l'eau. Au départ de Honfleur, on peut remonter la Seine jusqu'à Paris, en s'arrêtant à Duclair, Rouen et Les Andelys. D'autres parcours sont possibles.

LE CALVADOS

288 | LE CALVADOS / LE PAYS D'AUGE

Fêtes et manifestation

– **Fête des Marins :** *chaque année, pdt le w-e de la Pentecôte.* Le dimanche, à l'heure de la marée, bénédiction de la mer, face au port. Pêcheurs et plaisanciers décorent leurs bateaux de roses en papier puis forment un cercle dans l'estuaire. Une gerbe pour les personnes ayant péri en mer est jetée d'un avion. Le lendemain à 9h, procession jusqu'à la chapelle de la Côte de Grâce.
– **Estuaire d'en rire :** *6 j. fin sept.* ● *estuairedenrire.com* ● Festival... comique.
– **Fête de la Crevette :** *1 w-e fin sept-début oct.* ☎ *02-31-81-88-00 ou 02-31-89-23-30.* Autour du vieux bassin. Célébration d'une pêche tradition-nelle du port de Honfleur : celle de la « petite grise ». Rassemblement de vieux gréements et démonstration de techniques anciennes. Concerts de chants de marins.

LE PAYS D'AUGE

Région enchanteresse de Normandie, voici l'arrière-pays conforme à toute image idéalisée de la campagne française : toits de chaume, vaches grasses, pommiers en fleur, vert profond des doux pâturages, adorables fermettes à pans de bois, villages proprets, cuisine à la crème et bonnes bouteilles d'eau-de-vie de derrière les fagots...
Le pays d'Auge, les habitués de la Côte Fleurie le connaissent bien. On trouve dans le pays augeron tous les ingrédients du week-end réussi : manoirs de rêve, ruisseaux vagabonds, chemins de traverse (qui semblent avoir été inventés pour le cheval et le VTT), chapelles rafraîchissantes et paisibles hameaux échappés des gravures des siècles passés. Quant aux fromages qui ont fait, avec le cidre et le calva, la renommée du coin, leurs fiefs (Livarot, Pont-l'Évêque, etc.) parlent d'eux-mêmes !

LA VALLÉE DE LA TOUQUES

Rien à voir avec la vallée de la Seine, certes, mais suivre la Touques de Trou-ville ou Deauville jusqu'au sud de Lisieux, en privilégiant les petites routes du pays d'Auge, est une agréable façon de découvrir cette microrégion.

PONT-L'ÉVÊQUE   (14130)   4 511 hab.   *Carte Calvados, D1*

La capitale historique du pays d'Auge a réussi à conserver un certain dyna-misme, et la proximité de l'autoroute a permis son désenclavement. Le centre offrira quelques surprises à qui prendra la peine de s'y dégourdir un peu les jambes : le quartier de Vaucelles et ses maisons à pans de bois, le joli jardin médiéval du couvent des dominicaines ou celui de la Touques, près de l'église Saint-Michel. Les environs de Pont-l'Évêque recèlent également moult coins intéressants et des adresses de charme que l'on quitte à regret.
Mais le pont-l'évêque, c'est aussi une pâte onctueuse, à base de lait prove-nant principalement de vaches normandes, et qui fait encore fantasmer les adorateurs de fromages. Il est réputé depuis plus de 700 ans – on en parlait

PONT-L'ÉVÊQUE | 289

déjà dans le *Roman de la rose* ! –, et il est protégé par une AOP. Dommage toutefois que l'AOC accepte l'usage de lait pasteurisé au détriment du lait cru. C'est l'identité même du fromage qui est ainsi remise en cause. Toujours côté papilles, ceux que le Calvados intéresse pourront faire 1 tour du côté de *Calvados Expérience,* route de Trouville (● *calvados-experience.com* ●).

Adresses et infos utiles

🛈 Office de tourisme de Pont-l'Évêque : *16 bis, pl. Jean-Bureau.* ☎ 02-31-64-12-77. ● *destination-pontleveque.fr* ● *En plein centre. Juil-août, lun-sam 10h-13h, 14h-18h30, plus dim mat ; le reste de l'année, lun-sam 10h-13h, 14h-18h, plus dim mat mai-juin et sept.* Distribue un dépliant-visite pour découvrir le vieux quartier de Pont-l'Évêque. Dépositaire de tickets *Bus verts.*

🚆 Gare SNCF : *un peu excentrée,* au sud-est du centre-ville. ☎ 36-35 (0,40 €/mn).

🚲 Cycles Jocelyn : *1, pl. Robert-de-Flers.* ☎ 02-31-65-14-27.

– **Marchés :** *lun mat, sur la pl. Foch.* **Marché campagnard à l'ancienne,** *pl. des Dominicaines, dim 10h-13h à Pâques, à la Pentecôte, ainsi qu'en juil-août.* Produits du terroir (fromages, cidre, pommeau, calvados), marchands en costumes traditionnels, danses folkloriques, démonstrations de vieux métiers, etc.

Où dormir ? Où manger ?

Camping

⛺ Camping du Lac : *au lac de Pont-l'Évêque.* ☎ 02-31-65-47-15. ● *camping@lacdepontleveque.com* ● *lacdepontleveque.com* ● **⚓ À 3 km au sud de Pont-l'Évêque. Ouv mars-oct. Compter 19 € pour 2 avec tente et voiture ; cabanes flottantes 4 pers 85-115 €/nuit. 280 empl.** Près du lac. Terrain vert et arboré. Bien que le cadre soit assez beau, on s'y sent un peu à l'étroit. Plage de sable à deux pas. Un peu bruyant les soirs de fête au resto voisin. Également de sympathiques cabanes flottantes que l'on gagne en barque ou en embarcations à pédales.

De bon marché à prix moyens

🛏 Hôtel de France : *1, rue de Geôle.* ☎ 02-31-64-30-44. ● *info@hotel-pontleveque.fr* ● *hotel-pontleveque. fr* ● *Dans une petite rue tranquille, perpendiculaire à la rue principale. Fermé sam-dim nov-mars. Doubles 47 € (w-c sur le palier)-64 € ; familiales.* Petit établissement tout propre, accueillant, aux couleurs vives et chaudes. Chambres pimpantes, qu'elles soient avec salle de bains privée ou sur le palier. Certaines offrent même une gentille vue sur les douillettes prairies normandes et leurs inévitables vaches. Vraiment un très bon rapport qualité-prix.

Où dormir dans les environs ?

🛏 Chambres d'hôtes Le Prieuré Boutefol : *313, route de Rouen, 14130 Surville.* ☎ 02-31-64-39-70. ● *info@ prieureboutefol.com* ● *prieureboutefol. com* ● *À 3 km au nord-est de Pont-l'Évêque, direction Rouen. Sur résa seulement.* Doubles 85-110 € ; familiale. Dans un écrin de verdure sur 3 ha, un prieuré et ses écuries transformées en chambres d'hôtes. Toiles de Jouy pour tout le monde, mais à chacune sa couleur et sa déco de caractère. La suite familiale est vraiment adaptée aux familles ; à vrai dire, il ne lui manque qu'une cuisine pour ressembler à un petit appartement coquet ! Piscine également dans le parc, où se prélasser en écoutant les gazouillis des oiseaux.

LE CALVADOS

LE CALVADOS

Où déguster et acheter de bons produits à Pont-l'Évêque et dans les environs ?

– Ne pas manquer le *marché cam-pagnard dominical (à Pâques et en juil-août, 10h-13h, sur la pl. des Dominicaines)*, ni la fête du Fromage mi-mai.

🏹🏹 ⊛ *Calvados Christian Drouin – Domaine Cœur de Lion :* 1895, route de Trouville, 14130 **Coudray-Rabut.** ☎ 02-31-64-30-05. ● *calvados-drouin. com* ● ✂ *Visites guidées gratuites pour les particuliers lun-sam 9h-12h, 14h-18h.* Une distillerie artisanale et familiale à l'architecture augeronne typique du XVIIe s. Voir cet alambic à roulettes datant de 1946, qui servait à la distillation dans les fermes, ou bien ces fûts de chêne, aux formes peu conventionnelles dans les chais : la forme ovoïde permettait aux producteurs de tricher quelque peu sur la contenance exacte de leurs tonneaux ! Dégustation gratuite de cidre, pommeau et calvados. À la vente, une gamme unique de vieux millésimes qui remontent jusqu'à 1939. ⊛ 2 producteurs de pont-l'évêque fermier (vente directe) très recommandables à découvrir sur les marchés, mais aussi sur la route, dans les environs : la **fromagerie Martin** *(le Petit Malheur, 14430* **Bourgeauville** *; ☎ 02-31-64-83-85 ; après Beaumont-en-Auge ; le mat seulement, fermé dim et j. fériés)* et la **ferme des Spruytte** *(14130* **Saint-Philbert-des-Champs** *; ☎ 02-31-64-71-99 ; après Blangy-le-Château ; tlj sauf dim ap-m).*

À voir

🏹🏹 *L'église Saint-Michel :* construite à la fin du XVe s. Curieuse tour carrée, couronnée d'ardoises. Façade gothique et haute nef unique. À l'intérieur, vitraux modernes qui contrastent avec l'ensemble.

🏹 *La place du Tribunal :* conserve quelques souvenirs anciens, maisons à pans de bois et beaux bâtiments du XVIe s notamment. Admirez la fontaine totalement restaurée et remise à flot.

🏹 *Les Dominicaines – espace culturel et artothèque :* à côté du tribunal. ☎ 02-31-64-89-33. Juil-août, tlj 10h30-12h30, 14h30-18h ; avr-juin et sept, mer-dim 10h30-12h30, 14h30-18h ; oct-mars, mer-dim 14h30-18h. Entrée : 3,50 € ; réduc. De ce couvent, détruit en grande partie par les révolutionnaires, subsiste une belle bâtisse de style Renaissance à colombages, avec balustrade et escalier de pierre, transformée en espace culturel. Jardin médicinal à l'arrière du couvent *(accès libre).*

🏹 *L'hôtel Montpensier :* à hauteur du 38, rue Saint-Michel. Anne Marie Louise d'Orléans, duchesse de Montpensier et nièce de

LA « JOYEUSE » PRISON

La prison, construite en 1823, de style néoclassique, fut le théâtre de l'arrestation du braqueur René la Canne en 1949. Le geôlier était tellement sympa que les prisonniers participaient à la bonne marche de la maison. Balayages, fiches de paie, etc. D'ailleurs, la porte était toujours ouverte ! Quand René la Canne s'évada plus tard, il scia les barreaux et fit le mur, pour être « en règle » avec son statut de prisonnier. C'eût été trop facile sinon, et surtout, ça aurait porté préjudice à son ami geôlier ! Ce sera le scénario du film La Joyeuse Prison, *d'André Berthomieu avec Michel Simon et Darry Cowl en 1956.*

Louis XIII, plus connue sous le surnom de la Grande Mademoiselle, n'y a jamais mis les pieds ! Mais cet hôtel présente une belle façade du XVIIe s, de brique rose et de pierre blanche, derrière laquelle s'abrite aujourd'hui la bibliothèque municipale. L'hôtel de ville est lui aussi installé dans un élégant ancien hôtel particulier : *l'hôtel de Brilly.*

DANS LES ENVIRONS DE PONT-L'ÉVÊQUE | 291

Fête et manifestations

– *Festival du Film d'animation : avr.* Au cinéma de Pont-l'Évêque.
– *Fête du Fromage : 2e w-e de mai.* Concours du meilleur pont-l'évêque, dégustation-vente de produits régionaux.
– *Foire aux arbres : nov (Sainte-Catherine).* Vente et exposition de nombreux arbres et plantes.

DANS LES ENVIRONS DE PONT-L'ÉVÊQUE

🏃‍♂️ *Beaumont-en-Auge : à 6 km à l'ouest de Pont-l'Évêque.* Village mignon comme tout, aux belles maisons anciennes, bâti sur une colline offrant une jolie vue sur la vallée de la Touques. Beaucoup de visiteurs par beau temps, ce qui se comprend, vu la proximité de Deauville et de ses consœurs. La principale curiosité du village reste l'église. La moitié du bâtiment a disparu, d'où l'étrange impression laissée par la disposition intérieure (pas de chœur, par exemple). Nef bizarrement tronquée mais beau plafond voûté, en pierre. Stalles en bois (à l'entrée), chapiteaux sculptés et vitraux modernes et lumineux. Quant à la statue de Pierre-Simon Laplace, elle rend hommage à ce mathématicien, enfant du pays, qui devint l'un des plus grands géomètres du XIXe s.

🏠 ◉ ↑ *Le P'tit Beaumont : 20, rue du Paradis, à Beaumont.* ☎ 02-31-64-80-22. ● ptit.beaumont@orange.fr ● *Resto ouv le midi lun-sam, plus le soir ven-sam. Doubles 75-95 €. Menus 16 € le midi en sem, puis 24,90 €. Café offert sur présentation du guide de l'année.* Un petit bistrot de campagne revu et corrigé. La salle se prend pour un loft modèle réduit, la terrasse dans le jardin est des plus agréable, et la cuisine – entre plats un peu mode et classiques de toujours – s'en sort fort bien. Le rapport qualité-prix est presque stupéfiant pour la région. Évidemment, tout ça se sait dans le coin et pas mal d'artisans en ont fait leur cantine. Résa conseillée, donc (même en semaine, même

en hiver...). Quelques chambres, plaisantes, pour qui ne souhaiterait plus repartir.
◉ ↑ *La Haie Tondue : au lieu-dit du même nom, 14130* **Drubec.** ☎ 02-31-64-85-00. ● la-haie-tondue@orange. fr ● *À 2 km au sud de Beaumont-en-Auge. Congés : 2 sem en janv, 1 sem fin juin et 1 sem en nov. Fermé lun-mar, plus mer soir et dim midi hors saison. Formule déj sauf dim 18,50 € ; menus 30-45 €.* Belle maison ancienne couverte de vigne vierge et très bonne table à prix relativement démocratiques. Cadre traditionnel, raffiné et agréable avec ses murs à colombages et ses poutres. Service impeccable, bonne cave et plats bien exécutés.

🏃‍♂️ *Pierrefitte-en-Auge :* autre village de carte postale. Bâties à flanc de coteau dans un site vallonné et feuillu, quelques chaumières surplombent la vallée de la Touques. Au milieu du village, église du XIIIe s. Les poutres soutenant la voûte furent peintes au XVIIe s. Joli gîte municipal dans l'ancien presbytère du village.

🏃‍♂️ *Saint-Hymer et son église :* encore un village tout mignon, niché au creux d'un vallon. En face de l'église, bassin-lavoir et maisons à pans de bois, avec la forêt tout autour. Quant à l'église, elle est d'une richesse surprenante pour un aussi petit village. Chœur du XIVe s, de style gothique rayonnant. Nef tout en

« VEDETTE » DU PETIT ÉCRAN

Dans le cimetière que l'on traverse pour entrer dans l'église Saint-Hymer est enterrée une star : la Mère Denis ! Eh oui, la vedette du « Ça c'est vrai, ça ! » de la pub TV des années 1970 qui vantait une machine à laver du même nom a terminé sa vie ici, dans l'ancien prieuré transformé en maison de retraite. L'histoire ne dit pas si elle y faisait la lessive.

LE CALVADOS

LE CALVADOS / LE PAYS D'AUGE

longueur (mais pas franchement droite et au plafond très ondulant !). Autel du XVIIIe s et vitraux du XVe s. Statues polychromes du XVIIIe s. Belles stalles sculptées dans le chœur et jolie chaire dans une tourelle intérieure.

🏃🏃 *Le Mesnil-sur-Blangy :* à 7 km au sud-est de Pont-l'Évêque. Minuscule village isolé, auquel on accède par une petite route verdoyante. Ne manquez surtout pas l'intérieur de sa très belle *église romane* en pierre et au clocher de brique et d'ardoises. Sa décoration est étonnante. Plafond en arceau, entièrement en bois. La voûte, célèbre dans la région, fut peinte au XIXe s. Les poutres sont décorées de têtes de dragons.

🏃🏃 *Blangy-le-Château :* à 10 km au sud-est de Pont-l'Évêque. Ce village de caractère abrite un riche patrimoine qui a bien résisté aux aléas du temps : lavoir, anciennes écoles des filles et des garçons, maisons à pans de bois, vitraux classés Monuments historiques de l'église Notre-Dame, manoir du XVIIe s et ruines du château de Blangy.

LISIEUX   (14100)   19 818 hab.   *Carte Calvados, D2*

● Plan p. 293

Actuelle « capitale » du pays d'Auge, Lisieux, rasée par les bombardements de la Seconde Guerre mondiale, s'est reconvertie dans le tourisme religieux, avec sainte Thérèse. Mais la ville fait de vrais efforts pour ne pas être réduite à cette image, et ceux qui par hasard auraient une sainte horreur des démonstrations de foi pourront se balader dans les rues à la recherche d'un autre passé.

UN PEU D'HISTOIRE « SAINTE »

Depuis les temps les plus reculés, Lisieux semble placée sous le double signe de la guerre et de la religion. Bombardée 13 fois à la Libération, la ville flambe. Indemne, la basilique trône sur des arpents de décombres. La cathédrale Saint-Pierre, elle aussi, est épargnée.
De tout temps, en tout cas, Lisieux fut terre d'élection de l'Église catholique. Les fameux évêques de Lisieux étaient riches

VOYAGES EN KIT

Près de 2 000 églises, chapelles ou instituts religieux sont dédiés à sainte Thérèse dans le monde. Pour que chacun puisse rendre hommage à la sainte, depuis 1994, une partie des reliques voyagent à travers le monde : les foules de 35 pays sur les 5 continents ont déjà accueilli quelques pièces de cet étrange puzzle.

et puissants. On les redoutait dans toute la Normandie. À tel point qu'ils firent fortifier le quartier qui leur était dévolu, au Moyen Âge, avant que la ville elle-même n'ait une enceinte pour la protéger des guerres et des épidémies !
Autre camp retranché, le Carmel voit le jour en 1838. ½ siècle plus tard, en 1888, ce couvent d'un genre particulier reçoit la plus célèbre de ses pensionnaires : celle qu'on n'appelle encore que Thérèse Martin. Gravement malade à l'âge de 10 ans, elle voit aux Buissonnets la statue de la Vierge lui sourire. Elle est guérie et dès lors n'a plus qu'une obsession : prendre le voile. Malgré son jeune âge (15 ans), elle y sera autorisée par l'évêque de Bayeux en personne. Grande mystique, elle passe 9 ans enfermée au Carmel, priant, jeûnant et se mortifiant, selon la règle de l'ordre.

LISIEUX | 293

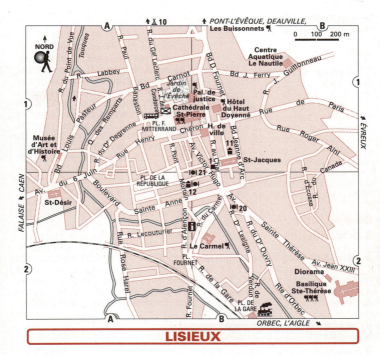

LISIEUX

■ **Adresse utile**
  1 Cycles Billette (B1)

🏕 🛏 **Où dormir ?**
  10 Camping de la Vallée
     (hors plan par A1)

  11 Hôtel Saint Louis (B1)
  12 La Coupe d'Or (A-B2)

🍽 🍷 **Où manger ?**
  20 Les Sœurs Pinard (B2)
  21 Aux Acacias (A-B1-2)

Emportée par la tuberculose à l'âge de 24 ans, sainte Thérèse de l'Enfant-Jésus est aujourd'hui considérée dans le monde entier comme la plus grande sainte des temps modernes. Et évidemment, Lisieux ne l'oublie pas en accueillant plus de 800 000 pèlerins par an. Béatifiée en 1923, canonisée 2 ans plus tard, glorifiée par l'édification de la basilique en 1929, la petite Thérèse fut déclarée docteure de l'Église le 19 octobre 1997. Ses parents, Louis et Zélie Martin, furent béatifiés en octobre 2008, puis les 1ers à être canonisés en tant que couple en 2015. 3 saints dans la même famille, pas mal non ?

Adresses utiles

🛈 **Office de tourisme** (plan A-B2) : 11, rue d'Alençon. ☎ 02-31-48-18-10. • authenticnormandy.fr • Juil-août : lun-sam 9h30-12h30, 14h-18h, dim 9h30-13h30 ; oct-mai : mar-sam 9h30-12h30, 13h30-17h30 (16h30 sam) ; juin et sept, mar-sam 9h30-12h30, 13h30-17h30.

🚲 **Cycles Billette** (plan B1, 1) : 20, rue au Char. ☎ 02-31-31-45-00.

294 | LE CALVADOS / LE PAYS D'AUGE

LE CALVADOS

Où dormir ?

Camping

⚠ **Camping de la Vallée** *(hors plan par A1, 10)* : *9, route de la Vallée, au lieu-dit la Vallée.* ☎ 02-31-62-00-40. 📠 06-62-91-62-40. ● *tourisme@lintercom.fr* ● *authenticnormandy.fr* ● *Bus depuis la pl. François-Mitterrand, arrêt Lycée-Paul-Cornu. Ouv avr-début oct.* Compter 12 € pour 2 avec tente et voiture ; mobile homes 250-405 €/sem. CB refusées. 73 empl. À 20 mn à pied du centre. Pas cher, mais équipement limité et un peu près de la route.

De bon marché à prix moyens

🏠 **Hôtel Saint-Louis** *(plan B1, 11)* : *4, rue Saint-Jacques.* ☎ 02-31-62-06-50. ● *hotelsaintlouislisieux@gmail. com* ● *hotelsaintlouis-lisieux.com* ● ♿ Doubles 67-80 € ; triples 80-100 €.

Café offert sur présentation du guide de l'année. Un petit hôtel d'après-guerre doté d'un vrai charme et d'un réel cachet, et qui parvient, malgré tout, à maintenir des prix doux. La douzaine de chambres, réparties sur 3 étages (sans ascenseur), bénéficie d'une déco personnalisée. Une adresse sympathique (comme l'accueil) qui tranche résolument avec l'hôtellerie locale.

🏠 |●| ↑ **La Coupe d'Or** *(plan A-B2, 12)* : *49, rue Pont-Mortain.* ☎ 02-31-31-16-84. ● *lacoupedor@orange.fr* ● *la-coupe-dor.com* ● *Resto ouv tlj sauf dim soir et lun midi.* Double 80 € ; familiale. Fermé vac de Noël. Menu midi 16,90 €, puis 25-35 €. Réduc de 10 % sur le prix de la chambre hors w-e et j. fériés sur présentation du guide de l'année. Un hôtel bien tenu à l'atmosphère conviviale, au cœur de cette ville souvent remplie de pèlerins. Chambres propres, à la déco classique et simple, mais confortables. Cuisine traditionnelle avec des produits locaux.

Où dormir dans les environs ?

🏠 **Chambres d'hôtes Le Manoir :** *chez Paul Delort, route des Monceaux, 14340* **La Boissière.** ☎ 02-31-32-20-81. *À 7 km à l'ouest de Lisieux. Ouv mars-oct.* Double 60 €. Installée dans un petit chef-d'œuvre d'architecture normande, une maison à colombages des XIVe et XVe s, au toit coiffé d'un petit clocheton. Chambres sobres, non dénuées de caractère et au calme (la maison est éloignée de la route). Grand jardin.

🏠 **Chambres d'hôtes chez Mme Caron :** *201, chemin de Colandon, le Pont-de-Glos, 14100* **Glos.** ☎ 02-31-62-96-33. ● *caronchambres. free.fr* ● *guillvalent@gmail.com* ● *À 5 km au sud-est de Lisieux ;* sur la

route d'Orbec, à l'entrée du Pont-de-Glos, prendre la 1re petite route sur la gauche. Double 68 €. Dans une imposante maison qui domine la route, 3 chambres (dont une familiale). La maison cultive un style plutôt rustique, mais sans lourdeur, avec mobilier de bois, jolies tommettes et des tapisseries discrètement fleuries. Les chambres sont simples, impeccables, spacieuses. On s'y sent bien, d'autant que l'accueil y est sympathique. Salon commun à la disposition des hôtes, ainsi qu'une cuisine. Pour un séjour prolongé, on peut aussi opter pour l'agréable petit gîte, avec sa terrasse et son bout de jardin rien qu'à lui.

Où manger ?

De bon marché à prix moyens

|●| 🍷 ↑ **Les Sœurs Pinard** *(plan B2, 20)* : *4, av. Sainte-Thérèse.* ☎ 02-31-

61-18-49. ● *lessoeurspinard@gmail. com* ● *Tlj sauf dim soir-lun 12h-15h, 18h-1h. Congés :* 1 sem en nov. Formule déj 14,50 € ; brunch 22,50 € ; carte 17,50 €. Café offert sur présentation du guide de l'année. Le midi, petite carte proposant des plats maison, type brasserie, simples mais efficaces. On s'installe soit dans l'espace bar et ses tables en hauteur, soit au salon dans les vieux canapés confortables. À moins qu'il ne fasse beau et que la sympathique terrasse à l'arrière soit ouverte (plage tout au fond avec transats, en été). L'aprèsmidi, c'est salon de thé ; le soir, plutôt bar à vins, avec planches de charcuterie, de fromages, de desserts, etc. Un espace vraiment convivial, de bonne taille, à l'ambiance détendue. Concerts réguliers.

|●| Aux Acacias (plan A-B1-2, **21**) : 13, rue de la Résistance. ☎ 02-31-62-10-95. ● restaurantauxacacias@gmail.com ● Tlj sauf mar midi-mer et dim soir. Congés : 1ʳᵉ sem de juil. Carte env 25 €. Café offert sur présentation du guide de l'année. Bonne adresse du centre de Lisieux, à la déco très sobre. Ce cadre frais tranche agréablement avec le gris qui domine en ville. Les 1ᵉʳˢ menus offrent un excellent rapport qualité-prix et permettent de goûter à une cuisine de terroir revisitée, joliment allégée, avec quelques connotations asiatiques.

À voir. À faire

Lisieux est connue depuis le début du XXᵉ s pour sainte Thérèse, mais la naissance de la ville remonte à plus de 2 000 ans. De cette longue histoire, elle a conservé un patrimoine riche mais éparpillé, entre hôtels particuliers, maisons à colombages, patrimoine industriel et bien sûr patrimoine de la reconstruction... Un document présentant le parcours de visite de ce patrimoine est disponible à l'office de tourisme (compter environ 2h).

➤ **Balades à travers la ville :** pour ts rens sur les lieux de visite religieux : ☎ 02-31-48-55-08. ● therese-de-lisieux.com ● En juil-août (sauf 10 juil et 15 août), pèlerinage guidé au départ de la basilique (départ 14h ; gratuit) qui permet de découvrir les 4 lieux emblématiques.

🏃 **Le Carmel** (plan B2) : 35, rue du Carmel. À deux pas de l'office de tourisme. Tte l'année, tlj 7h (9h pour la salle d'expo)-19h (18h30 de nov à mi-mars). Accès libre. Outre la chapelle dans laquelle peut être admiré le tombeau de sainte Thérèse, les visiteurs découvrent un espace de visite très contemporain : des films, des objets personnels de la sainte et des documents anciens permettent d'appréhender la vie des carmélites, de l'époque de Thérèse à aujourd'hui.

🏃🏃🏃 **La basilique Sainte-Thérèse** (plan B2) : derrière la gare SNCF. ♿ Tlj 9h-19h avr-oct, 17h30 nov-mars. Accès libre. Prévoir 2 € pour l'accès au dôme (seulement juil-août, lun 13h30-17h30 ; mar-sam 10h-18h ; dim 12h30-17h30) et 2 € pour le film sur la vie de sainte Thérèse (projection à 14h, 15h et 16h au centre d'accueil). Diorama. Visites audioguidées gratuites avr-oct, tlj 14h-17h. Difficile de la rater, vu ses proportions. Elle ressemble au Sacré-Cœur de Paris ! Construite à partir de 1929 dans un style romano-byzantin, elle reste l'une des églises catholiques les plus monumentales du XXᵉ s. Son secret ? L'édifice est en béton armé : aucun pilier intérieur, une hauteur sous voûte qui culmine à 37 m (seulement 33 m pour Notre-Dame de Paris) et des dimensions qui laissent bouche bée. À l'intérieur, impressionnantes mosaïques. Le dôme atteint presque 100 m de hauteur (les courageux pourront y grimper – 300 marches jusqu'au sommet). À la droite de la nef, un reliquaire (cadeau de Pie XI) cerné de fleurs et de milliers de bougies renferme les os du bras droit de Thérèse ! Ne pas manquer la crypte (ressortir et prendre à droite des escaliers) aux superbes mosaïques multicolores qui renferme le reliquaire des parents de Thérèse, Louis et Zélie Martin, canonisés en 2015.

🏃🏃 **La découverte du centre historique** (plan A-B1) : remonter la **rue au Char** en passant devant l'église Saint-Jacques, belle église désaffectée ouverte lors d'expositions temporaires. Au passage, jeter un œil sur l'hôtel de ville (bel hôtel particulier du XVIIIᵉ s) et sur le théâtre, tout à côté, qui date de 1895. Rejoindre la **rue Henry-Chéron,** où de vieilles maisons à pans de bois rappellent que par le passé Lisieux était connue pour être la capitale du bois sculpté. Construite au XVIIIe s pour loger le no 2 de l'épiscopat, une noble bâtisse en brique et en pierre de taille fait montre d'un luxe peu compatible avec le vœu de pauvreté : c'est l'**hôtel du Haut Doyenné** *(ne se visite pas).* Quant au **manoir Desmares** (XVe s), impasse Desmares, en haut de la rue Henry-Chéron, c'est l'un des plus anciens manoirs de la ville. Il abrite une chocolaterie qui organise des ateliers ouverts au public.

🎍🎍 **La cathédrale Saint-Pierre** *(plan A-B1)* : *pl. François-Mitterrand.* ♿ *(accès côté sud). Tlj 9h30-18h30.* Construite du XIIe au XVIe s, la cathédrale conserve néanmoins un style gothique, comme en témoignent la façade et le chœur, tous 2 du XIIIe s. Grande et haute nef, et plan en croix aux élégantes proportions. Les lieux eurent une certaine importance dans l'histoire religieuse. On prétend qu'Henri II et Éléonore s'y seraient mariés. En tout cas, c'est bien ici que le fameux évêque Pierre Cauchon (qui mena le procès de Jeanne d'Arc) est enterré. La petite Thérèse aimait s'y recueillir. D'ailleurs, le maître-autel fut offert par son père. L'église possède une décoration intérieure assez riche : nombreux tableaux du XVIIIe s, bas-reliefs du XVe s, quelques vitraux du XIIIe s et, dans les chapelles, statues du XVIIe s. Derrière la cathédrale, joli jardin de l'Évêché. Le palais de justice est juste derrière. Il s'agit en fait de l'ancien palais épiscopal. De là, vous pouvez rejoindre (en prenant votre temps quand même) la maison de sainte Thérèse ou faire un détour pour aller visiter le musée d'Art et d'Histoire.

🎍 **Le musée d'Art et d'Histoire** *(plan A1)* : *38, bd Pasteur.* ☎ *02-31-62-07-70. Tlj 14h-18h (13h juil-août). Fermé le 1er mai. GRATUIT.* Situé dans l'une des dernières maisons à pans de bois qui subsistent dans la ville, il présente, suivant un parcours chronologique, l'histoire de la ville des origines à nos jours et aborde la multiplicité de ses visages : la cité gallo-romaine, médiévale et classique, la cité textile, les figures illustres, la reconstruction... 2 parenthèses thématiques sont dédiées aux évêques et à l'habitat lexovien. Une histoire illustrée par plus de 300 objets, tableaux, photographies...

🎍 **La maison de sainte Thérèse – Les Buissonnets** *(hors plan par B1)* : *22, chemin des Buissonnets, bd Herbet-Fournet. Pâques-début oct, tlj 10h-12h30, 13h30-18h ; hors saison, tlj 10h-12h, 14h-17h (16h nov-janv). Fermé le dim mat. Fermé 1er janv, de mi-nov à mi-déc et 25 déc. GRATUIT.* Pavillon du XIXe s où la sainte passa une grande partie de son enfance. Chaque objet y est pieusement conservé : son lit, ses jouets, sa robe de communiante, etc.

Fêtes et manifestations

– **Foire aux arbres** : *début mars.* Une foire qui affiche 560 ans d'existence ! Pépiniéristes et paysagistes y exposent pendant 3 jours.
– **Festival de Musique ancienne** : *début juil, dans l'Hôtel du Haut Doyenné.*
– **Jazzitude** : *fin août.* Stages, concerts dans toute la ville.
– **Grandes Fêtes thérésiennes** : *fin sept.* Conférences, concerts, veillées, processions, messes à la basilique, etc.

DANS LES ENVIRONS DE LISIEUX

🎍🎍🎍 **Le parc zoologique Cerza** : *D 143, 14100* **Herminal-les-Vaux.** ☎ *02-31-62-15-76.* ● *info@cerza.com* ● *À 9 km au nord-est de Lisieux. Avr-juin et sept, tlj 9h30-18h30 (19h juil-août) ; fév-mars et oct-nov, tlj 10h-17h30. Fermé déc-janv. Dernier accueil 1h avt la fermeture. Entrée : 22 € ; réduc ; gratuit moins de 3 ans. Restauration sur place.* Le plus grand zoo de Normandie est une belle surprise. Plus de 1 500 animaux répartis sur 70 ha, où le vert domine. Larges enclos, lieux de vie

DANS LES ENVIRONS DE LISIEUX | 297

mieux adaptés d'année en année. Un petit train (qu'on vous conseille de prendre à l'heure du déjeuner, non pas des fauves, mais des autres visiteurs) donne une vue d'ensemble. Pour les vues rapprochées, vous avez l'immersion au milieu des lémuriens, dans un village malgache reconstitué, et les enclos immersifs, qui permettent d'approcher au plus près des girafes et autres animaux d'ordinaire plus sauvages. Prenez du temps et des forces en déjeunant sur place, le parc est très étendu.

🏠 Pour prolonger le séjour en famille, plusieurs possibilités : les yourtes, mais aussi les *lodges* équipés pour 4-6 personnes sur le domaine des petits kangourous et cervidés, avec terrasse sur pilotis et vue panoramique, et nos préférés, les « zooobservatoires » en bois pour 4. *Infos sur le site* ● *cerzasafari lodge.com* ●

🎐🎐🎐 *Le château-musée de Saint-Germain-de-Livet :* 14100 *Saint-Germain-de-Livet.* ☎ 02-31-31-00-03 (ou ☎ 02-31-62-07-70 hors saison). À 6 km au sud de Lisieux. Avr-juin et sept-oct, tlj sauf lun 11h-13h, 14h-18h ; juil-août, tlj 11h-18h. Visite guidée (1h) seulement, dernier départ 1h avt la fermeture. Entrée : 7 € ; réduc ; gratuit moins de 14 ans et pour ts le 1er dim du mois. Accès au parc : gratuit. Véritable joyau du pays d'Auge, ce château se distingue par son architecture. Entouré de douves, il réunit un manoir à pans de bois de la fin du XVe s et une construction en pierre et brique vernissée du Pré-d'Auge, de la fin du XVIe s. À l'intérieur, la salle des offices a conservé de superbes fresques de la fin du XVIe s. Le château-musée présente l'ameublement et les collections de la famille Riesener-Pillaut, qui fit don du domaine à la Ville de Lisieux en 1957. Conjuguant mobilier et œuvres d'art, l'intérieur témoigne du raffinement et de l'art de vivre au XIXe s, et nous fait découvrir le parcours artistique et personnel du peintre Léon Riesener (1808-1878), petit-fils de Jean-Henri Riesener (ébéniste de Marie-Antoinette) et cousin d'Eugène Delacroix. Et pour clore la visite, rien de tel qu'une promenade dans le beau parc fleuri et arboré.
– Pour avoir un aperçu d'ensemble du site, après la visite, prendre à gauche la petite route qui conduit sur les hauteurs du vallon (direction Le Mesnil-Germain, puis Saint-Germain-Mairie). Cadre enchanteur avec ses collines, ses fermes et ses champs. Au milieu, le château, ses douves et ses jardins, la grosse ferme et l'église du village, mignonne comme tout, avec tout à côté le cimetière remis « en herbes ».

🏠 ▮◑▮ ☂ ↑ *Aux 3 Gourmands du Château :* cours du Château. ☎ 02-31-62-83-50. ● contact@aux3gourmand sduchateau.fr ● Resto ouv tlj sauf lun 11h30-18h30. Double 140 € ; petit déj inclus. Repas env 15 €. Chaleureux salon de thé-crêperie installé dans une maison ancienne, au bord des douves en eau. Déco raffinée. Terrasse avec vue sur la forteresse. Un endroit en marge du temps. Également une très belle chambre d'hôtes sur place avec la maison pour soi tout seul. Le rêve !

🎐🎐 *Les jardins du château de Boutemont :* 14100 *Ouilly-le-Vicomte.* ☎ 02-31-61-12-16. ● chateau-de-boutemont.fr ● À 5 km au nord de Lisieux. Tlj en juil-août 10h-12h30, 14h30-18h30 ; Pâques-juin et sept-oct, mer et sam-dim. Entrée : 10 €. Le château lui-même ne se visite pas, mais sa vue est un réel plaisir pour les yeux. Entre le Xe et le XIVe s se dressait à proximité une motte castrale (dont la forme est encore aujourd'hui bien visible dans les jardins) destinée à surveiller la vallée de la Touques et l'ancienne voie romaine passant par celle-ci. Le château lui-même date principalement du XVIe s, même si des modifications relativement importantes y furent apportées aux XVIIe et XVIIIe s. C'est en tout cas un véritable bijou, avec un rare pont-levis encore en état de fonctionnement, des douves désormais toutes herbues, un mélange de brique et de colombage typique du pays d'Auge. Et tout autour de ce bijou, un magnifique écrin de verdure d'une dizaine d'hectares, composé de jardins de différentes inspirations (à l'italienne, à la française), avec des buis magnifiquement taillés et de remarquables topiaires, ainsi qu'un délicieux jardin aux papillons. Bref, un endroit qui incite à la flânerie et à la contemplation.

ORBEC (14290) 1979 hab. *Carte Calvados, D2*

Charmante petite cité un peu assoupie mais empreinte de souvenirs historiques. Ses vieilles rues offrent à la contemplation de ceux qui sauront descendre de leur voiture de ravissantes maisons à pans de bois et des hôtels particuliers. Un charme qui inspire, puisque Racine a choisi Orbec comme cadre à sa pièce *Les Plaideurs* et que Debussy y a composé *Jardins sous la pluie...* Aujourd'hui, Orbec est également réputée pour sa marque de fromages *Lanquetot*.

Adresse utile

Office de tourisme : *6, rue Grande.* ☎ *02-31-48-18-10.* ● *authenticnor mandy.fr* ● *Juil-août, mar-ven 9h30-12h30, 14h-18h, sam 9h30-12h30,* *13h30-17h30 ; le reste de l'année, lun-sam en horaires restreints, plus le mat des j. fériés. Fermé du 25 déc au 10 janv.*

Où dormir ?

Camping

Camping Les Capucins : *av. du Bois, stade des Capucins.* ☎ *02-31-32-56-68.* ▯ *06-48-64-78-56.* ● *camping.sivom@orange.fr* ● *Au nord de la ville (suivre direction Rouen, ensuite c'est fléché). Ouv de fin-mai à début sept. Compter env 12 € pour 2. 35 empl.* Près d'une forêt, petit camping municipal tout simple et propre, situé, comme souvent, juste à côté du stade municipal. Tennis et centre équestre à proximité.

Chambres d'hôtes

Côté Jardin chez Lorette : *62, rue Grande.* ☎ *02-31-32-77-99.* ● *georges. lorette@gmail.com* ● *cote-jardin-lorette.com* ● *Double 80 € ; familiale. Bouteille de cidre offerte sur présentation du guide de l'année.* Belle surprise en plein centre. Derrière le lourd portail de cette maison bourgeoise du XIXe s se cache un grand et beau jardin à l'anglaise où coule un discret ruisseau. En tout, 5 chambres (pouvant loger 3-4 personnes) dispersées dans plusieurs petits bâtiments annexes. Chambres à thème joliment décorées d'une touche bien personnelle et originale.

Le Manoir de l'Engagiste : *15, rue Saint-Rémy.* ☎ *02-31-32-57-22.* ▯ *06-84-75-67-33* ● *engagiste@wanadoo.fr* ● *manoir-engagiste.fr* ● *Dans une rue perpendiculaire à la rue principale (fléché). Double 125 € ; familiales.* Christian et Annick Dubois ont acheté la maison que beaucoup rêvent d'avoir un jour : un manoir des XVIe et XVIIe s. Colombages, murs blancs, porte cochère, rien ne manque. À l'intérieur, salon avec mezzanine qui court autour de l'immense cheminée, meubles en rotin, billard à l'étage. 3 chambres (dont une pour 5) décorées dans le même esprit.

Où manger ?

L'Orbecquoise : *60, rue Grande.* ☎ *02-31-62-44-99.* ● *herve.doual@wanadoo.fr* ● *Tlj sauf mar soir-mer. Formule déj en sem 14 € ; menus 20-37 € ; carte 45 €.* Dans une maison normande à colombages du XVIIe s, une adresse bien cachée depuis près de 30 ans derrière ses légers rideaux blancs et ses 2 pots à lait. Cuisine généreuse du terroir, sincère et pleine de saveur (salade croquante aux 3 fromages, magret de canard à la crème de calvados). Service souriant et aux petits soins.

Où déguster et acheter de bons produits ?

Les Biscuits d'Orbec : 73, rue Grande. ☎ 02-31-32-83-41. ● contact@biscuits-orbec.com ● Jeusam 10h-19h, dim 10h-13h30 (plus mer en hte saison). *Dégustation de produits offerte sur présentation du guide de l'année.* Une pâtisserie fondée en 1880, qui n'a pas beaucoup changé depuis les années 1920. Longtemps tenue par la famille Domer (pâtissier à l'hôtel *George-V,* s'il vous plaît), cette bonbonnière accueille aujourd'hui un pâtissier qui travaille en famille et justifie à lui seul le détour par Orbec. Succulentes douceurs qui s'inscrivent dans l'histoire du lieu : tartelette au citron comme sablés au beurre d'Isigny, chocolats (hmm ! le *Bouchon normand* et le *Diamant d'Orbec !*) ou pâtes de fruits. Le samedi, ne pas manquer le millefeuille maison à la vanille bourbon. Salon de thé à l'étage et petit mais fabuleux musée sur la pâtisserie. Terrasse côté rue.

À voir

Le Vieux Manoir : 107, rue Grande. ☎ 02-31-32-58-89. À l'angle de la rue Guillonnière. Avr-nov, mar-dim 14h-18h. Entrée : libre. On ne peut pas le rater : c'est une superbe maison à colombages, toute de travers ! Cet étonnant manoir fut construit au XVIe s avec des poutres sculptées, de petites briques et des pierres triangulaires. On y a installé le *Musée du vieux Manoir* (collections sur l'histoire locale). Expositions temporaires chaque année.

 Un peu plus loin, l'***hôtel-Dieu Saint-Rémy*** fondé en 1290 et sa chapelle du XVe s, immanquable avec son clocher de brique. Jeter un œil en remontant la rue Grande sur l'***hôtel de l'Équerre,*** ancienne auberge du XVIe s, aux beaux colombages et en encorbellement. De l'***hôtel de Croisy,*** au n° 7, on ne verra que le mur d'enceinte... Dommage pour l'élégante façade du XVIIe s et le jardin décoré à la française.

 L'église Notre-Dame : au bout de la rue Grande. Dominée par sa haute tour Renaissance, elle fut construite du XVe au XVIe s. Ne pas manquer le très bel intérieur, aux fières colonnes de pierre supportant une voûte de bois peinte « à pénétration directe » (sic !). Remarquer les « rageurs », ces têtes de dragons peintes placées de chaque côté des poutres. Beaux vitraux Renaissance et riche mobilier.

 Il faut aussi se glisser dans quelques (charmantes) **ruelles** perpendiculaires (cours, passages pavés, etc.), comme la *rue des Osiers* ou la *rue des Religieuses,* qui cache l'ancien couvent des Augustines (désormais centre culturel) et la maison du Bailliage, du XVe s. Faufilez-vous aussi dans la *rue de Geôle* en longeant la venelle du vieux château, sans manquer la *rue de la Rigole,* originale avec son bassin. Il y a même une **champignonnière,** cachée dans d'anciennes grottes ayant servi de refuge pendant la Seconde Guerre mondiale. Vente directe le ven 14h-16h sept-fin juin et visite guidée le 1er dim du mois à 14h oct-juin. Entrée : 5 €. Rens et résa au ☎ 06-73-59-51-17.

LIVAROT   (14140)   2 230 hab.   *Carte Calvados, C2*

Bourgade mondialement connue pour son fromage. L'usine *Graindorge* (pub gratuite) en produit à elle seule près de 80 000 par jour. Figurez-vous qu'il faut 5 l de lait pour en fabriquer un. Sa mise au point est des plus complexe, et il faut attendre plus de 3 mois pour qu'il soit à point...

300 | LE CALVADOS / LE PAYS D'AUGE

Adresse utile

🄸 Bureau d'information touristique : 1, pl. Georges-Bisson. ☎ 02-31-63-47-39. ● authenticnormandy.fr ● Juin-sept, mar-sam 9h30-12h30, 14h-18h (13h30-17h30 sam) ; oct-mai, fermé lun ap-m, sam-dim.

Où dormir ? Où manger dans les environs ?

🏠 |●| Chambres d'hôtes La Boursaie : la Croix-Bougon, 14140 **Tortisambert.** ☎ 02-31-63-14-20. ● laboursaie@gmail.com ● laboursaie. com ● À 6 km au sud-ouest de Livarot. D 4 vers Saint-Pierre-sur-Dives sur 1 km, puis D 38 vers Heurtevent. Env 1,5 km après Heurtevent, prendre à gauche (« La Boursaie » est peint sur la petite maison en brique et à colombages qui fait l'angle). À env 600 m, prendre à droite, puis faire 500 m en forêt (chemin un peu délicat par endroits). Doubles 88-125 € ; familiale. Table d'hôtes 32 € sur résa plusieurs j. à l'avance. Cette ancienne cidrerie du XVIᵉ s genre cottage à l'anglaise (les proprios, comme les clients, sont d'ailleurs largement anglophones !), au milieu des prairies, dans une vallée magnifique, est un petit îlot de paix perdu dans la belle campagne

normande. Chambres d'esprit champêtre, aménagées dans les anciennes écuries et entourées d'un jardin un peu fou.

|●| Le Tourne-Broche : 14140 **Notre-Dame-de-Courson.** ☎ 02-31-32-31-65. ● letournebroche@yahoo.fr ● ♿ À 11 km au sud-est de Livarot. Dans le village. Fermé mer tte l'année (plus lun-mar hors saison). Menus 17,80-33 €. Café offert sur présentation du guide de l'année. La bonne auberge de campagne dans un village hors des circuits touristiques, que l'on découvre si l'on a eu la bonne idée de remonter la Touques jusqu'ici. Au programme, un accueil chaleureux, un service dans la tradition et des plats de toujours, généreux et bien tournés : tripes à la mode de Caen et la fameuse teurgoule.

À voir

🎥🎥 ⊛ Le Village Fromager – Fromagerie E. Graindorge : 42, rue du Général-Leclerc. ☎ 02-31-48-20-10. ● graindorge. fr ● ♿ Avr-juin et sept-oct, lun-sam 9h30-13h, 14h-17h30 ; juil-août, tlj 9h30 (10h30 dim)-17h30 ; nov-mars, lun-ven 10h-12h30, 14h30-17h, sam 10h-13h. GRATUIT (avec vidéoguide) ; visite conseillée le mat (sauf ven) pour voir le max d'ateliers en fonction-

À VOS ORDRES, MON COLONEL !

Le livarot, une des 3 gloires normandes avec le camembert et le pont-l'évêque, est communément surnommé « colonel » parce que son pourtour est serti de 5 fines lanières de roseau, rappelant les 5 galons d'un colonel.

nement. Une visite instructive de la fromagerie pour tout apprendre de la fabrication des 4 AOP régionales : Livarot, bien sûr, mais aussi Pont-l'Évêque, Neufchâtel et Camembert de Normandie. On passe au-dessus des lignes de production, de l'arrivée du lait (130 producteurs !) au conditionnement, tout en suivant un parcours audiovisuel. Cette entreprise familiale travaille avec du lait cru et joue la carte du développement durable. Tout cela est habilement mis en scène avant d'arriver... à la boutique du terroir, où l'on vous offre la dégustation des 4 délicieux fromages normands.

Manifestation

– **Foire aux fromages :** *1er w-e d'août*. Livarot fête son fromage, mais aussi tous les autres fromages normands ou d'autres régions françaises (et les vins qui vont avec !). Plus d'une centaine d'exposants !

LES MANOIRS AU SUD
DU PAYS D'AUGE

Entre Lisieux et Livarot, le sud du pays d'Auge se pare de nombreux châteaux ou fermes-manoirs, le plus souvent à colombages, typiques de l'architecture normande. Même si l'on ne peut pas toujours les visiter, les amateurs du genre se régaleront. Outre le château-musée de Saint-Germain-de-Livet (voir « Dans les environs de Lisieux » plus haut), ce circuit permet notamment de découvrir les très beaux châteaux de Vendeuvre et de Mézidon-Canon.

LE CALVADOS

SAINT-PIERRE-SUR-DIVES

(14170)   3 539 hab.   *Carte Calvados, C2*

Avec ses maisons presque toutes construites en pierre, Saint-Pierre-sur-Dives (d)étonne dans un pays d'Auge abonné aux colombages. C'est pourtant une plaisante bourgade commerçante, dynamique et empreinte d'un charme certain. Saint-Pierre fut un centre religieux important, comme en atteste sa belle abbaye. Les environs, là aussi, sont riches en somptueux châteaux. Et en surprises, puisqu'on peut même visiter une safranière (La Venelle du Moulin, à Jort).

Adresse et info utiles

🛈 **Office de tourisme :** *23, rue Saint-Benoist*. ☎ 02-31-48-18-10. ● *mairie-saint-pierre-sur-dives.fr* ● *Installé dans les superbes bâtiments conventuels de l'abbaye. Lun-ven 9h30-12h30,* *14h-18h ; plus sam juin-sept (mais fermé mar)*. Organise des visites de l'abbaye et des halles.
– **Marché :** *lun mat sous la halle et pl. du Marché.*

Où dormir ? Où manger ?

🛏 🍴 ⛪ **Les Agriculteurs :** *118, rue de Falaise*. ☎ 02-31-20-72-78. ● *info@lesagriculteurs.com* ● *lesagriculteurs.com* ● ♿ *Resto fermé ven et dim soir. Congés : vac scol d'hiver. Doubles 52-57 € ; familiales. Formule en sem 14,50 € ; menus 16,90-25,90 €.* *Parking privé. Café offert sur présentation du guide de l'année.* Petit hôtel de campagne proposant des chambres toute simples mais pas désagréables et une bien honnête cuisine de terroir. Saumons fumés maison pour les amateurs.

Où dormir ? Où manger dans les environs ?

De bon marché à prix moyens

🏠 ▮❙▮ **Hôtel Saint-Pierre :** *74, pl. Charles-de-Gaulle, 14270* **Mézidon-Canon.** ☎ *02-31-40-47-94.* ● *hotel. saint-pierre-mezidon@orange.fr* ● *lesaint-pierre.fr* ● ♿ *Resto fermé lun midi, mar midi et dim soir. Double 76 €. Menus 25-43 €.* Jolie surprise que cet hôtel qui cache, derrière une façade assez banale, un intérieur qui ne manque pas de peps : design et couleurs acidulées côté bar et resto. Chambres d'un vrai confort, dans les tons chocolat et ivoire. Cuisine plutôt enlevée, avec de l'idée (sinon quelques audaces). Dommage que la jeune équipe semble parfois se laisser déborder...

▮❙▮ **Auberge de la Levrette – La Puce à l'Oreille :** *48, rue de Lisieux, 14140*

Saint-Julien-le-Faucon. ☎ *02-31-63-81-20.* ● *aubergedelalevrette@orange. fr* ● À env 11 km de Saint-Pierre-sur-Dives, en direction de Lisieux. Fermé lun et le soir des dim et j. fériés, plus le soir mar-ven nov-mars. Congés : 1 sem en mars, 2 sem en juil, 1 sem en nov et pdt les fêtes de fin d'année. Menus 22-35 €. Café offert sur présentation du guide de l'année. L'une des très bonnes tables normandes où la fraîcheur, l'accueil et le cadre sont de concert pour une mélodie parfaite. La cuisine du terroir, dans une version un peu plus légère, et les menus variant au gré des saisons sauront vous conquérir. Jolie déco rustique et bourgeoise pour cet ancien relais de chasse du XVIe s. Après, ou avant, faites un tour au petit musée attenant, la Puce à l'Oreille, centré sur la musique mécanique 1900-1960.

À voir

🏃🏃 **La halle :** *pl. du Marché. Tlj 8h30-18h (sauf manifestation spéciale).* Magnifique bâtiment en pierre du XIe s, d'une originalité architecturale certaine. Imposante charpente. Pittoresque marché le lundi.

🏃🏃 **L'église abbatiale :** *tlj 9h30-18h (sauf pdt les offices).* Bâtie au début du XIe s puis reconstruite aux XIIe et XIIIe s, elle conserve de nombreux éléments de cette période, malgré des modifications aux XVIe s. Beaucoup d'allure, notamment grâce à ses hautes tours typiquement normandes. À l'intérieur, stalles sculptées (Renaissance), maître-autel doré (du XVIIe s) et fresques murales de l'une des chapelles. Admirer dans le chœur le pavement médiéval en terre cuite émaillée, joyau de l'ornementation au XIIIe s.

🏃🏃 **Les bâtiments conventuels de l'abbaye :** *entrée rue Saint-Benoist (derrière l'église). Mêmes horaires que l'office de tourisme, situé dans les mêmes bâtiments.* À voir : la salle capitulaire du XIIIe s et le joli cloître du XVIIIe s.

🏃🏃 **Le jardin conservatoire :** *rue Saint-Benoist, à l'emplacement des anciens jardins de l'abbaye.* ☎ *02-31-20-41-84. Mai-sept, tlj 8h30-18h. GRATUIT. Visite guidée sur rdv (3 €).* Le chou-fleur, vous connaissez. Mais le chou canne, le chou à moelle, le chou grappu de Normandie ? Autant de légumes oubliés qu'on découvre dans ce potager où ils ont été plantés selon leurs utilisations en cuisine. Plus de 450 variétés de fleurs et de légumes, traditionnellement cultivées en pays d'Auge.

DANS LES ENVIRONS DE SAINT-PIERRE-SUR-DIVES

🏃🏃🏃 🏃🏃 **Le musée et le jardin du château de Vendeuvre :** ☎ *02-31-40-93-83.* ● *vendeuvre.com* ● ♿ *(musée et cuisines). À 6 km au sud de Saint-Pierre-sur-Dives vers Falaise. Fermé nov-mars. Ouv en avr pour le Festival de la tulipe et pdt vac*

CRÈVECŒUR-EN-AUGE | 303

de la Toussaint, tlj 14h-18h ; mai, juin et sept, tlj 14h-18h ; juil-août tlj 12h30-18h. Entrée : 11,90 € la visite complète ; 4 visites : 10,90 € ; 3 visites : 9,90 € ; réduc.
Élégante demeure du XVIIIe s dans un joli parc de 14 ha avec jardins à la française et jeux d'eau « surprises », qui jaillissent du bec des colombes ou de la gueule des tortues ! Gare à Cléanthe... Une grotte aux coquillages, de splendides topiaires, un pont chinois, un jardin psychologique comme au XVIIIe s où l'on se perdait dans un labyrinthe pour oublier ses soucis. Mieux qu'une séance de thérapie ! Les enfants peuvent même partir à la recherche d'un lapin caché. Sans oublier un ***jardin exotique*** avec plus de 150 plantes tropicales venues d'Afrique du Sud, d'Australie et de Chine (à voir surtout en juillet-août).
Dans le château, salons au mobilier d'époque, qui reconstituent, à l'aide d'automates, la vie d'une famille aristocratique du XVIIIe s. Ne pas manquer le lustre de la salle des pastels avec son poisson rouge. Au sous-sol, une cuisine d'époque.
– Originale collection de niches à chien et ***musée des Meubles miniatures*** (situé dans l'orangerie du château), unique en son genre : plus de 700 chefs-d'œuvre de meubles miniatures du monde entier.
– Une exposition, « À table au XVIIIe s », présente les différentes tables selon le repas ou l'occasion.

🏹🏃 🏃 *Le parc et les jardins du château de Canon :* à **Mézidon-Canon.** ☎ 02-31-20-65-17. ▓ 06-64-65-13-83. ● chateaudecanon.com ● ✆. À 10 km au nord-ouest de Saint-Pierre-sur-Dives. Mai-sept, tlj sauf mar 14h-19h (11h-13h, 14h-19h juil-août) ; avr et oct, w-e et j. fériés 14h-18h. Entrée : 8 € ; gratuit moins de 6 ans. En juil-août, visite guidée de l'intérieur du château tlj à 15h et 16h45 (supplément 2 €). Visites contées les mer, jeu et ven à 16h en juil-août (sans surcoût). Jolie boutique-salon de thé, jeu-enquête à résoudre pour les 7-12 ans et nombreuses animations en été.*
Classée Monument historique, cette belle propriété typique du XVIIIe s fut conçue pour un ami de Voltaire, l'avocat Jean-Baptiste-Élie de Beaumont, qui désirait appliquer à la lettre les théories économiques des physiocrates (la terre comme source essentielle de richesse). Splendide parc avec miroir d'eau, « fabriques » (temples, kiosque chinois), avenues, vergers, ribambelle de statues ainsi que les chartreuses, une célèbre enfilade de jardins clos fleuris unique en son genre.
– ***Visite de la ferme pédagogique :*** *de début mars à mi-nov, tlj 9h-18h ; dégustation et visite guidée sur résa : ▓ 06-15-41-85-90. Entrée : 5 €. Billet couplé Jardins + ferme : 11 €. Dans l'une des dépendances du château. Découverte des animaux et petite boutique de produits fermiers.*

🏹🏹 *Le manoir de Coupesarte :* à 8 km au nord-est de Saint-Pierre-sur-Dives jusqu'à Saint-Julien-le-Faucon (d'où c'est fléché). L'intérieur ne se visite pas, mais les propriétaires autorisent les visites extérieures jusqu'à 21h. GRATUIT. Coupesarte est le plus typique, le plus romantique et sans doute le plus attachant des manoirs du pays d'Auge. Tout le charme de cette admirable demeure, aux colombages sertis de fines briquettes entrecroisées, réside dans ses imperfections : murs de guingois, dessin irrégulier, poutres difformes, etc. Contournez-la par le côté gauche : un sentier longe les douves jusqu'à une petite écluse d'où l'on peut voir le manoir se refléter dans l'eau. Adorables petites tourelles en encorbellement.

CRÈVECŒUR-EN-AUGE

| (14340) | 515 hab. | Carte Calvados, C2 |

Joli village, célèbre pour son château. On est ici au cœur du pays d'Auge, à mi-chemin entre Caen et Lisieux. Un carrefour idéal, dans une région vallonnée aux petites départementales de rêve.

Où dormir ? Où manger ?

Auberge du Cheval Blanc : 44, route de Saint-Pierre-sur-Dives. ☎ 02-31-63-03-28. ● aubergeche valblanc14@orange.fr ● Dans le village, en direction de Saint-Pierre-sur-Dives. Congés : janv et dernière sem de juin. Double 63 €. Menus 15,50 €, puis 27-38 €. Un tout petit hôtel dans une maison traditionnelle, avec seulement 5 chambres, correctes mais mal insonorisées, et la vue sur le village. Ensemble simple mais pas désagréable, d'autant que les lits sont confortables. Côté table, une belle surprise, en revanche, avec une cuisine plutôt traditionnelle renouvelée par un jeune chef qui connaît son métier et ses produits. Au final, une sympathique étape, notamment grâce à l'accueil, frais et charmant.

À voir

Le château de Crèvecœur : fléché du village. ☎ 02-31-63-02-45. ● cha teaudecrevecoeur.com ● ⧖ (partiel). Dernier w-e de mars-fin sept, tlj 11h-18h (19h juil-août) ; oct, dim seulement 14h-18h. Entrée : env 8 € ; 7 € sur présentation du guide de l'année ; réduc ; gratuit moins de 7 ans. Le billet donne droit à une réduc au château de Canon et inversement. Audioguide : 2 €. 2 animations à ne pas manquer : « Le Moyen Âge en fête » (3 sem en juil-août) et « Les Médiévales » (en août) ; entrée : 11 €, réduc.

Ce site classé, dont les origines remontent au XIe s, fut patiemment restauré et remis en valeur par la famille Schlumberger pour devenir un lieu culturel actif. Il a conservé son plan d'origine en 2 parties : le château proprement dit (une petite forteresse en pierre, entourée de douves) et les dépendances à pans de bois disposées en cercle, dont chaque bâtiment est consacré à un thème précis.

– Grande ferme du XVe s, avec ses grosses poutres et sa monumentale cheminée. Expo sur l'histoire la vie rurale au Moyen Âge et sur l'architecture à pans de bois.

– À côté, colombier carré du XVe s également, à la curieuse toiture, qui contient 1 500 niches : une par couple ! Cette double toiture (ou essentage) avait 2 buts : protéger le bois et le torchis de l'eau, mais aussi les œufs de pigeons des rongeurs !

– Dans une grange du XVIe s, exposition consacrée à l'aventure des frères Schlumberger.

– Au pied de la motte du château, charmante chapelle en pierre du XIIe s. Portail roman et voûte en arc, rappelant la carène d'un bateau. Expo sur la vie religieuse au moyen-âge.

– Enfin, le logis seigneurial, posé sur une motte. Remparts en partie ruinés. Dans le corps principal, du XVe s, exposition sur la reconstitution historique.

– Dans le verger, 36 variétés de pommiers représentatifs du pays d'Auge et, dans la cour, reconstitution d'une bergerie, d'un four de potier, d'un potager et d'un four à pain.

À faire

Circuit des Haras : circuit en boucle de 40 km en plein cœur de la campagne augeronne. Il permet de passer au plus près d'une vingtaine de haras, dont certains très prestigieux, d'apercevoir les chevaux et installations. On peut aussi profiter de très beaux paysages et admirer l'habitat typique du pays d'Auge. Attention : les haras sont des propriétés privées, seulement visibles de l'extérieur. Liste disponible à l'office de tourisme de Lisieux.

BEUVRON-EN-AUGE | 305

LA ROUTE DU CIDRE

Voici un circuit fléché très prisé, parmi les plus séduisants de Normandie. On peut se procurer la petite brochure des routes touristiques du Calvados dans les offices de tourisme. Cet itinéraire d'une quarantaine de kilomètres est ponctué de ravissants villages (Beuvron, Cambremer), de petites églises, de châteaux (Victot, La Roque-Baignard) et d'étapes gourmandes. Certaines fermes sont signalées par un panneau « Cru de Cambremer » : on peut y acheter cidre (bien sûr), calvados, pommeau et autres produits du terroir.

LE CIDRE, VOUS CONNAISSEZ ?

On fait le cidre en combinant les qualités de plusieurs variétés de pommes que l'on mélange le plus harmonieusement possible. Les fruits, recueillis à parfaite maturité, sont triés, lavés, brassés puis pressés : 100 kg de pommes donnent environ 70 l de jus. La fermentation se déroule en caves fraîches et transforme le sucre en alcool. Si cette fermentation est arrêtée lorsque le jus atteint 3° d'alcool, on obtient du cidre doux. Au contraire, en prolongeant la fermentation, le cidre sera demi-sec ou brut. Il existe 2 types de cidre : le cidre (industriel ou de marque), gazéifié et stabilisé par pasteurisation, qui représente environ 85 % de la production, et le cidre fermier à prise de mousse en bouteille, qui peut revendiquer une AOC et la mention « cidre de Cambremer », à acheter directement au producteur.

LE CALVADOS

BEUVRON-EN-AUGE

(14430)　　　　240 hab.　　　Carte Calvados, C2

Certainement l'un des plus jolis villages de la région... et c'est pour cette raison qu'il est aussi devenu l'un des plus touristiques ! La place principale avec ses halles et leur curieuse allure est si typique qu'on l'imagine sortie d'un décor de cinéma. Elle est entourée de maisons fort bien restaurées et fleuries avec soin. La plus connue, appelée *Vieux Manoir*, est ornée de poutres sculptées (XVe s). L'ancienne école communale (avenue de la Gare) accueille, quant à elle, un espace de métiers d'art (ouvert

UN MONUMENT PAS TRÈS HISTORIQUE !

Les halles d'origine de Beuvron, qui dataient du XVIIIe s, furent détruites en 1958 afin de construire un parking sur la place... Un nouveau maire s'émut de ce scandale. Aussi, profitant de la toute nouvelle autoroute qui passait non loin, il récupéra toutes sortes de matériaux anciens, provenant des nombreux bâtiments, maisons, granges, etc., détruits par les bulldozers. C'est ainsi que de nouvelles halles, plus vraies que nature, virent le jour en 1975.

toute l'année, mais chaque atelier a ses propres horaires) où sont regroupés des ateliers d'artisans : un ébéniste, une galerie de photographe, un céramiste et un décorateur sur porcelaine que l'on peut voir à l'œuvre.
De Beuvron, les amateurs de randonnée pourront grimper jusqu'à la *chapelle de Clermont-en-Auge* et profiter du superbe panorama sur les vallées alentour.

306 | **LE CALVADOS / LE PAYS D'AUGE**

Adresse utile

ℹ️ Bureau d'information touristique de Beuvron-en-Auge : *2, pl. Woolsery.* ☎ *02-31-39-59-14. Juil-août, tlj 10h-13h, 14h-18h ; avr-juin et sept-oct,* *mar-sam, mêmes horaires ; déc et mars jusqu'à 17h30. Fermé nov, janv-fév sauf pdt vac scol.*

Où dormir ? Où manger ?

🛏️ Chambres d'hôtes Le Clos Fleuri : *23, pl. M.-Vermugnen.* ☎ *02-31-39-00-62.* ● *hamelinmonique@wanadoo.fr* ● *leclosfleuri-14.fr* ● *Double 75 €.* Sur la place du village. Ancienne ferme à pans de bois, superbement restaurée, séparée de la rue par un haut mur de pierre. Jardin intérieur adorable. Accueil d'une grande gentillesse. Les chambres, douillettes comme tout, sont installées dans l'ancien cellier et la bouillerie. L'une des 2 dispose même d'une kitchenette.

🛏️ |●| ⚘ Le Pavé d'Auge : *le Bourg.* ☎ *02-31-79-26-71.* ● *info@pavedauge.com* ● ♿ *Tlj sauf lun (plus mar hors saison). Congés : vac scol d'hiver et fin nov-fin déc. Menus 45,50-65,50 €.* Une des meilleures tables du département. Le chef a les pieds ancrés dans le terroir normand et, du produit le plus rustique, il fait une merveille de délicatesse. Son « petit » menu, avec sa farandole de mises en bouche et de mignardises, est un véritable enchantement. Atmosphère un peu bourgeoise et compassée. Propose également des chambres d'hôtes.

Où dormir dans les environs ?

Chambres d'hôtes

🛏️ Les Vignes : *les Vignes, 14430 Hotot-en-Auge.* ☎ *02-31-79-22-89.* 📱 *06-16-33-26-42.* ● *contact@chambreslesvignes.fr* ● *chambreslesvignes.fr* ● *À env 5 km à l'ouest de Beuvron. Doubles 68-81 € ; gîte 5 pers 350-500 €/sem.* Quel plaisir de passer quelques jours dans cette ferme typique du coin dans un bel environnement boisé et tout vert ! 3 des chambres se trouvent à l'étage de la maison des propriétaires. Sobres, fraîches et coquettes avec, dans les espaces communs, le vieux parquet qui craque. L'une d'entre elles a ses toilettes sur le palier et les autres ont la douche directement dans la chambre. La 4e chambre, tout aussi agréable mais en rez-de-chaussée, fait bande à part. Loue également un plaisant petit gîte. Accueil direct et agréable.

Fête et manifestations

– **Festival de boogie-woogie :** *une soirée au printemps et une soirée à l'automne. Au haras de Sens.* ● *manoirdesens.com* ●
– **Foire aux géraniums :** *1er dim de mai.*
– **Fête du Cidre et Grand Marché :** *1 journée en oct.* Marché à l'ancienne et démonstration de la fabrication du cidre.

CAMBREMER   (14340)   1 130 hab.   *Carte Calvados, C2*

À 15 km à l'est de Beuvron-en-Auge.
La capitale du cidre et du calvados se présente comme un paisible bourg non dénué de charme et de bonhomie. Église massive à la jolie tour romane.

CAMBREMER | 307

Adresse et info utiles

ⓘ *Bureau d'information touristique :* 2, pl. de la Mairie. ☎ 02-31-63-08-87. ● *authenticnormandy.fr* ● *Face à la poste.* Tte l'année, mar-sam 9h-12h30, 14h-18h.

– *Marchés :* ven mat. **Marché à l'ancienne,** dim mat à partir de 10h à Pâques, le 1er dim de mai, à la Pentecôte et en juil-août.

Où dormir ? Où manger dans le coin ?

Chambres d'hôtes

🛏 *Les Marronniers :* 4235, route d'Englesqueville, à Cambremer. ☎ 02-31-63-08-28. 📱 06-18-99-44-68. ● contact@les-marronniers.com ● les-marronniers.com ● À env 6 km au nord-ouest de Cambremer. Congés : vac de Noël. Doubles 68-98 € ; familiale. Jus de pomme offert sur présentation du guide de l'année. Dans un manoir du XVIIe s, 5 chambres de charme (dont 2 familiales), aménagées dans une ancienne écurie. La « Deauville » dispose d'une terrasse privative, d'une baignoire balnéo et d'un sauna. Depuis la chambre « Honfleur », belle vue sur la vallée de la Dives avec au loin, par temps très découvert, un petit morceau de mer (si, si !). Un endroit bien au calme, au cœur de la campagne normande.

🛏 *La Vignerie :* chemin d'Englesqueville, 14340 **Saint-Laurent-du-Mont.** ☎ 02-31-48-93-82. ● mfhuet@club-internet.fr ● lavignerie.free.fr ● À 1,5 km au sud de Cambremer. En saison, tlj ; Toussaint-Pâques, seulement w-e. Double 55 € ; familiale. Réduc de 10 % sur le prix de la chambre à partir de 3 nuits sur présentation du guide de l'année. Dans un très bel environnement, 5 chambres aménagées dans un beau pressoir du XVIIe s. C'est très simple, sans fioriture, mais les chambres sont spacieuses et l'accueil charmant. Ambiance toutefois plus « gîte » que chambres d'hôtes.

🛏 *Le Champ-Versant :* manoir du Champ-Versant, 14340 **Bonnebosq.** 📱 06-14-28-98-20. ● celine.letresor@gmail.com ● À 8 km au nord-est de Cambremer. Résa conseillée. Double 70 € ; familiale. Gîte 4 pers 550-750 €/sem. Le cadre qui entoure ce très beau manoir normand du XVIe s est vraiment magnifique. Les 2 chambres, quant à elles relativement simples mais confortables, ont conservé leur charme campagnard.

Prix moyens

ⓘⓘ ↑ *Au P'tit Normand :* pl. de l'Église, à Cambremer. ☎ 02-31-32-03-20. ● huguette.besnard@orange.fr ● ♿ Tlj sauf dim soir-lun. Congés : 20 déc-12 fév. Formule déj en sem 16 € ; menu 28 € ; carte env 35 €. Apéritif maison offert sur présentation du guide de l'année. En plein centre de Cambremer, une jolie petite salle beige proposant une cuisine normande goûteuse et copieuse. Entre autres spécialités, l'entrecôte sauce camembert, préparée par maman, qui œuvre aux fourneaux tandis que sa fille s'occupe de la salle.

Où acheter de bons produits ?

⊛ *Fromages de chèvre :* à la ferme de la Mimarnel, sur la D 50. ☎ 02-31-63-00-50. ● lamimarnel.motte@laposte.net ● Mars-oct. Passer un petit coup de fil avt d'y aller. De très bons produits.

⊛ *L'Épicerie :* pl. de l'Église. ☎ 02-31-32-08-99. Tlj sauf lun et dim ap-m 9h15-13h, 15h-19h. Propose une belle sélection saisonnière de produits de Normandie.

À voir

🌳🧍 *Les jardins du Pays d'Auge et leur écomusée :* av. des Tilleuls. 📱 06-84-43-59-29 ou 06-08-92-99-07. ● lesjardinsdupaysdauge.com ●

LE CALVADOS

308 | LE CALVADOS / LA CÔTE DE NACRE ET LES PLAGES...

Mai-sept, tlj 10h-18h30 (dernière entrée) ; oct, lun-ven 10h-17h. Entrée : 8,50 € ; 7 € sur présentation du guide de l'année. Sur une prairie de 3 ha, les propriétaires, pépiniéristes, ont créé ce bel ensemble labellisé « Jardin remarquable ». Parallèlement, ils « récupèrent » dans la région les bâtisses traditionnelles abandonnées qu'ils rapatrient sur leur terrain et restaurent, reconstituant de fil en aiguille un village d'antan. On peut actuellement voir la boulangerie, le musée des Outils anciens, la forge, la bouillerie, la vieille grange et la ferme des animaux. Chapeau !

I●I Sur place, crêperie et saladerie, au cas où la visite vous aurait creusé l'appétit.

Manifestation

– *Les Rencontres de Cambremer – Festival des AOC et AOP en Normandie :* *début mai.* Concours de cidres du pays. Visites de caves, randonnées gourmandes, etc. 6 produits augerons AOC-AOP à l'honneur : calvados, cidre, pommeau, camembert, pont-l'évêque et livarot. « 3 pour la pomme, 3 pour le lait, pas mal pour un seul terroir ! »

LA CÔTE DE NACRE ET LES PLAGES DU DÉBARQUEMENT

● Carte *p. 310-311*

Entre Ouistreham et Courseulles-sur-Mer s'étend la Côte de Nacre. Cette dernière abrite 9 petites stations balnéaires, plus populaires et moins glamours que celles de la Côte Fleurie, mais aussi moins lisses et plus familiales.

Certaines, comme Lion-sur-Mer ou Saint-Aubin, vous charmeront par leur front de mer coquet, habillé de vieilles et belles villas qui ont plutôt bien résisté lors du Débarquement. D'autres, en revanche, ont sacrément souffert et le front de mer en lui-même ne présente que peu d'attraits.

Surtout, ne vous arrêtez pas à cette 1re impression et partez explorer les villages eux-mêmes, souvent situés plus à l'intérieur des terres. Des petites bourgades telles Hermanville, Colleville, Bernières ou Langrune, par exemple, réservent de très belles surprises à qui prend le temps de les arpenter. On découvre alors de magnifiques corps de ferme ceints de très hauts murs de pierre calcaire caractéristiques de ce coin du Calvados (et du Bessin) ou de charmantes demeures que l'on entraperçoit derrière de belles et imposantes grilles blanches.

LES PLAGES DU DÉBARQUEMENT

Sur des dizaines de kilomètres, des étendues de sable clair dont tout le monde connaît les images, ponctuées de-ci de-là par des falaises de craie. Des plages que l'occupant tenta de noyer dans le béton : ces sites, superbes pour certains, sont désormais associés aux centaines de blockhaus, casemates et autres batteries...

Ici se déroulèrent des combats sans merci pour la libération de l'Europe. Des moments d'héroïsme, comme la fameuse prise de la pointe du Hoc. Des exploits techniques tels que la construction du port artificiel d'Arromanches. Des catastrophes militaires, comme l'hécatombe des soldats américains à Omaha Beach.

Près de 75 ans après le Débarquement, ces plages ont conservé leurs cicatrices : cratères de bombes, blocs de béton armé, abris souterrains inexpugnables... Des chars alliés, sortis des eaux, ont été transformés en glorieux monuments. Plus parlantes encore – si l'on peut dire, car le silence ici est de rigueur –, les tombes de dizaines de milliers de victimes, des 2 camps. Le sable nettoyé des champs de combat, les bunkers transformés en musées et les villes reconstruites n'ont plus grand-chose à voir avec ces journées terribles de notre histoire. Mais les cimetières nous rappellent l'essentiel.

TRAVAIL DE MÉMOIRE : SABLES ÉMOUVANTS

Plusieurs communes se partagent le territoire des 5 plages aux noms de code (Sword, Juno, Gold, Omaha et Utah). L'ensemble de la visite, soyons francs, pourrait paraître indigeste à des visiteurs se sentant peu concernés au départ par le travail de mémoire réalisé ici. Mais l'essentiel du circuit (les musées les plus importants, le port d'Arromanches, le site de la pointe du Hoc et les principaux cimetières) se déroule sans que l'on ait vu le temps passer, seul, en couple ou en famille, tant l'émotion est poignante. Et le temps qui a passé, justement, n'est nullement un handicap pour toute une génération qui désire comprendre le quotidien de l'époque, la vie de ceux qui se sont battus pour notre liberté.

Mieux vaut, bien sûr, commencer la visite des sites liés au Débarquement par l'indispensable Mémorial de Caen (voir à Caen plus haut) et suivre l'estuaire de l'Orne jusqu'à Ouistreham, avant de découvrir les stations balnéaires de la côte dite « de Nacre ». Ensuite, incursion obligatoire à Bayeux, avant de retrouver la côte.

Voir également « Les plages du Débarquement (suite) » dans le Bessin, ainsi que dans la Manche.

Arriver – Quitter

➤ Les *bus verts* permettent de se rendre d'un site à un autre et offrent des réduc sur les entrées des musées. ● *busverts.fr* ●

– Le Mémorial de Caen propose également des circuits *(voir le site internet* ● *memorial-caen.fr* ● *rubrique « Les circuits »).*

OUISTREHAM – RIVA-BELLA

| (14150) | 9 460 hab. | Carte Calvados, C1 |

Un village ancien ainsi que son port – Ouistreham – et une station balnéaire – Riva-Bella. La proximité de Caen et la gare maritime permettent à cette petite ville de rester relativement vivante toute l'année. On apprécie également sa vaste plage de sable fin sans algues, contrairement aux autres rivages de cette côte. C'est aussi l'une des portes ouvertes sur l'Angleterre, avec des liaisons régulières en ferry pour Portsmouth.

UN PEU D'HISTOIRE : L'OPÉRATION *SWORD*

Le 6 juin, l'assaut fut rude pour s'emparer des plages d'Hermanville, Colleville et Riva-Bella !

Ces 3 plages (nom de code *Sword Beach*) sont les plus à l'est de l'opération *Overlord*. Les forces alliées y débarquent à 7h25. L'unité de commandos de lord Lovat

LE CALVADOS / LA CÔTE DE NACRE ET LES PLAGES...

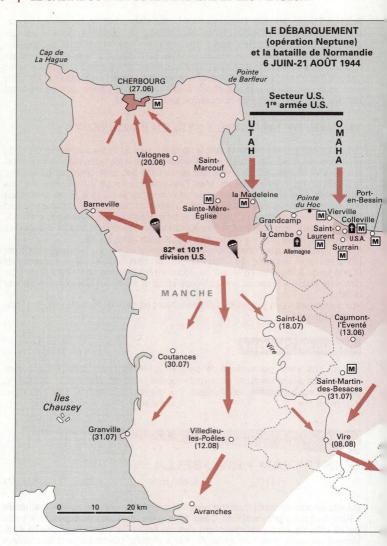

compte parmi ses rangs les 177 Bérets verts français du commandant Philippe Kieffer, qui sont courtoisement invités à débarquer les 1ers, histoire de ne pas blesser l'orgueil national. Les hommes bondissent de leurs barges devant Colleville de manière à contourner par la route de l'intérieur les 60 ouvrages bétonnés de Ouistreham, le long du boulevard Aristide-Briand. 1er objectif : attaquer les blockhaus

OUISTREHAM – RIVA-BELLA / UN PEU D'HISTOIRE... | 311

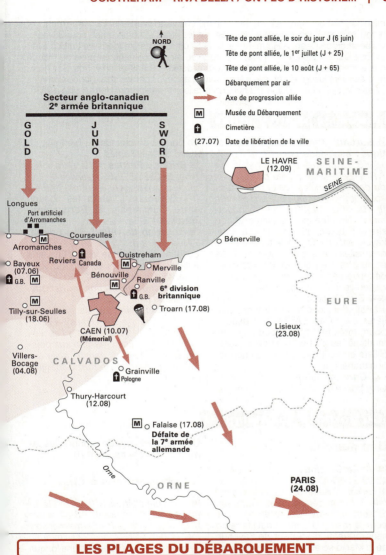

LES PLAGES DU DÉBARQUEMENT

qui ont remplacé le casino. Une fois la ville nettoyée, la troupe réussit à assurer la jonction, à 13h30, avec les paras qui attendent à Pegasus Bridge...
À Colleville même, dans les 1res minutes du débarquement, le 2nd East Yorkshire perd près de 200 hommes. Des chars amphibies sont en flammes dès l'abord de la plage. Les obstacles en bois, surmontés de mines (selon la méthode des « asperges »

312 | **LE CALVADOS / LA CÔTE DE NACRE ET LES PLAGES...**

mise au point par Rommel), entravent la marche vers Riva-Bella. La marée monte et recouvre bientôt les véhicules, désorganise les plans et compromet, pour 33 jours, la libération de Caen. À Hermanville, la 1st South Lancashire (dernière unité à avoir évacué Dunkerque en juin 1940) débarque au même moment, en proie au mal de mer et trempée jusqu'à l'os par les embruns déferlant dans les chalands. Ses hommes se ruent jusqu'à l'actuelle rue du Havre, appuyés par les chars lance-flammes et les chars-mortiers. Par le 1er chenal neutralisé, ils atteindront Hermanville à 9h30.

Adresses et infos utiles

🛈 *Bureau d'information touristique :* esplanade Lofi. ☎ 02-31-97-18-63. ● caen-lamer-tourisme.fr ● À Riva-Bella, juste à côté du casino et du parking principal de la plage. Juilaoût, tlj 9h30-18h30 ; avr-juin et sept, tlj 10h-13h, 14h30-17h30 (17h oct-mars). Nombreuses activités et loisirs (équitation, minigolf, char à voile, kayak, paddle). Organise toute l'année des visites guidées payantes de la ville et du phare en été. Belles « balades découverte nature » (payantes), organisées de mai à mi-septembre.

🚌 *Bus Twisto :* ☎ 02-31-15-55-55. ● twisto.fr ● Ligne n° 12, liaisons régulières avec Caen. Arrêts soit dans le bourg (près de l'église), soit à la gare maritime, au port ou près de la plage. Billets en vente au bureau d'information touristique.

🚢 *Gare maritime :* rue des Dunes. On y trouve un bar-brasserie-comptoir, un bureau de change et, bien sûr, un stand Brittany Ferries.

■ *Brittany Ferries :* à la gare maritime. ☎ 0825-828-828 (service 0,15 €/mn + prix d'appel). ● brittany-ferries.fr ● 3 départs/j. dans les 2 sens entre Ouistreham et Portsmouth. Traversée : 5-6h.

■ *Location de vélos :* Riva Loisirs, 77, av. Foch. ☎ 02-31-97-19-04. Location de vélos de ville, VTT, vélos enfant. Au circuit de karting, bd Maritime. ☎ 02-31-96-65-62. Également au Bureau d'information touristique, esplanade Lofi.

– Marchés : mar et sam dans le bourg, pl. de la Grange-aux-Dîmes ; à Riva-Bella, pl. du Marché : ven tte l'année ; mer et dim juil-août. Marché aux poissons tlj sur le port, dans la halle aux poissons. Marché nocturne mar juilaoût, à l'entrée de la plage.

Où dormir ? Où manger ?

Bon marché

|O| **↑** *Au Crépiou :* 13, av. de la Mer. ☎ 02-31-80-43-67. Fermé jeu, dim soir et lun soir. Ensuite, ouv selon affluence, mieux vaut téléphoner. Congés : 1re sem de janv. Compter env 16 € pour le menu. Un petit bout de resto sans prétention au bout de l'avenue de la Mer, discret et tenu par une jeune équipe sympathique. Galettes et plats de moules y sont plutôt réussis. Certes, le service est parfois un peu lent.

|O| Si vous ne trouvez pas de place, d'autres adresses sur cette avenue de la Mer où les restos ne manquent pas : Les Tisons, au n° 74, pour les moules ; Jo et Jack, au n° 78, pour le couscous de la mer, ou même le 3e resto (après Caen et Cabourg) du groupe Casseroles et Bouchons, au n° 70.

De prix moyens à chic

|O| *La Table d'Hôtes :* 10, av. du Général-Leclerc. ☎ 02-31-97-18-44. ● latabledhotes@orange.fr ● Fermé mar soir, mer et dim soir. Menus 22 € (midi en sem), puis 33-51 €. Derrière une longue baie vitrée, La Table d'Hôtes est une salle zen aux teintes claires. La carte est courte et bien équilibrée terre-mer, et le chef, passé dans de belles cuisines, propose quelques associations audacieuses, sans en faire pour autant une religion. Goûteux et raffiné, et une présentation d'une grande délicatesse. Service pro et discret.

OUISTREHAM – RIVA-BELLA / À FAIRE | **313**

🏨 🏃 *Hôtel de la Plage :* 39-41, av. Pasteur. ☎ 02-31-96-85-16. ● info@hotel-ouistreham.com ● À Riva-Bella ; à 100 m de la plage. Congés : 3 sem fin nov-début déc. Doubles 65-89 € ; familiales. Parking clos. Hôtel installé dans une ancienne villa balnéaire du XIXe s à la façade fleurie de géraniums. Un certain charme, donc. Chambres claires, à la déco discrète mais coquette. Aux beaux jours, petit déj servi sur la terrasse.

Où manger dans les environs ?

🍽 *La Cabane du Vivier :* 16, rue Georges-Lelong, 14800 **Colleville-Montgomery.** ☎ 02-31-97-13-38. À 3 km à l'ouest de Ouistreham ; sur le front de mer. Mer-dim, à partir de 12h et 19h. Carte 20-30 €. Résa conseillée. En contrebas, la poissonnerie (excellente) et sur la rue, en angle, le joli bar à huîtres tout vitré. La mer a beau se trouver de l'autre côté de la rue, de la piste cyclable et de la dunette, elle vous en met plein les mirettes. Amateur d'huîtres, l'heure est venue de découvrir les différents « crus » qu'offre la Normandie. On vient aussi là pour se régaler d'une assiette de bulots ou de crevettes... ou quelques plats de poissons plus raffinés. Et pour finir sur une note sucrée dans ce monde iodé, la carte propose même quelques belles douceurs. Quant aux plateaux de fruits de mer, vous pouvez aussi les acheter à la poissonnerie.

À voir

🏃 *Le Grand Bunker – Musée du Mur de l'Atlantique :* av. du 6-Juin. ☎ 02-31-97-28-69. Avr-sept, tlj 9h-19h ; oct-mars, tlj 10h-18h. Fermé janv-début fév. Entrée : 7,50 € ; réduc ; gratuit moins de 6 ans. Sur 5 niveaux, dans une impressionnante tour-blockhaus ayant servi de poste de direction de tir aux Allemands. On visite la salle des filtres anti-gaz, le poste de direction des batteries, puis l'infirmerie (nombreux souvenirs sur la vie quotidienne des soldats). Dans la salle radio, expo sur l'assaut des Alliés et la libération de Ouistreham. Au dernier étage, le poste d'observation avec son télémètre géant. On imagine un peu mieux, d'ici, le choc qu'ont dû ressentir les Allemands en voyant foncer sur eux les milliers de navires alliés. Devant le musée, une péniche restaurée pour le film *Il faut sauver le soldat Ryan.*

🏃🏃 *L'église Saint-Samson :* pl. Lemarignier, dans le bourg. Belle et vaste, elle fut édifiée par les seigneurs normands aux XIIe et XIIIe s, témoignant de la richesse du bourg à cette époque. Clocher massif, typique des débuts du gothique dans la région. Sa hauteur ainsi que ses contreforts (rares dans les petites villes), qui lui ont valu l'appellation d'église-forteresse, s'expliquent par le fait qu'elle devait à la fois guider (comme un phare) et protéger les marins. Elle témoigne également de la prospérité du bourg dans le trafic maritime au Moyen Âge, grâce à l'exportation de la « pierre de Caen ». Façade remarquable pour ses rangées de piliers imposants, surmontés de chapiteaux, aux voûtes en partie boisées. Originale aussi, la galerie intérieure creusée dans le mur.

À faire

➤ *Le chemin de halage (ou GR 36) :* belle promenade le long du canal de l'Orne, du port jusqu'à Caen, à 15 km. Se fait à pied, à rollers ou à vélo. C'est le début de la véloroute **Vélo Francette,** qui relie Ouistreham à La Rochelle.

🏃🏃 *La pointe du Siège :* à l'est du port de plaisance, une avancée de bancs de sable bordée par l'estuaire de l'Orne, rendez-vous des eaux marines et fluviales. Le site, riche en oiseaux, est une réserve naturelle. Cette très belle promenade

314 | **LE CALVADOS** / **LA CÔTE DE NACRE ET LES PLAGES...**

(compter 2h) permet d'apercevoir échassiers (curieuses avocettes au bec effilé), canards (notamment des tadornes colorés), oiseaux migrateurs et mouettes rieuses (oui, comme dans *Gaston Lagaffe* !). Flore également originale, grâce à la haute teneur en sel : arbousiers et salicornes, surnommées ici « cornichons de la mer ». Une tour d'observation offre une très belle vue sur l'estuaire.
– On peut compléter cette visite par les autres sites naturels de l'estuaire de l'Orne, à *Merville-Franceville-Plage* et à *Sallenelles (Maison de la nature et de l'estuaire ; lire plus haut « À voir à Ranville et dans les environs »).*

LION-SUR-MER   (14780)   2 420 hab.   *Carte Calvados, B1*

L'une des plus anciennes stations balnéaires de Normandie, que fréquentèrent en leur temps Anatole France et Émile Littré pour sa longue plage et son air chargé d'iode. Sa longue digue piétonne est bordée de jolies villas. Et surtout, prolongez le plaisir en arpentant les petites rues derrière celle-ci : vous découvrirez alors les villas côté pile et côté face, le contraste se révèle parfois surprenant.
L'office de tourisme propose une « balade sonore » par audioguide *(La Délicate)* pour découvrir les villas anglo-normandes. Au fil de votre promenade, via une ombrelle géolocalisée, les bandes sonores s'activent automatiquement à l'approche d'un point d'intérêt.

Où dormir ? Où manger ?

🏠 🕊 *Chambres d'hôtes La Galante :* *26, rue de Luc-sur-Mer.* ☎ *02-31-96-29-59 ou* 📱 *06-81-79-18-39.* ● *claire merel@wanadoo.fr* ● *Dans le bourg. Double 90 €.* 3 chambres très spacieuses à l'étage de cette grande longère où l'on est accueilli avec chaleur par Claire, dont le sourire comme les confitures ont le don de réconforter les hôtes de passage. Selon l'humeur du ciel et du moment, on préférera la chambre « Ciel de nacre », « Marinière » ou la chambre « Côté jardin ». Beau jardin. Calme et sérénité.

🏠 🕊 *Chambres d'hôtes Le Vivier :* *27, rue Bertin.* ☎ *02-31-23-98-66.* 📱 *06-50-14-39-06.* ● *marie.a.collet@ gmail.com* ● *demeurelevivier.com* ● *Dans le bourg. Doubles 110-125 € ; familiale. Réduc de 10 % sur le prix de la chambre oct-mars sur présentation du guide de l'année.* 3 chambres au 2ᵈ étage de cette belle maison de maître, sévère d'aspect mais douce à vivre une fois à l'intérieur. Le caractère très minéral de la maison est compensé à l'arrière par une généreuse pelouse et une terrasse. Accueil charmant.

🍴 *La Taverne :* *15, pl. Clemenceau.* ☎ *02-31-96-27-05.* ● *latavernesp@ orange.fr* ● *Hors saison, fermé dim soir-lun et mer soir. Congés : 15 j. en mars et 15 j. en oct. Formule déj 21 € ; menus 13,50 € (en sem), puis 27,50-32,50 €. Café offert sur présentation du guide de l'année.* C'est la cantine du village depuis plus de 30 ans. Ambiance conviviale, plats traditionnels et bons produits. Si vous voulez goûter au dessert de la maison, la fameuse île flottante, n'arrivez pas trop tard car elle passe rarement l'étape du 1ᵉʳ service !

LUC-SUR-MER   (14530)   3 065 hab.   *Carte Calvados, B1*

Bienvenue chez les Lutins ! C'est en effet ainsi que se nomment les habitants de cette agréable station balnéaire réputée pour la pureté de son air iodé. En

LUC-SUR-MER | 315

1885, la plus grande baleine trouvée en Europe vint s'échouer sur sa belle plage. Son squelette trône désormais dans le parc municipal.

Quant à son front de mer, il fait peau neuve et retrouve un visage plus riant grâce à la création du joli square Gordon Hemming qui rend hommage au 46e Royal Marine Commando (qui libéra Luc le 7 juin) et, surtout, à une sérieuse restructuration de la place du Petit-Enfer.

UN PEU D'HISTOIRE

Le 6 juin 1944, le bourg est resté entre 2 secteurs d'assaut alliés : *Sword* (à l'est) et *Juno* (à l'ouest). C'est dans cette brèche que réussirent à s'infiltrer des chars allemands de la 21e division de panzers, le soir du 6 juin. Mais ils seront obligés de faire demi-tour, faute de renforts ! Dans la soirée du 7, un commando britannique débarqué à Saint-Aubin le matin même libère Luc-sur-Mer après avoir triomphé des résistances de la Wehrmacht, au lieu-dit Petit-Enfer (qui portait bien son nom), recueillant une soixantaine de prisonniers, sans subir la moindre perte.

Par la suite, la station s'organisa en base de détente et de convalescence pour permissionnaires et blessés.

Adresse utile

ℹ *Office de tourisme :* pl. du Petit-Enfer. ☎ 02-31-97-33-25. ● terres denacre.com ● ♿ *En raison des travaux sur la place, jusqu'en juin 2020, l'office de tourisme est transféré au club de voile* Luc Yacht Club, rue Guynemer. Juil-août, tlj 10h-13h, 14h-18h30 ; avr-juin et sept, tlj (sauf mer sept) 10h-12h30, 14h-18h. Le reste de l'année, lun, jeu (sauf janv)-sam (plus dim oct), jusqu'à 17h. Visite guidée en saison de Pascal Lamy, passionné d'histoire et Lutin de longue date.

Où dormir ? Où manger ?

Camping

⛺ *Camping La Capricieuse :* 2, rue Brummel. ☎ 02-31-97-34-43. ● info@ campinglacapricieuse.com ● campin glacapricieuse.com ● ♿ *Dans le village. Ouv avr-sept (loc jusqu'à fin oct). Compter 18-20 € pour 2 avec tente et voiture ; chalets et mobile homes 390-788 €/sem.* 232 empl. Camping délimité d'une part par des pavillons et d'autre part par les champs. On lui préfère la partie du fond, plus retirée, mieux ombragée et à l'ambiance un peu plus « campagne ».

De prix moyens à chic

🏠 ▮●▮ *Hôtel Beau Rivage :* 1, rue du Docteur-Charcot. ☎ 02-31-96-49-51. ● beau.rivage@sfr.fr ● hotel-lucsurmer. fr ● *Doubles 69-99 € ; familiales. Menus 20,90 € (en sem)-26,90 € ; carte env 30 €. Réduc de 10 % sur le prix de la chambre sur présentation du guide de l'année.* Grande bâtisse face à la mer. Chambres classiques, pas désagréables, confortables, certaines avec vue sur l'eau. Au resto, très bonne cuisine de tradition, soignée comme on dit. Excellent accueil et atmosphère toute familiale.

🏠 ⊤ *Hôtel des Thermes et du Casino :* 5, rue Guynemer. ☎ 02-31-97-32-37. ● hotelresto@hotelresto-lesthermes.com ● hotelresto-les thermes.com ● *Ouv de mi-mars à oct. Doubles 90-150 €, petit déj 12 €.* Extérieurement, la haute bâtisse ne déborde pas de charme, mais la vue sur la mer qu'elle offre depuis un certain nombre de ses chambres à grande baie, si ! Déco plutôt chic et jeune, et bon confort général, même si les prix sont tout de même un peu élevés.

LE CALVADOS

316 | LE CALVADOS / LA CÔTE DE NACRE ET LES PLAGES...

En revanche, on apprécie le jardin à l'arrière et sa piscine chauffée (et couverte) ainsi que l'accueil, très avenant et disponible.

Où boire un verre ?

Les Terrasses du mini-golf : *rue du Docteur-Charcot.* ☎ 02-31-36-05-52. Pas la peine de s'adonner au mini-golf pour profiter, autour d'un verre, des jolies terrasses (abritées ou non) de ce café-resto offrant une très belle vue sur la mer.

À voir. À faire

Le parc de l'Hôtel-de-Ville et la Maison de la baleine : *45, rue de la Mer. Tlj 9h-19h (18h oct-mars). Accès libre.* Joli petit parc fleuri et ombragé, avec jeux pour enfants et bancs pour amoureux. On y a également installé quelques oiseaux et animaux (volailles, chèvres et paons en liberté). C'est ici que l'on peut admirer le squelette de la baleine venue s'échouer à Luc en 1885. Petit musée de la Baleine à côté, évoquant l'univers des cétacés (☎ 02-31-97-32-71. Juil-août, tlj sauf dim mat 10h-12h30, 14h30-18h30 ; avr-juin, w-e, j. fériés et tlj pdt vac scol 15h-18h. Entrée : env 3 € ; 1,50 € enfant.

La Thalasso des 3 Mondes : *2, rue Guynemer, sur le front de mer.* ☎ 02-31-97-32-22. ● thalassodes3mondes.com ● *Tlj 9h-19h.* La seule de la région à proposer des bains japonais et un vrai hammam oriental. Des cures dépaysantes, zen, saines, dans un cadre qui vaut le détour à lui seul. Soins à base d'algues de Luc pêchées sur la plage, face à l'institut. Une tradition qui remonte à 1858. Au début, l'établissement n'était constitué que de quelques cabanes en bois reliées à un réservoir d'eau...

DANS LES ENVIRONS DE LUC-SUR-MER

Douvres-la-Délivrande : *à 3 km de Luc-sur-Mer, dans les terres.* Cette jolie cité est en réalité constituée de 2 « quartiers » encore aujourd'hui bien distincts, mais qui devinrent une seule et même commune au XIXᵉ s : la partie la plus connue (celle que l'on traverse ou contourne quand on se rend à Luc-sur-Mer ou Saint-Aubin depuis Caen) est *La Délivrande,* réputée dans tout le Calvados pour son pèlerinage et sa *basilique Notre-Dame.* Construite pendant la 2ᵈᵉ moitié du XIXᵉ s, cette église aux vastes proportions abrite une Vierge noire sculptée en 1580. Nef aux volumes harmonieux et vitraux aux couleurs originales. Bonne pâtisserie en face (aucun rapport, mais on le signale tout de même) et, à 30 m de la basilique, dans la rue du Général-de-Gaulle, remarquez l'extraordinaire façade Art nouveau de la pharmacie, décorée par Guimard (eh oui ! celui du métro parisien). Belle découpe en courbe des fenêtres, grille ouvragée et ardoises peintes, le tout dans un vert éclatant. Étonnant, dans un lieu pareil... Encore plus surprenant, la *chapelle Notre-Dame-de-Fidélité* (un peu à l'écart du centre), aux splendides verrières en pâte de verre immaculée signées René Lalique, tout simplement ! Les sœurs sont très fières de ce cadeau fait par l'artiste à leur communauté, et elles vous ouvriront gentiment les portes de la chapelle (contre rémunération, quand même, et en dehors des messes).
Passons à l'autre « quartier » maintenant, celui de *Douvres,* au milieu duquel trône *l'église Saint-Rémi.* Beaucoup plus méconnu, alors qu'il ne manque pas de cachet, il recèle quelques belles demeures et une superbe *baronnie* (ancienne résidence de campagne des évêques de Bayeux) entourée d'un beau parc où viennent jouer les enfants. Elle ne se visite pas, mais chaque dernier jeudi du mois, à 20h30, s'y déroulent les très intéressants *Jeudis de la Baronnie,* avec des conférences gratuites et tout public mais tenues par des spécialistes sur l'histoire ou le patrimoine normand.

SAINT-AUBIN-SUR-MER

(14750)　　　　2 190 hab.　　　　*Carte Calvados, B1*

Ancien village de pêcheurs, autrefois simple quartier de Langrune, qui s'est transformé en station balnéaire familiale au charme indéniable, avec un lacis de venelles qui servaient autrefois à étendre les filets, et une belle promenade bordée de jolies villas, le long de la grande plage. Ici aussi, tout est prévu pour des séjours de détente : hôtels, camping, commerces, casino, tennis...

LE *D-DAY* À SAINT-AUBIN

Englobée sous l'appellation *Juno,* c'est la plus orientale des plages affectées aux unités de la 3e DI canadienne. L'objectif du major-général Keller est d'occuper le soir même du 6 juin une position dominante à Putot-en-Bessin (entre Caen et Bayeux). Le North Shore Regiment débarque à 7h40 pour s'en prendre essentiellement à l'abri bétonné que l'on peut encore voir aujourd'hui à l'extrémité ouest de la plage. Le site sera nettoyé à 11h30, mais les escarmouches se prolongeront jusqu'en fin de journée.

Adresse utile

ℹ️ Office de tourisme : *digue Favreau.* ☎ *02-31-97-30-41.* ● *terresdenacre. com* ● ♿ *Juil-août, tlj 10h-13h, 14h-18h30 ; avr-juin et sept, tlj (sauf lun sept) 10h-12h30, 14h-18h ; le reste de l'année, mer-sam (sauf ven janv), jusqu'à 17h (plus dim oct).* Dans un rigolo petit pavillon sur le front de mer. Location de vélos en saison et expos toute l'année.

Où dormir ? Où manger ?

De bon marché à prix moyens

|●| 🍽 🍴 Côté Sable : *20, rue Pasteur.* ☎ *02-31-97-55-59.* ● *provot.nico@ gmail.com* ● *Devant la promenade, face à l'office de tourisme. En saison, tlj ; hors saison, fermé le soir dim-jeu et le midi mar. Ouv de fév à mi-nov. Formules déj en sem 12,90-13,90 € ; menus 9,40-17,30 €.* Apéritif maison offert sur présentation du guide de l'année. Dans les tons sable, une coquette petite adresse qui sert crêpes et salades de bon aloi. Fait salon de thé dans l'aprèsmidi. Terrasse couverte face à la mer.

|●| 🍴 Le Bain des Mots : *18, bd Léon-Favreau.* ☎ *02-31-96-80-18.* ● *agness. girard@gmail.com* ● *Sur la promenade. Tlj (sauf lun hors saison) 10h-23h. Formule déj 16,10 € ; carte 15-20 €.* Café offert sur présentation du guide de l'année. Salon de thé et de lecture aussi agréable qu'atypique et lumineux, tapissé de livres à vendre ou à feuilleter. Coin lecture pour les enfants. Petite restauration sympa, même si ce n'est pas forcément le point fort de la maison. Service souriant et attachant. Hors saison, vendredis musicaux avec menu unique.

De prix moyens à chic

🏠 |●| 🍴 Hôtel Saint-Aubin : *26, rue de Verdun.* ☎ *02-31-97-30-39.* ● *hotel saintaubin@wanadoo.fr* ● *hotelsain taubin.com* ● *Au bout de la digue, face à la plage. Congés : 11-22 janv. Resto fermé dim soir-lun midi et mar midi. Doubles 49-109 € ; familiales. Formule déj en sem 19,50 € ; menus 29,50-49,50 €. Parking dans l'enceinte de l'hôtel.* Café offert sur présentation du

LE CALVADOS / LA CÔTE DE NACRE ET LES PLAGES...

guide de l'année. En quelques années, cet hôtel de bord de mer est devenu l'un des plus confortables de la Côte de Nacre, avec une terrasse en bois qui casse l'aspect cubique du bâtiment, des chambres fonctionnelles bien pensées, et une équipe en cuisine qui assure joliment.

À voir. À faire

En saison, des visites et des randonnées commentées sont organisées par des « mémoires vivantes » de la commune, ne les manquez pas. On part ainsi, sourire aux lèvres, à la *découverte des passages et des venelles* si typiques de Saint-Aubin, où les pêcheurs faisaient sécher leurs filets. Une curiosité parmi d'autres : les *poteaux reliés par des cordes sur la plage*. À l'époque des bains de mer, les médecins préconisaient aux jeunes femmes et jeunes hommes de la bonne société d'aller dans les stations balnéaires pour soigner toutes sortes de maux (asthme, rage, règles douloureuses...). Comme on ne savait pas nager, on faisait appel à des guides baigneurs. De simples pêcheurs du coin qui, pour arrondir leur fin de mois, faisaient « prendre la lame » aux touristes : ils prenaient dans leurs bras le baigneur et le plongeaient précipitamment dans l'eau froide et dans les vagues avant de le ramener sur la plage. Petit à petit, les guides baigneurs ont disparu et ont été remplacés sur la plage par des cordes reliées à ces fameux poteaux que l'on voit à Saint-Aubin. Les cordes permettaient aux baigneurs d'aller dans l'eau par eux-mêmes, sans risque et sans guide-baigneur.

DANS LES ENVIRONS DE SAINT-AUBIN-SUR-MER

Bernières-sur-Mer *(14990) : à 3 km à l'est de Saint-Aubin-sur-mer*. Un lieu important pour les Canadiens puisque c'est là que fut libérée l'une des 1res maisons par la mer. Une *application (Remem'Bernières)* permet d'ailleurs, à travers 2 circuits, de revivre le Débarquement sur place. On le recommande d'autant plus chaudement que si la guerre n'a pas laissé grand-chose du front de mer, l'intérieur du village, lui, se révèle plutôt charmant (et assez étendu). À voir, notamment, son église classée aux Monuments historiques, et plus particulièrement son clocher, le plus haut de la Côte de Nacre. Remarquable retable de pierre du XVIIe s surmonté de grandes statues d'anges polychromes. C'est l'un des plus monumentaux du Calvados. Belle balade reliant Bernières à Courseulles par les marais du Platon.

Au Père Tranquille : *rue Victor-Tesnière, cale du Platon, 14990* **Bernières-sur-Mer.** 06-76-79-84-48. ● *auperetranquilleplage@yahoo. fr* ● *Tlj 12h-15h, 19h-23h (fermé mar hors saison). Congés : janv-14 fév. Carte 30-40 €. Brunch le dim 35 €.* On vient profiter de la vue et de l'ambiance de ce resto de plage assez unique en son genre, avec sa grande terrasse extérieure dans les tons blancs, son accueil ô combien décontracté, ses tapas et petits plats à partager sans chipoter, comme les crevettes sautées. Un lieu idéal au moins pour prendre un verre et attendre le coucher de soleil, si les prix à la carte vous affolent.

COURSEULLES-SUR-MER

| | (14470) | 4 180 hab. | *Carte Calvados, B1* |

Dernière étape de la Côte de Nacre avant d'entrer dans le Bessin et ses plages sauvages !

COURSEULLES-SUR-MER | 319

De toutes les stations balnéaires de cette côte, Courseulles n'est certainement pas la plus séduisante et pourtant, c'est la plus vivante et la mieux équipée pour le tourisme. Un dynamisme qu'elle doit principalement à ses ports de pêche et, surtout, de plaisance. Le week-end, ce sont autant les habitants de la région caennaise que les touristes qui viennent s'y promener. On vient faire un tour sur un manège de chevaux de bois qui semble avoir toujours été là, tout comme le marchand de gui-gui, bonbon gluant et collant aux saveurs sucrées. Les gens des environs savent aussi que, toute l'année, tous les jours, ils trouveront un ou plusieurs étals ouverts sur le port où assouvir une subite envie de fruits de mer ou de poisson.

JUIN 1944 : UNE PETITE VILLE AU CŒUR DES ÉVÉNEMENTS

Les Courseullais auront du mal à oublier ce mois de juin. Tout y a défilé, du modeste homme de troupe aux grands de ce monde ! Ça commence, bien entendu, le 6 au matin. Le port, protégé par 26 constructions bétonnées surarmées, nécessite 2 attaques. Après d'épuisants combats de rues, les Allemands cèdent vers 10h. Mais les pertes humaines sont lourdes. Une des compagnies ne compte plus qu'un capitaine et une poignée d'hommes. Le port de Courseulles, en attendant que celui d'Arromanches soit prêt, voit défiler quantité d'hommes et de matériel.

> ### « WHO'S WHO »
>
> *En quelques jours, les habitants de Courseulles furent épatés. Imaginez un peu : le 12 juin 1944, sidérés, ils voient débarquer Winston Churchill, venu vérifier les 1ers résultats du Débarquement. 2 jours plus tard, c'est au tour du général de Gaulle, qui prononce son 1er discours à Bayeux. Puis, le 16 juin, apothéose, Sa Majesté le roi d'Angleterre, George VI en personne, débarque sur la plage pour féliciter ses hommes. Une folle semaine.*

LE CALVADOS

Adresse et info utiles

🛈 **Office de tourisme :** *5, rue du 11-Novembre.* ☎ 02-31-37-46-80. ● terresdenacre.com ● ♿ *Juil-août, tlj 10h-18h30 ; avr-juin, sept-oct et pdt vac scol, tlj 10h-12h30, 14h-18h ; nov-mars, mar-sam (fermeture à 17h).* – **Marchés :** *mar et ven, pl. du Marché.*

Important, et très bien approvisionné en saison. *En juil-août, également dim mat sur le port.* **Marché aux poissons** *le long du port : tlj, tte l'année selon arrivage.* Poissons, moules, huîtres, coquilles saint-jacques et homards... **Marché nocturne** *sam juil-août, sur le port.*

Où dormir ? Où manger ?

De bon marché à prix moyens

🛏 |●| 🔼 **Les Alizés :** *4, quai Ouest.* ☎ 02-31-36-14-14. ♿ *Sur le port. Résa conseillée. Double 54 €. Formules 12,50-16 € ; menus 18,50-26,50 € ; le soir ven-sam, buffet de la mer à volonté avec fromage et dessert env 27,50 €.* Des chambres à la déco un peu bricolo

mais bien tenues, d'un honorable confort et toutes un peu différentes. Gentille cuisine d'inspiration régionale principalement axée sur le poisson et les fruits de mer, déclinée au travers de multiples formules à prix tenus. Terrasse sur la rue et face au port. Excellent accueil.

|●| 🔼 **Les Embruns :** *6, pl. du 6-Juin.* ☎ 02-31-37-46-81. *Tlj (sauf lun-mar hors saison). Congés : janv et 1 sem*

en nov. Menus 13,90-25 €. Une gentille petite adresse qu'on remarquerait à peine tant le style du lieu est passepartout. Mais l'habit ne fait pas le moine : copieuse choucroute de la mer, joli panaché de poissons fumés et des moules à toutes les sauces.

De prix moyens à plus chic

|●| ↱ *Restaurant Dégustation de L'Île : route de Ver-sur-Mer.* ☎ *02-31-77-35-16.* ● *contact@restaurant-degustationdelile.fr* ● *Fermé lun-mar. Menus déj en sem 18,50 €, puis 29,50 € ; assiette ou plateau de fruits de mer 20-34 €.* On peut acheter les fruits de mer à la boutique ou s'attabler dans le restaurant juste à côté. Tout vitré, il offre une jolie vue sur les anciens parcs à huîtres au milieu desquels il se situe. Un univers tout de gris vêtu, réchauffé de touches orangées, pour une cuisine qui, elle, n'est pas grise. On peut la choisir « brute » avec les assiettes ou plateaux de fruits de mer de qualité ou joliment et finement travaillée avec des plats qui, évidemment, mettent les produits de la mer à l'honneur (sans leur laisser le monopole de la carte). Agréable terrasse aux beaux jours.

🛏|●| ↱ *La Pêcherie : 7, pl. du 6-Juin.* ☎ *02-31-37-45-84.* ● *pecherie@wanadoo.fr* ● *la-pecherie.com* ● ♿ *Congés : janv. Doubles 110-180 €. Formule déj en sem 16,50 € ; menus 23,50-35 € ; carte env 38 €.* Petit hôtel (7 chambres) assez chic, avec une déco évoluant autour du thème de la cabine de bateau, et quelques objets en série, comme ces pendules arrêtées dans la salle de resto ou ces anciens postes de radio à l'accueil. Les 5 autres chambres de l'annexe (une villa du XIXe s) sont dans un style plus baroque-design. Ensemble charmant et plutôt original, même si les chambres ne sont pas bien grandes. Au resto, verrière à l'ancienne et cuisine qui respire l'air du large, mais on a failli boire la tasse en lisant le prix des boissons.

À voir. À faire

🚶‍♂️🚶‍♀️ *Le centre Juno Beach : voie des Français-Libres.* ☎ *02-31-37-32-17.* ● *junobeach.org* ● ♿ *Avr-sept, tlj 9h30-19h ; oct-mars, tlj 10h-17h (18h mars et oct). Avr-mai et sept-oct, visite guidée du parc Juno sur la plage à 11h30 et 15h30 ; juin-août, tlj à 11h, 12h, 15h, 16h et 17h. Fermé en janv et 25 déc. Entrée : 7 € (11 € avec la visite guidée du parc Juno) ; réduc.* Musée canadien fort bien conçu, en grande partie financé par des fonds privés canadiens (les donateurs ont tous leur petite plaque sur les colonnes devant le bâtiment). L'accueil est lui aussi assuré par des jeunes à l'accent chantant. Ce vaste bâtiment de titane en forme de feuille d'érable fut d'abord construit en souvenir des 45 000 soldats canadiens morts durant la Seconde Guerre mondiale. Dans la partie muséographique, présentation très parlante du Canada au XXe s, son entrée dans la guerre aux côtés des Alliés, sa position, son action et les influences de cette guerre sur la société canadienne. Imaginez : l'armée canadienne ne comptait que 8 000 hommes en 1939 ! Suite à la déclaration de guerre, des milliers de jeunes s'engagèrent et, en 1945, 1 million d'hommes et de femmes avaient revêtu l'uniforme de l'armée. Le centre est l'un des rares lieux sur les plages du Débarquement que l'on peut visiter avec des enfants, qui suivront un parcours aussi ludique qu'instructif en compagnie de 2 personnages virtuels, Peter et Madeleine. L'intéressante visite du parc Juno Beach permet, elle, de revivre les événements du débarquement sur la plage et de visiter un blockhaus d'observation allemand. Expos temporaires. Boutique avec pas mal de produits canadiens.

🦪 *Les anciens parcs à huîtres : route d'Arromanches, juste après le petit pont à la sortie de la ville vers Graye-sur-Mer (et non le pont tournant sur le port).* Ces parcs à huîtres, qui couvraient autrefois 10 ha, étaient au XIXe s un vrai parc d'attractions avec balançoires et chevaux de bois. Détruits par les bombardements, ils furent de nouveau exploités à partir de 1955 par Gilles Benoist, mais sur un domaine de 2 ha seulement. Aujourd'hui, si la famille perpétue la tradition et si l'on trouve sur place un espace de vente et un restaurant, les huîtres, elles, sont élevées à Asnelles. Seul l'affinage est désormais réalisé à Courseulles.

LE BESSIN

Le Bessin s'étend à l'ouest de la plaine caennaise et au nord du bocage normand. Moins homogène que le pays d'Auge, le Bessin est un pays à la fois côtier et rural. D'où la diversité des produits qui ont fait sa réputation, dont le beurre et la crème (Isigny), les fruits de mer (Port-en-Bessin), sans oublier le cochon (Bayeux), qui a d'ailleurs bien failli disparaître. Le Bessin a, comme le pays d'Auge, sa propre production de cidre. On y trouve peu de villes, si ce n'est Bayeux, mais une ribambelle de jolis villages dotés de superbes fermes fortifiées, des stations balnéaires, des forêts et, bien sûr, des prés (93 % dans la région d'Isigny !).

BAYEUX	(14400)	14 300 hab.	*Carte Calvados, B1*

● Plan *p. 323*

Voici une ville gâtée. D'abord, c'est l'une des très rares dans ce coin de Normandie à ne pas avoir souffert des destructions de la Seconde Guerre mondiale. La vieille ville est donc restée intacte, on se croirait presque au XVIIIe s ! Par ailleurs, la capitale du Bessin attire beaucoup de touristes, ne serait-ce que pour sa fameuse tapisserie et sa fastueuse cathédrale. Mais ne vous contentez pas de ces 2 trésors : le centre-ville abrite un nombre considérable de vieilles maisons médiévales et de superbes hôtels particuliers, ainsi que le passionnant musée d'Art et d'Histoire Baron-Gérard, et celui consacré à la bataille de Normandie. Et, cerise sur le gâteau, l'Aure, qui la traverse nonchalamment (et dont les rives sont aménagées en promenade), lui donne un petit cachet supplémentaire.

UN PEU D'HISTOIRE

« Ici Londres... » Non, l'appel du 18-Juin n'a pas été lancé de Bayeux ! Mais la capitale du Bessin reste associée dans l'histoire à l'un des plus fameux discours du général de Gaulle et... à l'Angleterre.
La ville fut d'abord gauloise : ici se réunissaient les *Bajocasses,* dont les natifs de Bayeux ont gardé le nom. Au Xe s, c'est au tour des Vikings de s'y intéresser.
Mais l'Angleterre dans tout ça ? Bayeux est la ville de l'évêque Odon, demi-frère de William (pardon, Guillaume) qui, comme on le sait, conquit la perfide Albion en 1066. Aux mains des Anglais pendant la guerre de Cent Ans, la ville ne redevient française qu'en 1450. Elle se remet à prospérer jusqu'au XVIIIe s, époque où le classicisme y triomphe : la noblesse se fait construire de somptueux hôtels particuliers en pierre. L'Angleterre renoue avec l'histoire de la ville le 7 juin 1944, lorsque les troupes britanniques y entrent pour la libérer.
Mais *de Gaulle* dans tout ça ? Débarqué... d'Angleterre, le 14 juin, le chef de la France combattante fait à Bayeux l'honneur de son 1er discours sur le sol reconquis, au milieu d'une foule en liesse dont on imagine l'émotion. Cette

ville symbole lui sert à nouveau de théâtre en *juin 1946* : il y prononce un discours devenu célèbre, dans lequel il énonce pour la 1re fois les *fondements de la Ve République,* qui ne verra le jour que 12 ans plus tard ! Mais pour les Bajocasses, cet événement manifeste aussi ce jour-là l'attachement du général de Gaulle à leur ville...

LE 1er PÉRIPHÉRIQUE FRANÇAIS

En juin 1944, les milliers de véhicules alliés ne pouvant passer dans la cité médiévale aux rues étroites, le génie britannique construisit en 3 semaines le bypass (le « bipass » dans la bouche des habitants de Bayeux), une route contournant la ville... soit le 1er périphérique français, une route toujours utilisée aujourd'hui.

LA PLUS GRANDE B.D. DU MONDE

La ville de Bayeux est, depuis longtemps, associée à la fameuse *tapisserie de la reine Mathilde.* Contrairement à ce que l'on pense souvent, on ne la doit pas, selon les historiens, à la reine Mathilde (épouse de Guillaume le Conquérant), mais à l'évêque Odon, qui la commanda en 1066 à des ateliers anglais pour décorer sa cathédrale ! *Longue de 70 m* (sur 50 cm de hauteur) et brodée avec du fil de laine sur un bandeau de lin, cette incroyable fresque relate la *conquête de l'Angleterre* par le fameux Guillaume. Elle fut exécutée après son accession au trône et inaugurée en 1077 (un 14 juillet !) en même temps que la cathédrale de Bayeux.

Reprenons les faits tels qu'ils sont racontés par la *Telle du Conquest* (autre nom donné à la tapisserie) : le vieux roi d'Angleterre, *Édouard le Confesseur,* doit choisir un *successeur.* Ayant du sang normand, il songe à *Guillaume, bâtard de Normandie.* Il envoie donc un émissaire le chercher. Un certain Harold, chouchou de la Cour, est choisi pour cette périlleuse mission. Mais son bateau est dévié de sa course et échoue sur les côtes picardes. Un seigneur local le capture et exige une rançon. Guillaume, apprenant que l'envoyé du roi Édouard est aux mains de son voisin, parvient à le faire libérer. Il emmène ensuite Harold au Mont-Saint-Michel (Normandie), puis en Bretagne pour guerroyer (l'un des plaisirs de l'époque) : les Normands prennent Dinan et Rennes. En hommage au courage de Harold sur les champs de bataille, Guillaume le fait chevalier.

Pour le remercier, *Harold jure de l'aider à obtenir la couronne d'Angleterre.* Il rentre alors faire son rapport au vieux roi Édouard, qui meurt peu après. Mais ensuite, renversement de situation : la Cour propose à Harold de devenir lui-même roi ! Le félon accepte. Cependant, après son couronnement, le ciel envoie un signe de mauvais augure (la comète de Halley (on voit le passage de l'étoile sur la tapisserie) ! Guillaume, trahi, ne va pas se laisser faire : il fait construire 450 vaisseaux de guerre et, à la mi-juillet 1066, quelque 7 000 hommes et 700 navires quittent l'estuaire de la Dives (Dives-sur-Mer aujourd'hui) pour Saint-Valéry-sur-Somme, d'où l'armée de Guillaume au complet va traverser la Manche. Le camp est établi à Hastings, puis les combats ont lieu. Les cavaliers normands ont vite le dessus sur les fantassins anglais. Harold, le traître, meurt après avoir reçu une flèche dans l'œil... Ainsi s'achève la conquête.

Si vous souhaitez avoir un autre regard sur Guillaume le Conquérant et en apprendre davantage sur ses jeunes années, nous vous recommandons aussi le film *Guillaume, la jeunesse du Conquérant,* de Fabien Drugeon (plus d'infos sur ● guillaumele conquerant.fr ●).

Adresses et info utiles

ℹ *Office de tourisme* (plan B2) : pont Saint-Jean. ☎ 02-31-51-28-28. ● bayeux-bessin-tourisme.com ● Juil-août, lun-sam 9h-19h, dim et j. fériés 9h-13h, 14h-18h ; avr-juin et sept-oct, lun-sam 9h30-12h30, 14h-18h (dim et j. fériés 10h-13h, 14h-18h ; nov-mars, fermeture à 17h30). Programme détaillé

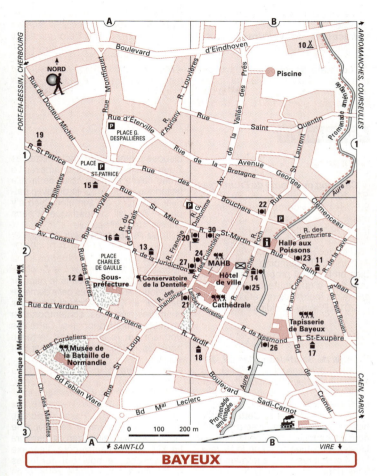

BAYEUX

⚑ 🏠 **Où dormir ?**	🍴 ☕ **Où manger ?**
10 Camping des Bords de l'Aure (B1)	20 Café Inn' (B2)
11 Logis de Saint-Jean (B2)	21 L'Assiette Normande (A2)
12 Le Petit Matin (A2)	22 L'Angle Saint-Laurent (B2)
13 Le Manoir Sainte-Victoire (A2)	23 L'Alchimie (B2)
14 Hôtel de la Reine Mathilde (B2)	24 Le Pommier (B2)
15 Hôtel d'Argouges (A1)	25 Au Ptit Bistrot (B2)
16 Hôtel Particulier Poppa (A2)	26 Le Moulin de la Galette (B2)
17 La Colline (B2)	27 Chez Paulette (A-B2)
18 Hôtel Le Bayeux (B2)	
19 Hôtel Saint-Patrice (A1)	🍴 ☕ **Salons de thé**
	20 Café Inn' (B2)
	27 Chez Paulette (A-B2)
	30 La Reine Mathilde (B2)

323

des visites guidées et des animations estivales.

■ **Location de voitures : Hertz,** station Total, *route de Cherbourg,* ☎ 02-31-92-03-26.

🚲 **Location de vélos : Vélos Location,** *impasse de l'Islet, face à l'office de tourisme.* ☎ 02-31-92-89-16. Loc à la journée à partir de 10 €. **La Maison du Vélo :** 4, rue de la résistance. ☎ 02-31-21-52-50. Loc à la journée à partir de 10 €. **Loc Vélo,** multiples points de distribution. 📱 06-46-34-37-21. Loc à la journée à partir de 17 €.

– **Marchés :** pl. Saint-Patrice sam mat, et **petit marché** rue Saint-Jean mer mat.

Où dormir ?

Camping

⛺ **Camping des Bords de l'Aure** (plan B1, **10**) : bd d'Eindhoven. ☎ 02-31-92-08-43. ● campingmunicipal@ mairie-bayeux.fr ● camping-bayeux. fr ● ♿ Ouv fin mars-début nov. Compter 16,50-18,70 € pour 2 avec tente et voiture ; mobile homes 330-660 €/sem. 140 empl. Un camping tout simple, bien ombragé et propre, mais un peu trop près d'une route passante. Des sanitaires tout neufs ont été construits en 2018. Piscine municipale attenante.

Chambres d'hôtes

🏠 **Logis de Saint-Jean** (plan B2, **11**) : 77, rue Saint-Jean. 📱 06-60-31-32-29. ● logisdesaintjean@gmail.com ● logis desaintjean.com ● Doubles 70-95 € ; familiale. Réduc de 10 % sur le prix de la chambre nov-mars. Cette maison typique tout en pierre, avec une petite cour intérieure et une dépendance, est idéalement située au cœur de Bayeux. Les 4 chambres ont été joliment rénovées dans un style cosy au goût du jour, tout en conservant le charme de l'ancien (poutres et pierres apparentes). La chambre duplex est idéale pour les familles. Une adresse agréable, vraiment calme bien qu'en plein centre.

🏠 **Le Manoir Sainte-Victoire** (plan A2, **13**) : 32, rue de la Juridiction. ☎ 02-31-22-74-69. ● contact@manoirsainte victoire.com ● manoirsaintevictoire. com ● Doubles 120-130 € ; familiale. Intégrée à la maison des propriétaires, l'ancienne tour de guet abrite 3 chambres réparties sur 3 niveaux, chacune avec double exposition et arrangée avec beaucoup de soin. La plus grande dispose même d'une kitchenette (les 2 autres aussi mais plus sommaire). Le grand calme en plein cœur de la ville historique, et une cour-jardin avec palmier et figuier, qui semblent bien s'y plaire ! Accueil sympathique et sans chichis. Une belle escale.

🏠 **Le Petit Matin** (plan A2, **12**) : 9, rue des Terres. ☎ 02-31-10-09-27. 📱 06-08-28-65-59. ● lepetitmatin@ hotmail.fr ● lepetitmatin.fr ● Doubles 90-160 € ; familiales. Dans le quartier historique de la ville, très belle demeure des XVIIe et XVIIIe s abritant 5 grandes chambres élégantes, contemporaines et délicatement décorées. Certaines donnent sur le jardin avec terrasse pour les hôtes. Accueil souriant et soigné.

🏠 **La Colline** (plan B2, **17**) : 14, rue Saint-Exupère. ☎ 02-31-22-55-78. 📱 07-86-18-80-26. ● contactlacolline@ gmail.com ● bayeux-la-colline.fr ● Doubles 110-130 €. Passé le portail, on est immédiatement séduit par le jardin central à l'allure zen, la demeure fin XIXe et, de l'autre côté, l'annexe chic bardée de bois qui abrite les 4 chambres. Toutes différentes (2 en duplex, 2 avec kitchenette et terrasse), spacieuses et très confortables, elles affichent une déco contemporaine et raffinée, aux tons sobres et chaleureux. Le petit déjeuner est à la hauteur et servi dans l'élégant salon de la villa. Une très belle adresse !

🏠 **Hôtel Particulier Poppa** (plan A2, **16**) : 32, pl. Charles-de-Gaulle. ☎ 02-31-22-41-90. ● contact@hotel-poppa.com ● hotel-poppa.com ● Congés : de janv à mi-mars. Doubles 100-170 €. C'est donc un hôtel particulier du XVIIIe s, posé face à cette jolie place arborée où le général de Gaulle prononça son célèbre discours. Si la façade peut paraître un peu sévère, l'intérieur est tout autre. Beaux volumes, cheminées, hautes fenêtres qui guignent vers la cathédrale, carrelages qui semblent d'époque, adorable jardin sur l'arrière. La décoration mélange habilement meubles anciens et design contemporain. L'accueil se révèle aussi charmant que l'endroit.

De prix moyens à chic

🏠 ◉ 🗺 **Hôtel de la Reine Mathilde** (plan B2, **14**) : 23, rue Larcher. ☎ 02-31-92-08-13. ● info@hotel-reinemathilde.fr ● hotel-bayeux-reinemathilde.fr ● ♿ Fermé 24 (soir)-25 déc. Doubles 50-150 € ; familiales. Formules et menus 14,50 € (midi en sem)-27 € ; carte env 30 €. Café offert sur présentation du guide de l'année. Pas d'ascenseur. 3 catégories de chambres réparties dans 3 bâtiments différents, certaines légèrement mansardées, d'autres donnant sur la cathédrale ou côté Aure. Jolie déco dans l'air du temps et un coup de cœur pour la Maison de Mathilde, maison d'origine médiévale bien au calme, dont le récent aménagement laisse éclater la blondeur de la pierre de Caen. Également un resto avec terrasse, où l'on peut prendre le petit déj.

🏠 **Hôtel Saint-Patrice** (plan A1, **19**) : 30, rue Saint-Patrice. ☎ 09-51-30-26-06. ● contact@hotelbayeux-saintpatrice.fr ● hotelbayeux-saintpatrice.fr ● Doubles 50-125 € ; familiales. Un hôtel familial et bien tenu, tout près du centre. Entièrement rénové, il offre des chambres pimpantes, fonctionnelles

et confortables (lit en 160). Ajoutez un accueil chaleureux et dynamique ; que demander de plus ?

🏠 **Hôtel Le Bayeux** (plan B2, **18**) : 9, rue Tardif. ☎ 02-31-92-70-08. ● reception@hotellebayeux.com ● hotellebayeux.com ● Doubles 50-140 € ; familiales. Parking payant. À deux pas du cœur historique, un hôtel simple, propre, avec notamment de grandes chambres, pratiques pour un petit groupe d'amis (lits superposés) ou pour les familles. Certaines ont été rénovées, les autres devraient l'être à l'heure où vous lisez ces lignes. Accueil particulièrement serviable.

Plus chic

🏠 **Hôtel d'Argouges** (plan A1, **15**) : 21, rue Saint-Patrice. ☎ 02-31-92-88-86. ● info@hotel-dargouges.com ● hotel-dargouges.com ● Congés : déc-janv. Doubles 85-165 € ; familiales. Petit déj 14 €. Parking. Un ancien hôtel particulier du XVIIIe s, en plein centre mais au calme, au fond d'une grande cour pavée. Boiseries, cheminées anciennes : les chambres sont franchement réussies. Une dizaine de chambres dites « standard » se trouvent dans l'annexe. Et, pour une fois, il ne s'agit pas d'un bâtiment anodin mais d'une vieille et belle bâtisse dévorée par le lierre. Salle à manger somptueuse mais, quand il fait beau, prendre le petit déj dans le jardin fait partie de ces petits bonheurs qu'on ne se refuse pas. Une adresse chic, quelque peu guindée.

LE CALVADOS

Où manger ?

Voir aussi plus loin nos 2 adresses de la rubrique « Où dormir ? Où manger ? Où s'offrir d'excellentes glaces dans les environs ? », vraiment toute proches du centre-ville de Bayeux.

Bon marché

◉ 🍷 🗺 **Chez Paulette** (plan A-B2, **27**) : 44, rue des Cuisiniers. ☎ 09-80-

32-03-94. ● chezpaulette@outlook.fr ● Fermé dim, plus lun hors saison. Congés : 2 sem en nov. Formules déj 12,50-15,50 € ; le soir, carte env 22 €. Café offert sur présentation du guide de l'année. Une adresse d'angle tout en baies vitrées, presque en face de la cathédrale. Le décor vintage acidulé et chargé détonne au milieu des maisons moyenâgeuses environnantes. Mobilier dépareillé, objets – et matériaux ! – du quotidien d'un autre temps que les moins de 20 ans ne peuvent pas connaître... « Les Paulettes » ont créé une atmosphère conviviale et proposent une restauration sur le pouce (feuilletés, bagels, salades, tartes, clafoutis...), version salon de thé l'après-midi. Bon et très sympa !

|●| ☕ Café Inn' (plan B2, **20**) : 67, rue Saint-Martin. ☎ 02-31-21-11-37. ● eric.evelyne.julliard@wanadoo.fr ● *Tlj sauf dim et j. fériés 9h-18h30. Formules 9,90-11,90 € ; carte 12-15 €.* Petits plats chauds, omelettes, salades, sandwichs ou délicieux gâteaux, tout est fait maison. Cette boutique vendant thés et cafés sert aussi les petits déj le matin et devient salon de thé au déjeuner et l'après-midi. L'endroit est reposant, parfait pour une petite pause, même si l'accueil, aimable, manque un peu de chaleur.

|●| ↑ Le Moulin de la Galette (plan B2, **26**) : 38, rue Nesmond. ☎ 02-31-22-47-75. ● moulindelagalette@hotmail.fr ● *Fermé mer, plus mar oct-mars. Résa conseillée. Repas env 25 €.* Les galettes sont originales, de qualité (produits locaux, vins bio), et, cerise sur le gâteau, l'endroit bénéficie d'une très charmante terrasse, en surplomb de l'Aure. La petite salle avec baies vitrées est bien agréable aussi. Tout cela mérite un arrêt, non ?

De prix moyens à chic

|●| ↑ Au Ptit Bistrot (plan B2, **25**) : 31, rue Larcher. ☎ 02-31-92-30-08. ● auptitbistrot-bayeux@outlook.fr ● *Fermé dim-lun. Congés : 15 j. fin mars-début avr et 15 j. à Noël. Résa conseillée. Menus 16,90-19,90 € le midi, 30-35 € le soir.* En contrebas de la cathédrale, un p'tit bistrot qui a tout d'un grand, tenu par un jeune couple qui privilégie la qualité de l'assiette au nombre de couverts. Contemporaine, sobre et élégante, la déco s'harmonise naturellement avec la cuisine, moderne, fraîche et créative. Des saveurs méditerranéennes ou plus lointaines accompagnent les produits terre et mer, sélectionnés et présentés avec soin. Carte courte mais

efficace, belles propositions de vins et un rapport qualité-prix convaincant pour un succès bien mérité ! Accueil charmant.

|●| ↑ L'Alchimie (plan B2, **23**) : 49, rue Saint-Jean. ☎ 02-14-08-03-97. ● lalchimie.bayeux@gmail.com ● *Fermé jeu et dim. Congés : fév et nov. Formules déj en sem 14-19 € ; menus 28,90-38,90 € ; carte 37 €.* Dans les salles gris et blanc dans l'air du temps, l'ardoise égrène des plats bien tournés, bien dans leur époque : les classiques sont volontiers revisités et relevés d'une petite touche d'exotisme. La formule du midi change toutes les semaines, les menus tous les 3 mois, histoire de ne pas lasser les nombreux habitués qui se donnent rendez-vous ici autour d'une cuisine pleine de saveurs, à base de bons produits. Terrasse.

|●| L'Angle Saint-Laurent (plan B2, **22**) : 4, rue des Bouchers. ☎ 02-31-92-03-01. ● langlesaintlaurent@gmail.com ● *Fermé sam midi et dim-lun. Congés : 15 j. en fév et 15 j. en nov. Formule déj en sem 16 € ; menus 33-44 €.* Jolie cuisine d'époque qui accompagne de saveurs nouvelles les produits du terroir comme le cochon de Bayeux, le veau normand, sans oublier les huîtres ni le poisson. De belles trouvailles de la carte des vins, un accueil et un service qui savent trouver le juste équilibre entre élégance et décontraction, et une salle entre hier et aujourd'hui où l'on se sent tout simplement bien.

|●| ↑ Le Pommier (plan B2, **24**) : 40, rue des Cuisiniers. ☎ 02-31-21-52-10. ● pommier14@orange.fr ● ♿ *Tlj. Formule déj en sem 18 € ; menus 26-35 € ; carte 45 €. Café offert sur présentation du guide de l'année.* Des produits normands soigneusement sélectionnés et bien cuisinés. À la belle saison, pour les déguster, vous aurez le choix entre la terrasse sur le trottoir au pied de la cathédrale, celle dans la courette intérieure, ou encore les 2 salles à la déco harmonieuse et intemporelle.

|●| ↑ L'Assiette Normande (plan A2, **21**) : 3, rue des Chanoines. ☎ 02-31-22-04-61. ♿ *Fermé dim-lun hors saison. Congés : janv et 15 j. en nov.*

Formule déj en sem 10,60 € ; menus 14,90-34,50 €. Apéritif maison offert sur présentation du guide de l'année. Au pied de la cathédrale, une auberge traditionnelle qui offre une cuisine de terroir sans prétention ni complications.

À signaler tout de même, le menu mettant à l'honneur le cochon de Bayeux, et un rapport qualité-prix indéniable. Beaucoup de monde, le service s'en ressent parfois.

Salons de thé

|●| *La Reine Mathilde (plan B2, 30) : 47, rue Saint-Martin. ☎ 02-31-92-00-59. Tlj sauf lun 9h-19h30 (13h dim nov-mars).* Pour une pause sucrée dans un cadre chic et coquet où plafond peint, lustres et petites tables blanches caressent votre œil, tandis que les tartes, gâteaux et confiseries font soupirer de contentement le palais et l'estomac des becs sucrés.

|●| ☕ *Chez Paulette (plan A-B2, 27) : 44, rue des Cuisiniers. ☎ 09-80-32-03-94.* ● *chezpaulette@outlook. fr* ● *Fermé dim-lun ; en basse saison, fermé (en principe) aussi le soir mar-jeu. Voir « Où manger ? ».*

|●| ☕ *Café Inn' (plan B2, 20) : 67, rue Saint-Martin. ☎ 02-31-21-11-37.* ● *eric. evelyne.julliard@wanadoo.fr* ● *Tlj sauf dim et j. fériés 9h-18h30. Voir « Où manger ? ».*

Où dormir ? Où manger ? Où s'offrir d'excellentes glaces dans les environs ?

🏠 ↑ *Côté Campagne : le Lieu-Aubin, 14400 Vaux-sur-Aure. 📱 06-17-39-13-56.* ● *cote.campagne@wanadoo. fr* ● *campagneennormandie.com* ● *À 5 km de Bayeux par la D 6 direction Port-en-Bessin ; à Maisons, tourner à droite, la ferme se trouve sur la gauche, 2 km plus loin. Double 60 € ; familiale.* Autour de la cour-jardin fleurie d'une ferme, 5 chambres au charme simple et confortables (lit en 160) ; on a bien aimé celle avec baies vitrées et balconnet. Petit déj servi sous une agréable véranda, le nez dans la verdure. Cuisine et salon (un peu tristounets) à disposition. Accueil attentionné.

🏠 |●| *Les Chaufourniers : la Calverie, 14400 Crouay. ☎ 02-31-21-31-65. 📱 06-13-75-21-90.* ● *info@ leschaufourniers.com* ● *leschaufour niers.com* ● *À env 9 km de Bayeux. Congés : de janv à mi-fév. Double 89 € ; familiale. Table d'hôtes sur résa 30 €. Bouteille de cidre offerte sur présentation du guide de l'année.* Dans un hameau perdu en pleine campagne, un ancien corps de ferme du XIXe s dont la maison principale est mangée par le lierre. Celle-ci abrite 3 belles chambres et 1 superbe suite familiale, tout en longueur, sous les toits. Confort douillet, ambiance paisible, couleurs sereines et, par petites touches, les souvenirs de voyage des propriétaires. Loue également 2 beaux gîtes, dans le même ton.

|●| ↑ *Le Quarante-Neuf : 49, route de Courseulles, 14400 Saint-Vigor-le-Grand. 📱 06-08-16-70-06.* ● *auberge.le49@gmail.com* ● ♿ *Fermé dim-lun. Congés : de fin déc à mi-janv. Formules et menus déj en sem 15-17 € ; le soir, menus 32-39 €.* Dans un ancien corps de ferme, la salle aux murs de pierre est assez dépouillée mais les couleurs éclatent dans les assiettes. Ici, Monsieur s'occupe du service tandis que Madame assure aux fourneaux, après une reconversion réussie. Légumes d'hier et d'aujourd'hui délicieusement croquants, poissons et viandes aux cuissons parfaites, la cuisine est délicate et élaborée à base de produits locaux de qualité, travaillés à la commande. Terrasse.

🍦 *Les Glaces de la Ferme de la Haizerie : la Fosse, 14400 Vaux-sur-Aure. ☎ 02-31-92-46-44. À env 5 km de Bayeux. Avr-oct, tlj 14h-18h30 ; nov-mars, mar-sam 14h-18h30. Visite de la ferme mer-ven à 17h (appeler*

LE CALVADOS

328 | LE CALVADOS / LE BESSIN

avt) : 3,50 € avec une glace 2 boules ; compter 1h. Le concept est simple : les glaces, sans conservateur, sont préparées à base de fruits frais dans la mesure du possible, avec du lait et de la crème de l'exploitation. Le résultat ? Délicieux !

À voir. À faire

– Si vous prévoyez de visiter plusieurs musées, sachez qu'il existe un billet combiné pour la tapisserie, le MAHB et le musée-mémorial de la Bataille de Normandie : *compter 12 € pour la visite de 2 musées et 15 € pour les 3 ; réduc.* ● *bayeuxmuseum.com* ●

🎯🎯🎯 🚶 *La tapisserie de Bayeux* (plan B2) : *centre Guillaume-le-Conquérant, 13 bis, rue de Nesmond.* ☎ 02-31-51-25-50. ♿ *Mars-oct, tlj 9h-18h30 (19h mai-août) ; le reste de l'année, tlj 9h30-12h30, 14h-18h. Fermeture de la billetterie 45 mn avt. Fermé en janv, 24 déc (ap-m)-26 déc (mat) et 31 déc (ap-m). Entrée : 9,50 € ; réduc ; gratuit moins de 10 ans.* Excel-

LEÇON DE COUTURE

Un rectificatif s'impose. Communément appelé « tapisserie », le chef-d'œuvre de Bayeux n'en est pourtant pas une, car il n'est pas tissé. C'est plus exactement une broderie réalisée sur une toile de lin. Nous ferons cependant comme tout le monde et l'appellerons « tapisserie » !

lent audioguide inclus dans le billet, dont un spécialement destiné aux enfants ; durée : 25 mn.

Incroyable bande dessinée brodée, longue de 70 m, inscrite au registre de la Mémoire du monde établi par l'Unesco.

La salle, plongée dans la pénombre, met parfaitement en valeur la grande broderie, protégée par une vitre blindée et éclairée de l'intérieur. En suivant cette bande lumineuse, on croirait presque assister à un dessin animé. Les coloris (intacts), le relief donné aux dessins par les « points », le mouvement de certaines scènes (de combat notamment), entretiennent l'illusion. La naïveté des traits et la déformation des proportions expliquent la comparaison, souvent faite, avec la bande dessinée. On trouve même des textes tout au long de la broderie, que les forts en latin pourront décrypter sans trop de mal ! Mais il s'agit avant tout d'un chef-d'œuvre pictural. La force et l'originalité de l'ensemble sont évidentes, ainsi que la qualité des matériaux (qui ont résisté plus de 900 ans) et l'impressionnant travail fourni, digne de Pénélope... Les détails dans les costumes, la robe des chevaux, sans oublier le fabuleux bestiaire imaginaire, sont absolument époustouflants ; surtout si l'on songe que seuls 3 colorants végétaux ont donné quelque 10 teintes de fil ! La tapisserie fut pourtant plusieurs fois rapiécée au cours des siècles. Il aurait même été prévu de s'en servir comme d'une vulgaire bâche pendant la Révolution... En tout cas, l'œuvre semble inachevée : il manque apparemment une partie à la fin, celle censée représenter le couronnement du duc Guillaume, devenu roi d'Angleterre. Sachez que la visite se fait au rythme de l'audioguide, que l'on ne peut pas stopper... Les salles situées aux étages donnent les clés de ce fabuleux récit, en le resituant dans son contexte historique (lire la rubrique « La plus grande B.D. du monde » dans l'intro à la ville). Des maquettes, des outils, des costumes, une maquette de navire d'inspiration viking (échelle 1) et des infos sur la vie quotidienne de l'époque plongent le visiteur dans l'Angleterre au temps de Guillaume. Également une borne tactile permettant de zoomer sur des scènes numérisées de la tapisserie. On peut compléter la visite en allant voir l'excellent film pédagogique de 15 mn consacré à l'histoire relatée par la tapisserie (projection toutes les 40 mn).

BAYEUX / À VOIR. À FAIRE | 329

🏃🏃🏃 **La cathédrale** *(plan B2)* : *entrée rue du Bienvenu. Tlj, juil-sept 9h-19h ; oct-déc 9h-18h ; janv-mars 9h-17h ; avr-juin 8h30-18h, sauf pdt les offices. Visites guidées en juil-août et vac scol (5 €, réduc, gratuit moins de 10 ans ; rens auprès de l'office de tourisme).*
– *Rendez-vous à la cathédrale* : *de mi-juil à août, mar, jeu et sam ; GRATUIT.* Mise en lumière et projections d'images monumentales sur la cathédrale et l'arbre de la Liberté. Très réussi.
Cette cathédrale, l'une des plus belles de France, fut élevée au XIe s. On en doit l'essentiel à Odon, évêque de Bayeux et accessoirement demi-frère de Guillaume le Conquérant. Très belle façade principale avec ses 5 portails décorés de sculptures. On est saisi dès l'entrée par les vastes proportions de la nef (102 m de long, tout de même). Remarquables sculptures aux murs, caractéristiques de l'art roman mais remplies de réminiscences anglo-saxonnes, scandinaves et même orientales. Dans la nef, bel exemple de juxtaposition architecturale avec des arcades romanes en plein cintre et, au-dessus, des fenêtres hautes ouvertes par des arcs brisés. Outre les frises, on remarque des motifs décorant les chapiteaux : personnages grimaçants, animaux fantastiques, trèfles à 4 feuilles, etc. C'est sous les grandes arcades que l'évêque Odon avait décidé d'installer la tapisserie. Elle y était accrochée une fois par an (et cela pendant 4 siècles). Chœur d'une grande luminosité, sur 3 niveaux, d'époque gothique. Au plafond, peintures du XIIIe s. Dans les chapelles du déambulatoire, fresques restaurées des XIIIe et XVe s. Riche mobilier un peu partout. Dans la nef, jolie chaire sculptée (XVIIIe s) ; dans le chœur, une cinquantaine de stalles Renaissance et un maître-autel très travaillé du XVIIIe s. Dans l'une des chapelles (côté gauche) subsistent des vitraux du XIIIe s.
– *La crypte* : sous le chœur. Les 3 petites nefs sont séparées par des colonnes peintes aux chapiteaux sculptés (art roman là aussi). Fresque du XVe s au plafond. À l'occasion des visites guidées proposées par l'office de tourisme, vous pourrez accéder à la salle du Trésor et à la salle du Chapitre.

🏃🏃 **Le MAHB (musée d'Art et d'Histoire Baron-Gérard** ; *plan B2)* : *37, rue du Bienvenu, attenant à la cathédrale.* ☎ 02-31-51-25-50. ⅙ *Mai-sept, tlj 9h30-18h30 ; le reste de l'année, tlj 10h-12h30, 14h-18h. Fermeture de la billetterie 45 mn avt. Fermé en janv, 24 déc ap-m, 25 déc et 31 déc ap-m. Entrée : 7,50 € ; réduc ; gratuit moins de 10 ans. Plan de visite à demander à l'accueil.*
Un bien beau musée. Depuis l'entrée par la plus ancienne chapelle du palais épiscopal (XIIIe s), la visite chronologique fait voyager le visiteur dans différentes périodes de l'art européen, de la préhistoire au XXe s, et dans différentes ambiances. Au rez-de-chaussée, décors peints de plusieurs pièces d'une villa gallo-romaine de Bayeux au IIe s. L'escalier d'honneur avec ses grilles en fer forgé mène à l'étage où la dentelle fait son défilé ! Ensuite tribunal, chapelle épiscopale et verrière présentent les peintures et estampes du XVe au XXe s, dont le superbe *Portraits à la campagne* de Caillebotte, et les pièces de porcelaine de Bayeux, mises en valeur par un jeu de vitrine et de lumière. D'ailleurs, si vous êtes séduit par cette porcelaine, allez découvrir comment Aline Gineste *(AG Création, 7, rue des Cuisiniers ; ☎ 02-31-21-98-00)* s'inspire de ces motifs aujourd'hui. De nombreuses bornes tactiles présentent virtuellement environ 20 000 œuvres numérisées.

🏃🏃 🏃 **Le musée-mémorial de la Bataille de Normandie** *(plan A2)* : *bd Fabian-Ware.* ☎ 02-31-51-25-50. ⅙ *Mai-sept, tlj 9h30-18h30 ; le reste de l'année, tlj 10h-12h30, 14h-18h. Dernière visite 1h avt la fermeture. Fermé en janv, 24 déc ap-m, 25 déc et 31 déc (ap-m). Entrée : 7,50 € ; réduc ; gratuit moins de 10 ans.*
Ce vaste bâtiment moderne présente un panorama complet et passionnant des opérations militaires de 1944. La scénographie met l'accent sur la tactique, la logistique, la stratégie et le déroulement de cette grande bataille de Normandie, le tout à grand renfort de couleurs et de cartes. On y trouve également

LE CALVADOS

330 | **LE CALVADOS / LE BESSIN**

des archives, des photos, des témoignages. Un vibrant hommage est aussi rendu au général de Gaulle, chef de la France combattante, « visionnaire rebelle » qui lui-même rendit de nombreux hommages à la ville. On apprend qu'il revint en France libérée à bord du destroyer *La Combattante.* Puis qu'il prononça à Bayeux (sur la place qui porte aujourd'hui son nom) un discours qui enflamma les esprits : « Nous allons tous ensemble, bouleversés et fraternels, [...] remonter du fond des abîmes... » Il revint dans la ville en 1945 pour accueillir les déportés, mais c'est son passage du 14 juin 1944 qui aura le plus de portée historique.

Le choix de Bayeux pour ce musée était évident : 1re ville (continentale) libérée, elle fut choisie par le général de Gaulle comme « capitale territoriale du gouvernement provisoire de la République ». C'est également ici (juste en face du musée) que reposent le plus grand nombre de combattants de la couronne britannique morts en Normandie.

🏃 *Le cimetière britannique (hors plan par A2) : de l'autre côté de la route, quasiment face au musée de la Bataille de Normandie.* Sous de sobres stèles blanches reposent près de 4 700 soldats du Commonwealth morts pour libérer la France. Un monument entretient la mémoire de quelque 2 000 disparus.

🏃🏃 *Le mémorial des Reporters (hors plan par A2) : à côté du cimetière britannique.* Ce lieu, entièrement dédié aux reporters et à la liberté de la presse, en collaboration avec « Reporters sans frontières », est le seul de ce genre en Europe. Le site est constitué d'une promenade paysagère ponctuée de pierres blanches sur lesquelles seront gravés les noms de plus de 2 000 journalistes tués sur la planète dans l'exercice de leur fonction depuis 1944. La ville de Bayeux organise d'ailleurs chaque année une rencontre des correspondants de guerre (voir « Fêtes et manifestations »).

> **ET TOC !**
>
> Décidément, ces Anglais ne manquent pas d'humour, y compris dans les endroits où on l'attendrait le moins. Sur le monument juste en face du cimetière britannique, on peut ainsi lire l'inscription suivante (en latin) : Nos a Gulielmo victi victoris patriam liberavimus, soit « Nous, vaincus par Guillaume, avons libéré la patrie du vainqueur »... Ou comment mettre en boîte « l'ennemi » héréditaire avec la plus grande élégance !

🏃 *Le conservatoire de la Dentelle de Bayeux (plan A2) : maison Adam et Ève, 6, rue du Bienvenu.* ☎ 02-31-92-73-80. ● dentelledebayeux.free.fr ● *Face à la cathédrale. Tlj sauf dim et j. fériés 9h30-12h30, 14h30-18h (17h lun et jeu). Démonstration du travail. GRATUIT.* Tout sur la célèbre dentelle de Bayeux, presque aussi connue que la tapisserie. Un art qui remonte à la 2de moitié du XVIIe s, apparu chez les sœurs de la Providence. Dans les années 1950, Bayeux assiste à la disparition des dernières dentellières... Seule subsista, jusque dans les années 1970, l'école de dentelle. Aujourd'hui, dans cet atelier de travail, on peut y observer les dentellières professionnelles ou élèves, et les passionnés peuvent à nouveau s'initier à la fabrication de la dentelle traditionnelle pour apprendre à faire de somptueux napperons ou motifs décoratifs !

La vieille ville

➢ Des maisons médiévales à pans de bois au classicisme des hôtels particuliers du XVIIIe s, il y en a pour tous les amateurs d'architecture ! Sachez que l'office de tourisme propose un plan-circuit, jalonné de bornes explicatives pour découvrir ce précieux patrimoine qui mérite vraiment le coup d'œil.

CREULLY | 331

➢ *Flâner sur les rives de l'Aure* qui traverse la ville, grâce à une jolie balade pédestre, aménagée et pavée. Compter 15-20 mn de marche depuis l'office de tourisme jusqu'au boulevard d'Eindhoven. Cette balade le long de l'Aure interrompue en plein centre-ville, reprend, pour un tronçon tout récemment aménagé vers le sud cette fois, à partir du rond-point à l'intersection des boulevards Sadi-Carnot et du Maréchal-Leclerc (à 2 mn à pied de la cathédrale). Cheminement et passerelles en bois, quelques animaux dans les champs... une immersion en pleine nature aux portes de la ville très réussie.

Fêtes et manifestations à Bayeux et dans les environs

– *D-Day Festival :* autour du 6 juin. Célèbre la libération de la ville.
🎭🎭 *Fêtes médiévales :* 1er w-e de juil. Animations et Salon du livre médiéval. Ambiance vraiment festive et conviviale.
🎭🎭 *Rendez-vous à la cathédrale :* de mi-juil à fin août, les mar, jeu et sam. Fabuleux son et lumière, avec projection à 360°.
– *Soirs d'été à l'abbaye de Juaye Mondaye :* chaque mer de mi-juil à mi-août. D'originales soirées qui associent musiques anciennes et arts du cirque dans un bien bel environnement.
– *Prix Bayeux-Calvados des correspondants de guerre :* 2e sem d'oct.
– *Cathédrale de Guillaume :* déc-début janv. Retour virtuel de la Tapisserie dans la cathédrale.

DANS LES ENVIRONS DE BAYEUX

🏛 *Le manoir d'Argouges :* 14400 *Vaux-sur-Aure.* ☎ 06-63-29-78-14. ● manoir-argouges.com ● À env 5 km de Bayeux, juste après la ferme de la Haizerie. Avr-oct, visites guidées lun-mar à 10h30, plus ven de mi-juil à août ; durée : 1h30-2h. Entrée : 9 € ; gratuit moins de 10 ans. Propriétaire des lieux depuis 1983, Bertrand Levasseur, enfant du pays, consacre tout son temps libre à la restauration de son manoir, endormi depuis 1524. Ce passionné passionnant est intarissable sur ce qui distingue un manoir d'un château, sur les parties médiévales et les parties Renaissance de sa propriété, sur la symbolique de son immense pigeonnier, mais aussi sur l'aventure humaine et familiale que constituent la restauration et l'entretien d'un tel patrimoine.

CREULLY   (14480)   1 760 hab.   *Carte Calvados, B1*

Ce vieux bourg situé dans un beau coin de verdure, à environ 12 km à l'est de Bayeux, est surtout connu pour son château. À l'abri de l'agitation du bord de mer ou des villes, il constitue une bonne base pour explorer les plages du Débarquement, Bayeux et sa campagne, ou même Caen.

Où dormir ? Où manger ?

Camping

⛺ *Camping Les 3 Rivières :* route de Tierceville. ☎ 02-31-80-90-17.

● contact@camping-les-3-rivieres.com ● camping-les-3-rivieres.com ● 🍴 Ouv de mi-mars à mi-nov. Compter 16,20-20,20 € pour 2 avec tente,

LE CALVADOS

332 | **LE CALVADOS / LE BESSIN**

voiture et électricité ; mobile homes 4-6 pers 210-650 €/sem. Un sympathique endroit en pleine campagne, joliment arboré, modeste mais bien tenu. Tennis, pétanque, billard... Le château est à 800 m.

De prix moyens à plus chic

🏠 |●| 🕊 *Hostellerie Saint-Martin :* 6, pl. Paillaud. ☎ 02-31-80-10-11. ● hostellerie.st.martin@wanadoo.fr ● hostelleriesaintmartin.com ● Congés :

3 sem fin déc-début janv. Double 65 € ; familiale. Formules et menus 12 € (midi), 15,50-18,50 € (sauf sam soir et dim midi), puis 24,50-37 €. Une auberge traditionnelle accueillante. Construite au XVIe s, la maison servit d'abord de halle. 12 chambres simples, plutôt conventionnelles mais bien tenues. Dans la superbe salle à manger (voûte en pierre du pays, cheminée, vieux dallage...), de délicieuses spécialités proposées à la carte : feuilleté d'andouille, escalope de foie gras au pommeau... Terrasse.

Où dormir ? Où manger dans les environs ?

🏠 |●| *Ferme de la Rançonnière :* 9, route de Creully, 14480 **Crépon.** ☎ 02-31-22-21-73. ● ranconniere@ wanadoo.fr ● ranconniere.fr ● ♿ (1 chambre). À 3 km au nord de Creully, vers Arromanches. Resto fermé 10 j. en déc et en janv. Doubles 113-158 € ; familiales. Voir les offres spéciales sur le site. Formules et menus 18-27 € (midi en sem), puis 32-44 €.

Dans un petit village tranquille, belle et imposante ferme fortifiée dont les parties les plus anciennes remontent au XIIIe s. 35 chambres dans le genre rustique douillet, mignonnes comme tout avec leurs vénérables poutres et leurs meubles qu'on jurerait de famille. Dans la salle à manger en pierres apparentes, cuisine du terroir.

À voir

🎬 *Le château :* en plein centre. ☎ 02-31-80-10-61. ● chateaudecreully.fr ● Juin-août, lun 14h-18h, mar-jeu 9h30-12h30, 14h-18h, ven 9h30-13h. Visites guidées de 45 mn. Entrée : 6 € ; réduc ; gratuit moins de 12 ans. Tte l'année, accès libre au parc.

Fief de Hamon le Dentu, l'un des puissants chefs normands qui, à la mort du duc Robert le Magnifique au début du XIe s, se liguèrent contre celui qu'il avait désigné comme héritier : son fils Guillaume dit « le Bâtard », futur Guillaume le Conquérant, alors enfant. Cela n'empêcha point Robert Fitz Haimon, fils de Hamon le Dentu, de se rallier à la cause de Guillaume et de l'accompagner à la bataille d'Hastings. La construction, à mi-chemin entre le manoir et la forteresse, est des plus originale. À l'arrière, terrasse donnant sur la campagne environnante. Différents styles marquent l'architecture générale, des remparts du XIIIe s (longés par des fossés) à la tour du XVIe s, en passant par une tour du XVe s et un donjon du XIVe s. À l'intérieur, belle salle aux voûtes romanes. Le château compta, parmi ses propriétaires, un certain Colbert... Après le Débarquement, les correspondants de guerre de la *BBC* s'y installèrent pour transmettre les nouvelles du Front. Leur studio y a été reconstitué et un petit musée de la radio rappelle également cette aventure.

DANS LES ENVIRONS DE CREULLY

🎋 *H_2O Parapluies :* 7, route de Creully, 14480 **Crépon.** ☎ 02-31-92-89-61. ● h2o parapluies.fr ● Tte l'année. Visite libre lun-sam 9h-18h. Fabrication artisanale de parapluies. Apprécier les 2 créations maison : le *Passvent* et la *Canapluie* !

VER-SUR-MER | **333**

🎥 *Le château de Fontaine-Henry :* *3, pl. du Château, 14610* **Fontaine-Henry.**
☎ *02-31-26-93-67.* ● *chateaudefontainehenry.com* ● *De mi-juin à mi-sept, mer-lun 14h-18h30 ; Pâques-mai et 16-30 sept, w-e et j. fériés 14h30-18h30. Visite guidée : 8,50 € (intérieur uniquement ; env 45 mn) ; réduc ; gratuit moins de 7 ans ; visite du parc et des dépendances : 5,50 €. Également des animations de mi-juil à août et parfois pdt les vac scol.* Ce château Renaissance a fière allure. Ses toits sont considérés comme les plus hauts et les plus pentus de France. Remarquez cette curieuse tourelle au chapeau pointu incroyablement effilé. Agencement vraiment original. Les sculptures de la façade principale sont également remarquables. À l'intérieur, tableaux et mobilier ancien. Dans le parc, intéressante chapelle du XIIᵉ s, jeux anciens, labyrinthe et salles basses gothiques.

🎥🎥 *Les jardins du château de Brécy :* ☎ *02-31-80-11-48. À env 4 km au sud-ouest de Creully. Visite Pâques-Toussaint mar, jeu, dim et j. fériés 14h30-18h30 (plus sam en juin). Entrée : 9 € ; gratuit moins de 12 ans.* Sans doute la plus belle propriété de la région, grâce à ses jardins en terrasses (créés vers 1660), décorés de sculptures. Le site enchanta, entre autres, La Varende et Jacques de Lacretelle. Le château, de la fin du XVIIᵉ s (ne se visite pas), rappelle le style de Mansart. Portail sculpté exceptionnel.

LES PLAGES DU DÉBARQUEMENT

(SUITE)

● Carte *p. 310-311*

LE CALVADOS

VER-SUR-MER   (14114)   1 620 hab.   *Carte Calvados, B1*

Ver-sur-Mer, avec les hameaux de la Rivière et du Hamel, constitue, à l'aube du 6 juin 1944, l'entité stratégique du secteur Gold Beach. L'opération est confiée aux unités de la 50ᵉ division d'infanterie britannique. Objectif : prendre la crête de Saint-Léger, entre Caen et Bayeux. La Rivière, sévèrement bombardée, est complètement détruite lorsque débarquent les fusiliers. Il faut faire appel à l'artillerie navale pour pilonner les ouvrages camouflés. Après plusieurs heures, le site sera nettoyé au prix de nombreuses victimes. Les soldats débarqués à Ver rencontrent moins d'obstacles : ils s'emparent tout de suite des canons de la Mare-Fontaine, les artilleurs allemands ayant quitté leur poste pour se rendre, traumatisés par des heures de bombardements. Au Hamel, le 1ˢᵗ Hampshire ne s'empare du site qu'à 16h, après s'être heurté à des retranchements protégés et diverses fortifications. L'église d'Asnelles servira d'hôpital ce jour-là.
Si, aujourd'hui, la plage de Ver ne présente rien d'exceptionnel, le petit village, en retrait dans les terres, a en revanche beaucoup de charme.

Adresse utile

🅸 *Office de tourisme :* *2, pl. Amiral-Byrd.* ☎ *02-31-22-58-58.* ● *versurmer. fr* ● *Au cœur du bourg, dans les terres.* │ *Juin-août, tlj 10h30-13h, 14h-18h ; avr-mai et sept mar-dim 11h-13h, 14h-17h.*

334 | LE CALVADOS / LE BESSIN

Où dormir ?

Chambres d'hôtes

🏠 *Le Mas Normand : 8, impasse de la Rivière.* ☎ *02-31-21-97-75.* 📱 *06-95-58-30-81.* ● *lemasnormand@wanadoo.fr* ● *lemasnormand.com* ● *Doubles 70-130 €. Apéritif maison offert sur présentation de ce guide.* Au fond d'une impasse, dans un secteur assez résidentiel et bordé par un ru, 4 chambres de 2 à 4 personnes. La maison principale en pierre abrite la plus grande, mansardée, à l'étage, et la plus petite, cosy, en rez-de-chaussée. Dans l'annexe se trouve la plus contemporaine. Et la plus originale, la roulotte, style cottage avec terrasse, est posée dans le grand jardin. Belle véranda à partager pour le petit déj. Le charme de la campagne à 400 m de la mer.

À voir

🏛 *Le musée America Gold Beach : 2, pl. Amiral-Byrd.* ☎ *02-31-22-58-58.* ● *goldbeachmusee.fr* ● *Dans le bourg, dans les mêmes locaux que l'office de tourisme. Juin-août, tlj 10h30-13h, 14h-18h ; avr-mai et sept, mar-dim 11h-13h, 14h-17h. Fermé hors saison. Entrée : 4,50 € ; réduc.* Un petit musée intéressant surtout pour son espace consacré aux traversées aériennes transatlantiques. L'épisode du Fokker *America*, peu connu, est largement évoqué ici : maquettes et pièces de l'*America*, 1er sac pos-

> ### TIMBRÉS, CES AVIATEURS !
>
> *Le 29 juin 1927 (peu après le 1er record de Lindbergh), 4 aviateurs décollèrent de New York pour tenter d'assurer la 1re liaison aéropostale entre les États-Unis et la France. À bord d'un Fokker, ils réussirent à traverser l'Atlantique mais, en panne d'essence, perdus dans le brouillard, ils achevèrent leur aventure par un amerrissage forcé au large de Ver-sur-Mer. On récupéra tout de même, outre les hommes, le tout 1er sac postal qui traversa l'Atlantique... bien qu'un peu mouillé.*

tal transporté entre les 2 continents... Ce musée rappelle aussi toute la fabuleuse histoire de l'Aéropostale à travers quelques figures célèbres (Daurat et Saint-Exupéry). Il est toujours utile, à l'heure d'Internet, de se remettre en mémoire les risques énormes qu'ont pris ces hommes, simplement pour qu'une lettre arrive un peu plus vite...

L'espace « Gold Beach » évoque, bien sûr, les moyens mis en œuvre par l'*Intelligence Service* britannique pour préparer le Débarquement et rend hommage aux soldats anglais qui débarquèrent à Ver-sur-Mer pour libérer la 1re ville continentale française (Bayeux). Diorama sur un soldat anglais débarquant et un autre sur la prise de la batterie allemande du Mont Fleury. Modèles de chars amphibies et de chars lance-flammes.

ARROMANCHES   (14117)   550 hab.   *Carte Calvados, B1*

Cette toute petite station de la côte normande n'est pas une plage du Débarquement à proprement parler, comme on l'imagine souvent à tort. Elle fut libérée... par voie terrestre le soir du 6 juin, mais la garnison allemande d'Arromanches continua de résister quelque temps.

Arromanches est devenue l'un des hauts lieux de l'espace historique de la bataille de Normandie grâce à l'inimaginable port flottant qui y fut installé,

ARROMANCHES | 335

considéré comme la plus grande prouesse technique de la guerre, et au débarquement qui s'ensuivit. On découvre bien ce qu'il en reste depuis la route côtière, avant d'entrer dans le bourg.

L'INCROYABLE HISTOIRE DU PORT ARTIFICIEL

« Qui tient les ports tient l'Europe », disaient les Allemands. Le Havre, Brest, Cherbourg étant entre leurs mains, un quelconque débarquement en France ne pouvait être longtemps tenable faute d'approvisionnement... Malins comme tout, Churchill et lord Mountbatten avaient trouvé la parade : **on ne peut pas prendre les ports, trop bien gardés, alors autant en apporter un !** Le *Mulberry B*, vaste port flottant préfabriqué, est construit en Angleterre en 1943, dans le plus grand secret. Le projet est à la

LA JEEP, VÉHICULE À TOUT FAIRE

Sortie en 1941, la GP (General Purpose, « à tout faire », prononcez « jeep ») fut fabriquée par Bantam, petit constructeur inconnu qui remporta le marché. Comme il ne pouvait suivre la cadence de production, elle fut fabriquée en parallèle par Ford. Son écart de roues réduit lui permettait de circuler sur les rails, une fois les pneus démontés. Chaque véhicule avait un format cubique pour être transportable dans une caisse.

mesure de l'enjeu : 146 caissons géants en béton armé (appelés Phoenix), pesant chacun environ 7 000 t, serviront de brise-lames sur 8 km de long ; 22 plateformes métalliques supportées par des béquilles accrochées au fond de la mer feront office de quais de déchargement ; d'immenses routes sur flotteurs (dont une de 1 200 m), reliées aux plages par éléments télescopiques, permettront de faire circuler le matériel et les troupes. En même temps, 60 navires seront volontairement sabordés au large d'Arromanches, pour former un abri contre la houle. Le 9 juin, les éléments arrivent, tirés par 200 remorqueurs...
Si le port d'Arromanches est une merveille de technologie, son rôle réel pendant la guerre est en revanche à nuancer. Celui joué par les ports de Courseulles ou de Port-en-Bessin, par exemple, fut en effet plus important, tout comme celui d'Omaha Beach. Ce dernier, également temporaire et beaucoup moins sophistiqué mais plus efficace que celui d'Arromanches, assura 30 % du trafic allié contre 17 % pour Arromanches.

Adresse et info utiles

i *Office de tourisme :* 2, rue du Maréchal-Joffre. ☎ 02-31-22-36-45. ● *bayeux-bessin-tourisme.com* ● Juil-août, lun-sam 9h30-19h, dim et j. fériés 9h30-13h, 14h-18h30 ; mars-juin et sept-oct, tlj 10h-13h, 14h-18h ; nov-fév, sam-dim et tlj pdt vac scol jusqu'à 17h. – *Le stationnement à Arromanches :* en haute saison, le stationnement et

la circulation dans le centre, aux rues étroites, peuvent être pénibles. Des vacances de printemps au 11 novembre, un parking payant *(3 €/j.)* sur les hauteurs du village, juste à côté du cinéma circulaire *Arromanches 360*, permet d'éviter d'entrer dans le centre en voiture.

Où dormir ? Où manger ? Où boire un verre ?

Camping

⚕ *Camping municipal :* av. de Verdun. ☎ 02-31-22-36-78.

📠 06-86-53-53-09. ● *camping.arro manches@wanadoo.fr* ● *arromanches. com* ● ☒ À la sortie d'Arromanches, direction Bayeux. Ouv avr-oct.

LE CALVADOS

336 | **LE CALVADOS / LE BESSIN**

Compter 16 € pour 2 avec tente et voiture ; mobile homes 420-490 €/ sem. 124 empl. Camping tranquille, tout simple et très classique avec ses petites haies pour diviser les emplacements. Bordé d'une zone pavillonnaire, à 5 mn à pied du centre et de la plage. Sanitaires bien tenus.

De prix moyens à beaucoup plus chic

🛏️ 🍽️ *Hôtel Le Mulberry – Restaurant Les P'tites Assiettes :* 6, rue Maurice-Lithare. ☎ 02-31-22-36-05. ● courrier@lemulberry.fr ● lemulberry. fr ● *Resto ouv le soir seulement, fermé dim. Congés : janv. Doubles 57-99 € ; familiales. Formules 21-29 €.* Petit établissement proposant un bouquet de chambres bien tenues et fonctionnelles. Certaines donnent sur la rue mais restent calmes. Les autres, à l'arrière et entièrement rénovées, se trouvent au pied de l'église. La vue sur les cloches a beaucoup de charme, bien qu'elles s'agitent dès 7h ! Petit déj servi dans la jolie salle du resto, qui propose une cuisine simple, de qualité et copieuse.

🛏️ 🍽️ 🍷 🌲 *Hôtel-restaurant La Marine :* quai du Canada. ☎ 02-31-22-34-19. ● hotel.de.la.marine@wanadoo.fr ● *Sur la digue. Doubles 89-145 € ; familiales ; petit déj 12 €. Menus 25-38 € ; carte 45 €.* Grosse maison blanche à l'ambiance un brin huppée, posée sur la digue, face à la mer. Un tiers des jolies chambres donnent de ce côté-là, comme les tables installées près des grandes baies vitrées d'où l'on voit la plage jalonnée par les pontons du Débarquement. La terrasse jouit aussi de la vue, l'une des plus belles de toute la région ! Dans l'assiette, des produits de qualité bien travaillés. Sympa aussi pour prendre un verre. Propose également une maison d'hôtes au cœur du village, avec 4 chambres luxueuses.

🛏️ *D-Day Aviators :* 9, rue Louis-Hudebert. ☎ 09-81-20-59-55. 📱 06-78-80-50-78. ● ddayaviators@gmail.com ● ddayaviators.com ● *Congés : de nov à mi-déc. Doubles 95-130 €, petit déj 13 €.* Les proprios partagent leur maison et leur passion pour l'aviation. La déco s'inspire largement de ce thème et de nombreux objets collectionnés au fil du temps (photos d'archives, pièces aéronautiques...) se mêlent aux meubles anciens. Les 4 chambres, impeccablement tenues, disposent d'une kitchenette ; pratique ! Le tout dans le quartier piétonnier, à moins d'une encablure de la mer. Accueil enjoué.

Où dormir ? Où manger dans les environs ?

🛏️ *Chambres d'hôtes Le Pressoir d'Asnelles :* chez Catherine et Patrick Reverdi, 1, rue de l'Église, 14960 Asnelles. ☎ 09-50-32-70-46. 📱 06-82-81-91-22. ● revve14@gmail.com ● maisondhotesnormandie.fr ● ♿ À 4 km d'Arromanches. Double 110 €. En plein village, mais avec la mer qui danse tout au bout de la rue. Dans cette belle ferme en U typique de ce coin de Normandie, on ne presse plus les pommes, pas plus qu'on n'élève de bêtes, mais on cultive un réel art de vivre : les 3 chambres, installées dans l'ancienne étable, mêlent avec bonheur l'ancien et le contemporain, tant au niveau des matériaux que du mobilier. Et pour se rafraîchir : une jolie petite piscine extérieure, elle aussi ceinte de murs.

🍽️ 🌲 *La Cale :* 28, rue de Southampton, 14960 Asnelles. ☎ 02-31-21-48-78. ● lacale3@gmail.com ● *Tlj. Congés : nov. Formule déj en sem 12,50 € ; menus 29-42 € ; carte env 40 €. Café offert sur présentation du guide de l'année.* « Cuisine d'hier et d'aujourd'hui », annonce la carte. Effectivement. Moderne et décontractée, voici une vraie réussite culinaire que le bouche-à-oreille suffit à remplir. Inutile de jouer sur la présentation, les goûts sont dans les plats et les saveurs dans la bouche. Que du bon, servi avec le sourire.

ARROMANCHES / À VOIR | 33.

Où acheter de bons sablés dans les environs ?

⊛ *Les Sablés d'Asnelles : 17, rue de Southampton, 14960 Asnelles.* ☎ *02-31-22-32-09. Juil-août, lun-sam 9h-12h30, 14h-19h, dim 9h-13h ; le reste de l'année, ferme à 17h30 et w-e. Congés : 1 sem pdt petites vac scol.*

Visites guidées gratuites, sur rdv seulement. Un détour pour des sablés ? Oui, mais quels sablés ! Et des recettes supplémentaires en été : tarte aux fruits rouges, rochers, cookies...

À voir

🏛🏛 *Le port artificiel :* ou ce qu'il en reste, une partie ayant été démontée juste après la guerre et la mer se chargeant, peu à peu, d'engloutir le reste. Les vestiges, léchés par les flots depuis plus de 70 ans, témoignent tout de même de la solidité du système. Les caissons les plus éloignés (à 2 km du rivage !) montrent à quel point le port pouvait être étendu... On se rend mieux compte du dispositif de l'époque après avoir vu les maquettes exposées au musée de la ville.

🏛🏛 *Le musée du Débarquement : pl. du 6-Juin, face aux vestiges du port.* ☎ *02-31-22-34-31.* ● *musee-arromanches. fr* ● ♿ *Mai-sept, tlj 9h-19h (18h sept) ; mars-avr et oct, tlj 9h30-12h30, 13h30-17h30 ; le reste de l'année, tlj 10h-12h30, 13h30-17h. Fermé 3 sem en janv. Entrée : 8,20 € ; réduc. Visite guidée 1h15. Arriver tôt, car les visiteurs sont nombreux !* Dans des dizaines de vitrines, le musée présente des souvenirs d'époque, rares pour certains. Encore plus intéressante, l'animation 3D du port, alignement de maquettes, très bien faites, sur le fonctionnement du port artificiel. Le personnel commente la visite

DES CHARS QUI NE MANQUENT PAS D'AIR

Pour ne pas compromettre la réussite du Débarquement, les Alliés lancèrent une vaste opération d'intoxication – Fortitude – dont le but était de laisser croire aux Allemands que le Débarquement aurait lieu dans le Pas-de-Calais. Les Britanniques s'employèrent donc, dans les mois qui précédèrent le jour J, à fabriquer chars gonflables et camions en contreplaqué qu'ils laissèrent bien en vue autour de Douvres pour tromper la reconnaissance de l'aviation ennemie. Les Allemands mordirent à l'hameçon et concentrèrent leurs divisions dans le Pas-de-Calais.

et fait fonctionner routes et quais flottants miniatures. Ensuite, un diorama de 7 mn relate très clairement les 1res manœuvres du Débarquement. Puis un film d'archives de 15 mn, produit à l'époque par l'armée britannique, sur la construction du port. Passionnant.

🏛 *Arromanches 360 : cinéma circulaire sur les hauteurs d'Arromanches, en venant d'Asnelles.* ☎ *02-31-06-06-45.* ● *arromanches360.com* ● *Attention, le parking (payant) à côté n'est pas celui du musée. Mai-août, tlj 9h30-18h ; avr et sept, tlj 10h-18h ; oct-mars, tlj (sauf lun de nov à mi-déc) 10h-17h ; séances ttes les 30 mn. Fermé 3 sem en janv et 25 déc. Entrée : 6,50 € ; réduc ; gratuit moins de 10 ans ; possibilité de billet combiné avec le Mémorial à Caen. Mai-sept, départs d'une navette gratuite devant le musée du Débarquement. Attention, les images projetées et, surtout, le niveau sonore ne sont pas adaptés aux plus jeunes enfants.* Film de 20 mn racontant la bataille de Normandie à partir d'images d'archives, la plupart inédites, parmi lesquelles on retrouve les 11 photos du Débarquement de Robert Capa. Le tout projeté sur un écran à 360°. Les images sont d'un réel intérêt. Dommage cependant qu'on ne réussisse pas

LE CALVADOS

LE CALVADOS / LE BESSIN

forcément à les relier entre elles et, surtout, que les possibilités techniques qu'offre le cinéma circulaire ne soient guère plus exploitées. Cela dit, la montée jusqu'au cinéma vaut ne serait-ce que pour la vue plongeante qu'elle offre sur Arromanches !

LONGUES-SUR-MER

(14400)   640 hab.   *Carte Calvados, B1*

Charmant village construit autour de sa vieille abbaye, en retrait de la mer (malgré son nom). Ici, pas de plage, mais de jolies criques au milieu de hautes falaises dans un site sauvage battu par les vents, où les Allemands construisirent une redoutable batterie. Ce fut l'une des rares de la côte normande à tirer sur la marine alliée. Aujourd'hui, elle est aussi la seule de la région à avoir conservé ses canons.

HISTOIRE DE CANONS

Édifiée en septembre 1943, la batterie de Longues aurait pu nuire au bon déroulement du Débarquement si elle avait été achevée. Mais l'aviation alliée troubla fortement la fin des travaux, et les bombardements sur le site redoublèrent peu avant le *D-Day*. Les artilleurs de Longues furent pourtant les seuls à répondre à l'artillerie de marine à l'aube du 6 juin : ils manquèrent d'ailleurs de peu le navire transportant le commandant du corps d'armée allié ! La batterie fut réduite au silence par les canons de l'*Ajax* après 20 mn de duel. Mais ses 4 pièces de 152 reprirent ensuite le feu, jusqu'à ce qu'un croiseur français mette 2 coups au but. Le 7 juin, toute la garnison allemande de Longues se rendit aux Britanniques venus d'Arromanches. Et les habitants retrouvèrent le sommeil...

Adresse utile

ℹ Office de tourisme : site de la Batterie. ☎ 02-31-21-46-87. ● bayeux-bessin-tourisme.com ●   Avr-oct, tlj 10h-13h, 14h-18h. Fermé nov-mars.

À voir

🔏 *La Batterie :* à la sortie du village, vers la mer. ☎ 02-31-21-46-87 ou 02-31-51-28-28. GRATUIT. Visite libre. Possibilité de visite guidée (téléphoner à l'office de tourisme de Bayeux) : tlj juin-août, w-e avr-mai et sept-oct ; visites à 11h40 et 14h15 ; tarifs : 5 €/pers, réduc, gratuit moins de 10 ans. Il s'agit de 4 casemates en béton et de leur poste de commandement. La 1re est en ruine, mais les autres conservent leurs longs canons. Impressionnant. Plus loin, en continuant vers la mer, un chemin mène à une petite crique de galets, au pied d'une falaise surnommée « le Chaos ». Joli cadre de verdure.

🔏 *L'ancienne abbaye de Sainte-Marie :* en contrebas du village. ☎ 02-31-21-78-41. ● bayeux-gite.com ● Propriété privée. Mai-10 août, visite mar-sam 14h-18h. Entrée : 5 € ; gratuit moins de 18 ans. Bâtiments conventuels bien restaurés. Au fond du jardin monastique, chapelle en ruine, dont subsistent un beau portail normand et quelques frises. Fondée au XIIe s, l'abbaye fut plusieurs fois remaniée. Dans la salle du chapitre, superbes carreaux de pavement du XIIIe s et fresques du XVIe s. L'abbaye a été sélectionnée par la région pour représenter la Normandie pour le Loto du Patrimoine ! Un coup de projecteur et une somme attribuée qui va permettre la couverture du chœur de la chapelle, qui sera ensuite accessible aux visiteurs.

Manifestations

– **D-Day Festival :** *5 juin au soir.* Au-delà des cérémonies commémoratives et pour que le 6 juin ne tombe jamais dans l'oubli, festivités populaires et gratuites pour tous les publics : concerts, spectacles, sons et lumières, bals, animations, cinéma.
– Sur le site de la Batterie, *feu d'artifice* (gratuit) : « La nuit où ils sont arrivés ».

PORT-EN-BESSIN

(14520)　　　　1 980 hab.　　　　*Carte Calvados, A-B1*

1er port de pêche artisanale du Calvados, 3e de Normandie. Presque toute la population active vit du poisson. Le nombre de pêcheurs qu'on voit parfois réparer les filets sur le port permet de s'en rendre compte. Son site vaut le coup d'œil, port naturel niché entre 2 hautes falaises érodées, couvertes d'un velours vert (ça doit être de l'herbe) ; il inspira plusieurs néo-impressionnistes, dont Seurat et Signac. Spécialisée, entre autres, dans la coquille Saint-Jacques (Label rouge de baie de Seine), la ville connaît une activité économique importante au regard de sa modeste taille. La criée a été informatisée : un vrai *Wall Street* de la pêche désormais ! Un beau film (récompensé par 2 césars), *Angèle et Tony,* d'Alix Delaporte, sorti au cinéma en 2011, y a été tourné ; pour l'occasion, de nombreux habitants se sont mués en acteurs.

L'HISTOIRE DE PORT PENDANT LE DÉBARQUEMENT

Port-en-Bessin est libéré le 7 juin au soir par le 47th Royal Marine Commando. Avant d'entrer dans la ville, les soldats anglais durent livrer de durs combats entre Le Hamel et les collines est de Port. Ils peuvent enfin établir un contact avec le 5e corps US, ce qui offre aux Alliés une bande littorale continue sur 56 km. En attendant une autre liaison avec les Américains débarqués à Utah Beach, qui n'aura lieu que le 12 juin, à Carentan.
Une fois libéré, le port est transformé en terminal pétrolier, pour alimenter en carburant les forces alliées. Avant l'ancrage du Pluto (1er oléoduc sous-marin de l'histoire), Port-en-Bessin est donc un centre important de l'intendance alliée où sont déchargés des bidons et des bidons de gasoil. Il servira jusqu'en octobre 1944.

Adresses et info utiles

🛈 **Office de tourisme :** *quai Baron-Gérard.* ☎ 02-31-22-45-80. ● *bayeux-bessin-tourisme.com* ● *Avr-oct, tlj* | *10h-13h, 14h-18h (18h45 juil-août) ; nov-mars, w-e 10h-13h, 14h-17h.* D'avril à octobre, les plaisanciers en

340 | **LE CALVADOS / LE BESSIN**

escale y trouveront aussi douches, sanitaires et kitchenette à disposition (payant).

■ *Centre culturel Léopold-Sédar-Senghor :* 2, rue du Croiseur-Montcalm. ☎ 02-31-21-92-33. ● visites@portenbessin-huppain. fr ● Mar-sam 10h-12h30, 14h-18h ; dim 14h30-18h. Propose des visites guidées thématiques payantes *(résa conseillée)* : « La débarque sous criée », « Le port de pêche », « Faune et flore du bord de mer », « Le chantier naval », « Le port de Signac et Seurat » et « Le port en juin 44 ».

– *Marchés :* marché traditionnel dim mat. *Marché aux poissons* ts les mat sauf lun.

Où dormir ? Où manger ?

Une fois n'est pas coutume, on vous propose aussi d'aller voir les gîtes *Les Filles du Bord de Mer* (● lesfil lesduborddemer.com ● ; appart côté port à partir de 115 €/nuit – 2 nuits min – et maisons vue sur la mer à partir de 590 €/sem). Vraiment top.

Camping

⚐ *Camping Port'Land :* chemin du Castel. ☎ 02-31-51-07-06. ● info@ camping-portland.fr ● camping-port land.com ● ♿ À la sortie de Port-en-Bessin, direction Grandcamp-Maisy. Ouv avr-début nov. Compter 24-38 € pour 2 avec tente et voiture ; cottages ou mobile homes 4-8 pers 525-1 330 €/sem. 256 empl. Propre et accueillant, ce camping nage dans la verdure, avec de petits étangs (dont un avec une plage). L'avantage : on peut rejoindre le centre de Port-en-Bessin à pied, à 600 m de là. Piscines, dont 1 couverte.

De prix moyens à chic

🛏 |●| *Le 6.3 Resto Home :* 63, rue de Bayeux. ☎ 02-31-92-17-66. ● le6.3restohome@orange.fr ● Juil-août, resto ouv le soir mar-dim, plus le midi dim ; hors saison, ouv le soir mer-sam, plus le midi dim et j. fériés (nov-mars, ouv seulement ven-dim soir). Doubles 80-100 €, petit déj inclus ; familiales. Formules 23-35 €. Parking. Une jolie petite structure, à cheval entre la chambre d'hôtes et l'hôtel, où les 5 chambres jouissent d'une déco pimpante et moderne. Côté table, la qualité de la cuisine et le professionnalisme sont bien ceux d'un vrai resto, et pour cause : le chef a déjà fait ses preuves ailleurs. Les produits de 1re fraîcheur y sont finement travaillés, la présentation soignée, comme le service, pro et attentionné.

|●| 🍴 *Le Bistrot d'à Côté :* 12, rue Lefournier. ☎ 02-31-51-79-12. ● le. bistrot@barque-bleue.fr ● Au centre-bourg, à 100 m du port. Fermé lun, plus dim soir hors saison. Congés : déc-janv. Menus 21,90-41,90 €. Cadre réussi de... bistrot (inévitablement un peu bruyant), avec une salle réservée aux enfants. Cuisine pleine de saveurs iodées, avec poissons et fruits de mer au menu. Maîtrise dans les préparations ainsi que dans le choix des produits. L'ardoise évolue presque quotidiennement en fonction des arrivées à la criée.

|●| 🍴 *Pays de Bessin :* quai Félix-Faure. 📱 06-13-31-02-36. Juil-août : fermé dim soir. Avr-sept, fermé dim soir-mar ; oct-mars, ouv jeu soir, ven soir, sam et dim midi. Congés : de mi-déc à janv. Menus (mai-juil) 20,90 €, sinon 26 € ; plateaux 28-41 €/pers. Amarré le long du canal, cet ancien chalutier est aux premières loges pour s'approvisionner auprès des pêcheurs rentrant du large. Ultra-frais, les fruits de mer, huîtres, crustacés et poissons sont cuisinés à bord et servis sans chichis. Ambiance familiale et décontractée.

🛏 |●| *Hôtel de la Marine :* quai Letour-neur. ☎ 02-31-21-70-08. ● hoteldela marine14@wanadoo.fr ● hoteldelama rine.fr ● Congés : de mi-janv à fin fév. Doubles 70-110 €. Menus 25-38 € ; carte env 35 €. Un hôtel sur lequel souffle un vent de fraîcheur, au propre comme au figuré, puisque toute la structure est peu à peu refaite. Côté resto, une cuisine fine faisant honneur aux poissons, à la mer et à ses fruits !

Pas donné, mais le cadre élégant est agréable et la vue superbe !

Où camper dans les environs ?

Nombreux campings sur la route de Colleville. En voici un côté mer et un côté campagne.

⚠ *Camping L'Hypo'Camp :* *60, route d'Omaha-Beach, 14520 Sainte-Honorine-des-Pertes.* ☎ *02-31-21-77-24.* ● *lhypocamp@orange.fr* ● *lhy pocamp.com* ● *Ouv d'avr à mi-nov. Compter 15,40-19,20 € pour 2 avec tente et voiture ; Coco Sweet (chouette et économique) et mobile homes 200-650 €/sem. 65 empl.* Petit camping familial, très bien tenu, calme et verdoyant. Emplacements de bonne taille, bien ombragés, et la mer est toute proche. Bon accueil.

⚠ ⛵ *Camping Reine Mathilde :* *route de Sainte-Honorine, lieu-dit le Marais, 14400 Étréham.* ☎ *02-31-21-76-55.* ▤ *06-12-73-50-92.* ● *campingreine mathilde@gmail.com* ● *camping-normandie-reinemathilde.com* ● ♿ *Ouv avr-fin sept. Compter 14,70-21,70 € pour 2 avec tente et voiture ; hébergements locatifs 180-750 €/sem. 115 empl.* Camping en campagne vraiment agréable et s'organisant autour d'une belle maison couverte de lierre. Confortable, bien équipé ; une adresse qu'on aime beaucoup. Loue des mobile homes, des chalets, des bungalows toilés et aussi des Pods (pour 2). Piscine, aire de jeux, ping-pong...

À voir. À faire

🥾🥾 *Les falaises :* visibles de la jetée, elles semblent protéger le port de chaque côté. À certains endroits, ces monstres de calcaire atteignent 70 m. *Attention :* il arrive que des couches d'argile s'effondrent dans la mer ! L'accès est donc interdit par arrêté. Pour votre sécurité, respectez le tracé de la randonnée « Autour de Port-en-Bessin-Huppain » (fiche disponible à l'office de tourisme).

🥾🥾 *La tour Vauban :* elle veille sur le port, du haut de son monticule. Construite à la fin du XVIIe s par Descombe, assistant de Vauban, elle permettait de protéger le port contre les corsaires et les incursions anglaises. C'est au pied de cette tour que Zanuck tourna la scène de l'attaque du casino de... Ouistreham dans *Le Jour le plus long.* Cherchez-en les vestiges...

🥾🥾 *La débarque sous criée :* *quai du Général-de-Gaulle, au fond du port. Résa (obligatoire) et rens au centre culturel Senghor (voir « Adresses et info utiles »). Mar ts les 15 j. (ts les mar juil-août), en soirée (min 10 pers). Visite : 5,50 € ; réduc ; gratuit moins de 10 ans.* C'est tard le soir que l'on peut venir assister à ce spectacle, toujours pittoresque, du tri des poissons et crustacés. Ambiance garantie. Environ 8 000 t sont débarquées ici chaque année !

🥾 *Le musée des Épaves sous-marines :* *route de Bayeux.* ☎ *02-31-21-17-06. Accès par la D 514 (fléché). Juin-sept, tlj 10h-13h et 14h-19h. Fermé le reste de l'année. Entrée : 7,50 € ; réduc ; gratuit moins de 7 ans.* Une foule d'objets collectés au cours des 25 ans d'explorations sous-marines. Évidemment, beaucoup de vestiges du Débarquement, souvent encore couverts de coquillages, du char d'assaut (à l'extérieur) au paquet de rations d'un soldat dont la trace avait été retrouvée aux États-Unis par le plongeur fondateur de ce musée. On y découvre aussi ce qui a été récupéré d'un cargo coulé pendant la Première Guerre mondiale, d'un trois-mâts du XIXe s...

342 | LE CALVADOS / LE BESSIN

➤ **Pêche en mer :** ☎ *06-03-02-00-42 (Régis). Compter 30 € pour 2h, 40 € pour 3h et 50 € pour 4h (matériel en supplément).* Sorties suivant les heures de marées (disponibles à l'office de tourisme).

Manifestations

– **Feux d'artifice de la tour Vauban :** *ts les ven en juil-août.* Près de 5 000 personnes se massent sur les quais pour profiter du spectacle.
– **Bénédiction de la mer :** *ts les 5 ans, autour du 15 août ; prochaine édition en 2023.* Une des plus importantes manifestations de ce genre en France, avec 25 000 participants en moyenne. Pour cette fête qui existe depuis 1908, rues et maisons se parent de filets multicolores. Une procession grimpe jusqu'à la statue de la Vierge Notre-Dame des Flots, puis les bateaux décorés de milliers de roses de papier confectionnées par les habitants sortent en mer pour se recueillir autour d'un catafalque flottant, symbolisant les disparus en mer.
– **Festival Le Goût du large :** *2e w-e de nov.* Fête de la coquille Saint-Jacques et des produits de la pêche, et festival Musique sous les embruns. Seul moment de l'année où la criée s'ouvre à la vente aux particuliers.

OMAHA BEACH
Carte Calvados, A1

> « Il n'y a que 2 sortes d'hommes qui vont rester sur cette plage : ceux qui ont déjà été tués et ceux qui vont se faire tuer. »
>
> Brigadier Cota, *Le Jour le plus long*

Sous le nom de code d'Omaha, entré dans la légende, les plages de 3 villages paisibles (d'ouest en est) : Vierville-sur-Mer, Saint-Laurent-sur-Mer et Colleville-sur-Mer. Les Américains qui débarquèrent ici connurent les pires conditions : mer agitée, obstacles meurtriers dressés partout (mines, barbelés...), site quasi imprenable (falaises truffées de bunkers, dunes fortifiées), ennemis

LE BOUCHER D'OMAHA BEACH

Avec 3 000 soldats américains tués le 1er jour du débarquement, Omaha Beach reste le symbole de l'horreur. Ce n'est qu'en l'an 2000 qu'on apprit que le soldat allemand Severloh en tua plus de 1 000 à lui seul avec sa mitrailleuse. Jamais inquiété mais rongé de remords, il révéla cette horreur en publiant ses Mémoires.

plus nombreux que prévu, etc. Omaha, seule plage où le réembarquement fut envisagé (au risque de compromettre les opérations futures), reste le symbole de la détermination des militaires américains. Mais aussi, avec le bilan le plus catastrophique du *D-Day* (on estime le nombre de blessés, tués et disparus à environ 3 000), le symbole du prix payé pour libérer l'Europe. Ce n'est pas pour rien que le site qui surplombe la plage (concession américaine à perpétuité) fut choisi pour accueillir le cimetière : ici reposent les corps de plus de 9 000 Américains tués sur les champs de bataille normands... Aucune construction entre le cimetière, en surplomb, et la plage, qui en est d'autant plus superbe.
Le plus étrange : ces plages au passé tragique sont certainement aussi parmi les plus belles du Calvados. Au pied de collines verdoyantes, du sable fin à

OMAHA BEACH | 343

perte de vue. Méfiance, cependant, ces plages peuvent être dangereuses pour les baigneurs du fait des baïnes qui se créent à marée montante. Celle de Saint-Laurent est surveillée en été, mais pas les autres.

Où dormir ? Où manger dans les environs ?

Chambres d'hôtes

🏠 **La Ferme du Mouchel :** *14710 For-migny.* ☎ 02-31-22-53-79 📱 06-15-37-50-20. ● odile.lenourichel@orange.fr ● ferme-du-mouchel.com ● *Par la D 517 depuis Omaha, puis suivre les indications sur la gauche, avt d'arriver à Formigny. Doubles 70-80 € ; familiale. Bouteille de cidre offerte à partir de 2 nuits sur présentation du guide de l'année.* Environnement paisible et, dans une belle maison en pierre, 3 chambres (1 familiale) confortables à la déco rustique égayée par quelques touches de couleur. Petit déj super. Plein de conseils fournis par Odile, toujours souriante. Un accueil sincère et bien sympathique.

🏠 **Le Château de Saint-Pierre-du-Mont :** *chez Jean Beck, 14450 Saint-Pierre-du-Mont.* ☎ 02-31-22-63-79. 📱 06-62-07-05-03. ● chateaus tpierre@orange.fr ● chambresdhotes-bayeuxarromanchesgrandcamp.com ● *Congés : de mi-déc à mi-fév. Doubles 75-95 € ; familiale. CB acceptées. 5 € de réduction sur présentation du guide de l'année.* C'est un superbe petit château, fermé par une muraille, avec sa haute tour et sa façade un rien austère. Vos hôtes, eux, ne le sont pas du tout. Souriants et accueillants, ils proposent de vastes et confortables chambres, aux larges fenêtres qui ouvrent sur la campagne. Celle tout en haut, mansardée, offre même un double panorama, côté champs et côté mer.

Chic

🏠 🍴 ⛺ **La Sapinière :** *100, rue de la 2ᵉ-Infanterie-US, 14710 Saint-Laurent-sur-Mer.* ☎ 02-31-92-71-72. ● sci-thierry@wanadoo.fr ● la-sapi niere.com ● ♿ *Ouv de mi-mars à mi-nov. Résa conseillée le w-e et le soir en saison. Doubles 100-135 € ; familiales ; petit déj 14 €. Formule déj en sem 20 € (hors vac scol) ; carte 30-35 €. Parking. Kir normand offert sur présentation du guide de l'année.* Idéalement située à deux pas de la plage, une adresse accueillante. Les chambres, aménagées dans de petits chalets modernes en bois, sont grandes, lumineuses, sobrement décorées et disposent toutes d'une terrasse. Pour ne rien gâcher, les lits sont vraiment confortables. On adore la salle du resto, très conviviale, avec ses baies vitrées, la cheminée et la terrasse aux beaux jours. Les prix, en revanche, sont élevés pour une carte somme toute assez simple, de type brasserie (moules-frites, belles salades, etc.). En été, sandwichs et gaufres (16h-18h ; extra les gaufres !) à emporter. Terrasse et jardin avec transats, pétanque et table de ping-pong très prisés en été pour l'apéro en famille après la plage. Atmosphère chaleureuse et familiale.

🏠 🍴 ⛺ **Hôtel du Casino :** *rue de la Percée, 14710 Vierville-sur-Mer.* ☎ 02-31-22-41-02. ● hotel-du-casino@orange.fr ● omaha-beach-hotel.biz ● *Ouv d'avr à mi-nov. Doubles 150-160 € ; familiales. Formules 30-40 €.* Une bâtisse d'allure extérieure un peu vieillotte (elle a ouvert en 1955), mais superbement située, face à un coin de mer où s'est écrite l'une des pages les plus sanglantes du Débarquement. Depuis 3 générations, la même famille a accueilli des clients tels que D. D. Eisenhower, Bradley, ainsi que de nombreux vétérans.

Où acheter de bons produits dans les environs ?

🐝 **La ferme de la Sapinière :** *route de Port-en-Bessin, 14710 Saint-Laurent-sur-Mer.* ☎ 02-31-22-40-51. ● producteur-cidre.com ●

LE CALVADOS

344 | **LE CALVADOS / LE BESSIN**

Boutique ouv lun-sam 9h30-18h30 (10h-17h en basse saison). Visites possibles de l'exploitation (3,50 €) : avr-nov lun-sam 10h45 et 15h30 ; se renseigner le reste de l'année. Ferme cidricole qui appartient à la même famille depuis 6 générations ! On vient s'approvisionner en bon cidre bien sûr (4 cuvées sont produites), mais aussi en pommeau ou en calvados. On peut en profiter pour visiter l'exploitation et découvrir le processus de fabrication, la diversité des variétés de pommes utilisées... Outre sa propre production, la famille propose une belle gamme de produits normands : andouille de Vire, sablés d'Asnelles, soupes de poisson, fromages, confitures...

🏵 *La ferme du Lavoir : chez Guillaume Capelle, 14710 Formigny.* ☎ 02-31-22-56-89. ● contact@fermedulavoir.fr ● fermedulavoir.fr ● *Ouvtte l'année ; tlj avr-oct 9h-19h sauf dim hors vac ; et mer-sam nov-mars, mêmes horaires.* Les 15 ha de vergers bio de la ferme permettent au propriétaire de produire cidre (demi-sec ou brut) et jus de pomme, mais aussi du calvados, du formignon (jus de pomme et calva), du vinaigre de cidre et de la gelée de pomme. Et puis, *last but not least,* Guillaume Capelle a fait une infidélité à ses pommes, en lançant une gamme de bières maison, très appréciées dans le secteur et à juste titre !

À voir dans le coin

🎥 *Le cimetière américain : à* *Colleville-sur-Mer, au bord de la falaise.* ☎ 02-31-51-62-00. ● abmc.gov ● ♿ *Prêt de fauteuils roulants. Tlj 9h-17h (18h avr-sept). Fermé 1ᵉʳ janv et 25 déc. GRATUIT. Tenue correcte exigée (et chiens interdits).*
Le site se compose en fait de 4 parties : le *Visitor Center* ; le *mémorial,* hommage solennel aux soldats ; le *cimetière* proprement dit et, enfin, les *falaises,* depuis lesquelles la vue se prolonge sur la plage et la mer. Ne pas hésiter à consacrer du temps

IL FAUT SAUVER LE SOLDAT NILAND

Le nom de Ryan est gravé sur nombre de croix blanches du cimetière américain de Colleville. Ryan, comme le soldat qu'il fallait sauver dans le film de Steven Spielberg. Dans la réalité, ce soldat s'appelait Frederick Niland. Ses frères Robert et Preston, tombés les 2 premiers jours du Débarquement, reposent côte à côte à Colleville. Un autre de ses frères, Edward, qu'on pensait à l'époque disparu, était en fait prisonnier des Japonais.

à cet ensemble, sorte de point d'orgue à la compréhension humaine de ce qui se joua ici.

– *Visitor Center : situé en sous-sol.* L'exposition a l'intelligence de mettre de la vie dans ce lieu de mémoire et de mort. S'y rendre avant la visite proprement dite du cimetière donne un éclairage plus humain et poignant à ces milliers de croix blanches qui semblent si présentes. On a alors le sentiment que tout s'est joué hier. Juste hier. Un excellent film (diffusé en permanence dans le grand auditorium) met l'accent sur quelques jeunes militaires embringués dans l'aventure du Débarquement et qui ne revinrent jamais. Par ailleurs, une vaste salle à l'éclairage doux présente, par le biais d'une muséographie de qualité, l'enchaînement des événements. Un film d'époque rappelle le difficile choix de la date du Débarquement par Eisenhower (le 5 ou le 6 ?). Pour finir, on traverse un couloir de béton où les noms de tous les jeunes Américains morts sur le sol français sont égrenés. Quand on retourne à la lumière, les croix blanches du cimetière prennent vie.

– *Le mémorial :* composé d'un monumental péristyle néogrec, d'une statue de bronze de 7 m de haut (symbolisant l'*Âme de la jeunesse américaine*), d'un « jardin des Disparus » et d'un plan d'eau. Sur les murs encadrant le portique, d'immenses cartes sculptées retracent les opérations du Débarquement.

OMAHA BEACH / À VOIR DANS LE COIN | 345

– *Le cimetière :* le plus grand, le plus connu et le plus émouvant des cimetières du Débarquement. Cette vaste nécropole, étendue sur environ 70 ha, fut achevée en 1956 pour qu'y soient réunis les corps des soldats initialement enterrés dans les différents cimetières temporaires. Le cimetière, avec sa majestueuse esplanade de gazon verdoyant, donne accès aux alignements de croix blanches (9 388, dont celles de 307 soldats inconnus) et d'étoiles de David (pour les soldats juifs). Il faut vraiment prendre le temps de se promener sur ce vaste espace où règne aujourd'hui une étrange quiétude. Pour finir, allez vous balader du côté des *falaises,* où une table d'orientation indique l'emplacement des différentes plages attaquées le 6 juin. Du parking extérieur, un chemin conduit à un monument commémoratif avant de mener à la plage.

🎭 *Overlord Museum :* rond-point d'accès au cimetière américain, 14710 **Colleville-sur-Mer.** ☎ 02-31-22-00-55. ● overlordmuseum.com ● Juin-août, tlj 9h30-19h ; avr-mai et sept, tlj 10h-18h30 ; oct-mars, tlj 10h-17h30. Fermé de janv à mi-fév et 24-25 et 31 déc. Entrée : 8,40 € ; réduc ; gratuit moins de 10 ans.

CÉLÈBRE GRÂCE À UN LIVRE

Eisenhower publie ses mémoires de guerre (Croisade en Europe) en 1946. Un succès inouï. Il devient alors vraiment connu et riche. Cette notoriété inattendue l'incite à annoncer sa candidature à la présidentielle en 1952. Il sera élu 2 fois.

L'ouverture de ce musée, en 2013, est l'aboutissement du projet familial de la famille Leloup et d'une passion dont on vous laisse découvrir la genèse. Des effets de soldats jusqu'aux plus gros blindés de l'époque, les 6 armées en présence en Normandie y sont présentées au travers de décors et de scènes reconstitués avec le déploiement de 40 véhicules, chars et canons. Les mannequins, aux postures plus mobiles que ce qu'on peut voir habituellement, donnent vie à ces scènes. La plupart des pièces exposées ont été retrouvées dans la région, où le gros matériel avait souvent été adapté pour servir aux travaux agricoles, ce qui l'a préservé de la dégradation. Cheminement fluide et sans surcharge muséographique. On regrette juste que si peu de photos soient légendées. En juin 2019, une nouvelle partie muséographique a ouvert ses portes avec un nouvel espace d'exposition, notamment sur la contribution des forces aériennes dans la Bataille de Normandie et une galerie de portraits.

🎭 **Le musée-mémorial Omaha Beach :** *les Moulins, av. de la Libération, 14710* **Saint-Laurent-sur-Mer.** ☎ *02-31-21-97-44.* ● *musee-memorial-omaha.com* ● ♿ *De mi-fév à mars, tlj 10h-17h (18h mars) ; avr-mai et sept, tlj 9h30-18h30 (19h juin, 19h30 juil-août, 18h oct-nov). Fermé du 16 nov à mi-fév. Entrée : 7 € ; 6 € sur présentation du guide de l'année (pour 2 pers max) ; réduc.* Sur 1 400 m², le musée vous plonge au cœur de l'histoire du 6 juin 1944 avec la mise en scène de véhicules militaires, de mannequins en uniforme, mais aussi une foule de souvenirs et de documents rares, certains passionnants (comme ce drapeau nazi pris par les Américains le jour du Débarquement), des véhicules, des armes, amassés pendant des années. Côté militaire, une importante collection de mines, obus, bombes et autres engins de mort allemands. Reconstitution d'une « scène de plage » du 6 juin : mannequins en uniforme au milieu des obstacles. À la fin, un film de 25 mn accompagné de témoignages de vétérans américains retrace le débarquement sur Omaha et la pointe du Hoc. Sur le parking, des canons, un char, une barrière belge et une péniche pour compléter l'ensemble.

🎭 **À Saint-Laurent-sur-Mer,** pas un musée classique mais une rencontre authentique avec Sébastien Olar à la **Maison de la Libération** *(27, rue du Val ; ☎ 06-87-40-35-63, sur résa).* D'une famille de résistants, Sébastien Olar est intarissable sur l'époque du Débarquement.

LE CALVADOS

346 | **LE CALVADOS / LE BESSIN**

🏃 À *Vierville-sur-Mer* et à *Saint-Laurent-sur-Mer,* on peut remarquer (à marée basse seulement) les *vestiges du 1er port artificiel.* Il devait avoir la même fonction que celui d'Arromanches, mais, suite à la grosse tempête du 19 au 21 juin 1944, celui-ci ne fonctionna pas à plein temps ; cependant, 600 000 hommes réussirent à débarquer jusqu'en février 1945. Une partie est exposée à Vierville, le long de la route qui mène à la plage.

🏃 *Le musée D-Day Omaha :* route de Grandcamp, 14710 *Vierville-sur-Mer.* ☎ 02-31-21-71-80. Juin-août, tlj 10h-19h ; avr-mai et sept, tlj 10h30-18h30. Fermé oct-avr. Entrée : 6 € ; réduc ; gratuit moins de 8 ans. Installé dans un ancien baraquement qui servit d'hôpital aux Américains pendant le Débarquement, il fut transformé en cinéma par les habitants du village après guerre. Ce qu'il resta jusque dans les années 1950. Il abrite aujourd'hui la collection à laquelle Michel Brissard consacra 50 années de sa vie. Celle-ci contient quelques pièces extrêmement rares, comme la fameuse machine de déchiffrement Enigma ou encore cette moto pliante avec son caisson ou, dans le même genre, le scooter rétractable. Ces engins étaient largués avec les parachutistes anglais. Également un Goliath, minichar allemand filoguidé qui déposait à l'endroit voulu les charges explosives et dont il ne reste aujourd'hui que très peu d'exemplaires (soit l'engin s'autodétruisait en explosant, soit les alliés les détruisaient systématiquement).

LE CALVADOS

LA POINTE DU HOC
Carte Calvados, A1

L'un des plus beaux sites naturels de la côte normande. Imaginez une falaise abrupte, atteignant 35 m de haut à certains endroits, constamment battue par les vents. Ce lieu sublime, qui permettait une bonne surveillance de la côte ouest et est, fut choisi par les Allemands pour l'implantation d'une puissante batterie de canons, particulièrement bien gardée. L'héroïque prise du site par les rangers américains allait faire de l'assaut de la pointe du Hoc l'une des pages les plus lues de l'histoire du Débarquement.

UNE ATTAQUE AU GRAPPIN

La délicate mission de prendre ce site réputé imprenable fut confiée à un Texan, le colonel James Rudder, ancien entraîneur de foot d'un lycée ! Il existe en Angleterre une falaise comparable à celle du Hoc. Les 225 rangers américains, durant des semaines, vont y simuler des attaques, tout en mettant au point un équipement spécial : lance-grappin, échelles emboîtables et cordes à nœuds. Le 6 juin, peu de choses se passent comme prévu. Le débarquement est retardé à cause du brouillard, puis une erreur de navigation oblige la troupe à passer sous le nez de l'ennemi ! Les vagues de 1 m de haut coulent même l'une des péniches. À 7h10, les hommes de Rudder mettent enfin pied

> **LA MISSION LA PLUS PÉRILLEUSE**
>
> *Escalader une falaise de 35 m pour mettre hors d'état 6 dangereux canons de 150 mm relevait de l'héroïsme. Cette batterie mettait en péril les débarquements d'Omaha et d'Utah. L'échec était inenvisageable. Après de lourdes pertes, on se rendit compte que les canons étaient inopérants puisque cachés dans les champs, par crainte des bombardements !*

à terre et il suffit de quelques minutes à la plupart des soldats pour atteindre le sommet de la falaise. Mais le plus dur reste à faire : déloger l'ennemi, replié dans ses casemates de béton armé. Il faudra plus de 2 jours pour y parvenir. Le 7 juin, le poste de direction de tir est dégagé au lance-flammes. Le commandant, caché dans une position antiaérienne, résistera jusqu'au lendemain. Une fois le site en main, les rangers ne comptent plus parmi eux que 90 hommes valides.

Adresse utile

■ *Accueil (Visitor Center) :* à la pointe du Hoc, 14450 **Cricqueville-en-Bessin**. ☎ 02-31-51-62-00 (cimetière américain d'Omaha). ● abmc.gov ● Normalement, mêmes horaires que le cimetière américain, tlj 9h-17h (18h de mi-avr à mi-sept). Un court documentaire réunit les témoignages de vétérans de l'assaut de la pointe.

À voir

🏹🏹 *Le site de la pointe du Hoc :* à 5 km à l'est de Grandcamp. GRATUIT. Beaucoup de monde en saison ; arriver tôt (ou tard). Application smartphone « Pointe du Hoc by ABMC » disponible pour mieux découvrir le site. Entièrement protégé et balisé, le site est une concession à perpétuité, propriété des États-Unis. Cas suffisamment rare dans l'histoire du Débarquement pour être souligné, il est resté en grande partie intact, c'est-à-dire dans l'état même où il avait été laissé par les rangers le 8 juin 1944.

ON NE PEUT PAS TOUT PRÉVOIR...

On le sait, lors de la prise de la pointe du Hoc, rien ne se passa comme prévu. Les soldats s'étaient entraînés avec leur lance-grappin à escalader une falaise comparable. Mais durant le « vrai » combat, ils eurent la cruelle surprise de s'apercevoir que les cordes des grappins, alourdies par l'eau de mer (ce qu'ils n'avaient pas prévu), ne pouvaient atteindre le haut de la falaise, compliquant encore, s'il le fallait, la terrible ascension.

Exception faite, bien sûr, du monument élevé à la gloire des héroïques rangers, des sentiers de promenade, des panneaux explicatifs, et un bâtiment d'accueil (Visitor Center ; lire plus haut). On visite donc un champ de bataille où se mêlent bunkers en ruine et cratères de bombes, barbelés et amas de rocaille, et béton criblé de balles. Certains des bunkers, restés intacts, peuvent être visités, notamment le grand poste de direction de tir. On vous conseille de venir tôt le matin ou en fin d'après-midi, quand le site retrouve sa tranquillité (et que l'on y croise plus de lapins que de touristes !). Beau panorama même si l'accès à la pointe proprement dite est interdit.

GRANDCAMP-MAISY

| (14450) | 1 720 hab. | Carte Calvados, A1 |

Petite station animée, sans charme évident, mais à l'atmosphère plaisante grâce à son port et sa grande plage. Ici, les pêcheurs traquent surtout la coquille Saint-Jacques. En outre, le sentier du littoral offre de

348 | LE CALVADOS / LE BESSIN

belles promenades. Et comme l'histoire colle à la peau dans la région, sachez qu'au cimetière de la ville repose le commandant Philippe Kieffer, Compagnon de la Libération. Ce fondateur des commandos français était à la tête des seules troupes françaises ayant participé au Débarquement.

Adresse et info utiles

Office de tourisme : *26, quai Crampon.* ☎ *02-31-21-46-00.* ● *isigny-omaha-tourisme.com* ● *De juin à mi-sept, tlj (fermé dim ap-m juin et sept) 10h-13h, 14h-18h ; le reste de l'année, se renseigner.* Location de vélos.

Réservation pour la visite de parcs à huîtres, pêche et promenade en mer... et vente des billets pour les *Bus verts.*
– *Marché aux poissons :* *tte l'année, tlj 8h-11h30, à la halle.*

Où dormir ?
Où manger à Grandcamp et dans les environs ?

Camping

⚔ *Aire naturelle de camping Le Pont du Hable :* *route de Vierville, le Hable, à Grandcamp.* ☎ *02-31-22-62-31.* 📱 *06-87-85-39-62.* ● *contact@ campinglepontduhable.fr* ● *campin glepontduhable.fr* ● *Sur la D 514 en venant de la pointe du Hoc à droite après le km 82. Ouv de mi-avr à mi-oct. Compter 15,85 € pour 2 avec tente et voiture. 25 empl. CB refusées.* Situé en bord de mer, pour les amateurs de camping (presque) sauvage ! Confort rudimentaire et équipements succincts, mais vous trouverez quand même à disposition micro-ondes, barbecue, pain frais, sèche-cheveux et douches chaudes. Ambiance conviviale le soir, autour des feux de camp. Le GR du littoral passe juste devant, mais les jours de grand vent, ça souffle ! Cours d'eau où l'on peut taquiner le poisson. Petite piscine démontable.

Chambres d'hôtes

🏠 *Le Manoir de l'Hermerel :* *14230 Géfosse-Fontenay.* ☎ *02-31-22-64-12.* ● *hermerel@orange.fr* ● *manoir-hermerel.com* ● *À env 5 km au sud-ouest de Grandcamp. Ouv avr-nov. Double 85 € (2 nuits min) ; familiales.* Dans un manoir du XVIIᵉ s, ravissantes chambres d'hôtes, chacune

dans un style différent : l'une fort belle, en mezzanine et mansardée, l'autre petite, dans les tons rose pâle et aux jolis pavés de pierre blanche... Dans la cour, un vieux pigeonnier et une sublime petite chapelle du XVᵉ s (dans laquelle est installé un salon d'été) ! L'endroit ne manque ni de charme ni de caractère.

🏠 *Chambres d'hôtes La Ferme de Savigny :* *chez Régine et Jacques Ledevin, 14230* **La Cambe.** ☎ *02-31-21-12-33.* 📱 *06-50-56-23-16.* ● *re.ledevin@wanadoo.fr* ● *ferme-de-savigny.fr* ● *À 4,5 km au sud de Grandcamp. Congés : 20 déc-2 janv. Doubles 70-85 €, également des suites (familiales).* Ferme-manoir bien située pour découvrir le coin ; très beaux corps de bâtiments du XVIIIᵉ s s'articulant autour d'une cour verdoyante. Accessibles par un escalier du XVIᵉ s, les 4 chambres soigneusement tenues ont une surface qui varie du simple au quadruple, avec des prix en conséquence. À vous de voir si vous préférez privilégier votre porte-monnaie ou disposer d'une chambre plus contemporaine et plus confortable. Jacuzzi extérieur, coin cuisine. Un beau tableau que viennent compléter le paisible chien Volcan et les quelques animaux de basse-cour. Accueil simple et aimable.

ISIGNY-SUR-MER | 349

De bon marché
à prix moyens

IOI ↑ **La Trinquette :** *7, route du Jon-cal, à Grandcamp.* ☎ *02-31-22-64-90.* ● *restaurant-la-trinquette@wanadoo. fr* ● ♿ *En allant vers le camping, juste à côté du port. Congés : 8 déc-22 janv. Fermé lun-mar. Résa conseillée. Menus 29,50-48 €.* Un p'tit resto dont la réputation ne s'est pas démentie depuis la cabane de bois qui l'accueil-lait à la fin des années 1960. La salle est aujourd'hui plaisante, dans l'air du temps, et les produits toujours d'une éclatante fraîcheur. La mer, évidem-ment, est à l'honneur. Quelques tables en terrasse aux beaux jours. Accueil sympathique.

IOI ↑ **La Marée :** *5, quai Henry-Chéron, à Grandcamp.* ☎ *02-31-21-41-00.* ● *contact@restolamaree. com* ● *Tlj sauf dim soir (hors vac scol).*

Congés : janv. Formule 18 € ; menus 22-36 €. Déco marine et vue impre-nable sur le port : ce resto confortable est une valeur sûre de la région. Fruits de mer et poissons y ont la part belle, bien sûr, mais les plats plus continen-taux ne sont pas oubliés. Un classique qui tient ses promesses et satisfait les habitués, comme les visiteurs de passage.

IOI **La Belle Marinière :** *9, rue du Petit-Maisy, à Grandcamp.* ☎ *02-31-22-61-23. Dans une petite rue, à 50 m du port. Congés : janv. Tlj (sauf dim soir hors saison). Menus 19,50-27,50 €. Café offert sur présentation du guide de l'année.* En été, quelques tables dans la petite cour, ou dans la salle rustique toute simple, où le temps semble s'être arrêté. Mais la cuisine traditionnelle, à base de bons produits, s'avère goû-teuse et le rapport qualité-prix tout à fait correct.

LE CALVADOS

DANS LES ENVIRONS DE GRANDCAMP-MAISY

⚔ *Le cimetière militaire alle-mand :* à *La Cambe, à 7 km au sud de Grandcamp.* ☎ *02-31-22-70-76. Une fois au village de La Cambe, prendre la N 13 direction Isigny sur 1 km ; l'entrée du cimetière est à gauche de la route. Tlj 8h (9h w-e)-17h (19h avr-oct).* L'un des plus grands cimetières allemands de France. Près de 21 300 soldats, issus de 1 400 communes d'outre-Rhin, sont enterrés ici. Site poignant, dans un genre radicalement

DES SOLDATS CAMÉS

Pendant la Seconde Guerre mondiale, l'armée allemande distribua des mil-lions de doses de méthamphétamine à ses soldats. Cette drogue de synthèse, particulièrement dangereuse, donne un sentiment de puissance, d'euphorie... et d'inconscience. La phase descen-dante provoque paranoïa et, parfois, tentative de suicide. Hitler en était un fervent utilisateur.

différent de celui de Colleville (lire plus haut « À voir dans le coin » à Omaha Beach). Pleine de sagesse, la devise du cimetière est *Réconciliation par-dessus les tombes...*

ISIGNY-SUR-MER

| (14230) | 2 660 hab. | Carte Calvados, A1 |

Voici un nom qui évoque immédiatement le beurre, et pas n'importe lequel, puisque l'appellation *Isigny* regroupe l'essentiel des productions laitières du Bessin. On est d'ailleurs accueilli, en arrivant, par l'immense laiterie

350 | **LE CALVADOS / LE BESSIN**

d'Isigny-Sainte-Mère. Située au confluent de la Vire et de l'Aure, la petite bourgade a su tirer parti de ses marais et polders en y faisant paître ses vaches, profitant ainsi de l'herbe bien grasse donnant toute son identité au terroir d'Isigny.

Mais, bombardée à 60 % en juin 1944, elle ne conserve que peu de témoins du passé, à l'exception d'un ancien palais transformé en mairie et des petites maisons de pêcheurs du quartier des Hogues.

WALT D'ISIGNY !

Disney n'est autre que la déformation américaine « d'Isigny ». Les aïeux du célèbre créateur de Mickey sont en effet originaires de la ville : 2 frères, partis avec Guillaume le Conquérant à l'assaut de l'Angleterre en 1066, avant d'émigrer en Irlande puis en Amérique. D'ailleurs, le descendant des seigneurs d'Isigny donne aujourd'hui son nom au jardin de l'hôtel de ville.

Adresse utile

Office de tourisme : *16, rue Émile-Demagny.* ☎ *02-31-21-46-00.* ● *isigny-omaha-tourisme.com* ● *De juin à mi-sept, tlj sauf dim ap-m 10h-13h, 14h-18h30 ; de mi-sept à mai, mar mat et mer-sam 9h30-12h30, 14h-17h (18h en mai).* Location de vélos. Réservation pour la visite de parcs à huîtres, pêche et promenade en mer...

Où dormir ? Où manger ?

Camping

⚊ **Camping Le Fanal :** *rue du Fanal.* ☎ *02-31-21-33-20.* ● *info@camping-lefanal.fr* ● *camping-normandie-fanal.fr* ● ♿ *Ouv avr-sept.* Compter *14,50-32,50 €* pour 2 avec tente et voiture ; *hébergements locatifs 203-1 050 €/sem.* 200 empl. Un camping qui, mine de rien, bénéficie d'un environnement agréable (plan d'eau) et d'un bon équipement (2 piscines dont 1 avec toboggans et 1 petite couverte). Les tarifs sont donc assez élevés en haute saison mais c'est plutôt justifié. Location de chalets et de mobile homes.

Prix moyens

⌂ I●I **Hôtel de France :** *13, rue Émile-Demagny.* ☎ *02-31-22-00-33.* ● *info@hotel-france-isigny.fr* ● *hotel-france-isigny.fr* ● *Dans le centre. Doubles 71-89 € ; familiale. Formule déj en sem 17 € ; menus 19,80-28,80 €. Parking. Réduc de 10 % sur le prix de la chambre sur présentation du guide de l'année.* Quelques chambres classiques dans la maison principale, à l'étage ; d'autres plus modernes, plus claires, dans l'annexe, ou encore des basiques de plain-pied dans un petit bâtiment style motel ; à chacun de choisir ! Au resto, huîtres gratinées au cidre ou choucroute de la mer.

Où dormir dans les environs ?

Chambres d'hôtes

⌂ **La Ferme d'Ervée de Saint-Roch :** *le Hameau Feugères, 14230 Isigny-sur-Mer.* ☎ *02-31-10-11-78.* 🖟 *06-66-92-90-43.* ● *ophelie@lafermedesaintroch. com* ● *lafermedervee.com* ● *À 1,5 km d'Isigny par la D 197, direction Neuilly-la-Forêt. Doubles 85-90 € ; gîte 2-4 pers 69-110 €/nuit.* Cette ancienne ferme très accueillante, rénovée et transformée en chambre d'hôtes, propose 3 chambres spacieuses, toutes différentes (2-4 personnes), et 1 gîte idéal pour les familles (4 personnes). La proprio aime la déco et ça se voit : tout a été pensé et réalisé avec soin, laissant sa place au charme ancien tout en privilégiant une ambiance contemporaine avec touche de couleur ad hoc. Le salon commun est tout aussi confortable, ainsi que la cuisine où est servi le copieux petit déj. Accueil charmant, prêt de vélos, rien ne manque !

À voir. À faire

⚓ La laiterie Isigny-Sainte-Mère : *2, rue du Docteur-Boutrois.* ☎ 02-31-10-12-06. ● *isigny-ste-mere.com* ● *Magasin ouv lun-sam 10h-13h, 14h-19h.* Avec 4 produits AOP et 2 Label rouge, *Isigny-Sainte-Mère* vend ses 70 ans de savoir-faire, ses vaches normandes qui broutent de la vraie herbe et ses camemberts moulés à la louche. Cela dit, si certains sont moulés à la main, la plus grande partie de la production est automatisée (eh oui ! un brevet fut déposé en 1985 pour robotiser le louchage). Le magasin vend toute l'année les produits de la maison, et, en été, ne vous étonnez pas d'y voir la queue : les locaux sont légion à venir en famille se délecter de glaces à l'italienne élaborées avec la crème fraîche d'Isigny.

⚓ Société Caramels d'Isigny : *zone artisanale Isypôle, rue du 19-Mars-1962.* ☎ 02-31-51-39-89. *Les Halles ouv tte l'année, tlj (sauf dim janv-mars) 9h-19h. Pour les visites (conseillées avt le mat en sem si vous voulez voir les machines tourner) : avr-sept, tlj 9h-18h ; oct-mars, lun-ven et j. fériés 9h-17h. Entrée : 3,30 € ; réduc.* Ici, on fabrique le vrai caramel d'Isigny au lait entier et au beurre doux ou salé. D'un côté, vous avez les Halles (magasin de vente). De l'autre, sur 350 m², tout un espace pédagogique et ludique dédié à l'histoire d'Isigny, à la coopérative d'Isigny-Sainte-Mère, mais surtout aux délicieux produits maison, avec la découverte des ateliers de fabrication à travers des baies vitrées. Dans les années 1930 et jusque dans les années 1990, 2 entreprises se partageaient le marché du caramel à Isigny : les Galliot et la société Dupont-d'Isigny. Quand, en 1994, cette dernière partit s'installer à Carentan, la chambre de commerce et la coopérative laitière œuvrèrent pour que la production de caramel ne cesse pas. C'est ainsi que naquit l'entreprise *Caramels d'Isigny* qui, aujourd'hui encore, travaille main dans la main avec la laiterie.

DANS LES ENVIRONS D'ISIGNY-SUR-MER

⚓ Les Vergers de Romilly : *14230 Saint-Germain-du-Pert.* ☎ 02-31-22-71-77. ● *vergersderomilly.com* ● *Suivre la direction « Cimetière militaire allemand ». C'est juste derrière. Dégustation et vente tlj sauf dim 9h30-19h. GRATUIT. Visite guidée mer à 14h30.* Une trentaine de pommes différentes poussent ici sur des pommiers basse tige ou haute tige. On poursuit la visite dans la cave. Les divers modes de culture du pommier sont présentés, la fabrication du cidre, du pommeau et du calvados est également abordée à l'aide d'un petit film. À noter : la visite d'un alambic nouvellement installé (et rare dans les parages). Dégustation des liqueurs 44 et de vieux garçon, ainsi que du confit de cidre, des confitures au pommeau...

⚓ Le château de Colombières : *14710 Colombières.* ☎ 02-31-22-51-65. ● *chateau-colombieres.fr* ● *À 10 km à l'est d'Isigny. Juil-août, lun-jeu 14h-19h ; sept, w-e uniquement aux mêmes horaires. Visites guidées seulement : 6 € ; réduc ; gratuit moins de 12 ans.* Une superbe forteresse médiévale édifiée à la fin du XIVe s, flanquée de tours et de douves toujours en eau. La visite est limitée puisque le château est habité par la même famille depuis 300 ans. On découvre les douves, la chapelle, la salle à manger, la cuisine, sa cheminée monumentale et son four à pain, et le très bel escalier à vis du XVIe s.

BALLEROY (14490)   970 hab.   *Carte Calvados, A2*

Voici une commune qui n'est pas sans rappeler... Versailles ! Toutes proportions gardées, bien sûr. Les plans du bourg de Balleroy furent tracés uniquement en fonction de son important château. D'où cette étrange impression quand on pénètre dans cette petite bourgade : les maisons semblent n'avoir été construites que pour mettre en valeur l'imposante avenue qui mène au parc du château... Une belle perspective architecturale, unique en son genre en Normandie. Le château, où régnèrent pendant 300 ans les marquis de Balleroy, fut construit par Mansart dans la 1re moitié du XVIIe s pour le conseiller du roi, Jean de Choisy, qui demanda évidemment à Le Nôtre de dessiner les jardins (remaniés depuis par Henri Duchêne).

Dans les années 1970, la somptueuse propriété fut acquise par un personnage haut en couleur, le milliardaire américain Malcom Forbes (1919-1990), éditeur de *Fortune* et fana de montgolfières. Il y créa un musée consacré à sa passion et organisa, dans l'immense parc, des festivals de dirigeables qui firent de Balleroy la rivale d'Albuquerque (aux États-Unis) !

À voir

🏃 👫 *Le château et le musée :* ☎ 02-31-21-06-76. ● chateau-balleroy.fr ●
♿ *(parc et musée des Ballons). Avr-sept, mer-dim (tlj juil-août) 10h45-18h (dernière entrée 1h avant fermeture). Billet combiné musée + château + parc : 9 € ; réduc. Billet château : 7 € ; réduc. Billet musée : 4,50 € ; réduc. Billet parc : 3 €.*

– *Le château :* cette construction en pierre, aux proportions harmonieuses, passe pour être un exemple typique du style Louis XIII. Elle est la 3e œuvre de l'architecte François Mansart. Beau parterre à la française encadré par les communs et des douves. On peut admirer une importante collection d'œuvres des plus grands maîtres (Baudry, Juste d'Egmont, Vignon...). Magnifique salle à manger décorée de boiseries représentant les *Fables* de La Fontaine. Dans le fumoir, Forbes a fait poser au plafond une toile tendue décorée de ballons. Ça contraste un peu avec le mobilier d'époque ! Au 1er étage, très beau salon d'honneur connu pour ses tableaux de rois et son plafond peint, celui-ci, au XVIIe s. On peut aussi découvrir les jardins à la française et le parc à l'anglaise, ainsi que le colombier.

– *Le musée des Ballons : dans le pavillon d'entrée du château.* C'est, paraît-il, le seul au monde dans son genre. À l'étage, l'histoire des ballons à air chaud et à gaz, depuis le 1er vol (1783) jusqu'aux différents records, aux expéditions phares et à l'utilisation des dirigeables pendant les guerres. On y apprend que, pendant la Seconde Guerre mondiale, Londres fut protégée des bombardements par un bouclier de 444 ballons ! Forbes n'est pas absent de son propre musée : il fut le 1er à traverser les États-Unis en ballon.

DANS LES ENVIRONS DE BALLEROY

🏃 *Le musée de la Mine : rue de la Fosse-Frandemiche, 14330 Le Molay-Littry.*
☎ 02-31-22-89-10. ● ville-molay-littry.fr ● ♿ *Mai-sept, tlj sauf mer-dim (plus lun juil-août) 14h-18h. Entrée : 5 € ; réduc ; gratuit moins de 6 ans. Visite audioguidée.* Situé sur l'unique bassin houiller de Normandie, qui fonctionna jusqu'au milieu du XXe s, ce musée est particulièrement intéressant. D'abord parce que, à l'aide

d'outils, d'objets et de documents anciens, on y découvre la vie quotidienne des « gueules noires du bocage », quand la mine était une vraie ville avec son monument au directeur (!) et sa société philharmonique. Ensuite, on s'y balade dans une reconstitution très réussie de galerie qui permet d'appréhender l'évolution (considérable !) des techniques d'extraction depuis 1740. Enfin, sont exposées ici quelques pièces exceptionnelles : une machine à vapeur de 1800 servant à l'extraction de la houille, unique en France, et une maquette au 1/10 du carreau de mine de la fosse n° 5 de Bruay-en-Artois (dans le Pas-de-Calais), construite pour l'Exposition universelle de 1900.

LE BOCAGE, LA SUISSE NORMANDE ET LE PAYS DE FALAISE

LE BOCAGE NORMAND

Carte Calvados, A3

LE CALVADOS

Pour les amoureux de la nature, ce territoire, c'est avant tout la variété des paysages alternant des vallons bordés de haies, de remarquables massifs forestiers, de nombreux chemins creux ou encore les gorges encaissées de la Vire. Pour les amateurs d'authenticité, c'est la possibilité de découvrir le meilleur de la gastronomie, en ouvrant les portes d'un atelier de fabrication de la véritable andouille de Vire ou en rencontrant les nombreux producteurs de la Route des Traditions.

VILLERS-BOCAGE (14310)

Petite ville de 3 000 habitants, Villers-Bocage est en fait un village-rue détruit à 90 % pendant la Seconde Guerre mondiale (une maquette, dans le hall de l'hôtel de ville, montre le bourg avant sa destruction). Connue pour la bataille de chars de juin 1944 qui y eut lieu, la ville arbore aujourd'hui une architecture dite « de la Reconstruction », appelée un jour, qui sait, à être classée.

Adresse utile

⚪ Office de tourisme du Bocage normand : *pl. Charles-de-Gaulle.* ☎ *02-31-77-16-14.* ● *bocage-normand.com* ● *Juil-août, tlj sauf dim 9h30-13h, 14h-18h ; le reste de l'année, tlj sauf lun mat, mar ap-m, sam et dim 9h30-12h30, 13h30-17h30.* Livrets de promenades dans la ville, *pass* découverte avec des réductions en été.

Où manger ?

⏹ ⬆ Le P'tit Zinc : *44, rue Georges-Clemenceau.* ☎ *02-31-77-82-22. Lun-sam 12h-14h30, 19h-22h. Menu env 13 € le midi, sinon 20-25 €. Café offert sur présentation du guide de l'année.* Une adresse que l'on est heureux de trouver sur sa route ! Du coup, on vous dévoile les différents horaires, mieux vaut arriver tôt le midi pour avoir une table, en salle ou en terrasse. Ambiance conviviale dans cette brasserie prisée par les travailleurs du coin (une centaine de couverts, impressionnant !). Service rapide et aimable. Frais, bon et copieux, à prix doux.

À voir

↟ L'église Saint-Martin : construite en 1947, un bel exemple de l'architecture moderne de la Reconstruction. Les vitraux de Pierre Gaudin et la mosaïque de Jean Barillet valent la visite, ainsi que les lustres en fer forgé longtemps décriés par la population pour leur modernisme.

VIRE (14500)

Capitale du bocage virois, Vire est une sous-préfecture paisible et construite dans un joli site. La ville fut, hélas, on n'a pas fini de l'écrire, détruite en grande partie en 1944. Il reste toutefois quelques monuments, parmi lesquels sa curieuse porte-horloge. Vire est surtout connue pour son andouille, grande rivale de celle de Guémené (Morbihan). Sa fabrication remonte au moins au XVIe s et la recette a peu varié depuis.

Vire et son andouille

L'origine de l'andouille se perd dans la nuit de l'histoire. Qu'importe, elle est toujours bonne, fumée à souhait. Car tout le secret réside dans le fumage de cette charcuterie composée de l'estomac, de l'intestin grêle et du gros intestin du porc. Pas moins de 1 mois passé dans une cheminée alimentée de bois de hêtre est indispensable. L'andouille perd alors plus de 50 % de son poids et de son volume. Heureusement, on trouve encore des artisans à avoir conservé ce savoir-faire séculaire de l'andouille. Et tous les ans, au

> ### VIRE OU GUÉMENÉ ?
>
> *Faudrait tout de même pas confondre ! Sachez que l'andouille de Vire semble toute chiffonnée quand on la tranche. C'est parce qu'on enfile les bouts d'intestins (le gros, le grêle et la panse) à l'intérieur les uns des autres et qu'on tire l'ensemble par une ficelle pour le placer dans un boyau plus large ! Tandis qu'à Guémené (Bretagne) on utilise uniquement les gros intestins, qu'on enroule les uns sur les autres. Maintenant, tentez le CAP de charcutier (comme Alain Delon) !*

mois de novembre, lors d'une énorme foire, Vire rend hommage à cette spécialité qui a fait sa réputation dans les ventres du monde entier.

Adresses et info utiles

ⓘ Office de tourisme du Bocage normand : sq. de la Résistance. ☎ 02-31-66-28-50. ● bocage-normand.com ● Pâques-Toussaint, lun-sam 9h30-12h30, 13h30-18h (17h sam) ; le reste de l'année, tlj sauf lun mat, mar ap-m et sam-dim. Petit livret de promenades dans la ville.

🚆 Gare SNCF : rue de la Gare. ☎ 36-35 (0,40 €/mn). Vire se trouve sur la ligne Paris-Granville, à quelque 2h30 de la capitale.

– **Marché :** ven mat dans le centre-ville. Très sympa.

Où dormir ?

Où manger à Vire et dans les environs ?

🏠 |●| Le Paradis Normand : la Bruyère-Montchauvet, 14350 Souleuvre-en-Bocage. ☎ 02-31-69-39-58. 🖥 07-87-85-66-07. ● manuttin@hotmail.com ● leparadisnormand.fr ● Double 60 € ; familiale. Repas sur

LE BOCAGE NORMAND / VIRE | 355

résa 22-32 €. Digestif maison offert sur présentation du guide de l'année. Au cœur du Bocage, une halte bienvenue et reposante dans une ancienne longère simplement mais joliment rénovée, dans le respect d'un environnement qui le méritait. 2 chambres dont une familiale. Propriétaires passionnés et passionnants qui proposent ateliers en cuisine ou randonnée nature. Une vraie douceur de vivre, certes au milieu de nulle part.

🏠 ⦿ 🖈 *Ferme-auberge La Petite Fosse :* la Petite-Fosse, 14500 **Saint-Germain-de-Tallevende**. ☎ 02-31-67-22-44. ● mam.letourneur@orange.fr ● *À 2 km du centre-ville de Vire en direction de Rennes (D 577), prendre la C 4 sur 1 km puis c'est indiqué. Résa indispensable. Double 45 € ; familiales ; petit déj inclus. Repas tlj, mais sur résa seulement et de préférence assez tôt pour le w-e, 17-26 €. Apéritif maison ou café offert sur présentation du guide de l'année.* Sur une exploitation agricole et avec un jardin offrant une jolie vue

sur le bocage vallonné, 2 chambres d'hôtes dans une petite annexe revêtue de bois et 2 autres (un peu plus bruyantes) dans la maison qui sert aussi de restaurant. Leur style n'est pas des plus récent, mais toutes sont parfaitement tenues. Côté cuisine, Anne-Marie prépare des repas copieux et d'un bon rapport qualité-prix. Avis aux amateurs de calme : on y trouve souvent des groupes... Excellent accueil.

⦿ 🖈 *Au Vrai Normand :* 14, rue Armand-Gasté, à Vire (dans le centre). ☎ 02-31-67-90-99. ● res taurant@auvrainormand.com ● *Tlj sauf mar soir, mer et dim soir. Formules déj en sem 17,50-19 € ; menus 26-36 €.* Une belle maison sympathique, à la salle élégante, où l'on sert depuis 30 ans une bonne cuisine régionale avec quelques petites surprises, comme cette andouille chaude sur fondue de poireaux et la tarte fine aux pommes au sorbet à la figue.

Où acheter une véritable andouille de Vire... et la vaisselle pour la manger ?

🍽 Au **marché** et chez les nombreux artisans charcutiers du centre-ville. Parmi eux, **Maison Danjou** (5, rue André-Halbout ; ☎ 02-31-68-04-00 ; tlj sauf dim-lun).

🍽 *Magasin d'usine Guy Degrenne :* zone commerciale, av. de Bischwiller. ☎ 02-31-66-45-55. Tlj sauf dim

10h-12h30, 14h-18h30. C'est à Vire que s'est installée une des 1res usines Guy Degrenne. Vous trouverez dans ce magasin d'usine les dernières collections de vaisselle à prix normal, les fins de série et les produits très légèrement défectueux vendus à des prix intéressants.

À voir

– *Visite de ville « Les Veilleurs de nuit » :* tte l'année sur résa. Infos à l'office de tourisme. 5 €. 2 veilleurs de nuit accompagnent les visiteurs d'un soir, l'un nostalgique du Vire médiéval, le 2d plus attiré par sa renaissance après la Seconde Guerre mondiale. Une jolie façon de remonter le temps.

🏛 *La porte-horloge :* entre la rue du Général-Leclerc et l'église Notre-Dame. Ouv seulement en été pour présenter les expos à thème qu'elle abrite chaque année. Porte fortifiée construite au XIIIe s. Entre les 2 grosses tours crénelées, un clocher d'une trentaine de mètres de haut, ajouté au XVe s. Beau point de vue.

🏛🏛 *L'église Notre-Dame :* bel édifice construit du XIIIe au XVIe s. Portail du XIVe s. À l'intérieur, nef aux voûtes élégantes, décorée de colonnes et de chapiteaux.

LE CALVADOS

356 | **LE CALVADOS / LE BOCAGE, LA SUISSE NORMANDE...**

🏃 *Le donjon : pl. du Château (derrière l'église).* Construit au XIIe s par les Normands, le château fort qui dominait la vallée de la Vire fut rasé par la suite. Le donjon résista plus longtemps et il en reste de belles ruines.

🏃🏃 *Le musée de Vire : 2, pl. Sainte-Anne.* ☎ *02-31-66-66-50.* ● *musee devire.blogspot.fr* ● *Fermé pour travaux jusqu'à l'automne 2020. Les jardins restent accessibles.* Installé dans l'hôtel-Dieu du XVIIIe s, il s'agit à la fois d'un musée des beaux-arts, d'histoire et d'ethnographie. Les belles collections évoquent surtout la vie domestique, professionnelle et culturelle dans le bocage virois.

À faire dans les environs

🏃🏃 *Le lac de la Dathée : à 8 km de Vire.* Un chemin fait le tour de ce plan d'eau de 43 ha où seuls les canards ont le droit de se baigner. La réserve est gérée par le Groupe ornithologique normand. Près de 90 espèces d'oiseaux (canards, bécassines...) ; à vous d'ouvrir l'œil ! Une balade agréable et sans difficulté (6 km). Activités nautiques sur place (embarcations à pédales, planches à voile, kayaks).

🏃🏃 *La route des gorges de la Vire :* cette route touristique fléchée de 35 km permet de découvrir un pays sauvage, infiniment secret et plein de charme (qui se prête très bien aux randos ou aux balades à vélo). La Vire, petit fleuve dont le cours musarde, lent et sinueux, dans le Bocage d'un tas d'affluents et de ruisseaux vagabonds. Elle dévale furieusement dans un corridor de granit – les gorges proprement dites –, avant d'aller se jeter dans la Manche. Pour ceux qui voudraient rejoindre directement Saint-Lô (enfin, façon de parler, avec les tournants !), une possibilité à envisager.

Manifestations

– *Les Virevoltés : 1re quinzaine de juil.* ● *lesvirevoltes.org* ● Festival de spectacles de rue qui anime toute la ville. Cet événement très sympa et populaire dans toute la région attire beaucoup de monde.
– *Foire à l'andouille et produits du terroir : w-e de la Toussaint.*

CONDÉ-SUR-NOIREAU (14110)

Entre Vire et Pont-d'Ouilly, Condé est la patrie de Dumont d'Urville, explorateur qui découvrit la terre Adélie et qui rapporta en France l'*Aphrodite* de Milos, connue surtout sous son pseudo : la *Vénus de Milo.* Shakespeare s'inspira également d'une figure locale de Condé : John Falstolf, qui fut gouverneur de la ville sous l'occupation anglaise pendant la guerre de Cent Ans. Et le bon William fit de lui Falstaff, évidemment. Complètement rasée pendant la guerre, la ville a heureusement été reconstruite en respectant l'architecture du pays.

Où dormir ? Où manger dans les environs ?

🏠 I●I *Auberge Saint-Germain : 1, route de Condé-sur-Noireau, 14110 Saint-Germain-du-Crioult.* ☎ *02-31-69-08-10.* ● *sarl.nadelo@ orange.fr* ● *auberge-saint-germain.* com ● 🍴 (resto). *Fermé dim soir-lun. Congés : de mi-juil à mi-août. Double 65 €. Formules déj en sem 18-24 € ; menu 30 €.* Une petite adresse en bord de route qui fait les choses simplement et bien. La maison principale abrite le resto à la salle accueillante, tout comme ceux qui vous y reçoivent, avec au menu une cuisine mêlant terroir et inspiration du chef. Les chambres simples, agréables et très bien tenues, se trouvent quant à elles dans un bâtiment annexe sur l'arrière (et donc au calme).

À voir à Condé et dans les environs

🎥🎥 *L'espace-musée Charles-Léandre :* 9, rue Saint-Martin, à Condé. ☎ 02-31-69-41-16. ● musee-charles-leandre.fr ● Mar-ven 9h30-12h15, 14h-18h30 ; sam 10h-18h ; 1er dim du mois en principe 14h30-18h. GRATUIT. Sur 3 niveaux, un excellent musée consacré à la mémoire locale et à l'une de ses gloires, le peintre caricaturiste Charles Léandre. Belle atmosphère intimiste d'entrée pour présenter les portraits et les scènes de genre de ce peintre touche-à-tout. La partie consacrée à la carrière de caricaturiste de Léandre permet de découvrir un artiste moqueur mais jamais cynique. Dans les étages, présentation des œuvres d'Eduardo-Leon Garrido (1856-1949) et de son fils Louis-Édouard (1893-1982). Paysages et marines témoignent de l'attachement à la Normandie de ces peintres postimpressionnistes. Une salle est consacrée au peintre contemporain paysagiste Jack Mutel (1935-2016). Au dernier étage, découverte de l'histoire et de l'évolution de la ville sous forme de documents et petits films d'archives. Une grande maquette représente Condé avant les bombardements du 6 juin 1944.

🥾 *Le château de Pontécoulant :* 14110 **Pontécoulant.** ☎ 02-31-69-62-54. À 6 km au nord-ouest de Condé-sur-Noireau par la D 105. Mai-sept, tlj sauf lun 10h-12h, 14h30-18h ; ferme à 17h30 hors saison. Fermé de mi-nov à mi-mars. Entrée : 4 € ; gratuit moins de 12 ans. Belle demeure des XVIe et XVIIIe s, complétée par 2 pavillons d'entrée et un colombier ; un domaine qui engloba jusqu'à 343 ha de terres ! La dernière descendante de la famille Pontécoulant a légué la propriété et l'ensemble de son mobilier en 1896 au département, sous réserve de l'ouvrir au public. Mobilier représentatif de différentes époques, de Louis XV à l'Empire, et une pièce au mobilier asiatique. L'ensemble est impeccablement entretenu, même si, n'étant plus habité depuis longtemps, il y manque bien sûr un peu de vie. Salon de thé en haute saison. Très beau parc à l'anglaise, tables de pique-nique. Possibilité de faire une balade familiale en boucle.

LA SUISSE NORMANDE
Carte Calvados, B3

Cette région touristique, encore trop méconnue des Français, s'étend le long de l'Orne (le fleuve), à cheval sur les départements du Calvados et de l'Orne. Paysage évidemment verdoyant, parsemé de cours d'eau et ponctué de falaises, certaines impressionnantes, comme le fameux Pain de Sucre. Rendez-vous des varappeurs, des randonneurs et des pêcheurs, la Suisse normande est une région d'autant plus attachante qu'on n'en finit pas d'apprécier la gentillesse de ses habitants, les charmes de ses petits villages, la découverte des routes pittoresques trop discrètement signalées, sans parler, bien sûr, de toutes les activités nécessaires aux vacanciers, voire superflues. Très fréquentée en plein été ou le week-end par ceux qui aiment profiter des guinguettes au fil de l'Orne.

358 | LE CALVADOS / LE BOCAGE, LA SUISSE NORMANDE...

Adresses utiles

Vous trouverez dans les offices de tourisme toutes les informations sur les nombreuses activités sportives, ainsi que des topoguides pour la randonnée pédestre, le VTT et l'escalade.

ℹ Office de tourisme de la Suisse normande : *2, pl. Saint-Sauveur, 14220* **Thury-Harcourt.** ☎ 02-31-79-70-45. ● *suisse-normande-tourisme.com* ●

Tte l'année, mar-sam et dim mat (tlj juil-août) 10h-12h30, 14h-18h (17h oct-vac de Printemps).
ℹ Office de tourisme de la Suisse normande : *pl. du Tripot, 14570* **Clécy.** ☎ 02-31-79-70-45. ● *suisse-normande-tourisme.com* ● *Pâques-Toussaint : mar-sam et dim mat (tlj juil-août) 10h-12h30, 14h-18h (17h vac de Printemps, oct et vac de la Toussaint).*

À faire

La Suisse normande est un petit paradis pour les promeneurs et les sportifs. Vous pourrez y pratiquer diverses activités.

– *Canoë-kayak :* les villes de Thury-Harcourt et Pont-d'Ouilly sont réputées pour leurs très bonnes équipes de kayak-polo et leur club « fournisseurs officiels de l'équipe de France, championne du monde », comme disent certains en plaisantant. Des balades sur l'Orne très sympa sont à faire entre ces 2 villes. À Clécy, guinguettes en tout genre et beaux sites (Rochers des Parcs, le Pain de Sucre, l'Éminence...) pour clore la balade. Quelques adresses où vous trouverez encadrement et location de matériel :

– *Bases de plein air :* à **Pont-d'Ouilly,** ☎ 02-31-69-86-02, ● *pontdouilly-loisirs.com* ● ; *Thury Loisirs* à **Thury-Harcourt-Le Hom,** ☎ 02-31-79-40-59 ; *Capaventure* au centre de pleine nature Lionel-Terray, à **Clécy,** ☎ 02-31-69-11-68 ; *Beau Rivage,* à **Clécy,** ☎ 02-31-69-79-73. Il existe également plusieurs boutiques louant ces petites embarcations à **Clécy.**

🚴 *VTT :* tout un réseau de circuits s'étend de Saint-Laurent-de-Condel à la Roche d'Oëtre. Topoguide de 38 circuits labellisés FFC en vente dans les offices de tourisme de la Suisse normande.

– *Locations de vélos en Suisse normande :* au kayak club de Thury-Harcourt et à la base nautique. Important pour qui aurait envie de suivre la Vélo Francette, et notamment reliant la côte normande (Ouistreham) à la Suisse Normande (Clécy)

➤ *Randonnée pédestre :* de nombreux sentiers pour muscler vos petits mollets. Topoguide en vente dans les offices de tourisme (randos de 5 à 16 km).

– 🚶 *Vélorail :* **Vélorail des Collines Normandes,** gare de **Pont-Érambourg à Saint-Pierre-du-Regard.** Lire « À voir. À faire » dans la partie consacrée à la Suisse normande de l'Orne plus loin.

CLÉCY (14570)

Petite « capitale de la Suisse normande », Clécy est un charmant village, construit dans un site superbe. Une partie de la ville (la plus touristique) borde les rives de l'Orne et jouxte le hameau du Vey. Le « centre-ville » proprement dit est à l'écart, un peu plus haut. Animé le dimanche matin, jour de marché.

Adresse utile

ℹ Office de tourisme de la Suisse normande : *pl. du Tripot. Voir plus haut* la rubrique « Adresses utiles » au début de « La Suisse normande ». Propose

LA SUISSE NORMANDE / CLÉCY | 359

4 circuits patrimoine pour découvrir la ville et ses trésors cachés. À l'étage, petit musée Hardy, en hommage à un attachant peintre du pays.

Où dormir ?
Où manger à Clécy et dans les environs ?

Camping

⚓ *Camping Les Rochers des Parcs :* *8, rue du Viaduc, la Cour, à Clécy.* ☎ *02-31-69-70-36.* ● *camping.normandie@gmail.com* ● *camping-normandie-clecy.fr* ● ♿ *Ouv avr-sept. Compter 19-21 €* *pour 2 avec tente et voiture ; hébergement locatif 695 €/sem en hte saison. 90 empl. Bouteille de cidre offerte sur présentation du guide de l'année.* Joli petit camping bien aménagé, juste au bord de l'eau. Au menu des locations : chalets, mobile homes et même des vélos et des canoës-kayaks !

De bon marché à chic

🏠 *Chambres d'hôtes La Ferme du Vey :* *Isabelle et Pierre Brisset, 90, route de Saint-Laurent, le Bas-du-Vey, 14570* *Le Vey.* ☎ *02-31-69-71-02.* 📱 *06-18-47-45-74.* ● *fermeduvey@ gmail.com* ● *fermeduvey.fr* ● *Double*

49 €. Gîtes également. Dans une ferme cidricole à quelques minutes à pied de Clécy, 3 chambres joliment rénovées, au calme, à prix vraiment doux. Accueil aimable.

🏠 🍽 *Au Site Normand :* *2, rue des Châtelets, à Clécy.* ☎ *02-31-69-71-05.* ● *sitenormand@orange.fr* ● *hotel-clecy.com* ● ♿ *Congés : 15 déc-fin janv. Doubles 85-125 € ; quadruple 145 €. Resto fermé dim-lun. Menus-carte 24,50-36 €, dégustations 53-67 €.* Métamorphose réussie d'une maison de village à colombages et aux couloirs étroits en un lieu de vie éclatant de couleurs, à l'ambiance et au confort d'aujourd'hui, les différentes chambres ayant été refaites au fil des ans. Bonne table, surtout, avec, en cuisine, un chef autodidacte devenu l'un des meilleurs de la région. Pas de carte, on choisit juste la formule et le nombre de plats, ce qui permet chaque jour, au fil du marché, de proposer les meilleurs produits des petits producteurs locaux. Accueil véritablement charmant.

LE CALVADOS

À voir. À faire

🎭 *Les bords de l'Orne :* *en contrebas de Clécy-centre, à env 800 m.* Ça rappelle curieusement les bords de la Marne. Ambiance de week-end champêtre avec guinguettes et embarcations à pédales. Terrasses agréables pour prendre l'air du temps ou une moules-frites. *Via ferrata tyrolienne (w-e en juil-août)* et luge d'été.

🎭🚶 *Le Chemin de fer miniature :* *entre les bords de l'Orne et Clécy-centre.* ☎ *02-31-69-07-13.* ● *chemin-fer-miniature-clecy.com* ● ♿ *Pâques-oct ; visites par petits groupes, voir les horaires détaillés sur le site ; en été, juste une pause 13h-14h. Entrée : 9 € ; 7 € 3-12 ans.* Le nom n'est pas vendeur, la signalétique extérieure fait craindre le pire, mais c'est un bien joli voyage en petit train qui vous attend. Pas celui qui fait le tour du site, que vous pourrez prendre à la sortie, non ! Celui que l'on recommande se trouve dans une salle et complète par un fils aimant l'univers mis en place par son père, il y a déjà quelques décennies de cela. Sur plus de 300 m², l'une des plus grandes maquettes d'Europe, avec des centaines de wagons, locos, maisonnettes et décors divers, pour faire rêver petits et grands. Beaucoup d'émotion, surtout si le groupe est réceptif, devant cet univers entretenu avec soin, qui s'éclaire quand la nuit tombe dans la pièce, alors que chaque

360 | LE CALVADOS / LE BOCAGE, LA SUISSE NORMANDE...

élément du décor se met en marche, tour à tour. Également donc un petit tour en train le long des anciennes carrières, la visite libre des fours à chaux et, pour finir, d'énormes jeux gonflables pour les enfants, et des crêpes pour les grands, ou vice versa.

THURY-HARCOURT-LE HOM *(14220)*

Petite cité des bords de l'Orne et porte d'entrée de la Suisse normande. Son bourg a conservé une *église* du XIIIe s et les souvenirs de son ancien *château.* Belles balades à faire dans les environs.

Où dormir ? Où manger à Thury-Harcourt et dans les environs ?

Le Relais de la Poste : 7, rue de Caen, à Thury-Harcourt. ☎ 02-31-79-72-12. ● contact@hotel-relaisde laposte.com ● *hotel-relaisdelaposte. com ● Dans le centre. Resto ouv tlj sauf dim soir-mar midi. Doubles 76-156 €. Formules 13-15 € ; menus 20-32 €.* Une dizaine de chambres assez exiguës mais coquettes. Côté restaurant, la salle élégante distille une ambiance cosy dans laquelle les hôtes savourent une cuisine de terroir. Accueil prévenant.

Chambres d'hôtes Aux Logis de Trois Monts : route de l'Église, 14210 **Trois-Monts.** ☎ 02-31-79-78-98. ▯ 06-09-92-18-51. ● *bernard. more@free.fr ● auxlogisdetroismonts. fr ● À env 9 km au nord de Thury-Harcourt ; légèrement à l'extérieur du village (de la route principale, prendre à gauche au calvaire). Double*

70 € (tarif dégressif la 2e nuit) ; gîte 2-4 pers. Dans un joli paysage vallonné, avec l'église en contrebas, la maison et ses dépendances sont disposées autour d'une cour toute fleurie en saison. Une bâtisse accolée à la maison principale abrite 2 chambres d'hôtes pimpantes pouvant accueillir 2 à 4 personnes.

Le P'tit Cardinal : le Hom, 14220 **Curcy-sur-Orne.** ☎ 02-31-93-37-12. *À env 2 km au nord de Thury-Harcourt. Tlj sauf lun-mar. Formule en sem 12,50 € ; menu 25 €.* Établissement repris près de la tranchée du Hom, où l'on passe un bon moment, tout le monde étant au taquet pour servir dans les temps. Carte courte, ardoise succincte. Terrasse ensoleillée (enfin, on est en Normandie, quand même !).

FALAISE   (14700)   8 245 hab.   *Carte Calvados, C3*

Située en plein cœur de la Normandie, Falaise bénéficie d'une position géographique favorable, entre pays d'Auge et Suisse normande. La ville naît au Moyen Âge et se développe autour de son château fort. Cité natale de Guillaume le Conquérant, duc de Normandie et roi d'Angleterre, elle joua un rôle économique important grâce à ses activités artisanales telles que la pelleterie, la draperie, la bonneterie ou encore la tannerie. La ville, durant tout le Moyen Âge, profita de la grande renommée que lui apportèrent ses célèbres foires qui se tenaient dans le quartier de Guibray.

De cette époque prospère, Falaise conserve un beau patrimoine : hôtels particuliers, édifices religieux et, bien sûr, son incontournable château fort. 90 % de l'enceinte médiévale de la ville s'étend aujourd'hui encore sur 2 km

FALAISE | **361**

(mais elle est discrète, et il faut parfois ouvrir l'œil pour la voir). Un patrimoine préservé en dépit de l'importante destruction subie lors de la Seconde Guerre mondiale, dont témoigne aujourd'hui un remarquable musée, le **Mémorial des civils dans la guerre**. Un musée fort, émouvant, qui redonne aux victimes civiles la 1re place, celle qu'elles ont occupée à l'issue de la Seconde Guerre mondiale dans les statistiques. Des chiffres terrifiants, et une réalité qu'on découvre avec une rage muette, qui s'exprime généralement à la sortie par des discussions entraînant des comparaisons terribles avec des conflits plus actuels.

UN PEU D'HISTOIRE PAILLARDE, POUR CHANGER !

À l'âge de 17 ans, le jeune duc Robert traînait souvent au pied du donjon familial dans le seul but de reluquer en douce la jolie Arlette, la fille du tanneur du village, qui venait régulièrement y laver son linge. Fou d'amour, le futur Robert le Magnifique parvint à faire entrer la jeune fille au château. Selon la légende, Arlette eut par la suite un rêve étrange : elle accouchait d'une forêt, qui enva-

> ### UNE JUSTICE BIEN BÊTE
>
> *À l'époque médiévale, les animaux coupables d'homicides ou d'agressions devaient subir la justice des hommes. En 1386, à Falaise, on condamna une truie qui avait mutilé un bébé de 3 mois. On la supplicia devant le peuple en la suspendant par les pattes arrière, puis on l'étrangla.*

hissait la Normandie et l'Angleterre ! En réalité, à Noël, elle enfanta un petit bâtard, dans la cellule du donjon... On l'appela Guillaume. D'abord élevé au château, il fut contraint, une fois son père mort, de se réfugier dans les environs. Mais en lui bouillonnait un sang ducal : il finit par s'emparer de force du château paternel et restaura sa qualité de duc de Normandie. Cet instinct de conquête le poursuivra jusqu'à celle de l'Angleterre.

LA « POCHE » DE FALAISE

En 1944, après le Débarquement et la percée du bocage, les Alliés, soutenus par l'entrée en ligne de l'armée de Patton, arrivent dans la région de Falaise début août. Les panzers allemands contre-attaquent mais, en quelques jours, les voilà coincés par les Anglais et les Canadiens au nord, par les Américains à l'ouest et bientôt par les Français (la 2e DB de Leclerc) et les Polonais au sud ! Cet étau allié forme alors une poche, dans laquelle les Allemands ne tardent pas à étouffer... Mais ça, c'est une autre histoire, qu'on vous raconte dans le paragraphe consacré à Chambois et au mont Ormel (voir le chapitre « L'Orne »). La ville de Falaise, elle, n'est libérée que le 17 août par les Canadiens, au prix de destructions massives (80 % de la ville). Une histoire que vous allez pouvoir revivre, au sens strict, en découvrant le Mémorial des civils dans la guerre, temps fort de votre visite à Falaise.

Adresse utile

🛈 Office de tourisme du pays de Falaise : *5, pl. Guillaume-le-Conquérant.* ☎ 02-31-90-17-26. ● *falaise-tourisme.com* ● *Juste à côté du château. Mai-sept, lun-sam 9h30-12h30, 13h30-18h30 (plus dim et j. fériés 10h-13h) ; oct-avr,* *mar-mer 9h30-12h30, 13h30-17h30 (plus sam 10h-13h).* Pour les randonneurs et les VTTistes, cartes et topoguides en vente. Propose aussi des visites guidées, balades musicales et gourmandes.

LE CALVADOS

Où dormir ? Où manger ?

Camping

⚑ **Camping du Château :** *au Val-d'Ante.* ☎ 02-31-90-16-55. ● *camping@falaise.fr* ● *camping-falaise.com* ● *Au pied du château ; fléché. Ouv de mi-mai à fin sept. Compter 13,40-15,40 € pour 2 avec tente et voiture. 66 empl.* Au calme, dans un site verdoyant agréable, juste au pied du château de Guillaume le Conquérant ! Tennis au camping (2 courts).

Bon marché

|●| ⚲ **Le Vauquelin :** *2, rue Vauquelin.* ☎ 02-31-42-66-26. ● *vauquelin.contact@gmail.com* ● *À côté de la poste et du musée des Automates. Tlj sauf dim-lun et mer soir. Formules 21,90-23,90 €.* Une petite adresse dynamique qui, chaque semaine, propose une ardoise différente : les produits normands sont bons, mais pourquoi ne pas les accommoder à des sauces volontiers un peu plus exotiques ou à des ingrédients un peu moins communs ? Voilà ce que vous concocte la maison, avec, à la fois, simplicité, légèreté, maîtrise des cuissons et beaucoup de fraîcheur.

De prix moyens à chic

|●| **La Fine Fourchette :** *52, rue Georges-Clemenceau.* ☎ 02-31-90-08-59. ● *finefourchette-falaise@orange.fr* ● *Tlj sauf mar hors saison. Congés : en principe 2 sem en janv. Formules et menus 18,80-29 € (sauf j. fériés), puis 35-59,50 € ; carte 40-50 €. Digestif maison offert sur présentation du guide de l'année.* Les couleurs chatoyantes de la salle mettent en joie le voyageur qui s'arrête ici. Cuisine créative et de qualité, réalisée par une chef revenue au pays après être passée par de très grandes maisons. Et, une fois n'est pas coutume, le 1er menu permet déjà d'avoir un bon aperçu de ce qu'on sait faire en cuisine.

|●| **Hôtel de la Poste – Restaurant Ô Saveurs :** *38, rue Georges-Clemenceau.* ☎ 02-31-90-13-14. ♿ *(resto)* ● *contact@hotelrestauran tosaveurs.com* ● *hotelrestaurantosaveurs.com* ● *Resto fermé sam midi, dim soir et lun. Doubles 65-85 €, familiales. Menus env 26 € (midi en sem), puis 34-75 €.* Côté hôtel, les chambres restent assez classiques. Sobres, pas très grandes, elles sont néanmoins agréables. Côté table, le chef refuse la facilité, il aime les bons produits, les travailler, les mettre en scène, jouer avec toute une palette de saveurs et de textures. Les cuissons sont à point, et même les touches de déco ont du goût ! Quant aux desserts, ils permettent de finir le repas en beauté.

Où dormir dans les environs ?

⌂ **Chambres d'hôtes Domaine de la Tour :** *la Tour, 14700 **Saint-Pierre-Canivet.*** ☎ 02-31-20-53-07. 🖳 06-73-43-66-18. ● *info@domainedelatour.fr* ● *domainedelatour.fr* ● ♿ *À env 4 km au nord-ouest de Falaise (ne pas entrer dans Saint-Pierre-Canivet). Doubles 70-129 € ; familiales.* Seule au milieu des champs, dans une très belle campagne, cette magnifique propriété du XVIIIe s joliment restaurée abrite 5 chambres claires et accueillantes, dont une suite. Toutes ont gardé leur parquet et de jolis meubles de style plutôt rustique ou ancien. Un endroit vraiment reposant et à l'accueil souriant. Un jacuzzi vient d'être installé. Également de beaux gîtes sur place et dans un village voisin (● *chateau turgot.net*).

⌂ **Chambres d'hôtes chez Thierry et Delphine Bisson :** *route de Saint-Pierre-sur-Dives, 14620 **Morteaux-Couliboeuf.*** ☎ 02-31-90-37-62. 🖳 06-04-40-37-10. ● *thierrybisson@*

neuf.fr ● *Double 70 € ; familiale.* 2 chambres bien exposées, chacune avec un petit étage mansardé (2 lits supplémentaires). Cuisine impeccable à disposition. Petit balcon filant qui longe les 2 chambres, avec table et chaises.

Lève-tôt et lève-tard seront heureux puisque le – copieux – petit déj est proposé de 7h à 12h ! Chien et animaux de basse-cour ; quant aux vaches élevées par la famille, elles sont plus loin dans le village. Accueil convivial.

À voir

👫👫 👫 *Le château :* ☎ 02-31-41-61-44. ● *chateau-guillaume-leconquerant. fr* ● ♿ *(seulement le bâtiment d'accueil et visite virtuelle avec la tablette numérique). Tlj 10h-18h (19h juil-août) ; billetterie fermée 1h avt. Fermé en janv. Entrée : 8,50 € ; réduc et forfait famille. Visite guidée (sans supplément) à 15h30 w-e, vac scol et j. fériés ; à 10h30, 15h30 et 17h en été. Parcours avec tablette numérique inclus dans le prix. Compter 1h30 de visite. Nombreuses animations en saison.*

Sur un éperon rocheux se dresse une imposante forteresse construite dès le Xe s et agrandie au XIIe s par les descendants de Guillaume le Conquérant à l'emplacement de l'ancien château. Celle-ci fut transformée et agrandie au siècle suivant sous Philippe Auguste, puis faiblement remaniée pendant la guerre de Cent Ans (un film, à l'entrée du site, permet de suivre l'évolution de la fortification).

Abandonné au XVIIe s, le château était dans un état de délabrement avancé à la fin du XIXe s quand il fut classé aux Monuments historiques. Quand le site a rouvert ses portes au public dans les années 1990, les travaux entrepris par l'architecte Bruno Decaris étaient loin de faire l'unanimité, notamment les énormes blocs de béton disposés sur la façade (qui rappellent plus le mur de l'Atlantique que l'esthétique médiévale !). Les 3 donjons sont protégés par la dizaine de tours encore visibles de l'enceinte castrale. Hautes murailles, épaisses de 4 m à certains endroits. Un immense donjon se distingue du reste des remparts.

La scénographie réussie associe textes, objets sous vitrines, courtes séquences filmées projetées sur les murs des différentes pièces... Des tablettes tactiles offrent au visiteur un voyage dans le temps, vivant, animé, grâce aux merveilles de la réalité augmentée. Également une petite chasse au trésor pour les enfants.

👫👫 *Les églises :* la ville en compte 4. La plus importante, celle de la *Sainte-Trinité* (dans le centre-ville), possède un beau porche flamboyant, représentatif des débuts de la Renaissance. Si vous faites le tour de cette église du XIIIe s dont la nef et le chœur furent reconstruits entre 1438 et 1510, vous découvrirez qu'une petite rue passe sous une partie de celle-ci. Elle date de l'époque où l'on voulut agrandir l'édifice :

UN LIEU BÉNI DES DIEUX !

En levant le nez, vous noterez que l'église de la Sainte-Trinité n'a plus de clocher. Celui-ci fut abattu par 2 bombardiers en 1944. Sous la violence du choc, le clocher tomba, les vitraux explosèrent et l'orgue fondit. Par miracle, parmi les 600 à 800 personnes réfugiées sous l'église, personne ne fut ni blessé ni touché.

pour éviter de bloquer la rue qui bordait l'édifice, on décida de l'enjamber.

L'église *Notre-Dame-de-Guibray* est connue pour son orgue de Parizot du XVIIIe s, superbe. L'église *Saint-Gervais,* au nord-est du centre, illustre l'évolution de l'architecture religieuse normande des XIe et XVIe s. Enfin, l'église *Saint-Laurent* offre un bel exemple de l'art roman normand au XIe s.

❊❊❊ Le Mémorial des civils dans la guerre : *pl. Guillaume-le-Conquérant.* ☎ *02-31-06-06-45.* ● *memorial-falaise.fr* ● ♿ *6 avr-3 nov, mar-dim 10h-12h30, 13h30-17h30 (tlj 10h-18h en juil-août). Fermé janv. Entrée : 7,50 € ; réduc. Audioguide 3 € ; réduc.*

Ouvert en 2016, le Mémorial des civils dans la guerre porte un regard inédit sur le 2d conflit mondial. Une guerre totale et moderne qui, pour la 1re fois, fit davantage de victimes civiles que militaires ; une donnée méconnue et un véritable tournant dans l'histoire.

Le mémorial restitue ce que fut le quotidien des Normands, à l'aide de nombreux témoignages et archives ; des réalités personnelles à portée universelle. Durant l'Occupation, si le quotidien est considérablement dégradé, la vie ordinaire continue, et il faut (sur)vivre en attendant la libération. La mémoire collective se souvient de la fin de la guerre comme d'un événement heureux et a occulté la violence des derniers mois de conflit et l'origine alliée de la majorité des bombardements. La ville de Falaise a été détruite à plus de 80 % et le nombre de victimes fut considérable.

La 1re guerre à avoir anéanti plus de civils que de militaires

La visite commence par une immersion dans une salle de cinéma qui n'a pas besoin d'utiliser de grands moyens pour plonger les spectateurs dans la réalité de l'époque. Sous un plancher de verre apparaît le sol de l'ancienne maison, détruite en juin 1944, tandis que sur l'écran défilent des images extraites de films d'archives racontant les étapes successives d'un bombardement aérien. La peur, la colère, la résignation surgissent en écoutant et en regardant tomber les bombes.

Une fois la projection terminée, la visite débute par le 2d étage, consacré à la vie quotidienne. Se nourrir, se vêtir, se déplacer, se distraire, se protéger aussi. Pénurie de carburant, tickets de rationnement, marché noir, ligne de démarcation, répression, résistance... Tout est dit, en peu de mots, en quelques images, fixes ou restituées par des tablettes tactiles qui permettent d'aller chaque fois plus loin, dans la réflexion comme dans l'émotion. Petit ou grand, chacun est libre d'établir son propre avis avec les affiches, les images de propagande de l'époque, les discours véhiculés par les postes de radio.

On redescend ensuite d'un étage pour revivre la Libération, les bombardements, les reconstructions. Des images fortes, poignantes, illustrent la complexité des rapports entre les civils et les soldats alliés. On découvre la place des femmes, leur courage, et le regard qu'elles portent sur ce monde en ruine, qu'elles vont permettre de rebâtir.

Le retour à la réalité, au rez-de-chaussée, est facilité par la traversée de la librairie-boutique qui permet de prendre ses distances avec le drame pour s'intéresser à des livres, des objets ou des films sur le sujet.

❊❊ ❊❊ Automates Avenue : *bd de la Libération.* ☎ *02-31-90-02-43.* ● *automates-avenue.fr* ● ♿ *Près du Forum. Avr-sept et déc, tlj 10h-12h30, 13h30-18h ; oct-nov et janv-mars, w-e, j. fériés et vac scol 10h-12h30, 13h30-18h (tlj en déc et pdt vac scol). Fermé 25 déc, 1er janv et 2de quinzaine de janv. Entrée : 8 € ; réduc ; pass famille 22 €.* Depuis qu'un fabricant d'automates a proposé au *Bon Marché* de créer une vitrine animée pour rendre hommage à Peary, 1er homme à atteindre le pôle Nord en 1909, des générations de gamins ont collé leur nez aux vitrines des grands magasins parisiens. Ce musée en a récupéré une dizaine (créées du début du XXe s aux années 1950). Ces vitrines animées mettaient à contribution, outre les fabricants d'automates, les grands illustrateurs de l'époque. La *Sérénade à la fée* signée Peynet (oui, celui des Amoureux) avec un crabe qui se fait les ongles (pardon, les pinces !), la poétique *Naissance des poupées* de Jean Effel, ou encore la très rafraîchissante scénette du printemps à l'étage s'adressent à ceux qui ont gardé une âme d'enfant. Un petit musée magique !

FALAISE / FÊTES ET MANIFESTATIONS | **365**

🎥 *Le musée Lemaître :* *bd de la Libération.* ♿ *Dans le même bâtiment qu'Automates Avenue (mêmes horaires). Entrée : 5 € ; gratuit moins de 12 ans.* Expose environ 90 œuvres de ce peintre normand né à Falaise. Nombreux paysages normands et des nus.

Fêtes et manifestations

– *Festival Danse de tous les sens :* *mai.* Spectacles de danse contemporaine dans le pays de Falaise.
– *Festival d'Orgue baroque :* *juil-sept, dim ap-m.* Concerts gratuits à l'église Notre-Dame-de-Guibray.
– *Festival Musique en pays de Falaise :* *juil.* Stages de musique qui se concluent tous les soirs par des spectacles et concerts gratuits.
– *Grande Fête médiévale de Falaise :* *août.* Fête médiévale avec spectacles équestres, jeux d'adresse et de stratégie, campement médiéval, marché artisanal.
– *Les Hivernales de Falaise :* *déc.* Spectacles, marché de Noël, feu d'artifice, expositions, etc.

LE CALVADOS

LA MANCHE

● Cartes de la Manche : partie nord *p. 368-369* et partie sud *p. 370-371*

ABC de la Manche

❑ *Superficie :* 5 938 km².
❑ *Préfecture :* Saint-Lô.
❑ *Sous-préfectures :* Avranches, Cherbourg-en-Cotentin, Coutances.
❑ *Population :* 518 000 hab.

La Manche est un département trop méconnu. Qui sait que Cherbourg-en-Cotentin en est la ville principale ? Quant à Saint-Lô, la préfecture... mieux vaut ne pas poser la question ! Sans parler du Mont-Saint-Michel, pourtant le monument le plus visité de France, que tout le monde (sauf les Normands !) situe en Bretagne, alors que l'adage dit bien « le Couesnon en sa folie mit le Mont en Normandie » !

Quelques souvenirs reviennent pourtant lorsqu'on évoque le débarquement du 6 juin 1944. Il a eu lieu en Normandie, mais où ? Pas grand-monde sait situer Utah Beach, Sainte-Mère-Église, hauts lieux de ce *D-Day*. En fait, beaucoup associent la Normandie à Deauville, Honfleur, Rouen et ses églises, Étretat et ses falaises, la tapisserie de Bayeux... mais pas à la Manche. Ils ne savent pas ce qu'ils ratent !

Des plages qui s'étendent souvent à perte de vue, sous des ciels admirables, et 350 km de côtes (le plus maritime des départements de France métropolitaine) très bien préservés (le Conservatoire du littoral y a racheté l'un des plus grands nombres de côtes au niveau national).

Ce pays maritime est aussi profondément rural et détient d'ailleurs le plus grand nombre

L'HABITANT DE LA MANCHE, MANCHOIS OU MANCHOT ?

Vous entendrez les 2. Le terme « Manchot », régulièrement utilisé par les locaux eux-mêmes, serait plus ancien que « Manchois », mais le Larousse et nombre de textes officiels préfèrent ce dernier... peut-être plus politiquement correct ?

d'exploitations agricoles de la région. Un pays qui n'est jamais complètement plat ni réellement vallonné. Des clos entourés de haies vives où poussent, bien sûr, des pommiers ; de vertes prairies où paissent les meilleures laitières de France, des chevaux presque partout. Car oui, cela aussi on l'ignore : le sud de la Manche est, depuis le XIXe s, une terre d'élevage équin. Si ces élevages ne sont pas de taille très importante, ils sont en revanche très nombreux et se transmettent de génération en génération. Question climat, la Manche est aussi le pays de l'équilibre : il n'y gèle quasiment jamais, ce qui permet la culture maraîchère, dans le val de Saire notamment. Le soleil est bien plus présent que ce que prétendent les mauvaises langues. Certes il y pleut, mais rarement très longtemps. Presqu'île effilée lancée dans la mer en travers des vents dominants d'ouest, la Manche n'arrête pas longtemps les gros nuages. Sachez, enfin, que le département est en fait l'addition de microrégions aux charmes différents. Au centre, un petit pays de tradition qui, le long de la vallée de la Vire et de ses affluents, comme autour de Coutances, incarne une certaine douceur de vivre. Au nord pointe le Cotentin. De la Hougue à la Hague, de Carentan à Cherbourg, c'est la véritable presqu'île. Au sens propre du mot, car le pied du Cotentin n'est qu'un vaste marais qu'il suffit d'inonder pour le couper du reste du pays. Le spectacle de ces terres marécageuses, qui « blanchissent » en hiver lorsqu'elles sont recouvertes d'eau, est somptueux. Même s'il est très divers, des petits murets de pierre sèche de la Hague aux plages de Barneville-Carteret en passant par le bocage et la côte du Plain, le Cotentin a une unité. C'est, en dehors du Mont-Saint-Michel, la partie la plus touristique du département ; c'est aussi la plus originale. Le sud du département, enfin, avec à l'ouest la baie du Mont-Saint-Michel et à l'est le Mortainais, qui appartient déjà à la Normandie armoricaine. Arpentez donc tous ces pays à pied ou à vélo, les sentiers balisés abondent.

Et puis, côté papilles, le terroir regorge de produits de qualité ; passer à côté serait dommage...

Adresses et infos utiles

ℹ️ *Latitude Manche – Comité départemental du tourisme : Maison du département, 98, route de Candol, 50008 Saint-Lô Cedex.* ☎ *02-33-05-98-70.* ● *manchetourisme.com* ● Brochures touristiques disponibles sur demande.

■ *Relais des Gîtes de France et locations Clévacances : Maison du département, 98, route de Candol, 50008 Saint-Lô Cedex.* ☎ *02-33-05-99-01 (rens) ou 02-33-56-28-80 (résas).* ● *gites-de-france-manche.com* ● *clevacances-manche.com* ● *Lun-ven 9h-12h, 13h-17h30 (17h ven) ; central de résa lun-ven 9h-17h30 (17h ven) et permanence tél sam.*

🚌 *Nomad :* ● *transports.manche. fr* ● *normandie.fr/manche-lignes-regulieres* ● Compagnie de transports assurant les liaisons en autocar dans le département. Billet à l'unité : 2,30 €.

– ● *tevi.tv* ● Une TV exclusivement consultable sur Internet. Pour être au plus près de toutes les actualités du département.

🚲 Un service de location de vélos constitué de plus d'une vingtaine de loueurs partenaires, les *E-Stations,* donne la possibilité de louer 1 vélo (vélo, VTT, VAE, vélo enfant...) à 1 endroit, et de le déposer ailleurs dans le département. Pratique, non ? ● *manchetourisme.com/stations-location-bicyclette* ●

– Une *véloroute* de 230 km relie les plages du Débarquement au Mont-Saint-Michel. 2 points de départ (ou d'arrivée) : Utah Beach (via Carentan, Saint-Lô et Pont-Farcy) ou Arromanches (via Bayeux et Villers-Bocage). Les 2 routes se rejoignent avant Vire, au niveau des superbes paysages des gorges de la Vire, et cheminent ensuite jusqu'au Mont-Saint-Michel.

SAINT-LÔ ET LA VALLÉE DE LA VIRE

SAINT-LÔ

(50000)   18 880 hab.

Carte Le nord de la Manche, C4 et Le sud de la Manche, C1

● Plan *p. 373*

Assise sur un plateau délimité par les 3 vallées de la Vire, de la Dollée et du Torteron, Saint-Lô est la préfecture de la Manche. Ville administrative, à l'écart des grands axes, elle est au centre du département.

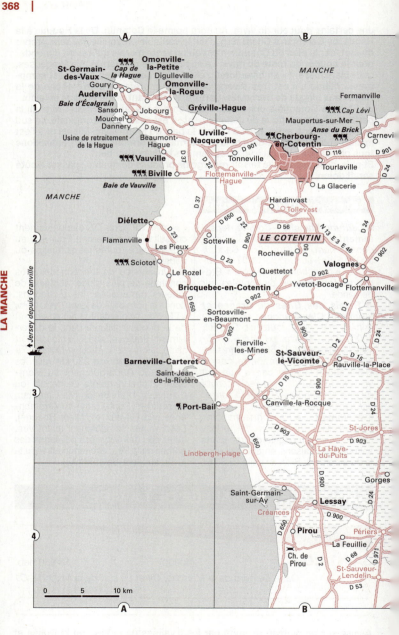

369

NORD

Valognes	Lieux traités
Lieusaint	Adresses et lieux dans les environs
Danneville	Repères
- - - - -	PNR des Marais du Cotentin et du Bessin
⊚	Sites inscrits au Patrimoine mondial de l'Unesco

LA MANCHE

MANCHE

Réthoville
Phare de Gatteville
St-Pierre-Église
Tocqueville
D 116
Barfleur
D 901
Ste-Geneviève
Montfarville
D 355
Val de Saire
D 26
D 902
Réville
La Pernelle
Quettehou
D 1
Île Tatihou ⊚
St-Vaast-la-Hougue ⊚
D 902
D 14
Quinéville
D 42
Montebourg
Saint-Marcouf
Azeville
Utah Beach
Fresville
D 14
D 17
St-Martin-de-Varreville
D 15
Sainte-Mère-Église
N 13 E 3 E 46
D 14
Sainte-Marie-du-Mont
D 913
Brucheville
St-Côme-du-Mont
D 329
N 13 E 46
Carentan-les-Marais
Catz
D 903
Isigny-sur-Mer
Tourbière de Baupte
D 971
Méautis
D 974
D 514
D 517
D 514
Parc naturel régional des Marais du Cotentin et du Bessin
D 5
D 29
D 200
D 613
D 5
CALVADOS
(14)
N 13 E 46
D 971
D 900
D 29
St-Jean-de-Daye
D 8
D 15
D 5
Le Molay-Littry
Marchésieux
D 10
D 572
D 900
N 174-E3
Cerisy-la-Forêt
D 34
D 572
D 13
Balleroy
Hauteville-la-Guichard
D 53
D 974
SAINT-LÔ
D 6
D 972
D 28

MANCHE – Partie nord

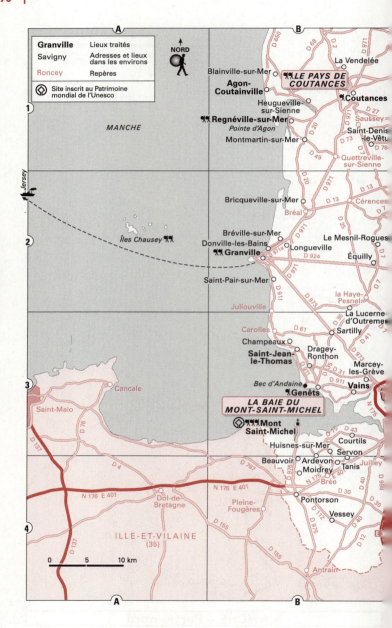

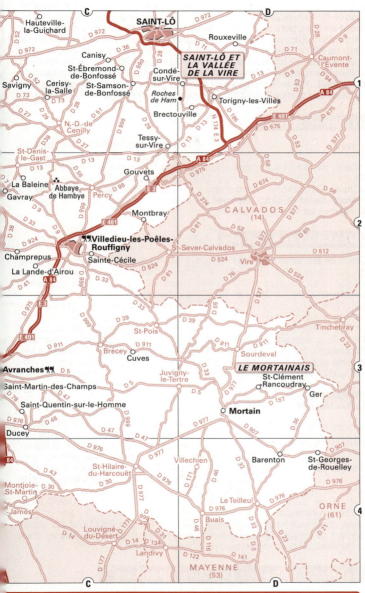

MANCHE – Partie sud

LA MANCHE / SAINT-LÔ ET LA VALLÉE DE LA VIRE

L'ancienne cité celte de *Briovère* connut jusqu'aux guerres de Religion un passé tumultueux, dont témoignent les imposants remparts de la ville. D'abord en bois, puis en pierre, ils furent successivement pris d'assaut par les Normands, Édouard III et les catholiques en 1574. Important centre textile à partir du XIIIe s, Saint-Lô devint petit à petit un pôle agricole d'envergure, ce que la ville est toujours aujourd'hui. Détruite à 95 % et surnommée la « capitale des ruines » en 1944, la ville qui avait tout perdu ou presque (jusqu'à son état civil...) se releva peu à peu après la guerre et se révèle plus vivante et chaleureuse que ne le laissent supposer ses façades grises et rectilignes.

Arriver – Quitter

En train

🚆 *Gare de Saint-Lô* (plan A1) : ☎ 36-35 (0,40 €/mn).
➤ *Caen, Coutances, Pontorson (Le Mont-Saint-Michel), Rennes :* 3-4 départs/j. en sem et 2-3 départs/j.

le w-e ; autres liaisons entre Saint-Lô et Granville, avec changement à Coutances (une partie du trajet en train et l'autre en autocar TER).
➤ *Paris, Cherbourg :* changement à Lison.

Adresse et info utiles

🛈 *Office de tourisme* (plan A1) : plage Verte, 60, rue de la Poterne. ☎ 02-14-29-00-17. ● ot-saintloagglo.fr ● Juil-août, lun-ven 9h30-18h30 ; sam 10h-12h30, 14h-17h ; dim 10h-13h. Le reste de l'année, fermé lun mat (lun oct-mars), le midi, sam ap-m et dim. En juillet-août, animations familles (livret à disposition). Documentation sur la voie verte (chemin de halage) et livret gratuit sur la Seconde Guerre mondiale

à Saint-Lô et ses alentours. Fiches rando. Gère aussi les visites guidées du Haras national et loue des vélos électriques à la journée.
– *Marchés :* ven-sam 9h-13h, sur la pl. du Général-de-Gaulle (plan B1). Produits du terroir. À l'instar des Saint-Lois (ou Saint-Laudiens), ne pas manquer d'y acheter un sandwich saucisse aux oignons, que 5 ou 6 grilleurs ne vendent que là. Bonne animation.

Où dormir ?

De bon marché à prix moyens

🛏 *Armoric Hôtel* (plan B2, 10) : 15, rue de la Marne. ☎ 02-33-05-61-32. ● nelly.guenon@orange.fr ● hotelarmoric.com ● Résa conseillée. Doubles 45-63 € ; familiales. Dans un immeuble années 1950, en terrasse, derrière un jardinet. Ambiance de pension de famille à l'ancienne avec des chambres à la déco un peu passée,

mais plutôt avenantes et confortables. Certaines d'entre elles ne sont certes pas bien grandes et leur « cabine de bains » non plus, mais l'ensemble persiste à présenter un bon rapport qualité-prix.
🛏 *Hôtel Le Petit Poucet* (plan A1, 11) : 10, rue de la Chancellerie. ☎ 02-33-57-14-68. ● hotel.petitpoucet@gmail.com ● Réception ouv à partir de 18h. Doubles 69-80 €. Petit hôtel aux chambres simples, pas bien grandes mais fonctionnelles.

Où dormir dans les proches environs ?

🛏 *Chambres d'hôtes La Clé des Champs* (hors plan par B1, 12) : chez Nadine Chouquais 150, chemin des Pénitents, 50000 Saint-Lô.

☎ 02-33-57-02-74. 📱 06-62-10-80-46. ● nadinechouquais@gmail.com ● cle-des-champs.jimdo.com ● À env 4 km à l'est du centre-ville. Double 60 €. Juste

SAINT-LÔ / OÙ MANGER ? OÙ GRIGNOTER UN BOUT ? | 373

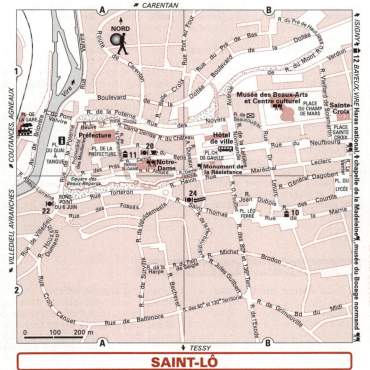

SAINT-LÔ

🛏 Où dormir ?	🍽 Où manger ?
	☕ Où grignoter un bout ?
10 Armoric Hôtel (B2)	20 Oh Happy Thé (A1)
11 Hôtel Le Petit Poucet (A1)	22 Brasserie Les Capucines
12 Chambres d'hôtes La Clé	et Intuition (A2)
des champs	24 Crocoleone
(hors plan par B1)	Pizzeria-ristorante (B2)

en périphérie de Saint-Lô mais déjà en pleine campagne, dans une jolie nature verdoyante et ondoyante. La maison, couverte de lierre et entourée d'un jardin soigné, abrite 2 chambres formant une suite familiale. Lumineuses, gaies et à la déco bien d'aujourd'hui, elles constituent un parfait petit nid pour partir à la découverte des environs.

Où manger ? Où grignoter un bout ?

De bon marché à prix moyens

🍽 ☕ 🕒 **Oh Happy Thé** (plan A1, 20) : 12, rue Carnot. ☎ 02-33-56-36-22. *Tlj sauf dim-lun juin-juil et sauf lun-mar hors saison. Resto 12h-14h puis salon de thé jusqu'à 18h30. Repas env 12-15 €.* Un petit salon de thé à l'intérieur très *girly* mais vraiment accueillant. L'endroit idéal pour une pause gourmande en journée ou pour un déjeuner léger. Délicieux gâteaux maison et belle sélection de thés. Superbe terrasse bien cachée à l'arrière.

I●I ↑ Brasserie Les Capucines (plan A2, **22**) : 1, rue Alsace-Lorraine. ☎ 02-33-05-15-36. ● brasserieles capucines@orange.fr ● Fermé dim. Formules déj en sem 14,50-18,50 € ; menus 22-29,50 € ; carte 30-50 €. Un vrai cadre de brasserie réveillé par des murs orange vif et les fleurs fraîches posées sur chaque table. La carte est, elle aussi, celle d'une brasserie, mais ici les produits de 1re qualité viennent de producteurs locaux et sont finement travaillés. Pour grimper encore en gamme et en prix (celui d'un étoilé), il suffit de monter à l'étage, au restaurant **Intuition** (☎ 02-33-05-14-91 ; jeu-sam ; formules déj jeu-ven env 27 €, puis 44-72 €).

➥ I●I Crocoleone Pizzeria-ristorante (plan B2, **24**) : 18, rue Saint-Thomas. ☎ 02-33-05-03-76. ● lecroco.fr ● ♿ Fermé dim et j. fériés. Résa conseillée. Formule déj en sem 16 € ; carte 20-25 €. Café offert sur présentation du guide de l'année. Cadre chaleureux chez les Crocoleone, avec des murs tapissés de stars du grand écran au portrait tiré en noir et blanc. À quelques exceptions près (les bons burgers, notamment), carte d'inspiration italienne avec pâtes, pizzas et quelques plantureuses salades qui sortent de l'ordinaire. Une adresse où se presse le Tout-Saint-Lô, toutes générations confondues. On peut aussi y acheter de quoi se concocter un pique-nique au comptoir de l'espace épicerie où sont vendus antipasti, charcuteries, fromages et d'excellentes *pizzette*.

Où manger dans les environs ?

I●I ↑ La Ferme du Château : av. Sainte-Marie, La Basse-Cour, 50180 **Agneaux.** ☎ 02-33-74-20-14. ● contact@lfdca.fr ● lafermeducha teaudagneaux.fr ● ♿ À 3 km à l'ouest de Saint-Lô. Fermé lun, mar et dim soir. Formules déj en sem 14-18 € ; menus 33-39 €. Café offert sur présentation du guide de l'année. En périphérie de Saint-Lô, dans une zone pavillonnaire sans grand charme, un étroit chemin et hop ! vous voilà plongé dans un autre monde, celui d'un petit château et ses dépendances (où se trouve le resto), dans un cadre bucolique. La carte, courte, picore volontiers dans les gastronomies d'ici et d'ailleurs, tout en jouant habilement avec les classiques, quitte à les détourner ou les déstructurer. Service efficace et avenant.

À voir. À faire

↟ La porte de la prison (monument de la Résistance ; plan B1) : pl. du Général-de-Gaulle. Un des symboles de la ville. Cette imposante porte est tout ce qui subsiste de la prison du XIXe s, détruite dans la nuit du 6 au 7 juin 1944. Les troupes allemandes y avaient laissé enfermées près de 150 personnes, dont beaucoup de résistants. Cet unique vestige, volontairement conservé, est devenu monument départemental de la Résistance et mémorial en l'honneur des victimes de la répression nazie. Au pied de la porte est scellée une urne contenant les cendres de déportés. Juste à côté, couronné de l'emblématique licorne de Saint-Lô, un *beffroi* moderne symbolise quant à lui la reconstruction de la ville.

↟↟ L'église Notre-Dame (plan A1) : parvis Notre-Dame. Construite aux XVe et XVIe s, elle fut sévèrement endommagée lors de la Seconde Guerre mondiale, et sa façade mutilée le rappelle de façon poignante. Émotion renforcée par les façades modernes de la reconstruction s'effaçant volontairement derrière les vestiges du bâtiment ancien, dont il subsiste l'élégante chaire extérieure gothique. À l'intérieur, beaux vitraux du XVe s, dont le grand vitrail royal. Plusieurs autres vitraux contemporains signés Max Ingrand ou Jean Couturat. Sur une poutre de gloire traversant le chœur, impressionnant christ, miraculeusement rescapé des destructions de 1944. Petit musée lapidaire, dans le bas-côté nord : pierres, statues, objets retrouvés dans les décombres et impressionnantes photos de l'« avant ».

🏃 **Les remparts** *(plan A1-2) :* fascicule à l'office de tourisme. Parcours numérique « KIT'M » à télécharger (jeu et récompense). On en a une belle vision d'ensemble depuis les quais, sur les bords de la Vire. De l'église Notre-Dame, on peut pousser jusqu'au square des Beaux-Regards. Joliment aménagé, ce jardin public a conservé une vieille tour ronde qui offre une vue sympa sur la ville basse et la vallée de la Vire.

UN HÔPITAL CLASSÉ

À l'origine des bombardements dévastateurs qui ont pilonné Saint-Lô en 1944, les Américains collectèrent après la guerre des dons pour reconstruire un hôpital. Inauguré en 1956, celui-ci était couramment désigné par les spécialistes comme « l'hôpital le plus moderne de France, voire d'Europe » ; une monumentale mosaïque de Fernand Léger à la mémoire des soldats américains tombés lors de la libération de la ville orne un mur proche de l'entrée. Le peintre bas-normand avait été associé à la décoration de l'hôpital par l'architecte franco-américain Paul Nelson, d'où les fenêtres multicolores du bâtiment classé Monument historique.

🏃🏃 **Le musée des Beaux-Arts** *(plan B1) :* centre culturel Jean-Lurçat, pl. du Champ-de-Mars. ☎ 02-33-72-52-55. ♿ *Tlj sauf lun : juil-août 13h30-18h30, sept-juin 14h-18h. Entrée : 5,50 € ; réduc ; gratuit moins de 12 ans, pour ts le 1er dim du mois (oct-mai) et 14 juil ; pass avec le musée du Bocage normand 7,50 €.* Moderne et intéressant. Vous tomberez d'abord immanquablement sur la tenture des *Amours de Gombault et Macée,* tapisserie de Bruges des XVIe-XVIIe s. 8 panneaux qui racontent, façon bande dessinée, et avec un humour certain, l'histoire de 2 bergers (Molière, impressionné, y fit référence dans *L'Avare*). Pour rester dans la tapisserie, étonnantes œuvres de Jean Lurçat (refondateur de la tapisserie), sorte d'anachronisme dans l'évolution de l'art contemporain. Peintres des écoles françaises : *Académie masculine,* de Jean-François Millet, *Le Havre, coucher de soleil à marée basse,* d'Eugène Boudin, *Paysage de rivière,* de Théodore Rousseau, *Homère et les Bergers* et *L'Étang,* de Corot, *La Mort de Sapho,* exquis petit Gustave Moreau. Cabinet des dessins : Géricault, Fernand Léger, Jacques Callot... Petite section historique sur l'histoire de la reconstruction de Saint-Lô, donation Octave Feuillet (un cabinet de curiosités du XIXe s, avec miniatures, manuscrits, etc.), espace consacré au poète Jean Follain. Enfin, une galerie de portraits de la famille des Matignon rappelle que les Grimaldi, princes de Monaco, sont toujours barons de Saint-Lô ! Plusieurs expos temporaires par an.

🏃🏃 🧍 **Le Haras national** *(hors plan par B1) :* 437, rue du Maréchal-Juin. ☎ 02-14-29-00-17 (office de tourisme) ou 02-33-55-29-09. ♿ *À env 2 km du centre-ville. Une partie du haras (2 écuries abritant les chevaux de race normande et le labo) ayant été ravagée par un violent incendie en juil 2019, les visites guidées sont actuellement suspendues. En revanche, du 27 juin au 20 sept 2020, des casques de réalité virtuelle seront à la disposition du public (avec 5 petits films de 1 mn 30) pour découvrir le fonctionnement et les missions du haras. GRATUIT.*

Le 1er dépôt (complètement détruit pendant la Seconde Guerre mondiale) fut créé en centre-ville en 1806. Le haras que vous visiterez est le 2e dépôt, ouvert en 1886. Plus particulièrement spécialisé dans la selle français (expert en concours hippiques), il abrite différentes races dont le cob normand (très apprécié des amateurs d'attelage), le trotteur français ou le percheron. Le Haras national, appelé aussi Pôle hippique de Saint-Lô, a pour mission de favoriser l'équitation de haut

376 | LA MANCHE / SAINT-LÔ ET LA VALLÉE DE LA VIRE

niveau, il est un centre de commercialisation de jeunes chevaux. La reproduction y est privatisée depuis 2013. Également une belle collection de voitures hippomobiles, un manège automatique où sont entraînés les chevaux, le manège couvert avec sa charpente métallique. En 2019, exposition spéciale « 75e anniversaire de la Libération » proposé dans l'écurie n° 5.

🏃 *La chapelle de la Madeleine (mémorial américain ; hors plan par B1) :* square des Victimes-du-11-Septembre-2001. À env 3 km du centre-ville. De juil à mi-sept, w-e 14h30-18h30. Étonnamment enchâssée dans un lotissement et dernier vestige d'une léproserie du XIVe s, cette chapelle est aujourd'hui un mémorial en l'honneur des soldats des 29e et 35e divisions qui ont libéré la ville.

🏃🏃 🏃 *Le musée du Bocage normand (hors plan par B1) :* ferme de Boisjugan, bd de la Commune. ☎ 02-33-72-52-55. ♿ À env 3 km du centre-ville. Tlj sauf lun ; juil-août 13h30-18h30, avr-juin et sept-oct 14h-18h. Fermé Toussaint-Pâques. Entrée : 5,50 € ; réduc ; gratuit moins de 12 ans ; pass avec le musée des Beaux-Arts 7,50 €. À deux pas d'une zone artisanale, autour d'une belle cour rectangulaire, typique de la région, cette grande et belle ferme en schiste des XVIIe et XIXe s abrite un musée sur l'agriculture et son évolution depuis 1800. Sont présentés en particulier l'élevage du cheval et celui de la vache. Quelques bornes interactives (sur la faune et la flore, par exemple), une reconstitution d'espaces (l'écurie, l'étable, l'atelier et la beurrerie) et de véritables animaux de race normande. Un beau musée didactique (compter 1h30 de visite), introduction idéale pour les citadins, petits et grands.

LA VALLÉE DE LA VIRE

Autour de Saint-Lô, une jolie campagne bocagère où de petites rivières (la Vire bien sûr et ses affluents comme l'Elle) ont dessiné de gentilles vallées qui, ici ou là, s'escarpent franchement. Une paisible microrégion à découvrir au fil de discrètes départementales, ou, mieux, des anciens chemins de halage, joliment réhabilités.

Où dormir ?

Chambres d'hôtes

🏠 *La Rhétorerie :* chez Marie-Thérèse et Roger Osmond, 2271, rue de la Vire, 50750 *Saint-Ébremond-de-Bonfossé-Canisy.* ☎ 02-33-56-62-98. ● rogerosmond@orange.fr ● À 4 km au sud-ouest de Saint-Lô. Double avec douche (w-c sur le palier) 55 €. Dans une sympathique ferme typique du bocage, chez des agriculteurs à la retraite hauts en couleur, chaleureux et à l'accueil attentionné, 2 chambres simples et confortables, et un copieux petit déj. Mise à disposition d'une salle de séjour avec coin cuisine.

🏠 *Le Manoir des Arts :* chez Myriam et Michel De Aranjo, 2, Le hameau Bernard, *Saint-Samson-de-Bonfossé, 50750 Bourgval-lées.* ☎ 02-33-56-52-92. ● michel. aranjo@wanadoo.fr ● À 9 km au sud de Saint-Lô. Double 60 € ; familiale. Réduc de 10 % à partir de 2 nuits consécutives (hors juil-août) sur présentation du guide de l'année. Le hameau à lui seul mérite le coup d'œil, rien que pour son ancienne et imposante fromagerie aujourd'hui en friche. Les patrons de celle-ci vivaient dans la curieuse demeure du XVIIIe s aux 2 tours à colombages rouges où Michel et Myriam vous reçoivent aujourd'hui. Les chambres, de taille très modeste pour certaines, n'en sont pas moins des petits nids soignés tout colorés. Et quel calme !

LA VALLÉE DE LA VIRE | **377**

🏠 ⬆ *Le Clos des Matignon :* *7, rue Robert-du-Mont, 50160* **Torigny-les-Villes.** ☎ *02-33-57-17-21.* ● *leclos desmatignon@orange.fr* ● *leclosdes matignon.com* ● *À 14 km au sud-est de Saint-Lô. Congés : fêtes de fin d'année. Doubles 110-150 € ; suite 190 € (2 chambres). Parking.* Vaste demeure cachée par d'épais murs de pierre, autrefois dépendance du château de Torign. L'imposant hall avec son lustre monumental, la volée de marches de pierre et la balustrade en fer forgé donnent le ton. Grand siècle ! Toutefois, les 2 chambres et la suite affichent un look cosy contemporain : épaisses tentures dans les tons gris, beiges et marron, lit *king size,* couettes. Toutes donnent sur le parc au gazon impeccable. Les petits déj sont servis dans la cuisine-salle à manger commune ou sur la terrasse aux beaux jours.

Où manger ?

🍽 ⬆ *Crêperie Les Roches de Ham :* *les Roches-de-Ham, Brectouville, 50160* **Torigny-les-Villes.** ☎ *02-33-56-51-57.* ● *catherine.marie.leo@ orange.fr* ● *creperie-lesrochersdeham. fr* ● ♿ *Pour l'accès, lire « À voir. À faire ». Tlj sauf dim en continu à partir de 12h (le soir, passer un petit coup de fil pour réserver ou vérifier que c'est bien ouvert). Congés : nov-mars.* *Formule déj 9,60 € ; repas env 10 €.* Sur un petit replat, noyée dans la verdure, juste au-dessus de la falaise. Très joli cadre naturel, donc (et une terrasse afin de bien en profiter), pour cette sympathique petite crêperie, spécialisée dans les vraies galettes du pays. Le cidre maison est, lui aussi, bien normand ! C'est tout simple et bon.

À voir. À faire

🏛🏛 *L'abbaye bénédictine Saint-Vigor :* rue Sangles, 50680 **Cerisy-la-Forêt.** ☎ *02-33-57-34-63.* ● *abbaye-cerisy.fr* ● ♿ *(église abbatiale seulement). À env 17 km au nord-est de Saint-Lô. Mai-août, tlj 10h-18h ; avr et sept, tlj sauf lun 11h-18h ; oct, w-e seulement 12h-18h. Fermé lors des cérémonies religieuses. Visite libre : 6 € ; guidée : 8 € ; réduc ; réduc de 1 € offerte sur présentation du guide de l'année.*

L'un des chefs-d'œuvre de l'art normand roman, en bord de forêt de Cerisy. Abbaye fondée en 1032 par le duc Robert le Magnifique, père de Guillaume le Conquérant. Elle perdit au début du XIXe s ses 4 premières travées ainsi que son porche gothique. Ne pas manquer le point de vue sur l'abside exprimant tout à la fois solidité, harmonie et équilibre. Chœur remarquable avec ses 15 baies romanes réparties sur 3 niveaux d'élévation, les plafonds droits charpentés ont été restitués à la configuration d'origine. Anges musiciens à la retombée des arches. Stalles du début du XVe s.

À l'extérieur, ravissante chapelle gothique de l'Abbé du XIIIe s (une miniature de la Sainte-Chapelle selon certains), ornée d'une fresque au-dessus de l'autel du XVe s. Enfin, l'ancienne salle de justice préserve la mémoire d'un lieu que les moines ont quitté en 1791 et expose quelques meubles, objets, dessins, livres. Petit musée lapidaire. Expo permanente sur les siècles romans en Normandie, ainsi que des expos temporaires. Les années impaires, en juin, l'abbaye accueille un symposium de sculpture en plein air. Promenade autour de l'étang des moines en contrebas de l'abbaye offrant un très joli point de vue sur le site.

🌲 À deux pas, entre Manche et Calvados, la *forêt de Cerisy* est un superbe lieu de balades *(infos et carte à télécharger sur le site* ● *onf.fr* ●*).*

🌲🚶 *Le parc des sources d'Elle :* 50180 **Rouxeville.** ☎ *02-33-56-17-90.* ● *sour cesdelle.com* ● *À 12 km à l'est de Saint-Lô. Fév-nov, tlj 7h30-19h. Entrée : 2 €/ véhicule. Visite libre.* Joli parc privé situé en plein bocage, parcouru de sources

LA MANCHE

378 | **LA MANCHE / LE COTENTIN**

(eh oui, qui donnent naissance à l'Elle) et d'étangs entourés de prairies et de bois. Avant tout, paradis des pêcheurs qui viennent y taquiner la truite dans l'un des 8 étangs qui parsèment le parc, c'est aussi un très agréable lieu de balade familiale. Des sentiers aménagés parcourent ce domaine de 35 ha planté de nombreuses espèces arboricoles, et notamment de splendides massifs de rhododendrons. Aires de pique-nique.

🏃🏃 ← *Les roches de Ham : Brectouville, 50160 Torigny-les-Villes. À env 13 km au sud de Saint-Lô.* Falaises saisissantes et tourmentées dominant les gorges de la Vire d'une centaine de mètres. La vue sur la rivière qui serpente en contrebas et le bocage environnant mérite franchement le détour. Outre la simple beauté du site, il y a ici de belles balades à faire et une sympathique crêperie aux beaux jours.

🏃 *Le château de Canisy : 8, rue de Kergorlay, 50750 Canisy.* ☎ 01-44-05-09-81. ● chateaudecanisy.com ● *À env 10 km au sud-ouest de Saint-Lô. Visite sur résa pour les groupes, mais parc accessible aux individuels, tlj 10h-18h (2 €).* Du XIe s, remodelé à la fin du XVIe s par François Gabriel, ancêtre de la fameuse famille d'architectes. Il en émane une impression de solidité et d'élégance tout à la fois, avec ses murs en belle pierre grise du pays et les encadrements de fenêtres en bossage de couleur améthyste. Très beau parc abritant, entre autres, un jardin botanique et un parc animalier.

🏃 *Balade le long du chemin de halage : le chemin de halage – voie verte – dans son intégralité va de la baie des Veys (près de Carentan) à Pont-Farcy et s'étend sur 65 km. On peut le prendre à partir de Tessy-sur-Vire, et descendre la Vire jusqu'à Saint-Lô (26 km).* Un chemin agréable, accessible aux piétons, aux cyclistes et aux cavaliers. À Saint-Lô, le chemin prend naissance au pied du pont Merveilleux-du-Vigneaux, à deux pas de la gare SNCF. Autre accès à la base de canoës de Condé-sur-Vire et à la Chapelle-sur-Vire à Troisgots (aire de loisirs et de pique-nique). *Festival des Bords de Vire* (œuvres artistiques in situ). Carte du chemin de halage à l'office de tourisme.

🏃 *Descente de la Vire en canoë-kayak : à Condé-sur-Vire.* ☎ 02-33-57-33-66. ▯ 06-58-21-17-22. *Mai-sept, w-e 9h-12h, 14h-17h (9h-18h juil-août).* Dynamique base de loisirs de l'Écluse, où l'on peut louer des canoës, des kayaks et des *paddles* pour découvrir les roches de Ham par le bas. Plusieurs parcours, de 4 à 12 km. Location de VTT également.

LE COTENTIN

LE PARC NATUREL RÉGIONAL
DES MARAIS DU COTENTIN
ET DU BESSIN

Côté Manche, le parc naturel régional des Marais du Cotentin et du Bessin est compris grosso modo dans un triangle Quinéville/Lessay/Pont-Hébert (il s'étend jusqu'à Trévières dans le Calvados). Paysage de bocages et de vastes prairies, sillonnés par une multitude de rivières et d'étroits canaux, le parc naturel régional s'ouvre de part et d'autre sur la mer. Le marais du Cotentin, c'est la région la plus basse de la Manche. Si le niveau de la mer s'élevait de 1 m, le Cotentin serait vraiment une île. D'ailleurs, les hivers très pluvieux, plus de 14 000 ha de terres se retrouvent complètement inondés.

LE PARC NATUREL RÉGIONAL DES MARAIS... | 379

30 communes autour de Saint-Sauveur-le-Vicomte, Marchésieux, Rémilly-sur-Lozon, Graignes ou encore Carentan ont régulièrement en hiver le marais blanc (nom donné au marais inondé) sous leurs yeux. Une région pittoresque qui offre une palette variée de paysages, une intéressante architecture rurale et de nombreuses occasions de randonnées. On y pratique encore, à Rémilly-sur-Lozon, la vannerie artisanale à partir de l'osier qui pousse dans les marais.

UN GRAND PATCHWORK !

En fait, les marais se révèlent plutôt comme un grand patchwork. Du bocage à perte de vue et des tourbières. Des haies coupe-vent, mais surtout les « limes » (petits canaux pour drainer l'eau) délimitent les parcelles, remplissant la fonction des talus dans le bocage. Ici, le remembrement fut brillamment évité, pour le plus grand plaisir des yeux. En effet, compte tenu de la platitude de la région et de son exposition aux vents à la fois d'ouest et d'est, conserver les haies reste la seule façon de protéger le bétail du vent.

LE DÉBARQUEMENT DES CIGOGNES

Dans le parc naturel régional des Marais du Cotentin et du Bessin, la prolifération de grenouilles attesterait que la pollution des terrains est en train de disparaître. Or ces batraciens sont un mets très prisé des cigognes, qui arrivent désormais de plus en plus fréquemment par colonies, notamment entre Marchésieux et Tribehou, pour faire ripaille.

LA MANCHE

Le parc possède des dizaines d'espèces animales et végétales originales. Des millions d'oiseaux migrateurs choisissent le marais du Cotentin pour se reposer ou comme zone d'hivernage et de nidification. Mais c'est aussi une colonie de veaux marins (la plus importante après celle de la baie de Somme, sorte de phoque, qui attire l'attention du côté de la baie des Veys).

Autre intérêt du parc, l'habitat. Le parc comprend plus de 10 000 édifices construits en terre crue (technique de la bauge). L'utilisation de la terre trouvée sur place se révèle ainsi non seulement économique, mais aussi profondément respectueuse de l'environnement. Les belles nuances rouges, ocre, orange, mordorées de la terre réchauffent le paysage. Autour de Graignes (au sud de Carentan), on trouve plus de 50 % de demeures en terre. Dans les environs du Mesnilbus, de nombreuses fermes proposent un intéressant compromis granit-terre.

Adresse et info utiles

🛈 *Maison du parc des Marais du Cotentin et du Bessin :* 3, village Ponts-d'Ouve, **Saint-Côme-du-Mont,** 50500 Carentan-les-Marais. ☎ 02-33-71-65-30. ● parc-cotentin-bessin.fr ● À 3 km au nord de Carentan. Fermé lun ; avr-juin et sept, 10h-13h, 14h-18h30 ; juil-août, 10h-18h30. Oct-mars, 9h30-13h, 14h-17h30 ; fermé lun, et mar hors vac scol. Fermeture : dernière sem de sept et 1re sem d'oct, 3 premières sem de déc. On peut y consulter (ou acheter) une documentation sur la faune, la flore, l'histoire et les traditions des marais, mais aussi se renseigner sur les multiples sentiers de randonnée (large choix de cartes et topoguides à la boutique), sur les promenades en bateau, les activités découverte, les sites culturels ou encore les possibilités d'hébergement et de restauration à l'intérieur du parc. Abrite également un espace de découverte. À l'extérieur, 1 parcours de 2 km ludique et sensoriel est aménagé (qui peut atteindre 5 km en saison).

– La Manche et, particulièrement, le Cotentin et le parc des Marais sont propices aux *randonnées pédestres, à vélo ou à cheval* : GR 223 (superbe !)

380 | LA MANCHE / LE COTENTIN

qui longe les côtes, plus de 250 km de voies vertes plus familiales qui empruntent les anciennes voies de chemin de fer ou chemins de halage, randos thématiques accompagnées...

CARENTAN-LES-MARAIS

(50500)   6 000 hab.   *Carte Le nord de la Manche, C3*

Porte d'entrée des marais du Cotentin, port de plaisance et cité commerçante, à un important carrefour de routes. Carentan a payé un lourd tribut à la libération du pays. La ville fut prise le 12 juin après un assaut à la baïonnette des parachutistes américains.

Arriver – Quitter

🚆 *Gare SNCF : bd de Verdun.* ☎ *36-35 (0,40 €/mn).* Carentan se trouve sur la ligne Cherbourg-Bayeux-Caen : une dizaine de trains/j. ; quelques directs/j. avec Paris.

🚌 *Nomad : arrêt des bus à la gare SNCF ou à la mairie selon destinations.* Carentan se trouve sur la ligne Cherbourg/Valognes/Sainte-Mère-Église/Carentan/Saint-Lô.

Adresse utile

🛈 *Office de tourisme de la baie du Cotentin : 24, pl. de la République.* ☎ *02-33-71-23-50.* ● *ot-baieducoten tin.fr* ● *encotentin.fr* ● *Juil-août, lun-sam 9h-18h30, dim et j. fériés 9h30-13h30 ; avr-juin et sept, lun-sam et j. fériés (sauf 1er mai) 9h30-12h30, 14h-18h ; oct-mars, fermé w-e.* Billetterie pour les îles Anglo-Normandes et Chausey, la Cité de la mer, réservations pour les promenades fluviales sur la Taute, sur la Douve et pour les sorties en mer dans la baie des Veys. Vente du *Pass' Baie du Cotentin (1 €)* avec des réductions. Circuits de visite de la ville téléchargeables sur smartphone.

Où dormir ?

Camping

⛺ *Flower Camping Le Haut Dick : 30, chemin du Grand-Bas-Pays.* ☎ *02-33-42-16-89.* ● *contact@camping-lehautdick.com* ● *camping-lehautdick. com* ● ⚡ *À 400 m du centre-ville. Ouv avr-sept.* Compter *15-25 €* pour 2 avec tente et voiture ; mobile homes *2-6 pers 196-749 €/sem.* 120 empl. Un beau site, assez vaste, situé entre la ville, la campagne et le port (le canal passe juste derrière le camping). Les tentes se partagent les grandes pelouses sous les arbres, et les camping-cars les emplacements entre 2 haies. Location de mobile homes, tous avec un petit coin de verdure privé. Barbecues à disposition. Piscine à proximité et location de vélos ou VTT.

Chambres d'hôtes

🏠 *Chambres d'hôtes de la 101e : 26, rue 101e-Airborne.* ☎ *02-33-71-00-43.* ● *chambres.carentan@bnb-normandie. com* ● *bnb-normandie.com* ● *Double 65 €.* En bord de route, certes, mais vous l'oublierez une fois dans cette belle grosse maison à l'intérieur vivant et chaleureux. Les chambres parquetées, qui ne manquent pas de caractère avec leurs meubles traditionnels, sont de bonne taille, coquettes, colorées et

CARENTAN-LES-MARAIS | 381

confortables. Jolie salle de petit déj vitrée donnant sur la cour intérieure fleurie.

🏠 **Maison d'hôtes La Roselière :** *21, rue Lepelletier.* ☎ 02-50-70-02-49. 📱 07-81-82-55-08. ● *didierbourgeois@ neuf.fr* ● *laroseliere.e-monsite.com* ● *Double 100 € ; quadruple.* Dans une belle demeure bourgeoise du XIXᵉ s qui a conservé ses vieux parquets et ses meubles à l'ancienne, mais où la charmante propriétaire a apporté sa touche personnelle. Déco fleurie et déclinant un peu toutes les nuances de rose. Chambres de belle taille (sans parler des salles de bains !), dont une familiale avec son propre petit salon, et éventuellement une autre chambre en annexe.

De bon marché à prix moyens

🏠 **Hôtel Le Vauban :** *7, rue Sébline (pl. Vauban).* ☎ 02-33-71-00-20.

● *hotelvauban50500@outlook.fr* ● *Doubles 49-55 €.* Situé en plein centre, ce petit hôtel propose des chambres pas toujours très grandes mais toutes avenantes, parfaitement tenues et d'un bon rapport qualité-prix.

🏠 ↗ **L'Auberge Normande :** *11, bd de Verdun.* ☎ 02-33-42-28-28. ● *auberge-normande@wanadoo.fr* ● *aubergenormande.com* ● ♿ *Doubles 45-89 € ; familiales. Formule déj 14,90 €, puis menus 21-32 €. Digestif maison offert au resto et réduc de 10 % sur le prix de la chambre affiché, sur présentation du guide de l'année.* Une poignée de chambres dispersées dans de petites maisons autour d'une courette enfouie sous les fleurs. Les moins onéreuses donnent directement sur une petite galerie, c'est mignon, mais plus bruyant ! Sinon, toutes offrent une déco bien dans son temps. Fait également resto.

Où manger ?
Où déguster une glace dans les environs ?

|●| **Chez Hubert :** *9, rue Saint-Jean, 50620* **Saint-Jean-de-Daye.** ☎ 02-33-05-64-54. *Au bord de la N 174, entre Carentan et Saint-Lô. Tlj sauf le soir dim-lun. Menus déj 15,50-18,50 € ; carte 20-25 €.* Serait-ce là un banal routier ? Un troquet où les habitués viennent s'abreuver ? Pas vraiment. Mais une adresse insolite, certainement ! La carte restreinte vous propose une cuisine polonaise simple, bien préparée et joliment présentée. Alors si l'envie d'un goulasch ou de *pierogi* (de délicieux raviolis au fromage ou à la viande) vous saisit, rendez-vous

dans ce petit lieu à l'accueil discret et sympathique.

♦ **Glaces de la Ferme Les délices d'Antan :** *8, rue des Croix,* **Saint-Côme-du-Mont,** *50500 Carentan-les-Marais.* 📱 06-37-36-26-55. *À 5 km au nord de Carentan. De mi-mai à août, mer-sam 15h-19h, dim 15h30-18h30 ; reste de l'année, mer et ven 16h30-18h30.* Dans un petit chalet en bois, sur un parking, l'occasion de se régaler de bonnes glaces à base de fruits frais et préparées avec le lait et la crème de la ferme située juste derrière.

À voir. À faire

➢ **Balade dans le vieux Carentan :** *départ de l'office de tourisme. Un plan « À pied dans l'histoire » est disponible à l'office de tourisme. Place de la République,* 9 belles arcades gothiques, vestiges d'un marché couvert du XIVᵉ s. Avec la *ruelle Saint-Germain* (qui possède toujours son tracé original), elle constitue le cœur de la ville médiévale. *Rue du Château,* quelques demeures en pierre du XVIᵉ s, mais très restaurées. *Rue de l'Église,* côté impair, un ensemble de nobles et sobres demeures. La dernière, au nº 7 (juste devant l'église), servit de cadre en 1836 à une nouvelle de Balzac (il y logeait), *Le Réquisitionnaire.*

¶¶ L'église Notre-Dame : bâtie sur l'emplacement d'un ancien sanctuaire romain, elle a gardé des XIIe et XIIIe s quelques gros piliers à partir desquels l'édifice gothique du XVe s fut édifié. Architecture assez originale. Sur le flanc sud (façade principale), pignons et pinacles créent un certain rythme. Sur les pignons, des anges musiciens. Au milieu, le transept et sa grande baie flamboyante. Côté chœur, 3 amusantes gargouilles. Remarquable clocher de 60 m de haut. Tour carrée surmontée d'une élégante flèche octogonale. Petits clochetons renforçant sa « mise en orbite ». Sur la façade ouest (à gauche quand on tourne le dos à la rue de l'Église), porche finement sculpté du XIIe s. La grande baie au-dessus fut percée tardivement. À droite du porche, restes d'une chaire extérieure (aujourd'hui murée).

À l'intérieur, 3 nefs avec dans le chœur une belle envolée de voûtes ogivales. Vitraux anciens dont seuls les rouges et bleus ont résisté au temps et un autre, plus récent, dédié aux parachutistes de la 101e Airborne. Poutre de gloire de 1816. Stalles sculptées. Autel baroque aux ors bien patinés. Curieuses figures sculptées entre les arcades du chœur. Et un déambulatoire copieusement graffité par les visiteurs d'aujourd'hui (du boulot pour les archéologues du futur)...

¶ ¶ Le circuit Historique 44 : *possibilité de télécharger gratuitement le circuit sur l'application Kit'M.*

➤ La mer en drakkar : le *Dreknor,* réplique historique d'un des plus grands navires de guerre vikings du haut Moyen Âge, est la copie de ceux qui abordaient les côtes de Neustrie au IXe s pour y fonder la Normandie. L'association qui le gère organise des sorties en mer, dans la baie des Veys. *Sur résa mai-sept.* 🖥 *06-85-48-04-13.* ● *dreknor.fr* ● *Compter 15 € ; 10 € moins de 12 ans. Durée : env 3h30.*

Manifestation

– **Anniversaire du Débarquement :** *3 j. autour du 6 juin.* Reconstitution de camps militaires, de parachutages, de l'exode, expositions de véhicules, bal des années 1940... Nombreuses festivités ou animations prévues en 2020 à l'occasion du 76e anniversaire.

DANS LES ENVIRONS DE CARENTAN-LES-MARAIS

¶¶ ¶ D-Day Experience : *2, village de l'Amont,* **Saint-Côme-du-Mont, 50500** *Carentan-les-Marais.* ☎ *02-33-23-61-95.* ● *dday-experience.com* ● ♿ *À env 4 km au nord de Carentan. Oct-fin mars, tlj 10h-18h ; avr-fin sept, tlj 9h30-19h ; fermeture de la billetterie 1h avt. Billet musées : 13 € ; 9 € 6-17 ans ; gratuit moins de 6 ans. Billet musées + cinéma : 19 € ; 15 € 6-17 ans. Forfait famille. Prévoir 2h-2h30 de visite.*

6 juin 1944 : la 101e Airborne, division américaine aéroportée, doit s'emparer des accès à la plage et du nœud de communication que constitue Carentan pour appuyer le débarquement à Utah Beach. Les paras sautent sur la zone de saut « D » : Saint-Côme-du-Mont (Beaumont). Parmi eux, le peloton le plus légendaire de toute l'armée des États-Unis, les célèbres « 13 salopards » à coupe iroquoise et peintures de guerre, une unité de démolition chargée de faire sauter ponts et écluses. Pour un de ces bataillons, sous le commandement du lieutenant colonel Wolverton, le parachutage est un carnage.

C'est l'épopée – finalement victorieuse, mais à quel prix – de ces parachutistes qui est mise en scène grâce à une importante collection d'objets originaux. Une scénographie moderne et accessible, des photos impressionnantes, et du matériel qui semble tout juste rapporté du champ de bataille, un briefing virtuel : tout est là pour s'immerger dans cette nuit cruciale. Point d'orgue, on embarque dans un véritable C47 (avion de transport de troupes) pour une simulation de vol, depuis le départ aux États-Unis jusqu'au largage dans la « Drop Zone maudite »...

On continue la visite au *Dead Man's Corner Museum*, maison carentaise qui abritait le pendant allemand de la 101e Airborne, les « diables verts ». Même principe : des scènes minutieusement reconstituées, du matériel original. Et pour qui en redemande, « circuit historique 1944 » dans les environs, qui reconstitue la bataille atroce que livrèrent les Américains pour déloger les Allemands de Carentan. Éventuellement, pour compléter la visite on peut prendre le forfait incluant les séances cinéma (environ 50 mn) avec, entre autres, un film sur le débarquement et un autre sur la bataille de Carentan. Dans le même bâtiment, également un espace muséographique consacré à la bataille de Carentan.

🏹 🏃 *Normandy Victory Museum :* parc d'activités La Fourchette, *Catz, 50500 Carentan-les-Marais.* ☎ 02-33-71-74-94. • normandy-victory-museum.com • À 4 km à l'est de Carentan. Ouv tlj, avr-sept 9h30-19h ; le reste de l'année, voir sur le site. Fermé en janv. Entrée : 9 €. Installé sur le site du terrain d'aviation A10 Airfield construit par les Américains entre le 15 et le 18 juin 1944, ce musée présente les collections de 3 passionnés qui, à travers plusieurs tableaux, s'emploient à vous replonger dans l'ambiance de la bataille de Normandie (et plus particulièrement à travers la bataille des haies), tant côté militaire que civil. À chaque fois des textes vous resitue bien la scène et le contexte. Parmi les curiosités exposées, mention spéciale pour les objets militaires détournés après-guerre par les civils : casques devenant jardinière, écope, ou encore les grenades transformées en lampe à huile !

🏹 *Le manoir de Donville :* 50500 *Méautis.* ☎ 02-33-42-03-22. • museebloo dygulch.com • À 3 km au sud-ouest de Carentan. Tte l'année, tlj ; sauf nov-avr ouv w-e, vac scol et ap-m mar et jeu. Visite guidée seulement. Entrée : 10 € ; 8 € sur présentation du guide de l'année. Compter 45 mn à 1h15. Un manoir en bauge dont l'origine remonte au XIe s, largement remanié au XVIIIe s et restauré par les propriétaires (avec meubles d'époque et souvenirs de famille). Il est aujourd'hui possible de le visiter, et de façon plutôt originale, en optant pour l'une des thématiques proposées : histoire du manoir depuis le Moyen Âge ou bataille de Bloody Gulch. Sur place également, le *mémorial de Bloody Gulch,* un musée archéologique de la Seconde Guerre mondiale « in situ ». Le propriétaire vous racontera alors la nuit du 5 au 6 juin 1944 telle qu'elle fut vécue d'après les notes manuscrites du couple qui vivait dans le manoir, ainsi que les violents combats qui eurent lieu sur place. Chaque année, en juin, reconstitution d'un camp américain pour commémorer la bataille de Normandie avec diverses animations.

SAINTE-MÈRE-ÉGLISE

(50480)   1 625 hab.   *Carte Le nord de la Manche, C3*

Une des villes symboles du Débarquement, popularisée par le film *Le Jour le plus long* et l'aventure de John Steele, le parachutiste américain glorieusement entré dans l'histoire pour être resté accroché par son parachute au clocher de l'église. Devant l'hôtel de ville, la borne 0 de la voie de la Liberté.

UN PEU D'HISTOIRE

C'est à partir de 0h15, le mardi 6 juin 1944, que les parachutistes des 82e et 101e divisions sautent au-dessus du Cotentin, précédés par quelques éclaireurs. Ils ont pour objectif de s'emparer de la zone comprise entre la côte est du Cotentin

LA MANCHE / LE COTENTIN

et les marais d'Amfreville, et de préparer ainsi le terrain aux troupes débarquant à Utah Beach. Malgré des largages très imprécis qui éparpillent les paras sur un périmètre de près de 60 km de large, quelques groupes isolés arrivent à s'emparer de points stratégiques importants. Parmi eux, le 3e bataillon du 505e régiment qui atterrit sur la place centrale de Sainte-Mère-Église et qui, dès 4h30, hisse le 1er drapeau américain de la journée.

LE CRIQUET DU *D-DAY*

Les parachutistes américains disposaient chacun d'un criquet. Le clic-clac leur permettait de se retrouver sans être repérés par les Allemands. L'état-major n'a pas eu le bon déclic : il n'y a jamais eu de criquets en Normandie, ces insectes préférant les zones plus sèches.

Adresse et info utiles

ⓘ *Office de tourisme de la baie du Cotentin :* 6, rue Eisenhower. ☎ 02-33-21-00-33. ● ot-baieducoten tin.fr ● Avr-juin et sept, lun-sam 9h-13h, 14h-18h, dim et j. fériés 9h30-13h30 ; juil-août, lun-sam 9h-18h30, dim et j. fériés 10h-16h ; oct-mars, lun-ven 9h30-12h30, 13h30-17h, plus sam pdt vac scol 10h-13h, 14h-17h. Même billetterie qu'à Carentan et vente du *Pass' Baie du Cotentin* (1 €) avec des réductions.

– **Marchés :** jeu mat. **Marché du terroir et de l'artisanat** mar 16h30-19h juil-août.

Où dormir ? Où manger ?

Camping

⛺ *Camping Sainte-Mère :* 6, rue Airborne. ☎ 02-33-41-35-22. 📱 06-33-84-85-34. ● smecamping@gmail.com ● camping-sainte-mere.fr ● ♿ Ouv avr-sept. Env 12-17 € pour 2 avec tente et voiture ; mobile homes 4-6 pers 245-590 €/sem. 69 empl. Un petit camping aux emplacements bien plats, dont on embrasse l'ensemble d'un seul coup d'œil ; calme, tout simple et bien tenu. De l'herbe moelleuse à fouler et l'ombre des pommiers pour se reposer. Brasserie artisanale sur le site. Bel accueil.

De bon marché à prix moyens

🏠 **|●|** ↑ *Auberge Le John Steele :* 4, rue du Cap-de-Laine. ☎ 02-33-41-41-16. ● auberge-lejohnsteele@orange. fr ● auberge-john-steele.com ● Fermé dim soir-lun hors juil-août. Double 60 € ; familiales. Formules déj (sauf dim) 14,90 €, puis 25,90 € (sauf dim), 27,90-33,90 €. Une vraie auberge de campagne, à la façade cachée sous la végétation et à l'intérieur rustique. Une poignée de chambres au-dessus du resto (un peu vieillottes et mal insonorisées) ou dans le bâtiment annexe, toutes fraîches celles-ci. Au resto, une cuisine régionale de qualité. Équipe professionnelle et bon accueil.

|●| *Chez Jeanne :* 1, rue Division-Leclerc. ☎ 02-14-14-13-60. ● chez jeannecreperie@gmail.com ● chez jeannecreperie.com ● ♿ Tlj sauf mar (et mer hors juil-août). Repas 15-20 €. *Café offert sur présentation du guide de l'année.* Du frais et encore du frais pour cette bonne crêperie à la déco rétro, où les propriétaires s'approvisionnent chez les producteurs des environs. Également quelques salades, omelettes ou entrecôte pour ceux que les crêpes ne tenteraient pas.

|●| *Un monde sans faim :* 18, rue du Général-de-Gaulle. ☎ 02-57-54-45-33. Fermé mer-jeu. Repas 25-30 €. Un Anglais ayant beaucoup voyagé décida un jour de poser ici ses valises et de profiter des bons produits du

SAINTE-MÈRE-ÉGLISE / À VOIR. À FAIRE | 385

Cotentin pour mitonner des petits plats du monde servis dans le cadre cosy et chaleureux d'un petit bistrot de village à l'intérieur un peu foutraque.

Fish & chips, accras, pad thaï et autres plats du jour cuisinés devant vous, juste derrière le comptoir.

Où dormir dans les environs ?

Chambres d'hôtes

🏠 🍴 *Manoir de Magneville :* chez Murielle et Philippe Bazillou-Cabras, 6, rte de Magneville, 50310 **Fresville**. ☎ 02-33-01-02-24. 📱 07-80-41-12-13. ● murfil@wanadoo.fr ● manoir demagneville.fr ● À 7 km au nord de Sainte-Mère-Église. Doubles 85-100 € ; familiale. Table d'hôtes 25 €. Dans une ravissante demeure, vivante et chaleureuse, des pièces aux beaux volumes et à la déco éclectique. Jacuzzi, hammam et sauna sont à votre disposition pour finir de faire de cette maison un lieu de détente et de repos (gratuit pour ceux qui optent pour la table d'hôtes

ou qui restent plusieurs jours). Accueil ouvert et souriant.

🏠 *Manoir de Beaucron :* chez Anne-Laure Guerche, 1, rue de l'Église, 50480 **Brucheville**. ☎ 02-33-42-40-25. ● contact@manoirdebeaucron. com ● manoirdebeaucron.com ● À 11 km au sud-est de Sainte-Mère-Église. Double 90 € ; familiale. D'emblée, la majesté de cet ensemble architectural organisé autour d'un manoir du XVIe s vous saisit. À l'intérieur, 4 chambres fraîches, minutieusement et joliment arrangées, et relativement lumineuses malgré les petites fenêtres d'époque. Accueil posé et très aimable.

À voir. À faire

👫🚶 *Le circuit « Musée à ciel ouvert » :* loc d'iPad à l'office de tourisme de Sainte-Mère (8 €/appareil à la journée, 250 € de caution et pièce d'identité). Livret pédagogique pour les enfants. Prévoir ½ journée. Il vous emmène à travers un itinéraire de 50 km autour de Sainte-Mère-Église et Utah Beach, sur les sites stratégiques, et ceux, moins connus, du Débarquement, le tout à votre rythme. Diaporama, repérages cartographiques, commentaires audio et témoignages aident à comprendre les évènements.

👫 *L'église :* édifiée aux XIIe et XVe s. S'attarder sur le portail. Sur les chapiteaux, lapin, feuillages sculptés. Archivoltes tombant sur des modillons bizarres, presque obscènes... L'une des figures, à droite, semble se tenir les testicules. À gauche, on jurerait qu'une autre exhibe ses fesses ! Chaire et retable du XVIIIe s. Le lutrin, du XVIIIe s également, est l'un des plus beaux du département. Vitraux dédiés aux libérateurs américains et à la 82e Airborne.

GUERRE ET PAIX

2 vitraux inhabituels dans l'église de Sainte-Mère-Église attirent l'attention : l'un représente des parachutistes avec les écussons, symboles des troupes Airbone, et saint Michel, patron des paras. L'autre, qui honore le Débarquement, est probablement le seul vitrail au monde avec une Vierge à l'Enfant entourée d'avions et de parachutistes... Une vraie B.D. !

👫🚶 *Airborne Museum :* 14, rue Eisenhower, dans le bourg. ☎ 02-33-41-41-35. ● airborne-museum.org ● ♿ Mai-août, tlj 9h-19h ; avr et sept, tlj 9h30-18h30 ; oct-mars, tlj 10h-18h. Fermé en déc-janv sauf pdt vac scol. Entrée : 9,90 € ; réduc ; gratuit moins de 6 ans. Durée : 2h. Histoire du parachutage sur Sainte-Mère-Église et de sa libération. Nombreuses vitrines avec souvenirs, documents, photos,

LA MANCHE

386 | **LA MANCHE / LE COTENTIN**

armes et uniformes. Parmi les pièces exposées les plus spectaculaires : un C-47 « Dakota » transport de troupes, un des 512 planeurs Waco qui participèrent à l'attaque, char Sherman, half-track, jeeps, etc. Une partie du musée vous fait aussi vivre le jour J aux côtés des parachutistes américains des 82e et 101e Airborne, puisque vous embarquez à bord d'un C-47. De la préparation du Débarquement en Angleterre jusqu'aux combats qui menèrent à la liberté, vous accompagnez les troupes aéroportées dans leur chemin vers la victoire. Le prix d'entrée comprend aussi un *histopad*, soit une tablette numérique qui complète et enrichit la visite (même si le nez rivé sur l'écran, on en oublie presque de regarder autour de soi !).

🏃🏃🏃 🏃 *La ferme-musée du Cotentin :* chemin de Beauvais. ☎ 02-33-95-40-20. ● patri moine.manche.fr ● Avr-juin, sept et pdt vac scol de Printemps et de la Toussaint, tlj sauf sam 14h-18h ; juil-août, tlj 11h-19h ; dernière entrée 1h avt la fermeture. Entrée : 5 € ; réduc. Coup de cœur pour ce musée installé dans une belle ferme des XVIIe et XVIIIe s. L'expo vous revoit tous les clichés sur la Normandie (on y apprend notamment que, jusqu'au XIXe s, ce coin de France

---

OH, LA VACHE !

Le saviez-vous ? La fameuse « vache normande » est en fait un « animal de laboratoire », issu du croisement de différentes races et destiné à obtenir la meilleure laitière possible. Par ailleurs, les recherches et expériences ont permis d'accroître la productivité de ces laitières : en 1852, une vache produisait 900 l de lait par an, en 1882, 1 500 l, et aujourd'hui... 5 500 à 6 000 l ! Et toujours avec un pis seulement !

---

vivotait grâce à la culture des céréales et que l'« avènement de la vache » ne date que de la fin du XIXe s). Également une reconstitution visuelle, sonore et olfactive d'intérieurs du XIXe et du début du XXe s. Expo de matériel et outils agricoles, mobilier paysan, objets domestiques divers.

Manifestation

– **Anniversaire du Débarquement :** 3 j. autour du 6 juin. Reconstitutions de camps militaires, parachutages, bourses militaires, exposition de véhicules militaires... Nombreuses festivités ou animations prévues en 2019 à l'occasion du 75e anniversaire.

DANS LES ENVIRONS DE SAINTE-MÈRE-ÉGLISE

🏃🏃 *La batterie d'Azeville :* la Rue, 50310 **Azeville.** ☎ 02-33-40-63-05. ● patri moine.manche.fr ● À 7 km au nord de Sainte-Mère-Église. Juin-août, tlj 10h-19h ; avr-mai, tlj 10h-18h ; sept-nov, tlj 13h-18h ; dernier billet 1h avt la fermeture. Entrée avec audioguide : 7 € ; réduc ; gratuit moins de 7 ans.
Cette batterie, édifiée pour défendre la côte dès 1941, abritait une troupe de 170 hommes, dont 60 vivaient en permanence sur le site, tandis que le reste logeait chez les villageois d'Azeville (qui ne comptait à l'époque qu'une centaine d'habitants...). Atteinte de plein fouet par un obus du navire *Nevada* dans la nuit du 8 au 9 juin 1944, la batterie d'Azeville rendit les armes le lendemain.
On visite aujourd'hui les casemates où se trouvaient les canons et les souterrains, que l'on soupçonne à peine de l'extérieur et qui servaient de base logistique à la batterie. Les longs couloirs étroits sont particulièrement impressionnants (et anxiogènes pour les claustrophobes), et l'audioguide permet de reconstituer et d'imaginer ce que pouvaient contenir les pièces désormais vides (soutes à munitions, dortoirs, puits). Le camouflage en trompe l'œil des casemates, refait comme à l'époque, est lui aussi surprenant : pour tromper l'ennemi, celles-ci étaient en effet

« déguisées » en fermes normandes détruites avec faux murs de pierre peints, etc. Pour clore la visite, film de 20 mn avec le témoignage des habitants d'Azeville (des enfants pour la plupart à l'époque) ayant vécu cette cohabitation avec les Allemands.

🏃 *La batterie de Crisbecq : route des Manoirs, 50310 **Saint-Marcouf.*** 🖥 *06-68-41-09-04.* ● *batterie-marcouf.com* ● *À 11 km au nord de Sainte-Mère-Église. Juil-août, tlj 10h-19h ; avr-juin et sept-nov, tlj 10h-18h ; fermeture de la caisse 1h avt. Fermé 12 nov-mars. Entrée : 10 € ; 6 € 6-14 ans ; réduc ; 9 € sur présentation du guide de l'année.*
La batterie de Crisbecq était la plus importante position d'artillerie allemande de tout le secteur d'Utah Beach, s'étendant sur 1,6 km de longueur et 900 m de profondeur. On soupçonne à peine tout ce qui se trouve ici (et c'est bien là l'intérêt de la chose !). Dominant la côte de Saint-Vaast jusqu'à la baie des Veys, avec une portée de tir allant jusqu'à 33 km, la batterie de Crisbecq constituait un réel danger pour le débarquement sur la plage d'Utah. C'est pour cette raison que les Alliés bombardèrent le site sans discontinuer depuis le printemps 1944 jusqu'au Débarquement, faisant à l'occasion d'importants « dégâts collatéraux » parmi la population du petit village voisin de Saint-Marcouf-les-Gougins (32 morts dans la nuit du 5 au 6 juin). À plusieurs reprises, du 6 au 11 juin, les Américains tentèrent de s'emparer de Crisbecq. Peine perdue : ils durent renoncer à chaque fois devant l'opiniâtreté des défenseurs, ces derniers demandant même à leurs camarades d'Azeville de leur tirer dessus pour déloger les GI qui étaient parvenus sur le toit des casemates de Crisbecq. Dans la nuit du 11 au 12 juin, le commandant abandonna finalement sa position avec 78 hommes pour se retirer vers Cherbourg, laissant ses blessés aux bons soins des Américains.
Aujourd'hui, on déambule sur un site de 5 ha, à travers un surprenant complexe de tranchées et galeries pour découvrir les 22 blockhaus avec, parfois à l'intérieur, des scènes reconstituées. Un vrai village, avec le poste de commandement, les chambrées, les soutes à munitions, l'infirmerie, la cuisine, la réserve à eau... sans oublier les canons de Saint-Marcouf.

🏃 🏃 *World War II Museum : 18, av. de la Plage, 50310 **Quinéville.*** ☎ *02-33-95-95-95.* ● *memorial-quineville.com* ● ♿ *À 15 km au nord de Sainte-Mère-Église. Avr-Toussaint, tlj 10h-19h (18h sept-oct) ; fermeture de la caisse 1h avt. Entrée : 7 € ; réduc ; gratuit moins de 5 ans.* Quinéville, objectif le plus au nord de la zone du Débarquement. Avec la chute de Cherbourg le 19 juin 1940, l'Occupation commence ! Évocation de la vie sous celle-ci à travers une muséologie classique (scènes reconstituées, photos, affiches, musique, objets du quotidien), jusqu'à ce que les alliés débarquent. Après le passage par la casemate d'origine, c'est à ce débarquement, et plus particulièrement dans les environs de Quinéville, que se consacre la 2e partie du musée, toujours à travers des scènes reconstituées, le plus souvent à partir de modèles réduits que l'on doit aux fondateurs du musée. Étonnamment, ces scénettes offrent une meilleure vue d'ensemble qu'avec les objets en grandeur nature et l'œil s'attarde davantage sur les détails !

UTAH BEACH
Carte Le nord de la Manche, C2-3

Le 6 juin 1944 à 6h25. Ils sont les premiers parmi les premiers à surgir de la mer pour poser pied sur le sol de France. Une plage dont ils ne connaissent que le nom de code – Utah –, voire une section de plage nommée « Uncle Red » ou encore « Tare Green ». En Normandie, on l'appelait la Madeleine : dunes, marécages et tarets (ruisseaux débouchant sur la mer). 20 péniches de débarquement transportent l'avant-garde du 8e régiment d'infanterie

388 | LA MANCHE / LE COTENTIN

américain du colonel James A. Van Fleet, et de la 4e DI du général Barton. Derrière suivent les compagnies A et B du 70e bataillon de chars Sherman. Le Débarquement proprement dit a vraiment débuté. Et pourtant, ils avaient débarqué à 2 km au sud du site prévu. Pendant ce temps-là, 2 divisions américaines de parachutistes et la division britannique de Bérets rouges assurent la protection du front (80 km de plages d'assaut). Le soir du 6 juin, ils seront 23 250 à avoir pris pied sur Utah. Pour l'heure, l'adjoint au commandant de la 4e DI, le général Theodore Roosevelt, cousin éloigné du président des États-Unis, se promène de long en large sur la dune « comme s'il cherchait un terrain à acheter » et plante sa canne dans le sol en criant d'une voix rauque : « On commence ici ! » Le général ne se doute pas qu'il vient de désigner l'emplacement de la borne 00 de la voie de la Liberté.

Où dormir ? Où manger dans le coin ?

Camping

⚓ *Camping de la Baie des Veys :* le Grand-Vey, 50480 *Sainte-Marie-du-Mont.* ☎ 02-33-71-56-90. ● jerome.etasse@orange.fr ● camping labaiedesveys.com ● À 7 km au sud-est d'Utah Beach. Ouv avr-sept. Env 24 € pour 2 avec tente et voiture ; loc chalet 4-6 pers 198-700 €/sem. 58 empl. À deux pas d'un hameau, dans la nature, face à la mer (mais une mer cachée derrière une grande haie et pas vraiment propice à la baignade à cet endroit-là), un petit camping où hébergements locatifs et emplacements pour campeurs cohabitent gentiment. L'endroit est simple et bien tenu, avec un petit potager au milieu. Chalet pour 4 à 6 personnes avec une agréable terrasse et un bout de verdure. Également quelques hébergements insolites : tentes prêtes à camper, des cabanes des marais pour 4 personnes, une tente viking, etc. Piscine chauffée et location de vélos. Accueil vraiment adorable et atmosphère familiale.

Chambres d'hôtes

⌂ *Le Manoir de Juganville :* 39, les Mézières, 50480 *Saint-Martin-de-Varreville.* 📱 06-60-63-46-22. ● manoirdejuganville@gmail.com ● juganville.com ● À 8 km à l'ouest d'Utah Beach. Congés : Noël-janv. Doubles 75-95 € ; familiale. Dans une demeure du XVIIIe s, au milieu d'un grand parc, de ravissantes chambres d'hôtes, chacune avec sa propre ambiance. S'il faut choisir, avouons un faible pour la « Baldaquin », baignée de lumière, ou encore celle de la Tour, mansardée, avec ses poutres apparentes. Soins énergétiques sur demande.

Bon marché

|●| 🍴 *Crêperie Montoise :* 52, pl. de l'Église, 50480 *Sainte-Marie-du-Mont.* ☎ 02-33-71-90-28. ♿ Tlj sauf lun et dim soir, plus mar-mer hors saison. Congés : de mi-oct à mi-nov. Repas 15-20 €. Café ou apéritif maison offert sur présentation du guide de l'année. Petite crêperie sympathique et fraîche : des crêpes très honnêtes et des salades, servies avec le sourire... voire en terrasse (avec le sourire aussi).

De prix moyens à chic

🛏|●| 🍴 *Le Domaine du Grand Hard :* 14, la Rivière, 50480 *Sainte-Marie-du-Mont.* ☎ 02-33-71-25-74. ● contact@ legrandhard.fr ● legrandhard.fr ● ♿ À 6 km à l'ouest d'Utah Beach. D'avr à mi-nov, tlj. Résa conseillée. Doubles 105-145 € ; familiales. Menu 28 € ; carte env 35 €. En pleine campagne, une ancienne propriété agricole magnifiquement restaurée par un couple de Belges et un vaste domaine équestre entouré de prairies. Cadre enchanteur pour 11 chambres et 5 duplex de grand confort, répartis dans les différentes dépendances. Hôtel de charme,

SAINT-SAUVEUR-LE-VICOMTE | 389

chambres spacieuses pour la plupart, personnalisées et meublées à l'ancienne. Cuisine inventive. Salon, bar, billard, terrasse et jardin avec étang pour la détente, terrain de pétanque, location de vélos et randonnées pour les actifs.

À voir dans le coin

🎥🎥 *Le musée du Débarquement d'Utah Beach : 50480 Sainte-Marie-du-Mont.* ☎ *02-33-71-53-35.* ● *musee@utah-beach.com* ● *utah-beach.com* ● 🍴 *Juin-sept, tlj 9h30-19h ; oct-mai, tlj 10h-18h ; dernière entrée 1h avt la fermeture. Fermé déc (sauf sem de Noël). Entrée : 8 € ; réduc ; gratuit moins de 6 ans. Sur résa, visite guidée du musée (1,50 €) plus du site d'Utah (4 €).*

Construit sur la dune autour d'un blockhaus allemand, ce musée est consacré au débarquement sur la plage d'Utah. Sa grande superficie (3 000 m²) permet d'abriter une barge d'assaut et un chenillé amphibie restauré (pièce unique en Europe). Sous un énorme hangar de verre et d'acier, on peut observer l'un des 5 modèles restants du bombardier B26 Marauder qui participa à l'opération *Overlord,* et ce grâce à l'initiative et à la générosité de 2 frères texans, fils d'un vétéran et héros du *D-Day.* Au travers de panneaux, témoignages et films d'archives, le musée propose un parcours scénographique suivant un cheminement chronologique. Après 6 séquences, le visiteur « débarque » sur la plage dans une salle panoramique.

À l'extérieur, monuments commémoratifs et engins. Les routes et chemins autour du musée portent les noms de soldats morts le 6 juin, donnés par leurs camarades de combat.

LE BOCAGE

Petite région de transition entre le parc naturel régional des Marais et le val de Saire. On rencontre bien évidemment d'autres bocages en Normandie, mais cette appellation est, ici, historique. Dès le Moyen Âge, le terme désignait le « pays des bois », cette grande forêt remontant à l'époque gallo-romaine qui s'étendait au centre de la presqu'île du Cotentin. Une forêt sérieusement entamée dès le XVIe s par les besoins en bois de la construction navale et des verreries installées dans le secteur.

SAINT-SAUVEUR-LE-VICOMTE

(50390)   2 120 hab.   *Carte Le nord de la Manche, B3*

Gros bourg tranquille dont on situe la place dans l'histoire dès que pointent les tours du château médiéval. Aux XIe et XIIe s, la ville fut le siège de la vicomté du Cotentin, titre attribué à la famille Néel de Saint-Sauveur par les ducs de Normandie, consistant en une délégation de l'administration du Cotentin. En participant à la tentative d'assassinat de Guillaume le Bâtard en 1047, Néel II trahit son seigneur et perdit sa charge de vicomte, faisant du même coup perdre son influence à Saint-Sauveur. Pourtant, la ville resta longtemps une place stratégique à la frontière du bocage et du marais, et l'imposant château construit au Xe s en fit souvent les frais. Saint-Sauveur est également la patrie de l'écrivain Jules Barbey d'Aurevilly, qui y naquit en 1808.

LA MANCHE

390 | LA MANCHE / LE COTENTIN

Adresse utile

🛈 *Office de tourisme du Cotentin :* *dans la chapelle du château.* ☎ *02-33-21-50-44.* ● *encotentin.fr* ● *Juil-août,* *mar-sam 9h30-12h30, 14h30-18h ; dim 10h-13h. Avr-juin et sept, mar-sam 10h-12h, 14h30-17h30.*

Où dormir ? Où manger ? Où boire un verre ?

Camping

⚑ *Camping municipal du Vieux Château :* *av. Division-Leclerc.* ☎ *02-33-41-72-04 ou 02-33-41-79-06 (hors saison).* ● *basedeloisirs@sslv.fr* ● *campingssv@gmail.com* ● *basedeloisirs. fr* ● *ville-saint-sauveur-le-vicomte.fr* ● **♿** *Ouv de mi-mai à mi-sept. Env 11 € pour 2 avec tente et voiture. CB refusées. 57 empl.* Petit camping tout simple et bien tenu, blotti au pied de la butte du château, en plein centre-ville, donc, dans un joli cadre de verdure. On entend un peu la route, mais vraiment rien d'affolant.

De bon marché à prix moyens

🛏 🍴 ☂ *Auberge du Vieux Château :* *9, av. Division-Leclerc.* ☎ *02-33-41-60-15.* ● *contact@auberge-vieux-chateau.com* ● *auberge-vieux-chateau.fr* ● *Resto fermé lun midi en été, sam midi et dim soir hors saison. Congés : 3 sem févmars. Doubles 65-80 €. Formule déj* *en sem 13 €, menus 24,80-34,50 € ; carte env 25 €. Café offert sur présentation du guide de l'année.* Derrière une façade dévorée par le lierre, face au château et dos aux marais, l'hôtel du bourg propose une poignée de chambres lumineuses et dominées par des teintes taupe et chocolat. Bonne cuisine, servie dans une agréable salle à manger baignée de lumière. Accueil charmant.

🍴 🍷 ☂ *Le Rideau Cramoisi :* *31, rue Bottin-Desylles, pl. de l'Église.* ☎ *02-33-41-62-37. Resto ouv seulement le midi lun-sam et soir ven-sam ; bar lun-sam. Congés : 2 sem fin août, dernière sem de déc. Menu déj 13,50 €.* Déco iconoclaste et chaleureuse pour ce bistrot, QG du fan-club de Dionysos et d'Épicure, à l'ambiance de vieille auberge de village. Le nom du resto est le titre d'une nouvelle du recueil *Les Diaboliques* de Barbey d'Aurevilly. Pour l'assiette, c'est du simple, comme à la maison, et du solide, à déguster sur la terrasse si le temps le permet. Pizzas à consommer sur place ou à emporter (le soir).

Où dormir ? Où manger dans les environs ?

🛏 *Chambres d'hôtes La Cour :* *chez Monique Tardif, la Cour, 50390 Rauville-la-Place.* ☎ *02-33-41-65-07.* ● *mt.lacour@wanadoo.fr* ● *chambres-lacour.com* ● *À 3 km au nord de Saint-Sauveur-le-Vicomte. Doubles 65-68 € ; familiale.* Dans un manoir du XVe s restauré avec soin, 5 chambres de belle taille, même si la « Pivoine » et l'« Hirondelle », au 2e étage, sont mansardées et un rien plus petites. Et contrairement à ce que la façade pourrait laisser penser, elles se révèlent plutôt lumineuses. On ne vient pas ici pour mener la vie de château, car l'ensemble est sobre, mais pour profiter d'un lieu de caractère et de lits bien fermes pour des nuits dans le silence le plus complet. Beau jardin, avec pièce d'eau et... ânes ! Idéal pour les familles. Accueil doux et discret.

Où acheter de bons produits ?

🍯 *Lait Douceur de Normandie :* *24, route d'Auréville.* ☎ *02-33-41-07-11.* ● *lait-douceur.com* ● *Tte l'année, jeu-sam (vac scol, lun-sam ; déc, tlj)*

BRICQUEBEC-EN-COTENTIN | **391**

9h30-12h, 14h-19h. Un ancien corps de ferme qui abrite atelier et production : confiture de lait, de fruits, confits (oignons, figues...), bonbons, chocolats, alcools.

À voir

🏹 *Le vieux château : visite libre des extérieurs tte l'année.* ☎ 02-33-21-50-44. *Visites guidées de l'intérieur juil-août, lun-sam à 11h, 14h30 et 16h, dim à 11h ; hors saison, sur résa. Entrée : 4 € ; gratuit moins de 18 ans.* Endommagé lors de la dernière guerre, il impressionne pourtant toujours, avec ses imposantes tours rondes de 4 m d'épaisseur à la base, ses hautes meurtrières et son donjon carré de 25 m de haut. Au milieu, une élégante porterie. Aujourd'hui, il abrite notamment l'office de tourisme. À sa droite part un chemin menant au tout petit cimetière où repose Barbey d'Aurevilly. Devant le château, son buste par Rodin.

🏹 *Le musée Barbey-d'Aurevilly : 64, rue Bottin-Desylles.* ☎ 02-33-41-65-18. *Ouv mar-jeu et dim : juin-sept, 12h30-19h ; avr-mai et oct, 14h-18h. Entrée : 5 € ; gratuit moins de 18 ans et étudiants.* Installé dans la maison familiale de l'écrivain. Manuscrits, autographes, souvenirs, vêtements. On y découvre surtout la *Disjecta Membra*, grosse compilation de 200 pages de poèmes, notes et réflexions diverses, ainsi qu'un intéressant travail photographique illustrant des passages de ses œuvres dont l'action se situe dans la région.

🏹 *L'abbaye : à peine à l'écart du centre (c'est fléché).* ☎ 02-33-21-63-20. ● *mmpostel.com* ● ♿ *Abbaye ouv au public tlj 10h-12h, 14h-18h. GRATUIT.* Construite au XIᵉ s et en grande partie détruite au XIXᵉ s, l'abbaye connut bien des vicissitudes (guerre de Cent Ans, Révolution française, bombardements de 1944...) mais se releva toujours. Toujours en activité, elle abrite la maison mère de la congrégation Sainte-Marie-Postel et un collège. Seule l'église abbatiale se visite.

BRICQUEBEC-EN-COTENTIN

(50260)   4 260 hab.   *Carte Le nord de la Manche, B2*

Petite ville commerçante on ne peut plus tranquille, qui cache bien son jeu. Son fier château fort, l'un des mieux préservés de la Manche, est la seule trace d'un passé nettement moins paisible. Le 1ᵉʳ seigneur de Bricquebec était Anslek de Bastembourg, le petit-neveu de Rollon le Viking, autrement dit pas du sang d'endormi ! Parmi ses descendants, Robert Bertrand Iᵉʳ, dit le Tors, débarqua en Angleterre avec Guillaume le Conquérant ; un autre s'empara de Jérusalem lors de la 1ʳᵉ croisade, avec Robert Courteheuse... Quelques lustres plus tard, un autre de ses rejetons, Robert Bertrand, le 7ᵉ du nom (comme quoi, l'instinct guerrier...), conquit l'île de Guernesey pendant la guerre de Cent Ans. En 1418, le château fut pris par les Anglais et attribué à Guillaume de la Polle, comte de Suffolk, lequel fut fait prisonnier par Jeanne d'Arc en 1429 (quelle aventure...) !

Adresse et info utiles

🛈 *Office de tourisme du Cotentin : 13, pl. Sainte-Anne.* ☎ 02-33-52-21-65. ● *encotentin.fr* ●

– *Marché : lun.* L'un des plus réputés de la région.

LA MANCHE

392 | **LA MANCHE / LE COTENTIN**

Où dormir ? Où manger ?

🏠 ⏹️ ↑ *Hôtel-restaurant Le Donjon :* 2-4, pl. Sainte-Anne. ☎ 02-33-52-23-15. ● hotelrestaurantledonjon@orange.fr ● hotel-le-donjon.fr ● (au resto seulement). Resto fermé dim. Congés : 20 déc-15 janv. Double 50 €. Formule déj en sem 13,20 €, menu 19 € ; carte env 45 €. Le bar-hôtel-resto de village, avec une sympathique terrasse donnant sur le château. À l'intérieur, salle de resto claire et soignée, aux tables nappées. Un petit cadre tout simple pour goûter à une bonne cuisine traditionnelle. Les chambres, à l'écart du bistrot-resto, sont calmes et, sous leur air modeste, plutôt confortables.

🏠 *Le Château de Bricquebec :* cours du Château. ☎ 02-33-52-24-49. ● lechateaudebricquebec@gmail.com ● Dans l'enceinte du château. Doubles 89-119 € ; familiale ; petit déj 8,50 €. Envie de passer une nuit dans l'enceinte d'un château médiéval ? Atmosphère douillette dans toutes les chambres et, si certaines n'ont pas de caractère particulier, d'autres (plus spacieuses, dans l'ancienne partie du château) sont vraiment charmantes (surtout celle avec ses voûtes apparentes, où séjourna la reine Victoria) ; certaines salles de bains, en revanche, sont vraiment petites.

Où dormir ? Où manger dans les environs ?

🏠 ⏹️ *Chambres d'hôtes de la Becterie :* chez Jean-Michel Darroux, 50, route de la Becterie, **Quettetot**, 50260 Bricquebec-en-Cotentin. ☎ 02-33-04-08-15. 📱 06-33-01-86-19. ● darrouxjm@club-internet.fr ● la-becterie.com ● ♿ À 4,5 km au nord-ouest de Bricquebec. Double 66 € ; familiale. Table d'hôtes (mar-mer et ven-sam) 26 €. Sur présentation du guide de l'année, réduc de 10 % sur le prix de la chambre pour séjour supérieur à 3 nuits. Dans une ancienne ferme au calme, dans un petit village, de belles chambres – dont une suite et une familiale – inspirées des voyages, mais pas forcément du bout du monde (chambre « Noirmoutier »). Une inspiration qui guide aussi Jean-Michel dans sa cuisine sur des accents sucrés-salés, aux épices bien dosées... Excellent accueil.

Achats dans les environs

🎡 *La Maison du Biscuit :* hameau Costard, 50270 **Sortosville-en-Beaumont.** ☎ 02-33-04-09-04. Au bord de la D 902, direction Barneville-Carteret. Tlj 8h30-19h. Congés : janv. Assez surprenantes, ces reconstitutions de façades de boutiques anciennes un peu au milieu de nulle part ! Les bâtisses abritent une grande épicerie fine, mais *La Maison du Biscuit,* c'est surtout des biscuits et petits gâteaux à se damner, notamment les financiers ! On peut les savourer sur place, dans le salon de thé *(fermé lun et entre 12h30-14h)* adjacent.

À voir. À faire

🎋 *Le château :* pour les visites guidées, contacter l'office de tourisme (☎ 02-33-52-21-65). Construit au XIIᵉ s, le château en a vu passer, des barbares en armes... Il possède encore son enceinte, 8 tours et un énorme donjon polygonal. Accès par la ravissante tour de l'Horloge. Abrite un petit musée ethnographique et archéologique (accessible à l'occasion de visites guidées). Seule la cour est en accès libre.

➤ À 6 km au nord de Bricquebec, à *Rocheville,* l'ancienne voie ferrée qui reliait Cherbourg à Coutances est devenue une *voie verte* de 68 km, accessible aux randonneurs (à pied, à vélo, à cheval). Elle va jusqu'à Cambernon, au nord-est de Coutances, via Bricquebec, Saint-Sauveur, La Haye-du-Puits, Lessay et Périers.

Fête

– **Fête de Sainte-Anne :** *dernier w-e de juil.* Fête foraine, défilé de groupes et feu d'artifice. Le tout sur un thème en rapport avec l'histoire régionale.

VALOGNES

| (50700) | 7 060 hab. | *Carte Le nord de la Manche, B2* |

À l'épicentre du Cotentin (pas moins de 7 routes importantes s'y croisent), cette ville historique un peu assoupie a souffert pendant la dernière la guerre. Elle n'en abrite pas moins un nombre important de très belles bâtisses.

UN PEU D'HISTOIRE

D'abord importante cité romaine sous le nom d'*Alauna,* pour surveiller les turbulentes tribus unelles. Puis, au Moyen Âge, la ville accueille les nombreux séjours des ducs de Normandie ; en 1046, le jeune Guillaume le Bâtard, le futur conquérant de l'Angleterre, y échappe de justesse à une conjuration de barons révoltés. Au lendemain de la guerre de Cent Ans, les artisanats du drap et du cuir y prospèrent, et Valognes compte un hôtel-Dieu et un couvent de cordeliers. Au cours des XVIIe et XVIIIe s, la ville devient un centre administratif et religieux important. De nombreux hôtels particuliers d'aristocrates y sont édifiés et plusieurs abbayes s'y établissent.

Véritable petite capitale à vie culturelle active, Valognes y gagne le surnom de « petit Paris » (elle est encore couramment qualifiée aujourd'hui de « Versailles normand »). Profondément marquée par la Révolution française, Valognes devient au XIXe s « la ville des spectres », chère aux rêveries de l'écrivain Jules Barbey d'Aurevilly. Sous le Premier Empire, elle accueille une éphémère fabrique de porcelaine et envoie à l'Assemblée nationale l'un de ses plus illustres députés, Alexis de Tocqueville. Les cruels bombardements en 1944 détruisent tout le centre-ville et de nombreux hôtels particuliers. Mais la reconstruction dans le matériau du pays (la belle pierre blanche de Valognes) ainsi que le respect des proportions antérieures ont permis à la ville de retrouver une grande partie de sa physionomie d'antan.

Adresses et info utiles

ℹ *Office de tourisme du Cotentin :* 25, rue de l'Église. ☎ 02-33-40-11-55. ● encotentin.fr ● *Avr-sept, lun-sam 9h30-12h, 14h30-18h (14h-18h30 juil-août, plus dim mat) ; oct-mars, mar-mer mat et jeu-dim 10h-12h, 14h30-17h30.*

■ *Pays d'art et d'histoire du Clos du Cotentin :* 21, rue du Grand-Moulin.

☎ 02-33-95-01-26 (en sem). ● *clos ducotentin.over-blog.fr* ● ♿ Installé dans une ancienne parcheminerie du XVIe s. Propose toute l'année des visites menées par des guides conférenciers.

– *Marché :* *ven mat.* Superbe marché, très animé.

394 | LA MANCHE / LE COTENTIN

Où dormir ? Où manger ?

⌂ |●| �⍐ *Hôtel-restaurant de l'Agri-culture :* 16, rue Léopold-Delisle. ☎ 02-33-95-02-02. ● hotelres taurant.lagriculture@wanadoo.fr ● hotel-agriculture.com ● Resto fermé dim soir. Doubles 67-75 € ; fami-liales. Menu 24 € ; carte 35-40 €. Derrière une belle façade couverte de vigne vierge, un hôtel aux chambres standard et propres à défaut d'éblouir par leur charme. La salle à manger aux pierres apparentes a, en revanche, conservé un certain style. On y déguste une cuisine de tradition bien amenée. Repris récemment par une nouvelle équipe. À suivre...

|●| ⍐ *La Cour Sarrasine :* 53, rue des Religieuses. ☎ 02-33-95-19-07. ● contact@cour-sarrasine.fr ● cour-sarrasine.fr ● ♿ Fermé dim-lun. Repas 15-20 €. Café offert sur présentation du guide de l'année. Installée dans une demeure du XVIIe s, cette crê-perie offre un menu succinct, mais complété par les délicieuses sugges-tions du jour. Sinon, on compose sa galette idéale en piochant parmi les ingrédients proposés. On vous pré-vient : ici, quand on parle de légumes, ce n'est pas une vulgaire ratatouille fraîchement sortie de sa boîte que l'on vous sert, mais des petits légumes de saison, volontiers peu connus et mitonnés par le chef ! Même les glaces sont faites maison. Le tout à savourer dans un cadre intime et chaleureux, avec cheminée, grandes dalles anciennes, un coin salon sous verrière ou sur une petite terrasse à l'arrière.

Où dormir ? Où manger dans les environs ?

Chambres d'hôtes

⌂ *Manoir de Savigny :* chez Corinne et Éric Bonnifet, **Savigny, 50700 Valognes.** 📱 06-84-81-23-94. ● reser vation@manoir-de-savigny.com ● manoir-de-savigny.com ● À 4 km au sud de Valognes. Doubles 90-110 €. Loc 2 gîtes 3-4 pers. Loin du bruit, ce manoir du XVIe s superbement res-tauré abrite des chambres de charme (dont une suite familiale). Quelle que soit leur inspiration – africaine, maro-caine ou romantique –, elles dégagent la même chaleur, sous les vieilles poutres, dans les meubles de style. Un grand jardin paysager (et fleuri en saison) complète l'ensemble. Accueil charmant.

De bon marché à prix moyens

|●| ⍐ *L'Auberge du Pont Cochon – La Route des Pâtes :* 158, la Croix-des-Frênes, **50700 Flotteman-ville.** ☎ 02-33-04-46-08. ● sylvain. lebas50@orange.fr ● À 5 km au sud de Valognes. Fermé lun, sam midi et dim soir (plus mar soir hors saison). Congés : de mi-sept à début oct et fin déc. Menus déj en sem 14,90 €, 35 € (min 2 pers) ; carte env 35 €. Café offert sur présentation du guide de l'année. C'est dans une salle, tout en longueur, avec ses tables de bis-trot en bois, que l'on déguste une cuisine italo-normande (entre autres, pâtes fraîches, crustacés...) abso-lument délicieuse, offrant un rapport qualité-quantité-prix indéniable.

|●| ⍐ *Crêperie du Moulin de la Haulle :* lieu-dit le Moulin-de-la-Haulle, **50700 Yvetot-Bocage.** ☎ 02-33-40-21-37. ♿ À 2 km à l'ouest de Valo-gnes. Tte l'année, tlj. En saison ou w-e, résa conseillée. Repas 15-20 €. Dans un ancien moulin à eau, au bord d'un petit étang, on vient ici déguster des galettes et crêpes de qualité (avec de la farine de châtaigne pour les crêpes) ou une belle entrecôte normande gril-lée. Aux beaux jours, on profite de la jolie terrasse dans un cadre délicieu-sement bucolique. Il y a même un espace jeux pour les enfants dans le jardin.

À voir

L'hôtel de Beaumont : *11, rue Barbey-d'Aurevilly.* ☎ *02-33-40-12-30.* 🖥 *06-69-07-02-91.* ● *hoteldebeaumont.fr* ● *Visite guidée seulement. Juil-fin sept, tlj sauf dim mat 10h30-12h, 14h30-18h30 ; ouv également w-e de Pâques, Ascension et Pentecôte ; dernière entrée à 17h45. Entrée : 8 € ; jardins seuls 4 € (visite libre) ; réduc.* Le plus bel hôtel particulier de la ville, d'un grand raffinement, construit au XVIIIe s. Longue façade avec avant-corps à colonnes qui ondule. Élégant balcon en fer forgé et fronton triangulaire blasonné. À l'intérieur, un magnifique escalier à double révolution d'une prouesse inégalée et des pièces vivantes, abritant beaux meubles et objets d'art.

L'église Saint-Malo : *pl. Vicq-d'Azir.* Symbole des villes martyres. Elle fut en grande partie détruite par les bombardements de 1944 et pourtant, on a l'émotion de découvrir son chœur intact ! Parti pris de reconstruction d'une nef moderne d'un grand dépouillement. La transition architecturale s'effectue d'ailleurs en douceur grâce à la tour-lanterne. Belle lumière quand le soleil y pénètre. Remarquer le chevet en gothique fleuri avec gargouilles, pinacles et balustrade ajourée.

Le musée régional du Cidre : *rue du Petit-Versailles.* 🖥 *06-75-89-89-52. Avr-juin, sept et vac de la Toussaint, mer-dim 14h-18h15 ; juil-août, tlj 11h (14h dim)-18h15. Entrée : 4,50 € ; réduc. Gratuit pour ts le 1er ven du mois.* Situé en face de l'hôtel de Beaumont, le musée occupe la superbe maison dite « du Grand Quartier », bel exemple d'architecture Renaissance du XVIe s. Bâtie en bord de rivière, elle abrite une teinturerie dans les années 1550, activité dont elle a gardé les traces. Elle sera convertie en caserne de 1733 à 1848, puis hébergera, après la Seconde Guerre mondiale, des familles victimes de la crise du logement. Ses façades, toitures et cheminées sont aujourd'hui protégées au titre des Monuments historiques. Le musée décrit les étapes de la production du cidre et du calvados, depuis le ramassage des pommes jusqu'à la distillation.

Au rez-de-chaussée sont exposés de colossaux pressoirs à cidre des XVIIe et XVIIIe s ainsi qu'un magnifique et rare tour en bois du XVIIIe s (pour broyer les pommes). Dans les étages sont expliqués les principes et subtilités de la production du cidre avant l'ère de l'industrialisation. Une salle est dévolue au transport des tonneaux à cidre qui se faisait grâce à d'ingénieux systèmes. La consommation du cidre est évoquée au travers de recettes de cuisine traditionnelles et de poteries des plus étonnantes.

Ne pas manquer la vidéo (13 mn) au 1er étage, contant l'histoire de « l'or blond des Normands » qui s'écoule de l'Antiquité à nos jours. La visite s'achève avec le fameux lit « Croque la pomme », sculpté dans un tonneau, sur lequel des motifs naïfs proposent une interprétation érotisée du thème biblique de la création du monde. Bel exemple d'art brut !

La rue de Poterie : elle donne une bonne idée de ce que fut le Valognes riche et prospère des XVIIe et XVIIIe s. Succession de demeures à la fois élégantes et

---

VOUS REPRENDREZ BIEN UN P'TIT CANON ?!

Au musée de l'Eau-de-Vie et des Vieux Métiers (fermé en 2019), on trouve une impressionnante colonne de distillation. Capable de traiter 36 000 l de cidre en 24h et de produire 2 000 l d'alcool pur, cette colonne ne servait pas à la fabrication du calva mais à celle... de la poudre à canon. En effet, pendant la Première Guerre mondiale, les champs de betteraves (dont le sucre fournissait l'alcool) étant situés pour la plupart sur les lieux de combat, on se rabattit en catastrophe sur le cidre et le vin pour produire l'alcool nécessaire à la production de la poudre.

LA MANCHE

396 | **LA MANCHE / LE COTENTIN**

d'une certaine sobriété architecturale, édifiées dans le beau calcaire de Valognes. D'autres maisons intéressantes rues de l'Hôtel-Dieu et Weleat, rues des Religieuses et des Capucins.

🦖 *L'abbaye de Valognes :* *8, rue des Capucins.* ☎ *02-33-21-62-84. Vente de pâtes de fruits, juil-août et déc, tlj 11h-12h, 15h20-17h30 ; le reste de l'année, mar-sam 15h20-17h30, dim 11h30-12h15, 15h20-17h30. Accès gratuit à la chapelle (sauf pdt les messes).* Initialement construite pour une communauté de moines capucins, l'abbaye Notre-Dame-de-Protection est aujourd'hui le lieu de travail et de prière d'une communauté de sœurs bénédictines. À la suite des destructions occasionnées par les bombardements de 1944, une partie de l'abbaye fut reconstruite dans un style assez moderne, tout en respectant une certaine sobriété monastique. L'église se visite. Dans celle-ci, des sculptures et des vitraux du Grand Siècle côtoient des œuvres plus contemporaines. Selon la règle de saint Benoît : « Tous les hôtes qui surviennent au monastère doivent être reçus comme le Christ. » Allez donc profiter de cet accueil ; les sœurs en profiteront, elles, pour vous vanter les mérites de leurs pâtes de fruits.

🦖 *Les thermes romains d'Alauna :* *rue Pierre-de-Coubertin.* Les imposants vestiges des thermes de l'ancienne cité antique d'Alauna, élevés au Ier s de notre ère, témoignent de l'importance de Valognes à l'époque romaine. Conçu selon un plan symétrique, l'édifice possédait une dizaine de salles, dont une étuve, une piscine chaude et une piscine froide. Les maçonneries sont conservées en élévation sur une douzaine de mètres et montrent une mise en œuvre soignée, associant des assises de petits blocs de pierre cubiques et des lits de brique.

🦖 *L'ancien hôtel-Dieu :* *rue de l'Hôtel-Dieu.* La création de l'hôtel-Dieu de Valognes remonte à 1497. Le fondateur, Jean Lenepveu, « prestre, bourgeois et habitant de Vallongnes », obtint à cet effet le soutien de Jeanne de France, dame de Valognes, fille naturelle de Louis XI. La fondation, placée sous la tutelle de l'ordre des hospitaliers du Saint-Esprit, fonctionna jusqu'en 1687, date de la construction d'un nouvel hôpital. Passé la Révolution, l'édifice devint un casernement militaire puis, peu avant 1880, fut affecté à un haras. La chapelle gothique était accolée, côté sud, au bâtiment des malades, avec lequel elle communiquait par un portail latéral. Les vestiges de l'ancien hôtel-Dieu abritent désormais l'*Espace loisirs-culture.*

🦖 *L'ancienne abbaye bénédictine royale (actuel hôpital) :* *rue du 8-Mai-1945.* Chassées de Cherbourg par la peste en 1626, les bénédictines trouvent à Valognes un accueil enthousiaste, y compris financier (nombreuses donations). L'église fut consacrée en 1648. Sa façade s'agrémente d'un surprenant portail baroque, orné de 2 ordres superposés à pilastres. Le logis de l'abbesse est un bel édifice régulièrement ordonnancé par des chaînes harpées et de longs bandeaux horizontaux. Les autres bâtiments conventuels s'organisent autour d'un cloître à galerie d'arcades. Confisquée à la Révolution, l'ancienne abbaye bénédictine abrite depuis 1810 l'hôpital de Valognes.

LE VAL DE SAIRE

Le pendant, en Cotentin, du cap de la Hague ! Autant la Hague apparaît sauvage, tourmentée, accidentée, souvent austère, autant la presqu'île du val de Saire donne une impression de quiétude et de bonhomie rurale. Vous y découvrirez un des plus beaux petits ports du Cotentin. Du phare de Gatteville à l'anse du Brick, la côte granitique offre son lot de pittoresque et quelques points de vue saisissants. En retrait, nombre de châteaux et manoirs se cachent dans un paysage étonnamment préservé et des villages tranquilles s'entourent d'herbages et de cultures maraîchères.

SAINT-VAAST-LA-HOUGUE

(50550)   1 780 hab.   *Carte Le nord de la Manche, C2*

Avant tout et pour faire local, prononcer « Saint-Va ». Important port de plaisance et de pêche et centre ostréicole renommé, tout autant que lieu de villégiature très prisé. Normal, le microclimat local favorise l'éclosion des fuchsias et mimosas, et les palmiers n'y sont pas rares. L'histoire y est particulièrement présente également puisque y débarqua, en 1346, Édouard III d'Angleterre en route pour vaincre les Français à la fameuse bataille de Crécy. En 1692, avec la bataille de la Hougue, la baie connut l'un des plus grands désastres navals de l'histoire de la marine française. Jacques II, roi déchu d'Angleterre, alors allié de Louis XIV en bisbille avec Guillaume d'Orange, y assista. Cela incita Louis XIV et Vauban à construire les forts de la Hougue et de Tatihou. En 1944, ce fut le 1er port libéré.

Adresse utile

ℹ️ Bureau d'information Touristique du Cotentin : *1, pl. du Général-de-Gaulle.* ☎ *02-33-71-99-71.* ● *encotentin.fr* ● *Ouv tte l'année ; juil-août, tlj* *9h30-12h30, 14h-18h.* Nombreuses infos et services (billeterie SNCF, pour les îles Anglo-Normandes).

Où dormir ? Où manger ?

De prix moyens à plus chic

🏠 ▮●▮ ↑ Hôtel de France – Restaurant Les Fuchsias : *20, rue du Maréchal-Foch.* ☎ *02-33-54-40-41.* ● *reception@france-fuchsias.com* ● *france-fuchsias. com* ● ♿ *Resto fermé lun et mar midi, plus soir j. fériés hors saison. Congés : janv-début fév et 2 sem déc. Doubles 76-160 €. Formule déj sauf dim et j. fériés 33 €, menus 43-75 €. Parking. Café offert sur présentation du guide de l'année.* Jolies chambres, de confort et de taille très différents, réparties sur 3 bâtiments dont le « Pavillon fantaisie » et les « Feuillantines » au fond du grand jardin édénique qui abrite eucalyptus, bananiers, palmiers, mimosas et fuchsias centenaires. Beaucoup de charme, donc, pour cet ancien relais de poste dont la table propose une gastronomie subtile et créative, qui met en évidence les produits de la mer et les huîtres de Saint-Vaast.

🏠 La Granitière : *74, rue du Maréchal-Foch.* ☎ *02-33-44-89-50.* 📱 *06-98-51-47-44.* ● *contact@hotel-la-granitiere. com* ● *hotel-la-granitiere.com* ● *Doubles 64-92 €.* Une maison traditionnelle cossue en granit, précédée d'un agréable jardin. Les chambres, à la déco bourgeoise et vieille France, ne manquent pas de charme et offrent un bon confort.

▮●▮ ↑ La Criée du Tomahawk : *3 bis, quai Tourville.* ☎ *02-33-54-09-08.* ● *lacrieedutomahawk@gmail.com* ● ♿ *Juil-août, tlj ; sinon, fermé dim soir-lun. Congés : Toussaint-Pâques. Fish & chips env 14 €, plateau de fruits de mer 30 €, douzaine d'huîtres 16 €, filet a la plancha 18-23 €.* 2 rangées de tables bien alignées – ou une terrasse – séparées de la poissonnerie par une toile de bâche ; ça n'empêche pas les effluves et la température d'être ceux d'une poissonnerie, mais rien de bien gênant. Dans l'assiette, poissons entiers ou en filets, préparés *a la plancha* ou en matelote, *fish & chips,* soupe de poisson ou plateau de fruits de mer. Simplicité et fraîcheur, et une poignée de desserts maison pour conclure. Accueil aimable, même si le service est parfois débordé en saison.

398 | LA MANCHE / LE COTENTIN

Où dormir ? Où manger dans les environs ?

Camping

⚑ *Camping Le Rivage :* 75, route de Sainte-Marie, 50630 **Quettehou.** ☎ 02-33-54-13-76. ● camping.leri vage@wanadoo.fr ● camping-lerivage. fr ● ♿ À 5 km à l'ouest de Saint-Vaast. Ouv avr-sept. Env 16-25 € pour 2 avec tente et voiture ; cottages 4-8 pers 200-760 €/sem. 140 empl. À 400 m de la plage, un site pas très grand, tout simple, offrant de grands emplacements délimités par de hautes haies de chaque côté. Location de cottages plutôt coquets, avec quelques fleurs ici et là pour égayer leur petit espace vert équipé d'un barbecue. Location de vélos. Piscine couverte chauffée.

Bon marché

|●| *Le Saint-Michel :* 13, pl. Georges-Clemenceau, 50630 **Quettehou.** ☎ 02-33-20-52-51. ● lestmichel50@ gmail.com ● À 2,5 km à l'ouest de Saint-Vaast. Ouv lun-ven 7h30-15h30, 17h30-20h30 (bar uniquement). Formule déj 12,90 €. Cette adresse de village, reprise par Xavier, ancien catering dans le cinéma, ne désemplit plus. Il faut dire que son menu déj est vraiment parfait. Un buffet d'entrées et 2 plats du jour au choix, sans oublier le dessert. Le tout fait maison, avec des produits de saison qu'il va chercher chez les producteurs locaux. Que demander de plus ?

⌂ |●| *La Chaumière :* 6, pl. du Général-de-Gaulle, 50630 **Quettehou.** ☎ 02-33-54-14-94. ● philippe.lefau deux@orange.fr ● chaumiere-norman die.com ● ♿ (resto). À 2,5 km à l'ouest de Saint-Vaast. Resto tlj de juil à mi-sept ; fermé mar soir et mer hors saison. Congés : 2 sem fin nov et 1re sem de déc. Doubles 38-43 €, les moins chères avec w-c sur le palier. Formules 13,50 € (en sem), puis 20-34 €. Café offert sur présentation du guide de l'année. 5 chambres simples, un poil vieillottes mais plutôt agréables et à prix doux. Au restaurant, spécialités marines comme la choucroute de la mer. En dessert, goûtez donc à la spécialité : le *quettois* (chocolat et pain d'épices).

De prix moyens à plus chic

⌂ |●| ⬆ *Au Moyne de Saire :* 15, rue du Général-de-Gaulle, 50760 **Réville.** ☎ 02-33-54-46-06. ● au.moyne.de. saire@orange.fr ● au-moyne-de-saire. com ● ♿ À env 5 km au nord de Saint-Vaast. Resto ouv tlj en saison ; fermé lun midi, jeu midi et dim sep oct-mars. Doubles 59-127 €. Formule et menus 21-40 €. Un établissement soigneusement tenu, offrant d'agréables chambres fonctionnelles. Les plus onéreuses sont situées dans une bâtisse à l'arrière ; celles du rez-de-chaussée bénéficient de leur terrasse privée. Au resto, bonne cuisine saisonnière, très « mer » et normande.

|●| ⬆ *Le Panoramique :* 1, village de l'Église, 50630 **La Pernelle.** ☎ 02-33-54-13-79. ● info@le-panoramique.fr ● ♿ À 6 km au nord de Saint-Vaast. Tlj sauf lun plus hors saison, fermé le soir sauf ven-sam. Congés : 3 sem en janv et 2 sem en nov. Formules déj 19,90-27,90 € ; menus 32,90-49,90 € ; carte env 35 €. Apéritif maison offert sur présentation du guide de l'année. Déjà, pour commencer, on ne se lasse pas de cette vue superbe, à 360°, qui s'étend de Barfleur à Saint-Vaast. Vue que l'on a de la terrasse, tout comme de la superbe salle tout en baie vitrée. À l'honneur : les produits de la région (huîtres de Saint-Vaast, pêche locale, filet de bœuf, canard...), venant en direct des producteurs locaux. Le tout servi par une équipe pro.

⌂ *La Villa Gervaiserie :* 17, route des Monts, 50760 **Réville.** ☎ 02-33-54-54-64. ● la.gervaiserie@wanadoo.fr ● lager vaiserie.com ● ♿ À 4 km au nord de Saint-Vaast. Fermé oct-mars. Doubles 106-138 € ; familiale. Conçu de façon à vous offrir la plus jolie des vues, où que vous soyez, ce bâtiment à l'architecture moderne tranche avec l'habitat traditionnel du pays, tout en s'intégrant discrètement dans le paysage. Les chambres au confort sobre et élégant, au design contemporain, ont toutes baie vitrée et terrasse avec vue imprenable sur la plage (la seule de Normandie orientée au sud !) et, au loin, Tatihou et Saint-Vaast. Celles du rez-de-jardin baignent en plus dans une belle végétation. Les proprios possèdent aussi une ancienne ferme équestre, où vous pourrez faire dormir votre cheval en box si vous ne pouvez pas voyager sans lui.

Où acheter de bons produits ?

✷ *Épicerie Gosselin :* *27, rue de Verrûe.* ☎ 02-33-54-40-06. ● *maison-gosselin.fr* ● ⚒ *Tlj sauf dim ap-m et lun (ouv lun en été) 9h-12h30, 14h30-19h (15h-19h30 sam).* Une belle affaire de famille, fondée il y a plus de 100 ans. La maison torréfie elle-même son café, propose des spécialités régionales (calvados, caramels, cidres...), sélectionne ses thés, ses épices, ses whiskies (très beau choix !), ses chocolats fins, ses fromages, ses fruits et légumes... Mais *Gosselin,* c'est aussi une cave exceptionnelle pour la qualité des vins. La maison a une succursale *(1, pl. Belle-Isle).*

À voir

🍴🚶 *Le port de pêche :* 3e en importance en Normandie après Granville et Cherbourg. On peut y voir encore une dizaine de bateaux traditionnels de la baie de Saint-Vaast. Du port, jolie balade sur la grande jetée vers le phare. En chemin, s'arrêter à la charmante chapelle des marins, vestige du chœur roman de l'ancienne église paroissiale.

🍴 *Le musée Paul-José-Gosselin :* *1, rue des Thins.* ☎ *02-33-54-45-22.* ⚒ *Tte l'année, tlj 10h-12h, 15h-18h. Entrée : 2,50 €.* Paul-José Gosselin a ouvert sous son atelier ce musée (ou cet antimusée !) pour présenter son œuvre. Artiste engagé, il sait retranscrire les lumières de sa région dans un style issu de l'impressionnisme, mais aussi, et surtout, on revisite l'histoire au travers de gigantesques fresques, flamboyantes, lyriques, humoristiques et parfois même choquantes. Ne manquez pas de rencontrer ce personnage original !
– Pour continuer la visite, allez donc voir les toilettes du café-restaurant *Le Bar à Wine* (face au port), où l'artiste vous offre de beaux et touchants points de vue du vieux Saint-Vaast (mesdames, n'hésitez pas à passer la tête dans les toilettes des hommes... et vice versa !).
– Enfin, partez à la découverte de l'*église de Rideauville (de Quettehou, prendre la D 902 vers Barfleur ; puis la D 216, à droite ; entrée libre).* Cette église à ciel ouvert, sans chapeau ni vitraux (d'autres parleraient de ruines... si ce n'est que les murs de celle-ci ont été remis en état !), plantée seule au milieu des champs, dégage une belle atmosphère, à laquelle l'artiste n'a pas résisté ! Certains étés, sur un thème différent, ses toiles habillent et animent l'intérieur.

◉ 🍴🚶 *Le fort de la Hougue :* à *1,5 km du port de Saint-Vaast. Mai-oct w-e et j. fériés (avr, tlj sauf lun-mar et juil-août tlj) 13h30-18h30.* Sa tour Vauban est inscrite au Patrimoine mondial de l'Humanité par l'Unesco. Avec ses 20 m de hauteur (d'où on admire toute la baie environnante) et ses murs d'une épaisseur de 3 m, la tour de la Hougue est, comme celle de Tatihou, un très bel exemple d'architecture du XVIIe s. Au sous-sol, une citerne, au rez-de-chaussée, 4 magasins à poudre et à vivres puis un étage pour les soldats et un étage pour les officiers. Superbe balade tout autour (balisée).

Manifestations

– *Festival Ancre et Encre :* *mi-juil.* ● *festivaldulivresaintvaastlahougue-ancresetencres.com* ● Expos, dédicaces, projections de films, etc., dans le cadre exceptionnel du fort de la Hougue (lire ci-dessus).
– *Festival Terre de Marin :* *2 j. en mai ou juin.* Chants de marins du monde.

400 | **LA MANCHE / LE COTENTIN**

L'ÎLE TATIHOU

Carte Le nord de la Manche, C2

Après la défaite de 1692 (voir plus haut l'introduction de Saint-Vaast), Vauban décide de fortifier l'île Tatihou. Dans les siècles qui suivent, elle abrite une garnison, un lieu de quarantaine pour des marins suspectés d'être porteurs de maladies (jusqu'en 1880, on les isolera dans le lazaret – un établissement dans lequel s'effectuent la quarantaine et le traitement des malades contagieux – construit lors de la grande peste de Marseille de 1720), des prisonniers allemands pendant la guerre de 1914-1918, des titis parisiens à la santé délicate pendant l'entre-deux-guerres et, enfin, des adolescents difficiles. Le laboratoire de biologie marine du Muséum national d'histoire naturelle s'installe même à demeure de 1887 à 1925. Après plusieurs années d'abandon, l'île est rachetée par le Conservatoire du littoral et sa gestion est confiée au conseil départemental de la Manche, qui la transforme en un vaste et intelligent espace culturel et festif dédié à la mer.

Arriver – Quitter

🚤 *En bateau amphibie :* rens et billetterie à l'accueil Tatihou, quai Vauban. ☎ 02-33-54-33-33. *Résa conseillée, car l'accès de l'île est limité à 500 pers/j. pour protéger l'environnement. Chiens interdits sur l'île. Début avr-début nov 1 aller ttes les heures à marée haute, tlj 10h-12h, 14h-16h (17h de mi-juil à août) pour les départs et jusqu'à 18h pour les retours (19h, 15 juil-15 août). Prix (comprend le bateau A/R, l'entrée à la tour et celle au musée) : 10,50 € ; réduc sur présentation du guide de l'année ; 4,50 €* 3-11 ans. Prix du billet pour la traversée A/R seulement : 8 € ; 4 € enfant. Ne soyez pas surpris si vous trouvez le bateau pour Tatihou campé sur ses gros pneus sur le quai. Ce surprenant véhicule vous prend et vous dépose à pied sec dans un vacarme étonnant.

➤ *À pied :* se renseigner impérativement pour les marées (compter bien 30 mn de marche ; 2-3h au total sur l'île). Dans ce cas, entrée payante au musée (6 € ; réduc). À marée basse, vous aviez deviné ! C'est-à-dire si le coefficient de marée est supérieur ou égal à 65.

Où dormir ? Où manger ?

🏠 🍴 Il est possible de dormir sur l'île Tatihou. Une trentaine de chambres très agréables et tout confort ont, en effet, été aménagées au sein même du *lazaret. En raison des* contraintes d'accès à l'île, séjours en pens complète (99 €/pers) ou ½ pens (69 €/pers), boissons comprises. Rens : ☎ 02-33-54-33-33. ● resa.tatihou@manche.fr ● manche.fr/tatihou ●

La découverte de l'île

🎭 *Le lazaret :* construit en 1722. Dans un environnement ravissant, joliment planté d'arbres, de fleurs et de plantes diverses. Noter les grandes ouvertures à arcades qui devaient permettre la circulation rapide de l'air. Après les « suspects » et les scientifiques, il accueille aujourd'hui les classes de mer, où les enfants s'initient à tout ce qui touche la culture maritime.

🎭 *Le musée maritime : tlj 6 avr-3 nov, 10h-12h30, 13h30-18h. Billet A/R bateau + accueil au musée : 10,50 € ; réduc.* Inauguré en 1992 pour le tricentenaire de la bataille de la Hougue, ce musée superbement aménagé témoigne du patrimoine maritime de l'île. Une salle est dédiée aux vestiges des vaisseaux de Louis XIV coulés dans la rade de Saint-Vaast-la-Hougue en 1692. Une galerie d'histoire naturelle présente les habitats naturels de Tatihou de la dune vers la haute mer. Depuis peu, on accède au hangar de restauration du *Sainte-Thérèse-Souvenez-Vous*, bateau emblématique de la pêche aux cordes (palangres) dans le Val de Saire. Un peu plus loin, un abri à bateaux conserve plus de trente unités de pêche ou de plaisance des côtes de Normandie. Enfin, un espace est dédié à toute l'histoire de Tatihou, depuis l'homme de Néandertal jusqu'aux activités d'aujourd'hui.

◎ ☆ ≼ *La tour Vauban :* du même modèle que celle de la Hougue. Également inscrite au Patrimoine mondial de l'Unesco depuis 2008. Grimper les 84 marches dans une atmosphère de mystère. Étage des petits matelots soldats, celui des officiers et, en bas, magasin à munitions et vivres ainsi que les anciens cachots. Au sommet, par beau temps, à découvrir entre les créneaux, un splendide tour d'horizon à 360°.
La cour recèle encore les découvertes réalisées lors des fouilles de la maison du gardien et de la tour d'angle en juillet 2010. La mise en valeur de ce fort et des vestiges des bâtiments qui le bordaient autrefois (avec restitution au sol, sans élévation) a été réalisée.

☆ ☆☆ La balade vous mènera encore à un *jardin botanique* et à un *observatoire pour oiseaux* : goélands bruns, tadornes, rouges-queues noirs, bécasseaux violets, sternes pierregarin, eiders à duvet, huîtriers-pies... La plupart installés sur l'îlet, le fort carré jouxtant l'île.

– De très agréables *week-ends thématiques* sont également organisés sur Tatihou, autour de la découverte de l'île. *Rens :* ☎ *02-33-54-33-33.* ● *manche.fr/tatihou* ●

Manifestation

– *Festival Les Traversées Tatihou :* *10 j. en août selon grandes marées.* ● *manche.fr/tatihou* ● Une belle idée devenue un rendez-vous incontournable... Un *festival de musiques du large,* venues du monde celte, de la Réunion, du Québec, de Scandinavie ou d'ailleurs. Les « fidèles » et amateurs de tout poil sont invités à traverser les grèves séparant Saint-Vaast de Tatihou pour passer la soirée sur l'île, au rythme de chants de marins et de mélodies inspirées de l'air du large. Une nuit de bal et de concerts à terre ou sur l'île, selon les années.

BARFLEUR

(50760)   640 hab.   *Carte Le nord de la Manche, C1*

Ce ravissant petit port, classé parmi « Les Plus Beaux Villages de France », fut aussi le chouchou des peintres (Paul Signac y vécut longtemps). L'église et son petit écrin de nobles demeures de granit et toits de lauzes composent un ensemble architectural austère mais ravissant. Et tout cela a fort bien résisté, à travers les siècles, aux furieuses tempêtes et coups de vent assassins. Mais cette vision de carte postale ne doit pas faire oublier que Barfleur est aussi un important port de pêche, sans mareyeurs ni criée, mais extrêmement actif. En dehors de la pêche traditionnelle des coquilles Saint-Jacques, poissons et autres crustacés, Barfleur s'est aussi longtemps classé comme le 1er port moulier de France : 8 000 t de « Blondes de Barfleur », moules

402 | **LA MANCHE / LE COTENTIN**

sauvages de haute mer réputées pour leur qualité gustative, sortaient des chalutiers chaque année ! Aujourd'hui le gisement tend malheureusement à s'épuiser.

UN PEU D'HISTOIRE

Dur à croire, mais Barfleur fut l'un des ports les plus importants de la Manche au Moyen Âge. Selon la légende, le bateau du duc Guillaume fut construit ici ; piloté par un Barflerais, Guillaume le Conquérant est monté à bord à Dives-sur-Mer (Calvados). Et c'est toujours de Barfleur que, par la suite, les chevaliers normands embarquaient pour aller administrer leurs fiefs anglais. En 1120 cependant, la réputation de Barfleur prend un sacré coup : sur le rocher de Quillebœuf, à quelques encablures du port, la *Blanche Nef* fait naufrage, emportant dans les flots les 2 petits-fils de Guillaume et toute leur suite. En 1346, nouveau coup du sort : Édouard III rase Barfleur, dont la population est ensuite décimée par la peste noire. Ça fait beaucoup pour une petite ville, non ?
Après cette chevauchée médiévale, Barfleur retombe dans un anonymat tranquille, long de plusieurs siècles, même pas troublé par les visites régulières que lui fait Jules Renard, qui y écrit la suite de *Poil de Carotte*, *L'Écornifleur*, dont les personnages et les décors lui sont inspirés par Barfleur. Comme nous, l'homme est sûrement tombé sous le charme du port « bleu d'eau de Javel, comme si un peuple de blanchisseuses venaient d'y laver leur linge » (*Journal* de Jules Renard, 1890).

Adresse utile

ⓘ *Bureau d'information Touristique du Cotentin :* 39, rue Thomas-Becket. ☎ 02-33-71-99-71. ● *encotentin.fr* ● *Oct-mars, mar-sam 10h-12h, 14h-17h ; avr-sept, lun-sam (plus dim de mi-mai à sept) 9h30-12h30, 14h-18h.* En été, propose des visites commentées à travers le village (le port, l'église, l'architecture civile, etc.).

Où dormir ?

Camping

⚓ *La Blanche Nef :* 12, chemin de la Masse. ☎ 02-33-23-15-40. ● *lablanchenefY@wanadoo.fr* ● *camping-barfleur.fr* ● ♿ *Ouv de mi-fév à mi-nov. Env 14-16 € pour 2 avec tente et voiture ; bungalows toilés et mobile homes 4-6 pers 200-540 €/sem. 92 empl.* Camping tout juste assez en hauteur pour avoir une vue sur la mer, qui se trouve de l'autre côté de la route, et un bel aperçu du village de Barfleur. Très simple, de grandes pelouses où l'on s'installe à sa guise. Sans l'ombre d'un arbre et ouvert au vent, certes, mais quelle vue ! Très bien tenu et fleuri. Location de vélos, petite épicerie et une base nautique à côté. Très bon accueil.

De chic à plus chic

🏨 *Hôtel Le Conquérant :* 16-18, rue Saint-Thomas-Becket. ☎ 02-33-54-00-82. ● *contact@hotel-leconquerant. com* ● *hotel-leconquerant.com* ● *Congés : oct-mars. Doubles 80-135 € ; petits déj 8-14 €. Parking payant.* Pas de vue sur la mer, mais cette belle demeure du XVIIe s nous a néanmoins conquis. Derrière la sobre façade de granit se cache un vaste et magnifique jardin à la française où est servi le petit déj aux beaux jours. Une dizaine de chambres confortables, pleines de cachet et donnant sur le jardin pour la plupart. Dans tout l'hôtel, des objets de déco chinés par les propriétaires, qui sont à vendre. Et, une fois n'est pas coutume, différentes formules pour le petit déjeuner.

BARFLEUR / À VOIR. À FAIRE | 403

Où dormir dans les environs ?

Chambres d'hôtes

🏠 *La Laiterie : 15, rue de la Gare, 50330 Tocqueville.* ☎ 02-14-14-42-21. ● contact@laiterie-tocqueville.com ● laiterie-tocqueville.com ● *À 5 km à l'ouest de Barfleur. Doubles 80-110 € ; 3 beaux gîtes 2-8 pers.* La laiterie a fermé ses portes en 1978, elle est alors devenue un garage à camions avant d'être transformée en une magnifique chambre d'hôtes. Que dire ? Si ce n'est que certaines personnes ont le coup de patte pour redonner vie et beauté à un lieu, tout en conservant ce qui fait son caractère : les magnifiques volumes ont ainsi été préservés, comme certains carrelages ou vieux parquets. Pour le mobilier, chiné, il mélange avec bonheur les styles et les époques. Ajouter à cela la charmante campagne alentour, l'accueil simple et chaleureux, et vous obtenez ce qu'on l'on appelle une vraie adresse de charme !

🏠 *Fleur et Mer : chez Dominique et Patrick Gancel, 49, rue de la Grandville, 50760 Montfarville.*

☎ 02-33-54-02-51. ● fleuretmer@gmail.com ● fleuretmer.fr ● *À 2 km au sud de Barfleur. Doubles 82-110 €.* Ancienne ferme tout en granit dont les origines remontent au XVIIᵉ s. Si l'extérieur a conservé son caractère originel, l'intérieur se révèle plus contemporain et lumineux. 4 chambres sobres et élégantes, avec mezzanine et sanitaires privés, pouvant accueillir 3 ou 4 personnes.

🏠 *Manoir de la Fèvrerie : chez Marie-France Caillet, 4, route d'Arville, 50760 Sainte-Geneviève.* ☎ 02-33-54-33-53. ▯ 06-80-85-89-01. ● lafevrerie@orange.fr ● lafevrerie.fr ● *À 4 km à l'ouest de Barfleur. Doubles 80-90 € ; gîte 5 pers. Réduc sur le prix de la chambre, hors vac scol, à partir de 3 nuits, sur présentation du guide de l'année.* Maison de famille des XVIᵉ et XVIIᵉ s. Toute de granit jusqu'au solide escalier en pierre qui grimpe vers des chambres plus que confortables et décorées avec beaucoup de soin de façon très cosy, un peu campagne à l'anglaise. Accueil des plus charmant, et petit déj de rêve au coin de la cheminée...

Où manger ? Où boire un verre ?

|O| *Restaurant du Phare : 42, rue Saint-Thomas-Becket.* ☎ 02-33-54-10-33. ● bkl@wanadoo.fr ● ♿ *Tlj sauf dim soir et lun hors saison. Menus 16 € (midi en sem), puis 20-37 € ; carte 20-30 €.* La table des habitués et des familles qui viennent profiter ici d'une bonne cuisine traditionnelle tournée vers la mer et de saison. Également des pizzas. Épicerie fine et, au milieu des tables, la cave à vins et les whiskies en vrac. Petite terrasse sur la rue, et côté jardin.

|O| ♟ ⚓ *Café de France : 12, quai Henri-Chardon.* ☎ 02-33-54-00-38.

▯ 06-87-99-36-65. ● cafedefrance-50@orange.fr ● *Vac de Printemps, grands w-e de mai et juil-août, tlj ; hors saison, fermé mer et le soir. Congés : janv. Menus 18,90-22,90 € ; carte 30 €.* Un café-brasserie un peu rétro (avec terrasse en saison), sans éclat avec le comptoir en zinc et les petits pavés, mais attachant et à l'ambiance chaleureuse, où se mêlent locaux, habitués et touristes de passage. La cuisine est basique mais généreuse (les petits appétits éviteront les menus !).

À voir. À faire

🗡🏃 *L'église Saint-Nicolas :* construite du XVIIᵉ au XIXᵉ s. Son aspect ramassé et trapu est renforcé par l'absence de clocher, celui-ci ayant été modifié à la fin du

LA MANCHE

404 | LA MANCHE / LE COTENTIN

XVIIIe s à la suite d'une très forte tempête. Superbes toits de lauzes. À l'intérieur, belle pietà du XVIe s et une *Visitation* de Maertens de Vos, superbe tableau de l'école flamande, du XVIe s.

➤ *Balade dans le bourg :* le charme de Barfleur réside avant tout dans sa simplicité, ses lignes rigoureuses, la beauté des matériaux utilisés (schiste et granit). Dans la pittoresque *rue Saint-Nicolas,* parallèle au port, la 1re maison, sur la droite, face à l'église, est celle où séjourna Paul Signac de 1930 à 1935. Dans la *rue Saint-Thomas-Becket* s'alignent quelques-unes des plus belles demeures de Barfleur, comme la maison Alexandre (au n° 3). À la hauteur du n° 14, sur le port, à proximité de la rue des Jardins, jeter un œil sur la cour Sainte-Catherine, une cour médiévale typique. Au n° 18, très belle maison du XVIIe s devenue aujourd'hui l'hôtel *Le Conquérant.*

DANS LES ENVIRONS DE BARFLEUR

🏃 *L'église de Montfarville : à 2 km au sud de Barfleur.* Du XVIIIe s. Revêtue à l'intérieur de pierres très claires qui procurent une luminosité particulière, elle abrite une étonnante suite de peintures de Guillaume Fouace, surtout connu pour ses natures mortes, qui représentent des scènes de la vie du Christ. Chapelle et clocher du XIIIe s. Belle Vierge polychrome du XIVe s.

🏃🏃 ⮘ *Le phare de Gatteville : Gatteville-le-Phare.* ☎ 02-33-23-17-97. *À 4 km au nord de Barfleur. Tlj 10h-12h, 14h-19h mai-août, 18h avr et sept, 17h mars et oct, 16h le reste de l'année. Fermé janv, 1er mai, de mi-nov à mi-déc et 25 déc, et en cas de vent fort. Entrée : 3 €. Compter 30 mn de visite.*
Au bout du Val de Saire, au bout de Gatteville, au bout de sa digue, le phare fascine par sa haute silhouette solitaire. Ce n'est certainement pas pour rien que Jean-Jacques Beineix y tourna une scène de son film *Diva.* Construit de 1829 à 1834, il a pour particularité ses 365 marches, 52 ouvertures et 12 niveaux. Ça ne vous rappelle rien ? D'en haut, à 75 m au-dessus de la mer, le paysage est à couper le souffle (pour ceux qui en ont encore ou qui n'ont pas le vertige) : par temps clair, la vue porte jusqu'à Grandcamp. Devant le phare actuel se trouve l'ancien phare construit au XVIIIe s, désormais sémaphore de la Marine nationale.
En sortant, continuer vers le petit port de Roubary, le contourner et suivre la route côtière pour profiter de la mer... à deux-roues ou à pied (de nombreux pêcheurs et camping-cars squattent les lieux).
En repartant par le village de Gatteville, arrêtez-vous dans la charmante chapelle des marins, Notre-Dame-de-Bon-Secours.

SAINT-PIERRE-ÉGLISE

(50330)   1 800 hab.   *Carte Le nord de la Manche, C1*

Comme Tocqueville, Saint-Pierre-Église a aussi son penseur, en la personne de l'abbé de Saint-Pierre (1658-1743). Moins connu que les grands philosophes de l'époque, il peut cependant être considéré comme l'un des pionniers du Siècle des lumières. Scientifique, humaniste, partisan d'une Europe unie, il rédige un *Projet de paix perpétuelle pour l'Europe,* toujours d'actualité... Cela valait bien une statue, à voir sur la place du village, superbe de simplicité. L'église présente un étonnant beffroi du XVIIe s, avec balustrade et tourelles carrées sur encorbellement. À 800 m du village, au bout d'une longue et élégante allée, beau château du XVIIIe s.

SAINT-PIERRE-ÉGLISE | 405

Adresse utile

🛈 **Bureau d'information touristique du Cotentin :** pl. de l'Abbé de Saint-Pierre. ☎ 02-33-71-99-71. ● encotentin.fr ●

Où dormir dans les environs ?

Camping

⚇ **Camping de l'Anse du Brick :** 18, anse du Brick, 50330 **Maupertus-sur-Mer.** ☎ 02-33-54-33-57. ● welcome@anse-du-brick.com ● anse-du-brick.com ● ⚇ À 9 km à l'ouest de Saint-Pierre-Église. Ouv d'avr à mi-sept. Env 26-90 € pour 2 avec tente et voiture ; hébergements locatifs 4-6 pers 462-1 743 €/sem. 180 empl. Un magnifique site paysagé dominant l'adorable anse du Brick qui, tout en offrant l'équipement haut de gamme d'un petit village fort bien tenu, réussit à conserver une ambiance vraiment bucolique. Plusieurs forfaits camping (un avec barbecue, transats...) ; certains emplacements sont en lisière de forêt. Les hébergements locatifs, du cottage au chalet en passant par la villa, sont à l'écart, eux aussi dans un bel environnement, avec une très, très belle vue sur la mer pour certains. Piscine, club enfants. Accès à la plage par une passerelle. Très bon accueil.

Chambres d'hôtes

🏠 **Les Deux Caps :** chez Carine Heurtevent, 2, la Brasserie, 50330 **Carneville.** ☎ 02-33-54-13-81. 📱 06-12-28-36-19. ● carine@gitedesdeuxcaps.com ● gitedesdeuxcaps.com ● À 5 km à l'ouest de Saint-Pierre-Église.

Double 62 € ; familiale. Table d'hôtes 25 €. Réduc, 59 € la nuit pour 2 au lieu de 62 €, sur présentation du guide de l'année. Dans un joli corps de bâtiment, dans le même jardin que la maison des propriétaires, des chambres sobrement mais joliment décorées. Également une cuisine-salle à manger à disposition. Petit déj et table d'hôtes dans une vaste et chaleureuse salle à manger tout en baies vitrées qui donne dans le jardin. Et du jardin justement, bien belle vue sur la mer. Accueil aimable, posé, et atmosphère familiale.

🏠 **Fort du Cap Lévi :** 7, le cap Lévi, 50840 **Fermanville.** ☎ 02-33-23-68-68. 📱 06-80-44-33-27. ● fortducaplevi@orange.fr ● fortducaplevi.com ● À 7 km au nord-ouest de Saint-Pierre-Église. Résa indispensable. Doubles env 75-85 €. Dans un cadre un peu austère, à l'abri des gros murs de granit de ce fortin construit sous Napoléon, désormais propriété du Conservatoire du littoral, 5 chambres confortables avec leur déco marine. Seule une chambre se situe à l'étage et offre une vue sur la mer. Vous vous consolerez en allant prendre le petit déj (tout simple) sous la superbe verrière qui surplombe la mer : vue imprenable sur le cap Lévi, son phare et la rade de Cherbourg. Et le sentier côtier qui peut guider les balades.

Où manger dans les environs ?

🍴 **La Maison Rouge :** 16, anse du Brick, 50330 **Maupertus-sur-Mer.** ☎ 02-33-43-34-05. ● davidetanabelle@restaurant-lamaisonrouge.fr ● À 9 km à l'ouest de Saint-Pierre-Église. Tlj sauf mer, plus dim soir hors saison. Congés : janv. Formules déj en sem 12-15 € ; menus 25-38 €.

Resto aménagé dans une belle maison du XIXᵉ s, qui surplombe l'anse du Brick. Cadre sobre, lumineux et plutôt contemporain, et, dans l'assiette, des plats soignés et réussis. Pour compléter le tableau, une vaste véranda avec une bien belle vue sur la mer, ce qui ne gâche rien.

LA MANCHE

406 | LA MANCHE / LE COTENTIN

DANS LES ENVIRONS DE SAINT-PIERRE-ÉGLISE

🦶 *Le moulin à eau Marie Ravenel :* la Coudrairie, 50330 **Réthoville**. ☎ 02-33-54-56-18. ● *moulinmarieravenel.fr* ● 🦶 *À 7 km au nord-est de Saint-Pierre-Église. Avr-juin et sept, mer et w-e 14h-17h30 ; juil-août, tlj 14h-18h30 ; départ de la dernière visite guidée 1h avt la fermeture. Entrée : 4 €. Juil-août, vente de pain dim 14h-18h.* Ce moulin du XVIIIe s tient son nom de la poétesse Marie Ravenel, qui y vécut 31 années durant. Fermé en 1935, mais aujourd'hui entièrement restauré, on peut y admirer sa grande roue à auget et l'ensemble de son système d'engrenage ainsi que ses 2 paires de meules d'origine. L'une d'entre elles fabrique encore quotidiennement de la farine. À voir également, une salle de classe des années 1950. Nombreuses animations autour du pain.

🦶🦶🦶 *Le cap Lévi : à 7 km au nord-ouest de Saint-Pierre-Église.* Magnifique balade jusqu'au phare, à travers les landes surplombant la mer. Devant le phare, on comprend ce qu'est l'angoisse d'une côte « mal pavée » pour un marin : ces rochers affleurant, au ras de l'eau, en ont coulé plus d'un... Derrière le cap, **Fermanville,** beau village aux nombreux hameaux et aux nombreux moulins.

🦶🦶🦶 *L'anse du Brick : à 9 km à l'ouest de Saint-Pierre-Église.* Le nom réveille immédiatement tout un imaginaire : pavillon à tête de mort, bandeau noir sur l'œil et coffre débordant d'or... Et le paysage de cette adorable petite baie ne déçoit pas : une eau presque turquoise qui ourle une langue de sable... On oublie les Caraïbes et les îles au trésor en découvrant ces gros rochers granitiques polis par les flots, qui parsèment la plage. C'est de ce même granit que sont faits les pavés sur lesquels les coureurs cyclistes du Paris-Roubaix suent sang et eau.

CHERBOURG-EN-COTENTIN

(50100)	83 000 hab.	*Carte Le nord de la Manche, B1*

● Plan *p. 408-409*

Au fond de sa rade artificielle, la plus grande du monde, c'est depuis toujours un grand port grâce à sa position stratégique au bout du monde occidental. La montagne du Roule, qui surplombe Cherbourg, a fourni les milliers de blocs de « roule » (le grès brut) qui servirent à édifier les longues digues qui ferment le port (il fallut près de 1 siècle pour l'achever !). Aujourd'hui, c'est le port français couvrant le plus d'activités : port mili-

LES PARAPLUIES DE CHERBOURG

On se souvient du film de Jacques Demy, mais la fabrique de parapluies est née... après le film. L'usine est aujourd'hui célèbre pour son Parapactum : ce parapluie avec sa toile en Kevlar protège les personnalités, notamment le locataire de l'Élysée. Bon, 6 000 € quand même ! Est-il efficace contre la pluie ?

taire, port de commerce, port de pêche, port de voyageurs (avec l'Irlande et l'Angleterre) et port de plaisance (le 2e de France, après Cannes). Cette ville ne vous séduira peut-être pas au 1er coup d'œil, mais elle dégage une ambiance vraiment particulière et de très belles surprises vous attendent au détour des rues de son centre-ville animé ou dans ses proches environs : d'ancienne demeures pleines de charme, de ravissants jardins, un musée d'art qui mérite la visite...

En 2016, Cherbourg-Octeville est devenu Cherbourg-en-Cotentin, né de la fusion de Cherbourg et de ses 4 communes voisines : Équeurdreville, Hainneville, Tourlaville, La Glacerie et Querqueville. Un sacré pas de franchi, qui a fait passer la ville de 38 000 habitants à... 83 000 !

Au moment de la conquête viking (IXe s), la ville devint l'un des importants points de colonisation des Northmen, puis ville normande stratégique. Construction d'un château au début de l'an 1000. Dès cette époque, tous les pouvoirs n'auront de cesse de faire de Cherbourg une place défensive. Pendant la guerre de Cent Ans, elle fut rarement prise. Même Du Guesclin, après 6 mois de siège, échoua. Idem pour Montgomery, le célèbre chef huguenot pendant les guerres de Religion.

Pour la construction de la grande digue, entreprise en 1783, Louis XVI vint lui-même assister au début des travaux. Un ingénieur avait imaginé construire d'immenses structures en bois en forme de cônes, remorquées en mer, chargées de milliers de blocs de pierre et qui devaient servir d'assises à la digue. Puis le port connut un va-et-vient incessant de personnalités et d'événements : Napoléon ordonna la militarisation de Cherbourg et vint lui-même en 1811, Marie-Louise lui succéda en 1813, le duc de Berry y rentra d'exil l'année suivante. Quant à Charles X, il l'utilisa pour son propre exil en 1830. En 1840, la rade vit le retour des cendres de Napoléon Ier de Sainte-Hélène.

CHERBOURG DANS LA BATAILLE DE NORMANDIE

Cherbourg fut, dans le plan du débarquement de juin 1944, l'un des éléments stratégiques. En effet, dans le choix des plages pour débarquer, il fallait nécessairement un port en eau profonde à proximité, pour remplacer rapidement les ports artificiels. Après d'âpres combats, la ville fut prise par le 7e corps américain les 26 et 27 juin. Aussitôt, avec l'aide de la Royal Navy, le port fut déminé et dégagé de ses épaves en un temps record pour permettre une remise en fonctionnement. 1er port libéré de France, Cherbourg fut pendant quelques mois le plus grand port du monde, avec quelque 25 000 t de matériel débarquées quotidiennement, et un flot ininterrompu d'hommes.

Un pipe-line (resté dans l'histoire sous le nom de Pluto), installé entre l'île de Wight et Cherbourg, commença début août 1944 à fournir une grande partie de l'essence nécessaire aux armées de libération. Puis la ville connut une incroyable activité portuaire.

Arriver – Quitter

En train et en bus

🚂 *Gare ferroviaire* (plan B-C3) : *av. Jean-François-Millet.* ☎ 36-35 (0,40 €/mn). Cherbourg est le terminus de la ligne Paris-Saint-Lazare, Caen, Bayeux, Lison, Carentan, Valognes. À Lison, correspondance pour Saint-Lô et Coutances.

🚌 *Gare routière* (plan B-C3) : *av. Jean-François-Millet.* ● *transports. manche.fr* ● Liaisons avec Barfleur, Saint-Vaast, Valognes, Portbail, Carteret, Bricquebec, Carentan, Coutances, Saint-Lô, Les Pieux, assurées par la compagnie *Manéo Express*.

En bateau

➤ *De/vers Dublin* (Irlande) : avec *Irish Ferries* (☎ 02-33-23-44-44 ; ● *irishferries.com* ●) et *Stena Line* (☎ 02-33-43-23-87 ; ● *stenaline.fr* ●).

➤ *De/vers Poole* (Angleterre) : avec *Brittany Ferries* (☎ 02-33-88-44-88 ; ● *brittanyferries.com* ●). 1 bateau/j. Durée : 4h30.

LA MANCHE

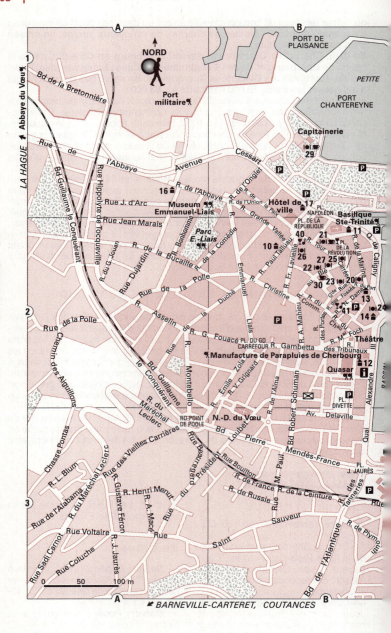

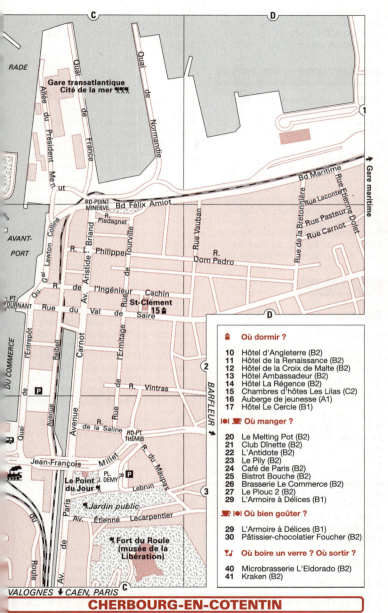

410 | **LA MANCHE / LE COTENTIN**

➤ *De/vers Portsmouth (Angleterre) :* avec *Brittany Ferries.* Mai-sept, 1-2 départs/j. Durée : 3h.
■ *Location de voitures : Hertz,* 43,

rue du Val-de-Saire, ☎ 02-33-23-41-41. *Avis,* à la gare, ☎ 0820-61-16-83 (0,15 €/mn). *Europcar,* 4, rue des Tanneries, ☎ 02-33-44-53-85.

Adresse et infos utiles

🛈 *Office de tourisme (plan B2) :* 14, quai Alexandre-III. ☎ 02-33-93-52-02. ● cherbourgtourisme.com ● Juilaoût, lun-sam 9h30-19h, dim 10h-17h ; 2ᵈᵉ quinzaine de juin et 1ʳᵉ quinzaine de sept, lun-sam 9h30-12h30, 13h30-18h30, dim 9h30-13h30 ; le reste de l'année, lun-sam 10h-12h30, 14h-18h, dim pdt vac scol et j. fériés 10h-13h. Propose des visites guidées du centre-ville et des randonnées. Distribue aussi un dépliant qui permet aux inconditionnels des *Parapluies de Cherbourg* de faire un pèlerinage sur les différents lieux du tournage, ainsi qu'un rallye

touristique pour découvrir Cherbourg de façon ludique (2 €). Boutique et billetterie pour les sites touristiques, croisières, spectacles, etc.
– *Marchés :* mar et jeu, 8h-13h devant le théâtre et dans les rues avoisinantes ; sam pl. Centrale. Mar et sam, marché aux fruits, fleurs, légumes et produits du terroir ; jeu, grand marché ts produits confondus. *Marché aux puces* 1ᵉʳ sam du mois, pl. des Moulins. Dim mat, le marché (av. de Normandie, sur les hauteurs de Cherbourg) vaut aussi le déplacement.

Où dormir ?

Auberge de jeunesse

🏠 *Auberge de jeunesse (plan A1, 16) :* 55, rue de l'Abbaye. ☎ 02-33-78-15-15. ● cherbourg@hifrance.org ● En bus, ligne nᵒˢ 3 ou 5, arrêt Chantier. ⚓ Avec la carte FUAJ (obligatoire et vendue sur place), nuitée 25 €, petit déj et draps inclus. Parking gratuit et local vélo à disposition. Installée dans d'anciens bâtiments de la Marine nationale, intelligemment rénovés. Locaux impeccables et chambres nickel de 2 à 5 lits, avec sanitaires privés et parfois même une mezzanine. L'endroit est vraiment agréable (bien que légèrement bruyant côté boulevard). En plus, l'accueil est efficace et souriant. Possibilité de restauration sur place (sur résa) et cuisine pour les « ajistes » cordons-bleus.

De bon marché à prix moyens

🏠 *Hôtel de la Croix de Malte (plan B2, 12) :* 5, rue des Halles. ☎ 02-33-43-19-16. ● hotel.croix.malte@wanadoo. fr ● hotelcroixmalte.com ● Doubles

55-69 €. Dans une petite rue piétonne, l'hôtel abrite plus d'une vingtaine de chambres de bon confort, agréables, très calmes. Les moins onéreuses ne sont pas bien grandes, leur salle de bains non plus, mais elles demeurent impeccables et avenantes. Les patrons vous accueillent personnellement, de façon charmante. Un excellent rapport qualité-prix.
🏠 *Hôtel d'Angleterre (plan B2, 10) :* 8, rue Paul-Talluau. ☎ 02-33-53-70-06. ● contact@hotelangleterre-fr.com ● hotelangleterre-fr.com ● Doubles 51-60 € ; familiales. Grosse bâtisse au calme abritant des chambres au confort et à la décoration d'aujourd'hui, pas immenses mais plaisantes. Accueil agréable.
🏠 *Hôtel Ambassadeur (plan B2, 13) :* 22, quai de Caligny. ☎ 02-33-43-10-00. ● contact@ambassadeurhotel. com ● ambassadeurhotel.com ● Doubles 56-76 €. Il y avait là à l'origine 3 immeubles, transformés dans les années 1990 en un hôtel, ce qui explique le côté un peu labyrinthique des lieux. La quarantaine de chambres, de tailles variables, donnent soit sur le port, soit sur la cour intérieure ou

le parking. Du blanc beaucoup, des couleurs qui claquent souvent, pour un ensemble lumineux, confortable et impeccablement tenu. Salle de sport. Accueil charmant. Un beau rapport qualité-prix.

🛏 **Chambres d'hôtes Les Lilas** (plan C2, **15**) : 163, rue du Val-de-Saire. ☎ 02-33-43-06-93. 🖥 06-31-93-27-64. ● maripier@laposte.net ● les-lilas-cherbourg.com ● Double 72 € ; familiale. Dans une jolie maison de maître du XIXᵉ s, des chambres spacieuses et confortables (dont une familiale qui en réunit 2 autour d'une salle de bains), baignées de lumière, au mobilier chinois rapporté d'un long séjour là-bas... et ailleurs. Agréable jardin fleuri, clos de murs, au cœur de la ville. Accueil charmant.

🛏 **Hôtel de la Renaissance** (plan B2, **11**) : 4, rue de l'Église. ☎ 02-33-43-23-90. ● renaissance-cherbourg@hotmail.fr ● hotel-renaissance-cherbourg.com ● Congés : vac de Noël. Doubles 55-75 €. Très bien situé, avec des chambres avenantes et confortables, bien qu'assez petites pour certaines. Malgré une bonne insonorisation, faire « patte de velours » : les planchers, même « moquettés » ou « linoléumisés », ça grince !

De chic à plus chic

🛏 **Hôtel Le Cercle** (plan B1, **17**) : 13, pl. de la République. ☎ 02-33-01-44-60. ● reception@hotel-lecercle.com ● hotel-lecercle.com ● Doubles 75-125 € ; petit déj 13,50 €. Cercle naval, est-il écrit sur la façade. Jusqu'en 2014, cette bâtisse construite en 1945 appartenait à la Marine nationale ; elle abritait le restaurant des officiers et servait à accueillir leur famille. Depuis, la maison a fait peau neuve. Si l'extérieur du bâtiment demeure austère, c'est une déco lumineuse et délicate qui vous accueille à l'intérieur. Le prix des chambres varie avant tout en fonction de leur taille. Certaines disposent de très hautes fenêtres avec vue sur la cour, d'autres de fenêtres plus petites avec vue sur le port. Mais partout, confort et atmosphère apaisée sont au rendez-vous. Excellent accueil.

🛏 **Hôtel La Régence** (plan B2, **14**) : 42-44, quai de Caligny. ☎ 02-33-43-05-16. ● contact@laregence.com ● laregence.com ● ♿ Congés : de fin déc à mi-janv. Doubles 98-140 € ; familiales ; ½ pens à partir de 150 € pour 2 pers. Face au port, un établissement à la déco so British avec beaucoup de boiseries et de petits salons cosy. Chambres pour la plupart douillettes, pas toujours très grandes (au 3ᵉ sans ascenseur), mais au confort moderne, dans un labyrinthe d'étroits couloirs feutrés... en tout cas pour celles dans la bâtisse principale. Car si celles situées dans l'annexe à l'arrière (côté parking, les moins onéreuses) demeurent très confortables, l'ambiance y est beaucoup plus neutre (voire froide). Bel accueil.

Où dormir dans les environs ?

🛏 **Chambres d'hôtes La Bristellerie** : 7, La Bristellerie, 50690 **Hardinvast**. 🖥 06-20-37-18-28. ● labristellerie.maisondhotes@gmail.com ● labristellerie.fr ● À 9 km au sud-ouest de Cherbourg. Doubles 75-90 €. Ouh ! que cette séduisante maison respire le zen ! Meubles choisis, beaux matériaux, des couleurs lumineuses et apaisées, quelques pans de murs en pierre apparente, sol en béton pour le joli nid en rez-de-jardin, de l'espace pour les 2 chambres sous les toits. Et les amateurs de polars auront de quoi occuper leurs soirées, car chaque chambre a sa belle petite sélection ! Pour parfaire le tout : une adorable terrasse commune et un magnifique jardin à l'arrière de la maison. Avis aux gourmands : la maison propose aussi des ateliers de cuisine (Les ateliers de Yannick), d'où la magnifique cuisine à côté de laquelle sont servis les petits déjeuners.

🛏 **Manoir de la Fieffe** (hors plan par B3) : chez Emmanuel de La Fonchais, la Fieffe, 50470 **La Glacerie** (Tourlaville). ☎ 02-33-20-81-45. 🖥 06-15-06-83-42. ● accueil@

412 | LA MANCHE / LE COTENTIN

manoirdelafieffe.com ● manoirde
lafieffe.com ● À 3,5 km du centre de
Cherbourg. Doubles 110-180 €. Sur les
hauteurs de Cherbourg, au milieu des
champs et des bois, un manoir où il fait
bon vivre. Un cadre historique (manoir
du XVIe s), un accueil des plus charmant par des passionnés de botanique.
D'ailleurs, les motifs floraux égaient
chambres et pièces communes. Très
belle adresse pour voyager encore...
plus loin.

Où manger ?

De bon marché
à prix moyens

|●| 🍷 🍽 *Club Dînette* (plan B2, 21) :
27, rue Tour-Carrée. ☎ 09-86-51-98-
72. ● fxoliveri@gmail.com ● clubdi
nette.fr ● Mer-sam 12h-23h30, dim
12h-18h. Repas 15-20 €. Voici une
charmante cantine-café qui sait prendre le militantisme par le bon bout :
celui de la convivialité et de la preuve
par l'exemple. La dînette s'articule
autour de 2 plats et 2 desserts qui
changent toutes les semaines. Produits au maximum bio, circuits courts
(et à défaut, commerce équitable)
pour des plats volontiers végétariens,
mais pas que. C'est simple, parfumé,
frais, goûteux. Et pour éviter le gas-
pillage, chacun va chercher ses couverts, son pichet d'eau et se servir en
pain. Et tous les prétextes sont bons
pour s'y retrouver : à l'heure du repas,
de l'apéro, pour un café ou le fameux
brunch du dimanche, ou encore les différents ateliers ou soirée proposés.

|●| 🍽 *Le Plouc 2* (plan B2, 27) :
59, rue au Blé. ☎ 02-33-01-06-46.
● leplouc2@orange.fr ● Fermé sam
midi, dim soir et lun midi (plus dim
midi juin-août et mer midi hors saison).
Congés : 3 sem en fév-mars et 3 sem
en août-sept. Formules déj en sem
17-21 € ; menus 21,90-34,90 € ; carte
env 35 €. Café offert sur présentation
du guide de l'année. Une valeur sûre à
Cherbourg, qui vous propose une carte
plutôt courte, soignée et alléchante,
et quelques associations de saveurs
originales dans un cadre chaleureux
et rustique, avec poutres apparentes.
La cuisine est réussie, et le service
aimable et pro. Et une petite terrasse
pour couronner le tout.

|●| *Le Melting Pot* (plan B2, 20) :
17, rue du Port. ☎ 02-33-01-24-09.

● lemeltingpotcherbourg@sfr.fr ● Tlj
sauf dim. Repas 12-20 €. Petit resto
proposant de bons plats à consommer sur place ou à emporter. La carte
est courte, et des saveurs d'ailleurs
s'invitent au menu : cela peut aller de
la cuisine indienne ou thaïe à la cuisine antillaise ou d'Europe centrale.
Plats copieux, que l'on accompagne
ou non d'un dessert. Atmosphère
vraiment conviviale et service sympa
comme tout.

|●| 🍷 🍽 *L'Armoire à Délices* (plan
B1, 29) : port Chantereyne. ☎ 02-33-
95-23-02. ● larmoireadelices@gmail.
com ● Mar-sam 9h-1h. Formules déj en
sem 15,90-19,50 € ; menu 28 €. Quand
on est gourmand, avec un nom aussi
prometteur, difficile de résister à la tentation d'ouvrir la porte de la fameuse
armoire. Au déjeuner, au goûter, au
dîner, que l'on soit amateur de thé, de
bons petits plats ou bec sucré (la spécialité du lieu, précisons), on trouve là
de quoi assouvir ses envies. Y a même
une grande terrasse, ainsi qu'une épicerie fine bien achalandée.

|●| 🍽 *L'Antidote* (plan B2, 22) : 41, rue
au Blé. ☎ 02-33-78-01-28. ● restau
rantantidote@gmail.com ● ♿ Tlj en
juil-août ; fermé dim-lun hors saison.
Formule déj 14,40 € ; menus 22,50-
32,50 € ; carte 25-30 €. Apéritif maison offert sur présentation du guide
de l'année. Au menu, des petits plats
plaisants et copieux que vous pouvez
accompagner du verre de vin que le
patron vous conseille dans la bonne
humeur. Blottie dans l'enfilade de cours
derrière les maisons de la rue au Blé,
cette adresse abrite aux beaux jours
une paisible et jolie terrasse.

|●| *Brasserie Le Commerce* (plan
B2, 26) : 42, rue François-Lavieille.
☎ 02-33-53-18-20. ● lecommerce2@
wanadoo.fr ● ♿ Tlj sauf dim 8h-minuit.
Résa conseillée. Formule déj en sem

CHERBOURG-EN-COTENTIN / OÙ BOIRE UN VERRE ?... | 413

11,90 € ; menus 14-18 € ; carte env 25 €. Cette grande brasserie comblera les appétits insatiables. Portions généreuses pour des classiques de brasserie et autres plats normands, simples mais plutôt de qualité. Service efficace, atmosphère agréable et décontractée. Résultat : c'est souvent bondé.

De prix moyens à chic

|●| ☂ *Bistrot Bouche (plan B2, 25) : 25, rue Tour-Carrée.* ☎ 02-33-04-25-04. ● *fredsergent@aol.com* ● *Tlj sauf dim-lun midi. Formule déj 13,50 € ; carte env 28 €.* L'âme du *Bistrot Bouche* : une cuisine traditionnelle. Une cuisine que Fred fait évoluer à travers une grosse poignée de plats classiques (bourguignon, blanquette, pot-au-feu, foie gras poêlé...). Ses ris de veau sont à se damner ! Le *Faitout* mijote sa belle cuisine, tendance un rien fusion avec ses notes d'épices bien dosées. Le 1er menu change plusieurs fois par semaine. 2 salles dont 1 au sous-sol. Service gentil, aimable et sans chichis. |●| ☂ *Café de Paris (plan B2, 24) : 40, quai de Caligny.* ☎ 02-33-43-12-36. ● *cafedeparis.res@wanadoo.fr* ● *restaurantcafedeparis.com* ● ♿ *Tlj*

sauf lun midi, dim et j. fériés. Congés : 3 sem en nov et 3 sem en mars. Menus 20,50 € (midi en sem), puis 23,50-41,50 €. L'adresse est depuis longtemps l'institution cherbourgeoise et bourgeoise (navrés pour le vilain jeu de mots), et reste aujourd'hui une référence en matière de restaurant de fruits de mer de la ville, les produits étant assurément d'une très grande fraîcheur.

|●| *Le Pily (plan B2, 23) : 39, Grande-Rue.* ☎ 02-33-10-19-29. ● *le-pily. com* ● *Tlj sauf dim-lun midi plus lun soir hors saison. Congés : 1 sem en janv et 4 sem en sept. Résa conseillée. Formule déj en sem 30 €, menus 46-82 €.* Dans un décor chaleureux, cosy et *lounge,* une cuisine gastronomique inventive et créative à base de produits du marché. La courte carte, renouvelée chaque mois, assure qualité et rigueur. Le résultat dans l'assiette le prouve, un vrai bonheur pour le palais et les yeux. Saveurs et goûts sublimés par l'utilisation subtile d'épices variées, connues et moins connues, comme le *chizo* (une algue séchée qui vient du Japon). Si le poisson est à l'honneur, les viandes ne sont pas en reste. Pierre Marion, le chef étoilé, rayonne sur Cherbourg et le Cotentin !

Où bien goûter ?

🍰 *Pâtissier-chocolatier Foucher (plan B2, 30) : 12, rue au Fourdray.* ☎ 02-33-94-82-35. *Tlj 9h (14h lun)-19h (13h dim).* Une adresse incontournable pour les becs sucrés. Le chocolat chaud est divinement bon et accompagne parfaitement les pâtisseries

originales ou plus classiques. Également des chocolats, glaces et sorbets, et une poignée de places pour s'attabler. Du bien beau et du bien bon. |●| 🍰 ☂ *L'Armoire à Délices (plan B1, 29) : voir « Où manger ? ».*

Où boire un verre ? Où sortir ?

Les « rues de la Soif » locales sont traditionnellement les *rue de la Paix* et *rue de l'Union,* ou encore *rue Tour-Carrée* (près de la place de la République ; *plan B1-2*). Les lieux changent vite et les découvertes se font au gré des balades dans le cœur de la ville qui bat parfois bien tôt le week-end.

🍷 ♪ *Kraken (plan B2, 41) : 20, rue des Fossés.* ☎ 06-79-67-20-14. *Mar-sam*

18h-1h (2h jeu-sam). Ce bar tout gainé de noir est un peu l'antre de la pop culture. Alors étonnez-vous d'être accueilli dès la 1re salle par un *stormtrooper* et un requin évoquant fortement les *Dents de la mer* ! Ces clins d'œil mis à part, le bel intérieur aux murs de brique rouge, sombre et élégant, est plutôt *trendy.* Un endroit dynamique où il fait bon se retrouver autour d'un verre ou pour

LA MANCHE

assister aux concerts régulièrement organisés.

🍷♪ ***Microbrasserie L'Eldorado*** *(plan B2, **40**) : 52, rue François-Lavieille. ☎ 02-33-53-08-68. • leldo.fr • Tlj 10h-1h (2h juin-sept).* De confortables banquettes, une mezzanine, des salles de billard et une musique qui monte parfois en décibels ! On y vient pour l'ambiance et pour goûter aux bières maison à la pression ou pour piocher dans la belle collection de houblons bretons, français et belges. En cas d'abus de dégustation, la maison torréfie aussi d'excellents cafés, dans la grande tradition des torréfacteurs des ports.

À voir

– Pass musées : valable 1 an dans les musées de la ville (musée Thomas Henry, muséum Emmanuel Liais et musée de la Libération) et pour un nombre illimité de visites. Prix : 10 €.

UN MAUVAIS TOUR...

La tour de la basilique Sainte-Trinité ne fut jamais achevée : l'argent qui lui était destiné partit en effet à Madrid pour la rançon des enfants de François Ier (prisonniers à la place du roi). Les enfants, ça coûte cher.

La basilique Sainte-Trinité *(plan B2) : pl. Napoléon, face à la mer. Tlj 9h-18h30.*
Bâtie par Guillaume de Normandie en 1035. En 1820, on remplaça la façade ouest et sa tour inachevée par le clocher-porche actuel, dans le style bien disgracieux de l'époque. Heureusement, il reste la remarquable façade sud avec sa baie et son portail, flamboyants, surmontée de sa petite forêt de pinacles en gothique fleuri, les dentelles des balustrades, les gargouilles.
À l'intérieur, nef aux piliers ronds peints au XIXe s. De chaque côté de la nef, sur la galerie supérieure, ne pas manquer les bas-reliefs représentant une danse macabre d'un côté et des scènes de la Passion de l'autre. Beaux fonts baptismaux du XIVe s. La chaire, œuvre de Pierre Fréret (1758-1816), mérite l'attention, ainsi que le retable du maître-autel. Dans les tons gris, baptême du Christ éclairé par un puits de lumière. Enfin, à l'entrée du chœur, discrets mais superbes bas-reliefs en albâtre de Nottingham, du XVe s.

➢ ***Balade dans le vieux Cherbourg*** *(plan B2)* **:** voici quelques pistes pour découvrir le charme de certaines demeures et des rues parfois d'une belle homogénéité.
– ***La rue du Port*** *(plan B2)* **:** c'est dans cette rue que se situe la boutique (au n° 13) qui servit de décor principal au film *Les Parapluies de Cherbourg.* Elle abrite désormais une boutique de patchworks.
– ***La Grande-Rue*** *(plan B2)* **:** au n° 7, cour intérieure s'ouvrant sur un ancien grenier à sel du XVIe s. Porte basse sur un pittoresque escalier à vis. Parallèlement à la Grande-Rue, la rue des Fossés avec des impasses du XVIe s. Bel escalier à vis de la même époque au n° 3.
– ***La rue des Portes*** *(plan B2)* **:** au n° 18, entrée pour la cour Marie, bel ensemble architectural. Façades en schiste avec appareillages de pierre différents. Sur l'une d'elles, énormes linteaux de granit. Débouche sur l'impasse Aubry. Élégante demeure au-dessus du porche.
– ***La rue au Blé*** *(plan B2)* **:** du n° 41 au n° 65, l'ensemble médiéval le plus significatif de la ville. Joliment restauré. Les maisons possèdent souvent une façade XVIIIe s, mais dans les cours subsistent des bâtiments plus anciens (XVIe et XVIIe s). Tours, tourelles, escaliers à vis que l'on déniche en arpentant couloirs, passages, courettes, qui tous communiquent entre eux. Au n° 63, enfilade de cours et placettes avec arbres. Au n° 65, superbe cour avec tours. Au n° 31, le passage Digard avec son entrée voûtée et ses quelques demeures du XVIIIe s. Au 32, rue au Fourdray, curieuse inscription datant de 1569.

CHERBOURG-EN-COTENTIN / À VOIR | 415

– *La place de la Révolution* (plan B2) *:* à l'angle avec la Grande-Rue, aux n°s 20-22, élégant édifice en schiste du XVIe s. Au n° 18, façade avec arcades et encorbellement. Continuer rue des Moulins, rue d'Espagne, avec d'autres maisons du XVIIIe s. Rue Tour-Carrée, au n° 14, l'hôtel de Garantot du XVIIe s, précédé d'un porche (cour pavée avec ancre de marine), fut une prison pendant la Terreur.

– *La rue de la Marine* (plan B2) *:* c'était la rue des armateurs. Beaux hôtels particuliers, même si certains sont encore recouverts de crépi. Au n° 9, noter les flèches et carquois en fer forgé des balcons. Intéressant appareillage de schiste dans toutes les nuances de vert et bleu.

– *La rue Grande-Vallée* (plan B1-2) *:* si d'aventure vous passez par là (en chemin vers le Jardin botanique, par exemple), jetez un coup d'œil aux n°s 40 et 44, où habita Marie-Louise Giraud. Jusqu'à son arrestation par la police en octobre 1942, cette « faiseuse d'anges » procéda à 27 avortements. Condamnée à mort par le régime de Vichy, elle fut exécutée « pour l'exemple » le 30 juillet 1943 dans la cour de la prison de la Roquette. De cette histoire, Claude Chabrol a tiré son superbe film *Une affaire de femmes*.

🎭🎭 *Le théâtre* (plan B2) *: pl. du Général-de-Gaulle. Se visite (sur résa auprès de l'office de tourisme) en juil-août : ☎ 02-33-93-52-02.* Construit entre 1879 et 1882 par Charles de Lalande, élève de Garnier (celui de l'Opéra de Paris), c'est l'un des très rares théâtres à l'italienne de l'Hexagone. Superbe façade en calcaire, ornée de colonnes, chapiteaux et autres cariatides. À l'intérieur, imposant lustre de cristal, plafond peint par Georges Clairin, balcons et baignoires richement décorés.

🎭🎭 🚶 *Le musée Thomas-Henry* (plan B2) *: centre culturel Le Quasar, esplanade de la Laïcité. ☎ 02-33-23-39-33. Mar-ven 10h-12h30, 14h-18h ; w-e 13h-18h. Entrée : 5 € ; réduc ; gratuit moins de 26 ans et pour ts mer. Expos temporaires.* Traverser l'esplanade qui mène au musée, c'est déjà se préparer à sa visite : un espace serein où la pierre répond à la terre cuite, la légèreté du bambou à la densité du bronze. De ce bronze émergent de puissants bustes de gloires normandes, comme Barbey d'Aurevilly ou Tocqueville (magnifiques œuvres de Christine Larivière). Un musée qui doit son existence à Thomas Henry (1766-1836), marchand d'art, mécène et lui-même artiste respectable, qui fit don de sa collection dans un but clairement pédagogique : il souhaitait « allumer le flambeau des arts » dans sa ville natale.

La donation de 164 œuvres (sur fond de murs gris), courant du XVe au XIXe s, représente les principaux courants de l'art européen. Pari réussi : un certain Jean-François Millet, né à Gréville-Hague, par exemple, fréquenta le musée pour y copier des toiles de maître ! Un espace permanent est d'ailleurs dédié au fonds de cet artiste, le 2e de France. On y observe l'évolution de ses œuvres, des commandes alimentaires à sa veine personnelle.

Au 2e étage, la collection de peinture française du XVIIe au XIXe s, dont un très beau *Patrocle* de David. Appel aux graines de routards, le thème du voyage initiatique des jeunes bourgeois au XIXe se fait jour. Mention spéciale pour *L'Atelier de Houdon* peint par Louis Léopold Boilly ; certains des bustes, œuvres du sculpteur, peuvent toujours être vus aujourd'hui, comme une *Diane chasseresse* au Louvre ! Belle salle de marines et d'iconographie régionale, qui permet d'imaginer la vie normande au XIXe s – scènes de pêche – et l'arsenal de Cherbourg. Des peintures d'Armand-Auguste Frénet émanent force, lumière et paix.

Un condensé d'histoire de la peinture intelligemment conçu et agréablement accroché dans un bâtiment neuf sur mesure. Un plaisir des sens et de l'esprit. En face, un vaste mur consacré au *street art,* support temporaire offert à différents artistes successifs. Une bouffée de modernité absolue qui complète la perspective historique du musée.

🎭🎭 🚶 *Le muséum Emmanuel-Liais* (plan A-B1) *: 19 ter, rue Bonhomme, parc Emmanuel-Liais. ☎ 02-33-53-51-61. Mar-ven 10h-12h30, 14h-18h (17h de mi-oct à janv) ; w-e 13h-18h. Entrée : 2 € ; réduc.*

416 | LA MANCHE / LE COTENTIN

Il occupe la maison d'Emmanuel Liais, qui fut astronome et mathématicien, directeur adjoint de l'Observatoire de Paris et créateur de celui de Rio de Janeiro. Installé en 1910, le musée n'a presque pas changé et possède ainsi une espèce de charme désuet bien sympathique. Certaines parties rappellent les cabinets de curiosités des collectionneurs. 2 grandes sections : les collections zoologiques, ornithologiques, minéralogiques et, au 1er étage, la section ethnographique.

– Oiseaux de tous les pays, du toucan du Para à l'aptéryx de Mantell (le kiwi, quoi !), en passant par le cotinga bleu. Animaux naturalisés dont quelques-uns, curieux, qui raviront les enfants (tatou, musaraigne pygmée, gerboise, maki catta de Madagascar, albatros hurleur, casoar, tortue-alligator, requins, iguanes). Pittoresques compositions florales et oiseaux colorés sous cloche.

– Pour routard(e)s rêveur(veuse)s : parmi la riche section ethnographique, au hasard, tenture funéraire chinoise, armes mélanésiennes, « couteaux à jet » africains, bijoux, fétiches, instruments de musique. Section Asie : armures de samouraï, étranges personnages de la mythologie chinoise sculptés dans des racines, rares planches xylographiques.

🎎🎎 *Le parc Emmanuel-Liais et les serres* (plan A-B1-2) : *tlj. Accès libre.* Balade fort agréable parmi les essences rares, les rhododendrons, les magnolias et les actinidias de Chine. Au passage, vous croiserez l'ancienne tour d'observation.
– *Les serres : lun-ven 10h-12h, 14h-16h ; juin-sept, ouv aussi w-e et j. fériés 10h-12h. GRATUIT. Visite libre ou guidée (sur rdv : ☎ 02-33-53-12-31).* Là aussi, musarder parmi les fougères arborescentes, broméliacées, cactées et solanacées diverses.

🎎 🎎 *Le jardin public* (plan C3) : *av. de Paris.* Au pied de la montagne de la Roule, riche d'essences nouvelles, d'arbres remarquables et de pièces d'eau. Parc animalier et aire de jeux pour enfants. Abrite aussi le dernier kiosque à musique de la ville ainsi qu'une roseraie.

🎎🎎🎎 🎎 *La Cité de la mer* (plan C1) : ☎ 02-33-20-26-69. ● citedelamer.com ● ♿ (accès limité dans le sous-marin). *Juil-août, tlj 9h30-19h ; mai-juin et sept, tlj 9h30-18h ; le reste de l'année et pour les périodes de congés annuels, consulter le site internet. Fermeture des caisses 1h30 avt. Congés : 4 sem en janv, certains lun de mars, nov et déc, ainsi que 25 déc. Tarifs : 19 € ; 14 € moins de 18 ans ; réduc ; gratuit moins de 5 ans ; pass à l'année. Billet valable à la journée. Attention, pour des raisons de sécurité, les moins de 5 ans n'ont pas accès au Redoutable. Compter env 4h de visite (mais il faudrait au moins la journée pour tt voir, tt lire). Parking gratuit.*

Le bâtiment était autrefois l'ancienne gare maritime transatlantique, construite pour répondre à l'énorme émigration des Européens vers les Amériques. Plusieurs trains quotidiens en provenance de Paris s'arrêtaient en face des paquebots à quai. Inaugurée en 1933, la gare était considérée à l'époque comme l'un des plus beaux bâtiments Art déco de France, accueillant les plus prestigieux paquebots, et constituait le plus vaste bâtiment de l'Hexagone après le château de Versailles ! Fortement endommagée par les Allemands en 1944, la gare transatlantique fut reconstruite après-guerre et inaugurée à nouveau en 1952, pour revivre quelques années de rêve pendant lesquelles les grandes stars de Hollywood y défilèrent, avant que les vols commerciaux ne prennent le pas sur les traversées transatlantiques. Un temps menacé, l'édifice fut inscrit à l'inventaire des Monuments historiques en 1989, et abrite depuis 2002 la Cité de la mer.

Ce parc à thème a pour vocation d'expliquer et de faire partager l'aventure de l'homme sous la mer, depuis les mythes et légendes jusqu'aux sous-marins et aux techniques océanographiques les plus modernes.

On entre par l'ancien hall ferroviaire, devenu la « Grande Galerie des Engins et des Hommes », qui retrace l'épopée internationale de la découverte des grands fonds : engins, maquettes et témoignages inédits. On y découvre par exemple

CHERBOURG-EN-COTENTIN / À VOIR | 417

le bathyscaphe *Archimède,* qui réalisa en 1962 une plongée à 9 545 m dans la fosse des Kouriles au Japon, et la maquette du *Nautile,* l'un des sous-marins qui a découvert l'épave du *Titanic* en 1987.

La Cité de la mer s'articule ensuite autour de plusieurs espaces.

– *L'Océan du futur :* c'est à une plongée dans les abysses que vous convie cette partie à travers 18 espaces interactifs thématisés et 17 aquariums, dont l'incroyable aquarium abyssal de 10,70 m (pour résister à la pression des 350 000 l d'eau de mer, les vitres font 33 cm d'épaisseur !). L'exploration part de la surface puis descend peu à peu vers les profondeurs. Une expérience autant sonore que visuelle et sensitive au cours de laquelle sont évoqués les témoignages des 1ers océanautes, l'archéologie sous-marine, le monde de Jules Verne et tout ce que peuvent nous apporter les océans, tant au niveau de la nourriture que dans le domaine médical, pharmaceutique ou cosmétique. Bref, un monde encore largement méconnu, d'une extrême richesse et plein de promesses pour l'avenir, mais aussi très fragile d'où l'urgence et l'importance de le protéger.

– Un *pôle sous-marin,* dont la vedette incontestée est *Le Redoutable,* 1er sous-marin nucléaire français (pour les accros, il s'agit d'un SNLE, sous-marin nucléaire lanceur d'engins), lancé à l'arsenal de Cherbourg en 1967 par Charles de Gaulle et désarmé en 1991. En 45 mn, équipé d'un audioguide, on arpente les 128 m du bâtiment pour revivre de façon très réaliste le quotidien d'une patrouille en mer. Il existe 2 versions d'audioguides ; la « familiale » a le mérite d'être plus vivante et, surtout, beaucoup plus abordable pour ceux que les explications techniques rebutent. Même les bruits et l'odeur sont au rendez-vous. Incroyable d'imaginer que 135 personnes cohabitaient là-dedans pendant 70 jours ! À la sortie du *Redoutable,* une section sur l'histoire, les techniques de fabrication et la vie quotidienne à bord des sous-marins. En sortant du bâtiment, on peut aussi accéder au *parcours photo en extérieur « À bord des géants sous-marins »* : sur la passerelle longeant le *Redoutable,* des panneaux permettent de mieux visualiser ce qu'est la vie à bord.

– *On a marché sous la mer :* l'animation virtuelle entraîne ses passagers dans les abysses, à bord de simulateurs de pilotage. Découverte des créatures prodigieuses des abysses pendant près de 1h. Accessible à tous (inscription à l'accueil). Ludique.

– *L'espace Titanic :* en 2012, Cherbourg a fêté le centenaire de la 1re escale continentale du célèbre paquebot dans la ville. La salle des Bagages de la gare transatlantique présente désormais une expo consacrée à l'histoire de l'émigration entre l'Europe et l'Amérique aux XIXe et XXe s. Des tablettes interactives et des films d'archives projetés sur les murs permettent de mieux saisir la diversité des candidats à l'émigration. Puis on s'immerge dans ce qu'était la vie à bord du légendaire paquebot, des 1res aux 3es classes : film de synthèse reconstituant le dernier voyage du géant des mers, témoignages audio, images en relief, reconstitutions d'espaces, projection du grand escalier et de sa coupole, manipulation d'instruments de navigation. Très réussi.

– Enfin, à l'occasion du 75e anniversaire du Débarquement, une exposition et un film sont consacrés aux 20 jours qu'il aura fallu pour libérer le port de Cherbourg (au lieu des 3-4 jours initialement prévus).

🏹 *Le port militaire de Cherbourg* (plan A-B1) *: accès par la porte du Redan. Ne se visite pas.* Composé de 3 bassins, d'une multitude d'ateliers, de bureaux et de gigantesques nefs de construction et d'assemblage des sous-marins, l'arsenal de Cherbourg est une véritable ville dans la ville, qui emploie encore près de 4 000 personnes. Depuis 1797, plus de 400 navires y ont été construits et lancés. L'arsenal est spécialisé depuis 1899 dans la construction des sous-marins.

🏹 *L'abbaye du Vœu* (hors plan par A1) *: rue de l'Abbaye. Juil-août, mar-dim 14h-19h ; rens à l'office de tourisme pour les j. de visites guidées.* Fondée au XIIe s par Mathilde, fille de Henri Ier roi d'Angleterre et petite-fille de Guillaume le Conquérant,

418 | **LA MANCHE / LE COTENTIN**

gravement endommagée lors de la Seconde Guerre mondiale, elle est classée aux Monuments historiques. Seule la visite guidée en juillet-août et lors des Journées du patrimoine donne accès à la ravissante salle capitulaire et à l'aile méridionale avec son cellier roman du XIIe s resté intact, ainsi qu'au vaste réfectoire du XIIIe s au 1er étage.

🏃 ⟵ *Le musée de la Libération – Fort du Roule* (plan C3) : *montée des Résistants.* ☎ 02-33-20-14-12. *Au sommet (117 m d'altitude) de la montagne du Roule ; accès par le rond-point Thémis. Mar-ven 10h-12h30, 14h-18h ; w-e 13h-18h. Fermé nov-fév. Entrée : env 4 € ; réduc ; gratuit moins de 26 ans et pour ts mer.* Construit de 1852 à 1857 pour résister à une éventuelle attaque anglaise, le fort du Roule servit d'abord de prison (à des communards en 1871, à des Allemands en 1914-1918). En 1940, il fut l'un des derniers bastions de la ville à tomber aux mains de Rommel. De là-haut, la vue imprenable sur la ville et le port permet de vérifier la véracité de l'adage local : « Qui tient le Roule tient Cherbourg. »
Le musée raconte l'étonnante épopée du port de Cherbourg lors de la Libération. Ce port, que les Allemands prirent soin d'anéantir avant leur reddition, fut pourtant réhabilité en quelques mois par les Américains, au point de devenir le 1er port au monde en octobre-novembre 1944 ! Au 1er niveau, des affiches, photos, cartes, objets divers et petites mises en scène évoquent la vie quotidienne pendant l'Occupation, les préparatifs du Débarquement et la période de la reconstruction, tant du côté des Alliés que des Allemands. À noter, la présence d'un poste de TSF branché alternativement sur la BBC et Radio-Paris : la guerre des ondes en direct ! Le 2e niveau est consacré au Débarquement, à la progression des troupes américaines dans le Nord-Cotentin, et rappelle le rôle crucial que joua le port de Cherbourg dans la suite des opérations à base d'archives audiovisuelles et d'un dispositif multimédia tactile « Cherbourg 1944. Les lieux stratégiques de la Libération ».

🏃 *La Manufacture de parapluies de Cherbourg* (plan B2) : *quai Alexandre-III.* ☎ 02-33-93-66-60. ● *parapluiedecherbourg.com* ● *Visite libre 5 € ; visite guidée sur résa adulte : 8 €, réduc.* La visite permet de découvrir les différentes étapes de la fabrication d'un *Véritable Cherbourg* avec également, sur place, une boutique et un musée relatant l'histoire du fameux parapluie et son évolution.

🏃 *Le Point du Jour* (plan C3) : *107, av. de Paris.* ☎ 02-33-22-99-23. ● *lepoint dujour.eu* ● *Mer-ven (et mar en été) 14h-18h, sam-dim 14h-19h.* 1er centre d'art tourné vers la photographie proposant des exposant temporaires.

En dehors du centre-ville, ou un peu plus loin

🏃🏃🏃 🚶 *Le château des Ravalet* : *387, av. du Château-des-Ravalet, à* **Tourlaville.** ☎ 02-33-87-88-28. *À 6 km du centre-ville. Parc tlj, tte l'année, horaires variables : 8h-20h mai-août. Pdt la saison estivale, l'intérieur du château et les communs accueillent des expos temporaires (tlj sauf lun 14h-19h ; GRATUIT). Pendant l'été, visite guidée (infos à l'office de tourisme).* Quel contraste de découvrir, à quelques centaines de mètres d'un ensemble de HLM sans grâce, dans un écrin de verdure romantique, ce ravissant château Renaissance construit de 1560 à 1575 par Jean II de Ravalet, seigneur de Tourlaville ! Jolies fenêtres à meneaux, encadrées de pilastres corinthiens, festival de cheminées et élégantes lucarnes. Le château fut, de 1777 à 1906, propriété de la famille Tocqueville. Achetés par la Ville de Cherbourg en 1935, le château et le parc ne furent classés Monuments historiques qu'en 1995. Il était temps, car le château a beaucoup souffert des différents usages qui en furent faits (salle de réception, etc.). Le superbe parc paysager de 17 ha, labellisé « Jardin remarquable », avec 2 jardins créés par Gilles Clément, est bichonné par les jardiniers. On l'adore, non seulement pour sa beauté, mais aussi pour la vie qui y règne, son ambiance de jardin public où les pelouses

CHERBOURG-EN-COTENTIN / À FAIRE | 419

accueillent les siestes et les 1ers pas des tout-petits... Des balades attelées vous sont même proposées autour du château les week-ends en juillet et août ainsi que des balades contées sur l'histoire de Marguerite et Julien.

🏃 *Le musée Connaissance du Cotentin : 25, rue du Pontil, hameau Luce, à* **La Glacerie.** ☎ *02-33-20-33-33 ou 02-33-22-27-15. Avr-juin et oct, dim et j. fériés 14h30-18h ; juil-sept, tlj sauf lun mêmes horaires. Entrée : 4 € ; réduc ; gratuit moins de 12 ans.* Musée d'ethnographie régionale, installé dans des bâtiments de ferme du XIXe s. Collection de coiffes normandes, bonnettes et dentelles. Expo sur les vieux métiers du Cotentin. Témoignages sur l'activité de l'ancienne Manufacture royale des glaces créée par Colbert et Louis XIV. Une salle est consacrée aux techniques de construction de l'habitat traditionnel. Une exposition temporaire à thème y est également présentée chaque année.

🏃🏃 *L'église de Tollevast : à env 10 km au sud de Cherbourg.* L'une des plus belles églises romanes du Cotentin. Édifiée au XIIe s. Clocher en bâtière et portail complètement usé. Détailler avec attention la remarquable frise de modillons qui court tout le long du toit, particulièrement sur l'abside (animaux fantastiques, boucs, dragons ailés). On retrouve les mêmes représentations sur les consoles supportant les ogives du chœur avec, de plus, des visages grimaçants ou truculents (l'homme aux moustaches) et des figures géométriques. Riche statuaire, dont un beau saint Sébastien du XVIe s, un saint Hubert du XVIIe s et une Vierge à l'Enfant du XVIIIe s.

🏃🏃 *Les digues de Cherbourg :* elles constituent la plus grande rade artificielle du monde. On peut la découvrir depuis la digue du Homet (au bout du port de plaisance), de la passe de Collignon à Tourlaville ou de la digue de Querqueville. Pour cette dernière, suivre le front de mer vers la Hague ; à Querqueville, tourner à droite vers l'école des Fourriers de la Marine et se garer au petit port de Querqueville. Bien que propriété de la Marine nationale, on peut aller à pied jusqu'au bout de la digue ouest, laquelle, mine de rien, approche les 2 km. C'est là qu'on se rend compte de l'énormité de l'ouvrage et de l'immensité de la rade. Attention aux jours de tempête : ça souffle très fort.

À faire

➢ *Le tour de la rade de Cherbourg :* ceux qui ont le pied marin pourront avoir un bel aperçu de la rade en embarquant à bord du bateau *Adèle* pour une sympathique balade commentée d'environ 1h-1h15, selon le point d'embarquement. Organise aussi des sorties découverte des côtes de la Hague et des sorties en mer commentées. 📱 *06-61-14-03-32 ;* ● *hagueapart.com* ● *Départ de la Cité de la mer et du pont tournant (port centre-ville), avr-sept.*

➢ *Tour de la rade de Cherbourg en voilier avec Skipper Aventure : sorties de 2h en rade mai-oct sur rdv. Possibilité également de loc à quai du voilier pour une nuit insolite.* 📱 *06-48-82-97-08.* ● *skipper-aventure.com* ●

– *Voile :* pour rester côté mer (il est difficile de passer outre, tellement celle-ci fait intimement partie de la culture de cette ville), signalons que Cherbourg est l'un des meilleurs camps de base pour « voileux » en Manche. Le port accueille régulièrement les grands classiques de la course au large : Course de l'Europe (open UAP), Tour de France à la voile, Solitaire Le Figaro, Tall Ships' Race (ancienne Cutty Sark)... D'excellents marins sont des enfants du pays, comme Halvard Mabire ou Thierry Lacour. La Grande Rade, parfaitement abritée de la houle du large, permet aux voiliers de petite taille de sortir dans les conditions de vent les plus difficiles. Le port de plaisance de Cherbourg (Chantereyne) accueille chaque année plus de 10 000 voiliers et bateaux (c'est le 1er port

LA MANCHE

420 | **LA MANCHE / LE COTENTIN**

français par le nombre d'escales). Si, avec ça, vous n'avez pas envie de goûter l'air du large... Les petits rusés sauront qu'en allant traîner leurs guêtres du côté de la capitainerie du port il est toujours possible de trouver un embarquement... Chaque jour, des bateaux restent au port par manque d'équipiers (même peu qualifiés).

■ *Base nautique Albert-Livory :* port Chantereyne. ☎ 02-33-94-99-00. École de voile de Cherbourg, l'une des plus importantes de la région.

■ *Cotentin tourisme :* ● contentin-nautisme.fr ● Présente tout un éventail d'activités sportives axées autour de l'eau et du vent proposé par les clubs locaux : funboard, char à voile, aviron et kayak de mer, plongée, etc. En tout, plus d'une quinzaine d'activités à pratiquer en toute liberté (stages, baptêmes, location...) pendant 1h, 1 journée et jusqu'à 1 semaine. Idéal pour tâter de ces sports à priori peu accessibles et méconnus.

Fêtes et manifestations

– *Festival du Livre de jeunesse et de la B.D. :* en mai.
– Très nombreuses manifestations au cours de l'année à Cherbourg et dans sa communauté urbaine. Citons : le *Festival des cultures hispaniques* (janv), le *Mois de la photo* (mai), *Presqu'île en fleurs* (mai), *DRHEAM CUP* (juil), et la *fête des Produits de la mer et du terroir* (nov).

LA POINTE DE LA HAGUE

On a coutume de la comparer à une Irlande en miniature ! C'est vrai qu'elle en possède bien des traits. Au contraire du val de Saire, plat ou légèrement vallonné, la Hague est une terre déchirée, une longue échine décharnée entourée d'écueils. C'est un morceau d'Armorique évadé, Finistère le plus proche de Paris, véritable bout du monde tombant abruptement dans le raz Blanchard (le courant le plus violent de la Manche). Tiens, il faudrait presque qu'il bruine, qu'il vente. Par beau temps, à marée basse, son côté dramatique risque d'être estompé.
Est-ce cela qui incita les pouvoirs publics à y implanter l'usine de retraitement de déchets nucléaires de Beaumont-Hague dans les années 1960, puis la centrale nucléaire de *Flamanville* à la fin des années 1970 ? Même si ces 2 horreurs réapparaissent régulièrement (la construction du nouvel EPR de la centrale nucléaire défigurant même désormais un magnifique bout de falaise), le treillis de routes étroites qui les entourent plonge sans cesse dans les terres et les efface du paysage. Comme la mer, d'ailleurs, qu'on sent plus souvent qu'on ne la voit... Vous découvrirez alors ces petites vallées riantes entaillant l'austère plateau de la Hague. En prime, des villages de cartes postales, une superbe architecture rurale à découvrir le long de sauvages sentiers des douaniers.

Adresses utiles

🛈 *Office de tourisme du Cotentin :* 1, pl. du Marché, **Beaumont-Hague,** 50440 La Hague. ☎ 02-33-52-74-94. ● encotentin.fr ● Tlj en saison ; fermé sam ap-m et dim hors saison. Également un bureau d'information à **Goury,** au bout de la presqu'île ; ouv tlj juin-sept et pdt petites vac scol (sauf Noël). Un autre aux **Pieux,** 32, rue Centrale ; ☎ 02-33-52-81-60 ; tlj en saison, fermé sam ap-m et dim hors saison. Enfin un bureau à **Diélette,** au rdc du

URVILLE-NACQUEVILLE | 421

bureau du port, ouv le mat en juil-août seulement. Proposent des services de billetterie (traversées vers les îles Anglo-Normandes et sites de visite), ainsi que topoguides, cartes de rando, livres, produits locaux...

URVILLE-NACQUEVILLE

| (50460) | 2 190 hab. | *Carte Le nord de la Manche, B1* |

2 communes qui n'en font plus qu'une depuis le milieu des années 1960. Dès le XIXe s, elle devint la station balnéaire de prédilection des Cherbourgeois. Si le tramway qui amenait les citadins à la plage n'existe plus, le coin a conservé un charmant petit côté « bains de mer ». Jolie plage, souvent bousculée par des vents qui font le bonheur des amateurs de nouvelles glisses. Et jolie plongée vers la mer sur la route de Gréville à Landemer. Certes touristique, mais tellement beau sous la palette du peintre Jean-François Millet !

Où dormir ? Où manger ?

Camping Les Dunes : 426, route du Fort. 06-15-90-58-50. • campin glesdunes50@orange.fr • *Ouv tte l'année. Pour 2 avec tente et voiture env 17 €. Mobile homes 4-8 pers 200-500 €/sem. 115 empl.* Tranquille, légèrement à l'écart du village, mais tout près de la plage, puisque celle-ci est de l'autre côté de la route, derrière une petite dune. C'est simple, tout plat, mais le site est agréable avec ses grands morceaux de pelouses plantés de pins et autres arbres.

Chambres d'hôtes La Blanche Maison : 874, rue Saint-Laurent. 02-33-03-48-79. 06-87-55-15-42. • ipotel@blanchemaison.com • blan chemaison.com • *Doubles 70-75 €. Gîte 5 pers.* Les amateurs de botanique trouveront ici une stupéfiante variété de plantes cultivées avec passion par les propriétaires. Noyée au milieu de cette verdure qui embaume, une bien belle chambre avec kitchenette à la déco contemporaine avec vue sur mer, petite terrasse et accès indépendant. Beau gîte tout aussi calme, avec terrasse également. Accueil charmant et attentionné.

Le Landemer : 2, rue des Douanes. 02-33-04-05-10. *Fermé dim soir, lun et mar midi. Menus déj en sem 29 €, puis 43-69 € ; carte 60-65 €.* Avant même que l'assiette ne soit posée sur la table, c'est la vue que l'on savoure. Par bonheur, le chef néerlandais s'emploie à ce que vos papilles se régalent autant que vos yeux : avec une belle touche de créativité et un excellent tour de main, ils subliment les produits locaux avec, ici, l'épice qui tombe à pic, là, l'herbe sauvage qui fait la différence...

Où observer les étoiles dans les environs ?

Planétarium Ludiver : 1700, rue de la Libération, **Tonneville**, 50460 La Hague. 02-33-78-13-80. • ludiver.com • *À 10 km au sud d'Urville-Nacqueville. Juil-août, tlj 11h-18h30 ; hors saison, tlj sauf sam (hors vac scol) 14h-18h. 1-3 séances/j. de planétarium selon saison. Congés : janv. Entrée musée : 4,50 € ; réduc ; gratuit moins de 7 ans. Billet musée + planétarium ou observation de nuit (horaires variables selon saison) : 8,50 € ; 6,50 € enfant ; pass famille 23 €.* Prêt pour un voyage ludique et interactif au cœur de l'univers ? Les météorites, la Terre, la Lune, les marées, la météo, la conquête spatiale, ces questions sont ici abordées de façon que chaque membre de la famille puisse les comprendre. Et si jamais les explications demeurent obscures, des animateurs sont là pour vous éclairer.

422 | LA MANCHE / LE COTENTIN

GRÉVILLE-HAGUE

(50440)   770 hab.   *Carte Le nord de la Manche, A1*

Village pittoresque où naquit le peintre Jean-François Millet, plus précisément au hameau de Gruchy.

Où dormir ?

🏠 *Chambres d'hôtes Les Ricochets :* *9, hameau Néel.* ☎ *02-33-94-21-45.* ● *jnguerin50@gmail.com* ● *lesricochets-hague.com* ● *Congés : déc-mars. Doubles 45-60 € (dégressif) ; table d'hôtes 20 €.* Dans un hameau très tranquille, 3 chambres toute simples dans une maison en pierre, typique du pays. 2 d'entre elles, en mezzanine, peuvent accueillir jusqu'à 4 personnes. Accueil à l'image des lieux : nature, simple et souriant.

À voir

🏛 *L'église Sainte-Colombe :* intéressante petite église trapue, du XIIe s, modifiée au XVIe s. Chapelle à droite reliée au chœur par une double arcade. Voûtes d'ogives retombant sur les bustes des 4 évangélistes. Dans la chapelle de gauche, saint Michel terrassant le dragon. Juste avant, traces de fresques du XIVe s. Tout au fond, les fonts baptismaux où fut baptisé Millet, le 5 octobre 1814. À côté, Vierge à l'Enfant en calcaire.

🏛🏛 *La maison natale Jean-François Millet :* *19, hameau* **Gruchy.** ☎ *02-33-01-81-91. À 1 km au nord du bourg (parking à 150 m). Avr-juin, sept et vac scol (sauf Noël), tlj sauf lun 14h-18h (dernière entrée à 17h) ; juil-août, tlj 11h-18h. Entrée : 4,50 € ; réduc.* Le parcours qui mêle objets ethnographiques, audiovisuels et dérivés, permet de découvrir la vie et l'œuvre du peintre des réalités paysannes. De la salle commune, où est évoquée l'enfance de Jean-François Millet en passant par les paysages, les travaux agricoles et domestiques, on part à la recherche des grands événements qui ont marqué le XIXe s et la vie artistique de l'époque. Le Cabinet d'arts graphiques présente une dizaine de dessins originaux de l'artiste. Enfin, revivez l'épopée incroyable de son plus célèbre tableau, *L'Angélus.* De belles expos temporaires également.
– Une agréable balade à pied vous conduit sur les lieux immortalisés par l'artiste – *Le Rocher du Castel Vendon, Le Bout du Village, L'Église de Gréville...*

OMONVILLE-LA-ROGUE

(50440)   510 hab.   *Carte Le nord de la Manche, A1*

L'un des plus beaux villages de la Manche, niché dans une toute petite vallée verdoyante, bien protégée du vent. Dans le bourg à la remarquable architecture villageoise, les demeures en granit et grès aux toits de schiste composent un ensemble particulièrement homogène. Quelques passerelles devant les maisons enjambent un ru. En contrebas, l'adorable petit port du Hâble, en eau profonde, fondé à l'époque romaine.

OMONVILLE-LA-ROGUE | 423

Où dormir ? Où manger dans le coin ?

Camping

⚕ *Le camping du Hâble : 4, route de la Hague, à Ommonville.* ☎ 02-33-52-86-15. ● *campingomonvillelarogue@wanadoo.fr* ● *omonvillelarogue.fr* ● *Ouv avr-sept. Pour 2 avec tente et voiture 9,50 €. Chalet 4-6 pers 282-441 €/sem. 50 empl.* Un camping aux emplacements de bonne taille, délimités soit par des haies touffues, soit par de simples barrières en bois. La plupart disposent de leur table de pique-nique. Peu d'ombre, en revanche... mais ici, l'important, c'est d'être protégé du vent (d'où l'intérêt des haies !). C'est simple, agréable, avec un bloc sanitaires nickel et des prix très doux. Petit groupe de chalets au fond du camping lui aussi plaisant.

De bon marché à prix moyens

🏠 *Gîtes du Sémaphore Jardeheu : pointe Jardeheu, à Digulleville.* ☎ 06-33-62-05-56. ● *gite@digulleville.fr* ● *digulleville.fr* ● *Entre Omonville-la-Rogue (2 km) et Omonville-la-Petite, sur la D 45 ; fléché. Gîtes 165-738 €/sem ; w-e et midweek possible hors vac scol.* Un site exceptionnel ! Une vue exceptionnelle ! Un calme que seuls le ressac ou la tempête peuvent troubler... Les 2 gîtes familiaux (2 chambres chacun), « Esquinandra » ou « La Gravette », se situent de part et d'autre de la vigie. Les studios, quant à eux, ont un grand lit pour l'un et un lit superposé pour l'autre. Les logements, simplement meublés et bien équipés, sont avant tout fonctionnels, mais on vient dans ce sémaphore daté de 1860 pour le site lui-même. Précisons que la mairie loue également, non loin de là, d'autres beaux gîtes à la situation moins impressionnante, mais plus douillets.

|●| �🛅 *Le Café du Port : 55, rue du Hâble, le Port, à Omonville.* ☎ 02-33-52-74-13. ● *b.leclerc588@laposte.net* ● ♿ *Mer-dim ; juil fermé seulement lun et août ouv tlj. Congés : janv. Formule déj en sem sauf pdt vac scol 15 € ; menus 29-42 € ; carte env 35 €. Café offert sur présentation du guide de l'année.* L'endroit parfait pour se régaler d'une cuisine piochant dans les produits locaux et les bateaux de pêche voisins, mâtinée de saveurs plus exotiques. Quant à la vue... on ne s'en lasse pas.

À voir

🕊 *L'église :* édifiée au XIIIe s. À l'intérieur, un très rare et curieux trône d'abbé à baldaquin du XVIe s, décoré d'une bande dessinée sculptée polychrome d'un joyeux style primitif. À côté, reliques de saints rapportées des croisades dans de petits médaillons. Cuve baptismale en pierre sculptée avec sa vénérable cloche en bois.

🕊🕊🕊 👫 *Le Manoir du Tourp :* ☎ 02-33-01-85-89. ● *letourp.com* ● ♿ *À 2 km d'Omonville-la-Rogue, sur la route de Gréville. Tte l'année, tlj 14h-18h (10h30-19h juil-août ; 10h30-18h pdt vac scol). Congés : janv. Expos temporaires gratuites. Parcours « Un trésor au bout du monde » > 7 € ; réduc. Animations et ateliers réguliers en saison, mer et certains sam le reste de l'année (poterie au tour, laine feutrée, pain ; programme en ligne).* Une belle ferme seigneuriale du XVIIe s, propriété du Conservatoire du littoral depuis 1994. Remarquablement restaurée, elle propose des expos (en intérieur et extérieur) régulièrement renouvelées, ainsi que l'excellent et touchant parcours « Un trésor au bout du monde », qui vous entraîne à la découverte de la Hague, sa culture, ses habitants. Pour cela, il suffit de suivre un guide facétieux, mais délicieux (les bonnes oreilles reconnaîtront-elles la voix du comédien ? Un indice : il est originaire de la Manche, et même

LA MANCHE

424 | **LA MANCHE / LE COTENTIN**

de Granville !). Pendant une heure, c'est un peu comme de s'asseoir dans une salle de théâtre, sauf que la scène change régulièrement. Sur place également, une médiathèque ouverte à tous, avec 2 fonds : l'un dédié au Cotentin et plus particulièrement à la Hague, l'autre consacré aux mondes rural et maritime. Si le film vous a rendu curieux, sachez qu'un certain nombre de magazines peuvent être empruntés.

OMONVILLE-LA-PETITE

(50440)   140 hab.   *Carte Le nord de la Manche, A1*

Très joli village divisé en hameaux aux délicieuses maisons et fermes de schiste. C'est là que résidait Alexandre Trauner, le grand décorateur de cinéma *(Les Enfants du paradis, Les Portes de la nuit...)*, décédé en 1993. C'est là aussi qu'est enterré, dans le petit cimetière, son grand copain Jacques Prévert (1900-1977). Tombe simple, fleurie et poétique, ça va de soi ! À côté, sa femme, Janine, et sa fille, Michèle.

Où dormir ?

🏠 *Hôtel La Roche du Marais : 1, hameau Mesnil.* ☎ 02-33-01-87-87. ● *larochedumarais@orange.fr* ● *laro chedumarais.fr* ● *Doubles 48-98 € ; petit déj 12 €. Apéritif maison offert sur présentation du guide de l'année.* Une grande maison isolée, en bord de route, entourée d'une douce campagne et d'un joli jardin. Au loin, la mer ; d'ailleurs, sur la vingtaine de chambres, 5 ont vue sur l'anse Saint-Martin. Derrière la vieille demeure fringante, une annexe dans une maison en pierre du pays, mais datant des années 1980. Chambres de bon confort (même si certaines sont un poil sonores). Salon de thé en saison et espace boutique. Location de VTT. Accueil gentil.

🏠 *Chambres d'hôtes Maison du Chevalier de Rantot : chez Yuiko et Jean-Marie Laneelle, hameau Fleury.* ☎ 02-33-93-23-27. ● *maison. de.rantot@orange.fr* ● *maisonduche valierderantot.com* ● *Ouv Pâques-Toussaint. Doubles 65-85 € ; familiale. Gîte 2 pers.* Il souffle dans cette solide maison traditionnelle du XVIIᵉ s l'air délicat du Japon, importé là par petites touches discrètes : de belles poteries japonaises, le thé à disposition dans les chambres, les lits. Délicat mais pas précieux pour 2 sous :

les chambres sont vastes mais extrêmement sobres. D'ailleurs, on serait tenté de parler de gîte (sans cuisine) plutôt que de chambres, puisque, à chaque fois, les hôtes ont droit à leur bout de maison avec un salon et 2 chambres se partageant la salle de bains. L'une d'entre elles, sous les toits, a vue sur la mer au loin et la salle de bains un étage plus bas, tandis que l'autre dispose d'une superbe terrasse privée avec, elle aussi, une fort jolie vue. Également un beau gîte, dans le même esprit. Accueil discret et charmant.

🏠 *Hôtel La Fossardière : hameau de la Fosse.* ☎ 02-33-52-19-83. ● *lafos sardiere.fr* ● ♿ *À 500 m de la mer. Congés : de nov à mi-mars. Doubles 70-95 € ; petit déj 12 €.* Un authentique et adorable petit hameau fleuri, à cheval sur le lit d'un ruisseau. Il suffit ensuite, pour se laisser définitivement séduire, de tester l'accueil chaleureux et décontracté, le confort et l'extrême tranquillité des chambres (2 d'entre elles se trouvent dans une petite maison, un peu plus loin, de l'autre côté de la route), ou encore le petit déj pris dans l'ancienne boulangerie du hameau. Pas de vue malheureusement. Un poil cher peut-être.

SAINT-GERMAIN-DES-VAUX | **425**

À voir

🏃🏃 *La maison Jacques Prévert :* *3, hameau du Val.* ☎ *02-33-52-72-38. Avr-mai et pdt vac scol (sauf Noël), tlj 14h-18h ; juin-sept, tlj 11h-18h (19h juil-août). Parking obligatoire près de l'église ; accès à pied (10 mn). Entrée : 5 € ; réduc ; gratuit moins de 7 ans. Visite virtuelle à disposition pour les personnes à mobilité réduite.* En 1970, Janine et Jacques Prévert, amoureux de la région, achètent une adorable maison dans ce petit coin de paradis. Couverte de lierre, respirant la modestie et l'humanité, à l'image du poète, la maison est aujourd'hui ouverte au public. Au 1er étage, on peut retrouver intacte l'atmosphère qui fut celle de la famille Prévert. Au rez-de-chaussée, des expositions tournant autour de l'œuvre de Prévert approfondissent l'une ou l'autre de ses multiples collaborations artistiques.

🏃 *L'église Saint-Martin :* avec clocher-campanile. Au-dessus du porche, pietà du XVIe s, encadrée de 2 statues complètement usées. À l'intérieur, une seule nef d'origine romane. Transept et chapelles latérales du XVIe s. Chœur reconstruit au XVIIIe s. Fonts baptismaux en pierre sculptée avec décor végétal et traces de polychromie sur 4 pieds. Dans le transept gauche, jolie sainte Hélène en bois.

SAINT-GERMAIN-DES-VAUX

(50440)   405 hab.   *Carte Le nord de la Manche, A1*

LA MANCHE

Un bijou que cet adorable village, lové dans un écrin de verdure, où les maisons tapies au coude à coude dans des rues étroites sont séparées de la mer par les champs !
Avis à ceux qui dégainent leur téléphone portable plus vite que leur ombre : nos opérateurs hexagonaux n'ayant pas jugé bon de s'installer dans ce magnifique bout de monde, le réseau est... anglais ! Attention, selon votre forfait ou opérateur, il se peut que vous receviez une facture qui donnerait un vilain arrière-goût à votre séjour dans cette belle contrée ! Le mieux est d'éteindre la bête.

Où dormir ? Où manger ? Où grignoter ?

🏨 🍽 *Hôtel L'Erguillère :* *Port-Racine.* ☎ *02-33-52-75-31.* ● *contact@hotel-lerguillere.com* ● *hotel-lerguillere.com* ● 🍴 *Congés : vac scol de fév. Doubles 90-160 € ; petit déj 16,50 €.* Discrètement niché en léger contrebas de la route, ce petit hôtel (une dizaine de chambres, la plupart avec vue sur la mer) s'impose comme une adresse de charme : sobriété, luminosité, couleurs naturelles et beaux matériaux s'y mêlent avec élégance. Insonorisation moyenne en revanche. Même sans y résider, faites-y une pause sucrée : l'endroit est aussi un salon de thé *(ouv tlj juin-sept ; le w-e hors saison),* où la vue vaut à elle seule tous les gâteaux de la terre (ou presque)... un vrai régal ! De plus, quand la météo est clémente, elle se dévore – tout comme le délicieux petit déj, d'ailleurs – depuis la belle terrasse. Dommage que les prix des chambres s'envolent en haute saison.

🍴 🍷 🌳 *Le Racine :* *11, rue de Haut.* ☎ *09-70-02-44-63.* 🍴 *Tlj sauf lun soir et ven soir plus sam hors saison. Repas env 20 €.* Un bar-épicerie de village qui sert aussi de bons petits plats maison le midi (et vendredi-samedi soir). Un lieu sans prétention, mais sympathique, où l'on peut aussi s'arrêter pour boire un verre ou un café.

426 | LA MANCHE / LE COTENTIN

À voir

Port-Racine : *sur la D 46 entre Omonville-la-Petite et Saint-Germain-des-Vaux.* Considéré comme le plus petit port de France. Un jour, un congre en a vraiment bouché l'entrée ! Il tient son nom de François Médard Racine, un solide corsaire (rien à voir, donc, avec le dramaturge) qui se planquait ici avant de fondre sur les navires anglais.

Les jardins en hommage à Jacques Prévert : *Pâques-juin et sept, tlj sauf ven 14h-19h ; juil-août, tlj 11h-19h. Entrée : 6 € ; réduc.* Une petite vallée où la famille et ses proches aimaient passer du temps, sinon faire la fête. Gérard Fusberti était de ceux-là. À la mort du poète, il eut, avec Janine, sa veuve, et Yves Montand, l'idée d'aménager ici un jardin où chaque arbre serait planté par un ami de Prévert : un thuya bleu pour Arletty, un tilleul pour Doisneau, des pins pour Montand... Ces arbres ont aujourd'hui poussé, ombrageant ce jardin un peu fantaisiste, parsemé de citations de Prévert et d'œuvres d'art...

AUDERVILLE

(50440)　　　　260 hab.　　　　*Carte Le nord de la Manche, A1*

Au bout, presque tout au bout de la presqu'île. Ravissante bourgade fleurie à l'architecture haguaise traditionnelle. Les demeures, d'apparence modeste, se révèlent être de solides constructions de grès et granit au style ramassé, serrées les unes contre les autres, le long de ruelles étroites et pentues pour mieux se protéger des vents marins violents assommant parfois ce Finistère bis. Afin de mieux leur résister, les fenêtres sont d'ailleurs petites. L'église et certaines maisons possèdent un toit de schiste.

Où dormir ?
Où manger à Auderville et dans les environs ?

De bon marché à prix moyens

La Buhôtellerie Backpacker : *3, La Buhôtellerie, 50440 Jobourg.* ☎ 02-50-79-74-59. 📱 06-63-82-55-85. ● labuhotellerie@gmail.com ● la-buhotellerie.com ● *À env 3 km au nord de Jobourg et au sud d'Auderville. Congés : nov-mars. Lits 25-28 €/pers, couette et draps compris, petit déj env 4 €.* Blottie au milieu des champs, dans un beau corps de ferme typique, voici le type d'adresse que tout routard rêve de trouver au fil de ses pérégrinations. Normal : le charmant jeune couple aux manettes a lui-même pas mal voyagé avant de revenir au village. Dans la maison, un nid pour 2 sous les toits et 2 dortoirs de 4 et 6 lits. Sanitaires partagés pour tout le monde, y compris pour les veinards qui logeront dans le sympathique chalet (avec un lit double) installé dans le délicieux jardin en pente avec ses biquettes et sa mare. Au rez-de-chaussée, la superbe cuisine, parfaitement équipée et très conviviale, une épicerie de secours, une machine à laver, une salle commune chaleureuse et une sympathique terrasse à l'arrière pour les barbecues, les apéros et les soirées qui se prolongent.

Chambres d'hôtes Au bout du Monde, chez Delphine Lecouvey : *67, rue de l'Église Saint-Gilles, à Auderville.* ☎ 02-33-01-56-39. ● contact@gitehague.fr ● gitehague.fr ● *Doubles 52-62 € ; triple.* Une poignée de chambre, dont 3 dans la maison des propriétaires, auxquelles on accède en grimpant un vieil escalier de pierre, et 2 dans la dépendance, en rez-de-jardin (les plus chères, mais elles disposent de leur propre petite terrasse et d'un bout de verdure). Mention spéciale pour la familiale, en mezzanine, à prix tout doux. C'est simple, agréable, très bien tenu, et l'accueil s'avère gentil comme tout.

|●| ⚕ *La Gravelette :* 6, rue des Falaises, hameau Dannery, 50440 **Jobourg.** ☎ 02-33-01-25-77. ● contact@lagravelette.com ● De mi-mars à mi-nov, tlj sauf mar soir-mer (tlj en hte saison). Repas 15-30 €. Le pavillon ne paie pas de mine, mais l'intérieur aux murs de pierre se révèle chaleureux, comme l'accueil. Les crêpes, à base de bons produits locaux, occupent bien sûr une large part du menu, mais on peut aussi s'y restaurer de salades et d'assiettes bien balancées entre terre et mer.

|●| *La Bruyère :* 5, rue de l'Église, 50440 **Jobourg.** ☎ 02-33-52-78-24. Ouv le midi mar-ven, dim et j. fériés, plus le soir ven-sam ; de mi-juil à fin août, tlj sauf lun et sam midi. Formule déj en sem 14,50 € ; menus 22-32 € ; carte env 35 €. Des plats soignés, inspirés, frais, à savourer dans l'une de 2 salles, la plus bourgeoise ayant même une cheminée.

De prix moyens à chic

🏠 ⚕ *Hôtel du Cap :* 63, rue de l'Église, à Auderville. ☎ 02-33-52-73-46. ● contact@hotelducap.net ● hotelducap.net ● ♨ Doubles 79-124 €. Pique-nique sur demande. Dans le haut du bourg, dans un jardin ceint de son mur de pierre, cette maison ancienne abrite une douzaine de chambres, toutes avec plus ou moins vue sur la mer (sauf celle du rez-de-chaussée, équipée pour les personnes handicapées). Bien nettes et confortables, leur déco s'avère plutôt classique, mais différente pour chacune d'entre elles. Petit déj parfois servi sur la terrasse ou dans une agréable salle bénéficiant d'une jolie vue. Accueil sympathique.

|●| ⚕ *La Malle aux Épices :* 71, rue de l'Église, à Auderville. ☎ 02-33-03-19-60. ● contact@lamalleauxepices.fr ● Fermé dim soir, lun midi et ven. Menu découverte 23 € ; carte 30-40 €. Il s'agit en réalité du resto de l'*Hôtel du Cap,* à quelques pas de là. Intéressante formule « découverte » avec, en entrée et en plat de résistance, un assortiment de plusieurs propositions afin de varier les saveurs. Également quelques plats à la carte.

DANS LES ENVIRONS D'AUDERVILLE

D'Auderville, rayonnez alentour, à l'inspiration, le nez au vent, dans l'adorable treillis de routes entre Saint-Germain-des-Vaux, Omonville-la-Petite et Jobourg. Sûr que des hameaux réussiront à vous échapper. Voici quand même une jolie balade possible.

🎣🎣🎣 D'abord un petit tour à **Goury,** devant le phare et le fameux *Gros du Raz.* Ici, le Cotentin se prend pour le Kerry. Cultures et pâturages viennent lécher la mer et confient leur protection à des murets de pierre sèche couverts de mousses et de lichens. Les amoureux d'humeur marine pourront observer, surtout au moment des grandes marées et à mi-marée, l'un des plus saisissants spectacles qui soient : les courants du **raz Blanchard** soulèvent souvent de véritables barrières d'écume, infranchissables pour beaucoup de bateaux. Le courant est ici l'un des plus puissants au monde (plus de 10 nœuds par coefficient de marée de 110). Pour la plupart des marins, franchir le raz Blanchard est toujours un moment d'émotion (ici ont péri des centaines d'embarcations...). À contre-courant, c'est le plus souvent impossible (pour les voiliers en tout cas). Par tempête d'équinoxe, le spectacle est total.

Tout au bout, le phare veillant sur ces méchants courants. Dans un édifice octogonal des années 1920, l'une des stations de sauvetage les plus modernes de l'Ouest. Impressionnant bateau tournant, prêt à s'élancer sur l'une des 2 rampes.

428 | **LA MANCHE / LE COTENTIN**

En quittant Goury, prendre à droite la route minuscule qui va à *La Roche,* délicieux petit hameau à découvrir sur la pointe des pieds. Ou suivre le sentier du littoral...

🎥🎥🎥 *La baie d'Écalgrain :* suspendue entre nuages et vagues, la baie préside, dans son cadre éternel et romantique, à l'affrontement traditionnellement acharné de la mer et de la terre. En bas, une des plus belles plages de galets qui soient. Les points de vue sont encore plus somptueux quand on arpente un bout du sentier des douaniers, le long des bruyères, des prairies, des massifs d'ajoncs...

➤ Et si vous avez (encore) des fourmis dans les jambes ou si vous voulez vous lancer sur les traces des contrebandiers, contactez *Explorations Sports Environnements – Exspen :* ▪ *06-31-45-25-80.* ● *exspen.com* ● *Tte l'année, résa indispensable, et selon horaires, variables en fonction des marées, randos pédestres et sportives. Tarifs : plus de 18 ans à partir de 30-50 € selon type de sortie (2-7h) et nombre de participants ; réduc.* Propose plusieurs parcours sportifs mais de difficulté variable : le creux du Mauvais-Argent, les grottes de Jobourg *(seulement de mi-juil à mi-fév),* le passage du bec de l'Âne et le Grand Crapahut.

🎥🎥 *Le nez de Jobourg :* après avoir traversé les pittoresques hameaux *Mouchel, Sanson* et *Dannery,* on parvient à ce qui, du haut de ses quelque 128 m, correspond aux falaises les plus hautes d'Europe continentale. Par beau temps, on aperçoit l'île d'Aurigny. Au village de *Jobourg,* ne pas manquer la belle église du XIIᵉ s avec son clocher haguais typique. Basse et trapue pour donner le moins de prise au vent. Millet disait d'elle : « On dirait que le temps s'est assis dessus. »

🎥 *ANDRA, centre de stockage des déchets radioactifs de la Manche : zone industrielle de Digulleville.* ☎ *0810-120-172 (service 0,10 €/mn + prix d'appel). Juste à côté de l'usine de retraitement. Accès par la D 901. Tte l'année, lun-ven 9h-17h. Résa indispensable. GRATUIT. Compter env 2h.* De 1969 à 1994, 527 000 m³ de déchets radioactifs à durées de vie courte et moyenne ont été enterrés là, confinés dans des blocs de béton et d'acier, puis recouverts de plusieurs couches de matériaux divers. Parcours découverte accessible dès 10 ans. Cette gigantesque décharge est censée perdre sa radioactivité dans 300 ans (au moins). Qu'y a-t-il à voir ? Rien, hormis une immense pelouse de 14 ha, les installations assurant la surveillance du site, et des expositions périodiquement organisées dans le bâtiment d'accueil, dont le sujet n'a en général pas grand-chose de commun avec ce qui dort à quelques pas.

LA BAIE DE VAUVILLE
Carte Le nord de la Manche, A1-2

Après le petit moment de déprime de l'usine de la Hague, on aurait tendance à vous conseiller d'aller vous décontaminer les mirettes au contact des superbes paysages que déroule cette ample baie, de Vauville jusqu'au cap de Flamanville.

VAUVILLE *(50440 ; 370 hab.)*

On y accède depuis Beaumont-Hague par une ravissante vallée. Veloutée et verdoyante, elle ondule en pente douce vers l'une des plus belles plages de l'Ouest et ce superbe petit village de bord de mer plus que préservé de la gangrène touristique.

Où camper ?

Camping municipal de la Devise : ☎ 02-33-52-64-69 ou 09-67-19-87-29 (mairie). ● mairie.vauville@wanadoo.fr ● lahague-tourisme.com ● Ouv de mi-juin à mi-sept. Env 9 € pour 2 avec tente et voiture. CB refusées. 57 empl. Dans une cuvette, au milieu de nulle part, ce petit camping, entouré de sa maigre haie, se protège comme il peut du vent marin. Spartiate avec sa pelouse sans ombre, il a néanmoins des sanitaires tout à fait corrects et même une laverie et un fil à linge ! Le cadre : d'un côté, juste derrière la haie, une magnifique plage non surveillée et, de l'autre, des collines de verdure où paissent les vaches, au milieu desquelles apparaît le toit du château de Vauville (et les rabat-joie ne sont pas non plus obligés de scruter l'horizon pour distinguer, sur leur droite, l'usine de retraitement de la Hague et, de l'autre, la centrale nucléaire de Flamanville).

À voir

Le jardin botanique de Vauville : château de Vauville. ☎ 02-33-10-00-00. ● jardin-vauville.fr ● Avr-sept, tlj 14h-18h (19h juil-août) ; oct, seulement 14h-17h30 et Toussaint selon météo. Entrée : 9,50 € ou 13,50 € (jardin + ferme) ; réduc ; gratuit moins de 18 ans. Médiaguide (gratuit et incluant des vidéos explicatives en LSF aussi) et plan (dont 1 version en braille). En été, possibilité de visites guidées (ou tte l'année sur résa) et de grignoter une pâtisserie et une boisson au salon de thé. Vente de plantes des pépinières du jardin et boutique sur le même thème. Face à la mer, ce petit bijou de végétation (pas si petit que ça : 40 000 m²) abrite plus de 1 000 espèces, toujours à feuillage persistant et souvent de l'hémisphère austral. Tantôt une petite palmeraie (la plus au nord d'Europe, merci le Gulf Stream !), tantôt un délicieux et surprenant jardin d'eau, le tout ondulant paisiblement vers la mer. Amaryllis, forêts de bambous, aloès, étonnante collection d'hydrangeas... Le contraste avec les landes déchirées de la Hague est saisissant. Mais comment a-t-on réussi à faire pousser tout ça ? En créant (depuis 1950) des barrières végétales protégeant les espèces exotiques, comme les palmiers, des tempêtes de l'hiver. Un dépaysement à ne rater sous aucun prétexte. En plus, les enfants apprécieront la ferme-conservatoire qui réunit des races anciennes et en voie de disparition (mouton Roussin La Hague, porc de Bayeux, poule Cotentine, etc.).

Le prieuré de Saint-Hermel : au nord-est de Vauville. Perché sur la colline (superbe point de vue), cet étonnant prieuré médiéval dépendait de l'abbaye de Cerisy-la-Forêt.

Le Grand-Thot : au sud de Vauville, on y monte par une route (D 237). Panorama remarquable sur la mare de Vauville, réserve naturelle. Prairies qui se déroulent en bandes étroites vers la mer. Superbes nuances de vert, ourlées de l'immense plage déserte. Paysage serein, tout à fait unique en Normandie.

BIVILLE ET SES DUNES (50440 ; 420 hab.)

Petit village paisible, un peu perché au-dessus d'un stupéfiant massif dunaire. Vaste (plusieurs centaines d'hectares) et désertique, borné au nord par les falaises de la Hague et au sud par le cap de Flamanville, il offre une des visions les plus fascinantes du département, surtout par une fin d'après-midi ensoleillée, lorsque les dunes prennent du relief grâce aux ombres rasantes (le point culminant du site atteint 111 m !). Tout le coin est aujourd'hui classé réserve naturelle. Pendant une trentaine d'années, une partie des dunes était un champ de tir appartenant

430 | **LA MANCHE / LE COTENTIN**

au ministère de la Défense, et par conséquent interdit d'accès, ce qui explique grandement sa préservation. Étape ou lieu de résidence de nombreux oiseaux, il abrite une faune et une flore intéressantes, et un sentier balisé permet d'observer les quelque 30 espèces de libellules sur les 90 répertoriées en France. Saisissant point de vue sur le massif depuis le calvaire des Dunes ; compter 45 mn à pied ; accès fléché depuis la rue longeant l'église.

LE PORT DE DIÉLETTE

🏃 Le seul où les bateaux peuvent faire relâche entre Goury et Carteret. Joli point de vue depuis la D 4 sur ce pittoresque port au pied d'une falaise. Incroyable mais vrai ! Dans ce coin perdu, une mine de fer fut exploitée (par à-coups) de 1855 à 1962. Encore plus incroyable mais toujours aussi véridique, les galeries de la mine étaient situées sous la mer ! L'un des seuls vestiges encore visibles de toute cette activité est le *wharf* de chargement, situé à plusieurs centaines de mètres de la côte, près duquel venaient s'amarrer les cargos chargés d'emporter le minerai vers les hauts-fourneaux d'Allemagne et d'Angleterre (le minerai de Diélette était réputé pour sa très haute teneur en fer : 600 g de fer pur par bloc de 1 kg).

Il y avait aussi, juste à côté, sur le cap de Flamanville, une carrière de granit... aujourd'hui remplacée par une fameuse centrale nucléaire. Nous conseillons fortement de descendre jusqu'à *l'anse de Sciotot* et sa magnifique plage qui s'étend à perte de vue, puis de passer par le ravissant *hameau du Rozel,* son château et ses petites maisons traditionnelles accolées les unes aux autres, comme pour se tenir chaud et faire corps contre les intempéries.

Où manger ? Où acheter du cidre dans le coin ?

|●| 🍴 *Le Sauve qui pleut : 1, route du Fort, Sciotot,* Les Pieux. ☎ 02-33-94-33-85. ● le.sauve.qui.pleut@gmail. com ● lesauvequipleut.fr ● 🚳 *Fermé lun plus mar midi en saison, et soir mar-jeu et dim hors saison. Congés :* fév. *Menus 14,50-32 € ; carte 25-30 €.* Ici la salade est volontiers thaïe, les moules aux saveurs de l'Asie, les calamars en beignets, le poisson en ceviche et les tartares à l'argentine... Bref, non seulement vous êtes face à une plage magnifique (avec une route et un parking entre les 2, certes !), mais, en plus, un petit tour dans ce resto tout vitré au cadre chaleureux,

et vous embarquez pour un tour de monde gustatif !

✾ *Cidrerie Théo Capelle : 1, le Haut-de-la-Lande, à Sotteville.* ☎ *02-33-04-41-17.* ● *theo-capelle.com* ● 🚳 *Tlj sauf dim 9h-12h30, 14h-19h. Visite sur résa à 11h, 15h et 17h ; tarif : 2,50 €, gratuit moins de 15 ans.* Une exploitation cidricole fondée en 1981 par Théo Capelle et reprise depuis 2007 par son fils Ludovic. Nombreux cidres, apéritifs, liqueurs, calvados AOC en vente, et possibilité de se promener dans les jardins, d'y pique-niquer, d'y faire une sieste ou de la balançoire sous un pommier.

À voir. À faire dans le coin

➤ Le GR 223 de la Hague fait tout le tour du cap de Flamanville depuis Diélette. Au passage, dolmen de la Pierre-au-Roy, et l'inévitable centrale nucléaire...

➤ De Diélette vers les îles Anglo-Normandes *Guernesey* et *Aurigny,* liaison maritime avec la compagnie *Manche-îles Express.* ☎ *0825-131-050 (service 0,18 €/ mn + prix d'appel).* ● *manche-iles.com* ● *Avr-sept, env 1 liaison/j. avec Guernesey, mais les jours et horaires dépendent des marées. À partir de 45 mn de traversée.* Aurigny est desservie directement ou via Guernesey, mais beaucoup plus rarement *(env 1 fois/sem juin-sept).*

BARNEVILLE-CARTERET | 431

LA CÔTE DES ISLES

BARNEVILLE-CARTERET

(50270)   2 290 hab.   *Carte Le nord de la Manche, A3*

L'une des plus anciennes stations balnéaires françaises. Elle est « divisée » en 3 parties : Carteret (port pour Jersey et Sercq), Barneville (le bourg) et Barneville-Plage. Le 1er touriste fut, en 1820, Jules Barbey d'Aurevilly. En 1842, on notait déjà la présence de plus de 20 familles en vacances et la visite de Chateaubriand. En 1881, ouverture d'une ligne avec Jersey et, en 1889, le chemin de fer relie Paris à Carteret !

Arriver – Quitter

🚌 Liaisons assurées par la compagnie de bus *Nomad.*

🛳 *Jersey et Sercq :* avec *Manche Îles Express (*☎ *0825-131-050, service 0,18 €/mn + prix d'appel ; ● manche-iles.com ●).* Traversées avr-sept. Avec les navires à grande vitesse, Jersey est à 1h de Barneville-Carteret ; attention, les liaisons dépendent des marées et ne sont pas quotidiennes. Quelques liaisons également avec Sercq.

Adresses et info utiles

🛈 *Offices de tourisme : 15 bis, rue Guillaume-le-Conquérant et 3, av. de la République.* ☎ *02-33-04-90-58.* ● *encotentin.fr* ● *Juil-août, lun-sam 9h30-13h, 14h-19h ; dim 9h30-13h ; horaires variables le reste de l'année.* Vous y trouverez toutes les infos sur les randos et des topoguides. Possibilité de réserver un hébergement, des billets pour les îles Anglo-Normandes, la Cité de la mer à Cherbourg, le train touristique, des concerts...

🚲 *Location de vélos : Le Suroît, 14, rue de Paris.* ☎ *02-33-53-84-93. Quai des Ormes, rue des Ormes.* ☎ *02-79-89-26-84.*

– *Marchés : sam mat, dans le bourg de Barneville.* À recommander : belle ambiance. *À Barneville-Plage,* marché *dim mat en juil-août. À Carteret, jeu mat, pl. Terminus.*

Où dormir ? Où manger ?

Campings

⛺ *Camping La Gerfleur : 2, rue Guillaume-le-Conquérant.* ☎ *02-33-04-38-41.* ● *lagerfleur.fr* ● ⚒ *Ouv avr-oct. Pour 2 avec tente et voiture 19,60 € ; locatifs jusqu'à 5 pers 300-610 €/sem. 90 empl.* Un étang de pêche d'un calme impérial, un tapis de verdure, la touche pointilliste colorée des fleurs épanouies... et des bancs disposés autour de l'étang. Les mobile homes sont habilement dissimulés au regard. Et, bien sûr, tous les équipements qu'on peut attendre d'un tel lieu (aire de jeux, piscine chauffée, bar avec baby-foot et billard...). Dépôt de pain, crêperie ambulante le vendredi soir. Le tout à 5 mn en voiture du centre-ville. Accueil décontracté et efficace.

⛺ *Camping Les Bosquets : rue du Capitaine-Quenault, à Barneville-Plage.* ☎ *02-33-04-73-62.* 🖷 *06-83-19-78-90.* ● *campinglesbosquetsbarneville@orange.fr* ● *camping-lesbosquets.com* ● *Ouv d'avr à mi-oct.*

LA MANCHE

432 | **LA MANCHE / LE COTENTIN**

Env 19,80-21 € pour 2 avec tente et voiture ; mobile homes 2-6 pers 200-750 €/sem. 331 empl. À 400 m de la plage, un beau site, vaste, espacé et aux paysages assez variés : ici, ce sont des haies qui ombragent le terrain, là des pins. Bien équipé avec, de surcroît, une jolie piscine. Location de mobile homes qui, s'ils ne bénéficient pas de l'endroit le plus agréable du camping, sont relativement espacés avec, pour chacun, un sympathique bout de pelouse et une table de pique-nique. Un bon rapport prix-confort.

De bon marché à prix moyens

🛏 **Hôtel Jersey :** *4, rue de la Sablière, à Barneville.* ☎ *02-33-04-91-23.* ● *hoteljersey@orange.fr* ● *hotel-jersey. fr* ● *Doubles 60-99 € ; familiales.* Un hôtel très gentiment tenu, proposant une quinzaine de chambres sobres et contemporaines. Petit déj avec salade de fruits frais servi dans la salle à manger baignée de lumière ou sur la terrasse. Accueil aux petits soins.

🛏 **Chambres d'hôtes La Tourelle :** *chez Gérard Lebourgeois, 5, rue du Pic-Mallet, à Barneville-Bourg.* ☎ *02-33-04-90-22.* 🔲 *06-88-71-97-97. Congés : janv. Doubles 62-65 €. Parking.* Une jolie petite maison de pierre du XVIe s avec tout le charme de l'ancien : des parquets qui craquent, des meubles qui doivent bien être de famille. Une poignée de chambres adorables (dont 3 dans un autre bâtiment, à quelques dizaines de mètres) qui donnent sur un jardin. Et, pour vous accueillir, une propriétaire attentionnée.

🛏 ▮●▮ **Hôtel de Paris :** *8, pl. de l'Église, à Barneville-Carteret (bourg).* ☎ *02-33-93-17-60.* ● *hoteldeparis@barneville carteret.com* ● *hoteldeparis.barneville carteret.com* ● *Congés : vac de Noël. Doubles 55-75 € ; familiales. Resto ouv le soir seulement lun-jeu : menu 17 €. Parking privé gratuit.* Hôtel proposant des chambres modernes confortables, même si celles de l'annexe et quelques-unes donnant sur la place sont un peu moins bien insonorisées. Petite préférence pour celles dont la vue se perd vers la campagne, comme

la 2e salle de resto ! Au resto justement, le menu change quotidiennement selon l'humeur du chef. Une belle adresse.

🛏 ▮●▮ ⬆ **Hôtel Le Cap :** *6, rue du Port, à Carteret.* ☎ *02-33-53-85-89.* ● *hotel-le-cap@orange.fr* ● *hotel-le-cap.fr* ● *Congés : début janv-début fév. Doubles 56-90 €. Menus 19,90 € (sauf w-e et j. fériés), puis 31,90-41,90 €.* Des chambres confortables, certaines (plus onéreuses) avec vue sur le chenal et la mer, petites pour d'autres ; préférer si possible celles du 2e étage. Mais c'est surtout pour la très bonne table que l'on vient, avec sa cuisine basée sur les produits ultra-frais de la mer et du marché. Spécialité : l'incontournable – au propre comme au figuré – plateau de fruits de mer et le homard grillé au feu de bois. Belle terrasse au soleil, alternative à la salle à manger classique et cossue, avec ses banquettes et ses petits salons. Service prévenant et agréable.

▮●▮ ▮ ⬆ **Le Russel :** *2, rue du Port, à Carteret.* ☎ *02-33-53-84-90. Fermé dim soir et lun. Repas 20-25 €.* Serait-ce à force de lorgner en direction des îles anglo-normandes ? En tout cas, ce bar à vins et « cave à manger » n'est pas sans rappeler ce que l'on peut trouver de mieux en matière de pub anglais, avec le grand comptoir, les salles basses de plafond, une ambiance chaleureuse et animée. Petits plats maison à l'ardoise, simples, mais bons : tartare, cassolette, *fish & chips*, club sandwich, ça varie en fonction de l'humeur en cuisine. À toute heure aussi, possibilité d'accompagner son verre d'une gourmandise de la mer (coquillages, terrines...) ou de la terre.

De chic à beaucoup plus chic

🛏 **Hôtel des Ormes :** *quai Barbey-d'Aurevilly, à Carteret.* ☎ *02-33-52-23-50.* ● *hoteldesormes@wanadoo. fr* ● *hotel-restaurant-les-ormes.fr* ● ♿ *Doubles 88-164 € ; petit déj 14 €.* Dans une belle maison du XIXe s, face au port de plaisance, un hôtel des plus agréable, à l'atmosphère cosy. Certaines chambres sont petites mais très joliment décorées, et l'accueil est charmant. Les chambres dans l'annexe *Le Rivage* (une ravissante maisonnette) sont particulièrement belles et spacieuses. Le jardin et le petit salon-bar très agréable ont achevé de nous séduire. Fait aussi resto.

🏠 ▮◉▮ *Hôtel de la Marine :* 11, rue de Paris, à Carteret. ☎ 02-33-53-83-31. ● infos@hotelmarine.com ● hotelmarine.com ● ♨ Resto fermé lun-mar (tlj en juil-août). Doubles 117-299 € ; petit déj 17,50 €. Menus déj en sem 29-35 € (mer-ven), puis 46 € (sauf sam soir) et 62-94 €. Parking gratuit et garage payant. La grande bâtisse blanche domine le port, et sa vocation maritime se retrouve dans les couloirs évoquant les coursives d'un bateau. On vous rassure, la taille des chambres et leur déco n'ont rien de celles d'une cabine. Ces élégantes pièces au design frais sont en tout point confortables. Les plus chères ont de magnifiques terrasses. Bref, une adresse chic sans être guindée, tenue de main de maître, et vous y serez traité comme un roi. À table aussi, d'ailleurs. Une cuisine bien d'aujourd'hui qui jongle avec terroir, mer, épices et saveurs d'ailleurs... Salles à manger « transatlantiques » élégantes et modernes, ouvertes largement sur la mer pour un moment d'exception.

Où manger dans les environs ?

▮◉▮ *Le Clos Rubier :* 14, hameau Gaillard, 50270 **Saint-Jean-de-la-Rivière.** ☎ 02-33-04-98-10. ● leclosrubier@orange.fr ● ♨ À 2 km au sud-est de Barneville. Tlj sauf mer plus mar soir hors saison. Congés : janv. Menus 13,50 € (midi en sem), puis 18,80-32 €. Apéritif offert sur présentation du guide de l'année. Belle auberge de campagne, avec sa façade dévorée par la vigne vierge et son jardin fleuri. Salle rustique, avec une cheminée immense devant laquelle officie le patron. Vous êtes au royaume de la grillade conviviale. Tout le monde profite du spectacle des coquelets ou du bon gigot d'agneau en train de tourner sur leur broche. Pour les pressés : n'oubliez pas que si vous demandez une pintade rôtie, il faut laisser au feu le temps de la saisir... Alors prenez vos aises et admirez l'art du patron dans le maniement des braises.

À voir. À faire

🏃 *L'église de Barneville :* construite au XIIᵉ s et classée Monument historique. Clocher fortifié. Belle frise de modillons tout autour. Dans la nef, intéressantes arches sculptées (motifs carrés ou en chevron). Beaux chapiteaux ciselés. Entre autres, côté chaire, le pittoresque décor végétal, les entrelacs, les divers personnages, monstres, animaux, ainsi que quelques chapiteaux historiés.

🏃 *Le phare :* 58 marches permettent d'atteindre le pied de la lanterne qui guide les bateaux entre les îles Anglo-Normandes et la côte. Visites guidées, diurnes et nocturnes, proposées par l'office de tourisme.

🏃🏃 *Circuit du cap de Carteret :* départ du port de plaisance (pour effectuer une boucle) ou, pour allonger, de l'église de Barneville (bourg). Boucle de 10 km (env 3h). Port de plaisance, port de pêche, corniche (vue sur Jersey et plage de Barneville) et sentier des douaniers, « ancienne batterie des 24 » au passage (les boulets pesaient 24 livres). Ensuite, traversée des dunes d'Hatainville (respecter les fermetures des portillons) et du village... Une belle sortie vivifiante !

🏃 *Les plages :* celle de *Barneville* est relativement peu urbanisée, avec des villas et hôtels de taille et hauteur très mesurées. Longue plage, familiale et très fréquentée en saison (mais il y a de la place pour tout le monde). Petite plage à *Carteret,* également, avec ses cabines de bain au pied du cap. De Carteret, les amateurs d'espaces plus sauvages emprunteront le sentier des douaniers pour, au-delà du

434 | **LA MANCHE / LE COTENTIN**

cap de Carteret, gagner l'immense *plage de la Vieille-Église*. Attention, la baignade peut s'y avérer très dangereuse (courants traîtres...). Pour les prudents : la *plage de la Potinière* est surveillée en juillet-août.

➤ ⚐ *Le train touristique du Cotentin : juil-août, dim à 15h. En été, on peut aussi se rendre au marché de Port-Bail en partant de Carteret (mar à 10h) ou aller au marché de Carteret en partant de Port-Bail (jeu à 10h). Tarif adulte : 10 € A/R. Rens et résas à l'office de tourisme.* Les nostalgiques des petits trains de campagne monteront à bord de ce train des années 1930, sympathique tortillard qui relie Barneville-Carteret à Port-Bail.

Balades en mer

🚢 *À bord de la goélette* **Neire Maôve** *: ☎ 02-33-04-90-58 ou 02-33-04-03-07. Balade en mer ou à la journée. À partir de 30 €/pers la ½ journée.* Reconstruit à l'identique, *La Mouette noire,* cet ancien bateau de pêche de Carteret et des îles Anglo-Normandes, propose des excursions autour des îles Anglo-Normandes ou au large des côtes du Cotentin. En été, avec un peu de chance, on peut même apercevoir des dauphins...

🚢 *À bord du* **Long John Silver** *: 8, chemin du Tôt.* 📱 *06-12-26-95-11. ● long-john-silver.com ●* Ceux qui préfèrent écumer la côte ouest du Cotentin ou la côte sud anglaise sauront leur sac à bord du voilier de Jean Guérin, qui propose des sorties à la journée, de 2 jours ou à la semaine.

– *École de voile : au Pôle nautique, 2, promenade Barbey-d'Aurevilly. ☎ 02-33-93-12-07. Ouv de mi-mars à mi-nov.* Stages d'initiation ou de perfectionnement sur Optimist, planche à voile, dériveur, *paddleboard,* catamaran.

Manifestations

– *Course à l'aviron Jersey-Carteret : en juil.* Une traversée de 28 km (sans compter la dérive) qui se termine en apothéose au port de Carteret. Impressionnant.
– *Festival de la glisse : en juil.* Mélange de démonstrations de très haut niveau et d'initiations grand public.
– *Fête de la Mer : début août. Sur le port de Carteret.* Une fête qui célèbre les marins décédés en mer, avec messe, repas et animations sur le thème du nautisme.

PORT-BAIL

(50580)	1 650 hab.	*Carte Le nord de la Manche, A-B3*

Chantée par Souchon, une gentille bourgade qui s'étire agréablement le long d'un petit estuaire, dont la forme semble adresser un sourire aux oiseaux et au ciel. Pas mal de charme, donc. Petit port de plaisance et 2 plages de sable en bord de mer, reliés au bourg par un pont de 1860.

Adresse et info utiles

ℹ️ *Office de tourisme : 26, rue Philippe-Lebel. ☎ 02-33-04-03-07.* │ *● encotentin.fr ● ♿ Juil-août, lun-sam 9h30-13h, 14h-19h, dim 9h30-13h ;*

PORT-BAIL | **435**

avr-juin et sept, mar-sam ; oct-mars, mar-mer et ven-sam. Infos sur les randos (topoguides). Résa hébergements et billetterie (traversées vers les îles Anglo-Normandes, Cité de la mer à Cherbourg, concerts, spectacles, visites guidées, sorties...).
– *Marchés : mar mat tte l'année (incontournable en saison !), plus dim mat de juil à mi-sept.*

Où dormir ? Où manger ?

🏠 *Chambres d'hôtes La Rocque de Gouey :* chez Bernadette Vasselin, 16, rue Gilles-Poërier. ☎ 02-33-04-80-27. 📱 06-67-75-37-52. ● vasselin. portbail@orange.fr ● *Double avec sdb 60 € ; familiale. Apéritif maison offert sur présentation du guide de l'année.* Une grande longère en pierre, bien retapée, tranquille derrière sa cour fermée ; d'autant plus tranquille que les 4 chambres – dont 1 familiale –, impeccables, joliment et soigneusement décorées, donnent sur un jardin bien fleuri qui ressemble déjà à la campagne. Chacune dispose d'une entrée indépendante. Cuisine à disposition. Accueil charmant.

🏠 I●I 🍴 *Aux 13 Arches :* 9, pl. Castel. ☎ 02-33-04-87-90. ● laprodhomme@orange.fr ● 13arches.com ● *Tlj sauf dim-lun. Doubles 66-150 € ; petit déj* 9 €. *Appart 2-5 pers 84-152 €. Menus 25-42 €.* Des moules, des salades, des poissons ou des viandes, tout le monde trouve son bonheur *Aux 13 Arches.* L'endroit est familial, le service sympathique, l'assiette généreuse et tout à fait honnête. La cuisine fait souvent voyager (poissons locaux cuisinés aux épices...). Pour ne rien gâcher, le cadre (2 salles : l'une en rez-de-chaussée, au bar, et l'autre à l'étage) est très plaisant. Que dire de la terrasse en bord de havre ! Le tableau est aussi flatteur côté hébergement, entre les jolies chambres dans le bâtiment du restaurant ou dans un autre à l'arrière, avec vue sur mer. Mention spéciale également pour les 3 appart vraiment coquets et pratiques, avec cuisine et une délicieuse petite terrasse commune.

Où manger ?
Où boire un verre dans les environs ?

I●I 🍷 🍴 *Le Bac à Sable :* route de la Mer, plage de Lindbergh, 50580 Saint-Lô-d'Ourville. ☎ 02-33-21-05-33. ● stephrenouvin@yahoo. fr ● *À 5 km au sud de Portbail. Juin-sept, tlj sauf lun ; le reste de l'année, ven-dim midi. Congés : de mi-oct à mi-mars. Repas 15-20 €.* Contrairement à ce que le nom et l'adresse pourraient laisser entendre, on n'a pas de vue sur la mer ni les pieds dans le sable, mais l'un et l'autre sont attenants, rassurez-vous ! Dans l'assiette : *fish & chips,* moules-frites (en saison), pavé de rumsteck ou salade qu'on avale sur fond de pop anglaise (l'origine du patron). Rien de mémorable, mais le vrai plaisir est ailleurs : cadre chaleureux de bric et de broc, avec plein de photos punaisées de copains, des jeux, des bouquins et des magazines, un filet de badminton tendu dehors, et des initiatives estivales sympathiques : tournoi de pétanque, soirée quiz, concerts... Idéal pour l'apéro, sous le soleil ou la grisaille.

À voir. À faire

🏛️🏛️ *L'église Notre-Dame :* superbement située au bord du havre. Son emplacement explique probablement son côté fortifié. D'une belle sobriété, significative des 1ers frémissements de l'art roman. À l'intérieur, voûte normande en

LA MANCHE

bois et chapiteaux sculptés du XIIe s, de style primitif. Dans le chœur, animaux, bête en dévorant une autre, feuillages et entrelacs. Dans le transept droit, les évangélistes. La restauration de l'église a également mis au jour une litre funéraire extrêmement bien préservée. À chaque heure, le carillon « dialogue » avec la cloche de l'église Saint-Martin, située dans le centre-ville. L'église, qui n'est plus dédiée au culte, accueille de mars à septembre des expos et des concerts.

🏃🏃 *Le baptistère gallo-romain :* *à deux pas de l'église, derrière la mairie. Juil-août, visite guidée combinée église-baptistère effectuée par l'office de tourisme : 2 €.* À toute heure, on peut admirer les vestiges de ce baptistère à piscine, de forme hexagonale, très ancien (VIe s). En effet, à travers les grilles du petit bâtiment moderne qui les protège, une lumière se déclenche quand vous approchez. Celle-ci schématise l'arrivée de l'eau dans le bassin.

🏃🏃 🏃 *Les dunes de Lindbergh et la mer :* *balade d'env 8 km (notamment sur le GR 223). Plan à l'office de tourisme.* Du centre-ville aux dunes de Lindbergh, de l'autre côté du havre, avec traversée par la passerelle submersible. Très belle balade, parfois venteuse ! Mais le brushing en vaut la chandelle !

– *Char à voile :* *base nautique de Port-Bail.* ☎ 02-33-03-69-11. Location, baptêmes, stages de 1 semaine. Pour ceux qui rêvent depuis toujours de goûter aux sports de vent mais qui ne savent pas nager, voilà un sport qui décoiffe et qui demande un minimum de technique. L'école de voile (située à proximité de la base) propose également d'autres activités telles que catamaran, planche à voile, kayak de mer, etc. (☎ *02-33-10-10-96*).

Fêtes

– *Grande fête de la Terre :* *1er dim d'août.* Démonstration de battage à l'ancienne, expo de vieux matériel agricole, repas paysans...
– *Fête du Port et/ou de la Plage :* *15 août.* Animations sur le port : sauvetage, groupes folkloriques et musicaux, bateaux décorés... sur le thème de la mer !

DANS LES ENVIRONS DE PORT-BAIL

🏃 *Canville-la-Rocque :* *à deux pas de la D 903 et de la D 15.* Dans ce petit village avec son pressoir à pommes, allez admirer les pittoresques *fresques* de l'église, découvertes en 1983 seulement. Datant de la 1re moitié du XVIe s, l'une d'elles illustre l'histoire du *pendu dépendu,* légende célèbre qui avait cours à la même époque dans de nombreux pays européens, comme à Santo Domingo de la Calzada en Espagne. Elle met en scène un jeune pèlerin de Saint-Jacques-de-Compostelle, injustement accusé de vol, condamné à mort et exécuté par pendaison. Son père, convaincu de son innocence, provoqua un miracle (un poulet en train de rôtir redevint un coq triomphant et emplumé) ainsi que le retour à la vie de son fils. La légende dut être véhiculée par les nombreux pèlerins de Saint-Jacques. À signaler que Canville se trouvait sur la portion Barfleur/Mont-Saint-Michel du pèlerinage (qui rejoignait ensuite Tours). Dans l'église (*ouv 9h-12h, 14h-17h ; panneaux explicatifs pour la visite),* également de belles statues et pierres tombales anciennes.

🕉 En sortant, ne pas dédaigner le petit magasin *Le Petit Chiffon* (papiers et textiles de décoration ; *mar-sam*

14h-18h). Tenu par une passionnée, il fait partie intégrante de la vie du village.

🏃🏃 🏃 *Le moulin à vent du Cotentin :* *23, rue de La Lande, à* *Fierville-les-Mines.* ☎ *02-33-53-38-04.* ● *encotentin.fr* ● *Vac de fév-11 nov : juil-août, tlj*

10h30-12h30, 14h-19h ; mai-juin et sept, tlj sauf lun non férié 14h-18h30 ; horaires très variables le reste de l'année ; dernière visite 1h avt la fermeture. Entrée : 5 € ; réduc. Visite commentée 30-40 mn. En été et vac scol, animations et ateliers pour ts le monde. Boutique de produits du terroir et vente de farines diverses. Sur résa, possibilité de visite virtuelle pour les personnes à mobilité réduite. Sur une butte située à 120 m d'altitude se dresse fièrement un superbe moulin-tour datant de 1744, restauré et réhabilité en 1997. À l'intérieur du moulin, toute la machinerie a été reconstituée, et les explications claires du guide permettent de comprendre son fonctionnement. Petit plus : on peut repartir avec son sac de farine (de sarrasin, d'épeautre ou de blé) moyennant quelques euros. Sortez les crêpières !

ATTENTION, MOULIN MALIN !

Conçu comme un voilier, le moulin à vent du Cotentin avec toit pivotant à 360° peut prendre le vent d'où qu'il vienne. Et grâce au système d'ailes articulées en bois (un système inventé en 1848), le meunier peut réduire ou augmenter la surface des ailes en fonction de la puissance du vent.

LA CÔTE DES HAVRES

De Port-Bail à Granville s'étend une immense et superbe plage de sable fin ourlée d'un cordon de dunes, interrompue de temps à autre par des « havres », sortes de petits ports naturels creusés par le lit paisible d'un fleuve cherchant à prendre l'air du large, et formant ainsi de petits estuaires où se mélangent eau douce et eau salée. Se succèdent sur la côte les havres de Surville (le plus petit), Saint-Germain-sur-Ay, Geffosses, Blainville et Regnéville. L'idéal est de les parcourir avec un guide. Quoi qu'il en soit, de belles balades en perspective, longeant la mer – et notamment le fameux GR 223 –, rythmées par quelques petites stations balnéaires très familiales. Puis, pour peu que l'on s'aventure à l'intérieur des terres, on retrouve les beaux paysages du parc naturel des marais du Cotentin.

LESSAY   (50430)   2 025 hab.   *Carte Le nord de la Manche, B4*

Sympathique bourgade construite autour d'une abbaye bénédictine. En septembre, grande foire, l'une des plus anciennes de Normandie.

Adresses utiles

🛈 *Office de tourisme :* 11, pl. Saint-Cloud. ☎ 02-33-45-14-34. ● tourisme-cocm.fr ● *Juil-août, lun-sam 9h30-12h30, 14h-17h30 ; hors saison, lun-ven 9h30-12h30, 14h-17h30.* Organise chaque été des animations autour du patrimoine architectural et de l'environnement.

■ *Centre permanent d'initiatives pour l'environnement du Cotentin :* 30, rue de l'Hippodrome. ☎ 02-33-46-37-06. ● cpiecotentin.com ● *Lun-ven 9h-12h, 14h-18h.* Des passionnés de la nature et de la région organisent diverses activités et balades axées sur la découverte des équilibres écologiques locaux, faune et flore et activités humaines.

438 | **LA MANCHE / LE COTENTIN**

Où dormir ? Où manger dans les environs ?

🏠 |❚| *Chambres d'hôtes Le Tertre :* chez Chantal Lebrun, 3, rue de la Mer, 50190 **La Feuillie.** ☎ 02-33-47-94-39. 🖥 06-80-25-00-99. ● gerard. lebrun8@wanadoo.fr ● le-tertre. fr ● 🚲 À 7 km au sud-est de Lessay. Doubles 62-64 € ; familiales. Table d'hôtes 22 €. D'un côté, la maison en pierre du XVIIIᵉ s, à la façade mangée par le lierre, aux parquets bien cirés, aux beaux volumes et aux grandes fenêtres, et de l'autre, le beau corps de bâtiment dans le grand jardin avec verger entretenus au cordeau. Les jolies chambres sont réparties entre les 2. Côté table d'hôtes, Chantal vous régale de bons produits fermiers. Sinon, des petits plus non négligeables, comme la cuisine et la machine à laver le linge à disposition.

🏠 |❚| *Chambres d'hôtes L'Biao Cotentin :* 19, rue de la Tirelière, 50430 **Bretteville-sur-Ay.** ☎ 02-33-45-87-90. 🖥 06-60-04-17-71. ● biao. cotentin@orange.fr ● biao-cotentin. fr ● À 11 km au nord-ouest de Lessay. Doubles 66-70 € ; familiale. Table d'hôtes 22 €. Loc gîte 6 pers. Un lieu charmant, militant, dont les proprios sont adeptes de la permaculture. Chaleureux et écolo, l'intérieur est meublé dans un style campagnard épuré. Espaces communs cosy, comme le salon et sa bibliothèque, la cuisine avec sa cheminée où peuvent rôtir poulets et gigots. Logiquement, la table d'hôtes est fournie en produits du verger, du potager, bio ou locavores.

🏠 |❚| *Chambres d'hôtes Home 19 :* 19, rue des Mézières, 50430 **Saint-Germain-sur-Ay.** 🖥 06-20-89-38-42. ● n.gambier@sfr.fr ● home-19.fr ● À env 6 km au nord-ouest de Lessay. Doubles 60-71 € ; familiale. Table d'hôtes 25 € (à base de produits locaux et bio de préférence). Si cette ancienne grange trapue presque accolée à la route (peu passante) date du XVIIIᵉ s, l'intérieur, lui, est aménagé de façon bien contemporaine. Jamais, pourtant, on ne tombe dans le travers du catalogue de déco ou du trop clinquant ; on sent une vraie patte personnelle derrière tout ça. Le respect des matériaux d'origine apporte aussi une réelle chaleur au lieu, tout comme l'accueil. 2 des chambres peuvent héberger jusqu'à 6 personnes.

🏠 |❚| *La Ferme des Mares :* 26, rue des Mares, 50430 **Saint-Germain-sur-Ay** (bourg). ☎ 02-33-17-01-02. ● contact@la-ferme-des-mares.com ● la-ferme-des-mares.com ● 🚲 À 8 km au nord-ouest de Lessay. Ouv le soir slt, plus le midi dim. Congés : de mi-déc à mi-janv. Doubles 86-150 €. Menus 30-45 € ; carte env 45 €. Cette adresse possède nombre d'atouts pour elle. Le très beau cadre d'une ancienne ferme (cercle équestre), d'une part, mais aussi le calme et le confort moderne de chambres spacieuses et coquettes aux touches design. La table offre qualité et fraîcheur pour se hisser au niveau du décor, élégant et classique. Idéal pour des soirées cocooning au retour de belles balades. Accueil charmant.

À voir

🎭 *L'église abbatiale Sainte-Trinité de Lessay :* ☎ 02-33-45-14-34 (office de tourisme). 🚲 Tlj 10h-18h. Visite libre. Visites guidées (payantes) proposées pdt vac scol (elles permettent d'accéder aux parties privées de l'abbaye – cloître, jardins) ; intéressant, d'autant que, sinon, depuis l'église abbatiale, on ne peut même pas les apercevoir, puisque depuis la Révolution française les anciens bâtiments conventuels sont une propriété privée. De larges panneaux très bien faits retracent l'histoire de l'abbaye.

L'un des chefs-d'œuvre de l'art roman en Normandie. Fondée en 1056 par les barons de La Haye-du-Puits, elle connut les ravages de la guerre de Cent Ans et des guerres de Religion. Des siècles plus tard, les bombardements de 1944 et les mines allemandes la ravagèrent cruellement, au point qu'il fut presque envisagé de la laisser en l'état, toute restauration semblant impossible. Sensible aux vœux de la population de Lessay et à l'intérêt architectural de l'abbatiale, la commission supérieure des Monuments historiques décida finalement de sa reconstruction. Celle-ci dura 13 ans (1945-1958), sous la direction de l'architecte en chef Y.-M. Froidevaux. Les nombreux documents iconographiques existants aidèrent à remettre chaque chapiteau, clé de voûte, modillon à sa place. On alla jusqu'à reproduire scrupuleusement les défauts architecturaux de la construction initiale.

Extraordinaire harmonie des proportions. Se mettre dans l'axe du chevet pour s'en convaincre. À l'intérieur, très grande rigueur architecturale, totale pureté des lignes, équilibre des volumes, volonté de dépouillement propre à transcender les âmes les plus endurcies.

Chapiteaux stylisés pour ne pas altérer la simplicité de l'architecture bénédictine. En même temps, l'impression de rigoureuse austérité est tempérée par le chaud calcaire blond qui prend des tons mordorés lorsque le soleil pénètre l'abbatiale. Triforium surmonté d'une galerie courant tout au long.

– Durant la saison estivale, l'abbaye accueille les *Heures musicales,* un festival de musique classique.

🍴 ✇ *La fromagerie Réo : à 1, rue des Planquettes.* ☎ 02-33-46-41-33. *Juil-août, visites lun-ven (sauf j. fériés) ttes les heures 9h-13h (résa fortement conseillée). Entrée : 3,20 € ; gratuit moins de 14 ans.* Depuis sa fondation par Théodore Réaux en 1931, cette petite fromagerie fabrique une merveille de camembert au lait cru moulé à la louche. Autrement dit, une espèce en voie de disparition ! De l'emprésurage à l'emballage, on assiste en 1h (en réalité, il faut 14 jours) à toute la série d'opérations nécessaires à la fabrication d'un camembert digne de ce nom. La dégustation est au bout, et vous comprendrez alors pourquoi le camembert Réo a atteint le record historique de 9 médailles d'or aux Salons de l'agriculture 1992, 1993, 1994, 1998, 1999, 2004, 2006, 2008 et 2009 !

DANS LES ENVIRONS DE LESSAY

🍴 🚶 *Le lac des Bruyères : à Millières. À env 9 km de Lessay, direction Périers, par la D 900 (accès sur la gauche).* Jolie reconversion pour cette ancienne sablière en activité jusqu'en 2005. 2 sentiers, l'un de 700 m (accessible aux personnes handicapées) et l'autre de 3 km. Tous 2 sont jalonnés de panneaux sur la flore et la faune. Ce n'est pas tant le lac qui est remarquable, mais les landes qui l'entourent. Très bien aussi pour les pique-niques, il y a les tables pour cela (sous abris, même, pour certaines !).

🍴 *Gorges : à 16 km au nord-est de Lessay.* Ne pas manquer l'*église* et son retable, symbole du catholicisme triomphant au XVIe s (au moment de la Contre-Réforme). Il rappelle la coupole des Invalides. Jolie pietà du XVe s (noter, à genoux, le donateur). À mentionner aussi, la charmante *petite chapelle Sainte-Anne,* au milieu des champs. Au nord de Gorges, la *tourbière de Baupte,* où l'on peut observer la cigogne blanche, des hérons ou autres échassiers (vanneau huppé, bécassine des marais...).

🍴🍴 *Marchésieux : la porte d'entrée sud des marais du Cotentin, à 20 km à l'est de Lessay.* Son *église* appartient à un prieuré fondé au XIe s. L'édifice actuel remonte au XIIIe s. Le chœur propose un ensemble exceptionnel de peintures murales du XIVe s. Notamment, sur fond rouge, une présentation du Christ au Temple. Au-dessus et en dessous, la *Fuite en Égypte* et le *Massacre des Innocents.* On y trouve aussi la *Maison des marais (rue Chardin ;* ▯ *07-81-69-69-73),* soit une bâtisse traditionnelle de 1773 à l'intérieur de laquelle est présentée la « vraie » vie dans les marais jusqu'au début du XXe s. Malheureusement, elle est rarement

440 | **LA MANCHE / LE COTENTIN**

ouverte, mais on peut se promener autour, et un sympathique sentier de découverte du marais Saint-Clair démarre juste à côté.

🏇 *La Maison de la brique : 3, la Briqueterie, 50190 Saint-Martin-d'Aubigny.* ☎ *02-33-07-61-95 ou 73-92 (mairie). À 15 km au sud-est de Lessay. Juil-août, tlj 14h30-18h30 ; de mi-juin à fin juin et sept, dim 14h30-18h30. Entrée : env 3 € ; réduc ; gratuit moins de 8 ans. Expos et animations temporaires. Visite avec l'application Kit'M.* Cette ancienne fabrique de briques du début du XXe s, entièrement réhabilitée, propose un circuit de découverte des différentes étapes de fabrication (extraction de l'argile, séchage, cuisson, etc.), mais aussi de l'utilisation de la brique à travers les âges... Présentation intéressante et très didactique, avec un film témoignage du dernier briquetier.

Manifestation

– *La Sainte-Croix : 2e w-e de sept.* Créée au XIIe s par les moines bénédictins de l'abbaye, cette foire presque millénaire est l'une des plus importantes et populaires de l'Ouest, sinon de France. Elle accueille près de 400 000 visiteurs et rassemble paysans et forains pendant 3 jours. Plus de 50 rôtisseurs et 1 500 « déballeurs », feu d'artifice. Vente de chevaux et de chiens. Attention à la circulation dans les environs (embouteillages).

PIROU   (50770)   1 560 hab.   *Carte Le nord de la Manche, B4*

Mini station balnéaire dotée d'une longue plage de 6 km et d'un étonnant château. C'est aussi le début d'une grande zone de maraîchage, où l'on cultive, entre autres, les carottes et poireaux de Créances, qui sont aux légumes ce que l'agneau de pré salé est à la viande ! (Ils poussent, en effet, dans les terres très sableuses du bord de mer.)
À *Pirou-Plage,* **joli spectacle des bateaux de pêche, au mouillage devant l'estran, ou tentant de rejoindre l'eau à marée basse, tirés par des tracteurs. Une bonne partie de ces embarcations sont des « bulotiers », bien que l'on pêche aussi une jolie palette de fruits de mer : étrilles, tourteaux, araignées, homards, seiches... Et sinon, on est également là dans une zone de production de moules et d'huîtres : il y a même un distributeur automatique sur la place principale de Pirou-Plage (dans une maisonnette bleue) !**

Adresse utile

🛈 *Bureau d'information touristique : 8, rue Fernand-Desplanques.* ☎ *02-33-46-30-47 ou 02-33-45-14-34 (Lessay).* ● *tourisme-cocm.fr* ● *Ouv dim mat aux intersaisons ; tlj sauf lun juil-août.*

Où dormir ? Où manger ?

Campings

⛺ *Camping à la ferme : 1, la Morinière.* ☎ *02-33-07-87-15.* 📱 *06-81-64-89-79.* ● *marie.massu@wanadoo.fr* ● 🏇 *Ouv d'avr à mi-sept. Env* *13,60 € pour 2 avec tente et voiture. CB refusées. 25 empl.* Camping bien éloigné de la route et à 800 m de la mer à travers champs et dunes. Très grand terrain herbu et arboré à côté de la ferme. Sanitaires impeccables.

LE PAYS DE COUTANCES | **441**

Possibilité d'acheter œufs et cidre bouché. Bon accueil.

🏕 *Le Clos Marin : 2, rue des Bergeronnettes.* ☎ *02-33-46-30-36.* ● *le-clos-marin.pirou@orange.fr* ● *ville-pirou.fr* ● 🚿 *Dans le village, en bord de mer ; bien fléché. Ouv avr-fin oct. Env 14,60-17,90 € pour 2 avec tente et voiture ; mobile homes 4-6 pers 340-620 €/sem. 250 empl.* À touche-touche avec la plage, un grand terrain tout simple, aux pelouses qui ondulent légèrement. Plantez vos sardines, car le vent souffle généreusement sur ce lieu peu abrité. Et préparez votre crème solaire (ou un parapluie bien costaud !). En effet, à l'exception d'un petit espace sous les arbres, l'ombre est très rare. Sanitaires bien tenus. Quelques mobile homes en location. Piscine.

Chic

|●| *Restaurant de la Mer : 2, av. Fernand-Desplanques, Pirou-Plage.* ☎ *02-33-46-43-36.* ● *restaurant delamer-pirou@orange.fr* ● *Face à la mer. Tlj sauf mer, plus le soir dim-jeu hors saison. Congés : fin déc-fin janv. Formule déj en sem 29 € ; menus 38-47,50 €.* Excellentes spécialités de fruits de mer. Cuisine de qualité et produits frais, mais service parfois longuet.

À voir

🏰🏰 *Le château de Pirou : 3, Le Château.* ☎ *02-33-46-34-71. Avr-sept, vac de la Toussaint et de Noël, tlj sauf mar 10h-12h, 14h-18h30 ; ferme à 17h à la Toussaint et à Noël. Entrée : 7 € ; réduc ; gratuit moins de 7 ans ; forfait famille 22 €.* Construit au XIIᵉ s (à l'emplacement d'un camp viking, semblerait-il), un adorable petit château sur une île au milieu d'un étang. Couvert de lierre, transformé en bâtiment agricole, il fut tout à fait oublié jusqu'en 1966. Il s'agit d'une des très rares forteresses médiévales encore visibles dans la Manche. Elle fut prise en 1370 par les Anglo-Navarrais et occupée par les Anglais de 1418 à 1449.

Étonnante bâtisse : on passe d'abord 3 portes fortifiées (il y en eut 5 par le passé), puis on la découvre effectivement toute petite, râblée, bien proportionnée. On distingue encore les 2 rainures du pont-levis. Une des tours possède une forme originale (supportée en partie par une trompe). À l'intérieur, à droite, le vieux logis datant de Henri IV. Beau corps de bâtiment avec lucarnes ouvragées. Devant, puits vénérable. Salles avec hautes cheminées à tablier de granit ou cheminées géantes. De mai à septembre, expo d'une tapisserie inspirée par celle de Bayeux. Elle raconte l'épopée des Tancrède en Italie du Sud et en Sicile (voir le musée Tancrède-de-Hauteville dans les environs de Coutances).

En face de l'entrée du château, les longs bâtiments des communs à l'appareillage de pierre serré. On y trouve la boulangerie, le pressoir, la chapelle, la salle des plaids et, en retour d'équerre, la charreterie avec 3 belles arches.

À faire

– *Avis aux amateurs de pêche :* Pirou possède des eaux qui permettent de pratiquer des types de pêche plus que variés : le *surf casting,* à l'entrée des estuaires, tous types de pêche en bateau... Bars, plies, soles, mulets...

LE PAYS DE COUTANCES

Au centre de la Manche, l'un des plus délicieux bocages de l'Hexagone, et peut-être l'un des plus variés. Ainsi se termine-t-il parfois le nez dans l'océan,

comme à Regnéville, où les moutons paissent dans des prés plus que salés !
Vers Cerisy-la-Salle et La Baleine, les rivières Soulles et Sienne l'entaillent
profondément et lui donnent presque l'aspect de vallée. Une région essentiellement rurale, donc, et de nombreuses petites routes balisées de manoirs
de poche, châteaux, charmantes églises et abbayes. Au milieu émergent
les « flèches vers Dieu » de Coutances, petite capitale de l'un de nos coins
préférés de la Manche...

LE BORD DE MER DU PAYS
DE COUTANCES

Des havres, encore, et une plage de sable fin qui continue à se dérouler sur
des kilomètres et des kilomètres, jusqu'à Granville. La côte est ponctuée ici
et là de quelques petites stations balnéaires très familiales, à l'architecture
pas toujours heureuse, mais sympathique. D'autant que parmi les quelques
zones pavillonnaires, ou plus à l'intérieur des terres, se cachent souvent de
ravissants hameaux que l'on découvre au hasard des routes étroites, tel celui
de Grouchy à Blainville-sur-Mer.
Entre Gouville-sur-Mer, Blainville-sur-Mer et Agon-Coutainville, vous êtes
aussi au cœur d'une grande zone conchylicole.

AGON-COUTAINVILLE

(50230)   2 850 hab.   *Carte Le sud de la Manche, B1*

Créée sous Napoléon III, la plus ancienne station balnéaire de la Manche
et LA plage des Coutançais. Villas du XIXᵉ s, maisons carrément contemporaines ou encore années 1950 qui, comme dans *Mon oncle,* s'alignent
familièrement le long d'une dune surplombant la plage de Coutainville. Finalement, on aime bien le côté désuet et très hétérogène de cette station pas
trop bétonnée.

Adresse et infos utiles

🛈 *Office de tourisme :* pl. du 28-Juil-
let. ☎ 02-33-76-67-30. ● *tourisme-
coutances.fr* ● *Juil-août, tlj ; hors saison, mar-sam.* Vente de billets pour les
îles, visites à thème (balade nocturne,

architecture balnéaire, initiation à la
pêche à pied...).
– *Marchés :* mar et sam à **Coutainville** ; jeu au **Passous.**

Où dormir ? Où manger ?

Camping

⚑ *Camping Le Casrouge :* 77,
le Casrouge. ☎ 02-33-46-84-70.
▯ 06-32-74-59-09. ● *fermebec
splats@wanadoo.fr* ● *fermebecsplats.*

com ● *Ouv de juil à mi-sept.*
Env 13,10 € pour 2 avec tente et voiture. 15 empl. Dans un beau champ
planté d'arbres, un camping tranquille,
très agréable, avec de vastes emplacements individuels, des sanitaires

AGON-COUTAINVILLE | 443

propres et l'eau chaude à volonté. Découverte de la pêche à pied une fois par mois lors des grandes marées. Sur place, épicerie et vente de produits bio : fruits, légumes et produits locaux (yaourts fermiers, lait, cidre...). Le genre d'endroit où l'on passe de bonnes vacances !

Prix moyens

🏠 ✝ *Hôtel La Villa Julia :* 5, rue du Docteur-Viaud, le Passous. ☎ 02-33-76-67-50. ● la.villa.julia@orange.fr ● lavillajulia.fr ● À 100 m de la plage du Passous. Doubles 59-81 € ; familiales. Un petit hôtel familial où la déco plutôt design de la réception, des espaces communs et des salles de bains tranche avec le charme désuet et romantique des boutis, meubles patinés et teintes grises des jolies chambres. De taille variable, toutes sont néanmoins confortables. Accueil souriant.

🏠 ✝ *Hôtel Les Coutainvillaises :* 9, rue de l'Amiral-Tourville. ☎ 02-33-47-05-77. ● contact@lescoutainvillaises. fr ● lescoutainvillaises.fr ● Hôtel fermé dim soir, plus lun hors saison (sauf si résa pour 2 nuits). Doubles 65-89 €. Au rez-de-chaussée, un bar à l'ancienne, tout en boiseries et atmosphère. Dans les étages, des chambres pas immenses mais pimpantes, voire même élégantes, et de bon confort. Accueil souriant.

🍴 *La Salicorne :* 38, rue de l'Amiral-Tourville. ☎ 09-73-21-29-29. ● contact@salicorne.fr ● Fermé dim soir-mar (ouv tlj juil-août). Menus déj (sauf dim) 19-24 €, puis 32 €. La devanture mise à part, difficile de deviner l'ancien garage dans les lieux investis par cette belle adresse. Certes il y a l'espace, les grandes fenêtres latérales, les murs de brique blanchie, la cuisine en partie ouverte sur la grande salle. Une adresse très dans l'air du temps ? Oui, mais rassurez-vous tout n'est pas que dans l'apparence ! La cuisine remplit toutes ses promesses. Tout est fait pour mettre en valeur des produits de belle qualité : la cuisson, leur texture, leur accompagnement, leur présentation. Un régal, et à un prix juste !

Où dormir ? Où manger dans les environs ?

De bon marché à prix moyens

🏠 🍴 *Chambres d'hôtes Nuit de Sienne :* Élisabeth Louvard et Steven Guibout, 51, rue de la Campagne, 50200 **Heugueville-sur-Sienne.** ☎ 02-33-45-55-20. ● lisalouvard@hotmail.com ● À env 5 km à l'est d'Agon-Coutainville. Fermé entre Noël et Jour de l'an. Double 50 € ; familiale. Table d'hôtes 25 €. Possibilité de séances de massage et de baby-sitting. Lisa et Steven veulent que l'on se sente bien chez eux. Et ils y réussissent dans leur écomaison de rondins, aux conduits électriques blindés, aux récupérateurs d'eau de pluie et au beau four (alsacien, pour tartes flambées) qui assure le chauffage de toute la maison. Ils partagent leur demeure et privilégient l'esprit de rencontre, autour d'une bolée de cidre maison ou du petit déj bio. La belle et spacieuse chambre familiale rivalise avec la chambre double dotée d'un petit salon, d'un balcon et de la vue sur Jersey et Chausey. Excellents conseils de visites et initiation à l'ornithologie avec Steven.

🏠 *Chambres d'hôtes Les Roses 1680 :* chez Nicoles Tardy, 11, rue du Vieux-Lavoir, 50560 **Blainville-sur-Mer.** ☎ 02-33-47-20-31. ● contact@lesroses1680.com ● lesroses1680.com ● ♿ À 4 km au nord d'Agon-Coutainville. Doubles à partir de 75 € ; familiale. Au cœur du village, dans une impasse au calme, jolie petite maison du XVIIe s en pierre et granit. Au 1er étage, 5 chambres parfaitement tenues, dont 3 ouvrent sur le jardin, avec le golf en arrière-plan. Déco sobre et élégante. Cuisine d'été à disposition.

🍴 ✝ *La Cale :* la Plage, 50560 **Blainville-sur-Mer.** ☎ 02-33-47-22-72. 📱 06-85-05-69-95. ♿ À 4 km au nord d'Agon-Coutainville, en bord de

LA MANCHE

444 | **LA MANCHE / LE PAYS DE COUTANCES**

mer. De mi-juin à mi-sept, tlj ; hors saison, seulement ven soir-dim et j. fériés. Congés : nov-avr. Moules-frites env 14 €. CB refusées. Verre de cidre offert sur présentation du guide de l'année. Salle entre le hangar à bateaux et l'entrepôt *Emmaüs*. Cuisine simplissime, comme la définit son patron haut en couleur. Carte qui tient sur une feuille de papier à cigarette : grillades, moules (du coin)-frites, douzaine d'huîtres (du coin aussi)... Qu'importe, on vient là pour caler une petite fringale en terrasse, les pieds dans le sable, avec une vue géniale sur la dune et le ballet des pêcheurs de la zone conchylicole. Atmosphère iodée à souhait.

|●| ⌂ *L'Athome :* 16, rue de la Sienne, 50200 **Heugueville-sur-Sienne.** ☎ 02-33-47-19-61. À 5 km à l'est d'Agon-Coutainville. Ouv jeu-dim midi. Résa conseillée. Menus déj (sauf dim) 20 €, puis 33-55 €. Avec un menu du marché qui change tous les 15 jours et un menu unique (mais décliné selon plusieurs formules) revisité chaque mois, difficile de douter de l'attachement du chef aux produits frais, de saison et locaux. Et comme ce même chef a aussi fait ses armes à l'étranger, il se plaît à élargir les horizons en allant puiser son inspiration dans les cuisines d'ailleurs. Et le cadre assez atypique mais intime de cet ancien presbytère ne fait qu'ajouter au plaisir d'un repas délicat et inspiré.

De plus chic à beaucoup plus chic

⌂ *Chambres d'hôtes Le Clos des Pommiers :* 5, rue de Bas, 50560 **Blainville-sur-Mer.** ☎ 06-09-01-10-20. ● leclosdespommiers1@gmail.com ● leclosdespommiers.com ●

À 5 km au nord d'Agon-Coutainville. Double 150 € ; gîte 4 pers. Au cœur d'un vrai et grand parc, une cousine de la splendide villa Strassburger de Deauville, soit un superbe échantillon d'architecture balnéaire. Vastes espaces, belles hauteurs sous plafonds, parquets et boiseries... Mais la maison n'est pas figée dans le XIXe s : chambres plutôt design, avec plein d'idées déco qu'on repiquerait volontiers. Sympathique petit gîte rural dans une dépendance. Accueil des plus agréable.

⌂ |●| ⌂ *Le Mascaret :* 1, rue de Bas, 50560 **Blainville-sur-Mer.** ☎ 02-33-45-86-09. ● le.mascaret@wanadoo.fr ● ♿ À 5 km au nord d'Agon-Coutainville. Fermé lun ainsi que dim soir hors saison. Doubles ou appart 115-240 €. Formule déj 29,50 €, menus 43,50-98 €. Restaurant, maison d'hôtes et de beauté : cette maison de maître au cœur du village ne manque pas d'atouts pour séduire sa clientèle. À commencer par la déco très personnelle des 5 chambres-studios qui reflète l'identité slave et surtout l'esprit créatif de Nadia, ancienne danseuse étoile au Ballet de Sofia : à l'heure où la mode serait plutôt à la sobriété, celle-ci n'est pas la principale caractéristique des lieux ! Des couleurs franches, des lustres, des tapisseries à motifs, des salles de bains surprenantes... Au restaurant, le chef cuisine avec une imagination féconde les produits du pays en y associant légumes de son potager, fleurs, épices et herbes sauvages. Excessivement bon. Tentez donc l'étonnant macaron à l'azote liquide. Vend aussi des condiments frais préparés à la minute (pistou, pâte de curry, etc.) et des « sablés affinés ». Une adresse qui en fait presque trop, mais qui reste une exception.

DANS LES ENVIRONS D'AGON-COUTAINVILLE

🐦🐦 *La pointe d'Agon :* le havre de la Sienne constitue une virgule en échancrure dans le littoral normand. Terres et plages se fondent et se confondent, et la route s'achève quasiment dans la mer. Le regard embrasse les immenses étendues de sable découvertes à marée basse. Quelques bateaux, à flot ou échoués, dessinent leurs silhouettes fantomatiques sur le dégradé ininterrompu du bleu au blanc, entre ciel, sable et océan. Un paysage de tout 1er matin du monde ! De la pointe d'Agon, on peut observer périodiquement le mascaret, immense vague moutonnante spécifique aux grandes marées, qui entre dans la baie et passe sous le pont de la Roque.

À marée basse, la baie de Sienne peut se traverser à pied (accompagné), de la pointe d'Agon à Regnéville. *Association Lùndi,* 📱 *07-81-73-45-46.* ● *lundi-asso. jimdo.fr* ●

🏖 **La plage de Gouville-sur-Mer :** vu du ciel, un sachet de Smarties renversé sur la clarté mate du sable et des joncs... C'est ici que sont établies les adorables cabines de plage blanches aux toits multicolores qui constituent une des images les plus connues de la Côte des Havres. Pour le plaisir de l'œil et de la baignade, pour le plaisir de tous, car des fauteuils amphibies pour les personnes à mobilité réduite sont disponibles au poste des sauveteurs en été. Vent parfait pour le cerf-volant également.

REGNÉVILLE-SUR-MER

| | (50590) | 830 hab. | *Carte Le sud de la Manche, B1* |

Charmant petit port d'échouage bordant le havre de la Sienne, face à la pointe d'Agon. Vu la quiétude de l'endroit, comment pourrait-on deviner que Regnéville fut l'un des ports les plus importants du Cotentin au Moyen Âge et qu'il prospéra aux XIXe et XXe s grâce à l'industrie de la chaux ? La jetée naturelle formée par la presqu'île d'Agon y est évidemment pour quelque chose. Port stratégique pendant l'occupation anglaise au début du XIVe s, l'endroit a conservé de ce passé prospère quelques traces de pierre : les murets séparant les parcelles (au lieu des traditionnels talus du bocage coutançais), des traces d'anciens hôtels, et de solides demeures, sans parler bien sûr du château. Aujourd'hui, ce village fort peu urbanisé, au charme gentiment désuet, livre de belles possibilités de balades sur ses grèves. L'occasion de le dire : un havre de tranquillité !

Où dormir ? Où manger ?

Camping

⛺ **Camping du Havre de Regnéville :** *8, rue du Port.* ☎ *02-33-45-88-71.* 📱 *06-80-74-99-68.* ● *camping.du.havre. de.regneville@gmail.com* ● ♿ *Ouv avr-oct. Env 15 € pour 2 avec tente, électricité et voiture. Tentes aménagées accueillant jusqu'à 5 pers 350 €/sem. 59 empl.* D'une extrême simplicité et joliment situé, en bordure de l'adorable baie de Sienne. Emplacements sur une pelouse, avec quelques arbres. Sanitaires corrects.

Bon marché

🍽 ⌂ **Le Jules Gommès :** *34, rue de Vaudredoux.* ☎ *02-33-45-32-04.* ● *le-jules-gommes.com* ● *Fermé lun-mar plus mer soir hors saison. Congés : de mi-nov à mi-déc. Formules déj en sem 15 €, puis 20-32 €. Café offert sur présentation du guide de l'année.* Un endroit à mi-chemin entre le resto et le pub irlandais. Une déco douillette, des meubles au quart de poil et des murs chargés d'aquarelles inspirées par la beauté de la région, ainsi qu'une belle terrasse à la végétation généreuse. Ce que vous aurez dans l'assiette est tout aussi agréable : de bons petits plats concoctés avec des produits locaux.

446 | LA MANCHE / LE PAYS DE COUTANCES

Où dormir ? Où manger dans les environs ?

Camping

⚠ *Camping des Gravelets :* 3, rue du Rey, 50590 **Montmartin-sur-Mer.** ☎ 02-33-47-70-20. 📱 06-43-57-78-70. ● gravelets@wanadoo.fr ● camping-montmartin.com ● ♿ À 3 km au sud de Regnéville. Ouv avr-oct. Env 10 € pour 2 avec tente et voiture ; bungalows 5 pers 295-395 €/sem. 95 empl. Lové dans une ancienne carrière dont les parois sont couvertes d'une envahissante végétation. Ravissant, le genre amphithéâtre verdoyant, protégé et très paisible. Pour les amateurs de campings nature et simples, un coup de cœur !

De prix moyens à chic

I●I *Couleurs Saveurs :* 2, route de la Bretonnière, 50290 **Bricqueville-sur-Mer.** ☎ 02-33-61-65-62. ● couleurs-saveurs@orange.fr ● ♿ Tlj sauf mer, ainsi que dim soir et lun soir hors saison. Congés : 15 j. en janv et 2de quinzaine d'oct. Formule déj en sem 15 € ; menus 31-45 €. Dans une maison de maître un peu perdue en rase campagne, une belle adresse où la cuisine de monsieur s'inspire du terroir et de la mer toute proche, tout en restant diablement personnalisée et créative. Quant au décor, il est contemporain, discret et élégant, comme le service de madame.

À voir

🎭🚶 *Le Musée maritime de Regnéville et le parc des fours à chaux du Rey :* ☎ 02-33-46-82-18 ou 02-33-45-31-28 (mairie). À 800 m de l'église. De mi-juin à fin sept, tlj sauf mar 13h-19h. Musée : 2,50 €, gratuit moins de 16 ans ; accès au parc des fours à chaux : gratuit.

Petit musée sur la vie maritime de la région du temps où Regnéville était encore un port important : maquettes et « portraits » de caboteurs à voile (bricks et goélettes à huniers), instruments de navigation, grenier de capitaine. Reconstitution de la dernière corderie (fermée en 1925), vestiges de bateaux qui transportaient les pierres, doris du coin, instruments de pêche à pied, charrette à tangue, beau tableau de Charles Jourdan, *Le Brûlage du varech.* Dans le parcours, des tableaux de nœuds pour s'entraîner au matelotage.

– À l'extérieur, les fours à chaux sont un exemple impressionnant et assez exceptionnel d'architecture industrielle du XIXe s. L'imposant appareillage de pierres leur donne un air de fortification. Il s'agit de l'un des très rares exemples européens de four à chaux mixte (fonctionnant à la fois au charbon et au bois). Le charbon venait d'Angleterre et le calcaire de Montmartin. La chaux ainsi obtenue servait à amender (améliorer) le sol du littoral breton et des îles Anglo-Normandes. Intéressants panneaux explicatifs sur les différents aspects du procédé de production.

🦴 *L'église Notre-Dame :* classée aux Monuments historiques, elle date du XIIe s. Le clocher orné de 4 clochetons a perdu sa flèche. À l'intérieur, ensemble remarquable d'une dizaine de statues en bois ou pierre polychrome, dont une ravissante pietà du XVe s (à droite de la nef). À noter, la maquette de bateau ex-voto qui fait office de baromètre-hygromètre (la suspension en corde tressée se resserre ou se détend selon l'humidité !).

🦴 *Le château :* probablement élevé au XIVe s, il fut détruit sur ordre de Richelieu après le siège de La Rochelle (religions, quand vous nous tenez...). Classé aux Monuments historiques, il n'en reste que le donjon carré (qui était constitué de 4 étages voûtés) et le flanc ouest, doté d'un escalier en spirale et de murs plutôt imposants : pas moins de 3 m d'épaisseur ! Malgré les destructions, l'endroit a encore belle allure et on peut faire librement le tour des douves, où plusieurs panneaux vous content l'histoire des lieux. Accueille également des expos temporaires.

COUTANCES

(50200) 9 310 hab. *Carte Le sud de la Manche, B1*

● Plan *p. 449*

Ancienne cité gauloise puis capitale du Cotentin sous le règne des ducs normands, Coutances ne fut dépossédée de sa suprématie régionale qu'après la Révolution, en 1796, lorsque Saint-Lô devint chef-lieu du département. Quand on arrive de loin, seules apparaissent les 3 églises, éclipsant totalement les demeures qui les entourent. Puis s'impose la cathédrale, merveille d'élégance gothique qui domine toute la ville. Mais Coutances est également devenue une sorte de capitale culturelle du département, avec en particulier le fameux festival Jazz sous les pommiers, considéré comme l'un des plus sympathiques festivals de jazz européen.

Adresses et infos utiles

🅸 *Office de tourisme* (plan B1) : *6, rue Milon.* ☎ 02-33-19-08-10. ● *tourisme-coutances.fr* ● *Juil-août, lun-sam 9h30-13h,14h-18h ; dim 9h30-13h30. Le reste de l'année, fermé dim et horaires restreints. Fermé 1er janv, 1er et 11 nov, et 25 déc.*
– *Pays d'art et d'histoire du Coutançais :* ☎ *02-72-88-14-25.* Pour connaître les dates et horaires des visites guidées de la ville ou de la cathédrale.
🚆 *Gare SNCF* (plan B3) : ☎ *36-35 (0,40 €/mn).* Liaisons directes ou avec changement, en bus ou en car, *de/vers*

Caen, Bayeux, Lison (correspondance pour Paris et Cherbourg), *Saint-Lô, Avranches, Pontorson (Le Mont-Saint-Michel), Rennes.*
🚌 *Gare routière* (plan B3) : *pl. de la Gare.* Avec la compagnie *Manéo* (☎ *02-33-05-55-50).*
– *Marché :* jeu mat, au marché couvert, rue du Maréchal-Foch et pl. du Général-de-Gaulle (plan B2). Ne pas manquer d'y acheter le coutances, délicieux fromage local qui cache sous une fine modestie un gros cœur très crémeux.

Où dormir ? Où manger ?

Camping

⛺ *Camping municipal Les Vignettes* (hors plan par A1, *11*) : *27, route de Saint-Malo.* ☎ *02-33-45-43-13.* 📱 *06-30-27-60-12.* ● *camping@ville-coutances.fr* ● ⚓ *À la sortie de la ville, direction Agon-Coutainville. Ouv tte l'année. Env 12,10-15,90 € pour 2 avec tente et voiture ; hébergements locatifs 210-400 €/sem. CB refusées. 80 empl.* Petit camping en bord de route mais dans un agréable espace verdoyant doté de haies et d'arbres, au creux d'un joli vallon pour la partie la plus agréable. Dans 2 petites maisons, 2 bons blocs sanitaires propres.

Équipements sportifs à côté (dont une piscine et un tennis, gratuits pour les campeurs).

De bon marché à prix moyens

🍽 *Restaurant Côté Saint-Pierre* (plan A2, *20*) : *55, rue Geoffroy-de-Montbray.* ☎ *02-33-47-94-78.* ● *cote saintpierre@orange.fr* ● *Tlj sauf dim-lun. Résa conseillée. Formules 16-19 € le midi, 22-36 € le soir.* Dans une toute petite salle basse de plafond aux lourdes poutres de bois, une poignée de tables seulement. Le midi comme

448 | **LA MANCHE / LE PAYS DE COUTANCES**

le soir, le menu se réduit à 2 ou 3 propositions. Le chef s'approvisionne auprès des producteurs locaux, et sa carte change tous les mois. Grand soin apporté à la présentation, sans pour autant négliger les saveurs (fines et parfumées) et la quantité.

|●| *Don Camillo* (plan B1, **21**) **:** 4, rue Harcourt. ☎ 02-33-45-00-67. ● don camillo@outlook.fr ● *Ouv le midi mar-sam, plus le soir ven-sam (tlj sauf dim-lun pdt vac scol). Congés : vac d'hiver (zone B, sauf fév) et 3 premières sem de juil. Formules déj 13,90-17,40 € ; carte 20-25 €.* Une adresse polyvalente proposant des plats bien cuisinés, à base de produits bien choisis et à des prix plus que raisonnables au vu de la qualité : plats du jour, pizzas, salades, chacun devrait trouver ici mets à son goût ! Et, pour ne rien gâcher, le cadre et le service sont agréables.

|●| 🍽 *Les Pipelettes* (plan A2, **22**) **:** 3, rue Quesnel-Canveaux. ☎ 09-82-41-45-89. ✼ *Tlj sauf sam-dim 12h-18h (jusqu'à la fin des stocks). Repas env 15 €.* Chez *Les Pipelettes*, c'est

mignon, coloré, plein de fantaisie et d'humour. On s'y retrouve autour d'un bon petit plat maison le midi, pour un thé accompagné d'une douceur ou pour goûter différents cidres. Vous l'aurez compris : l'ambiance y est plus atelier couture ou tricot que match de foot devant l'écran géant !

Prix moyens

🏠 *Hôtel Cositel* (hors plan par A1, **13**) **:** 29, rue Gérard-Gaunelle. ☎ 02-33-19-15-00. ● accueil@cositel.fr ● cositel.fr ● ✼ *Doubles 50-106 € ; familiales.* Un hôtel de chaîne très fonctionnel et pas spécialement séduisant de prime abord. Les chambres se révèlent toutefois très spacieuses pour certaines, et indéniablement confortables. Bien que près de la route, l'environnement est paisible, verdoyant (le jardin est vraiment agréable), et l'accueil, très pro, se met en 4 pour répondre à vos demandes et rendre votre séjour agréable.

Où dormir dans les environs ?

🏠 *Chambres d'hôtes et gîtes Le Clos des Tilleuls* : chez M. et Mme Cardon, 37, route de Coutances, village au Pelley, 50200 *La Vendelée.* ☎ 02-33-45-04-78. 📱 06-13-63-68-45. ● leclosdestilleurs@free.fr ● leclos destilleulsnormandie.com ● *À 4 km au nord de Coutances. Double 80 € ; suite avec spa 120-200 €. Séjours à thème (relaxation, massage). Services*

courses, plateau-repas, panier pique-nique. Loc de vélos. Praticienne en relaxation, Éléonore met à disposition des chambres et des suites. Harmonie du cœur dans la déco chaleureuse, dans les attentions et dans l'accueil charmant. Harmonie du corps dans le centre bien-être (payant hors formules) avec fitness, sauna, jacuzzi...

À voir. À faire

🎭🎭🎭 *La cathédrale Notre-Dame* (plan B1-2) **:** *tlj 9h-19h. Pour les visites guidées, contacter le bureau de Pays d'art et d'histoire en Coutançais (☎ 02-72-88-14-25).* Voir en particulier les parties hautes. Un miracle... cette merveille fut épargnée par les bombardements de juin 1944 ! Initialement construite par l'évêque Geoffroy de Montbray au XIᵉ s, elle fut remplacée par un nouvel édifice (de style gothique, celui-ci) au début du XIIIᵉ s. De la cathédrale romane, on conserva les structures de la nef et les tours de façade qui furent chemisées d'un parement gothique. Chaque flèche est entourée de clochetons effilés qui semblent jaillir comme des fusées et tirent l'ensemble vers le ciel. Prodigieuse sensation de verticalité, d'ailleurs renforcée par les longues arcatures aveugles. Au centre de la façade, ravissante galerie ajourée du XIVᵉ s au-dessus d'une large baie en tiers-point. Admirable abside, chef-d'œuvre d'harmonie alliant l'équilibre des volumes à la romane et

COUTANCES / À VOIR. À FAIRE | 449

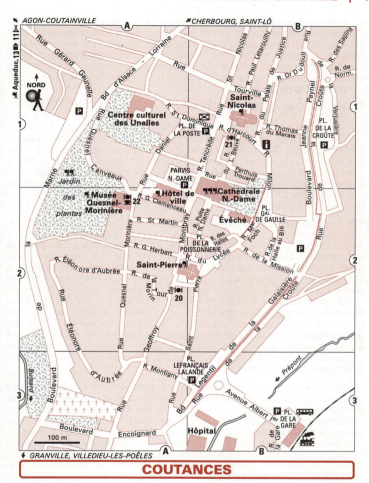

COUTANCES

⚕ 🏠 **Où dormir ?**	13 Hôtel Cositel (hors plan par A1)
⦿ 🍷 **Où manger ?**	20 Restaurant Côté Saint-Pierre (A2)
11 Camping municipal Les Vignettes (hors plan par A1)	21 Don Camillo (B1)
	22 Les Pipelettes (A2)

la verticalité du gothique. Toutes les lignes convergent vers la tour et semblent là aussi partir à l'assaut du ciel.
À l'intérieur, on retrouve les mêmes proportions harmonieuses. À la croisée du transept, la tour-lanterne avec son puissant jeu de lignes et de colonnettes inspire un fort sentiment d'aspiration vers le haut. S'attarder sur les vitraux, notamment celui du Jugement dernier du XVe s. On y retrouve les 12 apôtres et, en dessous, saint Michel pesant les âmes. De chaque côté, ange et démon s'emparant de leur

450 | **LA MANCHE / LE PAYS DE COUTANCES**

dû. Autre fascinante verrière, du XIIIᵉ s celle-là, *Les Trois Martyrs,* qui se lit de droite à gauche et de bas en haut, et qui met en scène saint Blaise, saint Georges et saint Thomas Becket. Chœur entouré d'un large déambulatoire. Pour résoudre le problème de la faible hauteur de la nef (prisonnière des structures romanes), on a joué ici sur les phénomènes optiques : fenêtres, baies, faux triforium sont sciemment étirés. Effet assez réussi ! Dans les chapelles, quelques verrières du XIIIᵉ s.
– Derrière la cathédrale, l'évêché du XVIIIᵉ s.

🚶 *Le musée Quesnel-Morinière (plan A2) : 2, rue Quesnel-Morinière.* ☎ 02-33-07-07-88. Tlj sauf mar, dim mat et j. fériés 10h-12h, 14h-17h (18h juil-août). Entrée : 2,50 € ; réduc ; gratuit moins de 18 ans, étudiants et pour ts dim ap-m. Expo temporaire gratuite. Dans l'ancien hôtel particulier Quesnel-Morinière, un fonds d'intérêt régional. Très belle collection de céramiques normandes anciennes, des estampes et quelques peintures du XVIIᵉ au XXᵉ s, ainsi que des sculptures (dont plusieurs religieuses) du XVᵉ au XXᵉ s. Les amateurs d'histoire régionale y trouveront aussi des œuvres du « pou qui grimpe », fameux groupe de peintres imagiers coutançais du début du XXᵉ s. Le musée propose également des expos temporaires (gratuites).

🚶🚶 🚶 *Le Jardin des plantes (plan A1-2) : accès par le musée ou par la rue Quesnel-Morinière. Oct-mars, tlj 9h-17h ; avr-sept, tlj 9h-23h (juil-août, avec illuminations en musique). GRATUIT.* Splendide jardin bâti en terrasses, jadis propriété de la famille Quesnel-Morinière, qui le légua à la Ville en 1850, avec comme exigence « qu'on y cultivât des plantes officinales à l'usage gratuit des indigents ». Syncrétisme réussi de la grâce des jardins anglais, de la symétrie rigoureuse des jardins à la française et du charme des terrasses italiennes. Au milieu, l'obélisque du généreux donateur. Partez maintenant à la découverte des 47 000 plantes et essences rares qui le composent, pins de l'Himalaya, savonniers, séquoia géant, cryptomeria du Japon, araucaria, *Ginkgo biloba,* tulipiers de Virginie, chicots du Canada, etc. En été, les senteurs des héliotropes et autres lantanas vous accompagnent. À l'entrée principale, sur la gauche, face au musée, l'immense pressoir à cidre du XVIIIᵉ s (appelé « à longue étreinte ») et, tout en bas, à gauche, le labyrinthe pour les enfants.

➤ *Balade dans le vieux Coutances :* la *rue Quesnel-Morinière* donne une bonne idée de ce que fut la ville jadis. Bien reconstruite après les bombardements de la Seconde Guerre mondiale, en partie grâce aux efforts de l'architecte Louis Arretche. Au n° 10, linteau sculpté. Belle demeure au n° 18. Au n° 24, porche voûté et poutres vénérables menant à une cour entourée d'édifices à l'élégante sobriété. Quelques ouvertures en accolade. Au n° 40, ancien hôtel particulier. Rue Geoffroy-Herbert, maison avec tourelle à encorbellement en brique. La *rue Saint-Pierre,* qui descend en pente raide derrière l'église, offre également un intéressant visage du vieux Coutances : fenêtres en accolade, porches donnant accès à de pittoresques ruelles pavées.

🚶 *L'église Saint-Pierre (plan A-B2) : rue Geoffroy-de-Montbray.* Plus discrète que la cathédrale, elle n'en présente pas moins une remarquable architecture. Le très riche décor de la tour-lanterne de style Renaissance contraste avec la sobriété intérieure. Sa forme rappelle vaguement une tiare et évoquerait l'aide apportée par le pape Alexandre VI à son édification. À l'intérieur, belles stalles du XVIIᵉ s sculptées d'entrelacs. Dans le transept gauche, quelques vitraux anciens (scène de baptême). Élégantes arches à quadruples voussures. Espace intérieur particulièrement lumineux.

🚶 *L'église Saint-Nicolas (plan B1) : fermée au culte, elle accueille des expos temporaires. Tlj sauf w-e en juil-août, aux heures d'ouverture de l'office de tourisme.* Fondée au XIIIᵉ s, maintes fois victime des vicissitudes des guerres, elle fut complètement reconstruite de la fin du XVIᵉ s au XVIIIᵉ s dans le style gothique. Le chœur, élevé vers 1620, est particulièrement élégant.

DANS LES ENVIRONS DE COUTANCES | **451**

☇ *L'hôtel de ville* (plan A1-2) : *visite de quelques salles possible durant les heures d'ouverture de la mairie.* Il occupe l'ancien hôtel de Cussy (XVIIᵉ-XVIIIᵉ s) depuis 1819, mais la façade principale date du début du XXᵉ s. Dans la cour, élégant perron avec sa rampe en fer forgé. À l'intérieur, jeter un œil sur les peintures murales de la salle des mariages, réalisées par Charles Rocher de Gérigné dans les années 1930. Elles racontent les péripéties de la vie d'un couple de paysans normands au XIXᵉ s. Dans le hall d'entrée, autre peinture assez cocardière.

☇ *L'aqueduc* (hors plan par A1) : *rue de Saint-Malo (vers Agon-Coutainville).* Pittoresques vestiges d'un aqueduc gothique construit au XIIIᵉ s. Détruit par les huguenots 3 siècles plus tard puis réparé, il fut complètement abandonné à partir du XVIIᵉ s.

DANS LES ENVIRONS DE COUTANCES

☇☇ *Le château de Gratot* : *80, rue d'Argouges, 50200* **Gratot.** ☎ 02-33-45-18-49. ● *chateaugratot.com* ● À 5 km au nord-ouest de Coutances. Tlj 10h-19h. Entrée : 4 € ; réduc. Les ruines superbement restaurées d'un château construit entre le XIIIᵉ et le XVIIIᵉ s. Ses murs de pierre blonde parlent toujours de la fée Andaine, qui un jour disparut de la fenêtre de la tour... Magique pour méditer, et une très belle aventure humaine : déjà plus de 20 ans de travail bénévole ont permis d'en arriver là. Petite expo permanente qui retrace l'histoire du château dans les communs. Expos et animations de l'Ascension à la fin de l'été.

☇☇ *Le musée Tancrède-de-Hauteville* : *ancien presbytère, 50570* **Hauteville-la-Guichard.** ☎ 02-33-47-88-86 (en saison) ou 02-33-19-19-19. À 15 km au nord-est de Coutances. Juin-sept, tlj sauf mar et dim mat 10h-12h30, 14h-18h30 ; hors saison, ouv certains dim 14h-18h. Fermé en déc-janv. GRATUIT.
Un petit musée pas tape-à-l'œil, qui retrace la fantastique épopée de Tancrède de Hauteville et de sa nombreuse descendance. De manière un peu austère et ardue, malgré les couleurs vives des salles ! Une mine d'or pourtant pour les passionnés.
Né à Hauteville aux environs de l'an 1000, Tancrède est un modeste seigneur normand, qui n'a pratiquement aucune fortune à léguer à ses 15 enfants. Quelques-uns de ses fils (ils étaient 12 !) cherchent alors gloire et puissance en se faisant embaucher comme mercenaires dans les armées qui font route, en cette époque de croisades, vers Jérusalem. Points de passage obligés des croisés : l'Italie du Sud et la Sicile, où les fils de Tancrède finissent par s'installer. En 30 ans, ils deviennent les maîtres de la région, composant intelligemment avec les autochtones et tirant parti des connaissances des différentes civilisations implantées à ce carrefour méditerranéen : juristes, géographes, artistes arabes et byzantins rejoignent la cour de ce qui devient bientôt le plus solide royaume de la Méditerranée. Une puissance fondée sur la richesse économique (la Sicile est un grenier à blé), une stabilité politique à faire pâlir d'envie (le *royaume normand de Sicile* restera en place jusqu'en 1266), et une intense vie culturelle.
Jardin d'inspiration médiévale où flâner parmi les plantes aromatiques, médicinales et les fleurs... Au cours de l'année, ateliers de broderie au point de Bayeux, d'enluminure et de vitrail.

Culture et manifestation

– *Centre culturel des Unelles* (plan A1) : *rue Saint-Maur.* ☎ *02-33-76-78-50.* ● *lesunelles.com* ● Installé dans les imposants bâtiments de l'ancien grand séminaire qui, construit en 1868, accueillit jusqu'à 300 séminaristes. La crise des vocations a quand même du bon : depuis sa création en 1983, le centre des Unelles est l'épicentre du sympathique bouillonnement culturel de Coutances. Il héberge la médiathèque, l'équipe du théâtre municipal, et propose de multiples activités. Sans oublier, bien sûr, son rôle pilier lors du festival de jazz que voici...

– **Jazz sous les pommiers** : *mai, sem de l'Ascension (pas bête, il n'y a pas encore de pommes !).* ● *jazzsouslespommiers.com* ● L'un des festivals majeurs de l'Hexagone et l'un des meilleurs publics que l'on connaisse. Depuis 1982, date de sa création, Jazz sous les pommiers s'offre une programmation sans œillères et une atmosphère unique... La musique déborde bien entendu largement dans la rue et les cafés, terrains de prédilection des groupes normands et bretons mis à l'honneur pour l'occasion. Réserver ses places et son hébergement bien à l'avance. Pour pallier le manque d'hébergements, mise en place d'un sympathique réseau de chambres chez l'habitant avec *Jazz in Couette* (toutes les infos sur le site de l'office de tourisme).

LE SUD DU PAYS DE COUTANCES

Superbe pays de bocage où il faut se perdre dans le lacis des petites routes. Comme ça, au hasard, pour découvrir le château de Cerisy-la-Salle, l'abbaye de Hambye... Juste quelques suggestions, pour aiguiser votre appétit.

Où dormir ? Où manger ? Où boire un verre ?

De bon marché à prix moyens

|●| ⛵ **La Baratte** : *1, route du Pont, 50210 Saint-Denis-le-Vêtu.* ☎ 02-33-45-45-49. ● *gilles.labaratte@outlook. fr* ● *restaurant-labaratte.fr* ● ♿ *À env 10 km au sud de Coutances. Fermé mer, plus le soir dim-mar. Congés : vac de la Toussaint, d'Hiver et de Printemps. Formule déj (sauf dim) 17 €, menu 34,50 €. Café offert sur présentation du guide de l'année.* Les environs regorgent de délicieux produits bio, et c'est eux que le chef travaille avec brio en cuisine. On aime ce type d'endroit où l'on sent le sérieux, une réelle recherche de la qualité, mais sans faire dans le tape-à-l'œil. Et le service y est à la fois très pro et tellement gentil qu'on ne peut que s'y sentir bien accueilli. Pour parfaire le tout, jolie terrasse aux beaux jours.

🏠 |●| **Auberge de l'Abbaye d'Hambye** : *5, route de l'Abbaye, 50450 Hambye.* ☎ 02-33-61-42-19. ● *aubergedelabbaye@wanadoo.fr* ● *aubergedelabbayehambye.com* ● *À 100 m de l'abbaye, sur la D 51. Resto fermé lun (plus dim soir hors saison). Congés : 3 sem fin fév-début mars, vac de la Toussaint. Doubles 62-77 €. Formule déj 18 €, menus 29-75 €.* Au bord d'une jolie route, cette grosse maison de pierre et son annexe abritent des chambres sobres, pas très grandes, mais confortables, plutôt élégantes et méticuleusement tenues. Côté table, les tarifs sont un peu élevés le soir à notre goût, mais on retrouve le même souci de bien faire en cuisine qu'à l'hôtel, avec un chef qui aime travailler les produits en y apportant sa petite touche de créativité. Accueil très gentil.

|●| ⛾ ⛵ **Le Krill** : *le Bourg, 50450 La Baleine.* ☎ 02-33-51-39-42. ● *labaleine.lekrill@gmail.com* ● ♿ *Tlj sauf dim soir-lun, plus mar soir et sam soir hors saison. Menus 13,50 € (midi en sem sauf j. fériés), puis 23,50-29,50 €.* Dans un adorable bout de campagne, la petite adresse genre bistrot du coin, avec une très agréable terrasse, où l'on vous sert de bons produits locaux bien troussés.

Où acheter de la bonne andouille dans le coin ?

L'Andouillerie de la Baleine : *route de Coutances, 50450 Gavray.* ☎ *02-33-61-44-20. Boutique : juil-août, tlj sauf dim 9h-12h30, 14h-19h ; hors saison, mar-sam (fermeture à 18h30 janv-mars). Congés : vac scol de fév, 1 sem fin juin et 2 sem fin sept-début oct.* C'est l'un des derniers artisans à fumer l'andouille de façon traditionnelle. Ça prend du temps (au moins 3 semaines), mais quelle réussite ! L'une des meilleures qu'on ait jamais goûtées. Parfumée, pas grasse pour un sou, emballée sous vide pour le voyage. En plus, durant l'été, vous pouvez visiter l'andouillerie *(visites guidées juil-août, tlj sauf sam mat, dim et j. fériés à 11h, 15h30 et 16h30 ; entrée 2,40 €, gratuit moins de 14 ans).* Vous saurez tout de la fabrication : le nettoyage, le salage, le fumage au feu de bois, la cuisson...

À voir

L'église de Savigny : *route du manoir, 50210 Savigny. Tlj 9h-18h (17h nov-avr).* Ne pas rater cette petite église édifiée en 1128. À l'intérieur, dans l'abside en cul-de-four, petites arcades de facture assez primitive, rythmées par des colonnettes doubles et d'exquises fresques du XIVe s. Dans le cycle de sainte Barbe, les 3 hommes s'apprêtant à supplicier la sainte affichent le profil de vrais méchants de western spaghetti ! Autre curiosité dans la remarquable *Cène* sur le mur de la nef : il y a 14 convives. L'artiste a pris la liberté d'y ajouter saint Paul ! Également une belle statue de sainte Barbe du XVIe s dans le transept nord.

Le château de Cerisy-la-Salle (50210) : ☎ *02-33-46-91-66.* ● *ccic-cerisy.asso.fr* ● *Visites guidées juil-août (consulter le site internet pour les jours et horaires). Entrée : 6 € ; réduc ; gratuit moins de 10 ans.*
À l'entrée sud du village, vous découvrirez le château, en surplomb d'un petit affluent de la Soulles. Il fut construit au début du XVIIe s par Jean Richier, un grand seigneur huguenot, ce qui explique l'architecture sévère, rigoureuse, de ce logis flanqué de pavillons d'angle aux hauts toits. Seule fantaisie, quelques lucarnes sculptées. Certaines fenêtres longilignes semblent même plus proches des meurtrières médiévales que des ouvertures Renaissance. En ces temps troublés, en terre protestante, on conservait un état d'esprit défensif.
Le château abrite aujourd'hui les **colloques de Cerisy,** organisés par l'Association des amis de Pontigny-Cerisy. Ils se déroulent de mi-mai à début octobre et visent à favoriser les échanges entre intellectuels, chercheurs, artistes, savants de tous les horizons et pays. Les thèmes abordés sont extrêmement variés.

L'abbaye d'Hambye : *sur la D 51, au sud de Hambye.* ☎ *02-33-61-76-92. Avr-juin et sept, tlj sauf mar 10h-12h, 14h-18h ; juil-août, tlj 10h-17h30 ; vac de la Toussaint, tlj 10h-12h, 14h-17h ; oct, hors vacs de la Toussaint, ouv mer-ven 14h-17h30. Visite guidée à 11h, 14h30 et 16h30. Entrée : 5,50 € (+ 1,50 € pour les visites commentées) ; réduc ; gratuit moins de 7 ans.*
Comme à leur habitude, les moines surent choisir leur site : un vallon verdoyant arrosé par la

JE T'AIME, MOI NON PLUS !

L'abbaye de Hambye fut rachetée en 1956 par M. Beck, à l'insu de sa femme, furieuse qu'il ait dû vendre une villa de bord de mer pour cet achat. Elle jura de ne jamais mettre les pieds dans cette ferme. Elle tint sa promesse pendant 2 ans, jusqu'au jour où des architectes du patrimoine lui rendirent visite et s'extasièrent, tout en s'horrifiant de son entretien. Piquée au vif, Mme Beck décida de parer au plus urgent (refaire les toitures, combler les fissures)... et finit par consacrer toute sa vie et son énergie à la réhabilitation des lieux.

LA MANCHE / LA BAIE DU MONT-SAINT-MICHEL

Sienne. Calme et recueillement assurés pour méditer sur les malheurs de l'époque. Fondée au XIIe s par Guillaume Paisnel, seigneur de Hambye, l'abbaye accueillit une communauté de moines bénédictins à partir du XIIe s. Les papes, les rois d'Angleterre et les ducs normands contribuèrent à son essor. Elle connut une grande prospérité à la fin du XIIe s et au XIIIe s, avant de décliner lentement. Au XVIIe s, il ne restait ainsi plus qu'une poignée de moines sans moyens, et, à la Révolution, elle n'était plus habitée. L'église est vendue en 1810 comme carrière de pierre et l'abbaye est divisée en 2 fermes, on vous laisse imaginer les dégâts.
– *La salle de la Porterie :* elle accueille une expo sur les toiles de Hambye (typiques de l'artisanat local de la 1re moitié du XIXe s).
– *L'église abbatiale :* elle avait réussi à passer la tourmente révolutionnaire, mais elle servit ensuite de carrière. Aujourd'hui très mutilée, elle continue cependant à susciter l'admiration. Grand squelette de pierre majestueux dégageant une impression d'élévation, de grâce, de légèreté sans limite, avec ses voûtes à ciel ouvert. L'ensemble dégage beaucoup de grandeur romantique.
– *La maison des convers :* ces gens qui servaient dans un monastère tout en restant laïcs étaient affectés aux tâches manuelles. L'ancien dortoir, qui abrite une exposition permanente sur l'histoire de l'abbaye et une maquette de celle-ci au Moyen Âge, présente une très belle charpente en bois. L'ancien réfectoire au rez-de-chaussée présente des expositions temporaires.
Les autres bâtisses sont privées, mais visitables, et vous y verrez les bâtiments agricoles, la cuisine, le chauffoir (ou scriptorium ; cette pièce servit aussi de cuisine et de salle à manger aux derniers moines), le parloir, la sacristie et, enfin, la salle capitulaire à l'architecture harmonieuse.

🕯🕯 *L'église Saint-Pierre d'Hambye :* reconstruite au XVIIe s, elle possède toujours son porche du XVe s en accolade. À l'intérieur, superbe retable baroque polychrome, expression typique du catholicisme triomphant.

🕯🕯 *La Baleine :* à 5 km à l'ouest de Hambye. Adorable hameau lové dans la vallée de la Sienne. Il abrite la *chapelle Notre-Dame*, du XVIIe s, à l'intérieur de laquelle se trouve un os de baleine en guise d'ex-voto !

LA BAIE DU MONT-SAINT-MICHEL

VILLEDIEU-LES-POÊLES-ROUFFIGNY

(50800)   4 060 hab.   *Carte Le sud de la Manche, C2*

Villedieu, une des villes les plus anciennes de Normandie, est spécialisée depuis le XIIIe s dans l'industrie du cuivre, de l'étain et dans la fonderie de cloches. C'est le martelage dû à leur activité qui valut d'ailleurs à ses habitants d'être appelés les Sourdins. Rabelais rapporte que les poêliers de Villedieu participèrent à la fabrication d'un réchauffoir à bouillie pour Pantagruel.

UN BASTION DE CHEVALIERS

Depuis le XIIe s, Villedieu-les-Poêles entretient un lien étroit avec les chevaliers hospitaliers. Ces descendants des chevaliers de l'ordre de Malte héritèrent de ce territoire grâce au roi Henri Ier. Du fait de cette tutelle, les habitants sont dispensés de payer l'impôt. Tous les 4 ans, lors de la Fête-Dieu, la plus ancienne commanderie accueille les chevaliers de l'ordre pour le Grand Sacre.

VILLEDIEU-LES-POÊLES-ROUFFIGNY | **455**

Aujourd'hui, si les Sourdins ne confectionnent plus guère de poêles ou services (les fameuses casseroles Mauviel sont cependant toujours produites ici), la visite des musées et des ateliers de Villedieu se révèle extrêmement enrichissante. D'ailleurs, comparée à d'autres petites cités de même importance, Villedieu possède une animation touristique inhabituelle. Il faut dire, aussi, que la ville, grandement épargnée par les bombardements de 1944, a conservé son joli petit centre-ville. Par ailleurs, si la rue du Cuivre n'existe plus, la ville abrite en revanche un certain nombre d'épiceries fines, caves ou adresses de bouche. Serait-on fine gueule à Villedieu ?

Adresse et info utiles

🛈 *Office de tourisme :* 8, pl. des Costils. ☎ 02-33-61-05-69. ● ot-villedieu. fr ● *Juin-sept, tlj 9h30-13h, 14h-18h ; le reste de l'année, lun-sam 10h-12h30, 14h-17h30 (fermé lun mat et jeu ap-m oct-janv).* Le bâtiment est en lui-même une curiosité : il symbolise une roue de cuivre, emblème de l'art local. Véritable vitrine des métiers d'art de la région, il abrite toute l'année des expositions-vente de créations contemporaines. Vous y trouverez aussi de nombreuses brochures sur la région et une billetterie.
– *Marchés :* mar mat grand marché ; plus petit ven mat.

Où dormir ? Où manger ? Où boire un verre ?

Camping

⛺ *Camping Les Chevaliers :* 2, impasse du Pré-de-la-Rose. ☎ 02-33-59-49-04. ● campingleschevaliersde malte@gmail.com ● camping-desche valiers.com ● ⚒ *Ouv d'avr à mi-oct. Pour 2 pers avec tente et voiture 24 €. Mobile homes 2-6 pers 322-763 €. 82 empl.* À deux pas du centre-ville, au calme, entre un quartier résidentiel et la rivière. Le site est simple, mais agréablement aménagé, avec des emplacements de bonne taille et de beaux arbres à l'ombre généreuse. Bien tenu, bien équipé, il y a même une piscine !

Bon marché

|●| ⍓ *La Cuisine de Léonie :* 6, pl. des Chevaliers-de-Malte. ☎ 02-33-61-07-94. *Fermé dim soir et lun. Repas 15-20 €.* Bonnes crêpes, salades ou autres andouillettes et saucisses grillées à savourer dans une salle agréable, entre murs de pierre apparente, poutres et abat-jour colorés.
|●| *Le Samovar :* 95, rue du Docteur-Havard. ☎ 09-81-87-47-95. ● le. samovar@yahoo.fr ● *Tlj sauf dim-lun, plus soir mar-jeu hors saison. Congés : fin mai-début juin. Formules déj*

15-18 € ; carte env 20 €. Une adresse où il fait bon se poser dans un cadre décontracté : grande cheminée, jazz en fond sonore, vieilles pierres et poutres en bois égayés par une déco aux couleurs chaudes et vives. La gentille dame qui tient les lieux confectionne tout elle-même, les plats du jour, les gâteaux, et c'est drôlement bon !
|●| � ⍓ *Le Moulin à Café :* 16, pl. des Chevaliers-de-Malte. ☎ 02-33-61-03-39. ⚒ *Fermé dim-lun. Congés : 1 sem fin août et 1 sem en janv. Carte env 18 €. Pour un repas, café offert sur présentation du guide de l'année.* Intérieur de troquet et des plats maison sans prétention mais bons pour caler un petit creux (salades, hamburgers, croque-monsieur, tartes salées, quelques desserts, le tout maison).

De prix moyens à chic

🏠 |●| *Hôtel Saint-Pierre :* 12, pl. de la République. ☎ 02-33-61-00-11. ● st. pierre.hotel@wanadoo.fr ● st-pierre-hotel.com ● ⚒ *Resto fermé dim soir. Doubles 56-80 €. Menus 14-23 €.* Des couloirs étroits, sombres, mais des chambres de bonne tenue. Toutes assez coquettes, certaines classiques et d'autres plus fraîches, parquetées

LA MANCHE

et à la déco épurée. Dans la maison voisine, 3 belles chambres design un peu plus chères. Le resto, quant à lui, propose une honnête cuisine de terroir. Bon accueil.

🏠 |O| 🍽 ⌕ Le Fruitier – Restaurant L'Atelier : 3, rue Jules-Ferry, pl. des Costils. ☎ 02-33-90-51-00. ● accueil@le-fruitier.com ● le-fruitier.com ● ♿ Congés : de fin déc à mi-janv pour le resto. Doubles 60-102 €. Formules déj en sem 13,60-27,30 €, soir et w-e 24,50-35,20 €. Garage payant. Réduc de 10 % sur le prix de la chambre (janv-mars et nov-déc, hors longs w-e) sur présentation du guide de l'année. Hôtel moderne proposant des chambres agréables, de bonne tenue et joliment arrangées. Leur prix varie selon la déco (contemporaine ou un peu plus ancienne) et la taille (les plus chères sont en duplex). Côté fourneaux, L'Atelier propose à midi en semaine un menu de type bistrot très abordable, et, le soir et les week-ends, une carte avec des spécialités traditionnelles, revisitées et soignées, où le poisson tient la vedette. À déguster dans une ambiance contemporaine tirant sur l'industriel. Fait aussi bar lounge pour boire un café, un cocktail, picorer une assiette de tapas... Pour les rêves de repos et de luxe absolu, la maison propose aussi, à quelques rues de là, une annexe de 3 suites avec vue sur la campagne, piscine, sauna et hammam : **Le Domaine des Chevaliers de Malte** (doubles 122-215 €).

Où dormir ? Où manger dans les environs ?

🏠 Les Goubelins : 3, La Grande Pièce, 50800 **La Lande-d'Airou.** ☎ 02-33-49-98-53. 📱 06-76-41-35-83. ● dom@lesgoubelins.com ● lesgoubelins.com ● À env 8 km à l'ouest de Villedieu. Doubles 63-73 €. Confiture de lait ou gelée de pommes normandes offerte sur présentation du guide de l'année. La maison en pierre du XIXe s affiche une mine plutôt sobre. Ne vous y fiez pas ! Car les lieux ne manquent pas de caractère ! À commencer dans les chambres, sobrement, mais élégamment et très confortablement aménagées : poutres, parquets, mobilier choisi, literie de qualité...

🏠 Chambre d'hôtes Normandy Inn : Le Val Borel, 50140 **Montbray.** ☎ 02-33-90-76-23. 📱 06-44-84-64-74. ● info@levalborel.fr ● levalborel.fr ● À env 14 km au nord-est de Villedieu. Double env 80 €. Table d'hôtes 20 € (sur résa). Perdue dans un joli paysage vallonné, cette ancienne grange restaurée abrite des chambres de belle taille et joliment aménagées. Ensemble frais, lumineux, très nature, à l'image de l'accueil des proprios anglais, absolument charmants. Salle commune et cuisine à disposition, ainsi qu'un jardin avec ses petits étangs, où se promènent l'âne, la chèvre, les chats, les canards...

🏠 |O| Manoir de l'Archerie : 37, rue Michel-de-l'Epiney, 50800 **Sainte-Cécile.** ☎ 02-33-51-13-87. ● manoir@manoir-archerie.fr ● manoir-archerie.fr ● À 3 km au nord-est de Villedieu. Resto fermé lun. Doubles 75-120 € ; petit déj 13 €. Menus 23-51 €. Niché en pleine campagne, cet hôtel-restaurant est une vraie adresse traditionnelle, tant dans la cuisine que dans le style des chambres, plutôt rustique. Elles sont réparties entre la maison principale, les dépendances et la chapelle, et leur prix varie selon leur taille. Au restaurant, une vraie bonne cuisine du terroir. Une adresse qui ne cherche pas à vous offrir un beau moment, au calme, dans un cadre champêtre.

|O| ⌕ Auberge du Mesnil-Rogues : 2, rue de l'Auberge, 50450 **Le Mesnil-Rogues.** ☎ 02-33-61-37-12. ● auberge-mesnilrogues@orange.fr ● ♿ À 17 km à l'ouest de Villedieu. Ouv le midi tlj, plus le soir ven-sam (également jeu et dim de mi-juil à mi-août). Résa impérative. Formule déj sem 12,50 €. Menus 20-40 €. Une sympathique auberge de campagne, dans un ancien presbytère, au cœur d'un paisible village. On vient là pour la viande grillée au feu de bois (entrecôte, carré d'agneau et surtout le cochon de lait) et les superbes assiettes de terroir (poêlée d'andouille sur lit de pommes de terre, magret de canard sauce camembert). Hautement roboratif ! Aux beaux jours, tables et jeux d'enfants dans le très agréable jardin.

|●| ↑ *Les Bruyères : 50420 Gouvets.* ☎ *02-33-51-69-82.* ● *contact@ lesbruyeresrestaurant.com* ● *À 12 km au nord-est de Villedieu. Ouv le midi tlj sauf mer, plus le soir ven-sam.*

Formules déj sauf dim 16-20 €, menus 25-35 € ; carte env 30 €. En bord de route, dans une construction récente. L'accueil, l'atmosphère printanière et surtout l'excellent rapport qualité-prix méritent bien le déplacement. Les tripes à la mode de Caen sont la spécialité, mais les plats proposés à l'ardoise varient en fonction des arrivages du marché, des producteurs et des produits de saison.

Où acheter de bons et beaux produits ?

⊗ *Délices de Campagne : 3, rue du Général-de-Gaulle.* ☎ *02-33-91-99-46. Mar-sam et dim mat.* Des producteurs, des fermiers et des artisans locaux qui font boutique commune, et voilà de quoi se faire un bon repas ou pique-nique (viandes, volailles, produits laitiers, légumes et quelques spécialités maison).

⊗ *In Situ 1830 : 47, rue de Caen.* ☎ *02-33-61-00-31.* ● *mauviel.com* ●

Lun-ven 9h-12h30, 13h30-18h plus sam mat. Congés : Noël-Nouvel an et 2 sem en août. C'est le magasin d'usine du célèbre fabricant d'ustensiles de cuisine, reconnu par les chefs du monde entier pour son savoir-faire presque bicentenaire. Des articles en cuivre, bien sûr, mais aussi en inox et en aluminium pour répondre aux tendances modernes.

À voir. À faire

🎥🎥 *L'église Notre-Dame :* construite en 1460 dans le plus pur style gothique flamboyant. Superbe clocher. À l'intérieur, nef basse avec d'énormes piliers et une atmosphère sombre favorable à la méditation. Remarquable mobilier : dans le chœur, joli tabernacle en bois doré du XVIIIe s. Magnifique devant d'autel figurant des anges avec encensoirs, corbeilles de fruits et de fleurs. À gauche du chœur, fonts baptismaux du XVe s en

LES ÉGLISES AUSSI PEUVENT AVOIR LE CHŒUR À GAUCHE !

L'église Notre-Dame possède un curieux détail de construction : le chœur part vers la gauche. C'est une caractéristique que l'on trouve dans certaines églises et qui symboliserait la tête penchée du Christ sur la croix (ou alors l'architecte avait trop bien arrosé l'achèvement du transept !).

granit. Tout autour, une exquise broderie chinoise en soie. Vierge à l'Enfant en pierre. À droite du chœur, belle statuaire de 1656. Petit autel bricolé avec des devants de stalles.

Dans le chœur, lutrin en forme d'aigle du XVIIe s. À côté, lampe du sanctuaire en cuivre repoussé du XVIIIe s, œuvre d'un artisan de la ville. Dans le transept droit, intéressante statuaire là aussi. Sur l'autel, à droite, sainte Barbe, patronne des fondeurs, des plombiers, des pompiers et des artilleurs (les arts du feu). Dans le transept gauche, belle chaire de 1683.

Derrière un pilier (près de la porte latérale), statue polychrome de Notre-Dame-de-Pitié (de la fin du XVe s). Vénérée par les fidèles de la région, elle frappe par la disproportion du corps du Christ. Probablement pas une pietà, mais une Vierge à l'Enfant dont l'avenir est déjà symboliquement représenté : notez la tête de mort dans les plis de la robe !

458 | **LA MANCHE / LA BAIE DU MONT-SAINT-MICHEL**

🎭🎭🎭 👫 *La fonderie de cloches Cornille-Havard : rue du Pont-Chignon.* ☎ *02-33-61-00-56.* ● *cornille-havard.com* ● ♿ *À deux pas de l'église (bien indiqué). Vac d'hiver-11 nov, mar-sam 10h-12h30, 14h-17h30 (tlj 9h30-18h30 de mi-juil à fin août). Entrée : 8,50 € ; réduc ; gratuit moins de 6 ans.*
Visite à ne pas manquer, pour tous ceux qui apprécient la noblesse des vieux métiers, et pour tous les amateurs d'artisanat en général ! Visite en outre exceptionnelle vu le très faible nombre de fonderies de cloches en France (il n'en reste plus que 2). Celle-ci, brillamment reprise en main 1981 par un couple de passionnés et rachetée par leur fils en 2012, peut se vanter d'avoir à son palmarès récent de fort belles cloches : les nouvelles cloches de Notre-Dame de Paris, les cloches de la cathédrale de Bayeux pour le 70e anniversaire du Débarquement, les cloches de la cathédrale de Sées en 2015, les cloches de la cathédrale de Saint-Malo en 2019 ou, dans un autre genre, celles de la frégate *L'Hermione* ou du *Queen Mary 2*.
En tout cas, la maison Cornille-Havard a le goût des traditions artisanales. Cet atelier, construit en 1865, a conservé son aspect d'origine. Ce qui donne un cachet, un certain charme même à la visite (sol en terre battue, pavés de bois de bout, outils traditionnels en cuivre). La fonderie a fêté les 150 ans de son atelier historique en 2015, mais c'est en fait plus de 9 siècles de tradition que l'on découvre au cours de la visite. Essayez d'effectuer celle-ci en semaine pour admirer le travail des compagnons fondeurs et les voir « mouler au trousseau » d'énormes cloches à partir d'argile, de poil animal et de crottin de cheval. Imposant four-réverbère à double voûte de 13 t. Également pittoresques : les fosses à mouler, les bois sculptés pour les décors en cire. Aujourd'hui, une centaine de cloches sont fabriquées chaque année. Autres productions de l'atelier : les paratonnerres, coqs de clocher, plaques commémoratives en bronze, médaillons en bas relief, etc. Boutique à « prix d'atelier ». Avant de repartir, les enfants (ainsi que les grands !) pourront jouer *Frère Jacques* ou *Le Bon Roi Dagobert* sur de petites cloches à l'aide d'un maillet ou s'effrayer gentiment en sonnant une cloche de plus de 1 t dans la cour.

🎭🎭 👫 *Le musée de la Poeslerie et la Maison de la dentellière : cour du Foyer, 25, rue du Général-Huard.* ☎ *02-33-69-33-44.* ● *museesvilledieu.sitew.com* ● *Avr-juin et sept-début nov, tlj sauf dim 10h-12h30, 14h-18h ; juil-août, tlj 10h (14h dim)-18h. Entrée : 5 € ; réduc ; gratuit moins de 10 ans.*
Très intéressant musée situé dans la cour du Foyer, là même où se travaillait le cuivre et où se développa l'artisanat de la poeslerie durant des siècles. Aujourd'hui, cette cour n'a pratiquement pas changé d'aspect. Notez les escaliers extérieurs en granit. Vous découvrirez dans un atelier les outils en bois (orme et buis) servant à marteler le cuivre sur les différents postes de travail traditionnels. Vieille forge, soufflet, expo d'alambics, etc. Chaque marteau donnait un son différent. Un ouvrier pouvait ainsi, de l'extérieur, déterminer exactement l'objet que l'on fabriquait et aussi celui qui battait le cuivre. À la longue, beaucoup de travailleurs devenaient fatalement sourds.
Au 1er étage, un intérieur reconstitué : turbotières, curieux couverts à 2 têtes (pour gagner du métal), cuillères à bouillie personnelles (qu'on gardait toute sa vie). Notez que la façon de manger donnait au fil des années une forme particulière à la cuillère ! Vous trouverez aussi des « cannes à lait » (pour recueillir le lait des vaches), bassinoires, chauffe-bain, fontaines à eau, etc.
Salle consacrée à la dentelle, l'une des autres grandes activités de Villedieu. Anciens métiers, fuseaux servant à cet art. À la fin de la visite, démonstration de dentelle aux fuseaux dans l'atelier d'une dentellière.

🎭🎭 👫 *L'Atelier du cuivre : 54, rue du Général-Huard.* ☎ *02-33-51-31-85. Tlj sauf dim 9h30-12h, 13h30-17h30 ; départ de la dernière visite accompagnée (obligatoire) 1h avt la fermeture. Entrée : 8,20 € ; réduc.* L'un des plus anciens ateliers du cuivre de Villedieu encore en activité. La visite commence par la projection d'un film d'une vingtaine de minutes, puis vous observerez dans l'atelier le savoir-faire des artisans locaux avec la fabrication d'objets courants ou décoratifs (moins de personnel le samedi, donc moins d'activité).

GRANVILLE | 459

➢ *Balade dans la ville :* découvrir surtout les anciennes petites cours et les passages étroits coupant la *rue du Docteur-Havard* (la principale rue piétonne). Au *n° 41*, adorable petite cour de la Luzerne. Au *n° 42*, élégante demeure aristocratique avec fenêtres à accolade et à meneaux. Au *n° 81*, un porche voûté mène à la cour des Hauts-Bois. Au *n° 83*, maison avec des fenêtres à encadrement en pierre. Au *n° 87*, cours Bataille et de l'Enfer. Au *17, rue du Général-Huard*, long passage voûté pour parvenir à la cour des Moines, toute fleurie. Au *n° 25*, la cour du Foyer (qui abrite le musée de la Poeslerie et la Maison de la dentellière). Ne pas manquer la jolie petite place du Pussoir-Fidèle.

DANS LES ENVIRONS DE VILLEDIEU-LES-POÊLES

🎭🎭🎭 ⛹ *Le parc zoologique de Champrepus :* à 8 km à l'ouest de Villedieu sur la D 924, direction Granville. ☎ 02-33-61-30-74. ● infos@zoo-champrepus. com ● zoo-champrepus.com ● ♿ Avr-sept, tlj 10h-19h ; mars et oct, w-e 11h-18h ; pdt vac scol de fév et de la Toussaint, tlj 11h-18h. Fermeture de la billetterie 2h avt la fermeture du parc. Entrée : 19 € ; 13 € 3-12 ans ; tarifs préférentiels pour les internautes. Prévoir min 3h30 de visite. Fondé en 1957 grâce à la passion de Lucien Lebreton, ancien agriculteur et grand-père des actuels propriétaires, ce parc animalier est aujourd'hui l'une des plus belles attractions du genre dans le département. Loin du concept du zoo-exhibition, la philosophie de la famille Lebreton est de favoriser le bien-être de ses hôtes et de contribuer à la préservation d'espèces en voie d'extinction. Ainsi, ce très joli parc paysager de 10 ha accueille une soixantaine d'espèces animales, domestiques ou exotiques, à travers plusieurs espaces ponctués de panneaux pédagogiques et informatifs vraiment bien faits. Un certain nombre de ces espèces participe à un programme d'élevage en vue de leur conservation : baudets du Poitou, ânes du Cotentin, moutons d'Ouessant, qui peuplaient autrefois nos campagnes françaises, mais aussi tigres de Sumatra, panthères de Perse, gibbons, lémuriens de Madagascar sont quelques-uns de ces hôtes particulièrement choyés. Dans quelques parties du parc, on passe même au milieu des animaux en liberté (les chèvres naines, les lémuriens). Ne pas manquer enfin, d'avril à mi-septembre, les différentes animations (goûter des tigres, pandas roux, gibbons, lémuriens, loutres, girafes et autres manchots).

|●| ⇒ Possibilité de se restaurer sur place, soit dans l'un des nombreux abris pique-nique couverts, soit dans un resto au cadre agréable où sont servis des plats simples mais à base de bons produits.

GRANVILLE

| (50400) | 13 900 hab. | *Carte Le sud de la Manche, B2* |

● Plan *p. 462-463*

3ᵉ ville du département, port de pêche, port de commerce, port de plaisance et célèbre plage, c'est aujourd'hui l'un des poumons économiques de la Manche. La haute ville s'étire spectaculairement sur son promontoire rocheux et offre une superbe balade tout au long de ses vieilles demeures de granit. Pour ajouter la culture à l'esthétique, des musées intéressants devraient achever de vous convaincre de ne pas manquer Granville...

LA MANCHE

460 | **LA MANCHE / LA BAIE DU MONT-SAINT-MICHEL**

UN PEU D'HISTOIRE

Personne n'est vraiment sûr de l'origine viking de Granville, aussi nous rabattrons-nous sur ce qui ne fait aucun doute, c'est-à-dire la création de la ville par les Anglais au XVe s pour surveiller le Mont-Saint-Michel (toujours pas conquis). Essor économique reposant sur la pêche à la morue, la guerre de course et... la pêche aux huîtres. La ville basse fut d'ailleurs édifiée sur une montagne de coquilles. Armateurs et corsaires se firent élever de beaux hôtels particuliers. En 1793, la ville fut républicaine et

> ### INCROYABLE MAIS VRAI !
>
> *Granville fut libérée le 31 juillet 1944 par Patton. Mais on oublia qu'il y avait une garnison allemande basée à Jersey : dans la nuit du 8 au 9 mars 1945 (oui, 9 mois après le Débarquement), fortement équipée, celle-ci s'inventa son propre petit débarquement, avec bateaux, péniches de commandos et chalutiers armés. Un déluge d'obus s'abattit sur le port de Granville, causant de sérieux dégâts aux bateaux, aux bâtiments et une vingtaine de morts !*

résista aux milliers de Vendéens dirigés par La Rochejaquelein. L'activité des terre-neuvas cessa en 1930. C'est le tourisme qui prit alors le relais. Dans la 2de moitié du XIXe s, les bains de mer de Granville étaient renommés, et une ligne de chemin de fer fut même construite pour y conduire les vacanciers. Michelet, Stendhal, comme toujours amoureux, et Victor Hugo ne furent pas les derniers à apprécier la station. Aujourd'hui, outre le tourisme, la ville perpétue sa vocation maritime grâce à la pêche côtière (Granville étant le 1er port coquillier en France, et sa baie la plus grande zone de pêche de bulots en Europe) et un certain nombre de petites industries liées à la mer, ainsi qu'une petite activité de port de fret et de passagers, avec les îles Anglo-Normandes et les îles Chausey, notamment.

Arriver – Quitter

🚌 **Gare routière** *(plan D2) : av. de la Gare.* Liaisons assurées par *Manéo* avec le Mont-Saint-Michel, Saint-Lô et Avranches notamment.

🚆 **Gare SNCF** *(plan D2) : pl. Pierre-Sémard.* ☎ 36-35 *(0,40 €/mn).* Liaisons avec **Caen** et **Saint-Lô** avec changement à Coutances, **Pontorson (Le Mont-Saint-Michel)** et **Rennes** avec changement à Folligny. Dans les 2 cas, fin du trajet en car. Également des liaisons directes avec **Argentan, L'Aigle** et **Paris-Montparnasse** (via Villedieu, Vire et Flers).

⛴ **Les îles Anglo-Normandes (Jersey, Guernesey et Sercq) :** avec la compagnie *Manche Îles Express* (☎ 0825-131-050, service 0,18 €/mn + prix d'appel ; ● manche-iles.com ●). Ligne régulière de fin mars à sept et ponctuellement en oct et déc vers Jersey ; horaires variables selon les marées. Tarifs : 32-36 € A/R pour les bons plans, 60-70 € en tarif normal. Traversée : env 1h30. Pour *les îles Chausey,* lire plus bas « Dans les environs de Granville ».

Adresse et info utiles

🛈 **Office de tourisme Granville Terre et Mer** *(plan C2) : 2, rue Lecampion.* ☎ 02-33-91-30-03. ● *information@otgtm.fr* ● *tourisme-granville-terre-mer.com* ● *Avr-oct, lun-sam 9h30-12h30, 14h-18h ; dim 9h-13h. Juil-août, lun-sam 9h30-18h30, dim 10h30-13h,* 14h-17h. Nov-mars, lun-sam 9h30-12h30, 14h-17h30. Pendant l'été, propose plusieurs parcours commentés dans la ville et les communes alentours *(5 €/pers).*

– **Marchés :** *grand marché sam mat, cours Jonville, et dans les halles (rue*

GRANVILLE / OÙ DORMIR ? | 461

Ernest Lefrant). Petit marché mer mat, pl. du 11-Novembre-1918 (quartier

Saint-Nicolas), et petit **marché bio** *mar 16h30-19h30, cours Jonville.*

Où dormir ?

Camping

Si Granville est la station balnéaire connue, c'est plutôt dans les petites villes voisines que l'on va pour camper ou se baigner (à Saint-Pair et dans la ribambelle de petites villes au sud ou à Donville-les-Bains au nord).

⚊ *O2 Camping : lieu-dit La Breton-nière, 50290* **Longueville.** ☎ 02-33-51-27-19. • *contact@O2camping.fr* • *o2camping.fr* • *À env 7 km au nord-est de Granville. Fermé de mi-déc à mi-janv. Pour 2 avec tente et voiture 17-30 €. Nichoirs 2 pers 48-68 €/nuit. Mobile homes 4-6 pers 425-900 €/sem, toilés et coco-sweet 4 pers 300-500 €/sem. 90 empl.* À quelques kilomètres seulement de la mer, mais en pleine campagne, au milieu des champs, avec ici le petit carré de potager, là, l'enclos que se partagent poules et biquettes. Tout est fait pour que vous vous sentiez bien, avec de grands emplacements pour les campeurs, et un environnement un peu plus sauvage pour les hébergements locatifs (surtout les toilés). Très pratiques aussi, les « nichoirs » pour 2, soit des cabanes en bois avec lits séparés ou double et mini-terrasse (sanitaires communs), qui se louent à la nuit. En revanche, en raison du jeune âge du site, les arbres manquent encore d'étoffe pour dispenser un peu d'ombre. Heureusement, pour se rafraîchir, il y a la grande piscine couverte *(avr-oct)*. Bar littéraire en haute saison. Accueil adorable.

⚊ *Camping de l'Ermitage : rue de l'Ermitage, 50350* **Donville-les-Bains.** ☎ 02-33-50-09-01. • *camping-ermitage@wanadoo.fr* • *camping-ermitage.com* • ♿ *À env 1,5 km au nord de Granville (qui se rejoint aisément à pied). Ouv de mi-avr à mi-oct. Env 21 € pour 2 avec tente et voiture. 300 empl.* Un vrai camping de bord de mer, familial, avec accès direct à la grande et belle plage. Le terrain est vaste, bien équipé, les emplacements

délimités par des haies, et l'ensemble bien tenu. On y trouve en été le bar-restaurant, l'épicerie, la boulangerie et les animations.

Auberge de jeunesse

🏠 |●| *Auberge de jeunesse (plan C3, 11) : dans le Centre régional de nautisme, bd des Amiraux-Granvillais (port du Hérel).* ☎ 02-33-91-22-60. • *hebergement@crng.fr* • *crng.fr* • ♿ *Mars-oct, tlj ; hors saison, se renseigner. Pour les non-adhérents, env 22,70-35,70 €/pers ; petit déj 4,90 €. Possibilité de repas au self sur résa, env 13,20 €.* Le charme de cet édifice des années 1970 (qui s'est offert une nouvelle jeunesse en 2013) ne saute pas immédiatement aux yeux, mais, une fois à l'intérieur, force est de constater que les architectes de l'époque ont fort bien exploité la superbe situation du lieu : rares sont les AJ dotées d'une salle commune avec une telle vue sur la mer et le port. Les 160 lits sont répartis en chambres doubles ou quadruples, simples mais propres, avec salle de bains privée ou partagée. Nombreuses activités : voile, planche à voile, kayak de mer, etc.

Chambres d'hôtes

🏠 *Chambres d'hôtes Le Logis du Roc (plan B2, 12) : 13, rue Saint-Michel.* ☎ 02-33-50-75-71. 🖥 06-18-35-87-42. • *eric.perotin@wanadoo.fr* • *lelogisduroc.com* • *Doubles 57-62 € ; loue également une maisonnette dans la haute ville ppur 3 pers.* Derrière la devanture rouge et fleurie de cette ancienne boucherie de la haute ville se cache une agréable petite adresse tout en hauteur avec, à chaque palier de l'escalier raide et bien étroit, une chambre.

🏠 *Chambres d'hôtes Marguerite & Madeleine (plan B2, 13) : 5, rue des Degrés.* 🖥 06-18-44-70-37. • *margueriteetmadeleine@gmail.com* • *Doubles*

LA MANCHE

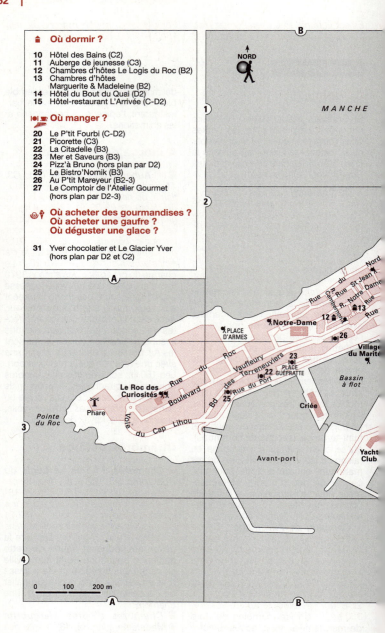

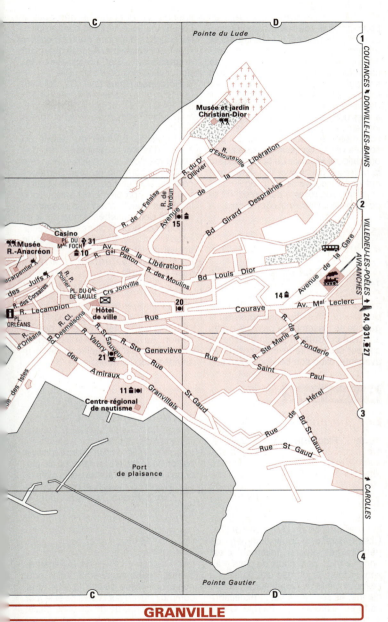

464 | **LA MANCHE / LA BAIE DU MONT-SAINT-MICHEL**

80-105 €. Vu l'étroitesse de la ruelle, on pourrait craindre de dormir dans une maison sombre. Que nenni ! Les chambres orientées plein sud dominent le port ! Aménagées de façon à préserver leur caractère de demeure du XVIIIe s (tout en hauteur, avec des escaliers un peu raides), elles sont ravissantes : murs de pierre, cheminée, parquet clair, des teintes douces, bleutées. Celles à l'étage inférieur partageant la salle de bains, elles sont réservées aux familles ou aux personnes qui se connaissent. Les autres ont chacune leur salle de bains, mais sur le palier (eh oui ! les vieilles demeures ont leurs inconvénients !). Également un petit salon réservé aux hôtes, où se poser, boire un thé. Accueil charmant.

De prix moyens à plus chic

🏠 *Hôtel Au Bout du Quai* (plan D2, **14**) *: 5, pl. Pierre-Sémard.* ☎ *02-33-50-02-05.* ● *hotelauboutduquai@free.fr* ● *hotelauboutduquai.free.fr* ● *Doubles 65-75 €.* Tous les hôtels de la gare ne se ressemblent pas, preuve en est celui-ci ! Cette imposante demeure couleur saumon se révèle en effet très avenante, avec son bel escalier et son

intérieur en dégradé de gris doux à l'œil. Dans les chambres confortables, les couettes blanches viennent encore illuminer l'ensemble. Accueil charmant et attentionné. Bref, un excellent rapport qualité-prix pour cette ville !

🏠 *Hôtel des Bains* (plan C2, **10**) *: 19, rue Georges-Clemenceau.* ☎ *02-33-50-17-31.* ● *hoteldbains@yahoo.fr* ● *hotelesbains-granville.com* ● ♿ *Doubles 72-155 €. Parking payant.* Cette vaste bâtisse du début du XXe s, idéalement placée, abrite des chambres dont le prix varie selon leur situation : côté rue ou mer. Certaines côté rue sont un peu sombres et étroites, mais le problème est surtout que la rue en question est très passante ; au bruit des mouettes risque donc de s'ajouter celui des voitures. À part cela, jolies chambres, de bon confort, et un accueil pro et agréable.

🏠 |O| *Hôtel-restaurant L'Arrivée* (plan C-D2, **15**) *: 110, av. de la Libération.* ☎ *02-33-50-03-00.* ● *hotelarrivee.com* ● *Doubles 70-96 €. Menus 25-56 €* ; *formules avec plats à piocher dans les 2 premiers menus 11,70-25 €.* Un petit hôtel propret et de bon confort. Au resto, le chef vous propose une cuisine plutôt traditionnelle, bien amenée. Accueil attentionné.

Où manger ?

Bon marché

|O| 🍵 🔝 *Picorette* (plan C3, **21**) *: 24, rue Saint-Sauveur.* ☎ *02-33-59-93-49.* ● *adam-picorette@orange.fr* ● *picorette.fr* ● ♿ *Mar-sam (tlj juil-août) 10h-19h (restauration 12h-15h). Congés : 1 sem en fév et 3 sem fin sept-début oct. Formule déj 18 €* ; *repas à la carte env 20 €* ; *goûter env 10 €. Café offert sur présentation du guide de l'année.* Chez *Picorette*, il serait dommage de ne faire que picorer, tellement c'est bon ! Le midi, petit choix de plats maison, et toute la journée des gâteaux à se rouler par terre. Quant aux amateurs de thé, ils seront servis : l'excellente carte est extrêmement fournie. Cadre et accueil adorables.

|O| 🔝 *Le P'tit Fourbi* (plan C-D2, **20**) *: 35, rue Couraye.* ☎ *02-14-13-67-47.*

● *celine-pinel@hotmail.fr* ● *Fermé dim midi et lun. Repas env 20 €. Topette (digestif maison) offerte sur présentation du guide de l'année.* Un endroit convivial où l'on se sent bien. La carte est simple : pizzas, burgers ou autres petits plats du jour. Mais c'est maison, et c'est bon !

🍕 *Pizz'à Bruno* (hors plan par D2, **24**) *: 35, av. des Matignons.* ☎ *02-33-91-92-30.* ● *bruno.mathurin@hotmail.fr* ● *Tlj sauf mar-mer et dim midi. Congés : 15 j. en juin et 15 j. en sept. Pizzas 8-12 €. Apéritif offert sur présentation du guide de l'année.* À l'écart du centre, petit local avec 3 tables pour poser une fesse devant la télé, et un comptoir ouvert sur la cuisine et le four. Dans l'assiette, de délicieuses pizzas généreusement garnies. Une adresse d'habitués qui marche fort avec ses *pizze* à emporter.

GRANVILLE / OÙ DORMIR ? OÙ MANGER DANS LES ENVIRONS ? | **465**

🛏 I●I *Hôtel-restaurant L'Arrivée* (plan C-D2, **15**) : *voir plus haut « Où dormir ? ».*

De prix moyens à plus chic

I●I *Le Comptoir de l'Atelier Gourmet* (hors plan par D2-3, **27**) : *13, av. A.-Briand.* ☎ 02-14-13-64-32. ● *late liergourmet@sfr.fr* ● *Tlj sauf dim-lun (mar-mer à midi seulement). Résa très conseillée. Menu 28,50 €.* À la carte, juste quelques petits plats orientés saveurs, et troussés de quelques pointes d'exotismes. Le tout en prise directe sur les petits producteurs du terroir ou les pêcheurs du cru. Bref, une cuisine bistronomique joliment présentée, qui change tous les jours selon les arrivages saisonniers et l'humeur du chef talentueux. À déguster dans une salle moderne, à la fois chaleureuse et cosy.

I●I ⬆ *Au P'tit Mareyeur* (plan B2-3, **26**) : *64, rue du Port.* ☎ 02-33-90-46-76. ● *contact@ptitmareyeur.com* ● *Tlj 8h-18h30. Douzaine d'huîtres et son verre de blanc 13 €. Repas env 25 € ; plateaux à emporter (à commander 24h à l'avance) 24-39 €/pers.* Le concept est simple : c'est une poissonnerie devant laquelle on a eu l'idée d'installer une petite terrasse sur la rue. Il suffit donc de faire son choix parmi les produits vendus au comptoir et les petits accompagnements, puis de s'attabler ! Grande fraîcheur, moins cher qu'au resto (attention, quand même, ça

grimpe vite), mais l'endroit étant passant, on vient là plus pour assouvir une profonde envie de fruits de mer que pour un dîner en tête à tête. C'est aussi une conserverie artisanale (soupes, rillettes de poisson, etc.).

I●I ⬆ *La Citadelle* (plan B3, **22**) : *34, rue du Port.* ☎ 02-33-50-34-10. ● *cita dell@club-internet.fr* ● *restaurant-la-citadelle.fr* ● ♿ *Fermé mer. Menus 32-80 € ; carte env 40 €. Café offert sur présentation du guide de l'année.* Le grand classique de Granville, et pour cause. La cuisine de la mer (surtout) y est bonne et soignée, tant dans la présentation que dans le travail des produits. Et le service et le cadre sont agréables... Que demander de plus ?

I●I ⬆ *Le Bistrono'Nomik* (plan B3, **25**) : *12, rue du Port.* ☎ 02-33-59-60-37. *Fermé dim soir, mer soir et jeu. Formule déj en sem 25 €, menus 25-32 € (sauf sam soir et dim midi) ; carte 40-45 €.* Tout est dit dans le nom ! Du noir, du blanc, une déco très sobre, mais l'important est dans l'assiette ! Et là, présentation et saveurs sont bien au rendez-vous !

I●I ⬆ *Mer et Saveurs* (plan B3, **23**) : *49, rue du Port.* ☎ 02-33-50-05-80. ● *meretsaveurs@hotmail.fr* ● ♿ *Fermé lun, plus le soir jeu et dim hors saison. Formule déj en sem 15,50 €, puis 27-37,50 €.* La petite terrasse face au parking de la zone portuaire n'a rien de très engageant. Toutefois, il serait dommage de bouder cette adresse. Intérieur chaud, fait de boiseries, et cuisine de la mer préparée avec soin et inventivité.

Où dormir ? Où manger dans les environs ?

Chambres d'hôtes

🛏 *Outremer & Terre :* chez Éliane et Gérard Legoupil, village Grandin, 50320 La Lucerne-d'Outremer. ☎ 02-33-59-80-20. 🖥 06-82-58-14-21. ● *info@ outremer-et-terre.com* ● *outremer-et-terre.com* ● *À env 15 km au sud-est de Granville. Double 75 €. Apéritif maison offert sur présentation du guide de l'année.* Dans une belle campagne qui vous séduit en douceur, l'ancienne auberge du XVIIe s est devenue une maison d'hôtes où il fait bon séjourner.

Déco sobre, élégante, dans des matériaux que l'on sent robustes et de qualité. Pour le petit déj, c'est dans la jolie cuisine, où les grandes baies vitrées vous donnent presque l'impression de sentir l'herbe sous vos pieds.

🛏 I●I *Le Logis d'Équilly :* Le Château, 50320 Équilly. ☎ 02-33-61-04-71. ● *contact@lelogisdequilly.fr* ● *lelogisde quilly.fr* ● *À env 15 km de Granville. Double 150 €. Gîte 5-6 pers. Table d'hôtes 35 €.* Les accueillants propriétaires de cette seigneurie du XIIIe s lui ont redonné l'ambiance et l'élégance des

LA MANCHE

466 | **LA MANCHE / LA BAIE DU MONT-SAINT-MICHEL**

grandes demeures (escaliers de pierre et cheminées qui en imposent, grand parc avec plan d'eau, belles chambres toutes personnalisées et élégantes, salles de bains neuves), tout en conservant son caractère rustique et médiéval. Ici, pas de TV écran plasma, on vient avant tout profiter du cadre et du calme.

Bon marché

I●I ↑ L'Auberge des Casse-croûte : 2, rue de l'Église, 50290 **Bréville-sur-Mer.** ☎ 02-33-91-91-83. À 5 km au nord de Granville. Fermé mer et sam midi, plus mar soir hors saison. Menu déj en sem 12,50 € ; carte env 26 €. Dans une maison qui ne paie pas de mine, en bord de route. Un intérieur chaleureux, entre auberge de campagne et pub. Au menu, des plats simples, plutôt traditionnels, bien préparés et qui tiennent au corps.

I●I ↑ Le Jardin de Léontine : 37, Le Grand Chemin, à **Bréville-sur-mer.** ☎ 02-33-50-47-28. ● lejardindeleontine@orange.fr ● restaurant-jardineleontine.com ● ♿ À 5 km au nord de Granville. Fermé dim soir, lun, plus soir mar-mer nov-avr. Formule déj (en sem) 13,20 €, menus 22-41,10 €. Apéritif maison offert sur présentation du guide de l'année. Certes, la situation, en bord de route, n'est pas des plus séduisante, mais la cuisine de marché – de la mer et de la terre – est maîtrisée, pleine de goûts et présentée avec soin. Plusieurs salles agréables et plutôt cosy.

Où acheter des gourmandises ?
Où acheter une gaufre ? Où déguster une glace ?

❀ ♟ **Yver Chocolatier** (hors plan par D2, **31**) : 189, route de Villedieu. ☎ 02-33-91-85-11. ● atelier@yverchocolatier.com ● yverchocolatier.com ● Sur la D 924 en direction de Villedieu. Parking juste devant. Jean-Louis Yver, maître chocolatier, a choisi les abords commerciaux de la ville pour installer son temple du chocolat. Pour commencer, et consommer utile, le tout petit musée : un espace pédagogique consacré à la saga du chocolat et à ses méthodes de fabrication à travers une sélection d'objets et d'anecdotes. Pour suivre, le vaste espace de vente, lieu de perdition ! On retrouve ces créations en centre-ville À La Marquise de Presles (26, rue Lecampion). La même maison possède **Le Glacier Yver** (plan C2, **31**), sur la place du casino, où sont vendues, entre autres douceurs (glaces, crêpes...), de très bonnes gaufres.

À voir

La haute ville

🏛 **La rue des Juifs** (plan B-C2) : elle abrite ateliers, galeries, antiquaires et brocantes. Ce petit bout de rue grimpe en direction de la haute ville. Très active pendant des siècles (avec l'arrivée des commerçants juifs), cette rue est aujourd'hui à l'écart des mouvements de masse et possède une âme de quartier bohème, où il fait bon flâner.

🏛 **La rue Lecarpentier** (plan B-C2) : Lecarpentier fut le défenseur de la ville contre les Vendéens en 1793. Les grandes dalles des marches proviennent des anciens remparts. Noter les ruelles coupant à angle droit et permettant aux défenseurs de passer d'une muraille à l'autre rapidement. Beau panorama sur la ville basse. Possibilité de passer par le square Marland pour profiter d'un cadre verdoyant. Arrivée place de l'Isthme. Table d'orientation. Escalier pour rejoindre le casino et la ville basse.

🏛🏛 **Le musée d'Art moderne Richard-Anacréon** (plan C2) : pl. de l'Isthme. ☎ 02-33-51-02-94. Juin-sept et pdt vac scol (ttes zones), tlj sauf lun ; le reste de l'année, ven-dim. Fermé de mi-nov à janv. Entrée : env 5 € ; réduc ; gratuit moins de 26 ans. Un musée d'art moderne tenant une place à part, né grâce aux collections

GRANVILLE / À VOIR | **467**

léguées par Richard Anacréon, l'un des plus grands libraires parisiens du XXe s, originaire de Granville. Il fut tout d'abord le grand ami de Colette, Paul Valéry et Claude Farrère, qui l'encouragèrent à ouvrir une librairie. Il côtoya alors dans sa boutique, *L'Originale,* toute l'élite intellectuelle et artistique de la 1re moitié du XXe s : Utrillo, Picasso, Léautaud, Cendrars, Cocteau, Prévert, Claudel, Dufy et tant d'autres. Dans le même temps, intuitif et collectionneur, il accumula les œuvres des uns et des autres, sollicitant dédicaces originales et dessins. Ainsi, aujourd'hui, visiterez-vous un étonnant chassé-croisé d'artistes et d'écrivains ayant chacun à sa manière parlé des autres peintres ou graveurs, et non une accumulation ordinaire d'œuvres. Quelques œuvres et artistes présentés de façon permanente, comme André Derain, Maurice de Vlaminck, Kees Van Dongen... L'endroit mérite aussi vraiment la visite pour la qualité régulière de ses expos temporaires.

🎋 *La rue Saint-Jean (plan B-C2) :* continuation de notre promenade dans cette haute ville à l'architecture grise, dure, d'une austérité empreinte de noblesse. Peu d'ostentation dans la richesse chez les armateurs et corsaires ayant réussi « socialement ». Elle s'exprime seulement par la sobre élégance des façades et quelques détails architecturaux marginaux. Au n° 105, un curieux linteau *Vive Jésus* et *Marie Joseph 1672.* Vieilles venelles transversales, comme la rue Saint-Denis et ses bornes anti-carrosses. La *rue Étroite* mérite bien son nom. Les rues *Marché-au-Pain, des Plâtriers,* etc., témoignent des petits métiers qu'elles abritaient. Au n° 45, hôtel Ganne-Destouches. Élégante bâtisse de granit. On y arrêta en 1798 Destouches (immortalisé par Barbey d'Aurevilly dans *Le Chevalier Des Touches*). Au n° 39, maison de Fortuné de Boisgobey, écrivain fameux au XIXe s pour ses romans-feuilletons. À côté, au n° 37, l'une des plus anciennes demeures de la ville. Elle appartint au XVIIIe s au proprio des îles Chausey (d'où provenait le granit de tous ces édifices). Dans ses caves se déroulaient les messes clandestines sous la Terreur (elles accueillent aujourd'hui une plus tranquille crêperie). Au n° 19, linteau gravé *1622 Poe.* Au n° 4, belle maison avec encadrement de granit et encorbellement. Au n° 3, curieux haut-relief en terre cuite dans la façade.

🎋 *La rue Cambernon (plan B2) :* d'abord un petit détour par la *rue Notre-Dame* pour découvrir au n° 14 bis l'une des plus vieilles demeures (XVIe s) de Granville. Dans la rue Notre-Dame toujours, au n° 3, hôtel des comtes de Matignon. Au n° 43, hôtel du Val-ès-Fleurs de 1635. Au n° 54, hôtel Le Mengnonnet, un peu en retrait, au style élégant. Au n° 76, hôtel de l'Amirauté et son fronton triangulaire avec massive lucarne de granit. De la place Cambernon, descendre la petite rue des Égouts (un nom bien mérité vu ce qui la ponctue...) et admirer... elle est pas belle, cette vue ?

🎋 *L'église Notre-Dame (plan B2) :* les Anglais commencèrent sa construction en 1441, mais à peine les fondations creusées, ils furent boutés hors de France. C'est malin, elle mit ensuite 3 siècles à être achevée ! Elle donne l'impression d'une minicathédrale complètement ramassée sur elle-même, comme pour mieux résister aux tempêtes. Imposante façade du XVIIIe s. À l'intérieur, arches de la nef en plein cintre, tandis que celles du déambulatoire sont ogivales. Beau buffet d'orgues de 1660. Chaire et stalles du XVIIIe s, ainsi que le tabernacle en bois sculpté et doré. Au rond-point du chœur, chapiteaux sculptés. À gauche, grand bénitier en granit du XVe s (ancienne cuve baptismale). Pittoresques fonts baptismaux (grille du XVIIIe s).

🎋 *La place d'Armes (plan B2-3) : on y accède par la porte Saint-Jean.* Vaste esplanade bordée d'anciennes casernes (qui abritent aujourd'hui des administrations diverses...), à la remarquable architecture du XVIIIe s. Plus loin, rue du Roc, l'ancienne *halle au blé* qui accueille, en été, des expositions (renseignements au musée du Vieux-Granville). Plus loin, rue du Roc, l'ancienne *halle au blé.*

🎋🚶🏃 *Le Roc des Curiosités (plan A3) : le Roc.* ☎ 02-33-50-19-83. ● *aquarium-du-roc.com* ● Tt au bout de la haute ville. Avr-sept, tlj 10h-19h ; oct-mars, tlj 10h-12h30, 14h-18h30. Fermé 1er janv et 25 déc. Entrée : 9 € ; réduc. En route pour

LA MANCHE

une réelle mise en scène du patrimoine naturel et pour une visite accompagnée par Jules Verne et quelques citations de ses œuvres dans un site hors du commun (pour le meilleur et pour le pire !). La visite commence par le *jardin des Papillons*, où l'univers des papillons et des insectes est présenté dans des tableaux originaux. Suit l'*aquarium* et son bel éventail de poissons multicolores des mers tropicales. Dans le *palais des Minéraux*, on est encore une fois surpris de découvrir avec quel sérieux (et quel sens artistique tout à la fois) les bois silicifiés, séquoias minéralisés, énormes géodes d'améthyste, cristaux de toutes sortes, ont été mis en valeur, parfois même superbement mis en scène. Mais le plus incroyable (et le terme n'est pas galvaudé !) reste à venir avec la *Féerie des coquillages*. Vous n'imaginez pas tout ce qu'on peut faire avec des coquillages. Ça frôle parfois le chef-d'œuvre, aux frontières ténues du kitsch et du sublime.

La ville basse

🏖 **La plage** *(plan C-D1-2) : entre le casino et la pointe du Lude.* Bordée par la fameuse digue-promenade du Plat-Gousset, et parfois assaillie par de furieuses vagues en hiver.

🍴🎨 **Le musée et le jardin Christian-Dior** *(plan D1) : villa Les Rhumbs.* ☎ 02-33-61-48-21. ● musee-dior-granville.com ● *Avr-janv, tlj 10h-18h30 (18h pour la billetterie) ; Toussaint-avr, mar-dim (tlj pdt vac scol) 14h-17h30. Entrée : 9 € ; réduc ; gratuit moins de 12 ans. Jardin ouv tte l'année 9h-17h en hiver, 18h mars et oct, 20h avr-mai et sept, 21h juin-août.* Devant la plage, en haut de l'escalier du bout de la promenade du Plat-Gousset, la maison d'enfance de Christian Dior, *Les Rhumbs*, se cache au cœur d'un splendide jardin de falaise, qui retrouve peu à peu la superbe que lui connaissait Dior. Face à la mer, cette villa couleur rose sorbet (le couturier s'inspirera de sa couleur pour certaines de ses créations), construite par un armateur à la fin du XIXe s, accueille désormais un musée, où chaque année une exposition thématique différente est proposée. L'occasion de découvrir, à travers accessoires, dessins, tableaux, flacons de parfum et nombre de modèles de haute couture, tout le talent et l'œuvre de Christian Dior et de ses successeurs.

🍴 **Le village du Marité** *(plan B-C2-3) : quai d'Orléans.* ☎ 02-33-50-17-03. *Sur le port, face au Marité. Tlj juil-août 10h-12h, 14h-17h ; de Pâques à juin et sept-oct, en fonction de la présence du navire. GRATUIT.* Dernier des terre-neuviers français, le *Marité* aura connu 5 vies depuis son lancement à Fécamp en 1923 et sa victoire dans la course des grands voiliers en 1992. Avec ses 47 m de longueur, le plus grand trois-mâts du patrimoine français a subi à Granville une restauration complète et repris du service en mer. Toutefois, il reste de ce vaste chantier ce « village », où de grands panneaux vous racontent l'histoire du bateau et de « sa remise en forme ».

À faire

Granville est un haut lieu de la voile, avec une bonne activité de régates, allant du dériveur au croiseur, en passant par la planche à voile, le catamaran de sport, etc. Et pour cause : s'ouvre devant vous l'un des plus beaux plans d'eau qui soient, avec la baie du Mont-Saint-Michel, les îles Anglo-Normandes, des courants et des marées en veux-tu en voilà, juste ce qu'il faut pour régaler les vrais amateurs, pas les poules mouillées genre « bronzing » méditerranéen...

■ **Centre régional de nautisme** *(plan C3) : bd des Amiraux-Granvillais, port du Hérel.* ☎ 02-33-91-22-60. ● crng. fr ● Base régionale de la Fédération française de voile. Planche, dériveur, catamaran, kayak de mer, *stand-up paddle*, aviron, char à voile... Stages d'initiation ou de perfectionnement, cours particuliers, locations, pratique libre...

DANS LES ENVIRONS DE GRANVILLE | **469**

■ *Yacht Club de Granville* (plan B3) : *quai de Hérel.* ☎ 02-33-50-04-25. ● *yachtclubgranville.com* ● Fondé en 1933. L'un des clubs les plus actifs en France, organisateur d'une impressionnante brochette de belles régates (pratiquement tous les week-ends). Son *clubhouse* est le sympathique rendez-vous de tous les mordus de mer, du pêcheur au coureur océanique, en passant par le simple plaisancier.

Sorties en mer à bord de vieux gréements

La Bisquine La Granvillaise : *rens à l'Association des vieux gréements granvillais, maison de La Bisquine, 43, bd des Amiraux.* ☎ 02-33-90-07-51. ● *lagranvillaise.org* ● Sorties avr-oct, à la ½ journée (env 45 €/pers), à la journée (72 €), au w-e ou plus... selon vos envies. Forfaits famille également. Légendaire bateau de pêche du XIXe s, typique de la baie du Mont-Saint-Michel, doté d'une imposante voilure (293 m², et 340 m² en régate !) ; la star locale avec le *Marité*.

Le Marité : *quai d'Orléans.* ☎ 02-33-50-17-03. ● *lemarite.com* ● Le *Marité* (lire aussi plus haut dans « À vivre ») vous emmène découvrir la baie de Granville (env 3h ; env 43 €/pers) ou naviguer dans l'archipel des îles Chausey (env 10h ; env 80 €/pers). Pour ceux qui n'auraient que les moyens de rêver, possibilité ponctuellement de visiter le célèbre bateau quand il est à quai (3 €/pers).

Le Lys Noir : ☎ 02-33-50-31-81. ● *lys-noir.org* ● Avr-oct, sorties à la journée ou à la ½ journée, ou w-e à thème. De préférence pour les groupes d'au moins 10 pers. Le charme d'un ketch aurique (yacht de plaisance) de 1914. Tout ça avec un passionné du coin, qui vous fera découvrir les petits îlots perdus.

Le Courrier des Îles : ☎ 02-33-61-48-79. ● *lecourrierdesiles.fr* ● Visite de l'archipel à la journée. Peut accueillir jusqu'à 15 pers.

Le Charles Marie : ☎ 02-33-46-69-54. ● *espritgrandlarge.com* ● De mi-avr à mi-nov. Tarifs : 55-70 € ; forfaits famille.

Manifestations

– *Carnaval* : *5 j. à partir du ven qui précède Mardi gras.* ● *carnaval-de-granville.fr* ● Un vrai carnaval traditionnel, qui a perduré grâce à l'habitude qu'avaient les terreneuvas de se déguiser pour dépenser une partie de leur solde dans une terrible bamboula, avant de partir pour de longs mois en mer. Défilés de chars, bals, et une habitude populaire, les « intrigues » : les habitants, petits et grands (surtout les grands d'ailleurs), s'affublent des plus invraisemblables costumes et vont rendre visite à leurs connaissances... Fin des réjouissances avec l'embrasement du bonhomme Carnaval dans le bassin du port de pêche.

– *Sorties de bain* : *4 j. début juil.* ☎ 02-33-69-27-30. ● *sortiesdebain.com* ● Festival des arts de rue réunissant plus d'une trentaine de compagnies et offrant une centaine de représentations.

– *Festival des Voiles de travail* : *5 j. fin août.* ● *festivaldesvoilesdetravail.com* ● Parades nautiques et embarquements à bord de bateaux anciens, expositions, mises en scène, cinéma de plein air, concerts, dégustation, etc.

– *La Ferme en Folie* : *vac de la Toussaint.* ● *fermeenfolie.fr* ● Festival s'adressant aux enfants de 2 à 12 ans et à leur famille, avec des animations autour des thématiques de la ferme et de l'éco-citoyenneté.

DANS LES ENVIRONS DE GRANVILLE

L'abbaye de La Lucerne : *50320 La Lucerne-d'Outremer.* ☎ 02-33-60-58-98. ● *abbaye-lucerne.fr* ● À env 15 km au sud-est de Granville. Avr-sept, tlj sauf

LA MANCHE

470 | **LA MANCHE / LA BAIE DU MONT-SAINT-MICHEL**

dim mat 10h-12h, 14h-18h30 ; vac scol de la Toussaint et de Noël jusqu'au 31 déc, tlj sauf dim mat 10h-12h, 14h-17h. Fermé 1er janv et 25 déc. Entrée : 7 € ; réduc ; gratuit moins de 7 ans ; forfait famille 22 €. Cette abbaye, construite au XIIe s et restaurée aux XVe et XVIIe s, mérite le détour, ne serait-ce que pour le bel environnement boisé dans lequel elle se niche. Le régal des yeux se poursuit en découvrant l'église abbatiale romane, la tour anglo-normande annonciatrice du style gothique, le cloître, le lavabo roman, le réfectoire, le colombier... Et dire que tout cela revient de loin ! Comme toute bonne abbaye qui se respecte, en effet, celle de La Lucerne souffrit fort de la Révolution. Vendue comme bien national, elle devint une filature, puis une scierie de pierre, avant d'être plus ou moins laissée à l'abandon. Classée Monument historique en 1928, ce n'est que grâce aux énormes travaux de restauration entrepris depuis 1959 qu'elle a pu retrouver de sa superbe.

LES ÎLES CHAUSEY

🏹🏹 Seul archipel normand resté français malgré le traité de Brétigny (1360), il s'étend sur environ 5 000 ha maritimes et se situe à 17 km de Granville. À marée haute, 52 îles et îlots, reliés par de vastes étendues de sable et de vase. À marée basse, il y en a presque autant que de jours dans l'année (parmi les îlots, bien sûr, beaucoup de simples rochers). Grâce à l'énorme amplitude des marées (plus de 14 m), la surface des îles à marée basse est multipliée par 70 ! D'origine granitique, elles fournirent la pierre utilisée pour construire le Mont-Saint-Michel, Saint-Malo et une partie des trottoirs de Paris et de Londres. Plus de 300 espèces végétales attirent une grande variété d'oiseaux, dont le fou de Bassan, le tadorne de Belon ou les sternes pierregarin et caugek. L'archipel est en grande majorité privé, le reste étant la propriété du Conservatoire du littoral. De nos jours, à peine une dizaine de personnes vivent à Chausey en hiver. Un grand moment d'harmonie et de paix, pour qui veut réellement se défaire de sa névrose urbaine, mais on vous prévient : pas facile d'éviter les hordes de touristes pique-niqueurs et plagistes en juillet et août.
La *Grande-Île* (la seule à être habitée et la seule visitable) mesure 2 km de long sur 200 à 700 m de large. L'économie repose sur la pêche au casier (homards, crabes, crevettes roses, congres...) et sur la culture des moules, des huîtres et des palourdes. Çà et là, sur les plages, des squelettes de bateaux en décomposition. Histoire de nous rappeler qu'ici, en hiver, la mer n'est pas qu'une toile de fond pour dépliant touristique : elle ne plaisante pas.

Un peu d'histoire

Des monuments mégalithiques attestent la présence de l'homme à Chausey dès la préhistoire. Au XIe s, l'archipel est cédé à l'abbaye du Mont-Saint-Michel par Richard II, duc de Normandie. Les moines vont extraire des îles le granit nécessaire à la construction de l'abbaye. Au XVIe s, le roi Henri II fait édifier sur la Grande-Île un château fort, avant de confier l'archipel aux comtes de Matignon, ancêtres de l'actuelle famille princière de Monaco. Après avoir été pris par les Anglais en 1756, l'archipel est rattaché à la commune de Granville en 1804.
En 1949, les carrières de granit furent rouvertes, pour reconstruire la vieille ville de Saint-Malo, détruite par les bombardements.

Comment y aller ?

⛴ *Vedettes Jolie France, Jolie France I, et Douce France :* gare maritime de Granville. ☎ 02-33-50-31-81. ● vedettejoliefrance.com ● Ouvtte l'année : avr-sept, 1-5 départs/j. ; oct-mars, mer, w-e et jours de grande marée ; fév-déc, mer, sam et jours de grandes marées. Résa obligatoire. Durée de la traversée : 45 mn-1h. Prix : env 28 €/adulte A/R. Possibilité aussi de faire, en plus, le tour de l'archipel en bateau (env 10 €/adulte).

LA MANCHE

DANS LES ENVIRONS DE GRANVILLE / LES ÎLES CHAUSEY | **471**

Également quelques traversées proposées par la compagnie *Corsaire* au départ de Saint-Malo et Dinard. ☎ *0825-138-100 (service 0,15 €/mn + prix appel).* ● *compagnie corsaire.com* ● Prix : env 35 € A/R. Traversée : 1h15.

Où dormir ? Où manger ?

– *Quelques infos pratiques :* à côté du débarcadère, de l'*Hôtel du Fort et des Îles* et accolé au restaurant *Contre Vents et Marées* (c'est la même maison en fait), la petite *boutique-épicerie* de l'île vend des boissons, quelques légumes et les produits de base pour cuisiner (si vous dormez sur place) ou de quoi vous constituer un pique-nique au cas où ce « détail » vous aurait échappé.

🏠 *Gîte rural La Ferme de Chausey :* chez M. et Mme Lair. ☎ *02-33-90-90-53.* ● *la.ferme.chausey@orange.fr* ● *ileschausey.com* ● *Résa indispensable. Studios ou appart 2-9 pers 181-402 €/w-e (hors juil-août) ; pour 2 pers 418-925 €/sem, pour 7-9 pers 656-1 436 €/sem selon saison.* Dans une ancienne ferme rénovée, une vingtaine de gîtes bien aménagés et fonctionnels. Du studio pour 2 ou 3 personnes jusqu'au duplex 4 pièces pour 7 à 9 personnes. Le cadre est vraiment très sympa avec le très grand jardin dans la cour fermée, ses tables de pique-nique, ses barbecues. En revanche, on vient davantage à Chausey pour profiter du site et, s'ils sont fonctionnels, ces gîtes ne sont pas vraiment de petits nids douillets. Accueil très convivial.

🏠 *Gîtes communaux :* rens et résas à la mairie de Granville. ● *gitede chausey@ville-granville.fr* ● *ville-granville.fr* ● *Congés : janv-vac d'hiver. Loc à la sem seulement avr-sept ; selon les vedettes le reste de l'année. Compter 300-1 040 €/sem pour 4-7 pers.* Dans l'ancien presbytère et l'ancienne école

de l'île, 5 gîtes superbement situés près d'une jolie plage. Prix peu élevés, mais confort très minimaliste : seul le plus grand possède une salle d'eau, et les douches (payantes) sont dans un bâtiment annexe à côté du presbytère.

🏠 ●I●I ♟ ↑ *Hôtel du Fort et des Îles :* ☎ *02-33-50-25-02.* ● *contact@hotel-chausey.com* ● *hotel-chausey.com* ● *À 100 m à gauche au-dessus du débarcadère. Tlj début avr-fin sept ; fermé le reste de l'année. Résa conseillée. Doubles 79-120 € ; familiales. Formules 29-79 €. Apéritif maison offert sur présentation du guide de l'année.* Le seul hôtel de l'île. Côté chambres, celles-ci donnent, au choix, sur la campagne ou sur le dédale d'îlots. Petite déco balnéaire, elles sont simples, pas très grandes, mais néanmoins confortables. Côté resto : la plupart des poissons et crustacés que vous aurez dans votre assiette sont pêchés dans les eaux de Chausey. Difficile de faire plus frais, donc. Il fait aussi bon boire un verre ou un café dans le très joli jardin qui entoure l'établissement.

●I●I ↑ *Restaurant Contre Vents et Marées :* ☎ *02-33-59-83-36. Ouv tlj avr-11 nov. Menus 21-35 €. Résa fortement conseillée.* Beaucoup de produits de la mer, évidemment (le contraire serait regrettable !), mais aussi des salades et des plats de viande. Les plus chanceux, ceux assis aux premières loges, près des grandes fenêtres, les dégusteront en profitant de la belle vue sur la baie. À moins que le temps ne permette de profiter de la terrasse. Service efficace et très agréable.

À voir. À faire

➤ *Précisons que l'archipel est un paradis de la pêche à pied :* on trouve, selon les saisons, des coques, des palourdes, des huîtres, des praires, et on en passe. Évidemment, tout cela est réglementé (petite brochure disponible au débarcadère ou infos sur ● *cpagranville.net* ●). Les îles Chausey constituent aussi une superbe *réserve ornithologique.* Huîtriers-pies, goélands, cormorans, tadornes de Belon,

LA MANCHE

sternes et consorts s'ébattent ici en paix ; alors, en période de nidification (au printemps), allez-y sur la pointe des pieds...

➤ **Balade à pied** (qui ne vous épuisera pas) **:** hors saison, cure de calme, de repos, d'authentique. Voir le **phare** haut de 37 m et d'une portée de 43 km, le **fort** (construit en 1860 pour se défendre contre les Anglais et qui ne servit jamais) et la **chapelle des Pêcheurs** (de 1840). **Les Blainvillais,** un microvillage qui tient son nom de la commune de Blainville, d'où venaient chaque été les « soudiers », employés à brûler le varech pour en extraire la soude exploitée dans les verreries. **L'ancien sémaphore,** désaffecté depuis 1939, qui fait désormais le bonheur des ornithologues. **Le château Renault** *(ne se visite pas).* En 1928, sur les ruines du château bâti par les Matignon en 1558, dominant la superbe grève de Port-Homard, Louis Renault (le constructeur automobile) fit bâtir, d'après ses propres plans, cet étonnant petit château taillé dans le granit, qui dégage une impression de sobriété et de puissance paisible. Vous, on ne sait pas, mais nous, on est franchement jaloux des actuels propriétaires...

⚲ Belles **plages de Port-Homard, Port-Marie** et **la Grande Grève.** Possibilité, à marée basse, de rejoindre les îlots granituex de l'Éléphant et des Moines.

– On peut également découvrir l'île avec **Olivier Ribeyrolles,** guide géographe (☎ *06-82-67-87-19).*

DE GRANVILLE À AVRANCHES PAR LA CÔTE

De Granville à Saint-Jean-le-Thomas, la côte même alterne entre les stations balnéaires témoins de la grande époque des premiers bains de mer (opulentes villas, casino Art déco de Jullouville, cabines de plage...) et les petites villes où s'alignent des constructions modernes manquant singulièrement de grâce et de charme, le tout bordé de jolies plages. Plusieurs agréables chemins de randonnée pédestre dans le coin.

SAINT-JEAN-LE-THOMAS (50530)

Ce village abrite une petite station balnéaire tranquille. Son église possède une nef et un chœur appartenant à la période préromane. Vestiges de fresques. Près de la porte, saint Michel terrassant le dragon. Fonts baptismaux en granit du XVIIe s. Dans la nef, à gauche, statue de Moïse (ancien lutrin). Vierge à l'Enfant et sainte Anne du XVe s. Pierre tombale très ancienne (fils de Jehan du Bé – 1589). Sous le porche, pietà du XVe s.
Comme d'autres villages voisins dont Dragey, Saint-Jean-le-Thomas s'est fait une spécialité de l'élevage de chevaux de course. C'est à Saint-Jean que s'entraînait le célèbrissime *Idéal du Gazeau. Dragey,* quant à elle, compte plus de chevaux que d'habitants et abrite un important complexe équin ! On peut y voir les athlètes équins s'entraîner sur des pistes en plein champ ou sur la plage, avec le Mont en toile de fond (l'office de tourisme de Mont-Saint-Michel – Normandie y organise aussi des visites guidées l'été). Les immenses étendues de sable qui se découvrent à marée basse constituent en effet d'excellents terrains d'entraînement.

UN AMÉRICAIN EN FRANCE

En août 1944, Eisenhower, commandant en chef des forces alliées, s'installa à la villa Montgomery, près de Saint-Jean-le-Thomas, afin de préparer au calme l'avancée alliée. De la terrasse, la vue sur la côte escarpée et le Mont-Saint-Michel est époustouflante. Un spectacle qui varie à chaque heure suivant la marée et la météo. Il déclara alors être devant le plus beau panorama de France.

DE GRANVILLE À AVRANCHES PAR LA CÔTE | 473

Adresse utile

🛈 *Bureau d'information touristique :* 13, rue Pierre-le-Jaudet. ☎ 02-33-70-90-71. ● *tourisme.saint jeanlethomas@msm-normandie.fr* ● *saintjeanlethomas.com* ● *Juil-août, lun-sam 9h-12h30, 14h-18h ; avr-juin et sept, lun-mar et jeu-ven 9h-12h30, 14h-17h ; oct-mars, lun-ven 9h-12h30.*

Où dormir ? Où manger dans le coin ?

Camping

⚕ *La Ferme de la Moricière :* 50350 *Sartilly.* ☎ 01-76-43-00-61 (central de résa). ● *info@unlitaupre.fr* ● *unlitaupre. fr/destination/la-ferme-de-la-mori ciere* ● À la sortie de Sartilly, en direction d'Avranches (discrètement fléché). Ouv de mi-avr à sept. Tentes (5 adultes max et 1 enfant) 1 200 €/sem ; également des formules plus courtes. 24 empl. Le concept d'*Un Lit au Pré,* c'est une tente confortablement aménagée (couettes, poêle à bois, cuisine équipée...) et des sanitaires communs à l'écart. Or, ici, la tente est plantée dans le pré d'une ferme laitière superbement située, en surplomb de la baie. La vue de là-haut est absolument fantastique, surtout au coucher du soleil. Accueil adorable de madame, également guide dans la baie. Vente de produits régionaux sur place à l'épicerie et location de vélos.

Chambres d'hôtes

🏠 *Chez Vic :* chez Vic et Nadine Lemonnier, 17, route des Telliers, 50530 *Champeaux.* ☎ 02-33-51-40-13. ● *lemonnierivi@west-telecom.com* ● *chez-vic.com* ● *Double 49 € ; familiale. Réduc de 10 % sur le prix de la chambre à partir de la 5e nuit consécutive sur présentation du guide de l'année.* Elle en a, du cachet, cette ancienne ferme du XVIIIe s retapée avec soin dans le goût normand ! L'étape est aussi paisible que chaleureuse, à l'écart du tumulte du Mont-Saint-Michel. 2 chambres avec coin salon, dont une familiale. Mais qu'il fait beau, c'est dans le jardin qu'on est le mieux, pour prendre son petit déj ou se détendre à l'ombre des arbres. Accueil plein de naturel.

🏠 *Le Jardin de Dragey :* chez Martine Guienne, 6, rue Puits-Vignon, 50530 *Dragey-Ronthon.* ☎ 02-33-48-38-69. 📱 06-84-57-21-83. ● *lejardindedragey@ yahoo.fr* ● *lejardindedragey.com* ● À Dragey. Congés : de mi-nov à mi-mars. Double 88 € pour la chambre principale, 54 € pour la chambre d'amis ; 20 €/enfant. Cette charmante maisonnette offre un joli compromis entre le gîte et la chambre d'hôtes puisque les différentes chambres ne sont louées qu'à des personnes qui se connaissent, et les hôtes ont à leur disposition un salon avec cheminée. Par conséquent, si vous n'êtes que 2, vous serez logés dans la chambre principale. Mais une autre petite chambre peut accueillir 2 enfants, et une 3e un autre couple. Si, de l'extérieur, la maison semble un peu à l'étroit entre ses voisines, rassurez-vous : l'intérieur est beau et lumineux, et vous pourrez prendre vos aises dans le joli jardin à l'arrière.

🏠 *Domaine de Belleville :* chez Florence et Olivier Brasme, 11, route de Saint-Marc, 50530 *Dragey-Ronthon.* ☎ 02-33-48-93-96. 📱 06-11-25-71-05. ● *belleville@mt-st-michel.net* ● *mt-st-michel.net* ● *Doubles 97-120 € ; gîtes 2-4 pers. Réduc de 10 % sur le prix des chambres, hors w-e et vac scol sur présentation du guide de l'année.* Dans une maison de maître du XVIIe s, accueil des plus sympathique de madame, pendant que monsieur élève ses chevaux de course alentour. Des chambres d'hôtes très spacieuses, avec juste ce qu'il faut d'élégance et de distinction. Copieux petit déj servi dans une agréable salle à manger.

🏠 *Chambres d'hôtes La Cotentine :* 26, rue de la Chapelle-Saint-Anne, 50380 *Saint-Pair-sur-Mer.* 📱 06-63-31-46-01. ● *contact.lacotentine@ gmail.com* ● *chambres-lacotentine-manche.com* ● *Doubles 125-165 €.* Dans la partie la plus séduisante de Saint-Pair, celle des belles demeures,

LA MANCHE

474 | **LA MANCHE / LA BAIE DU MONT-SAINT-MICHEL**

dont celles-ci fait partie. Elle semble pourtant relativement modeste de l'extérieur. D'où la surprise en franchissant le seuil et l'impression d'espace que procure le beau salon (et salle de petit déjeuner) donnant sur l'appréciable jardin. Idem dans les 2 vastes chambres : on est sous les toits, mais le plafond est haut, et les fenêtres aussi ! Ensemble très soigné, avec une hôtesse dotée d'un véritable sens de l'accueil, qui fait tout pour rendre votre séjour mémorable.

De prix moyens à chic

🏠 ❚●❙ *Hôtel Restaurant des Bains* (et ses « adresses sœurs ») : 8, allée Clemenceau. ☎ 02-33-48-84-20. ● hdbains@orange.fr ● hdbains.com ● Hors juil-août, fermé midi lun-sam et jeu soir. Congés : nov-mars. Doubles 69-79 € ; familiales ; en chambre d'hôtes dans la maison d'en face À l'Abri des Vents (☎ 02-33-60-97-31), doubles 60-75 €, petit déj inclus ; dans la villa Les Dunes (☎ 02-33-60-45-20), doubles 60-110 €. À l'hôtel, formules déj en sem 17-22 €, carte env 30 €. Parking privé gratuit. CB refusées. Café offert sur présentation du guide de l'année. À l'hôtel, chambres simples, toutes différentes et confortables. Si c'est complet, on vous renvoie vers la chambre d'hôtes juste en face, tenue par une des sœurs et d'un confort équivalent. Et si ce que vous souhaitez, c'est vraiment le bord de l'eau, une autre sœur encore tient la villa *Les Dunes*. La grande salle de restaurant distille une ambiance France profonde sympathique et rassurante. Cuisine de terroir traditionnelle. Jardin et piscine.

❚●❙ *Le Pont Bleu* : 6, rue du Pont-Bleu, Kairon-plage, 50380 **Saint-Pair-sur-Mer**. ☎ 02-33-51-88-30. ● leboucher. franck@wanadoo.fr ● De mi-juil à août, tlj ; le reste de l'année, fermé mer-jeu sauf j. fériés. Formules en sem à partir de 22 € ; menus 28,50-49 €. Beaucoup de poisson au menu, bien sûr, finement travaillé, délicatement présenté. On apprécie la recherche autour du goût et le réel souci de la qualité dont fait preuve cette maison. Pour ne rien gâcher, la salle pavée de rouge, aérée et aux couleurs fraîches, se révèle très agréable.

GENÊTS (50530)

Un gros village à l'architecture bien particulière. Rues étroites bordées de maisons à un étage se serrant les unes contre les autres. Murs de schiste ou de grès avec encadrements de fenêtres en granit. Urbanisme harmonieux, à l'aspect un peu austère. Qui pourrait croire que Genêts, aujourd'hui complètement ensablé et envahi par les herbes, fut, au Moyen Âge, le principal port de départ vers le Mont-Saint-Michel ? Les pèlerins partaient également d'ici à marée basse, à pied ou en maringotte (voiture à cheval), accompagnés de guides locaux pour éviter de s'enliser. Une traversée que vous pourrez vous-même vivre, accompagné d'un guide (voir plus loin).

Adresses utiles

🛈 *Office de tourisme* : 4, pl. des Halles. ☎ 02-33-89-64-00. ● ot-mont saintmichel.com ● Derrière la mairie, dans une ancienne chapelle. Nov-mars, mar-sam 13h-17h. Avr-oct, lun-sam 9h45-12h45, 14h-18h ; juil-août, lun-sam 9h30-13h, 14h-18h30, dim 10h-13h, 14h-18h.

■ *Découverte de la Baie* : Maison du guide, 1, rue Montoise. ☎ 02-33-70-83-49. ● decouvertebaie.com ● Une des principales sociétés organisant les traversées de la baie.

■ *Les Chemins de la Baie* : 34, rue de l'Ortillon. ☎ 02-33-89-80-88. ● cheminsdelabaie.com ● Les guides proposent des traversées à pied traditionnelles, mais également des sorties découverte du patrimoine (faune, flore...) de la baie ou de l'arrière-pays.

■ *Guides indépendants pour les traversées de la baie au départ du bec d'Andaine* : Didier Lavadoux, ☎ 02-33-70-84-19, 📱 06-75-08-84-69, ● traversee-baie.com ● ; Jacky Gromberg, 📱 06-83-29-78-10,

● aventure-et-vous.fr ● ; **Stéphane Guéno** (Sports Évasion à Avranches), ☎ 06-14-70-55-14, ● sport-evasion-fr.com ● ; Olivier Ribeyrolles, ☎ 06-82-67-87-19, ● lespasduguide.com ●

(propose également des sorties découverte dans les îles Chausey). Pour les traversées au départ du Mont-Saint-Michel, se reporter aux « Adresses et infos utiles » du Mont.

Où dormir ? Où manger ?

Camping

⊠ **Camping Les Coques d'Or :** 14, route du Bec-d'Andaine. ☎ 02-33-70-82-57. ● contact@campinglescoquesdor.com ● campinglescoquesdor.com ● ♿ Ouv avr-fin sept. Compter 25,70 € pour 2 avec tente et voiture ; hébergements locatifs 255-670 €/sem. 225 empl. Une adresse que nous indiquons surtout parce qu'elle a le mérite d'être à proximité des départs pour les traversées de la baie. Les emplacements sont spacieux et délimités par de hautes haies, mais les arbres sont rares. Malheureusement, les mobile homes ont tendance à grignoter de plus en plus d'espace, ôtant son charme à ce site très bien équipé. Piscine.

De bon marché à prix moyens

⊠ 🏠 **Auberge de jeunesse :** 28, rue de l'Ortillon. ☎ 02-33-58-40-16. ● genets@hifrance.org ● hifrance.org ● Accès avec la ligne n° 4 (Granville-Avranches par la côte) des cars Manéo. ♿ Dans l'ancienne gare-école. Ouv avr-oct. Accueil 9h-12h, 17h-20h. Avec la carte FUAJ (obligatoire et vendue sur place), nuitée env 21 €, petit déj et draps inclus ; camping env 9 €/pers. Une sympathique petite AJ comptant une cinquantaine de lits répartis en 15 chambres de 2 à 6 personnes. Propre, ambiance conviviale et, en

plus, une petite cuisine à disposition. Possibilité aussi de planter sa tente dans le jardin et d'avoir accès aux sanitaires de l'AJ.

🏠 |●| **Chez François :** 2, rue Jérémie. ☎ 02-33-70-83-98. ● resto@chezfrancois.fr ● chezfrancois.fr ● Fermé mer-jeu. Résa impérative. Congés : 15 j. début oct et Noël-Nouvel An. Double (w-c sur le palier) 42 €. Repas env 20-28 €. Une très sympathique adresse menée par une équipe dynamique. La cheminée trône dans cette petite salle de bistrot de campagne (ils font même tabac) encombrée de grandes tables rustiques. Maligne petite cuisine : entrées au fil des saisons, viandes cuites au feu de bois avec une prédilection pour le cochon (pied de cochon ou groin farci au boudin noir), desserts de la grand-mère. À l'étage, 5 chambres seulement, pas très grandes (c'est eux qui l'disent !), mais simples et fraîches, avec cabine de douche dans la chambre.

|●| ☝ **La Pause des Genêts :** 11, rue de l'Entrepont. ☎ 02-33-89-72-38. Tte l'année, jeu soir-dim soir (mar-dim de mi-juin à mi-sept). Menu 21 € ; carte 20-35 €. Jolie petite salle cosy avec sa cheminée massive et ses vieux cadres aux murs, sous de vénérables poutres. Dans l'assiette, les standards normands empruntent des chemins originaux, au fil des produits de saison dénichés dans le bocage local. Agréable jardin sur l'arrière. Bon rapport qualité-prix-accueil.

À voir. À faire

🎿🎿🎿 ⇐ **La traversée de la baie :** elle ne se fait pas seul, un guide compétent est absolument nécessaire. Les traversées partent le plus souvent du bec d'Andaine à Genêts ou du Mont-Saint-Michel. 2 sociétés se partagent le gros du boulot (Découverte de la Baie et Les Chemins de la Baie), mais vous pouvez aussi vous adresser à des guides indépendants (dont plusieurs travaillent aussi pour les sociétés ci-dessus). Nous indiquons les coordonnées de ceux-ci dans les adresses utiles des villes d'où ils partent. Il existe différents types de traversées, commentées ou non, suivant différents itinéraires (certains avec retour ou aller en navette), de jour ou de nuit, certaines thématiques. Bien sûr, leurs horaires dépendent des marées.

En saison, vus de l'extérieur, les groupes peuvent sembler impressionnants (les 2 sociétés, par exemple, ont un minimum de 4 personnes pour les départs, mais aucun maximum pour les traversées non commentées, et de 50 personnes pour les commentées...). Mais une fois sur le sable, les gens se dispersent et on oublie le monde. Si, toutefois, vous préférez une traversée en comité plus restreint, adressez-vous plutôt à des guides indépendants et demandez-leur la taille du groupe. *Compter 5h30 A/R (avec 1h au Mont-Saint-Michel) pour la visite non commentée et env 6h pour la commentée. Prix : 8-19 €/pers selon type de traversée et moyen de locomotion au retour (à pied ou en navette). Départ du bec d'Andaine : 13-16 km A/R (avec Tombelaine à mi-chemin). Marche dans la tangue (sorte de vase) et traversée des rivières (comme les pèlerins d'autrefois). Excursion qui se fait pieds nus ou en chaussons Néoprène et en short avr-oct (mais emporter des chaussures pour le Mont, ainsi qu'un bon coupe-vent et un vêtement chaud, ainsi que de la crème solaire, un chapeau et de l'eau) ; nov-mars, se renseigner en amont auprès du guide pour savoir quels sont les chaussures les plus adaptées.*

🚶 **L'église :** construite au XIIe s. Clocher modifié au XVIe s avec baies géminées, balcons ajourés et gargouilles. Chœur révélant le début de l'ogive. Autel du XVIIIe s avec baldaquin. Derrière, vitrail en grande partie du XIIIe s. Croisée de transept originale reposant sur 4 puissants piliers entourés de colonnes à chapiteaux de style primitif. De part et d'autre de la nef, un saint Sébastien du XVIe s et une Vierge en pierre du XIVe s. Baptistère et bénitier en granit très anciens.

🚶🚶 *Le bec d'Andaine : accès par la D 35e, bien fléché depuis Genêts.* Que de beauté sur ces immenses plages de sable fin, face au spectacle incessant de la baie et du Mont-Saint-Michel ! On est ici à 800 m du point de départ des traversées à pied pour le Mont-Saint-Michel. Le site, qui commençait à souffrir de sa fréquentation (300 000 visiteurs par an, près de 80 000 départs de traversées...), a bénéficié d'un des 1ers aménagements de l'opération « Grand Site de la baie ». Les voitures ont déserté les dunes pour un parking paysager (payant en saison), un peu à l'écart, où se trouvent aussi les billetteries pour les traversées de la baie. Impossible d'y manquer la nouvelle signalétique sur les dangers des fameux « lâchers » du nouveau barrage, dont les effets se font sentir 5 à 6h après la pleine mer. Autrement dit, ne pas s'aventurer tout seul. Autour du bec, la nature reprend peu à peu ses droits...

VAINS (50300)

Petit village paisible qui n'a guère changé d'aspect (à part la perte de ses toits de chaume) avec ses demeures modestes aux murs de schiste. C'est là qu'habitaient beaucoup de sauniers travaillant dans les petites salines. Voir surtout le petit prieuré datant de 1087 et fondé par Guillaume le Conquérant (une partie est habitée, mais la chapelle accueille souvent des expositions en été). Belle tour avec toit en bâtière. C'est à proximité de Saint-Léonard que Guillaume s'élança pour combattre Conan le Breton. Enfin et surtout, ne pas manquer de faire un détour par le Grouin du Sud pour la vue et par la Maison de la baie pour découvrir tous les aspects de la vie dans la baie du Mont-Saint-Michel.

Où dormir ? Où manger ?

🏠 *Le Coin à la Carelle : chez Évelyne Bourée, 17, route de la Carelle.* ☎ 02-33-48-50-34. 📱 06-78-29-20-44. ● lecoinalacarelle@outlook.fr ●

Doubles 70-78 € ; familiale. Une jolie maison toute gaie avec un jardin soigné où embaument chèvrefeuille, sauge... 2 chambres impeccables et l'une d'elles

AVRANCHES | 477

offre une vue entièrement dégagée sur la baie du Mont-Saint-Michel. Même panorama depuis la véranda où est servi un petit déj mémorable : produits bio, pain aussi maison que les confitures et autres petites douceurs. Accueil fait de mille et une petites attentions.

🛏 *Chez Catherine Leclerc :* 1, impasse de la Ville. ☎ 02-33-58-06-25. ● catherine.leclerc2@wanadoo.fr ● *Double 72 €.* Dans un « lotissement » de maisons neuves plutôt jolies, en pierre et avec annexe en bois. À l'exception de l'une d'entre elles (pour 4 personnes), les chambres ne sont certes pas très grandes, mais coquettes, couleur rose tendre pour l'une et gris doux pour les autres. Également un coin cuisine à la disposition des hôtes, et pour le petit déj ça se passe dans la salle aux grandes baies vitrées avec vue, au loin, sur Tombelaine (pas d'bol, le Mont est en partie caché par le toit de la maison voisine !). Accueil agréable.

|●| ↑ *Crêperie des Grêves :* 2, route de la Côte. ☎ 02-33-70-98-77. Au bord de la D 911, direction Avranches. Tlj en été ; reste de l'année, jeu-dim 12h-14h, 19h-21h. Menu 27 € ; carte 15-20 €. Une maison de pays en pierre, au cadre coloré, soigné et chaleureux ; le tout doublé d'une véranda en bord de route. On y sert de délicieuses crêpes généreusement garnies et présentées avec une fantaisie qui nous plaît bien. Bref, un concept revisité avec talent, bravo !

À voir. À faire

🎿🎿 🚶 *L'écomusée de la Baie du Mont-Saint-Michel :* route du Grouin-du-Sud. ☎ 02-33-89-06-06. ♿ Juil-sept, tlj 10h-18h ; avr-juin et pdt vac scol (sauf Noël), tlj 14h-18h ; dernière entrée 1h avt la fermeture. Entrée : 5 € ; réduc. Installée dans un site majestueux avec vue sur le Mont-Saint-Michel et Tombelaine, une ancienne longère superbement restaurée présente, dans un bel espace muséographique, moderne et ludique, une exposition permanente sur la vie, au sens large, dans la baie : son écosystème, son environnement animal et végétal, ses activités humaines passées et présentes... Intéressants documents, notamment sur les petites salines, une activité qui a profondément marqué l'histoire de la baie (et de Vains en particulier) jusqu'au milieu du XIXe s.

⟨ *Observation des marées :* pour cela, l'un des meilleurs endroits est le *Grouin du Sud*, petit éperon rocheux situé à quelques centaines de mètres de l'écomusée. La montée du flot dans les lits de la Sée et de la Sélune est très spectaculaire (surtout à l'époque des vives-eaux), avec le fameux phénomène du mascaret, cette vague déferlante provoquée par la puissance du courant de marée. Ce Grouin du Sud offre par ailleurs l'un des plus beaux points de vue qui soient sur la baie du Mont-Saint-Michel, ainsi que sur les îles Chausey (par temps dégagé) et la côte normande. Absolument magique au coucher du soleil !

AVRANCHES

| (50300) | 10 080 hab. | Carte Le sud de la Manche, B-C3 |

● Plan p. 479

Les noms d'Avranches et du Mont-Saint-Michel sont indissociables. En effet, c'est l'évêque d'Avranches qui fut à l'origine de la fondation du 1er oratoire sur le mont Tombe (appelé plus tard mont Saint-Michel). Capitale administrative de la Manche-Sud, ville commerçante, marché agricole avec également

478 | **LA MANCHE / LA BAIE DU MONT-SAINT-MICHEL**

de petites industries, Avranches est une cité animée plutôt plaisante, et son musée *Le Scriptorial,* qui abrite les manuscrits du Mont Saint-Michel, fait d'elle une étape quasi incontournable avant (ou après) la visite du Mont.

UN PEU D'HISTOIRE

Pendant 3 siècles, importante cité romaine. Évangélisation à partir du IVe s. Règne de saint Aubert, évêque de la ville au VIIIe s, 1er promoteur, sur le mont Saint-Michel.

Au XIe s, Avranches brille d'un éclat particulier. Les ducs de Normandie en font une place forte à la frontière de leur domaine face aux Bretons. Après la conquête de l'Angleterre en 1066, elle obtient de nombreuses possessions outre-Manche. La ville est reconstruite au XIIIe s par Saint Louis après les destructions liées au rattachement de la Normandie à la France en 1204. Au cours de la guerre de Cent Ans, les habitants connaissent les occupations anglaises et des libérations successives. Louis de Bourbon, évêque autour de 1500, fait construire le palais épiscopal (aujourd'hui palais de justice) et restaurer la cathédrale Saint-André.

En 1639, révolte des Nu-Pieds, les sauniers de la baie du Mont-Saint-Michel, contre l'édit de Richelieu supprimant les privilèges des salines et imposant la gabelle. Répression féroce, mais l'édit ne fut pas appliqué. Pendant la Révolution, Avranches voit passer l'armée vendéenne qui marche sur Granville. Les campagnes alentour sont acquises à la cause royaliste. Barbey d'Aurevilly y situe l'emprisonnement de son chevalier Des Touches. En 1794, elle perd sa cathédrale. Paisible XIXe s. Aménagement du fonds ancien. En 1944, la percée d'Avranches sonne l'heure de la liberté pour l'Europe. Bien sûr, la ville souffre beaucoup des bombardements, mais elle n'est pas totalement rasée et conserve encore aujourd'hui des traces de son prestigieux passé.

Adresse et info utiles

🛈 **Office de tourisme** (plan A1) **:** *2, rue du Général-de-Gaulle.* ☎ *02-33-58-00-22.* ● *tourisme.avranches@msm-normandie.fr* ● *ot-montsaintmichel. com* ● *Sept-juin, lun-sam 9h30-12h30, 14h-18h (et dim 9h-13h avr-sept).* *Juil-août, lun-sam 9h30-18h30, dim 9h30-17h30.* *Avr-sept, possibilité de louer des vélos.*

– Marché : *sam mat, pl. des Halles (ou pl. du Marché).*

Où dormir ?

De bon marché à prix moyens

🏠 **Chambre d'hôtes chez Mme Poullain** (plan B1, **11**) **:** *19, rue des Halles.* ☎ *02-33-48-69-73.* 📱 *06-30-44-48-83.* ● *j.pouturq@orange.fr* ● *Résa indispensable. Double en chambre d'hôtes 55 € ; familiale.* Cette maison croquignolette avec son toit en brique de bois abrite un très joli nid. Une seule – grande – chambre, mais celle-ci peut être complétée d'une plus petite (pouvant accueillir un enfant) et d'une autre encore, avec 2 lits en mezzanine.

L'ensemble a conservé cheminée et poutres. Le parquet, les beaux meubles de famille, la jolie vue sur la vallée (et l'A 84, diront les grincheux) et l'étroit jardin tout fleuri achèvent de rendre l'endroit craquant. Un accueil absolument charmant, à la fois doux et déterminé.

🏠 **Hôtel Patton** (plan B2, **12**) **:** *93, rue de la Constitution.* ☎ *02-33-48-52-52.* 📱 *06-85-24-01-41.* ● *hotelpatton@ orange.fr* ● *hotel-patton-avranches. fr* ● *Doubles 59-76 € ; familiales. Parking gratuit sur présentation du guide de l'année.* Dans un immeuble d'après-guerre, un hôtel familial plaisant et

AVRANCHES / OÙ DORMIR ? | 479

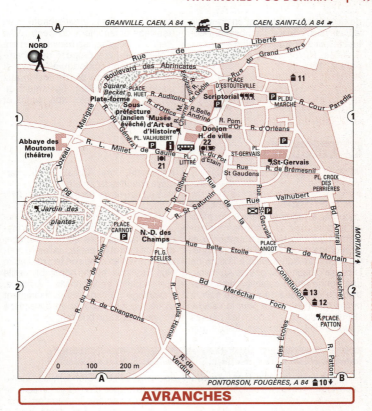

AVRANCHES

🏨	**Où dormir ?**		
	10 Altos Hôtel et Spa (hors plan par B2)	12	Hôtel Patton (B2)
	11 Chambre d'hôtes chez Mme Poullain (B1)	13	Hôtel de la Croix d'Or (B2)
		🍴	**Où manger ?**
		21	Le Bistrot de Pierre (A1)
		22	La Dînette (B1)

bien tenu, où les petites chambres pimpantes mêlent plutôt habilement une déco bien d'aujourd'hui et des éléments d'une autre époque. Un bon rapport qualité-prix, en tout cas pour les chambres standard. Très bon accueil.

Chic

🏨 **Hôtel de la Croix d'Or** (plan B2, 13) : 83, rue de la Constitution. ☎ 02-33-58-04-88. ● hotelcroixdor@wanadoo. fr ● hotel-restaurant-avranches-croix-dor.com ● *Fermé dim soir de mi-oct à mars. Congés : 2 sem en janv. Doubles 80-107 € ; familiales ; petit déj 11,20 €. Parking fermé gratuit.* L'adresse chic de la ville, installée dans un relais de poste du XVIIe s à l'intérieur arrangé comme un musée normand : pierre patinée, poutres, cheminée monumentale, cuivres, faïences sur les murs. Réparties entre la bâtisse du restaurant et les maisonnettes à colombages qui entourent le ravissant jardin, les chambres,

480 | LA MANCHE / LA BAIE DU MONT-SAINT-MICHEL

de tailles très variées, ont en commun leur excellente tenue, l'atmosphère feutrée et leur très grand confort.

🏠 *Altos Hôtel et Spa (hors plan par B2, 10) : 37, bd du Luxembourg.* ☎ 02-33-58-66-64. ● *hotelaltos@ orange.fr* ● *hotel-normandie-mont-saint-michel.com* ● *Doubles 80-140 € ; petit déj 12 €. Parking privé payant, mais stationnement aisé (et gratuit)*

dans la rue. Dans la ville haute mais très légèrement hors du centre-ville (celui-ci, toutefois, se rejoint aisément à pied), cet hôtel propose des chambres vraiment confortables, gaies et lumineuses. Déco plutôt design aux couleurs qui pétillent. Également un espace bien-être avec spa, sauna et cabine de massage.

Où manger ?

🍴 ☕ ⛵ *La Dînette (plan B1, 22) : 11, rue du Pot-d'Étain.* ☎ 02-33-89-77-10. ● *sarl-la-dinette@orange.fr* ● *Tlj 11h-17h. Carte 12-20 €.* Pour commencer la journée en douceur, dans un intérieur où le bois clair se mêle harmonieusement au rose tendre du mobilier et le dégradé de gris qui l'accompagne. Ou reprendre son souffle à l'heure de la pause déjeuner ou goûter. Au menu, une bonne petite cuisine maison traditionnelle, à base de produits frais, à moins que l'on n'opte pour la salade, la quiche du jour. Et pour les pauses gourmandes : pâtisseries, jus de fruit

frais, café, thés. Agréable petite terrasse chauffée à l'arrière.

🍴 *Le Bistrot de Pierre (plan A1, 21) : 5, rue du Général-de-Gaulle.* ☎ 02-33-58-07-66. *Fermé mer et dim. Formules ou menus 18-64 €.* À part les plats inscrits à l'ardoise, rien de bien bistrotier dans ce bistrot : 2 petites salles en enfilade, l'une bien dans son temps, l'autre plus classique, et une honorable petite cuisine plutôt traditionnelle et efficace. L'avantage : la carte est suffisamment étoffée pour que chacun y trouve plat à son goût (et à son budget).

Où dormir ? Où manger dans les environs ?

🏠 🍴 *Chambres d'hôtes Jardin Secret : 42, route de Granville, 50300 Marcey-les-Grèves.* ☎ 02-33-51-92-47. ● *contact@jardin-secret-manche. fr* ● *jardin-secret-manche.fr* ● *À la sortie d'Avranches, sur la route de Granville. Double 93 € ; familiale.* C'est derrière un haut mur et une discrète grille que se cache ce magnifique jardin secret de 1 ha avec de nombreux coins intimistes. On se sent bien dans cette demeure du XIXe s richement décorée de meubles chinés et de gravures. 2 chambres doubles, en rez-de-jardin ; superbe.

🏠 🍴 *Hôtel Auberge de la Sélune : 2, rue Saint-Germain, à Ducey.* ☎ 02-33-48-53-62. ● *info@selune. com* ● *selune.com* ● ♿ *À 10 km au sud d'Avranches. Resto tlj sauf mar-mer et dim soir (fermé seulement mer en moyenne saison et ouv tlj juil-sept). Doubles 76-105 €. Formules déj 19-23 € ; menus 27-70 €. Réduc de 10 % sur le prix de la chambre (21 sept-30 avr) sur présentation du guide*

de l'année. Un hôtel familial, vieille demeure bordée d'un joli jardin au fil de la Sélune. Chambres tout confort, aménagées sur une note moderne sage et colorée, dont certaines avec vue sur la rivière. Côté fourneaux, belle et fine cuisine de terroir, totalement revisitée par un chef talentueux, et autant de saveurs subtiles.

🏠 🍴 *Hôtel Restaurant Le Gué du Holme : 14, rue des Estuaires, à Saint-Quentin-sur-le-Homme.* ☎ 02-33-60-63-76. ● *gue.holme@wanadoo.fr* ● *le-gue-du-holme.com* ● *À 6 km au sud d'Avranches. Resto tlj sauf lun, sam midi et dim soir. Congés : 3 sem en nov et 1 sem en mars. Doubles 78-128 €. Formule déj 24 €, menus 27-38,50 €. Un verre de calvados/pers 3 ans d'âge offert sur présentation du guide de l'année.* Installé dans un charmant village tranquille lové autour de sa belle petite église romane, hôtel d'une dizaine de chambres confortables – plus ou moins grandes selon le prix – et donnant toutes

AVRANCHES / À VOIR. À FAIRE | **481**

sur le jardin. Déco contemporaine sage. Bon resto sur place, mijotant une cuisine raffinée et originale, qui puise son inspiration et ses ingrédients dans le terroir local. Accueil sympa et pro.

|●| ↑ La Toque aux vins : 8, rue de la Mairie, 50300 Saint-Martin-des-Champs. ☎ 02-33-79-28-00. ● contact@latoqueauxvins.fr ● latoqueauxvins.fr ● ⅃. À 4 km au sud-est d'Avranches. Fermé dim, lun et mar soir. Formules en sem 18 € (déj seulement)-22 €, puis 43-67 € ; carte env

50 €. Maison ancienne enrichie d'une extension moderne plaisante, pour un cadre aéré et sagement contemporain avec vue sur la campagne à travers les baies vitrées. Juste quelques plats de saison à la carte, pour une cuisine de terroir raffinée, et revisitée par un chef ouvert sur de nouveaux horizons sans jamais perdre ses racines. Mais l'autre attrait du lieu, c'est sa généreuse cave à vins. Terrasse « les yeux dans le vert » aux beaux jours. Accueil aimable et pro.

À voir. À faire

٩٩٩ ⅃ Le Scriptorial d'Avranches (plan B1) *: pl. d'Estouteville.* ☎ 02-33-79-57-00. ● scriptorial.fr ● ⅃. *Avr-sept, tlj sauf lun 10h-13h, 14h-18h (19h juil-août) ; oct-mars, tlj sauf dim-lun 14h-18h ; derniers billets 1h avt la fermeture. Fermé en janv. Entrée : 8 € ; réduc ; gratuit moins de 18 ans.*
La bâtisse triangulaire, insérée dans les vestiges des fortifications médiévales, sert d'écrin aux *manuscrits du Mont-Saint-Michel.* Pour la petite histoire, Avranches reçut en 1791, à titre de dépôt littéraire, 4 000 volumes provenant de l'abbaye du Mont-Saint-Michel. Parmi eux, 203 manuscrits réalisés du IXᵉ au XVᵉ s, dont près de 70 étaient l'œuvre du scriptorium montois. Vous ne verrez dans le « Trésor » (la salle des manuscrits) qu'une quinzaine de manuscrits, ces derniers, pour des raisons de conservation, étant présentés dans une salle très sombre et par roulement tous les 3 mois.
La visite commence par l'histoire d'Avranches, du Mont-Saint-Michel et des liens qui les unissent. Arrêtez-vous sur les films vraiment bien faits, notamment sur l'évolution du Mont-Saint-Michel jusqu'à aujourd'hui.
En introduction de la section consacrée aux manuscrits eux-mêmes, d'excellents petits films sur la restauration d'un manuscrit, l'art de la calligraphie, l'enluminure, la reliure, le papier et l'imprimerie... ces derniers pourraient bien faire naître quelques vocations. On découvre ensuite toute *la richesse des manuscrits, leur histoire, le processus de fabrication... et le Trésor : les manuscrits eux-mêmes,* dont la finesse et la délicatesse laissent coi. La fin du parcours retrace brièvement l'histoire du livre de la révolution de l'imprimerie à l'écriture informatique, et la visite se conclut par une expo temporaire de qualité. Un musée passionnant, qui utilise au mieux les technologies modernes de la muséographie sans que cela devienne gadget. Non seulement il constitue un parfait complément à la visite du Mont, mais il conviendra aussi bien aux novices (et aux enfants, puisqu'ils ont leur propre parcours), qui découvriront tout un univers, qu'aux initiés, qui fileront directement vers le Trésor. Conférences et animations dans le cadre des expositions temporaires régulièrement proposés.

٩ Le musée d'Art et d'Histoire (plan A1) *: pl. Jean-de-Saint-Avit.* ☎ 02-33-58-25-15. *Installé dans le tribunal de l'officialité, dépendance de l'ancien palais épiscopal. Ouv juin-sept ; horaires sur demande à l'office de tourisme. Entrée : 3 € ; gratuit moins de 18 ans.* Belle architecture médiévale, plutôt austère. Petite *section archéologique* dans la salle voûtée, exposant une partie de ce qui fut retrouvé à Avranches et dans les environs, et une *section ethnographique* : coiffes normandes, armoire de mariée, meubles traditionnels, rouet, armoires à claies pour réfrigérer lait et beurre, gravures. Reconstitution d'une habitation campagnarde de l'Avranchin. Également des œuvres de peintres comme Jean de La Hougue, Jacques Simon ou encore Albert Bergevin. Ce dernier vivait à Avranches pendant la guerre et c'est en partie sur le journal

LA MANCHE

482 | LA MANCHE / LA BAIE DU MONT-SAINT-MICHEL

qu'il écrivit alors que s'appuie le contenu des salles consacrées à la ville durant la Seconde Guerre mondiale et à la percée d'Avranches.

🚶🚶 *Balade dans la vieille ville* (plan A-B1) : *dépliant gratuit disponible à l'office de tourisme.*
Départ de la « *plateforme* » (à côté de l'ancien évêché), emplacement de la cathédrale démolie à la Révolution. C'est là que Henri II Plantagenêt fit amende honorable le 22 mai 1172 pour le meurtre de Thomas Becket, archevêque de Canterbury. De là, rejoindre la *rue Engibault,* qui a conservé son caractère médiéval avec sa rigole au milieu, ses gros pavés, ses jardins secrets qu'on devine derrière de hauts murs. Au bas de cette rue, minuscule maison à encorbellement face à une élégante demeure d'angle. Par la cour au *15, rue Geôle,* accès au donjon et à son joli jardin bipartite « *l'Hortus* » d'inspiration médiévale et le « Jardin des passeurs » dédié aux donneurs d'organes et de tissus, ainsi qu'à la maison Bergevin, intéressant exemple d'édifice bourgeois du XVIIIe s. Au n° 32, maison à pans de bois et encorbellement. Puis on pénètre dans l'ancien quartier médiéval commerçant, dont les rues ont conservé leur dénomination d'antan : *rues Pomme-d'Or, du Pot-d'Étain, des Chapeliers.* Dans cette dernière, quelques boutiques avec les entablements d'époque. *Place du Marché* s'élève une superbe demeure à colombages du XVe s. Au n° 12 de la place, élégante bâtisse du XVIIIe s. Retour *place Littré* (par la *place Saint-Gervais*), où se concentre une partie de la vie nocturne avranchinaise.

🕯️ *La basilique Saint-Gervais* (plan B1) : *ne pas manquer de visiter le trésor. Tlj 10h-18h sauf pdt les offices. Accès libre.* Édifiée en 1843 avec un élégant clocher néo-Renaissance en granit de 74 m de haut. Vous y découvrirez le célèbre crâne de saint Aubert avec le trou dedans, provoqué par le doigt de saint Michel (lorsqu'il lui ordonna de construire le sanctuaire sur le Mont). Orfèvrerie religieuse, ostensoirs, pyxide, vêtements, etc. Belle statuaire, lutrin imposant, armoire normande avec chapes. Superbe ostensoir du Second Empire en argent doré, émaux et lapis-lazuli. Bannière de Saint-Gervais-Saint-Protais.

🕯️ *La place Patton* (plan B2) : à pied, par la (longue) rue de la Constitution, on parvient à la place Patton et à son monument qui commémore la percée d'Avranches le 31 juillet 1944. La terre et les arbres furent apportés des États-Unis.

🕯️ 🚶 *Le Jardin des plantes* (plan A1-2) : *devant l'église Notre-Dame-des-Champs (édifice néogothique, non intéressant en soi, mais voir la chaire polychrome du XVIIIe s ; tlj 10h-18h sauf pdt les offices). Tte l'année, tlj de 8h à la tombée de la nuit.* Bel espace vert avec plusieurs parties thématiques et, surtout, tout au bout, un *remarquable panorama* sur la baie du Mont-Saint-Michel. Au passage, noter le portail roman, vestige d'une ancienne chapelle du XIe s.

LE MONT-SAINT-MICHEL

(50170)   44 hab.   *Carte Le sud de la Manche, B3*

• Plan p. 485

◎ **On savoure déjà avec enchantement la vue sur le Mont depuis les prés verdoyants et les côtes qui l'entourent. Un vrai mirage, quelles que soient l'heure, la couleur du ciel, de la mer et leur humeur. Pour vous éviter « quelques » déceptions, sachez cependant que cette petite merveille draine les foules en saison. L'idéal serait de passer la nuit sur le rocher et de profiter du lieu à l'aube ou le soir, quand il se vide et s'apaise... mais les prix pratiqués n'encouragent guère cette solution.**

LE MONT-SAINT-MICHEL | 483

UN PEU D'HISTOIRE

Le Mont naît d'une apparition ; celle de l'archange saint Michel ordonnant en 708 à Aubert, évêque d'Avranches, la construction d'un sanctuaire sur le mont Tombe. Mais Aubert n'y croit d'abord pas. Et probablement un peu exaspéré, saint Michel apparaît de nouveau dans le sommeil de l'évêque, et insiste jusqu'à faire un trou dans son crâne têtu avec son doigt de lumière ! Ce crâne étonnant est d'ailleurs exposé dans le trésor de la basilique Saint-Gervais à Avranches (voir plus haut)...

Ainsi débute la construction du Mont, par une modeste chapelle attirant les pèlerins. Dans la foulée – au Xe s –, le duc de Normandie Richard Ier installe *in situ* une communauté de moines bénédictins qui construisent progressivement – à l'emplacement du petit sanctuaire d'origine – une immense et magnifique abbaye en granit des îles Chausey. Elle est finalement achevée en 1523, tandis qu'un village s'est déve-

RABELAIS, TROUBLION DE LA LÉGENDE !

Au XVIe s, Rabelais raconte que son géant Gargantua, se promenant dans la baie, sentit quelque chose qui le gênait dans sa botte. L'enlevant et la secouant, il en tomba 3 « cailloux » : le Mont-Saint-Michel, le rocher de Tombelaine et le Mont-Dol !

loppé jusqu'au pied du rocher, derrière d'épais remparts. Forteresse imprenable durant la guerre de Cent Ans, le Mont demeure aussi un bel exemple d'architecture militaire. Il résiste sans faillir aux assauts anglais et devient ainsi un symbole de l'identité nationale... À la Révolution, la communauté religieuse est chassée, et l'abbaye devient une prison jusqu'en 1863, avant d'être classée Monument historique en 1874 et restaurée sans répit. Ouvert aux visites touristiques dès la fin du XIXe s – facilitées par la construction d'une digue-route reliant le continent –, le Mont-Saint-Michel accueille de nouveau des moines bénédictins dans les années 1960. Mais faute de tranquillité, ceux-ci cèdent la place en 2001 à une petite communauté des Fraternités monastiques de Jérusalem... Inscrit au Patrimoine mondial de l'Unesco en 1979, le Mont demeure toujours un lieu de pèlerinage. En 2015, après 10 ans de travaux qui ont vu la disparition de la digue-route historique et la construction d'ouvrages d'art ambitieux, le Mont est redevenu une île, retrouvant ainsi le bel écrin maritime de ses origines.

LE MONT EN QUELQUES CHIFFRES

Une douzaine de moines et moniales et moins de 10 résidents, telle est la population montoise qui vit à l'année sur le Mont. En saison, près de 500 salariés y travaillent quotidiennement pour 3 principaux employeurs. Ajouter à cela une vingtaine d'habitants dans les fermes des polders. Le Mont est public à 80 % (rocher, remparts, abbaye et voiries communales). Pour le reste, il est privé avec

À LA VITESSE D'UN CHEVAL AU GALOP ?

C'est ce brave Victor Hugo qui popularisa cette fausse rumeur. En fait, la marée avance à 5,5 km/h, voire 10 km/h, alors qu'un cheval galope à plus de 20 km/h. Néanmoins, cette montée des eaux coûta la vie à bien des imprudents pris dans les sables...

quelques habitations dans le village et la rue commerçante appelée « Grande-Rue », bordée de boutiques et hôtels-restaurants.

Le Mont connaît les plus fortes marées d'Europe : environ 15 m d'amplitude pendant les équinoxes. Et quand la mer se retire, elle libère 25 000 ha de tangue, de sable, d'herbes et de rivières, pour s'éloigner jusqu'à 18 km du fond de la baie !

484 | **LA MANCHE / LA BAIE DU MONT-SAINT-MICHEL**

Près de 2,5 millions de visiteurs par an font de ce rocher le 3e site touristique le plus fréquenté de France, à la croisée de 1 200 ans d'histoire !

Arriver – Quitter

– *Infos :* ☎ 02-14-13-20-15. ● *bienve nueaumontsaintmichel.com* ●

À pied ou à vélo

Par les fameuses *voies vertes* et *vélo-routes* qui sillonnent la Bretagne, dont certaines aboutissent directement au Mont, empruntant dans les derniers kilomètres les anciens chemins de halage des bords de la rivière Couesnon.

En train

🚆 La gare SNCF la plus proche se trouve à *Pontorson,* sur la ligne Caen-Rennes. Mais des cars rejoignent aussi le Mont depuis les *gares de Granville, de Rennes* et de *Dol-de-Bretagne.*

En bus

🚌 Seuls les bus partant de la gare de *Pontorson* ont leur terminus juste au pied du Mont. Les autres s'arrêtent au niveau des *grands parkings* (à 3 km du Mont, accès par navettes).
➢ *De la gare de Pontorson* (15 mn), (☎ 02-14-13-20-15 ; 3 €/pers).
➢ *De la gare de Rennes* (1h30) ou de *Dol-de-Bretagne* (30 mn), avec les bus Keolis Emeraude (☎ 02-99-26-16-00 ; ● *destination-montsaintmichel.com* ●).
➢ *De la gare de Granville* (1h40), via les villages de la côte et *Avranches,* avec la ligne n° 6 des bus *Nomad* (☎ 02-22-55-00-10 ; ● *transports.manche.fr* ●).

En voiture

🅿 On se gare sur les *grands parkings* situés à 2,7 km du Mont. Tarifs : env 9-14 €/24h (un seul forfait possible, prix selon la saison) ; 4,50 € à partir de 19h : le meilleur moment, selon nous, pour profiter du Mont, d'autant qu'en été l'abbaye ferme tard en soirée. Attention, si vous arrivez à 18h et restez plus de 2h, il vous faudra payer quand même 9-14 € !
♿ Le *parking réservé aux personnes handicapées – P2* – se trouve au plus près du départ des navettes pour le Mont.
– Si vous logez sur le Mont, il faut demander à votre hôtel un code d'accès à l'un de ces grands parkings – *le P3* – réservé aux gens dormant sur place (code à 6 chiffres reçu à la réservation pour entrer sur le parking), qui a pour seul avantage de jouxter l'arrêt des navettes ; car côté tarif, c'est plein pot (soit 9-14 €/24h) !
– Si vous réservez un hôtel ou un resto au lieu-dit *La Caserne* (zone commerciale du Mont-Saint-Michel), situé entre les parkings et le Mont, demandez aussi à l'établissement un code (à usage unique) pour ouvrir la barrière d'accès au lieu. Il vous en coûtera 4,50-9 € de plus sur votre note ; stationnement au parking privé de l'hôtel ou du resto compris. Mais si vous ressortez et revenez, il vous faudra repayer ; toute sortie étant définitive ! *Plan malin :* quelques rares restos et commerces proposent à leurs seuls clients un accès gratuit à leur parking privé (remboursé sur votre facture) ; et de là, il est facile de rejoindre le Mont... *Attention :* les tickets de parking se démagnétisent facilement au contact de votre téléphone.

L'accès final au Mont-Saint-Michel

– *Important :* de forts coefficients de marée peuvent réduire les heures d'accès au Mont, qui redevient alors une île à marée haute (se renseigner).

🚌 Des *navettes gratuites* (« les passeurs ») relient en boucle les grands parkings et le Mont (terminus sur la passerelle à 300 m de l'entrée), via

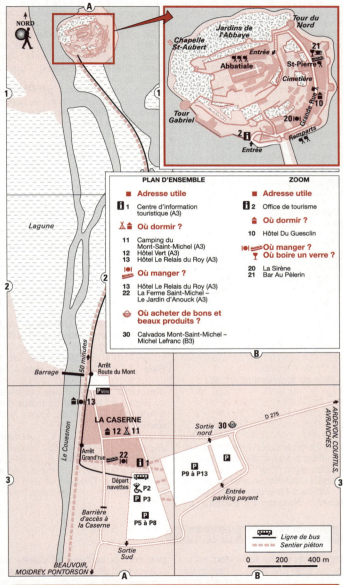

486 | **LA MANCHE / LA BAIE DU MONT-SAINT-MICHEL**

un arrêt au lieu-dit *La Caserne* (zone commerciale Mont-Saint-Michel, où se trouvent nombre d'hôtels, de restos, de commerces, et même un petit super-marché), et un autre au niveau du *barrage* (début du pont-passerelle, beau point de vue sur le Mont, et parking à vélos). En service tlj 7h30-1h, ttes les 5-10 mn en période d'affluence ; durée du trajet : 12 mn. Parfois de l'attente en hte saison.
– Également des *navettes trac-tées par des chevaux* (les « marin-gotes ») assurant aussi la liaison entre les grands parkings et le Mont. Prix :

env 6 €/pers le trajet (12 € A/R) ; gra-tuit moins de 4 ans ; durée du trajet : 25 mn.
– On peut aussi décider de rejoindre le Mont *à pied* depuis les grands par-kings. On a alors le choix entre 3 itiné-raires différents (panneaux). Compter 40 mn de marche.
– Enfin, pour les *vélos* : possibilité de se garer gratuitement sur le parking prévu à cet effet au niveau du barrage. On peut aussi pédaler jusqu'au Mont pour l'admirer de plus près (sauf 10h-18h, mai-oct), mais il est interdit de se garer au pied de celui-ci.

Adresses et info utiles

ⓘ *Centre d'information touris-tique* (plan A3, 1) : *au niveau des par-kings, devant le départ des navettes.* ☎ 02-14-13-20-15. ● *bienvenueau montsaintmichel.com* ● *Tlj 9h-19h (10h-18h oct-Pâques).* Dans une belle et longue structure de verre, on y trouve les infos pratiques, mais aussi une présentation du Mont, de ses environs, ainsi qu'un survol de ce que la Bretagne et la Normandie ont à vous offrir. Toilettes ; espace bébé ; chenil *(8,30 €/j. ; car seuls les petits chiens transportés dans un sac sont autorisés dans les navettes et l'abbaye).*
ⓘ *Office de tourisme* (zoom, 2) : *dans le bâtiment de la poste, sur la Grande-Rue.* ☎ 02-33-60-14-30. ● *ot-mont saintmichel.com* ● *Tlj 9h30-19h en été ; horaires légèrement réduits le reste de l'année. Fermé 1er janv et 25 déc.* Infos sur les traversées de la baie à pied, liste des guides privés agréés pour la visite de l'abbaye (compter 150 € pour 2h) et possibilité d'acheter un billet coupe-file.
ⓘ **@** *Office de tourisme Mont-Saint-Michel – Normandie/Bureau de*

Pontorson : pl. de l'Hôtel-de-Ville, à Pontorson. ☎ 02-33-60-20-65. ● *ot-monsaintmichel.com* ● *À 9 km au sud du Mont. Toute l'année, lun-sam 9h15-12h30, 14h-17h30 (18h30 juil-août), dim 9h-13h (plus 14h-17h juil-août).* Infos transports (trains et bus), liste de guides agréés pour la traversée de la baie et autres balades à pied autour du Mont-Saint-Michel...
■ *Traversées des grèves à pied :* outre les sociétés *Chemins de la Baie* (☎ *02-33-89-80-88* ; ● *cheminsde labaie.com* ●) et *Découverte de la Baie* (☎ 02-33-70-83-49 ; ● *decouver tebaie.com* ● ; voir plus haut à Genêts), des guides proposent des traversées au départ du Mont ou du rivage (bec d'Andaine, Genêts...). Parmi eux, *Romain Pilon* (☎ 06-74-28-95-41 ; ● *labaiecderomain.fr* ●), *Arnaud Jugan* (☎ 06-87-41-80-26 ; ● *arnaud-jugan.fr* ●), *Julien Avril* (☎ 06-64-28-54-40 ; ● *gambettes-enbaie.fr* ●) et *Pierre-Gilles Thouret* (☎ 06-78-78-96-52 ; ● *guide-passeur-saint-michel. com* ●).

Où dormir ? Où manger ?

– *Important :* dormir sur le Mont est un rêve qui a un prix (fort) ! À l'extérieur, le choix des hébergements est plus important, la qualité et l'accueil sont meilleurs, et les tarifs sensiblement plus bas. Côté restos, la vue demeure le plus souvent l'unique chose à savourer, *au*

détriment du contenu de l'assiette, que l'on vous fait pourtant payer fort cher !
– Si vous avez opté pour une nuit sur le Mont, n'oubliez pas de demander à votre hôtel le code d'accès au parking réservé aux gens dormant sur place (voir « Arriver – Quitter / En voiture »).

Par ailleurs, voyagez très léger, car il y a un peu de marche à faire entre les parkings, les navettes et le Mont, et une fois dans celui-ci, ça monte. Autre « détail » : les sons résonnent fort dans les rues étroites du Mont, et il n'est pas dit que vous ne serez pas réveillé de très bonne heure par un groupe partant à l'aube ou par les livraisons.

– Si vous envisagez de visiter le Mont à l'heure du déjeuner ou du dîner et de pique-niquer, surtout anticipez ! Car une fois sur place, outre le choix médiocre et les prix prohibitifs, vous perdrez un temps précieux à devoir retourner ne serait-ce que dans les boutiques de la zone commerciale située entre le rocher et les parkings. Le mieux est donc d'avoir déjà son casse-croûte avant même de garer sa voiture !

Sur le Mont

Tradition d'accueil des pèlerins oblige (les 1ers routards sont arrivés au IXe s !), une dizaine d'établissements sont répartis le long de la Grande-Rue.

Bon marché

l●l *La Sirène* (zoom, 20) : *Grande-Rue.* ☎ 02-33-60-08-60. ● *nicolaslochet50@ gmail.com* ● *Sur la gauche en montant, à l'étage d'une boutique de souvenirs. Tlj sauf ven et dim soir en juil-août ; fermé le soir et ven hors saison. Congés : janv et de mi-nov à mi-déc. Repas env 15 €.* Toute petite salle aux murs de pierre, boiseries et jolies fenêtres à vitraux. Plus spontanément, les affamés se dirigent vers les restos « avec vue » (ceux de l'autre côté de la rue), cette crêperie fait cependant vite le plein : parce qu'elle n'a que quelques tables, certes, mais aussi parce que crêpes et prix y tiennent plutôt bien la route. Le service, malheureusement, est vite débordé.

♥ ☕ ≈ *Bar Au Pèlerin* (zoom, 21) : *Grande-Rue. Sur la droite en montant.* C'est le bar des habitués du Mont. On y croise Monsieur le curé de retour de son sermon, les guides qui s'hydratent le gosier entre 2 visites guidées, des touristes en balade et quelques bonnes sœurs en goguette ! Petite restauration, genre croque-monsieur... Un lieu amusant et plutôt authentique.

Chic

🏠 *Hôtel Du Guesclin* (zoom, 10) : *Grande-Rue.* ☎ 02-33-60-14-10. ● *hotel.duguesclin@orange.fr* ● *hotel duguesclin.com* ● *Congés : du 4 nov à mi-mars. Doubles 105-135 €.* Un établissement bien tenu, proposant des chambres confortables dans l'ensemble, et avec vue sur la mer pour certaines. Excellent accueil.

Au lieu-dit « La Caserne » (zone commerciale du Mont-Saint-Michel ; 50170 Beauvoir)

Camping

⛺ *Camping du Mont-Saint-Michel* (plan A3, 11) : à l'Hôtel Vert. ☎ 02-33-60-22-10 ● *camping@le-mont-saint-michel.com* ● *camping-montsaintmichel.com* ● *Ouv avr-oct. Env 20 € pour 2 (droit d'accès à la zone commerciale Mont-Saint-Michel inclus pour une entrée). 94 empl.* Ce camping, bien en retrait de la route, est protégé par l'*Hôtel Vert,* dont il dépend. Cadre verdoyant, arboré, bien tenu, et emplacements spacieux. Parfait pour une étape et pour être le 1er à arpenter le Mont au petit jour, mais peut-être moins adapté aux séjours prolongés à cause de ce système de barrière, onéreux à force.

De bon marché à prix moyens

≈ l●l ⬆ *Le Jardin d'Anouck et La Ferme Saint-Michel* (plan A3, 22) : *le Bas-Pays.* ☎ 02-33-58-46-79. 📱 06-13-13-35-03. ● *reservation@ restaurantfermesaintmichel.com* ● *restaurantfermesaintmichel.com* ● ♿ *Tlj sauf dim soir (mais hors saison, risque de fermeture le soir, faute de monde). Congés : à Noël et 2 sem en janv. Menus 22 € (midi en sem), puis 29-39 € ; carte 25-30 € ; assiette de la ferme 12 €, panier de pique-nique 13 €. Parking indépendant réservé à la clientèle, 2 € la journée (droits d'octroi) et gratuit le soir.* Juste à côté des parkings

488 | **LA MANCHE / LA BAIE DU MONT-SAINT-MICHEL**

et en face du départ des navettes, mais au milieu d'un jardin, dans une ancienne ferme des polders. Belle salle, très vaste, aux murs de pierre avec une charpente en bois haut, très haut, au-dessus de vos têtes. L'espace et le cadre sont vraiment appréciables, et dans l'assiette, c'est correct et généreux, avec le fameux agneau des prés salés cuit au feu de bois dans un four à pain. Dans le jardin, pour ne pas se ruiner, *Le Jardin d'Anouck* propose sandwichs, galettes ou panier piquenique à prix doux (hors saison, le snack est transféré dans le resto).

De prix moyens à plus chic

🏠 *Hôtel Vert* (plan A3, **12**) : ☎ 02-33-60-09-33. ● stmichel@le-mont-saint-michel.com ● le-mont-saint-michel.com ● *Congés : nov-début fév. Doubles 78-101 €.* Les petites chambres sont standard mais confortables et bien tenues, et l'ensemble s'avère agréable, tout comme l'accueil.

🏠 |●| ⬆ *Hôtel Le Relais du Roy* (plan A3, **13**) : ☎ 02-33-60-14-25. ● reservation@le-relais-du-roy.com ● le-relais-du-roy.com ● *Congés : 3 sem en fév-mars. Doubles 98-135 €. Formule déj en sem 16 €, menus 25-38 €. Le Relais du Roy* a greffé des bâtiments plus modernes à une petite maison dont les parties anciennes remontent au XVᵉ s. Chambres bien tenues et plutôt confortables, avec leur lit vêtu d'une couette douillette. Certaines ont vue à l'arrière sur le Couesnon et disposent d'un tout petit balcon. Au resto, salle très spacieuse au décor rustico-médiéval chaleureux, pour une cuisine plaisante, avec ici et là une petite touche d'originalité. Bon accueil et service pro.

Dans la campagne alentour

Camping

⛺ *Camping Aux Pommiers* : 28, route du Mont-Saint-Michel, 50170 **Beauvoir**. ☎ 02-33-60-11-36. 📱 06-20-15-25-14. ● campingauxpommiers@gmail.com ● camping-auxpommiers.com ● ♿ *À env 5 km du Mont-Saint-Michel. Ouv avr-sept.* Compter 24-32,40 € pour 2 avec tente et voiture ; hébergements locatifs. 107 empl. Camping confortable installé sur un site tout en longueur, partiellement ombragé et bien tenu, où les chalets en bois et les mobile homes s'alignent – un peu trop près les uns des autres – parmi les tentes et les camping-cars. Belle piscine couverte, jeux pour enfants, location de vélos. Accueil charmant.

De bon marché à prix moyens

🏠 ✿ *Gîtes de la Ferme de la Provostière* : 11, le Manoir au Court, à **Vessey**. ☎ 02-33-60-33-67. 📱 06-70-31-79-60. ● contact@fermedelaprovostiere.com ● lemanoiraucourt.fr ● *À env 15 km au sud-est du Mont-Saint-Michel. Appart (4-8 pers) 190-415 €/sem.* Ce beau petit hameau de campagne livre 5 appartements pratiques, tout confort et nickel, aménagés dans un corps de ferme traditionnel avec pierres apparentes. Cuisine, terrasse privée fleurie, quiétude du bocage ; l'accueil souriant et aux petits soins en prime ! Ici, on confectionne aussi confitures, pommeau, calvados...

🏠 *Chambres d'hôtes La Bourdatière* : chez Arnaud Hamon, 8, rue Maurice-Desfeux, 50170 **Beauvoir**. ☎ 02-33-68-11-17. 📱 06-72-98-97-99. ● labourdatiere@orange.fr ● labourdatiere.com ● *À env 5 km au sud du Mont-Saint-Michel. Congés : nov-Pâques. Doubles 45-70 € ; familiale.* Dans une maison agréable et très au calme, 5 chambres spacieuses et confortables, à des prix très discrets. La plus chère se trouve au rez-de-chaussée et possède un séjour. Accueil sympathique.

🏠 *Chambres d'hôtes Le Relais de Moidrey* : 17, route de la Grève, à **Moidrey**. ☎ 02-33-58-70-74. 📱 06-63-55-40-86. ● andre.denot@orange.fr ● moidrey.com ● *À 7 km au sud du Mont-Saint-Michel. Congés : nov-mars. Doubles 50-60 €.* Au bord de la route menant au Mont-Saint-Michel, mais isolée du bruit par des murs

LE MONT-SAINT-MICHEL / OÙ DORMIR ? OÙ MANGER ? | 489

épais, cette maison du XIXe s s'ouvre – à l'arrière – sur un charmant jardin fleuri. Au choix : 4 chambres pratiques, calmes et soignées, donnant toutes sur la verdure. Accueil gentil et plein d'humour !

🛏 *Le Gîte du Grand Manoir : M. et Mme Éric Sauvage, 2, rue Pierre-du-Tertre, 50170 Servon.* ☎ 02-33-68-30-15. ● sauvage.tripied@wanadoo.fr ● gitedugrandmanoir.com ● ⅋ À env 12 km au sud-est du Mont-Saint-Michel. Double 40 € ; chambre 4-5 pers 65 € ; pas de petit déj, mais cuisine et salle à manger à disposition. Loc en gîte complet (14 pers) 1 050-1 150 €/sem, 490 € ven-dim. Juste à côté d'un magnifique manoir du XIIIe s, cette ancienne grange, à la façade mêlant le bois et la pierre, accueille un hébergement hybride, entre le gîte d'étape et la chambre d'hôtes. Très grande salle au rez-de-chaussée, avec cuisine équipée à disposition. Des chambres fraîches et fleuries. Lave-linge, chaises longues pour profiter du petit bout de pelouse, barbecue... Bref, un bon rapport qualité-prix, et l'endroit idéal pour un séjour prolongé. Pour plus d'intimité, dans la même cour, également un sympathique gîte pour 2 ou 4 personnes aménagé dans le pigeonnier restauré (● gitedelabaie.fr ●).

🛏 *Gîte d'étape : chez Élie et Marie-Joseph Lemoine, 79, route du Mont-Saint-Michel, la Quintre, 50220 Courtils.* ☎ 02-33-60-13-16. ⅋ À 9 km à l'est du Mont-Saint-Michel. Tte l'année (mais téléphoner avt quand même...). Nuitée 10 € ; petit déj 4 €. Gîte entier (pour 18 pers) 150 €/nuit. En bord de route, dans une petite maison attenante à une ferme typique de la région des prés salés. Installations sommaires, mais propres et pas désagréables.

🛏 *Chambres d'hôtes Les Prés Salés : 82, rue du Mont-Saint-Michel, 50220 Courtils.* ☎ 02-33-60-06-02. 🖥 06-64-16-16-35. ● sylvie.lemoine90@orange.fr ● lespres-sales.fr ● ⅋ À 9 km à l'est du Mont-Saint-Michel. Double 45 €. C'est le fils et la belle-fille du propriétaire du gîte d'étape, juste en face, qui tiennent cette adresse aux chambres simples, bien tenues. Presque toutes ont une splendide vue sur les prés

salés et, tenez-vous bien, sur le Mont-Saint-Michel ! Petit coin cuisine à disposition. Accueil agréable.

De prix moyens à chic

🛏 *Chambres d'hôtes et gîtes Ferme Saint-Joseph : polder Saint-Joseph, à Beauvoir.* ☎ 02-33-60-09-04. 🖥 06-43-41-37-63. ● mbfaguais@wanadoo.fr ● ferme-saint-joseph.fr ● À 6 km du Mont-Saint-Michel. Double 77 €. Appart (2-8 pers). Réduc sur le prix de la chambre à partir de 3 nuits. Cernée par les polders avec vue directe sur le Mont-Saint-Michel, cette ancienne ferme rénovée abrite des chambres et appartements confortables, proprets et plaisamment décorés. Petite terrasse avec vue pour certains. Piscine couverte chauffée. Accueil souriant.

🛏 *Aux Chambres du Mont : 8, rue de la Grange-à-Dîme, à Huisnes-sur-Mer.* ☎ 02-33-60-33-40. ● auxchambresdumont@outlook.fr ● auxchambresdumont.fr ● À 10 km à l'est du Mont-Saint-Michel. Doubles 55-75 € ; petit déj 9 €/pers. Table d'hôtes le soir sur résa seulement. Juste sous l'église, 4 petites chambres soignées, offrant toutes une jolie petite vue sur le Mont.

🛏 |●| *Auberge du Terroir : le Bourg, 50170 Servon.* ☎ 02-33-60-17-92. ● aubergeduterroir@wanadoo.fr ● ⅋ À env 12 km du Mont-Saint-Michel ; juste derrière la mairie. Congés : 1re quinzaine de mars et de mi-nov à mi-déc. Resto fermé mer-jeu midi. Résa indispensable. Doubles 82-95 €. Menus 25-48 €. Tennis gratuit. Parking privé gratuit. Adorable petit hôtel de 6 chambres seulement, réparties entre la vieille école communale et l'ancien presbytère. Déco de bonne auberge avec meubles de famille, tissus de toile de Mayenne ; le confort et des teintes d'aujourd'hui en prime. Atmosphère paisible, autour du joli jardin. Cuisine traditionnelle délicieuse, bien de son époque elle aussi, et servie dans une agréable petite salle à manger.

🛏 ⸸ *Auberge de la Baie : 44, route de la Rive, 50170 Ardevon.* ☎ 02-33-68-26-70. ● reservations@

LA MANCHE

490 | **LA MANCHE / LA BAIE DU MONT-SAINT-MICHEL**

aubergedelabaie.fr ● aubergede labaie.fr ● ⚒ À 4 km au sud-est du Mont-Saint-Michel. Congés : nov-fin mars. Doubles 66-84 €. Planté en bord de route passante, un bâtiment principal flanqué d'une annexe à l'arrière, et des prix abordables. Chambres plutôt petites, à la déco assez standard ; mais celles-ci s'avèrent plaisantes et confortables. Fait aussi resto.

🛏 *Domaine de la Besnerie : chez Kireg et Anne-Sophie Guillemot-Thibault, 26, rue de la Plaine, 50170 Tanis.* 📱 06-22-44-07-56. ● domaine. labesnerie@gmail.com ● domainede labesnerie.com ● À env 12 km au sud-est du Mont-Saint-Michel. Doubles 90-180 € ; familiale. Au milieu des champs, dans une ancienne ferme entièrement restaurée par ses propriétaires très accueillants, 5 chambres vastes, claires et gaies, dans une bâtisse indépendante. Chacune a son petit nom et son propre thème : la « Chausey », la « New York », la « Bali »... Et les plus onéreuses disposent de leur propre jacuzzi. Dans le jardin, aux beaux jours, une piscine chauffée et de quoi se prélasser, ainsi qu'un sauna.

🍴 *Le Sillon de Bretagne : 14, RN, Brée, 50170 Tanis.* ☎ 02-33-60-13-04. ● lesillondebretagne@hotmail.fr ● sillondebretagne.free.fr ● ⚒ À 10 km du Mont-Saint-Michel et 2 km de Tanis, au bord de la nationale, au carrefour avec la D 80. En saison, fermé mar soir-mer et dim soir (ouv tlj en août) ; hors saison, ouv seulement ven-dim midi. Congés : janv. Menus 21,50-45 €. Certes l'emplacement n'est pas très glamour, mais au resto c'est l'assiette qui compte, non ? La maison s'approvisionne chez les producteurs locaux, volontiers bio, et la chef n'hésite pas à « retoucher » avec succès des produits bien du terroir en y ajoutant une pointe « d'ailleurs ».

À Pontorson
(50170 ; à 9 km du Mont)

Ce bourg commerçant sur les rives du Couesnon demeure – avec sa gare – un carrefour entre la Normandie, la Bretagne et le Mont-Saint-Michel.

Édifié vers 1030 par Robert le Magnifique, père de Guillaume le Conquérant, afin de protéger la Normandie contre le voisin breton ; de son prestigieux passé médiéval, Pontorson conserve quelques beaux édifices... Enfin, perturbé dans la journée par le trafic routier, il redevient tranquille le soir, et c'est ici que vous trouverez certainement à vous loger si tout est complet vers le Mont ; et sans casser le petit cochon !

Camping

⛺ *Camping Haliotis : chemin des Soupirs.* ☎ 02-33-68-11-59. ● cam ping@camping.haliotis.fr ● camping-haliotis-mont-saint-michel.com ● ⚒ Ouv fin mars-début nov. Compter 22-29 € pour 2 avec tente, voiture et électricité ; chalets et mobile homes 245-770 €/sem. 152 empl. Réduc de 10 % pour 1 semaine en locatif ou à la nuitée en emplacement (non cumulables avec d'autres promo) sur présentation du guide de l'année. Des emplacements simples – dont certains plus chers avec sanitaires privés –, mais un site vraiment agréable, paysager et très bien tenu. Également des chalets et mobile homes bien équipés, avec terrasse et coin pelouse pour l'essentiel. Jolie piscine chauffée, salle de gym extérieure, sauna et plein de choses à faire pour les enfants : espace nature avec cheval, biquettes, lapins... Bref, un bel endroit pour des vacances en famille, sans que ce soit l'usine.

Bon marché

🛏 *Auberge de jeunesse : centre Du Guesclin, 21, rue du Général-Patton.* ☎ 02-33-60-18-65. ● auberge@pontorson.fr ● auberge. pontorson.fr ● ⚒ Juste à côté du camping. Fermé nov-mars. Nuitées en dortoir 15-16,50 €, draps fournis ; petit déj 4 €. Dans une grande bâtisse fonctionnelle du début du XXᵉ s. Pas très guilleret, genre hôpital désaffecté, mais très bien tenu et accueil sympa. Chambres ou dortoirs de 4 à 6 lits avec ou sans salle de bains. Cuisine commune à dispo.

LE MONT-SAINT-MICHEL / À VOIR | 491

🏨 🍽 🍴 *Le Grillon : 37, rue du Couesnon.* ☎ 02-33-60-17-80. ● *contact@ legrillon-pontorson.com* ● *Tlj sauf jeuven midi, plus mer soir et ven soir hors saison. Doubles 60-65 €. Formule déj (en sem) 11,60 € ; menu (hors vac scol) 19,60 €. Café offert sur présentation du guide de l'année.* Une bonne crêperie à l'accueil vraiment charmant. Également des salades et quelques plats très honnêtes. Loue aussi quelques chambres simples, mais pas chères.

🍽 🍴 *La Casa de Quentin : 102, rue Saint-Michel.* ☎ 02-33-48-61-95. ● *franck.manchon@wanadoo.fr* ● ♿ *Tlj sauf dim soir-lun. Congés : 15-30 janv et 20-30 nov. Formule déj (en sem) 12,50 €, menus 22,50-30 €.* Un excellent resto d'habitués, qui font bombance dans une agréable salle au goût du jour, sous de vieilles poutres. Dans l'assiette : crêpes et salades ; mais aussi de bons petits plats simples, bien tournés et pleins de goût. Service aimable et dynamique.

Chic

🏨 *Hôtel Best Western Montgomery : 13, rue Couesnon.* ☎ 02-33-60-00-09. ● *info@hotel-montgomery.com* ● *hotel-montgomery.com* ● *Dans la rue principale. Congés : de mi-nov à midéc. Doubles 79-157 € ; petit déj 12 €.* Dans la demeure du XVIe s des comtes de Montgomery, de belles chambres, dotées d'un mobilier exceptionnel pour certaines et plus contemporain pour d'autres, mais confort optimal pour toutes. Sympathique cour-jardin sur l'arrière.

🏨 *Chambres d'hôtes Les Belles de Mai : 35, rue Saint-Michel.* ☎ 02-33-58-47-79. 📱 06-74-60-58-76. ● *contact@bellesdemai.com* ● *belles demai.com* ● *Doubles 90-123 €. Appart (3 pers) 550-650 €/sem. Une bouteille de cidre offerte pour un séjour de 2 nuits min sur présentation du guide de l'année.* Cette maison ancienne rutilante a décidément beaucoup de cachet : vieux parquets, cheminées en marbre et meubles vintage. En tout 5 chambres tout confort et spacieuses. Belle déco rehaussée de quelques meubles anciens. Également un appartement indépendant donnant sur le gentil jardin où il fait bon musarder entre 2 visites. Accueil sympa.

Où acheter de bons et beaux produits ?

✜ 🍴 *Atelier d'art de la Rive : 31, route de la Rive, à Ardevon.* ☎ 02-33-60-08-01. *À 4 km à l'est de « La Caserne » par la D 275.* C'est en creusant dans leur jardin que les proprios de ce petit atelier de bijoux artisanal – à quelques encablures du Mont – ont découvert de vieux moules servant à fondre des figurines représentant saint Michel terrassant le Dragon, épée à la main ; emblème du pèlerinage, fièrement arboré par les pèlerins du XVe s. Ils en exposent et vendent des tirages en différents métaux et fabriquent aussi d'autres bijoux, copies d'anciens et créations contemporaines évoquant le Mont et son pèlerinage. Accueil adorable et passionné.

✜ *Calvados Mont-Saint-Michel – Michel Lefranc (plan B3, 30) : La Jacotière, à Ardevon.* ☎ 02-33-68-24-57. ● *calvados-montsaintmichel. com* ● *À 2 km à l'est de « La Caserne » par la D 275. Ouv tlj. Parking gratuit réservé à la clientèle.* À proximité des parkings du Mont, cette maisonnette isolée demeure la boutique d'un petit producteur de calvados fermier basé à la Lucerne-d'Outremer (derrière Granville, dans la Manche). Également cidre, jus de pomme, pommeau, etc., et bien d'autres produits goûteux du terroir...

À voir

Pour info, le Mont est parfait pour entretenir sa condition physique, mais pénible pour les gens qui se déplacent avec difficulté. En effet, c'est pentu et il y a toujours un escalier à grimper (ou à redescendre).

LA MANCHE

Le bourg

La Grande-Rue : grimpant à l'assaut du rocher, entre 2 haies d'hôtels-restos et de magasins de souvenirs, cette ruelle commerçante fait partie de l'identité du Mont. Déjà au Moyen Âge, elle répondait aux besoins des pèlerins pour trouver le gîte, le couvert, et s'acheter un petit souvenir. Là, malgré un essor des constructions en granit au tournant des XIXe-XXe s, il subsiste quelques maisons vraiment anciennes qui aident à imaginer le décor d'origine : la *maison La Sirène* (XVe s) à pans de bois, la *maison de l'Artichaut* (ex-Hôstellerie de la Lycorne, XVIe s) aux murs et toits recouverts de tuiles, la *maison du Four banal,* et la *maison de la Truye qui file* (XIVe s) tout en haut du village... Et n'hésitez pas à vous « éloigner » de la Grande-Rue – en montant par les venelles attenantes –, vous tomberez sur de délicieux jardinets intimistes et autres points de vue pittoresques.

Les remparts : édifiés aux XIVe-XVe s pour protéger le Mont et son abbaye contre les Anglais lors de la guerre de Cent Ans. Subtilisé aux Anglais lors d'une attaque, l'énorme canon primitif posé à côté de l'entrée principale demeure un témoin de cette époque, et mériterait sa place dans un musée plutôt que sous la pluie... Bref, le Mont ne fut jamais pris, et les Anglais durent se contenter du rocher de Tombelaine, son frère jumeau, à 3 km. Certains pensent que la protection de l'archange saint Michel y est pour beaucoup ; ce même archange qui apparut à Jeanne d'Arc, lui ordonnant de « bouter les Anglais hors de France » ! En faisant le tour des remparts, on embrasse la vue splendide sur toute la baie, en dégustant l'air marin à pleins poumons !

L'église paroissiale Saint-Pierre : négligée des visiteurs du Mont qui foncent – bille en tête – à l'abbatiale, cette petite église mérite pourtant une courte halte. Depuis la Grande-Rue, on la rejoint par la fameuse *ruelle des Cocus,* une venelle raide et étroite ; si étroite qu'on ne peut y passer avec... des cornes sur la tête ! L'église Saint-Pierre – flanquée d'un minuscule *cimetière* où repose notamment la mère Poulard – conserve quelques piliers de sa construction d'origine du XIe s. Remaniée aux XVe-XVIe s, elle demeure le lieu de culte officiel du pèlerinage depuis le XIXe s ; culte qui s'y accomplit notamment devant une statue monumentale de saint Michel terrassant un dragon, épée en pogne !

OMELETTE GRATIS !

Arrivée sur le Mont dans les années 1870 comme femme de chambre de l'architecte en charge de la restauration de l'abbaye, Annette Boutiaut épouse bientôt Victor Poulard, le fils du boulanger. Ils ouvrent alors un resto qui devient rapidement célèbre pour son omelette, servie gratuitement à leurs clients – arrivant à n'importe quelle heure au gré des marées – dans l'attente d'un repas plus conséquent. La « Mère Poulard » était née ! Sa fameuse omelette existe toujours aujourd'hui, mais elle n'est plus gratuite...

LE DEMI-FANTASME DES SABLES MOUVANTS

Une personne ne peut être entièrement ensevelie car la densité de son corps est inférieure à celle des sables mouvants. Si les pieds commencent à s'enfoncer, il faut agir vite : couchez-vous et roulez sur le côté ! Dans le cas où les jambes resteraient coincées, on réalise des mouvements de rotation afin que l'eau puisse s'infiltrer... Du coup, c'est au moment de la marée montante que quelqu'un pris dans les sables mouvants risque la noyade. Aussi, les traversées de la baie se font-elles en toute sécurité avec un guide agréé.

LE MONT-SAINT-MICHEL / À VOIR | **493**

➤ Pour clore la visite du bourg, il faut *s'y promener le soir*, lorsque les remparts sont déserts et que les marchands du Temple ont tiré le rideau de fer sur toute leur quincaillerie. Les murs de l'abbatiale, illuminés, surgissent alors dans la nuit comme une armure de pierre et l'archange aux ailes dorées se dresse au milieu des étoiles. Magique...

UNE CLOCHE DANS LA BRUME

Par temps brumeux, pour aider les pêcheurs de la baie à s'orienter et retrouver leur chemin vers le Mont, on sonnait à toute volée les cloches de l'abbaye. À la Révolution, ces cloches furent fondues, sauf une que les pêcheurs demandèrent à conserver pour leur sécurité.

🏃🏃🏃 L'abbaye

– *Infos :* ☎ 02-33-89-80-00. ● abbaye-mont-saint-michel.fr ●
– *Horaires d'ouverture : sous réserve de modif,* mai-août, tlj 9h-19h ; sept-avr, tlj 9h30-18h ; dernière entrée 1h avt. Fermé 1ᵉʳ janv, 1ᵉʳ mai et 25 déc. Messe tlj sauf lun (la communauté religieuse s'absente) à 12h15 ; rdv à 12h devant les grilles d'entrée de l'abbaye (dim, messe à 11h30, rdv à 11h15). Retenez que les visites fonctionnent aussi en hiver, loin des hordes de touristes. Les guides vous bichonneront et vous pourrez découvrir en toute tranquillité la véritable magie et le dépouillement du lieu (le granit et l'hiver font assez bon ménage, pour qui sait se munir d'un bon gros pull !). *En été, l'idéal est de venir après 19h pour profiter du calme, du parking moins onéreux et de l'ouverture tardive de l'abbaye !* Hors juillet et août (quand il n'est pas possible de visiter l'abbaye tard le soir), si vous souhaitez éviter la cohue, le mieux est de venir tôt le matin et dès l'ouverture de l'abbaye.
➤ *Pendant la journée, 5 types de visites possibles...* Nous indiquons les pleins tarifs (susceptibles d'être augmentés) ; réduc ; gratuit moins de 18 ans accompagnés de leurs parents, et moins de 26 ans citoyens de l'Union européenne.
– *La visite libre (30 mn-1h30) :* 10 €. *En réservant vos billets coupe-file à l'office de tourisme, un magasin ou sur* ● fnac.com ●, *vous éviterez de perdre votre temps dans les queues en été ou pdt les vac scol.* On fait la visite soi-même, à l'aide d'un plan-dépliant gratuit.
– *La visite commentée (1h15) : gratuite,* car comprise dans le prix de la précédente. Attention, les dernières visites partent env 2h avt la fermeture du site. Pas de résa possible. Des commentaires intéressants et animés pour une immersion dans la vie de l'abbaye et du Mont à travers les siècles. Nous recommandons fortement cette visite sans supplément !
– *La visite « conférence » (2h) : tlj pdt les vac scol, sinon, seulement les w-e et j. fériés. Pas de résa possible pour les individuels. Prix :* 13 €. Ici, le guide vous ouvre des endroits généralement fermés au public, notamment l'église préromane : Notre-Dame-sous-Terre...
– *L'audioguide (1h15) : en supplément de 3 € au tarif de la visite libre.* Ceux qui n'ont pas le goût des guides en chair et en os explorent l'abbaye à leur rythme avec les commentaires « interactifs »...
– *La visite famille (2h) : compter 1-5 visites/mois. Prix :* 13 €. *Résa obligatoire.* Le conférencier raconte l'histoire du monument avec un discours adapté aux enfants de 5-12 ans, tout en poussant des portes interdites...
➤ *Les nocturnes de l'abbaye : en juil-août, tlj sauf dim* 19h30-minuit (dernière entrée à 23h) ; visite libre ponctuée d'une scénographie son et lumière. Prix : 15 € ; réduc ; gratuit moins de 7 ans ; billet jumelé (journée et nocturne) 23 €. Une découverte insolite de l'abbaye, un peu plus au calme...
➤ *Les offices :* ☎ 02-33-58-31-71. ● abbaye-montsaintmichel.com ● Laudes : mar-ven à 6h50, sam-dim, j. fériés et en août à 7h50 ; vêpres : mar-sam à 18h20 ; messes : mar-sam à 12h, dim à 11h15 ; pas d'office dim soir et lun (jours

LA MANCHE

de solitude pour la communauté). Se présenter à la porte de l'abbaye 15 mn avt l'heure ; un moine ou une moniale viendra vous chercher. Accès gratuit, mais qui ne permet théoriquement pas la visite complète de l'abbaye... Pour une immersion totale dans l'ambiance religieuse de l'abbaye. La communauté propose aussi des retraites.

LE ROCHER SACRÉ

Les 1res reliques du sanctuaire du Mont provenaient d'Italie, car il n'était pas concevable, au Moyen Âge, qu'un lieu de pèlerinage n'en soit pas pourvu. Mais, progressivement, la dévotion populaire se reporta sur le rocher en granit lui-même, dès lors vénéré. Les nouvelles constructions l'enveloppèrent sans jamais le tailler...

Visite de l'abbatiale

Pour des raisons esthétiques (et symboliques), les bâtisseurs de l'époque ont voulu donner à l'église la même dimension en longueur que la hauteur du rocher, soit 80 m, ce qui nécessita la construction d'infrastructures complexes dans lesquelles se trouve enchâssée l'église préromane du Xe s (visible seulement lors de la visite « conférence »). C'est à Chausey – alors propriété de l'abbaye – qu'on est allé chercher les blocs de granit qui servirent à la construction. Embarqués sur des bateaux à fond plat, il fallait ensuite composer avec les marées !

– **L'abbatiale :** lieu central dans la vie des moines, car ils assistaient 7 fois par jour aux offices. La **nef** est un bel exemple du roman normand du XIe s. Destinée à l'accueil des pèlerins, elle s'étendait à l'origine plus loin vers l'ouest. Le chœur roman s'effondra en 1421 et fut remplacé par un **chœur** gothique flamboyant, achevé vers 1520. Les constructeurs avaient enfin réussi, après des siècles d'expérience, à vaincre les poussées de la voûte et à percer les murs d'ouvertures laissant pénétrer le soleil.

– Sortant de l'abbatiale, on gagne la **Merveille,** c'est-à-dire un ensemble de 6 salles réparties sur 3 niveaux, construites à partir de 1211, et achevées 17 ans plus tard... Là, suspendu entre le ciel et la mer, le charmant **cloître** se montre comme un balcon ouvert sur l'infini. Tous les murs étant en porte-à-faux, il était indispensable de construire quelque chose de léger, ce qui explique la disposition en quinconce des 137 colonnettes. Lieu de méditation et de prière, le cloître a retrouvé son jardin de buis et une toiture en schiste du Cotentin. Ici, tout est à la mesure de l'homme, contrairement aux autres parties du monastère.

– Avec sa voûte en berceau, l'immense **réfectoire** surprend par sa démesure. Ne communiquant que selon un code de gestes, les moines y prenaient en silence leur frugal repas en écoutant la lecture de la vie des saints. Noter l'extraordinaire technique utilisée par l'architecte pour capter un maximum de lumière sans affaiblir la solidité des murs. En outre, jeu optique subtil au niveau symbolique : on s'enferme, mais on laisse la lumière pénétrer quand même. Espace superbement maîtrisé. Cette salle résume bien toute la spiritualité bénédictine.

– **La salle des Hôtes :** réservée aux pèlerins nobles et aux rois, elle a perdu son revêtement de couleur, mais conserve son architecture élégante et majestueuse, correspondant à son rang. Poussée maintenue par des contreforts intérieurs. La fameuse abbaye de Royaumont copia cette salle, et la technique des contreforts fut aussi utilisée à la Sainte-Chapelle de Paris... Cette pièce était pourvue de latrines et de 2 gigantesques cheminées où l'on faisait rôtir la viande destinée à ses hôtes de marque ; bref, tout le confort du XIIIe s ! Également une chapelle attenante.

– **La crypte des gros piliers,** impressionnante et même assez oppressante, soutient le chœur de l'abbatiale. Les piliers romans d'origine furent renforcés lors de la construction du nouveau chœur gothique, mesurant ainsi chacun 5,50 m de circonférence !

– **La crypte Saint-Martin :** sous le bras sud du transept, très belle voûte en berceau de 9 m de haut. Un exploit technique pour supporter tout le poids de l'église au-dessus !

AUTOUR DU MONT-SAINT-MICHEL | **495**

– *La salle de la roue :* utilisée pour l'approvisionnement de la prison (XIXe s), elle fonctionnait avec 6 hommes, dit-on, sur le principe de la cage à écureuil. Les dalles du sol recouvrent l'ancien cimetière des moines...
– *La chapelle Saint-Étienne* était le lieu où l'on veillait les morts avant leur enterrement dans le cimetière voisin, aujourd'hui inaccessible (sous la salle de la roue). Il y subsiste l'un des derniers fragments de peinture murale de l'abbaye (XIIIe s). Cette chapelle communiquait avec l'infirmerie...
– *L'infirmerie,* aujourd'hui effondrée, était le seul endroit où les moines pouvaient manger de la viande pour se refaire une petite santé et se lever quand bon leur semblait ! Et vu l'ambiance générale, il devait être tentant de se faire porter pâle ! Toutefois, l'organisation fonctionnelle de ces 3 dernières salles demeure imparable : l'infirmerie s'ouvre sur la chapelle mortuaire, puis sur le cimetière.
– On traverse ensuite le *promenoir des moines,* où l'on voit bien le rocher originel en granit – considéré comme relique à part entière – pour atteindre la *salle des chevaliers,* située juste sous le cloître, et parsemée de colonnes pour le soutenir (XIIIe s). Là, des livres étaient posés sur de grandes tables, et les moines bénédictins y étudiaient les savoirs médiévaux (théologie, littérature, sciences...). C'était une salle confortable pour l'époque, chauffée par une cheminée – conservation des livres oblige – et munie de latrines.

> **« LA BASTILLE DES MERS »**
>
> *À la Révolution, les bénédictins chassés, le Mont devint une prison et abrita jusqu'à 700 détenus de droit commun et quelques prisonniers politiques. Après la révolution de 1848, Blanqui, Barbès et Raspail, entre autres, y furent internés... Victor Hugo s'en indigna, surnommant cette prison de « crapaud dans le reliquaire » ! Napoléon III la ferma définitivement en 1863.*

– La visite se termine par l'*aumônerie* (billetterie), jadis destinée aux pèlerins de condition modeste. Il s'y trouve le modèle d'atelier de la statue de la flèche de l'abbaye, réalisée par Fremiet (XIXe s). Puis on sort en passant par l'ancien *cellier* (boutique).

Fête et manifestation

– *Marathon de la baie du Mont-Saint-Michel :* en mai. ● runinmontsaintmichel. com ● Départ de Cancale. Une cinquantaine de nations et quelque 8 000 coureurs participent à ce marathon qui a fêté sa 20e édition en 2017.
– *La Saint-Michel d'automne :* fin sept, le dim le plus proche de la fête du saint.

AUTOUR DU MONT-SAINT-MICHEL

🏃🏃 ⊗ 🚶 *Le Moulin de Moidrey :* 35, route des Moulins, à **Moidrey.** 🖩 06-46-36-18-82. À 3 km au nord de Pontorson. Visites guidées : de fév à mi-mars, tlj 9h30-12h30, 14h-18h ; d'avr à mi-nov, tlj 9h-12h30, 14h-19h ; juil-août, tlj 9h-20h. Entrée : 4 € ; 6-18 ans 2,50 € ; gratuit moins de 6 ans. Ce moulin à vent de 1806 a repris du service après plus de 1 siècle d'abandon et une restauration totale, pour finalement être classé au Patrimoine mondial de l'Unesco en 2007. Aux commandes, un vrai meunier – passionné et plein d'humour – qui fabrique des farines de sarrasin, blé, seigle, etc. (en vente), et assure les visites guidées.

🏃🏃🏃 *Survol du Mont en ULM :* avec **Didier Hulin,** ☎ 02-33-48-67-48, 🖩 06-07-54-91-92, ● ulm-mont-saint-michel.com ● ; **Régis Mao,** 🖩 06-81-99-24-79, ● normandie-ulm.com ● ; **Laurent Papillon,** ☎ 02-33-60-59-29, 🖩 06-68-28-02-83, ● manche-ulm-evasion.com ● Fonctionnent à la demande tte l'année selon météo. Résa obligatoire. Décollage de l'aérodrome du Val-Saint-Père, au sud

LA MANCHE

496 | **LA MANCHE / LE MORTAINAIS**

d'Avranches. Compter 100-250 € pour une balade de 20 mn-1h dont vous vous souviendrez longtemps. Une façon fantastique de découvrir le Mont-Saint-Michel par les airs ! *Moment assez exceptionnel,* surtout en y allant tôt le matin, vers 7h. Au lever du soleil, c'est magique.

🍴🚶 *L'église Notre-Dame à Pontorson (50170) : tlj 10h-18h.* Date du XIe s pour ses parties les plus anciennes. Tour bâtière avec galerie à l'aspect trapu. Contreforts puissants. Côté place, porche roman complètement usé. Au tympan, une image énigmatique. Côté façade, triples voussures avec décor à chevrons. À l'intérieur, le granit gris lui donne un côté austère. Sur le sol, pierres tombales du XVIIe s. Voir le *retable des Saints cassés,* montrant la vie du Christ en 22 compartiments. Réalisé au XVe s et très mutilé pendant les guerres de Religion et la Révolution française, il exprime cependant encore beaucoup de noblesse. À côté, le retable de l'*Ascension* (12 apôtres entourant la Vierge) et un grand christ du XVIIIe s. Lutrin de la même époque. Également une belle Vierge en bois du XVIIe s à côté du baptistère et son curieux couvercle en bois sculpté (du XVIIIe s).

LE MORTAINAIS

À l'est du Mont-Saint-Michel s'étend une région méconnue, moins touristique, très bucolique et idéale pour la randonnée. Symbolisée par la vallée de la Sélune et le Mortainais, région typique du bocage normand, on y trouve de nombreux témoignages de la vie rurale passée. Habitat utilisant le matériau local, complètement adapté au paysage : granit de l'Avranchin, schiste de Sourdeval, pierre blanche du Mortainais. Parfois de longues crêtes rocheuses livrent de jolis panoramas ; ailleurs, la paisible vallée de la Sélune vous invite à de tranquilles balades au fil de l'eau...

MORTAIN (50140)   1 700 hab.   *Carte Le sud de la Manche, D3*

Importante ville carrefour, au point de jonction de la Bretagne, du Maine et de la Normandie. Dernier soubresaut au cœur des « montagnes de Normandie », et fort joli soubresaut ! La région présente un relief accidenté. Mortain elle-même est bâtie sur les flancs d'une colline qui culmine à 327 m. On peut y admirer une belle abbaye et collégiale. Géricault, Courbet et Corot n'ont pas résisté à l'envie de venir peindre les paysages alentour, c'est un signe, non ? L'origine de la ville remonte au Bas-Empire romain. Mais c'est à partir du Xe s que Mortain entre réellement dans l'histoire : les Normands en font une forteresse se dressant face à la Bretagne et au Maine. Le demi-frère de Guillaume le Conquérant, Robert, comte de Mortain (que l'on voit figurant à côté de Guillaume sur la tapisserie de Bayeux), donne au comté une stature politique, voire artistique.
Un petit millénaire plus tard (navré pour la brutalité de la transition), la ville fut le cadre de l'un des épisodes les plus dramatiques de la bataille de Normandie...

L'OPÉRATION *LÜTTICH* À MORTAIN

À Mortain se déroula une offensive allemande décisive qui aurait pu retarder considérablement la victoire. Hitler donna l'ordre au maréchal von Kluge d'attaquer vers l'ouest pour couper l'armée américaine en 2 dans le goulet d'Avranches (l'opération *Lüttich*). Par chance, le 2 août 1944, son message fut intercepté par hasard et décodé par une simple radio de l'armée américaine. L'offensive allemande était fixée le 6 août. L'info parut suffisamment importante pour être transmise à Churchill au 10 Downing Street et au quartier général d'Eisenhower. Et c'est là que se situe un gag incroyable : les doutes sur l'efficacité de l'offensive émis par von Kluge et les réponses cinglantes de Hitler furent tous, par la suite, interceptés par les Alliés. Ils purent suivre en direct les contradictions de l'état-major ennemi. L'attaque allemande se révéla particulièrement brutale, et Mortain fut prise. Les éléments avancés des panzers arrivèrent même à moins de 2 km du PC du général Hobbs, commandant de la 30e division d'infanterie américaine. L'offensive allemande fut à un cheveu de réussir. Mais la brume matinale finit par s'estomper et permit aux avions alliés de bombarder les colonnes allemandes. Incroyable, le général Gerhardt, chef de la 116e Panzer, refusa de s'engager dans l'attaque ; ce dernier, impliqué dans le complot du 20 juillet contre Hitler, ne croyait plus à la victoire.

Von Kluge décréta l'arrêt de l'opération. Hitler ordonna de la reprendre. L'armée allemande, alors étirée dans une poche pénétrant profondément les lignes alliées, était totalement prise en tenaille. Hitler, finalement, ordonna la retraite. La tenaille pouvait se refermer. Ce fut le piège de la « trouée de Falaise », suivi du « Stalingrad » en Normandie, à Chambois (feuilleton à suivre aux chapitres « Le Calvados » et « L'Orne »).

Adresse utile

🛈 **Office de tourisme :** *rue du Bourglopin.* ☎ *02-33-59-19-74.* ● *tourisme. mortainbocage@msm-normandie.fr* ● *ot-montsaintmichel.com* ● *mortainais-tourisme.org* ● *Avr-oct, mar-sam 9h30-12h30, 14h30-17h30. Nov-mars, mar-ven 13h-17h, sam 9h-12h30.* Toute la doc pour découvrir les environs, et notamment un topoguide contenant 36 itinéraires de balades dans le Mortainais. Propose aussi des sorties nature et autres animations festives toute l'année.

Où dormir ? Où manger ?

⛺ **Camping municipal Les Cascades :** *pl. du Château.* ☎ *02-33-79-30-30.* ● *mortain-bocage.fr* ● ♿ *Ouv Pâques-sept. Env. 7 € pour 2 avec tente et voiture. CB refusées. 16 empl.* Minuscule camping retiré dans un coin de la ville, à deux pas du centre, sur un petit bout de pelouse bien ombragé et calme. Au bord d'un parking, mais avec un côté déjà très nature. Idéalement placé pour rayonner dans ce paisible coin de la Manche. Seul petit inconvénient, le site n'est pas gardé en journée.

🏠 🍽 🚕 **Hôtel de la Poste :** *1, pl. des Arcades.* ☎ *02-33-59-00-05.* ● *hoteldelaposte-mortain.fr* ● *Doubles 59-94 €. Formules déj en sem 12,50 €, menus 16,90-29 €.* En plein centre, une vingtaine de chambres à la touche à la fois contemporaine, sage et colorée, pour une atmosphère générale assez bohème. Bon confort et chambres plus ou moins spacieuses selon le prix. Côté fourneaux, cuisine de saison simple et savoureuse, qui met en avant sans esbroufe les ingrédients puisés dans le terroir. Accueil souriant et plein d'entrain.

Où dormir ? Où manger dans les environs ?

🏠 🍽 🚕 **L'Abbaye Hôtel :** *8, route de la Gare, au* **Neufbourg.** ☎ *02-33-51-21-63.* ● *labbayehotel@gmail.com* ● *labbayehotel.fr* ● *À 1 km au nord de* Mortain. Resto fermé lun-mar et mer soir. Doubles 42-55 €. Menus 20-25 € ; plats 10-26 €. Une longue maison ancienne, élégante et fleurie, donnant sur un terre-plein gazonné, planté de quelques arbres. Au choix : plusieurs petites chambres bien équipées, agréables et soignées. Au resto, cuisine sans fioritures mais bien ficelée, spécialisée dans la viande, les burgers, le *fish & chips*...

I●I *Le Saint-Georges :* 33, *Grand-Rue, à Saint-Georges-de-Rouelley.* ☎ 02-33-49-78-49. ● *lesaintgeor ges50@gmail.com* ● *À 15 km à l'est de Mortain. Fermé le soir dim-jeu. Congés : 2 sem mi-août. Formule déj en sem 12,50 € ; menu 20 €.* Oh la belle adresse que voilà ! Un petit resto de campagne souriant, qui fait aussi bar de pays avec ses habitués scotchés au comptoir. Dans l'assiette, délicieuse cuisine de terroir, simple et copieuse, qui cajole les bons produits frais du bocage. À dévorer dans une longue salle soignée avec sa cheminée en pierre.

I●I ↑ *Le Moulin de Jean :* la Lande, à *Cuves.* ☎ 02-33-48-39-29. ● *reser vations@lemoulindejean.com* ● *À 18 km au nord-ouest de Mortain (et 8 km à l'est de Brécey). Tlj sauf dim* soir, *lun et mar soir. Formules déj en sem 18-23 €, menus 32,50-59 €.* Belle ferme ancienne flanquée d'une extension moderne ; le tout niché au fond d'un petit vallon verdoyant où serpente un ruisseau. Salles chaleureuses, élégantes et cosy, aux pierres apparentes sous de vénérables poutres. Côté fourneaux, savoureuse cuisine de terroir aux envolées inventives, en lien direct avec les petits producteurs du bocage.

I●I *Le Relais du Parc :* 46, *rue Pierre-Crestey, 50720 Barenton.* ☎ 02-33-59-51-38. ● *lerelaisduparc@orange.fr* ● ⅛ *À 9 km au sud de Mortain. Ouv le midi tlj, plus le soir sam. Congés : fêtes de fin d'année. Formule déj express en sem 11,80 € ; menus 15-29 € ; carte env 20 €.* Petit resto de village au cadre un peu Années folles. On est entre de bonnes mains : le chef fait partie de la Confrérie des Vikings du Bocage. Fichtre ! Dès le très heureux 1er menu, on s'offre des produits de terroir cuisinés avec imagination, tels les œufs pochés au camembert ! Un bon repas que vous prendrez entre la cheminée et l'horloge de grand-mère.

À voir. À faire

🐾🐾 *La collégiale Saint-Évroult :* ouv tte l'année. Visite libre. Fondée en 1082, la collégiale fut reconstruite au XIIIe s à la suite des destructions causées par Philippe Auguste. De la 1re période reste notamment le sompteux portail au décor en chevron, côté sud. Massive tour assez impressionnante. Hautes baies particulièrement filiformes évoquant de longues meurtrières. À l'intérieur, belles stalles du XVe s (s'attarder sur les miséricordes) et buffet d'orgues du XVIIIe s.
Dans la tour, le trésor de l'église possède un chef-d'œuvre : un *chrismale,* coffret d'origine irlandaise du VIIe s qui servait à transporter les hosties, en hêtre recouvert de cuivre doré. Orné de 38 signes runiques en vieux saxon et de représentations assez primitives du Christ et de saint Michel, il aurait servi de modèle au fameux Graal de l'épopée de Chrétien de Troyes. On peut voir sa copie dans le bas-côté nord.

🐾 *L'Abbaye blanche :* à la sortie du bourg, direction Sourdeval. En juil-août, visites guidées proposées par l'office de tourisme. L'abbaye tient son nom de l'habit de bure blanche propre à l'ordre de Cîteaux, ordre auquel les sœurs de Mortain se rallièrent en 1147. La construction s'étala de 1150 à 1205, et fut richement dotée par les comtes de Mortain, dont Henri II Plantagenêt. Bel exemple d'architecture cistercienne. Clocher tout en bois.

🐾🐾 *La Grande Cascade :* peu avt l'Abbaye blanche. Elle plonge d'une vingtaine de mètres dans un défilé rocheux. C'est la plus importante de l'Ouest. Courbet (qui devait y retrouver quelque chose de sa Franche-Comté natale) aimait la peindre. Environnement agréable, d'une grande fraîcheur. Couvert de rhododendrons en fleur et de lauriers-roses en mai et début juin. Voir aussi la *Petite Cascade,*

DANS LES ENVIRONS DE MORTAIN | 499

romantique et secrète, au cœur de la ville. Les eaux du Cançon s'écoulent en cascatelles pour rejoindre la Cance au pied du rocher de l'Aiguille.

🍴 ⟨ *La petite chapelle Saint-Michel :* perchée à 314 m, sur une colline d'où, par beau temps, on peut embrasser l'horizon sur 40 km et apercevoir le Mont-Saint-Michel. Au bout d'une longue et belle allée d'arbres, la petite chapelle. Son existence remonte au XVIIe s, mais elle fut détruite et rebâtie à plusieurs reprises. À côté, le mémorial de la bataille de Mortain, en hommage aux 700 hommes qui tinrent la colline, complètement encerclée pendant 7 jours (la fameuse cote 314) en août 1944. Seuls 300 en revinrent vivants.

🍴 *Balade le long de la voie verte (ancienne voie de chemin de fer) :* nos lecteurs parisiens et les amateurs d'histoire des transports en commun vont retrouver ici une vieille connaissance, Fulgence Bienvenüe, constructeur du métro (le Bienvenüe de la station « Montparnasse-Bienvenüe », c'est lui). Ce polytechnicien est aussi l'ingénieur qui a dirigé les travaux de construction de la voie de chemin de fer qui reliait, jusqu'en 1939, Vire à Fougères et Domfront, via Mortain. La voie a été débarrassée de ses rails et traverses, mais le tracé et les gares sont restés. Et un sentier de rando accessible aux marcheurs, aux VTTistes et aux cavaliers a été aménagé. Au carrefour des lignes venant de Vire, Fougères et Domfront, Mortain est le point de départ idéal de la promenade.

DANS LES ENVIRONS DE MORTAIN

🍴 *Le musée du Poiré :* 50720 Barenton. ☎ 02-33-59-56-22. ♿ À env 10 km au sud-est de Mortain. Avr-oct, tlj 10h-13h, 14h-18h (18h30 juil-août). Fermé 1er mai. GRATUIT. Installé dans une ancienne ferme du bocage.

UN VILLAGE QUI A DU CHIEN !

Au sud de Mortain, Villechien est un petit village de 200 habitants, souvent oublié des voyageurs de passage. Et pourtant, il a une particularité bien surprenante : ses habitants sont appelés les Toutouvillais !

Vous y apprendrez tout sur les techniques de fabrication du cidre, du poiré et du calva. Sympathique plongeon dans la pomologie (sic !) et la cidriculture, qui constituait jusqu'au début du XXe s l'une des toutes 1res ressources économiques de l'ouest de la France. Avis aux écluseurs : dégustation gratuite de poiré, cidre, jus de pomme ou de poire. Intéressante visite d'un verger de poiriers et pommiers, après laquelle on pénètre dans un ancien atelier d'écrasage et de brassage, avec son vieux pressoir à levier, héritier des techniques de l'Antiquité, mais aussi des outils plus récents pour comprendre les techniques de transformation actuelle. Une salle accueille également des expos temporaires. Pour clore la visite, boutique de produits cidricoles et autres produits locaux... On peut aussi la prolonger en profitant des ateliers et démonstrations régulièrement proposés.

🍴 🚶 *La Fosse-Arthour :* 50720 Saint-Georges-de-Rouelley. À 18 km à l'est de Mortain. Un joli endroit, appuyé sur une belle légende : il s'agit encore de l'indépassable roi Arthur, héros du cycle de la Table ronde, roi des Bretons (pas les nôtres, ceux d'outre-Manche, ou plutôt du sud de l'Écosse). Le génie des lieux n'aurait autorisé Arthur à rendre visite à son épouse qu'au coucher du soleil. Comme cet effronté tenta évidemment de la voir avant, il fut noyé dans le torrent, dans lequel sa belle se jeta elle aussi. Mais la légende semble hésiter : est-ce Arthur, ou Merlin l'Enchanteur, qui repose en ces lieux ?... Quoi qu'il en soit, le doux mélange de rivière mélodieuse, de relief accidenté et de forêt ondoyante fait de la Fosse-Arthour un endroit bucolique. Et d'ailleurs le lieu ne s'adresse pas qu'aux poètes : on vient ici aussi pour l'escalade (180 voies répertoriées !), la randonnée et le VTT.

LA MANCHE

500 | LA MANCHE / LE MORTAINAIS

⚒⚒ ⚐ᴥ *Le musée de la Poterie normande :* *3, rue du Musée, 50850* **Ger.** ☎ 02-33-79-35-36. *À 10 km au nord-est de Mortain. Juil-août, tlj 10h-18h ; avr-juin et sept plus vac de Printemps et de la Toussaint, dim et j. fériés 14h-18h, sinon sur rdv. Entrée : 5 € (3,50 € sur présentation du guide de l'année) ; réduc ; gratuit moins de 7 ans.*

Au cœur du bocage, dès le XVᵉ s, plusieurs dynasties de maîtres potiers ont fabriqué des pots en grès, connus pour leurs qualités d'imperméabilité. Ils étaient vendus comme poterie servant à transporter et à conserver le beurre, la viande, la confiture, l'eau, le vinaigre, etc., dans tout l'ouest de la France et même au Canada.

Ateliers, habitations et fours de cuisson de cet ancien hameau potier ont été restaurés pour faire découvrir la vie et le travail des potiers de Ger. Des modules ludiques et interactifs, des maquettes et un parcours muséographique très documenté rendent la visite attractive et instructive. La collection de céramiques contemporaines, la boutique de productions régionales et les animations régulières permettent d'aborder un métier encore bien vivant. Un marché de potiers a lieu le dernier dimanche d'août, précédé le samedi de la *soirée du feu* avec la construction de fours éphémères permettant la cuisson de pièces.

⚒ ⚐ᴥ *La tourbière de la Lande Mouton :* *Les Marettes, 50140* **Saint-Clément-Rancoudray.** ♿ *À 8 km au nord-est de Mortain et 2 km du village. GRATUIT.* Ce site fait partie des « espaces naturels sensibles » mis en valeur par le conseil général de la Manche. Un parcours aménagé (avec une boucle de 800 m accessible aux personnes handicapées, à laquelle peut être ajoutée une rallonge de 1,8 km) permet de « visiter » la tourbière (ou du moins de la parcourir sans y laisser ses chaussures !). Le long du sentier, de petits panneaux présentent l'environnement, les plantes et les fleurs que vous avez sous les yeux. Un lieu instructif et hors du temps... et puis on adore le look des vaches dans les champs à l'entrée (des vaches Highland à la coiffure improbable et aux longues cornes pointues) !

L'ORNE

● Carte p. *502-503*

ABC de l'Orne

❏ **Superficie :** 6 103 km².
❏ **Préfecture :** Alençon.
❏ **Sous-préfectures :** Mortagne-au-Perche, Argentan.
❏ **Population :** 287 750 hab.
❏ **Densité :** 47,1 hab./km².
❏ **Particularité :** 1er département français pour l'élevage des trotteurs, l'Orne abrite plus de 200 haras privés, dont un centre de balnéothérapie pour chevaux !

Loin de la côte, voici la Normandie côté jardin, un département mosaïque, méconnu, réfugié derrière ses collines et ses forêts profondes. Un peu d'Armorique à l'ouest vers Flers et Domfront, un morceau escarpé de pays d'Auge au nord-ouest, un coin du pays d'Ouche vers L'Aigle, ajoutez à cela les collines et les manoirs du Perche (à l'est), les maisons à colombages, en grison ou en granit, les eaux vives et poissonneuses de la Suisse normande, et vous aurez déjà une petite idée de la variété des paysages, des traditions et des gens de ce pays. Sans oublier le cœur de l'Orne, entre Argentan et Le Merlerault, où les herbages sont considérés comme les plus riches de France. Si riches qu'ils nourrissent des ribambelles de chevaux de course, abrités dans des haras dont le fleuron reste le haras du Pin.
Cette terre constitue un véritable paradis pour les amateurs de rando, d'équitation ou de vélo, mais aussi pour les mycologues et les pêcheurs. Les gourmets ne s'y tromperont pas non plus, au pays du camembert et du boudin noir de Mortagne, les repas s'arrosent de calva, de cidre ou de poiré.
Ce pays brodé comme une dentelle nous plaît vraiment : rustique mais élégant, opiniâtre, bon vivant, paisible dans le bon sens du terme, une sorte de jardin anglais à la sauce normande...

LES PARCS NATURELS RÉGIONAUX

2 parcs naturels régionaux couvrent une grande partie du département. Le parc Normandie-Maine, créé en 1975, se trouve à cheval sur l'Orne, la Manche, la Mayenne et la Sarthe. Le parc du Perche, quant à lui, créé en 1998, s'étend sur les départements de l'Orne et de l'Eure-et-Loir.
Ces parcs ont le mérite de former des entités historiques, naturelles et culturelles, passant outre les découpages administratifs actuels. Une visite à la Maison du parc de Carrouges pour le Normandie-Maine et une autre à celle de Nocé pour le Perche vous donneront une multitude de clés pour explorer et comprendre ces très belles régions.

Adresse et infos utiles

🛈 *Tourisme 61 – Comité départemental du tourisme de l'Orne : 27,* | *bd de Strasbourg, CS 30528, 61017 Alençon Cedex.* ☎ *02-33-28-88-71.*

L'ORNE

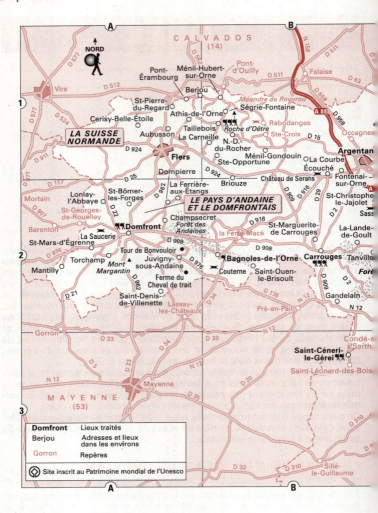

● ornetourisme.com ● *Pour les résas :* ☎ 02-33-28-07-00. ● *normandie-weekend.com* ● Informations diverses sur le département : hôtels, restauration, ainsi que le service de réservation des *Gîtes de France* (chambres d'hôtes, fermes-auberges, campings à la ferme...). Nombreuses brochures (consultables en ligne ou dans les offices de tourisme) sur les visites thématiques : les jardins, les chevaux, les randos, etc.

– La chambre d'agriculture de l'Orne édite le petit guide **Orne Terroirs**, disponible dans les offices de tourisme. Il recense les artisans de produits authentiques, réalisés dans des conditions conformes aux traditions

LES PARCS NATURELS RÉGIONAUX / ADRESSE ET INFOS UTILES | 503

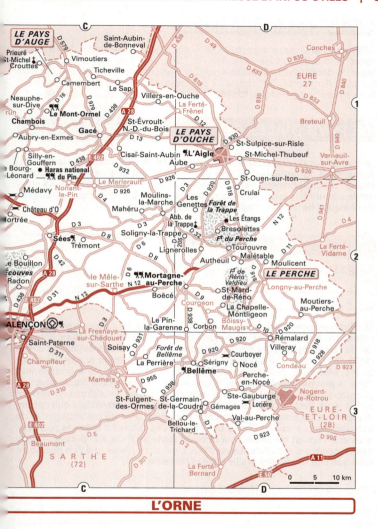

L'ORNE

de la ferme, sélectionnés chaque année par la chambre d'agriculture et classés par produits. ● *orne-terroirs.fr* ●

– **Septembre musical de l'Orne :** pdt 4 w-e en sept-oct. ☎ 02-33-26-99-99. ● *septembre-musical.com* ● *Résa conseillée.* L'Orne vit au rythme de la musique (classique, opéra, piano, récital, quartet...) à travers les plus beaux sites du département.

– **Les greeters :** les *greeters* sont des bénévoles qui vous font découvrir autrement, à travers des balades (gratuites), leur ville, leur quartier ou leur région. Il s'agit en général de gens passionnés. Vous en trouverez un peu partout dans l'Orne. ● *greeters-orne-normandie.com* ●

Circuler en bus dans l'Orne

– *Réseau Cap Orne :* une vingtaine de lignes de bus dessert les villes et villages du département, en passant par les gares ferroviaires. Tarif unique : 2 € le voyage sur une seule ligne, quelle que soit la distance ; carnet de 10 tickets 16 € ; peut s'acheter à la gare SNCF d'Alençon ou dans le bus (prévoir l'appoint). ● *orne.fr/transports-mobilite/ cap-orne-lignes-regulieres* ●

LE PAYS D'ALENÇON

Le titre de duc ou duchesse d'Alençon était octroyé aux cadets de la royauté. Aujourd'hui, la préfecture et son pays demeurent une des forces économiques du département. Fer de lance de la dentelle autrefois et de la plasturgie aujourd'hui, le pays d'Alençon recèle encore quelques beaux exemples de châteaux de ducs et d'églises romanes et gothiques.

ALENÇON   (61000)   27 161 hab.   *Carte Orne, C2-3*

● Plan *p. 505*

◎ **Historiquement, la préfecture de l'Orne est avant tout connue pour la dentelle et son fameux « Point d'Alençon » (inscrit au Patrimoine culturel immatériel de l'Unesco), ou pour être le berceau de sainte Thérèse de l'enfant Jésus (1873-1897), mais elle est aussi une cité qui accueille de nombreux spectacles, étoffe son pôle universitaire, développe son industrie (notamment dans la plasturgie), élargit ses espaces verts et bénéficie d'une situation géographique la plaçant à 1h de la mer et à quelques encablures de sites en pleine forêt. Bref, un endroit où il fait bon vivre. Plus provinciale que nature, Alençon est un peu moins normande que prévu. Pas de colombages ni de fromage dans ce coin de l'Orne. Du granit et des toitures d'ardoises pour rappeler que l'on est bel et bien sur la vieille route de Paris à la Bretagne, celle des diligences d'autrefois. Aujourd'hui, c'est avec plaisir que l'on déambule dans son charmant centre-ville pavé et restauré.**

UNE DENTELLE UNIQUE AU MONDE

Alençon sans sa dentelle, c'est comme Reims sans son champagne. La plus élégante et la plus fine de toutes les dentelles d'Europe, dont le Grand Siècle (XVIIe s) reste l'âge d'or, est entièrement réalisée à l'aiguille avec des fils de lin extrêmement fins. Une finesse qui explique son succès foudroyant au lendemain de son invention, vers 1650.

En 1655, Colbert choisit la ville pour y créer une manufacture royale, chargée de produire des dentelles au point de France (c'est-à-dire au point d'Alençon). Et la dentelle d'Alençon devint la référence absolue en matière d'élégance vestimentaire, partout en Europe, où elle était considérée comme un véritable bijou que les nobles portaient avec ostentation.

Aujourd'hui, l'activité dentellière de la ville se réduit à l'Atelier national du point d'Alençon, conservatoire où l'on cultive ce merveilleux savoir-faire que l'on peut découvrir au musée des Beaux-Arts et de la Dentelle.

ALENÇON | 505

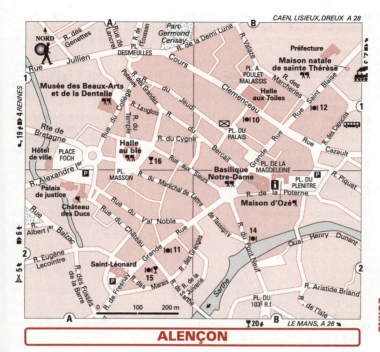

ALENÇON

⚿ 🏠 Où dormir ?

- **2** Hôtel Le Normandie (hors plan par B1)
- **3** Hôtel des Ducs (hors plan par B1)
- **4** Le Chapeau Rouge (hors plan par A1)
- **5** Camping de Guéramé (hors plan par A2)
- **6** Chambres d'hôtes La Hulotte (hors plan par A2)

🍴 Où manger ?

- **10** Coco Vins (B1)
- **11** La Fabrique (A2)
- **12** Chez Fano (B1)
- **14** Rive Droite (B2)
- **15** Bar à Papa (A2)

🍷 🎵 Où boire un verre ? Où écouter de la musique ?

- **15** Bar à Papa (A2)
- **16** Café du Théâtre (A1)
- **19** La Luciole (hors plan par A1)
- **20** Fiebre Latina (hors plan par B2)

LA 2ᵉ DIVISION BLINDÉE DU GÉNÉRAL LECLERC LIBÈRE ALENÇON

Le 12 août 1944 : libération de la ville, la 1ʳᵉ pour la 2ᵉ DB (division blindée). Mais au-delà de cet événement, voici le point de départ d'une longue, et de la plus célèbre, offensive pour la libération de la France. Tout commence le 1ᵉʳ août. Le général Leclerc et sa 2ᵉ DB débarquent à Saint-Martin-de-Varreville (Manche), au lendemain même de la célèbre percée d'Avranches. Sa mission : contribuer à l'encerclement de la VIIᵉ armée allemande par le sud de la Normandie, en traversant le Maine (Sarthe) et le Perche (est de l'Orne).
La 2ᵉ DB se compose de 15 000 hommes, souvent volontaires de la 1ʳᵉ heure, qui ont auparavant combattu à Douala, Libreville, Fort-Lamy, Koufra,

506 | L'ORNE / LE PAYS D'ALENÇON

Mourzouk et Tripoli. Avec eux, 4 000 véhicules et 242 chars. La division Leclerc se met en route. Elle déferle, par La Haye-du-Puits et Coutances, sur Avranches. Puis pique au sud sur Le Mans qu'elle traverse le 8 août. De là, elle remonte plein nord vers Alençon.

À Alençon, Leclerc et ses hommes arrivent en vue d'un pont, devant lequel l'infanterie met pied à terre. L'endroit est inoccupé. C'est le pont de la rue du Pont-Neuf. Le général Leclerc s'assied alors sur le parapet, ponctue de sa canne les quelques ordres qu'il donne pour l'occupation des autres passages, réfléchit un instant, puis repart sans hâte.

Le 12 août 1944, Alençon, 1re ville française libérée par des soldats français, se réveille libre, sans un coup de feu tiré, sans une goutte de sang versé. Contrairement à Caen, Saint-Lô, Falaise, Argentan et de nombreuses autres villes normandes, Alençon ne fut pas détruite, ce qui explique sûrement une grande partie de son charme aujourd'hui.

Adresse et infos utiles

Ⅰ *Office de tourisme (plan B2) : maison d'Ozé, pl. de la Magdeleine.* ☎ *02-33-80-66-33.* ● *visitalencon. com* ● *Juil-août, lun-sam, 9h30-12h30, 14h-18h ; le reste de l'année, lun-sam 9h-12h30, 14h-18h plus le mat des j. fériés sauf 1er janv, 1er mai et 25 déc.* Dans une maison historique au chevet de la basilique Notre-Dame. Visites commentées en calèche, visites guidées de la ville (voir agenda en ligne) et visites audioguidées toute l'année *(3 €/ audioguide).* Propose également des parcours à énigmes sous forme de jeu de piste. Boutique.

🚖 *Taxis : Taxis Jacquemin,* 🚕 *06-07-54-65-26 ou* ☎ *02-33-31-11-19. Abeilles Alençon Artaxi,* ☎ *02-33-28-05-06.*

– *Marchés : jeu mat, pl. du Plénitre et pl. de la Magdeleine (plan B2) ; sam mat, pl. de la Magdeleine. Également marchés de producteurs de pays dans la halle au blé.*

Où dormir ?

Pour info, sachez que si nos adresses se trouvent toutes hors plan, elles sont accessibles à pied depuis le centre-ville. Un certain nombre d'entre elles se situent en face de la petite gare SNCF.

Camping

⛺ *Camping de Guéramé (hors plan par A2, 5) : 65, rue de Guéramé.* ☎ *02-33-26-34-95.* ● *campinggue rame@ville-alencon.fr* ● *Ouv avr-sept. Compter 18 € pour 2 avec tente et voiture ; bungalow 315 €/sem. 54 empl.* Un camping simple mais qui gagne à être connu ! En effet, si de prime abord il semble un peu trop au bord de la route, le cadre se révèle en réalité champêtre comme tout, avec des emplacements de bonne taille, bien délimités et, dans l'ensemble, ombragés.

Bon marché

🏠 *Hôtel Le Normandie (hors plan par B1, 2) : 16, rue Denis-Papin.* ☎ *02-33-29-00-51.* ● *philippe.macek@ wanadoo.fr* ● *Doubles avec lavabo 32 €, avec sdb 42 € ; familiales. Parking. Un petit déj/chambre et par nuit offert sur présentation du guide de l'année.* Face à la gare, avec un bar-tabac-presse-PMU au rez-de-chaussée et les chambres dans les étages. Une telle description pourrait faire craindre le pire, eh bien, pas du tout ! Les chambres, très sobres, sont plaisantes et bien entretenues. Une aubaine pour les petits budgets.

De prix moyens à chic

🏠 *Hôtel des Ducs (hors plan par B1, 3) : 50, av. Wilson.* ☎ *02-33-29-03-93.* ● *hoteldesducs@orange.fr* ●

ALENÇON / OÙ MANGER ? | 507

hoteldesducs-alencon.fr ● ♿ Tte l'année ; fermé dim soir. Doubles 84-96 € ; familiales. Parking fermé gratuit. La façade, malgré sa sobriété, laisse deviner qu'une adresse de qualité se cache derrière, et cette 1ʳᵉ impression se voit confirmée une fois le seuil franchi. Intérieur agréable, aéré et frais. Chambres confortables, bien tenues, avec, pour certaines, des couleurs qui claquent. Et pour compléter ce beau tableau : un accueil courtois et professionnel.

🏠 **Le Chapeau Rouge** (hors plan par A1, **4**) : 3, bd Duchamps. ☎ 02-33-29-49-37. ● hotel.lechapeaurouge. alencon@gmail.com ● lechapeau rouge.net ● Au croisement avec la rue de Bretagne. Double 74 € ; familiales. Parking. Réduc de 10 % sur le prix de la chambre sur présentation du guide de l'année. Rassurez-vous : si l'hôtel se situe à un carrefour assez important, la plupart des chambres donnent sur l'arrière. Elles ne sont pas très grandes, mais leur tenue est soignée. Déco et confort d'aujourd'hui avec couettes blanches, teintes douces réveillées ici et là par quelques touches de couleur plus tranchées, et des salles de bains au sol carrelé d'ardoises avec douche de bonne taille.

🏠 **Chambres d'hôtes La Hulotte** (hors plan par A2, **6**) : chez Jocelyne et Jean-Pierre Quoniam-Guihaire, 447, rue Albert-Iᵉʳ. ☎ 02-33-32-28-11. ● lesmamours-61@hotmail.fr ● 📱 07-78-57-42-37. Face au parc des Promenades. Double 70 € ; familiale. 13ᵉ nuit offerte pour un séjour long sur présentation du guide de l'année. Repérez l'enseigne en forme de clé dépassant du mur : il s'agit effectivement d'une ancienne serrurerie, dont les ateliers sont devenus des annexes. Les 2 chambres avec salle de bains commune au rez-de-chaussée sont situées dans une maisonnette indépendante, donnant sur un adorable potager. Déco originale, personnelle, kitchenette, petit coin salon autour du poêle et miniterrasse privée. Bref, l'idéal pour une famille. Excellent accueil.

Où dormir dans les environs ?

🏠 I●I **Château de Saint-Paterne** : 72610 **Saint-Paterne**. ☎ 02-33-27-54-71. ● contact@chateau-saintpa terne.com ● chateau-saintpaterne. com ● ♿ Petite incursion dans la Sarthe voisine, à 2 km d'Alençon, au centre du village. Congés : de fin déc à mi-mars. Doubles 150-265 €. Menu unique 49 €, apéritif et café compris. Charles-Henri vous accueille dans le château familial des Valbray, superbe demeure du XVᵉ s. Et justement, il y a des suites meublées d'époque, pour un séjour qui sort vraiment de l'ordinaire. Chaque chambre a sa propre personnalité, de celle qui abrita les amours de Henri IV, au plafond historié, à celle de l'orangerie, à la déco plus contemporaine. Dîner aux flambeaux pour qui veut (s')offrir le grand jeu. Et pour les romantiques, une cabane en bois tout confort dans la forêt, genre datcha avec poêle à bois, jacuzzi et sauna. Piscine et hot tub pour tout le monde. Accueil pas guindé pour 2 sous.

Où manger ?

De bon marché à prix moyens

I●I 🍴 **Chez Fano** (plan B1, **12**) : 22, rue Saint-Blaise. ☎ 02-33-32-16-84. ● chezfano@orange.fr ● Tlj sauf sam-dim. Menus 16,50 € (midi en sem), puis 21-26 € ; carte 25-30 €. Brunch le sam. Le gros avantage ici, ce sont les horaires souples. Ensuite, on aime bien le cadre (3 salles minuscules à la déco colorée) et les petits plats bien travaillés : millefeuille andouille-camembert, retour de pêche (petits bateaux), cochon grillé... Accueil jeune et sympa. Possède une autre adresse au 26, rue Saint-Blaise : même carte, même prix, mais avec des salles privatives.

L'ORNE

508 | L'ORNE / LE PAYS D'ALENÇON

|●| *La Fabrique* (plan A2, **11**) : 161, Grande-Rue. ☎ 09-53-73-88-53. Tlj sauf lun soir, sam midi, dim et j. fériés. Formules midi 11-15 €. Carte 20-30 €. Une salle agréable, tout en longueur, égayée par des chaises jaunes. Les viandes occupent une place prépondérante dans la petite carte, mais des salades pleines de fraîcheur consoleront ceux qui ne se sentent pas d'humeur carnivore. L'ensemble est plutôt correct. La bonne surprise vient du sucré avec des desserts très soignés. Ambiance simple et conviviale.

|●| *Coco Vins* (plan B1, **10**) : 8, rue de la Halle-aux-Toiles. ☎ 02-33-82-96-50. ● cocovins@orange.fr ● Tlj sauf dim-lun, le midi seulement. Congés : 3 sem début août. Résa conseillée. Carte env 20 €. Bar à vins, salon de thé et restaurant dans lequel on peut entendre la patronne s'affairer dans la cuisine ouverte sur la salle lilliputienne. Le choix se limite au plat du jour, une salade ou une pièce de viande. Plats de résistance que l'on peut accompagner de l'entrée du jour et d'un dessert pioché dans la petite sélection. Voilà, que du frais et fait maison. Quasiment en face, la même maison possède la cave et épicerie fine nommée *Vins et Tradition*.

|●| *Bar à Papa* (plan A2, **15**) : 14, rue de Sarthe. ☎ 02-33-27-13-85. Bar mar-sam et j. fériés 18h-1h ; resto le midi mar-ven, plus le soir mar-sam. Fermé lun, sam midi et dim. Congés : 15 j. en août. Formules 13,50 € le midi puis 16-21 € ; menus 20-25 €. Bar à vins où l'on peut grignoter ou se restaurer de bons petits plats simples mais mitonnés maison, comme le mijoté façon maman, l'assiette brunch bien garnie, ou encore les salades et les burgers. Le tout à dévorer dans une ambiance chaleureuse de vieux troquet légèrement revu et corrigé. Déco hétéroclite où se mêlent radios et affiches anciennes. Autre avantage : l'endroit sert tard les vendredi et samedi soir.

|●| ⌕ *Rive Droite* (plan B2, **14**) : 31-33, rue du Pont-Neuf. ☎ 02-33-27-79-73. ● restaurantrivedroite@orange.fr ● ♿ Tlj sauf dim soir-lun. Formules le midi en sem 22,50-26,50 €, le soir 30,50-36 €. Resto installé dans l'ancien QG du général Leclerc, qui ne reconnaîtrait probablement pas les lieux ! Ambiance plutôt chic et feutrée, mais pas guindée, dans les salles mêlant meubles anciens et déco design. Charmant salon rose aux couleurs qui décollent la rétine, ambiance sage et cosy dans la bibliothèque ou plus lumineuse et aérée dans l'orangerie qui ouvre sur la terrasse entourée de beaux arbres. Au menu, une cuisine légère et fine suivant l'humeur des saisons et du chef.

Où boire un verre ? Où écouter de la musique ?

♟ ⌕ *Fiebre Latina* (hors plan par B2, **20**) : 71, rue du Mans. ☎ 02-33-28-04-90. Tlj 18h (19h dim-lun)-1h. Un poil excentré mais dans un quartier agréable. Si vous arrivez en début de soirée dans ce bar à la devanture orange pétant, vous risquez d'avoir pour vous tout seul la salle aux couleurs chaudes avec ses fauteuils en teck, ou encore la sympathique terrasse bien planquée dans l'arrière-cour. Les jeunes, en effet, viennent ici tardivement, mais quand les lieux se remplissent, l'ambiance change du tout au tout ! Ambiance latine, avec cocktails à la clé et une petite sélection de bières.

♟ *Bar à Papa* (plan A2, **15**) : 14, rue de Sarthe. ☎ 02-33-27-13-85. Mar-sam et j. fériés 18h-1h. Congés : 15 j. en août. Voir la rubrique « Où manger ? ».

♟ ⌕ *Café du Théâtre* (plan A1, **16**) : 78, pl. de la Halle-au-Blé. ☎ 02-33-26-05-13. Tlj sauf lun, le midi seulement (pas de brasserie le dim). Café offert sur présentation du guide de l'année. Petit troquet accueillant pour boire un verre ou grignoter un morceau. Jolie terrasse et bonne ambiance, conviviale et rétro.

♪ *La Luciole* (hors plan par A1, **19**) : 171, route de Bretagne. ☎ 02-33-32-83-33. ● laluciole.org ● ♿ Du centre, suivre le fléchage « Parc des expositions ». Congés : de mi-juil à mi-août. Entrée : de gratuit à 35 € selon programmation. Connue pour la qualité de sa programmation (entre valeurs confirmées et nouveaux talents, styles jazz, rock, reggae, électro...), cette

ALENÇON / À VOIR | 509

« scène des musiques actuelles » propose plusieurs concerts par semaine. Salle contemporaine bien conçue d'une capacité de 650 personnes, ou salle « club » de 300 places, où règne une très belle ambiance.

À voir

🏃 *La maison d'Ozé* (plan B2) **:** siège de l'office de tourisme. Construite en 1449 par le gouverneur de la ville, Jehan du Mesnil, elle fut habitée par Charles de Valois, duc d'Alençon. Au fond du jardin, accès aux anciens remparts, qui offrent une jolie vue sur la ville.

🏃🏃 *La basilique Notre-Dame* (plan B2) **:** pour y entrer, on passe sous un remarquable porche gothique flamboyant. Encore une belle dentelle, mais en pierre très finement sculptée cette fois et datant des XVe et XVIe s. Au-dessus de l'arcade centrale, 7 statues (chiffre biblique de la perfection) représentent la Transfiguration. Les travaux de construction de l'église débutèrent en pleine occupation anglaise, pendant la guerre de Cent Ans, à l'instigation de Marguerite de Lorraine. Au milieu du XVIIIe s, un incendie provoqué par la foudre anéantit une bonne partie de l'édifice, d'où ce dôme (plutôt incongru) élevé pour réunir ce qui restait de l'église et les parties reconstruites. Clocher d'une autre époque, beau buffet d'orgue, et des vitraux du XVIe s. C'est ici que fut baptisée sainte Thérèse.

🏃🏃 *La maison de la famille Martin – Maison natale de sainte Thérèse* (plan B1) **:** *50, rue Saint-Blaise.* ☎ *02-33-26-09-87. Fermé dim mat tte l'année, et tt le mois de janv. Avr-oct 9h30-12h, 14h-18h ; nov-mars (sauf lun) 10h-12h, 14h-17h. Participation libre.* Cette maison qui vit naître Thérèse Martin (1873-1897), plus connue au calendrier des saints sous le nom de sainte Thérèse de l'Enfant-Jésus, est la seule où les Martin vécurent tous réunis. À la mort de la mère, la famille partit en effet s'installer à Lisieux. Louis et Zélie Martin, les parents, eurent 9 enfants, mais 4 périrent en bas âge et les 5 autres (des filles uniquement) devinrent toutes religieuses. Il faut dire que les 2 parents, dans leur jeunesse, avaient eux-mêmes envisagé d'intégrer les ordres ! Ils furent d'ailleurs béatifiés en 2008 et canonisés en 2015. Même si la maison peut aujourd'hui sembler modeste (en taille surtout), les Martin étaient des artisans commerçants aisés : lui travaillait comme horloger et elle comme dentellière, avec une quinzaine d'ouvrières sous sa direction. La visite commence avec l'histoire de la famille et une petite galerie d'objets fort bien conservés. Ensuite, un film bien intéressant, qui s'appuie sur la correspondance de la mère, raconte l'histoire de la famille durant les 6 années où elle vécut ici. C'est seulement après ce film de 20 mn que l'on pénètre vraiment dans la maison, où bruitages et petites animations font revivre les lieux. La visite se termine dans la chapelle adjacente, édifiée en 1925, année de la canonisation de sainte Thérèse. Pour poursuivre le pèlerinage, rendez-vous rue du Pont-Neuf, 1er lieu de demeure des Martin.

L'ORNE

🏃🏃 *Le musée des Beaux-Arts et de la Dentelle* (plan A1) **:** *cour carrée de la Dentelle.* ☎ *02-33-32-40-07.* ● *musée dentelle.cu-alencon.fr* ● 🏃 *Entrée par la rue du Collège, la rue Charles-Aveline ou la rue Jullien (parking gratuit). Tlj (sauf lun sept-juin) 10h-12h, 14h-18h. Entrée : 4,10 € ; réduc ; gratuit moins de 26 ans et pour ts le 1er dim du mois. Visites guidées tte l'année. Animations et*

DENTELLE EN POINT

L'atelier national du point d'Alençon est le dernier au monde à fabriquer cette dentelle à l'aiguille, unique par sa finesse et pour laquelle il faut 6 semaines de travail minutieux pour réaliser, à la main, une dentelle de la taille d'un livre de poche. La petite dizaine de dentellières en activité réalise une vingtaine de pièces par an, en vente au musée des Beaux-Arts et de la Dentelle uniquement.

510 | L'ORNE / LE PAYS D'ALENÇON

expos temporaires. En été, lun, mer et ven ap-m, démonstrations par des dentelières de l'atelier conservatoire national du point d'Alençon.

Installé dans l'ancien collège des Jésuites (1620). On ne peut pas rater, dès l'entrée, l'ancienne chapelle qui abrite aujourd'hui la superbe bibliothèque, avec sa toiture en forme de carène de navire renversée à l'impériale et ses boiseries du XVIIIe s. Riche collection à la médiathèque de manuscrits anciens et d'incunables (ouvrages réalisés entre l'invention de l'imprimerie en 1438 et le début du XVIe s). Ne manquez pas les magnifiques salles de lecture accessibles au public, avec ce contraste entre les boiseries des chartreux du Val-Dieu et ce mobilier moderne, les feuilles d'acanthe et les médaillons. Superbe meuble original créé pour les planches de *La Description d'Égypte*.

Au musée, belle collection d'œuvres de **peintres français, italiens, flamands et hollandais du XVe au XXe s** : Jouvenet, Champaigne, Ribera, Massone, Courbet et Fantin-Latour, mais aussi des peintres de l'Orne tels que Monanteuil, Léandre, Landon, Lacombe ou René Brô. N'oublions pas **André Mare, créateur de l'Art déco,** dont l'enfance passée dans ce département du cheval influença la peinture : belle vue du *Haras du Pin* (1924). Au chapitre impressionniste, 2 œuvres remarquables d'Eugène Boudin : *Bœufs au marais* et *Rochers de l'Islette à Antibes*.

Au 2d étage, la salle **d'ethnographie cambodgienne**, don d'Adhémard Leclère, spécialiste de la culture cambodgienne, administrateur de Phnom Penh en 1908, et originaire d'Alençon. Ce legs nous transporte au XIXe s et à l'autre bout du monde parmi les bijoux, les sculptures, les coiffures, les armes du peuple khmer, et quelques surprenantes photos en noir et blanc.

Enfin, une splendide section consacrée à la **dentelle** qui vaut assurément le détour : histoire du Point d'Alençon (dont le savoir-faire est inscrit sur la liste représentative du Patrimoine culturel immatériel de l'Humanité par l'Unesco depuis 2010), et son lien avec les plus grandes dentelles européennes. Des ateliers tactiles permettent d'appréhender les 3 techniques utilisées par les dentelières : aiguille, fuseaux et mécanique. Vidéo de 15 mn présentant la technique du Point d'Alençon. On comptait avant la Révolution 6 000 à 7 000 femmes travaillant pour près de 80 fabriques. Le travail était si minutieux et difficile qu'autrefois on travaillait à la chaîne. Afin de ne pas dévoiler les secrets de fabrication, chaque vélineuse avait sa spécialité, et seule la maîtresse dentellière était habilitée à réunir les différentes parties ! Le taylorisme avant l'heure !

La halle au blé *(plan A1)* : un vaste bâtiment rond comme un O éclairé par une verrière et joliment restauré. Ce lieu culturel et événementiel accueille régulièrement des expos temporaires. Dans la journée, une porte ouverte permet d'admirer l'intérieur et sa belle verrière. Essayez, si vous le pouvez, de vous placer en son centre, c'est confondant de beauté.

Le château des Ducs *(plan A2) : rue du Château. Ne se visite pas.* Ce bel édifice du XVe s aux 2 tours à mâchicoulis superposées n'est en fait que le pavillon d'entrée de l'ancien château d'Alençon. Jusqu'en 2010, il abrita la maison d'arrêt.

Manifestations

– **Le Printemps des poètes :** *courant mars (et plus si affinités).* Comme dans plusieurs autres villes de France, les devantures des commerces se parent de poèmes. Le moins que l'on puisse dire, c'est qu'Alençon se montre particulièrement lyrique !
– **Alençon-Médavy :** *un dim fin mars ou début avr.* Course pédestre entre Alençon et le carrefour de la croix Médavy (15 km environ).
– **Les Folklores du monde :** *2e sem de juil.*

– **Les Échappées belles :** *de mi-juil à fin juil.* ☎ *02-33-29-16-96.* Spectacles en plein air (cirque, théâtre, danse...) à Alençon et dans ses environs.
– **Alençon-plage :** *en août.* Activités sportives et ludiques, concerts, cinéma en plein air.
– **Trail nocturne des grands ducs d'Alençon :** *en nov.* Course de 8, 15 et 25 km.

SAINT-CÉNERI-LE-GÉREI

(61250)   129 hab.   *Carte Orne, B3*

Après avoir traîné dans les Alpes mancelles, belle région encaissée aux confins de la Sarthe, de l'Orne et de la Mayenne, la Sarthe, petite rivière tranquille, décrit ici un large méandre au pied d'une colline verte. Au sommet de celle-ci, quelques belles maisons d'allure armoricaine, une jolie église perchée, un pont romain, un paysage vallonné, un site romantique, c'est Saint-Céneri. L'endroit inspira de nombreux peintres qui laissèrent un souvenir insolite à l'*auberge des sœurs Moisy*. Cette « Petite Cité de caractère » figure également parmi les « Plus Beaux Villages de France ». Il faut dire que le site est effectivement adorable. Le passage vaut le coup d'œil, surtout depuis le vieux pont romain au bas du village...

Adresse utile

🛈 **Point information :** *rue du Dessous.* ☎ *02-33-27-84-47.* ● *visitalencon. com* ● *15 avr-1er oct, mer-dim 10h-13h,* *14h-17h30 ; le reste de l'année, rens à l'office de tourisme d'Alençon.*

Où manger ?

|●| Plusieurs restaurants-saladeries-tartineries au village. Adresses plus touristiques que gastronomiques ! Si vous êtes affamés, 2 jolies terrasses à **L'Auberge des Peintres** (☎ *02-33-26-49-18 ; tlj sauf mar*) et à **L'Auberge de La Vallée** (☎ *02-33-28-94-70 ; tlj*).

À voir

🏚🏚🏚 **L'auberge des sœurs Moisy :** *dans le centre-bourg.* ☎ *02-33-27-84-47. Visite guidée uniquement (25 mn) : juin-août, tlj sauf mar-mer mat ; départs ttes les 30 mn 10h-12h30, 14h-17h30. Tickets à retirer au point d'information à côté de l'auberge.* Ce site unique est la véritable perle de Saint-Céneri, pour sa valeur historique autant qu'artistique. Car les nombreux peintres de passage dans le village dînaient logiquement dans cette auberge. Jusqu'ici, rien d'extraordinaire. Mais un jour, l'un d'entre eux eut l'idée de dessiner son profil sur le mur de la salle à manger. C'est devenu un jeu, une coutume, et, de 1880 à environ 1920, plus de 60 profils (parmi lesquels on distingue également certains habitants du village) sont venus étoffer cette collection insolite. Différentes expositions d'artistes locaux se succèdent au cours de l'été.

🏚🏚 **L'église romane :** *en haut du village. Tlj 10h-18h (19h en été).* Chef-d'œuvre roman, avec son beau clocher à baies géminées, c'est-à-dire groupées par paire. Superbes fresques du XIIe s (Christ en majesté dans la chapelle à côté de l'autel en bois peint) à la 2de moitié du XIVe s (saint Céneri, l'ermite fondateur). Chemin de croix contemporain, œuvre de Christian Malézieux.

512 | **L'ORNE / LE PAYS D'ALENÇON**

🐦🐦🏃 En contrebas de l'église s'amorce une prairie en pente douce jalonnée de frênes. Un sentier mène à une discrète mais délicieuse ***chapelle*** du XVᵉ s *(tlj 10h-18h en hiver, 20h en été),* toute proche de la Sarthe. Un endroit vraiment délicieux, on s'y ferait presque ermite (elle aurait d'ailleurs été construite à l'emplacement de l'ermitage de saint Céneri) ! À l'intérieur, vous noterez la statue de saint Cénéri et le bas de sa robe où nombre de jeunes filles en quête de l'âme sœur viennent planter une aiguille ; il est dit que si celle-ci reste accrochée, la jeune fille verra son vœu exaucé dans l'année.

🐦🐦 ***Les jardins de la Mansonière :*** *en haut du village, en direction de Saint-Denis-sur-Sarthon.* ☎ *02-33-26-73-24.* • *mansoniere.fr* • *De mi-avr à fin mai et 1ʳᵉ quinzaine de sept, ven, w-e et j. fériés 14h30-18h30 ; juin-août, tlj sauf lun-mar 14h30-18h30. Entrée : 7 € ; réduc.* Roseraie, jardin lunaire, jardin oriental, jardin de senteurs, patio, potager gothique... Une douzaine d'espaces clos se succèdent sur 1,5 ha. Ravissant ! Visites illuminées par 1 000 bougies et concert nocturne le dernier samedi du mois de juillet et août. Expositions artistiques à l'accueil. Fête des Plantes le 3ᵉ dimanche de mai.

🏃 Nombreux ***ateliers d'artistes*** à découvrir au hasard des ruelles du bourg. Durant le week-end de la Pentecôte, à l'occasion de La Rencontre des peintres, les habitants ouvrent leurs portes pour exposer les œuvres des artistes de la région.

CARROUGES (61320) 730 hab. *Carte Orne, B2*

Lieu de passage (*Carrouges* signifie « carrefour ») sur la route du Mont-Saint-Michel, l'endroit mérite vraiment une halte, et ce pour 2 raisons : son imposant château et la Maison du parc naturel régional Normandie-Maine.
Pour rejoindre (ou quitter) Carrouges, la plus jolie route demeure la D 908, qui traverse la grande tache verte de la forêt d'Écouves, pleine de gibier et de champignons.

Adresse et info utiles

■ ***Maison du parc naturel régional Normandie-Maine :*** ☎ *02-33-81-13-33.* • *parc-naturel-normandie-maine. fr* • *200 m avt le château, sur la gauche. Avr-oct, tlj sauf 1ᵉʳ mai 10h-13h, 14h-18h (18h30 juil-août).* Superbe, cette maison du Parc ! Installée dans les beaux bâtiments de l'ancienne chanoinerie (XVᵉ s) du château, elle est une véritable mine d'infos pour qui souhaite découvrir la région. Librairie avec topoguides (notamment « Le Parc naturel à pied, 33 promenades et randonnées »), belle sélection de livres pour petits et grands sur la botanique, la flore, la faune ou même la gastronomie locale. Abrite également une belle boutique de produits du terroir, dont une cave bien fournie, et une très belle terrasse pour pique-niquer (ne manque que le pain ! à acheter au village...). Location de vélos électriques. – ***Marché :*** *mer mat.*

Où dormir dans les environs ?

🏠 ✾ ***Chambres d'hôtes chez les Desfrièches :*** *lieu-dit l'Aunay, 61320 Sainte-Marguerite-de-Carrouges.* ☎ *02-33-26-39-86.* 📱 *06-32-58-12-05.* • *hugues.desfrieches@orange.fr* • 🍴 *Congés : vac d'hiver. Double 67 € ; familiale. Boutique tlj 10h-19h ; visite de la ferme sur rdv (env 3 €). Apéritif maison offert sur présentation du guide de l'année.* Dans une ferme cidricole bio, réputée pour l'excellence de ses cidres et calvados et joliment isolée au cœur d'une campagne vallonnée et boisée, 2 petites chambres dans une ancienne dépendance ; l'une au rez-de-chaussée, assez grande, peut accueillir une famille ; la 2ᵈᵉ, sous les toits, est un peu plus étroite mais tout aussi séduisante. C'est simple, mais il suffit parfois d'une veille poutre, d'un vieux mur de pierre et d'un entretien méticuleux pour rendre un endroit charmant ! Et d'autant plus quand l'accueil est lui aussi.

🏚 I●I *Chambres d'hôtes La Cage aux Oiseaux :* la Perdrière, 61320 La Lande-de-Goult. ☎ 06-86-80-61-84.

● perdriere2000@yahoo.fr ● *Doubles 75-135 € ; familiale. Table d'hôtes sur résa 25 € ; possibilité de panier-repas. 10 % de réduc sur le prix de la chambre (sept-mars) sur présentation du guide de l'année.* Dans un hameau verdoyant, quelques maisons plus ou moins mitoyennes abritent la maison familiale, un atelier de céramique, les chambres d'hôtes et gîte. On aime beaucoup l'accueil bohème, la décoration originale, les hébergements insolites (roulotte, dortoir-grenier, chambre-cabine, etc.) et les espaces modulables (que l'on peut privatiser jusqu'à 15 personnes). Stages de céramique et location de vélos.

À voir. À faire

🎭🎭🎭 🧍 *Le château de Carrouges :* ☎ 02-33-27-20-32. ● carrouges.monuments-nationaux.fr ● ♿ *Tlj sauf 1ᵉʳ janv, 1ᵉʳ mai, 1ᵉʳ et 11 nov, et 25 déc : mai-août, 10h-12h45, 14h-18h ; sept-avr, 10h-12h30, 14h-17h ; dernière visite 1h avt la fermeture. Entrée : 6 € ; réduc ; gratuit moins de 26 ans sur présentation d'une pièce d'identité. Visite libre du parc (journée continue).*

Le château sans doute *le plus marquant de l'Orne.* Il a gardé de l'époque de sa construction, du XIVᵉ au XVIᵉ s, l'aspect défensif d'une forteresse, entourée de douves en eau profonde. Pourquoi un ouvrage de cette ampleur dans ce secteur ? L'une des raisons est la proximité de la limite historique entre la Normandie et le Maine, provinces naguère en conflit. Avant de pénétrer dans le château, admirer le très élégant pavillon d'entrée, en brique, avec ses tourelles pointues couvertes d'ardoises.

L'intérieur du château, qui a conservé son mobilier d'origine, témoigne des étapes successives de sa construction : du centre de la cour d'honneur, on distingue parfaitement le donjon du XIVᵉ s, l'aile des Blosset du XVᵉ s et les 2 dernières ailes du XVIᵉ s. Quant aux appartements, ils sont d'autant plus intéressants qu'ils ont conservé le charme d'une maison encore habitée. La plupart des pièces possèdent un mobilier de la Renaissance à la Restauration. Outre la chambre « Louis XI », où il passa une nuit, le grand salon et la salle à manger, on visite les cuisines avec leurs belles casseroles en cuivre et le salon des Portraits, qui abrite une série de tableaux représentant la famille Le Veneur, dont les armes sont encore en bonne place au-dessus de la cheminée. Le château lui a appartenu de 1450 à 1936, soit près de ½ millénaire ! Un record de longévité. Il est aujourd'hui la propriété de l'État.

Pour terminer la visite, superbe promenade (surtout au printemps) dans le parc de 10 ha, sous les arbres et dans les jardins fleuris de rosiers. Tables de pique-nique.
– *Visite nocturne :* certains soirs d'été (env 1h30).
– *Animations :* tte l'année. Expositions, concerts, jeux et animations pour les enfants.

🎭🎭🎭 *L'espace découverte de la Maison du parc naturel régional Normandie-Maine :* ♿ *GRATUIT.* Un espace « convivialité », avec miniconférences et animations très variées sur la découverte de l'environnement et du patrimoine (naturel, architectural et culinaire), et un espace muséographique. Dans ce dernier, toutes les clés vous sont données pour comprendre ce qu'est le parc naturel Normandie-Maine, son histoire, son organisation, ses missions et son avenir. À l'extérieur, un verger conservatoire (pommiers et poiriers). Également une jolie collégiale.

514 | L'ORNE / LE PAYS D'ALENÇON

🌿 *La Ferme Ornée de Carrouges :* ☎ 09-63-45-99-79. ● *lafermeorneedecarrou ges.fr* ● *Mai-fin oct, tlj sauf lun 10h-19h mai-août ; dim-mer en sept-oct. Entrée : 6 € ; réduc.* 7 ha de bocage normand transformés en jardins à thème, poétiques et champêtres.

Manifestation

– *Autour d'un piano :* *5 j. fin juil.* Festival de piano au château de Carrouges.

LA FORÊT D'ÉCOUVES

Carte Orne, B-C2

Située dans le triangle Alençon-Sées-Carrouges, sur 12 000 ha, voici l'une des plus grandes forêts de l'Orne avec celles des Andaines, du Perche et de Bellême. Peuplée de hêtres, de chênes ainsi que de pins sylvestres, elle se rapprocherait assez bien des forêts bretonnes. D'ailleurs, ce n'est pas un hasard si elle recouvre l'un des derniers contreforts du Massif armoricain et si elle cache le plus haut

PLANTES CARNIVORES

Les tourbières des Petits Riaux sont tellement pauvres en nutriments que certaines plantes sont obligées de se nourrir d'insectes. C'est le cas du drosera qui, avec ses poils gluants, semble recouvert de gouttes de rosée. Il s'agit de sucs sur lesquels les insectes viennent s'engluer. Les bestioles sont digérées lentement et alimentent la plante.

point de l'ouest de la France, le signal d'Écouves, monticule culminant à 417 m. Frontière ancestrale entre le duché de Normandie et le royaume de France, ce site fut l'objet de toutes les convoitises. Fournissant bois et minerai à foison, il fut un haut lieu de la sidérurgie, industrialisé dès le XVIIe s. Un bel endroit pour les promeneurs et amateurs de nature de tout poil.

Où dormir ?

⛺ 🏠 *Camping et gîte d'Écouves :* *les Noyers,* 61250 **Radon.** ☎ 02-33-28-75-02 📱 06-08-70-14-63. ● *contact@ ecouves.net* ● *ecouves.net* ● ♿ *À env 7 km d'Alençon sur la D 26 en direction de Mortrée. Ouv avr-oct pour les tentes, tte l'année pour les chalets et la roulotte. Compter env 13 € pour 2 avec tente et voiture ; loc 275-390 €/sem. Nuitée en gîte d'étape 20 €/pers ; petit déj 6 €. CB refusées. Accueil vélos et chevaux.* Déjà, on aime le site en lui-même, aux portes de la forêt d'Écouves. Les sanitaires sont, certes, assez rustiques, mais les emplacements sont beaux, ceinturés de hautes haies pas trop sages, avec un étang à proximité. On aime encore plus les petits chalets, de confort variable et dispersés ici et là

dans la nature. Enfin, c'est carrément le coup de cœur pour la roulotte et la cabane de pêcheur sur pilotis, avec ses hublots et les pieds... dans la terre !

🏠 *Chambres d'hôtes de la Verrerie du Gast :* 61500 **Tanville.** ☎ 02-33-31-14-14. ● *hediger.valerie@orange. fr* ● *laverreriedugast.fr* ● *Doubles 90-110 € ; gîte 12 pers. Apéritif maison offert sur présentation du guide de l'année.* En pleine forêt d'Écouves, sur le site tout vert d'une ancienne verrerie, les chambres se trouvent à l'étage de ce qui était autrefois la demeure du maître verrier. Les styles et époques qui se mélangent à la déco montrent que l'on est bien là dans une maison habitée au quotidien. Les chambres sont cependant très soignées et avenantes... Avouons une petite préférence pour la « Boissière », la plus grande (et la plus chère !), avec son lit à baldaquin.

🏠 Également 2 charmantes chambres d'hôtes chez **Mélisâne Cosmétiques** : *chez Philippe et Christine* Brand, la Place, 61500 **Le Bouillon.** ☎ 02-33-82-02-35. 📠 06-06-41-47-62. ● *contact@melisane.fr* ● Mais aussi **Au Fer à Cheval – Les Bordeaux** : *chez Romain Camus, à Gandelain.* 📠 06-20-99-51-78 et 06-09-45-29-89. Lire ci-dessous « À voir. À faire ».

À voir. À faire

– Le topoguide *Au fil des chemins à pied, à cheval, à VTT Écouves* propose 23 circuits de rando pour explorer cette belle forêt.

🏇 **Le char « Valois » de la 2ᵉ DB de Leclerc :** *à 14,5 km au nord d'Alençon.* On ne peut pas le rater. Il n'a pas changé de place depuis sa neutralisation par les obus d'un panzer allemand le 13 août 1944.

🏇 👣 **Le parc animalier d'Écouves :** 61500 **Le Bouillon.** ☎ 02-33-82-04-63. ● *parc-animalier-ecouves.fr* ● Bien fléché depuis la D 438 entre Sées et Alençon ; tourner vers La Chapelle-près-Sées puis suivre le fléchage. Avr-août, tlj 10h30-19h ; début fév-mars, tlj 14h-17h ; sept-oct, 11h-18h. Entrée : 9,50 € ; 6 € moins de 12 ans. Sur résa, possibilité d'être « Soigneur d'un jour » (dès 12 ans). Sur 12 ha, dans un paysage vert et vallonné, quelque 300 animaux d'une trentaine d'espèces de chez nous, mais aussi d'autres plus exotiques, évoluent tout à leur aise dans des enclos. Le parcours est jalonné de panneaux expliquant l'origine de chaque espèce, son histoire, son alimentation, ou encore la menace qui peut peser sur elle.

🏇 ♻ 👣 **Mélisâne Cosmétiques** (au lait d'ânesse bio) **:** *chez Philippe et Christine Brand, la Place, 61500 **Le Bouillon.** ☎ 02-33-82-02-35. ● contact@ melisane.fr ● melisane.fr ● Boutique ouv tlj sur simple appel et visite de l'asinerie sur résa. Un savon offert sur présentation du guide de l'année.* Le lait d'ânesse, très doux pour la peau et hydratant, est un tenseur naturel. Depuis 2007, les Brand ont lancé leur gamme de produits artisanaux bio à base de ce lait (savons, laits, crèmes de soin). La visite guidée permet d'approcher le troupeau de 25 ânes et d'assister à la traite (manuelle). Sur place également, toute l'année, 2 nids aux couleurs tendres, sous les toits, avec chacun sa belle petite salle de bains *(doubles 57-63 €)*. Un endroit très nature et vraiment sympathique.

🏇 Outre les nombreuses randos ou balades à vélo, possibilité de faire des **balades accompagnées à cheval** dans la forêt, que vous soyez un cavalier confirmé ou débutant. Renseignements : **Romain Camus** *(à Gandelain ; 📠 06-20-99-51-78),* qui est en train de transformer la longère familiale en chambres d'hôtes *(● gites-de-france-orne.com ● ; à partir de 65 € pour 2 ; une bouteille de cidre de la région offerte sur présentation du guide de l'année).* Bien que la déco soit un peu trop « citadine », une adresse idéale pour qui veut s'adonner tout à la fois au cheval, à la pêche et à la randonnée (GR 22 à proximité).

L'ORNE

| **SÉES** | (61500) | 4 673 hab. | *Carte Orne, C2* |

Un peu comme à Chartres, les flèches élancées de la cathédrale se distinguent à des kilomètres à la ronde. Puis, en flânant dans les ruelles du centre ancien

516 | L'ORNE / LE PAYS D'ALENÇON

de cette agréable ville animée en été et bien commerçante – surtout le samedi, jour de marché –, on est surpris par le nombre et la taille des bâtiments religieux (anciens couvents, séminaires, écoles). La raison ? Depuis son évangélisation au Vᵉ s par saint Latuin, 1ᵉʳ évêque du diocèse, Sées est toujours restée le siège de l'évêché. D'ailleurs, Sées est labélisée « Petite Cité de caractère ».

MINE DE RIEN...

Sées est non seulement le pays de Louis Forton, le dessinateur des Pieds Nickelés, mais aussi de Nicolas-Jacques Conté, scientifique qui participa à l'expédition napoléonienne en Égypte. 1ᵉʳ homme à mesurer la hauteur de la Grande Pyramide (139 m), il est aussi l'inventeur de la mine de crayon. Une célèbre marque porte d'ailleurs encore son nom.

Adresse et info utiles

🛈 *Office de tourisme des sources de l'Orne :* pl. du Général-de-Gaulle (rdc de la mairie). ☎ 02-33-28-74-79. ● ville-sees.fr ● *Avr-sept, lun-sam 9h30-12h30, 14h-18h ; hors saison, tlj sauf sam ap-m et dim-lun 9h30-12h30, 14h-17h30.* Distribue un plan gratuit pour visiter la ville en suivant un parcours historique.
– *Marché :* sam mat, cours Mazeline.

Où dormir ? Où manger ?

Camping

⛺ *Camping Le Clos Normand :* rue du 8-Mai-1945. ☎ 02-33-28-87-37. ● campingdesees@orange.fr ● camping-sees.fr ● *Ouv 15 avr-30 sept. Compter env 11 € pour 2 ; hébergements locatifs 2-4 pers 165-247 €/sem. 45 empl.* Emplacements bien tenus (ombragés pour certains), sur un terrain fleuri agréable, bien qu'un peu près de la route. Simple et sans prétention.

De prix moyens à plus chic

🏠 *Chez M. et Mme Maurice :* 26, rue du Docteur-Hommey. ☎ 02-33-26-17-02. 📱 06-84-29-21-95. ● maurice.pg@wanadoo.fr ● *Double 70 €. Réduc de 10 % sur le prix de la chambre à partir de 2 nuits sur présentation du guide de l'année.* Jolie maison de ville du XVIIIᵉ s, avec jardin clos, abritant 2 chambres avenantes et confortables : « Roses » et « Pivoines ». De l'espace, une belle luminosité et une immense salle de bains pour la plus grande, qui nous a vraiment conquis (même si elle est difficile à chauffer en hiver). Accueil un peu réservé mais charmant.

🏠 *5 Bis :* chez les Dujarrier-Foulon, 5 bis, rue des Cordeliers. ☎ 02-14-17-67-29. ● 5bis.sees@sfr.fr ● *Double 64 €.* Les 3 chambres sont aménagées ici dans un ancien atelier (d'ébénisterie puis de serrurier). On a cloisonné, baissé un peu les plafonds, mais les fenêtres sont encore très grandes et la lumière entre à flots. Point de fioritures dans la déco plutôt contemporaine, c'est sobre, mais il règne dans les lieux une belle atmosphère apaisante. Accueil simple et charmant.

🏠 🍽 ⵌ *Le Dauphin :* 31, pl. des Anciennes-Halles. ☎ 02-33-80-80-70. ● info@hotelrestaurantsees.com ● hotelrestaurantsees.com ● *Congés : dernière sem de nov et 10 premiers j. de mars. Doubles 100-150 €. Formule 27 € ; menus 35-50 €, voire plus pour les gros appétits. Apéritif maison offert sur présentation du guide de l'année.* Rien que le nom évoque la bonne auberge de province avec sa salle à manger cossue, rose et fleurie. La cuisine, normande et bourgeoise, est à l'unisson. Pas franchement moderne mais riche, savoureuse et maison. Les plus gros menus comportent jusqu'à 6 services... On se croirait revenu à l'époque de Maupassant ! Service en

SÉES / À VOIR. À FAIRE | 517

terrasse aux beaux jours. À l'étage, 7 chambres, coquettes et confortables ; certaines un peu petites. Petit déj vraiment remarquable et accueil adorable. Une bonne étape hors du temps, un peu chère cependant.

Où dormir dans les environs ?

Chambres d'hôtes

🛏 ⏻ *La Folêterie :* 61390 *Trémont.* ☎ 02-33-28-72-15. ● yl.ledemay@orange.fr ● lafoleterie.fr ● *À 9 km à l'est de Sées ;* suivre Mortagne, puis tourner au panneau indiquant La Folêterie (après l'indication pour Trémont). *Double 65 € ; familiales. Table d'hôtes tlj sauf dim 20 €.* Coquette maison avec des chambres bien aménagées (l'une pour 2 avec kitchenette, l'autre pouvant accueillir jusqu'à 5 personnes), aux décorations peintes sur les murs par la sympathique propriétaire. En pleine campagne, au calme, avec vue sur le vaste jardin foisonnant de fleurs magnifiques et de beaux spécimens de pigeons paons. Sans oublier le poulailler ! Et l'accueil : sincère et chaleureux,

à l'image des repas préparés avec les produits du jardin. Carton plein !

🛏 ⏻ *Chambre d'hôtes et Gîte la Doucine :* la Noise, 61390 *Trémont.* ☎ 02-33-27-21-27. 📱 06-42-56-88-23. ● friboulet.anne-marie@ozone.net ● gite-maisondhoteslanoise.com ● ♿ *À 7 km à l'est de Sées. Double 70 € ; familiales. Table d'hôtes 23 €.* Dans un corps de ferme un peu perdu au milieu des champs, 3 chambres printanières et coquettes, au nom de fleurs, avec salon commun et petite cuisine à disposition. S'il n'est pas occupé, le gîte accolé (tout aussi agréable) peut être loué à la nuit (mais c'est plus cher). Une adresse que l'on apprécie notamment pour la très grande gentillesse de l'accueil.

L'ORNE

À voir. À faire

– Un parcours historique de 3 km jalonné de panneaux explicatifs permet de découvrir la ville.

🦅🦅🦅 *La cathédrale :* ce fleuron de l'architecture gothique en Normandie date des XIIIe et XIVe s. Les 2 flèches des clochers s'élèvent à 70 m (les gratte-ciel du Moyen Âge !). Grand portail central aux sculptures mutilées (tympan). À l'intérieur, le chœur et le transept sont particulièrement intéressants. Très belles verrières et magnifiques rosaces du XIIIe s. La plus belle est au sud, toute rouge et or, le Christ au centre et les apôtres au-dessous. Splendide ! Certains chapiteaux de piliers sont également assez remarquables.

🦅🦅 *Le musée départemental d'Art religieux :* 7, pl. du Général-de-Gaulle. ☎ 02-33-28-59-73 ou 02-33-81-23-00. *Près de la cathédrale, dans l'un des rares vestiges du quartier des chanoines. Juil-sept, tlj sauf mar 12h-18h. Entrée : 2 € ; réduc ; gratuit moins de 12 ans. Visite libre ou guidée (1h).* Ce bâtiment du XIVe s, remanié au XVIIIe s, renferme des expos temporaires ainsi qu'une collection très intéressante d'objets liturgiques répartis de façon chronologique (la salle médiévale, celle de la Réforme, et celle consacrée aux XIXe et XXe s). Quelques pièces plutôt rares (chasuble du XVIIe s en soie brodée, peigne liturgique de Thomas Becket, croix de procession des XIIe et XVe s avec un christ très byzantin, ou cet étonnant jeu de messe offert par les parents désireux de préparer leurs enfants à la prêtrise). Mobilier et statues provenant de petites églises rurales de l'Orne. Un musée assez unique en son genre.

🦅 *Les bords de l'Orne :* petite (mais alors toute petite) balade en descendant la rue du Vivier. L'Orne, qui prend sa source à 2 pas, n'est encore ici qu'un gros ruisseau (lavoir du XVIIIe s).

Manifestations

– **Les Musilumières :** *le soir juil.-sept.* ☎ 02-33-28-74-79. ● *musilumieres.org* ● *Résa à l'office de tourisme.* Spectacle son et lumière dans la cathédrale.
– **Concerts gratuits :** *bord de l'Orne, ts les dim d'août à 21h.* Jazz, folk, guinguette, chanson française.
– **Foire aux dindes et marché de Noël :** *2e w-e de déc.* À la Sainte-Lucie, un grand marché autour de la dinde (le samedi matin), unique dans le Grand Ouest. Marché de Noël, dans la chapelle canoniale, dès le vendredi après-midi.

LE PAYS D'ANDAINE ET LE DOMFRONTAIS

Poiré « domfrontais » AOP, calvados « domfrontais » AOC : pour sûr, cette région est fière de son terroir, qui le lui rend bien ! Du passage vers la Bretagne restent les dolmens et l'adorable ville médiévale de Domfront, suspendue sur sa motte, dernière épine du Massif armoricain, entourée de forêts riches en gibier, cours d'eau et champignons. Un paradis pour randonneurs et gourmands !

BAGNOLES-DE-L'ORNE

(61140)	2 769 hab.	*Carte Orne, B2*

Une station thermale ancienne et toujours très fréquentée, dans un pays de douces collines, de forêts profondes, de bocages et de pommiers. Bagnoles est la seule station thermale du Grand Ouest. Beaucoup de choses nous plaisent bien ici : le côté rétro des maisons et des hôtels, l'air particulièrement bon à respirer, les nombreuses activités et randonnées (y compris la marche nordique, avec même des initiations de mars à novembre). Enfin, sachez que la ville est constituée de 3 quartiers bien distincts : le quartier Belle Époque sur la rive droite avec ses jolies villas et son lac, le quartier de Tessé sur la rive droite, avec son château, et plus au nord *Saint-Michel-des-Andaines.*

Adresses et info utiles

🛈 **Office de tourisme :** *pl. du Marché.* ☎ 02-33-37-85-66. ● *bagnolesdelorne.com* ● *Avr-oct, lun-sam 9h30-13h, 14h-18h30 (18h oct) ; dim et j. fériés mat. Nov-mars, mar-sam 10h30-12h30, 14h-17h.* Visites guidées – dont celle du quartier Belle Époque en saison – ou audio-guidées *(3 €/pers)* ; ceux munis d'un smartphone pourront faire librement ce même parcours découverte en 20 étapes en suivant les flashcodes dispersés à travers toute la ville (itinéraire à l'office de tourisme et en téléchargement sur leur site). Nombreuses infos également sur les circuits de cyclotourisme et les randos en forêt.

🚲 **Location de vélos :** *à la B'O Cottage, bd de la Gatinière.* ☎ 0811-90-22-33. Location de vélos électriques. Idéal pour découvrir la forêt environnante.
– **Marchés :** *mar mat et sam mat, pl. du Marché ; mer mat et ven mat, allée des Anciens-Combattants.*

BAGNOLES-DE-L'ORNE | 519

Où dormir ?

Camping

⚊ **Camping municipal de la Vée :** *5, rue du Président-Coty.* ☎ 02-33-37-87-45. ● *info@campingbagnolesdelorne.com* ● *campingbagnolesdelorne.com* ● ♿ *Quartier Bagnoles-Château (bien indiqué). Ouv mars-nov. Compter 12,90-14,30 € pour 2 avec tente et voiture ; locations 175-420 €/sem. 250 empl.* Sur 3 ha, des emplacements délimités par des haies dans un camping bien ombragé et bien équipé mais très fréquenté.

De prix moyens à chic

⚊ |●| ↑ **Ô Gayot :** *2, av. de La Ferté-Macé.* ☎ 02-33-38-44-01. ● *contact@ogayot.com* ● *ogayot.net* ● ♿ *Près de l'office de tourisme. Fermé jeu (plus dim soir-lun midi hors saison). Doubles 58-89 € ; familiales. Formules et menus lun-sam midi 18-23 € ; menu sam soir-dim 28 € ; carte env 35-40 €. Un petit déj/pers et par nuit offert sur présentation du guide de l'année.* Une adresse bien dans son temps, que ce soit côté dodo ou côté resto. Chambres sobres, déclinées en bleu, vert ou marron, mais douillettes à souhait. Mention spéciale pour le petit déj, copieux, gourmand et de terroir. Côté resto, c'est frais, plutôt inspiré avec de bonnes viandes normandes qui sortent de la rôtisserie. En revanche, l'addition peut vite grimper, notamment le week-end. Fait également épicerie fine avec une belle petite sélection de produits du terroir.

⚊ |●| **Nouvel Hôtel :** *8, av. Pierre-Noal (Bagnoles-Château).* ☎ 02-33-30-75-00. ● *nouvel.hotel@wanadoo.fr* ● *lenouvelhotel.fr* ● *Près de l'église. Ouv avr-oct. Doubles 61-120 € ; familiale. Menus 21-35 €. Parking.* Une belle façade blanche rappelant la Belle Époque et, à l'arrière, un jardinet agréable pour bouquiner au calme. Du caractère, donc, qui se poursuit au rez-de-chaussée, lumineux, aéré et joliment pavé. L'ambiance change dans les étages où la déco, beaucoup plus standard, se décline en blanc et gris. Les chambres les moins chères ont beau être petites, confort et qualité restent au rendez-vous. Au resto, une cuisine de terroir classique.

Beaucoup plus chic

⚊ |●| ↑ **Manoir du Lys :** *la Croix-Gauthier, route de Juvigny.* ☎ 02-33-37-80-69. ● *manoir-du-lys@wanadoo.fr* ● *manoir-du-lys.fr* ● *Congés : 2 janv-14 fév. Doubles 125-255 € ; familiales. Menus 50-99 €. Parking. Un petit déj/chambre et par nuit offert sur présentation du guide de l'année.* Niché dans la forêt des Andaines, un adorable manoir, naguère relais de chasse, où le coucou chante et où les biches traversent le jardin... Chambres du plus classique au plus contemporain, avec plus ou moins de fantaisie dans les formes et les couleurs. L'accueil et la cuisine sont quant à eux tout aussi délicieux que le cadre est soigné (superbes tableaux, piano dans le salon très cosy). Des produits frais du terroir, des saveurs retrouvées (andouille de Vire en papillote transparente au foin vert)... Le genre d'endroit idéal pour une halte romantique, surtout si l'on opte pour les pavillons sur pilotis ! Piscine, nombreuses rencontres mycologiques et cours de cuisine.

Où manger ?

Rappelons que des adresses citées ci-dessus font aussi restaurant : **Ô Gayot, Nouvel Hôtel** et le **Manoir du Lys.**

|●| ↑ **Bistrot Gourmand :** *6, pl. de la République.* ☎ 02-33-30-06-13. ● *bhbgbagnoles@orange.fr* ● *Au rond-point à la fontaine. Ouv tlj. Congés : 1 sem fin janv. Formules déj 19-25 € ; carte 30-35 €.* Une cuisine bien d'aujourd'hui qui se nourrit d'influences extérieures. C'est goûteux, frais, et les produits sont de qualité. En revanche, si certains

520 | **L'ORNE / LE PAYS D'ANDAINE ET LE DOMFRONTAIS**

se réjouiront des portions qui ne mettront pas en danger leur ligne, d'autres risquent de rester un peu sur leur faim. Aux beaux jours, belle terrasse séparée du rond-point par une rocaille.

Où dormir ? Où manger dans les environs ?

🏠 ❏❍❏ *La Ferme de la Prémoudière :* **61330 Saint-Denis-de-Villenette.** ☎ 02-33-37-23-27. ● lapremoudiere. com ● À env 13 km au sud-ouest de Bagnoles. Double 55 €. 5 chambres toute nettes aux couleurs tendres sont aménagées dans l'une des dépendances de cette belle ferme du Domfrontais sise dans un environnement de choix. L'une d'entre elles est un petit studio avec cuisine équipée, les autres se partagent celle mise à la disposition des hôtes dans la grande salle commune. La boutique de la ferme regorge de petits trésors issus de la production de cette exploitation cidricole (poiré, calvados domfrontais, cidre, jus de pomme, mais aussi de délicieuses confitures).

🏠 ❏❍❏ *Au Bon Accueil :* 23, pl. Saint-Michel, **61140 Juvigny-sous-Andaine.** ☎ 02-33-38-10-04. ● hotel.bonaccueil@ wanadoo.fr ● aubonaccueil-normand. com ● Tlj sauf dim soir-lun. Doubles 59-69 €. Formule déj 16,50 € ; menus 32-58 €. Crespin Gaëtan est l'un des chefs qui font parler d'eux dans le secteur. Il a repris et rénové cet hôtel-restaurant de village et, tout en en préservant l'esprit intemporel, il lui a insufflé une jolie modernité que l'on retrouve dans sa cuisine privilégiant les beaux et bons produits d'ici ou d'ailleurs. 4 chambres pimpantes pour y faire étape.

Où boire un verre ?

🍸 *La terrasse du casino :* ☎ 02-33-37-84-00. ☘ Tlj sauf lun midi. Café offert sur présentation du guide de l'année. C'est évidemment la plus belle, car la seule au bord de l'eau. Bonne carte de cocktails. Soirées à thème 1 ou 2 fois par mois. Fait aussi resto.

🍸 Toutes les brasseries autour de la fontaine constituent l'autre spot de la ville pour s'attabler autour d'un verre.

Où acheter de bons produits ?

✿ *Casati :* 4 bis, rue des Casinos. ☎ 02-33-37-82-74. Fermé en janv ; tlj 9h30-12h30, 14h30-19h30. Cette jolie boutique est surtout réputée pour les célèbres macarons Lenoir, absolument délicieux, livrés chaque matin de la fabrique. Cela dit, ne négligez surtout pas les chocolats maison, eux aussi savoureux.

À voir. À faire

🎬🎬 *Le parc du château :* cette demeure néo-Renaissance appartenait à la famille Goupil, avant d'être cédée, dans les années 1920, à une Parisienne excentrique, qui y vivait seule entourée de mannequins d'osier vêtus de costumes Louis XVI et Premier Empire ! Hôtel de ville depuis 2000, le château ne se visite pas ; on peut toutefois jeter un coup d'œil dans le hall aux heures d'ouverture et se promener avec un véritable plaisir dans son grand parc très boisé et son arboretum.

🎬🎬 *Le casino et le lac :* ☎ 02-33-37-84-00. ☘ Ouv tlj. Immanquables. Cette petite touche rétro de plus dans le paysage bagnolesque date de 1927. Le casino fut construit grâce au financement d'un milliardaire américain, passionné de jeu, à qui on avait refusé l'achat du château. Côté ambiance, on n'est ni à Deauville ni à Nice, mais l'endroit est parfois noir de monde pendant le week-end. Agréable promenade autour du lac, auquel Bagnoles doit aussi beaucoup de son charme.

DANS LES ENVIRONS DE BAGNOLES-DE-L'ORNE | 521

🎯🎯 *L'établissement thermal :* ☎ *0811-90-22-33.* ♿ Au fond d'une petite vallée dominée par des rochers escarpés, comme le *roc au Chien* d'où l'on a une belle vue sur l'établissement thermal. On remarque immédiatement la résidence des Thermes, grande bâtisse du début du XIXe, agrandie au début du XXe s, qui offre un bel exemple de l'architecture dite « thermale ». Elle est aujourd'hui divisée en 163 appartements. Vaut le coup d'œil surtout pour son hall d'entrée très haut de plafond et le *restaurant des Thermes,* prolongé par une terrasse très agréable pour s'attabler.

🎯🎯 *Les villas de caractère :* en se baladant, on ne compte plus le nombre de tourelles en poivrière, de lucarnes en forme de campaniles, de balcons de bois et de vérandas où l'on s'abrite sous une marquise. C'est ça, Bagnoles ! Un style qui mêle la charmante exubérance de la Belle Époque et un on-ne-sait-quoi des films de Jacques Tati. Dans le centre, jeter un coup d'œil à l'hôtel *La Potinière du Lac,* couvert de faux colombages et d'un curieux damier blanc et brun. Autre hôtel à l'architecture loufoque, *Le Roc au Chien,* à droite sur la route de l'établissement thermal, sous le roc au Chien justement. Dans le quartier Belle Époque, où trône en hauteur l'église, quelques belles pièces d'architecture dont le *Chalet suédois* (à côté de l'église), ancien pavillon suédois de la grande Exposition universelle de Paris de 1889, et de nombreuses autres villas toutes aussi spécifiques les unes que les autres, massives ou colorées.

🎯 *Le Jardin retiré :* 14, av. Robert-Cousin. ☎ 02-33-37-92-04. ● *lejardinretire. fr* ● *De mi-avr à mi-sept. Horaires variables, consulter le site selon la période. Entrée : 5 € ; réduc : 6 € visite guidée.* Jardin intime et romantique de 2 500 m² où fleurissent roses, géraniums et clématites.

🎯 *B'O Spa thermal :* rue du Professeur-Louvel. ● *bo-spathermal.com* ● *Soins à partir de 45 €.* Pour un séjour revivifiant ou seulement pour un moment de détente, un spa dédié au bien-être ouvert aux non-curistes proposant des soins aux actifs de pommes à cidre, à la chlorophylle, aux actifs de la forêt et, bien entendu, à l'eau thermale.

Fête et manifestations

– *Festival d'humour Les Andain'Ries :* en avr.
– *Fête Belle Époque :* fin juin.
– *Les Vendredis de l'été :* ven à 21h en juil-août. ☎ 02-33-37-85-66. Gratuit. Spectacles de rue, théâtre, musique, art du cirque...
– *Les Clés de Bagnoles :* dim à 17h en juil-août. GRATUIT. Concerts.

DANS LES ENVIRONS DE BAGNOLES-DE-L'ORNE

🎯🎯 🚶 *Le musée du château de Couterne :* à 2 km sur la route de Couterne. ☎ 02-33-37-97-97. ♿ Juil-août et Journées du patrimoine, tlj sauf dim-lun et j. fériés 10h-12h, 14h-18h. Entrée : 4 € ; gratuit enfants. Accès libre au parc. Grande bâtisse en brique rose et granit dont les façades se reflètent dans les eaux des douves. Parc de 20 ha et petite salle d'exposition (histoire du château et de la région : guerres de Religion, Révolution...).

➤ *La forêt des Andaines :* C'est l'une des 3 grandes forêts de l'Orne ; elle couvre 7 000 ha. Vestige d'une immense forêt primitive qui formait une zone de transition (ou marche) entre la Bretagne et la Normandie, elle enveloppe Bagnoles-de-l'Orne telle une écharpe verte, et fait office de poumon vert. Forêt de fées et d'ermites, de ruisseaux et de fougères, de myrtilles, de champignons et de chênes, de brigands et de chevaliers, de chouans et de résistants, elle est aujourd'hui le refuge d'un

522 | L'ORNE / LE PAYS D'ANDAINE ET LE DOMFRONTAIS

gibier assez abondant et du chêne Hippolyte. Baptisé d'après le nom d'un ancien garde forestier, ce dernier a pour particularité d'avoir une circonférence de plus de 5 m à seulement 1,30 m du sol ! Un *circuit vélorail* de 5 km traverse la forêt, départ de l'ancienne gare de Bagnoles jusqu'à la Ferté Macé *(6,50 €).*

🚶🚶 *La tour de Bonvouloir :* à *Juvigny-sous-Andaine.* ☎ *02-33-38-53-97. À env 7 km au sud-ouest de Bagnoles. 2 km après le Manoir du Lys, prendre une petite route sur la droite. Site accessible tte l'année, mais entrée dans la tour interdite. GRATUIT.* Une vraie curiosité. Dans un paysage de carte postale, mince et haute tourelle en pierre du XVᵉ s jaillissant d'une tour trapue, ultime vestige d'un château médiéval dont on voit encore le colombier, la chapelle et la tour de guet. Possibilité de suivre le parcours d'interprétation ou de louer un audioguide à l'office de tourisme de Bagnoles ou de Domfront pour tout connaître de cette tour (visites guidées possibles en saison).

🚶🚶 🚶 *La Michaudière – La ferme du Cheval de trait :* 61140 *Juvigny-Val-d'Andaine.* ☎ *02-33-38-27-78.* 📱 *06-81-49-66-46.* ● *lamichaudiere.fr* ● ♿ *Suivre le fléchage. Ouv avr-oct. Juil-août, spectacle mer-jeu et w-e à 15h30 ; autres périodes, spectacles à 15h15 (calendrier sur leur site). Tarif : 13,50 € (incluant la visite du site) ; réduc ; gratuit moins de 5 ans. Visite libre de la ferme les j. de spectacle (11h-14h30) : 3,50 € et possibilité de repas sur résa (37 € avec le spectacle). CB refusées.* Avec le temps, cette entreprise familiale est devenue un site touristique de premier plan. D'abord, pour la ferme elle-même, dont les dépendances abritent de petites expos, un film, une sellerie et une auberge rustique où l'on sert des repas traditionnels (sur résa). Ensuite, pour le spectacle pittoresque (course de chars à la Ben Hur, voltige, attelage...) qui met en scène une trentaine de percherons et le plus grand cheval du monde, le Shire. Et tout cela dans la bonne humeur, à l'image du pot offert en fin de spectacle pour se remettre de ses émotions ! En décembre, lors des Villages illuminés de l'Orne, des illuminations couvrent le site ; la visite libre dès 17h30 est gratuite.

🚶 *Les gorges de Villiers :* à *Saint-Ouen-le-Brisoult. À 11 km au sud-est de Bagnoles.* Au cœur d'un espace naturel sensible, petit circuit permettant de découvrir la faune, la flore, mais aussi l'histoire et les légendes attachées au lieu. Circuit en 9 étapes à parcourir librement ou avec le parc naturel régional Normandie-Maine. L'occasion d'un arrêt à la *Ferme des Gorges de Villiers,* pour son élevage de chèvres et sa production de fromages *(traite tlj à 18h ; vente à la boutique tlj 11h-13h, 17h-19h30).*

DOMFRONT   (61700)   4 358 hab.   *Carte Orne, A2*

Cette petite cité médiévale, assise sur un promontoire, domine toute la région avec ses tours et ses maisons qui semblent suspendues dans l'air. Et au bout de ce promontoire, les restes d'une forteresse du XIᵉ s, qui abrita naguère l'une des cours les plus brillantes d'Europe, celle d'Aliénor d'Aquitaine (mariée à Henri II Plantagenêt). Les routards qui débarquaient vers l'an 1150 dans ce patelin de l'Ouest n'étaient pas en France mais quasiment en Angleterre, du moins dans un poste stratégique de cet immense territoire qui était sous le joug des Plantagenêt vers la moitié du XIIᵉ s et qui s'étendait de l'Écosse aux Pyrénées !
Le pays de Domfront est aussi connu pour son fameux *poiré,* une boisson fruitée et pétillante à base de poire appelée aussi « champagne normand ». Les poiriers qui, dit-on, vivent 3 siècles (un pour grandir, un pour produire et un pour mourir...) offrent un superbe spectacle en avril, quand ils sont en

DOMFRONT | **523**

fleur. Autre produit notoire, le calvados domfrontais, issu de la distillation de cidre et de poiré. Poiré, cidre et calvados ont valu à Domfront d'être reconnue « Site remarquable du goût ».

– *Avis aux amateurs de cyclotourisme :* Domfront se situe à la jonction de 2 itinéraires nationaux à vélo ; la Véloscénie (Paris/Le Mont-Saint-Michel) et la Vélo Francette (Ouistreham/La Rochelle), qui utilisent les voies vertes entre Flers et Ceaucé, et Domfront et Le Mont-Saint-Michel.

Adresse et info utiles

ℹ️ Office de tourisme : *12, pl. de la Roirie.* ☎ *02-33-38-53-97.* ● *ot-domfront.com* ● *Avr-sept, lun-sam et j. fériés 10h-12h, 14h-18h ; oct-mars, fermé dim-lun.* Livrets *Chasse au trésor* et toutes les infos sur la ville, ses environs, les voies vertes et les itinéraires à vélo. Visites guidées de la ville, du site du château, de l'église Notre-Dame-sur-l'Eau et du tertre Sainte-Anne *(de mi-juin à mi-sept ; 2-5 €).* Vente aussi de cartes de pêche. Liste des producteurs et des chambres d'hôtes (nombreuses dans le coin).

– **Marché :** *ven mat, pl. du Général-de-Gaulle.*

Où dormir ?

Campings

⛺ Camping municipal du Champ Passais : *4, rue du Champ-Passais.* ☎ *02-33-37-37-66.* ● *camping@villededomfront.fr* ● *camping-municipal-domfront.jimdo.com* ● ♿ *En contrebas du village médiéval (indiqué). Ouv avr-sept. Compter env 7 € pour 2. CB refusées. 34 empl.* Dans la verdure, un joli petit camping simple et bien tenu, installé dans la pente et convenablement équipé. Espaces bien délimités et ombragés. Sanitaires propres.

⛺ La Yourte sous les Poiriers : *la Touche.* ☎ *02-33-37-03-99.* ● *adele.tanguy@hotmail.fr* ● *yourte-souslespoiriers.com* ● *Yourtes 55-85 €/ nuit pour 2-4 pers ; tente 8 € pour 2.* Joli camping à la ferme à l'ambiance champêtre et bucolique comme il se doit. Épicerie, pain et légumes bio. Pour un séjour au plus près de la nature. Les cyclistes pourront même laisser leur véhicule sur place avant de partir sur la Vélo Francette ou la Véloscénie. Très sympa !

Chambres d'hôtes

🏠 ❙●❙ Belle Vallée : *chez Richard et Victoria Hobson-Cossey, Belle-Vallée.* ☎ *02-33-37-05-71.* ● *info@belle-vallee.net* ● *belle-vallee.net* ● *Suivre la direction de La Ferté-Macé puis, à la sortie de Domfront, prendre la D 21 direction Dompierre et La Ferrière-aux-Étangs ; c'est 500 m plus loin, sur la gauche. Doubles 75-95 €.* Nichée au creux d'une paisible vallée, cette belle maison de maître du XIXe s abrite 5 chambres. Très confortables et pleines de charme, elles cultivent un style soit très *British,* soit très campagne. La suite familiale sous les toits est superbe, avec 2 chambres bien séparées l'une de l'autre. Salon cosy avec cheminée et bouquins à dispo, et jardin bien entretenu. Petit déj pantagruélique, avec les fruits du jardin. Accueil adorable.

De bon marché à prix moyens

🏨 ❙●❙ Hôtel de France – Relais Saint-Michel : *7, route du Mont-Saint-Michel.* ☎ *02-33-38-51-44.* ● *reservation@hoteldefrance-fr.com* ● *hoteldefrance-fr.com* ● ♿ *Dans le quartier Notre-Dame, au pied de la ville, au bord de la route principale. Doubles 75-150 € ; familiales. Formule déj en sem 10,80 € ; menus 18,80-28 € ; carte 25 €. Congé : 6-20 janv. Café offert sur présentation du guide de l'année.* Un hôtel classique et efficace. Dans

L'ORNE

524 | L'ORNE / LE PAYS D'ANDAINE ET LE DOMFRONTAIS

chaque chambre, donnant sur route ou sur jardin, l'aménagement et la déco ont été refaits pour plus de confort. À table, formule « grill » servie dans l'annexe, ou bien cuisine traditionnelle normande (bœuf braisé au pommeau ou fricassée de volaille au poiré) proposée dans une salle à manger au charme vieille école mais agréable.

Où manger ? Où boire un verre ?

IOI Y ↑ Le Bistrot Saint-Julien : 2, pl. Saint-Julien. ☎ 02-33-37-14-60. Congés : vac scol de Pâques et de Toussaint. Tlj sauf mer et dim soir (plus mar soir, dim midi et j. fériés hors saison). Formule déj en sem 12 € ; menu 22,50 € soir et w-e ; carte env 25 €. Un endroit agréable où se poser, soit en terrasse pour admirer la jolie façade rougeoyante à colombages, soit dans la petite salle. Selon l'heure, possibilité d'y boire un simple café ou de s'y restaurer d'une bonne salade, d'une tartine (la spécialité) ou d'autres petits plats maison bien préparés.

IOI ↑ L'Auberge du Grand Gousier : 1, pl. de la Liberté. ☎ 02-33-38-37-25. ● info@restaurant-grandgousier.com ● Tlj sauf dim soir-lun et jeu soir. Menus 15 € (midi en sem), puis 24-34 €. Une petite adresse dont on apprécie le sérieux et la gentillesse. La cuisine, plutôt traditionnelle, est simple, sans tomber dans la facilité, notamment dans le choix des produits, frais et de saison : délicieuse tête de veau aux petits légumes (la spécialité maison !). Quant aux desserts, le chariot de pâtisseries maison fera se pâmer les gourmands : saint-honoré, paris-brest, millefeuille... Le cadre, lui, est celui d'une auberge de campagne un peu chic.

Où dormir ? Où manger dans les environs ?

Camping

⚿ Camping à la ferme La Bonelière : chez Mathieu Chopin, la Bonelière, 61350 **Saint-Mars-d'Égrenne.** ☎ 06-03-57-46-73. ● laboneliere@gmail.com ● gitecampinglaboneliere.com ● Sur la D 976, direction Passais, tourner à gauche (fléché, mais sortie un peu raide). Ouv mai-sept. Compter 10 € pour 2. Gîte 6 pers 280 €/sem. CB refusées. 6 empl. Sous les poiriers et les pommiers, un beau terrain de camping atypique aux sanitaires rustiques mais avec toutes sortes de petits plus : four à pizzas, tonnelles, et même une grange aménagée en cas de pluie. Une super ambiance, très familiale. Et des animaux pour couronner le tout (âne, chèvres, poules, lapins...).

De bon marché à prix moyens

⚿ 🏠 IOI Auberge et gîte de groupe La Nocherie : 61700 **Saint-Bômerles-Forges.** ☎ 02-33-37-60-36. ● patrice.mottier@laposte.net ● À env 7 km au nord de Domfront. Auberge fermée dim soir-lun. Double en chambre d'hôtes 60 €. Petit déj 6 €. Camping 12,70 € pour 2. Repas sur résa 20 €. Dans les dépendances de cette demeure champêtre, vous avez, d'un côté, 2 chambres d'hôtes simples et agréables avec salle de bains, et, de l'autre, 6 chambres pour 2 à 5 personnes en gîte de groupe avec sanitaires privés (apporter son duvet). L'espace ravissant réservé au camping s'étale sur un tapis verdoyant, sous les pommiers, et dispose d'un abri où manger en cas de pluie. Quant à l'auberge, elle occupe l'ancienne boulangerie du manoir (XVIᵉ s) et les dépendances de la ferme. Ambiance vraiment conviviale, dans une campagne belle et attachante. Cuisine préparée dans le vieux four à pain, avec des spécialités comme les terrines maison, les grillades au feu de bois et le riz à la palette. Possibilité de rejoindre des sentiers de petite et moyenne randonnées qui passent à côté, et la voie verte.

De prix moyens à plus chic

l●l Auberge de la Mine : le Gué-Plat, 61450 **La Ferrière-aux-Étangs.** ☎ 02-33-66-91-10. ● nobis.hubert@wanadoo.fr ● ⚓ À 14 km au nord-est de Domfront. Tlj sauf dim soir et lun-mar. Congés : 3 sem en janv et 11-31 juil. Formules 21 € (midi en sem), puis 41-74 €. Partout dans le coin, le souvenir des mines est encore présent et cette grande maison en brique, couverte de lierre, était autrefois la cantine des mineurs. Les temps ont changé, radicalement, même : la déco de cette délicate bonbonnière en fait aujourd'hui une adresse chic et l'une des meilleures du département. Grande qualité des produits du terroir, sélectionnés chaque jour en fonction du marché, puis traités avec finesse et créativité. Pas de doute, le chef est un artiste, et les plats flattent tout autant l'œil que le palais. Accueil aux petits oignons.

Où acheter de bons produits dans les environs ?

⊛ Le Camembert du Champ Secret : la Novère, 61700 **Champsecret.** ☎ 02-33-37-60-19. Sur la D 360 entre Dompierre et Saint-Bômer-les-Forges ; près des forges de Varenne. Vente en libre-service tlj sauf dim 8h-20h ; visite ven ap-m en été (3 €). Il ne reste plus, en Normandie, et a fortiori dans le monde, que 2 fermiers à produire du camembert de Normandie AOP ! L'occasion de vous rappeler que le fermier n'utilise que du lait cru (de vaches normandes) issu de son exploitation. Celui-ci est en outre biologique ! Alors, forcément, c'est bon, délicieux même ! Un petit bout de Normandie qui a du caractère !

À voir

⚔⚔ La ville : visites guidées du château et de la cité médiévale mar et jeu ap-m en été. On ne vous mentira pas, Domfront n'est peut-être pas la ville la plus vivante qui soit, mais qu'elle est jolie ! Se promener dans ses petites rues pavées et étroites, au milieu de ses maisons parfois en colombages ou revêtues d'essentes (petites tuiles en bois), est un plaisir. Dans la rue Saint-Julien, un passage débouche sur la jolie **cour Marie-du-Rocher.** À l'angle des rues, des panneaux d'information vous immergent dans la vie quotidienne du Moyen Âge.

⚔⚔ L'église Saint-Julien : pl. du Commerce. Tlj 9h-19h. Visite guidée avec accès au clocher en été (penser aux jumelles !). Construite entre 1924 et 1926 en remplacement de l'église précédente endommagée et trop petite, elle détonne dans le paysage ! En effet, pour une question de place, on choisit le plan carré byzantin afin qu'elle puisse accueillir un nombre suffisant de personnes. Puis, par souci d'économie, elle fut construite en béton armé. L'intérieur, quant à lui, est de style néobyzantin avec d'étonnantes mosaïques (de Godin, notamment) et un mobilier Art déco. Un lieu qui mérite vraiment le coup d'œil !

⚔ ⟵ 🚶 Les ruines du château : à l'extrémité ouest du promontoire de Domfront. Immanquable, cette très importante forteresse contrôlait toutes les régions voisines. Fondée vers 1010 par Guillaume de Bellême, mais les ruines qui subsistent aujourd'hui furent bâties au XIe s par Henri Ier Beauclerc, fils de Guillaume le Conquérant. Cet ensemble possédait l'un des donjons les plus puissants de France. On accède aux ruines, et à ce qui est devenu un joli parc, par un pont qui enjambe les anciennes douves. Au passage, descendez dans le réseau exceptionnel des courtines à gaine, aménagées au XIIIe s pour défendre la face est de cette forteresse. À côté, quelques jeux pour enfants, des tables de pique-nique et, plus haut, un **magnifique point de vue** sur le bocage, avec table d'orientation et vision à 180°.

526 | **L'ORNE / LE PAYS D'ANDAINE ET LE DOMFRONTAIS**

Dans les remparts du château, on a mis au jour la *chapelle Saint-Symphorien*, où Aliénor d'Aquitaine aurait fait baptiser sa fille, Aliénor de Castille, la future grand-mère de Saint Louis, en septembre 1161.

🚶 *Les tanneries : un tt petit quartier pittoresque au pied de la cité médiévale.* De là, possibilité de partir pour le « circuit pittoresque », une promenade de 4 km dans la verdure autour de Domfront. Les plus courageux remonteront à pied par l'itinéraire des « 100 marches » jusqu'au château (un étroit sentier ombragé se transforme en marches pas très régulières).

🚶 ‹ *La Cluse et le tertre Sainte-Anne : fléché à la sortie de Domfront. Visite guidée en été.* Entre pins et genêts, roche et rivière, patrimoine industriel et ermitage, la Cluse et le tertre Sainte-Anne forment un site naturel classé, assez impressionnant, où peuvent se pratiquer la randonnée sur les sentiers balisés en forêt (jaune), le VTT et le vélo sur la voie verte, le canoë sur la Varenne, l'orientation, l'escalade sur le grès armoricain (70 voies) ou l'équitation. Au sommet du tertre (80 m de dénivelée), le point de vue sur le château est différent et on prend la mesure de la forteresse qu'elle était.

🚶🚶 *L'église Notre-Dame-sur-l'Eau : située tt en bas de la colline de Domfront, au bord de la grand-route. Visites guidées en été.* Voici l'une des plus belles églises romanes de l'Orne. Construite à la fin du XIe s, elle se distingue par son chœur et ses absides, merveilleux témoins de l'art roman normand. Dans le transept, un gisant, unique dans le département, repose dans son armure sous un dais gothique. C'est celui du gouverneur de

ET VAS-Y QUE JE TE COUPE !

La situation de l'église Notre-Dame-sur-l'Eau, juste en bord de route, peut étonner, tout comme sa taille très réduite. Elle les doit à la route du Mont-Saint-Michel, pour la construction de laquelle, en 1836, on rasa ses bas-côtés et 4 travées de sa nef ! En 1840, Prosper Mérimée, qui s'était farouchement opposé à sa mutilation, s'empressa de l'inscrire à la 1re liste des Monuments historiques pour la protéger.

Domfront à la fin du XVIe s, un dénommé Pierre Ledin de La Chaslerie. Les quelques pierres tombales à l'intérieur et toutes les autres à l'extérieur (37 au total), des XVIe et XVIIe s, rappellent que cette église fut la nécropole des seigneurs du Passais.

Manifestation

– *Les Médiévales : 1er w-e d'août, les années impaires.* ☎ 02-33-38-56-66. ● *domfront-medievales.com* ● Domfront vit à l'heure médiévale pendant 2 jours.

DANS LES ENVIRONS DE DOMFRONT

➤ Suivre la *route du Poiré.* ● *poire-domfront.fr* ● Itinéraire disponible auprès de l'office de tourisme ; il se termine au musée du Poiré à Barenton (voir « Dans les environs de Mortain » plus haut, dans le chapitre « La Manche »).

🚶 ⚙ *Gaec des Grimaux : famille Pacory, les Grimaux, 61350 Mantilly.* ☎ 02-33-30-12-06. ● *pacory.eu* ● *Dans Mantilly, suivre la direction de Saint-Mars puis tourner à gauche à env 3 km. Tlj sauf dim. Visite sur résa.* Des nombreux producteurs du Domfrontais, cette exploitation familiale nous a séduits par sa large gamme de produits (poiré, cidre, calvados, pommeau, jus, vinaigre...) et son accueil chaleureux. Délicieux !

DANS LES ENVIRONS DE DOMFRONT | 527

🍴🍴 **Le manoir de la Saucerie** : *à 5 km à l'ouest de Domfront, vers Mortain.*
☎ *02-33-38-99-08. Accès fléché (mais ouvrez bien l'œil). Visite seulement en été.
3 € (appeler avt).* C'est à voir, même s'il ne reste plus du manoir que le très insolite
pavillon d'entrée flanqué de 2 tours rondes surplombées de toitures à l'impériale,
magnifiquement restaurées. On avait de l'imagination à revendre au XVIᵉ s ! Un édifice tellement curieux qu'il a été adopté comme flamme postale par 4 communes
du département.

– 🏃 **Le centre de pleine nature La Richerie** : **61330 Torchamp.** ☎ *02-33-38-
70-41.* ● *pleinenature-normandie.com* ● *À 9 km au sud-est de Domfront, au cœur
du parc naturel régional Normandie-Maine et ses 300 km de sentiers. Lun-ven
9h-17h (permanence le w-e).* Location de VTT, canoë-kayak, escalade, pêche,
course d'orientation... Équipe sympa et pro.

🏃 **La Maison du fer** : *le Bourg, 61700 Dompierre.* ☎ *02-33-38-03-25.* ● *lesavoi
retlefer.fr.* ● *Mai-sept, lun-ven 10h-12h, 14h30-18h ; dim 14h30-18h. Ouv le reste
de l'année, mais mieux vaut téléphoner avt. GRATUIT.*
Le fer fut exploité dans le bocage ornais du XIVᵉ s à 1978. Les 1ʳᵉˢ mines étaient
à ciel ouvert, et l'on transformait le minerai en fer dans les forges. Puis, de 1901
à 1978, l'exploitation devint souterraine ; le minerai était alors enrichi en fer dans les
fours de calcination des alentours avant d'être envoyé dans les hauts-fourneaux du
Nord-Pas-de-Calais pour être transformé en métal. Vous y trouverez toutes les informations sur les anciens sites d'exploitation du secteur (tous en visite libre).
Le « circuit des forges et des mines » vous permet de faire en voiture le tour de tous
ces sites. Ne pas manquer par exemple les *forges de Varenne* (☎ *02-33-37-96-07 ;*
ouv en saison – se renseigner ; entrée : 5 €, réduc). Ce site de production fer datant
du XVIᵉ s resta en activité jusqu'au XIXᵉ s. Il s'agit de l'ensemble le plus complet et le
mieux conservé de forges à bois en Europe. Classé Monument historique, on peut y
voir le haut-fourneau, les forges d'affinerie, les maisons de forgerons, les halles à charbon et à fer, la chapelle des forgerons, le moulin à céréales, etc. Aussi impressionnant
que magnifique ! Pour les plus courageux, ces mêmes sites peuvent être découverts
à travers 2 autres jolis circuits de randonnée à pied ou à vélo.

🏃 **Lonlay-l'Abbaye** (61700) : *à 8 km au nord de Domfront par la D 22.* ● *lonlaylab
baye.com* ● *De mi-juin à mi-sept, mer à 11h, visite guidée par l'office de tourisme
(☎ 02-33-38-53-97 ; 1h ; 4 €)* permettant entre autres de décrypter la symbolique
des curieux chapiteaux... En pleine campagne, un petit village et son abbaye bénédictine fondée au XIᵉ s. Joli site. L'abbaye connut un rayonnement important jusqu'en Angleterre, où elle posséda 3 prieurés. Suite à des mésaventures historiques
(incendies, pillages, Révolution...), elle tomba dans l'oubli. Elle est aujourd'hui
restaurée. Chœur gothique à 3 étages, transept roman avec chapiteaux du XIᵉ s et
superbes stalles du XVIIᵉ s.

🍽 **La Biscuiterie de l'Abbaye** : *route
du Val.* ☎ *02-33-30-64-64.* ● *biscuite
rie-abbaye.com* ● *Magasin d'usine avr-
sept, lun-sam 9h-12h30, 14h-18h ; hors
saison, lun-ven 8h30-12h, 13h30-17h ;
à ces mêmes horaires, visite guidée sur
résa. GRATUIT.* La maison emploie plus
de 200 personnes et produit tous les
jours sablés, galettes et cookies.
🍽 **Le Château de la Bière** : *le Fay,
route de Rouellé.* ☎ *02-33-38-07-
86.* ● *chateau-de-la-biere.com* ●
*Boutique et visite mar-sam sur rdv
(5 €).* L'histoire d'une reconversion
réussie ! Après avoir été moniteurs

d'auto-école, Pascale et Donatien
se sont lancés en 2015 dans la production de bière. Pour cela, ils ont fait
construire un château tout en bois
dans lequel ils vous proposent de
visiter la brasserie et de déguster leur
dizaine de bières (blanches, brunes,
ambrées, blondes...).
🍦 Autre escale gourmande, **Les Glaces
de la Ferme Bidard** : *la Guerche-
Carrée.* ☎ *06-48-99-63-98. Mer ap-m
ou sur rdv.* Des glaces artisanales, avec
le lait de la ferme et pour certaines des
produits très locaux, comme celle au
calvados ou le sorbet au poiré.

L'ORNE

FLERS

(61100)   15 162 hab.   *Carte Orne, A1*

Ville-étape à mi-chemin entre la forêt des Andaines et la Suisse normande, Flers fut libérée le 17 août 1944 par la 11e division blindée britannique après le passage de Rommel, mais elle dut payer le prix fort : 70 % environ de la ville furent complètement détruits par les bombardements américains. Ce serait mentir que de la qualifier de ville touristique, car elle demeure avant tout un bassin économique avec un centre industriel lié à l'automobile et à l'agroalimentaire. Elle mérite cependant un arrêt pour ses quelques très bonnes tables, son parc et son château qui abrite un surprenant musée.

Adresse et info utiles

❶ Bureau de Flers : *4, pl. du Docteur-Vayssières.* ☎ 02-33-65-06-75. ● flers tourisme.fr ● ♿ *En plein centre-ville. Avr-sept, tlj sauf dim et j. fériés 9h30-12h30, 14h-18h30 (17h sam) ; oct-mars, tlj sauf dim et mar mat 9h30-12h30, 14h-18h.*

Propose des visites de la ville et des environs le 4e dimanche de chaque mois et des randonnées le 2e dim du mois
– **Marchés** : *mer mat et sam mat, pl. Paulette-Duhalde (la place devant l'office de tourisme). Et ven, pl. Saint-Jean.*

Où dormir ?

Camping

⛺ Camping La Fouquerie : *145, la Fouquerie.* ☎ 02-33-65-35-00. 📱 06-74-49-21-82. ● campingflers@flers-agglo. fr ● flers-agglo.fr ● ♿ *À la sortie de Flers, vers Argentan. Ouv de mi-avr à mi-oct (loc tte l'année).* Compter env 12 € pour 2 ; mobile homes 6 pers 290-320 €/sem. 50 empl. Calme, convenablement ombragé (sous les peupliers), fort bien tenu et, pour couronner le tout, un accueil très sympa. Un bel endroit, en vérité, bien en retrait de la route. Possibilité de commander la veille croissants et pain frais pour le petit déj.

Prix moyens

🏠 Hôtel Le Galion : *5, rue Victor-Hugo.* ☎ 02-33-64-47-47. ● le. galion.hotel@orange.fr ● hotel-le-galion-flers.fr ● ♿ *Fermé à Noël. Résa conseillée en sem. Doubles 67-90 €. Parking gratuit.* Cet hôtel moderne et fonctionnel de taille moyenne ne déborde pas de charme de prime abord, mais les chambres se révèlent agréables et l'établissement offre le trio gagnant : bon confort, bon entretien, bon accueil. En plus, il est central tout en étant vraiment au calme !

Où dormir dans les environs ?

🏠 ❘❀❘ Chambres d'hôtes Le Jardin d'Aubusson : *la Guermondière, 61100 Aubusson.* 📱 06-44-79-74-32. ● lejardindaubusson@free.fr ● ♿ *À env 4 km du centre-ville de Flers ; prendre la direction de Caen, puis d'Athis-de-l'Orne ; au Clos d'Athis, prendre la tte petite rue entre les passages piétons ; rouler env 1,5 km ; au 1er carrefour, c'est juste en face. Double 65 € ; familiales. Table d'hôtes 20 €.* La maison se cache derrière les feuillages de sa haie, et pourtant elle n'a pas à rougir de son allure : intérieur très cosy avec, au rez-de-chaussée, un beau salon et une non moins belle cuisine à disposition. Jolies chambres aux couleurs douces et lumineuses.
– Voir aussi les adresses « Où dormir ? Où manger dans les environs ? » dans la partie sur la Suisse normande de l'Orne plus loin.

Où manger ?

De prix moyens à chic

|●| ↑ *Au Bout de la Rue :* 60, rue de la Gare. ☎ 02-33-65-31-53. ● *auboutdelarue@orange.fr* ● ♿ Fermé mer soir, sam midi, dim et j. fériés. Congés : 1re sem de janv et 3 premières sem d'août. Formules et menus 19,90-26,90 € ; 51 € les ven et sam soir ; carte. On s'y aventure avec plaisir, au bout de cette rue. Car derrière la devanture un tantinet rétro mais au décor plutôt lounge, on découvre une équipe tout sourire, préoccupée par l'idée de bien faire. Et elle s'en sort largement avec les honneurs : plats joliment ficelés, entre le bistrot chic et la table gourmande de saison (la carte change souvent). Une vraie bonne table.

|●| *L'Atelier :* 115, rue Schnetz. ☎ 02-33-65-23-89. ● *latelierflers@orange.fr* ● Presque à la sortie de la ville, sur la route de Mortain. Tlj sauf dim-lun (plus le soir des jeu et j. fériés hors saison). Congés : de fin juin à mi-juil. Formules déj en sem 13-17,50 € ; soir 23-29 €. Le chef ne manque pas d'idées et sa cuisine inventive de saison ravit autant les papilles que les pupilles ! Service souriant, dans une salle classique et agréable.

Où manger dans les environs ?

|●| ↑ *Auberge des Vieilles Pierres :* Le Buisson-Corblin. ☎ 02-33-65-06-96. ● *aubergedesvieillespierres@wanadoo.fr* ● ♿ Tlj sauf dim soir, lun et mar soir. Congés : vac d'hiver et 3 sem en août. Formules en sem 17,50-23 € ; menus soir 28-52 € ; menu homard 67 €. Salles à manger agréables et élégantes (comme la terrasse aux beaux jours), égayées ici et là de touches plus personnelles ou colorées, avec des tables suffisamment espacées pour profiter pleinement de la délicate cuisine de la maison. Le chef a un penchant pour les poissons et les crustacés (comme en atteste le vivier), mais pas seulement : les fruits s'invitent régulièrement dans les salades ou aux côtés des poissons et des viandes. Une bonne table, là encore.

– Voir aussi les adresses « Où dormir ? Où manger dans les environs ? » dans la partie sur la Suisse normande de l'Orne plus loin.

À voir

🎎 🧒 *Le château :* ouf ! Il a été épargné par les bombardements américains de juin 1944. Une sorte de rescapé du vieux Flers. Belle demeure entourée de 2 étangs, d'un parc planté de beaux hêtres avec ses promenades en sous-bois, et des jeux en plein air pour les enfants. Construit au XVIe s, agrandi au XVIIIe s, il abrite désormais un musée. Pendant la période révolutionnaire, il fut le QG de la chouannerie locale.

– *Le musée-château de Flers :* ☎ 02-33-64-66-49. Ouv de mi-mai à fin nov, mar-dim 14h-18h. Tarif : 3 € ; réduc ; gratuit moins de 18 ans. Nombreuses animations en été. Le musée présente une nouvelle scénographie et des animations tous publics. Entrer dans le musée est d'abord l'occasion de visiter le château : salons avec lambris et parquets du XVIIIe s, superbe charpente sous les combles... Ensuite, c'est l'un des plus beaux musées du département, puisque la section consacrée à la peinture comprend, en plus des œuvres des écoles italienne et hollandaise, le célèbre *Boulevard Haussmann* de Caillebotte, un Courbet, un Boudin, un Corot, plusieurs toiles de Charles Léandre, originaire de Champsecret, et de surprenantes céramiques signées... Jean Cocteau.

Manifestations

– **Vibra-mômes :** *1 sem début juin.* De la musique et des spectacles de rue pour les enfants (mais les grands peuvent venir aussi !).
– **Festival Les Bichoiseries :** *2 j. de concerts fin juin (ven-sam).*
– **Les Rendez-vous de l'été :** *juil-août.* Randonnées, visites curieuses, concerts et spectacles de rue. Public familial.
– **Les Rendez-vous de l'hiver :** *déc.* Marché de Noël avec, là encore, concerts et spectacles de rue.

LA SUISSE NORMANDE DE L'ORNE

Explorant cette partie mal connue de la Normandie, à la fin du XIXe s, un journaliste britannique tomba sur ce joli coin très verdoyant, à l'aspect particulièrement accidenté. Stupéfait de trouver des paysages aussi mouvementés après la relative platitude du bocage, il eut l'idée de nommer ce terroir « Suisse normande ». Rien de montagneux pourtant dans cette succession harmonieuse de collines vertes et de vallons douillets où des fermes à vaches (et à cidre) se nichent discrètement. Les monts oscillent de 200 à 250 m d'altitude. On est bien loin des Alpes ! De merveilleuses petites rivières, comme les méandres de la Rouvre, vont se jeter dans l'Orne, chemin liquide, naguère royaume des meuniers, aujourd'hui lieu de prédilection des randonneurs, des kayakistes et des pêcheurs. Un formidable bol d'air. On y trouve, en cherchant bien, le lys martagon qui appartient à la flore alpestre, et de rares libellules protégées par l'Union européenne ! Pays des sources, des rus, des ruisseaux et des rivières, la Suisse normande ornaise se distingue de sa partie calvadosienne par son caractère plus sauvage et peut-être aussi moins austère. En tout cas, on vous encourage vivement à partir à la découverte de ce superbe coin encore assez méconnu, soit en voiture, en suivant le circuit fléché de la Suisse normande (environ 120 km), soit à pied ou à vélo en explorant les chemins creux et les vallons verts.
– Pour la découverte de la Suisse normande côté Calvados (Clécy, Thury-Harcourt), se reporter à ce chapitre.

Adresses et infos utiles

❖ Bureau d'information touristique de la Roche d'Oëtre : *Saint-Philbert-sur-Orne.* ☎ 02-31-59-13-13. ● *ornetourisme.com* ● *Mars, mar-ven 14h-17h ; avr-oct, tlj 10h-18h (19h juil-août ; 17h oct et fermé lun). Fermé le reste de l'année.* Un très bel office où l'on trouve toutes les infos pour explorer la Suisse normande. Brochure touristique très complète et vente de topoguides (dont celui pour la région d'Athis et la Roche d'Oëtre) pédestres et VTT. Et un topoguide équestre téléchargeable gratuitement sur le site. Également un espace galerie, une boutique terroir et des parcours d'orientation.
I●I Juste à côté de l'office de tourisme, le *bar-restaurant La Roche d'Oëtre (tlj*

juil-août ; fermé dim soir-lun hors saison). En dépannage, faute de mieux... idéalement, mieux vaut prévoir le pique-nique !
– Sur place également, un beau *parc acrobatique en hauteur* (avec un parcours spécial pour les tout-petits) : *Roche d'Oëtre Orne Aventure,* 🖥 *06-17-05-09-60. Ouv avr-nov.*
– À côté encore, pour le bonheur de vos petits, *4 Pat'Balad* propose des balades à dos de vache (!) ou, plus commun, de cheval ou de poney. *Rens :* 🖥 *07-82-34-05-34.* ● *4patbalad. fr* ● Offre complétée par *Les Petits Bolides,* des balades en draisienne et kart à pédales pour les 2-8 ans. 🖥 *07-71-88-51-03.*

Où dormir ? Où manger dans les environs ?

Camping

⚠️ **Ferme de la Gilberdière :** *les Rocquerets, 61430 Berjou.* ☎ *06-30-79-44-64.* ● *syldid.ouvry@gmail.com* ● *Ouv avr-oct. Compter 10 € pour 2. Yourte 44 € pour 2. 6 empl. CB refusées.* Un tout petit camping à la ferme retiré dans un coin très tranquille. Équipement sommaire (bloc sanitaire rustique mais propre) et quelques arbres pour apporter un peu d'ombre, des vaches laitières, des prairies exploitées en bio et des proprios ouverts et accueillants. Loue également deux yourtes.

Chambres d'hôtes

🏠 |●| **Gîtes et Chambres d'hôtes La Bergerie :** *chez Frédéric et Sylvie Leblond, 61100 Sainte-Opportune.* ☎ *02-33-66-04-28.* ● *gite.labergerie.orne@orange.fr* ● *gite-caractere-normandie.com* ● ♿ *Double 60 €. Gîtes 2-6 pers, 320-480 €. Repas sur résa 25 € ; assiette gourmande env 15 €.* En pleine campagne bocagère, dans un environnement diablement bucolique et fleuri, 4 chambres coquettes installées dans des maisonnettes restaurées de façon écologique (matériaux anciens, utilisation du chanvre, de la chaux, etc.) et 3 gîtes. Certaines chambres sont carrément des petits duplex. Vous verrez aussi, dans la cour, un étonnant taxi anglais. Sur résa, ses charmants propriétaires vous proposent des balades dans le coin. Sachant que monsieur est chauffeur de taxi et madame ancienne guide touristique, autant vous dire que vous êtes entre de bonnes mains.

🏠 **Gîte et Roulotte de la Fontaine Secrète :** *lieu-dit la Rue, 61100 Ségrie-Fontaine.* ☎ *06-84-13-65-35.* ● *bertoli.christiane@gmail.com* ● *gites-fontainesecrete.com* ● *Roulotte 90 € pour 2 (prix dégressif dès la 2e nuit). Chambre d'hôtes dans les gîtes. Apéritif normand offert sur présentation du guide de l'année.* Au détour de routes ravissantes, dans un vallon, la maison des proprios, toute fleurie, veille sur sa roulotte, dans le jardin en contrebas. Fabriquée maison, toute colorée, elle possède une kitchenette, sa salle de bains et même son petit brasero très rustique à l'extérieur pour un dîner sous les arbres, éclairé aux lampions ! Également 2 beaux gîtes où, s'ils sont disponibles, vous pouvez être accueilli en chambre d'hôtes. L'un pour 2 personnes, un ancien four à pain, et l'autre pour 4. Dans ce dernier, on passe du Maghreb au chalet de montagne ou à l'Europe de l'Est selon les pièces. Et pour chacun des hébergements, une petite terrasse au calme. Accueil charmant.

🏠 **Chambres d'hôtes Le Domaine de l'Être :** *1, rue de l'Être, 61790 Saint-Pierre-du-Regard.* ☎ *02-31-69-09-59.* ☎ *06-83-66-96-87.* ● *bernard.buffard@laposte.net* ● *domainedeletre.com* ● *Ouv avril-oct. Doubles 57-65 €. Réduc de 10 % sur le prix de la chambre sur présentation du guide de l'année.* Une maison au vert, dans un hameau très paisible. 3 chambres en tout, dont 2 sous les toits, à l'aménagement sobre mais frais et avenant.

De bon marché à prix moyens

🏠 |●| **Hôtel Sophie :** *5, pl. Albert-Ier, 61220 Briouze.* ☎ *02-33-62-82-82.* ● *info@hotelsophienormandie.com* ● *hotelsophienormandie.com* ● ♿ *Congés : 2 sem mi-août et pdt vac de Noël. Resto fermé sam et dim soir. Doubles 50-70 €. Formules et menus déj 19-28 €.* Un petit hôtel de bourg dynamiquement et gentiment tenu par la famille Excellent (un joli présage !). Le frère est aux fourneaux, la sœur à la réception. Les chambres sont petites, peu à peu refaites au goût du jour, mais, quoi qu'il en soit, l'ensemble est très bien tenu et la literie bonne. Au resto, cuisine plutôt traditionnelle.

L'ORNE / LA SUISSE NORMANDE DE L'ORNE

À voir. À faire

★★★ **Athis-de-l'Orne et les villages alentour :** le mieux pour découvrir les environs est de se renseigner sur les parcours thématiques au bureau d'information touristique de la Roche d'Oëtre. Parmi eux, citons **La Carneille** avec ses petites ruelles, **Berjou** et son sympathique petit **musée de la Libération** (● musee-berjou. fr ● ; ouv dim ap-m mai-sept), **Taillebois** et son manoir (qui ne se visite pas), le site naturel du **Chant des Cailloux** (sur la D 15), ou encore **Ménil-Hubert-sur-Orne**. Et pour les promenades en famille, à la sortie d'Athis-de-l'Orne, en

> ### JUSQU'AU DERNIER SANGLOT, DÉGUSTEZ LE BOURDELOT !
>
> *Telle est la devise des habitants d'Athis-de-l'Orne, et particulièrement de la Confrérie des goustes bourdelots du bocage athisien. Non, ce n'est pas une secte, mais un club de gastronomes dont l'objectif est la promotion du bourdelot, un dessert typiquement normand, que l'on réalise avec une pâte à pain, du sucre, du beurre et une certaine variété de pommes, la calville. On le servait autrefois au repas à la fin des moissons.*

direction de Sainte-Honorine-la-Chardonne, sympathique site tout autour de l'étang de la Queue d'Aronde et du bois Charles-Meunier (avec jeux pour enfants, tables de pique-nique, œuvres contemporaines). À Athis, on prendra le temps de visiter le joli **jardin « intérieur à ciel ouvert »** (● jardin-interieuracielouvert.com ● ; mai-sept, ven-dim et mar-dim juil-août 14h-19h ; tarif 5,50 €.)

★★ **La vallée de la Vère :** de Flers, par la D 962 (direction Condé-sur-Noireau), puis à droite par la D 17 qui épouse les méandres de la rivière. Une petite vallée encaissée et pittoresque qui, au bout de quelques kilomètres, s'avère être une véritable « rue d'usines ». Témoignage de l'importance de l'industrie textile au XIXᵉ s dans la région de Flers, où l'on travaillait le coton importé des États-Unis ou de Martinique.

➤ 🏃 **Les Vélorails de la Suisse normande** (Amicale pour la mise en valeur de la voie ferrée Caen-Flers) : gare de **Pont-Érambourg**. ☎ 02-31-69-39-30. ● rails-col linesnormandes.fr ● En venant d'Athis, une fois à Pont-Érambourg, passer le pont direction Saint-Pierre (indiqué). Départs tlj et ttes les heures en juil-août, 10h30-17h ; avr-oct, mêmes horaires les w-e et j. fériés, plus mer à 14h30 et 15h30. Résa conseillée. Prix : 22 € la balade de 13 km A/R dans un vélorail (4 pers) ; env 1h45 l'A/R. Une balade facile sur un petit tronçon d'une ancienne voie ferrée, qui plaît à toutes les générations, et fort agréable : on longe le Noireau, des falaises, une vallée, on passe des ponts, des viaducs, et on voit même un des derniers pontons américains amovibles datant de la Seconde Guerre mondiale fixé sur la rivière. Pique-nique possible sur place et expositions de vieilles photos dans d'anciens wagons de tri postal désaffectés.

🕯 🏃 🍷 **Le CPIE des Collines Normandes – La Maison du paysage :** 61100 **Ségrie-Fontaine**. ☎ 02-33-62-34-65. ● cpie61.fr ● Accès par la D 43 ; fléché depuis Ségrie-Fontaine. Tte l'année, lun-ven 9h30-12h30, 13h30-17h (17h30 juil-août) ; ouv aussi sam-dim et j. fériés juil-août 13h30-18h30. Vaut surtout le détour pour ses sorties nature thématiques intéressantes (programme annuel sur leur site). L'association propose aussi un accueil touristique à la Maison du paysage (moulin de Bréel), qui abrite un café-nature (où l'on peut notamment goûter aux très bonnes glaces de la *Ferme Bidard* – voir à Lonlay-l'Abbaye, dans les environs de Domfront), une boutique, un point d'information et un parcours pêche et découverte tout public (30 bornes questions-réponses). Animations familiales « Nature en sac » et bien d'autres jeux à pratiquer librement sur le site. Idéal pour les familles. Bon à savoir, la Maison du paysage est référencée comme étape de la Vélo Francette et labellisée Accueil Vélo.

ARGENTAN | 533

🏃🏃🏃 ⇐ *La Roche d'Oëtre* : *sur une hauteur, à 5 km de* **Pont-d'Ouilly.** *De Rouvrou, accès par la D 301 (bien fléché).* Certainement le site naturel le plus curieux (et le plus beau) de toute la Suisse normande. Avec la clairière de Brésolettes dans la forêt du Perche et les arbres remarquables de la forêt de Réno-Valdieu (Perche toujours), c'est le 3e paysage classé de l'Orne. Ici, la roche en tant que telle n'a pas d'importance, mais c'est la vue que l'on a de son sommet qui impressionne. Plus de 200 m de hauteur ! Il s'agit d'une sorte de cuvette profonde, noyée dans les arbres à perte de vue, où la Rouvre, petit affluent de l'Orne, a réussi à se frayer un chemin. La rivière est elle aussi protégée, si bien qu'aujourd'hui les saumons la remontent et des loutres se cachent à nouveau sur ses rives. Un sentier accède à l'éperon rocheux. Une fois là, il faut absolument descendre jusqu'à une terrasse inférieure pour découvrir la carte postale du coin : la roche supportant la terrasse évoque un profil humain. Surprenant ! Attention aux rochers, glissants les jours de pluie : la dénivellation est de 118 m, ça fait beaucoup en cas de chute...

🏃 🏃 *L'église de Ménil-Gondouin* : *sur la D 15, en direction de Putanges-Pont-Écrépin.* Sa façade colorée détonne dans ce coin tranquille de la campagne ornaise. On la doit au farfelu abbé Paysant, qui avait pour habitude de recouvrir son église d'inscriptions et de dessins religieux en souvenir de ses pèlerinages. À sa mort en 1921, l'évêché décida de tout effacer. Restauré aujourd'hui, l'édifice, sorte de bande dessinée sainte, renoue avec le vœu de l'abbé qui souhaitait une église « vivante et parlante », accessible à tous. Certaines citations seraient des inventions du saint homme... les reconnaîtrez-vous ?

🏃 ⇐ *Cerisy-Belle-Étoile* : à une quinzaine de kilomètres à l'ouest de la Roche d'Oëtre, un autre site remarquable et apprécié des familles locales pour la balade et le pique-nique. Sur le mont de Cerisy, recouvert de rhododendrons en saison (près de 25 000 pieds !), les ruines majestueuses d'un manoir du XIXe s, bombardé en 1944. Du haut de la tour, vaste panorama sur le bocage. En contrebas, les ruines d'une abbaye des Prémontrés du XIIIe s dont les souterrains jamais révélés continuent de faire rêver les curieux (rando guidée possible, se renseigner auprès de l'office de tourisme de la Roche d'Oëtre ou de Flers).

⌖ On en profitera pour faire le plein de cidre et de calvados à la *Distillerie de la Monnerie* : ☎ 02-33-66-39-07. ● distillerie-monnerie.com ● *Visite et dégustation sur demande (45 mn ; 4 €/adulte ; gratuit moins de 18 ans).*

LA RÉGION DES HARAS ET DES CHÂTEAUX

L'Orne est le 1er département français d'élevage de trotteurs, principalement entre Argentan et Le Merlerault (petite commune à l'est d'Argentan, sur la route de L'Aigle) ; ils sont bichonnés, entraînés et promis aux plus beaux destins...

ARGENTAN
(61200) 14 606 hab. *Carte Orne, B1*

On a vraiment du mal à imaginer ce que fut le décor d'Argentan autrefois, à l'époque où cette ancienne ville fortifiée vivait de la dentelle, et plus particulièrement du point d'Argentan.
Ancien lieu de résidence des rois d'Angleterre et des ducs de Normandie (aux XIIe et XIIIe s), Argentan fut pilonnée sans relâche de juin à août 1944, au point d'être presque totalement détruite (à 87 %), puis reconstruite, comme de nombreuses cités normandes. Heureusement, on trouve encore

L'ORNE

534 | L'ORNE / LA RÉGION DES HARAS ET DES CHÂTEAUX

quelques beaux témoignages du passé dans son petit centre, notamment l'église Saint-Germain et un certain nombre d'hôtels particuliers miraculeusement épargnés.

Adresse et info utiles

Ⓘ Office de tourisme : *chapelle Saint-Nicolas, pl. du Marché, près du château et de l'église Saint-Germain.* ☎ 02-33-67-12-48. ● *tourisme-argentan-intercom. fr* ● *argentan.fr* ● *Lun-ven 9h30-12h30, 14h-18h ; sam 9h30-12h30, 13h30-17h30 ; fermé dim et j. fériés sauf 14 juil et 15 août 10h-12h,* 14h-17h. Visites guidées du vieil Argentan *(mar à 15h),* balades en calèche en été et pendant les vacances scolaires. La brochure gratuite *Pas à pas* propose une balade de 1h30 à travers la ville.
– **Marchés :** *mar mat, ven mat et dim mat, pl. Saint-Germain.*

Où dormir ? Où manger ?

Camping

⚕ **Camping de la Noë :** *34, rue de la Noë.* ☎ 02-33-36-05-69. ● *camping@ argentan.info* ● *argentan.fr* ● *À 800 m du centre-ville, vers le sud, à côté de la Maison des dentelles. Ouv avr-sept. Compter env 10 € pour 2. 23 empl. CB refusées.* Un camping intime et agréable : emplacements à proximité d'un étang, dans un parc bien entretenu avec massifs de fleurs et allées bucoliques. Vente sur place de tickets de pêche pour le plan d'eau.

Prix moyens

I●I ↑ Bistrot de l'Abbaye : *25, rue Saint-Martin.* ☎ 02-33-39-37-42. ● *bistrotde labbaye@orange.fr* ● ✗ *Dans le logis d'une abbaye de sœurs bénédictines ; entrée par la rue de la République. Tlj sauf lun soir, mar soir et dim. Menus déj 16,50-18,50 € ; autres menus 25-45 €.* Un petit bistrot sympa comme tout, avec ses nombreux habitués le midi. On y goûte des spécialités classiques, simples et bonnes, servies avec efficacité.

De chic
à beaucoup plus chic

🏠 **Chambres d'hôtes Le Manoir de Coulandon :** *5, rue de Coulandon, lieu-dit Coulandon.* ☎ 02-33-39-18-22. ▤ 06-81-71-39-92. ● *info@manoir-de-coulandon.com* ● *manoir-de-coulandon. com* ● ✗ *Du centre d'Argentan, suivre* la route d'Alençon, puis prendre à gauche à la sortie de la ville vers le quartier Coulandon. Congés : à l'automne. Doubles 80-100 € ; familiales. 4e nuit offerte sur présentation du guide de l'année. À deux pas de la ville mais déjà en pleine campagne, c'est l'adresse idéale pour qui souhaite dormir au calme. Ce petit manoir du XVe s avec son escalier à vis et ses cheminées de bonne taille offre une étape sympathique et de charme. Les chambres pleines de caractère et coquettes se partagent entre la maison principale et le pressoir. Pour tout le monde, cuisine équipée à disposition dans le pressoir.

🏠 **I●I Hostellerie de la Renaissance :** *20, av. de la 2e-D.B.* ☎ 02-33-36-14-20. ● *larenaissance.viel@wanadoo.fr* ● *arnaudviel.com* ● ✗ *Hôtel fermé dim soir ; resto fermé lun, et dim. Doubles 98-138 € ; familiales. Menus 25 € (midi en sem), 34 € (sauf w-e), puis 58-97 €.* Des goûts et des combinaisons novatrices : Arnaud Viel maîtrise sa palette de saveurs. Ici, les assiettes s'égaient d'un agneau de pays ou d'un foie gras de la ferme, qui envoûtent littéralement le palais. Du bocage au littoral, le chef connaît la musique. Côté hôtel, chambres tout confort et bien insonorisées à la déco soit classique, soit plus contemporaine. Certaines d'entre elles se situent dans la maison principale et d'autres, plus grandes et plus chic, dans l'annexe avec accès direct à l'espace bien-être (sauna, jacuzzi, hammam) et vue sur la piscine extérieure.

ARGENTAN / À VOIR | **535**

Où dormir ? Où manger dans les environs ?

Chambres d'hôtes

🏠 *Chambres d'hôtes au manoir de la Queurie :* 61150 *La Courbe.* ☎ 02-33-12-85-68 ou 📱 06-29-70-46-33. ● *thekla.benevello@gmail.com* ● *laqueurie.wordpress.com* ● *Tte l'année. Doubles 115-145 €. Table d'hôtes 35 €. Apéritif maison offert sur présentation du guide de l'année.* Au milieu de nulle part, un manoir du XVᵉ s magnifiquement réhabilité. Le corps de ferme qui ceint la cour est encore bien délabré mais confère un charme indéniable à l'ensemble, tandis qu'en contrebas du jardin coule une rivière où l'on peut se baigner ou s'adonner au kayak. Assurément, à l'intérieur, la déco résolument contemporaine et design contraste du tout au tout. Mais les modules suspendus mettent en valeur les beaux volumes, et le choix de matériaux nobles, renouvelables et écologiques apporte aux 2 chambres confort et douceur, tout en sobriété feutrée. Une très belle adresse pour amoureux en quête d'élégance et de quiétude. Accueil discret et adorable.

Prix moyens

🍽️ *La Table de Catherine au Faisan Doré :* sur la D 924, 61200 *Fontenai-sur-Orne.* ☎ 02-33-67-18-11. ● *lefaisandore@viaorne.fr* ● *Tlj sauf sam midi, dim soir et lun. Formule déj en sem 19 € ; menu 33 €. Kir normand offert sur présentation du guide de l'année.* Tandis que monsieur assure le service en salle, madame (la fameuse Catherine) s'active aux fourneaux. On la sent plus à son aise avec les viandes (bœuf de race normande !) qu'avec les poissons. La cuisine s'inspire fortement du terroir (cidre et pommes sont des ingrédients qui réapparaissent régulièrement au détour des plats) mais s'enrichit aussi de parfums ou de goûts plus méditerranéens ou exotiques. Le tout servi dans une déco gaie, faussement rétro, avec tapisseries à fleurs très épanouies et couleurs explosives.

À voir

🛅 *L'église Saint-Germain :* ouv tte l'année. Cette église, comme tant d'autres bâtisses de la ville, fut gravement endommagée par les bombardements de 1944. Commencée vers 1410, achevée vers le milieu du XVIIᵉ s, elle possède un porche latéral du XVᵉ s, finement sculpté, et une tour-lanterne de 53 m légèrement penchée. À l'intérieur, voûtes du déambulatoire très ouvragées. Détail curieux : l'église possède 2 tours, ce qui, à l'époque, était réservé aux cathédrales.

🛅 *La chapelle Saint-Nicolas :* sur la pl. du Marché. Construite en 1373 et réduite à ses murs en 1944, elle est finalement restaurée en 1952 pour accueillir, en 1966, un beau retable en chêne du XVIIIᵉ s provenant d'une église voisine. Elle abrite aujourd'hui l'office de tourisme.

🛅🛅 *Le musée Fernand-Léger – André-Mare :* ☎ 02-33-16-55-97. ● *musees-argentan.fr* ● *Ouv mar-dim, 13h30-18h jusqu'à juin, 10h-12h30 et 13h30-18h (uniquement l'ap-m dim) en juil-août ; à partir de sept, se renseigner. Entrée : 5 € ; réduc ; gratuit moins de 12 ans.* La Ville vient d'ouvrir ce musée qui retrace le parcours artistique de 2 enfants du pays, artistes et amis, dans la maison d'enfance de Fernand Léger. Un court film de quelques minutes présente l'œuvre des 2 hommes en associant aux œuvres des éléments d'animation ; très bien fait. Léger et Mare partageront 1 atelier à Paris, et seront source d'émulation l'un pour l'autre tout au long de leur vie, même si l'évolution de leur art et la guerre – la Grande – les éloigneront, ainsi que la mort prématurée de Mare, à 47 ans. Incontournable figure de la peinture moderne, l'œuvre foisonnante de Fernand Léger se rapproche rapidement de l'influence cubiste. Mare se révèle quant à lui excellent dessinateur et deviendra un artiste fondateur de l'Art déco. On y découvre des

536 | **L'ORNE / LA RÉGION DES HARAS ET DES CHÂTEAUX**

peintures bien sûr, mais aussi des objets décoratifs imaginés par André Mare, ainsi que des aquarelles tirées de ses *Carnets de guerre,* ou des toiles comme *Les Cueilleuses* ou *Les Chevaux.* Tout comme la scénographie du musée, son architecture intérieure est largement inspirée d'une œuvre majeure et colorée de Fernand Léger, *Les Constructeurs,* reproduite sur un très vaste pan de mur faisant fi des étages. Cette œuvre regroupe tous les principes que le cubiste a développés au cours de sa carrière de peintre. Le joli jardin de curé reproduit le tableau *Le Jardin de ma mère* de Léger.

🏃 *La Maison des dentelles :* 34, rue de la Noë. ☎ 02-33-67-50-78. ♿ *De mi-mars à mi-nov, mar-sam 10h-13h, 14h-18h, dim 15h-18h. Entrée : 3,50 € ; réduc ; gratuit le 1er dim du mois. Si vous le souhaitez, visite guidée comprise dans le prix.* Au bord du plan d'eau de la Noë, cette charmante maison bourgeoise du XIXe s'abrite une riche collection de dentelles (à l'aiguille, aux fuseaux, mécanique...) et retrace le passé dentellier d'Argentan, qui fut sous Louis XIV l'un des grands centres dentelliers du pays. Après avoir évoqué le fameux point d'Argentan – les bénédictines voisines sont les seules à le produire aujourd'hui –, la visite s'attarde sur les créations récentes afin que l'on puisse apprécier les évolutions de cet art, puis se termine par un petit tour de France de la dentelle. Également un film de 15 mn et des expos temporaires.

🏃 *Le donjon :* fermé pour restauration. Un des derniers vestiges de la fortification. Construit en 1120 par Henri Ier Beauclerc.

🏃🏃 *L'église Saint-Martin :* rue Saint-Martin. Malheureusement, ouv seulement ven en juil-août. Remarquable par ses proportions et par la finition de sa maçonnerie. Commencée vers 1450, elle ne fut terminée qu'au début du XVIe s. À l'intérieur, dans le chevet, un beau vitrail représente la mort de saint Martin qui évangélisa la région au IVe s.

🏃 *La tour Marguerite :* rue de la Vicomté. Juin-sept, tlj 9h-16h30 (18h sam-dim). GRATUIT. Promenade sur le chemin de ronde très sympa.

🏃🏃 Autour de l'église s'étend la ***basse ville,*** petit quartier épargné par les bombardements : une bonne vingtaine d'anciens hôtels particuliers (rue Pierre-Ozenne, rue Saint-Martin) et jolie place des Vieilles-Halles.

Fête et manifestation

– ***Fête des Pâtures :*** 14 juil.
– ***Concert d'orgue à l'église Saint-Germain :*** mar à 17h en juil-août. GRATUIT.

DANS LES ENVIRONS D'ARGENTAN

🏃 ***Atelier Balias – Château de Serans :*** à la sortie d'Écouché. ☎ 02-33-36-69-42. ● atelierbalias.com ● Ouv avr-sept, mar-dim 14h-18h. Entrée : 5 € ; réduc. L'artiste Balias ouvre son château au public : dans les galeries, des expos temporaires, dans le salon ou la salle à manger, ses propres fresques et, dans le parc, une cinquantaine de sculptures contemporaines dans un cadre assez unique. Surprenant et très réussi. Organise aussi des festivals, des expositions, des ateliers, toujours autour de l'art, de juin à septembre.

🏠 ***Chambres d'hôtes du château de Serans :*** ☎ 02-33-36-69-42. Ouv tte l'année. Double 95 €. Si les chambres, confortables mais très classiques, ne se démarquent pas particulièrement, l'environnement, en revanche, vaut vraiment la peine : déambuler parmi les œuvres d'art ou prendre son petit déj dans la salle à manger décorée par le maître est une vraie expérience ! Belle vue champêtre depuis les chambres. Accueil souriant.

DANS LES ENVIRONS D'ARGENTAN | 537

😾😾😾 🏃 *La boucle des châteaux de l'Orne :* au départ d'Argentan, une sympathique boucle permet de découvrir quelques merveilles architecturales et historiques. Nombre de propriétés sont privées et donc fermées au public, voire impossibles à observer depuis la route.

– *Le château d'O :* à **Mortrée,** *village situé sur la D 958, entre Sées et Argentan.* ☎ *02-33-12-67-46. Ouv en août seulement. GRATUIT. Visite guidée env 45 mn.*
L'un des plus connus et des plus élégants châteaux de Normandie. Ses hautes tourelles effilées et ses fenêtres délicates se reflètent dans les eaux de ses douves au milieu d'un très joli parc boisé.
Particularité du château : il est composite. Si c'était une tête humaine, on dirait d'elle qu'elle est magnifique de face, moyenne de profil et assez banale de dos... C'est vrai que la 1re façade qui s'offre à vos regards, de style gothique finissant, est pleine d'exubérance, de fantaisie et de finesse. Construit à la fin du XVe s, remanié et agrandi aux XVIIe et XVIIIe s, ce château appartint longtemps à la famille d'O, dont le dernier descendant fut François d'O, mignon de Henri III et désastreux ministre des Finances de Henri IV. Il est mort ruiné, « confit dans la débauche », en 1594.
Après la Seconde Guerre mondiale, le château abrita une colonie de vacances de la Marine nationale : certains murs et miroirs furent peints en rose et la salle de garde servait de salle de douche collective ! Un désastre. Un moment propriété de l'académicien Jacques de Lacretelle, homme de lettres et de goût, le château d'O a retrouvé une certaine splendeur.

– *Le château et le jardin à la française de Sassy :* à *Saint-Christophe-le-Jajolet.* ☎ *02-33-35-32-66. À 6 km à l'est du château d'O. De mai à mi-sept, tlj 10h30-12h30, 14h-18h ; de Pâques à mi-juin et 2de quinzaine de sept, w-e et j. fériés 15h-18h. Entrée : env 7 € ; réduc.* Surplombant la campagne environnante et un sublime « Jardin remarquable » étagé à la française, le château date de la fin du XVIIIe s. L'intérieur abrite de belles tapisse-

EN VOITURE, PRÉFÉREZ L'EAU BÉNITE AU VIN DE MESSE !

Le village de Saint-Christophe-le-Jajolet est l'un des rares lieux en France où se déroule chaque année, le dernier dimanche de juillet et le 1er dimanche d'octobre, un grand pèlerinage d'automobilistes. Saint Christophe étant le patron des automobilistes (et des routards !), ils viennent faire bénir leur voiture sur la place de l'église.

ries, ainsi que les souvenirs et la bibliothèque du chancelier Pasquier. Dans la petite chapelle perdue sous les hortensias, ne pas rater le beau retable en bois du XVe s, remarquable par le nombre des personnages sculptés. Délicieux cidre produit sur la propriété.

– *Le château de Médavy :* près d'Almenêches, à 12 km au sud-est d'Argentan. ☎ *02-33-35-05-09. Parc et château tlj de mi-juin à mi-sept 13h-19h et les w-e début juin et fin sept. Visite guidée : 6 € château, et 3 € parc, chapelle et colombier ; visite guidée de la tour Saint-Pierre, 9 € sur rdv.* Construit du XVe au XVIIIe s, il en impose avec ses 2 tours coiffées en dôme et ses douves qui rappellent son enceinte fortifiée. À l'intérieur, beau parquet en soleil, cartons de tapisseries, boiseries, chaises à porteur, collection d'atlas.

– *Le château du Bourg-Saint-Léonard :* à la sortie du Bourg-Saint-Léonard vers Trun et Chambois. ☎ *02-33-36-68-68. Visite guidée de mai à mi-sept, mar-dim à 14h30, 15h30 (et 16h30 juil-août). Entrée : 5 €.* Le château entouré d'un parc superbe et flanqué d'une orangerie et d'écuries est une belle construction du XVIIIe s. Datant de l'Ancien Régime, il abrite un vrai petit musée de la décoration du Siècle des lumières. Il rassemble une intéressante collection de meubles et boiseries d'époque, d'objets autour de l'art de la table et quelques tapisseries de Flandres et une d'Aubusson. Le parc paysager et son beau plan d'eau sont libres d'accès.

L'ORNE

LE HARAS NATIONAL DU PIN (LE PIN-AU-HARAS)

(61310)   330 hab.   *Carte Orne, C1*

Soudain, dans un virage, surgit cette sorte de palais royal, entièrement voué à « la plus noble conquête de l'homme ». Le cheval a trouvé ici son « Versailles », c'est l'écrivain et auteur de *Nez-de-cuir,* Jean de La Varende, qui l'a dit à la fin du XIXe s. Colbert en avait décidé la construction, Mansart dessiné les plans et Le Nôtre imaginé le jardin. Enfin, ce fut pendant très longtemps l'histoire officielle du haras. Mais aujourd'hui, on sait qu'en 1715, quand les terres du haras du Pin furent achetées, ces 3-là étaient déjà morts ! Alors, à défaut des maîtres, le haras a eu les élèves : des nommés Robert de Cotte et Pierre le Mousseux. Une chose est sûre : on n'a pas lésiné sur les moyens. Les bâtiments ne font pas injure au style Grand Siècle, et le parc présente une merveilleuse alternance d'allées forestières et de tapis d'herbe grasse.
On est ici au cœur du pays du Merlerault, dont l'herbe, considérée comme l'une des meilleures de France (sinon d'Europe), sert de pâture à des milliers de chevaux. Près de 20 % de l'élevage des pur-sang, des trotteurs de France, se concentrent dans ce triangle magique formé par Argentan, Gacé et le village du Merlerault. Rien qu'entre Nonant-le-Pin et Argentan, on compte plus de 20 haras.

LE ROYAUME DES DADAS LES PLUS BEAUX

Pour éviter la fuite des capitaux à l'étranger et l'achat de chevaux allemands pour les besoins de ses guerres, Louis XIV demanda à Colbert de prendre une mesure urgente en faveur des chevaux français. C'est ainsi qu'en 1665 fut fondé un 1er haras à Saint-Léger-en-Yvelines. Fiasco. En 1715, le roi, à qui on avait vanté la qualité des herbages ornais, décida l'achat des terres de la seigneurie du Pin. La construction du haras du Pin ne sera achevée qu'en 1730. À la Révolution, il devint haras national. Jusqu'en 2014, les haras nationaux avaient pour principales missions l'étalonnage public (vente de saillies d'étalons), l'aide à la conservation des races de chevaux de trait et l'accueil de manifestations hippiques (épreuves des Jeux équestres mondiaux en 2014). Depuis 2016, ce domaine de 1 112 ha (dont 250 ha de forêt et 680 ha de pâturages) est géré conjointement par le département de l'Orne, la région Normandie et l'État pour développer l'organisation d'événements, de concours, et l'offre touristique et culturelle. On trouve également sur le domaine un centre de formation aux métiers du cheval et aux techniques de reproduction.
Dans les bâtiments du XVIIIe s, le cœur historique du haras, on peut voir une superbe collection de voitures hippomobiles, la sellerie d'honneur et des chevaux de différentes races dont les célèbres percherons.

Où dormir dans les environs ?

🏠 *La Maison de Silly :* chez Martine et Claude Lainé, les Fieffes, 61310 **Silly-en-Gouffern.** ☎ 06-63-00-39-94. ● laine.martine@gmail.com ● lamaisondesilly.com ● *Suivre la D 926 vers Méguillaume puis prendre à droite sur la D 16, la maison est sur la gauche. Doubles 55-70 €.* Ce qui frappe d'emblée quand on entre dans cette maison de maître en bordure de forêt, c'est sa luminosité. Celle-ci est encore accentuée par la déco dans des teintes naturelles et douces. Les chambres, quant à elles, ont du caractère sans être figées dans les siècles passés (2 sont équipées de kitchenette). Location de vélos.

🏠 ◫ **Chambres d'hôtes chez M. et Mme Plassais :** la Grande Ferme, Sainte-Eugénie, 61160 **Aubry-en-Exmes.** ☎ 02-33-36-82-36. 📱 06-19-65-35-05. ● catherineplassais@sfr.fr ● chambres-hotes-ste-eugenie.com ● Double 58 €. Table d'hôtes sur résa 22 €. Apéritif maison offert sur présentation du guide de l'année. 4 chambres dans une ferme en activité, dont la façade typique est recouverte de lierre. Confort rustique tout à fait convenable : salle de bains et armoire normande pour tout le monde ! Vue agréable sur un pré tranquille et verdoyant. Ambiance familiale.

La visite du haras

– **Informations :** ☎ 02-33-36-68-68. ● haras-national-du-pin.com ●
– **Horaires :** avr-sept, tlj 10h-18h ; fév-mars et d'oct à mi-nov, pdt petites vac scol seulement, tlj 10h30-12h, 14h-17h. Compter 1h30 de visite. Congés : de mi-nov à mi-déc et janv-début fév.
– **Tarifs :** à partir de 8 € (visite guidée du haras). En été, visites possibles en sus de la maréchalerie, de l'atelier de sellerie, du château, promenade en attelage, atelier reproduction de chevaux. Livrets-jeux pour les enfants.
– **Spectacles équestres :** ts les w-e et j. fériés avr-sept et petites vac scol plus mer et ven juil-août à 15h. Tarif : 12 € ; réduc. Les artistes vous dévoilent leurs méthodes de dressage lors des coulisses du spectacle (tlj à 15h avr-sept – sauf j. de spectacle).

🐎🐎🐎 **Les écuries :** pendant la **visite guidée** du haras, accès aux écuries secondaires. Construites dans la 2de moitié du XVIIIe s, elles sont très belles, et particulièrement rétro. Les bâtiments jouent joyeusement du contraste brique rouge-calcaire blanc. Et les chevaux ont l'air ravis d'être là.

BOUTE-EN-TRAIN

À l'origine, ce n'est pas un rigolo mais un cheval qui « excite l'arrière » ! Il s'agit de celui qu'on place auprès des femelles afin de repérer si elles sont en chaleur ou non. A ces périodes-là, leur attitude change (elles urinent fréquemment). Au dernier moment, on le remplace par l'étalon qui les fécondera. C'est injuste.

🐎🐎 **Le parcours découverte de l'écurie n° 1 :** l'écurie n° 1, qui date de 1715, abrite un vaste **espace muséographique** moderne et bien conçu. On apprend tout sur ces équidés, de l'anatomie aux races en passant par les allures, mais également sur les différents métiers qui en découlent. À l'étage, historique intéressant sur les haras. Films, bornes interactives, théâtre optique... Abrite également des expos temporaires de juin à septembre.

🐎🐎 **La collection de calèches :** nostalgie, quand tu nous tiens ! Voici bel et bien les ancêtres de nos voitures actuelles : milord, phaéton... D'ailleurs, au XIXe s, on les appelait déjà des voitures (hippomobiles).

🐎🐎 **La sellerie d'honneur, l'atelier de sellerie et la maréchalerie :** en été, visite des ateliers. On peut en revanche accéder toute l'année à la très belle sellerie d'honneur présentant des boiseries et de beaux harnais.

🐎🐎 **Le château :** 1 visite guidée/j. ; tlj avr-sept. Tapisseries, mobilier, objets d'art, tableaux...

Manifestations

Voir le programme complet des manifestations sur le site.

– **Spectacle équestre dans le manège :** ts les w-e avr-fin sept, plus mer et ven en juil-août à 15h30 (mais aussi pdt les vac de la Toussaint et de Noël). Entrée : 10 €.

540 | L'ORNE / LE PAYS D'AUGE ORNAIS

– **Courses à l'hippodrome de la Bergerie :** *début mai et mi-oct. Entrée : 5 €.*
– **Animation spéciale « Les Jeudis du Pin » :** *de juin à mi-sept, jeu à 15h30. Entrée : 12 €.* Dans la carrière à côté du haras, sympathique présentation commentée de chevaux et d'attelages, ponctuée par des numéros équestres exécutés par des artistes en résidence.
– **Concours international d'attelage :** *fin juil.*
– **Concours complet international :** *début août.*
– **Championnat de France de la race percheronne :** *dernier w-e de sept.*

LE PAYS D'AUGE ORNAIS

C'est sur cette terre de vallons verdoyants plantés de pommiers, avec vaches et maisons à colombages en arrière-plan, qu'est fabriqué l'un des produits phares de la Normandie : le camembert. Le coin vit aussi naître Charlotte Corday, aux Champeaux-en-Auge exactement. C'est aussi là, pendant la Seconde Guerre mondiale, que s'est jouée une phase décisive pour la libération de la France.

CHAMBOIS ET LE MONT ORMEL

(61160)   *Carte Orne, C1*

C'est dans les haies du bocage de la partie sud-ouest du pays d'Auge que s'est joué le dernier acte de la bataille de Normandie, du 16 au 22 août 1944. Bien qu'on évoque plus souvent la poche de Falaise-Chambois, c'est dans l'Orne que l'armée allemande fut encerclée et les soldats pris en tenaille par les troupes alliées. Le dénouement de la bataille eut lieu dans un tout petit territoire (5 x 5 km environ), en forme de triangle, délimité par Chambois (au sud), Trun (à l'ouest) et la colline du mont Ormel (au nord). C'est là que les plus féroces combats firent rage.
Pour le général Dwight Eisenhower, commandant suprême des Alliés, ce fut « le plus grand champ de tuerie qu'aucun secteur de la guerre eût jamais connu ». Plus de 50 000 Allemands démoralisés y furent tués ou capturés. Dans ce véritable piège, les soldats de la VIIe armée allemande furent contraints à la retraite et se retrouvèrent enfermés dans le célèbre « couloir de la Mort », où la plupart périrent. En face d'eux, des Américains, des Canadiens, des Britanniques, des Français, mais aussi des Polonais déterminés qui tinrent jusqu'au bout le site stratégique du mont Ormel. « Bien que la bataille de la poche de Falaise-Chambois n'eût pas réalisé la totale extermination des armées allemandes en Normandie, leur puissance utile de combat était brisée et notre route à travers la France ouverte », estimera Eisenhower.

Où dormir dans les environs ?

🏠 **Chambres d'hôtes de La Cour-Bonnet :** *chez Martine et Régis Bodé, 61160 Neauphe-sur-Dive.* ☎ *02-33-36-64-91.* 📱 *07-87-86-42-11.* ● *regis. martine.bode@orange.fr* ● *la-cour-bonnet-gite-chambre-hotes.com* ●

♿ *Congés : mi-nov. Double 85 €.* Vous logerez ici dans une des dépendances de la maison des propriétaires, qui servait auparavant d'étable, de poulailler et de grenier à foin. Non seulement la petite bâtisse joliment située

LA ROUTE DU CAMEMBERT | **541**

au bord d'un plan d'eau ne manque pas de caractère avec ses colombages, mais les chambres sont fraîches, lumineuses et soigneusement apprêtées. L'une d'entre elles dispose même de son petit balcon. Cuisine à disposition pour les séjours de plusieurs nuits.

À voir

🏃 **Chambois :** rien de particulier à voir, hormis le superbe donjon carré du XIIe s, élevé sur 3 étages, et, au carrefour de la Victoire, la stèle commémorative de la bataille de Chambois et 1 monument qui rend hommage aux troupes cannadiennes. Le soir du 19 août 1944, les soldats américains font, avec les Polonais, la jonction à Chambois, tandis que les troupes allemandes jettent leurs dernières forces dans la bataille. Pour la 1re fois depuis le Débarquement, des hommes s'affrontent à la baïonnette et au poignard. Ne pas louper la belle église inscrite aux Monuments historiques, ouverte tous les jours. Une épicerie *(fermée jeu)* et une boulangerie *(fermée lun)* donnent la possibilité de grignoter à Chambois (tables de pique-nique devant le donjon).

🏃🏃 **Le mont Ormel :** *à 6 km au nord-est de Chambois par la D 16.* Sur la droite de la route en allant vers Chambois, un petit chemin conduit au mémorial de Coudehard-Montormel, au sommet d'une colline de 262 m d'où l'on a une vue très étendue sur la cuvette de la Dives, qui fut le tombeau de l'armée allemande. Là se dresse un grand mur de pierre portant des inscriptions en français, en anglais et en polonais.

➤ **Le circuit Août 44 :** *petite brochure disponible auprès du mémorial de Montormel.* Parcours en 10 étapes (soit environ 20 km), avec panneaux et photos montrant l'avant et l'après, pour découvrir les points clés de la poche de Falaise-Chambois. Un intérêt historique évident et, en plus, le coin est superbe. Possibilité d'ailleurs d'effectuer ce parcours à vélo, mais préparez-vous à grimper quelques très belles côtes !

🏃🏃🏃 🏃🏃 **Le mémorial de Montormel :** ☎ 02-33-67-38-61. ● *memorial-mon tormel.org* ● ♿ *Mai-août, tlj 9h30-18h ; avr et sept-oct, tlj 10h-17h ; le reste de l'année, mer et w-e 10h-17h. Visite guidée seulement (env 1h). Entrée : 7 € ; réduc.* Une visite indispensable, avec un petit film, des vitrines avec le matériel trouvé sur le champ de bataille, une présentation audio et des explications face au site, à travers une baie vitrée, données par des guides de grande qualité. Nombreuses anecdotes, et malheureusement pas toujours drôles. Présente aussi des expos, des rencontres, des films, du théâtre, des sorties sur le site, des lectures de poèmes pour ne pas oublier.

🏃🏃 **Le couloir de la Mort :** *entre Chambois et Saint-Lambert-sur-Dives, sur la route D 13, vers Trun, sur la droite, une petite route débouche au lieu-dit Gué-de-Moissy.* C'est le site historique de la bataille de la poche de Chambois-Montormel, où plus de 100 000 soldats de l'armée allemande en retraite se retrouvèrent pris au piège et encerclés par les troupes alliées (10 000 morts environ, 30 000 à 50 000 prisonniers). De septembre à décembre 1944, une brigade britannique « nettoya » le site, mais encore aujourd'hui on retrouve régulièrement des ossements.

LA ROUTE DU CAMEMBERT

Une très belle balade, à faire de préférence au printemps, quand les pommiers sont en fleur et la campagne bien verte. Par d'adorables petites routes, on explore ainsi le pays d'Auge ornais, subtil bocage où alternent de douces

542 | L'ORNE / LE PAYS D'AUGE ORNAIS

collines et des vallons douillets. Un pays béni par les dieux de la terre, une terre nourricière avec des vaches sommeillant dans les prés, des villages de poupée, de craquantes maisons à colombages.

CAMEMBERT (61120)

Minuscule village accroché au flanc d'une colline, mais un nom qui a fait plusieurs fois le tour du monde. Et les habitants de ce trou normand ont un dieu, le camembert, et une déesse, Marie Harel. Pendant la période révolutionnaire, cette jeune fermière aurait caché un prêtre réfractaire dans sa ferme de Beaumoncel. En guise de remerciement, le brave homme pourchassé lui aurait délivré le secret de fabrication du fameux fromage. En 1791, elle aurait ainsi élaboré un frometon nouveau, mélange de l'ancien camembert (ce fromage est déjà cité en 1702 par Thomas Corneille, frère du grand poète dramatique) et du fromage de Brie, autre fromage créé par des prêtres. Puis elle transmit son savoir-faire à sa fille. Un jour où Napoléon III inaugurait la ligne de chemin de fer Paris-Granville (à Surdon), on lui en fit goûter un. L'empereur fut conquis. Le 9 août 1863 au haras du Pin, il décida de confier à Victor Paynel, petit-fils de Marie Harel, le privilège d'en fournir désormais la table impériale. L'aventure commença. Et un emballage de minces rubans de peupliers (d'où une bonne conservation) permit son exportation à travers le monde.

Où acheter un camembert fermier ?

⌘ **Fromagerie Durand :** *chez M. et Mme Durand.* ☎ 02-33-39-08-08. ● *camembertdurand.fr* ● *Du centre de Camembert, prendre la direction Trun sur la D 246, c'est à 3 km à droite. Tte l'année, tlj sauf dim 10h-18h.* Il s'agit du dernier fermier à fabriquer du camembert à Camembert ! D'appellation d'origine protégée bien sûr ! Il serait donc dommage de ne pas en profiter, surtout qu'il est absolument délicieux... Boutique et vitrines pour assister à la fabrication.

À voir

🍴 🚶 *Le musée de la Maison du camembert :* au village (on ne peut pas le louper !). ☎ 02-33-12-10-37. ● *maisonducamembert.com* ● ♿ *Mars-avr et oct, mer-dim 10h-11h30, 14h-16h30 ; mai, tlj ; juin-sept, tlj 10h-11h30, 14h-17h45 ; sinon, téléphoner avt. Entrée : 4 € ; réduc ; gratuit moins de 10 ans.* Camembert avait besoin d'un lieu moderne comme vitrine de son sacré fromage. Le groupe Lactalis, propriétaire de la marque Président et de 2 camemberts AOP (Moulin de Cassel et Jort), a donc sauté sur l'occasion. Il ne s'agit pas d'un site de production mais d'un centre pédagogique bien conçu, expliquant la fabrication et l'histoire du fameux fromage de façon vivante et originale. On découvre les anciennes techniques, les outils d'autrefois et toutes les étapes nécessaires en amont de la production (la traite, la collecte, etc.). On regarde, on apprend, on sent, on touche et on goûte ! Bonne visite audioguidée (40 mn).

⌘ 🍽 *La boutique de la Maison du camembert :* en face de la Maison du camembert. ☎ 02-33-12-10-37. ♿ *Mars-avr et oct, mer-dim 9h30-12h30, 14h-17h30 ; mai, tlj 9h45-17h30 ; juin-août, tlj 10h-18h30 ; sept, lun-mar 9h45-12h30, 13h45-17h30, mer-dim 9h30-17h30.* Un « bar à fromages » avec des marques fabriquées mécaniquement ou de façon artisanale, et les 4 AOC de Normandie : le pont-l'évêque, le livarot, le neufchâtel et naturellement le camembert. Assiettes de dégustation, camemberts rôtis, etc. Vous pourrez même faire un photomaton de vous pour intégrer votre visage sur une étiquette de Camembert !

LA ROUTE DU CAMEMBERT / VIMOUTIERS | 543

VIMOUTIERS (61120)

La « capitale » du pays du Camembert fut lourdement bombardée par les Américains pendant la Seconde Guerre mondiale. Paradoxalement, c'est à ce carnage que l'église doit aujourd'hui ses bien jolis vitraux.

Adresse et info utiles

▯ Office de tourisme des Vallées d'Auge et Merlerault : *21, pl. de Mackau.* ☎ *02-33-67-49-42.* ● *touris mecamembert.fr* ● *Mai-nov, mar-ven 10h30-12h30, 14h30-17h30, sam 10h30-12h30 (plus lun ap-m pdt les vac scol).* C'est ici que vous trouverez toutes les infos pour explorer le pays du Camembert, ainsi qu'un livret découverte pour enfants.
– L'application flashcode « Camembert Tour » permet d'explorer tout le coin.

Où manger ?

|●| ↑ Le Hérisson : *3, rue du 14-Juin.* ☎ *02-33-12-93-44. Dans une rue débouchant sur la place principale (pl. de Mackau). Tlj sauf dim-lun. Menus 18-24,50 €. Carte env 25 €.* Un endroit tout simple, tout frais, comme la cuisine ! Les petits plats, cuisinés au feu de bois, et les « Crousti'flam », leur spécialité, sont tous confectionnés sur place, à base de produits bio de qualité et de saison provenant des fermes alentour. Et ça se goûte : lasagnes au poulet fermier et calva, tripes artisanales...

À voir

🏃🏃 🏃 Le musée du Camembert : *10, av. du Général-de-Gaulle.* ☎ *02-33-39-30-29.* ● *contact@museeducamembert.fr* ● *museeducamembert.fr* ● ♿ *Avr-oct, tlj 14h-18h ; juil-août, tlj 10h-18h. Entrée : 3 € ; gratuit moins de 11 ans. Dégustations pour 1 ou 2 €.* Musée entièrement consacré au plus renommé des fromages. On y explique les différentes étapes de la fabrication du camembert, de la collecte du lait à sa commercialisation, en passant par l'emprésurage, le moulage, le séchage et l'affinage, etc. Les yeux des tyrosémiophiles (collectionneurs d'étiquettes... de camembert) loucheront devant les 10 000 étiquettes exposées. À noter qu'il ne reste plus qu'une douzaine de producteurs (dont seulement 2 fermiers !) dans la région à faire du camembert AOP, répondant donc aux critères stricts du cahier des charges de l'appellation. Finalement, le calendos devient un produit rare... En été, ateliers (fabrication du beurre, recettes, jeux enfants...).

🏃 Les statues de Marie Harel, l'inventrice du camembert : la 1re statue, à côté de l'église Notre-Dame, inaugurée en 1928 par le président Millerand, fut décapitée dans les bombardements. Pour la remplacer, en 1953, les ouvriers d'une très importante fromagerie de l'Ohio, la *Borden's Cheese Company,* se cotisèrent afin de financer celle située square Bosworth, près des halles. Le plus drôle : les remous que provoqua l'inscription au bas de celle-ci. Les généreux donateurs avaient écrits : « À Marie Harel, statue offerte par la fabrique de camemberts Borden (Ohio) ». Ce qui provoqua l'ire du syndicat des fromagers de Normandie, pour qui un camembert ne pouvait décemment pas être fabriqué aux États-Unis (qui depuis 1951 interdisaient l'entrée de tous produits laitiers non pasteurisés sur le territoire américain) ! On finit par opter pour un consensuel : « Cette statue a été offerte par 400 hommes et femmes faisant du fromage à Van Wert (Ohio) », et la statue put ainsi être inaugurée à Vimoutiers en 1956. Par ailleurs, les dates sur les statues sont fausses, car ce n'est qu'en 1991 qu'on découvrit la date exacte du décès de la célèbre inventrice... soit 1844.

544 | L'ORNE / LE PAYS D'AUGE ORNAIS

⚔ Les vitraux de l'église Notre-Dame de Vimoutiers : *juste en face de l'office de tourisme.* En juin 1944, en 30 mn, un raid aérien pulvérise la ville. Parmi les quelques bâtiments rescapés de ce carnage : l'église, mais privée de ses vitraux, qui ont explosé. Après la guerre, la ville décide de les reconstruire. Elle opte pour la technique à base de dalles de verre taillées et de ciment, bien que celle-ci soit plus onéreuse que celle, plus commune, à base de verre et de plomb. Leur réalisation est confiée à Gabriel Loire (1904-1996), grand maître verrier français dont on peut admirer les œuvres aussi bien

---

ARRÊTE TON CHAR !

Le 19 août 1944, des chars allemands rejoignirent un dépôt d'essence au château de l'Horloge à Ticheville. La Résistance ayant coupé les routes d'accès les plus directes, ils furent obligés de faire un détour, et nombre d'entre eux tombèrent en panne d'essence ou furent incapables de franchir les montées trop raides. 60 chars allemands furent ainsi abandonnés. Celui de Vimoutiers s'immobilisa sur la chaussée à la sortie de la ville. Ses occupants l'abandonnèrent, et des bulldozers américains le poussèrent ensuite dans le fossé, près de l'emplacement qui est encore le sien aujourd'hui.

---

en France qu'en Allemagne, aux États-Unis, au Japon, ou encore au Chili ; une partie d'entre eux est financée par le Pilot Club International et d'autres sont offerts par les clubs de Philadelphie, Chicago, etc. Que viennent donc faire les États-Unis dans cette histoire, nous direz-vous ? Margaret Mitchell (l'auteur d'*Autant en emporte le vent*) était une amie de Denis Barois, gendre du Dr Boullard, homme profondément engagé dans la reconstruction de Vimoutiers après la guerre. C'est elle qui œuvrera afin que le Pilot Club International parraine Vimoutiers et finance ses vitraux. Et le plus beau, dans toute cette histoire ? Les vitraux eux-mêmes ! Ils retracent non seulement la vie du Christ, mais aussi l'histoire de la Normandie (évocation de Jeanne d'Arc, de l'abbaye de Jumièges...).

⚔ Le char Tigre : *à la sortie de la ville, sur la D 979 en direction de Gacé.* Classé Monument historique en 1975, c'est l'un des 2 seuls chars Tigre de ce type restant en France.

CROUTTES (61120)

Petit village à 6 km à l'ouest de Vimoutiers (par la D 916), au nom adapté à la région ! Quelques habitations troglodytiques et un superbe prieuré.

Où acheter de bons produits fermiers ?

⚜ La Galotière : *au lieu-dit du même nom, famille Olivier.* ☎ 02-33-39-05-98. ● lagalotiere.fr ● ⚒ *À 5 km à l'ouest de Vimoutiers. Tlj sauf dim 9h-12h30, 14h-18h. Portes ouvertes le 1er dim d'août.* Une vraie carte postale : cette adorable ferme normande nichée au creux d'une vallée est environnée de vergers, où les vaches paissent paisiblement. Possibilité de déguster et d'acheter le jus de pomme, le cidre (et sa variante glacée), le poiré, le pommeau et le calvados de la maison.

À voir

⚔ Le prieuré Saint-Michel : ☎ 02-33-39-15-15. ● prieure-saint-michel. com ● *Indiqué depuis Croutte. Juin-août, tlj sauf lun-mar (non fériés)*

LA ROUTE DU CAMEMBERT / LE SAP | **545**

14h-18h ; mai et sept, ven-dim 14h-18h. Entrée : 6 € ; réduc. Env 45 mn de visite. Un merveilleux endroit, en pleine nature, pour une agréable promenade ou pour écouter un concert. Ancien prieuré rural des XIIᵉ et XIIIᵉ s, dépendant jadis de l'abbaye de Jumièges. Tous les bâtiments médiévaux ont été soigneusement restaurés : la ravissante chapelle du XIIIᵉ s (qui abrite parfois des expositions de peinture), la grange dîmière où l'on entreposait les récoltes, le pressoir à pans de bois du XVᵉ s prolongeant une hôtellerie du XIVᵉ s. Délicieux jardins : une roseraie, un verger, un jardin de plantes médicinales, des enclos de charmilles qui cachent jardins des simples ou des iris, une source canalisée par les moines qui alimente un bassin de nymphéas où chantent les grenouilles et nagent les tortues... Également des chambres d'hôtes.

LE SAP (61470)

Le Sap n'a subi aucun bombardement durant la guerre, c'est pourquoi cette « Petite cité de caractère » a conservé ses belles et vieilles maisons. On ne vous mentira pas, toutefois : le village n'est pas le plus vivant qui soit... Dommage !

Adresse et info utiles

🅸 *Office de tourisme des Vallées d'Auge et Merlerault, annexe du Sap :* 1, pl. du Marché. ☎ 02-33-67-49-42 (Vimoutiers). ● tourismeca membert.fr ● *Ouv seulement juil-août.*

Propose des visites sur l'histoire et l'architecture de cette petite cité à pans de bois.
– *Marché :* sam mat.

Où dormir ? Où manger dans le coin ?

🏠 *Chambres d'hôtes La Hérissonnière :* 61470 *Saint-Aubin-de-Bonneval.* ☎ 09-82-30-76-48. ● pommenial@herissonniere.fr ● *herissonniere.fr ● À env 10 km au nord du Sap.* Doubles 65-95 € ; *familiales.* Dans une belle propriété de 65 ha appartenant à la même famille depuis 6 générations, de belles chambres au charme rustique et raffiné. Celle du pigeonnier peut à la demande se transformer en suite familiale. À signaler également, 2 beaux gîtes dans les dépendances. Pour un séjour parfaitement bucolique, des soins à base de pomme sont proposés au *Spom,* un spa 100 % normand.

🍴🍸 *Restaurant La Maison du Vert :* 61120 *Ticheville.* ☎ 02-33-36-95-84. ● mail@maisonduvert. com ● *À 6 km à l'ouest du Sap. Ouv de Pâques à mi-sept. Fermé le midi lun-jeu. Résa conseillée. Carte 30-35 €. CB refusées.* Ce n'est pas banal, ça, un resto tenu par des Anglais qui mettent un point d'honneur à servir une cuisine inventive, fine et parfumée, mais uniquement végétarienne et préparée à partir des légumes du potager bio, des fruits du jardin et des œufs de leurs poules. Même le pain est fait maison ! L'autre grand attrait de l'endroit, et presque aussi délicieux que la cuisine : le jardin, où l'on s'attable quand le temps le permet. Les salles dans la maison ont, en revanche, beaucoup moins de charme.

À voir

🎋🎋🎋 *Le centre-ville :* de magnifiques maisons à colombages le long de ruelles typiquement normandes, une gendarmerie plus que centenaire et

L'ORNE

546 | L'ORNE / LE PAYS D'AUGE ORNAIS

surtout ses vieilles halles en brique datant de l'époque où le textile était florissant. Près de l'église, face à l'écomusée, à l'angle de la rue Raoul-Heurgault et de la place, pan de mur original où sont dispersés quelques carreaux de *céramique du pays d'Auge* très colorés et des lambrequins tout aussi incongrus. Aucune explication historique, le tout n'est qu'esthétique !

🚶🏃 *L'écomusée « De la Pomme au Calvados » : rue du Grand-Jardin.* ☎ 02-33-35-25-89. ● le-grand-jardin.asso.fr ● Juil-août, tlj sauf lun 10h30-12h30, 14h-18h ; juin et sept, mer-dim 14h-18h ; avr-mai et oct-nov, w-e 14h-17h, plus le ven en mai. Fermé janv-fév. Entrée : 3,50 € en visite libre et 4 € en visite guidée ; réduc ; gratuit moins de 12 ans. Compter 1h de visite.* Ce petit écomusée est idéalement situé... dans une ancienne cidrerie !

LES POMMES NE COMPTENT PAS POUR DES PRUNES

La pomme se décline en plusieurs milliers de variétés (7 500 selon certains scientifiques, 11 324 pour les plus précis, ou plus de 20 000 pour les extrêmes). Elle est le fruit que l'on rencontre le plus souvent dans les expressions de la langue française : « tomber dans les pommes », « haut comme 3 pommes », « ma pomme », « la pomme de discorde », « la pomme d'Adam »...

À l'arrivée, belles cuves en ciment-verre (prévues pour le vin à l'origine, d'où les fissures visibles à l'intérieur sous la pression du cidre). Tout le nécessaire à la fabrication : gadage (avant de presser les pommes), pressoir à longue étreinte (du XVIII\ :\ s) et, à l'extérieur, l'alambic pour la double distillation du calva. Verger conservatoire.

L'ORNE

GACÉ   (61230)   1 966 hab.   *Carte Orne, C1*

Une petite ville aux confins du pays d'Auge et du pays d'Ouche, depuis laquelle on a une jolie vue de la route de Chambois (la D 13). Rien de particulier à voir sauf le château, où se trouve un musée consacré à l'héroïne du pays : la Dame aux camélias.

L'INCROYABLE ET VÉRIDIQUE HISTOIRE DE LA DAME AUX CAMÉLIAS

Extraordinaire et tragique destin que celui d'Alphonsine Plessis, dite « Marie Duplessis », petite Normande inculte, née en 1824 à Nonant-le-Pin et devenue à 21 ans une grande courtisane, séduisante et adulée par les hommes de son temps. Une vraie mangeuse d'amants (on dit qu'elle en aurait eu plus de 1 000 en 5 ans !) dans le Paris riche et galant du milieu du XIX\ :\ s. Un jour, l'écrivain Alexandre Dumas

DITES-LE AVEC DES FLEURS...

Ami lecteur, savez-vous pourquoi la jeune courtisane (ou ce qu'on appellerait une escort aujourd'hui) Alphonsine Plessis fut surnommée la Dame aux camélias ? Tout simplement parce qu'elle ne sortait jamais dans Paris sans un bouquet de camélias blancs (sauf quelques jours par mois où le bouquet était rouge pour avertir qu'elle était indisposée).

(fils) fait sa connaissance et en tombe follement amoureux. Amour impossible. Ils se séparent, la mort dans l'âme. Envoûté, il décide d'écrire un roman sur elle : *La Dame aux camélias.* Succès immédiat du livre, qui devient une pièce de théâtre. Le Tout-Paris se bouscule pour la voir. Le musicien Verdi s'en inspire pour écrire *La Traviata.* Résultat : voilà une gamine inconnue dont la vie fait encore pleurer les foules, d'Aurillac à Tokyo, de Grande-Bretagne jusqu'au Brésil ! Un mythe ? Une énigme ?

Revenons un peu à ses origines. Son père ? Une sorte de colporteur très beau, violent et buveur (il était le fils reconnu du curé d'un village des environs). Sa mère était d'une grande beauté. Alphonsine erre sur les chemins de son pays natal. Très jeune encore, elle est jetée en pâture au libertinage d'un septuagénaire... Sa mère meurt. Alphonsine vend, pendant quelque temps, des parapluies à Gacé, puis elle monte à Paris. Elle a 14 ans, ne sait ni lire ni écrire. Mais elle possède une beauté du diable : « 1,67 m, les cheveux châtains, les yeux noirs, le front moyen, les sourcils bruns, le nez bien fait, la bouche petite, le menton rond, le visage ovale, le teint pâle... » En l'espace de 2 ans, elle se transforme, sous l'effet des innombrables galants et amants, dont le musicien Liszt, qui la courtisent. Tous les hommes (riches) craqueront pour elle, jeunes et vieux ! Sa vie fut brève : elle disparaît à 23 ans, victime d'une violente tuberculose, dans une sorte d'agonie-rédemption qui impressionnera Dumas. Au cimetière de Montmartre à Paris, sa tombe est toujours fleurie par d'anonymes et fervents admirateurs.

Où dormir ? Où manger à Gacé et dans les environs ?

🏠 *Le Relais de Cisai :* *Saint-Aubin, 61230* **Cisai-Saint-Aubin.** ☎ *02-33-39-33-81.* 🖥 *06-16-27-03-11.* ● *relais decisai@orange.fr ● relaisdecisai.com ● Doubles 60-75 € ; gîtes 250-640 €/sem. Apéritif offert sur présentation du guide de l'année.* On arrive au détour de jolies petites routes dans ce coin de campagne paumé mais charmant. L'ancienne grange du XIXe s qui abrite aujourd'hui ce gîte confortable a fait l'objet d'une restauration soigneuse : aménagement sobre, couleurs douces, matériaux de qualité. La maison a son propre jardin et peut être louée en chambres d'hôtes ou en gîte (formule 2 ou 3 chambres). Accueil chevaux.

🍽 *Le 23 Grande-Rue :* *23, Grande-Rue, à Gacé.* ☎ *02-33-67-14-28.* ● *le23restaurant@gmail.com ● Fermé lun soir-mer. Congés : 2 sem fin janv, 1 sem en mai et 2 sem en sept. Le midi, formules 15 € (sauf dim) et 24 € ; carte env 25 €.* La carte n'est pas bien longue : des galettes, des crêpes et quelques plats genre saumon gravlax, tête de veau sauce gribiche, navarin d'agneau ou pièce de bœuf. Très simple, donc, mais du très simple qui se tient ! En plus, le cadre est agréable : les livres y font littéralement tapisserie, en alternance avec les murs de pierre. Un petit coup de cœur !

À voir

🔍 *Le musée de la Dame aux camélias :* *dans le château.* ☎ *02-33-67-08-59 ou 02-33-35-50-24 (mairie de Gacé). De mi-juin à mi-sept, visite guidée tlj sauf dim-lun 14h-18h (dernière visite à 17h). Tarif : 4 € ; réduc ; gratuit moins de 18 ans. Prévoir env 1h de visite.* Tout un étage est consacré à la vie de la Dame aux camélias à travers de nombreux objets ayant appartenu à Alphonsine : 2 de ses passeports portant des informations divergentes (elle change son âge et déclare qu'elle est rentière...), des bijoux, un petit lézard porte-bonheur, bref, peu de choses finalement pour une dame aussi adorée (même par les Japonais, à cause de ses yeux noirs un peu bridés et de ses camélias !). Un petit circuit permet de suivre ses traces, du château de Gacé à Courménil, en passant par Nonant-le-Pin ou Exmes...

LE PAYS D'OUCHE

Les Petites Filles modèles, Un bon petit diable, Les Malheurs de Sophie... Autant de titres qui ont rythmé notre enfance, imaginés par la comtesse de Ségur, qui vivait au cœur de ce pays d'Ouche et des vieilles forges. Un petit air romantique avec ses nombreux cours d'eau rieurs et ses ruines de l'abbaye de Saint-Évroult-Notre-Dame-des-Bois.
– Pour plus d'infos : ● ornetourisme.com ●

L'AIGLE (61300) 8 242 hab. *Carte Orne, D1*

La ville est ainsi baptisée car on a trouvé un nid d'aigle dans les communs de son château. Qu'y a-t-il de commun entre des aiguilles, du grison, du cervelas et la comtesse de Ségur ? Apparemment rien. Et pourtant... Ce bric-à-brac surréaliste fait bel et bien partie de la réalité de L'Aigle. Les aiguilles ? Le dernier fabricant d'aiguilles en France (les établissements Bohin) se trouve sur la commune, et l'entreprise se visite. Le grison ? À cause des nombreuses maisons construites avec cette étrange pierre. Le cervelas ? Il est depuis toujours la spécialité aiglonne. La comtesse de Ségur ? Elle a longtemps vécu près de L'Aigle, dans un château où elle écrivit la plupart de ses ouvrages. Au-delà de tout ça, on y trouve aussi l'un des plus importants marchés de Normandie, de bons petits restos, des coins pour la rando et un centre-ville commerçant et agréable. Bonne promenade dans cette jolie petite ville du pays d'Ouche !

Adresses et info utiles

ⓘ Office de tourisme : pl. Fulbert-de-Beina. ☎ 02-33-24-12-40. ● contact@ouche-normandie.fr ● ouche-normandie.fr ● Lun-sam 9h-12h, 14h-18h ; plus dim 9h-13h juil-août. Installé dans les communs du château du XVIIe s dessiné par Mansart. Support gratuit disponible pour une visite de la ville et un circuit touristique sur la communauté de communes des pays de L'Aigle.

■ Club Canaoë-Kayak : base de Saint-Sulpice-sur-Risle. ▯ 06-82-68-14-79. ● risleadventure.jimdo.com ● Direction Rugles. Mer et sam 14h-16h, sur résa. Randonnées et initiation au canoë-kayak sur la Risle.
– Marché : mar mat, dans tt le centre-ville. Un grand et beau marché traditionnel. Incontournable dans la région.

Où dormir ? Où manger ?

🏠 |●| ↑ O'Château : 11, pl. Saint-Martin. ☎ 02-33-24-00-97. ● info@chambre-hote-orne.com ● chambre-hote-orne.com ● ♿ (resto). Resto ouv le midi lun-sam, et le soir ven-sam. Double env 60 €. Au resto : formules midi 13-17 € ; carte 15-30 €. En plein centre, en face de l'office de tourisme, une adresse qui réunit sous la même enseigne un petit pub à l'anglaise, un bistrot et 5 chambres. 3 d'entre elles sont vastes, et le style est bourgeois très vieille France. Les 2 autres, très bien elles aussi, sont sous les toits, plus petites, et leur déco récente. Bref, un lieu vraiment insolite et bien tenu. Côté bistrot, cuisine traditionnelle correcte. Clientèle d'habitués, vite installée soit en terrasse, soit dans l'arrière-salle fort coquette. Accueil charmant.

|●| Le Marmiton : la Croix-Lamirault. ☎ 02-33-84-10-36. ● jeanju.lemarmiton@gmail.com ● À la sortie de L'Aigle, sur la route d'Argentan. Ouv le midi lun-ven. Congés : 1 sem en mai, 2 sem en août et 1 sem à Noël. Formule 11 € ; menus 13-17 €. Une adresse de bord de route simplissime mais qui fait plaisir au portefeuille et dont vous ressortirez repu. Buffet d'entrées pour commencer, suivi de plats de résistance simples mais bien préparés. Même le cadre n'est pas désagréable, avec le bar à l'entrée et les 3 petites salles derrière, très fréquentées par les habitués et les gens de passage. Service agréable et efficace.

⌂ |●| Brit Hotel-restaurant, brasserie La Renaissance : pl. de la Halle. ☎ 02-33-84-18-00. ● reservation@hotel-dauphin.fr ● hotel-dauphin.fr ● Ouv tte l'année. Resto fermé dim soir ; brasserie ouv tlj. Doubles 77-125 € ; familiales. Au resto, menu-carte 42 € ; à la brasserie, menu 14 €, carte 20-30 €. Cette vieille institution cumule les facettes. Côté face, la belle façade d'un ancien relais de diligence du XVIIe s, naguère fréquenté par les voyageurs se rendant de Paris à Granville ; il abrite des chambres de bon confort, jolies quand elles ont été refaites, et de bonne taille. Côté pile, une bâtisse beaucoup plus récente : chambres standard, sans caractère particulier, aux couettes douces mais à la literie un peu trop tendre, et pas merveilleusement insonorisées. Côté table, la brasserie a pour elle ses horaires étendus (service jusqu'à 22h15 tous les jours) et ses plats bien ficelés, tandis que le restaurant réserve de belles surprises aux gourmets (cuisine de terroir revisitée avec la manière). Pour l'une comme pour l'autre, un cadre contemporain soigné. Accueil impeccable.

Où dormir ? Où manger dans les environs ?

Camping

⛺ Camping les Étangs des Saints-Pères : le Bourg, 61550 Saint-Évroult-Notre-Dame-du-Bois. ☎ 06-78-33-04-94. ● stbase-loisirs@orange.fr ● st-evroult-nd-du-bois.fr ● Face au lac. Ouv 15 avr-fin oct. Compter 9 € pour 2 avec tente et voiture ; loc d'un mobile home 250-350 €/sem et de 2 caravanes. CB refusées. 27 empl. Emplacements bien ombragés en bordure de lac et sanitaires propres. Idéal pour les familles en raison de la proximité de la base de loisirs : embarcations à pédales, petit bout de plage (mais baignade interdite), jeux gonflables, pêche...

Chambres d'hôtes

⌂ Chambres d'Hôtes Le Jardin des Violettes : le Champs-Mesliers, 61380 Mahéru. ☎ 06-19-64-51-22. ● gouffault.jf@orange.fr ● chambresjardinlesviolettes.fr ● Sur la D 3, entre Moulins-la-Marche et Courtomer. Double 66 € ; familiale. Table d'hôtes 18 €. Certes, la maison est un peu en bord de route, mais un beau rempart de verdure l'en protège et elle possède à l'arrière un beau jardin fermier avec potager, verger et animaux. Intérieur lumineux où, ici et là, les fleurs s'épanouissent aussi sur les murs. 2 chambres doubles au rdc avec w-c, douche et kitchenette. À l'étage, belle suite familiale de 2 chambres aux parquets peints de couleurs claires se partageant salle de bains et toilettes sur le palier. Ensemble d'une grande fraîcheur, accueil doux et charmant. Petite cuisine à disposition.

⌂ La Bourdinière : chez Cécile Talpe, 61300 Crulai. ☎ 02-33-24-70-91. ● talpe.labourdiniere@orange.fr ● À 9 km au sud de L'Aigle, direction Longny-au-Perche. À Crulai, tourner à gauche vers Beaulieu. C'est indiqué sur la droite à 1 km. Double 65 € ; familiale. Dans une maison au jardin bien entretenu, au milieu d'un petit hameau. À l'étage, 2 chambres simples, agréables, avec chacune une grande salle de bains avec parquet peint et vue sur la campagne. Accueil adorable, sincère et serviable. Fiches de randonnées à disposition pour les amateurs.

550 | L'ORNE / LE PAYS D'OUCHE

🛏 *Le Manoir de Villers :* 61550 *Villers-en-Ouche.* ☎ 02-33-34-98-00. ● contact@manoir-de-villers.com ● *manoir-de-villers.com* ● *À 19 km au nord-ouest de L'Aigle, sur la route de Vimoutiers. Congés : janv. En saison, résa indispensable. Double 60 € ; familiales ; petit déj 10 €. Table d'hôtes 23 €.* Une belle ferme équestre pleine de cachet, tenue par une famille d'origine italienne. Côté cuisine, on lorgne vers l'Émilie-Romagne, avec pour spécialité pâtes fraîches et légumes du jardin, à déguster dans une véranda champêtre toute mignonne. Différents stages d'équitation également proposés, ainsi que 5 chambres d'hôtes toute simples à l'étage.

De bon marché à prix moyens

🍽 ⟰ *Auberge Saint-Michel :* 3, *le Lesme,* 61300 *Saint-Michel-Thubeuf.* ☎ 02-33-34-15-75. ● auberge.saintmichel61300@gmail. com ● ⟰ *À env 5 km à l'est de L'Aigle, direction Chandai et Verneuil-sur-Avre. Ouv midi et soir, mai-sept.* *Fermé dim soir-lun. Menus 26-39 € ; carte env 32 €.* Une petite auberge en léger retrait de la grande route passante qui n'a l'air de rien... mais plutôt que d'y passer, faites-y une halte, elle le mérite ! Pommes, pommeau et autres produits du terroir occupent une place non négligeable dans les menus qui changent régulièrement pour mieux suivre les saisons. Ambiance conviviale.

🛏 *Hôtel Le Dauphin :* 66, *Grande-Rue,* 61380 *Moulins-la-Marche.* ☎ 02-33-34-50-55. ● lrv.hotel.restau rant@gmail.com ● *hotel-ledauphin. fr* ● *Idéalement situé pour découvrir la région, à cheval entre le pays d'Ouche et le Perche, ainsi qu'entre Sées et L'Aigle. Double 85 €, familiale.* Dans une jolie petite ville à proximité de laquelle Jean Gabin avait une ferme ; c'est aussi à lui que l'on doit l'hippodrome qui porte son nom. 7 chambres seulement au-dessus du resto de ce gentil petit hôtel. Certaines possèdent encore une cheminée, les couleurs sont douces, et la plus chère est vraiment grande. Simple, agréable, dans une ambiance très familiale.

À voir. À faire

🥾 *L'église Saint-Martin :* on remarque immédiatement son clocher-tour du XVe s gothique flamboyant, dominant la vieille ville. Le mur extérieur de l'abside ainsi que la tour sud de la façade avec son carillon et sa flèche en charpente datent de l'époque romane (XIIe s). Le reste de l'église est de la Renaissance. En face de l'église, sur la place Saint-Martin, amusante maison des Poulies, dite « de Marie Stuart », la plus vieille de la ville.

➤ Petite balade *quai Catel,* le long de la Risle. Des passerelles permettent l'accès aux maisons.

🥾 *Le musée Juin-1944 :* pl. Fulbert-de-Beina. ☎ 02-33-84-44-31 (service Patrimoine). *Avr-sept, mar-mer et w-e 14h-18h. Entrée : env 4 € ; réduc.* Ce fut le 1er musée parlant de France. Inauguré en 1953 par Mme la maréchale Leclerc de Hautecloque, il rappelle les grandes étapes de la Seconde Guerre mondiale à travers 10 tableaux mettant en scène les principaux protagonistes (reconstitutions de l'appel du 18 Juin, de l'arrivée de Leclerc sur le pont d'Alençon...). Évidemment, la bataille de Normandie est au cœur du sujet, du Débarquement jusqu'à la reddition allemande dans la poche de Chambois (une carte stratégique de 36 m² détaille les opérations).

🥾 *Le musée des Instruments de musique :* à la mairie. *Lun-ven 8h30-12h, 13h30-17h30 (16h45 ven). GRATUIT.* Dans un bureau à l'étage, une vitrine présente la donation de Marcel Angot : 92 instruments de musique anciens, certains bizarres, d'autres exotiques et plusieurs fort rares (signés par des luthiers célèbres).

DANS LES ENVIRONS DE L'AIGLE

✘✘✘ *La Manufacture Bohin* : *le Bourg, 61300* **Saint-Sulpice-sur-Risle.**
☎ 02-33-24-89-38. ● *bohin.fr* ● ♿ *À 3,5 km au nord-est de L'Aigle, en direction d'Évreux. Mars-oct, tlj sauf dim et 1er mai 10h-18h, w-e. Entrée visite atelier + musée + expo temporaire 11,90 € ; réduc (réduc de 1 € sam et j. fériés) ; gratuit moins de 6 ans.* Bohin est le dernier fabricant d'aiguilles et d'épingles en France. Tout simplement. C'est donc un vrai patrimoine qui mérite le détour ! D'autant que le musée créé autour de la manufacture elle-même est superbe. Dans un 1er temps, vous y apprendrez tout sur la fabrication des aiguilles (imaginez, une simple aiguille nécessite 27 opérations successives, échelonnées sur 2 mois) et verrez, en semaine, les ouvriers à l'œuvre (le samedi, on traverse aussi les ateliers, mais seuls des écrans vous expliquent et montrent les différentes tâches effectuées par les machines et les hommes). On découvre avec surprise que certaines étapes n'ont pas changé depuis le XIXe s, comme la technique pour ranger les aiguilles à l'horizontale ! Idem pour les machines. Si cette partie de la visite est déjà très intéressante, elle est magnifiquement complétée par le musée, qui vous entraîne encore plus loin dans le monde de l'aiguille, mais aussi de la Risle et de toutes les industries que cette rivière a fait naître. Sans parler de l'espace consacré au fondateur de cette usine, Benjamin Bohin, un sacré personnage ! Vraiment, chapeau pour cette belle entreprise où explications didactiques, poésie, bel ouvrage, technique et art se mêlent et vous entraînent dans un autre monde durant quelque 2h !

✘✘ *Saint-Ouen-sur-Iton* : *à 6 km au sud-est de L'Aigle.* Curieux petit village dont toutes les cheminées, ou presque, ont une forme torsadée. Sur la place, une colonne de 14 m raconte les merveilles de Désiré Guillemare, qui fut maire de Saint-Ouen pendant 57 ans. Un long texte explique « comment la commune fut transformée » par cet élu philanthrope. Parmi ses nombreux bienfaits, il fit don d'une cloche de 47,5 kg à condition que celle-ci sonne à toutes les inhumations, pour les riches comme pour les pauvres.

✘✘ *Aube* : *à 7 km de L'Aigle, sur la route d'Argentan.* Précisons que le château des Nouettes, l'ancienne demeure de la comtesse de Ségur, ne se visite pas.
– ✝ *Le musée de la Comtesse de Ségur* : *3, rue de l'Abbé-Roger-Derry.*
☎ 09-66-12-27-24. ● *musee-comtessedesegur.com* ● ♿ *(rdc). De mi-juin à mi-sept, tlj sauf mar 14h-18h (16h-18h en juin et sept) ; hors saison, appeler pour connaître les horaires. Entrée : 4 € ; réduc ; gratuit moins de 18 ans. Billet couplé avec le musée de la Grosse Forge : 6 €.* Née en Russie tsariste, Sophie Rostopchine émigra en France à 18 ans (en 1817) et devint, en se mariant, la comtesse de Ségur. Elle ne commença à écrire ses contes pour enfants qu'à partir de l'âge de 57 ans. Installée au château des Nouettes à Aube, entourée de ses petits-enfants, elle y écrivit pour eux la plupart de ses bouquins. Tous furent des succès d'édition (chez Hachette !) durant le Second Empire. Ce petit musée et son joli jardinet où l'on trouve la rose « Comtesse de Ségur » mettent en valeur quelques pans de la vie de cette merveilleuse femme (à l'aide de commentaires audio, de mannequins en costume, de portraits et de photos de famille) et retrace sa carrière époustouflante. Elle s'inspira beaucoup du pays d'Ouche et de ses scènes quotidiennes pour écrire ses histoires : le marché de L'Aigle, la forge d'Aube, la forêt de Saint-Évroult. Vive Gribouille et le général Dourakine !
– ✝ *Le musée de la Grosse Forge* : *rue de Vieille-Forge.* ☎ 02-33-34-14-93. ● *forgeaube.fr* ● *Bien indiqué, à l'entrée de la ville en venant de L'Aigle. Mêmes horaires (sauf mer juin et sept 14h-16h) et mêmes tarifs que le musée de la Comtesse de Ségur (ci-dessus).* Dans une vieille et belle bâtisse au bord de la rivière, voici toute l'histoire de l'activité métallurgique dans le pays

L'ORNE / LE PERCHE ORNAIS

d'Ouche (petit parcours audiovisuel de 45 mn), du XVIᵉ au milieu du XXᵉ s : roue à aubes, soufflet géant, fours d'affinerie, un impressionnant marteau hydraulique et une fonderie potagère. Également une exposition sur le travail du fer (maquettes).

LE PERCHE ORNAIS

Il règne sur ce territoire au sud-est du département une ambiance hors du temps. Des monts herbeux perdus sous la brume au petit matin, des chapelles croquignolettes qui abritent des fresques colorées, des chemins creux de randonnée dans le parc naturel régional, survolé par les cigognes noires ou les grues cendrées, des villages d'opérette où l'on chine à loisir, et ces manoirs aux murs blanchis à la chaux... autant d'images à portée de main.

La beauté de cet endroit et sa qualité de vie le prédestinaient à devenir un véritable nid à résidences secondaires. Et tous les week-ends, c'est en nombre que les Parisiens (et autres visiteurs) débarquent. Voilà pourquoi, selon le moment de votre visite, l'ambiance dans les villes et les

ON VOUS TEND LE PERCHE : IL Y A PERCHERON ET PERCHERON...

Tous 2 peuvent mesurer entre 1,60 et 1,85 m, mais l'un pèse entre 500 et 1 200 kg, ce qu'on ne souhaite pas à l'autre ! Le Percheron est l'habitant du Perche, le percheron un cheval de trait pouvant tracter jusqu'à 3 fois son poids. Menacé de disparition avec la motorisation des véhicules et la mécanisation de l'agriculture, cet ancien employé des postes n'est plus élevé que pour sa viande dans les années 1970. Son élevage ne redécolle que dans les années 1990. Aujourd'hui, il est surtout utilisé pour le débardage, l'attelage de loisir... ou pour le ramassage scolaire, comme il fut un temps encore récemment à Saint-Pierre-sur-Dives (Calvados) !

villages peut changer du tout au tout : ainsi Mortagne-au-Perche ou Bellême, qui pourront vous sembler gentiment assoupies et désertes un jour de semaine, s'animent brusquement du vendredi au dimanche.

Adresse utile

■ *Maison du parc naturel régional du Perche :* manoir de Courboyer, 61340 Nocé. ☎ 02-33-25-70-10. ● parc-naturel-perche.fr ● *À 3 km au nord de Nocé. Voir aussi plus loin la rubrique « À voir » à Nocé dans « La route des manoirs du Perche ».* Procurez-vous la carte touristique et le guide découverte très bien fait. Il y en a pour tous les goûts dans ce parc : des sentiers de randonnées pédestres avec topoguides (payants), mais aussi des sentiers VTT, des balades en attelage (en été)... Boutique avec produits du terroir et librairie.

MORTAGNE-AU-PERCHE

(61400)	4 276 hab.	Carte Orne, D2

Perchée sur une colline qui domine la région, cette petite ville cache des trésors : rues et ruelles dignes de l'Ancien Régime, nombreuses maisons et hôtels particuliers patinés par le temps et témoins de l'époque où la ville était la capitale des comtes du Perche. Cité médiévale qui vit naître le philosophe Alain, elle est surtout célèbre pour le percheron, ce cheval « costaud » qui fit les grandes heures des omnibus parisiens et qui s'exporta jusqu'en Amérique, autant au Canada qu'aux États-Unis.

L'autre trésor de la ville est le boudin noir, qu'on trouve au marché fermier. On dit qu'il s'en vend 4 à 5 km chaque année à la foire au boudin ! Attention, ici, uniquement du boudin frais artisanal, rien d'industriel.

Adresse et info utiles

🛈 *Office de tourisme :* 36, pl. du Général-de-Gaulle. ☎ 02-33-83-34-37. ● ot-mortagneauperche.fr ● À côté de la mairie. Juil-sept, tlj 10h-18h (13h dim) ; sinon horaires variables.

Propose, entre autres, des visites guidées, un plan détaillé avec un circuit patrimonial et la location de vélo à assistance électrique.
– *Marché fermier :* sam mat.

Où dormir ? Où manger à Mortagne et dans les environs ?

Chambres d'hôtes

🛏 |❶| *Le Gros Chêne :* 61400 *Saint-Germain-de-Loisé.* ☎ 02-33-25-02-72. 📱 06-30-69-53-42. ● brigitte.pasquert@wanadoo.fr ● fermedugroschene.com ● ♨ Double 75 € ; familiale. Table d'hôtes sur résa 24 €. Une ferme en activité où les écuries n'ont plus rien de rustique, sauf au niveau déco, depuis que les propriétaires les ont entièrement rénovées pour y accueillir leurs hôtes. On y trouve une belle pièce à vivre (avec une cuisine à dispo), un coin détente avec spa et hammam, ainsi que 5 chambres, dont une familiale, très confortables, joliment décorées selon des thématiques florales. Un très bon point de chute, d'autant que le petit déj est fameux : brioche maison, yaourt fermier...

🛏 |❶| *La Maison Pervenche :* 1, rue du Petit-Boëcé, 61560 *Boëcé.* ☎ 02-33-83-05-16. ● maisonpervenche@hotmail.com ● Sur la D 912 entre Mortagne-au-Perche et Alençon. Ouv avr-nov. Double 70 € ; familiale. Table d'hôtes 25 €. Une allée de pommiers conduit à un vrai havre de paix : les bâtiments de caractère encadrent un beau jardin paysager (M. Colard est un ancien fleuriste), le tout prolongé par un pré bien vert. La carte postale ! Dans l'une des maisons, 4 chambres sous les toits, dont une familiale. Toutes sont joliment décorées. Grande salle commune pour le petit déj. Sourire, accueil et gentillesse ont achevé de nous séduire...

🛏 |❶| 🍵 *Chambres d'Hôtes La Porte Rouge :* 4, rue du Mail, à Mortagne. ☎ 02-33-25-39-95. ● jetc.kirk@wanadoo.fr ● laporterouge.fr ● ♨ Salon de thé tlj sauf jeu. Congés : 20 oct-20 nov et 10 j. en avr. Double 65 €. Table d'hôtes 15 € (midi)-25 € (soir). Café ou apéro offert sur présentation du guide de l'année. Dans le centre de Mortagne, une maison discrète et son joli jardin caché par de hauts murs. À l'intérieur, 2 petites chambres agréables, une bonne table d'hôtes végétarienne, ainsi qu'un salon de thé dans le jardin à l'heure du *tea time*.

🛏 |❶| *Chambres d'hôtes La Maison d'Hector :* les Herbinières, 61400 *Saint-Mard-de-Réno.* ☎ 02-33-73-58-59. ● contact@lamaisondhector.fr ● lamaisondhector.fr ● Doubles 100-110 €. Dîner (sur résa 24h à l'avance) 30 €. Ce soir, vous vous sentez plutôt « Poule de Luxe », « Belle de Nuit » ou « Mauvaise Graine » ? Eh oui, à chaque chambre son humeur et son thème prometteur ! Quoi qu'il en soit, Pierre-Yves et Alain, vos hôtes, ont soigné la déco, plutôt contemporaine, tout en conservant le caractère intime

554 | L'ORNE / LE PERCHE ORNAIS

et chaleureux de leur jolie longère du XVIIIᵉ s, nichée dans son beau jardin verdoyant. Également un beau jardin d'hiver avec poêle pour cocooner. Quant à la mascotte des lieux, Hector, il se charge de donner de la voix pour avertir les maîtres de votre arrivée !

De prix moyens à chic

🛏 |●| 🍴 *Hôtel du Tribunal : 4, pl. du Palais, à Mortagne.* ☎ 02-33-25-04-77. ● *hotel.du.tribunal@orange.fr* ● *hotel-tribunal.fr* ● ♿ *En centre-ville. Tlj midi et soir. Congés : 25 déc-5 janv. Doubles 79-135 € ; familiales. Menus 16 € (midi en sem), puis 32 €. Kir normand offert sur présentation du guide de l'année.* Une belle maison percheronne du XVIᵉ s, près d'une petite place qui vous donne presque l'impression d'être de retour au XIXᵉ s.

La façade semble d'ailleurs n'avoir pas changé depuis l'époque où cette auberge était à l'enseigne « Jean qui rit, Jean qui pleure » parce que située à la sortie du tribunal. Les chambres sont à l'inverse plus contemporaines, arborant même à l'occasion une déco au goût du jour très réussie. Annexe à l'arrière, avec des chambres ouvrant sur une petite cour fleurie. Certaines disposent d'un jacuzzi, d'une terrasse, ou de la vue sur le jardin intérieur et le vieux Mortagne. Dans la chaleureuse salle à manger bourgeoise, les menus affichent une cuisine de terroir élaborée et délicieusement revisitée : escargots du Perche, boudin noir et mémorable teurgoule. On adore la formule du déjeuner, assortiment de plats et véritable bonheur pour les papilles. Accueil d'une rare gentillesse.

Où boire un verre ? Où écouter de la musique ?

🍷 ♪ *Diogène et ses Associés : 5-7, rue des Halles.* ☎ 02-33-25-58-83. *Tlj sauf dim-lun.* LE bar sympa de Mortagne ! Avec son grand zinc et sa bonne zic... Beaucoup d'habitués. Concerts de jazz ou de blues certains soirs.

À voir

🗝 *L'ancienne halle aux grains : sur la pl. du Général-de-Gaulle, centre animé de la ville.* Date de 1825. Elle abrite aujourd'hui une médiathèque et un cinéma d'art et d'essai (Cinéma Étoile). Juste à côté, au nº 9, remarquer la maison à tourelle d'angle, surmontée d'un cadran solaire.

🗝🗝 *L'église Notre-Dame :* de style gothique flamboyant. Reconstruite à la fin du XVᵉ s, elle abrite des boiseries du XVIIIᵉ s (dans le chœur). Un vitrail rappelle le rôle joué par les gens de Mortagne, Pierre Boucher de Boucherville notamment, dans la conquête du Canada au XVIIᵉ s. À l'extérieur, la rue du Portail-Saint-Denis. Elle est extraordinairement bien conservée avec son arc brisé du XVᵉ s et la tour qui la surmonte, finement sculptée sur son fronton.

🗝🗝 *Le cœur du vieux Mortagne : pl. du Palais-de-Justice. Juste derrière l'église.* Charmant quartier non défiguré par le temps.

🗝🗝 *Le musée Alain : 8, rue du Portail-Saint-Denis, dans la maison des comtes du Perche.* ☎ 02-33-85-35-75. ● *amusalain@gmail.com* ● *De mi-mai aux Journées du patrimoine, jeu-sam 14h30-18h. GRATUIT. Journée annuelle Alain, 1ᵉʳ w-e d'oct.* Beaucoup ont peut-être encore en tête quelques bribes philosophiques de cet auteur au programme des classes de terminale. Né en 1868 à Mortagne, dans une maison située au 3, rue de la Comédie, Émile-Auguste Chartier (de son vrai nom) était percheron avant tout. « Je suis percheron, c'est-à-dire autre que normand. » Au travers de ce petit musée rétro, on découvre l'autre facette d'Alain, journaliste éclairé, poète subtil et parfois virulent, qui inventa les *Propos,* la forme d'expression qui lui convenait le

DANS LES ENVIRONS DE MORTAGNE-AU-PERCHE | 555

mieux et dans laquelle il excella. On visite également son cabinet de travail provenant de la demeure du Vésinet où il mourut en 1951.

Manifestations

– **Foire au boudin et aux produits du terroir :** *3e w-e de mars.* La capitale du boudin noir est soucieuse d'entretenir la qualité et la tradition culinaire du « sang cuit » ; la Confrérie des chevaliers du « goûte-boudin » organise depuis 1963 le concours international du meilleur boudin.
– **Salon Antiquités et Belle Brocante :** *dernier w-e d'août.*
– **Salon des véhicules anciens :** *avt dernier w-e de sept.* Défilé de voitures anciennes le matin dans les rues de la ville, suivi de l'expo-

LE BOUDIN, C'EST BIEN !

Afin de sauvegarder ce plat rustique à base de sang de cochon, d'oignons et de lard, la Confrérie des chevaliers du « goûte-boudin » de Mortagne organise chaque année, en mars, une foire où le boudin se vend au kilomètre (de 4 à 5 km). Quand on aime, on ne compte pas ! Et pour prouver sa passion, chaque confrère doit jurer solennellement de manger du boudin une fois par semaine !

sition des véhicules et de la rencontre avec leurs propriétaires dans l'après-midi.
– **Festival Les Musicales :** *fin juin-début juil.* Festival de musique classique.

DANS LES ENVIRONS DE MORTAGNE-AU-PERCHE

L'ORNE

Circuit des collines du Perche

🎎🎎 **La forêt de Réno-Valdieu :** l'une des plus belles forêts de Normandie, avec celles de Bellême et du Perche. Cet océan de verdure fut sauvé de justesse par Colbert, qui pensait que la France périrait faute de bois. Il oublia le Canada, auquel il ne croyait plus, mais défendit avec véhémence la forêt de Réno-Valdieu. Ici, près de 70 % des arbres sont des chênes. Voir les *chênes de la Gautrie,* les plus majestueux d'entre eux. Parmi ceux-ci, 3 chênes tricentenaires s'élèvent à plus de 45 m de haut. Des monuments de bois et de chlorophylle !

🎎🎎🎎 **La Chapelle-Montligeon :** *à l'orée sud-ouest de la forêt de Réno et à 11 km de Mortagne.* Le « Lourdes du Perche ». Une immense basilique, un peu surréaliste en pleine campagne, crève le ciel de ses 2 flèches. De style néogothique, sa construction demanda 17 ans de travaux (1894-1911). Impressionnante statue de Marie, pesant plus de 13 t ! À l'origine, l'abbé Buguet,

PAYSAN DANS L'ÂME

Star colossale au cinéma, Jean Gabin n'avait en fait qu'une passion : la terre. Il acheta une ferme de 150 ha à Bonnefoi, au nord de Mortagne-au-Perche, pour élever bovins et chevaux. En 1962, plus de 700 paysans envahirent sa propriété pour dénoncer les « cumulards ». Il en resta meurtri à jamais.

curé du village, fonda en 1884 une association de prière pour les morts. Celle-ci connut un tel succès qu'elle donna naissance à un pèlerinage très suivi encore de nos jours *(Ascension, 15 août et 2e dim de nov).* Alors que le village, victime de l'exode rural, se dépeuplait, le même abbé décida de créer des ateliers (de broderie, de ganterie, etc.) afin d'inciter les habitants à rester. Incapables de résister à la concurrence, ceux-ci périclitèrent rapidement. Il décida alors, en 1886, d'ouvrir une imprimerie qui ferma à son tour en 2013.

556 | L'ORNE / LE PERCHE ORNAIS

🏠 🍽 ✈ *Hôtel-restaurant Le Mont-ligeon* : 14, rue Principale, 61400 *La Chapelle-Montligeon.* ☎ 02-33-83-81-19. ● lemontligeon@gmail.com ● hotelmontligeon.fr ● ♿ (resto). *Dans le centre du village, face à la pl. de l'Église. Resto fermé dim soir et lun-mar. Congés : 15 j. début juil et 20 déc-10 janv. Doubles 63-85 € ; familiales. Formule déj en sem 14 € ; menus 25-35 €. Parking. Apéritif maison offert sur présentation du guide de l'année.* Un petit hôtel de campagne, aux chambres sans prétention mais d'un rapport qualité-prix honnête, surtout pour celles refaites. Mention spéciale, cependant, pour la chambre « charme », plus contemporaine et sous les toits. Si la salle du petit déjeuner est plutôt contemporaine, la grande salle à manger, elle, reste classique, coquette et chaleureuse. Cuisine copieuse de terroir, généreuse et joliment présentée, mettant en avant les producteurs percherons. On adore !

➤ 🚶 *La ferme de l'Absoudière* : l'Absoudière, 61400 *Corbon.* ☎ 02-33-83-91-40. 📱 06-27-02-35-26. ● attelagenaturedansleperche.blogspot.com ● *Balade en attelage : 15 €/pers, 6 € moins de 16 ans ; visite de l'élevage : 8 €/pers, réduc.* Cet élevage de percherons se visite (sur réservation seulement), mais on peut aussi partir pour une promenade de 2h en attelage, au cours de laquelle vous apprendrez bien des choses sur le percheron, la faune, la flore et l'histoire locales !

LES FORÊTS DU PERCHE ET DE LA TRAPPE

Carte Orne, D2

Enfin une vraie forêt gauloise ! Dans la forêt du Perche, le chêne rouvre et le hêtre sont rois, représentant plus de 80 % du peuplement. De longues routes forestières, bien ombragées et très vertes, partent du carrefour de l'Étoile et rayonnent aux 4 coins du massif. L'Avre y prend sa source et le traverse en diagonale. Le sentier GR 22 reste, pour les randonneurs, la meilleure façon de découvrir cette « petite mer verte » où il fait bon vagabonder au printemps comme en automne. Vous êtes au cœur du parc naturel.

Différente, peuplée de 60 % de résineux, la forêt de la Trappe fut longtemps le domaine du monastère et des moines cisterciens venus y chercher la solitude et le silence nécessaires à la prière. Ces hommes-là y trouvèrent un refuge. D'autres s'en sont détachés : des milliers d'habitants des villages proches de la forêt émigrèrent au Canada au XVIIe s.

TOUROUVRE (61190 ; 3 335 hab.)

Un gros bourg à 2 km de l'orée de la forêt du Perche. L'origine de son nom atteste qu'il a toujours été marié avec les chênes : *Tourouvre* vient en effet du latin *tortum robur*, « force tordue », en souvenir d'un énorme chêne rouvre, au bois très dur, dont la belle ramure aurait été tordue par la force de la nature et par l'âge. Détruit en quasi-totalité le 13 août 1944 par un incendie, le village n'a plus le charme d'autrefois. Tourouvre est étroitement lié à

MARQUÉ AU FER... DE TOUROUVRE !

Tourouvre bénéficie d'un sol riche en minerai de fer, la région a donc développé très tôt une activité métallurgique. C'est au lieu-dit (prédestiné) la Fonte qu'ont été fondues, en 1803, les arches du pont des Arts à Paris, 1er pont métallique de France.

l'histoire du Canada, car 80 familles firent le choix difficile de l'émigration pour tenter leur chance dans les colonies en 1650. Un ensemble muséographique rappelle ce lien unique.

LES FORÊTS DU PERCHE ET DE LA TRAPPE | 557

Adresse et info utiles

ℹ️ Office de tourisme des Hauts du Perche : *37, rue du 13-Août-1944.* ☎ 02-33-73-83-25. ● *tourismehautsduperche.fr* ●
– **Marché :** *ven mat.*

Où dormir dans les environs ?

Chambres d'hôtes

🏠 Rand'hôtes : *chez Anne et Luc Laruelle-Thouret, la Viellerie, 61270* **Les Genettes.** ☎ 02-33-34-03-98. 📱 06-84-69-51-22. ● *randhotes.orne@orange.fr* ● *randhotes-orne.com* ● *Double 67 € ; familiale.* Dans un très bel environnement, à la lisière de la forêt de la Trappe, dans un joli hameau vraiment en pleine campagne, 2 chambres dans une maison attenante à celle des propriétaires. Ou, plutôt, une chambre double avec salle de bains privative et 2 autres avec salle de bains commune pour une famille ou des amis. L'ensemble n'est pas très grand mais coquet et soigné ; il y a même une p'tite cuisine à disposition. Accueil tranquille et souriant.

🏠 Le Bois Gerboux : *chez M. et Mme Buxtorf, route du Lavoir, 61190* **Lignerolles.** ☎ 02-33-83-68-43. 📱 06-72-14-37-11. ● *buxtorfgerboux@yahoo.fr* ● *leboisgerboux.com* ● *En pleine nature, à 250 m du village par la D 273. Doubles 65-75 € (tarif dégressif à partir de 3 nuits) ; familiales.* Le petit chemin débouche sur une belle ferme percheronne, dont la grange a été réaménagée pour accueillir d'agréables chambres tout confort. Piscine. Accueil délicieux, plein de délicates attentions (comme le petit déj copieux avec les confitures de la maison, ou la kitchenette à disposition aux beaux jours). Point de départ pour de bonnes promenades en forêt.

L'ORNE

À voir à Tourouvre et dans les environs

🎭🎭 Les Muséales – musée de l'Émigration française au Canada et musée des Commerces et des Marques : *15, rue Québec.* ☎ 02-33-25-55-55. ● *musealesdetourouvre.fr* ● ♿ *1er avr-31 déc, mar-dim 10h-12h30, 14h-18h. Entrée : 5 € pour le musée du Canada, 5 € pour le musée des Commerces, réduc 3 € ; 7 € pour l'ensemble, réduc 5 € ; gratuit moins de 10 ans.*
Ce bel espace contemporain abrite 2 musées.
– Le 1er présente l'**aventure des pionniers au Canada.** On y apprend pourquoi 30 000 Français partirent pour le Nouveau Monde du XVIIe au XVIIIe s (l'espoir d'une vie meilleure pour certains, la gloire pour d'autres), on y évoque les conditions difficiles de la traversée (tempêtes, maladies...), on y découvre enfin la réalité du quotidien (climat redoutable, conflits avec le voisin anglais...) et les alliances, les unions contractées par ces colons, dont l'espace généalogique nous permettra de retracer les lignées.
– Le 2d musée, aussi ludique qu'intéressant et bien fait, retrace le **chemin parcouru depuis l'épicerie d'antan jusqu'à l'hypermarché d'aujourd'hui,** en insistant sur le rôle croissant de la publicité, du marketing et de la com'... Et quand, 3h après la visite, on se surprend à fredonner « On se lève tous pour Danette ! », tout est dit ! Pour appuyer le propos, reconstitutions d'une ancienne épicerie et d'un rayon de supermarché, vieilles affiches et publicités anciennes, ainsi que de nombreux documents d'époque. Un musée bien intéressant et qui, mine de rien, incite à la réflexion.
– Et, depuis peu, un nouvel espace d'exposition : **La Maison Cano.** Dans les années 1950, Antoine Cano, la vingtaine, part pour le Canada. Lorsque des années plus tard il rentre en France, il dépose bagages et mobilier aux Muséales de Tourouvre. Aujourd'hui, ces objets sont mis en scène et reconstituent sa maison, témoignant de l'ascension sociale d'un émigrant français au milieu du XXe s.

558 | **L'ORNE / LE PERCHE ORNAIS**

🏃🏃 *L'église Saint-Aubin :* les 2 derniers vitraux dans le bas-côté droit de la nef évoquent l'émigration des Tourouvrains en Nouvelle-France. Curieux et joli ! Notamment l'histoire de Julien Mercier, le plus connu des émigrants du village à cause – sans doute – de la visite à Tourouvre, en 1891, de son arrière-petit-fils, Honoré Mercier, alors 1er ministre du Québec.

UNE IDÉE LUMINEUSE

En décembre 2016 fut inauguré sur la D 5 le 1er tronçon d'une route solaire photovoltaïque capable de générer de l'électricité... Le but, fournir à terme près de 800 kwh, soit l'équivalent de l'éclairage public d'une ville de 5 000 habitants. L'avenir décidera du succès de cette technologie pionnière !

🏃🏃 *L'Inzolite :* le Bourg, 61190 **Lignerolles.** ☎ 02-33-25-91-07. ● *musee-de-linzo lite.fr* ● *Pâques-Toussaint, w-e (tlj sauf lun juil-août) 14h-18h. Entrée : 4,50 € ; réduc ; gratuit moins de 12 ans.* Les belles collections que vous pouvez admirer aujourd'hui aux Muséales de Tourouvre dans la partie consacrée à la consommation avaient été rassemblées par Pierre Marzorati, le fondateur de ce drôle d'endroit, aménagé dans un ancien café-hôtel-restaurant. Il lui restait suffisamment de curiosités dans ses tiroirs de collectionneur pour remplir les 13 salles qui constituent ce nouveau « voyage du curieux ».

AUTHEUIL (61190)

À 2 km au sud de Tourouvre, en direction de Malétable.
Sur une butte verdoyante, l'*église Notre-Dame d'Autheuil (tlj 10h-18h)* est l'une des rares à ne pas avoir souffert de la guerre de Cent Ans. Édifice roman presque pur, trapu, elle abrite une fresque, des chapiteaux sculptés et une plaque en hommage à Robert Giffard, chef de file de l'émigration des Percherons au Canada au XVIIe s. Il lança et organisa le mouvement, aidé des frères Juchereau.

MALÉTABLE (61290)

À mi-chemin entre Longny-au-Perche et Tourouvre. Jolie route qui traverse un vallon verdoyant, lorsque l'on vient de Brochard et de la forêt de Réno-Valdieu. Une seule curiosité : l'étrange **tour de l'église Notre-Dame-de-la-Salette,** qui se termine un peu à la façon d'un phare. Cette église (1866) et sa tour (vers 1872) furent bâties au XIXe s à l'initiative du curé du village, l'abbé Migorel, qui finança une partie de sa construction sur ses propres deniers. *Ce lieu insolite se visite gratuitement juin-sept, le 3e dim du mois à 15h.*

VOUS N'AURIEZ PAS VU L'ARCHANGE, PAR HASARD ?

L'œil observateur notera qu'il manque un archange sur un des 4 angles de la tour de l'église de Malétable. Moult explications ont été données à cette absence : pour certains, l'ange se serait envolé (c'est celle qu'on préfère !), pour d'autres un soldat allemand lui aurait tiré dessus pendant la guerre et il serait tombé. La véritable raison est beaucoup plus prosaïque : le forgeron qui le fabriqua, craignant de ne pas être payé, ne le livra pas, tout simplement.

Où dormir chic dans les environs ?

🏠 🍽️ *Les Cabanes de la Grande Noë :* 61290 **Moulicent.** 📠 06-58-54-21-24. ● *grandenoe@gmail.com* ● | *lagrandenoe.com* ● À côté du château de la Grande Noë. Ouv avr-20 oct. Selon cabane, 135-182 € pour 2. Jus

LES FORÊTS DU PERCHE ET DE LA TRAPPE / SOLIGNY-LA-TRAPPE | **559**

de pomme maison offert sur présentation du guide de l'année. L'heure serait-elle venue de réaliser un rêve d'enfant ? Au total, 6 cabanes sont dispersées soit dans le parc du château (c'est la fille des propriétaires de la Grande Noë et son mari qui ont créé ce lieu), soit au-dessus des champs cultivés par l'autre fille de la famille. À chaque cabane son arbre, sauf pour 2 d'entre elles louées uniquement à un même groupe. Attention, l'intérieur des maisonnettes, tout en bois, est mignon et ingénieusement aménagé, mais c'est rustique. Ni eau courante ni électricité là-haut, uniquement des toilettes sèches et un éclairage à la bougie ; bagages, panier du petit déj et réserve d'eau sont hissés par un système de poulie, et douches communes sur la terre ferme, au poulailler !

BRESOLETTES *(61110)*

Perdu dans un océan d'arbres, ce minuscule et adorable village compte à peine 24 habitants : c'est la plus petite commune de Normandie. Quelques maisons blotties autour d'une église du XVIᵉ s. Un village de conte pour enfants. De nombreux étangs alimentés par les eaux de la forêt (de l'Avre notamment) donnent à la *clairière de Bresolettes* une indéniable touche écolo-romantique qui envoûtera randonneurs et poètes. D'ailleurs, l'endroit fait partie des 3 sites paysagers classés de l'Orne (avec les arbres de la forêt de Réno-Valdieu et la Roche d'Oëtre en Suisse normande). De bien belles balades en perspective.

SOLIGNY-LA-TRAPPE *(61380)*

🦌 *L'abbaye de la Trappe :* à 1 km à l'ouest de la route L'Aigle-Mortagne. Dans une belle région d'étangs et de forêts, le monastère est habité par une communauté d'environ 30 moines trappistes appartenant à l'ordre cistercien de la stricte observance, obéissant à la très vieille règle de saint Benoît (VIᵉ s). On ne le visite pas, ce qui est le bon sens même, les moines étant retirés du monde pour mieux se consacrer à la prière. Toutefois, une projection audiovisuelle *(en accès libre à la boutique ; durée : 25 mn)* présente l'histoire de l'abbaye et la vie des trappistes aujourd'hui.
– *La fontaine Saint-Bernard :* située près du magasin de l'abbaye. Utilisée depuis toujours par les gens de la région, elle donne une eau de source, lentement filtrée à travers d'épaisses couches de sable fin du Perche. On voit même les gens du coin faire la queue, le bidon à la main.
– *Le monastère :* les bâtiments que l'on aperçoit, de styles néogothique et néo-roman, datent de la fin du XIXᵉ s et ne rappellent en rien (hormis le bâtiment du XIIIᵉ s) l'abbaye fondée en 1140 par un comte du Perche en mémoire d'une épouse qu'il chérissait, décédée lors d'un naufrage en mer. Après une période de ferveur et de prospérité, la Trappe (c'est le nom du lieu-dit ; désigne à l'origine un piège à poisson) connut la misère, puis la décadence. Arrive l'abbé Armand de Rancé, ancien prêtre mondain converti à l'ascétisme monastique, qui réforme de fond en comble la vie des moines, instituant la règle de la « stricte observance » toujours en vigueur. Un retour à la pureté des origines en quelque sorte. En quelques années, la Trappe devient, grâce à lui, un centre spirituel de 1ʳᵉ importance. Des personnages comme Saint-Simon, Bossuet et Jacques II d'Angleterre y firent des visites. Chateaubriand s'est inspiré de l'existence de ce moine exceptionnel pour écrire sa *Vie de Rancé,* livre que les trappistes n'hésitent pas à fustiger allègrement. Mais l'histoire mouvementée de la Trappe continue : expulsion des moines à la Révolution, exil en Suisse, en Russie et même aux États-Unis, où l'ordre a essaimé. Puis retour dans le Perche en 1815.

🐚 *Boutique :* ☎ 02-33-84-17-00. Ouv au public en sem 10h30-12h, | 14h45-17h45 (15h-18h30 juil-août) ; dim 11h45 (après la messe !)-13h,

L'ORNE

560 | L'ORNE / LE PERCHE ORNAIS

14h45 (15h juil-août)-18h30. On peut y acheter des livres, des souvenirs religieux (icônes), ainsi que des produits fabriqués par les moines de diverses abbayes : pâtes de fruits, fromages, confiture de lait, etc.

BELLÊME   (61130)   1 653 hab.   *Carte Orne, D3*

Bellême, dont le nom viendrait de celui de la déesse celte *Belisama*, ou tout simplement du latin *bellissima*, c'est d'abord une forêt magique, dernier lambeau du monde gaulois, que l'on aime pour la beauté centenaire de ses chênes. Quant à la ville, labellisée « Petite Cité de caractère », elle surplombe toute cette immensité verte depuis des siècles. Encore assez vieille France dans son ensemble, elle se réveille cependant en fin de semaine et devient très tendance, notamment dans la rue de la Ville-Close. Cette partie sud du Perche, pays des collines, des ruisseaux et des vieux manoirs enfouis dans la magie des arbres, gagne vraiment à être connue.

Adresse et info utiles

🛈 *Maison du tourisme du pays bellêmois :* bd Bansard-des-Bois. ☎ 02-33-73-09-69. ● perchenormand.fr ● *Juil-août, tlj 10h-12h30, 14h-19h ; avr-juin et sept, et vac de Noël, mar-dim 10h-12h30, 14h-18h. Le reste de l'année horaires très variables.* Visite guidée de la ville toute l'année sur demande à partir de 4 personnes ou pendant les vacances scolaires de Pâques et d'été le mardi à 14h ; de mi-juillet à mi-août, balade commentée thématique dans Bellême ou dans ses environs à 20h le vendredi *(3 €/pers).* Infos sur les visites en compagnie de *greeters*. Miniboutique avec vente de produits du terroir, de topoguides (randonnées pédestres ou à cheval, VTT et cyclo) et d'un livret *Rallye-découverte de Bellême, La Perrière et Ceton* afin d'explorer ces 3 sites en famille. Une autre rando-jeu, « Des seigneurs de Bellême aux ducs d'Alençon », vous mène de Bellême à Alençon. Borne d'information 24h/24. Loue aussi les clubs pour le minigolf voisin *(avr-Toussaint seulement ; 2,50 € adulte, 1 € moins de 16 ans).*
– *Marché :* jeu mat.

Où dormir ? Où manger ? Où boire un verre ?

Camping

⛺ *Camping du Perche Bellêmois :* route de Mamers. ☎ 02-33-73-15-69. 📱 06-24-70-55-17. ● camping duperchebellemois.com ● ♿ *Sur la route de Mamers et Alençon, tourner à gauche et traverser un lotissement (indiqué). Ouv Pâques-fin oct. Compter env 14,50 € pour 2 ; mobile homes 4-6 pers 300-490 €/sem. CB refusées. 34 empl.* À la lisière du bourg, dans un coin paisible profitant d'un bel environnement vallonné, un petit camping tout simple et bien tenu, aux emplacements agréables. Certains sont délimités par des haies, d'autres sont en hauteur et bénéficient de la vue. Également quelques mobile homes. Piscine communale à proximité.

Prix moyens

|●| 🍴 ↑ *La Verticale :* 9, pl. de la République. ☎ 02-33-25-67-16. ● la-verticale@hotmail.com ● *Jeu-dim et lun midi. Tapas env 3 € ; carte 20-25 €.* Au pied du porche, un lieu chaleureux et convivial où l'on peut profiter à toute heure des conseils éclairés de Jean-Alexandre, passionné de vins et de bons produits. Jus de pomme fermier

BELLÊME | 561

ou de raisin fermenté, il saura toujours vous trouver la bonne bouteille ! Pour accompagner le tout, quelques tartines et bricoles à grignoter, mais aussi de bons petits plats plus conséquents.

🏠 🍴 *Le Relais Saint-Louis :* 1, bd Bansard-des-Bois. ☎ 02-33-73-12-21. ● info@relais-saint-louis.com ● relais-saint-louis.com ● 🚻 À côté de l'office de tourisme. Tlj sauf le midi lun-mar et le soir des dim et j. fériés. Doubles 79,50-89,50 €. Formule déj en sem 24,50 € ; autres menus 29,50-39,50 €. Apéritif maison offert sur présentation du guide de l'année. En contrebas de la cité médiévale, un ancien relais de diligence datant du XVIIIe s très joliment rénové. 10 chambres coquettes et confortables cultivent une ambiance douce et champêtre. La salle à manger a conservé son beau carrelage et sa cheminée monumentale où crépite un bon feu dès les 1ers frimas. Au

resto, cuisine simple privilégiant les producteurs locaux. Excellent petit déj pour bien démarrer la journée.

🍴 *À la Dînette Gourmande :* pl. du Général-Leclerc. ☎ 02-33-25-99-32. ● aladinettegourmande@orange.fr ● 🚻 Au rond-point à l'entrée de Bellême en venant de Mortagne-au-Perche. Fermé le soir mer et dim. Formules 11-15 € (midi en sem) ; menus 27-34 €. Café offert sur présentation du guide de l'année. L'aspect soigné et avenant du lieu compense largement sa situation peu avantageuse (mais pratique) autour du rond-point. L'ardoise du marché du midi offre un très bon rapport qualité-prix, d'autant que le chef met un point d'honneur à vous proposer des petits plats qui sortent un peu de l'ordinaire, même si la cuisine, globalement, est plutôt traditionnelle et à base de produits locaux. Service efficace et très aimable. Terrasse.

Où manger dans les environs ?

🍴 *Restaurant La Croix d'Or :* 6, rue de La Herse, 61400 *Le Pin-la-Garenne.* ☎ 02-33-83-80-33. ● lacroixdor@free.fr ● À env 8 km au nord de Bellême, vers Mortagne-au-Perche. Tlj sauf mar-mer. Congés : 3 sem en fév et 2 sem à la Toussaint. Formules déj en sem 14-17 € ; menus 28,50-47 €. Café offert sur présentation du guide de l'année.

Lui est chef, elle sommelière. Ensemble, ils tiennent d'une main de maître cette petite adresse vraiment sérieuse, qui offre un beau rapport qualité-prix, et ce dès les 1ers menus. Cuisine plutôt fine, bien de son époque, à partir de bons produits du terroir joliment travaillés et de légumes de saison. Un seul petit regret : la déco, un peu froide.

Où acheter de bons produits dans les environs ?

🐝 *La Ferme des Champs-Romet :* Champs-Romet, 61130 *Saint-Fulgent-des-Ormes.* ☎ 02-43-97-70-06. À env 12 km au sud-ouest de Bellême. Fléché depuis Saint-Fulgent. Ven-sam 9h30-12h30, 14h30-19h ; dim 9h30-12h30. Cette grande famille élève et transforme porcs, bœufs, agneaux et volailles, et vend ses produits directement sur l'exploitation, dans une boutique où vous trouverez aussi des

légumes de saison et les produits laitiers, boissons et pains d'autres producteurs. Amateurs de viande, attention à votre mâchoire, elle risque de se décrocher quand vous découvrirez l'ampleur et la diversité (sans parler de la qualité !) des produits proposés. Mention spéciale pour la très bonne saucisse au couteau. En saison, possibilité de venir cueillir soi-même ses fraises et framboises.

À voir. À faire

🎋 *L'église Saint-Sauveur :* date des Xe et XVe s, mais fut reconstruite de 1675 à 1710 dans un pur style classique. La chapelle du Rosaire fut offerte par Aristide Boucicaut, l'enfant du pays, fondateur du *Bon Marché* à Paris. Livret découverte en vente à l'office de tourisme (au profit de la restauration de l'église).

L'ORNE

562 | L'ORNE / LE PERCHE ORNAIS

🏃 *Le cadran solaire de la place Liégeard :* entre 2 fenêtres, peint au XIXᵉ s. Une trace de l'artisanat percheron. Symbole du temps qui passe concrètement, poétiquement mais fatalement !

🏃 *Le porche :* du XVᵉ s. Quand on vient de la place de la République où se trouve l'église Saint-Sauveur, il marque l'entrée de la rue de la Ville-Close. Une plaque rappelle le siège de Bellême et indique que Blanche de Castille, accompagnée de son fils, le futur Saint Louis, prit la ville au baron rebelle Pierre de Dreux, dit Mauclerc.

🏃 *La rue de la Ville-Close :* bordée de beaux hôtels particuliers des XVIIᵉ et XVIIIᵉ s. Admirer, au n° 28, l'hôtel de Bansard des Bois (un ancien député et maire de Bellême), sorte de petit château en plein village. Tout ça fait très Ancien Régime !

➤ 🏇 *Cheval percheron : Le Moulin du Buat, 61130 Saint-Germain-de-la-Coudre.* 📱 *07-86-09-33-35. Visite de l'élevage tte l'année sur rdv : 5 €. Bellême Attelages :* 📱 *06-64-75-28-54. Balades en attelage 15 €/h et par pers ; réduc.*

Manifestations

– **Grande brocante :** *dernier dim de juin.* Rassemble plus de 200 exposants.
– **Salon des antiquaires :** *1ᵉʳ dim d'août, pl. de l'Europe. Entrée payante.*
– **Mycologiades internationales de Bellême :** *le 1ᵉʳ w-e d'oct (jeu-dim). Infos et inscriptions :* ☎ *02-33-73-34-16.* ● *mycologiades.com* ● Une manifestation réputée. C'est que la forêt de Bellême est riche de plus de 500 espèces de champignons et attire des mycologues prestigieux, venus de toute l'Europe pour chercher, étudier et exposer ces trésors qui poussent au pied des chênes.

DANS LES ENVIRONS DE BELLÊME

LE CHÂTEAU DU TERTRE

🏃 *Route de Mauves (D 5), 61130 Sérigny.* ☎ *02-33-73-18-30.* ● *letertre-rogermartindugard.fr* ● *Juste en périphérie de Bellême. Visite des extérieurs de juil à mi-sept, tlj 13h-19h ; visite de la bibliothèque et du bureau sur rdv. GRATUIT.* Manoir ou château que cette belle bâtisse du XVIIᵉ s ? Si vous l'admirez depuis la cour carrée, sa sobre façade en brique et pierre évoque plutôt un manoir, mais, depuis le parc, les 2 ailes construites par le 2ᵉ propriétaire des lieux lui donnent vraiment l'allure d'un château. Ce qui n'était à l'origine qu'un rendez-vous de chasse fut pendant plus de 30 ans la demeure de Roger Martin du Gard (1881-1958), Prix Nobel de littérature en 1937, qui en fit un lieu d'écriture et d'échanges littéraires. Une tradition entretenue par ses descendants qui, encore aujourd'hui, y organisent, de mars à novembre, de nombreuses manifestations et rencontres artistiques et culturelles.

LA FORÊT DE BELLÊME

Elle commence juste à la sortie nord de la ville, formant sur 18 km de long et 9 km de large une merveilleuse mer d'arbres dans les douces collines du Perche. Voilà sans doute ce qui fut la plus belle forêt du Perche (jusqu'à ce qu'elle soit ravagée par une tempête), peuplée de chênes majestueux dont le *chêne de l'École*, situé dans la partie ouest de la forêt, particulièrement beau (planté en 1666 et haut de 42 m). Toute proche, la fontaine de la Herse aurait des eaux dites « miraculeuses ». Un peu de l'âme de la Gaule antique vit encore à l'ombre de ces feuilles. Environ

DANS LES ENVIRONS DE BELLÊME / LA PERRIÈRE | 563

2 400 ha archi-protégés, qu'il faut découvrir à pied ou à vélo, à travers le sentier GR 22 (Paris/Le Mont-Saint-Michel), par exemple. On peut se procurer les circuits de plusieurs sentiers pédestres auprès de la Maison du tourisme.

LA PERRIÈRE (61360 ; 290 hab.)

Un village plein de charme pris d'assaut en été, lieu de résidence de nombreux artistes et people. De Bellême, la plus jolie route pour y arriver passe par Le Gué-de-la-Chaîne. De là, prendre à droite une adorable route de campagne qui longe (en la surplombant) à flanc de colline la forêt de Bellême : haies touffues, talus fleuris, échappées secrètes sur l'orée des bois, hameaux éparpillés, par monts et par vaux. Puis on arrive à La Perrière. Labellisé « Petite Cité de caractère », ce village millénaire perché au sommet d'un éperon eut son heure de gloire au XIXᵉ s grâce à la broderie sur filet et au filet perlé. Sur la place centrale : une belle maison couverte de vigne vierge, une vieille balance à chevaux, et, un peu plus loin, l'épicerie du village. Mais la partie la plus intéressante de ce bourg minuscule est située entre la place centrale et l'église *(ouv tte l'année).* Là, plusieurs ruelles (dont la ruelle Puante !), aux murs couverts de glycine, cachent de croquignolets petits jardins. Plus haut encore, de l'église, superbe vue sur le bocage et 17 clochers de la région. Le site de l'éperon, classé depuis 1932, est bordé de pins qui lui donnent un air méditerranéen. Nombreuses demeures de caractère des XVIᵉ et XVIIᵉ s.

Adresse utile

⃞ Maison du tourisme du Pays bellêmois : *derrière la mairie.* ☎ 02-33-73-09-69. ● *perchenormand.fr* ● *Vac de Pâques, mar-dim 14h-18h ; mai-juin, w-e 14h-18h ; juil-août, mer-sam 10h30-12h30, 14h-18h, mar et dim 14h-18h ; sept, w-e 13h30-17h30.* Point d'info touristique qui accueille entre ses murs une petite expo consacrée aux filets autrefois fabriqués à La Perrière. Visites guidées *(mar à 10h30 en hte saison ; 3 €)* qui permettent de franchir quelques portes normalement fermées aux visiteurs, comme celle du sublime Logis de l'Évêque.

Où manger ?

De prix moyens à chic

|●| ☕ La Maison d'Horbé : *Grande-Place.* ☎ 02-33-73-18-41. ● *info@lamaisondhorbe.com* ● *Fermé lun-mar plus mer-jeu hors saison. Congés : janv. Carte env 35 €. Café offert sur présentation du guide de l'année.* En poussant la porte de cette adorable brocante, on est aussitôt submergé par les bonnes odeurs échappées de la cuisine. Car c'est également un bon restaurant le midi et un salon de thé soigné (excellents produits) le reste de la journée.

À voir. À faire dans le coin

🎥🏹 La ferme de la Grande Suardière : *sur la route entre La Perrière et Montgaudry (panneaux).* ☎ 02-33-83-53-29. ● *cuisine-bio-hermeline.fr* ● *Vente de produits frais jeu et dim 10h-19h.* Une ferme biologique où les propriétaires, qui préparent leur pain à l'ancienne, proposent des stages de cuisine bio et font visiter le site *(sur résa).*

🏹 Le manoir de Soisay : *sur la D 931 vers Mamers, 2 km avt Suré sur la droite (panneau).* ● *soisay.fr* ● *Visite début juil-fin août, lun-ven 11h-17h. Entrée : 4 € ; réduc.* Isolé en pleine campagne au bout d'un petit chemin, ce manoir ravissant des XVIᵉ et XVIIᵉ s

564 | L'ORNE / LE PERCHE ORNAIS

possède un pigeonnier, une chapelle, un four à pain et des jardins cultivés façon agroécologie. En été, c'est devenu un surprenant lieu de vie culturel : des artistes investissent les dépendances, présentent leurs œuvres et font visiter à leur façon le logis.

Fête et manifestations

– **Marché d'art :** *dim-lun de la Pentecôte.* ☎ 02-33-73-09-69 *(Maison du tourisme).* Pendant 2 jours, le village accueille 85 peintres, photographes ou sculpteurs. Tous les ateliers et les maisons où sont exposées des œuvres sont ouverts au public pour l'occasion.
– **Fête du Rosaire :** *1er dim d'oct.* Fête du village et, surtout, un grand vide-grenier/brocante.

LA ROUTE DES MANOIRS DU PERCHE   *Carte Orne, D3*

On ne dira jamais assez la beauté d'un manoir percheron caché derrière son bouquet d'arbres ou niché dans un pli du relief, à l'endroit même où il fallait qu'il soit. Point d'arrogance dans ces vieux corps de bâtiments couverts de tuiles et d'ardoises. Les châtelains du XVIe s y menaient une existence assez rustique, entre l'opulence du seigneur et le dépouillement du paysan. Environ 500 manoirs furent construits entre le XVe et le XVIIe s ; il n'en reste plus qu'une centaine aujourd'hui. Restaurés, certains d'entre eux accueillent hébergement de charme ou musées de la vie locale. D'autres, parmi ceux que nous citons sur cet itinéraire, ne sont pas ouverts à la visite. Très souvent, cependant, on peut les admirer depuis la route.
➤ Notre itinéraire recoupe, c'est inévitable, les excellents circuits du petit fascicule *Routes tranquilles du Perche* (payant), disponible dans les offices de tourisme, qui présente 9 itinéraires pour musarder, chiner ou grignoter.

RÉMALARD *(61110)*

À 18 km au nord-est de Bellême.
Gros bourg percheron où naquit Octave Mirbeau, l'auteur du *Journal d'une femme de chambre,* adapté au cinéma par Buñuel. L'actuelle mairie est installée dans la gentilhommière où il passa ses tendres années. Jolie église Saint-Germaind'Auxerre (portail et abside romans) sur un tertre verdoyant.

Adresse et info utiles

🅸 **Office de tourisme Cœur du Perche :** 22, rue Marcel-Louvel. ☎ 02-33-73-71-94. ● *tourisme.coeurduperche.com* ●

– **Marchés :** *lun mat tte l'année ;* **marché aux produits fermiers** *dim mat Pâques-déc.*

À voir à Rémalard et dans les environs

🅭🅭 🚶 👣 **Les jardins de la Petite-Rochelle :** *22, rue du Prieuré.* ☎ 02-33-73-85-38. ● *la-petite-rochelle.com* ● ♿ *À proximité de l'église. 23 juil-31 août, tlj 14h-18h, plus quelques w-e dans l'année à vérifier sur le site. Entrée : 7 € ; gratuit moins de 12 ans.* Créé en 1976 par Hélène d'Andlau, le site s'étend désormais sur plus de 1 ha. On s'y promène parmi 10 jardins différents avec bassins et plantés d'arbres, d'arbustes et vivaces fleuris tout au long des saisons.

LA ROUTE DES MANOIRS DU PERCHE | 565

🦌🦌 De Rémalard, prendre la route de Moutiers-au-Perche. Sur la droite de celle-ci, à environ 2,5 km, on aperçoit dans un vallon le ***manoir de Voré*** (privé), beau château dans le plus pur style XVIIIᵉ s, mais le moins percheron des manoirs du Perche. Ce fut la demeure d'Helvétius, brillant esprit du Siècle des lumières, auteur d'un essai, *De l'esprit,* dans lequel il dénonce les abus des courtisans et les excès de la monarchie, et appelle à des réformes sociales.

🦌🦌🦌 *Villeray :* ce joli hameau escarpé, dépendant de la commune de Condeau, pourrait concourir au titre des « Plus Beaux Village de France »... Protégé, il offre un exemple remarquable d'architecture rurale percheronne.

– *Spa Pom :* ☎ 02-33-83-11-01. ● *spapom.com* ● *Tlj 10h-18h (20h ven-sam). Résa conseillée, surtout le w-e. Accès au spa 25 € (30 € le w-e) ; soins à partir de 44 €. Forfait très (très) intéressant comprenant le spa, un soin et un déj au Moulin de Villeray 49 € (boissons comprises).* Dans les dépendances du château, un espace bien-être proposant des soins de grande qualité reposant sur les bienfaits de la pomme.

MOUTIERS-AU-PERCHE (61110)

Bien s'enfoncer dans le village pour découvrir ses maisons qui s'accrochent à un versant de colline, le long d'une rue pentue qui mène à l'église du Mont-Harou (XIIᵉ-XVIᵉ s) aux gargouilles démesurément grandes. À l'intérieur, une musique douce, un superbe vieux carrelage, une large nef, des voûtes en bois et une charpente lambrissée en berceau. Ne pas manquer les fresques érodées par le temps. De là-haut, belle vue sur la vallée.

Où dormir ? Où manger ?

De chic
à beaucoup plus chic

🏠 ●I●I *Villa Fol Avril :* *2, rue des Fers-Chauds.* ☎ *02-33-83-22-67.* ● *contact@villafolavril.fr* ● *villafolavril. fr* ● *Congés : janv. Doubles 100-145 €, familiale. Menus 25 € (sauf sam et dim midi)-33 € ; carte 35-53 €.* Dans un ancien relais de poste, des chambres rétro-chic de charme aux teintes chaleureuses. Salles de bains au carrelage crème et TV écran plat font bon ménage avec les meubles chinés chez les antiquaires. Lits moelleux à souhait. Piscine. Au resto, merveilleuse cuisine revisitant le terroir percheron et mettant en avant les producteurs fermiers locaux. Un pur coup de cœur !

À faire

➤ *Perch'orizon :* au lieu-dit Launay. ▯ 06-82-41-42-88. ● perchorizon.fr ● À la sortie de Moutiers-au-Perche par la D 920 en direction de Rémalard ; dans le virage, prendre à gauche vers La Joignère. Pdt vac scol, tlj 9h-18h ; le reste de l'année, tlj sauf lun. Balade de 1h, 20 €/pers. Toute l'année, ce club d'équitation pleine nature propose, aux débutants comme aux cavaliers confirmés (adultes et enfants), des balades de 30 mn à 2h à dos de percheron, mais aussi de poneys, fjords, etc. Également des randos thématiques de 1 à 3 jours. Fait aussi gîte d'étape pour randonneur.

NOCÉ (61340)

À 8 km à l'est de Bellême.
2 beaux manoirs visibles de la route. Le ***manoir de Courboyer,*** à 3 km au nord, est l'une des plus remarquables gentilhommières construites dans le Perche à la fin du

L'ORNE

566 | **L'ORNE / LE PERCHE ORNAIS**

XVe s. À la sortie de Nocé, sur la route de Berd'huis, *manoir de Lormarin* (XVIe s), avec 3 tours rondes. Suivre la route jusqu'à Préaux-du-Perche. Voir le *manoir de la Lubinière,* élégante demeure du XVIe s abritant de belles cheminées de la Renaissance et de grandes caves voûtées.

– Le *parc,* d'une superficie de plus de 194 000 ha, est une succession de forêts et de bocages ; les paysages percherons possèdent un rare pouvoir de séduction, pleins de charme et de rusticité qu'ils sont.

Où manger ?

🍽 Le midi du vendredi au lundi, de Pâques à la Toussaint, à la maison du Parc, *La Table du Manoir,* espace restauration, propose des produits du terroir et de la ferme *(menu 19,50 € ; plats 9,50-16,50 €, certains servis à tte heure).*

🍽 *Auberge des 3 J :* 1, pl. du Docteur-Gireaux. ☎ 02-33-73-41-03. ● auber gedestroisj@gmail.com ● ♿ Fermé dim soir-mer sauf juil-août. Congés : 15 j. début janv, 15 j. en sept et 1 sem

en oct. Menus 28-50 € ; pas de carte. Au cœur du charmant village de Nocé. Dans cet ancien relais de poste joliment décoré, Stéphan Joly (un ancien de *La Tour d'Argent*) et ses acolytes en cuisine s'amusent des codes gourmands du terroir normand et s'en échappent pour voyager au loin à travers les plats qu'ils inventent. Cuisine magnifiquement présentée et pleine de surprises gustatives. Propose aussi des cours de cuisine.

À voir

🐎 *Le manoir de Courboyer :* à 3 km au nord de Nocé. ☎ 02-33-25-70-10. ♿ (dans le domaine). Tlj 10h30-18h30 juil-août, 18h avr-juin et sept-oct, 17h nov-mars et fermé lun. Fermé 1er janv et 25 déc. Visite du manoir libre (2 €) ou guidée (4 €) ; gratuit moins de 16 ans et pour ts le dernier dim du mois. Accès libre au domaine. Rens à la Maison du parc. Un séduisant manoir du XVe s – et ses dépendances –, qui héberge la *Maison du parc naturel régional du Perche* sur un site de 60 ha. Celle-ci propose des visites guidées du manoir et des expositions. On apprend à travers ceux-ci que les manoirs, construits au sortir de la guerre de Cent Ans, représentaient le pouvoir au XVe s et qu'ils étaient toujours situés près d'un cours d'eau, car ils devaient se suffire à eux-mêmes, or l'eau était indispensable à l'agriculture ou pour alimenter les moulins qui permettaient de moudre le blé. Ces gentilhommières, souvent de style Renaissance dans le Perche, sont ornées de belles fenêtres à meneaux et recèlent parfois quelques surprises amusantes : ici, c'est un bonhomme qui montre ses fesses sur le cul-de-lampe de la tourelle d'angle. Également des expos temporaires. De là, partez à la découverte du domaine. Patrimoine naturel unique. Sentier découverte, chevaux percherons, potager, jeux, animations et manifestations.

– *Son et lumière « Le Perche, une histoire... des hommes » :* en juil-août. ☎ 02-33-25-23-23. ● perche-passion.com ● Une dizaine de représentations avec chants, danses, combats et démonstrations équestres.

SAINTE-GAUBURGE (61130)

Situé sur la commune de *Saint-Cyr-la-Rosière,* un hameau percheron miraculeusement préservé et magnifiquement restauré. Un coup de cœur !

À voir

🐎🚶 *L'écomusée du Perche :* au cœur du hameau. ☎ 02-33-73-48-06. ● ecomuseeduperche.fr ● ♿ (rdc). À env 2 km au sud-est de

LA ROUTE DES MANOIRS DU PERCHE / PERCHE-EN-NOCÉ | 567

Saint-Cyr-la-Rosière. Écomusée : avr-sept, tlj 10h30-18h30 ; oct-mars, tlj 10h30 (14h w-e)-17h30. Bibliothèque : sur rdv. Musée, expo et accès au prieuré : 6 € ; gratuit moins de 18 ans.

Sur 2 niveaux, un écomusée bien conçu qui passe en revue tout l'univers percheron au travers des vieux métiers d'autrefois : le bourrelier, le tisserand... et aussi l'élevage du cheval, la culture du chanvre et de la pomme. Les petites reconstitutions et les nombreuses anecdotes dévoilent peu à peu un monde étonnant : le sabotier qui vivait et travaillait en pleine forêt, souvent considéré comme un marginal sinon comme un sorcier, les bouilleurs de cru « irrégulièrement honnêtes »... Impressionnant pressoir à « longue étreinte » et alambic. Beaucoup d'animations tout au long de l'année (sur l'habitat rural, l'apiculture). Boutique, avec notamment le cidre, le jus de pomme et le miel, produits par l'écomusée. On peut également acheter des produits régionaux.

Dans la cour, reconstitution d'un jardin potager paysan, où sont cultivés légumes anciens et plantes traditionnelles du Perche.

– Également des expos temporaires, des circuits découverte et de grandes manifestations : le 15 août, *fête du Cheval percheron* ; en septembre, *fête de l'Abeille*, et début novembre, *Festival Tout Feu Tout Flamme (pdt les vac d'hiver), Journée de l'arbre et du cidre ;* et le *Festival Très Trait Percheron (pdt les vac d'automne).*

🎭🎭 *Le prieuré : à côté du musée.* ♿ *Billet commun avec l'écomusée. Possibilité de visites guidées (45 mn) w-e, j. fériés et vac scol à 16h (15h30 en hiver) : 7 €.* Fondé au XIe s, ce prieuré servit de ferme et de maison d'habitation jusqu'en 1993. En constante restauration. Dans l'église, qui accueille désormais des expos temporaires, belles salles voûtées d'ogives, lavabos gothiques et Renaissance, nef et chœur en lambris, remarquablement éclairés, et chapiteaux feuillagés. Dans le logis, salle capitulaire (transformée en cuisine au XVIIIe s), chapelle du prieur et salle de l'Annonciation. Voir notamment la cheminée sculptée représentant Adam et Ève au paradis, qui ont perdu la tête ! Nombreuses randos au départ du prieuré.

PERCHE-EN-NOCÉ (61340)

Où manger ? Où boire un verre ?

🍽🍷 *Le Relais Saint-Germain : 5, pl. Saint-Germain.* ☎ *02-33-73-33-39.* ● *contact@le-relais-st-germain. com* ● ♿ *Au cœur du village, face à l'église. Ouv le midi lun-ven, plus le soir ven (avec concert de jazz) et les 2e et dernier sam de chaque mois (avec concerts). Congés : 3 sem en août et 1 sem à Noël. Formule déj en sem 12 € ; carte 15-25 €.* Un vrai café de village, à l'intérieur accueillant, où l'on se retrouve autour d'un verre, lors d'une animation ou d'une expo organisée par la propriétaire des lieux, ou encore pour profiter des menus à prix doux. La cuisine, quant à elle, reste simple mais s'efforce de servir des produits locaux et de saison ; quelques plats végétariens.

À voir

🎭🎭 🚶 *Le jardin François : les Clos.* ☎ *02-37-49-64-19.* ● *ferme-et-jardin-francois.com* ● ♿ *Tte l'année, du lever au coucher du soleil (23h ven avec éclairage). Entrée : 6 € ; réduc ; gratuit moins de 12 ans. Visite env 1h30.* Sur 3 ha, Gérard François, horticulteur passionné, a voulu recréer dans le pays de son enfance un jardin « Carnets de voyages » qui raconterait de petits morceaux de ses nombreux voyages : jardin japonais, fontaine irlandaise, plantes exotiques, pont en « bambou », roseaux... Ce « Jardin remarquable » a le mérite de pouvoir se visiter en toute saison. Nombreuses bruyères d'hiver, feuillage, collection de camélias, rosiers anciens, rhododendrons, azalées, hortensias... Un autre jardin « Surprenant », plus petit, se découvre au bout du sentier sous les arbres avec ses cerisiers et pruniers sauvages.

🛏 Pour prolonger ce plaisir bucolique et se réveiller au milieu des fleurs, 4 belles **chambres d'hôtes** et 1 studio dans une jolie ferme restaurée *(55-110 € pour 2, 2 nuits min le w-e ; tarif dégressif ; panier garni offert)*.

SAINT-GERMAIN-DE-LA-COUDRE *(61130)*

Belle crypte dans l'église Saint-Germain sur les hauteurs de la ville et un des plus anciens manoirs percherons, le **manoir de la Fresnaye,** impressionnant avec son donjon et ses 2 tours. Il date de la guerre de Cent Ans !

Où dormir ? Où manger dans le coin ?

🛏 ▮◉▮ **Domaine de la Haute Poignandière :** *la Haute-Poignandière, à Saint-Germain-de-la-Coudre.* ☎ 02-33-73-79-85. 📱 06-13-29-22-93 et 06-11-62-06-14. ● *la.haute. poignandiere@orange.fr* ● *lahaute poignandiere.com* ● *Ouv avr-oct. Doubles 90-100 € ; familiales. Tonneaux (sans couverture-linge). Cidre ou café offert, ou réduc de 10 % à partir de 2 nuits, ou accès au sauna offert sur présentation du guide de l'année.* Au bout du long chemin de terre où l'on avance cahin-caha, 2 maisons : celle des propriétaires et son chœur de chiens pour vous accueillir et, derrière, celle où les 3 jolies chambres d'hôtes se partagent un beau salon-salle à manger (avec micro-ondes et frigo à disposition). 2 d'entre elles peuvent accueillir 3 ou 4 personnes. Derrière cette maison, un beau bout de jardin et, tout au fond de celui-ci, 2 tonneaux. Non pas pour y stocker le cidre, mais pour y dormir ! Avec une grande couchette confortable au-dessus et une autre en dessous. Un genre de tente de luxe, quoi ! En revanche, pour se laver, ce sera dans la « cabane de toilette », derrière, avec toilettes sèches et lavabo ! Accueil pêchu et chaleureux.

🛏 ▮◉▮ **Gîte et chambres d'hôtes du Moulin de Gémages :** *chez Anna Iannaccone, le Moulin, 61130* **Gémages.** ☎ 02-33-25-15-72. ● *info@lemoulin degemages.com* ● *lemoulindege mages.com* ● *Tlj sauf dim soir-lun.*

Doubles 95-100 € ; familiales. Réduc de 10 % sur le prix de la chambre à partir de 2 nuits consécutives (hors w-e prolongés) sur présentation du guide de l'année. Une affaire familiale qui roule. Il faut reconnaître qu'elle ne manque pas de bons arguments : l'ancien moulin est bourré de charme, et sa propriété de 15 ha avec plans d'eau et parcours de pêche à la mouche fera le bonheur des amateurs. Les autres ne manqueront pas d'y faire des balades revigorantes. Et les chambres ? Confortables et plutôt séduisantes, toutes de plain-pied, mais mansardées pour certaines. Également un gîte dans l'ancienne habitation du minotier, qui a su conserver le cachet de l'époque. Bons plats de terroir et de saison.

🛏 **Perché dans le Perche :** *la Renardière, 61130* **Bellou-le-Trichard.** 📱 06-24-84-98-25. ● *perchedans leperche@gmail.com* ● *perchedans leperche.com* ● *Congés : déc-janv. Compter 160 € pour 2 ; 2 nuits min w-e et pdt vac scol : 320 €. Compter 875-1 050 €/sem jusqu'à 5 pers.* Le rêve pour les romantiques, ou pour les grands enfants, voire les 2 à la fois ! Car cette cabane perchée rappelle de bons souvenirs et garantit une jolie escapade nature. Construite autour d'un châtaignier séculaire, elle ne manque ni de charme (vue magnifique sur la campagne depuis la terrasse) ni de confort (salle de bains, coin cuisine, système hi-fi).

LA ROUTE DES MANOIRS DU PERCHE / SAINT-GERMAIN... | 569

À voir dans les environs

🎬🎥 *L'Hermitière – Cidrerie traditionnelle du Perche :* Tronas, 61260 **Val-au-Perche.** ☎ 02-37-49-67-30. ● cidrerie-traditionnelle-du-perche.fr ● *Avr-oct, lun-sam 10h-12h, 15h-20h et dim mat ; nov-mars, lun-sam 10h-12h, 15h-19h. GRA-TUIT. Film de 20 mn permettant de passer en revue ttes les étapes de la fabrication du cidre, mais aussi du calvados ou plus simplement du jus de pomme ; suivi d'une dégustation.* Cette exploitation produit peut-être le cidre de façon traditionnelle, mais elle n'exclut en rien la remise en cause et la modernité, d'où la façade tout en bois et des installations bien d'aujourd'hui. Cette maison bio au bâtiment certifié « Haute Qualité environnementale » réunit en son sein : l'unité de production et un bel espace vente (de leurs produits, mais aussi de plusieurs autres entreprises locales). Ajoutez à tout cela des soirées musique et théâtre, ainsi que la **fête du Cidre** le dernier week-end d'octobre.

L'ORNE

HOMMES, CULTURE, ENVIRONNEMENT

ARCHITECTURE

D'où vient l'expression « art roman » ? Au XIXe s, les artistes et les intellectuels qui veulent rompre avec le classicisme du siècle précédent redécouvrent les vertus du Moyen Âge. Aux portes de Paris, la Normandie, avec ses abbayes et châteaux médiévaux, leur apparaît comme un nouvel éden, où ils pourront puiser leur inspiration. Théophile Gautier, par exemple, tombe en pâmoison devant le château de Tourlaville, datant pourtant de la Renaissance, mais « ruiné juste à point pour être pittoresque » ! Mais comment dénommer cet art du Moyen Âge ? Les archéologues anglais utilisent le terme « normand » : en bon français, cela donnera « roman ». « L'art normand » est mort, vive « l'art roman »... et le romantisme !

Après avoir mis à feu et à sang toute la Neustrie carolingienne à partir des années 840 et s'être rendus maîtres de la région, les *Northmen* finissent par s'installer en érigeant d'abord des châteaux à la mode de chez eux : des constructions claires, logiques, sobres, aux donjons rectangulaires (Falaise), polygonaux (Gisors) ou circulaires (Conches). Mais, pas fous, les Normands ont rapidement rappelé les moines pour s'appuyer sur leur puissance économique et spirituelle. Il faut reconstruire les abbayes détruites. Bâties sur les mêmes principes que les châteaux des seigneurs vikings, celles-ci refleurissent bientôt dans toute la Normandie (Fécamp, Saint-Sauveur-le-Vicomte, Bernay, Cerisy-la-Forêt, Jumièges, Le Bec-Hellouin, Lessay).

Cet élan spirituel et architectural atteint son apogée sous le règne de Guillaume le Conquérant (1035-1087). Les grands préceptes : rigueur, sobriété du décor, grandeur des volumes et netteté des lignes, lumière inondant le chœur depuis la tour-lanterne (encore une invention normande).

La prise de Château-Gaillard en 1204 par Philippe Auguste signe l'arrêt de mort de la Normandie indépendante et, par là même, la fin de l'architecture normande proprement dite. Mentionnons quand même au passage quelques belles réussites gothiques avec les cathédrales de Rouen et de Coutances. Et n'oublions pas les chefs-d'œuvre Renaissance : dans aucune autre région de France on ne retrouve cette architecture d'époque mariant le bois et la pierre, et c'est en Normandie que le style Renaissance a fait, en France, sa 1re apparition.

De retour d'Italie, où il a accompagné François Ier, le cardinal Georges d'Amboise s'installe à Gaillon et fait retaper le château par des artistes transalpins. À sa mort, les Italiens restent dans la région, laquelle va profiter de leurs compétences (châteaux de Fontaine-Henry et d'O) : bientôt, tout le pays se mettra au diapason. Sans oublier quelques beaux manoirs de seigneurs locaux, aspirant au pouvoir dans leurs tours et donjons. Quelques beaux spécimens subsistent d'ailleurs encore du côté du Perche ou du Calvados. Avec l'avènement de Louis XIV et de la puissance royale, « la pensée unique » en termes d'architecture châtelaine s'installe. Un modèle : Versailles. Un homme : l'architecte François Mansart, à qui l'on doit, entre autres, Balleroy ou le haras du Pin.

Finalement, il faudra attendre la fin du XIXe s, et l'édification des 1res villas dans les stations balnéaires à la mode, pour voir émerger à nouveau dans la région un style architectural original. La seule villa Strassburger de Deauville en est la preuve !

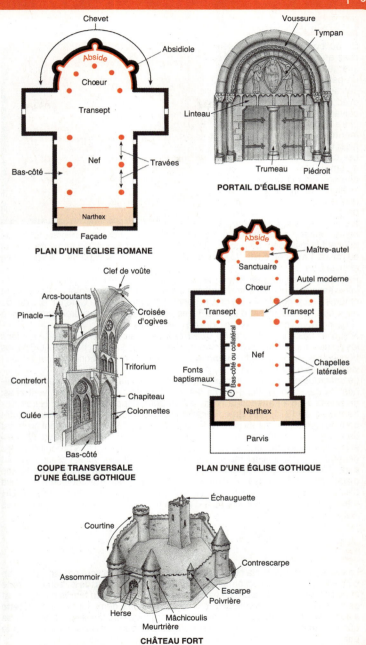

BOISSONS ET ALCOOLS

Si, au cours d'un repas, vous criez grâce, le **trou normand** se charge de raviver votre appétit : un petit verre de calva jeune bu cul sec ou, en version stylée, avec un sorbet à la pomme. Le calvados ? Du cidre distillé. Le cidre ? Du jus de pomme fermenté. Comme quoi le raisin n'est pas indispensable.

Le **cidre** normand est plus « complexe », plus « vineux » que son copain breton. C'est le 1er alcool qu'on a le droit de boire quand on est petit. Tout l'art est de choisir entre les 1 000 variétés de pommes, bedan ou pied

BÉNÉD'HIC ! TINE, À BOIRE RELIGIEUSEMENT

La composition de la bénédictine, une des spécialités normandes à boire, reste floue. Créée, raconte la légende, en 1510 par un bénédictin vénitien qui séjourna à l'abbaye de Fécamp, cette liqueur médicinale disparut pendant 1 siècle. En 1863, un négociant local retrouva la recette et se lança dans la fabrication de ce digestif baptisé dès lors « bénédictine » et composé de 27 plantes et épices, macérées et/ou distillées.

court, rougette ou bisquet, etc. Amères, acidulées ou douces-amères, toutes se donnent la main pour composer l'assemblage idéal des jus, qui fermente ensuite au moins 1 mois en cuve. Puis on le soutire (en lune descendante, s'il vous plaît) et on le filtre.

Parmi les cidres, on peut choisir le brut (le moins sucré) ou le demi-sec, le « pur jus » (sans eau, ni concentré), ou celui d'appellation (la fermentation est lente et naturelle, sans adjonction de gaz, ni pasteurisation). Cidre du Cotentin et cidre du pays d'Auge bénéficient d'une AOP (l'équivalent de l'AOC en droit européen), à l'instar de leur voisin breton, le cidre de Cornouaille.

N'oubliez pas son frère, le **poiré Domfront**, ce « champagne normand » né dans les poiriers tricentenaires du Domfrontais (et protégé lui aussi par une AOP). Vous trouverez aussi en apéritif le **pommeau**, jus de pomme additionné de calvados et vieilli en fûts de chêne.

Le **calvados** est quant à lui un alcool détonnant. Inventée en 1553 par un gentilhomme gastronome, l'eau-de-vie fabriquée à partir du cidre (et souvent aussi de poires à poiré) attendit la fin du XIXe s pour s'appeler calvados. Héros des tranchées de 1914, puis du café-calva prolétaire, le calvados se distille tantôt comme l'armagnac, tantôt comme le cognac et accède progressivement au statut de spiritueux. Le calvados a 3 AOC : le « calvados », le « calvados pays d'Auge » et le « calvados domfrontais ». Malgré son nom, il peut aussi être produit dans les départements voisins, à l'image du calvados domfrontais, qui est produit surtout dans l'Orne et dans la Manche. Les puristes ne boivent rien de moins de 15 ans d'âge, mais ce n'est pas le même budget ! VS ou 3 pommes indiquent un calva d'au moins 2 ans d'âge (idéal pour les cocktails !) ; vieux ou réserve : 3 ans ; VSOP, 4 ans ; après 6 ans, c'est XO, hors d'âge, etc. ; l'âge indiqué étant celui du plus jeune des composants.

CUISINE

La vache normande est la nourrice de Paris. Ses mamelles sont proverbiales. Il en sort des camemberts de Normandie AOP, des petits-suisses, de la crème fleurette et du beurre d'Isigny. La **crème** est un baume qui console du temps gris ; elle est de tous les plats (en compagnie d'un brin de beurre demi-sel fondu, la recette s'appelle « vallée d'Auge ») : viande, coquillages, poisson, desserts. Au même titre que le **beurre**, elle doit se réclamer d'Isigny : ce bourg du Bessin la chouchoute depuis le XVIIe s (à tel point qu'elle a d'ailleurs obtenu une AOP).

CUISINE | 573

Péchés de chère

Le Normand est très protéiné. Sa mer abonde en *poissons plats* (sole, limande, plie, et le fameux turbot, coqueluche des grands chefs...), *lisettes* (les petits maquereaux de Dieppe), *crustacés*, quantité de coquillages, dont les *huîtres* du Cotentin (un must : les plates, dites pieds-de-cheval), les *moules* (la Normandie est la 1re productrice au monde de moules de bouchot), les *coquilles Saint-Jacques* (la Normandie est la 1re exportatrice) et les *pétoncles*, à ne pas confondre avec les 1res (pas le même goût, ni les mêmes valeurs nutritives, ni le même prix !). La meilleure période pour consommer les huîtres et les coquilles s'étend d'octobre à avril, et plus encore de décembre à mars, tandis que celle des moules va de juin à fin septembre.

L'iode est tout autant apprécié dans les viandes : on met les *moutons* dans les prés salés (recouverts périodiquement par la marée) du Cotentin ouest et de la baie du Mont-Saint-Michel, et le résultat est fameux. Autrement, la basse-cour normande offre un concentré des vertus fermières. Son héros est le *canard*. Cuisiné au cidre, en terrine, au vinaigre de cidre, flambé au calvados, ou encore à la rouennaise.

Autres stars, les *tripes à la mode de Caen* réunissent 5 espèces d'abats de bœuf et cuisent une quinzaine d'heures, jusqu'à ce que le jus, dit-on, en soit limpide. La Confrérie de la tripière d'or n'autorise aucune déviation. Une bonne association : les pommes de terre soufflées.

Après vous être régalé de *jambon de la Manche,* la virée à Vire s'impose pour goûter l'*andouille* : solide, saine, fumée, bref, sérieuse – à vous dégoûter de la fausse andouille de Vire que bâclent les industriels du reste de la France. Dans le même esprit, le *boudin de Mortagne,* l'*andouillette de Bernay* et les *quenelles de Neuf-Marché* se sont rendus célèbres. Le *cochon de Bayeux* avait, lui, frôlé la disparition. Quelques éleveurs ont assuré la survie de cette race locale dont on fait les meilleures charcuteries. En Normandie, on trouve même une *carotte* sous appellation contrôlée : les maraîchers de Créances, dans la Manche, lui réservent des sables fumés au varech.

LES HUÎTRES ET LA DERNIÈRE GUERRE

Autrefois, les huîtres étaient consommées par une élite sociale. Dès 1941, la nourriture ne s'achetait plus que sur présentation de tickets de rationnement. Toutefois, les huîtres (trop rares ?) se vendaient sans tickets. Très vite, la consommation décupla. La production aussi. À la fin de la guerre, les Français y avaient pris goût.

POURQUOI LES HUÎTRES SONT-ELLES VENDUES À LA DOUZAINE ?

Dès l'Antiquité, on pouvait calculer par douzaines sans être allé à l'école : le pouce permet de compter sur les 4 autres doigts de la main, qui sont constitués de 3 phalanges chacun. Et ce conditionnement par 12 perdure encore pour de nombreux produits alimentaires.

La voie lactée

M. de Cambremer, un personnage de Proust, se désolait qu'on écorchât son nom en Camembert. Il n'appréciait pas d'être assimilé à l'un des 3 emblèmes d'une France qu'on croyait éternelle, avec la baguette et le litre de rouge.

Ce dieu des pâtes molles serait sorti de son giron au début du XIXe s, dans un village de l'Orne, situé près de Vimoutiers : Camembert. Depuis, toute la Normandie s'y est mise. Choisissez-le AOP, dans sa boîte en bois en version « traditionnelle » au lait cru, « quand la croûte est fleurie et le milieu aussi tendre que les bords ».

En plus du camembert, la Normandie a engendré 3 autres merveilles de gueule AOP. Le *livarot AOP* – un vieux de la vieille celui-là, il n'y a qu'à sentir –, surnommé « le colonel » pour les 5 galons ou laîches de roseaux qui l'entourent (pour éviter qu'il ne s'affaisse au cours de son affinage). C'est un fromage artisanal, guère gras mais corsé... Quant au *pont-l'évêque AOP,* sa croûte orangée cache une pâte souple, très odorante elle aussi, aux arômes de crème et de noisette. Et le *Neufchâtel AOP,* le plus ancien des fromages normands, doux et crémeux, reconnaissable à sa forme de cœur. Autres trésors de vache : le *boursin* et son père le *gournay* (triple crème, à choisir « mousseux »), le *bricquebec,* la *bouille,* le *pavé d'Auge* (inspirateur du pont-l'évêque et du livarot), le *demi-sel* et même le *petit-suisse,* fromage enrichi de crème offert à la postérité par une fermière des environs de Gournay. Un de ses détaillants fit fortune : il s'appelait Charles Gervais.

Passons aux desserts. Tout y est pur beurre, et plutôt 3 fois qu'une. Gisors et Gournay sont des capitales de la *brioche.* Yport abrite une *tarte au sucre* (pommes et pâte sablée), Asnelles et Douvres-la-Délivrande cultivent les *sablés,* Rouen a pour drapeau le *sucre de pomme* et les *paillardises.* La *teurgoule,* un riz au lait cuit au four, avec un soupçon de cannelle, se déguste pour sa part avec une brioche aux œufs et à la crème fraîche, la *falue.* La *pomme,* qui est reine en Normandie, offre à tout cela un supplément de douceur. Enrobée de pâte à pain, elle s'appelle *douillon* ou *bourdelot.* Cuite au cidre, elle orne les *tartes normandes.* Il n'est pas jusqu'au *chausson aux pommes* qui n'aurait son ancêtre chez la Bovary.

LE DÉBARQUEMENT

4 ans de mijotage

Le 23 juin 1940, en pleine défaite, les Anglais débarquaient déjà. C'était trop tard – ou trop tôt. La Wehrmacht roule vers Bordeaux. 8 millions de fugitifs errent sur les routes. Entre Boulogne et Berck, les vedettes rapides de la Navy débarquent 115 hommes jusque sur la plage de Merlimont pour se rappeler, par quelques judicieuses grenades, au bon souvenir de ces messieurs en vert-de-gris. Et rembarquent sans aucune perte.

Ils sont fous, ces Anglais ? Le 4 juin 1940 – 4 ans presque jour pour jour avant la date prévue pour débarquer en Normandie –, Churchill passait une courte note aux chefs d'état-major : « S'il est possible pour les Allemands de nous envahir, pourquoi pas l'inverse ? » Le soir même, l'officier Dudley Clarke – qui entrera dans l'histoire comme le père des commandos – rédige les 1ers principes du raid mené par de petites forces sur les côtes ennemies.

Les raids prônés par Dudley Clarke visent d'abord à se faire la main. Les coups d'épingle se succèdent cette année-là (sur Guernesey occupée, le 14 juillet) et la suivante (Italie du Sud le 10 février, îles Lofoten le 4 mars, Libye en avril, Crète le 26 mai, Liban le 7 juin, Tobrouk le 18 juillet et, le 25 août, mines du Spitzberg, où de nouveaux bateaux de débarquement sont testés). L'amiral Keynes a révolutionné ces raids en créant les « opérations combinées », stratégie qui peut conduire le fantassin à obéir à un marin, le marin à un aviateur, et l'aviateur aux armées de terre... Mais voici que, le 27 octobre 1941, cet officier inventif cède la place à un jeune capitaine, lord Louis Mountbatten, cousin du roi George VI. Son rôle sera de « préparer la grande contre-invasion de l'Europe ».

6 semaines plus tard, un événement imprévu l'y aide : l'attaque de Pearl Harbor a précipité les États-Unis dans la guerre. Ainsi, Londres n'est plus seule. Dès la fin décembre, les états-majors des 2 pays créent un organe commun, le *Combined Chiefs of Staff,* qui étudie le lancement d'une opération à grande échelle sur l'Europe du Nord-Ouest. Pour 1942... Laissant les états-majors phosphorer, Mountbatten multiplie les raids tests en Norvège, au pays de Caux et enfin sur Saint-Nazaire. Ça urge. La guerre s'est étendue à la Russie. Staline n'en peut plus : « Alors, ce 2d front, c'est pour quand ? » Réponse britannique : « Après une

LE DÉBARQUEMENT | 575

détérioration sérieuse de la puissance militaire allemande. » L'attaque du 19 août 1942 sur Dieppe sera la répétition générale.

Promu simultanément vice-amiral, général d'armée et maréchal de l'air, Mountbatten a toutes les commandes en main pour lancer une opération combinée. Le raid sur Dieppe sera sanglant (3 000 morts !), mais la leçon bénéfique. La prochaine fois, pas question d'approcher les côtes avant que les nœuds routiers et ferroviaires n'aient été neutralisés. Et on évitera d'attaquer un port. Mais l'important, c'est que les Allemands soient persuadés du contraire... « Aucun doute, dira plus tard lord Mountbatten, dans mon esprit, la bataille de Normandie a été gagnée sur les plages de Dieppe. »

Il n'empêche, ce désastre sanglant a désarçonné les esprits. « Si nous ne pouvons pas débarquer dans un port, lance un sceptique, comment fait-on ? » Un officier répond, agacé : « Eh bien, on en apporte un ! » L'idée du port artificiel d'Arromanches est née.

L'heure des attaques massives a sonné. Le 8 novembre 1942, l'opération *Torch* ouvre la voie de l'Afrique du Nord. Le 9 juillet 1943, la Sicile est envahie. 2 mois plus tard, l'offensive gagne l'Italie. La décision définitive d'un débarquement en Normandie est prise en janvier 1943 à Québec, lors d'une réunion entre Roosevelt et Churchill. 2 mois plus tard, le commandement suprême allié étudie un plan, nommé *Fortitude*, destiné à leurrer l'ennemi sur le lieu et la date (simulée pour 1943) du débarquement. Dans le même temps, on prépare un schéma d'attaque massive au continent au cas où les défenses allemandes s'effondreraient. Sait-on jamais... Et, bien sûr, on planifie la véritable opération qui, en 1944, consacrera le retour en Europe. Le jour J est fixé : 1ᵉʳ mai 1944 au plus tard. Sous le nom d'*Overlord*, on lancera 3 divisions entre Grandcamp et Ouistreham, plus une division aéroportée au-dessus de Caen. On envisage un débarquement secondaire en Provence. Dans les contingents, les soldats noirs américains sont loin derrière la ligne de front et consignés aux basses besognes. Il faudra attendre un ordre de Truman à la fin de la guerre pour qu'ils intègrent les rangs.

Montgomery, après avoir fait ses adieux à l'armée du Désert, très occupée en Italie, atterrit à Londres en février 1944. Il bouscule les plans de ses prédécesseurs. Si Eisenhower a reçu le commandement suprême, « Monty », lui, commandera les forces terrestres « dès l'instant où elles auront posé pied sur les plages ». Les autres protagonistes sont prêts : l'amiral Ramsay est en charge de la traversée (dite opération *Neptune*), le maréchal de l'air Mallory s'occupe des opérations aériennes.

Le « leurre » de Normandie !

Et l'opération *Fortitude* commence. Tout est bon pour leurrer l'Allemagne. On sacrifie des agents de la Résistance. On multiplie les « révélations » aux agents doubles, triples, retournés dans tous les sens. On bombarde férocement le Pas-de-Calais. On mine la mer du Nord et la Baltique. On masse des navires dans les ports du Nord-Est anglais. Pour tromper les avions espions, on crée de faux parcs de matériel avec des chars et des jeeps en caoutchouc, de faux aérodromes avec des avions en bois. Une

ACTEUR AU SERVICE DE SA MAJESTÉ

Les services secrets britanniques furent frappés par la ressemblance de l'acteur australien James Clifton avec le maréchal Montgomery. Le comédien fut contacté par le colonel David Niven, autre comédien célèbre. On envoya le sosie se balader à Gibraltar, Alger et Le Caire alors que Montgomery préparait le débarquement en Normandie. Le maréchal ne buvait pas et ne fumait pas. Ce fut le plus dur, avoua Clifton...

intense activité radio « dénonce » l'existence d'une 3ᵉ armée fictive, basée dans le Kent. Mongtomery paie de sa « personne » : la veille du 6 juin, un sosie (pas bête !)

est chargé d'inspecter ostensiblement la garnison de Gibraltar, juste à portée de jumelles des agents allemands d'Algésiras.

Parallèlement, l'heure est venue d'entraîner les troupes aux opérations très délicates du débarquement. Au printemps 1944, les manœuvres se comptent par dizaines. Celle de la nuit du 28 avril met aux prises 2 camps fictifs, les « débarquants » et les « défenseurs ». Des vedettes lance-torpilles britanniques endossent le rôle des vedettes ennemies qui ne manqueront pas de surgir dans la ceinture de navires de guerre protégeant le débarquement.

En avant la manœuvre ! Les barges approchent des plages, dégorgent leurs soldats. C'est l'attaque. Obus, fusées jaunes, fusées rouges, balles à gogo. Mais les lance-torpilles qui tirent sont... allemands !

Le 2 juin 1944, Churchill envoie un message à de Gaulle, à Alger : « Venez, c'est urgent ! » 2 jours plus tard, de Gaulle est conduit à Portsmouth, centre nerveux d'*Overlord,* où Churchill le met

UN ENTRAÎNEMENT CATASTROPHIQUE

Quelques semaines avant le jour J, l'opération Tigre organisa un mini-débarquement dans le Devonshire pour entraîner soldats américains et britanniques. Ils rencontrèrent totalement par hasard 9 lance-torpilles allemands. Résultat : 946 morts.

dans la confidence. Eisenhower les attend dans son QG tapissé de cartes. « Le temps est très mauvais, explique-t-il, tant pour la navigation que pour l'abordage. Or je dois donner l'ordre : déclencher ou remettre. Cet ordre doit être donné au plus tard demain. Qu'en pensez-vous, général ? J'approuve par avance et sans réserve le parti que vous choisirez de prendre. À votre place, pourtant, je ne différerais pas ! »

Orages d'acier

Ce mardi 6 juin 1944, il pleut dès le matin. Un vrai temps de juin pour un jour de guerre ordinaire. À 9h, ceux qui le peuvent se branchent sur la BBC. Le communiqué du jour diffusé par la BBC est sobre : « Sous le commandement du général Eisenhower, les forces navales alliées appuyées par une aviation puissante ont commencé à débarquer les armées alliées sur la côte nord de la France. » Un canular ? On n'ose y croire. Pour la France comme pour l'Europe entière, c'est à nouveau l'annonce du sang et des larmes. Mais aussi l'espoir de la libération.

Ce débarquement, les Allemands l'attendaient. Mais au plus près des côtes anglaises : sur le Pas-de-Calais. Hitler en était sûr : il s'opérerait entre l'Orne et la Vire. Ses généraux n'agirent pas en conséquence. L'opération *Overlord* était lancée. Le plan des alliés ? 5 divisions débarquant sur 5 plages, sur 80 km de côte entre Caen et Sainte-Mère-Église. 3 divisions parachutistes, larguées au préalable, se chargeraient de barrer la route aux renforts allemands.

ON CHANGE DE DATE !

Le débarquement allié était fixé au 5 juin 1944, en fonction de 2 critères : marée très basse et pleine lune. Les prévisions météo étaient (déjà) approximatives. Les navires partirent le 4 et furent rappelés très vite à cause d'une mer démontée. La prochaine date idéale était en septembre. Le secret du débarquement était impossible à tenir si on attendait 3 mois. Eisenhower décida alors le 6 juin.

Initialement prévue pour la veille, l'opération *Overlord* avait été retardée pour cause de temps exécrable : toute cette armada complexe et tentaculaire avait déjà été déployée en mer lorsqu'elle reçut l'ordre de rebrousser chemin... Puis la météo s'était annoncée – un peu – meilleure.

Depuis la veille au soir, peu avant minuit, les 10 batteries allemandes postées sur ces plages subissent un déluge de feu. 10 000 bombardiers lourds les pilonnent, soit 1 000 bombardiers par batterie. En tout, 6 000 t de bombes. De quoi réduire en bouillie les Allemands – si les bombardements avaient été précis.

Quelques minutes plus tard, les parachutistes de la 101ᵉ Airborne atterrissent entre Sainte-Mère-Église et la mer, dans les prés inondés de la presqu'île du Cotentin. Leur rôle est de garantir les routes aux troupes américaines d'Utah Beach, dès que celles-ci progresseront vers l'intérieur pour couper la presqu'île. Pendant ce temps, la 6ᵉ Airborne s'active à l'autre bout du front. Leur ordre de mission est chargé : tenir l'Orne et son canal, neutraliser la batterie de Merville, enfin détruire 4 ponts sur la Dives (et son affluent la Divette) pour transformer ce fleuve en fossé protecteur.

Quel sera le 1ᵉʳ village libéré de France continentale ? Ranville. Au château, le comte et la comtesse de Rohan-Chabot sont réveillés par des coups de crosse frappés contre la porte. Surgissent des soldats aux visages noircis, en tenue de camouflage, leurs casques recouverts de branchages. « Encore les Fritz, bougonne le comte. Ils viennent de finir leurs manœuvres de nuit. Et ils parlent anglais pour nous piéger. Ils veulent savoir ce que nous pensons vraiment d'eux... » Jusqu'à l'aube, il restera sur ses gardes. C'est en vain que la comtesse le rassure : ce sont de purs Anglais, elle peut le jurer. D'ailleurs, il y en a d'autres, beaucoup d'autres. Les quelque 6 000 hommes de la Pegasus Division ont été largués sur Ranville. Il est 2h30...

Cette nuit plus que jamais, le ciel appartient aux Alliés : 15 000 appareils, 10 000 sorties, 12 000 bombes. Le mur de l'Atlantique tremble sur ses bases.

Pour la Résistance normande (une dizaine de réseaux), c'est aussi la nuit la plus longue. Mais les 3 plans à appliquer sont au point depuis longtemps : paralysie des voies ferrées, du réseau de télécommunications et des routes conduisant aux plages. Très loin à l'ouest, d'autres Français arrivent. Ce sont les SAS (Special Air Service – unité des forces spéciales britanniques) du colonel Bourgoin. Aux petites heures de la nuit, on les a largués sur les landes paumées du Morbihan et des Côtes-du-Nord (actuellement Côtes-d'Armor).

Le raz de marée

Enfin, l'aube se lève sur la côte normande. La mer agitée offre un spectacle incroyable : une forêt d'acier danse sur les vagues. 7 000 bateaux, venus de partout. Près de 100 000 hommes les conduisent, plus de 100 000 autres s'apprêtent à en sortir. Les dragueurs ont ébréché les champs de mines et, à 3h30, les 1ʳᵉˢ barges cinglent vers Omaha Beach. Un nom de code qui réunit les 3 plages de Vierville, Colleville et Saint-Laurent. Les hommes ne sont pas frais. Les

> ### CRISE DE FÜHRER
>
> *Une des grandes faiblesses de l'armée allemande venait du fait qu'il n'y avait pas d'unité de commandement. Plusieurs généraux étaient en poste (Rommel, von Rundstedt et d'autres), et personne n'avait les mêmes méthodes pour repousser le débarquement allié en Normandie. En fait, le seul chef suprême était Hitler. Au moment du débarquement, il dormait et personne n'osa le réveiller...*

pilules contre le mal de mer, si généreusement distribuées, renfermaient une forte dose de narcotique ! Et l'envie d'en découdre se mêle à l'angoisse.

Pendant que cette masse d'hommes et d'acier se répand sur les plages, où sont les Normands ? On les a évacués à 14 km de la côte. Mais comment ne pas deviner, au grondement continu du canon, que les cuirassés, les croiseurs et les destroyers pilonnent les défenses côtières ? Comment ne pas remarquer que, pour la 1ʳᵉ fois depuis 4 ans, les avions survolent les hameaux côtiers tous feux allumés ? À défaut du poste radio, confisqué par l'occupant, chacun colle une oreille anxieuse au poste à galène bricolé en hâte...

HOMMES, CULTURE, ENVIRONNEMENT

C'est l'enfer : peu avant 5h30, l'aviation tactique a pris le relais des bombardiers. Les batteries du mont Canisy, de Riva-Bella, de la pointe du Hoc, de Maisy et de la Pernelle sont pilonnées sans répit. Une heure après, l'infanterie entre en action. Il a été convenu d'échelonner les 4 débarquements d'ouest en est, suivant l'heure de la marée descendante. Le 1er va s'ébranler à 6h30, sur la côte orientale du Cotentin.

Comme les 5 doigts de la main

– *Utah Beach, 6h30.* Il s'agit de la 4e division d'infanterie américaine (celle-là même qui entrera dans Paris avec Leclerc). À moins de 3 km du rivage, elle lâche une trentaine de chars amphibies : tous, sauf un, parviennent au rivage. Des fantassins les suivent. En 1 jour, ils parviendront à établir une tête de pont de 3,6 km ! Après avoir « réduit » les points forts de la résistance allemande et nettoyé la plage de ses obstacles, ils traversent les prés inondés et réussissent, en certains

> ### LES ROCHAMBELLES ? RESPECT !
>
> *L'histoire a oublié ces ambulancières françaises qui ont débarqué à Utah Beach, avec la 2e DB de Leclerc. Ces 38 femmes sauvèrent bien des vies de la Normandie à Berchtesgaden. Financée par Florence Conrad, une riche veuve américaine, cette unité féminine fut la seule à être opérationnelle pendant le débarquement allié.*

points, à pénétrer jusqu'à 9 km à l'intérieur des terres. Le contact est établi avec la 101e Airborne. Bref, tout va bien.

– *Omaha Beach, 6h45.* Le débarquement va s'y révéler incomparablement plus difficile et meurtrier. Les 2 groupes de combat américains doivent s'emparer, entre Vierville et Colleville, d'un croissant de falaises truffées de casemates, de canons et de mitrailleuses. De plus, la mer est grosse et les obstacles sous-marins abondent. Terrible surprise : les soldats américains n'ont que 7,5 secondes pour lutter contre la marée et se mettre à l'abri. Les Allemands font un carton sur les barges de débarquement et les chars amphibies. Angoisse : le bombardement aérien a été mal conduit. L'un des aviateurs, nommé Cornelius Ryan, en gardera toute sa vie le traumatisme. Longtemps après, il enquêtera sur les circonstances de la mort de ses frères d'armes venus trouver à terre, et écrira *Le Jour le plus long.* Un récit qui sera transposé au cinéma en 1962 par Ken Annakin, avec John Wayne, et grâce à la caution technique d'Eisenhower en personne. Pendant ce temps, le soldat de 2e classe Samuel Fuller se débat sur la plage « 3 heures durant au lieu des 25 minutes prévues. La mer est rouge de sang. Des culs, des couilles, des yeux, des têtes, des intestins, des bras, des doigts, des bouches, juste une bouche. Partout ! Un cauchemar ! » Samuel Fuller, qui n'avait rien oublié, réalisa en 1980 le film *Au-delà de la gloire (The Big Red One).* Que s'est-il passé à « Omaha la Sanglante » ? La marine de guerre a été gênée par la configuration des falaises. On parle aussi d'une erreur de navigation. Et surtout, une unité allemande non signalée (on ne l'a repérée qu'au dernier moment, alors que les bateaux d'état-major étaient astreints au silence radio) se trouve être en manœuvre sur les lieux. Et ce ne sont pas les cibles qui manquent ! Privées d'appui, les unités alliées de tête sont clouées sur place par les canons et les mitrailleuses. Les pertes d'Omaha Beach atteindront 40 % de celles du jour J (notamment en raison de la terrible boucherie de la pointe du Hoc ; se reporter à « La pointe du Hoc » dans « Le Calvados. Le Bessin »). À 12h, le commandant des troupes décimées, Bradley, envisage même de rembarquer. Mais en cette matinée d'horreur, le GI américain entre dans la légende : il enlève un à un chaque ouvrage et s'accroche au terrain conquis. Mètre après mètre. Et c'est ainsi qu'à la tombée de la nuit la tête de pont, longue de 1 500 m, s'agrippe enfin au sommet des falaises.

LE DÉBARQUEMENT | 579

– *Gold Beach, 7h25.* Malgré un début difficile, la situation y est plus favorable. Le débarquement britannique a commencé sur les plages du Hamel et de La Rivière. Objectif : Bayeux. Dans le même temps, le 41ᵉ commando est censé s'emparer de Port-en-Bessin – vital pour l'achemi-nement des renforts – et assurer la jonction vers l'ouest avec les Américains d'Omaha Beach. Mais la météo ne l'entend pas de cette oreille. Ciel couvert, visibi-lité médiocre, vent de force 5... Impossible de mettre à l'eau les chars amphibies qui doivent pro-téger l'infanterie. Pour comble, beaucoup d'embarcations chavirent. Les fantassins qui atteignent la plage se retrouvent

DÉBARQUEMENT DE MÉDUSES

Les 2 plages du secteur américain seront nommées Omaha, ville du Nebraska, et Utah, du nom d'un État du Sud-Ouest américain, tandis que côté anglo-canadien ce sont des noms de poissons qui seront choisis : sword *(sword fish, « espadon » en anglais)* gold *(goldfish, « poisson rouge ») ; et entre les 2 :* Juno. *Juno devait initialement prendre le nom* jellyfish *(« méduse »), ce qui aurait donné le diminutif* jelly *(« gelée ») ; Churchill s'opposera à cette appellation, jugeant le nom inopportun pour une opération qui devait cau-ser de nombreux morts et mutilés. La plage portera finalement le nom de la femme du lieutenant-colonel canadien Dawnay, chargé d'y débarquer...*

épuisés et malades avant même d'avoir tiré un seul coup de fusil. Les Allemands s'en donnent à cœur joie : leur précision est méticuleuse. La progression des troupes s'effectue de manière inégale. Le bombardement de La Rivière a été si efficace que le hameau se trouve libéré dès les 1ʳᵉˢ minutes. Vers 9h30, le pont de Meuvaines est pris dans la foulée. En revanche, les obus de la flotte et les bombes aériennes ont peu d'effet au Hamel. Devant ce village, l'infanterie se trouve clouée au sol. Elle ne l'emportera qu'à 16h30. Déjà, la brigade de tête file sur la route Caen-Bayeux. Bayeux tombera le lendemain à l'aube.

– *Juno Beach, 7h35.* Sous les ordres du major général Keller, la 3ᵉ division d'infan-terie canadienne débarque sur les plages de Courseulles, Bernières et Saint-Aubin. Elle est en retard sur l'horaire. Et il faut occuper, le soir même, la crête qui s'étend de Putot-en-Bessin jusqu'à l'ouest de Caen ! Les ennuis sont là. Fonds rocheux, vagues démontées, plus un véritable festival de pièges et de mines. Les barges de débarquement dérivent. Elles sont cueillies par un feu nourri. Beau-coup d'hommes tombent alors qu'ils pataugent, avec de l'eau jusqu'aux aisselles. Le génie livre une lutte de vitesse contre la marée montante qui recouvre les obstacles sous-marins. Ce n'est pas du gâteau. Une bonne part des casemates et des blockhaus ont survécu au bombardement préliminaire. Autant dire que les voies d'accès vers l'intérieur sont longues à nettoyer. Bernières est défendu par 2 canons antichars, 2 mortiers lourds, 8 nids de mitrailleuses : mais vers 8h30, la place tombe. Courseulles est infiniment mieux équipé : 2 attaques et d'épuisants combats de rue en viendront à bout vers 10h. Saint-Aubin, Langrune et Graye-sur-Mer attendront le 7 juin pour tomber.

– *Sword, 7h25.* La 3ᵉ division d'infanterie britannique a bien l'intention de dîner à Caen ce soir-là. Au moment de toucher la plage de Colleville, les barges anglaises se laissent courtoisement dépasser par les 177 Bérets verts du lieutenant Philippe Kieffer. Juste revanche sur le « Messieurs les Anglais, tirez les premiers » de la bataille de Fontenoy. Mais la bataille qui s'annonce n'a rien à voir avec la guerre en dentelle. La brigade de tête de la 3ᵉ DI anglaise doit rapidement établir une base solide sur la hauteur de Périers, qui est comme la clé de la ville de Caen. Toute la division, débarquée à Hermanville, Colleville et Ouistreham, devra rejoindre le pont de Bénouville pour établir la jonction avec les parachutistes largués la nuit précé-dente. Et pendant ce temps, les commandos nettoieront vers l'ouest en direction de Juno Beach. Ce scénario va-t-il être respecté ? Les 1ʳᵉˢ vagues d'assaut débar-quent à l'heure, malgré la forte houle. 2 bataillons de chars amphibies sont largués

580 | HOMMES, CULTURE, ENVIRONNEMENT

à 4 km de la plage, et la moitié parvient au but. Un passage est ouvert sur la plage et dans les fortifications des dunes. Les chars progressent. Hermanville tombe à 9h30. Dans le parc du château, une compagnie revendique « le 1er thé préparé le 6 juin par une unité britannique de ce côté-ci du *Channel* ».

Un après-midi normand

À 15 petits kilomètres de là, Caen a été réveillée « vers 2h par le bruit sourd et lointain d'une canonnade assourdissante ». Mais bien que quelques bombes soient tombées vers 6h du côté de la gare, la matinée se déroule au calme. Une voiture à haut-parleur ordonne aux 35 000 Caennais d'évacuer la ville. Un équipier d'urgence hausse les épaules : « Pourquoi partir sur les routes et risquer les mitraillages ? On se souvient trop de l'exode de juin 1940. Caen sera sans doute libérée très vite... »

En ville, dans la prison de la Maladrerie, les 110 résistants gardés

EFFET PERVERS

En 1944, pour le débarquement en Normandie, l'armée américaine, raciste, ne mélangeait pas les soldats noirs et les soldats blancs. Les poches de sang pour Noirs étaient isolées de celles des Blancs. D'ailleurs, les Noirs ne combattaient pas en 1re ligne mais étaient relégués aux tâches subalternes : mécanos, chauffeurs, pompistes... Étant à l'arrière, peu de Noirs furent tués. Il en sera tout autrement pendant la guerre du Vietnam. Là, l'égalité des races était inscrite dans la loi (Civil Rights en 1964).

par la Gestapo sont « envahis d'une immense espérance en entendant le grondement que prolonge la canonnade » (témoignage de la résistante Amélie Lechevalier). Ils comptent les minutes en souriant, tâchant d'évaluer la distance qui sépare Caen des plages. « Hélas, la prison retentit brusquement d'ordres gutturaux. Nous croyons qu'on va nous évacuer. » Les Allemands ne se donnent pas cette peine et abattent froidement 87 détenus dans les courettes de la prison.

De fait, les Alliés piétinent devant Caen. Ils vont changer l'axe de l'offensive. Sur les pentes qui, de la plage, mènent aux crêtes commandant la ville, les Anglais ont perdu 200 hommes. Une brigade de soutien débarque peu après 10h sous un feu violent qui balaie les plages et leurs débouchés. Pendant ce temps, la marée montante noie les véhicules et les équipements. Les Allemands jugent le moment venu pour rétablir la situation. La 21e Panzerdivision contre-attaque dans l'après-midi et parvient à la mer dans l'axe de la route de Cresserons. En vain. Rien ne suit. Les Britanniques s'emparent même de Biéville et de Bénouville. Autour de Caen, la ligne de front est fixée. Elle ne bougera plus pendant 33 jours.

Pour les Normands, l'heure est venue de serrer les dents. Déjà bombardées à plus de 300 reprises pendant tout 1 mois, leurs villes vont se retrouver, cette fois, quasiment pulvérisées. Les bombes « amies » ont élu Caen, Argentan, Agneaux, Valognes, Coutances, Falaise, Flers, Vire (rasée en 5 mn), Lisieux et Condé-sur-Noireau comme points de congestion (un beau terme militaire) destinés à empêcher l'arrivée des renforts ennemis. Aujourd'hui, il est assez rare d'y trouver une maison datant d'avant juin 1944.

Enfin, la nuit tombe sur le front, qui est discontinu. Aucun des objectifs fixés n'a été atteint. Les Alliés ont perdu 10 000 hommes, dont un tiers est mort. 2 navires de guerre, 127 avions et près de 300 barges ont été anéantis. Mais ce n'est qu'un début. Une bataille de 100 jours commence, qui mettra 2 millions d'hommes aux prises et ne s'achèvera qu'avec la chute du Havre... le 12 septembre 1944.

La bataille de Normandie

Après, c'est la grande offensive. Pour cela, il faut 12 fois plus d'hommes, 20 fois plus de véhicules, 3 millions de tonnes de matériel. Bref, il faut des ports. Autre chose que les ports artificiels mis en place sur les plages. Du solide. On guigne

LE DÉBARQUEMENT | 581

Cherbourg début juin. On espère Saint-Nazaire pour le 10 juillet. Brest dans la foulée. Et Lorient. Et Quiberon, où l'on envisage même un Arromanches bis. La bataille de Normandie doit impérativement déboucher sur la Bretagne. Il faut aussi des hangars et des pistes pour l'armada aérienne d'appui. Les plaines qui s'y prêtent sont à portée de main : entre Caen et Falaise.

Brest et Falaise seront les 2 hantises de la bataille de Normandie. On répartit les rôles. La Bretagne sera pour le général Bradley, chef de la 1re armée américaine. Montgomery, lui, prendra Falaise avec les 2 armées du Commonwealth.

Le plan sera très prudent, très pondéré : de petits pas, du grignotage. Il faut le temps de réunir son monde. Les 40 divisions qu'on débarque progressivement sur les jetées d'Arromanches, puis, bientôt, sur les plages en arrière des brise-lames et dans les petits ports de pêche normands. Et surtout, les 16 divisions qui remonteront bientôt la vallée du Rhône, après avoir mis pied à terre en Provence le 15 août (faute de bateaux, on a dû reporter le débarquement du 6 juin). Ce plan prudentissime poussa Churchill à s'exclamer devant Eisenhower : « Délivrez-moi Paris avant Noël, et personne ne pourra vous en demander plus ! »

La date prévue pour la fin de la bataille de Normandie est le 6 septembre. Y sera-t-on encore cet automne ? Que fera-t-on cet hiver ? Entre Seine et Loire, face au Loing et au canal de Briare, un immense camp militaire se sera substitué à l'étroit front de mer normand. On pourra réfléchir alors au plan suivant : *Post-Overlord.* Ce plan qui dort encore dans les cartons. Son but : la ruée vers l'Allemagne.

« Qu'est-ce que ce foutu plan où il n'est question ni d'installation, et jamais de percée ni d'exploitation ? », fulmine le bouillant Patton, que l'on tient alors en réserve pour une 3e armée qui n'arrivera sur le terrain que le 1er août.

Elle viendra, la percée. Mais ce ne sera que pour s'assurer la Bretagne. Elle viendra, l'exploitation. Mais le commandement allié n'y sera pour rien. Il faudra « remercier » l'aveuglement de Hitler qui, par obstination, enverra ses divisions au plus fatal des casse-pipes. Le complot qui, le 20 juillet, manqua le Führer de peu fut la réponse des généraux allemands.

C'est que la Wehrmacht ne sait plus où donner de la tête. Le jeu de balance entre Falaise et la Bretagne oblige le commandement allemand à jongler avec ses unités, bringuebalées d'un front à l'autre selon l'urgence de l'incendie. Car ses forces ne sont pas illimitées. Les meilleures unités sont sur le front de l'Est. Au jour J, les Allemands disposent de quelque 300 avions (autant dire que les Alliés sont maîtres du ciel), de 18 divisions entre Seine et Loire, à peu près autant au sud de la Loire, et entre la Seine et l'Escaut – un réservoir d'hommes où l'on ne puisera que progressivement, l'état-major restant persuadé que les Alliés débarqueront dans le Pas-de-Calais. Le moral n'est pas bien haut. 10 jours après l'invasion, qui ne suscita au QG du Führer aucune stratégie bien définie, le général Warlimont, adjoint au chef d'état-major, déplore « un manque croissant d'esprit de décision pour l'essentiel et des heures de discussion pour des détails ». Très exactement ce que visait l'opération *Fortitude,* mise en place pour brouiller les pistes...

L'axe Normandie-Bretagne

Pour passer en Bretagne, il faut s'assurer d'abord du Cotentin. Le 18 juin, la péninsule est coupée. Le 26, Cherbourg tombe. Dans leur progression, les Américains ont perdu quelque 5 000 hommes depuis le jour J. Mais, 3 semaines plus tard, les 1ers *liberty ships* jetteront l'ancre sous le fort du Roule... Pour gagner Falaise, il faut d'abord prendre Caen. On l'espérait pour le 6 juin. La ville ne tombe

DES MORTS OUBLIÉS

Le Débarquement a tué de nombreux soldats alliés pour notre liberté. Encore plus d'Allemands. Les terribles bombardements alliés sur Caen, Falaise, Saint-Lô et Le Havre ont tué au moins 20 000 civils normands. Les livres d'histoire oublient souvent que la population locale a payé, elle aussi, le prix fort.

HOMMES, CULTURE, ENVIRONNEMENT

que le 9 juillet, après 26 000 morts et disparus dans les rangs alliés. Et ce n'est qu'un début. Le plateau de la rive droite, qui ouvre Falaise, est tenu par la *Hitlerjugend*, une division Panzer SS d'élite. Il faudra 37 jours et des torrents de sang pour lui passer dessus.

Dans le Cotentin, la bataille des Haies s'annonce tout aussi meurtrière. Pour l'armée de Bradley, la péninsule est une prison. Les 2 côtes sont verrouillées par une chaîne d'unités allemandes, habilement retranchées dans les haies, les vergers, les bois, postées devant les marais, les gorges, les rus et les rivières, Panzerfaust au poing. Chaque lopin gagné provoque un communiqué de victoire. Mais peut-on parler de victoire quand la 83e division d'infanterie, pour ne citer qu'elle, perd 5 000 hommes en 12 jours ? Enfin, Saint-Lô tombe le 19 juillet. Ou plutôt, Saint-Lô s'écroule. Le taux de destruction est de 95 % : presque aucune maison n'a échappé aux bombes. La ville en gardera un surnom : « le Cassino du Nord ». Quant au calendrier, il est proprement chamboulé : 30 jours de retard.

Le western breton : l'arrivée de la cavalerie !

Maintenant, il faut gagner Avranches, porte de la Bretagne. C'est l'opération *Cobra*. Quelque 2 000 bombardiers ont copieusement arrosé les 12 petits kilomètres carrés compris entre Saint-Gilles, Marigny et Hébécrevon, à raison de 5 000 bombes incendiaires par kilomètre carré. Le 25 juillet, 5 divisions améri-

JERRYCAN

Ce bidon en métal est une invention allemande. Quand les Anglais décidèrent d'en fabriquer à leur tour, ils l'appelèrent « le réservoir du boche », jerry étant le surnom péjoratif que les Anglais donnaient aux Allemands.

caines s'ébranlent, crèvent la cuirasse blindée allemande, traversent Avranches le 30, passent la Sélune, franchissent le Couesnon, déferlent en Bretagne, libèrent Rennes et Rostrenen le 4 août, filent vers Brest le 7... Un diable furieux vient de bondir de sa cachette. C'est Patton. Sa 3e armée, toute fraîche, y gagnera un surnom : *Third Galloping*. Patton la conduira jusqu'à Pilsen, en Europe centrale. Là, le commandement allié dira : « Stop ! » Il ne s'agit pas de fâcher Staline, tout de même !

Ainsi les 12 divisions passent-elles le goulet d'Avranches « pare-chocs contre pare-chocs ». Maintenant, cap sur l'Atlantique, sur Angers, sur Le Mans. Patton plastronne. « Pour la 1re fois dans l'histoire militaire, une armée attaque sur les 4 points cardinaux ! »

Le début de la fin

En attendant, cette disposition la rend vulnérable. Hitler en est sûr. Il croit habile de réitérer le coup de Dunkerque. Déclenchée le 7 août, l'opération *Lüttich* lance 4 divisions de panzers vers l'ouest, sur une ligne d'Avranches à Mortain. Mais l'armée allemande n'est pas inépuisable. Pour se concentrer sur *Lüttich*, Hitler a dégarni les autres fronts, trompé par de fausses révélations laissant penser à une débandade américaine. On imagine la joie de Montgomery, qui restait à l'affût : il attaque vers le sud. Patton, quant à lui, est au Mans : il attaque plein nord et prend les Allemands à revers. Bradley exulte : « C'est une occasion comme il s'en présente une par siècle ! Nous sommes sur le point de détruire une armée entière ! »

Cela, le maréchal von Kluge le savait aussi. Mais allez donc faire entendre raison au Führer ! De toute façon, il est trop tard. Les 2 mâchoires du piège allié se referment à Chambois, le 19 août. Une féroce bataille de 3 jours s'engage. Le reste des 2 armées allemandes se faufile vers la Seine et le pays de Caux, en attendant de rejoindre la ligne Siegfried. Les Alliés bombardent les colonnes à loisir. L'hécatombe est inimaginable.

ÉCONOMIE | 583

La bataille de Normandie aligne des chiffres éloquents : plus de 200 000 morts allemands et autant de prisonniers. Du côté allié, on compte 53 000 morts, plus de 150 000 blessés et près de 20 000 disparus. Les civils ont payé eux aussi : de 15 000 à 35 000 morts dans les 5 départements de Normandie. Mais le résultat, c'est que la route est libre. L'Escaut est atteint le 2 septembre. Paris est libéré inopinément. Et 20 jours plus tard, les frontières du Reich sont franchies. Mais ça, c'est une autre histoire...

Pour ceux qui voudraient encore approfondir le sujet : ● plagesdu6juin1944.com ●

LE CHOUIME-GOMME DÉBARQUE

Le soldat Parfet fut époustouflé par l'accueil des Français quand il offrait des chewing-gums Wrigley's, après le Débarquement. En 1952, il décida de lancer la marque Hollywood. Les 1ers chewing-gums français fabriqués par un Américain et utilisant un mythe californien. Revanche de l'histoire, Hollywood a été rachetée depuis par une société... américaine.

ÉCONOMIE

Des champs, des forêts, une mer poissonneuse avec de bons ports, tout cela bien au chaud dans un molleton d'herbages... Pas besoin de se casser la tête. Paris et ses 12 millions d'estomacs réclament de la Normandie qu'elle cultive sa fibre rurale et maritime. Pas étonnant que les chromos de prés fleuris et de pommiers aient gardé leur sève. Pour autant, toute la Normandie n'a pas la prospérité grasse du Calvados littoral... Exploitée dans ses moindres recoins par 40 000 fermes dispersées, cette région réputée cossue n'est guère plus peuplée qu'une autre. Loin des fortes densités du val de Seine en raison de la concentration des villes et usines, il est d'autres Normandie. Tandis que la Manche et l'Orne restent fortement rurales, Rouen, Caen et Le Havre regroupent à elles seules la grande majorité des Normands ! Encore qu'aujourd'hui les salariés sont de plus en plus nombreux à « pavillonner » aux champs...

Le trio de choc normand est conduit par la **vache.** La normande est la Rolls des bovins : elle donne une viande persillée et un lait très crémeux. Sur quelque 19,3 millions de bovins en France, la Normandie compte environ 630 000 vaches laitières... À raison de 5 500 l annuels en moyenne par pis, calculez...

Autre herbivore super racé, le **cheval pur-sang** a lui aussi enrichi ce pays de riches pâturages : plus de la moitié des individus élevés en France proviennent des haras normands, une bonne part du chiffre étant liée à la vente des poulains de 1 an et demi (les yearlings) à Deauville. Le trotteur français est normand, tout comme le percheron.

En matière de production végétale, on ne saurait oublier la **culture du lin,** pour laquelle la Normandie se place au 1er rang avec plus de 50 % de la production nationale (principalement en pays de Caux). Autres cultures qui se portent assez bien, le blé (près de 10 % de la production nationale), le maraîchage et les betteraves.

Bien sûr, il y a des hauts et des bas. À deux pas du Bray herbeux, le Cauchois règne sur un patchwork de blé, lin, betteraves et fourrage. En revanche, l'Eure est « en heurts » : plaines céréalières du Vexin contre fermettes du Lieuvin, maigres prairies d'Ouche contre herbages gras du Marais-Vernier et, entre 2, le Neubourg nappé d'orge, de maïs et de luzerne. Le Calvados s'adosse à la mer : les prospères alentours de Caen (céréales, maraîchage), les latifundia du Bessin et la Côte Fleurie des touristes contrastent avec l'argileux pays d'Auge, campé sur ses tas de pommes et ses bidons de lait. Dans l'Orne, les bovins – pour le lait et la viande – côtoient les chevaux des haras et les zones de culture. La Manche panache : labours dans l'Avranchin, maraîchage sur les polders, élevage au bocage. Au

HOMMES, CULTURE, ENVIRONNEMENT

sujet de l'agriculture normande, on ne peut que vous conseiller le très beau film documentaire de Rémi Mauger, sorti en 2006, *Paul dans sa vie,* qui rend hommage à un paysan de la Hague, personnage terriblement attachant, vivant en harmonie avec son métier et son environnement.

Côté mer, les terre-neuvas ne sont plus de saison, mais la pêche a de beaux restes. La Normandie se classe au 5e rang en France : coquille Saint-Jacques, pêchée à Dieppe et à Port-en-Bessin, huîtres d'Isigny et de Saint-Vaast, petits coquillages puisés sur les vastes grèves du Mont-Saint-Michel, bulots de Granville et moules de partout... Bref, les Normands ont encore le pied marin et pêchent en abondance poissons plats (la sole normande), saint-pierre, colins, morues...

L'industrie a eu sa bonne fée : la Seine. Bien avant l'autoroute Paris-Normandie, elle reliait Paris au monde. Rouen fut le 1er port de mer du royaume. Rétrogradé au 5e rang, il truste l'exportation des grains briards, même si ce trafic est désormais supplanté par celui des produits pétroliers raffinés. Le Havre, quant à lui, est le 2e port pétrolier de France avec 40 % de nos importations de pétrole brut et le 1er port du pays en ce qui concerne le commerce extérieur avec 63 % du transit de nos marchandises en conteneurs.

Si les chantiers navals sont déconfits, le complexe de la Basse-Seine leur a trouvé des remplaçants : Renault, Lafarge, Esso, Shell, EDF. Un tiers de la pétrochimie française, un tiers du pétrole raffiné, 2/5es du papier journal consommé en France. À côté, les industries des petites et moyennes villes de la région semblent bien modestes, excepté toutefois pour les activités industrielles autour de l'énergie nucléaire (centrales de Paluel et de Penly en Seine-Maritime, de Flamanville et de la Hague dans la Manche...).

ENVIRONNEMENT

De dociles vaches normandes « à lunettes » sous des pommiers, des prairies protégées par des haies, un bocage verdoyant : la Normandie est souvent réduite à cette image bucolique, associée au camembert et au cidre. Ces représentations sont bien vivantes, mais la Normandie est, avant tout, une terre de contrastes. Aujourd'hui, la région est principalement agricole et industrielle ; elle abrite une forte densité de population. La qualité de l'environnement s'en ressent. Les

LE RUMINAGE : UNE SACRÉE TECHNIQUE !

Tout d'abord la vache avale l'herbe sans la mâcher, puis celle-ci est stockée (jusqu'à 180 l !) dans la panse. L'herbe y fermente et part ensuite dans une autre cavité, le bonnet. Transformée alors en boulettes, l'herbe revient dans la bouche où elle est mastiquée : on dit que la bête rumine. Puis les aliments repartent vers les 3e et 4e poches pour être totalement digérés.

herbages d'antan sont devenus des plaines céréalières, les usines et les zones portuaires marquent les paysages, les tissus pavillonnaires s'étendent sans cesse autour des villes. Il reste heureusement une Normandie dotée de richesses naturelles et d'un patrimoine environnemental, plus discret que les colombages et les vieilles pierres.

La proximité de la région parisienne a, depuis longtemps, bouleversé l'équilibre rural normand traditionnel. La vallée de la Seine, centre économique reliant Le Havre à Paris, se présente comme l'un des pôles les plus importants de France dans les secteurs de l'énergie, de la pétrochimie et de la chimie.

La Normandie compte 4 parcs naturels régionaux, garants de la préservation et de la valorisation du patrimoine naturel : les marais du Cotentin et du Bessin, les Boucles de la Seine normande, les forêts et le bocage de Normandie-Maine et du Perche. Le littoral normand est particulièrement bien protégé par le Conservatoire du littoral et les départements. Malgré la pression des hommes et des activités économiques, la Normandie abrite des milieux naturels très variés : falaises, cordons de galets, dunes, estuaires, prairies, marais tourbeux, pelouses calcaires, landes, bocages, etc. En tout, ce sont près de 2 000 espèces de plantes qui poussent en Normandie !

La richesse de la faune fréquentant les milieux naturels régionaux est une source d'attractivité pour des publics variés : on peut voir de nombreux oiseaux, notamment lors des périodes de migration, observer des phoques en baie de Veys, écouter le brame du cerf autour de Rouen, découvrir les habitants des flaques d'eau sur le littoral à marée basse...

Enfin, la Normandie, c'est aussi une diversité remarquable de paysages ne manquant pas d'attraits : falaises du littoral, plages de sable, forêts cathédrales de hêtres, marais intimes et giboyeux, sans oublier de nombreuses vallées au charme encore préservé que n'égalent en majesté que les coteaux du fleuve majeur : la Seine.

Dans cette région se trouvent partout des recoins secrets de campagne préservée, villages de

MYSTÈRE BOVIN

Chez les bovidés, il naît à peu près autant de mâles que de femelles. Comme dans toutes les espèces. Alors pourquoi un troupeau de vaches ne possède que 1 ou 2 taureaux ? Eh bien, la viande des mâles étant un peu ferme, elle est vite vendue à l'étranger. Dans des pays où l'on consomme de la viande bouillie (les pays de l'Est, notamment).

charme, parcs et jardins remarquables, chemins creux, champs de coquelicots, plaines agricoles riantes où reviennent les busards. En prime, on n'est jamais très loin du littoral, qui offre de superbes balades aux abords des falaises, sur de petites plages de galets au bout des valleuses ou sur de vastes étendues de sable dénudées à marée basse, cachées derrière les dunes, dans des estuaires et des havres sableux (une spécificité de la Manche), ou encore sur quelques îlots de caractère.

LES « FEIGNANTS » DE LA BARBOUILLE

En 1858, dans une boutique du Havre, un Honfleurais inconnu rencontre un adolescent qui, sans trop se casser la tête, dessine des caricatures de notables locaux. Il l'invite à venir peindre avec lui dans la nature. C'est ainsi qu'Eugène Boudin, le barbu au panama, participera à éveiller la vocation du futur maître de Giverny, Claude Monet – un Normand lui aussi. Si une province a jamais eu le génie du pinceau, c'est bien la Normandie. Nicolas Poussin l'allégorique était des Andelys mais peignit l'Italie. Théodore Géricault, le témoin tourmenté de l'Empire, naquit à Rouen mais partit pour Paris. Les commandes et la renommée l'attendaient là-bas – comme elles attendront plus tard Jean-François Millet, Raoul Dufy, Georges Braque, Fernand Léger et Marcel Duchamp, tous compatriotes de Boudin.

De 1830 à 1880, pourtant, ce fut au tour de la Normandie d'intéresser les artistes. À la fin du XVIIIe s, les terres d'inspiration classique (Italie, Flandre...) cèdent le pas au paysage romantique. Déjà en vogue chez les écrivains (Stendhal, George Sand, Baudelaire, Maupassant, Zola...), la Normandie devient un jardin de peintres, à la grande joie des paysans qui négocieront tout au prix fort pour ces « feignants ».

Aujourd'hui, le moindre musée normand a recueilli leurs traces, notamment grâce à des legs prestigieux de grands collectionneurs locaux. Les peintres Turner et Théodore Rousseau ouvrent le bal. Corot plante son chevalet devant la Seine. Courbet immortalise « le jardin de la mère Toutain », la logeuse de Honfleur chez qui Boudin reçoit ses confrères. C'est le 1er à peindre une série de toiles illustrant les vagues à Étretat. L'Anglais Whistler pose ses valises dans le coin et se fait piquer son modèle par son ami Courbet, qui peint « Jo, la belle Irlandaise ». Manet exerce son art à Cherbourg. Bazille et Sisley écument la côte. Le Hollandais Johan

Barthold Jongkind (le 2e maître de Monet) rejoint tout ce beau monde. Renoir s'adonne au portrait près de Dieppe. Camille Pissarro s'installe près de Gisors. Seurat et Signac accourent. Quant à Monet, il connaîtra l'extase devant la cathédrale de Rouen avant de s'installer à Giverny. De son bassin aux nymphéas découlera un demi-siècle de peinture.

HABITAT

Chaumières du pays d'Auge, demeures de maîtres en brique rouge du pays de Bray, maisons en granit du Cotentin et de l'Orne, villas exubérantes du bord de mer, manoirs du Perche : difficile de trouver une unité architecturale à l'habitat normand. Comment expliquer cette diversité et cette richesse ?
Si les maisons à pans de bois sont tellement nombreuses dans le pays d'Auge, dans l'Eure et en

LE COLOMBIER

Cette construction fut, jusqu'à la Révolution, le privilège exclusif de la noblesse et du clergé, qui utilisaient la fiente des pigeons (la colombine, un excellent engrais) pour la culture de leurs terres. Malheureusement, lors des semis, les fameux pigeons provoquaient souvent des catastrophes car ils engloutissaient les grains.

Seine-Maritime, c'est non seulement parce que les paysans du coin avaient à leur disposition du bois, de l'argile et du chaume, mais aussi parce qu'ils ont utilisé les compétences des nombreux charpentiers de marine de tous les chantiers navals que comptaient la côte et la vallée de la Seine à l'époque. Qui sait édifier la membrure d'un bateau peut bien construire les colombages d'une maison ! D'où ces voûtes époustouflantes, au carénage quasi parfait. Quant à la présence de nombreuses maisons de maîtres en brique rouge, dissimulées derrière les pommiers dans les campagnes de Seine-Maritime, elle est essentiellement due à l'argile, abondante dans cette région. Mais il faut attendre le XIXe s et la révolution industrielle pour y voir se développer les briqueteries et les tuileries. D'abord réservées aux industriels, les maisons en brique vont bientôt devenir les demeures des riches agriculteurs cauchois (qui voient leurs revenus augmenter à la fin du XIXe s), pour ensuite trouver un usage plus démocratique dans les vallées ou les faubourgs industrieux de la banlieue de Rouen, dont certains quartiers rappellent encore les corons du Nord.
La masure cauchoise est enterrée dans un talus épais, planté de grands arbres, qui l'entoure et la protège du vent et des intempéries. Observez aussi la campagne de la Hague ou du val de Saire dans le Cotentin : les fermes mises à part, pas de bâtiments agricoles esseulés dans le paysage. Tout simplement parce que les matériaux utilisables, le granit ou le schiste, sont des matériaux lourds à transporter, durs à travailler. Et des maisons, solides pour résister à un climat rude, mais simples parce que les paysans qui les ont construites n'étaient pas des magnats de la terre.

HISTOIRE

Les « conquistadors » du bocage

On dit que Charlemagne pleura en apercevant les 1ers drakkars... Les **Vikings,** eux, rigolaient.
Et ils terrorisèrent les Francs, lesquels avaient fortifié la Seine, mais puisque les Vikings étaient invincibles, autant à leur donner et à leur tour de la défendre... Au Xe s, ***Charles le Simple offre sa fille et la Normandie*** à Hrolf Marche à Pied, dit **Rollon,** chef des pirates danois. Ce n'était pas malin : leurs descendants, rois d'Angleterre, vont harceler les Français pendant 8 siècles ! Rollon, 1er duc

de Normandie, rebâtit les églises, tout en sacrifiant quelques prisonniers à Odin. À peine née, la Normandie est entre de bonnes mains !

En 1066, le duché est le mieux organisé des États d'Occident. Le temps de bétonner ses frontières, **Guillaume le Bâtard** lorgne l'Angleterre. Le roi de là-bas l'avait plus ou moins choisi comme successeur, mais Harold

LES VIKINGS ? DES MALINS

Ils étaient peu nombreux pour les pillages. Il leur fallait jouer de l'effet de surprise : ils attaquaient souvent lors de la messe ! Des espions les aidaient à repérer les gros butins. Enfin, leurs cris sauvages et leurs accoutrements bizarres effrayaient les populations avant même le début des combats.

le Saxon a fauché la couronne. Fâché, Guillaume débarque avec ses drakkars. Exit Harold ! La petite Normandie avale l'Angleterre.

Les Norvégiens ont l'Irlande et l'Écosse. Les Suédois sont en Russie. À ses moments perdus, tout ce beau monde se retrouve pour assiéger la ville de Constantinople. 2 barons du Cotentin, les Hauteville, n'y tiennent plus : ils partent se tailler un royaume en Italie du Sud. Ayant dépouillé les Pouilles, ils enlèvent la Sicile aux Arabes. Simple hors-d'œuvre avant la 1re croisade où ils vont vaincre les Turcs, puis se faire princes d'Antioche et comtes d'Édesse.

L'héritage de Rollon

Depuis 1 siècle, *les Normands auscultent leurs racines.* Elles rendent un son très viking. Le fondateur de la noble famille Harcourt s'appelait Ansketil (en français moderne : Anquetil). Houlgate signifie « chemin creux », Dieppe « profond » et Beuf « abri » ou « baraque ». Quant à Honfleur, elle aurait un homonyme en Islande : Hornafjördhur, « le fjord en corne »... De larges pans du

LES ORIGINES DE GUILLAUME LE CONQUÉRANT

Guillaume le Conquérant était le fils de Robert, duc de Normandie, et d'Arlette, fille de tanneur. Voilà pourquoi Guillaume eut d'abord comme surnom « le Bâtard ». Ensuite, il préféra s'appeler « le conquérant » ou « de Normandie ».

pays de Caux, de la vallée de la Seine, de la Côte Fleurie et du Cotentin du Nord se déchiffrent comme un plan de la Norvège. On reconnaît sous Bolbec « le ruisseau de la ferme », en Caudebec « le ruisseau froid ». Trouville est la ville de Thorolf (« le loup de Thor »), Omonville celle d'Asmund, Bierville et Besneville celles de Björn, et Rauville celle de Hrolf. Autrement dit, de Rollon... et le Norvégien dans la langue de son pays s'appelle encore aujourd'hui un « nordmann » (l'homme du Nord) !

Normandies lointaines

Depuis les 1res expéditions de l'Islandais Leiv l'Heureux en Amérique, les Vikings ont eu la bougeotte. Kiev, mer Caspienne, Angleterre, Sicile, Syrie et Palestine... Certains n'ont pas voulu revoir leur Normandie. *À Saint-Barthélemy,* petite île des Antilles, voilà 3 siècles que *la coiffe normande protège du soleil des tropiques.* D'autres, comme les Mortagnais, sont partis se fondre dans le creuset québécois. Lors du débarquement de 1944, les indigènes furent surpris de les entendre parler un français très pur.

Quelques dates

– **56 av. J.-C. :** la Seine forme une frontière. Au nord, les Belges : *Véliocasses* du Vexin (autour de *Rotomagus*-Rouen) et *Calètes* du pays de Caux. Au sud, les Gaulois bon teint : *Éburovices* (Évreux), *Lexoves* (Lisieux), *Bajocasses* (Bayeux).

HOMMES, CULTURE, ENVIRONNEMENT

– **654 :** fondation de l'abbaye de Jumièges par Philibert. Il accueille les fils du roi Clovis II qui se laissaient dériver en bateau sur la Seine. Tout ça parce que leur père les avait énervés (au sens – très – primitif de l'époque, à savoir disloquer les nerfs)...

– **836 :** on gèle en Scandinavie ! Les Vikings qui en ont les moyens achètent un bateau pour commercer dans le Sud. Ils découvrent qu'un contrat se conclut mieux avec un petit coup de hache... À fortiori le vol à la tire. Toute l'Europe est bientôt dans leur ligne de mire. Rouen, Jumièges et Saint-Wandrille dégustent.

– **911 :** déjà chez lui à Rouen, le chef viking Rollon se fait offrir par le roi des Francs le reste de la Normandie... Plus de frontière-Seine : le pays se découvre uni.

– **Xᵉ s :** finie l'équipée sauvage ! La Normandie devient un duché. Les abbayes sont restaurées – grâce au butin des expéditions. À Rouen, on vend des esclaves irlandais (les émirs d'Espagne sont preneurs).

– **Noël 1066 :** Guillaume de Normandie conquiert l'Angleterre. Ce qui fait de lui le principal vassal du roi de France... et désormais son égal en tant que roi d'Angleterre.

– **XIIᵉ s :** son père ayant fortifié les frontières, le duc Henri Plantagenêt épouse Aliénor d'Aquitaine, une femme bien dotée qui possédait l'Aquitaine. La Normandie s'étend de l'Écosse aux Pyrénées... On est bon pour la guerre de Cent Ans !

– **1183-1204 :** qui part en croisade perd sa place ! Jean sans Terre évince Richard Cœur de Lion. Philippe Auguste veut la Haute-Normandie ? Jean sans Terre la lui donne volontiers. Mais Richard revient, chasse Jean et bat Philippe. Sur ce, Dieu enlève Richard à l'affection des siens, et donne la Normandie à Philippe Auguste.

– **1340 :** Philippe VI veut conquérir l'Angleterre. Ce n'est pas une bonne idée : les marins dieppois ont à peine pillé Southampton que toute la flotte française se voit envoyée par le fond. Et maintenant, les Anglais débarquent ! À Crécy, ils taillent un gros costard aux Français.

– **XIVᵉ s :** Charles le Mauvais, comte d'Évreux, intrigue. Pour l'aider, les Anglais prennent le Cotentin et avancent jusqu'à Verneuil. Le roi de France Jean le Bon réagit, mais il n'est pas si bon que ça : désastre de Poitiers.

– **1364 :** Du Guesclin ne laisse que Cherbourg à Charles le Mauvais.

– **1410 :** l'Anglais Henri V pulvérise les Français à Azincourt et prend la Normandie. Mais au bout de l'Armorique, d'irréductibles Français résistent : au Mont-Saint-Michel...

– **1431 :** Jeanne d'Arc est brûlée vive à Rouen après un procès monté par l'évêque Cauchon, le bien nommé.

– **1450 :** la Normandie à jamais française.

– **1506 :** la « tour de Beurre » à Rouen. On bâtit beau et beaucoup.

– **1517 :** François Iᵉʳ édifie une base navale, Le Havre-de-Grâce.

– **XVIᵉ s :** les Normands dans le sillage des grandes découvertes. Grâce à eux, Jean Nicot introduit le tabac en France. C'est malin !

– **1603 :** Henri IV démantèle Château-Gaillard.

– **1664 :** la Compagnie des Indes occidentales au Havre.

– **1793 :** Charlotte Corday assassine Marat. La Normandie girondine et chouanne.

– **1822 :** construction d'un casino à Dieppe. 1ᵉʳˢ bains de mer.

– **1854-1855 :** Boudin, Courbet et Isabey chez la mère Toutain, à Honfleur.

– **1862 :** le duc de Morny lance Deauville.

– **1883 :** Monet s'installe à Giverny.

– **1937 :** débuts de l'aventure Moulinex (l'inventeur du 1ᵉʳ moulin à café électrique) en Normandie, avec l'ouverture d'une 1ʳᵉ entreprise à Alençon.

– **1942 :** débarquement allié catastrophique à Dieppe.

– **6 juin 1944 :** débarquement des Alliés en Normandie.

– **Août 1944 :** les Allemands sont pris dans la poche de Falaise. La bataille normande est (durement) gagnée.

– **1956 :** séparation administrative de la Haute et de la Basse-Normandie.

– **1959 :** le pont de Tancarville relie les 2 rives de l'estuaire de la Seine.

– **1973 :** fermeture des chantiers navals de Rouen.

– 1988 : inauguration du Mémorial de Caen.

– 1995 : inauguration du pont de Normandie.

– 1997 : polémique et bras de fer entre Greenpeace et la Cogema à propos des rejets de tartre radioactif non loin de la Hague.

– 2001 : Moulinex dépose le bilan. Quelque 3 000 salariés se retrouvent sur le carreau.

– 2002 : inauguration de la Cité de la mer de Cherbourg.

– 6 juin 2004 : célébrations du 60e anniversaire du débarquement en Normandie. Le chancelier allemand, Gerhard Schröder, et son pays sont invités pour la 1re fois à célébrer cette commémoration de la victoire des Alliés sur l'Allemagne nazie.

– 2005 : inscription du Havre moderne, conçu par l'architecte Auguste Perret, au Patrimoine mondial de l'Unesco.

– 2014 : 70e anniversaire du Débarquement ; et la Normandie accueille les premiers Jeux équestres mondiaux.

– 2015 : le Mont-Saint-Michel redevient une île ! Après 20 ans d'études et de travaux exceptionnels, 2015 marque le rétablissement du caractère maritime du Mont, incarné par la destruction de l'ancienne digue-route.

– 2016 : réunification de la Haute et de la Basse-Normandie en une seule et même Normandie. 3e édition du festival Normandie impressionniste. La Manche accueille le départ du Tour de France.

– 2017 : Le Havre fête ses 500 ans avec faste.

– 2019 : 75e anniversaire du *D-Day*.

– 2021 : la candidature des plages du Débarquement pour l'inscription au Patrimoine mondial de l'Unesco devrait être examinée.

LANGUES RÉGIONALES

Le normand : langue ou pas langue ? Certains ont un avis bien tranché sur le sujet. À ceux qui se permettent de douter de l'appellation de « langue » associée au normand, préférant n'y voir qu'un vulgaire patois, les spécialistes rétorquent quantité d'arguments. Jacques Mauvoisin mentionne, entre autres, l'existence de 60 glossaires et dictionnaires, justifiant de la richesse du vocabulaire. On parlera même plutôt de langues normandes, puisque celle-ci connaît des variations (dans la région elle-même, mais aussi dans les îles Anglo-Normandes de Jersey et Guernesey).

L'apport scandinave à la langue normande ne fait pas de doute et se retrouve particulièrement dans le vocabulaire maritime. La langue norroise (langue germanique parlée par les anciens peuples de la Scandinavie, ancêtre des langues nordiques) aurait été pratiquée dans le duché de Normandie pendant un peu plus de 1 siècle (à Bayeux, au XIe s, une université y était dédiée) pour se fondre rapidement aux langages « romans ». Attardez-vous sur les noms de

P'TÊT BEN QU'OUI, P'TÊT BEN QU'NON !

Cette expression a donné aux Normands la réputation d'indécis et de versatiles. En fait, une coutume de l'Ancien Régime donnait un délai de renonciation de 24h pour tout contrat ou marché conclu. Il est intéressant de constater que ce délai de rétractation est aujourd'hui garanti par la loi.

villes en Normandie et dénichez des traces de norrois à travers des terminaisons comme -*tôt* (ferme), -*thuit* (essart), -*bec* (ruisseau)... Un brin de norrois, beaucoup de roman ; on l'a, notre normand !

Mais l'histoire ne s'arrête pas là. Jusqu'au milieu du XIVe s, elle est la langue officielle de la cour d'Angleterre. Si vous vous demandiez d'où pouvaient bien venir les mots *fork, candel, cat,* etc. La langue normande va jusqu'à « s'exporter ».

À Jersey, elle n'est autre qu'une véritable institution soutenue par des structures et des médias spécifiques.

PERSONNAGES

– **Jehan Ango** (1480-1551) **:** cet armateur de Dieppe avait 70 navires. Pas mal, pour la Renaissance ! Il finançait les découvertes maritimes, mais il n'oubliait pas de se renflouer avec la piraterie. Il paya la rançon pour libérer François Ier. Ils devinrent très copains.

– **Bourvil** (1917-1970) **:** André Raimbourg, acteur comique devenu au fil du temps l'un dès plus grands comédiens de son époque, emprunta son pseudonyme au village de son enfance : Bourville, en Seine-Maritime.

– **Charlotte Corday** (1768-1793) **:** à 24 ans, cette beauté de l'Orne concocte son raid viking personnel au plus fort de la Terreur. Elle poignarde Jean-Paul Marat, guillotineur de choc, surpris dans sa baignoire révolutionnaire. Événement devenu célèbre grâce à David, qui fit une belle peinture à l'antique de Marat mort.

– **Pierre Corneille** (1606-1684) **:** né à Rouen, cet illustre poète dramatique est aussi un créateur du dilemme « cornélien », transposition du « p'têt ben qu'oui, p'têt ben qu'non ». Avocat au barreau de Rouen, son éloquence lui permit de ciseler des répliques définitives dans le bronze de l'alexandrin.

– **Philippe et Vincent Delerm :** le 1er, né en 1950, est romancier et le papa du 2d, auteur-compositeur-interprète né en 1976. Tous 2 mettent en valeur une Normandie intime et heureuse : Deauville et le souvenir de Trintignant, l'Eure et Beaumont-le-Roger, son club de foot, celui de théâtre...

– **Christian Dior** (1905-1957) **:** le dieu du new-look qui, en 1947, rendit le goût des colifichets aux femmes que la guerre avait habillées en hommes, et réinstalla son pays sur le trône de la Mode. Fils d'un industriel de Granville, ami de Bérard et de Cocteau, tard venu à la mode, il peupla sa maison de Cotentinois. Un élève : Yves Saint Laurent.

– **Michel Drucker :** né en 1942 à Vire, il fait ses débuts en tant que commentateur sportif à la radio et à la télévision, puis choisit de se consacrer aux émissions de divertissement. Figure emblématique et indéboulonnable de l'audiovisuel français, il est à ce jour le journaliste ayant reçu le plus de personnalités dans ses émissions.

– **Franck Dubosc :** né en 1963 à Petit-Quevilly, il suit les cours du conservatoire de Rouen et fait ses débuts à la télévision et au cinéma. Il se lance ensuite dans une carrière d'humoriste, dans un 1er temps aux côtés d'Élie Semoun, puis assure seul des one-man shows. Le film Camping, dans lequel il joue l'un des rôles principaux, est d'ailleurs inspiré de l'un de ses sketchs.

– **Marcel Duchamp** (1887-1968) **:** dans le monde de l'art, on est soit picassien, soit duchampien, mais nombre de critiques considèrent ce provocateur génial, né à Blainville-Crevon (près de Rouen), comme l'artiste le plus important du XXe s. Le père du ready-made, et surtout sa démarche, a inspiré des courants artistiques comme le pop art, l'art minimal, conceptuel ou encore performance.

– **Jules Dumont d'Urville** (1790-1842) **:** la vie de ce navigateur est un roman. Châtelain d'Urville, il épouse, au désespoir des siens, une vendeuse d'instruments d'optique. Il lui empruntera son prénom pour baptiser un bout de glace antarctique encore inconnu : la terre Adélie. Il meurt à ses côtés dans le 1er accident de chemin de fer.

– **Annie Ernaux :** née en 1940, cette romancière française, Prix Renaudot 1984 pour La Place, explore dans la plupart de ses ouvrages son passé, le café de son enfance du côté d'Yvetot (en Seine-Maritime).

– **Gustave Flaubert** (1821-1880) **:** né à Rouen, où son père était chef médecin de l'hôtel-Dieu. La Normandie restera très présente dans sa vie et dans son œuvre : la plage de Trouville où, à 15 ans, il rencontre le grand amour de sa vie (transposé en Mme Arnoux dans L'Éducation sentimentale) ; Rouen, bien sûr, dont il fera une superbe description dans Madame Bovary ; les paysages et les personnages normands, tels qu'on les trouve dans Bouvard et Pécuchet ou Un cœur simple. Hobereaux prétentieux, paysans et gens du peuple, et surtout ces bourgeois détestés de Flaubert, qui en incarne la quintessence dans le personnage du pharmacien Homais (Madame Bovary).

PERSONNAGES | **591**

– *Jacques Gamblin :* acteur français né en 1957 à Granville. Après des études au Centre d'art dramatique de Caen, il tourne avec Lelouch, Blier, Jean Becker ou encore Tavernier. Une grande pointure. Il a également publié plusieurs romans.

– *Valérie Lemercier :* née en 1964 à Dieppe, elle suivra les cours du conservatoire de Rouen, puis exercera son talent à la télévision dans *Palace,* seule en scène dans plusieurs one-woman shows, au cinéma dans *Les Visiteurs,* etc., avant de passer aussi derrière la caméra (*Le Derrière, Palais Royal...* et *Famous,* qui sortira fin 2020).

– *Gaston Lenôtre (1920-2009) :* le « Guillaume le Conquérant » de l'entremets. Pâtissier à 13 ans, il ouvre boutique à 23 ans dans le bourg de Pont-Audemer. Les Parisiens qui vont à Deauville s'offrent le détour. Confiant, il part pour Auteuil. C'était en 1957. Son empire pèse aujourd'hui plusieurs dizaines de millions d'euros.

– *Guy de Maupassant (1850-1893) :* né au château de Mirosmesnil, près de Dieppe, il dépeint à merveille l'atmosphère et la société normandes du XIXe s dans son 1er roman, *Une vie* (1883).

– *François Morel :* né en 1959 à Flers, le comédien-chanteur-chroniqueur se fait vraiment connaître du public dans les années 1990 avec les hilarants mais grin-çants Deschiens de Jérôme Deschamps et Macha Makeïeff. S'il manie toujours avec brio l'humour, celui-là est aujourd'hui plus volontiers teinté d'une pointe de poésie, de fantaisie et, surtout, d'un profond humanisme.

– *Michel Onfray :* né à Argentan en 1959, le philosophe esthétique a créé en 2002 l'*université populaire de Caen* (qu'il a animé jusqu'en 2018).

– *Thomas Pesquet :* né en 1978 à Rouen, on ne présente plus l'astronaute, notre héros de l'espace français rentré en juin 2017 de plusieurs mois de mission à bord du vaisseau *Soyouz,* aboutissement d'un programme d'entraînement de 6 ans. Aujourd'hui, l'astronaute s'occupe des vols touristiques paraboliques (qui recréent des conditions d'impesanteur), et de la promotion des métiers de l'espace, avant d'y retourner, si tout se passe bien, en 2021...

– *Eugène-René Poubelle (1831-1907) :* le préfet de Seine qui, en 1884, mit en place les « boîtes à ordures », dont la collecte quotidienne est née à Caen (où il fut aussi professeur de droit).

– *Jacques Prévert (1900-1977) :* il habita à Omonville-la-Petite, dans le Cotentin, la propriété verdoyante à laquelle son nom le prédestinait.

– *Erik Satie (1866-1925) :* le compositeur et musicien hors du commun, qui n'hésite pas à glisser malice et humour dans ses partitions dépouillées, est né à Honfleur.

– *Alexis de Tocqueville (1805-1859) :* homme politique et écrivain. Il est l'auteur de 2 ouvrages magistraux : *De la démocratie en Amérique* et *L'Ancien Régime et la Révolution.* Il fait partie de l'une des plus vieilles familles normandes, puisque l'un de ses ancêtres était aux côtés de Guillaume le Conquérant à la bataille d'Hastings.

NOTES PERSONNELLES

NOTES PERSONNELLES

594 | NOTES PERSONNELLES

NOTES PERSONNELLES

NOTES PERSONNELLES

NOTES PERSONNELLES

598 | NOTES PERSONNELLES

NOTES PERSONNELLES

600 | NOTES PERSONNELLES

NOTES PERSONNELLES

602 | NOTES PERSONNELLES

NOTES PERSONNELLES

604 | NOTES PERSONNELLES

PETITS TRUCS ET ASTUCES POUR ÉVITER LES ABUS ET MAUVAISES SURPRISES

Un routard informé en vaut 2 ! Pour éviter les désagréments en tous genres, il est bon de les connaître. Voici un petit vade-mecum destiné à parer aux coûts et aux coups de bambous.

Bien sûr, nos enquêteurs veillent au grain, et les établissements qui ne répondent plus à nos critères ou abusent sont vite supprimés de nos guides. La réciproque est aussi valable. N'oublions pas que les hôteliers et restaurateurs font un métier difficile. S'ils se doivent de toujours garder le sourire, nous nous devons de les respecter en n'arrivant pas chez eux en terrain conquis.

À L'HÔTEL

1 – Arrhes ou acompte ? : au moment de réserver votre chambre par téléphone – par précaution, toujours confirmer par écrit (ou mail) – il n'est pas rare que l'hôtelier vous demande de verser à l'avance une certaine somme, celle-ci faisant office de garantie. Il est d'usage de parler d'arrhes (et non d'acompte). Légalement, aucune règle n'en précise le montant. Toutefois, ne versez que des arrhes raisonnables : 25 à 30 % du prix total, sachant qu'*il s'agit d'un engagement définitif sur la réservation* de la chambre. Cette somme ne pourra donc pas être remboursée en cas d'annulation de la réservation, sauf cas de force majeure qu'il vous faudra justifier (maladie ou accident) ou en accord avec l'hôtelier si l'annulation est faite dans des délais jugés raisonnables. Si, au contraire, l'annulation est le fait de l'hôtelier, il doit vous rembourser le double des arrhes versées. Si vous avez réservé une chambre (sans avoir rien versé) et que vous avez un empêchement, *passez un coup de téléphone pour annuler,* c'est la moindre des politesses.

2 – Subordination de vente : les hôteliers ont interdiction de pratiquer la subordination de vente. C'est-à-dire qu'*ils ne peuvent pas vous obliger à réserver plusieurs nuits d'hôtel si vous n'en souhaitez qu'une.* Dans le même ordre d'idées, on ne peut vous obliger à prendre votre petit déjeuner ou vos repas dans l'hôtel ; ce principe, illégal, est cependant toléré en pratique, surtout en haute saison, dans les zones touristiques, où la demande est bien plus importante que l'offre !

3 – Les réservations en ligne : elles se sont généralisées. Mais voilà, si les centrales de réservation en ligne sont devenues incontournables, elles ne garantissent pas systématiquement de meilleurs prix qu'en direct. En outre, les promesses ne sont pas toujours tenues et l'on constate parfois des dérives, telles que promos bidons, descriptifs exagérés, avis d'internautes truqués... Les hôteliers s'estiment souvent étranglés par les commissions abusives prélevées au passage. *N'hésitez pas à réserver directement auprès de l'hôtel.* Aujourd'hui, la plupart alignent leurs prix sur ceux des sites commerciaux. Autre avantage, vous pouvez préciser le type de chambre souhaité (sur rue, sur jardin) et obtenir des renseignements fiables sur l'établissement.

4 – Responsabilité en cas de vol : un hôtelier ne peut en aucun cas dégager sa responsabilité pour des objets volés dans la chambre d'un de ses clients, même si ces objets n'ont pas été mis au coffre. En d'autres termes, les éventuels panonceaux dégageant la responsabilité de l'hôtelier n'ont aucun fondement juridique.

AU RESTO

1 – Les prix : ils sont libres, mais *l'affichage est obligatoire* à l'extérieur de l'établissement, de manière visible. Tous les menus doivent être affichés, même le moins cher. Ils doivent être identiques à ceux que l'on vous présente à l'intérieur.

2 – Formule ou menu ? Généralement, la formule est une proposition écourtée comprenant entrée + plat ou plat + dessert. Avec parfois un verre de vin et/ou le café. De fait, elle est moins chère que le menu, en principe complet (entrée + plat + dessert). Très souvent, les formules et les 1ers menus (les moins chers) ne sont *servis qu'en semaine et/ou seulement au déjeuner,* et plus rarement avant certaines heures (12h30 et 20h environ). C'est parfaitement légal, à condition toujours que ce soit clairement indiqué sur le panneau extérieur et sur le menu que l'on vous présente une fois installé. Il arrive qu'il disparaisse comme par enchantement (humm, mauvais signe…). Demandez-les, ça ne mange pas de pain.

3 – Attention aux suppléments. Certains menus imposent 3 suppléments pour 5 plats proposés. Cherchez l'erreur !

4 – Le « fait maison » : depuis que la législation existe, pour parer au sous-vide et tout congelé, et parallèlement valoriser le travail de restaurateurs scrupuleux, le « fait maison » (logo d'une casserole surmontée d'un toit de maison avec cheminée) apparaît comme un faire-valoir évident et rassurant. Même s'il ne garantit pas le 100 % maison (la loi est un peu tordue, et il n'y a pas de contrôle), ni la qualité du chef ! Cela dit, *c'est un bon début.*

5 – La carte en dit long ! Voici, foi d'enquêteur, quelques trucs très simples pour analyser un menu : tout d'abord la *brièveté de la carte* est un bon gage de fraîcheur ; quand les produits sont locaux et de saison, c'est encore mieux ! On peut aussi questionner le serveur. Sa franchise (ou son embarras) vous en dira long. Autre indice : si la carte n'est composée que de plats passe-partout dont certains peuvent nécessiter des cuissons très longues (parmentier de canard, suprêmes de volaille en sauce, souris d'agneau, bourguignon...), ce n'est pas forcément bon signe, surtout s'ils sont servis trop rapidement. Même topo avec les desserts bistrotiers type tarte Tatin, mi-cuit ou mousse au chocolat, crème brûlée, panna cotta, tiramisù qui sortent soit du congélateur, soit d'une brique ! Tout comme les mignardises qui accompagnent le café gourmand souvent surfacturé, insipide... et certainement pas « maison ». Un bon chef n'est pas forcément un bon pâtissier. Et il a rarement le temps de préparer 36 desserts ! Enfin, en dehors des zones côtières, on évite les poissons et fruits de mer le lundi... les livraisons ayant rarement lieu le week-end !

6 – Commande jugée insuffisante : sachez qu'il est illégal de pousser le client à la consommation.

7 – Doggy Bag : la lutte anti-gaspi a du bon ! Si la pratique du « Doggy Bag » est déjà bien répandue dans certains pays, en France on a longtemps traîné la patte. À partir de juillet 2021, les restaurateurs seront dans l'obligation de proposer à leurs clients ce qu'ils auront laissé dans leur assiette. Dans les faits, certains le pratiquent déjà. Alors, n'hésitez pas à le demander, même si cela n'est pas (encore) dans nos habitudes culturelles.

8 – Eau : une carafe d'*eau du robinet* est *gratuite* à condition qu'elle accompagne un repas. On ne peut pas vous la refuser, sauf si elle est jugée impropre à la consommation par décret. Dans certains restos, on vous l'apporte d'office en guise de bienvenue. Un vrai bon point ! La bouteille d'*eau minérale* doit, quant à elle, comme le vin, être ouverte devant vous. L'arnaque consiste parfois à proposer d'emblée une eau minérale, facturée au prix fort. À la question du serveur : « … et pour l'eau, plate ou gazeuse ? », vous pouvez répondre : « une carafe, s'il vous plaît ».

9 – Vins (et autres alcools) : la marge la plus importante des restaurateurs ! Et certains en abusent... Au-delà de 2 verres (gare aux prix exorbitants), il peut être plus intéressant de commander une bouteille, quitte à l'emporter en fin de repas, si elle n'est pas terminée. Sinon, ne pas hésiter à demander un *petit vin de pays en pichet,* l'occasion de découvrir ainsi des petites cuvées locales et bon marché.

les ROUTARDS sur la FRANCE 2020-2021

(dates de parution sur • *routard.com* •)

Découpage de la FRANCE par le ROUTARD

Autres guides sur la France

- Hébergements insolites en France
- Nos meilleurs campings en France
- Nos meilleures chambres d'hôtes en France

Autres guides sur Paris

- Paris
- Paris balades
- Paris exotique
- Restos et bistrots de Paris
- Le Routard des amoureux à Paris
- Week-ends autour de Paris

Le Routard à vélo

- EuroVelo6
- La Bourgogne du Sud à vélo
- La Loire à Vélo
- La Vélodyssée (Roscoff-Hendaye)
- Le Canal des 2 mers à vélo
- Paris Île-de-France à vélo
- ViaRhôna

les ROUTARDS sur l'ÉTRANGER 2020-2021

(dates de parution sur • *routard.com* •)

Découpage de l'ESPAGNE par le ROUTARD

Découpage de l'ITALIE par le ROUTARD

Autres pays européens

- Allemagne
- Angleterre, Pays de Galles
- Autriche
- Belgique
- Bulgarie
- Crète
- Croatie
- Danemark, Suède
- Écosse
- Finlande
- Grèce continentale
- Hongrie
- Îles grecques et Athènes
- Irlande
- Islande
- Madère
- Malte
- Norvège
- Pays baltes : Tallinn, Riga, Vilnius
- Pologne
- Portugal
- République tchèque, Slovaquie
- Roumanie
- Suisse

Villes européennes

- Amsterdam
- Berlin
- Bruxelles
- Budapest
- Copenhague
- Dublin
- Lisbonne
- Londres
- Moscou
- Naples
- Porto
- Prague
- Saint-Pétersbourg
- Stockholm
- Vienne

les ROUTARDS sur l'ÉTRANGER 2020-2021
(dates de parution sur • *routard.com* •)

Découpage des ÉTATS-UNIS par le ROUTARD

Autres pays d'Amérique

- Argentine
- Brésil
- Canada Ouest
- Chili et île de Pâques
- Colombie
- Costa Rica
- Équateur et les îles Galápagos
- Guatemala, Belize
- Mexique
- Montréal
- Pérou, Bolivie
- Québec et Ontario

Asie et Océanie

- Australie côte est + Red Centre
- Bali, Lombok
- Bangkok
- Birmanie (Myanmar)
- Cambodge, Laos
- Chine
- Hong Kong, Macao, Canton
- Inde du Nord
- Inde du Sud
- Israël et Palestine
- Istanbul
- Jordanie
- Malaisie, Singapour
- Népal
- Shanghai
- Sri Lanka (Ceylan)
- Thaïlande
- Tokyo, Kyoto et environs
- Turquie
- Vietnam

Afrique

- Afrique du Sud
- Égypte
- Kenya, Tanzanie et Zanzibar
- Maroc
- Marrakech
- Sénégal
- Tunisie

Îles Caraïbes et océan Indien

- Cuba
- Guadeloupe, Saint-Martin, Saint-Barth
- Île Maurice, Rodrigues
- Madagascar
- Martinique
- République dominicaine (Saint-Domingue)
- Réunion

Guides de conversation

- Allemand
- Anglais
- Arabe du Maghreb
- Arabe du Proche-Orient
- Chinois
- Croate
- Espagnol
- Grec
- Italien
- Japonais
- Portugais
- Russe
- G'palémo (conversation par l'image)

Livres-photos/Livres-cadeaux

- Voyages
- Voyages : États-Unis (nouveauté)
- Voyages : France (nouveauté)
- Voyages : Italie
- Road Trips (40 itinéraires sur les plus belles routes du monde)
- Nos 120 coins secrets en Europe
- Les 50 voyages à faire dans sa vie
- 1 200 coups de cœur dans le monde
- 1 200 coups de cœur en France
- Nos 52 week-ends dans les plus belles villes d'Europe
- Nos 52 week-ends coups de cœur en France
- Cahier de vacances du Routard

Nous tenons à remercier tout particulièrement Loup-Maëlle Besançon, Thierry Bessou, Gérard Bouchu, François Chauvin, Grégory Dalex, Fabrice Doumergue, Cédric Fischer, Carole Fouque, Nicolas George, Michelle Georget, David Giason, Claude Hervé-Bazin, Emmanuel Juste, Dimitri Lefèvre, Fabrice de Lestang, Romain Meynier, Éric Milet, Pierre Mitrano, Jean-Sébastien Petitdemange, Thomas Rivallain et Jean Tiffon pour leur collaboration régulière.

Brice Andlauer
Jean-Jacques Bordier-Chêne
Agnès Debiage
Coralie Delvigne
Jérôme Denoix
Tovi et Ahmet Diler
Clélie Dudon
Sophie Duval
Alain Fisch
Bérénice Glanger
Adrien et Clément Gloaguen
Sébastien Jauffret
Alexia Kaffès

Augustin Langlade
Jacques Lemoine
Aline Morand
Louis Nagot
Caroline Ollion
Martine Partrat
Odile Paugam et Didier Jehanno
Céline Ruaux
Prakit Saiporn
Nejma Tahri Hassani
Alice Tonasso
Caroline Vallano

Direction: Nathalie Bloch-Pujo
Direction éditoriale: Élise Ernest
Édition: Matthieu Devaux, Olga Krokhina, Gia-Quy Tran, Julie Dupré, Emmanuelle Michon, Pauline Janssens, Amélie Ramond, Margaux Lefebvre, Aurore Grandière, Anne Le Marois , Camille Lenglet, Lisa Pujol et Astrid Richard
Ont également collaboré: Hélène Meurice, Alba Bastida, Nathalie Foucard et Marie Sanson
Cartographie: Frédéric Clémençon et Aurélie Huot
Contrôle de gestion: Jérôme Boulingre et Yannis Villeneuve
Secrétariat: Catherine Maîtrepierre
Fabrication: Nathalie Lautout et Audrey Detournay
Relations presse: COM'PROD, Fred Papet. ☎ 01-70-69-04-69.
● *info@comprod.fr* ●, Martine Levens (Belgique) et Maureen Browne (Suisse)
Direction marketing: Stéphanie Parisot, Élodie Darty et Charlotte Brou
Couverture : le-bureau-des-affaires-graphiques.com
Silhouette du Routard: Clément Gloaguen (d'après Solé)
Maquette intérieure: le-bureau-des-affaires-graphiques.com, Thibault Reumaux et npeg.fr
Direction partenariats : Jérôme Denoix
Contact Partenariats et régie publicitaire: Florence Brunel-Jars
● *fbrunel@hachette-livre.fr* ●

Pour que votre pub voyage autant que nos lecteurs,
contactez nos régies publicitaires:
● *fbrunel@hachette-livre.fr* ●
● *veronique@routard.com* ●

INDEX GÉNÉRAL

ABC de l'Eure 44
ABC de l'Orne 501
ABC de la Manche 366
ABC de la Seine-Maritime........ 98
ABC du Calvados 221
AGNEAUX............................. 374
ACQUIGNY.............................. 58
AGON (pointe d') 444
AGON-COUTAINVILLE 442
AIGLE (L') 548
ALBÂTRE (Côte d') 156
ALENÇON...................... 501, 504
ALENÇON (pays d') 504
ALLOUVILLE-BELLEFOSSE
   (chêne millénaire d') 130
AMFREVILLE-
   LES-CHAMPS 130
Andaine (bec d') 476
ANDAINE (pays d') 518
ANDAINES (forêt des)............ 521
ANDELYS (LES) 73
Architecture 570
Ardenne (abbaye d' ; Saint-
   Germain-la-Blanche-Herbe) .. 242
ARDEVON 489, 491
ARDOUVAL.............................. 213
ARGENTAN 533
ARROMANCHES...................... 334
ASNELLES.................... 336, 337
ATHIS-DE-L'ORNE 532
AUBE.................................... 551
AUBRY-EN-EXMES 539
AUBUSSON............................ 528
AUDERVILLE 426
AUGE (manoirs au sud
   du pays d') 301
AUGE (pays d' ; Calvados) 288
AUGE (pays d' ; Eure).............. 90
AUGE ORNAIS (pays d')........... 540
AURIGNY (île d') 430
AUTHEUIL 558
AUTHEUIL-AUTHOUILLET........ 55
AUZOUVILLE-SUR-RY 218
AVENY.................................... 65
AVRANCHES 477
AVRE (pays d')......................... 77
Azeville (batterie d') 386

BAGNOLES-DE-L'ORNE...... 518
BALEINE (LA).................. 452, 454
BALLEROY 352
BARENTON 498, 499
BARFLEUR............................. 401
BARNEVILLE-CARTERET 431
BARNEVILLE-LA-BERTRAN.... 284
BARQUETS (LES) 285
Baupte (tourbière de ; Gorges) ... 439
BAVENT................................. 245
BAYEUX................................. 321
BEAUBEC-LA-ROSIÈRE 214
Beaumesnil (château de) 82
BEAUMONT-EN-AUGE 291
BEAUMONT-HAGUE 420
BEAUMONT-LE-ROGER 88, 89
BEAUVOIR............. 487, 488, 489
BEC-HELLOUIN (LE) 85
BELLÊME 560
BELLÊME (forêt de) 562
BELLOU-LE-TRICHARD......... 568
BÉNOUVILLE................... 243, 244
BERJOU 531, 532
BERNAY 86
BERNIÈRES-SUR-MER........... 318
BERTHENONVILLE 65
BESSIN (le) 321
BEUVRON-EN-AUGE 305
BEUZEVILLE............................ 91
BÉZU-LA-FORÊT 61
BÉZU-SAINT-ÉLOI.................... 66
BIVILLE................................. 429
BLAINVILLE-CREVON............. 218
BLAINVILLE-SUR-MER... 443, 444
Blanchard (raz)....................... 427
BLANGY-LE-CHÂTEAU 292
BLANGY-SUR-BRESLE........... 209
BOCAGE (le ; Manche) 389
BOCAGE NORMAND
   (le ; Calvados) 353
BOËCÉ 553
BOIS-GUILBERT 216, 217
BOISEMONT 75
BOISSIÈRE (LA) 294
Boissons et alcools 572
BOLBEC 135
Bon à savoir avant le départ...... 38
BONNEBOSQ.......................... 307

612 | **INDEX GÉNÉRAL**

Bonport (abbaye de ;
Pont-de-l'Arche) 58
Bonvouloir (tour de) 522
BOUCLES DE LA SEINE
NORMANDE
(parc naturel régional des) 92
BOUILLE (LA) 122
BOUILLON (LE) 515
BOUQUELON 96
BOURG-DUN (LE) 183
Bourg-Saint-Léonard
(château du) 537
BOURGEAUVILLE 290
BOURGVALLÉES 376
BOURTH 79
BRAY (pays de) 209
Brécy (jardins du château de).. 333
BRESLE (basse vallée de la) 202
BRESOLETTES 559
BRETEUIL-SUR-ITON 80
BRETTEVILLE-SUR-AY 438
BREUX-SUR-AVRE 79
BRÉVILLE-SUR-MER 466
Brick (anse du) 406
BRICQUEBEC-
EN-COTENTIN 391
BRICQUEVILLE-SUR-MER 446
BRIONNE 85
BRIOUZE 531
BRUCHEVILLE 385
BUCHY 217
Budget 38
BUISSON-CORBLIN (LE) 529
CABOURG 249
CAEN 224
Cailloux (Chant des) 532
CALVADOS (le) 221
CAMBE (LA) 348, 349
CAMBREMER 306
CAMEMBERT 542
CAMEMBERT (route du) 541
CAMPIGNY 93
Canal de Caen à la mer 243
Canisy (château de) 378
CANTELEU 111, 120
CANVILLE-LA-ROCQUE 436
CANY-BARVILLE 176
CARENTAN-LES-MARAIS 380
CARNEILLE (LA) 532
CARNEVILLE 405
CARPIQUET 225
CARROUGES 512
CARSIX 89

Carteret (cap de) 433
CATZ 383
CAUDEBEC-EN-CAUX 130
CAUX (le Petit) 202
CAUX INTÉRIEUR (pays de) 121
CAUX MARITIME (pays de) 174
CERISY (forêt de) 377
CERISY-BELLE-ÉTOILE 533
CERISY-LA-FORÊT 377
CERISY-LA-SALLE 453
CERLANGUE (LA) 134
CHAMBOIS 540, 541
Champ-de-Bataille
(château du ; Sainte-
Opportune-du-Bosc) 84
CHAMPEAUX 473
CHAMPREPUS 459
CHAMPSECRET 525
CHAPELLE-MONTLIGEON
(LA) 555, 556
CHAPELLE-SAINT-OUEN (LA)... 218
CHAPELLE-SUR-DUN (LA) 184
CHARENTONNE
(vallée de la) 83
CHÂTEAU-SUR-EPTE 65
CHAUSEY (îles) 470
CHERBOURG-
EN-COTENTIN 406
Cidre (route du) 305
CISAI-SAINT-AUBIN 547
CLÉCY 358
CLÈRES 219
COCHEREL 55
COLLEVILLE-
MONTGOMERY 313
COLLEVILLE-SUR-MER.. 344, 345
COLOMBELLES 222
COLOMBIÈRES 351
CONCHES-EN-OUCHE 81
CONDÉ-SUR-NOIREAU 356
CONDÉ-SUR-VIRE 378
CORBON 556
CORMEILLES 91
CÔTE D'ALBÂTRE (la) 156
CÔTE DE NACRE (la) 308
CÔTE DES HAVRES (la) 437
CÔTE DES ISLES (la) 431
CÔTE FLEURIE (la) 247
COTENTIN (le) 378
COUDRAY-RABUT 290
Coupesarte (manoir de) 303
Coups de cœur (nos) 14
COURBE (LA) 535
Courboyer (manoir de) 565, 566

INDEX GÉNÉRAL | 613

COURSEULLES-SUR-MER.....318
COURTILS................................489
COUTANCES............................447
COUTANCES (pays de) 441
COUTANCES
  (sud du pays de)...................452
Couterne
  (musée du château de)........521
COUTURE-BOUSSEY (LA)........54
CRASVILLE-
  LA-ROQUEFORT...................184
CRÉPON.................................332
CREULLY.................................331
CRÈVECŒUR-EN-AUGE.......303
CRICQUEVILLE-EN-BESSIN...347
CRIEL-SUR-MER 204, 206
Crisbecq (batterie de).............387
CROISY-SUR-EURE...................55
CROIX-MARE 129
CROIX-SAINT-LEUFROY (LA).....55
CROUAY.................................327
CROUTTES 544
CRULAI..................................549
Cuisine...................................572
CURCY-SUR-ORNE.................360
CUVES...................................498

DANGU....................................65
DANNERY................................428
DATHÉE (lac de la)..................356
DEAUVILLE.............................260
Débarquement (le) 574
DÉBARQUEMENT
  (plages du).....................308, 333
DELINCOURT............................65
DERCHIGNY-GRAINCOURT ...195
DIÉLETTE (port de).........420, 430
DIEPPE...................................188
DIGULLEVILLE 423
DIVES (marais de la)................246
DIVES-SUR-MER 252
DOMFRONT............................522
DOMFRONTAIS (le) 518
DOMPIERRE............................527
Donville
  (manoir de ; Méautis)............383
DONVILLE-LES-BAINS 461
DOUDEVILLE...........................182
DOUVRES-LA-DÉLIVRANDE ..316
DRAGEY-RONTHON 473
DRUBEC.................................291
DUCEY 480
DUCLAIR................................126
DURDENT (vallée de la)..........175

Écalgrain (baie d') 428
Économie 583
ÉCOUVES (forêt d') 514
ÉCRETTEVILLE-LÈS-BAONS..129
ELBEUF 121
Elle (parc des sources d' ;
  Rouxeville) 377
Environnement 584
EPTE (vallée de l').....................65
ÉQUEMAUVILLE 279
ÉQUILLY 465
ERMENOUVILLE 181
ESTEVILLE 220
ÉTRÉHAM................................341
ÉTRETAT.................................157
EU...206
EURE (l')...................................44
EURE (vallée de l') 53
ÉVREUX.........................44, 48
ÉZY-SUR-EURE........................54

FALAISE..................................360
FALAISE (pays de)...................353
FATOUVILLE-GRESTAIN 283
FÉCAMP.................................166
« Feignants »
  de la barbouille (les) 585
FERMANVILLE 405, 406
FERRIÈRE-
  AUX-ÉTANGS (LA)...............525
FERRIÈRE-SUR-RISLE (LA) 82
FEUILLIE (LA) 438
FIERVILLE-LES-MINES 436
FIQUEFLEUR-ÉQUAINVILLE.....95
Flamanville (centrale nucléaire
  de ; Manche).......................420
FLAMANVILLE
  (Seine-Maritime) 128
Flaubert (pavillon ; Canteleu)...120
FLERS 528
FLEURIE (Côte).......................247
FLEURY-LA-FORÊT.......60, 61, 63
FLEURY-SUR-ANDELLE 61
FLOTTEMANVILLE 394
Fontaine-Guérard
  (abbaye Notre-Dame de)........63
Fontaine-Henry (château de)...333
FONTAINE-SOUS-JOUY...........55
FONTENAI-SUR-ORNE...........535
FORGES-LES-EAUX 213
FORMIGNY.....................343, 344
FRANCHEVILLE 79
Fresnaye (manoir de la) 568

INDEX GÉNÉRAL

614 | INDEX GÉNÉRAL

FRESVILLE 385
FRICHEMESNIL......................... 219

GACÉ 546
GANDELAIN 515
Gatteville (phare de) 404
GATTEVILLE-LE-PHARE 404
GAVRAY.................................... 453
GÉFOSSE-FONTENAY 348
GÉMAGES 568
GENÊTS 474
GENETTES (LES) 557
GER 500
GISORS 65
GIVERNY 70
GLACERIE (LA) 411, 419
GLOS 294
GONNEVILLE-
    SUR-HONFLEUR 283
GORGES 439
GOURNAY-EN-BRAY............... 211
GOURY.............................. 420, 427
GOUVETS 457
GOUVILLE-SUR-MER
    (plage de) 445
GRANDCAMP-MAISY 347
Grande Suardière
    (ferme de la) 563
GRANVILLE 459
Gratot (château de)................... 451
GRÉVILLE-HAGUE 422
Grouin du Sud (le) 477
GRUCHET-LE-VALASSE 135
GRUCHY 422
GUERNESEY (île de) 430

Habitat.................................... 586
HAGUE (pointe de la) 420
Ham (roches de) 378
HAMBYE 452, 453
Haras (région des) 533
Haras national du Pin (le)......... 538
Harcourt (domaine d')............... 85
HARDINVAST 411
HAUTEVILLE-LA-GUICHARD
    (musée Tancrède-
    de-Hauteville) 451
HAUTOT-SUR-MER.................. 195
HAUVILLE.................................... 95
HAVRE (LE) 136
HAVRES (côte des).................. 437
HÉNOUVILLE 123
HERMINAL-LES-VAUX............. 296
HÉROUVILLE-SAINT-CLAIR.... 244

HEUGUEVILLE-
    SUR-SIENNE 443, 444
Histoire 586
HOC (pointe du)....................... 346
HONFLEUR 277
HOTOT-EN-AUGE 306
Hougue (fort de la) 399
HOULGATE................................ 254
HUISNES-SUR-MER 489

Infos utiles.................................38
INGOUVILLE-SUR-MER.......... 180
Interview #experienceroutard....33
ISIGNY-SUR-MER 349
ISLES (côte des)...................... 431
Itinéraires conseillés 28
ITON (pays d')............................ 77
IVRY-LA-BATAILLE 53

JOBOURG 426, 427, 428
Jobourg (nez de)...................... 428
JUMIÈGES................................ 125
JUVIGNY-SOUS-ANDAINE 522
JUVIGNY-
    VAL-D'ANDAINE 520, 522

L'AIGLE................................. 548
LA BALEINE 452, 454
LA BOISSIÈRE.......................... 294
LA BOUILLE 122
LA CAMBE 348, 349
LA CARNEILLE 532
LA CERLANGUE........................ 134
LA CHAPELLE-
    MONTLIGEON.............. 555, 556
LA CHAPELLE-SAINT-OUEN ..218
LA CHAPELLE-SUR-DUN 184
LA COURBE 535
LA COUTURE-BOUSSEY...........54
LA CROIX-SAINT-LEUFROY 55
LA FERRIÈRE-AUX-ÉTANGS ..525
LA FERRIÈRE-SUR-RISLE 82
LA FEUILLIE 438
LA GLACERIE 411, 419
LA LANDE-D'AIROU................. 456
LA LANDE-DE-GOULT 513
LA LUCERNE-
    D'OUTREMER 465, 469
LA MALLERAYE-SUR-SEINE ..132
LA PERNELLE 398
LA PERRIÈRE 563
LA POTERIE-CAP-D'ANTIFER... 163
LA RIVIÈRE-SAINT-SAUVEUR ... 284
LA ROCHE................................ 428

INDEX GÉNÉRAL | 615

LA VENDELÉE 448
Lac des Bruyères...................... 439
LANDE-D'AIROU (LA).............. 456
LANDE-DE-GOULT (LA) 513
Langues régionales 589
LANQUETOT 135
LE BEC-HELLOUIN 85
LE BOUILLON 515
LE BOURG-DUN 183
Le Bourg-Saint-Léonard
  (château).................................. 537
LE BUISSON-CORBLIN 529
LE HAVRE................................... 136
LE MESNIL-ROGUES.............. 456
LE MESNIL-SUR-BLANGY...... 292
LE MOLAY-LITTRY 352
LE MONT-SAINT-MICHEL 482
LE NEUBOURG........................... 83
LE NEUFBOURG 497
LE PIN-AU-HARAS.................. 538
LE PIN-LA-GARENNE 561
LE ROZEL.................................... 430
LE SAP 545
LE TILLEUL..................... 159, 161
LE TRÉPORT 202
LE VEY.. 359
LES ANDELYS 73
LES BARQUETS...................... 285
LES GENETTES...................... 557
LES LOGES 158, 160
LES PETITES-DALLES 176
LES PIEUX 420
LESSAY 437
Lévi (cap) 406
LIEUVIN (le) 90
LIGNEROLLES 557, 558
LILLEBONNE................... 134, 135
LION-SUR-MER 314
LISIEUX 292
LISORS.. 62
LIVAROT 299
Livres de route............................. 40
LOGES (LES) 158, 160
LONDINIÈRES 212
LONGUES-SUR-MER 338
LONGUEVILLE 461
LONLAY-L'ABBAYE 527
Lormarin (manoir de) 566
LOUVIERS 56
Lubinière (manoir de la) 566
LUC-SUR-MER 314
LUCERNE-D'OUTREMER
  (LA)................................465, 469
LYONS (forêt de)........................ 59

LYONS-LA-FORÊT 59

MAHÉRU 549
MALÉTABLE 558
MALLERAYE-SUR-SEINE (LA) .. 132
MALLEVILLE-LES-GRÈS......... 176
MANCHE (la) 366
MANNEVILLE-LA-RAOULT 284
MANTILLY.................................... 526
MARAIS DU COTENTIN
  ET DU BESSIN
  (parc naturel régional des) 378
MARAIS-VERNIER..................... 96
MARAIS-VERNIER (le) 95
Marais-Vernier (réserve
  naturelle nationale du) 96
MARCEY-LES-GRÈVES 480
MARCHÉSIEUX 439
Martainville (château de).......... 218
MAULEVRIER-
  SAINTE-GERTRUDE 131
MAUPERTUS-SUR-MER......... 405
MÉAUTIS 383
Médavy (château de) 537
MÉNESQUEVILLE 61
Ménil-Gondouin (église de) 533
MÉNIL-HUBERT-SUR-ORNE .. 532
MÉNILLES 55
MERS-LES-BAINS 205
MERVILLE-
  FRANCEVILLE-PLAGE ...245, 247
MESNIÈRES-EN-BRAY 213
MESNIL-ROGUES (LE)............ 456
MESNIL-SOUS-JUMIÈGES..... 125
MESNIL-SUR-BLANGY (LE)....292
MÉZIDON-CANON 302, 303
MILLIÈRES 439
Miromesnil (château de ;
  Tourville-sur-Arques)............. 195
MOIDREY 488, 495
MOLAY-LITTRY (LE) 352
MONT-SAINT-AIGNAN 98
MONT-SAINT-MICHEL
  (baie du) 454
MONT-SAINT-MICHEL (LE) 482
MONTBRAY................................. 456
MONTFARVILLE 403, 404
MONTIVILLIERS...................... 154
MONTMARTIN-SUR-MER....... 446
Montormel
  (mémorial de)......................... 541
MONTVILLE................................. 219
MORGNY..................................... 61
Mort (couloir de la)................... 541

INDEX GÉNÉRAL

INDEX GÉNÉRAL

MORTAGNE-AU-PERCHE........552
MORTAIN...496
MORTAINAIS (le) 496
MORTEAUX-COULIBŒUF.....362
Mortemer (abbaye de) 62
MORTRÉE 537
MOUCHEL...................................428
MOULICENT.................................558
MOULINS-LA-MARCHE..........550
MOUTIERS-AU-PERCHE 565

NACRE (Côte de)...............308
NEAUFLES-SAINT-MARTIN 65
NEAUPHE-SUR-DIVE.............540
NESLE-HODENG 212
NEUBOURG (LE) 83
NEUFBOURG (LE) 497
NEUFCHÂTEL-EN-BRAY........210
NEUVILLE-LÈS-DIEPPE..194, 196
NOCÉ 552, 565
Normandie (pont de)...............135
NOTRE-DAME-
    DE-BLIQUETUIT.......92, 97, 102
NOTRE-DAME-
    DE-BONDEVILLE 120
NOTRE-DAME-
    DE-COURSON 300

O (château d' ; Mortrée) 537
Oëtre (Roche d') 533
OFFRANVILLE 194, 196, 200
OMAHA BEACH 342
OMONVILLE-LA-PETITE 424
OMONVILLE-LA-ROGUE 422
ORBEC 298
ORMEL (mont)................540, 541
ORNE
    (boucle des châteaux de l') ..537
ORNE (l')...................................501
OUCHE (pays d' ; Eure)............ 81
OUCHE (pays d' ; Orne) 548
OUILLY-LE-VICOMTE.............297
OUISTREHAM 309
OUVILLE-LA-RIVIÈRE 185

PACY-SUR-EURE...................54
PENNEDEPIE 277
PERCHE
    (circuit des collines du).........555
PERCHE (forêt du) 556
PERCHE
    (route des manoirs du) 564
PERCHE ORNAIS (le) 552
PERCHE-EN-NOCÉ 567

PERNELLE (LA) 398
PERRIÈRE (LA) 563
Personnages 590
Personnes handicapées............ 41
PETIT CAUX (le).......................202
PETIT-COURONNE....................121
PETITES-DALLES (LES) 176
PIERREFITTE-EN-AUGE 291
PIEUX (LES)..............................420
Pin (haras national du)............538
PIN-AU-HARAS (LE)................538
PIN-LA-GARENNE (LE) 561
PIROU 440
PLAGES DU DÉBARQUEMENT
    (les).................................308, 333
Poiré (route du) 526
PONT-AUDEMER 92
PONT-D'OUILLY 358, 533
PONT-DE-L'ARCHE...56, 57, 58
PONT-ÉRAMBOURG.................532
PONT-L'ÉVÊQUE 288
Pontécoulant (château de) 357
PONTORSON ..484, 486, 490, 496
PORT-BAIL 434
PORT-EN-BESSIN 339
Port-Racine
    (Saint-Germain-des-Vaux)....426
POSES...........................56, 57, 58
Poterie normande
    (musée de la ; Ger) 500
POTERIE-CAP-D'ANTIFER
    (LA) 163
PUCHAY 61

QUETTEHOU 398
QUETTETOT.............................392
QUETTEVILLE 284
QUIBERVILLE-SUR-MER........185
QUILLEBEUF 97
QUINÉVILLE 387

RADEPONT 63
RADON......................................514
RANVILLE..................................245
RAUVILLE-LA-PLACE 390
REGNÉVILLE-SUR-MER 445
RÉMALARD 564
RÉNO-VALDIEU
    (forêt de) 555
RÉTHOVILLE 406
RÉVILLE....................................398
Rideauville (église de)............399
RISLE (vallée de la)................. 83
RIVA-BELLA 309

RIVIÈRE-SAINT-SAUVEUR
(LA) 284
ROCHE (LA) 428
Roche d'Oëtre 533
ROCHEVILLE 392
Roque (phare de la) 96
ROZEL (LE) 430
ROUEN 102
ROUTOT 94
ROUXEVILLE 377
RY 216

SAINT-ARNOULT 264
SAINT-AUBIN-DE-BONNEVAL .. 545
SAINT-AUBIN-LE-VERTUEUX 88
SAINT-AUBIN-SUR-MER
(Calvados) 317
SAINT-AUBIN-SUR-MER
(Seine-Maritime) 184
SAINT-BÔMER-LES-FORGES ... 524
SAINT-CÉNERI-LE-GÉREI 511
SAINT-CHRISTOPHE-
LE-JAJOLET 537
SAINT-CLÉMENT-
RANCOUDRAY 500
SAINT-CÔME-
DU-MONT 379, 381, 382
SAINT-DENIS-
DE-VILLENETTE 520
SAINT-DENIS-LE-THIBOUT 217
SAINT-DENIS-LE-VÊTU 452
SAINT-DIDIER-DES-BOIS 56
SAINT-ÉBREMOND-
DE-BONFOSSÉ-CANISY 376
SAINT-ÉVROULT-
NOTRE-DAME-DU-BOIS 549
SAINT-FULGENT-
DES-ORMES 561
SAINT-GEORGES-
DE-ROUELLEY 498, 499
SAINT-GERMAIN-
DE-LA-COUDRE 562, 568
SAINT-GERMAIN-DE-LIVET 297
SAINT-GERMAIN-DE-LOISÉ ... 553
SAINT-GERMAIN-
DE-TALLEVENDE 355
SAINT-GERMAIN-DES-VAUX .. 425
SAINT-GERMAIN-
DU-CRIOULT 356
SAINT-GERMAIN-DU-PERT 351
SAINT-GERMAIN-
LA-BLANCHE-HERBE.......... 242
SAINT-GERMAIN-SUR-AY 438
SAINT-HYMER 291

SAINT-JEAN-DE-DAYE 381
SAINT-JEAN-DE-LA-RIVIÈRE .. 433
SAINT-JEAN-LE-THOMAS 472
SAINT-JOUIN-
BRUNEVAL 161, 164
Saint-Jouin-Plage 164
SAINT-JULIEN-LE-FAUCON ... 302
SAINT-LAURENT-DU-MONT ... 307
SAINT-LAURENT-
SUR-MER 343, 345, 346
SAINT-LÉONARD 170
SAINT-LÔ 367
SAINT-LÔ-D'OURVILLE........... 435
SAINT-MARCEL 68
SAINT-MARCOUF 387
SAINT-MARD-DE-RÉNO 553
SAINT-MARS-D'ÉGRENNE 524
SAINT-MARTIN-
AUX-BUNEAUX 176
SAINT-MARTIN-D'AUBIGNY ... 440
SAINT-MARTIN-
DE-BOSCHERVILLE............. 123
SAINT-MARTIN-
DE-VARREVILLE................... 388
SAINT-MARTIN-
DES-CHAMPS 480
SAINT-MARTIN-
EN-CAMPAGNE 201
SAINT-MARTIN-
LE-GAILLARD 209
SAINT-MICHEL-THUBEUF 550
SAINT-NICOLAS-
D'ALIERMONT 200
SAINT-OUEN-LE-BRISOULT ... 522
SAINT-OUEN-SUR-ITON 551
SAINT-PAIR-SUR-MER.... 473, 474
SAINT-PATERNE 507
SAINT-PHILBERT-
DES-CHAMPS 290
SAINT-PHILBERT-SUR-ORNE ... 530
SAINT-PIERRE-CANIVET 362
SAINT-PIERRE-
DE-MANNEVILLE 124
SAINT-PIERRE-
DE-VARENGEVILLE 124
SAINT-PIERRE-DU-MONT 343
SAINT-PIERRE-DU-REGARD .. 531
SAINT-PIERRE-ÉGLISE........... 404
SAINT-PIERRE-SUR-DIVES 301
SAINT-QUENTIN-DES-ISLES 88
SAINT-QUENTIN-
SUR-LE-HOMME 480
SAINT-SAMSON-
DE-BONFOSSÉ.................... 376

SAINT-SAMSON-
DE-LA-ROQUE 96
SAINT-SAUVEUR-
LE-VICOMTE 389
SAINT-SULPICE-
SUR-RISLE 548, 551
SAINT-VAAST-LA-HOUGUE 397
SAINT-VALERY-EN-CAUX 178
SAINT-VIGOR-LE-GRAND 327
SAINT-WANDRILLE-
RANÇON 127
SAINTE-ADRESSE 154
SAINTE-CÉCILE 456
SAINTE-GAUBURGE 566
SAINTE-GENEVIÈVE 403
SAINTE-HONORINE-
DES-PERTES 341
SAINTE-MARGUERITE-
DE-CARROUGES 512
SAINTE-MARGUERITE-
SUR-MER 185
SAINTE-MARIE-
DU-MONT 388, 389
SAINTE-MÈRE-ÉGLISE 383
SAINTE-OPPORTUNE 531
SAINTE-OPPORTUNE-
DU-BOSC 84
SAINTE-OPPORTUNE-
LA-MARE 96
SAIRE (val de) 396
SALLENELLES 248
SANSON 428
SAP (LE) 545
SARTILLY 473
Sassy (château et jardin de ;
Saint-Christophe-le-Jajolet) 537
Saucerie (manoir de la) 527
SAVIGNY 394
Savigny (église de) 453
SCIOTOT 430
SÉES 515
SÉGRIE-FONTAINE 531, 532
SEINE (baie de) 136
SEINE (vallée de la ; Eure) 67
SEINE (vallée de la ;
Seine-Maritime) 121
SEINE-MARITIME (la) 98
Serans (château de) 536
SÉRIGNY 562
SERVAVILLE-SALMONVILLE .. 216
SERVON 489
SILLY-EN-GOUFFERN 538
Sites inscrits au Patrimoine
mondial de l'Unesco 42

Sites internet 42
Soisay (manoir de) 563
SOLIGNY-LA-TRAPPE 559
SOMMERY 214, 215
SORTOSVILLE-
EN-BEAUMONT 392
SOTTEVILLE 430
SOTTEVILLE-SUR-MER 184
SOULEUVRE-EN-BOCAGE 354
SUISSE NORMANDE
(la ; Calvados) 357
SUISSE NORMANDE
(la ; Orne) 530
SURVILLE 289

TAILLEBOIS 532
TANCARVILLE 134
TANIS 490
TANVILLE 514
TATIHOU (île) 400
Tertre (château du ; Sérigny) 562
TESSY-SUR-VIRE 378
THIÉTREVILLE 173
THURY-HARCOURT-
LE HOM 358, 360
TICHEVILLE 545
TILLEUL (LE) 159, 161
TILLY 68
TOCQUEVILLE 403
Tollevast (église de) 419
TONNEVILLE 421
TORCHAMP 527
TORIGNY-LES-VILLES 377, 378
TORTISAMBERT 300
TOSNY 77
TOUFFREVILLE-
LA-CORBELINE 129
TOUQUES 274
TOUQUES (vallée de la) 288
TOURLAVILLE 418
TOUROUVRE 556
TOURVILLE-
SUR-ARQUES 195, 201
TOUTAINVILLE 93
Trappe (abbaye de la) 559
TRAPPE (forêt de la) 556
TRÉMONT 517
TRÉPORT (LE) 202
TROIS-MONTS 360
TROUVILLE 268

URVILLE-NACQUEVILLE 421
UTAH BEACH 387

INDEX GÉNÉRAL / LISTE DES CARTES ET PLANS | 619

VAINS 476
VAL-AU-PERCHE 569
VAL-DE-REUIL 58
Valasse (abbaye du) 135
VALMONT 173
VALOGNES 393
VARAVILLE 248
VARENGEVILLE-SUR-MER 184
VASCŒUIL 64
VATTETOT-SUR-MER 161
VAUVILLE 428
VAUVILLE (baie de) 428
VAUX-SUR-AURE 327, 331
Véloroutes 43
VENDELÉE (LA) 448
Vendeuvre (musée et jardin
   du château de) 302
VER-SUR-MER 333
VÈRE (vallée de la) 532
VERNEUIL-D'AVRE-
   ET-D'ITON 77
VERNON 67
VESSEY 488
VEULES-LES-ROSES 182
VEULETTES-SUR-MER 175

VEXIN NORMAND
   (pays du) 59
VEY (LE) 359
VIERVILLE-SUR-MER 343, 346
VIEUX-PORT 94
VILLEDIEU-LES-POÊLES-
   ROUFFIGNY 454
VILLEQUIER 133
VILLERAY 565
VILLERS-BOCAGE 353
VILLERS-EN-OUCHE 550
VILLERS-SUR-MER 257
VILLERVILLE 276
VIMOUTIERS 543
VIRE 354
Vire (route des gorges de la) 356
VIRE (vallée de la) 376
VITTEFLEUR 177
Voré (manoir de) 565

World War II Museum
   (Quinéville) 387

Y PORT 164
YVETOT 128
YVETOT-BOCAGE 394

LISTE DES CARTES ET PLANS

- Alençon 505
- Avranches 479
- Bayeux 323
- Bernay 87
- Caen 226-227
- Calvados (le) 222-223
- Cherbourg-en-Cotentin ... 408-409
- Coups de cœur (nos) 14
- Coutances 449
- Deauville 263
- Débarquement
   (les plages du) 310-311
- Dieppe 190-191
- Distances par la route 2
- Eure (l') 46-47
- Évreux 50-51
- Fécamp 167

- Granville 462-463
- Honfleur 280-281
- Itinéraires conseillés 28, 30
- Le Havre 138-139
- Lisieux 293
- Manche (la ; partie nord) ..368-369
- Manche (la ; partie sud) ...370-371
- Le Mont-Saint-Michel 485
- Normandie (la) 10-11
- Orne (l') 502-503
- Plages du Débarquement
   (les) 310-311
- Rouen 104-105
- Saint-Lô 373
- Seine-Maritime (la) 100-101
- Trouville 269
- Vernon 69

Remarque importante aux hôteliers et restaurateurs

Les enquêteurs du *Routard* travaillent dans le plus strict anonymat. Aucune réduction, aucun avantage quelconque, aucune rétribution n'est jamais demandé en contre-partie. Face aux aigrefins, la loi autorise les hôteliers et restaurateurs à porter plainte.

Avis aux lecteurs

Le Routard, ce n'est pas comme le bon vin, il vieillit mal. On ne veut pas pousser à la consommation, mais évitez de partir avec une édition ancienne. Les modifications sont souvent importantes.

Les réductions accordées à nos lecteurs ne sont jamais demandées par nos rédacteurs afin de préserver leur indépendance. Les hôteliers et restaurateurs sont sollicités par une société de mailing, totalement indépendante de la rédaction, qui reste donc libre de ses choix. De même pour les autocollants et plaques émaillées.

Avec routard.com, choisissez, organisez, réservez et partagez vos voyages !

✓ Rejoignez la plus grande communauté francophone de voyageurs : **plusieurs millions d'internautes.**

✓ Échangez avec les routarnautes : forums, photos, avis d'hôtels.

✓ Retrouvez aussi toutes les informations actualisées pour choisir et préparer vos voyages : plus de 300 guides destinations, une centaine de dossiers pratiques et un magazine en ligne pour découvrir tous les secrets de votre destination.

✓ Enfin, comparez les offres pour organiser et réserver votre voyage au meilleur prix.

Les **Routards** parlent aux **Routards**

Faites-nous part de vos expériences, de vos découvertes, de vos tuyaux et de vos coups de cœur. Aidez-nous à remettre l'ouvrage à jour. Indiquez-nous les renseignements périmés. Faites profiter les autres de vos adresses nouvelles, combines géniales... On adresse un exemplaire gratuit de la prochaine édition à ceux qui nous envoient les meilleurs courriers, pour la qualité et la pertinence des informations. Quelques conseils cependant :

– Envoyez-nous votre courrier le plus tôt possible afin que l'on puisse insérer vos tuyaux sur la prochaine édition.

– N'oubliez pas de préciser l'ouvrage que vous désirez recevoir, ainsi que votre adresse postale.

– Vérifiez que vos remarques concernent l'édition en cours et notez les pages du guide concernées par vos observations.

– Quand vous indiquez des hôtels ou des restaurants, pensez à signaler leur adresse précise et, pour les grandes villes, les moyens de transport pour y aller. Si vous le pouvez, joignez la carte de visite de l'hôtel ou du resto décrit.

En tout état de cause, merci pour vos nombreux mails.

122, rue du Moulin-des-Prés, 75013 Paris

● guide@routard.com ● routard.com ●

Routard Assurance *2020*

Enrichie au fil des années par les retours des lecteurs, *Routard Assurance* est devenue une assurance voyage référence des globe-trotters. Tout est inclus : frais médicaux, assistance rapatriement, bagages, responsabilité civile... Avant votre départ, appelez *AVI* pour un conseil personnalisé. Besoin d'un médecin, d'un avis médical, d'une prise en charge dans un hôpital ? Téléchargez l'appli mobile *AVI international* pour garder le contact avec *AVI Assistance* et disposez de l'un des meilleurs réseaux médicaux à travers le monde. *AVI Assistance* est disponible 24h/24 pour une réponse en temps réel. De simples frais de santé en voyage ? Envoyez les factures à votre retour, *AVI* vous rembourse sous une semaine. *40, rue Washington, 75008 Paris.* ☎ *01-44-63-51-00.* ● *avi-international. com* ● Ⓜ *George-V.*

Édité par Hachette Livre (58, rue Jean-Bleuzen, CS 70007, 92178 Vanves Cedex, France)
Photocomposé par Jouve (rue de Monbary, 45140 Ormes, France)
Imprimé par Lego SPA Plant Lavis (via Galileo Galilei, 11, 38015 Lavis, Italie)
Achevé d'imprimer le 28 février 2020
Collection n° 15 - Édition n° 01
73-6610-3
I.S.B.N. 978-2-01-710098-0
Dépôt légal : février 2020

PAPIER À BASE DE
FIBRES CERTIFIÉES